U1001322

浙江文化年鑑

2018

《浙江文化年鉴》编纂委员会 编

杭州 | 浙江工商大學出版社
ZHEJIANG GONGSHANG UNIVERSITY PRESS

图书在版编目(CIP)数据

浙江文化年鉴. 2018 /《浙江文化年鉴》编纂委员会编. —杭州 : 浙江工商大学出版社, 2020.5

ISBN 978-7-5178-3591-2

Ⅰ. ①浙… Ⅱ. ①浙… Ⅲ. ①地方文化—文化事业—浙江—2018—年鉴 Ⅳ. ①G127.55—54

中国版本图书馆 CIP 数据核字(2019)第 254341 号

浙江文化年鉴 2018

ZHEJIANG WENHUA NIANJIAN 2018

《浙江文化年鉴》编纂委员会 编

责任编辑 沈 娴

封面设计 林朦朦

责任校对 刘 颖 费一琛

责任印制 包建辉

出版发行 浙江工商大学出版社

(杭州市教工路 198 号 邮政编码 310012)

(E-mail: zjgsupress@163.com)

(网址: http://www.zjgsupress.com)

电话: 0571－88904980,88831806(传真)

排 版 杭州朝曦图文设计有限公司

印 刷 杭州宏雅印刷有限公司

开 本 889mm×1194mm 1/16

印 张 53.75

字 数 1540 千

版 印 次 2020 年 5 月第 1 版 2020 年 5 月第 1 次印刷

书 号 ISBN 978-7-5178-3591-2

定 价 398.00 元

版权所有 翻印必究 印装差错 负责调换

浙江工商大学出版社营销部邮购电话 0571-88904970

《浙江文化年鉴》编纂委员会

主　　任　褚子育

副 主 任　傅　玮　许　澎　柳　河　杨建武　刁玉泉　叶　菁　卢跃东　任　群　王　森

编　　委　（以姓氏笔画为序）

丁　屹　王　华　方向明　杜毓英　李　俏　李新芳　吴莘超　沈坤荣　张　雁　林卫兴　林仁状　罗永祥　郑　峰　郑恒慧　胡　雁　胡朝东　勇　远　骆　威　骆文斌　钱剑力　倪　巍　程　钢　薛　亮　戴　言

《浙江文化年鉴》编辑部

主　　任　胡朝东

副 主 任　张成名　贾晓东

成　　员　林　静　李慧君　田顺芝　骆　蔓　杜俏俏　沈　娴

翻　　译　毛秋月

通 讯 员　（排名不分先后）

娄国建　吕黛芬　汪仕龙　黄志宁　薛　建　王　华　骆　威　钱剑力　张　雁
宋丹妮　叶大治　杨文庆　徐昕韡　戴　言　王玥清　邢吴翔　郑李潭　蒋　楠
李旭芳　胡益红　周　平　温佳露　胡　超　余楠楠　高利祥　俞　敏　韩小芳
沈晓文　刘　斌　王宁远　陈明辉　王永磊　朱雪菲　楼　航　方中华　王建平
姚六珍　范　畴　闫凯凯　李　博　陈欢乐　葛建良　谢西营　孙国平　郑云飞
黄渭金　郑建明　张馨月　李晖达　黄昊德　游晓蕾　汪飞英　田正标　孙瀚龙
徐　军　孟国平　马竹山　李晓健　林　森　方向明　朱叶菲　郑嘉利　赵　晔
罗汝鹏　徐新民　刘亚林　蒋乐平　吴婧芸　韩　俏　张　烨　张　翀　钱　蓉
吴莱莱　宋　婧　周　玺　金　鑫　胡海芬　杨　惟　王文萱　骆夷婷　傅备文
陈　靓　张海松　赵益凤　李晓庆　余舒婷　袁延平　王　哲　徐李蓬　李心怡
杨于佳　冯丹丹　来佳萍　房露婷　周寒瑜　张舒婷　夏　晨　周佳波　雷　婕
王　洁　张　昂　林赛君　余丹笛　方　文　胡华峰　郑　亮　路慧洁　康一健
方其军　任思帅　宋国光　邵颖玢　孙　帅　廖　娅　林碧纯　谢晓利　庄丽燕
章璐贞　薛行顺　李安乐　陈依倩　陈瑶琦　陈海平　姜雪寒　梅　菊　彭功胜
徐铁城　朱国辉　史佳琪　夏　琛　潘筱凤　陆雅菊　周剑锋　曹　琦　施宇星
沈玲丽　李如月　颜剑明　吴丹娟　洪淑萍　祝妍春　陆佳锋　徐可良　王鑫君
俞克媚　朱致远　章小丽　袁修广　丁历丽　马俊文　吴晨辉　黄绕龙　罗　津
周子馨　周晗璐　方思远　应土花　刘　业　姜虹霞　凌　昊　操红珍　方梦媛
邵雪诗　方优维　曹舰艇　邱巧燕　韩依妮　朱益霆　陈泓锴　何　宁　张　眉
陈　煜　叶沫一　毛　玮　王　蔚　张梦瑶　章芸超　吴　海　项维芳　赵　婕
叶王薇　吴华杰　周　磊　张丹萍　陈俊杰　吴君建　陈凯奕　徐　冰

主要摄影作者　（排名不分先后）

包盛怡　陈笑贞　吴森邦　朱建林　潘艺鑫　王燕萍　贾　宁　姚宇轩　高利祥
陈苍松　徐昳昀　张京虎　杨　惟　徐正浩　黄宝林　贾　铭　马卓皓　楼存记
陈笑贞　孙　敏　施　展　胡兴旺　徐　巍　任敏健　蓝　燕

编辑说明

一、“浙江文化年鉴”系列由浙江省文化和旅游厅主持编纂，是社会各界和国内外关心支持文化工作的人士了解和研究浙江文化的信息资料工具书，具有资政、存史、交流、宣传浙江文化的作用。

二、《浙江文化年鉴 2018》主要记载 2017 年 1 月 1 日至 12 月 31 日期间发生的主要文化事件。为便于读者了解事情始末，个别条目所记时间适当上溯或延伸。

三、《浙江文化年鉴 2018》设图记，特载，特辑，专文，概览，概况，大事记，厅属单位建设发展，市、县（市、区）文化工作，文献资料，统计资料，附录 12 个部类。

四、本年鉴设双重检索系统，书前有详细目录，书后备有主题索引，范围详及条目。英文目录内容详及篇目。为方便读者查阅和保存，配有光盘。

五、本年鉴所收内容（含图片）均由浙江省文化和旅游厅、省文物局和厅属各单位，各市、县（市、区）文化和旅游相关行政主管部门提供并经各单位领导审核，涉及的全省性统计数字以省文化和旅游厅计财处及有关处（室）核准的数字为依据；厅直属各单位和市、县（市、区）各部门的有关数字以本单位和本市、县（市、区）部门提供为准。

六、本年鉴编纂出版工作得到浙江省文化和旅游厅、省文物局，厅直属各单位及全省各市、县（市、区）文化和旅游相关行政主管部门的高度重视和积极配合，在此谨表谢意。因编辑水平所限，书中难免有不足之处，敬请有关方面和广大读者批评指正。

《浙江文化年鉴》编辑部

2019 年 11 月

◆8月2日，全国人大环资委副主任委员夏宝龙（第一排左五）调研浙江自然博物园核心馆区项目

◆9月22日，文化部部长雒树刚（第一排左六），浙江省委书记、省人大常委会主任车俊（第一排左七）出席在杭州举行的第三届中国—中东欧国家文化合作部长论坛

◆9月23日晚，文化部部长雒树刚（左三），泰国副总理塔纳萨·巴迪玛巴功（左二），浙江省委副书记、宁波市委书记唐一军（左四），浙江省人民政府副省长成岳冲（左一）共同启动第十五届亚洲艺术节

◆9月21日，文化部部长雒树刚（第一排左三），浙江省委常委、宣传部部长葛慧君（第一排左一）参观第九届浙江·中国非物质文化遗产博览会

◆9月23日，文化部部长雒树刚（左）和浙江省人民政府副省长成岳冲（右）在浙江音乐学院共同为“中国—中东欧国家艺术创作与研究中心”揭牌

◆4月27日，文化部副部长项兆伦（右）为第十二届中国（义乌）文化产品交易会浙江非遗生活馆揭牌

◆12月3日，国家文物局局长刘玉珠（中）调研嘉兴市文物工作

◆6月26日，浙江省委副书记、代省长袁家军（第一排右）考察温州市城市书房

◆2月28日，浙江省委常委、宣传部部长葛慧君（第一排左二）调研浙江自然博物园核心馆区项目

◆3月7日，浙江省委常委、宣传部部长葛慧君（后排左一）到温州市图书馆调研城市书房建设运行情况

◆11月23日，浙江省委常委、宣传部部长葛慧君（第一排左七）出席浙江省非遗藏品捐赠仪式

◆8月9日，浙江省委常委、省纪委书记刘建超（中）赴平湖市调研廉政文化工作

◆2月13日，浙江省委常委、宁波市委书记唐一军（中）视察宁波文化馆

◆3月28日，浙江省人民政府副省长成岳冲（第一排左二）在浙江自然博物园核心馆调研

◆9月7日，浙江省人民政府副省长成岳冲出席全省公共文化服务重点县工作会议并讲话

◆7月28日，浙江省政协副主席张泽熙(右)到浙江图书馆视察古籍保护工作

◆1月5日，浙江省首次全省美术馆工作会议在杭州召开

◆1月10日，金华市举办“文旅结合”金华非遗走进古子城暨第三届金华非遗年货展展演

◆1月12日，2017年全国乡村春晚启动仪式在缙云举行

◆1月12日，2017年浙江省第十个“服务传承人月”活动暨萧山区“文化暖冬行”送文化进基层专场演出在杭州市萧山区瓜沥镇航民村文化礼堂举行。图为萧山区楼塔细十番协会表演民乐合奏《上马轿》

◆1月17日至22日，浙江婺剧艺术研究院赴葡萄牙参加“欢乐春节”文化交流活动，巡演12场。图为里斯本演出现场

◆1月22日至29日，浙江曲艺杂技总团有限公司杂技《白蛇传奇·蹬伞》参加第38届法国明日世界杂技节比赛获银奖。图为组委会嘉宾为节目组颁奖

◆希腊时间1月23日晚，浙江婺剧艺术研究院在希腊雅典万神剧场进行文化交流演出，中国驻希腊大使邹肖力（第一排右二）陪同希腊文化与体育部部长利蒂娅·科妮奥尔都（第一排左四）上台祝贺演出成功

◆1月24日，由宁波市演艺集团献演的“欢乐春节”热烈庆祝中克建交二十五周年文艺晚会在克罗地亚萨格勒布市里西斯大剧院上演，克罗地亚总统等政要出席了晚会

◆3月9日晚，浙江音乐学院国乐团首次亮相国家大剧院，上演了“最忆是杭州”民族管弦乐专场音乐会

◆3月24日，浙江省古迹遗址保护协会成立大会暨第一次会员代表大会在杭州召开

◆3月28日,《赵孟頫书画全集》首发式在湖州举行

◆4月6日,由浙江省文化厅主办、浙江美术馆承办、静冈县县立美术馆协办的“湖山胜概:西湖主题水印版画展”在静冈县清水文化会馆开幕

◆4月13日,2017年浙江省第九届曲艺新作大赛在绍兴举行

◆4月17日至20日，浙江省群星奖(戏剧、曲艺)新作品题材培训班在平阳开班

◆4月23日，浙江省公共图书馆举办首届“阅读马拉松挑战赛”

◆4月23日，杭州图书馆“信用借还图书”服务正式上线，使杭州成为首批开放线上借书服务的城市。图为杭州图书馆工作人员演示信用借阅服务流程

◆5月6日，浙江艺术职业学院在北京牵头成立中国艺术职业教育学会戏剧与影视专业委员会

◆5月14日，中国丝绸博物馆首届理事会成立大会在杭州举行

◆5月14日至18日，浙江昆剧团推出“2017年浙江昆剧团518传承演出季”。图为演出季演出剧照

◆5月17日，2017浙江省新农村建设题材小戏讨论会在温岭召开

◆5月18日，“中国丝绸和丝绸之路——锦程、更衣记”荣获第十四届（2016年度）全国十大陈列展览精品奖

◆5月18日，浙江自然博物馆获评“2017年全国最具创新力博物馆”

◆5月22日，绍兴小百花越剧团演员张琳荣获第28届中国戏剧梅花奖

◆5月至9月，杭州市举办第24届“三江”歌手大赛

◆6月1日，第三批创建国家公共文化服务体系示范区中期督查培训会在嘉兴举办

◆6月8日晚，浙江曲艺杂技总团有限公司杂技《梦系西湖·伞技》参加在哈萨克斯坦首都阿斯塔纳（2019年改名"努尔苏丹"）歌剧院举行的上合组织成员国元首峰会文艺演出

◆6月11日，“非遗薪传”——浙江传统音乐展演展评活动综合场在浙江音乐学院举行。图为畲族民歌《高皇歌》表演现场

◆6月11日至17日，浙江昆剧团赴比利时布鲁塞尔开展了“精品折子戏专场”演出。图为演员合影

◆6月16日，“2017舟山群岛·中国海洋文化节暨休渔谢洋大典”在岱山鹿栏晴沙海坛举行

◆6月29日，“一心向党”——浙江省喜迎党的十九大暨庆祝建党96周年交响合唱音乐会在杭州黄龙体育馆举行

◆6月30日，丽水市图书馆新馆开工仪式举行

◆7月13日至17日，第二十一届中国少儿戏曲小梅花荟萃活动在嵊州举行

◆7月14日，浙江京剧团京剧武戏《美猴王》出访罗马尼亚

◆7月18日，2017“新松计划”全省青年戏曲演员大赛颁奖演出在省人民大会堂举行

◆7月20日至25日，浙江参赛团队斩获“环球自然日2017全球总决赛”12个一等奖

◆7月27日，丽水市“喜迎十九大　共叙鱼水情”庆祝中国人民解放军建军90周年军民联欢晚会在丽水大剧院举办

◆7月31日，长兴鸳鸯龙赴意大利参加第34届国际民间艺术节演出

◆加拿大时间8月1日，浙江青少年交响乐团在加拿大首都渥太华国会山举办了专场音乐会

◆8月17日，浙江省文化市场预警系统现场会暨保障十九大“百日攻坚”启动仪式在丽水举行

◆8月20日，“美丽乡愁”嘉兴市原创舞蹈大赛在海宁举行

◆8月24日，金华市举办第九届排舞大赛

◆8月31日，桐庐县举办“龙腾盛世　喜迎十九大”文化礼堂展演活动

◆9月8日至12日，第十一届“台湾·浙江文化节——嘉兴文化周”暨“嘉禾余韵”嘉兴民俗节目展演在台湾举行

◆9月12日至10月24日，浙江省迎接党的十九大优秀作品展演在杭州举办

◆9月13日，浙江省第四届农村文化礼堂乡村排舞大赛在台州举行

◆9月22日，中国—中东欧国家图书馆联盟倡议书发布仪式在杭州图书馆举行

◆9月23日，中国—中东欧国家音乐院校联盟在浙江音乐学院正式成立

◆9月24日，澜沧江—湄公河文化论坛在宁波举行

◆9月24日，亚洲演艺合作论坛在宁波举办

◆9月25日，浙江交响乐团大型交响诗《鲁迅》在国家大剧院举行全球首演

◆9月27日，浙江京剧团国家艺术基金剧目京剧《大面》在杭州剧院首演

◆10月1日，“青色流年——全国出土浙江纪年瓷特展”在浙江省博物馆开幕

◆10月4日，泰顺廊桥灾后修复保护工程主体工程完成。图为修复中的薛宅桥

◆10月11日，台州乱弹剧团赴美国友好城市韦恩堡市开展文化交流演出

◆10月11日至12日，全省乡镇(街道)综合文化站效能建设现场会在龙游召开

◆10月11日至12日，绍兴小百花越剧团越剧《屈原》参加全国地方戏曲南方会演

◆10月13日，第四批浙江省传统戏剧之乡授牌仪式在金华举行

◆10月13日，以“喜迎十九大·文脉颂中华”为主题的浙江省非物质文化遗产传统戏剧项目保护发展成果展演在金华举办

◆10月15日，浙江昆剧团“跟我学”公益昆剧培训班推出专门面向少年儿童的昆曲娃娃班

◆10月20日，全省文物安全工作电视电话会议召开

◆10月20日，金华市组织赴韩国釜山参加中国文化节开幕式演出。图为《吕布试马》演出剧照

◆10月25日晚，浙江曲艺杂技总团建团二十周年文艺演出在杭州剧院上演。图为杂技集锦“砥砺前行”演出照

◆10月27日，舟山市文化广电新闻出版局跨界融合舞台剧《鼓舞大海》在普陀保利大剧院正式公演

◆10月31日，“2017年浙江省文化创新团队创新力提升培训班”在浙江音乐学院正式开班

◆11月5日，“戏剧：梦想与传达”第24届BeSeTo（中韩日）戏剧节在杭州剧院开幕。图为浙江艺术职业学院作品昆剧《牡丹亭》戏剧节演出剧照

◆11月18日至19日，宁波市举办2017阿拉音乐节暨宁波草莓音乐节

◆11月23日，由文化部与宁波市政府共建的索非亚中国文化中心正式揭牌

◆11月24日，嘉兴市举办首届市民文化艺术节闭幕式暨音乐剧《五色螺》首演

◆11月25日，2017第八届中国·嘉兴国际漫画双年展开幕

◆11月29日，由浙江昆剧团和浙江婺剧团联合打造的新编大型原创昆剧《钟楼记》（圣母院）在杭州剧院首演

◆11月30日，绍兴市“文艺专家门诊”荣获2017全国文化馆文化志愿服务项目展示活动“最佳创意奖”

◆12月1日，2017年全省艺术研究院(所)联席会议暨浙江省文化艺术研究院(所)联盟成立仪式在杭州举行

◆12月2日，第三批国家考古遗址公园命名仪式在慈溪举行，慈溪市上林湖越窑、丽水市大窑龙泉窑成功入选

◆12月2日，温州市乡村版“城市书房”——永嘉岩头百姓书屋等首批5家百姓书屋正式对外开放，与“城市书房”共同构成城乡公共阅读体系，打造“乡村30分钟文化圈”

◆12月4日，全省文化（文物）系统"12·4"国家宪法日暨全国法制宣传日活动在湖州举办

◆12月10日，全国县级以上公共图书馆第六次评估定级浙江省公共图书馆事业发展汇报会在浙江图书馆召开

◆12月12日，第三届世界考古论坛·良渚古城水管理系统国际学术研讨会在良渚举行。图为考古专家观摩良渚博物院文物

◆12月15日，丽水市非物质文化遗产馆正式开馆

◆12月20日，衢州市举办“不忘初心、牢记使命”宣传党的十九大精神首场文艺巡演

◆12月22日，中国冬至文化研究中心揭牌仪式在三门举行

◆12月28日，台州乱弹现代戏曲小品《老村新路》荣获“2017中国农民艺术节优秀题材曲艺小品”一等奖

◆12月29日，浙江文艺创研中心成立大会在浙江音乐学院举行

◆12月29日，2018“海韵玉环”迎新晚会在玉环大剧院举行

目　录

特　载

特　辑

专　文

概　览

概　况

专业艺术

公共文化

图书馆事业

非物质文化遗产保护

文化市场管理

政策法规

大事记

厅属单位建设发展

市、县（市、区）文化工作

文献资料

统计资料

附　录

索　引

Contents

Public Culture

Librarianship

Intangible Cultural Heritage Protection

Cultural Market Management

Laws and Regulations

Cultural Industry and Technology

Cultural Work in Cities, Counties (Cities and County-level Cities)

Summary of Cultural Work in Hangzhou Districts, Counties and County-level Cities

Ningbo Bureau of Culture, Broadcasting, Television, News and Publishing

Summary of Cultural Work in Ningbo Districts, Counties and County-level Cities

Documentary Materials (Excerpt)

Statistic Materials

Appendices

Index

特　载

ZHEJIANG CULTURE YEARBOOK

全省重大主题文化服务活动丰富多彩

全省文化系统牢牢把握迎接和学习贯彻党的十九大和省第十四次党代会这条主线，围绕中国人民解放军建军90周年等重大时间节点，充分发挥文化部门优势，推出歌曲《中国进入新时代》、舞蹈《红船》、曲艺《放歌新时代》等主题文艺作品，举办"一心向党"浙江省迎接党的十九大交响合唱音乐会，组织开展喜迎党的十九大优秀剧目展演、"喜庆十九大　迈向新时代"全省文艺巡演、"喜迎十九大·文脉颂中华"浙江省非遗传统戏剧项目保护发展成果展、"红船颂"浙江省迎接党的十九大美术作品展览、"军歌嘹亮"庆祝建军90周年拥军慰问文艺巡演等各类演出、展览活动，开展"文化市场保障十九大百日攻坚行动"，助力营造全社会学习宣传贯彻党的十九大精神的浓厚氛围。全省共组织开展文化活动近万场，涵盖艺术赛事、文艺会演、主题展览等多种形式，参与人数超百万。

（省文化厅办公室）

全省文化系统服务国家外交大局和省委、省政府中心工作积极主动

浙江曲艺杂技总团杂技《梦系西湖·伞技》作为中国唯一单独节目，圆满完成在阿斯塔纳(2019年改名"努尔苏丹")歌剧院举行的上合组织成员国元首峰会文艺演出，受到高度赞赏；配合国家领导人和省领导重要出访活动，组派艺术团赴美国、罗马尼亚、捷克、希腊、越南、柬埔寨、哈萨克斯坦、约旦等国家开展文化交流。紧扣省委、省政府中心工作和重要活动，做好第四届世界互联网大会、金砖五国系列部长级会议、首届世界油商大会等多场文艺演出工作，充分展示浙江文化魅力。组织全省文化系统开展"千名文艺工作者赴基层"采风巡演行动，助推省委、省政府剿灭劣Ⅴ类水的重要部署。

（省文化厅办公室）

全省文化系统积极推动"一带一路"文化交流

举办首届"意会中国"——"一带一路"艺术大师工作坊，组派优秀院团赴摩洛哥、罗马尼亚、格鲁吉亚、埃及、以色列参加沿线国家和地区的重要节庆活动。由文化部和宁波市共建的保加利亚索非亚中国文化中心揭牌运行，这是我国在中东欧建设的第一个中国文化中心。实施中国—中东欧国家文化季、中阿合作论坛框架下阿拉伯国家文博专家研修班(第三期)、文化部非洲木雕艺术交流等重要项目。

（省文化厅办公室）

第十五届亚洲艺术节在宁波举行

9月23日至10月23日，由文化部、浙江省人民政府共同主办，浙江省文化厅、宁波市人民政府联合承办的第十五届亚洲艺术节在宁波举行。本届艺术节以"海丝古港　亚洲新梦"为主题，主体活动包括开幕式、文化论坛、表演艺术、视觉艺术等4个板块数十项活动。艺术节期间举办的澜沧江—湄公河文化论坛、亚洲艺术邀请展、亚洲优秀剧目展演、亚洲演艺合作论坛等多项创新性活动进一步丰富了亚洲文化合作内涵，促进了海上丝绸之路沿线国家文化交流与合作，提升了宁波的城市国际化水平。

（省文化厅外事处　宁波市文化广电新闻出版局）

第三届中国—中东欧国家文化合作部长论坛在杭州举办

9月21日至25日，第三届中国—中东欧国家文化合作部长论坛在杭州市成功举办。论坛主题鲜明、内容丰富、形式创新，被文化部称赞为历届中规格最高、规模最大、成果最丰富的一届。论坛期间，中国和中东欧16国文化部长共同发表的《中国—中东欧国家文化合作杭州宣言》及其附件《中国—中东欧国家2018—2019年文化合作计划》，推出了20项文化合作内容。论坛精心安排的14项配套活动，全面展示了杭州历史与现实交融的独特韵味和别样精彩。

（杭州市文化广电新闻出版局）

龙泉市被列为国家历史文化名城

7月21日，中国政府网发布《国务院关于同意将浙江省龙泉市列为国家历史文化名城的批复》，龙泉市被列为国家历史文化名城，成为浙江省第10座国家历史文化名城。

（龙泉市文化广电新闻出版局）

温州市推动文化事业单位法人治理结构改革成为全国样板

温州市坚持以人民为中心的发展思想，先行先试，推动文化事业单位法人治理结构改革，成为全国样板，为全国事业单位法人治理结构改革提供了温州智慧。该试点于7月获中央深改办高度肯定，七部委发文推广。温州市图书馆理事会和城市书房入选由中央宣传部、中央电视台推出的大型政论专题片《将改革进行到底》，并入选“砥砺奋进的五年”大型成就展，在全国范围内宣传报道，为党的十九大献礼，进一步坚定了温州的文化自信。

（温州市文化广电新闻出版局）

全省国家文化消费试点工作有序推进

继2016年宁波市被列入第一批（第一次）国家文化消费试点城市后，2017年初，杭州市又成功列入第一批（第二次）国家文化消费试点城市。是年，宁波市财政投入1500万元专项资金，专项支持搭建文化消费平台、举办文化惠民消费季、发放文化惠民消费券、评选文化消费品牌、加强媒体宣传推广，支持试点县（市、区）开展文化消费工作，引导和扩大居民文化消费。杭州市通过整合中央补助地方公共文化服务体系建设专项资金和相关专项资金，落实专项保障经费2000万元，并积极发挥杭州银行文创支行的优势，开展文化消费金融服务，发展市民卡、阿里巴巴支付平台等新型支付方式，创新文化消费支付模式，逐步形成行之有效的文化消费引导模式。

（省文化厅文化产业与科技处）

《浙江省公共文化服务保障条例》出台

11月30日，浙江省人大常委会审议通过《浙江省公共文化服务保障条例》，并于2018年3月1日起正式施行。

（省文化厅公共文化处）

浙江省第七批省级文物保护单位公布

1月13日，浙江省人民政府核定公布了省第七批286处省级文物保护单位，其中古遗址22处，古墓葬9处，古建筑179处，石窟寺及石刻8处，近现代重要史迹及代表性建筑61处，其他类不可移动文物7处，以及10处与已有省级文物保护单位合并的项目。至此，省级文物保护单位总数已达910处。

（省文物局）

慈溪上林湖后司岙唐五代秘色瓷窑址获评“2016年度全国十大考古新发现”

4月12日，“2016年度全国十大考古新发现”终评结果在北京揭晓，“慈溪上林湖后司岙唐五代秘色瓷窑址”入选。这是自1991年该评选活动开展以来浙江省第18项获选项目。

（宁波市文化广电新闻出版局）

浙江自然博物馆获评全国最具创新力博物馆

5月18日，在国家文物局、北京市政府主办的“5·18国际博物馆日”中国主场城市庆祝活动中，浙江自然博物馆被授予“2017年全国最具创新力博物馆”称号，全国仅两家。

（浙江自然博物馆）

名团名家名角联手打造“优越中国”戏曲品牌

“优越中国”由浙江省文化厅原创出品，浙江小百花越剧团全程执行，浙江歌舞剧院民族乐团合作演出，是一项旨在弘扬中国越剧艺术、展示越剧名家独特魅力、丰富人民群众精神文化生活的品牌活动。品牌定位是汇聚越剧名家，打破门户壁垒，整合最经典的曲目、最优质的表演，呈现最高水平的舞台演出效果。1月11日，“优越中国·2017中国越剧精英演唱会”在杭州剧院开唱。

（省文化厅艺术处）

保护振兴浙江曲艺系列活动启动

为培育曲艺创演人才，激发曲艺创演活力，推动曲艺繁荣发展，省文化厅启动浙江曲艺保护振兴系列活动。联合中国艺术研究院曲艺研究所、中国说唱文艺学会主办首届“中国浙江·全国曲艺传承发展论坛及观摩交流展演”暨“中国浙江（杭州）·全国曲艺大书（评书评话）传承发展论坛及观摩交流展演”。组织全国范围内具有代表性的老中青三代评书评话艺术家进行“名家示范”“新秀展示”“浙江新人”“传承中坚”4个专场交流演出。举办“振兴浙江曲艺”启动仪式，表彰曲艺专家，发布振兴浙江曲艺倡议书，组织浙江曲艺专场展演，进行科研教学基地授牌以及进校园、社区(企业)、农村文化礼堂浙江曲艺"三进"授旗等。举办中国浙江(杭州)·全国曲艺大书(评书评话)传承发展论坛,邀请专家学者和评书评话保护项目非遗机构负责人,交流研讨曲艺大书(评书评话)的传承发展之计,在全国曲艺界引起较大反响。在全省各地开展曲艺进校园、社区(企业)、农村文化礼堂"三进"活动。组织所有曲艺类省级非遗项目开展专题会演,全面展示项目保护现状,召开座谈会交流曲艺项目保护振兴大计。

(省文化厅非遗处)

特 辑

ZHEJIANG CULTURE YEARBOOK

2017年省级文化系统工作总结表彰部署会议、省级文化系统党风廉政建设工作会议

【概况】 2月4日，省文化厅在浙江图书馆组织召开省级文化系统工作总结表彰部署和党风廉政建设工作会议。省文化厅党组书记、厅长金兴盛做工作报告，厅党组成员、副厅长、厅直属机关党委书记黄健全做2016年履行党风廉政建设主体责任的有关情况和2017年主要任务的工作报告，厅党组成员、驻厅纪检组组长端木义生做党风廉政建设监督工作专题讲话。会议由厅党组副书记、副厅长陈瑶主持。厅领导褚子育、黄健全、端木义生、蔡晓春、刁玉泉、李莎、任群，省文化厅、省文物局机关全体工作人员和厅属各单位领导班子成员参会。

会议认为，2016年省级文化系统把握机遇、勇于担当、砥砺前行，各项工作取得新成效。G20杭州峰会和第三届世界互联网大会两大服务保障任务出色完成，文化系统全力承担的5项G20杭州峰会保障服务任务得到了高度评价；公共文化服务"三项试点"顺利通过文化部验收，其中公共文化服务标准化和基层综合性文化服务中心建设试点工作被文化部作为成功示范予以宣传推广；艺术创作成果丰硕，36个项目入选国家艺术基金2016年度资助项目；文化遗产保护成效明显，良渚古城遗址申遗等工作扎实推进，包括浙江省4个保护单位在内的二十四节气入选人类非遗代表作目录；文化产业和文化市场持续发展，在全国率先试行文化市场黑名单管理制度；对外和对港澳台文化交流有声有色，有关活动受到国务院副总理刘延东和文化部部长雒树刚的充分肯定；文化人才培养呈现新局面，浙江音乐学院获批建立并成为硕士学位授予单位，浙江艺术职业学院成立了全国首家省级公共文化管理学院，培训基层文艺骨干2万余人次；重大文化设施建设加快推进，中国丝绸博物馆改扩建项目和浙江美术馆改造项目顺利完成并投入使用，浙江自然博物园核心馆区建设工程主体结构结顶，浙江小百花艺术中心项目土建工程基本结束，之江文化中心项目前期工作扎实开展；党的建设与党风廉政建设明显加强，全面从严治党各项要求得以有效落实。

会议指出，2017年是党的十九大和省第十四次党代会召开之年，也是推进文化强省建设的重要一年。要以坚定的文化自信认真落实各项目标任务。各级要准确把握当前浙江文化建设所处的历史方位，切实增强政治自觉、服务自觉、改革自觉、发展自觉和廉政自觉，更好地为全省经济社会发展和全国文化事业发展做出应有的贡献。会议强调，全面从严治党工作，是"四个全面"战略布局的重要组成部分，是以习近平同志为核心的党中央治国理政最鲜明的特征。党的十八届六中全会和省委十三届十次全会对全面从严治党做出了重要部署，各级要保持政治定力，坚持严字当头，在治标和治本上下功夫，在从严和从实上下功夫，在落细和落小上下功夫，持续深入地抓好党风廉政建设。

会议表彰了2016年度先进单位(处室)和个人，金兴盛与厅属单位主要负责人签订《省级文化系统党风廉政建设2017年度责任书》和《2017年度省级文化系统社会治安综合治理和安全生产、消防安全责任书》。

(省文化厅办公室
省文化厅直属机关党委)

在2017年省级文化系统工作总结表彰部署会议、省级文化系统党风廉政建设工作会议上的讲话

省文化厅党组书记、厅长　金兴盛

（2017年2月4日）

春节刚过，我们就召开省级文化系统干部大会，首先，我代表厅党组给大家拜个晚年，祝大家在新的一年里，身体健康，工作顺利，万事如意！刚才厅党组与厅属单位签订了党风廉政建设责任书、社会治安综合治理和安全生产、消防安全责任书，并对2016年考核优秀的单位、处室和个人进行了表彰。在此，我代表厅党组对受表彰的先进集体和先进个人表示祝贺，希望你们在新的一年里再接再厉、再创佳绩，也希望其他单位和同志向先进学习，共同开创浙江文化发展新局面。刚才，健全副厅长和端木组长分别就党风廉政建设主体责任和监督责任做了很好的讲话，表明了厅党组加强党风廉政建设的坚强决心，大家认真抓好落实。下面，我代表厅党组，讲三方面意见。

一、充分肯定2016年工作取得的成绩

过去一年，是很不寻常、很不平凡的一年，也是令我们自豪、令我们难忘的一年。省级文化系统把握机遇、勇于担当、砥砺前行，打了不少主动仗、漂亮仗。

一是G20杭州峰会和第三届世界互联网大会两大服务保障任务出色完成。G20杭州峰会是近年来我国主办的级别最高、规模最大、影响最深远的国际盛会。省级文化系统全力以赴完成5项保障服务任务：1.浙江交响乐团、浙江音乐学院积极承担G20杭州峰会国宴伴奏演出，精彩的演出受到各国元首的高度赞扬；浙江小百花越剧团、浙江京剧团、浙江昆剧团的青年演员还参加了领导人配偶伴宴演出。2.积极参与“最忆是杭州”峰会文艺晚会，浙江小百花越剧团茅威涛、浙江歌舞剧院刘福洋、浙江艺术职业学院舞蹈系61名学生、浙江音乐学院“八秒”合唱团等积极参与演出，为晚会成功举办做出了重要贡献。3.中国丝绸博物馆等文化交流点推出了一系列特展以及互动项目，深受G20杭州峰会领导人配偶团喜爱；浙江美术馆、浙江自然博物馆、省博物馆等在峰会期间也推出了特色展览，受到观众好评。4.从省级文化系统抽调优秀外事干部，组建接待礼宾小组，全方位做好阿根廷政要团的接待工作，得到了高度评价。5.发动全省文化市场执法力量投入一线，并与文化部市场司联合开展“浙江及毗邻地区G20峰会文化市场安全保障工作”，形成了安全“护城河”。此外，省属文艺院团精心组织推出了“喜迎G20浙江省舞台艺术精品系列专场演出”，浙江音乐学院“八秒”合唱团录制了热门作品《杭州欢迎你》，为峰会工作营造良好文化氛围。全省文物系统组织开展文物安全大排查大整治专项行动。省文化信息中心开展网站安全守护行动。省非遗保护中心参与G20杭州峰会萧山国际机场贵宾楼会客厅艺术品陈设工作。文化系统在峰会服务工作中付出了巨大艰辛，也获得了重大荣誉。习总书记赞扬“文艺演出精彩纷呈，向世界展示了中国精神、中国力量”，夏宝龙、车俊、葛慧君、赵一德等多位省领导做出批示表扬。省级文化系统还积极主动参与第三届世界互联网大会，浙江京剧团与浙江艺术职业学院等单位精心组织创排中国戏曲艺术秀“国色天香”，浙江交响乐团承担欢迎晚宴伴宴演出等等，为大会的成功举办做出了积极贡献。

二是公共文化服务有效提升。公共文化服务“三项试点”顺利通过文化部验收，得到文化部验收组的充分肯定。其中，公共文化服务标准化和基层综合性文化服务中心建设试点工作被文化部作为成功示范予以宣传推广；全省各设区市改革满意度评估显示，农村文化礼堂满意度位居第二。10个公共文化服务重点市县建设整体推进。我省“一市两项目”被命名为第二批国家公共文化服务体系示范区（项目）。配

合省政府办公厅印发了《关于推进基层综合性文化服务中心建设的实施意见》《关于政府向社会力量购买公共文体服务的实施意见》。省文化馆积极指导各地加强群文艺术精品创作、提升群文活动品牌、推广文化志愿服务活动，宁波市海曙区舞蹈《阿婶合唱团》获第十七届“群星奖”，我省有一批单位和项目被文化部列为文化志愿服务典型。浙江图书馆组织开展了全省公共图书馆全民阅读节十大系列活动，为广大群众献上了“阅读盛宴”。

三是艺术创作成果丰硕。加大创作扶持力度，面向全国实施优秀剧本政府采购计划，全省文艺创作日益活跃。我省共有36个项目入选国家艺术基金2016年度资助项目，较上一年增长20%；昆剧《大将军韩信》、越剧《二泉映月》、话剧《凤凰》3台剧目参加第十一届中国艺术节。两者数量均居全国第一方阵。越剧《吴越王》入选文化部2016年度剧本扶持工程。围绕庆祝中国共产党成立95周年、纪念红军长征胜利80周年两大节点，创作排演交响乐《长征组歌》、京剧《大渡河》等，成功举办了大型专场文艺演出和交响音乐会，并组织话剧《谁主沉浮》全国巡演，营造了良好社会氛围。浙江歌舞剧院有限公司重新创排了舞剧《王羲之》，并积极开拓演出市场，去年演出收入比上一年度翻了一番。加强戏曲保护传承，《省政府办公厅关于支持戏曲传承发展的实施意见》正式印发，精心举办了省第十三届戏剧节、纪念越剧110周年诞辰和浙江昆剧团《十五贯》晋京演出60周年等活动，我省地方戏曲剧种普查工作进度列全国第一方阵。浙江美术馆发挥国家重点美术馆的引领示范作用，被中宣部等七部委评为“全国公共文化设施开展学雷锋志愿服务首批示范单位”。省文化艺术研究院启动了文化智库建设。

四是文化遗产保护成效明显。配合召开全省文物工作会议。认真贯彻习近平总书记关于良渚古城遗址保护和申遗工作的重要批示精神，扎实推进良渚古城遗址、“海上丝绸之路”申遗工作。全面完成了第一次全国可移动文物普查数据登录、审核、上报工作。传统村落保护利用工作持续开展。泰顺受灾廊桥抢救与修复工作迅速展开。“良渚古城外围水利系统”考古发掘项目获全国十大考古新发现。省博物馆和浙江自然博物馆获全国博物馆十大陈列展览精品奖。浙江自然博物馆通过众筹形式举办了鸡年贺岁展，《中国文物报》对此给予了大篇幅的报道。省文物监察总队被中宣部、司法部授予“六五”普法先进集体称号。中国丝绸博物馆、省古建研究院获国家文物局“十二五”文物保护科技创新奖二等奖。省文物鉴定审核办编制的7项文物出境审核标准成为国标。二十四节气入选人类非遗代表作目录，我省4个保护单位在列。认真组织第五批省级非物质文化遗产代表性项目评审和第五批国家级非遗传承人申报工作。实施非遗传承人群研修培训计划。命名了第三批浙江省传统戏剧之乡，开展了“浙江好腔调”系列展演活动。完成了首批10位国家级非遗代表性传承人抢救性记录工作。积极振兴传统工艺，成功举办了第八届浙江·中国非物质文化遗产博览会等大型展览，命名了第二批省级非遗生产性保护基地。

五是文化产业和文化市场持续发展。部署推动历史经典产业和特色小镇建设，制定实施《关于加快推进特色小镇文化建设的若干意见》，召开全省特色小镇文化建设现场会。指导支持第11届中国（义乌）文交会转型升级，实现洽谈交易额52.04亿元。组织认定17家文化企业为省文化产业示范基地。宁波市被列入第一批国家文化消费试点城市。动漫产业标准化通过省级地方标准立项。3个文化项目被列入省重大科技项目。加强文化市场培育，推动文化娱乐行业转型升级，积极扶持民营文艺表演团体发展。进一步提升文化市场管理，在全国率先试行文化市场黑名单管理制度，制定《浙江省文化市场突发事件应急处置预案（试行）》，推行文化市场“双随机”抽查监管，启动全省文化市场综合执法指挥和监控中心建设。新远集团稳健拓展主业，新远影城有了新布局。

六是对外和对港澳台文化交流有声有色。积极参与国家文化外交活动，赴“一带一路”沿线国家埃及、卡塔尔举办文化交流活动，国务院副总理刘延东和文化部部长雒树刚出席了相关活动并给予充分肯定。2016年我省参加“欢乐春节”活动组派团队规模、出访国家范围居历年之最。支持宁波市举办了“东亚文化之都”系列活动。举办了“新西兰·美丽浙江文化节”“澳大利亚·美丽浙江文化节”和“第十届台湾·浙江文化节”。指导支持汤显祖—莎士比亚逝世400周年纪念系列活动，其中，浙江小百花越剧团专门创排了《寇流兰与杜丽娘》到欧洲巡演。3个项目入选文化部对港澳文化交流重点项目。

七是文化人才培养呈现新局面。浙江音乐学院正式获批建立，获得了硕士学位授予单位，浙江音乐学院附中建设获批准，被正式纳入全国30所独立设置本科艺术院校艺术类专业招生序列，省政府与文化部签订省部共建协议。浙江艺术职业学院围绕中心、服务大局，紧扣省委、省政府和省文化厅中心工作，积极主动发挥自身优势，积极创新教学改革，成立了全国首家省级公共文化管理学院，《新一代戏曲传承人群培养的"三联模式"》获省级教学成果奖一等奖，赵松庭纪念馆暨赵松庭笛子艺术教育研究所建成开馆。加强艺术人才培养，举办了第3期全省中青年创作人才(导演)高级研修班、"新松计划"全省青年舞蹈演员大赛，实施第3期全省中青年编剧扶持计划。新实施了浙江省文化创新团队培育项目、浙江省文化艺术紧缺人才培养深造项目。深入实施了基层文化队伍素质提升工程，培训基层文艺骨干2万余人次。

八是重大文化设施建设加快推进。中国丝绸博物馆改扩建项目和浙江美术馆改造项目顺利完成并投入使用。浙江自然博物园核心馆区建设工程土建工程主体结构结顶，同步推进展陈设计和展品征集工作。浙江小百花艺术中心项目土建工程基本结束。浙江省之江文化中心项目已经完成了地块征迁、总体规划及城市设计方案竞赛、评选等前期工作。浙江话剧艺术剧院、浙江音乐厅等一批改造项目均有不同程度的进展。

九是党的建设与党风廉政建设明显加强。扎实开展"两学一做"学习教育。召开省级文化系统第九次党代会。省委和省纪委向省文化厅派驻了纪检组，纪检组进驻文化厅以来，深入调研、积极履职、主动作为，有力助推了省级文化系统党风廉政建设。健全党务和纪检干部队伍，明确50人以上单位至少要配备一名以上专职党务纪检干部。加强廉政教育，召开了省级文化系统干部警示大会、厅属单位"一把手"党风廉政建设工作会议、新提任处级干部集体廉政谈话会，每周以"廉言纪语"向厅管干部发送廉政短信。制定了《省级文化系统行政事业单位内部控制建设实施方案》《省级文化系统招投标"黑名单"管理办法》等制度。加强干部队伍监督管理，推动干部能上能下。坚持厅属单位"一把手"工作交流例会制度，对15家单位进行内部审计和专项审计。厅党组向省纪委报送了《开创省级文化系统党风廉政建设与反腐败工作新局面》的报告，得到了省纪委书记任泽民的批示肯定。

在肯定成绩的同时，我们也要清醒地看到，省级文化系统还存在着不少问题与困难：有的单位(处室)对党建工作不够重视，没有严格落实全面从严治党的各项要求，党风廉政建设存有漏洞；有的单位(处室)抓工作缺乏系统性和计划性，没有很好地把握工作进度，导致预算执行过慢，这也从一个方面反映了我们的执行力还不够强；有的单位(处室)视野不够开阔，对全省面上工作的指导与推动不够；有的干部纪律意识不强，执行作风建设规定和纪律要求不严格；有的干部主动作为意识不强，主动谋划、改革创新不够，对工作缺乏深层次的思考。对这些问题，我们要高度重视，采取有力措施认真加以解决。

二、准确把握当前浙江文化建设所处的历史方位

夏宝龙书记在省委十三届十次全会上指出，清醒地认识和把握浙江当前所处的历史方位，是全省上下的一项重大政治任务。只有把浙江文化的历史方位认识清了、把握准了，我们才能找准行动坐标，锚定前进方向，更好地为全省经济社会发展和全国文化事业发展做出应有的贡献。可以从三个维度来看当前浙江文化的历史方位。

第一，从机遇看，当前的浙江文化建设正挺立在"坚定文化自信、实现中华民族伟大复兴"的时代发展浪潮上。党的十八大以来，以习近平同志为核心的党中央高度重视文化建设，对文化改革发展做出许多具有深远意义的重大战略部署。特别是党的十八大以来，习总书记曾在多个场合提到文化自信，传递出他的文化理念和文化观。在2014年2月24日的中央政治局第十三次集体学习中，他提出要"增强文化自信和价值观自信"。之后的两年间，他又对此有过多次论述："增强文化自觉和文化自信，是坚定道路自信、理论自信、制度自信的题中应有之义。""中国有坚定的道路自信、理论自信、制度自信，其本质是建立在5000多年文明传承基础上的文化自信。"2016

年5月和6月，他又连续两次对文化自信加以强调，指出“我们说要坚定中国特色社会主义道路自信、理论自信、制度自信，说到底是要坚定文化自信”。在庆祝中国共产党成立95周年大会上的讲话中，习近平对文化自信特别加以阐释，指出“文化自信，是更基础、更广泛、更深厚的自信”。其语境更为庄严，观点更为鲜明，态度更为坚决，传递出这既是文化理念又是指导思想。这些重要思想和论断，是习近平总书记治国理政科学理论体系的重要组成部分，是对文化建设实践经验的深刻总结，系统科学地回答了一个拥有5000多年文明史的国家如何从文化大国走向文化强国，描绘了中国特色社会主义文化发展的美好愿景，充分反映了我们党对文化发展规律的深刻把握，把中国特色社会主义文化建设理论推向了新的时代高度，也为浙江文化建设提供了理论指导和行动指南，注入了发展动力。

第二，从纵向看，当前的浙江文化建设正站在全面建成文化强省的关键节点上。省委、省政府在“十三五”发展规划中明确提出要努力建成文化强省。全面建成文化强省就是要加快建立科学有效的文化治理体系与运行机制，打造具有全国影响力的文艺精品创作基地和文化人才培育高地，建成高水平的现代公共文化服务体系、现代文化市场体系、现代文化产业体系和中华优秀传统文化传承体系，构建多渠道、宽领域、多形式、多层次的对外文化工作格局，形成文化更加主动服务群众、服务大局的生动局面。我们要按照既定的目标，翻篇归零、扬鞭奋蹄，坚定敢为人先、勇立潮头的步伐，着力补短板、促转型、抓提升，一步一个脚印快步向前走，一年一个台阶抓紧向上迈，力争在全国率先建成文化强省。

第三，从横向看，当前的浙江文化正奔跑在“干在实处、走在前列”的跑道上。近几年，浙江文化建设取得了长足的进步，无论是公共文化设施的数量还是公共文化产品的质量，无论是文化产业的规模还是文化市场的秩序，无论是传统文化的保护传承还是当代文化的创新创造，无论是对外文化交流还是内部发展均衡性，无论是文化工作体制机制还是文化干部队伍的能力活力，都整体走在全国前列，多项工作成为全国试点，多次得到文化部领导的表扬。在上个月的全国文化厅局长会议上，我代表浙江省文化厅做了典型发言，得到了部领导的充分肯定。同时，我们应该清晰地认识到当前我们是“奔跑”在全国的第一方阵。对照总书记的要求，要自我加压，进一步拉高标杆，努力变“奔跑”为“领跑”，进一步扩大浙江文化发展优势。

三、以坚定的文化自信认真落实今年各项目标任务

今年是党的十九大和省第十四次党代会召开之年，也是推进文化强省建设的重要一年。车俊省长在今年的政府工作报告中，针对文化建设予以较大篇幅的论述，这也赋予了我们文化系统动力与压力。做好今年工作要切实增强“五个自觉”。

一要增强政治自觉。今年，党的十九大和省第十四次党代会将胜利召开，这是全国、全省政治生活中的大事。文化系统是意识形态工作相关的重要部门，尤其要以更加饱满的热情、昂扬的姿态、一流的作为迎接两个重要会议的胜利召开。一是要做好思想准备。要加强对干部的教育，深入学习习总书记系列重要讲话精神，全面领会贯彻习总书记治国理政新理念、新思想、新战略，真正用马克思主义中国化的最新成果武装头脑、指导实践、推动工作。特别是要牢固树立政治意识、大局意识、核心意识、看齐意识，自觉在思想上、政治上、行动上同以习近平同志为核心的党中央保持高度一致。二是要做好管理准备。经验表明，随着重要政治会议的临近，各种杂音噪音往往会多起来，意识形态领域的斗争往往会激烈起来，省级文化系统各单位（处室）要切实担当起做好意识形态工作的责任，坚持文化产品的正确政治方向；加强各类文化阵地管理，做好对论坛、讲座等的审核把关；强化文化市场监管，确保在意识形态方面不出问题。同时要加强安全管理，深入排查各类安全隐患，切实抓好整改，确保不发生安全生产事故。三是要做好宣传准备。要充分发挥文化系统的优势，加强主题创作，谋划、组织好文艺演出和展览等活动，努力在全社会营造昂扬向上的文化氛围。四是要做好工作准备。在这特殊的一年，要增强自信、开足马力，争取喜讯不断、捷报频传，以漂亮的成绩单迎接党的十九大和省第十四次党代会的胜利召开。

二要增强服务自觉。首先，要更加积极地为国家外交大局服务。承办好第三届中国—中东欧国家文化合作部长论坛和文化季

活动，承办好第十五届亚洲艺术节，赴俄罗斯等21个国家实施海外“欢乐春节”活动，支持宁波市建设保加利亚索非亚中国文化中心。其次，要更加主动地为省委、省政府中心工作服务。要围绕“五水共治”“三改一拆”、特色小镇建设等工作，进一步找准工作切入点，做出文化部门的积极贡献。再次，要更加高效地为人民群众服务。以学习贯彻《公共文化服务保障法》为契机，推动公共文化服务标准化、均等化、社会化、效能化和法治化建设，为我省率先建成现代公共文化服务体系打好基础。进一步完善和大力落实浙江省基本公共文化服务标准化体系；实施公共文化服务重点市县及薄弱乡村文化建设“十百千”工程，开展第二轮10个重点市县的筛选和建设，提升100个薄弱乡镇（街道）、1000个薄弱村（社区）的文化建设。推进向社会力量购买公共文化服务，鼓励各种社会力量提供公共文化服务，拓宽社会力量“办文化”路径；全面推进公共文化服务效能建设，提升公共文化服务的针对性与有效性；配合省人大出台《浙江省公共文化服务保障条例》。

三要增强改革自觉。改革是发展的持久动力，要切实增强全面深化改革的自觉性执行力。首先，要增强改革的系统性。要实现全面建成文化强省目标，必须要与推进改革协调起来，靠改革破除一切妨碍科学发展的思想观念和体制机制弊端，构建系统完善、科学规范、运行有效的文化治理体系，持续不断地聚合文化发展的正能量。其次，要增强改革的整体性。我们的目标是实现文化系统整体发展，因此文化系统的改革不能“避之躲之”，也不能“单兵突进”，要通过调研进一步明确各领域深化改革的方向和重点，形成各领域改革系统设计、整体谋划、协同推进的生动局面。再次，要增强各领域改革之间的协同性。今年要做好文化部三项改革试点的提质扩面。制定实施《关于推进文化事业单位法人治理结构建设工作的指导意见》。谋划成立浙江剧院管理中心和全省剧院联盟。推进浙江小百花越剧团吸引民营资本组建“百越文化创意有限公司”。深化文化市场综合执法改革，建设全省文化市场指挥监控中心。完成浙江省古建筑设计研究院体制改革工作。

四要增强发展自觉。当前浙江文化所处的历史方位，决定了我们要加快发展、率先发展。首先，要大力繁荣文艺精品创作生产。围绕党的十九大、建军90周年、香港回归祖国20周年、改革开放40周年、新中国成立70周年、中国共产党成立100周年等重要节点，谋划创作一批文艺精品，精心打磨好申报参评全国第十四届精神文明建设“五个一工程”奖和参加文化部第三届中国歌剧节的重点项目。其次，要抓好文化产业和文化市场转型发展。要抓住省委、省政府将文化产业确定为万亿级产业的发展契机，持续推动义乌文交会等文化产业展会转型升级。建设文化产业综合服务平台。做好国家文化消费试点经验总结推广。推动相关历史经典产业发展和特色小镇建设。推动文化创意产品开发试点单位开展相关工作。促进文化市场转型升级。再次，要加强文化遗产保护利用。贯彻落实省政府《关于进一步加强文物工作的实施意见》。推进良渚古城遗址申遗等重点工作。开展第八批全国重点文保单位申报推荐工作。推进传统村落保护利用工作。完善全省博物馆运行评估体系，促进博物馆馆际间藏品资源的整合共享。深入实施文物平安工程。研究制定《浙江省非物质文化遗产代表性项目管理办法》《浙江省振兴传统工艺实施意见》，组织好“文化和自然遗产日”系列活动，举办第九届浙江·中国非物质文化遗产博览会和“非遗薪传”系列活动。组织开展非遗代表性传承人抢救性记录工作。深化传统戏剧保护振兴，推动曲艺项目的传承保护。第四，要强化文化人才培养。推进浙江音乐学院、浙江艺术职业学院学科建设和人才培养模式改革，使科研创作能力和教育教学水平明显提升。深入实施“新松计划”等一系列人才培育品牌项目，谋划建立文博人才培养“新鼎计划”。第五，推进重大文化设施建设。扎实推进浙江省之江文化中心建设，争取浙江自然博物园核心馆区、浙江小百花艺术中心项目全部建成并试运行，全力协调推进浙江话剧团艺术剧院、浙江音乐厅等改造提升项目，谋划推进九莲文化中心建设工作。

五要增强廉政自觉。全面从严治党，是“四个全面”战略布局的重要组成部分，是以习近平同志为核心的党中央治国理政最鲜明的特征。党的十八届六中全会和省委十三届十次全会对全面从严治党做出了重要部署，我们要保持政治定力，坚持严字当头，持续深入地抓好党风廉政建设。下面我就各级党组织如何履行从严治党主体责任再提几点要求。首先，要在治标和治本上下功夫。近年来，我们大力加强党风廉政建设，应该说治标问题上已经取得了一定的成效，今年要将重点放在治本上。第一要武装脑袋。除了自学以外，要从加强支部学习入手，提高学习成效，重点学好近年来新出台的一系列党规党纪和十八届中央纪委七次全会、省纪委十三届六次全会精神等。要加强教育，着眼于问题的思想根源，加强干部警示教育，坚持廉政谈话制度，筑牢思想之堤，补足精神之钙。第二要扎牢"篱笆"。近年来我们制定了许多制度，但是一些制度还处于休眠状态，因此要在制度执行上下功夫，同时对一些可能出现廉政风险的工作领域要研究制定新制度，充分发挥制度的威慑作用。第三要完善机制。要完善和形成一整套行之有效的工作程序和工作规则，使各项工作有机联系、有效运转。其次，要在从严和从实上下功夫。要突出"会风严肃，作风务实，党风清正"这个目标，从严从实抓好各项工作。第一要突出"实"字，抓好基层党建，努力发挥基层党组织政治核心、党员干部带头示范、基层党组织监督三大作用。第二要围绕"狠"字，抓干部队伍建设，狠抓作风、狠抓纪律、狠抓监督，真正打造文化铁军。驰而不息地抓好"四风"问题整治，严肃纠正和处理办公用房超标、利用公职干私活、重大事项不报告或报告不实、公车私用等问题。第三要紧扣"严"字，抓责任落实，着力解决责任递减问题、意识不强问题和问责不力问题。再次，要在落细和落小上下功夫。第一要抓早防，关口前移，运用好监督执纪"四种形态"。第二要抓小事。俗话说：积羽沉舟，群轻折轴。纪律作风无小事。要从平时的小事做起，注意每一个生活小节。第三要抓细节。我们不能只顾对重大工程、重大项目、重大招投标的管理，也要加强对乐器采购、公车使用等的细节管理。最后，要在抓常和抓长上下功夫。要从日常工作抓起，建立长效机制，不能紧一阵松一阵，防止运动式管理，确保党风廉政建设常抓不懈。要不折不扣地执行中央和省委的法规和规定。要抓好制度的落实，让制度的威力永不休眠。要抓好制度创新，今年要建立巡查制度，厅直属机关党委(机关纪委)和人事处要选定几个单位开展巡察，及时发现问题，及时督促整改。

同志们，新年新起点、新气象。让我们按照习总书记提出的"秉持浙江精神，干在实处、走在前列、勇立潮头"新要求，准确把握当前我省文化工作所处的历史方位，进一步坚定文化自信，撸起袖子加油干，以优异的成绩迎接党的十九大和省第十四次党代会的胜利召开。

2017年全省文化广电新闻出版局长会议

【概况】 2月9日至10日，省文化厅组织召开2017年全省文化广电新闻出版局长会议。会议深入贯彻习近平总书记系列重要讲话精神，深入贯彻中央和省委、省政府近年来关于文化建设的重大决策部署，深入贯彻全国宣传部部长会议、全国文化厅局长会议和全省宣传思想工作会议精神，总结2016年工作，部署2017年重点任务。厅党组书记、厅长金兴盛在会上做工作报告。厅党组副书记、副厅长陈瑶主持会议并做总结讲话，厅领导褚子育、黄健全、柳河、端木义生、刁玉泉、叶菁、李莎、任群，各市、县(市、区)文化广电新闻出版局局长，省文物局副局长，省文化厅、省文物局机关各处室、驻厅纪检组和厅属各单位主要负责人出席会议。

2016年，全省文化系统以习近平总书记系列重要讲话精神为指引，以开展"两学一做"学习教育、推进全面从严治党为动力保障，以创建全国文化发展示范区为目标，抓重点、推改革、补短板，实现了"十三五"良好开局。一是服务大局求作为。出色完成G20杭州峰会和第三届世界互联网大会等重大活动的服务保障任务，成功举办了庆祝中国共产党成立95周年、纪念红军长征胜利80周年等系列文化活动。二是谋划政策求长效。较早制定实施《浙江省文化发展“十三五”规划》，配合出台了《关于推进基层综合性文化服务中心建设的实施意见》等多个政策性文件。三是改革创新求突破。公共文化服务“三项试点”工作通过文化部验收，其中公共文化服务标准化和基层综合性文化服务中心建设试点工作被文化部作为成功示范予以宣传推广；积极创新艺术创作市场机制、戏曲保护传承机制；深化文化市场综合执法体制改革。四是促进转型求发展。推动中国义乌文交会由以政府推动为主向以市场驱动为主转型，宁波市被列入第一批国家文化消费试点城市，文化领域3个项目入选省重大科技项目；推动文化遗产工作由重申报向重保护、重利用转变。五是夯实基础求保障。浙江音乐学院正式获批建立，浙江艺术职业学院成立全国首家公共文化管理学院，深入打造“新松计划”和“耕山播海”等基层文化人才培养品牌；完成首批10位国家级非遗代表性传承人抢救性记录工作；持续实施《省级重大文化设施建设“四个一批”规划》，中国丝绸博物馆改扩建项目、衢州中国儒学馆等一批重大文化设施建成投用或正在推进建设；扎实开展“两学一做”学习教育，推进全面从严治党各项工作。

金兴盛指出，2017年，全省文化系统要以习近平总书记系列重要讲话精神为指引，紧紧围绕加快建设文化强省、创建全国文化发展示范区的奋斗目标，坚定文化自信，准确把握当前浙江省文化工作所处的历史方位，着力推动全省文化建设勇立潮头。一要以更实的举措“惠民生”。以《公共文化服务保障法》3月1日实施为契机，加快推进公共文化服务标准化、均等化、效能化、社会化、法治化，为浙江省率先建成现代公共文化服务体系打好基础。二要以更大的力度“推改革”。做好公共文化服务标准化、基层综合文化服务中心建设、公共文化机构法人治理结构三项文化部改革试点的提质扩面；制定实施《关于推进文化事业单位法人治理结构建设工作的指导意见》。三要以更远的谋划“抓项目”。加强文艺精品创作重点项目的谋划、储备与落实。办好第三届中国—中东欧国家文化合作部长论坛、第十五届亚洲艺术节等对外和对港澳台文化交流重点项目。持续推进良渚古城遗址申遗等重点项目。推进之江文化中心等重大文化设施项目建设。四要以更广的视野“促融合”。树立“文化+”理念，推动文化与旅游、科技、制造、教育等行业的融合，进一步拓展文化发展空间。五要以更准的路径“补短板”。实施公共文化服务重点市县及薄弱乡村文化建设“十百千”工程，开展第二轮10个重点市县的筛选和建设，提升100个薄弱乡镇(街道)、1000个薄弱村(社区)的文化建设，补齐公共文化服务短板。

金兴盛强调，要主动适应新形势、新使命、新要求，努力打造坚定清醒、敢于担当、勇争一流的文化铁军，以一流的队伍、一流的系统创造一流的业绩，加快推动文化强省建设。一要牢固树立“四个意识”，切实履行全面从严治党责任。二要准确把握当前浙江文化发展所处的历史方位，树立勇立潮头的信心。三要加强统筹协调，凝聚最大的发展合力。四要狠抓工作落实，确保高质量完成各项目标任务。金兴盛同时要求全省文化系统要进一步坚定文化自信，把握新方位，抓住新机遇，谱写新篇章，努力做到“秉持浙江精神，干在实处、走在前列、勇立潮头”，以优异的成绩迎接党的十九大和省第十四次党代会的胜利召开。

会上，杭州、宁波、温州、海宁、绍兴柯桥区、东阳、龙游等7家文化广电新闻出版局的负责人做了典型交流发言。全体与会代表分为5个小组进行交流，大家一致认为，会议主题鲜明、安排紧凑、会风清新，达到了总结工作、明确任务、凝聚共识和加油鼓劲的目的。通过分组讨论交流，代表们深化了认识，明确了方向，并结合各自实际分享了经验，提出了推进全省文化改革发展的意见和建议。

(省文化厅办公室)

在2017年全省文化广电新闻出版局长会议上的讲话

省文化厅党组书记、厅长　金兴盛

（2017年2月9日）

这次全省文化广电新闻出版局长会议的主要任务是，深入贯彻习近平总书记系列重要讲话精神，深入贯彻中央和省委、省政府近年来关于文化建设的重大决策部署，深入贯彻全国宣传部部长会议、全国文化厅局长会议和全省宣传思想工作会议精神，总结2016年工作，部署2017年重点任务。

下面，我代表省文化厅党组讲几点意见。

一、关于2016年文化工作

过去一年，是文化自信提升到新高度的重要之年。党的十八大以来，以习近平同志为核心的党中央高度重视文化建设，对文化改革发展做出了许多具有深远意义的重大战略部署。习近平总书记从统筹推进“五位一体”总体布局和协调推进“四个全面”战略部署的高度，在全国宣传思想工作会议、文艺工作座谈会和庆祝中国共产党成立95周年等重要大会上全面系统地阐述了新形势下文化建设的一系列具有方向性、根本性的重大问题，进一步明确了新时期文化建设的历史地位、历史使命、根本性质和根本立场。特别是习总书记在道路自信、理论自信、制度自信的基础上提出了文化自信，指出“文化自信是更基础、更广泛、更深厚的自信”。这些重要思想和论断充分体现了我们党对社会主义文化重要地位和特殊作用的理性认识，是新的历史条件下党中央治国理政新理念、新思想、新战略的重要体现，使广大文化工作者倍增信心、备受鼓舞，也赋予了我们更高的使命与更大的挑战。

过去一年，是文化领域制度供给持续改善之年。《中华人民共和国公共文化服务保障法》正式颁布，这是我国文化领域一部重要的综合性、全局性、基础性法律，首次以法律形式明确各级政府公共文化服务的责任。文化部会同全国人大常委会法工委对各省贯彻落实《中华人民共和国非物质文化遗产法》情况进行大检查，督促各地切实履行非遗保护法律责任。全国文物工作会议召开，习近平总书记、李克强总理分别对文物工作做出指示、批示，国务院出台《关于进一步加强文物工作的指导意见》，明确新时期文物工作的指导思想、目标任务、政策措施，在新的历史起点上部署推动文物工作再上新台阶。中央全面深化改革领导小组审议通过了《关于进一步加强和改进中华文化走出去工作的指导意见》《关于加强文化领域行业组织建设的指导意见》等政策性文件，对文化走出去等工作加强顶层设计和战略部署。中办、国办印发了《关于进一步深化文化市场综合执法改革的意见》《关于推动文化文物单位文化创意产品开发的若干意见》等一批重要文件，文化部也制定了《艺术品经营管理办法》《文化志愿服务管理办法》《“一带一路”文化发展行动计划》等重要规章和重要文件，文化政策环境持续改善，文化投入稳中有增。

过去一年，是浙江文化工作整体推进之年。全省文化系统以习近平总书记系列重要讲话精神为指引，以开展“两学一做”学习教育、推进全面从严治党为动力保障，以创建全国文化发展示范区为目标，抓重点、推改革、补短板，实现了“十三五”良好开局。

一是服务大局求作为。G20杭州峰会是近年来我国主办的级别最高、规模最大、影响最深远的国际盛会，我省文化系统出色完成5项服务保障任务：浙江交响乐团、浙江音乐学院承担的G20杭州峰会国宴伴奏演出得到各国元首和领导人高度赞扬；杭州市承办的“最忆是杭州”峰会文艺晚会惊艳全球；中国丝绸博物馆等文化交流点的中华传统文化交流深受G20杭州峰会领导人配偶团喜爱；省文化厅对口接待阿根廷政要团得到高度评价；全省文化市场综合执法力量全部下沉第一线，并与文化部市场司联合开展“浙江及毗邻地区G20峰会文化市场安全保障工作”，形成了安全“护城河”。此外，全省文物系统开展了文物安全大排查大整治专项行动。省属文艺院团联合推出“喜迎G20　浙江省舞台艺术精品系列专场演出”，各地各单位也推出了一系列专题文化活动，为峰会营造了良好文化氛围。习总书记赞扬G20杭州峰会文艺演出精彩纷呈，向世界展示了中国精神、中国力量。

过去一年，文化系统还积极参与第三届世界互联网大会，精心组织创排中国戏曲艺术秀《国色天香》，承担欢迎晚宴伴宴演出，配合文化部举办互联网文化论坛，为第三届世界互联网大会的成功举办贡献了文化力量。立足服务国家外交大局和祖国统一大业，积极参与我国与“一带一路”沿线重点国家埃及、卡塔尔两国开展的国家文化年活动，赴12个国家举办海外“欢乐春节”演出，赴欧洲举办了纪念汤显祖和莎士比亚逝世400周年活动，赴新西兰、澳大利亚等举办了“美丽浙江文化节”。宁波市成功承办了“东亚文化之都”系列活动。据统计，2016年获得省部领导的批示及驻外使领馆的表扬共15项。围绕庆祝中国共产党成立95周年、纪念红军长征胜利80周年等重大节点，全省文化系统组织举办了一系列文艺活动，弘扬了主旋律。

二是谋划政策求长效。随着文化工作定位的提升与职能的强化，注重战略布局与政策谋划，在全国文化系统中较早制定实施《浙江省文化发展“十三五”规划》，启动“浙江文化智库”建设。围绕近年来中央对文化工作的重要政策和重要部署，紧密结合我省实际，配合省政府办公厅起草印发了《关于推进基层综合性文化服务中心建设的实施意见》等4个政策性文件，还有《关于进一步加强文物工作的实施意见》等多个文件即将出台；以厅名义制定下发《浙江省公共图书馆三年提升计划》等重要文件9个。配合省人大做好《浙江省公共文化服务保障条例》立法调研工作，该条例已列入省人大2017年一类立法项目。各地也研究制定了一系列有特色、有针对性的文化政策，如嘉兴、台州出台《文化精品扶持奖励办法》，宁波推出《文艺人才培养扶持办法（试行）》，等等。

三是改革创新求突破。紧紧围绕提升文化治理能力这一要求，着力推进重要环节的改革。公共文化服务“三项文化部试点”工作成效明显，全省已经出台各类标准112个，其中，衢州市《流动文化服务和管理规范》填补了国内流动文化服务标准的空白；丽水、金华、衢州等10个公共文化服务重点市县建设整体推进；加强基层综合性文化服务中心建设，2016年新建农村文化礼堂1568个，累计建成6527个；全省已有57家文化事业单位建立法人治理结构，其中温州市图书馆理事会运行领跑全国。三项试点工作顺利通过文化部验收，其中，公共文化服务标准化和基层综合性文化服务中心建设试点工作被文化部作为成功示范予以宣传推广。各地也大力改革创新公共文化服务运行机制，促进供需对接、提升服务效能，取得积极成效。嘉兴市和“余杭区乡镇综合文化站服务效能提升工程”“电视图书馆绍兴模式”高分通过第二批国家示范区（项目）验收，台州市和“丽水乡村春晚”“温州城市书网”正在扎实推进第三批国家示范区（项目）创建，杭州“你看书我买单”的“悦读计划”、舟山“淘文化”、嘉兴“文化有约”、湖州“文化有请·专家有约”等一批公共文化服务创新品牌受到媒体关注和群众好评。积极创新艺术创作生产机制，面向全国实施优秀剧本政府采购计划，深入推进浙江省编剧扶持计划，推动全省文艺创作日益活跃。去年我省共有36个项目获国家艺术基金立项资助，较2015年度增长20%；3台剧目入选第十五届文华奖全国终评，绍兴市柯桥区越剧演员吴凤花获第十五届文华表演奖，宁波市海曙区舞蹈《阿婶合唱团》获第十七届“群星奖”。进一步完善戏曲保护传承机制，制定实施《关于支持戏曲传承发展的实施意见》，命名了第三批浙江省传统戏剧之乡，完成了全省地方戏曲剧种普查。深化文化市场综合执法体制改革，在全国率先试行文化市场黑名单管理制度，启动全省文化市场指挥监控中心建设，推行文化市场“双随机”抽查监管。不断改革创新全省美术馆事业发展，全省美术馆藏品普查工作高质量完成，美术藏品捐赠收藏和展览利用工作有了新突破，浙江美术馆等一批单位被中宣部等部委评为“全国公共文化设施开展学雷锋志愿服务首批示范单位”。

四是促进转型求发展。顺应文化工作新形势新要求，大力推动重要领域转型发展。着力抓好木雕、根雕、石刻和文房等历史经典产业传承发展，加快结构调整，延伸产业链。加强特色小镇文化建设,制定实施《关于加快推进特色小镇文化建设的若干意见》,召开了特色小镇文化建设现场会。持续推动中国义乌文交会由以政府推动为主向以市场驱动为主转型。拟定4个市作为文化娱乐行业转型升级重点城市,扩大文化消费,其中宁波市被列入第一批国家文化消费试点城市。推动文化与科技融合发展,文化领域3个项目入选省重大科技项目。各地也推出了一系列创新举措,舟山市成立"淘文化"产业平台,金华市设立4亿元的文化影视时尚产业发展基金,等等,促进了文化产业转型发展。推动文化遗产工作由重申报向重保护、重利用转变,认真贯彻中办、国办《关于实施中华优秀传统文化传承发展工程的意见》和全国、全省文物工作会议精神,协调推进国保省保集中成片传统村落整体保护利用工作,开展文化文物单位文化创意产品开发试点,推进非遗主题小镇建设,积极振兴传统工艺。在转型发展的推动下,过去一年我省文化遗产工作取得了一系列新成果,良渚古城遗址申遗工作扎实推进,浙江省第一次全国可移动文物普查全面完成,温州荣膺国家历史文化名城,"余杭区瓶窑镇良渚古城遗址外围水利系统考古调查与发掘"入选"2015年度全国十大考古新发现",省博物馆"中兴纪胜——南宋风物观止"和浙江自然博物馆"生命·超越——中原文化中的动物映像"获全国博物馆十大陈列展览精品奖;提请省政府公布了第五批浙江省非遗代表性项目名录和第七批省级文物保护单位名单;二十四节气入选人类非遗代表作目录,我省4个保护单位在列。

五是夯实基础求保障。突出文化人才、重大工程、党的建设对文化发展的支撑保障作用。着力构建浙江省文化人才教育体系,浙江音乐学院正式获批建立,省政府与文化部签订共建协议;在浙江艺术职业学院挂牌成立了全国首家公共文化管理学院,充分发挥文化人才培训基地作用;持续打造"新松计划"和"耕山播海"等基层文化人才培养品牌,新实施"浙江省文化创新团队"、浙江省文化艺术紧缺人才培养深造等项目,去年全省共培训基层文化骨干2万余人次;组织实施非遗传承人群研修计划,并完成首批10位国家级非遗代表性传承人抢救性记录工作。持续实施《省级重大文化设施建设"四个一批"规划》,中国丝绸博物馆改扩建项目和浙江美术馆改造项目顺利完成并投入使用,浙江自然博物园核心馆区、浙江小百花艺术中心等即将完工,浙江省之江文化中心等项目正在推进前期工作;衢州中国儒学馆、台州市博物馆、湖州市美术馆、义乌博物馆新馆、衢州市柯城区文化中心等一批地方重大文化设施建成投用或正在推进建设。扎实开展"两学一做"学习教育,认真学习贯彻党的十八届六中全会和省委十三届十次全会精神,落实全面从严治党各项工作,全面加强党风廉政建设,主动接受驻厅纪检组监督并积极支持其工作,健全党务和纪检干部队伍,强化廉政教育,制定实施《省级文化系统招投标"黑名单"管理办法》等管理制度,进一步规范干部队伍监督管理,推动干部能上能下。

总体来看,2016年我省文化工作全面推进,文化强省建设迈上了新台阶。这是全省文化系统团结奋斗的结果。我代表省文化厅党组,向在座各位,并通过你们,向全省文化系统广大干部职工致以衷心感谢!

在看到成绩的同时,我们也要清醒地认识到,我省文化改革发展还面临着不少考验与挑战。一是全面从严治党的新要求对文化系统提出了新考验。对全面从严治党的重要性认识有待提高,纪律意识和规矩意识还有待强化,一些单位党风廉政建设存在薄弱环节,主体责任和监督责任需要进一步落实到位。二是意识形态复杂多变的形势对文化工作提出新考验。当前社会思想意识形态日益多元、多样、多变,文化服务意识形态工作成效还不够明显,意识形态工作责任制需要进一步深化细化。三是文化传播形态的新变化带来了新考验。随着互联网技术的飞速发展,网络文化成为一种新的文化形态,给传播先进文化带来了新的机遇,但是对一些网络直播违规违法行为的监管难度也大大增加。四是构建现代文化治理体系面临着新考验。当前,文化部门的管理观念、方式还不能完全适应新形势新要求,公共文化资源配置效率不够高,文化遗产资源活化利用不足,在对外文化交流中掌握和运用国际规则的本领还不够强,引导社会力量参与文化建设的机制不健全。五是如何加快突破文化人才瓶颈成为新考验。随着文化强省建设的快速推进,人才需求压力日益显现,高层次人才偏少、专业人才短缺等问题亟待破解。

二、关于 2017 年重点任务

今年是极其重要的一年。党的十九大和省第十四次党代会的召开，将赋予文化建设新的使命；G20 杭州峰会期间，习总书记对浙江提出的“秉持浙江精神，干在实处、走在前列、勇立潮头”的期望，赋予了浙江文化工作新的更高的要求；当前浙江经济社会发展所处的历史方位，赋予了浙江文化人新的担当。我们要进一步坚定文化自信，激发勇立潮头的豪情与干劲，扎实做好各项工作。2017 年文化工作的指导思想是：以习近平总书记系列重要讲话精神为指引，切实增强政治意识、大局意识、核心意识、看齐意识，紧紧围绕加快建设文化强省、创建全国文化发展示范区的奋斗目标，按照“秉持浙江精神，干在实处、走在前列、勇立潮头”新要求，坚定文化自信，牢固树立以人民为中心的工作导向，准确把握当前我省文化工作所处的历史方位，着力推动文化改革发展，拉高标杆、补齐短板，以优异的成绩迎接党的十九大和省第十四次党代会的胜利召开。按照以上指导思想，今年我们要着力在以下几方面下功夫。

一要以更实的举措“惠民生”。《中华人民共和国公共文化服务保障法》将于今年 3 月 1 日起施行，要以此为契机，加快公共文化服务现代化建设步伐，为我省率先建成现代公共文化服务体系打好基础。完善以省定标准为主体、地方标准为基础、行业标准和项目标准为补充的浙江省基本公共文化服务标准化体系。推进基层综合性文化服务中心建设，新建 1000 个农村文化礼堂，提升乡镇综合文化站服务效能，推进县级文化馆、图书馆总分馆制建设，把优质公共文化资源向基层延伸。进一步推进示范载体建设，推进公共文化服务示范区(项目)创建，创建 30 个浙江省文化强镇、100 个浙江省文化示范村(社区)。推进全民阅读，推广城市书房建设工程，培育“阅读推广人”。大力提升公共文化服务效能，促进公共文化服务更好地对接群众需求。推进向社会力量购买公共文化服务，拓宽社会力量“办文化”路径。

二要以更大的力度“推改革”。改革是发展的动力源泉，今年要着力在强化顶层设计、强化总结推广、强化克难攻坚、强化贯彻落实等 4 个方面下功夫。具体要做好公共文化服务标准化、基层综合文化服务中心建设、公共文化机构法人治理结构 3 项文化部改革试点的提质扩面；制定实施《关于推进文化事业单位法人治理结构建设工作的指导意见》。针对全省剧院利用普遍不足、剧团演出缺乏场地的矛盾现状，谋划成立浙江剧院管理中心、全省演出剧院联盟，整合全省剧院资源，提高管理利用水平。深化和完善国有文艺院团改革，理顺管理体制，促进院团发展；推进浙江音乐学院与相关省级文艺院团合作改革事宜，进一步充实浙江音乐学院戏曲教学实践力量；指导推进浙江小百花越剧团吸引民营资本参与组建“百越文化创意有限公司”。深化文化市场综合执法改革，全面推行文化市场分级分类监管机制和黑名单管理制度，建设全省文化市场指挥监控中心；今年上半年要在全省范围内开展文化市场全面调查摸底工作，重点掌握和查处无证无照、无证有照经营场所有关情况。深化行政审批制度改革，按照“最多跑一次”的理念与要求进一步简政放权，提升服务质量。完善戏曲传承发展机制，全面贯彻落实传承发展政策，支持地方戏曲剧种原生地保护区建设，命名第四批“浙江省传统戏剧之乡”，着力推进“传统戏曲进校园”“传统戏曲进社区”“传统戏曲进农村文化礼堂”，大力培养年轻戏曲观众。完成浙江省古建筑设计研究院体制改革工作。

三要以更远的谋划“抓项目”。加强文化项目的谋划与储备，精心组织好重点项目的落实。围绕党的十九大、建军 90 周年、香港回归祖国 20 周年、改革开放 40 周年、新中国成立 70 周年、中国共产党成立 100 周年等重要节点，谋划创作一批文艺精品，筛选出我省申报参评全国第十四届精神文明建设“五个一工程”奖和参加文化部第三届中国歌剧节的重点项目，同时，精心组织浙江省庆祝党的十九大召开优秀作品展演、浙江省庆祝中国人民解放军建军 90 周年专场文艺演出、第四届世界互联网大会乌镇峰会文艺演出、浙江省第十届音乐舞蹈节等重点活动。着力办好重点对外和对港澳台文化交流项目，承办第三届中国—中东欧国家文化合作部长论坛和文化季活动，承办第十五届亚洲艺术节，赴俄罗斯等 21 个国家实施海外“欢乐春节”活动，支持宁波市建设保加利亚索非亚中国文化中心，赴日本和中国香港、台湾举办“浙江文化节”。持续推进良渚古城遗址申遗等重点项目，开展第八批全国重点文保单位申报推荐工作，深入实施文物平安工程。推进重大文化设施项目建设，扎实推进浙江省之江文化中心建设，争取浙江自然博物园核心馆区、浙江小百花艺术中心项目全部建成并试运行，谋划九莲文化中心建设工作，指导各地统筹推动列入《浙江省文化发展“十三五”规划》的重大文化设施建设。

四要以更广的视野“促融合”。树立“文化＋”理念，推动文化与旅游、科技、制造、教育等行业的融合，进一步拓展文化发展空间。文化产业被省委、省政府确定为第八大万亿级产业，今年我省将召开全省文化产业发展大会，我们要牢牢把握新机遇、新要求，加强“互联网＋”的运用，推动文化产业和文化市场转型升级，探索扩大文化消费新模式，建设浙江文化产业综合服务平台，成立浙江文化产业联盟。完善文化厅与科技厅的工作会商机制，推动文化与科技协作重大项目落地。推动相关历史经典产业发展和特色小镇文化建设。研究制定《关于推动文化文物单位文化创意产品开发的实施意见》，深入挖掘文化文物单位馆藏文化资源，发展文化创意产业。加强国保省保集中成片传统村落整体保护利用，实施文物建筑活化利用培育计划，研究制定《浙江省振兴传统工艺实施意见》，推动非遗生产性保护基地和传统工艺工作站（试点）建设，开展非遗主题小镇和民俗文化村评选，促进文化与旅游、经济融合发展。

五要以更准的路径“补短板”。实施公共文化服务重点市县及薄弱乡村文化建设“十百千”工程，开展第二轮10个重点市县的筛选和建设，提升100个薄弱乡镇（街道）、1000个薄弱村（社区）的文化建设，补齐公共文化服务短板。以浙江音乐学院、浙江艺术职业学院为重点，加快推进学科建设和人才培养模式改革，持续推进“新松计划”、中青年编剧扶持计划、省属舞台艺术拔尖人才培养对象培养计划、基层文化队伍素质提升工程、“耕山播海”欠发达地区农村文艺骨干培训和优秀文化艺术紧缺人才培养深造等项目，谋划建立全省文物系统人才培养“新鼎计划”，补齐文化文物人才短板。举办新任文化局长培训班。认真贯彻中央《关于进一步加强和改进中华文化走出去工作的指导意见》，研究推动浙江文化走出去的政策性措施，提高商业性质项目在走出去中的占比。配合省人大出台《浙江省公共文化服务保障条例》，启动修订《浙江省非物质文化遗产保护条例》调研工作。

三、关于推进全省文化系统建设

文化系统是文化强省建设的主力军。我们要主动适应新形势、新使命、新要求，努力打造坚定清醒、敢于担当、勇争一流的文化铁军，以一流的队伍、一流的系统创造一流的业绩。

一要牢固树立“四个意识”，切实履行全面从严治党责任。全面从严治党，是“四个全面”战略布局的重要组成部分，是以习近平同志为核心的党中央治国理政最鲜明的特征。党的十八届六中全会和省委十三届十次全会开启了全面从严治党向纵深推进的新征程。我们要保持政治定力，强化严的意识、践行严的要求。第一，要严明政治纪律。文化系统是宣传思想战线的重要部门，也是承担和履行意识形态工作的责任部门，强化政治意识、严守政治规矩、严明政治纪律尤显重要。要持续深入学习习近平总书记系列重要讲话精神和党章党规党纪，牢固树立政治意识、大局意识、核心意识、看齐意识，坚决在思想上、政治上、行动上与以习近平同志为核心的党中央保持高度一致。今年是召开党的十九大和省第十四次党代会的特殊年份，要严格落实意识形态工作责任制，加强对党员干部的思想政治教育，严格抓好会议前后全省各类文化阵地和文化市场的监管，切实维护文化安全。第二，要严抓廉政建设。近年来，全省文化系统党风廉政建设总体成效是好的，但是违纪违规案件也时有发生。同时，还有一个现象值得警惕，省文化厅收到的信访件虽然有所减少，但是信访的内容集中于项目或职称评审，这从一个侧面反映了我们行政权力运行中存在不严密、不规范。为此，我们要严格落实党风廉政建设“两个责任”，各级领导干部要带头落实党风廉政建设责任制，从严加强内部管控，强化制度建设与执行，加强干部交流，加大对重点部门、重点岗位、重点环节的廉政风险管控力度。要从严监督、从严问责，运用纪检监督、审计监督、谈话监督、群众监督等各种监督手段，探索建立内部巡视制度，用好责任追究这把利剑，层层传导压力。第三，要严格作风建设。要持之以恒地贯彻落实中央八项规定和省委“28条办法”“六个禁令”，坚决纠正“四风”问题，防止反弹回潮。要坚持抓早抓小，多在平时下功夫，多抓“苗头”，多打“预防针”，让好作风成为文化干部的一种习惯、一种品质。第四，要从严加强基层党建工作。坚持党建、业务同部署同考核，推动党建工作与中心工作、业务工作紧密结合，充分发挥基层党组织的政治核心作用和党员干部的先锋模范作用，为文化强省建设提供组织保障和动力支撑。

二要准确把握当前浙江文化发展所处的历史方位，树立勇立潮头的信心。省委书记夏宝龙在省委十三届十次全会上指出，清醒地认识和把握浙江当前所处的历史方位，是全省上下的一项重大政治任务。只有把浙江文化的历史方位认识清了，我们才能找准前进方向和行动坐标，更好地为全省经济社会发展和全国文化事业发展做出应有的贡献。第一，从机遇看，当前的浙江文化建设正挺立在“坚定文化自信、实现中华民族伟大复兴”的时代发展浪潮上。习近平总书记强调：“一个国家、一个民族的强盛，总是以文化兴盛为支撑的，中华民族伟大复兴需要以中华文化发展繁荣为条件。”党的十八大以来，在以习近平总书记为核心的党中央坚强领导下，中国特色社会主义事业开创了新局面，中华民族伟大复兴谱写了新篇章。今天的中国，前所未有地靠近世界舞台中心，前所未有地接近中华民族伟大复兴的目标；今天的浙江，站在时代发展的潮头上，把服务保障G20杭州峰会作为新起点，主动肩负起为“中国的明天”提供更多浙江素材、浙江实践的新使命；今天的浙江文化建设，有伟大的时代背景，有中央和省委、省政府的高度重视，有社会各界的大力支持，我们正迎来文化发展新的春天。第二，从纵向看，当前的浙江文化建设正站在全面建成文化强省的关键节点上。省委、省政府在“十三五”发展规划中明确提出要努力建成文化强省。今后几年是我省全面建成文化强省的关键节点，我们要按照既定的目标，坚定敢为人先、勇立潮头的步伐，着力补短板、促转型、抓提升，一步一个脚印快步向前走，一年一个台阶抓紧向上迈，力争在全国率先建成文化强省。第三，从横向看，当前的浙江文化正奔跑在“干在实处、走在前列”的跑道上。近几年，我省文化建设取得了长足的进步，整体走在全国前列，多项工作成为全国试点。但是，我们应该清醒地认识到当前我们在全国的位置是“奔跑”在第一方阵，对照习总书记提出的“秉持浙江精神，干在实处、走在前列、勇立潮头”新使命新要求，还有不少差距。我们要树立勇立潮头的信心，进一步拉高标杆，努力变“奔跑”为“领跑”，进一步扩大浙江文化发展优势。

三要加强统筹协调，凝聚最大的发展合力。建设文化强省需要群策群力，整合资源，推动建立系统内外、省市县配合的工作格局。一方面，要加强系统内联动。文化系统是个大系统，全省文化部门机构数2181个，从业人员有29000多人，这是一支文化建设的巨大力量。省文化厅许多任务部署需要各地、各厅属单位联动完成，省文化厅、省文物局机关处室和厅属单位要主动加强与市县文化部门之间的合作，在重大项目实施、对外文化交流、重要试点探索等方面加强协作，形成良性互动，积极助推各地文化发展。各地之间要通过“文化走亲”等形式，加强文化各领域交流合作，推动区域优势互补。另一方面，要加强内外联动。要充分利用各种联席会议机制、协调机制，凝聚各方力量参与文化建设。当前，省、市、县三级全部建立了公共文化服务体系建设协调机构和相关机制，我们要充分发挥好这个协调机构的作用，协调推进公共文化服务标准实施和考评，协调解决公共文化服务领域当前亟待解决的重点问题。

四要狠抓工作落实，确保高质量完成各项目标任务。一分部署，九分落实。今年的工作目标与重点已经明确，抓落实是我们完成目标任务的关键和保障。第一，要强化担当抓落实。习总书记指出：“干部就要有担当，有多大担当才能干多大事业，尽多大责任才会有多大成就。”在座各位都是各地各单位文化部门“一把手”，既是关系到一个地方一个单位发展的关键人物，也是干部群众目光聚焦的对象，大家务必明确自身责任担当，带头抓发展、带头抓落实，切实做到一级带着一级干、一级做给一级看，用心用情做好工作，确保各项决策部署、任务目标落到实处。第二，要创新思路抓落实。各地各单位既要立足自身、开动脑筋，多想管用实用的新招，多出“接地气”的实招，着力打造特色文化品牌，又要打开视野，积极学习借鉴别人的先进经验，巧借"他山之石"为我所用。第三，要强化监督抓落实。坚持狠抓落实与加强监督并举，制订好工作方案，明确责任主体，集中精力抓重点、抓进度，做到工作推进到哪里，督查就跟进到哪里，努力在全省文化系统形成重抓落实、善抓落实、狠抓落实的良好氛围。

同志们，蓝图已绘就，扬帆正当时。让我们进一步坚定文化自信，把握新方位，抓住新机遇，谱写新篇章，努力做到"秉持浙江精神，干在实处、走在前列、勇立潮头"，以优异的成绩迎接党的十九大和省第十四次党代会的胜利召开。

2017 年浙江省公共文化服务体系建设协调组会议

【概况】 3 月 2 日，2017 年浙江省公共文化服务体系建设协调组会议在杭州召开。省文化厅党组书记、厅长，省公共文化服务体系建设协调组召集人金兴盛出席会议并讲话，24 个协调组成员单位的负责人和联络员参加会议。会议由省文化厅副巡视员任群主持。

会议审议了《推进公共文化服务体系标准化均等化 2017 年责任分解》，明确 2017 年将重点围绕以下工作开展：一是贯彻落实《中华人民共和国公共文化服务保障法》，二是深化体制机制改革，三是提高公共文化服务效能，四是强化督查考核，五是推进示范引领。

金兴盛在讲话中强调，现代公共文化服务体系建设是一个系统工程，涉及多个部门、多个领域，影响到千千万万老百姓。公共文化服务体系建设协调组的重要任务，就是要形成合力，把党委政府对老百姓的承诺落实到位，让老百姓有更多的文化获得感与幸福感。一要加强统筹协调，根据各自职责和职能分工，发挥各自优势，加强资源整合，协同推进工作，形成强大合力。二要明确各自责任，把抓落实作为重中之重，细化目标任务，倒排时间进度，强化督促检查，做到按时保质保量完成既定任务。三要强化齐抓共管，谋划时多协调，推进时多沟通，督查时多合作，切实增强公共文化服务工作的一致性与有效性，努力为市县两级的协调组做出示范。

2016 年，协调组各成员单位以《推进公共文化服务体系标准化均等化 2016 年责任分解》为基础，齐心协力、齐抓共管，有力推动了全省公共文化服务体系建设迈上新的台阶。一是督查考核机制有新提升。将公共文化服务重点县建设列入省委全面深化改革领导小组"2016 年浙江省重点突破改革项目"，文化礼堂建设列入"政府为民办实事工程"。将文化发展状况列入省对市县的考核，乡镇综合文化站每周开放时间达标率列入 11 个市补齐公共服务有效供给短板工作考核指标。省委深改组对督查过程中发现的 3 个问题下达专项通知书，要求限期进行整改。二是顶层制度设计有新突破。省政府办公厅印发《关于推进基层综合性文化服务中心建设的实施意见》，省政府办公厅转发《省文化厅等部门关于政府向社会力量购买公共文体服务的实施意见》，省发改委会同省文化厅印发《浙江省文化发展"十三五"规划》，省文化厅印发《公共图书馆三年提升计划》，省质监局下发《公共图书馆服务规范》，这些文件的出台，充实了我省公共文化服务的政策体系，为我省加快推进基本公共文化服务标准化均等化提供了有力保障。三是"三项试点"工作有新成就。在文化部对"三项试点"工作的验收中，浙江省公共文化服务标准化建设、基层综合性文化服务中心建设和温州市图书馆法人治理结构改革名列全国第一，浙江图书馆法人治理结构改革名列全国第二，顺利完成了第一阶段的改革任务。是年 1 月，文化部正式下发通知，将浙江省列为全国公共文化服务标准化建设和基层综合性文化服务中心建设示范地区。四是补齐文化短板有新进展。过去一年，10 个重点市县 90 个文化建设项目，总投入 16.5 亿元，其中总投入 500 万元以上项目

30个,已开工17个,完工4个;新建或改扩建“两馆一站”77个,图书馆、文化馆总面积比2014年分别增加了6699平方米和16638平方米。五是文化惠民活动有新成效。全省组织公益文艺演出送文艺演出下乡1.8万余场次,送书下乡240多万册,送讲座、送展览4200多场,组织文化走亲1300多场。

(省文化厅公共文化处)

在2017年浙江省公共文化服务体系建设协调组会议上的讲话

省文化厅党组书记、厅长,省公共文化服务体系建设协调组召集人 金兴盛

(2017年3月2日)

今天的会议恰逢特殊的时间节点。去年12月,《中华人民共和国公共文化服务保障法》经全国人大常委会审议通过,今天是该法正式施行的第二天。这次省公共文化服务体系建设协调组会议的主要任务是:认真学习贯彻《中华人民共和国公共文化服务保障法》,深入贯彻落实近年来中央和省委、省政府关于构建现代公共文化服务体系的一系列决策部署,总结交流经验,研究部署任务,加快推进我省现代公共文化服务体系建设。刚才,专家精彩地讲解了《中华人民共和国公共文化服务保障法》,相关部门交流了一年来的主要工作,并提出了许多好的意见建议。下面,讲三点意见。

一、回顾过去一年公共文化服务体系建设情况

2016年,各级公共文化服务体系建设协调组成员单位在省委、省政府的正确领导下,在省委宣传部的有力指导下,齐心协力、齐抓共管,有力推动了我省公共文化服务体系建设迈上新的台阶。

1.督查考核机制有新提升。省委、省政府高度重视公共文化服务体系建设工作,继将基本公共文化服务标准化列入省委全面深化改革领导小组“2015年浙江省重点突破改革项目”后,又将公共文化服务重点县建设列入省委全面深化改革领导小组“2016年浙江省重点突破改革项目”,定期督促检查,推动公共文化服务体系改革发展在更深层次向纵深推进。省政府连续第四年将文化礼堂建设列入“政府为民办实事工程”,不断强化资源整合,创新管理机制,提升服务效能。将文化发展状况列入省对市县的考核,在对淳安等26县的考核中,涉及图书馆、文化馆、乡镇文化站达标率,农村文化礼堂完成率和送戏下乡、送书下乡、文化走亲完成率等3个指标,分值3分;在对11个市的经济工作责任督查考核中,把乡镇综合文化站每周开放时间达标率列入11个市补齐公共服务有效供给短板工作考核指标,分值2分。同时,省委深改组强化了对文化工作的督查考核,对督查过程中发现的3个问题下达专项通知书,要求限期进行整改,打通政策执行中的“肠梗阻”,倒逼文化体制改革,打通文化惠民最后“一公里”,有力推进了我省公共文化服务体系的均衡发展。

2.顶层制度设计有新突破。省政府办公厅印发《关于推进基层综合性文化服务中心建设的实施意见》,对基层综合性文化服务中心的建管用提出了具体要求,进一步完善了我省公共文化设施网络的制度架构。省政府办公厅转发《省文化厅等部门关于政府向社会力量购买公共文体服务的实施意见》,创新公共文体服务的资源配置机制、供给机制和公众评价机制,对公共文化服务的购买主体、承接主体和购买程序进行了明确。省发改委会同省文化厅印发《浙江省文化发展“十三五”规划》,明确提出了“到2020年,基本建成全国公共文化服务示范区、文艺精品创作繁荣区、文化产业发展先行区、文化遗产保护模范区、优秀文化人才集聚区、文化体制机制创新区,文化发展主要指标位居全国前列”的目标,为我省公共文化服务体系建设指明了方向。省文化厅印发《公共图书馆三年提升计划》,从万人拥有图书馆面积等15个指标,勾画了我省公共图书馆的发展蓝图。

省质监局下发《公共图书馆服务规范》，为我省五级公共图书馆服务制定了底线标准。这些文件的出台，充实了我省公共文化服务的政策体系，为我省加快推进基本公共文化服务标准化均等化提供了有力保障。

3.三项试点工作有新成就。坚持制度设计定基调、"三重"(重点市县、重点项目、重点领域)推进破难点、创新机制谋发展、强化监督求实效，稳步推进各项试点改革。省委宣传部召开全省农村文化礼堂建设工作推进会，进一步推进文化礼堂队伍建设。省文化厅研发"公共文化尺——浙江省基本公共文化服务标准化数据跟踪平台"，对各地完成基本公共文化服务标准情况进行实时管理，为地方政府文化决策提供参考。开展第六次乡镇综合文化站评估定级，全省1362个乡镇综合文化站中，有1316个乡镇综合文化站参加评定，上等级站1195个，占90.8%。开展乡镇综合文化站服务效能抽查，强化基层公共文化设施建管用一体化发展。承办文化部"乡镇综合文化站服务效能建设"经验交流会，推广乡镇综合文化站服务效能建设的"余杭模式"。截至目前，全省建成公共文化服务标准189个，农村文化礼堂6527个，图书馆分馆610家，文化馆分馆102家，24小时图书馆127家，107家公共文化机构组建理事会。去年12月初，文化部对"三项试点"工作进行验收，浙江省公共文化服务标准化建设、基层综合性文化服务中心建设和温州市图书馆法人治理结构改革名列全国第一，浙江图书馆法人治理结构改革名列全国第二，顺利完成了第一阶段的改革任务。今年1月，文化部正式下发通知，将浙江省列为全国公共文化服务标准化建设和基层综合性文化服务中心建设示范地区。

4.补齐文化短板有新进展。原副省长郑继伟主持召开文化重点市县工作推进会，督促10个重点市县集中人力、财力、物力，对照标准补短板。协调组制定出台《关于加强基本公共文化服务重点市县有关工作的意见》《公共文化服务重点市县季度督查通报制度》等文件，把对重点市县的督查指导工作制度化、经常化，做到"季度一自查、半年实地查、一年一通报"。建立厅领导联系重点市县工作机制，省文化厅9位厅领导分别带队赴重点市县开展督查工作，推动《两年提升计划》确定的项目如期实施。据不完全统计，过去一年，10个重点市县90个文化建设项目，总投入16.5亿元，其中总投入500万元以上项目30个，已开工17个，完工4个；新建或改扩建"两馆一站"77个，图书馆、文化馆总面积比2014年分别增加了6699平方米和16638平方米。另一方面，省政府将"乡镇综合文化站每周免费开放42小时"列入对11个市的考核指标，推动基层补齐公共文化设施管理利用短板。各级党委政府高度重视，由主要领导部署提升任务、检查推进情况，衢州市委书记更是用"哪个乡镇不解决，主要领导就地免职"来传递补齐文化短板的决心和信心。到去年底，乡镇综合文化站的社会效益得到了有效提升，全省除台州、丽水以外，乡镇综合文化站的开放时间得到了有效保证。

5.文化惠民活动有新成效。全省组织送文艺演出下乡1.8万余场次，送书下乡240多万册，送讲座、送展览4200多场，组织文化走亲1300多场。开展全省公共图书馆全民阅读节系列活动，全省98家公共图书馆围绕"图书馆之夜"等10个主题活动，精心策划了1233场别具特色的活动，为全省广大群众献上了一场精美的"阅读盛宴"。举办浙江省新农村建设题材小戏会演、第七届乡村诗歌大赛等13项省级展演赛事，评选产生202项群众艺术精品；省文化厅选送的群舞《阿婶合唱团》获得第十七届群星奖。推进全省开发区公共电子阅览室建设工作，消除公共文化服务盲点，完成开发区电子阅览室(示范点)建设8个；新增安吉县图书馆等16个图书馆联通全省虚拟网，单向联通率达到93%；与国家图书馆联合开展"网络书香过大年"活动，全省参与群众达5万余人次。持续实施浙江省基层公共文化队伍素质提升工程，深入打造"耕山播海"等基层文化人才培养品牌，去年全省共培训基层文化骨干2万余人次。

与此同时，协调组成员单位也积极行动，主动作为，较好地完成了《浙江省实施基本公共文化服务标准化均等化2016年责任分解》各项任务。在此，我谨代表省文化厅、省公共文化服务体系建设协调组对各成员单位表示衷心的感谢！

二、梳理今年我省公共文化服务体系建设的主要任务

今年是贯彻落实《中华人民共和国公共文化服务保障法》，加快构建现代公共文化服务体系的重要之年。我们要重点抓好以下几方面工作。

1.贯彻落实《中华人民共和国公共文化服务保障法》(以下简称《保障法》)。《保障法》构筑了我国公共文化服务基本法律制度体系的框架,是我国公共文化服务法律保障取得的历史性突破。人民群众基本文化权益和基本文化需求实现从行政性“维护”到法律“保障”的跨越,公共文化服务将实现从可多可少、可急可缓的随机状态到标准化、均等化、专业化发展的跨越。《保障法》共六章六十五条,对公共文化设施建设与管理、公共文化服务提供、保障措施、法律责任等分别做了详细规定。广泛宣传《保障法》精神,深入领会《保障法》要义,是当前公共文化服务体系建设的重要任务。我们将发挥好浙江省公共文化管理学院的培训基地作用,采取省市县三级联动,努力实现全省公共文化干部学习培训全覆盖。同时,我们还将通过组织公共文化专家到全省各地开展巡回宣讲、将《保障法》宣传纳入全省文化下乡演出等方式,让老百姓广泛知晓《保障法》,切实感受到《保障法》带来的文化获得感。

省人大对《浙江省公共文化服务保障条例》的立法工作高度重视,从去年4月开始就成立了起草组,完成了该保障条例的草拟工作。各协调组成员单位要积极配合,力争在今年审议通过。各协调组成员单位还要以《保障法》为依据,积极推动本单位制定出台配套性的法规和政策,逐步形成具有浙江特色的公共文化服务法律体系和政策体系,推动我省公共文化服务体系建设水平迈上新台阶。

2.深化体制机制改革。中央深改组已经明确,今年公共文化方面的重点改革任务是“分类推进公共文化机构法人治理结构建设”。文化部表示会争取出台一份具可操作性的指导文件。我省在去年下半年已经完成了《关于加快推进公共文化机构法人治理结构改革的实施意见》的起草工作,省委常委、宣传部部长葛慧君同志也进行了专题调研工作,并召开座谈会,提出了具体要求,为我省的公共文化机构法人治理结构改革明确了方向。下一步,我们将在充分调研的基础上,对《实施意见》进行完善提升,使之更贴近浙江实际,更具有可操作性。我们的基本思路是,到2018年,全省县以上文化事业单位基本完成法人治理结构改革的标志性任务(组建理事会);到2020年底,深化完善理事会运行模式,广泛吸引社会力量参与管理,形成功能明确、治理完善、运行高效、监管有力的管理体系和运行机制,推动我省文化事业单位的公共文化服务能力各项指标持续走在全国前列。

此外,我们还将推动基本公共文化服务标准化、基层综合性文化服务中心建设等改革进程,将“三项试点”经验提质扩面。一要抓标准。力争用2—3年时间,逐步形成具有浙江特色的公共文化服务标准化体系,切实提高标准的供给能力和政策保障水平,全力抓好各项标准的实施。二要抓短板。在今年的“两会”上,车俊省长在政府工作报告中要求:以“十百千”工程为抓手,大力推进公共服务重点县(市、区)及薄弱乡村建设,补齐公共文化服务短板。我们将全面评估全省各地的公共文化服务水平,从中遴选出10个重点县、100个重点乡镇、1000个重点村,从设施建设、服务提供、人员培训等方面开展帮扶提升工作。三要抓供给侧创新。深入推进文化礼堂菜单、文化加油站等浙江文化品牌,不断丰富人民群众对公共文化服务的需求表达、服务反馈等渠道,提高公共文化服务的针对性和有效性。

3.提高公共文化服务效能。效能不足是当前公共文化服务体系建设面临的一个瓶颈问题。这个问题解决不好,不仅严重影响现代公共文化服务体系的构建,而且严重影响党和政府在人民群众中的形象。今明两年,省文化厅将把乡镇综合文化站作为效能建设的切入点,不断强化基层公共文化设施的效能建设。一是抓规范,与省质监局联合制定《乡镇综合文化站服务规范》,对乡镇综合文化站的建设、服务、管理提出底线要求,全面提升薄弱乡镇的建管用水平。二是抓管理,通过整合各部门资源,引进社会力量参与,优化总分馆模式等方式,强化县级机构的辐射能力,重视县域范围内的资源共享、优化整合,不断提升公共文化设施的管理能力和服务水平。三是抓品牌,陆续推出一批能够代表浙江特色,广受群众喜爱,并在全国领先的乡镇综合文化站,树立典型,引领发展。希望协调组成员单位能密切保持沟通协作,切实推进乡镇公共文化资源的整合利用。

4.强化督查考核。省委、省政府对公共文化服务体系建设的蓝图已经绘成，目标已经明确，现在的重点是怎么样把各项工作落到实处。强化督查考核是重要手段。习近平总书记在中央全面深化改革领导小组会议上说，改革督查不仅要“督任务、督进度、督成效”，更要“察认识、察责任、察作风”。我们要按照总书记的要求，切实把落实作为推进工作的重点环节，加强制度设计，建立行之有效的激励约束机制。今年的重点督查任务有3项：一是启动浙委办发〔2015〕46号文件执行情况的中期督查工作，重点督查《关于加快构建现代公共文化服务体系的实施意见》各项任务和《浙江省基本公共文化服务标准》的贯彻落实情况；二是省政府确立的第一批公共文化服务重点市县提升工作7月份到期，要对原定项目的完成数量和质量进行督查验收；三是今年省政府工作报告提出的“十百千”工程，大力推进公共文化服务重点县和薄弱乡村建设，补齐公共文化服务短板。

围绕3项督查重点，我们将完善长效督查机制，明确工作流程，推动督查工作常态化、经常化。适时引入第三方评估，有针对性地开展专项评估，丰富督查工作的内容和手段；逐步加强督查结果应用，通过通报排名、与财政资金分配、年终考核挂钩等多种方式，提高督查工作的权威性和影响力，形成工作落实的动力和压力。

5.推进示范引领。2017年，公共文化方面的创优工作主要有2项：公共文化服务示范项目创建和文化强镇、文化示范村（社区）建设。示范区创建工作开展以来，国家层面，我省已有宁波鄞州区、嘉兴市和4个项目成功创建为国家级公共文化服务示范区（项目），台州市和“丽水乡村春晚”“温州城市书网”2个项目获得第三批创建资格；省级层面，杭州市余杭区等7个县（市、区）和25个项目成功创建省级公共文化服务示范区（项目），杭州市西湖区等2个县（市、区）和12个项目获得第三批创建资格。但我们要认识到，无论是创建成功还是获得创建资格，都只是站到了一个新的起点，公共文化服务的创优路上只有起点，没有终点。下一步要继续加大创建力度，巩固好创建工作成果，不断推进后续建设，为全国提供创新性的做法和经验，发挥好示范作用。文化强镇和文化示范村（社区）从2015年开始，升格为省政府表彰项目，体现了省政府对这项工作的高度重视，要把创优活动作为引领基层文化发展，推动公共文化服务走向深入的重要动力。

三、进一步形成工作合力

现代公共文化服务体系建设是一个系统工程，涉及多个部门、多个领域，影响到千千万万老百姓。公共文化服务体系建设协调组的重要任务，就是要形成合力，把党委政府对老百姓的承诺落实到位，让老百姓有更多的文化获得感与幸福感。

一要加强统筹协调。省公共文化服务体系建设协调组是推进现代公共文化服务体系建设的重要协调机构，承担着贯彻落实省委决策部署的重要责任。省文化厅作为牵头单位，将继续发挥好协调组办公室的作用，主动与成员单位就基层规划、项目推进、政策制定等内容做好沟通交流。各部门也要根据各自职责和职能分工，发挥各自优势，加强资源整合，协同推进工作，形成强大合力。

二要明确各自责任。《推进公共文化服务体系建设标准化均等化2017年责任分解》是协调组贯彻落实浙委办发〔2015〕46号文件的重要抓手，会前已征求协调组成员单位讨论同意。我们希望通过这种方式，把省委、省政府构建现代公共文化服务体系的决策数字化、项目化、责任化，做到年初早安排，年中有督查，年终可对照。希望各成员单位把抓落实作为重中之重，细化目标任务，倒排时间进度，强化督促检查，做到按时保质保量完成既定任务。

三要强化齐抓共管。希望各成员单位密切配合，心往一处想，劲往一处使，共同研究推进公共文化服务体系建设的顶层制度设计和整体政策措施，通过多种措施汇聚各方力量和资源，促进公共文化服务提供主体和提供方式多元化，建立政府、市场、社会的良性互动机制。要进一步强化齐抓共管意识，谋划时多协调，推进时多沟通，督查时多合作，切实增强公共文化服务工作的一致性与有效性，努力为市县两级的协调组做出示范。

同志们，构建现代公共文化服务体系是党中央、国务院的重大决策，是满足人民群众基本精神文化需求和保障人民群众基本文化权益的主要途径。让我们进一步统一思想，密切配合，深化合作，共同致力于推动我省现代公共文化服务体系的加快发展、率先发展。

2017 年厅属单位“一把手”工作交流会议

【概况】 3 月 31 日，省文化厅组织厅属单位“一把手”召开工作交流会，研究部署迎接党的十九大和省第十四次党代会各项工作。厅领导金兴盛、褚子育、黄健全、柳河、端木义生、蔡晓春、李莎、任群出席，厅局机关全体在职在编人员参加。

会议指出，厅属单位“一把手”工作交流例会，是促进厅属单位比学赶超、加快改革发展的一项制度性安排。厅属单位要有高度的政治自觉，主动服务大局，提升发展格局，注重发挥龙头作用，狠抓从严管理，促进各项工作的开展。

会议强调，2017 年是特殊重要的一年，党的十九大和省第十四次党代会将召开，这是全国、全省政治生活中的大事。省级文化系统要推进“两学一做”学习教育常态化、制度化；要以高度的责任感抓好安全工作，维护政治安全、文化市场安全、生产安全、网络安全和社会安全；要着力营造良好氛围，加强艺术精品创作，组织好各类文化活动，搞好宣传报道；要加快文化改革发展，抓好《中华人民共和国公共文化服务保障法》学习贯彻等七大项重点工作；要强化纪律与作风建设，进一步完善责任体系，探索实施内部巡察制度，驰而不息纠“四风”。

会议要求，2017 年是我们党和国家历史上具有特殊重要意义的一年，我们要紧扣“开好党代会、迎接十九大”这条主线，强化政治意识，增强文化自信，撸起袖子加油干，统筹做好服务与发展工作，以优异成绩迎接党的十九大和省第十四次党代会的胜利召开。

会上 5 家单位做了交流发言，立足不同的主题，生动展示了各自的特色、成效与经验。

（省文化厅人事处）

在 2017 年厅属单位“一把手”工作交流会议上的讲话

省文化厅党组书记、厅长　金兴盛

（2017 年 3 月 31 日）

厅属单位“一把手”工作交流例会，是促进厅属单位比学赶超、加快改革发展的一项制度性安排。刚才，5 家单位做了很好的发言，立足不同的主题，生动展示了各自的特色、成效与经验。听了以后，我相信大家都深有启发。他们发言的主题与内容是省级文化系统近年来发展的主要经验，也是所有厅属单位要共同努力的方向。一是要有高度的政治自觉。文化系统归根到底是意识形态工作部门，必须深入学习贯彻习近平总书记系列重要讲话精神，强化“四个意识”，增强政治敏锐性和政治鉴别力，坚持先进文化前进方向，始终把社会效益放在首位。二是要主动服务大局。文化工作只有紧扣大局、紧贴中心工作，积极谋划、主动对接，找到自身定位，找准切入点，才能在省委、省政府的工作格局中有自己的地位。三是要提升发展格局。格局有多大，业绩就能有多大。有大格局，才有大胸怀、大目标、大作为。四是要注重发挥龙头作用。厅属单位是全省文化系统的“上层建筑”，也是推动全省文化建设的“龙头单位”。既要在改革发展上做出示范，也要强化对全省面上的指导，上下联动，努力形成合力。五是要狠抓从严管理。在全面从严治党的新形势下，狠抓从严管理既是抓纪律，也是抓发展。要通过领导带头示范和党员先锋模范作用，进一步改进作风，提振精气神，促进各项工作的开展。除了这5家单位，没有上台发言的一些单位也做得很好，争取下一次上台交流展示，期待你们的发言更精彩，期待你们的经验给大家有更多的启发。

今年是特殊重要的一年，党的十九大和省第十四次党代会将召开，这是全国、全省政治生活中的大事。下面，我就省级文化系统做好迎接党的十九大和省第十四次党代会相关工作，讲几点意见。

一、要推进"两学一做"学习教育常态化制度化

近日，中共中央办公厅印发《关于推进"两学一做"学习教育常态化制度化的意见》，提出了推进"两学一做"学习教育常态化制度化的目标、任务和要求，省级文化系统要认真抓好贯彻落实。第一，要从讲政治的高度充分认识推进"两学一做"学习教育常态化制度化的重大意义。实践证明，"两学一做"学习教育是推进全面从严治党、加强干部队伍建设的有效途径。我们要把思想教育作为第一任务，深入学习习近平总书记系列重要讲话精神，学习贯彻习近平总书记关于治国理政的重要论述，进一步坚定政治立场，不断增强各级党组织和党员的政治意识、大局意识、核心意识、看齐意识。第二，要结合实际，加强党性体验。各级党组织要认真抓好部署，要紧密联系本单位本处室实际，联系党员思想工作实际，坚持学做结合，突出针对性，敢于直面问题，把查找解决问题作为"两学一做"学习教育的规定要求。第三，要抓住关键少数，抓实基层党支部。处级以上干部是省级文化系统的关键少数，基层党支部是落实"两学一做"学习教育常态化制度化的组织保障。

二、要以高度的责任感抓好安全工作

要认真贯彻全省平安建设工作大会精神，紧密结合文化系统实际，切实抓紧抓实安全工作。第一，要维护政治安全。经验表明，随着重要政治会议的临近，意识形态领域的斗争往往会激烈起来，各种杂音噪音往往会多起来。文化系统拥有的文化场馆多，论坛、讲坛等文化阵地多。我们要切实增强政治自觉和政治警觉力，扎实抓好文化阵地管理，杜绝错误思想和不当言论传播，积极弘扬社会主义核心价值观。第二，要维护文化市场安全。全省文化市场点多面广，一些经营单位法治意识不强，特别是随着互联网的快速发展，网络直播等文化市场新形态的监管难度大大增加。要切实履行管理职责，坚决打击政治性非法出版物、低俗演出等，对文化市场违法违规行为保持高压态势。第三，要维护生产安全。文化系统文艺演出、艺术展览、文化交流等文化活动多，公共文化场所接待游客、观众、读者流量大，人员密集。厅属各单位特别是公共服务窗口单位，要提高安全警惕，认真落实安全生产责任制，彻底排查整治各类安全隐患，抓好相关问题整改，决不能出现重大安全事故。厅办公室、文化市场管理处，省文物局安全处等处室要根据职责分工，定期开展安全生产指导、督查和暗访。第四，要维护网络安全。去年杭州市某区共享工程就发生了被敌对势力攻破的事故，教训深刻。每家单位都要坚持守土有责，认真加强单位网站安全管理。厅办公室、省文化信息中心在做好省文化厅网站安全的同时，要指导推动厅属单位网站安全管理。文化系统的每一名员工绝不能在网络上发表与中央、省委精神相违背的言论，在网络上要当战士，不能当绅士。第五，要维护社会安全。认真做好上访、信访等工作，合理合法帮助解决群众的诉求，耐心进行解释，努力从源头上化解矛盾，绝对不能因为我们工作的疏忽给大局带来影响。

三、要着力营造良好氛围

要以"开好党代会、迎接十九大"为主线，充分发挥文化系统的优势，精心组织好各类文化宣传服务工作。一要加强艺术精品创作。重点抓好"喜迎十九大"专场交响音乐会以及交响乐《鲁迅》、话剧《此心光明》、民族歌剧《青春之歌》等一批重点作品的创作，同时，指导支持各地加强重大现实题材和重大革命历史题材作品的创作，努力为党的十九大和省第十四次党代会献礼。抓好主旋律作品的巡演。二要组织好各类文化活动。办好"浙江省迎接党的十九大优秀作品展演"、纪念中国话剧110周年诞辰暨华东大区话剧优秀剧目巡演等重点活动。利用好美术馆、图书馆、博物馆、文化馆(站)等文化阵地，策划组织主题展览、展示活动，如浙江美术馆计划推出"红色之旅"美术创作与展览。持续开展文化下乡和文化走亲活动，组织好群众性文化活动，让广大群众在文化获得感中喜迎党的十九大和省第十四次党代会。三要加强宣传报道。积极策划宣传主题，主动加强与主流媒体的联系与合作，认真做好对接与服务工作，同时，加强对本系统网站、微博、微信等自有媒体的运用，深入宣传党的十八大以来我省文化建设取得的巨大成就，努力为党的十九大和省第十四次党代会营造良好氛围。

四、要加快文化改革发展

我们要以勇立潮头的要求，更加奋发有为、有力、有效地做好各项工作，以优异成绩迎接党的十九大和省第十四次党代会的胜利召开。今年一季度，省级文化系统各项工作捷报频传，实现了“开门红”：我省承担的公共文化服务标准化和基层综合性文化服务中心建设试点通过文化部验收，浙江省被转为全国示范地区；杂技《白蛇传说·蹬伞》等作品获巴黎第38届明日世界杂技艺术节银奖等奖项；省政府《关于进一步加强文物工作的实施意见》出台；继宁波市之后，杭州市成功入选国家文化消费试点城市；“欢乐春节”组派团队规模、出访国家数量以及活动的国内外影响均居历年之最，获得广泛赞誉；重大文化设施建设持续推进……还有许多工作都取得了新进展、新成效。接下来，要对照年度重点工作任务目标，持续抓好以下几项工作：一是要深入学习贯彻《中华人民共和国公共文化服务保障法》，组织实施公共文化服务重点县和薄弱乡村建设“十百千”工程，配合制定《浙江省公共文化服务保障条例》；二是要深化文化体制机制改革，落实省文化厅、省文物局“最多跑一次”相关事项改革，做好文化部“三项试点”的提质扩面工作，统筹推进文化市场综合执法体制改革、谋划组建浙江省剧院管理中心、深化文艺院团改革等各项改革任务；三是要加强重点艺术项目的创作排演，争取在全国第十四届精神文明建设“五个一工程”奖和文化部第三届中国歌剧节评比中取得好成绩；四是要认真贯彻落实中办、国办《关于实施中华优秀传统文化传承发展工程的意见》，配合制定我省实施意见，实现优秀传统文化的创造性转化和创新性发展；五是要精心承办好第三届中国—中东欧国家文化合作部长论坛、第十五届亚洲艺术节等一批重点外事活动；六是要持续开展政策谋划与研究工作，尽快起草好《关于推动文化文物单位文化创意产品开发的实施意见》等文件，争取《关于进一步深化文化市场综合执法改革的实施意见》《关于推进公共文化事业单位法人治理结构建设工作的指导意见》等文件出台；七是要持续抓好浙江自然博物园核心馆区和浙江小百花艺术中心的建设，推进之江文化中心等重大文化设施建设的前期工作，推进浙江音乐厅、浙话艺术剧院、省考古所大楼等改造提升项目，谋划好九莲庄地块改造、考古文化展示园、浙江昆剧团地块置换改造等建设工作。

五、要强化纪律与作风建设

今年是特殊之年，对纪律与作风的要求更严更紧，这应该成为党员干部的一项政治自觉。过去几年，省级文化系统发生了一些违法违纪案件，教训非常深刻。与此同时，我们适应全面从严治党的新要求，全面加强党风廉政建设，取得了明显的成效，得到了省纪委书记任泽民的肯定。特别是驻厅纪检组派驻以来，对省级文化系统党风廉政建设的指导推动力度很大，全厅和所有厅属单位都要积极支持驻厅纪检组的工作。但是，我们应该看到，从严治党的主体责任有层层递减的现象：一些廉政管理制度执行还不到位；一些党员干部的规矩意识、纪律意识还比较薄弱；一些党员干部干事创业的担当精神有所欠缺。为此，一是要进一步完善责任体系。厅属各单位要时时对照年初与厅党组签订的《省级文化系统党风廉政建设2017年度责任书》，切实将主体责任放在心上，抓在手上，扛在肩上，落实在行动上。要认真落实《省级文化系统纪检干部队伍管理办法》，加强纪检干部队伍建设。厅直属机关党委和机关纪委要对厅属单位落实主体责任情况进行督促检查，促进各项工作的落实。二是要探索实施内部巡察制度。启动省级文化系统巡察试点工作，坚持问题导向，紧扣实际，真巡实查，及时发现问题，及时责令整改，推动省级文化系统深入落实全面从严治党各项要求。被巡察单位要主动接受监督，支持和配合巡察组的工作。同时，持续开展内部审计工作。三是要驰而不息纠“四风”。4月底前对省委巡视组的反馈意见——“五大整改行动”的落实情况开展“回头看”工作，并对落实整改情况进行全面梳理总结。近期，要对厅属单位办公室面积是否超标问题进行专项抽查，对超标的进行及时纠正并给予严肃处理。严格抓好上下班纪律等各项纪律和制度的执行。四是要进一步强化问责追责。动员千遍不如问责一次。要坚持有案必查、有腐必反，积极践行监督执纪“四种形态”，挺纪在前，抓早抓小，坚决遏制违法违纪现象。严格落实“一案双查”，既严肃追究当事人的直接责任，又倒查追究主体责任、监督责任和领导责任，让失责必问、问责必严形成常态。

同志们，今年是我们党和国家历史上具有特殊重要意义的一年，我们要紧扣“开好党代会、迎接十九大”这条主线，强化政治意识，增强文化自信，撸起袖子加油干，统筹做好服务与发展工作，以优异成绩迎接党的十九大和省第十四次党代会的胜利召开。

2017 年全省市级文化广电新闻出版局长座谈会

【概况】 8 月 1 日至 2 日，省文化厅召开 2017 年全省市级文化广电新闻出版局长座谈会。会议以习近平总书记系列重要讲话精神为指引，认真学习贯彻省第十四次党代会、全国文化厅局长座谈会和全省宣传文化系统专题读书会精神，总结上半年工作，部署下半年重点任务，研究推动“文化浙江”建设。省文化厅党组书记、厅长金兴盛出席会议并讲话。厅党组成员、副厅长、浙江音乐学院党委书记褚子育主持会议，厅党组副书记、副厅长陈瑶，厅党组成员、副厅长黄健全，厅党组成员、省文物局局长柳河，厅党组成员、驻厅纪检组组长端木义生，厅党组成员、副厅长蔡晓春、刁玉泉、叶菁就分管的下半年重点工作进行了部署。厅副巡视员李莎、任群，各市及义乌市文化广电新闻出版局局长，省文物局副局长，省文化厅、省文物局机关各处室、驻厅纪检组和厅属各单位主要负责人出席会议。

金兴盛在讲话中指出，上半年，全省文化系统按照年初制定的工作要点，各项工作有序开展，成效显著。下半年，要紧紧围绕省第十四次党代会提出的建设“文化浙江”的奋斗目标，按时保质完成以下重点工作。一要全力做好迎接宣传贯彻党的十九大各项工作。二要持续深化文化体制改革。三要大力宣传贯彻《中华人民共和国公共文化服务保障法》。四要加强文艺精品创作。五要加强文化遗产保护利用工作。六要加快文化产业和文化市场发展。七要精心做好文化交流重点项目。八要持续推进全省重大文化设施建设。下半年大事要事多，任务繁重，金兴盛要求全省文化系统要进一步增强政治自觉，强化安全保障，狠抓工作落实，保持清正廉洁，以舍我其谁的担当精神和务实高效的工作措施，用优异的成绩迎接党的十九大胜利召开。

金兴盛强调，省第十四次党代会做出了建设“文化浙江”的重要部署，这是浙江省高水平谱写实现“两个一百年”奋斗目标的重要篇章，是开创崭新格局的文化发展战略，是文化发展方式的全面转型，为全省文化建设赋予了新使命，指明了新方向。今后五年“文化浙江”建设总的目标是，着力优化文化发展环境和支撑体系，全面提升文化软实力，建成文化底蕴深、文明程度高、文化氛围浓、文化创造强、文化渗透广的全国文化发展示范区，形成与“两个高水平”相适应的文化发展格局，让文化成为浙江经济社会发展的重要引擎，成为提升浙江国际影响力的重要名片。“文化浙江”是浙江省文化建设的升级版和创新篇，要增强价值引领能力、文化法治能力、社会共建能力、融合发展能力、互联网运用能力、资源优化配置能力，以新的思维、新的方式和新的能力加以全面推进。

会上，全体与会人员分 3 个小组进行了座谈交流，大家凝聚共识，明确方向，并结合各自实际分享经验，提出了推进“文化浙江”建设的意见和建议。

（省文化厅办公室）

在2017年全省市级文化广电新闻出版局长座谈会上的讲话

省文化厅党组书记、厅长 金兴盛

(2017年8月1日)

这次会议的主要任务是,以习近平总书记系列重要讲话特别是"7·26"在省部级主要领导干部专题研讨班上的重要讲话精神为指引,认真学习贯彻省第十四次党代会、全国文化厅局长座谈会和全省宣传文化系统专题读书会精神,总结今年上半年工作,部署下半年重点任务,研究推动"文化浙江"建设。下面,我谈三个方面意见。

一、关于上半年工作和下半年重点任务

上半年,按照年初制定的工作要点,各项工作有序开展,成效显著。

一是全面从严治党有新加强。全省文化系统深入学习习总书记系列重要讲话和省第十四次党代会精神,扎实推进"两学一做"学习教育常态化制度化,广大干部的"四种意识""四个自觉"不断增强。厅党组发挥示范带头作用,狠抓党风廉政建设主体责任和监督责任的落实,出台《省文化厅党风廉政建设党组主体责任实施细则》,建立党风廉政建设、意识形态工作定期分析研判制度,认真落实党风廉政建设重点工作。加强廉政制度建设,制定《省级文化系统纪检干部队伍管理办法》《省级文化系统干部调整交流制度》《省级文化系统领导干部个人重要事项报告制度》等,修订《省级文化系统企事业单位厅管干部经济责任审计办法》。探索内部巡察机制,对3家厅属单位开展首轮巡察。总结推广省级文化系统基础设施建设廉洁工程经验。开展办公用房专项核查和督促整改工作。我厅党风廉政建设和反腐败工作得到了省纪委主要领导的表扬。

二是现代公共文化服务体系建设实现新提升。全省文化系统以贯彻落实《中华人民共和国公共文化服务保障法》为契机,兴起了新一轮的公共文化服务体系建设热潮。开展第一轮公共文化服务10个重点市县实地核查,启动实施"十百千"工程,开展第二轮10个重点市县的筛选和建设,确定100个薄弱乡镇(街道)、1000个薄弱村(社区),予以重点提升。持续开展文化惠民活动,据初步统计,截至7月底,送文艺演出下乡1.4万余场,送书下乡110万余册,送讲座展览5000多场,开展文化走亲800多场次。持续推进国家公共文化服务体系示范区建设,嘉兴市高起点推进示范区后续建设,台州市示范区创建通过文化部中期督查,温州、湖州等地积极申报、启动新一轮国家示范区创建。公共文化服务品牌进一步丰富,温州"城市书房"、丽水"村晚"、舟山"淘文化"、杭州"信用借阅"、宁波"一人一艺"等受到媒体持续关注。

三是艺术创作喜获新成果。全省文化系统积极服务中心工作,联动开展"剿灭劣Ⅴ类水"千名文艺工作者赴基层采风巡演行动,成功举办"一心向党"浙江省喜迎党的十九大暨庆祝建党96周年交响合唱音乐会等。谋划创作交响乐《鲁迅》、越剧《吴越王》、话剧《此心光明》等一批重点作品。一批优秀剧目获得奖励,54个项目获国家艺术基金资助项目立项,较去年增长50%,总数居全国第四位;婺剧《宫锦袍》入选国家舞台艺术精品创作扶持工程重点扶持项目;民族歌剧《青春之歌》入选文化部"中国民族歌剧传承发展工程"重点扶持剧目;甬剧《周信芳》获文化部戏曲剧本孵化计划扶持。"湖山胜概"美术展览等项目获文化部四大奖项。完成全省地方戏曲剧种普查工作,成立"浙江戏曲联盟"。

四是文化体制机制改革取得新突破。公共文化服务3项试点工作持续深化,全省已经出台各类行业标准和项目标准189个,累计建成农村文化礼堂7000多个,已有107家公共文化机构成立理事会,3项试点工作通过国家验收并转为全国示范。加快推进"最多跑一次"改革,省文化厅13项办事事项全部实现"最多跑一次",全省文化系统36项办事事项已有 34 项实现“最多跑一次”，其中舟山等地全部事项已实现“最多跑一次”。深化文化市场综合执法体制改革，省文化市场管理工作领导小组成立，配合省委办、省府办制定《关于进一步深化文化市场综合执法体制改革的实施意见》。深化省属国有事业单位文艺院团改革，其中浙江小百花越剧团“百越文创公司”组建工作取得积极进展。省古建筑设计研究院改制基本完成。

五是文化遗产保护利用迈上新台阶。配合省委、省政府出台了《关于进一步加强文物工作的实施意见》《浙江省实施中华优秀传统文化传承发展工程工作方案》等政策性文件。良渚古城遗址的申遗范围、环境整治等工作顺利推进。宁波慈溪上林湖后司岙唐五代秘色瓷窑址项目入选“2016 年度全国十大考古新发现”。龙泉市被列入国家历史文化名城。继续推进传统村落整体保护利用工作，在松阳县继续实施“拯救老屋行动项目”。中国丝绸博物馆“锦程——中国丝绸与丝绸之路”和“更衣记——中国时装艺术展”荣获全国博物馆十大陈列展览精品奖，浙江自然博物馆被授予“2017 年全国最具创新力博物馆”称号。部署加强全省治危拆违攻坚战中的文物保护工作。非遗保护工作持续创新发展。启动振兴浙江曲艺系列活动。扎实推进非遗代表性传承人的抢救性记录工作。持续开展“中国非遗传承人群研修研习培训计划”。成立全国首家非物质文化遗产文献馆。全省文化系统联动组织“文化和自然遗产日”和“5·18 国际博物馆日”活动，围绕春节等传统节日开展丰富多彩的传统文化活动，组织开展入选人类非遗代表性项目的“二十四节气”项目保护活动、中华优秀传统文化传承发展百场讲座“四进”活动等，影响广泛，收效良好。中央主要媒体组团采访报道浙江非遗工作。

六是文化产业和文化市场转型升级取得新进展。推进中国（义乌）文交会转型升级，第十二届文交会举办 24 项配套活动，共吸引 60 多个国家和地区 8.3 万余人次参会。继宁波市之后，杭州市成功入选国家文化消费试点城市。批准设立浙江（金华）数字创意产业试验区。推进文化创意产品开发试点工作，浙江图书馆、省博物馆等 8 家单位分别被文化部、国家文物局列为试点。推荐 41 个项目申报中央文化产业发展专项资金。推动文化融合发展，绍兴等地大力实施重大文化旅游产业项目。文化科技工作积极有效，2 个项目被列为省科技重点研发项目，1 个项目入选国家社科基金艺术学重大项目。开展互联网上网服务行业、文化娱乐行业转型升级试点工作。联合组建文化市场综合执法培训基地。实施全省文化市场全面摸底调查工作。加强对网络直播表演行业规范整治，签订《浙江省网络表演行业倡议书》。联合省人力社保厅、省公务员局对 2016 年全省文化市场综合执法办案有功集体和人员进行表彰奖励。

七是对外和对港澳台文化交流取得新业绩。浙江曲杂总团杂技《梦系西湖·伞技》作为中国唯一单独节目，圆满完成上合组织成员国元首峰会文艺演出。赴罗马尼亚、捷克圆满完成“2017 中国—中东欧政党对话会”闭幕演出和浙江省—皮尔森州结好十周年庆典演出任务，受到刘云山同志和袁家军省长的充分肯定。组派 12 批团组，分赴亚洲、欧洲、美洲、大洋洲 4 大洲 21 个国家的 35 座城市开展 110 多场海外“欢乐春节”演展活动。围绕香港回归 20 周年，组织“根与魂——非物质文化遗产”展演。围绕文化部海外中国文化中心部省对口合作计划，举办“日本·浙江文化年”系列活动和德国“中国文化周”活动。积极服务“一带一路”倡议，举办首届“意会中国”——“一带一路”艺术大师工作坊，组派优秀院团赴摩洛哥、罗马尼亚、格鲁吉亚参加沿线国家和地区的重要节庆活动。配合省委、省政府重点交流工作，举办浙江省与日本静冈县结好 35 周年等文化交流活动。

八是重大文化设施建设实现新推进。全省文化设施建设保持良好态势。之江文化中心建设工程总体规划设计方案的修改优化工作基本完成。浙江自然博物园核心馆区建设顺利推进。浙江小百花艺术中心建设项目结顶。加强省级文化资源大整合，积极推动省文化厅教工路、影业路及京剧团地块整合、置换，与西湖区签订战略合作框架协议，筹建九莲文化（暂名）综合建设项目。省考古所、浙江音乐厅、浙话艺术剧院改造工程持续推进。各市也高度重视重大文化设施建设，嘉兴美术馆、丽水市非遗馆等一批地方重大文化设施启动建设，湖州美术馆、杭州市群众文化中心、杭州非遗保护中心等即将进入装饰装修阶段，温州美术馆、温州非遗馆等已确定选址，衢州市把加快文化艺术中心建设写入党代会报告和政府工作报告，等等。

九是文化人才培养不断推出新举措。开展定向培养乡镇文化员试点工作，首批计划招收培养50名乡镇文化员。举办2017年“新松计划”全省青年戏曲演员大赛，开办第四期全省中青年创作人才（艺术企划）高级研修班和两期全省国有剧场技术管理人员培训班。启动实施“浙江省公共图书馆拔尖人才”培育计划。开发了“浙江省文化人才专家数据库信息管理系统”。谋划实施文博人才培养“新鼎计划”。举办了全省新任文广新局局长培训班。开展浙江省文化创新团队及浙江省文化厅优秀专家评审工作。浙江音乐学院获批正式成为硕士研究生培养单位，并以“国有民办”模式创设了附属音乐学校。浙江艺术职业学院成功入选浙江省优质高职校计划。

总的来看，上半年各项工作进展顺利。但是也要正视问题与不足。一是文化安全存在隐患。文化领域的意识形态安全面临挑战；文物破坏事件时有发生；网络直播、艺术品网络交易等文化市场新形态新案件不断出现。二是狠抓落实的责任担当有待加强。近年来中央和省委、省政府出台了一系列文化法律法规与政策，有的地方有的单位落实还不主动、不到位。三是一些工作成效还不够明显。比如，现实题材创作、文化消费试点等工作与我省建设全国文化发展示范区的要求还有差距。四是党风廉政建设和作风建设还存在短板。党风廉政建设责任制的落实存在层层递减现象，有的干部规矩意识不强，上半年信访举报的数量有所反弹。

下半年，全省文化系统要紧紧围绕省第十四次党代会提出建设“文化浙江”的奋斗目标，按时保质完成以下重点工作。

一要全力做好迎接宣传贯彻党的十九大各项工作。充分发挥文化系统的优势，加强重大现实题材和重大革命历史题材作品的创作，重点办好浙江省庆祝党的十九大召开优秀作品展演、浙江省优秀作品赴京献礼演出、浙江省迎接党的十九大主题美术展览、浙江省第十届音乐舞蹈节、喜迎党的十九大群众文化活动等，利用各类文化阵地开展喜迎党的十九大系列活动，积极为党的十九大胜利召开营造良好氛围。加强监督管理，坚持正确导向，管好各类文化阵地、作品、演出、展览、文化社团、文化网站等，开展“百日攻坚”文化市场专项保障行动，确保文化领域安全。党的十九大召开后，结合学习贯彻省第十四次党代会精神，形成全系统学习宣传贯彻党的十九大精神的热潮。

二要持续深化文化体制改革。全力推进“最多跑一次”改革，确保年底前全省文化系统所有办事事项实现“最多跑一次”。推动国家公共文化服务“三项试点”提质扩面，督促各地抓好《浙江省基本公共文化服务标准》的贯彻落实，制定完善《关于推进公共文化事业单位法人治理结构建设工作的指导意见》。深化国有文艺院团改革，加快解决改制院团的历史遗留问题。认真贯彻落实《关于进一步深化文化市场综合执法改革的实施意见》。

三要大力宣传贯彻《中华人民共和国公共文化服务保障法》。推进公共文化服务重点市县及薄弱乡村文化建设“十百千”工程，切实补齐公共文化服务短板。配合省人大出台《浙江省公共文化服务保障条例》。持续加强农村文化礼堂建设。推广“城市书房”建设。着力提升乡镇综合文化站服务效能。制定《关于推进县级文化馆、图书馆总分馆制建设的实施意见》。组织开展2017年浙江省示范性群众文化活动。组织好2017年浙江省文化强镇和文化示范村（社区）创建评选活动。建设“浙江省全民学习中心”。

四要加强文艺精品创作。围绕党的十九大、改革开放40周年、新中国成立70周年、中国共产党成立100周年等重要时间节点，谋划创作一批文艺精品。组织优秀剧目积极参评全国第十四届精神文明建设“五个一工程”奖和第三届中国歌剧节。办好第四届世界互联网大会乌镇峰会文艺演出等重要演出活动。完成第二批面向社会力量购买戏曲剧本工作。依托浙江音乐学院，谋划组建“浙江文艺创研中心”。做好国家艺术基金的申报工作。

五要加强文化遗产保护利用工作。抓好《浙江省人民政府关于进一步加强文物工作的实施意见》的督查，压实文物保护主体责任。深入贯彻落实《浙江省实施中华优秀传统文化传承发展工程工作方案》。按照良渚古城遗址2019年申遗成功的时间节点，扎实推进申遗各项工作。研究推动大运河文化带（浙江）建设。推进文物安全大排查行动。加强考古管理及大遗址保护。着力抓好传统村落保护利用。制定《浙江省贯彻"互联网＋中华文明"三年行动计划实施方案》。完善全省博物馆运行评估体系建设。研究制定《浙江省贯彻落实中国传统工艺振兴计划实施意见》。推进非遗传承人群研培计划。组织开展第四批"浙江省传统戏剧之乡"评审和命名工作，举办全省传统戏剧保护成果展和"浙江好腔调"展演，研究浙江曲艺保护振兴政策措施。办好第九届浙江·中国非物质文化遗产博览会。

六要加快文化产业和文化市场发展。贯彻落实省委、省政府关于加快将文化产业培育成为万亿级产业的重大决策部署。推进文化类特色小镇建设。制定《关于推动文化文物单位文化创意产品开发的实施意见》。持续推进国家文化消费试点城市工作。加快数字文化产业创新发展，推进浙江(金华)数字创意产业试验区建设。支持宁波市创建国家文化与金融合作示范区，支持杭州白马湖生态创意城争创国家级文化产业示范园区。推进互联网上网服务营业场所、文化娱乐行业转型升级。全面推行文化市场分级分类监管机制和黑名单管理制度。完成浙江省文化市场指挥监控系统建设。

七要精心做好文化交流重点项目。办好第三届中国—中东欧国家文化合作部长论坛和第十五届亚洲艺术节。继续实施"日本·浙江文化年""香港·浙江文化节""台湾·浙江文化节"等活动。配合重要出访活动，组织好文化交流。实施中国—中东欧国家文化季、阿拉伯国家文博专家研修班(第三期)等重要项目。支持宁波市做好保加利亚索非亚中国文化中心揭牌起用工作。

八要持续推进全省重大文化设施建设。争取浙江自然博物园核心馆区项目、浙江小百花艺术中心项目全部建成，争取浙江省之江文化中心建设工程尽早开工建设。持续做好教工路、影业路及京剧团地块整合、置换综合建设项目。启动浙江省考古遗产展示园项目。协调推进浙江音乐厅、浙话艺术剧院、浙江省文物考古研究所等改造提升项目。

二、关于"文化浙江"建设

省第十四次党代会做出了"两个高水平""六个浙江""四个强省"的重要部署，其中"文化浙江"是"六个浙江"之一，为我省文化建设赋予了新使命，指明了新方向。

(一)充分认识"文化浙江"建设的重要意义

1."文化浙江"是我省高水平谱写实现"两个一百年"奋斗目标的重要篇章。高水平全面建成小康社会，高水平推进社会主义现代化建设，文化是其中的重要指标。没有人的精神富有，就谈不上全面小康。"文化浙江"可以为浙江延续人文基因，为浙江人民营建心灵圣地，为浙江发展提供智力支撑，为浙江形象增添内涵魅力。

2."文化浙江"是开创崭新格局的文化发展战略。从文化大省到文化强省再到"文化浙江"，不仅仅是提法上的改变，而是对文化地位、功能与作用的提升，是更高发展目标的设定。"文化浙江"凸显了省委新的文化发展理念，是浙江转承接续"两个一百年"奋斗目标，继全面建成高水平小康社会后，为在全国率先实现文化现代化奠定坚实基础。

3."文化浙江"是文化发展方式的全面转型。文化大省、文化强省可以用拥有多少文化资源的存量和增量来衡量，文化浙江则必须以文化在"五位一体"发展中所发挥的功能和效用为指归。文化大省、文化强省建设可以更侧重有形的投入，文化浙江很大程度上必须聚焦于其有形的和无形的产出；文化大省、文化强省可以着眼于小、中文化建设，文化浙江则必须致力于"大文化"和经济社会的整体性发展。

(二)明确"文化浙江"的目标要求

立足文化部门的职能，今后五年"文化浙江"建设总的目标是要着力优化文化发展环境和支撑体系，全面提升文化软实力，建成文化底蕴深、文明程度高、文化氛围浓、文化创造强、文化渗透广的全国文化发展示范区，形成与"两个高水平"相适应的文化发展格局，让文化成为浙江经济社会发展的重要引擎，成为提升浙江国际影响力的重要名片。具体目标是：

1.先进的价值引领。文化自信进一步坚定，中国梦和社会主义核心价值观深入人心，红船精神、浙江精神广泛弘扬，公民素质和社会文明程度明显提高。

2.丰富的文化形态。全社会文化创造力进一步释放，跨界融合和艺术创新氛围浓厚，各类文化精品和文化新产品竞相涌现。

3.完善的文化服务。现代公共文化服务体系基本建成，打造触手可及的文化空间，文化产品和文化服务活动丰富多彩，成为全国公共文化服务示范区。

4.发达的文化经济。文化市场体系更加完善，文化产业发展为万亿级产业，为经济转型升级做出重要贡献。

5.创新的文化传承。优秀的传统文化得到有效的保护与传承，文化遗产资源利用取得重要成果，形成引领全国的优秀传统文化传承发展体系。

6.开放的文化格局。文化交流的渠道和途径进一步拓宽，文化传播力、竞争力、影响力显著增强，成为全国对外文化交流的重要基地。

7.科学的文化治理。综合运用法律、行政、经济、科技等手段，充分调动社会力量参与文化的积极性，形成科学有效的现代文化治理体系。

（三）明确“文化浙江”的主要任务

日前，省文化厅起草了《“文化浙江”建设工作方案》，正在修改完善之中。由于时间所限，下面我就重点任务点点题。

1.着力构建现代公共文化服务体系。推进公共文化服务标准化、均等化、效能化、数字化、社会化建设，进一步完善文化设施网络，提高按需供给水平，基本建成城乡一体、区域均衡、人群均等的现代公共文化服务体系，补齐公共文化服务短板，推动公共文化服务向更高水平迈进，更好地满足人民群众日益增长的文化需求。

2.着力加强艺术创作生产。加大对艺术精品创作、推广的支持力度，搭建面向全省的文艺创作研究孵化中心，推动全省艺术创作。不断加强文化艺术原创能力建设，积极推动文化艺术创新，集中打造一批具有时代特征、浙江特点的舞台艺术精品，形成既有高原又有高峰的文艺繁荣局面。

3.着力推动优秀传统文化保护振兴。坚持创造性转化和创新性发展，认真落实《浙江省实施中华优秀传统文化传承发展工程工作方案》，大力传承发展中华优秀传统文化的思想理念、传统美德和人文精神，挖掘优秀传统文化的浙江元素，推动文化遗产的活化利用，激发浙江优秀传统文化的生机与活力。深入实施《浙江省传统戏剧保护振兴计划》，大力强化传统戏剧保护，形成有利于传统戏曲活起来、传下去、出精品、出名家的良好环境。

4.着力推进世界文化遗产重点项目。大力推动良渚古城遗址申遗工作，使良渚古城遗址作为实证中华5000多年文明史圣地的价值更加凸显，成为“文化浙江”新的金色名片。实施大运河文化带（浙江）建设，深入挖掘以大运河遗产为核心的历史文化资源，加大保护和管理力度，提高运河利用和展示水平，重点打造世界文化遗产保护带、魅力文化旅游展示带，使大运河成为“文化浙江”的重要品牌。积极推进浙江世界文化遗产预备名单项目的基础研究、保护整治等工作。

5.着力加快文化产业转型提升。按照省委、省政府把文化产业打造成“万亿级产业”的目标要求，以“规模化、集约化、专业化”为转型路径，紧抓“互联网＋”和“文化＋”机遇，发挥文化创意和科技创新的支撑带动作用，拓展文化产业与经济社会各领域融合的广度和深度，持续扩大文化消费，形成以质量和效益为核心的文化产业体系，助推经济结构调整和产业转型升级。

6.着力构建现代文化市场体系。充分发挥市场在文化资源配置方面的积极作用，建立多层次文化产品和要素市场。推动文化产品供给侧结构改革，加强内容建设，丰富产品供给，优化文化消费发展环境。建立健全市场准入和退出机制，降低市场准入门槛，鼓励各类市场主体公平竞争、优胜劣汰。强化文化市场综合执法机构和队伍标准化规范化建设，全面加强文化市场监管。

7.着力提升文化开放水平。紧扣大局，打造对外文化交流品牌，拓展对外文化交流合作领域，大力发展文化贸易，向世界推介具有浙江地域特色、凸显浙江精神、蕴含浙江智慧的优秀文化，传播当代中国价值观，促进文化交流交融，塑造文化浙江的国际形象，扩大文化浙江的影响力。

8.着力加强文化人才队伍建设。发挥浙江音乐学院、浙江艺术职业学院等人才培育基地的作用。面向全国范围广纳人才、广用人才，推行“签约艺术家制度”等，面向海内外知名艺术家开展多种形式的柔性合作。研究出台《关于进一步加强文化人才队伍建设的实施意见》，培育和引进高层次的文化管理、学术、交流、运营人才，优化文化人才结构，努力建设全国文化人才培育高地。

9.着力推进重大文化设施建设。着眼前瞻性、先进性、标志性，突出高标准、高质量、高水平，科学规划、全面覆盖、合理布局、点面结合、统筹发展、有效利用，加快全省重点文化设施建设，为文化浙江建设提供强有力的文化硬件支撑。

（四）明确“文化浙江”建设的方法举措

“文化浙江”是我省文化建设的升级版和创新篇，必须以新的思维、新的方式和新的治理能力加以推进。

一要增强价值引领能力。坚持以文化人，努力以感人至深的文艺作品、丰富多彩的文化活动、普遍认同的优秀传统文化，吸引群众、感召群众，形成积极向上向善的价值追求。

二要增强文化法治能力。坚持依法治文，提升文化法律法规和政策文件的执行力。同时，抓住重点领域，不断强化顶层设计，加强立法和政策调研，推动形成完善的文化法规体系。

三要增强社会共建能力。认真贯彻《国务院办公厅关于进一步激发社会领域投资活力的意见》，充分调动社会力量参与文化建设的积极性。加大政府购买公共文化服务力度。积极培育文化非营利组织。支持文化志愿服务。鼓励专业第三方机构参与公共文化设施的投资建设、提升改造、运营管理，探索 PPP 等形式在文化设施运营管理中的创新应用。7 月 19 日，中央全面深化改革领导小组第 37 次会议通过《关于深入推进公共文化机构法人治理结构改革的实施方案》。各地各单位要积极贯彻中央精神，大力推进文化事业单位法人治理结构改革。一方面要加快推进理事会组建的覆盖面，一方面要推进已组建理事会的运行与探索。

四要增强融合发展能力。树立“文化＋”理念，积极用好各类资源，构建更大的文化工作格局。推进文化与旅游、科技等部门的深度合作，推动文化向经济社会各领域渗透，赋予其文化内核、精神动力和文化价值，使文化建设在更高更广阔的平台上发展。

五要增强互联网运用能力。树立“互联网＋”意识，启动智慧文化建设。实施公共数字文化工程，积极筹建全省公共文化服务体系大数据中心。实施“互联网＋中华文明”行动计划。开展“智慧非遗”建设。同时，利用互联网技术，推动文化产业和文化市场转型升级。

六要增强资源优化配置能力。加强供需对接平台建设，努力使文化产品与群众需求精准对接。统筹全省文化资源，建立全省图书馆联盟、文化馆联盟、美术馆联盟、博物馆联盟等平台，促进资源共建共享。推动公共图书馆、文化馆总分馆建设，完善流动文化加油站、文化走亲、文化联动等形式多样的流动机制，推动公共文化资源向基层倾斜、向弱势群体倾斜。正确处理好政府与市场的关系，发挥市场在资源配置中的重要作用。

三、关于做好下半年工作的几点要求

下半年，大事要事多，任务繁重，全省文化系统要敢于担当、狠抓落实。

一要增强政治自觉。深入学习习近平总书记系列重要讲话特别是“7·26”在省部级主要领导干部专题研讨班上的重要讲话精神，推进“两学一做”学习教育常态化制度化，自觉在思想上、政治上、行动上同以习近平同志为核心的党中央保持高度一致。认真落实意识形态工作责任制，加强对党员干部的教育，严格执行意识形态定期分析研判制度，努力做到守土有责、守土负责、守土尽责。提高文化工作站位，自觉将文化工作置于中央和省委、省政府大局中去谋划，坚决将文化建设大政方针和决策部署落到实处。

二要强化安全管理。党的十九大召开前后，确保全省文化系统安全稳定是一项重大任务。要严格落实安全生产责任制，认真做好各类文化活动、公共文化场馆以及在建文化设施工程的安全工作，彻底排查整治各类安全隐患，坚决防止安全事故的发生。认真做好思想教育和服务群众工作，主动排查、化解矛盾纠纷，确保文化系统持续稳定。

三要狠抓工作落实。近年来，中央和省委、省政府加大对文化建设的制度供给，出台了一系列推动文化建设的法律、法规、政策、规划。全省文化系统要加强学习研究，不仅要认真制定实施方案和工作措施，而且要强化工作执行力，努力把文本转化为行动，把目标转化为结果。领导干部要以上率下，带头贯彻、带头落实，认真对照下半年各项重点工作，列出任务书和时间表，明确责任，强化督查，确保各项任务落到实处。

四要保持清正廉洁。要按照中央关于全面从严治党的部署和省委关于“清廉浙江”建设的要求，层层传导压力，切实压紧压实主体责任。正确运用“四种形态”，通过加强日常监督、建立内部巡察机制、加强审计监督等方式，将廉政监督落到实处。狠抓廉政制度落实，加强重点领域廉政制度建设。推进文化系统纪检干部队伍建设。驰而不息地抓好作风整治。加强清廉文化的研究，在系统内外开展丰富多彩的清廉文化活动，扬正气、树清风，为“清廉浙江”建设提供文化样本和文化支持。

同志们，2017 年已经过半，我们要以舍我其谁的担当精神和务实高效的工作措施，大力推动“文化浙江”建设，以优异的成绩迎接党的十九大胜利召开！

全省公共文化服务重点县推进会

【概况】 9 月 7 日下午，全省公共文化服务重点县推进会在杭州召开。省文化厅党组书记、厅长金兴盛出席会议并发言。第二轮 10 个重点县所在市政府分管领导，县(市、区)政府分管领导、财政局局长、文广新局局长，11 个设区市文广新局局长，省政府办公厅、省文化厅、省财政厅等相关处室负责人参加会议。

金兴盛在会上介绍了第一轮公共文化服务重点市县建设情况和第二轮重点县建设的基本思路，表示省文化厅将全力以赴推进省政府工作报告提出的公共文化服务“十百千”工程建设，推动项目落地，推动优质资源下沉，推动模式机制创新，推动人才队伍培养，推动工作效能督查。除 10 个重点县以外，还要推进 107 个重点乡镇和 1230 个重点村建设。

按照基本公共文化服务专项考核分以及图书馆、文化馆、博物馆、乡镇综合文化站建设等指标，遴选确定温州市洞头区，绍兴市越城区、新昌县等 10 个县(市、区)为第二轮公共文化服务重点县。会议还总结了第一轮公共文化服务重点市县工作经验，泰顺县、龙游县做了交流发言。

(省文化厅公共文化处)

在全省公共文化服务重点县推进会上的讲话

省文化厅党组书记、厅长 金兴盛

(2017 年 9 月 7 日)

根据会议安排，我把第一轮公共文化服务重点市县建设情况和第二轮重点县的前期工作以及下一步的安排，向大家做简要介绍。

一、第一轮公共文化服务重点市县建设的有效做法与经验

2015 年，省政府确定金华、衢州、丽水 3 个市和泰顺等 7 个县为公共文化服务提升重点市县，通过转移支付、结对帮扶等方式，帮扶实施一批重点项目，集中攻坚重点区域文化建设短板。2 年来，各级党委、政府认真履行主体责任，积极落实两年提升计划，取得显著成绩。

一是项目推进形成合力。省政府两次召开重点市县工作推进会，每年开展专项督查。省公共文化服务体系建设协调组成员单位各司其职、协调推进，在文件制定、专项督查、经费安排等方面，对重点县建设给予倾斜。各重点地区都成立了由政府主要领导任组长的提升工作领导小组，制定出台两年提升计划，将重点县项目落实情况纳入党委政府的考核体系之中，定期督查，强力推进。到目前为止，这个两年提升计划确定的 19 个重大投资项目，泰顺县图书馆新馆等11个项目已完工；柯城区文化中心等2个项目正在建设中；泰顺县新三馆等4个项目已完成前期工作，将于2017年底前正式开工；天台县图书馆新馆等2个项目将于2018年开工。基本公共文化服务标准不达标项目从建设前的163项减少到19项。

二是供给保障措施得力。省财政厅安排1个亿的重点市县专项补助资金，于2015年底提前下达；在省级专项资金安排、向中央财政申报专项补助时向重点市县倾斜。重点市县2015年和2016年的文化投入分别比上一年增长了45.7%和19.8%，文化投入占公共财政预算支出的比重从1.9%提高到2.2%。除温州市泰顺县和金华市婺城区、金东区以外，其他重点市县都实现了连续两年增长。省文化厅在业务指导上加大力度，组织浙江艺术职业学院举办重点县文化从业人员培训班，安排省文化馆开展专家蹲点辅导，安排省属专业院团送高雅艺术到基层，提高专业人才队伍整体素质。大部分重点县配齐配足文化从业人员，个别地区还实现了增编增人。

三是督查考核推动有力。经省政府同意，协调组制定出台《关于加强基本公共文化服务重点市县有关工作的意见》《公共文化服务重点市县季度督查通报制度》等文件，把对重点市县的督查指导工作制度化、经常化，做到"季度一自查、半年实地查、一年一通报"，及时督查项目进展情况。省文化厅把重点市县工作作为中心工作，建立厅领导联系重点市县工作机制，厅领导分头联系重点市县，对重点市县开展定期督查。大部分重点市县把提升工作完成情况纳入了对部门和乡镇的考核指标，并通过督查室全程跟踪，确保工作落实到位。

四是体制创新渐显活力。重点市县积极探索公共文化服务建设新机制，加快推进公共文化设施的建设、管理和使用，不断提高公共文化服务的建设水平和使用效能。泰顺县采用工程总承包(EPC)方式建设新三馆，缓解财政资金不足矛盾。庆元县通过PPP模式，吸引社会力量参与县文化中心建设。衢州市衢江区采取租赁方式解决图书馆用房问题，在人群相对集中的东方商厦建设图书馆。丽水市莲都区通过市国资划拨的方式，把原先准备用于建设丽水市少儿图书馆的场地划给莲都区建设区图书馆。龙游县采取"一站一团队"的方式，向社会力量购买服务项目，充实文化站基本服务项目。

二、存在的主要问题

在看到成绩的同时，我们也注意到第一轮重点市县建设暴露的一些问题：一是部分重点县工作推进不坚决。磐安县文化中心、庆元县文化中心等项目进展缓慢，庆元县公共文化设施还存在被挤占挪用情况。有的重点县在项目推进过程中存在畏难情绪，对推进有困难的项目未经同意擅自调整。二是部分公共文化设施没有很好地发挥作用。金华市金东区图书馆虽然成立了机构，但公共图书馆与学校合建并委托学校管理，不能充分履行公共文化服务职能。丽水市莲都区联城街道文化站、白云街道文化站与当地政府合用办公楼，设施使用效率不高。三是个别重点县工作重点存在偏差。把有限的文化经费用在了大型文化活动上，对基本公共文化服务项目保障不到位；对图书馆藏书量和年新增藏量等多年未完成的指标，没有年度规划。四是部分重点县对文化人才队伍建设重视不够。绍兴市柯城区、庆元县的公共文化机构未能按照省定标准及核定编制数量配齐工作人员。部分重点县没有按照省定标准落实培训经费、编制培训计划。

今年6、7月间，经省政府同意，省文化厅会同省发改委、省新闻出版广电局、省体育局对重点县进行了考核验收。考核组认为：泰顺县、磐安县、龙游县、开化县、天台县、遂昌县，以及金华市金东区、婺城区，衢州市柯城区、衢江区，丽水市莲都区等11个重点县基本完成两年提升计划建设任务，通过考核验收，并建议省政府对完成情况好的泰顺县、龙游县、遂昌县等3个重点县予以表扬；庆元县对推进两年提升计划重视不够，进度缓慢，没有通过考核验收，继续列为第二轮重点县名单。把因建设周期较长，目前尚在建设过程中的开化文化广场、天台县图书馆新馆、磐安县文化中心、衢州市衢江区博物馆(非遗馆)、泰顺新三馆等项目列入后续重点管理项目，及时跟进督查。

三、全力以赴实施"十百千"工程

本轮"十百千"工程重点地区的产生分两个层次。重点县由省文化厅在全省范围内遴选并报省政府确定，遴选过程中综合考虑了以下三方面因素。一是文化发展情况。结合各地实际，从文化投入、文化设施、文化服务等方面综合考虑。二是强调补短板。主要从经济发展水平相对较差的一类地区中选择。三是考虑区域平衡。适当兼顾二类地区相对落后的区县。重点乡镇、重点村的遴选，主要由各设区市根据《浙江省基本公共文化服务标准》，按照一定的比例进行筛选，并报省文化厅备案。

下一步，省文化厅将根据这次推进会，特别是成岳冲副省长的重要讲话精神，全力以赴抓好以下工作。

一是推动提升项目落地。指导重点地区根据当地经济社会发展实际和文化建设现状，从设施建设、人员配备、服务提供等方面，科学编制《公共文化服务重点县（镇、村）建设两年提升计划》。督促重点地区选准提升工作的主攻方向和重点项目，合理选择项目建设方式，落实项目保障资金，精心绘制时间表和路线图，确保《公共文化服务重点县（镇、村）建设两年提升计划》顺利落地。

二是推动优质资源下沉。安排省级文化单位与重点县开展帮扶结对工作，定期送服务和资源到基层，丰富重点县公共文化服务的内容。指导市、县两级文化部门通过建立图书馆分馆、文化馆分馆的方式，打通市县和镇村的文化沟渠，把城市文化场馆的管理资源和服务模式延伸到重点乡镇和重点村。市县两级文化行政部门也要积极组织力量，落实公共文化机构和文艺院团与重点地区结对帮扶。

三是推动模式机制创新。充分发挥省级公共文化服务体系建设协调组的作用，协调有关部门继续对重点县给予帮扶支持。引导重点地区加大提升项目的资金整合力度，撬动社会资本参与建设，探索采取 PPP 模式建设和运行公共文化设施，激发公共文化内生活力。

四是推动人才队伍培养。发挥浙江音乐学院、浙江艺术职业学院的专业优势，面向重点地区开设每年不少于两期的文化人员培训班。省图书馆和省文化馆结合专业特点，为重点地区开设专项技能培训班，组织专家到重点地区上门指导，安排重点地区文化人员到先进地区现场教学，提升队伍专业素质。

五是推动工作效能督查。组织协调组成员单位定期对重点地区的提升工作进行专项督查，及时了解推进过程中遇到的问题，确保各项工作如期推进。结合乡镇综合文化站效能抽查，委托第三方机构对重点地区的公共文化设施运行情况进行督查，推动重点地区公共文化设施充分发挥效能。

全省乡镇（街道）综合文化站效能建设现场会

【概况】 10 月 12 日，全省乡镇（街道）综合文化站效能建设现场会在龙游召开。省文化厅厅长金兴盛、副厅长叶菁出席会议并讲话，衢州市副市长王良春致辞。全省各市文广新局分管副局长、公共文化处处长、各县（市、区）文广新局分管局长、部分乡镇文化站长代表，以及浙江图书馆、省文化馆负责人等 150 多人参加了会议。

会议指出，近年来，我省各级文化行政部门在党委政府的领导下，高度重视文化站建设，取得了显著成效，但也存在许多短板：一是设施比较短缺，二是活动不能正常开展，三是队伍不健全，四是机制不够灵活，五是保障不到位，六是人才比较短缺。下一阶段，要重点抓好三个方面的工作：一是要切实增强文化站效能建设的紧迫感和责任感；二是要扎实推进文化站服务效能建设，解决好文化站的规范化建设、常态化服务、供需对接、人才队伍问题；三是要建立健全文化站服务效能建设长效机制。通过强化过程管理、资源整合、工作考核和宣传交流等工作，形成有效的监管机制、共建共享机制，打造基层文化品牌。

（省文化厅公共文化处）

在全省乡镇(街道)综合文化站效能建设现场会上的讲话

省文化厅党组书记、厅长　金兴盛

(2017 年 10 月 12 日)

在党的十九大召开前夕,我们在龙游召开全省乡镇(街道)综合文化站效能建设现场会,主要目的是:总结各地在文化站建设中的成功经验和有效做法,深入分析文化站建设中存在的问题,研究部署当前和今后一段时间文化站服务效能提升工作,进一步推进我省基层公共文化服务体系建设。

首先,说说为什么要开这个会议。乡镇综合文化站是非常重要的机构和场所,要从以下几个方面认识其重要性。

第一,乡镇(街道)综合文化站是国家整个文化治理结构中重要的一环。根据我国宪法规定,最基层的一级政府就是乡镇。乡镇的党委和政府要通过文化站来贯彻落实党的文化工作路线方针和政策。如果这一环缺失,中央、省委关于公共文化服务的一些要求就很难落实。第二,乡镇(街道)综合文化站是宣传贯彻党的路线、方针、政策,弘扬社会主义先进文化的最前沿阵地。文化站直接面对的就是最广大的人民群众,党的路线、方针、政策的宣传和贯彻,特别是社会主义先进文化的弘扬,就是要靠乡镇综合文化站来承担。第三,乡镇(街道)综合文化站也是为广大人民群众提供公共文化服务的重要平台。老百姓在这里可以欣赏文化产品,参与文化活动,开展文化创造。所以文化站搞得好不好,对公共文化服务体系建设来说非常重要。

近年来,我省各级文化行政部门在党委政府的领导下,高度重视文化站建设,取得了显著成效,但也存在许多短板,特别是一小部分乡镇文化站还没有真正地"站"起来。一是设施比较短缺。个别文化站上无片瓦,下无寸土,就是一块牌子挂在一间房子门口,里面有好几个单位;一些文化站没有达标,设施比较短缺;还有一些文化站被挤占挪用。二是活动不能正常开展。有牌子,有设施,但活动开展不起来,从某种意义上就是一种浪费。三是队伍不健全。有的人员没有编制,有的在编不在岗,有的在岗不在位,少数文化站没有人干事的现象依然存在。四是机制不够灵活。没有用创新思维去管理文化站,导致一些文化站发展不可持续,没有后劲。五是保障不到位。特别是经费保障不到位,导致文化站运营不起来。六是人才比较短缺。专业人才不足。

其次,这次会议为什么放在龙游开。龙游是第一轮公共文化建设重点县,在不到两年的时间内变成了一个公共文化服务建设的先进县。选择在龙游开乡镇(街道)综合文化站效能建设现场会,就是要把龙游的经验向全省推广,这种经验可学习可复制,很接地气。从龙游的经验来看,有这么几个方面的启示。一是领导重视强推动。做好文化工作,主要依靠党委政府的重视。龙游县能够在短短的两年时间当中,从一个文化建设的重点县转变成文化建设的先进县,首先靠的就是这一条。二是因地制宜建设施。龙游 15 个乡镇文化站没有搞大拆大建,其中 11 个乡镇通过对一些现有的闲置资源进行整修、改造、整合,建成乡镇文化站,2 个乡镇是租房子建设,只有 2 个乡镇文化站是新建的。有些老旧设施本身具备厚重的历史文化积淀,如模环乡文化站过去是物质的粮仓现在成为精神的粮仓。浙江经济发达,很多县市都不缺钱,有能力新建乡镇综合文化站的,我们鼓励。如果没有经费支持,那么资源整合也是一种很好的途径。三是多元结合建队伍。龙游在文化站人才组建上有几种情况:正式在编人员、与文化传媒公司签约委派、上级文化机构下派指导员、文化志愿者等。四是紧贴需求供服务。乡镇文化站要坚持以人民为中心的工作导向,要为广大的人民群众提供他们需要的文化服务和产品,这样才能够受到人民群众的关注,才能够真正吸引人民群众到文化站开展活动。五是改革创新建机制。文化站在运行的机制上一定要有创新，一定要有改革，只有这样文化站才能够可持续、有活力。

刚才，叶菁副厅长总结了我省文化站建设取得的成绩和经验，分析了存在的问题，并就下一阶段的效能提升工作进行了安排部署，我完全赞同。下面，再讲三点意见。

一、切实增强文化站效能建设的紧迫感和责任感

在公共文化服务体系架构中，文化站具有承上启下的重要作用。一方面，传递来自党委政府的声音，传承中华优秀传统文化，传播社会主义核心价值观；另一方面，既直接为人民群众提供面对面的公共文化服务，又为农村和社区文化建设提供有力指导。

1.提升文化站服务效能是回应习总书记关切的重要举措。习近平总书记高度重视文化站服务效能建设，去年，他在一份材料上批示，要认真分析文化站存在的问题，切实提高服务效能。这是总书记对文化站的希望，更是对人民群众日益增长的文化需求的关切。近年来，省委、省政府高度重视基层公共文化服务体系建设，各级文化部门以基层文化建设为重点，积极创新公共文化服务模式，建成了一大批设施先进、功能齐全、机制灵活、保障有力、服务优良的示范性文化站。从全省第六次文化站评估定级结果来看，上等级站达到 1206 个，比例首次超过 90%。看到成绩的同时，我们绝不能回避问题。从文化部组织的抽查情况来看，全国文化站建设还存在不少问题：开放时间不正常、设施设备老化、文化资源缺乏、服务手段单一陈旧等。这些使得部分文化站成了一种摆设，没有发挥应有的作用。全国层面发现的问题，在我省也同样存在。我们要正视问题，发现短板，着力弥补，不断提高乡镇综合文化站在区域内的影响力、在群众中的满意度，使之成为人民群众精神文化生活的主阵地。

2.提升文化站服务效能，是贯彻落实《中华人民共和国公共文化服务保障法》的重要抓手。今年 3 月 1 日，《中华人民共和国公共文化服务保障法》正式实施。这是我国近年来文化立法的一大突破，也是文化领域具有“四梁八柱”性质的一部基础性法律。《中华人民共和国公共文化服务保障法》按照建设法治政府和服务型政府的要求，将党中央关于加快构建现代公共文化服务体系的指导思想、方针政策转化为国家意志。《中华人民共和国公共文化服务保障法》高度重视文化站建设，对文化站的土地规划、设施建设、运行管理、人才队伍等一系列问题，明确了法律规范。从我省的情况来看，到 2016 年底，全省已实现文化站全覆盖，文化站平均面积达到了 2362 平方米。下一步的重点应该放在效能提升上来。国际上对衡量公共文化服务效能有一个通行指标，叫“目标人群覆盖率”，指的是公共文化设施有效利用人群有多少。提升文化站服务效能，就是要求文化站融合宣传、教育、科普、健身、普法等功能，从闭门办站到开门迎客，从固定场馆服务向流动服务的方向迈进，服务领域从点到面，服务内容从单一到多元，形成全民参与、全域覆盖的格局，逐步把文化站打造成当地群众参与文化活动、共享文化发展成果的文化乐园和精神家园，这对于更好地满足人民群众的基本文化需求，实现好、维护好、发展好广大人民群众的基本文化权益有着积极的社会意义。

3.提升文化站服务效能是落实中央关于推进基层综合性文化服务中心建设的重要行动。乡镇综合文化站是基层综合性文化服务中心建设的重要内容和重点任务。2013 年 11 月，党的十八届三中全会明确提出“建设综合性文化服务中心”的改革任务。2015 年 10 月，国务院办公厅正式印发了《关于推进基层综合性文化服务中心建设的指导意见》。2014 年，文化部在全国部署开展基层综合性文化服务中心建设试点，浙江作为试点省份，试点工作成效明显，2017 年初顺利通过文化部的验收并被列为全国示范地区。回顾近几年我省基层综合性文化服务中心建设工作，应该说在以农村文化礼堂为代表的村级综合性文化服务中心建设方面取得了重大突破。但是，在乡镇综合文化站建设方面，成效还不够明显，影响还不够大，这是我们亟待突破的“课题”。

4.提升文化站服务效能是“文化浙江”建设的重要内容。今年召开的省第十四次党代会提出，要“在提升文化软实力上更进一步、更快一步，努力建设文化浙江”。这是省委继建设文化大省、文化强省之后的又一次战略选择。从文化大省到文化强省再到“文化浙江”，不仅仅是提法上的改变，而且是对文化地位、功能与作用的提升，更高发展目标的设定，体现了省委对文化作用的深刻认识和发展文化的历史担当。提升公共文化服务效能，让人民群众享受标准均衡的基本公共文化服务，共享文化改革发展成果，是“文化浙江”的题中应有之义。文化站是基层开展公共文化服务最重要的文化设施，是党委政府开展基层文化工作的重要阵地。提升乡镇综合文化站服务效能，把文化站建设成基层群众的文化客厅，让老百姓愿意来、经常来文化站参与文化活动，对于加快构建现代公共文化服务体系，进一步提高基层群众对公共文化服务的满意度和获得感，具有不可替代的重要作用。

二、扎实推进文化站服务效能建设

提升文化站服务效能是一个系统工程，涉及文化资源、人才队伍、设施管理、经费保障等方方面面；同时又是一个长期的工作，需要我们在座的同志们抓住重点，持之以恒地加以推进。

1.要解决好文化站的规范化建设问题。这次会议上，印发给大家的《乡镇综合文化站服务规范》，由省质监局发布，明确了文化站的人员配备、场馆建设、宣传教育、阵地服务、团队建设等方面内容，为文化建设划出了底线，理清了服务清单，规范了服务要求，为提升文化站服务效能奠定了扎实的基础。

对于标准问题，我想谈几点想法。一要因地制宜。省定标准是底线标准，各地要善于把省标市标化、县标化，结合当地实际，制定符合当地乡镇综合文化站发展实际的服务标准。当然，执行省定标准也是一种选择。二要统筹谋划。既要考虑文化站的服务标准，同时也要考虑与文化站建设相关的标准制定，比如图书馆分馆和文化馆分馆建设、团队管理、效能考核等。三要狠抓落实。标准有了，接下来关键要看执行。各地要认真贯彻《乡镇综合文化站服务规范》，确保各项规范落实到位。要推动文化站标识的落地上墙，增强文化站的辨识度和知晓率，提升文化站品牌形象。要建立文化站规范化服务考评机制，用2—3年的时间，推动文化站达标创优，提档升级。

2.要解决好文化站的常态化服务问题。提升文化站服务效能，服务内容至关重要。内容建设上不去，设施建设得越漂亮，浪费越大，建还不如不建。当前，我省一些文化站存在空壳化现象，主要表现在以下几个方面：一是设施设备不足，没能按要求配置设施设备，空有几个房间、几本旧书；二是空间环境单调，没有文化气氛；三是文化资源老化，没能覆盖各个年龄层的文化需求，对社会的吸引力不大；四是管理水平低下，活动空间堆放杂物、停放电瓶车现象依然存在。只有解决了这些问题，文化站才会有活力。

文化站要立足建成“老百姓常来常往、来有所得的文化休闲场所”的目标，在日常服务上下功夫，通过各种文化活动和文艺形式凝聚人气，让群众在参与文化活动过程中享受乐趣、体验艺术、感受幸福。为此，要做到四个化：一是“开门”要正规化。要落实专门人员，根据当地群众的生活习惯，每天定时开放文化站，特别要鼓励错时开放、常年开放，在当地群众有空闲有需要的时候，随时随地可以走进文化站参与文化活动。二是服务要正常化。要听取群众的文化需求，针对不同年龄层群众的文化需求，每周设置一定数量的常规服务项目。三是资源更新要常态化。充分发挥县级图书馆、文化馆等公共文化机构的作用，定期对文化站的公共文化资源进行更新，随时满足群众的文化需求。四是指导服务要长效化。要发挥文化站的辐射作用，长期指导所在村、社区开展文化活动，让文化真正走入千家万户，丰富活跃基层群众文化生活。

3.要解决好文化站的供需对接问题。在现代公共文化服务体系中，文化站是直接面对基层、面对群众的一个重要环节。一个文化站建设水平的高低，不应该以设施的大小、装修的豪华与否为标准，而应该是群众欢迎不欢迎、喜欢不喜欢、需要不需要、满意不满意。提升文化站效能的最终目的，就是解决为人民服务的问题，从三个方面可以判断。一是影响力。所在地区的群众是不是知道有文化站这个场所？是不是愿意来文化站，并口耳相传？是不是一有需要就想到向文化站求助？二是获得感。进入文化站能让群众获得什么？在群众需要排舞教练、需要声乐老师、需要举办展览等的时候，能不能第一时间提供让群众满意的服务？三是享受感。走进文化站，里面的文化设施、文化服务和文化气息，能不能让群众流连忘返、去而复返？

要达到这些目标，就必须着力解决好文化站和群众之间的供需对接问题。一要摸清当地群众的文化基础。当地有哪些民风民俗，当地群众有哪些文艺特长，喜欢看什么文艺节目，哪些人是文艺骨干，等等，这些都是文化站开展活动的基础。二要畅通群众需求表达通道。文化站要通过设立意见反馈箱、微博、微信等通道，及时听取群众的文化需求，按需供给，提高服务项目的针对性。三要公开服务菜单。每月或者每周，把文化站能够提供给群众的公共文化服务项目公示出来，让群众自己选择。要做好服务项目的后期分析，对受群众好评的项目，要尽可能多安排，对群众不愿意参加的项目，要进行更新。

4. 要解决好文化站的人才队伍问题。能否提升文化站服务效能，乡镇文化员是关键。农村文化建设方针、政策与措施，需要这支队伍去落实，文化设施需要这支队伍去管理，“种”文化和“送”文化也需要这支队伍去实施。应该说，对文化站人才队伍建设，我们一直没有放松，但文化站的人才队伍建设依然任重道远。究其原因，一是未能做到专职专用。乡镇工作任务重且烦琐，每一项中心工作都要全员参与，造成文化员时间和精力的分散。二是乡镇文化员变动快。一些乡镇领导对文化站工作重视不够，再加上一些文化站的作为不够，导致一些文化员难以安心工作。三是文化员的业务素质有待提升。在2016年以前较长的时间里，许多地方文化员的招聘中没有突出文艺专长等特殊要求，导致不少文化员业务不精不熟，难以有效开展工作。省定标准要求，镇村两级文化从业人员每年集中培训不少于5天。省里委托艺术职业学院培训600人，市级完成部分骨干培训之后，部分县没有完成全覆盖的任务。

促进文化站提升服务效能，必须加强文化站人才队伍能力建设，组建一支扎根基层的有特长、有情怀、有一定组织管理能力的公共文化服务人才队伍。我们的目标是“专职、专业、专心”。一要落实专职管理人员。按照省定标准配足配齐文化站管理人员，确保专人专用。通过政府购买服务、招募文化志愿者等方式，弥补免费开放带来的人员不足问题。二要提高专业化水平。各级文化行政部门要定期举办各类培训班，切实提高文化站文化从业人员的业务水平。省文化馆、浙江图书馆要针对镇、村两级文化员举办业务比武，为文化员提供交流、展示的平台。三要培育文化员的责任心。要探索通过各种途径，培育乡镇（街道）文化员的责任意识、服务意识、团队意识、学习意识和创新意识，激励他们专心做事，倾情服务。省里有一个政策，就是给连续30年从事基层文化工作者颁发荣誉证书，这是一种激励。

三、建立健全文化站服务效能建设长效机制

提升文化站服务效能，不是今天提出来的新课题，一些问题属于久拖不决、屡改屡现，究其原因是我们的文化治理能力还有待提高。

1. 要加强过程管理，形成有效的监管机制。提升文化站服务效能，既是当务之急，也是长期任务。厅公共文化处要充分利用新开发的文化站管理平台，及时采集文化站公共服务数据，认真开展大数据研究和分析，及时提出相应的解决策略，不让问题过关，不让欠账积累。各市、县文化主管部门要充分发挥监督的主体作用和组织协调职能，要对辖区内文化站进行全面排查，及时研究解决存在的困难和问题。要加强舆论监督、社会监督，做到监而有效、督而有力。一方面，采取聘请第三方社会调查公司对文化站进行明察暗访，监测他们的开放和服务质量，对一些平时开放不太正常、服务质量不高的予以通报。另一方面，组织公共文化专家，对文化站进行有针对性的指导和调研，通过实地察看、台账查阅、听取汇报的方式，发现存在的问题并补齐短板，提升文化站的服务质量。

2. 要强化资源整合，形成共建共享合力。上面千条线，下面一根针。承担基层公共文化服务重任的乡镇综合文化站，同样汇集了宣传、养老、教育等多种职能，提升文化站服务效能，必须做好整合这篇文章。文化人要有一个博大的胸怀，敞开大门，欢迎民政、工会、教育、妇联等部门，利用文化站面向群众开展免费或者优惠的公共服务。要把公共服务项目的提供主体扩大化，主动和其他部门联系，编制形式多样、内容丰富的公共文化服务菜单，供人民群众选择使用。要主动做好服务工作，从上级文化机构引进优质资源，为乡镇其他部门进入文化站活动消除障碍，推动公共文化资源的共建共享成为可能。

3. 要强化工作考核，形成正确工作导向。各级文化主管部门要结合工作实际，研究制定科学的、量化的、操作性强的考核办法，建立以效能为导向的评价激励机制。要以服务效能为重点，明确文化站重点服务指标和服务标准，研究制定群众公共文化服务满意度指标，健全基层公共文化服务绩效评估机制，建立群众评价和反馈机制，增强公共文化服务评价的客观性和科学性。要注重服务效能考核结果的运用，强化问责机制，凡是工作不力、执行不到位的，要严肃追究责任。

4.要加强宣传交流，打造基层文化品牌。各地要加强工作交流，互相学习借鉴服务效能提升工作取得的阶段性成果和积累的好经验、好做法，开阔视野，取长补短。要及时总结各地在提升文化站服务效能方面的重要举措、典型经验和工作成效，营造加快构建现代公共文化服务体系，提升公共文化服务效能的浓厚氛围，不断提高群众的参与率、知晓率和满意率。要充分利用各类新闻媒体加强宣传，赢得公众关注和支持。

同志们，提升乡镇（街道）综合文化站服务效能，事关基层广大人民群众的基本文化权益。让我们以更加强烈的使命意识，更加振奋的精神状态，更加务实的工作作风，全面抓好各项工作落实，为“文化浙江”建设做出新贡献，用优异的成绩迎接党的十九大胜利召开。

专　文

ZHEJIANG CULTURE YEARBOOK

浙江省国有博物馆文化创意产业发展报告

文化自信是一个国家、一个民族发展中更基本、更深沉、更持久的力量。坚定文化自信离不开中华优秀传统文化的创造性转化、创新性发展。文物是传承和弘扬中华优秀传统文化的历史根脉，是培育和践行社会主义核心价值观的深厚滋养。博物馆依托馆藏文物资源，开发文化创意产品，是让文物“活过来”，融入现代审美与生活的重要途径，是博物馆提供的重要公共文化服务产品。《国务院关于进一步加强文物工作的指导意见》(国发〔2016〕17 号)和《国务院办公厅转发文化部等部门关于推动文化文物单位文化创意产品开发若干意见的通知》(国办发〔2016〕36 号)印发后，浙江省高度重视博物馆文化创意产品开发工作。2017 年 9 月，浙江省政府办公厅转发了省文化厅等部门《关于推动文化文物单位文化创意产品开发的实施意见》(浙政办发〔2017〕104 号)。为贯彻落实上述文件精神，摸清浙江省各级博物馆开发文化创意产品的具体情况，省文物局组织课题组，专门就这一主题开展调研，通过问卷调查、主题座谈和实地走访，了解全省国有博物馆开展文创产品开发的现状和存在问题，进一步促进浙江省博物馆文化创意产品开发工作，增强博物馆发展能力，推动“文化浙江”建设，满足人民群众日益增长的对美好生活的需求。

一、博物馆文创产品开发基本情况

根据文化部办产函〔2016〕234 号和文化部办产发〔2016〕7 号工作要求，浙江省积极推荐有关单位申报文化创意产品开发试点单位。浙江省博物馆、浙江自然博物馆、中国丝绸博物馆、杭州博物馆、宁波博物馆等 5 家被列为国家文物局确定的试点单位，并已将文化创意产品开发试点纳入省文物局对各省直博物馆的年度工作考核。

为更全面地了解各级国有博物馆文创产品开发情况，调研组设计了“博物馆参与文化创意产品开发情况调查问卷”，由省文物局博物馆处专门发函，向各国有博物馆发出电子问卷，进行问卷调查。问卷涉及博物馆文化创意产品开发、销售情况，贯彻落实国务院办公厅印发的《关于推动文化文物单位文化创意产品开发的若干意见》文件精神情况，以及在开发模式、收入分配和激励机制等方面存在的问题和取得的经验。调研组共回收有效问卷 85 份，基本覆盖省、市、县三级文化文物系统管理的国有博物馆。通过对问卷的分析，情况如下：

(一)七成博物馆曾开发文创产品

问卷调查显示，浙江省内近七成受访博物馆曾经开展或正在开展文化创意产品开发工作，另有 13.8%的受访馆正在谋划文创工作。

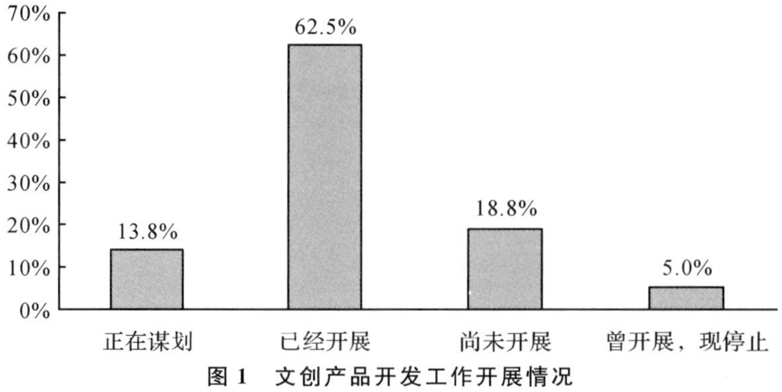

图 1　文创产品开发工作开展情况

（二）产品依托馆藏，开发水平有待提升

总体而言，受访单位普遍重视文创产品同藏品展览的结合，强调产品的文化内涵，但各馆在产品实用性和产品质量方面差距较大，约25%的单位在这两方面非常有信心，同时也有10%以上的单位认为自身产品在这两方面还非常欠缺；相对存在较大问题的是产品研发团队的稳定性和产品种类的丰富程度，42%的博物馆不具备稳定的研发团队，高达14.5%的单位研发团队不稳定，另有27.5%的受访单位认为自身产品还不够丰富。

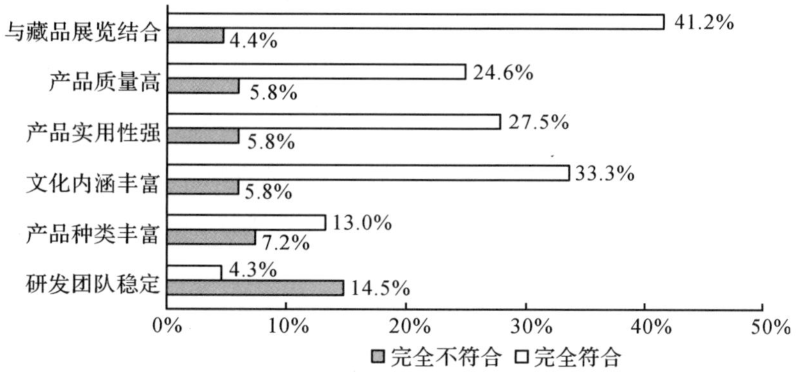

图2　文创产品开发水平a

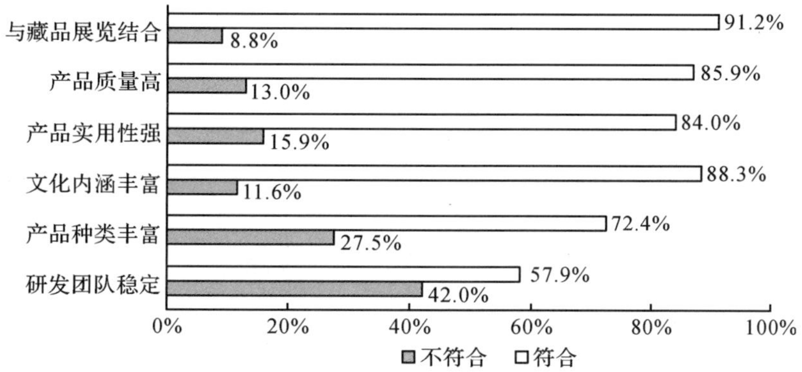

图3　文创产品开发水平b

注：问卷中设置五个选项，分别为“完全符合”“比较符合”“一般符合”“不太符合”“完全不符合”，此图中“符合”为前三个选项的百分比加总，“不符合”为后两个选项的百分比加总，下同。

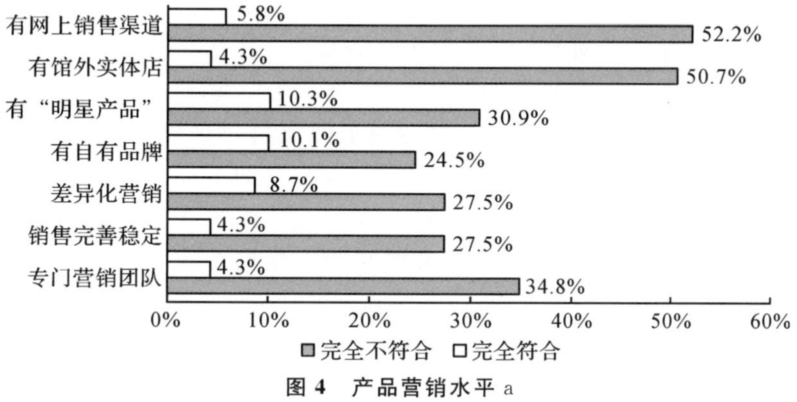

图4　产品营销水平a

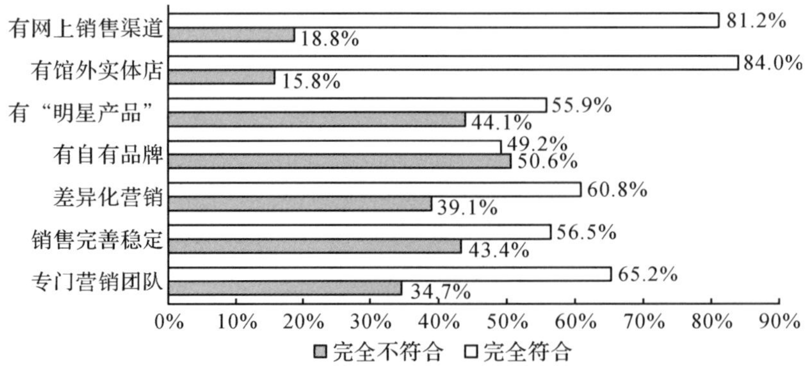

图5 产品营销水平b

（三）营销刚刚起步，尚未形成完整体系

总体而言，省内大多数博物馆的文创产品营销刚刚起步，尚未形成完整体系。已经开展产品经营销售的受访博物馆中，50%的单位建立了自有文创产品品牌，40%的单位销售较为稳定，实施差异化营销策略，拥有至少一样销量较好的“明星产品”，营销活动渐上轨道。但同时50%以上的博物馆未在人流集中的场地运营实体销售商店，也没能运营专门的网络商店或专柜。省内国家级试点单位中，也仅有2家开设馆外商店。

（四）试点工作初显成效

试点单位文创产品开发先行先试初显成效，产品开发种类数量明显增加，知识产权保护意识明显增强。大部分试点单位在过去两年中文创产品开发种类明显增加。可用于文创开发的多为馆藏文物外形与图案纹样、馆舍建筑外形和临展文物主题，开发的产品则涵盖出版物、文化用品、教具、服饰、家居装饰、工艺品等多个种类。试点单位文创产品开发模式以艺术授权和馆企合作为主，辅以加工订制、委托代理、限量复制等。开发合作者多为当地文创企业，同时通过公开招标、文创设计大赛等方式寻找优质合作者。试点工作开展后，各试点单位知识产权注册数量明显提高，知识产权保护意识有所提升。

文创产品销售仍主要在馆内商店中进行。各试点开设销售场所数量不一，销售收入与场所数量成正相关。起步较早的浙江省博物馆有5处，4处在馆外，且多为综合性休闲体验场所，销售收入达680万元；浙江自然博物馆拥有场所数量最多，达6处，销售收入达230.5万元。其余单位销售收入均在10万到100万元之间，差异较大。浙江省博物馆已经开始筹备网络专营店。

试点单位在体制机制创新方面有所尝试，稳步推进。浙江省博物馆和宁波博物馆已经将经营收入纳入单位预算统一管理，浙江省博物馆和浙江自然博物馆分别安排人员到企业兼职，但均未向兼职职工提供薪酬激励。扶持政策落实方面，2016年已有3家试点单位获得专业财政支持，但项目支持金额差距较大，少的不到1万元，多的达50万元。

二、浙江文博文创工作的经验与困难

（一）各馆创新模式吸引社会力量参与开发

浙江是民营经济大省，也是创新创业活跃省份。浙江各地活跃着大量文化创意设计、生产企业。这些企业恰需大量优质文化资源作为优质创意源泉。各博物馆以各种形式接触和吸引这些企业、各类艺术家、本地高校等社会力量参与博物馆文创，积累了大量创新经验。省内大部分博物馆已经开始尝试立足自身主题与设计企业、生产企业合作开发文创产品；在缺乏资金支持条件下，有单位通过免费提供场地或免费提供艺术授权吸引企业入驻，开展开放式文创设计活动；有条件的博物馆还积极参与各类专业展销会对接合作企业。为借助社会力量提升产品开发水平，有博物馆举办创意产品设计大赛，邀请社会各界人士参与设计，也有的邀请知名艺术家、工艺美术大师合作开发产品或做产品开发顾问，另有博物馆同当地设计类高校、科研院所合作进行产品设计。

（二）文创试点各具特色，先行先试

省内5家文创开发试点博物馆根据自身特色和优势条件先行先试，探索出各具亮点的文创产品开发与营销路子。

1.浙江省博物馆文创起步早，主导成立商店联盟。浙江省博物馆是浙江省内规模最大的综合性人文科学博物馆，同时也是国家一级博物馆和中央地方共建国家级博物馆。浙江省博物馆文化产品开发相关工作起步于20世纪90年代中期，1994年成立浙江省文博经营公司，从事以文物高仿为主要内容的文创工作；2004年成立经营管理部，在文物高仿基础上进行拓展。浙江省博物馆真正意义上的文创研发则始于2007年，通过“庞贝末日——源自火山喷发的故事”展初试文创，此后不断在文创产品开发上加大投入力度。除为出版物提供图像资料的传统艺术授权外，浙江省博物馆还通过文创艺术授权，依托馆藏精品、配合展览、结合文化事件开发文化创意产品，已设有孤山馆区西湖美术馆书店、武林馆区文博书店、武林馆区休闲茶吧、文澜阁茶室和商店等文创商品展销场所。场所中经营品种丰富，包括文博书籍、仿古瓷器、仿古字画、仿古玉器、现代艺术品及纪念品等。2015年《博物馆条例》为博物馆文创正名，2016年相关利好政策陆续出台。为实现全省博物馆文创资源共享，2017年10月，浙江省博物馆联合浙江省各有关博物馆商店，成立“浙江省文澜阁博物馆商店联盟”，旨在探索建立优势互补、互利共赢的合作机制，拓宽文化创意产品开发投资、设计制作和营销渠道，从而实现良性循环并最终反哺文博事业。已建立“文澜阁”文创品牌，为联盟商店提供统一标识，并入驻省内有场地条件的博物馆，以形成连锁的文创商店平台。联盟组建慎重，商店加入有门槛、双标志，产品准入有特色、讲品质。“浙江省文澜阁博物馆商店联盟”已有浙江省博物馆、中国丝绸博物馆、浙江自然博物馆、杭州博物馆、南宋官窑博物馆、茶叶博物馆、绍兴博物馆、宁波博物馆、港口博物馆、杭州工艺美术博物馆等10家博物馆加盟。

2.中国丝绸博物馆联合名企，文创产品贴近生活。中国丝绸博物馆是全国性的丝绸专业博物馆，也是世界上最大的丝绸博物馆。馆内藏有自新石器时代起各朝代与丝绸有关的历史文物，与当代生活十分贴近，在文创产品开发方面有天然优势。中国丝绸博物馆的文创产品主要与设计公司合作设计与生产，产品种类已有文化用品、服饰品、家居生活用品、装饰品等4大类48个品种，共计16000多件文化创意产品，有近800平方米的文化创意产品销售、书籍销售与咖啡休闲区域。中国丝绸博物馆参与文创产品开发，以下属全资公司杭州锦道文化艺术公司为主体，分为两部分经营。一部分在锦绣廊与杭州晓风图书有限公司合作经营，场地面积750平方米，设有咖啡吧、文化创意产品销售区和图书销售区，位置处于整个博物馆展线的中间部分，既能休息又能购物。另一部分与杭州经纶堂文化创意有限公司合作，在时装馆有200平方米的商场，主要销售高端丝绸文化产品。在此基础上，进一步提升知识产权保护与利用能力。2015年下半年，中国丝绸博物馆开始对馆藏藏品中的经典图案进行深化与提炼，并将最终图稿在浙江省版权局进行了注册保护。2016年初，在省文化厅指导下，中国丝绸博物馆参加香港国际授权展，学习了有关知识产权授权的程序与方法，并向参展兄弟单位学习相关经验。此外，中国丝绸博物馆还将进一步深化与杭州经纶堂以及相关设计公司设计人员的合作。计划在时机成熟时开展网上销售，通过参加相关展会和与兄弟博物馆合作，实现文化创意产品的相互合作与销售，多方面多渠道销售文化创意产品。

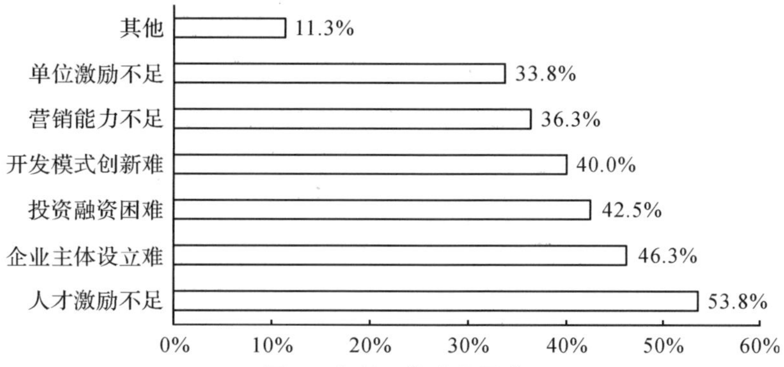

图6　文创工作遭遇困难

（三）普遍遭遇激励难、融资难

省内博物馆在人才激励和投资融资方面普遍遭遇困境。50%以上的受访博物馆认为，人才激励不足是文创产品开发工作中最突出的困难。也有多家国家级试点博物馆将各类工作人员激励问题列为试点工作难点。省内大多数博物馆的文创产品开发和销售工作尚处起步阶段，培养一批相对稳定的专业人才投入工作是当务之急。然而，由于博物馆属公益性事业单位，在资金投入和财务运作方面有着相对严格的制度限制，导致当前国内大多数博物馆缺乏合适渠道和足够资金为人才提供直接激励。这种情况在浙江也普遍存在，是博物馆文创产品开发工作起步阶段的一大困难。全省5家国家级试点单位中，仅有2家单位将经营收入纳入本单位预算统一管理，另有2家单位在无薪金激励的情况下安排职工到企业兼职，而在绩效工资与产品开发业绩挂钩、增加绩效工资总量和重要贡献人员奖励等方面尚在探索中，仍无突破。

40%以上的受访博物馆在设立企业主体和投资融资方面遇到困难。省内5家试点单位都已先后独资设立下属企业，但在企业持续运营中普遍遇到融资困难。资金短缺至少为文创产品开发带来三大影响：一是限制产品生产数量和效率，量少导致生产营销成本居高不下；二是限制产品开发模式创新和开发水平提升，产品开发只能以艺术授权或馆企合作模式开展，40%的受访单位在创新开发模式方面存在困难，导致文博单位对产品设计与生产环节的影响力长期停留于较低水平，难以保证产品文化内涵和品质，品牌培育也无从谈起；三是限制产品营销体系完善，36.3%的受访单位营销能力不足，多家试点单位在自有商店装修美化过程中难以获得资金支持，导致用户文博文化沉浸感低、消费体验不佳，使得产品销量不高，产品社会效益大打折扣。

三、对策建议

依托博物馆文物资源，让收藏在博物馆里的文物、陈列在广阔大地上的遗产、书写在古籍里的文字都活起来，对于传承中华优秀传统文化、满足人民群众精神文化需求、增强凝聚力、展示文明浙江形象、促进经济社会发展具有十分重要的意义。建议针对浙江博物馆参与文化创意产品开发中存在的问题和遭遇的困难，从以下几方面提供政策支持和措施保障：

（一）落实完善配套政策，分类推进文创工作

积极鼓励具备条件的博物馆在确保公益目标、保护好国家文物、做强主业的前提下，依托馆藏资源，结合自身情况，采取合作、授权、独立开发等方式开展文化创意产品开发。鼓励有条件的博物馆，探索以知识产权作价入股等方式投资设立企业，从事文化创意产品开发经营。鼓励自主开发产品条件尚不成熟的博物馆，通过合作、授权等方式，联合品牌文化创意企业，或通过加入“文澜阁博物馆商店联盟”，参与文创产品开发。

加强与地方编办、财政、发展改革、税务、教育等部门的协调联动，积极争取各项扶持政策和优惠措施。尤其针对各博物馆普遍存在、试点单位尤其突出的资金匮乏和激励机制创新困难等问题，深入展开调研，积极研究政策细则。

（二）扶持“文澜阁博物馆商店联盟”，做大做强文博文创

大力扶持“文澜阁博物馆商店联盟”，发挥浙江省博物馆“中央地方共建国家级博物馆”和“全国博物馆文创示范单位”的龙头作用，整合全省馆藏资源，搭建平台，建立优势互补、互利共赢的合作机制，拓宽文化创意产品开发投资、设计制作和营销渠道，促进资源、创意、市场共享，确保社会效益放首位、社会效益与经济效益相统一。支持联盟借助义乌文交会等国内外知名文化文博展会，扩大影响寻求合作。鼓励省内博物馆以联盟为载体抱团取暖，实现资源共享和利益最大化，实现良性循环并最终反哺文博事业。通过联盟平台有效运营，讲好浙江故事，助力“文化浙江”建设；促进优秀传统文化创造性转化，创新性发展，为社会公益和广大人民群众服务。

（三）鼓励博物馆分批分类共享资源，有效提升社会服务水平

鼓励省内各级博物馆，在确保文物安全的前提下，选取部分地域特色鲜明、可广泛用于产品开发或城市品牌建设的馆藏资源，通过各种便捷渠道，向社会免费提供高清图片和文化内涵说明文字。有条件的博物馆可通过举办文博设计大赛和设计研习营等，小范围地对意向企业、科研院所、设计师精准提供免费授权。支持博物馆数字文化、文化信息资源库建设，明确可开发资源，面向社会提供有偿知识产权许可服务。

（省文物局）

关于促进杭州文化消费的对策建议

一、杭州市文化消费的基本现状

当前，杭州正处于“后峰会、前亚运”的关键时期，在市委、市政府加快建设“东方文化国际交流重要城市”的目标指引下，公共文化服务体系扎实推进，初步形成具有杭州特点、全国领先的“1＋X”现代公共文化服务标准化体系；文化品牌创建成效明显，文化产业实力稳步提升，融资瓶颈逐渐度过；文艺精品精彩纷呈，文化人才不断涌现，杭州市的文化消费供需两旺，呈现出又好又快的发展势头。

（一）文化消费需求激增

2016 年杭州地区实现生产总值 11050.49 亿元，比上年增长 9.5％，在全国各城市的 GDP 中排名第 10，常住人口人均生产总值 121394 元，增长 7.7％，按国家公布的 2016 年平均汇率折算，为 18282 美元，按照世界银行划分标准，已经达到发达国家和地区水平。社会发展总指数位居全国副省级城市首位。从世界范围来看，当一国或一地区人均 GDP 突破 1 万美元后，居民的消费和生活会更追求质量的提高，居民消费不断升级、扩张，其突出表现之一为消费支出中的文化消费比重加大。从杭州来看，近年城乡居民越来越重视文化生活，人均文化消费逐年增长，文化消费占消费支出的比重整体上呈现快速提高趋势。

（二）文化供给迅猛发展

一是公共文化服务水平不断提高。全市公共文化设施面积超过 237 万平方米，每百人拥有公共文化设施面积超过 26 平方米，市、县（市、区）、乡镇（街道）和村（社区）四级公共文化设施网络初步形成。以标准化建设带动公共文化服务均等化，余杭、拱墅、萧山、下城等地在国内率先出台单项地方标准，初步形成“1＋X”的现代公共文化服务标准化体系。公共文化运行机制不断创新，率先在国内实现了全市人手一张借书卡，公共图书馆总分馆制、群文“集约化、一体化”运行机制、公共文化服务均等化“三联”模式等受到业内肯定，创建全国文化先进县 5 个，省级文化先进县 10 个，省级文化强镇（街道）29 个，省级文化示范村（社区）98 个。“我送你秀”社区文化行、“书香杭州”全民阅读行、“美好生活”城乡电影行以及万场文化活动下基层、在杭高校文化站等重点惠民工程取得实效。二是文化产业的发展在高位运行。2016 年，杭州市文化创意产业增加值达 2541.68 亿元，增长 21.2％，较上年同期提高 0.8 个百分点，快于“十二五”平均增速 4.7 个百分点，高于全市 GDP 增幅 11.7 个百分点；占全市 GDP 的比重为 23.0％，同比提高 0.8 个百分点。全市规模以上文创企业主营业务收入 4902.02 亿元，增长 26％，2016 年末，全市文创产业规模拟上单位资产总计 10703.35 亿元，增长 22.2％。全市共有规模以上文创企业 2324 家。“中国电视剧第一股”华策影视、“中国旅游演艺第一股”宋城演艺、“中国数字电视内容原创第一股”华数传媒、“中国民营广告第一股”思美传媒、“中国网吧服务软件第一股”顺网科技等一大批知名文创企业先后上市，领军全国。

基于文化供给发展的良好基础和市民活跃的文化消费需求，2017 年 2 月，杭州市成功入选第一批（第二次）国家文化消费试点城市名单。

二、影响杭州文化消费的主要问题

（一）财政支持与杭州市的城市定位不相符

自“十一五”时期以来，杭州对于文化的资金投入虽然有了明显增加，但与国内同类城市相比，总量偏少，与杭州建设文化名城、文化强市与打造全国文化创意中心的目标仍不相适应。此外，从项目开发建设的角度来看，与兄弟城市比较，一些“大手笔、大投入和带动力强”的文化项目不多，发展后劲亟须增强。

（二）社会投入的潜力没有充分挖掘

通过发挥政府资金的引导作用，从而撬动、吸引更多的社会资金投入文化建设，是促进文化繁荣发展、打动文化消费的关键所在。杭州民间资金相当丰富，但由于多种原因，当前我国文化领域仍存在许多“隐形门”“玻璃门”“弹簧门”现象，阻碍、限制了社会资本对文化的投入。特别是文化事业领域，单纯依靠政府资金“一元”投入，社会力量处于观望状态，供给渠道单一，限制了文化消费。

（三）体制机制需要完善

部门协调机制需完善。当前在文化消费政策的制订、出台、实施过程中，尚存在着条块、部门、行业和区域分割等问题，一定程度上影响着政策的针对性和体系性。评估机制需健全。对于文化产品和服务的数量、质量、满意率、均等化程度等，还缺乏一套相对客观、科学的评估标准及规范的指标体系。宣传力度需加强。这主要表现为加快文化消费举措中存在着“重制订、轻宣传”的问题。

三、促进杭州文化消费的初步设想

（一）以注重统筹规划为基本点，增强工作引领

结合自身实际，注重统筹规划，努力为扩大文化消费提供保障条件。加强组织领导，增强统筹协调性。充分发挥杭州市文化建设领导小组、杭州市文化创意产业指导委员会及办公室的统筹与协调作用，健全工作机制，制定完善相关措施，重点做好政策制定、政策宣传、政策解释、政策落实、信息反馈、项目跟踪与评估等多方面工作，进一步促进财政税收与投融资、土地管理、文化服务和产品出口等专项政策间的衔接，不断提升全市文化经济政策的协调性、配套性与针对性。

（二）以强化公共财政为着力点，加大保障力度

一是贯彻落实国家和省、市文化发展政策措施，研究制定支持扩大文化消费的配套政策。进一步加大公共财政投入力度，建立公共财政对文化建设投入稳定增长机制，提高文化支出占财政支出比例，继续保持财政投入的增幅高于本级财政经常性收入增长幅度。二是进一步加大公共文化服务投入。把主要公共文化产品和服务项目、公益性文化活动纳入公共财政经常性支出预算，社区公共文化设施建设要落实从城市住房开发投资中提取1%的规定。三是进一步加大文创产业支持力度。不断扩大市级文化创意产业发展专项资金规模，建议省级财政根据地方财力扩大专项资金规模，各县（市、区）财政对市级立项项目给予足额配套。同时，根据不同行业的需求与特点，进一步完善与研究出台动漫游戏、影视、新媒体、艺术品等重点行业的专项政策，实现“一业一策”，突出扶优扶强，努力提高政策支持的针对性和有效性。四是统筹城乡文化建设。市、县（市、区）两级设立农村文化建设专项资金，加大对欠发达地区文化建设投入的倾斜力度。五是支持人才队伍建设。深入实施高端紧缺文化人才培养计划和青年文艺家发现计划等专项工程，造就高层次领军人物和高素质文化人才队伍。

（三）以土地开发利用为突破点，拓展发展空间

一是积极探索新型产业用地政策，实施差别化管理。积极探索实施全市发展都市型、创新型产业规划布局，研究出台全市包括文化创意产业在内的创新型产业用地分类目录。国土部门按照规划明确的用途确定合理的出让起价，实行差别化用地管理。研究出台产业项目准入评估管理制度，优先保障包括文化创意在内的“十大产业”等高质量项目用地。二是加强整体规划，盘活存量用地。加快完善《关于利用工业厂房发展文化创意产业的实施意见》，在城市总体规划和文化创意产业发展规划的框架下，按照合理布局、平衡总量、控制时序原则，加强对利用工业厂房发展文化创意产业的全市整体规划，促进产业集聚。三是强化考核管理，进一步提升运行效益。加强市级层面统筹，不断完善招商引资机制，探索建立全市统一的文化产业用地投资信息平台，实行数量与质量相结合的招商引资考核机制，招商奖励与项目产出相挂钩。强化项目运作机制，引导和扶持利用工业厂房发展文化创意产业的投资开发企业逐步向园区管理运营商转变。实施评价考核机制，从产业政策执行情况、投资情况、土地产出效率、建筑和环境保护政策落实情况、产业集聚功能、园区行政办公和生活服务设施情况等方面，对全市利用存量厂房土地资源发展文化创意产业项目进行评价考核。

（四）以“营改增”试点为切入点，加大税收支持

以浙江省作为全国第二批“营改增”试点地区为契机，在继续落实好现有税收优惠政策的前提下，把握机遇，抢抓政策先机，突出重点领域与环节，为全市文化创意产业形成新优势提供政策保障。一是适时扩大试点行业范围。在稳步推进的原则下，适时扩大试点行业范围，将文化创意产业涉及的全部行业纳入改革试

点。二是选择合适的差别税率。增值税是中性税，要求的税率档次相对较少，而营业税是行业差别税率，体现着政府对特定行业的扶持和引导。对于文化创意产业这种劳务成本占比相对较高的现代服务业来说，由于65%—70%属人力成本支出，真正可以抵扣的进项可能只占成本费用的10%左右，据此可适时考虑选择较低的税率进行征税，不增加企业的总体负担。三是适时扩大抵扣范围。鉴于文化创意企业人力成本占比较高，取得其他进项较少，适时将其前三年购入的固定资产按照使用年限平均分摊到每年进项抵扣，同时适当考虑将一定比例的人工成本纳入进项抵扣项目范围。

（五）以文化“走出去”为支撑点，扩大国际影响

加快促进文化“走出去”是集聚、传播中华文化正能量和提升国家文化软实力的客观要求，也是杭州建设全国文化创意中心、加快提升文化出口企业国际市场竞争力的重要依托。一是对文化出口进行专项资助。市财政计划安排专项资金，通过贷款贴息、项目资助、保费补助等多种方式支持文化出口。二是大力培育“走出去”市场主体。研究制定出台《杭州市文化产品和服务出口指导目录》，明确行业范围、重点导向及企业。鼓励文化出口重点企业积极申报创建国家、省重点文化出口企业。鼓励文化出口重点企业积极开展境外项目投资，开办境外分支机构、生产基地和营销网点，努力参与国际竞争，开拓国际市场。加大对文创出口重点企业自主产品关键技术研发和国外先进技术引进、消化、吸收和再创新的扶持力度。三是加快推进“走出去”基地（实验区）建设。鼓励各地结合发展特色，在符合条件的产业园区或服务业集聚区内建设一批以出版、影视、文化创意、网络数字等为主的文化出口基地，招引知名文化机构入驻，延伸产业链，推动文化消费产业集聚发展。四是积极搭建服务平台及营销网络。组织企业参加中国国际服务贸易大会、中国国际服务外包交易博览会、中国（杭州）国际动漫节、（深圳）国际文化产业博览会、法国戛纳影视动漫节等境内外重点展会，拓宽文化企业境内外交流渠道。积极发展各类文化出口中介营销机构，鼓励其开展国际市场调研、咨询和营销业务。

（杭州市文化广电新闻出版局）

提升全省公共文化空间软实力的思考与对策
——以杭州市为例

党的十九大报告提出：文化自信是一个国家、一个民族发展中更基本、更深沉、更持久的力量。当前，城市之间的竞争主要是文化竞争，城市也从“功能城市”发展到“文化城市”阶段。公共文化空间是公共空间和文化空间的复合，是城市文化竞争力和软实力的重要体现。《国家新型城镇化规划（2014—2020年）》强调“注重人文城市建设”，“把城市建设成为历史底蕴深厚、时代特色鲜明的人文魅力空间”。对一座城市而言，公共文化空间对文化传承、对文化展示、对城市文化的传播、对民众文化艺术涵养的提升起着基础性、关键性作用。浙江文渊悠久、文脉深广、文气充沛，深厚的文化底蕴和优秀的文化传统是浙江经济社会持续快速健康发展的不竭动力。当前，在推进“文化浙江”建设过程中，在提升城市文化软实力方面如何更进一步、更快一步，更好地满足人民日益增长的美好生活需要方面，提升城市公共文化空间软实力至关重要。本课题选择典型案例剖析的方法，通过分析当前杭州城市公共文化空间的发展现状、存在问题以及发展演化趋势，以期为优化浙江省城市公共文化空间布局、丰富城市公共文化空间种类，从而提升文化软实力提供借鉴。

一、杭州公共文化空间建设的基本情况及主要特色

城市公共文化空间，一般指的是城市公众共同享有的文化空间。城市公共文化空间既包括室

外的公共文化空间，也包括室内的公共文化空间，主要包括文化广场、历史建筑、人文景观、高校校园、公园、自然景观、美术馆、图书馆、科技馆、影剧院、博物馆、体育馆、艺术中心和市民活动中心等要素在内的景观地域单元实体。公共文化空间一般具有平等性、普惠性、便民性和人文性等特点，具有集中体现价值的符号，即公共文化政策参与下的对城市公共文化空间的有意识塑造以及在社会公共价值、公共精神取向方面的引导。换言之，对一座城市而言，公共文化空间的建设本质不在于建立了什么样的基础设施，而在于它塑造了什么样的公共文化和城市精神。

近年来，浙江始终把基本公共文化服务标准化均等化作为现代公共文化服务体系建设的立足点，把公共文化产品和服务的供给作为现代公共文化服务体系建设的着力点，把提高设施和机构的效能作为现代公共文化服务的关键点。覆盖浙江城乡的公共文化设施网络已经初具规模，据统计，截至2016年底，浙江新建农村文化礼堂1568座，累计建成6527座，建成县级以上文化馆102家、公共图书馆98家、县图书馆乡镇分馆557家，实现了乡镇综合文化站和村级活动室“全覆盖”。一直以来，杭州不断加大文化服务的投入和扶持力度，公共财政对公共文化服务投入形成了稳定的增长机制。多层级、多形式、多特色、多要素的城市公共文化空间体系正在形成，已基本建成了以政府投入为主、公众广泛参与，且涵盖市级、区级、街道级、社区级和居住区级五个层次的城市公共文化空间体系，全市有各类专业艺术表演团体21个、文化馆16个、公共图书馆16个，图书馆藏书1489万册（不含省），12个区、县（市）文化馆建成国家一级馆标准；街道（乡镇）综合文化站（中心）190个，基本建成符合国家三级以上标准的综合文化站。村（社区）级文化活动中心（文化活动室）建成3028个。源于临安的文化礼堂成为浙江农村“精神家园”的典型，截至2015年底，杭州全市已建成集学教型、礼仪型、娱乐型一体化的农村文化礼堂452家（具体见下表）。

杭州市文化发展指标与全省排名情况表

主要指标	计量单位	2011年		2012年		2013年		2014年		2015年		2016年	
		数值	排名	数值	排名	数值	排名	数值	排名	数值	排名	数值	排名
1. 文化事业费	万元	62836	1	70971	1	73048	1	73900	1	82268	1	95918	1
2. 人均文化事业费	元	71.87	2	80.66	3	82.6	2	83.11	2	91.23	2	104.40	4
3. 文化事业费占财政支出的比重	%	0.84	4	0.90	6	0.85	2	0.77	5	0.68	8	0.68	7
4. 平均每万人拥有公共图书馆建筑面积	平方米	125	4	156	2	155.34	2	152.81	5	150.68	6	162.19	8
5. 人均拥有公共图书馆藏量	册	0.93	2	1.15	2	1.34	1	1.41	2	1.48	2	1.62	2
6. 人均购书费	元	3.06	2	4.3	1	3.77	1	3	2	3.94	2	4.14	3
7. 每万人拥有群众文化设施建筑面积	平方米	575.29	2	595	4	553.8	6	575.17	6	633.21	6	655.82	6
8. 人均群众文化业务活动专项经费	元	3.74	4	12.16	2	22.52	2	10.05	2	13.05	4	16.01	6
9. 艺术表演团体个数	个	126	1	120	1	135	2	130	3	147	3	129	4
10. 艺术表演团体国内演出观众人次	千人次	9252	2	15660	2	19755	2	20100	4	19886	3	9383.36	7
11. 艺术表演团体演出收入	千元	470860	1	384263	1	444808	1	254317	1	420555	1	3189788	1
12. 文化部门艺术表演团体经费自给率（事业）	%	47.42	1	44.15	2	37.38	2	39.84	1	38.43	1	36.74	3
13. 文物藏品数量	件（套）	62221	3	62153	3	72595	3	74244	5	74646	6	96822	4
14. 博物馆参观总人次	千人次	5095	1	5853	1	9977	1	10935	1	9203	1	9885	3

总体而言，杭州文化呈现出大发展大繁荣大提升的生动景象，文化创造力传播力影响力日益增强，成功加入了联合国教科文组织全球学习型城市网络，弘扬了“精致和谐、大气开放”的城市文化精神，初步形成了理想的文化空间结构——金字塔形结构，形成了城区“15分钟文化圈”，涌现了一批批“最美现象”。主要有以下特点：突出现代公共文化服务标准化体系建设。在公共文化服务体系上，杭州的基层文化阵地不断夯实，初步形成了国内领先，具有鲜明特点的“1＋X”现代公共文化服务标准化体系。全方位营造全民阅读氛围，连续11年举办西湖读书节，创新全民阅读推广体系，应用互联网技术，改善市民公共文化服务体验，以社会化协作为抓手，拓展公共阅读新空间，营造了“满城书香”。杭州已有1500个社区(村)公共文化场地实现免费Wi-Fi覆盖。突出打造新型城市公共文化空间。复合式公共文化空间大量涌现，如芸台书舍等新型书店。积极探索新型城市文化空间的建设，通常设置在商圈、公共文化场所、人流密集处，形态较为新颖，融合互联网、数字阅读、艺术展览、文化沙龙、咖啡餐饮、24小时开放等内容，规模普遍不大。如蚂蚁金服Z空间的公共区域，聚集着大量的餐饮、创意咖啡等，不定期举办各类展览、文化创意活动、音乐节等。突出利用传统公共文化空间。利用农村破旧祠堂等，大力建设农村文化礼堂，促进农村公共文化空间重构，建设618个集思想道德建设、文体娱乐活动、知识技能普及于一体的文化礼堂，使农民在“消遣”中而非“消费”中获得生活的满足。突出构建网格化布局的公共阅读新空间。打造“中心馆＋主题馆＋24小时图书馆＋漂流书亭”网格化布局的公共阅读新空间。构建“悦读”和“悦借”服务线上线下联通的读者借阅新空间。与各大书店合作推出“悦读”服务，将阅读选择权交给读者，颠覆了传统借阅模式；推出“悦借”服务，实现线上借书，快递到家。同时，以临安、富阳、桐庐为试点，推出手机点点，送书到身边的“掌上农家书屋”项目，惠及农村群众。2016年，杭州图书馆接待读者405万人次，读者对图书馆服务和活动的满意度达90%以上。

二、杭州公共文化空间建设存在的主要问题

(一)公共文化空间的数量不足、质量不高、管理服务不佳

突出表现在博物馆的数量跟国际先进城市差距较大。按照国际经验，当一个国家或地区人均GDP达到3000—5000美元阶段后，在居民生活方式、城市功能和产业结构等方面将形成休闲化的特点。2016年，浙江城乡居民人均可支配收入分别达到47237元和22866元，杭州城镇常住居民人均可支配收入分别达到52185元和27908元，杭州市人均GDP为120271.01元，已经超过18000美元。城市公共文化空间是城市居民休闲活动的重要场所，城市公共文化空间的数量、选址、可达性以及布局形式的合理与否均直接或间接影响着城市居民休闲体验。而当前，在杭州城市公共文化空间的数量、质量和管理服务等各方面，还存在不少突出的问题。近年来，杭州正在大力建设独特韵味、别样精彩的世界名城，城市的公共文化服务水平虽然整体上得到了不同程度的发展，但在全球一流城市中依旧处于中下水平。例如，在众多城市文化空间序列中，博物馆居于最为重要的位置，特别是顶级艺术博物馆。在城市博物馆拥有量方面，洛杉矶为221个，伦敦为173个，柏林为158个，纽约、巴黎、阿姆斯特丹等城市也都超过130个，而上海为90个，北京为41个，香港为32个，杭州为35个。这表明杭州在公共文化空间建设方面滞后于国外城市的发展水平。

(二)公共文化空间国际影响力低、运行效率低、市民参与度低

对比世界一些先进文化城市的公共文化服务体系，杭州的文化空间层级存在顶层文化旗舰项目国际影响力不足、底层以公共图书馆为核心的社区文化空间服务能力低、市民认同度和参与度低的问题。公共文化空间不足、公共文化资源分布的不合理以及公共文化空间高度雷同现象，致使居民休闲活动缺乏选择性，在一定程度上影响了居民休闲活动的体验感知水平；缺乏文化参与性、体验性强的项目，体验方式较为单一，公共文化空间运行效率较低，参与方式不够便捷。对于一座城市而言，那些标志性大型文化空间项目并不能真实而全面地体现城市文化发展水平。推动杭州城市文化发展的力量来源于广泛的社会基层，尤其是社区和邻里层面的文化空间建设，作为城市文化发展的基石，为社区居民的社会文化交往提供了基础平台，有利于增进社区成员对于社

区的认同感和归属感，对于切实提升杭州文化软实力有重要意义。当前杭州正着力打造东方文化国际交流重要城市，公共图书馆是非常重要的文化指标。杭州已基本建成四级公共图书馆服务体系，但是按照人均情况看，2016年杭州市人均拥有藏书1.62册，排浙江省第2（深圳公共图书馆人均藏书达2.31册），人均购书经费4.14元，与伦敦、纽约、东京等世界城市相比有较大差距。其中社区图书馆建设更是短板，社区图书馆的硬件设施、服务能力、利用率、居民对社区图书馆的认同感，与国外发达城市的差距比较大。

（三）公共文化空间布局不够合理、不均衡，同质化现象严重

公共文化空间分布结构合理与否，是影响公共文化空间服务范围和市民参与性的重要因素。杭州公共文化空间缺乏系统全面的规划，往往偏好从物理层面的公共空间来考量公共文化设施建设，主城区的公共文化空间分布相对密集，临平、江南等3个副城分布相对分散，良渚等6个组团在承接主城区居住和产业公共文化空间方面遭受挤压且同质化发展。为城市居民提供休闲服务的公共文化空间建设严重滞后，从而加深了对城市公共文化空间的挤压程度。城市规划城中村改造过程中缺乏严谨审慎的科学态度，在旧城改造过程中，一味地大拆大建，对城区古建筑和传统民居等文化空间造成不同程度的损害，取而代之的公共文化空间则普遍缺乏新意，导致城市公共文化空间在建设发展过程中同质化现象严重，造就了“千城一面”的状况。此外，城市公共文化空间在建设过程中对控制目标和建设规模缺乏科学论证，出现了目标和规模盲目偏大的问题，县（市、区）政府部门热衷大尺度城市公共文化空间，如巨型广场、标志性建筑、大型公共文化场馆等的建设，而对与居民休闲活动紊密切的小尺度城市公共文化空间，比如社区公园的建设，往往关注度不够，因此导致不同尺度城市公共文化空间建设与城市居民的实际休闲需求之间产生了明显的矛盾，也导致城市公共文化空间规划的实用性能不强。

（四）公共文化空间供给与城市居民休闲需求错配现象严重

公共文化空间与城市居民休闲需求的错位主要表现在时间和空间两个方面：时间维度上，杭州公共文化空间如博物馆、文化馆、科技馆及市内部分景点的开放时段大多从早上九点钟开始，至下午四点钟结束，无论是工作日还是休息日大都如此，并未发生大的改变。然而，在工作日期间，城市居民的工作时段主要集中在早上九点钟到下午五点钟之间，这就造成了公共文化空间与城市居民休闲需求在时间上的错位。其直接结果是：一方面，在工作日期间，工作时段内城市公共文化空间无人问津，公共文化空间利用效率低下，出现了公共文化资源闲置现象。另一方面，休息日期间，公共文化空间并未随着城市居民休闲意愿的增强而适当有所延长。相反，有些公共文化空间还选择在此时段闭馆或闭园等，造成城市公共文化空间供给与城市居民休闲需求的错配问题更加突出。此外，随着国家假期政策的调整，尤其是五一假期的缩短，居民的休闲需求迅速转移到十一长假上，异地游客与本地居民休闲的重叠使大多城市公共文化空间在此期间超负荷运转的情况频频出现。空间维度上，城市公共文化空间大多集中分布在城市中心区、政府办公区以及商业中心区等，与城市居民生活联系紧密的居住区周边公共文化空间配套设施则相对较少，居民距离城市公共文化空间距离过远，不易到达。因而，造成了城市公共文化空间供给与居民休闲需求在空间维度上的错配现象严重。

三、优化杭州公共文化空间建设的若干建议

城市公共文化空间的建设，关系到城市公共文化服务体系的完善，也关系到城市的文化特色和文化品位的塑造。公共空间的格局安排、文化资源的调配，体现着城市的价值观。杭州建设国际化大都市进程中，城市中心地带如延安路商圈、武林商圈、钱江新城等应该有更多优质的公共文化空间，而不只是奢侈品专卖店。下一步，杭州建设“独特韵味、别样精彩”的世界名城，更要注重使城市文化获得空间上的保障，更要提高文化空间的综合品质与利用率，使人民真正享受城市生活的美好。

（一）注重公共文化空间地域平衡和整体有序

公共文化空间的数量和布局应突出人的活动与使用上的便利，满足市民休闲、游憩、交往等多方面的需求，在设计方面尤其要突出历史文化内涵和公共艺术品质。一是要协调好体育场、体

育馆、文化馆、活动中心甚至学校操场等城市现有资源，加大公共空间建设投入，在资金和规划上优先保证“身边的文体馆”，提供充足空间，更好地满足公众不断增加的公共文化需求。要多用一些文化产业的方式发挥公共博物馆、美术馆的最大效益，多考量公共文化空间的社会效益，少考量甚至不考量其经济效益。政府公共文化建设职能的重心应当向公共文化空间和个体主体转移，达到城市文化治理功效，即城市公共精神的塑造。二是加快之江文化中心的建设进度。特别是发挥好浙江省博物馆新馆、浙江图书馆新馆、浙江省非物质文化遗产馆、浙江省文学馆“四馆”的作用。建设好之江文化产业带，平衡好商业化与旅游功能作用，寻求经济价值和文化价值联合的最大化。三是推进城市公共空间博物馆化，积极推进博物馆走进公共空间，推进零售品牌、公共空间以及艺术共融为一体。四是要丰富街区的公共文化功能。随着城市规划定位的完善，市民对城市空间有了更多的需求，步行街区成为新兴城市文化的载体，成为人们信息、物质、文化交换的中心，是“城市最大的公共舞台”。可借鉴丹麦的做法，在步行街区中设置咖啡座位，推广举办街头音乐家的小型演唱会、街头艺术家的各种艺术展示，以及节假日的大型集会演出等活动。

（二）注重推进新型城市公共文化空间建设

新型城市公共文化空间是公共文化服务的关键节点和前沿阵地，直接面对公众现代、新颖、高雅、舒适的文化需求。要梳理城市的公共文化设施分布，通过新建、改建现有公共文化设施，利用闲置小空间、休闲景观、废弃厂房，引进社会资本力量等方式，合理开发、规划建设新型城市公共文化空间。同时重视新型城市公共文化空间的氛围营造，围绕打造舒适宜人、富有吸引力和感染力的公共空间环境，加强对历史文化底蕴的挖掘和现代时尚元素的利用，做好空间的设计、装修、装饰，丰富空间变化、提炼空间文化、提升空间意蕴，以高品质的文化品位、开放舒适的环境、现代化的服务、便捷的利用条件，让新型城市公共文化空间成为现代公共文化服务的样板。

（三）注重推进社区文化家园、城市文化公园、企业文化俱乐部等文化阵地建设

一是围绕“文化驿站、社区家园”定位，建设集价值引领、社区教育、志愿服务、爱心慈善、文化熏陶、休闲娱乐等功能为一体的城市社区文化综合体。解决文化惠民“最后一公里”问题。引入第三方机构经营社区文化空间，解决社区文化专业资源的缺失，提升社区文化品质，扩大社区文化内涵，吸引更多居民，特别是年轻人参与进来。借鉴国际上发达城市的成功模式，探索让社区图书馆真正成为社区的文化中心与居民交流平台，以此倡导喜爱阅读、健康有益的生活方式。二是围绕“健身养性、文化公园”定位，打造传承历史文脉、彰显城市特色、弘扬文明新风的城市公共文化空间。依托大运河等重大历史文化遗产，研究建立具有城市特色、地域风情的城市国家文化公园，形成城市文化和地域文化的重要标识。三是围绕“员工之家、心灵港湾”定位，在国有、国有控股及规模以上非公有制企业建设企业文化综合体。

（四）注重拓展互联网＋公共文化服务空间

积极创建网上文化家园，推进争做中国好网民工程，加快网络社会组织建设，构建网上网下同心圆。重视虚拟空间中公共文化空间的构建。网络化、信息化时代，容易基于偶然事件、热点问题而形成共同的社会关注，往往会因为观点的庞杂而呈现出价值取向上的混乱。

（五）注重加大城市形象对外传播力度

打响东方文化特色品牌，塑造富有个性和鲜明时代特征的城市品牌，实施城市记忆工程，充分挖掘良渚文化、吴越文化、南宋文化等传统文化资源，提升茶叶、丝绸、杭帮菜等东方文化的国际知名度，在“走出去”和“请进来”中讲好杭州故事。

（浙江艺术职业学院）

关于加强和完善非物质文化遗产代表性传承人认定制度的调研报告

一、相关背景

非物质文化遗产(以下简称“非遗”)传承人认定制度是非遗传承人保护工作的起点,是启动整个非遗传承人保护制度的基础。《国家级非物质文化遗产项目代表性传承人认定与管理暂行办法》《中华人民共和国非物质文化遗产法》等一系列政策法规的实施,为传承人的认定和管理提供了依据。根据非物质文化遗产类型和特点,我国逐渐构建了较为完整的非物质文化遗产传承人制度体系。2007 年至 2013 年,文化部先后命名了四批国家级非物质文化遗产项目代表性传承人,共计 1986 名。现阶段,主要选用的是层级认定的方式。为了加强对传承人的保护,很多地方政府也都认定了本地方的代表性传承人,国家、省、地市和县四级保护体制已基本形成。

为防止“人走技失”,从 2011 年开始,国家对非遗传承人的补贴从每年 1 万元增至 2 万元,江苏省也由 5000 元提高至 8000 元。在市级层面,各地也多以政策、资金、资源等多方面措施加大对非遗工作的扶持。例如,连云港等地积极调研,计划设立综合性非遗展示场所,并加强对传承人的研修培训,探索通过“非物质文化遗产代表性项目代表性传承人”的认定、保护,切实开展分类保护和实行协调机制等。2017 年,苏州和连云港对代表性项目传承人进行评估,有的传承人被评定为不合格,有的被取消资格,让打破非遗“终身制”的规定落了地。

现有的代表性传承人认定与管理机制在非物质文化遗产保护工作进行中取得了较为显著的效果,并起到了激发全国上下关注非物质文化遗产的作用。但随着当前我国非遗保护事业发展到新的阶段,相关制度设计越发显得不能适应我国非物质文化遗产保护的现实需要,表现出相当大的局限性,对非遗保护事业的长远发展造成了一定威胁。同时,非遗保护是一项整体工程,传承好非遗离不开传承人的责任心和埋头实干。对于传承人的认定与管理,必须符合所传承的非物质文化遗产事项的内在要求与自身特点,并和传承与保护工作的目标一致。因此,对传承人的认定应该从全面的角度进行考量,应尽快完善顶层设计,细化相关法规,加强制度创新,分层次、分步骤推动非遗保护工作健康有序发展。

调研组自 3 月组建以来,围绕传承人申报资格、认定程序和规范管理三大主题进行调查,通过召开座谈会、查阅文件资料、发放调查问卷、分组走访调研、进行实地查看等多种方式开展调研。调研过程中,调研组在南宁、苏州、连云港和温州等地召开了 8 场传承人、职能部门管理者和非遗保护专家等人员参加的座谈会。此外,许多问题是基层同志在长期工作中遇到实际难题提出的,他们的意见和建议具有工作上的可操作性,本报告也进行了整理。

二、主要问题

当前,在现行的非物质文化遗产传承人认定和管理方面还存在着一些不足,需要进行完善。

(一)认定制度本身存在一定局限性

当前以政府为主导的非遗传承人的认定申报是表格式申报,没有进入田野的深度,更没有细致地观察到传承人的丰富性和复杂性。该制度存在一定局限性:一是不符当前保护阶段的形势需要。当前,国家级传承人已经公布四批,第五批也即将公布,基本涵盖了最有价值、最具代表性和最急需保护的项目。与其继续做增量,不如倒逼传承人履行传承责任,调动更多人的积极性来得迫切。二是整个认定过程都依赖于书面材料,这给申请人造假提供了可乘之机。在许多具有经济利益的非物质文化遗产保护中,为了获得利益而虚报资料的事例并不鲜见。三是评选周期长,耗费巨大,使得其评审工作进行时略吃力且进度缓慢。四是由于抓大放小,导致绝大部分的非物质文化遗产传承人得不到有效保护。只靠自上而下地认定代表性传承人,很难保护好、传承好、发展好我国众多而丰富的非物质文化遗产资源。

(二)推荐方法和认定程序不够完善

非物质文化遗产纷繁复杂，门类极其多样，很难用一个统一的标准来进行传承人评定。基于非物质文化遗产保护的特殊要求，传承人的推荐和选定应该有别于层层审批的程序。推荐方法和程序上存在两方面的缺失。一是没有评审前的调查制度。由相关的申报者根据自身的情况填写申报表格，由申请者所在地的县级以上文化行政主管部门组织专家进行审核并逐级上报。由于各地都想让本地的非遗传承人更多更顺利地进入上一层级的代表性传承人名录，这种审核的代表性、真实性、严谨性、公正性都会受到很大的影响。例如，竟出现了所推荐的传承人已经去世好几年，推荐表格依然照抄过去的材料上报到评审机构的现象；某些为了提高企业知名度、增加企业盈利而虚报的材料，最终竟使企业老板也成了传承人；更有甚者，某些被推荐上来的传承人竟然是相关政府部门的公务人员。二是缺乏同行评议环节。如有的基层文化干部按照自己的标准来确定上报的人选，没能充分倾听本地区相关民众的意愿和选择；有的则以论资排辈的方式来确定代表性传承人的人选，技艺高超又有能力承担传承重任的一些小字辈的民间艺人排不上号，因而怨气十足。

(三)仅认定和扶助代表性传承人，忽视一般性传承人

根据相关统计数据显示，前三批 1488 名国家级传承人平均年龄为 64 岁，最大年龄 100 岁，最小年龄 28 岁，而 45 岁以下中青年传承人还不到总数的 10%，70 岁以上的老人占到了传承人总数的 1/3 左右。年富力强的中青年应该是开展非遗传承的主体，现有的代表性传承人体制格局更多的是荣誉上的引领作用。同时，目前认定制度没有区分不同非物质文化遗产项目的性质和特点，均为个体认定，在实践操作中容易造成利益失衡，导致不公，甚至引起传承人间的恶性竞争以及对当选者的不平与抵触，对非物质文化遗产的传承造成不利影响。从对传承人的保护来看，也主要集中于对代表性传承人的保护，对大量存在的一般性传承人未能予以关注和保护。通过与传承人座谈了解到，有关传承人认定和后续涉及的传承人补助金的发放引发了一些争议，致使从事同一传统技艺的艺人之间相互敌视。从国外经验看，对非物质文化遗产的宣传弘扬而言，单位或团体传承往往比个人传承更具有影响性和可持续性。在一个群体中强调与重视保护个别特定人员，终究将导致整体传统文化团体的败落。例如，一般情况下，苗族多声部情歌的演唱需要至少两男两女共同来完成，而且整个团体中的每个人在演唱中所发挥的作用具有互补性，很难判断所谓的“哪个更重要，哪个不重要”，因而，在该项目的州级代表性传承人认定过程中只认定方某一个人对其他人来讲是不公平的。

(四)后续管理缺乏制度设计

目前对代表性传承人的管理与监督制度还存在真空地带，应着力采取措施，避免非物质文化遗产传承人保护制度成为一个空壳。例如，目前对国家级代表性传承人每年补贴 2 万元，虽然规定津贴不能用于传承非物质文化遗产以外的用途，但并没有定期向政府交代款项的使用和去向的制度设计。又如，《中华人民共和国非物质文化遗产法》明确指出：非遗传承人无正当理由不履行相关规定义务，文化主管部门可以取消其代表性传承人资格。但由于没有相应的细化政策，这一法规一直难以产生实效。过去非遗工作处于起步阶段，为在全社会培养非遗保护的土壤，扩大影响力，政府更多是采取鼓励政策。但随着非遗保护深入发展，一些弊端也随之出现。比如，一些项目空有名目，缺乏后续工作的具体方案；一些“传承人”的称谓为利益所裹挟，沦为提升艺人及其作品市场价值的筹码。再加上部分传承人年龄偏大、一些非遗项目与时代脱轨严重等因素，这些都期待着非遗传承人制度有更多灵活性，告别“一刀切”。个别传承人出于种种原因无法履行义务，这时对其采取退出机制是完全必要的，能够更好地激发活力，确保非遗项目能够高质量地传承和发展。短期来说，退出机制能给时下的“大师热”“头衔热”降降温，去伪存真、去粗取精。从长远看，有助于形成传承人管理的长效动态机制，杜绝一劳永逸，倒逼传承人做好本职工作。

三、基本认识

在调研中我们得到了以下几点认识：

(一)认定代表性传承人，甄选工作要慎之又慎

选定谁是代表性传承人直接影响到人们对非物质文化遗产保护工作的态度、定位、定向，以及如何认识非物质文化遗产的真正

价值。扎实的调查工作是做好代表性传承人推荐的基础。掌握的一般性传承人情况越多，越有利于保护工作的开展，需要为一般性传承人参与非遗保护事业开通更为通顺的渠道。同时，为了使代表性传承人的认定更为科学合理，代表性传承人的推荐材料不仅要征得被推荐人的同意，而且要广泛收集相关专家的意见和学术界及相关利益团体的意见，特别是要促进非物质文化遗产来源群体对传承人认定的有效参与。选定的代表性传承人必须具有该项目公认的代表性、权威性与影响力，并得到来源群体的广泛认可。假如选定的人不是真正意义的传承人，势必会混淆真伪界线，挫伤传承群体的积极性。

（二）要区分不同情况，实事求是地加以认定

非物质文化遗产的涵盖内容十分多样且丰富，因而对应的传承也就具有各不相同的主体形态，因此对传承人的理解和认定要视不同的情况，从具体的遗产类型和品种事项入手，实事求是地加以确定，避免不必要的疏漏。对于依其特性必须由众多传承人共同完成的非物质文化遗产项目，如果只认定其中的一个人，则会有失公允，容易引发其他传承人的争议和不满，不利于所传承项目的持续发展。对于具有广泛的群众基础，群众在该非遗项目上的水平相差无几的项目，评选代表性传承人是对普通传承人权利的不尊重，也不利于该非遗项目的传承与长远发展。认定非物质文化遗产传承主体，应尊重非物质文化遗产的存在形态和传承特点，对于需要群体共同完成的非物质文化遗产，应将有关群体认定为传承人。故非物质文化遗产传承人既可能是单个的自然人，也可能是群体的集合人，包括某些非物质文化遗产类型存在和传承发展所依托的机构和团体。此外，应理性看待部分非遗项目的自然消亡与淘汰，可以暂不认定代表性传承人，这也是发展的一部分。

（三）既要发挥代表性传承人的引领作用，又要实现传承人的普遍参与

作为非物质文化遗产的承载者和传递者，不论是普通传承人还是代表性传承人，都是非物质文化遗产中不可或缺的因素，普通传承人是非物质文化遗产保护的群众基础，代表性传承人是传承人中的杰出代表，他们对非物质文化遗产的继承与发展都有着重要作用。相较于普通传承人，代表性传承人在非物质文化遗产的传承和发展中发挥的作用更加引人注目，但其作用的发挥又离不开来源群体。在非物质文化遗产濒临灭绝的困顿境地下，通过认定代表性传承人方式来守护非物质文化遗产实属临时性的无奈之举，但是伴随着非物质文化遗产挖掘、保护工作的推进，传承断不能仅仅依靠一个或者几个人的微薄力量，需要调动更多人的积极性，发挥更多人的主动性，不断壮大传承人的队伍。

认定代表性传承人的行为，所确认的只是他们在某项非物质文化遗产项目上公认的“代表性”，而不应将各级政府的认定行为视为对该项目的“独占性”。非遗保护是整个人群的一种传承，而不是局部的个体传承。一个领域的振兴，需要足够庞大的基数作为保证。在理论研究上单纯强调代表性传承人的重要作用，制度上仅仅对代表性传承人进行扶持和规范，结果只能使得非物质文化遗产的传承人队伍日益单薄，无形中将代表性传承人孤立出来。“独占性”无疑在一定程度上削减了一般性传承人的保护热情。在工作中应避免将代表性传承人等同于代表性项目，甚至某类文化遗产的现象。在代表性传承人之外，需要对一般性传承人进行跟进，避免“认定一个，挫伤一片”的困局。

（四）加强顶层设计，有进有出才是对非遗的真正保护

传承人的称号不是一个简单的荣誉头衔，而是一份使命崇高的巨大责任。非物质文化遗产传承人遴选和认定之后，加强对他们的管理就提上了日程，这项工作做的好坏程度，将直接关乎他们作用的发挥与非物质文化遗产保护工作目标的实现度。要把好“申报关”，做好“退出关”，有进有出，让传承更健康有序。在有法可依的情况下，取消非遗传承人的终身制，定期组织专家对非遗传承人进行资质、能力和绩效考评，倒逼传承人履行传承责任，会在一定程度上增强非遗传承人的责任感，激发他们投身非遗文化传播工作的主动性和积极性，同时可以合法保护传承人的名誉、经济利益，整顿非遗市场的混乱。同时也应注意到，在今后的非遗保护工作中，还应加强预警机制，早发现问题，早进行预警。建立科学的非遗传承评价体系，兼顾社会效益和经济效益，在增强队伍约束力的同时，帮助传承人提

升理论素养和履职能力，增强其自身的造血功能。

四、对策建议

根据我国目前非物质文化遗产保护工作的实际情况，传承人认定与管理的思路应该是：认定机制作为主体，重在荣誉激励引领事业发展。开展注册制作为有益补充，做大一般性传承人群体参与非遗保护事业的基数。加强顶层设计，建立科学的评价和管理体系，确保非遗项目能够高质量地传承和发展。

（一）完善代表性传承人的认定机制

1.健全认定程序。虽然评审前调查和同行评议可以有效规避出现的问题，但也应该看到，如果所有项目增加第三方调查制度和同行评议环节的话，行政成本会相当高，也不符合我国非遗大国的实际。在非物质文化遗产传承人遴选和认定的程序上，既要体现政府组织的主导性，又要体现行业评议的专业性，同时还要体现社会监督的公平性。暂缓大规模认定，在现有国家级代表性传承人的基础上，借鉴国际上好的做法，如建立由第三方成立的非遗专门调查机构，依据严格的、权威的工作程序进行论证，再经过各级政府或相关部门的权威公布。在实践中，代表性传承人遴选和认定的正常程序应当是：政府组织，个人申请，第三方调查机构开展专业调查、进行同行评议并出具调查报告，专家审定，公示监督，认定公布。其中，同行评议是为了体现遴选和认定的行业公平与专业水平，避免人情现象和假冒行为，确保客观公正。传统表演艺术、传统技艺等可操作演示的项目代表性传承人的认定，可探索增加现场制作、考评环节，并将其作为必备条件参与专家审定，择优认定项目的代表性传承人。该环节有助于认定的代表性传承人更加名副其实，避免论资排辈、重资历而轻能力的偏向，也有利于逐步走出过度依赖书面材料的困局。同时，可以针对部分濒危项目探索设立一套切实可行的“临时性指定制度”，以使许多濒危的非物质文化遗产及其传承人能够在其消失之前被科学地记录下来，而不会因漫长的申报过程而失去最佳抢救时机。

2.严格把控个体代表性传承人数量。遴选和认定传承人的一个不言而喻的通行原则就是要控制数量，防止滥评乱认。要将传承人保护体制中的有限名额保留给最名副其实的人，但这不等于搞硬性指标，而是要切合文化事项的自身实际。应重点把握几个环节：一是防止传承人与来源群体脱离，尽量选出民间心目中真正认可的传承人。比如，连云港“海州五大宫调”生存空间日益缩小，“玩友”的演唱水平参差不齐。所以只有将优秀的“玩友”认定为代表性传承人，才能“保质保量”地把“海州五大宫调”传承下去。二是必须选好和带好徒弟。传承人在传承技艺的过程中去物色下一代的传承人是至关重要的，关系到某一门传统技艺能否传承下去的重大问题。三是是否创造有经典的作品。代表性传承人在保护和传承过程中，有责任和义务把握好每一个环节，从选择材料开始，经过技艺的实施，直至完成最后的、能够经得起历史检验的作品。四是传承人是否注意资料、档案的收集以及经验的总结，特别是传统技艺和艺能的经验总结。历史上一些材料难得、工艺独特的发明创造，在制作的过程中匠心独运的处置方式和方法，以及其思考的途径和具体的技术，都是极为宝贵的财富，却随着制作者的逝去而绝传，使得后来者的继承与弘扬困难重重。此外，还有必要考虑诸如年龄、品行和健康状况等因素。对于一些特殊的传承现象，如跨地域传承的传承人，身份特殊的传承人（如非遗收集者、改编者、管理者、研究者等）等，在遴选和认定其传承人时，也要本着实事求是的精神，体现尊重现实的原则，加以特别对待。

3.适当增加代表性传承人的种类。非物质文化遗产传承人既可能是单个的自然人，也可能是群体的集合人，包括某些非物质文化遗产类型存在和传承发展所依托的机构和团体。很难用通用的、唯一的、普适的标准来对各类传承人进行认定，需要根据各种非物质文化遗产的具体情况来实事求是地把握。只有制定针对不同层次的灵活认定方案与保护方法，才能更好地扶持和帮助传承人。当前，日本政府对重要无形文化遗产保持者的认定分为三种形式：对具有高度技能的个人进行认定，称为“个人认定”，我们通常所说的“人间国宝”就属于此类；对两人以上成为一体共同表现的技能保持者进行认定，称为“综合认定”；对技艺表现上缺少个人特征，且属多人共同表现从而形成一体感的整体技能保持者进行认定，称为“团体认定”。日本的“综合认定”和“团体认定”制度是我国没有的，如果能够引入我国相关立法，可以说是对我国非遗传承人认定制度的一个重要补充。在认定过程中，可以考虑将一些历史悠久又传统深厚的演艺团体、民间行会、手工作坊和教学机构等特殊群体认定和公布为传承人，因为就这些非物质文化遗产的传承和发展而言，集体的力量要远远大于个体的作用，特别是那些需要集体创作、依靠各个环节的不同分工者密切配合、共同完成的手工技能和表演艺术就更需要将群体的集合人认定和公布为传承人。

（二）针对一般性传承人推出注册制

新阶段，有必要针对一般性传承人探索建立注册制。一是全面掌握非遗分布、数量和生存状况。二是建立完善传承人档案，为代表性传承人认定提供科学依据。三是提供交流平台，形成有序竞争环境。缓解这种矛盾，提升传承人的积极性。四是对传承人群体进行整体性保护，同时也可以发挥传承人自我维护权利的积极性。作为一般性传承人，仅需要具备一个条件，即掌握并传承非物质文化遗产。首先，一般性传承人享有表明身份的权利，此为其享有的一项精神权利。其次，有权将其掌握的非物质文化遗产予以展示，并且基于此向受展示人收取一定的费用。再次，一般性传承人有传艺、讲学并获得报酬的权利。最后，一般性传承人有开展学术活动并获得报酬的权利。对于表现突出的一般性传承人，可根据具体情况进行资金等相应扶持。注册制度包括三个方面：传承人自我申报、文化主管部门组织备案审查、政府最终认可。除了传承人自我申请外，应由县级以上地方政府或文化行政部门受理审核，由省级以上文化行政部门牵头成立常设专家组进行认定。如有必要，可以配合开展职业道德、非遗基本知识等测试。

（三）建立与实施科学的管理机制

在新的时期，需进一步通过提高管理水平来提升非物质文化遗产的保护效果，进行激励和规范，既推动事业发展，又不伤及传承人的积极性。

1.建立动态管理机制，疏通代表性传承人与一般性传承人之间的身份转换的渠道。评选传承人只是手段，而非目的。破除传承人的终身符号，让传承有进有出，才能更高效地传承、传习、传播非遗。对于评估不合格的代表性传承人，指导其改进工作，确实存在客观困难的，进一步协商解决。对于退出的代表性传承人，应和其他一般性传承人一样，有再次“竞争上岗”的机会。对于目前没有传承人的非遗项目，按照“候选人机制”，在符合要求的一般性传承人中进行增补，让项目传下去。对于丧失传承能力的，可以重新认定该项目的代表性传承人。设立荣誉代表性传承人制度，为做出突出贡献，但已丧失传承能力的代表性传承人开辟安置渠道。

2.建立起相应的考核评价机制，逐步探索并建立起一套能够保障此项工作长久进行下去的社会价值系统。对于非物质文化遗产传承人在传承工作中的具体考评和考绩管理，是关系到此项工作能否长远开展的重要内容。一方面，应当按照这些非物质文化遗产的传统评价习惯和方式，进行符合其内在规律的评价和考核；另一方面，对于学习和继承非物质文化遗产的新人们，也要按照现代教育的学科和学位制度给予符合实际的关照。要在传承非物质文化遗产的工作实践中，逐步探索并建立起一套能够保障此项工作长久进行下去的社会价值系统，以此恢复并建立起相应的考核评价机制，进而增强非物质文化遗产在当代生存和发展的自身生命力，增强从事非物质文化遗产工作从业人员的生活和事业自信心，增强我们对于非物质文化遗产在现代生存境遇中发展的自信。

3.健全监督保障机制，推进非遗保护工作的法制化、规范化、科学化和民主化。开展第三方调查，提升调查可信度。建立科学完整的传承人档案。建立代表性传承人津贴（补助金）款项用途定期报告制度。除了提升社会地位与声望评价外，充分重视代表性传承人的生命健康问题。

（省文化厅非遗处）

浙江艺术院校戏曲表演人才培养现状和对策研究

戏曲具有悠久的历史、独特的魅力和深厚的群众基础，是表现和传承中华优秀传统文化的重要载体。作为中华民族文化瑰宝，戏曲艺术传承了中华民族活态的文化基因，在当代依然具有无可替代的重要作用与艺术价值。人才兴则事业兴，戏曲要发展，关键在人才。政府对戏曲艺术传承与发展高度重视，近年来，国家和浙江省相继出台了《中共中央关于繁荣发展社会主义文艺的意见》《中共浙江省委关于繁荣发展社会主义文艺的实施意见》《国务院关于支持戏曲传承发展的若干政策》《浙江省人民政府办公厅关于支持戏曲传承发展的实施意见》《浙江省传统戏剧保护振兴计划》等，就健全戏曲艺术传承发展工作体系，加强戏曲剧种发展和戏曲人才培养，提高戏曲非物质文化遗产项目整体保护发展等提出了要求，制定了扶持政策。

本调研旨在通过现场考察、访谈交流、座谈咨询等手段，对现有省内中高职及本科艺术院校范围内的戏曲学校及艺术院校中设有的戏曲专业进行调研，从影响戏曲表演人才培养质量的关键环节入手，摸清基本状况，提出存在问题，并按照国家及浙江省关于支持戏曲传承发展的政策要求，结合院校实际，就进一步加强全省艺术院校戏曲表演人才培养工作提出若干对策和建议，可供决策时参考。

一、浙江艺术院校戏曲表演人才培养基本情况

浙江是戏曲大省，南戏故乡。振兴戏曲艺术，关键在于人才，而人才的源头培养在于艺术院校。进一步提高全省艺术院校戏曲表演人才的培养质量，对于振兴浙江戏曲艺术，助推浙江文化强省建设起着重要的支撑作用。当前，承担浙江省戏曲表演人才培养的艺术院校有本科院校浙江音乐学院戏剧系，高职院校浙江艺术职业学院戏剧系，中职学校有嵊州越剧艺术学校、金华艺术学校、绍兴艺术学校等。多年来，这些学校培养了大批戏曲表演人才，活跃在全省戏曲表演、戏曲教育、戏曲研究等各个领域，成为其中骨干，为传承发展和振兴浙江戏曲艺术做出了重要贡献。

二、浙江艺术院校戏曲表演人才培养存在的问题

随着《浙江省传统戏剧保护振兴计划》《浙江省人民政府办公厅关于支持戏曲传承发展的实施意见》的相继出台，政府扶持经费效益日益显现，近年来，浙江省艺术院校戏曲表演人才培养工作取得了显著成效。然而，在调研中发现，当前浙江省戏曲表演人才培养还存在政策支持不够落地、办学类型少、空间萎缩、招生困难、戏曲师资短缺、培养成本偏高、就业结构不均衡等问题。

（一）政策支持不够落地

1.《浙江省传统戏剧保护振兴计划》提出，要开展大中小学传统戏剧教育普及活动，将传统戏剧普及性教学纳入全省中小学校特色教育内容范畴。一是普及工作不能只是搭乘音乐、美术等课程简单开展教学活动，二是此项工作推进速度还应加快。

2.《浙江省人民政府办公厅关于支持戏曲传承发展的实施意见》提出，要加强戏曲教育教学，对中等职业教育戏曲表演专业学生实行免学费，落实大中专戏曲职业教育生均拨款制度。但当前尚未完全做到全省所有戏曲表演专业学生免学费，影响了部分学校戏曲表演人才培养工作的有效开展。

（二）办学类型少、空间萎缩

浙江省传统戏剧种类众多、土壤丰沃，全省有56个传统戏剧非遗整体保护项目。但由于历史和现实的原因，加上戏曲专业本身的特点所限，以及其他文化元素的冲击，当前学校培养的戏曲表演人才仅涉及越剧、婺剧、绍剧等少数几个剧种，其他剧种的表演人才仍旧靠着师带徒的方式培养传承人，不利于剧种的传承和发展。另一方面，浙江省现有部分艺术院校戏曲表演人才培养工作所需的现实空间和硬件条件有待改善，如浙江艺术职业学院戏剧系、金华艺术学校等，戏曲教学场地空间已非常局促，影响了课堂教学质量的提升。

（三）招生困难

一方面生源数量减少。当前

戏曲专业已无法像过去那样挑学生，即便深入基层、走进乡村去物色生源，很多时候还是报名人数不及招生计划数，也存在现有学生即使是其他专业挑剩的，也照单全收的现象，导致了如浙江音乐学院戏剧系2016年越剧专业“8名学生、9名教师”的尴尬局面。另一方面生源质量下降。当前戏曲专业学生的来源较为复杂，真正热爱戏曲、有一定基础的已经很少，学生基本上为“白胚子”，起点低，教师要进行有效的授课相当困难。

（四）戏曲师资短缺

戏曲表演人才培养，师资是关键。全省培养戏曲表演人才的艺术院校或系，随着一批老艺术家的退休或离世，出现了教师行当不齐和年龄偏大甚至个别行当教师奇缺的现象。刚毕业的年轻教师缺乏教学及舞台表演经验，教学活动中能起中坚力量作用的教师数量上有很大缺口，师资结构不尽合理。各校几乎都从退休教师或相关剧团中聘请部分专业老师任教，但他们经常会因课时费低、生源素质不佳、交通问题等，不愿意前去任教，使得戏曲专业时常面临缺少师资的窘境。

（五）培养成本偏高

戏曲专业教学有其独特性，必须根据生旦净末丑各行当再分男、女组施教，再加上涵盖司鼓、二胡、唢呐、扬琴等教学需要的乐队配乐老师，一节戏曲专业剧目课有时会有近10位老师参与教学，而同一课堂内学生只有3—5人，戏曲专业教学的师生比为1∶3左右，远低于普通职业学校教学师生比（1∶10左右）。戏曲办学是为了传承和保护地方剧种，具有重大的社会效益。省、市政府扶持力度较大，对戏曲表演专业学生基本上实行免学费，但是即便如此，相比生均每年4万多元的培养成本，学校压力还是偏大。

（六）就业结构不均衡

戏曲表演团体是戏曲表演专业主要的用人单位。近年来，随着文化体制改革的逐步深入，国有剧团数量不断减少，规模逐渐缩小，编制非常有限，应届毕业生想进团入编已经显得非常困难，外加国有剧团薪资水平相对较低，这使得很多时候戏曲毕业生也不愿到国有剧团就业。另一方面，虽然浙江省有民营剧团近1000家，占全省文艺表演团体总数的94%，但在调查中发现，大多数毕业生考虑到前途不确定和社会地位不高，也放弃到民营剧团就业。

三、浙江艺术院校戏曲表演人才培养若干对策建议

《浙江省人民政府办公厅关于支持戏曲传承发展的实施意见》（以下简称《实施意见》）中指出，“十三五”期间，浙江要通过实施扶持戏曲人才培养，完善戏曲教育教学体系、打造戏曲浙军等6项重要任务，率先建成国家级戏曲传承发展示范区。根据《实施意见》要求，结合当前我省艺术院校戏曲表演人才培养现状，深入分析存在问题，提出以下对策建议。

（一）落实政府扶持政策，狠抓政策落地

国务院《关于支持戏曲传承发展的若干政策》以及《浙江省传统戏剧保护振兴计划》《浙江省人民政府办公厅关于支持戏曲传承发展的实施意见》，从扶持戏曲剧种传承、扶持戏曲团体发展、扶持戏曲剧本创作、扶持戏曲人才培养、扶持戏曲市场培育、扶持戏曲创新发展等方面制定了明确的支持意见。在利好政策的惠泽下，切实推动了全省戏曲艺术的传承发展。站在戏曲表演人才培养的角度，如何落实政府扶持政策，狠抓政策落地，建议如下：

1.加大学校戏曲通识教育推动力度。在中小学切实开展戏曲进课堂活动，明确要求学校将戏曲课程作为常规课程，与音乐、美术课程同等设置，可以隔周安排课程，鼓励建立校园戏曲社团。可以借鉴教育部开展京剧进课堂活动的成功经验，在全省中小学生中开展学唱20首浙江戏曲经典唱段，潜移默化地培养青少年对于戏曲艺术的感情。另外，可以尝试建立正规的戏曲教育启蒙机构。艺术教育要从低龄起步，从娃娃抓起。当前，无论浙江城市还是农村，仍然有很多有志于学习戏曲表演的适龄儿童，但是找不到可以接受正规戏曲启蒙教育的机构，建议由政府主导，由幼教单位负责，建立正规的戏曲教育启蒙机构。

2.加强戏曲教育教学。全面实施中高职、本科教育戏曲表演专业学生免学费，切实落实大中专戏曲职业教育生均拨款制度。积极搭建平台、投入资金，大力鼓励全省戏曲领军人才及戏曲非物质文化遗产传承人投身学校戏曲教育教学，通过专家引领、名师启迪，更多地培养新一代浙江戏曲领军人才和新生代戏曲非物质文化遗产传承人。

（二）搭建戏曲产教联盟，融合机制运作

为贯彻落实国务院办公厅、

省政府办公厅关于支持戏曲传承发展的精神，2016 年底，浙江艺术职业学院倡议发起成立了浙江戏曲产教联盟，推动建立戏曲产教双方建立人才培养、艺术实践、剧目生产、演出推广、市场反馈、修正教学、提升质量等各个环节更加紧密、更加精准的协同、协作、协力机制，促进戏曲艺术有序传承、创新发展。浙江音乐学院、绍兴艺术学校、嵊州越剧艺术学校、金华艺术学校、浙江小百花越剧团、浙江越剧团、浙江昆剧团、浙江绍剧艺术研究院、浙江婺剧艺术研究院、浙江胜利剧院、杭州红星剧院、浙江泓影文化传播有限公司等全省 20 多家设有戏曲教育专业的相关院校、戏曲院团、剧场及产业单位参加。要切实发挥好浙江戏曲产教联盟作用：

1. 发挥联盟工作会商机制。定期就国家戏曲教育事业、产业发展的重要政策、各自重要的决策及各方共同感兴趣的重大事宜进行沟通商讨。发挥联盟在戏曲教育事业、产业政策制定方面的智库作用，联合争取戏曲发展相关政策。

2. 发挥联盟资源共享机制。联盟单位共享教学、研究、创作、演出等信息，共建全省戏曲文化传播中心。联盟单位师资、教材、创作、科研成果等戏曲资源本着合作共赢、互惠互利原则，实行开放共享。

3. 发挥联盟联合展演、教学研究、艺术创作机制。开展优秀教学实践剧目展演，共同搭建戏曲艺术教育成果、创作成果面向社会服务大众的展演平台，以多种形式联合进行教学研究与艺术创作。

4. 发挥人才共享机制。联盟共同建立“浙江戏曲艺术专家库”，实施知名专家交叉性专题讲座、名家工作室交流活动等项目，定期举办戏曲教育论坛，互相推荐具有艺术创作能力的教师和学生参与艺术创作和教学工作。

（三）实施人才一体培养，打通成才通道

《浙江省推进中高职一体化人才培养模式改革工作方案》中指出，要以建立中高职相衔接的现代职业教育体系为目标，进一步明确中高职办学定位，努力在中高职教育的各自层面办出特色、提高质量，增强职业教育的吸引力和竞争力。舞台艺术人才需要从小培养，尤其是戏曲表演人才。要积极完善戏曲教育教学体系，通过各种形式建立中高职戏曲人才培养一体化体系。全省开设戏曲表演专业的中高职院校应积极行动起来，共同研究，加强中高职两个阶段的专业设置、课程体系和教学模式等方面的衔接，以社会发展需求为依据，以内涵建设为重点，整合资源、优势互补、合作共赢，强化职业教育办学特色，各自守好一段渠，促进学生全面发展。具体建议为中高职院校积极利用主管部门政策，广泛合作开办戏曲表演专业五年制“3＋2”职业教育，探索发展“五年一贯制”职业教育。同时，积极开展观摩公开课及教学研讨活动，相互之间互为教学实习实践基地，开展学生技能比赛，促进教学质量提升。广泛开展招生就业合作，努力推进联合招生，积极开辟毕业生就业渠道。

中职生可以读高职，高职生同样梦想继续读本科，这也是学生家长的期望。为此，探索建立戏曲表演专业高职院校与本科院校相互贯通，搭建“立交桥”的应用型人才培养机制也非常重要。通过专科层次高职与应用型本科的专升本衔接，实现戏曲表演专业人才培养向上延伸，打通技能型人才深造发展渠道，为学生的多元发展提供保障。

（四）融通现代学徒机制，做实院团合作

《浙江省人民政府办公厅关于支持戏曲传承发展的实施意见》中指出，要支持相关院校加强戏曲相关学科专业建设，要加强艺术院校与戏曲艺术表演团体的协同合作，创新发展戏曲教育新模式。调研中，大家普遍认为，“校团合作”、资源共享，是提高戏曲表演人才培养质量的有效途径。如浙江艺术职业学院戏曲表演专业已多年实施校团合作订单培养模式，先后与浙江越剧团、浙江小百花越剧团、芳华越剧团、浙江昆剧团、萧山绍剧中心、福鼎越剧团、南通越剧团、温州越剧团等合作开办订单班，取得了良好效果。校团合作着重建立四大机制，有效解决四大问题：

1. 建立校团共招机制，解决学生“出口”问题。校团共同协商，确定剧团用人需求、专业岗位要求，共同确定招生名额和行当，解决学生毕业就业针对性和有效性问题。

2. 建立校团共教机制，解决师资问题。校团之间形成师资共享机制，剧团根据校方需要，有计划地派专家及专业骨干参与教学，尤其是要负责好剧目教学工作。学校要负责常规管理，做好基础课和文化课教学。同时，建议主管部门采取行之有效的措施，规定剧团演员评高级职称必须去艺术院校任课一学期以上，以切实推动演员进学校参与教学。

3. 建立校团共演机制，解决学生实践问题。发挥校团双元主体作用，形成机制，具体规定订单班学生在校学习和剧团舞台实践的可操作时间问题。

4. 建立校团共管机制，解决教学质量问题。校团双方成立订单班协调组，共同制定人才培养方案，共同抓好学生的课堂教学和实践演出，做好培养过程中的质量监控问题。

（浙江艺术职业学院）

关于全省文博人才队伍建设情况的调研报告

为进一步推动全省文博人才队伍建设，参与“文化浙江”建设提供人才支撑，2017 年 10 月至 12 月，省文物局对全省文物系统的人才队伍建设情况进行了专题调研，通过各地各单位自查、召开座谈会、收集资料、整理数据、分析研究有关问题等方式，摸清了基本情况，取得了一定成果。现将调研情况报告如下：

一、基本情况

（一）文博机构设立情况

全省文物部门设立负责文物保护管理的科室数 72 个，文管办 37 个，文物行政执法机构 89 个，文物系统内的博物馆 128 个。

（二）编制数量及使用情况

全省有编制的文物工作从业人员 2692 人。文物行政部门负责文物保护管理的行政编制数 494 个，其中在岗在编的专职人员 210 人、占比 43.6%，在岗在编的兼职人员 272 人、占比 56.4%；文博事业单位设有事业编制数 2339 个，在岗在编 2104 人，其中正高职称 161 人、占比 7.6%，副高职称 344 人、占比 16.3%，中级职称 1075 人、占比 51.1%，初级职称 543 人、占比 23.9%。

（三）文博人才队伍结构

性别结构：男 1361 人、占比 50.6%，女 1331 人、占比 49.4%；年龄结构：30 周岁以下 465 人、占比 17.3%，30—40 周岁 903 人、占比 33.5%；40—50 周岁 754 人、占比 28%；50 周岁以上 570 人、占比 21.2%；学历结构：博士及以上 46 人、占比 1.7%，研究生 417 人、占比 15.5%，本科 1506 人、占比 55.9%，大专 552 人、占比 20.5%，大专以下 171 人、占比 6.4%；专业结构：文博专业 1063 人、占比 39.5%，非文博专业 1629 人、占比 60.5%。

（四）3 年内文博人才流动情况

2014—2016 年全省文物系统共引进文博人才 351 人，流出 185 人。其中，2014 年引进 113 人、占比 32.2%，流出 46 人、占比 24.9%；2015 年引进 130 人、占比 37%，流出 59 人、占比 31.9%；2016 年引进 108 人、占比 30.8%，流出 80 人、占比 43.2%。引进的主要方式为公开招聘和调入，流出的主要方式为退休和调出。

二、文博人才队伍建设存在的问题

（一）机构设置不健全

文物行政部门专门负责文物保护管理的科室没有实现全覆盖，仍有部分地方没有设立负责文物保护管理的科室，而且在各县（市、区）文广新局科室设立中，往往将文物与文化并入一个科室，专门负责文物保护管理的科室相对较少，部分文物具体职能由下属文管办、文保所或博物馆承担。多地存在文博机构重叠情况，文管办、文保所、博物馆往往互有合署办公，多块牌子同批人马。除极少地区外，全省各市、县（市、区）文物行政执法队伍与文化市场行政执法队伍均是合署办公，两块牌子同批人马。

（二）文博人才资源紧缺

新形势下，随着党中央、国务院以及省委、省政府对文物工作的日益重视和文物保护社会关注度的普遍提高，文博事业发展任务繁重与文博人才资源紧缺的矛盾日益凸显。各地文博机构编制偏少，尤其是基层文化、文物职能互有重叠，从业人员往往身兼数职，各地文物行政部门中专职文物工作者占比仅达 43.6%，加之部分业务骨干被借用，导致人手不足。随着浙江自然博物馆核心馆区、浙江省博物馆之江馆区以及各县级博物馆建设项目的推进，博物馆人才需求与编制紧缺的矛盾将进一步显现。

（三）文博人才队伍结构不合理

从业人员中有文博专业背景的占比仅39%，专业技术人员不足，非文博专业背景的从业人员岗位匹配程度不高，人才队伍整体专业能力偏低，人员业务素质难以跟上当前文物保护步伐与需求。部分文博单位年龄结构老化现象日益显现，整体活力不高。高层次人才缺失，博士以上学历的从业人员仅占1.7%，研究生学历的从业人员也仅占15.5%，导致多数地区文物保护研究无法深入开展。

（四）人才引进及培养方式单一

受机构编制所限，部分市、县（市、区）几年内无法引进人才，无法充实力量，优化结构。当前人才引进途径主要是公开招考，经过笔试、面试等程序，保证了公平公正，但尚未将文博工作的专业性及实践业务能力完全纳入其中，造成招入人才的岗位胜任度不尽理想。各市、县（市、区）文化广电新闻出版局承担了文化、文物、广播电视、新闻出版等多项职能，对文博人才队伍建设缺乏针对性思考，文博人才培养停留于简单培训等较浅层面，成效不明显。

（五）人才激励保障机制不健全

基层文博才人评上正高职称的难度较大，各市、县（市、区）正高职称仅占全省正高职称的49.1%。自2017年起，职称申报采取评聘结合的原则，事业单位专业技术资格评审在核定的专业技术岗位结构比例内进行，单位无相应空缺岗位的不得申报。文博职称评聘结合制度，拉长了评聘时间，容易出现人才断层，职称结构“金字塔”比例失调。这导致年轻人才上升渠道狭窄，对非文博专业的从业人员则更加明显，在一定程度上影响了从业人员的积极性。

三、原因分析

（一）文博事业快速发展加剧文博人才队伍建设问题

新形势下，文物保护利用、文物安全、考古、文物修复、博物馆建设管理、陈列展览、文创产品开发、文物科研以及基础性工作任务日益繁重，对文博人才的要求也越来越高。而当前的文博人才队伍建设尚未实现与文博事业的同步发展，造成了文博人才队伍建设问题逐步显现。

（二）部分地方政府对文博人才队伍建设重视程度不高

“文物保护也是政绩”的理念尚未完全在各地方政府中树立，部分地方政府没有理清、配齐文物机构设置，在文博人才队伍建设资金保障和政策扶持等方面的支持力度还不够。仅靠当地文物部门自身力量，还不能推动文博人才队伍长效发展。

（三）文博机构编制不足

编制不足导致了各地专门负责文物保护管理的科室相对较少，具体职能由下属文管办、文保所或博物馆承担，文管办、文保所、博物馆以及文物行政执法队伍与文化市场行政执法队伍等机构重叠，一套人马多块牌子，造成了文博工作人手不足，从业人员身兼数职。部分文博机构限于编制，只能聘用能力和业务素质不高的编外人员，造成队伍不稳定、难以形成良性循环。

（四）文博人才队伍建设体制机制不健全

未能形成全省统一的文博机构设置，造成部分地区文物工作职能履行不明确，影响了文博人才队伍的稳定和长效发展。文博职称评聘结合制度未能结合文博人才队伍实际，没能兼顾人才梯队建设和调动人才积极性。缺乏有效吸引并留住高层次文博人才的激励保障制度。各地的文博人才培训培养机制不健全，培训培养方式停留于表面，未能有效提升文博人才能力素质和业务水平。

四、对策建议

（一）进一步推动地方政府加大文博人才队伍建设力度

通过省级层面自上而下推动地方党委政府将文物工作列入绩效考核指标，深入开展《浙江省人民政府关于进一步加强文物工作的实施意见》贯彻落实情况督查，推行文物工作行政约谈制度等方式，进一步压实地方政府文物保护主体责任，由此推动地方政府重视并加大文博人才队伍建设力度。

（二）理顺文博机构设置并增加编制数

建议省编办针对全省文博机构设置及编制数进行一次专题研究，会同各市、县（市、区）编办理顺文博机构设置和工作职能，根据文博事业发展形势和工作需求，增加文博机构编制数。加强文博机构建设，推动文物行政部门、文管办、文保所、博物馆以及文物行政执法队伍与文化市场行政执法队伍依法依规明确职能划分，规避合署办公、职责重叠、工作下放等现象。

（三）建立健全人才激励保障机制

完善现有职称评聘结合的评价体系，对专业技术岗位比例进行适度调整，缓解专业技术人员评聘中的矛盾，平缓过渡专业人才的新老交替，并结合基层文博工作实际，更多地将考量参评人员专业技术成果纳入参评条件。建立健全吸引、留住高层次文博人才的激励保障机制，相应提高工作待遇，拓展人才上升渠道和空间。

（四）加大人才引进及培养力度

完善文博人才引进机制，将文博工作的专业性和实践能力纳入招考体系，同时加强与院校合作，定向培养，提高引进人才的岗位匹配度，改善文博人才队伍结构。增加科研经费，为引进的高层次人才充分发挥并贡献力量提供良好平台。省文物局已根据全省文博人才发展需求，启动“新鼎计划”，分应用型人才和优秀人才两个层面加强全省文博人才培养，并将在2018年正式实施。建议推动各地增加文博人才培养资金投入和政策扶持力度，配套相应有针对性实效性的培养计划。创新文博人才交流机制，通过挂职锻炼、轮岗等方式，相互取经，提升文博人才的能力素质和业务水平。

（省文物局综合处）

概　览

ZHEJIANG CULTURE YEARBOOK

浙江文化概览

浙江地处中国东南沿海、长江三角洲地区南翼，毗邻上海市和江苏、安徽、江西、福建等省，向有“鱼米之乡、丝茶之府、文物之邦、旅游胜地”之美誉。全省陆域面积10.55万平方公里，海域总面积26万平方公里，海岸线总长6486.24公里，居全国首位。境内有面积500平方米以上岛屿2878个，是中国岛屿最多的省份。

浙江的名称，最早见于《山海经·海内东经》。唐肃宗乾元元年(758)，置浙江西道和东道两节度使，分辖浙江以西(长江以南)十州和以东八州，这是浙江作为行政区域名称之始。南宋(1127—1279)迁都临安(今杭州)，历时152年。元代丙午年(1366)置江浙行中书省。明初改元制为浙江承宣布政使司，辖11府1州75县。清康熙初年改称浙江省，省界区域基本定型，沿用至今。

浙江有雁荡山、普陀山、雪窦山、天目山、天台山等名山，有杭州西湖、千岛湖、绍兴东湖、嘉兴南湖等名湖，有钱塘江、楠溪江等名江。京杭大运河穿越浙江北部，在杭州与钱塘江汇合。

浙江属亚热带季风气候，四季分明，光照充足，雨量充沛。年平均气温15—18℃。按单位面积计算，浙江水资源量居全国第四位。

浙江素有中国“东南植物宝库”之称，树种资源丰富。“活化石”银杏等50多种野生植物列入国家珍稀植物保护名录。已知野生动物1900种，其中列入国家重点保护野生动物名录的有120多种。浙江矿产以非金属矿产为主。已发现的固体矿产113种，叶蜡石、明矾石探明资源储量居全国第一位，萤石、伊利石列第二位。东海大陆架蕴藏着丰富的石油和天然气资源，开发前景良好。浙江海域渔业资源丰富，舟山群岛是中国最大的海洋渔业基地。

改革开放以来，历届省委、省政府团结带领全省人民艰苦奋斗、开拓创新，走出了一条具有浙江特色的发展路子，浙江经济快速发展，社会全面进步，城乡面貌发生了巨大变化，实现了从资源小省向经济大省的历史性跨越，人民生活实现了由基本温饱向全面小康的历史性跨越。2017年，全省生产总值51768亿元，比上一年增长7.8%，质量效益进一步提高；城乡居民生活继续改善，城乡居民人均可支配收入分别增长8.5%和9.1%，低收入农户收入增长10%以上。

浙江风光秀丽，旅游资源丰富。浙江有18处国家级风景名胜区和41处省级风景名胜区，总量居全国首位。国家级和省级历史文化名城、自然保护区、森林公园、地质公园、湿地公园和重点文物保护单位等旅游资源的数量均居全国前列。

浙江省有杭州、宁波两个副省级城市，温州、湖州、嘉兴、绍兴、金华、衢州、舟山、台州、丽水等9个地级市，下设37个市辖区、19个县级市和33个县。2017年，全省常住人口5657万人，比上年末增加67万人。浙江属少数民族散杂居省份，在浙江居住的人口中已包含全部56个民族，世居浙江的少数民族主要是畲族，全省畲族常住人口16.6万人。浙江丽水市的景宁畲族自治县是全国唯一的畲族自治地方。

浙江历史悠久，是中国古代文明的发祥地之一。长兴七里亭旧石器早期遗址的考古发现表明，早在100万年前浙江就已出现了人类活动。境内已发现新石器时代遗址百余处，最著名的有距今4000—5000年的良渚文化、距今5000—7000年的河姆渡文化、距今6000多年的马家浜文化、距今7000—8000年的跨湖桥文化、距今1万年的上山文化，其中在良渚遗址还发现了5000年前中国最大的古城。

浙江文物古迹众多。全省有世界文化遗产2处，国家级历史文化名城10座，省级历史文化名城11座；中国历史文化名镇20个，中国历史文化名村28个；省级历史文化街区、名镇、名村278处。全省有全国重点文物保护单位231处，省级文物保护单位910处。第三次全国文物普查中全省共登录不可移动文物73943处，其中新发现61728处。全省现有各类博物馆372个，其中民办博物馆154个。杭州西湖文化景观成为我国列入“世界遗产名录”独一无二的湖泊类文化遗产，填补了世界遗产中以“文化名湖”为主要价值特征的湖泊类遗产空白。

浙江的藏书之盛自古闻名。杭州文澜阁、宁波天一阁、瑞安玉海楼、湖州嘉业堂等著名藏书楼在保存与传播文献典籍、培养人才、促进学术研究等方面成就卓越。始建于明嘉靖四十年(1561)的天一阁是中国现存年代最早的私家藏书楼。同时，浙江也是中国兴办近代图书馆较早的省份之一，1902年绍兴古越藏书楼的建立，标志着中国私立藏书楼向公共图书馆的过渡，而1903年在原杭州藏书楼(1900年建立)基础上扩充改建的浙江图书馆，则是中国最早建立的省级公共图书馆之一。目前全省共有县级以上的公共图书馆101个，公共图书馆人均藏书量为1.38册。

浙江的戏剧艺术底蕴丰厚，是中国南曲戏文的诞生地，并拥有越、婺、绍、瓯、甬、姚、湖等多个剧种。越剧是中国主要剧种之一，20世纪初发源于浙江嵊县(今嵊州市)，曲调优美婉转，细腻抒情。早期越剧全部由女演员演出，中华人民共和国成立后，提倡男女合演，越剧得到迅速发展并迅速成为国内最具影响的地方剧种之一。新世纪以来，浙江创作生产了一大批优秀剧目，越剧《陆游与唐琬》、昆剧《公孙子都》、越剧《梁山伯与祝英台》、京剧《藏羚羊》、话剧《谁主沉浮》等先后入选国家舞台艺术精品工程重点资助剧目。越剧《五女拜寿》、昆剧《十五贯》荣获文化部优秀保留剧目大奖。

浙江书画名家辈出，自成一派，影响深远，书画艺术成就在中国书画史上占有极其重要的地位。历史上曾出现王羲之、吴镇、赵孟頫、吴昌硕等浙籍书画大家，现当代又出现了黄宾虹、潘天寿、沙孟海等知名书画家。成立于1928年的中国美术学院(前身为国立艺术院)，是中国最早的美术高等教育学校，如今已成为美术人才辈出的摇篮之一。创建于1904年的西泠印社是中国最早的以研究印学为主的学术团体和专业金石书画出版机构，在国内外享有很高的声誉。绍兴兰亭因东晋(317—420)大书法家王羲之曾在此作《兰亭集序》而成为中国的“书法圣地”。

浙江浓郁的乡土风情孕育了绚丽多姿的民间艺术。“三雕一塑”即东阳木雕、青田石雕、温州黄杨木雕和瓯塑蜚声中外；剪纸、刺绣、染织、编织和灯彩丰富多彩；而以嘉兴秀洲、宁波慈溪和舟山为代表的农民画和渔民画则充满了生活劳作气息。浙江民间的音乐、舞蹈、戏曲、曲艺独具浓郁的地域特色。浙江有8个项目入选联合国教科文组织公布的“人类非物质文化遗产名录”，2个项目入选联合国教科文组织公布的“急需保护的非物质文化遗产名录”，上榜数居全国第一；在国务院公布的四批国家级非物质文化遗产名录中，浙江共有217项入选，入选数量居全国第一。

浙江自古人文荟萃，文风鼎盛，代有人出。自东汉以来，载入史册的著名浙江籍文学家已逾千人，约占全国的六分之一。举凡思想家王充、王阳明、黄宗羲、龚自珍，诗人贺知章、骆宾王、孟郊、陆游，科学家沈括，戏剧家李渔、洪昇等都是杰出代表。20世纪，中国文学巨匠鲁迅、茅盾，教育家蔡元培，著名科学家茅以升、竺可桢、钱学森、陈省身，以及李叔同、王国维、夏衍、艾青、徐志摩、陈望道、马寅初、金庸等一批名人均为浙江人。中华人民共和国成立以来的全国“两院”院士(学部委员)中，浙江籍人士占近五分之一。

浙江省委、省政府高度重视文化建设，对文化建设做出了一系列重大部署。1999年，提出了建设文化大省的战略目标。2000年，颁布了《浙江省建设文化大省纲要》。2001年，出台了《关于建设文化大省的若干文化经济政策》。2002年，将建设文化大省、发展文化经济写入省党代会报告，并召开全省文化工作会议。2003年，部署了文化体制改革综合试点工作。2004年，出台了《关于深化文化体制改革加快文化产业发展的若干意见》。2005年，省委做出了《关于加快建设文化大省的决定》，全面实施文化建设“八项工程”。2006年，省政府出台《浙江省文化建设“四个一批”规划(2008—2012)》。2007年，省政府召开全省农村文化工作会议，部署实施“新农村文化建设十项工程”。2008年，省委召开工作会议，制订出台了《浙江省推动文化大发展大繁荣纲要(2008—2012)》。2009年，省政府办公厅印发《关于加快发展民营文艺表演团体的意见》。2010年，省委专门成立了由省委书记任组长的文化建设小组。2011年，省委召开十二届十次全会专题研究部署文化强省建设，出台了《中共浙江省委关于认真贯彻党的十七届六中全会精神大力推进文化强省建设的决定》；省政府出台了《浙江省文化产业发展规划（2010—2015）》《浙江省文化服务业"十二五"发展规划》。2012年，省委召开第十三次党代会，将文化建设作为实现物质富裕精神富有的现代化浙江的重要目标。2013年，省委、省政府召开全省文化产业发展大会，出台了《关于进一步加快发展文化产业的若干意见》。2015年，省委办公厅、省政府办公厅印发《关于加快构建现代公共文化服务体系的实施意见》。2016年，省政府办公厅出台《关于推进基层综合性文化服务中心建设的实施意见》。2017年，省委、省政府先后出台了《浙江省公共文化服务保障条例》《关于加快把文化产业打造成为万亿级产业的意见》和《关于推进文化浙江建设的意见》。这些举措有力地推动了浙江省文化持续快速发展，多项工作走在全国前列。

（娄国建）

概　况

ZHEJIANG CULTURE YEARBOOK

2017 年浙江省文化工作

2017 年，在省委、省政府的坚强领导下，全省文化系统高举习近平新时代中国特色社会主义思想伟大旗帜，深入学习贯彻党的十九大精神和省第十四次党代会精神，以满足人民过上美好生活的新期待为目标，坚定文化自信，加快改革发展，着力解决文化发展不平衡不充分问题，各项工作取得新成效，文化浙江建设实现良好开局。

一、提高政治站位，服务中心工作有力有为

（一）重大主题文化服务活动丰富多彩

牢牢把握迎接和学习贯彻党的十九大和省第十四次党代会这条主线，围绕中国人民解放军建军 90 周年等重大时间节点，充分发挥文化部门优势，推出歌曲《中国进入新时代》、舞蹈《红船》、曲艺《放歌新时代》等主题文艺作品，举办“一心向党”浙江省迎接党的十九大交响合唱音乐会，组织开展喜迎党的十九大优秀剧目展演、“喜庆十九大 迈向新时代”全省文艺巡演、“喜迎十九大·文脉颂中华”浙江省非遗传统戏剧项目保护发展成果展、“新时代·新征程”全省美术馆贯彻十九大精神书法作品巡回展、“红船颂”浙江省迎接党的十九大美术作品展览、“军歌嘹亮”庆祝建军 90 周年拥军慰问文艺巡演等各类演出、展览活动，开展“文化市场保障十九大百日攻坚行动”，助力营造全社会学习宣传贯彻十九大精神的浓厚氛围。共组织开展涵盖艺术赛事、文艺会演、主题展览等文化活动近万场，参与人数超百万。

（二）服务国家外交大局和省委、省政府中心工作积极主动

浙江曲杂总团杂技《梦系西湖·伞技》作为中国唯一单独节目，圆满完成上合组织成员国阿斯塔纳元首峰会文艺演出，受到高度赞赏；配合国家领导人和省领导重要出访活动，组派艺术团赴美国、罗马尼亚、捷克、希腊、越南、柬埔寨、哈萨克斯坦、约旦等国家开展文化交流。紧扣省委、省政府中心工作和重要活动，做好第四届世界互联网大会、金砖五国系列部长级会议、首届世界油商大会等多场文艺演出工作，充分展示浙江文化魅力。组织全省文化系统开展“千名文艺工作者赴基层”采风巡演行动，助推省委、省政府剿灭劣Ⅴ类水的重要部署。

二、紧扣时代脉搏，艺术创作再创佳绩

（一）艺术创作生产机制进一步创新

依托浙江音乐学院，组建了集创意中心、孵化中心、研究中心于一体的“浙江文艺创研中心”，搭建整合省内省外创作力量的新的工作平台。实施优秀剧本政府采购计划，征集、扶持和储备一批优秀剧本，扶持基层院团剧本创作，进一步培养全省艺术创作队伍。推进省地合作模式，如浙江越剧团与德清县政府合作，打造越剧《游子吟》。举办浙江省第十届音乐舞蹈节等活动，促进艺术创作。

（二）重大主题创作富有成效

围绕“中国梦”主题、迎接党的十九大胜利召开等重大主题，统筹规划全省艺术创作题材，着力抓好民族歌剧《青春之歌》、《呦呦鹿鸣》，婺剧《宫锦袍》，舞剧《花木兰》，话剧《此心光明》，交响乐《鲁迅》、《社戏》，越剧《吴越王》、《游子吟》，昆曲《钟楼记》、京剧《大面》，多媒体打击乐专场《鼓舞大海》等重点项目的创作排演。一批优秀剧目获得奖励，54 个项目获国家艺术基金资助项目立项，较上年度增长 50%；婺剧《宫锦袍》入选 2017 国家舞台艺术精品创作扶持工程重点扶持项目；民族歌剧《青春之歌》入选文化部民族歌剧传承发展工程重点扶持项目；甬剧《周信芳》获文化部戏曲剧本孵化计划大戏项目二类作品扶持；民族歌剧《青春之歌》《呦呦鹿鸣》入选文化部第三届中国歌剧节展演；大型现代京剧《东极英雄》、越剧《屈原》、木偶小品《徐策跑城》等 10 个剧（节）目入选全国各类优秀剧（节）目展演。越剧《吴越王》、话剧《凤凰》，以及歌曲《浙江告诉你》《美丽浙江》入选浙江省第十三届精神文明建设“五个一工程”。多媒体交响乐《良渚》、民族歌剧《青春之歌》、越剧《胡庆余堂》、京剧《骆驼泉》等作品入选省委宣传部第十二批文化精品扶持工程。浙江美术馆“湖山胜概——西湖主题水印版画展”被评为 2016 年度文化部优秀展览项目，“刘墉、毕薇薇夫妇捐赠近现代名家书画作品”征集被评为文化部 2017 年国家美术作品收藏和捐赠奖励项目。

（三）戏曲保护传承工作体系进一步健全

深入实施《浙江省传统戏剧保护振兴计划》，组织开展第四批“浙江省传统戏剧之乡”评审工

作，已命名和公布了4批共计70个“浙江省传统戏剧之乡”，全省初步形成“省市支持、县乡落实、村为基础”的传统戏剧保护网络。完成全省地方戏曲剧种普查工作，全省普查结果经专家确定为18个剧种和58个戏曲非遗项目。组织2016—2017浙江省传统戏曲大联动，成立“浙江戏曲联盟”。举办全省传统戏剧保护座谈会，组织“越聚京城”2017浙江越剧北京周与“优越中国”2017中国越剧精英演唱会，不断扩大传统戏剧影响力。

三、以贯彻落实《中华人民共和国公共文化服务保障法》为契机，现代公共文化服务体系建设取得明显进展

（一）持续推进重大文化设施建设

认真制定实施《浙江省级文化系统重大文化基础设施建设“四个一批”规划》，省级文化设施面貌进一步改善。浙江小百花艺术中心项目进入内部安装和装修阶段，浙江自然博物园核心馆区土建工程即将进入展馆布展施工。省重大项目浙江省之江文化中心已完成总体规划方案优化及选址论证。浙江话剧团艺术剧场加层改造基本完成，浙江音乐厅改造稳步推进，浙江省文物考古研究所科研业务用房改造全面动工。浙江新时代文化大厦（暂名）经过多轮谈判，已与西湖区政府签署合作框架协议，积极进行拆迁、腾房交地工作；浙江省考古遗产展示园项目基本完成项目策划和项目建议书的编制。

（二）着力解决公共文化服务领域不平衡不充分问题

配合省人大制定出台了《浙江省公共文化服务保障条例》。实施公共文化服务“十百千”工程，完成第一轮公共文化服务10个重点市县验收考核，配合省政府召开全省公共文化服务重点县工作会议，推进第二轮10个重点县建设，确定107个重点乡镇、1230个重点村予以重点推进和提升。全面加强乡镇综合文化站建设，出台《关于加强乡镇（街道）综合文化站效能建设的实施意见》，发布《乡镇（街道）综合文化站服务规范》，出版《乡镇综合文化站工作手册》，统一综合文化站标识。公布第六次乡镇综合文化站评估定级结果，共有1206个乡镇综合文化站达到三级以上乡镇综合文化站标准，上等级站比例91.6%，上等级率同比提高了近12个百分点。

（三）持续加大公共文化供给

拓展基层文化阵地建设，建成公共图书馆乡镇分馆894个、文化馆乡镇分馆312个、城市书房（自助图书馆）133个。持续开展文化惠民活动，先后举办浙江省第九届曲艺新作大赛、全省农村文化礼堂优秀文艺作品展演等活动。是年，全省送戏下乡2.26万余场次，送书下乡280万余册次，送讲座展览5010场次，开展“文化走亲”活动1500场次。深入推进全民阅读，举办各类图书馆活动612场。全省各地持续推进公共文化服务体系建设，台州市积极创建第三批国家公共文化服务体系示范区，中期督查考核结果在全国同类督查评估中处于前列；温州市成功成为第四批国家公共文化服务体系示范区创建城市。

四、注重释放文化发展新活力，文化体制机制改革向纵深推进

（一）推进公共文化服务三项试点提质扩面

公共文化服务标准化建设、基层综合性文化服务中心建设和公共文化机构法人治理结构三项试点工作通过国家验收，其中公共文化服务标准化和基层综合性文化服务中心建设转为全国示范地区，温州图书馆法人治理结构改革被列为大型政论专题片《将改革进行到底》的典型案例。进一步完善基本公共文化服务标准体系，全省已经出台各类行业标准和项目标准190个，建立“浙江省基本公共文化服务标准化数据跟踪平台”。推进以农村文化礼堂为代表的基层综合性文化服务中心建设，全年新建农村文化礼堂1324个，已累计建成7851个，编制2017年农村文化礼堂服务供给菜单1698个2200多项，出版发行《浙江省农村文化礼堂建设培训实用教材》。推进全省公共文化机构法人治理结构建设，已有157家公共文化机构成立理事会。

（二）深化政府职能改革

坚持以改革促创新，以创新促发展，突出率先性和实效性，主动谋划和推进改革工作，持续推进体制机制创新。加强文化浙江研究，制订了《关于推进文化浙江建设的实施方案》，积极探索浙江文化艺术智库建设。加快推进“最多跑一次”改革，制定了《全省文化系统“最多跑一次”办事指南》，全省文化系统34项、文物系统35项办事事项全部实现“最多跑一次”目标，并开展“证照联办”

"多证合一"改革探索，推进省文化厅办事事项数据归集共享。深化文化市场综合执法体制改革，配合省委办公厅、省政府办公厅出台《关于进一步深化文化市场综合执法体制改革的实施意见》，成立省文化市场管理工作领导小组。

（三）统筹推进各项改革任务

推动省政府办公厅转发省文化厅等部门《关于推动文化文物单位文化创意产品开发的实施意见》，加快推进文化文物创意产品开发工作，浙江图书馆、浙江省博物馆等8家单位分别被文化部、国家文物局列为试点；成立"浙江省文澜阁博物馆商店联盟"，标志着我省博物馆文创产品有了自己的品牌和营销网络。深化省属国有事业单位文艺院团改革，其中浙江小百花越剧团吸收社会力量参与经营，注册成立了"浙江百越文化创意有限公司"。文物保护工程项目审批综合改革进一步推进，成立浙江省古迹遗址保护协会。浙江省古建筑设计研究院完成改革，为做大做强奠定了基础。推动文化领域行业组织改革创新，对省文化厅管理的33家文化社会团体开展了清理规范工作，并配合省委宣传部制订了《关于加强文化领域行业组织建设的实施意见》。

五、遵循创造性转化、创新性发展，文化遗产保护利用工作再上新台阶

（一）文物工作取得新成效

配合省政府出台《关于进一步加强文物工作的实施意见》，召开全省文物安全工作电视电话会议，有力推进全省文物工作。持续推进良渚古城遗址申遗工作，明确良渚古城遗址申遗范围，环境整治、遗址本体保护展示等工作顺利推进，申遗文本已提交世界遗产中心预审。进一步加强大运河遗产的保护管理工作，完成"大运河文化遗存修复保护工程研究"等4项课题，参与编制《大运河（浙江）文化带建设规划纲要》。考古管理水平不断提升，全年组织实施考古调查勘探项目28项，考古发掘项目42项，浙江慈溪上林湖后司岙唐五代秘色瓷窑址项目入选"2016年度全国十大考古新发现"。慈溪上林湖越窑遗址和龙泉大窑龙泉窑遗址成功入选第三批国家考古遗址公园，嘉兴马家浜考古遗址公园和安吉古城考古遗址公园获准立项。龙泉市被国务院批准公布为国家历史文化名城。省政府核定公布了286处省级文物保护单位。编制浙江省"互联网＋中华文明"三年行动计划实施方案。在松阳县继续开展国家文物局传统村落整体保护利用试验区工作，实施中国文物保护基金会资助的"拯救老屋行动项目"，开工修缮114幢私人产权传统村落文物建筑，完成其中55幢的修缮工作。继续推进国保和省保单位集中成片传统村落整体保护利用工作。积极推进省级以上文保单位保护规划编制工作，审查全国重点文保单位保护规划8项，省级文保单位保护规划1项。完成泰顺廊桥修复保护工程。不断提高博物馆公共文化服务水平，中国丝绸博物馆"中国丝绸和丝绸之路——锦程、更衣记"荣获第十四届全国博物馆十大陈列展览精品奖。浙江自然博物馆获评全国最具创新力博物馆。杭州博物馆、温州博物馆成为国家一级博物馆。全力推进文物安全工作，先后约谈4家单位，查处平阳县鳌江镇违法拆毁县级文物保护单位蓝田宫案并向全省通报，配合省公安厅破获盗窃、破坏文物等案件26起。

（二）非遗工作实现新提升

组织入选联合国教科文组织人类非遗代表作目录项目的履约工作，指导我省相关地区开展入选人类非遗代表性项目的"二十四节气"项目保护活动。成立全国首家非物质文化遗产主题文献馆——浙江省非物质文化遗产文献馆。联合有关部门出台《关于贯彻落实中国传统工艺振兴计划实施意见》，启动振兴浙江曲艺系列活动，成立文化部支持建设的东阳传统工艺工作站，向文化部申请成立杭州市拱墅区"城市非遗工作站"。公布第五批省级非遗代表性传承人279名。扎实推进非遗代表性传承人抢救性记录工作，建设浙江省国家级非遗传承人抢救性记录数据库。组织开展第十个传承人服务月活动。持续开展"中国非遗传承人群研修研习培训计划"，举办4个研修班、7个培训班。充分挖掘和合理利用优秀非物质文化遗产资源，评选出第四批浙江省非物质文化遗产旅游景区32个（非遗主题小镇15个、民俗文化村17个）。召开全省文化生态保护区建设推进会，推动非遗项目的整体性保护。组织影响广泛的2017年"文化和自然遗产日""5·18国际博物馆日"主题活动，举办第四届中国非物质文化遗产保护（德清）论坛、第九届浙江·中国非物质文化遗产博览会、“青出于蓝”传统染织技艺桐乡论坛、“非遗薪传”浙江传统音乐展演展评等系列活动。完成浙江省非遗馆首批藏品捐赠工作，征集了38件珍贵非遗藏品。中央媒体组团采访报道浙江非遗工作。

六、围绕培育万亿级产业，文化产业和文化市场转型升级步伐加速

(一)文化产业发展进入新阶段

积极贯彻全省文化产业发展大会精神，全面落实《关于把文化产业加快打造成为万亿级产业的实施意见》，不断增强文化产业整体实力和竞争力。推动中国(义乌)文交会持续发展，第12届文交会吸引了来自俄罗斯、法国等60多个国家和地区的83458人次参会，达成采购与合作意向2200多个；同期举办第五届动漫衍生品授权交易活动等24项配套活动。协同办好第13届中国国际动漫节，共有82个国家和地区的139.45万人次参与。杭州成功入选国家文化消费试点城市。设立浙江(金华)数字文化产业创新实验区，推动宁波创建国家文化与金融合作示范区，杭州白马湖生态创意城获国家文化产业示范区创建资格。组织开展文化产业项目申报工作，11个项目列入文化部2017年度重点项目手册；推荐41个项目申报中央财政文化产业发展专项资金，推荐4个项目申报文化部动漫游戏产业“一带一路”国际合作项目。出版《2016浙江文化产业发展报告》，编印《文化产业与文化科技政策文件汇编》。推动文化科技协同创新，2017年度获得文化部文化艺术研究项目立项6个、国家文化创新工程项目2项、国家社科基金艺术学项目立项18个，其中中国美术学院的“中国传统工艺的当代价值研究”获得重大项目立项。完成25项国家社科基金艺术学项目结题。落实《浙江省科技厅　浙江省文化厅推进文化事业和文化产业科技协同创新合作备忘录》要求，与省科技厅建立科技协同创新联席会议机制，实现文化产业重点领域和关键环节“精准对接”和“精准服务”，文化领域3个项目被纳入省科技重大专项。

(二)文化市场持续繁荣有序

以杭州、宁波、绍兴为重点城市，启动文化娱乐行业转型升级试点。网络文化市场发展迅速，全省新增网络游戏、网络音乐等企业820家，同比增长152%。艺术品市场拍卖交易继续保持活跃势头，其中西泠印社拍卖有限公司成交额达27亿元，位居全国前列，春拍期间的西周青铜器兮甲盘以2.1275亿元成交，创古董艺术品在中国境内拍卖纪录。举办全省民营文艺表演团体展演活动，举办全省民营文艺表演团体培训班10期(受训1020人次)，积极扶持培育江浙沪演出业务洽谈会、杭州市艺博会、西湖艺博会、乌镇戏剧节等一批具有较强竞争力与品牌影响力的市场主体与项目。实施全省文化市场全面摸底调查工作，开展全省文化市场交叉检查行动。支持丽水市、庆元县开展文化市场预警系统建设试点。全面实行文化市场黑名单管理制度，建立跨部门联合惩戒监督机制。加强对网络直播表演行业规范整治，联合相关部门召开全省网络表演经营行业工作座谈会，指导全省30家网络表演企业发布行业自律规范；查处网络直播表演违法案件16起，关停App应用程序18个。排查棋牌类网络游戏245家，查处涉嫌违规行为108家。加大文化市场监管力度，全年行政处罚立案调查3257件，办结3267件；出动检查人员147234人次，检查经营场所253409家次，警告2065家次，停业整顿115家次，吊销许可证20家次；查处重大案件57起，向公安机关移送案件49件。

七、紧扣国家外交战略，对外和对港澳台文化交流成效显著

(一)成功举办一系列重大文化交流活动

联合杭州市政府成功承办第三届中国—中东欧国家文化合作部长论坛，作为16+1框架内推动我国与中东欧国家文化合作的最高级别平台，本届论坛内容丰富，成果显著，广受参会各方一致好评，有力助推中国和中东欧国家文化交流互鉴，有效促进了浙江对外开放发展。联合宁波市政府成功承办第十五届亚洲艺术节，推出4个板块数十项活动，提升了与周边国家文化交流与合作的水平。组派12批团组，分赴亚洲、欧洲、美洲、大洋洲4大洲21个国家的35座城市开展110多场海外“欢乐春节”演展活动，组派团队规模、出访国家数量以及活动的国内外影响均居历年之最。结合香港回归二十周年主题，组织香港“根与魂——非物质文化遗产”展演、“鱼跃香江——庆祝香港回归20周年音乐会”等活动。围绕文化部海外中国文化中心部省对口合作计划，举办“日本·浙江文化年”活动和德国“中国文化周”活动。

（二）积极推动“一带一路”文化交流

举办首届“意会中国”——“一带一路”艺术大师工作坊，组派优秀院团赴摩洛哥、罗马尼亚、格鲁吉亚、埃及、以色列参加沿线国家和地区的重要节庆活动；由文化部和宁波市共建的保加利亚索非亚中国文化中心揭牌运行，这是我国在中东欧建设的第一个中国文化中心。实施中国—中东欧国家文化季、中阿合作论坛框架下阿拉伯国家文博专家研修班（第三期）、文化部非洲木雕艺术交流等重要项目。

（三）多维度开展文化交流与合作

配合省委、省政府重点交流工作，举办浙江省与日本静冈县结好35周年文化交流活动，开展哈萨克斯坦世博会中国馆浙江日活动。举办第24届中韩日戏剧节。支持温州申报2018年东亚文化之都。深化对台港澳文化交流，举办第十一届“台湾·浙江文化节”，开展“2017年台湾大学生浙江夏令营”、“台湾·浙江合作周”摄影展、南投艺术巡回展、第四届“两岸文学对话”等活动；举办香港“浙江文化节”，应邀参加香港“中国戏曲节”活动，组织“2017内地与港澳青年文化创意产业交流营”活动。加强对外文化交流资源库建设，梳理全省近120个项目向海外中国文化中心推介。积极推动文化外贸发展，2个项目入选文化部2018年“一带一路”文化贸易与投资重点项目。是年，全省共实施对外、对港澳台文化交流项目1889起，其中对外文化交流项目1595起，对台文化交流活动184起，对港澳文化交流项目110起；引进项目1706起，派出项目183起。

八、致力于打造文化人才培育高地，人才培养模式与机制不断创新

（一）艺术教育实现新突破

浙江音乐学院正式成为硕士研究生培养单位，以“国有民办”模式成功创设附属音乐学校并招收首届新生入学，成功举办“中国—中东欧国家音乐学院院长论坛”并发起成立“中国—中东欧国家音乐院校联盟”，成功创办《音乐文化研究》期刊，新增表演、舞蹈编导、艺术与科技3个新专业，3个专业顺利获批省“十三五”特色专业，教育教学、科研创作、艺术实践等各方面的质量和水平均有新的提升。全年面向全国招收全日制本科新生649名，招生计划和报考人数比超过了1∶10，生源质量明显提高。浙江艺术职业学院突出高素质技术技能人才培养，成功申报入选省级优质高职院校建设单位，戏曲表演等9个专业入选省“十三五”优势、特色专业，舞台艺术设计与制作等2个专业入选全国高职艺术院校骨干专业；重点打造公共文化管理与服务专业，开展定向培养乡镇文化员试点工作，首批招收培养39名乡镇文化员；全年完成文化培训63班次，受训人员4200多人次。

（二）人才培训力度不断加强

精心培育命名了首批15个“浙江省文化创新团队”、17名“浙江省文化厅优秀专家”。举办了文化创新能力提升培训班，公布2017年入围文化创新团队27个。举办2017年“新松计划”全省青年戏曲演员大赛、第二批省属舞台艺术拔尖人才培养对象成果汇报演出。举办中青年创作人才研修班、国有剧场管理人员培训班。继续推进中青年编剧扶持计划资助。启动实施全省文博人才培养“新鼎计划”，举办了“浙江公共图书馆”拔尖人才系列培训班。持续实施基层文化队伍素质提升工程，培训20多万人次。推荐省以上文化人才15名，2人入选2017年度中宣部全国文艺名家暨“四个一批”人才。12人入选文化部戏曲艺术人才“千人计划”高研班。联合浙江省公安消防总队、浙江警察学院组建浙江省文化市场综合行政执法联合训练基地；与浙江师范大学、浙江理工大学联合组建浙江省网络文化市场综合执法实训基地。

（三）人才工作进一步规范

抓好事业单位工作人员招聘工作，严格把好进人关口，加强岗位管理，严格岗位变动审核，强化绩效考核，加强绩效工资管理，确保事业单位管理高效。会同省人社厅等部门修订了文化系列职称评价新办法，进一步规范了职称评价条件，推行职称评审工作考评结合。根据全省文化事业单位发展的新趋势和新要求，向省人力社保厅提出加强文化事业单位专业技术岗位结构比例调控的意见建议。改革文化人才评价工作，开展分类评价，新增知识考试、量化评分、面试答辩等辅助手段，建立以业绩和能力为核心，由品德、知识等要素构成的文化人才评价机制。开发了浙江省文化人才（专家）数据库信息管理系统。

九、严明政治规矩和政治纪律，全面从严治党工作进一步加强

（一）党建工作扎实推进

推进“两学一做”学习教育常态化制度化，组织省级文化系统开展党的十九大精神、习近平总书记“7·26”重要讲话精神、省第十四次党代会精神等专题学习活动，不断增强“四个意识”，坚定文化自信，强化文化担当。加强基层组织建设，明确“组织强、思想强、队伍强、作用强”要求，研究建立《省文化厅基层党建工作联席会议制度》等，调整了10个厅属单位党组织设置，配齐配强厅属单位党组织领导班子。开展省级文化系统党组织负责人三级述职和161个基层党组织分类定级工作。规范日常党务管理，开展党费使用、党员发展和台账记录标准化培训。认真落实意识形态工作责任制，严格执行意识形态工作定期分析研判制度。积极配合省委巡视工作，认真开展省委巡视组反馈问题的整改工作，研究确定了180项整改措施，不折不扣地落实整改任务。健全完善《厅局机关处室联系厅属单位制度》，重点推动厅局机关各处室党组织指导联系单位党建工作。

（二）党风廉政建设全面加强

严格落实党风廉政建设责任制，出台《浙江省文化厅党风廉政建设党组主体责任实施细则》。着力推进厅领导班子“一岗双责”责任清单、厅属单位党风廉政建设主体责任清单、厅局机关处室联系厅属单位责任清单三张“责任清单”建设。开展系统党组织建设大走访和党风廉政建设责任制落实情况大督查工作。加强廉政制度建设，出台《省级文化系统纪检干部队伍管理办法》《浙江省省级文化系统领导干部个人重要事项报告制度》等。修订《省级文化系统企事业单位厅管干部经济责任审计办法》，对9家单位启动法定代表人任期经济责任审计。探索建立内部巡察机制，印发《中共浙江省文化厅党组巡察工作实施办法（试行）》，成立厅巡察工作组，开展对3家厅属单位的首轮巡察。狠抓执纪问责，加强违规违纪线索查办工作。认真落实中央八项规定精神，抓好日常督查，对厅局机关、厅属单位开展了多次明察暗访。开展办公用房专项核查和督促整改，确保省级文化系统办公用房全面达标。严格实施《浙江省文化厅关于进一步加强省级文化系统因私出国（境）管理工作的意见》。制定实施《浙江省文化厅关于进一步加强公务用车管理办法》，防止各类违规使用公车情况发生。坚持每周向系统党员推送“廉言纪语”短信和“文化廉政”微信。

（三）干部工作不断完善

坚持正确的选人用人导向，厅党组会专题研究省级文化系统干部队伍情况，严格按照《党政领导干部任用条例》和《事业单位领导人员管理暂行规定》要求，加强干部队伍建设。严格落实干部选拔任用工作程序，认真落实干部“凡提四必”要求。制定出台了《省级文化系统干部调整交流制度》等，同时，对厅属单位主要领导助理配备、首席专家选配等方面进行了规范，有效促进了干部队伍规范化、制度化管理。加强干部监督管理，从严抓好领导干部个人重要事项报告工作，对3名存在不如实报告情形的处级干部进行诫勉谈话，1名拟提任厅属单位领导干部因未如实报告个人有关事项被取消任职资格。加强干部轮岗交流，优化干部队伍结构。严格按有关规定做好违规兼职清理工作。进一步加强人事档案管理。举办了2017年全省新任文广新局局长培训班。委托浙江艺术职业学院和浙江图书馆共同建立浙江文化干部网络学院。

（省文化厅办公室）

2017年浙江省文物工作

2017年，全省文物系统深入学习贯彻习近平总书记系列重要讲话精神和党的十九大、省第十四次党代会精神，按照全国文物工作会议、全省文物工作会议部署，主动对接省委、省政府中心工作，积极融入“文化浙江”建设，全面贯彻落实国务院《关于进一步加强文物工作的指导意见》和省政府《关于进一步加强文物工作的实施意见》，上下同心，砥砺同行，推动我省文物事业改革发展再上新台阶。

一、强落实、抓重点，融入“文化浙江”建设起好步

（一）学习贯彻工作持续深入

深入贯彻省第十四次党代会精神，积极谋划提出“文化浙江”建设，传承发展浙江优秀传统文化的项目、抓手、载体。继续深入贯彻落实中央领导同志关于文物工作重要指示批示精神和全国文物工作会议、全国文物安全电视电话会议、全省文物工作会议精

神。提请省政府出台了《浙江省人民政府关于进一步加强文物工作的实施意见》，并组织开展了省政府实施意见、《博物馆条例》贯彻落实情况专项督查。完成全省文博事业发展水平2015年度、2016年度评估工作。

（二）世界文化遗产申报管理加快推进

按照2019年申遗成功的目标，权力推进良渚遗址申遗工作，明确了“良渚古城＋瑶山＋外围水利系统”的良渚古城遗址申遗范围，全面推进了考古研究、环境整治、遗址本体保护展示、宣传片拍摄等工作，完成一福院、瓶窑大厦整治和杭州绕城西复线改线工作。申遗文本顺利通过专家和国家文物局评审，并提交联合国教科文组织世界遗产中心预审。大运河遗产的保护管理工作进一步加强，大运河沿线各设区市保护规划修编、控制性详规编制工作有新进展，《杭州市大运河世界文化遗产保护条例》正式出台，杭州、宁波等地的大运河控制性详规编制工作顺利推进，宁波完成大运河保护管理监测预警平台一期提升工程。认真做好大运河文化带建设任务，完成“大运河文化遗存修复保护工程研究”“大运河文化传承工程研究”“文化旅游产业融合发展研究和重大项目工程研究”“大运河航道整治与运河遗产保护专题研究”等4项课题，为《大运河（浙江）文化带建设规划纲要》编制提供了支撑。组织审查、转报大运河保护区划内的开发建设项目10项，沿线遗产区、缓冲区内建设项目得到有效管控。

（三）重点领域改革不断深化

按照省委、省政府关于加快推进“最多跑一次”改革的决策部署，全力推进文物系统“最多跑一次”事项梳理、权力清单比对规范、行政权力事项办理指导目录梳理、责任清单调整完善、数据归集共享等各项工作任务，梳理出文物系统群众和企业到政府办事“最多跑一次”事项33项，其中省级行政权力事项13项，编印了全省文物系统“最多跑一次”事项服务指南和行政许可事项服务指南。文物保护工程项目审批综合改革进一步推进，浙江省古遗址保护协会正式成立，浙江省古建筑设计研究院改革工作基本完成。博物馆法人治理结构改革取得重要进展，中国丝绸博物馆筹备成立了第一个省级博物馆理事会，余杭博物馆、台州博物馆、海宁市博物馆、杭州工艺美术博物馆等先后成立博物馆理事会，全省多地正逐步开展博物馆理事会试点工作。

（四）传统村落保护利用“浙江模式”趋于成熟

松阳县国家文物局传统村落整体保护利用试验区工作趋于深化，中国文物保护基金会资助的“拯救老屋行动项目”深入实施，114幢私人产权传统建筑已开工修缮，55幢私人产权传统建筑完成修缮，项目经济效益、生态效益和社会效益日渐凸显，传统村落保护利用“松阳模式”基本形成。进一步推进国保和省保单位集中成片传统村落整体保护利用工作，基本完成建德新叶、诸暨斯宅等首批项目的文物维修、环境整治、展示利用及民居改善等工作，有序开展武义县俞源村、浦江县郑宅村、兰溪市诸葛村、缙云县河阳村等第二批传统村落保护利用项目。

（五）“互联网＋中华文明”三年行动计划启动实施

深入贯彻落实四部局《关于印发〈“互联网＋中华文明”三年行动计划〉的通知》，依托国家文化遗产保护科技创新联盟（浙江省）成员单位，认真编制我省“互联网＋中华文明”三年行动计划实施方案，基本完成了方案初稿的编制，并因启动快、举措实、思路新，受到了国家文物局的充分肯定。同时，按照国家文物局统一部署，认真做好第四届世界互联网大会“互联网＋中华文明”展览筹备等工作，积极参加国家相关示范项目申报，2个项目成功入库。

（六）文博创意产品开发工作加快推进

进一步深入贯彻落实《国务院办公厅转发文化部等部门关于推动文化文物单位文化创意产品开发若干意见的通知》，成立了“浙江省文澜阁博物馆商店联盟”，组织省内30多家文博单位组团参加第十二届中国（义乌）文化产品交易会，组织开展全省博物馆文创产品评选活动，评选出“2017年全省博物馆十佳文创产品奖”文创产品10件（套）。举办博物馆文创产业发展（高峰）论坛，开展“经纶堂杯”文创产品设计大赛。

二、建机制、强监管，织牢文物安全防护网络保安全

（一）文物安全监管机制进一步完善

在国务院召开全国文物安全电视电话会议并出台《国务院办公厅关于进一步加强文物安全工作的实施意见》后，及时组织召开了全省文物安全工作电视电话会议，研究起草了浙江省贯彻落实全国文物安全工作会议精神和国务院文件精神的实施意见。坚持问题导向，压实安全责任，针对全省开展的“除隐患、保安全、促转型”治危拆违攻坚战大行动，及时与省建设厅、省“三改一拆”行动领导小组办公室联合下发了《关于服务保障全省治危拆违攻坚战消除历史文化建筑安全隐患的通知》，对各地大行动中的文物保护工作提出了明确要求。针对文物法人违法和安全事故问题，及时建立了重大文物法人违法案件约谈和通报制度，先后约谈了杭州市萧山区、平阳县、新昌县和宁波市江北区政府，重点查处了平阳县鳌江镇违法拆毁县级文物保护单位蓝田宫案并向全省通报。

（二）文物安全专项行动持续开展

继续深入开展文物法人违法案件专项整治行动（2016—2018），完成全省文物安全状况大排查行动，梳理安全隐患及整改措施 251 条，文物安全突出问题及整改方案和责任清单 180 条，及时落实整改措施，切实消除各类隐患。围绕重要节庆日特别是党的十九大召开前后，部署开展了全省文物安全大检查工作，省文物局专门成立督查组赴各地明察暗访，推进文物安全责任和隐患整改措施得到全面落实。同时，联合省工商局在全省范围内开展了文物流通市场专项整顿行动，组成检查组赴嘉兴、绍兴、金华等地进行督查。配合省公安厅在全省范围内开展了打击文物犯罪专项行动，对近 5 年内 44 起涉文物案件进行逐一检查，破获盗窃、破坏文物等案件 26 起，抓获嫌疑人 91 人。

（三）文物平安工程深入实施

文物平安工程第一期 360 个项目全面实施完成，实施绩效初步显现，安全事故和案件发生率呈逐年下降态势，已实施文物平安工程的文保单位实现了安全零事故。召开了全省文物平安工程现场会，对已实施项目进行了绩效评价，为下一步继续推进文物平安工程做好准备。深入实施博物馆安全防范系统工程和全国重点文保单位的安防、消防和防雷工程，持续推进“全国文物消防安全百项工程”，强化事中事后监管，确保工程质量优先。进一步推进全省文物系统文物消防安全的标准化管理，顺利通过国务院消防年度考核和省消安委 2016 年度消防工作考核，考核成绩良好。

（四）文物执法监察工作扎实有力

依托省、市、县三级文物执法监察机构，认真开展日常执法巡查、市县交叉执法检查、管辖海域内文化遗产联合执法等工作，及时发现消除文物安全隐患，有力打击文物违法行为。其中省文物监察总队出动巡查人员 537 人次，检查文博单位 186 家次，发现涉嫌违法行为 3 起，各类隐患 22 处，督办违法文物案件 9 起（法人违法案件 6 起）。组织开展“双随机”抽查工作，随机抽派检查人员、随机抽取检查省级以上文保单位 28 家/次，指导全省文物系统开展“双随机一公开”监管工作，及时掌握各地安全隐患和管理漏洞的整改情况，直接查处并责令整改全国重点文物保护单位建控地带内违法建筑 1 起。继续推进浙江省“天地一体”文物执法监察预警系统省级平台建设，召开全省文物执法监察工作科技运用推广会，推进航拍现代高新技术在文物执法监察中的运用。召开文物执法工作理论研究成果交流会、文物违法案件查处工作交流会等会议，不断提升文物执法监察工作水平。

三、重保护、强基础，提升文物保护管理水平上台阶

（一）大遗址保护及考古管理齐头并进

积极推进考古遗址公园建设，不断健全考古遗址公园保护展示体系，良渚国家考古遗址公园完成年度评估工作，慈溪上林湖越窑遗址、大窑龙泉窑遗址、安吉古城遗址、嘉兴马家浜遗址保护展示工程加快推进，第一批省级考古遗址公园建设情况评估工作全部完成，第二批省级考古遗址公园申报工作启动开展，嘉兴子城省级考古遗址公园获得立项批复，《浙江省考古遗址公园标识系统设计导则》初稿编制完成，4 个大遗址申报第三批国家考古遗址公园。考古管理工作成效显著，全年组织实施考古调查勘探项目 28 项，考古发掘项目 29 项，其中浙江慈溪上林湖后司岙唐五代秘色瓷窑址被列入“2016 年度全国十大考古新发现”，良渚古城遗址城内考古发掘、嘉兴子城遗址、杭州市常青古海塘遗址等 8 项考古项目被列入“浙江省 2016 年度重要考古新发现”。认真组织主动性考古项目，编制《南宋临安城考古工作计划（2017—2021）》并上报国家文物局。水下考古工作有新进展，渔山列岛海域、岱山海域两项水下考古调查项目上报国家文物局，慈溪潮塘江元代沉船、小白礁出水文物科技保护项目进展顺利。

（二）不可移动文物保护管理趋于规范

扎实开展省级以上文保单位保护方案审批工作，审批全国重点文保单位保护维修方案和施工图 36 项，审批省级文保单位保护工程立项 17 项，审查省级以上文保单位修缮设计方案及施工图 30 多项，竣工验收省级以上文保单位维修工程 18 项。做好省级以上文保单位保护区划内建设项目管控，审查并上报涉及全国重点文保单位建设控制地带内建设项目 11 项，审批涉及省级文保单位建设控制地带内建设项目 14 项，处理文保单位异地迁移事项 2 项。积极推进省级以上文保单位保护规划编制工作，审查全国重点文保单位保护规划 8 项，省级文保单位保护规划 1 项。完成泰顺三座国保廊桥灾后主体修复工程，推进浙江省文物资源地理信息系统 GIS 管理平台建设，完成全省石窟寺及石刻类文物健康状况调研评估工作。严格文物保护工程资质管理，审核并向国家文物局上报文物保护工程一级施工资质单位资质证书变更 2 家，审批新增文物保护工程乙、二级资质单位 3 家，备案审核新增文物保护工程丙、三级资质单位 7 家，业务范围增项 1 家。

（三）可移动文物保护工作稳步推进

完成"一普"收尾工作，完成普查报告、收藏单位名录、普查数据公报的编制工作，并在全省文物安全工作电视电话会议上，对 69 个"一普"工作先进集体和 137 名先进个人进行了表扬。加强社会文物管理工作，逐步建立起符合我省实际的文物拍卖监管和服务体系，新增文物拍卖企业 2 家，审核文物拍卖经营活动 28 场，审核文物拍卖标的 28093 件（套）。依据文物保护行业标准，规范和提高博物馆藏品的保护、修复工作水平，提高文物藏品的保护管理水平。进一步加强可移动文物修复和设计资质管理工作，根据国家文物局的部署，开展可移动文物修复资质单位运行评估工作。承办浙沪苏文物市场与文物鉴定服务"放管服"改革座谈会。完成了可移动文物修复资质单位运行评估工作。

（四）文物保护科技能力进一步提升

石窟寺文物数字化保护国家文物局重点科研基地（浙江大学）挂牌成立，对进一步推动和提高我省乃至全国石窟寺文物数字化保护的整体水平具有重要意义。由国家文物局、浙江省政府主办的"古道新知：丝绸之路文化遗产保护科技成果展"在中国丝绸博物馆成功举办。完成省文物保护科技项目申报及立项工作，做好已完成项目的结项验收。举办全省文物科技保护技术成果推广会，加大科技保护成果推广应用力度。

（五）历史文化名城、名镇、名村（街区）保护工作有新成效

继续协同省建设厅做好历史文化名城、名镇、名村（街区）申报和保护工作，龙泉市被国务院批准公布为国家历史文化名城，至此全省国家历史文化名城增加至 10 座。配合省建设厅做好第七批中国历史文化名镇名村推荐申报、国家历史文化名城名镇名村评估检查等工作。

四、建设施、优服务，提升博物馆公共文化服务水平惠民众

（一）博物馆体系进一步健全

浙江自然博物园核心馆区、浙江省博物馆之江馆区建设项目顺利推进。黄岩博物馆建成开放，龙游博物馆、永嘉博物馆、建德博物馆、长兴太湖博物馆、温岭博物馆、开化博物馆等博物馆建筑及展陈方案通过论证。指导浦江、嘉善、淳安、临安、富阳、慈溪、永嘉、嘉善、上虞、义乌、武义、龙游、临海、玉环等县（市、区）博物馆建设和有关行业博物馆（或新馆）建设。积极参与支持特色小镇博物馆建设及展陈工作。探索推进博物馆数字化和智慧博物馆建设工作。

（二）博物馆展陈教育精品进一步形成

深入学习贯彻《公共文化服务保障法》，组织开展第三届全省博物馆免费开放最佳做法推介活动，评选出最佳做法入围项目 15 个。进一步打造博物馆陈列展览精品项目，组织参加第十四届（2016 年度）全国博物馆十大陈列展览精品推介评选活动，中国丝绸博物馆"中国丝绸和丝绸之路——锦程　更衣记"荣获精品奖。组织开展了全省博物馆优秀讲解案例选拔大赛，推荐 4 名优秀选手参加全国博物馆优秀讲解案例展示推介活动，3 名选手分别荣获三个项目的十佳，获我省历年来最好成绩。组织开展了第十一届（2016 年度）全省博物馆陈列展览精品项目推介活动，评选出精品奖项目 10 项、优秀奖项目 7 项。进一步发挥完善博物馆教育功能，推进我省博物馆青少

年教育项目库建设。

（三）博物馆管理水平进一步提升

组建了浙江省“博物馆业务专家库”，浙江自然博物馆获评全国最具创新力博物馆。杭州博物馆、温州博物馆跻身一级博物馆行列，至此我省国家一级博物馆总数达6家。进一步加强“博物馆陈列展览交流信息平台”建设，举办第三届博物馆陈列展览交流会，促进博物馆馆际藏品资源的整合共享。认真贯彻落实国家文物局《关于进一步推动非国有博物馆发展的意见》，并提出了我省贯彻实施意见，举办第四期全省非国有博物馆负责人培训班，开展了全省非国有博物馆免费开放经费补助相关调研，继续开展国有博物馆帮扶非国有博物馆工作，努力提升非国有博物馆的办馆水平。

五、重激励、广宣传，营造事业发展良好环境有成效

（一）文博人才培养激励机制趋于优化

着力构建完善全省文物系统人才培养及激励机制，启动实施全省文博人才“新鼎计划”，完成优秀人才培养人选推荐、审定工作。为181名从事文物工作30年（以上）人员颁发了荣誉证书。完成第一届“浙江文物工作守望者”评选推介活动，评选出“最美浙江文物守望者”28名。组团赴法国参加文化遗产保护培训，举办全省文物保护、田野考古、安防系统操作、博物馆藏品保管、博物馆社会教育、文物行政执法等各类实训、培训班。开展全省文博人才队伍建设状况调研工作。

（二）文物宣传工作有声有色

继续举办2017年“国际博物馆日”“文化和自然遗产日”主场活动，部署指导各地开展了一系列丰富多彩的活动。不断优化全省文物系统宣传工作机制，组织召开全省文物宣传工作通联会议、文物工作媒体座谈会，建立文物系统信息报送考评制度，组建全省文物系统联络员队伍，有效拓展文物宣传媒体途径。进一步提升文物宣传工作效能，《浙江文物》双月刊、微信服务号实现了改版升级，浙江文物网发布各类文博信息5600多条，《2016年浙江文物年鉴》编制完成，《浙江通志·文物卷》初稿编纂工作基本完成，并开展了“文博情缘”征文活动。同时，在今日头条开展了文物工作专题宣传。此外，开展了浙江省2017年度重要考古发现评选活动，举办了公众考古分享会。

六、强党建、建制度，转变作风完善制度提效能

（一）机关党建工作全面加强

深入学习习近平总书记系列重要讲话精神和党的十九大、省第十四次党代会精神，严格落实《关于新形势下党内政治生活的若干准则》《中国共产党党内监督条例》等党内法规，严肃认真开展党内政治生活，推行“一月一学”“一季一讲”“半年一论”“一年一训”学习制度，切实增强每位党员干部的“四个意识”。全面推行书记党建工作责任清单制度、党建工作述职制度等制度，坚持党建工作引领，做到党建工作与业务工作同部署、同落实。认真组织党员干部前往五四宪法资料馆参观学习，观看《知心法官》故事片，参加省级文化系统主题微型党课比赛、摄影比赛等各类活动。

（二）机关内部建设不断优化

根据省法制办和省社科院法治政府建设专业机构2016年度评估，省文物局法治政府建设工作考核排名有所提升。根据省法制办要求，对由省文物局制定或实施的地方性法规、规章、规范性文件进行了全面清理。进一步规范完善局机关重大事项决策机制、内部控制管理制度以及信访、信息公开、行政许可事项办理等一系列制度，努力提升局机关制度化、规范化发展水平。

（省文物局）

专业艺术

【概况】 2017年是党的十九大胜利召开的喜庆之年，也是贯彻落实《中共浙江省委关于繁荣发展社会主义文艺的实施意见》、实施文化发展“十三五”规划的重要一年，更是浙江省进一步推进舞台艺术精品创作生产，发展和繁荣文艺创作的攻坚之年。全省专业艺术工作紧紧围绕“出精品、出人才、出效益”的工作目标，从服务省委、省政府中心工作、优秀文艺作品、人才队伍建设、重大艺术活动出发，牢固树立以人民为中心的创作导向，深入实施精品引领战略，取得了丰硕的成果。

【服务中心工作有力有为】 迅速组织开展学习宣传贯彻党的十九大精神主题文艺创作和文艺演出。组织发动全省国有文艺院团、艺术院校、美术机构开展以学习宣传贯彻党的十九大精神为主题的创作、策展活动，通过戏剧、音乐、舞蹈、曲艺、杂技、美术、书法等多种艺术形式，创作推出一批短小精悍、主题鲜明、群众喜闻乐见的文艺作品和美术书法展览。浙江曲艺杂技总团有限公司于10月28日至11月5日赴台州开展“喜庆十九大 迈向新时代”巡演，演出20场；于11月6日在宁波剧院进行了两场宣传党的十九大的文艺演出。组织省属艺术院团、院校艺术家，精心举办“新时代·新征程”省级文化系统学习宣传贯彻党的十九大精神专场文艺演出，推出歌曲《中国进入新时代》、舞蹈《红船》、曲艺《放歌新时代》等主题文艺作品。组织发动全省国有文艺院团、艺术院校、美术机构开展以学习宣传贯彻党的十九大精神为主题的演出、展览活动，做到“团团有演出、馆馆有展览”。将学习宣传贯彻党的十九大精神主题文艺演出作为“文化进万家”、送文化下乡、新年演出季等文化惠民演出活动的主要内容，让党的十九大精神主题文艺作品走进千家万户，走进百姓心中。11月7日，“全省美术馆贯彻落实党的十九大精神主题书法巡回展”在浙江美术馆首展，掀起学习宣传贯彻党的十九大精神热潮。“新时代 新征程——全省美术馆贯彻落实党的十九大精神主题书法巡回展”由浙江美术馆主办，全省16家美术馆协办，以党的十九大报告内容为主进行主题创造，组织书法艺术展览，旨在以中国传统艺术为载体宣传贯彻党的十九大精神，弘扬传统文化，体现文化自信，讴歌以爱国主义为核心的民族精神和以改革创新为核心的时代精神。

开展主题创作，讲好中国故事。集中优质创作力量，积极创排婺剧《宫锦袍》、话剧《此心光明》、交响乐《鲁迅》以及民族歌剧《青春之歌》《呦呦鹿鸣》等一批重点作品。组织开展喜迎党的十九大优秀剧目展演。包括民族歌剧《青春之歌》在内的10部优秀舞台艺术作品汇聚杭城集中展演，以艺术的形式唱响喜迎党的十九大、开启新征程的豪迈旋律，为党的十九大胜利召开营造喜庆热烈的文化氛围，取得了较好的社会反响。剧目中既有获得第13届中宣部“五个一工程”奖的越剧《我的娘姨我的娘》，列入国家民族歌剧传承发展工程9台重点扶持项目的民族歌剧《青春之歌》，又有2017年度国家艺术基金资助项目话剧《此心光明》。这些作品代表了全省舞台艺术精品创作的最新成果，也是浙江省向党的十九大献礼的重点作品。在本次展演中，两部民族歌剧作品前所未有地集中亮相，是全省舞台艺术精品创作领域的一次突破，结束了浙江没有大型歌剧作品的历史。话剧《谁主沉浮》《此心光明》的推出，进一步提升了浙江话剧作品在全国的影响力，也锻造了一支富有朝气的现实主义创作浙军。

举办“一心向党”主题晚会。“一心向党”浙江省喜迎党的十九大暨庆祝建党96周年交响合唱音乐会胜利举行。车俊、袁家军、乔传秀、唐一军等省级领导干部，省直有关部门负责人，省离退休老干部代表，省级机关党员干部代表，驻浙解放军、武警部队代表，在杭高校及中小学师生代表，社会各界群众代表等共约2500人观看了演出。省委书记车俊，省委常委、宣传部部长葛慧君对该交响合唱音乐会给予了高度评价。车俊书记用20个字评价本次音乐会：主题突出、规模宏大、气势磅礴、激情四射、鼓舞人心。

举办庆祝建军90周年拥军慰问文艺巡演。与省双拥办、省民政厅共同举办“军歌嘹亮——庆祝中国人民解放军建军90周年拥军慰问文艺巡演”。这是浙江省双拥慰问工作首次尝试以交响乐为主的艺术形式，为官兵送上一道洗涤灵魂、陶冶情操的“精神大餐”。为办好此次慰问演出，精心筹划、安排的节目与部队战斗生活息息相关，既融合了强军文化，又适当关注青年官兵的审美需求。解放军军乐团副团长、93阅兵千人军乐团总指挥张海峰亲临现场，用精湛的艺术感染力赢得官兵喝彩，精彩的节目受到了部队官兵的热烈欢迎。

配合外事活动做好伴宴工作。按照省委、省政府提出的要求，不折不扣地完成各项任务。组织开展第四届世界互联网大会乌镇峰会专场文艺演出及欢迎晚宴伴宴。确定将民族舞剧《花木兰》作为峰会专场文艺演出。该剧运用富于中国民族特色的音乐语汇和舞蹈肢体语言，讲述了花木兰极富传奇色彩的精彩人生，用中国艺术讲述中国故事，彰显中国精神。伴宴演出由浙江交响乐团承担，采用中西合璧的曲目，为晚宴营造欢乐祥和的气氛。组织浙江交响乐团、浙江歌舞剧院民乐团等完成金砖五国系列部长级会议、首届世界油商大会等多场伴宴工作，为外事活动增添了文化内涵和文化魅力，提升了浙江文化影响力。

助力“剿灭劣V类水”。集中

力量、发挥优势，部署开展了“千名文艺工作者赴基层”采风巡演行动，集全省文化系统之力，组织100多支文艺小分队、1000多名文艺工作者，赴全省各地开展采风、演出活动，进行“剿灭劣Ⅴ类水”文艺大会战。据统计，全省文化系统共开展“剿灭劣Ⅴ类水”采风巡演905场，现场参与观众达47.96万人次。同时，全省文化系统紧扣“剿灭劣Ⅴ类水”主题，以小品、小戏、歌曲、排舞、曲艺、诗歌、美术、摄影等为主要形式，梳理已有作品、推出新创作品，形成创作热潮。如浙江京剧团将“剿灭劣Ⅴ类水”的主题与京剧表演特点相结合，创排了京剧联唱《重整山河看浙江》、京韵朗诵《五水共治写奇篇》和精彩的武戏表演《孙悟空大治污水怪》等，巡演时赢得观众拍手叫好。鼓励先进，开展了“千名文艺工作者赴基层”采风巡演优秀作品和优秀组织单位评选工作，共评选出69件优秀文艺作品和16家优秀组织单位。

【艺术创作生产欣欣向荣】 抓重点项目创作规划。围绕“中国梦”主题、迎接党的十九大召开和庆祝中国人民解放军建军90周年等重大主题，统筹规划全省艺术创作题材。委托省文化厅艺术委员会精心谋划一批重大现实题材，打造省级重点创作项目。着力抓好浙江歌舞剧院、浙江话剧团音乐舞蹈诗《百年追梦》，浙江小百花越剧团《吴越王》，浙江交响乐团《良渚古城》《鲁迅》，浙江京剧团京剧《大面》，浙江歌舞剧院民族歌剧《青春之歌》，浙江话剧团《此心光明》，宁波市演艺集团民族歌剧《呦呦鹿鸣》等重点项目的创作排演。

抓重点剧目申报。婺剧《宫锦袍》入选2017年度国家舞台艺术精品创作扶持工程十大重点扶持项目，获得省政府办公厅通报表彰。原创民族歌剧《青春之歌》入选国家民族歌剧传承发展工程9台重点扶持项目。越剧《吴越王》、话剧《凤凰》与歌曲《浙江告诉你》《美丽浙江》入选浙江省第十三届精神文明建设“五个一工程”。其中，歌曲《美丽浙江》入选浙江省第十三届精神文明建设“五个一工程”特别奖。浙江交响乐团《良渚古国》、浙江歌舞剧院《青春之歌》、浙江越剧团《胡庆余堂》、浙江京剧团《骆驼泉》等作品入选省委宣传部第十二批文化精品扶持工程。宁波市演艺集团有限公司《周信芳》获文化部戏曲剧本孵化计划大戏项目二类作品扶持。杭州滑稽剧院有限公司《我不认识你》(小戏)入选戏曲剧本孵化计划。京剧《东极英雄》亮相第八届中国京剧艺术节，越剧《戏比心大》入选2017年全国小剧场戏剧优秀剧目展演，越剧《屈原》入选2017年全国基层院团戏曲会演，浙江艺术职业学院“江南丝竹音乐社”入选第二届中国民族器乐民间乐种组合展演，绍兴莲花落《传代碗》、平阳木偶小品《徐策跑城》2个节目入选全国曲艺、木偶剧、皮影戏优秀剧(节)目展演。全年共申报“中华优秀传统艺术传承发展计划”2017年度戏曲专项扶持等10多个重要项目，积极推动浙江省文艺作品和人才走出去，进一步扩大浙江文化影响力。

抓国家艺术基金工作。精心做好2017年度国家艺术基金申报工作，召开全省国家艺术基金项目申报工作会议，对申报单位进行动员和辅导，提升省内各类文化艺术机构申报工作水平。承办国家艺术基金2016年度资助项目集中巡查工作片区会议。全省有54个项目获国家艺术基金资助项目立项，较2016年度增长50%。总体来看，全省共申报项目250项，成功立项项目54项，位居全国第四，成功立项率为21.6%；资助资金总额2844万元，较去年增幅10.2%。

抓剧本创作扶持。加大对原创剧本以及创作主体的支持力度，实施优秀剧本政府采购计划，征集、扶持和储备一批优秀剧本，扶持基层院团剧本创作，进一步培养全省艺术创作队伍。在2016年面向全国实施购买剧本良好效果的基础上，继续深化推进，共收到全国各地的60多个剧本，经评审研究，确定《良渚》等10个剧本作为政府采购项目。

【人才队伍建设齐头并进】 大力实施“文艺浙军”培育工程，分层分类建设文艺人才队伍。

抓青年人才。举办2017年“新松计划”全省青年戏曲演员大赛，历时2个月，来自全省各地的77家单位292名16周岁至35周岁的青年戏曲演员、学子报名参赛。通过杭州、宁波、温州、绍兴、金华5个分赛区的18场初赛和在杭举行的6场复赛、3场决赛评比，评出一等奖15名、二等奖27名、三等奖30名。相较上届大赛，本次大赛规模更宏大、赛制更完善、节目更精良。这场涵盖浙江省内各戏曲剧种、戏曲院团院校的青年戏曲演员大赛，是近年来浙江戏曲舞台青年表演人才难得的一次大比武、大检阅和大展示，以前所未有的参与广度和激烈程度，成为浙江戏曲界及广大戏迷争相关注的文化热点。

举办浙江省第10届音乐舞蹈节。浙江省音舞节首次走出杭州，与宁波市江北区合作举办。历时3个月，全省共上报声乐、舞蹈、器乐作品398件，100件作品进入决赛。涌现了一批优秀的舞台艺术小型作品，从一个侧面检验了3年来全省文艺创作情况，其间涌现出一批富有活力、朝气蓬勃的年轻艺术群体。

抓主创人才。开办第四期全省中青年创作人才(艺术企划)高级研修班，邀请北京、上海和本地的著名专家、学者、媒体人、文化市场高级管理者等数十位业内名家开设丰富多样的专题讲座，开设案例剖析、企划案例点评与实践等相关课程并组织观摩。举办两期国有剧场管理人员培训班，进一步提升全省国有剧场技术管理人员队伍建设。继续推进中青年编剧扶持计划资助，扶持省内中青年编剧人才剧本创作实践。

抓拔尖人才。一人一策，制订个性化人才培养方案探索高层次人才培养模式。举办第二批省属舞台艺术拔尖人才培养对象成果汇报演出，启动第三批省属舞台艺术拔尖人才培养对象培养工作，努力推动中青年艺术领军人才队伍建设。12人入选文化部戏曲艺术人才“千人计划”高研班。

抓平台建设。组建浙江文艺创研中心，依托浙江音乐学院，谋划组建集创意中心、孵化中心、研究中心于一体的“浙江文艺创研中心”，搭建整合省内省外创作力量的新的工作平台。推行签约艺术家计划，分批次引进一批高水平的策划、创作、评论、经营人才，定期到浙江参与重大题材策划、讨论、点评和具体创作，为全省重大题材创作出谋划策、论证把关甚至是具体承接创作和项目运作。推行项目孵化计划，为地方文艺精品创作提供帮扶指导，带动全省舞台艺术精品创作繁荣，实现“既管脚下，又管天下”，夯实浙江省文艺精品创作的土壤。

抓职称评审。规范艺术人才评价机制，会同省文化厅人事处起草了《美术专业中、高级专业技术职务任职资格评价条件(试行)》《艺术系列职称评价条件(试行)》，由人社厅正式印发。组织开展了全省艺术系列高级职称理论知识考试，起草了艺术系列、美术专业高级职称量化评价条件。

【戏曲传承发展推陈出新】 抓剧种普查。5月底，首次公布了关于浙江省地方戏曲剧种的权威数据，标志着全省地方戏曲剧种普查工作圆满完成。此次普查从2016年1月启动，历时一年半，是浙江省开展的首次大规模戏曲普查。全省共搜集审核纸质材料2311件，电子材料(含图片)13486件，并上报文化部，基本摸清了浙江省地方戏曲剧种的剧种情况、演出团体情况、戏曲艺术生产情况、戏曲人才情况、戏曲教育情况等“家底”，为此后戏曲艺术事业的发展奠定了基础。在本次普查基础上，引进“互联网＋”的理念，建成了专业艺术数据平台。

抓戏曲传播。进一步落实省政府办公厅《关于支持戏曲传承发展的实施意见》和《浙江省传统戏剧保护振兴计划》各项任务，主动对接宣传、教育部门，起草浙江省戏曲进校园政策文件初稿。着力推进“传统戏曲进校园”“传统戏曲进社区”“传统戏曲进农村文化礼堂”，大力培养年轻戏曲观众。起草《浙江省关于新形势下加强戏曲教育工作的实施意见》，切实加强戏曲人才教育培养，为全省戏曲繁荣发展夯实基础。举办“传统戏曲演出季”，实施“越剧走出去计划”，大力培育戏曲演出市场，扩大戏曲传播渠道。以“地方院团上杭城、省属院团下基层”的百日联动为主轴，以“越聚京城”2017浙江越剧北京周与“优越中国”2017中国越剧精英演唱会两大创新品牌为两翼，在浙江乃至北京拉开了盛况空前的高水准戏曲演出活动，引发了首都戏剧界及戏迷圈对浙江越剧的集体关注。

抓场团协作。积极组建“浙江戏曲联盟”并于7月在温岭成立，该联盟的建立旨在通过政府补助、社会参与、市场运作，引导国有院团、国有剧场协同发展，探索“场团一体、多方受益”新型创作演出合作平台，活跃演出市场，夯实文化阵地，培育文化消费。新创立的浙江戏曲联盟由浙江小百花越剧团、浙江越剧团、浙江京剧团、浙江昆剧团、杭州剧院及各地方剧团和剧场等73家单位联合组建，以戏曲演出为核心，包含69家省内理事单位。联盟内包括剧团、剧场、文化公司、基层文化站等多种形态，不同单位间跨区域、跨剧种的组合为“场团合作”建构了无数种可能性。

【文化惠民积极创新】 名团名家名角联手打造“优越中国”戏曲品牌。“优越中国”的品牌定位是汇聚越剧名家，打破门户壁垒，整合最经典的曲目、最优质的表演，呈现最高水平的舞台演出效果。“优越中国·2017中国越剧精英演唱会”是由省文化厅原创出品、浙江小百花越剧团全程执行，旨在弘扬中国越剧艺术、展示越剧名家独特魅力、丰富人民群众精神文化生活的品牌活动。1月，“优越中国”2017中国越剧精英演唱会在杭州剧院开唱。茅威涛、吴凤花、方亚芬等25位江浙沪越剧名家和精英参与演出，几乎囊括了全国各大越剧院团的代表性人物，为广大越剧爱好者打造了一场“中国越剧春晚”。随后赴国内北京、上海等主要城市巡演，进一步打造成为商业价值与社会价值融合的典范。

省属院团“新春戏曲四联奏”巡演基层。巡演由浙江小百花越剧团、浙江越剧团、浙江京剧团、浙江昆剧团联手开启。这是省属院团首度在全省范围内整体推出巡演活动，省属四大院团相继走进余姚、慈溪、宁波、舟山、嘉善等九城巡演，上演《五女拜寿》《长乐宫》《锁麟囊》《西园记》等优秀保留剧目，将优质艺术资源向基层下沉，让广大基层观众分享政府提供的新春文化大餐，全面彰显了浙江省文艺工作“重心向下”的责任和用心，真正实现了各省属院团“走向民间，服务群众”的初衷。

演出季有送戏下乡，更有“引戏进城”。由温州瓯剧艺术研究院、嵊州越剧团、兰溪市婺剧团、余姚市姚剧团及平阳木偶剧团等九个地方剧团联袂组团的“地方剧团上杭城”已于春节前夕圆满完成。与以往不同的是，在是年的新年演出季中，特意安排资金“引戏进城”，组织举办全省基层戏曲院团会演活动，将那些难得有机会到杭城演出的基层戏曲院团请到省城一展风采。

举办省属院团新年演出季。新年演出季继续打响“新年演出季，天天看好戏”的口号，荟萃一批省属院团的文艺精品，集中在农历春节期间在杭州各主要剧场连续演出，为春节期间的杭城增添一份温馨的文化“年味”，让更多的杭州市民可以选择“文化过年”“看戏过年”“浪漫元宵”等各种健康新颖的节日生活方式。采取“政府扶持、市场运作、群众受益”的思路，通过政府补贴，降低演出成本，平抑演出票价，积极培育健康有序的文化消费市场，形成广大市民买票看戏、文明看戏的良好风尚。

开展雏鹰计划优秀儿童剧演出、民族艺术高雅艺术进校园演出、钱江浪花艺术团文化直通车下基层演出等公益性演出活动，将高品质的精神食粮送到人民群众身边，让人民共享文化事业大发展大繁荣的成果与实惠。

【美术工作不断提升】 美术工作以服务中心工作为重点，精心打造艺术展览品牌。全年共举办各类展览48个，其中自主策划展20个、捐赠展2个、馆际交流展1个、联合主办展8个、申请展17个；开展学术活动10多场，公共教育活动近400场；新增藏品989件；观众达45余万人次。浙江美术馆“艺游乡里——乡村儿童美育计划”获文化部2016年基层文化志愿服务活动典型，2016年度浙江省优秀志愿服务项目；“浙江美术馆之友观众‘跟踪’项目”获2016年度浙江省优秀志愿服务项目；“基于互联网的‘美术馆之友’公众平台”获得2016年度全国美术馆优秀项目；教育推广部被评为2016—2017年度浙江省青年文明号；“湖山胜概——西湖主题水印版画展”获2016年度文化部优秀展览项目；“众美抱华——钱君匋的艺术世界”获2017年青年策展人扶持项目；“刘墉、毕薇薇夫妇捐赠近现代名家书画作品征集”被评为文化部2017年国家美术作品收藏和捐赠奖励项目。

流动美术馆项目形成完整的展出体系，推出常规“流动美术馆”展览菜单。继续策划推出“流动美术馆”文化惠民品牌项目，流动美术馆在杭合作学校达到30家，已有17家授牌“浙江美术馆流动美术馆合作单位”，推进基层艺术馆与浙江美术馆共建、共通、共享的合作模式。扩大藏品征集成果，推进藏品科学化管理，全年共实施藏品征集项目12宗，新增藏品989件，基本确立起现近代浙江名家书画、国立艺专百年、浙江现当代版画等典藏体系。完成《美术志》共13个章节初稿，计80多万字，扫描及查找各类图版1000多张。《美术志》按照方志体例重新建构浙江美术史，打破了传统地域美术史的学术编纂框架，形成特有的创新模式，探索在全国具有参考意义的美术省志的编纂经验。

（吕黛芬）

链接：

2017年浙江省文化系统专业艺术门类在国际和全国性及华东区域性专业艺术评比中获奖情况

评比活动名称	获奖剧(节)目名称	获奖类别及等次	获奖单位或个人
2017年度国家舞台艺术精品创作扶持工程	婺剧《宫锦袍》	重点扶持剧目	浙江婺剧团
2017年中国民族歌剧传承发展工程	民族歌剧《青春之歌》	重点扶持剧目	浙江歌舞剧院有限公司
国家艺术基金2017年度资助项目	婺剧《白兔记》	大型舞台剧和作品创作资助项目	浙江婺剧艺术研究院
	绍剧《蓝衫师爷》		浙江绍剧艺术研究院
	交响乐《社戏》		浙江交响乐团
	跨界融合作品《鼓舞大海》		舟山市艺术剧院
	话剧《甬商1938》		宁波市天然舞台文化发展有限公司
	群舞《奋楫者》	小型剧(节)目和作品创作资助项目	浙江歌舞剧院有限公司
	群舞《山哈女》		浙江音乐学院
	重奏曲《四季之春醒》		
	独奏曲《渔笛清幽》		
	独奏曲《侬》		
	独奏曲《山哈》		
	独奏曲《古巷深处》		
	室内乐《牧歌》		
	小戏曲《老村新路》		浙江台州乱弹剧团
	歌曲《看你的眼》		浙江歌舞剧院有限公司
	歌曲《情思》		
	歌曲《富春山居图》		
	歌曲《感谢有你》		
	朱贺镭	青年艺术创作人才资助项目	杭州滑稽艺术剧院演艺有限公司
	李珺		浙江音乐学院
	越剧《梁山伯与祝英台》欧洲美洲大洋洲巡演	传播交流推广资助项目	绍兴市演出有限公司
	“越乡越韵”越剧作品巡演		嵊州市越剧艺术保护传承中心
	交响乐《唐诗之路》巡演		浙江交响乐团
	舞剧《王羲之》巡演		浙江歌舞剧院有限公司
	十竹斋木版水印艺术作品展		杭州十竹斋艺术馆
	昆剧百讲“幽兰讲堂”		浙江京昆艺术中心
	“翰墨传承”书法作品展		平湖市陆维钊书画院
	古代戏曲编创人才培养	艺术人才培养资助项目	温州市艺术研究所

（省文化厅艺术处）

公共文化

【概况】 截至2017年底，全省建成县级以上文化馆101家、公共图书馆101家；县图书馆乡镇分馆894个、农村文化礼堂7916家；乡镇综合文化站、村级文化活动室已实现全覆盖。县级图书馆、县级文化馆、乡镇综合文化站平均面积分别达到了9094平方米、5916平方米和2689平方米。公共文化产品日益丰富，服务方式不断创新，服务效能不断提升，全省各地涌现了一大批在国内有影响力的公共文化服务示范地区和活动品牌。

【扎实推进公共文化服务“十百千”工程】 完成第一轮公共文化

服务重点县的考核验收。根据《第一轮公共文化服务重点县考核办法》，省文化厅会同省发改委、省新闻出版广电局、省体育局等有关部门组成4个考核组，对第一轮的12个重点县进行实地考核。经省政府同意，泰顺县、磐安县、龙游县、开化县、天台县、遂昌县，以及金华市金东区、婺城区，衢州市柯城区、衢江区，丽水市莲都区等11个县(市、区)基本完成两年提升计划建设任务，通过考核验收。庆元县两年提升计划重点项目建设进度慢，基本公共文化服务标准达标率较低，继续列入第二轮重点县建设名单。同时，要求验收通过的第一轮各重点县研究制定后续管理计划，提升公共文化服务效能，制定完善长效发展机制，并建立监督管理机制，加强第一轮重点县未完成重点项目的后续管理，确保项目顺利推进尽快完工。将未能如期完成建设任务的开化文化广场、天台县图书馆新馆、磐安县文化中心、泰顺县新三馆、衢州市衢江区博物馆(非遗馆)、丽水市莲都区非遗馆，以及未能正常开放的金华市金东区图书馆等项目列入后续重点管理项目。

做好第二轮重点县及公共文化服务薄弱乡村建设。制订印发了《公共文化服务"十百千"工程实施方案》，对"十百千"工作予以部署，确定了107个重点乡镇、1230个重点村作为建设对象，编印了《浙江省公共文化服务"十百千"工程工作手册》，将重点乡镇、重点村薄弱表现及提升目标编印成册，指导工作开展。9月省政府召开全省公共文化服务重点县工作会议，对列入第二轮重点县建设的温州市洞头区，绍兴市越城区、新昌县，金华市兰溪市，衢州市江山市、常山县、舟山市定海区，台州市仙居县，丽水市云和县、庆元县等10个县(市、区)进行了动员部署。会上，副省长成岳冲提了要求，省文化厅厅长金兴盛进行了部署，第二轮重点县表态发言。

链接：

浙江省人民政府召开全省公共文化服务重点县工作会议

9月7日下午，全省公共文化服务重点县工作会议在杭州召开。副省长成岳冲出席会议并讲话。省政府副秘书长李云林主持会议。省文化厅党组书记、厅长金兴盛，省财政厅副厅长金慧群出席会议并发言。省文化厅副厅长叶菁、副巡视员任群，省新闻出版广电局副局长王国富，省体育局副局长李华，第二轮10个重点县所在市政府分管领导，县(市、区)政府分管领导、财政局局长、文广新局局长，11个设区市文广新局局长，省政府办公厅、省文化厅、省财政厅等相关处室负责人参加会议。

成岳冲肯定了第一轮文化服务重点市县建设取得的成效。他要求，第二轮建设要积极借鉴第一轮建设的经验。一是抓建设规划。要坚持问题导向，根据当地实际情况，对照《浙江省基本公共文化服务标准》，厘清本行政区域内存在的文化短板弱项。二是抓文化设施。要以此为契机，推进一批文化设施建设。各级政府要在土地、资金等方面加强要素保障。三是抓服务提升。服务内容要贴近百姓，使公共文化服务更有针对性，不断增强老百姓的文化获得感。四是抓改革创新。要善于综合统筹，自上而下加大对重点文化工程的统筹协调。五是抓协同推进。要注意点面结合、上下贯通，在资源流动、人员流动、资金配置等方面上下贯通。

成岳冲强调，要落实好公共文化服务重点县的各项建设任务。一是组织要落实。成立一把手任组长的领导小组，真正起到领导推进落实的作用。二是投入要落实。要加强财政结构调整力度，支持公共文化服务重点县建设。要充分调动社会力量参与公共文化建设。三是责任要落实。要以时不我待的精神，以立说力行的态度，切实把公共文化服务重点县工作抓起来，以实际行动来做好公共文化服务重点县工作。

金兴盛在会上介绍了第一轮公共文化服务重点市县建设情况和第二轮重点县建设的基本思路，表示省文化厅将全力以赴推进省政府工作报告提出的公共文化服务"十百千"工程建设，推动提升项目落地，推动优质资源下沉，推动模式机制创新，推动人才队伍培养，推动工作效能督察。除10个重点县以外，还要推进107个重点乡镇和1230个重点村建设。

按照基本公共文化服务专项考核分以及图书馆、文化馆、博物馆、乡镇综合文化站建设等指标，遴选确定温州市洞头区，绍兴市新昌县等10个县(市、区)为第二轮公共文化服务重点县。会议还总结了第一轮公共文化服务重点市县工作经验，泰顺县、龙游县做了交流发言。

下发《关于加强第二轮公共文化服务重点县建设有关工作的通知》等文件，提出制定提升计划、强化主体责任、加强部门协作、加强考核监督等要求，督促各重点县切实做好基本公共文化服务标准化提升工作。截至12月底，10个重点县均以当地政府文件的形式发布《公共文化服务重点县建设两年提升计划（2017年9月—2019年7月）》。

【推动乡镇综合文化站效能提升】 制定出台政策性文件。9月，制定出台了《关于进一步加强乡镇（街道）综合文化站效能建设的实施意见》（以下简称《意见》），指出要以推动公共文化服务标准化、均等化、数字化、社会化、品牌化、效能化为抓手，规范基本建设、强化资源整合、创新管理机制，进一步提升文化站的服务效能。《意见》从基本设施、基本队伍、基本制度、基本服务等方面明确了乡镇（街道）综合文化站效能建设的任务，从加强组织领导、强化主体责任、落实保障经费、补齐发展短板等方面提出了保障措施。《意见》的出台，为乡镇（街道）综合文化站效能建设提出了目标，明确了任务。

制定出台乡镇综合文化站服务规范。省质量技术监督局批准发布《乡镇（街道）综合文化站服务规范》（以下简称《规范》）省级地方标准。《规范》规定了乡镇（街道）综合文化站公共文化服务的术语和定义、总体要求、服务条件、服务项目、服务规范、服务安全以及检查、评估等内容，对乡镇（街道）综合文化站的宣传教育、阵地服务、群众文体团队建设、辅导和培训服务、文体活动开展、文化遗产保护、文化市场管理和监督等服务项目，从要求、类型、内容、方式等方面进行了规范，为乡镇文化建设划出了底线，理清了服务清单，明确了服务要求。

召开乡镇综合文化站效能建设现场会。10月12日至13日，在龙游召开现场会，组织观摩龙游县文化站建设成果，总结各地在文化站建设中的成功经验和有效做法，深入分析当前文化站建设中存在的问题，研究部署当前和今后一段时间文化站服务效能提升工作。全省各市文广新局分管副局长、公共文化处处长、各县（市、区）文广新局分管局长、部分乡镇文化站长代表，及浙江图书馆、省文化馆负责人等150多人参会。会议总结了各地在提升文化站服务效能方面的重要举措、典型经验和工作成效。会议提出要建立健全文化站服务效能建设长效机制。加强过程管理，形成有效的监管机制；强化资源整合，形成共建共享合力；强化工作考核，形成正确工作导向；加强宣传交流，打造基层文化品牌。现场会的召开促进了全省各地乡镇文化工作交流，互相学习借鉴服务效能提升工作的好经验、好做法，开阔视野，取长补短，为加快构建现代公共文化服务体系，提升公共文化服务效能营造了浓厚氛围。

【加强公共文化示范创建】 推进公共文化服务体系示范区（项目）的创建工作。指导台州市创建第三批国家公共文化服务体系示范区。开展第三批公共文化服务体系示范项目创建工作中期督查，以公共文化服务体系示范项目创建标准为依据，对丽水、温州及省级示范项目创建单位进行中期督查，重点检查第三批示范项目创建单位创建工作推进情况，包括创建工作机制建设、创建标准达标、创建规划实施、制度设计研究进展、过程管理等情况。举办示范项目创建工作培训班，提升创建工作水平。引入竞争机制，部署示范区（项目）区域文化联系，精心策划示范区创建单位区域文化联动，加强公共文化建设领域的交流与合作，推广示范项目建设经验，展示示范创建成果，充分发挥示范区（项目）的辐射带动作用。开展浙江省文化强镇和文化示范村（社区）评选活动，评选出30个浙江省文化强镇、89个浙江省文化示范村（社区）。

推进农村文化礼堂建设。是年，全省建成农村文化礼堂1389个，完成年度任务139%。完成《2017浙江省农村文化礼堂服务供给菜单》编印和发放工作，菜单共有1698个2200多项，浙江省新增了教育、卫生、科技、农业等公共服务部门菜单。对全省公共文化资源按公益类、市场类、招标类3个类别编制服务菜单，供全省农村文化礼堂自主“点单”。同时整合基层业余文艺团队资源为文化礼堂送去多样性的文艺演出，丰富文化下乡服务资源。总结历年农村文化礼堂建设业务培训经验和成果，出版发行《浙江省农村文化礼堂建设培训实用教材》。

开展第六次县级以上公共图书馆评估定级工作。下发《浙江省文化厅关于开展第六次县级以上公共图书馆评估定级工作的通知》，制定全省图书馆评估定级实施方案，举办全省公共图书馆评估定级培训班。通过以评促建、以评促管、以评促用的方式，进一步提高了公共图书馆的服务效能和管理水平。全省95个公共图书馆报名参加评估定级工作。

【持续推进标准化建设】 加快推进公共文化服务标准化。全省初步构建起以省定标准为主体，地方标准为基础，行业标准和项目为补充的公共文化服务标准化体系。所有市县全部制定出台贯彻落实现代公共文化服务体系的实施意见，已经出台各类行业标准和项目标准190个，其中省级标准5个、市级标准23个，由质监部门发布的35个。

组织开展《浙江省关于加快构建现代公共文化服务体系的实施意见》文件督查工作。组织开展各地贯彻落实《浙江省基本公共文化服务标准（2015—2020年）》情况专项督查，各地完成情况良好，全省已逐步构建起较为完善的现代公共文化服务体系。全省89个县（市、区）中，54项指标全部达标的有34个，占38.2%；达标49项以上的有79个，即达标率在90%以上的县（市、区）占88.8%；达标49项以下的只有10个，占11.2%。

完善"浙江公共文化尺"。对《浙江省基本公共文化服务标准（2015—2020年）》进行细化，建立"浙江省基本公共文化服务标准化数据跟踪平台"，把省标的各项要求落实到平台中。通过对各地上报数据进行实时跟踪和计算，为全省各地文化行政主管部门提供一系列的考核数据参考平台。

【丰富公共文化产品供给】 持续开展文化惠民活动。全省联动开展送文化下乡、文化走亲等活动，持续推进"耕山播海"免费培训活动。全年全省送戏下乡2.16万场，送书下乡280万册次，送讲座展览5010场次，开展"文化走亲"活动1500场次。利用文化馆、文化广场、农村文化礼堂等场所，广泛开展形式多样、丰富多彩的群众性文化活动。

举办重大赛事活动。先后举办浙江省第九届曲艺新作大赛、唱响"好家风"浙江省新农村建设题材精品小戏专场展演暨群星奖优秀节目巡演、全省农村文化礼堂优秀文艺作品展演活动、全省新人新作音乐大赛、中国人民解放军建军90周年浙江省"军魂颂"书画展、浙江省第二十八届戏剧小品邀请赛、第十六届音乐新作演唱演奏大赛、浙江省第十一届排舞大赛等活动。

深入推进全民阅读活动。以4·23世界读书日、图书馆服务宣传周为契机，组织、协调全省各级公共图书馆开展"图书馆之夜"、阅读马拉松、阅读推广人计划、第十三届浙江省未成年人读书节等系列示范性活动。4月23日当天，全省有72家公共图书馆联动开展阅读马拉松活动，参加人数超过4000人，共举办各类图书馆活动641场。发布浙江省公共图书馆2016年度阅读报告。

【加强公共文化改革创新】 推动"三项试点"工作提质扩面。制定《关于推动"三项试点"提质扩面建设公共文化服务示范地区的意见》（浙文公共〔2017〕9号），着力构建具有浙江特色、引领现代公共文化服务体系发展方向的发展模式。一是健全"浙江公共文化"标准体系。围绕公共文化服务均等化，制定公共文化设施建设、图书馆服务、文化馆服务、文化产品的生产和提供、文化团队建设和管理等标准，形成条线标准和综合标准相结合、省级标准和市县标准相结合的标准体系格局。通过标准的推广、规范和评价，提升公共文化服务的一体化水平。二是推进法人治理结构改革。推广浙江图书馆和温州市图书馆的改革经验，推动县级以上公共文化机构开展法人治理结构改革，提升文化事业单位的服务效益和效能。全省已有155家文化事业单位建立法人治理结构，建构了新型组织架构，理清了权责关系清单，完善了治理运行制度。

开展文化馆图书馆乡镇分馆建设。制定下发《关于推进县级文化馆图书馆总分馆制建设的实施意见》（浙文公共〔2017〕26号）推动具备条件的地区因地制宜建设县级文化馆为中心的总分馆制，着力构建设施成网、资源共享、上下联通、服务优质的文化馆、图书馆总分馆制。通过分馆把优质公共文化服务延伸到基层农村，增加公共文化产品和服务供给，为更好地满足广大群众基本文化需求创造良好条件，提供有力保障。全省已建图书馆乡镇分馆894个，文化馆乡镇分馆312个。

推动公共数字文化服务。充分整合文化信息资源共享工程、数字图书馆推广工程、公共电子阅览室建设计划等资源，进一步构建覆盖城乡的公共数字文化服务网络，加快推进数字图书馆建设。完成浙江省公共数字文化网站改版和戏曲动漫网站建设。实施文化共享工程进农村文化礼堂计划。建设浙江省农村文化礼堂数字文化服务网站并上线提供服务。"浙江网络图书馆"年访问量1033.9万次,"浙江文化通"客户端年下载安装量2.5万个,安装总量达14.5万个,年用户访问量达350.7万余次,访问总量达1036.7万次。

配合省人大制定出台《浙江省公共文化服务保障条例》。11月30日,省人大常委会审议通过《浙江省公共文化服务保障条例》,将于2018年3月1日起正式施行。下发《关于学习宣传贯彻〈浙江省公共文化服务保障条例〉的通知》,要求各级文化行政部门通过举办专题培训班、召开主题报告会等形式,推动保障条例精神的学习、宣传,切实提高各个层面、相关行业文化从业人员的学法、用法、守法意识。

【提升公共文化队伍服务水平】 指导基层完善公共文化从业人员招聘工作。对各地贯彻落实《浙江省人力资源和社会保障厅关于基层文化事业单位公开招聘有关问题的复函》情况进行分析,形成调研报告。为解决当前基层文化员队伍存在"不足、不专、不稳"的问题,会同省委宣传部、省教育厅、省财政厅、省人力资源和社会保障厅共同发出《关于开展定向培养乡镇文化员试点工作的通知》,试点面向浙江省经济发展地区分类中的一类地区,以及二类地区一档的44个县(市、区),是年首批计划培养音乐类和影视表演类共50名乡镇文化员,实际招收39名。

加强基层文化队伍培训工作。利用浙江艺术职业学院培训基地,举办全省图书馆长、文化馆长、农村文化礼堂业务建设乡镇文化站长、公共文化重点乡镇文化站长、科长等10期培训班,着力提升基层文化干部业务水平。同时,省市县镇四级联动,分批次开展培训工作,提升基层文化队伍素质,为基层公共文化建设提供人才保障。

(汪仕龙)

图书馆事业

【概况】 截至2017年底,全省有县以上公共图书馆101个,其中省级馆1个、市级馆14个(包括市级少儿馆3个),县级馆86个。是年,全省公共图书馆财政拨款12.41亿元;总藏量7812万册,人均藏书1.38册;外借册次6982万册;总流通人次1.08亿;人均购书经费3.48元;全省公共图书馆总建筑面积108万平方米,平均建筑面积约10693平方米。全省各级文化行政部门和公共图书馆广泛开展了送书下乡活动。全年全省送书下乡280万册,送讲座、展览下乡5010多场。

【开创阅读产品供给新场景】 借助互联网和物联网技术,打造"U书"快借线上借阅平台,面向全省读者推出"U书"快递服务,在全国首次实现省域范围内的"你选书,我买单",开创性融合了网上书店+现代物流+图书馆服务的全新应用场景,丰富了阅读产品供给新模式。自4月"U书"快借服务开展以来,全年下单8514人次,外借图书3.4万余册(含续借),借书读者覆盖全省所有地区。

【推进全民阅读工作】 浙江图书馆在继续联合全省各级公共图书馆举办"图书馆之夜"、发布全省公共图书馆阅读报告等活动的基础上,还首次联动全省65家公共图书馆举办"阅读马拉松挑战赛",全省3000多名读者在同一时间共读一本书。与浙江新闻客户端、杭州地铁运营分公司合作,开展彩虹路读人计划,开通"彩虹悦读在浙里"阅读专列,举办4期不同主题的线下读书分享会,《人民日报》《浙江日报》等众多媒体报道了活动的有关信息。

【推进信息服务工作】 向省委办公厅提供对策类报告2份,信息专报748期;为中国—中东欧国家文化合作部长论坛、文化部大运河文化带建设专题座谈会等重大项目提供信息服务;为省委、省政府资源平台提供《关注长三角》5981篇,《文化透视》2605篇。做好人大、政协两个履职平台的日常服务工作,为省人大代表履职平台各栏目提供信息资料652期(篇),为省政协履职服务综合平台各栏目提供信息资料602期(篇);与浙江省科技信息研究院建立文献平台创新服务合作,完成2017年度文献平台创新服务项目申报书,利用科技信息共建共享平台服务用户。

【创新服务手段】 深入实施"互联网+"行动计划,实现支付宝办证升级和卡券功能,方便读者使用二维码读者证进入支付宝服务大厅。实现停车费和自助办证机的移动支付。实现芝麻信用线下办证、芝麻信用用户年检。实现OA系统与短信平台对接、联合目录与第三方系统对接、自助文印系统与官网个人中心对接。推出浙江图书馆App苹果版等。

【推进特殊群体服务】 举办“第十三届浙江省未成年人读书节”，以“感受语言魅力，向国学经典致敬”为主题开展各类活动1200多场，近100万人参与。继续实施“书香传家，阅读继世”浙江图书馆“60+”阅读计划，开展晨读会等多形式活动50多场，老年读者累计参与480多人次。继续举办“数字时代 我们一起前行——老年人信息素养提升活动”。继续丰富视障读者活动的内容和形式，在第34个国际盲人节举办“同心筑梦 智启未来”浙江省2017年国际盲人节主题公益活动，进一步丰富特殊群体的针对性服务，首家针对特殊群体的“浙江图书馆康复中心分馆”落成开放。

（黄志宁）

非物质文化遗产保护

【概况】 2017年，全省非物质文化遗产保护工作以党的十九大和省第十四次党代会精神为指引，深入贯彻习近平中国特色社会主义思想，围绕中办、国办《关于实施中华优秀传统文化传承发展工程的意见》，认真组织实施非遗“十三五”规划，取得了积极成效。

【开展传承发展优秀传统文化具体实践】 围绕贯彻实施两办文件精神，开展了传承发展优秀传统文化的具体实践。

召开非遗保护工作创新发展现场推进会。在海宁召开2017年度浙江省非物质文化遗产保护工作创新发展现场推进会，学习贯彻中共中央办公厅、国务院办公厅《关于实施中华优秀传统文化传承发展工程的意见》精神，总结2016年我省非遗工作，分析非遗保护形势，部署实施《浙江省非物质文化遗产保护发展“十三五”规划》，具体落实2017我省非遗保护事业创新发展各项任务，以创造性转化和创新性发展为指针，全面推进非遗保护发展工作。会议交流推广了部分市县经验做法，选录全省80个案例编印《浙江省非物质文化遗产保护发展创新案例选编》。

举办第四届中国非物质文化遗产保护（德清）论坛。为贯彻习近平总书记系列重要讲话和中央文件精神，加强对传统文化传承发展经验的系统总结和理论阐释，加强对非遗保护传承的前瞻性、针对性政策、措施的研究、探讨，交流经验、推动实践，联合中国文化报社、湖州市人民政府共同主办举办以“传统文化与精神家园”为主题的第四届中国非物质文化遗产保护（德清）论坛。会上，与会专家学者紧扣论坛主题进行了深入广泛的研讨与交流。与会代表经过认真研讨，达成了“共建共享精神家园”五点共识。论坛开幕式上还对“传统文化与精神家园”征文活动的获奖者进行了表彰。

推进文化生态保护区建设。贯彻国家级文化生态保护实验区建设工作座谈会精神，在景宁召开全省文化生态保护区建设工作推进会，讨论文化生态保护区建设路径，推广有效做法，交流文化生态保护区建设经验及遇到的困难问题，探讨文化生态区的文化形态、文化生态保护区对非遗整体性保护的必要性和重要性、建设主体和建设方式，研究部署我省文化生态保护区建设的任务和重点工作。配合做好由中国非物质文化遗产保护中心组织的评估组对我省象山国家级海洋渔文化生态保护实验区进行第三方评估的相关工作，并在文化部的全国会议上做交流发言。

完善非遗保护管理机制。夯实保护成果，切实做好第五批省遗项目的保护、传承、传播、弘扬，部署实施第五批省级非物质文化遗产代表性项目“八个一”保护措施，同时开展前四批省非遗项目“八个一”保护措施落实情况检查，评估成效，加强管理，促进保护工作落到实处，进一步提高传承能力。研究制订《浙江省非物质文化遗产代表性项目管理办法》，加强省级非遗项目的科学规范管理。探索全省非遗保护工作绩效评估机制。在浙江非遗统计数据年报的基础上，编制完成《浙江省非物质文化遗产保护发展指数评估指标数据（2016年度）》，并向市文化部门公开发布。

参与大运河文化带（浙江）建设规划调研。根据省统一部署，组织开展大运河文化带（浙江）建设“大运河文化旅游产业融合发展研究”课题研究，召开专家论证会对研究报告进行专题论证。参与《大运河文化带（浙江）建设规划纲要》编写工作。

推进省非物质文化遗产馆建

设。启动省非物质文化遗产馆藏品征集工作，研究出台《浙江省非物质文化遗产馆（筹）藏品征集工作管理办法（试行）》，加强和规范非遗馆藏品的征集活动管理。开展首批藏品征集工作，举办捐赠作品捐赠仪式，对捐赠者进行隆重表彰。

协助开展方言竞赛活动。作为支持单位，发动各地文化行政部门协助浙江人民广播电台城市之声举办"爱上浙江话、方言向前冲"大型方言竞赛活动，传承弘扬优秀传统文化，展示传播浙江各地丰富多彩的方言文化。

【开展新一轮项目保护工作】 围绕完善名录体系，开展新一轮项目保护工作。

开展第五批省级非遗代表性传承人评审。为加强全省非物质文化遗产传承人队伍建设，完善名录体系建设，有效保护和传承非物质文化遗产，根据《中华人民共和国非物质文化遗产法》和《浙江省非物质文化遗产保护条例》的规定，组织评定第五批省级非物质文化遗产代表性项目代表性传承人工作，受非遗司委托开展代表性传承人认定工作调研。探索传承人动态管理机制，不断提升服务水平。

扎实推进非物质文化遗产代表性传承人的抢救性记录工作。完成浙江省第一批国家级非遗代表性传承人抢救性记录验收通查，推进第二、三批国家级代表性传承人抢救性记录工作。推动非遗传承人抢救性记录的资源进行成果转化，着手编撰《浙江省国家级非物质文化遗产代表性传承人口述史丛书》。建设浙江省国家级非遗传承人抢救性记录数据库，为开展非遗保护研究等提供数据支撑。

指导相关社区开展"二十四节气"项目保护活动。利用"二十四节气"入选人类非遗代表性项目有利契机，指导台州三门、衢州柯城、丽水遂昌、杭州拱墅开展新一轮的非遗传统民俗活动，引起了广泛的社会关注，有力地推动了传统文化的保护传承。如衢州柯城举行九华立春祭系列活动，成立中国立春文化研究中心；杭州市拱墅区在第六届"半山立夏节"活动当日，牵头并联合河南登封市、广西天等、贵州石阡等全国10个代表地区，成立人类非遗"二十四节气"保护联盟，发布保护公约，提出保护倡议。加强"二十四节气"保护成果宣传。在第九届省非遗博览会上开设"二十四节气生活馆"；8月，组织4个项目保护地参加中国农业博物馆举办的"人与自然相处的智慧——二十四节气专题展"，展示浙江省非遗项目保护成果。

【开展振兴传统工艺系列活动】 围绕实施《中国传统工艺振兴计划》，开展了振兴传统工艺的系列活动。

做好《中国传统工艺振兴计划》宣传工作。大力营造《中国传统工艺振兴计划》贯彻实施的良好社会舆论环境和工作氛围，从强化媒体报道宣传和强化非遗品牌节会传播两个方面做出具体安排。联合中国文化报社开展"走进非遗第一线"中央媒体浙江行采风活动，邀请中央电视台、《人民日报》、新华社、《光明日报》、《经济日报》、《中国文化报》等中央媒体记者到浙江进行为期5天的专题采访与宣传报道。采风团先后赴杭州、桐乡、东阳、乐清等地开展采访活动，通过召开座谈会、采访非遗代表性传承人、参观非遗场所等形式，深入一线，聚焦实践，关注杭州铜雕、桐乡蓝印花布、东阳木雕、乐清黄杨木雕等有浙江特色的代表性项目，集中采访报道浙江省"振兴传统工艺"相关情况，浙江电视台6频道还邀请部分非遗代表性传承人，开设了电视系列访谈专题。同时在《浙江文化》（月刊）开设"文化局长谈振兴"专栏，共商浙江传统工艺振兴。

研究出台传统工艺振兴措施。根据文化部等三部门《中国传统工艺振兴计划》，会同省经信委、省财政厅，共同启动浙江省振兴传统工艺调研工作，重点对非遗生产性保护基地建设、非遗主题小镇建设、浙江非遗传承人群培训等工作进行总结分析，积极探索符合浙江实际的传统工艺振兴模式。在征求省有关部门、各市政府意见基础上，制定出台《浙江省贯彻落实〈中国传统工艺振兴计划〉实施意见》，采取切实有效的传承发展措施，推动传统工艺振兴。认真做好浙江省第一批国家传统工艺振兴项目推荐工作。

加强生产性保护。探索丰富浙江传统工艺保护实践，加强非遗生产性保护基地建设，推动传统工艺工作站（试点）建设。积极指导东阳市人民政府与中央美术学院探索建立"中央美术学院驻东阳传统工艺工作站"，推动"中央美术学院驻浙江东阳传统工艺工作站"挂牌成立。东阳工作站是在国务院办公厅转发《中国传统工艺振兴计划》的背景下，文化部支持建设的国内第七个传统工艺工作站，将搭建学术研讨和交流平台，开展研习实验，解决具体问题，努力提升民居营造的技艺水平，探索乡村规划实践与传统民居营造相结合的新思路、新办法，把传统民居营造与美丽乡村、特色小镇、传统村落保护等工作紧密结合起来。向文化部申请在杭州市拱墅区建设“城市非遗工作站”，积极为传统工艺工作站在城市区域的建设探索路径、提供实践经验。

培育非遗主题小镇。充分调动各地发掘保护历史文化资源的积极性，合理利用非遗资源助推区域经济社会发展，努力为全省特色小镇建设服务。会同省旅游局组织开展第四批浙江省非物质文化遗产旅游景区申报和认定工作。

组织开展系列宣传展示活动。整合非遗衍生产品创意设计资源，促进传统艺术品、非遗产品的创意开发利用，让传统文化走入百姓生活，在第12届中国（义乌）文化产品交易会开设3000平方米的“浙江非遗衍生品生活主题馆”，呈现了“传统元素的现代表达”的概念，100名非遗传承人带着55个国家级和省级非遗项目亮相。为庆祝香港回归20周年，省文化厅组团赴香港举办“根与魂——忆江南·浙江省非物质文化遗产展”。展览以场景还原的方式，再现江南人家的日常生活形态。展示活动加强了内地与港澳地区非遗领域的交流合作、促进了当地非遗保护与传承。

实施2017年非遗传承人群研培工作。召开浙江省非物质文化遗产传承人群研培工作座谈会，总结2016年全省非遗传承人群研培成效，部署推进2017年研培工作。中国美院、浙江师范大学、浙江理工大学和浙江艺术职业学院等4所高校承办“中国非遗传承人群研修研习培训计划”4个研修班、7个培训班。同时，还举办了4个不同方向的省本级非遗传承人群培训班。做好民俗类非遗项目研培试点工作。按照《关于实施中华优秀传统文化传承发展工程的意见》提出的“实施中国传统节日振兴工程，丰富春节、元宵、清明、端午、七夕、中秋、重阳等传统节日文化内涵，形成新的节日习俗”相关精神，利用北师大民俗学专业学科优势，结合松阳县文化资源优势，在松阳举办文化部、教育部中青年非物质文化遗产传承人传统节日仪式研讨班。此次研讨班是中国非遗传承人群研培计划首次关于民俗的试点培训，通过理论与实践相结合的研修研习活动，探索民俗类项目传承人群研培工作，促进当地非遗项目的保护、传承和弘扬。此外，还开展了传承人群研培回访。

举办“青出于蓝”传统染织技艺桐乡论坛。贯彻落实《中国传统工艺振兴计划》精神，加快探索传统工艺融入现代生活，积极推进传统染织技艺的振兴，丰富和强化非物质文化遗产传统技艺项目的生产性保护，举办以“振兴传统工艺，展现生活智慧”为主题的“青出于蓝”传统染织技艺桐乡论坛，交流研讨振兴传统工艺的新思路。

【开展广泛的非遗宣传展示活动】

围绕弘扬优秀传统文化主题，开展了广泛的非遗宣传展示活动。

举办2017“文化和自然遗产日”浙江省主场城市（杭州）活动。为进一步弘扬优秀传统文化，在全社会形成良好的传统文化保护氛围，在杭州拱墅区运河广场启动以“非遗保护——传承发展的生动实践”和“文化遗产与一带一路”为主题的2017“文化和自然遗产日”浙江省主场城市（杭州·拱墅）活动。副省长成岳冲等领导出席开幕式，通过举办开幕式文艺演出、文化遗产集市、公益鉴宝、非遗展览、文物及非遗讲座、文化遗产保护法律法规咨询等一系列活动，进一步增强全社会文化遗产保护意识，构建起以政府为主、全社会共同参与的文化遗产保护新格局。

举行浙江省非物质文化遗产文献馆开馆暨保护文献成果展。与杭州市拱墅区合作建立浙江省非物质文化遗产文献馆，收集保存非物质文化遗产文献及其他编撰成果。举办浙江省非物质文化遗产保护文献征集展示活动，全面检阅和宣传展示浙江非物质文化遗产文献成果，并为省非物质文化遗产文献馆馆藏积累文献资料。推进非物质文化遗产图书编辑出版，联合省新闻出版广电局举办浙江省非物质文化遗产“十佳百优”图书评选活动。在“文化和自然遗产日”当天举行了浙江省非物质文化遗产文献馆开馆暨保护文献成果展开幕仪式，并对本次征集过程中评选出来的“十佳”非遗图书获奖者进行了表彰颁奖。

举办非遗博览会。以第3届中国—中东欧国家文化合作部长论坛和文化季活动在杭州举办为契机，举办第九届浙江·中国非物质文化遗产博览会，全面展示浙江非遗保护成果，扩大浙江非遗的国际知名度和影响力。本届博览会以"非遗让生活更美好"为主题，以"传承发展优秀传统文化""振兴传统工艺"为目标，以"三馆二区一论坛一竞赛"为主线，来自全国27个省、市、自治区的近400位非遗传承人、相关从业人员携280个非遗项目(衍生品牌)的作品、产品、衍生品参加展示、展演、展销、研讨及竞技比赛等活动。在杭州拱墅区手工艺活态展示馆举行第二届"大匠至心"传统工艺振兴杭州(大运河)论坛暨"竹韵新声"传统竹制技艺拱墅沙龙。

开展"非遗薪传"浙江传统音乐展演展评系列活动。进一步推进浙江省传统音乐类项目的传承保护与发展，组织开展"非遗薪传"浙江传统音乐展演展评系列活动，包括浙江传统音乐类节目评选，传统音乐(器乐、声乐场)展演，浙江传统音乐展演展评活动颁奖，综合场展演，浙江传统音乐理论研究征文评奖、研讨、讲座等一系列活动。

组队参加各类全国性非遗展会。积极组织木拱桥传统营造技艺、西湖蒋村龙舟、越剧、杭州铜雕、龙泉青瓷、永康锡雕、乐清黄杨木雕、乐清细纹刻纸、余杭清水丝绵制作技艺、姚梦兰中医内科等20多个非遗项目参加第六届中国成都国际非物质文化遗产节(四川成都)、第三届中国非物质文化遗产传统技艺大展(安徽黄山)、第二届长江非物质文化遗产大展(湖北武汉)、海上丝绸之路非物质文化遗产大展(福建泉州)等非遗展会活动，充分展示浙江非遗项目风采和保护传承成果。

开展"喜迎十九大·文脉颂中华"非遗大型网络传播活动。根据文化部、中央网信办部署要求，在全省文化系统组织开展"喜迎十九大·文脉颂中华"非遗大型网络传播活动，围绕活动主题，突出宣传重点，组织发动网络媒体、新媒体，通过多种形式，运用多种手段，开展宣传报道，为迎接党的十九大胜利召开营造了浓厚的文化氛围。

【启动保护振兴浙江曲艺系列活动】 围绕曲艺类非遗项目保护，启动了保护振兴浙江曲艺系列活动。

为培育曲艺创演人才，激发曲艺创演活力，推动曲艺繁荣发展，启动浙江曲艺保护振兴系列活动。联合中国艺术研究院曲艺研究所、中国说唱文艺学会主办首届"中国浙江·全国曲艺传承发展论坛及观摩交流展演"暨"中国浙江(杭州)·全国曲艺大书(评书评话)传承发展论坛及观摩交流展演"。组织全国范围内具有代表性的老中青三代评书评话艺术家进行"名家示范""新秀展示""浙江新人""传承中坚"4个专场交流演出；举办"振兴浙江曲艺"启动仪式，表彰曲艺专家，发布振兴浙江曲艺倡议书，组织浙江曲艺专场展演，进行科研教学基地授牌以及进校园、社区(企业)、农村文化礼堂浙江曲艺"三进"授旗等；举办中国浙江(杭州)·全国曲艺大书(评书评话)传承发展论坛，邀请专家学者和评书评话保护项目非遗机构负责人，交流研讨曲艺大书(评书评话)的传承发展之计，在全国曲艺界引起较大反响。在全省各地开展曲艺进校园、社区(企业)、农村文化礼堂"三进"活动。组织所有曲艺类省级非遗项目开展专题会演，全面展示项目保护现状，召开座谈会交流曲艺项目保护振兴大计。

【开展传统戏剧保护发展成果展示展演系列活动】 围绕传统戏剧保护，组织开展了保护发展成果展示展演系列活动。

深化传统戏剧保护振兴。组织开展第四批"浙江省传统戏剧之乡"评审和命名工作，实现全省非遗名录传统戏剧项目全覆盖。深入实施传统戏剧保护"五个一百"工作，全面总结浙江传统戏剧保护成果经验并举办成果展，举办"喜迎十九大·文脉颂中华"浙江省非物质文化遗产传统戏剧项目保护发展成果展示展演系列活动。通过举办传统戏剧项目保护发展成果展、召开传统戏剧项目保护座谈会、举行第四批浙江省传统戏剧之乡授牌仪式暨2017"浙江好腔调"传统戏剧保护成果展演活动等，立体展现了3年来我省58个传统戏剧保护发展成果。

开展濒危剧种守护行动。深入推进濒危戏剧师带徒活动，继续整理复排一批濒危剧种传统剧目，进一步改善地方戏剧濒危项目生存状况。

【开展春节传统文化活动】 围绕传统节日保护，开展了丰富多彩的春节传统文化活动。

推出一系列春节传统文化活动。杭州市拱墅区等26个省“春节文化特色地区”组织开展相应的传统文化活动。编制发布“最美中国年·浙江年俗”体验导游图,联合媒体开展“最美中国年·浙江年俗”寻访走访采访活动,多渠道展示丰富多彩的传统文化。继续开展传统戏剧进乡村、进企业、进学校等活动。春节期间,全省各地开展传统文化活动达530多项。

举办“安吉杯”非遗微视频作品大赛。为全面展示“最美中国年·浙江年俗”的独特魅力,唤起民众参与传统节庆文化活动的热情,举办了“安吉杯”最美中国年·浙江年俗2017年春节非遗微视频作品大赛。本次大赛共收到参赛视频66个,涵盖了全省40个省级以上非遗项目,总时长达270分钟。活动微视频手机点播量达90万次,参与投票群众27万余人。在专家组评审和广大网民投票的基础上,共评出金奖3个,银奖5个,铜奖10个,网络人气奖10个,入围奖38个。

组织开展第十个传承人服务月活动。牢固树立以人为核心的保护理念,继续开展“服务传承人月”活动,主要包括对传承人进行一次走访慰问,发放一笔传承人政府补贴,召开一次传承人座谈会,组织一次传承人体检活动和一次专题采访报道,举办一次传承人技艺展示活动,落实一项传承传习措施,制订一年传习活动计划,并在服务内容、服务方式、服务手段上积极创新,探索切实可行、形式多样的传承保护办法。第十个“服务传承人月”期间,全省各级文化部门走访看望省级以上代表性传承人554位,发放传承补贴419.3万元。

【加快非遗成果编纂进程】 围绕推动学术理论研究,加快非遗成果编纂进程。

加快非遗志书编纂。加快《浙江通志·非遗卷》编纂工作,确保完成编纂任务;配合做好《浙江通志·运河卷》(民俗部分)编纂。

推进丛书编撰。召开第四批国遗项目书稿编纂指导会,进一步统一编纂体例,完善编写内容,提高编纂出版质量。已完成前三批187个项目编撰工作,着手组织第四批国遗30个项目初稿的撰写。

【加强队伍建设】 坚持党建、业务“两手抓”“两促进”,在文化遗产日、非遗博览会、全省戏剧成果展览展演等重大活动中,发挥党员先锋作用。举办全省非遗处长、中心主任培训班,学习贯彻党的十九大精神,开展非遗岗位业务培训,提升非遗干部岗位技能。

链接:

2017年浙江省非物质文化遗产保护工作十件大事

一、《贯彻落实中国传统工艺振兴计划的实施意见》由浙江省文化厅、省经信委、省财政厅共同制订并发布。在文化部非遗司支持指导下,浙江各地相继开展传统工艺“传承人对话”系列活动。7月,传承人对话设计师:青出于蓝·传统染织技艺论坛在桐乡举行。9月,“大匠至心”传统工艺振兴杭州(大运河)论坛暨传统竹制技艺对话活动在拱墅举行。12月13日,经省政府同意,省文化厅、省经信委、省财政厅联合印发《贯彻落实中国传统工艺振兴计划的实施意见》。

二、首届中国浙江·全国曲艺传承发展论坛及观摩交流展演活动在杭州举行。5月11日至16日,首届中国浙江·全国曲艺传承发展论坛及观摩交流展演暨中国浙江(杭州)·全国曲艺大书(评书评话)传承发展论坛及观摩交流展演活动在杭州举行,“浙江曲艺振兴计划”同时启动。中国艺术研究院院长、中国非物质文化遗产保护中心主任连辑,浙江省文化厅党组副书记、副厅长陈瑶,副巡视员任群等领导出席并讲话。

三、浙江省非物质文化遗产文献馆在大运河畔开馆。6月10日,2017年“文化和自然遗产日”浙江系列活动在杭州市运河文化广场举行,成岳冲副省长等领导出席并为第五批浙江省非物质文化遗产名录项目保护单位代表授牌,省文化厅厅长金兴盛出席并讲话。与此同时,举行浙江省非物质文化遗产文献馆开馆仪式暨首届浙江省非物质文化遗产“十佳百优”图书评选、展览活动。

四、第九届浙江·中国非物质文化遗产博览会在杭州白马湖国际会展中心举行。9月21日,第九届浙江·中国非物质文化遗产博览会开幕式在杭州白马湖国际会展中心开幕。文化部部长雒树刚,省委常委、省委宣传部部长葛慧君、文化部非遗司司长陈通等领导在省文化厅厅长金兴盛陪同下参观展览。来自国内27个省、市、自治区280个参展项目的400多位非遗代表性传承人参展参演。

五、文化部指导支持的中央美术学院驻浙江东阳传统工艺工作站挂牌成立。9月23日，文化部指导支持的中央美术学院驻浙江东阳传统工艺工作站建站工作会议暨揭牌仪式在东阳举行。文化部非遗司司长陈通，中央美术学院党委副书记王少军，浙江省文化厅党组副书记、副厅长陈瑶等领导出席并为传统工艺工作站揭牌。该工作站是文化部支持设立的国内第七家国家级传统工艺工作站。

六、"好戏浙江"非物质文化遗产传统戏剧保护成果展（2014—2017）在金华中国婺剧院举行。在省委、省政府的高度重视下，我省传统戏剧保护取得丰硕成果。10月至11月，浙江省非物质文化遗产传统戏剧保护成果展（2014—2017）在金华中国婺剧院举行，同时举行浙江省传统戏剧保护工作座谈会和第四批浙江省传统戏剧之乡授牌仪式暨"浙江好腔调"传统戏剧专场。

七、浙江省非物质文化遗产代表性传承人作品捐赠仪式在省人民大会堂举行。11月23日，我省非物质文化遗产代表性传承人的38件精品力作捐赠仪式在省人民大会堂举行。浙江省委常委、宣传部部长葛慧君出席，并为徐朝兴、陆光正、嵇锡贵等26位非物质文化遗产项目代表性传承人颁证。

八、"优秀传统文化传承发展工程"列为省委、省政府文化浙江建设重点工程之一。12月9日，浙江省委、省政府《关于推进文化浙江建设的意见》提出，今后5年，重点实施文化浙江十大工程，"优秀传统文化传承发展工程"被列为"文化浙江建设十大工程"的第三大工程，提出要扎实推进非物质文化遗产保护传承，开展非遗名录项目保护、非遗传承人群研培等工作。

九、王淼荣获第四届"CSR中国文化奖·杰出贡献人物奖"。12月20日，由人民日报社《国家人文历史》杂志社主办的2017年度第四届"CSR中国文化奖"颁奖盛典在北京举行，浙江省文化厅非遗处调研员王淼同志获得"杰出贡献人物奖"。

十、浙江省第五批非物质文化遗产代表性传承人名单公布。12月29日，浙江省文化厅发文公布第五批省级非物质文化遗产代表性项目代表性传承人名单，共279人。全省传承人队伍建设得到了大力加强，省级代表性传承人总数达到1110人，与省级非物质文化遗产名录项目数量比达到103.2%。

（薛　建）

文化市场管理

【概况】 2017年，全省文化市场管理工作以习近平总书记系列重要讲话精神为指引，深入贯彻党的十八大和十八届三中、四中、五中、六中全会精神，围绕中心，服务大局，在深化综合执法改革，健全市场监管体系，完善行业管理政策，提升审批执法效能等方面创造新业绩、寻求新突破，推动文化市场转型升级、繁荣有序，营造文化发展良好环境，为党的十九大胜利召开做出了应有贡献。

【重点保障任务圆满完成】 认真贯彻中央的决策部署，紧紧围绕为党的十九大营造良好文化氛围这个中心任务，以高度的政治责任感和大局意识，扎实深入地做好文化市场安全保障工作，严把审批关口、严格市场监管，取得了良好成效。

各地文化行政部门和文化市场综合执法机构按照省委、省政府"平安护航十九大大会战"和省文化厅"文化市场保障十九大百日攻坚行动"的总体部署，充分借鉴2016年护航G20的成功经验，坚持"全覆盖、零容忍、严执法、重实效"的要求，以决战决胜、舍我其谁的姿态全力以赴做好十九大服务保障工作。力度再加大，全省执法队伍全员在岗，下沉一线，加大对网络直播表演、农村大篷车演出、网吧接纳未成年人、KTV违规曲目等重点领域的查处力度，省文化厅组织督查组先后赴40多个县（市、区）进行督查，省文化厅厅长金兴盛、副厅长黄健全多次带队明察暗访，将暗访督查常态化。措施再加码，在全省明确保障党的十九大专项行动期间，行政处罚采用自由裁量范围内的上限顶格处置违法违规行为，实行24小时值班备勤和日报告制度，省文化厅每天汇总发布日报告表和日报告信息。责任再落实，以文化内容安全、文化场所安全、文化活动安全、其他文化市场主体安全为目标，牢固筑起党的十九大文化安全保障的铜墙铁壁。特别是坚决守住安全生产这条底线，以问题导向查漏补缺，加强对各类公众文化聚集场所、大型文化演艺活动等的排查，堵塞安全漏洞。据统计，8月17日至10月31日，全省文化市场综合执法机构共检查经营场所72594家次，发现违规1478家次，处理举报(督查)348件;行政处罚立案调查1164件，办结案件1354件，警告931家次，罚款3732757元，停业整顿28家次，吊销许可证3家次，没收非法所得51445.88元，没收违法物品303157个，查处重大案件11起，移交案件15起。

【综合执法改革深入推进】 根据《中央办公厅 国务院办公厅关于进一步深化文化市场综合执法改革的意见》(中办发〔2016〕20号)精神，5月19日，浙江省委办公厅、省政府办公厅发文重新组建了浙江省文化市场管理工作领导小组及其办公室。6月6日，省委办公厅、省政府办公厅《关于进一步深化文化市场综合执法改革的实施意见(送审稿)》经省委深化文化体制改革专项小组(扩大)会议审议通过。10月10日，省委办公厅、省政府办公厅《关于进一步深化文化市场综合执法改革的实施意见》(浙委办发〔2017〕83号)正式发布，明确了浙江省进一步深化文化市场综合执法改革的目标、任务和路径，为全省持续强化文化市场管理奠定了政策基础。

全国深化文化市场综合执法改革工作视频会议召开后，浙江省以“2017年底基本完成改革任务”为目标，倒排时间表，分解改革任务，落实责任单位。省文化市场管理工作领导小组办公室下发了《关于加快推进我省文化市场综合执法改革的通知》，明确要求各地狠抓责任落实和政策落地，严格按照既定的时间表于12月底前基本完成各项改革任务。各级文化市场执法机构健全，工作和能力建设经费均列入同级政府财政预算，执法人员基本纳入参公管理。

【文化市场监管扎实有力】 执法办案成效显著。案件办理数量大、质量高。据统计，2016年11月1日至2017年10月31日，全省文化市场综合执法机构行政处罚立案调查3257件，办结案件3267件，警告2065家次，罚款14161050元，停业整顿115家次，吊销许可证20家次，没收非法所得270817.40元，没收违法物品428377个，查处重大案件57起，移送公安案件49起。2015—2017年度全国文化市场综合执法优秀案卷评查中，浙江有4个案卷获得了文化部的奖项，其中“十佳案卷”1个、“优秀案卷”2个、“规范案卷”1个，位居全国前列;2016—2017年度全国文化市场十大案件和重大案件评选中，有5个案件被评为了文化部的重大案件，位居全国前列。日常检查力度明显加大。2016年11月1日至2017年10月31日，日常巡查出动检查147234人次，同比增长7%，检查经营场所253409家次，同比增长13%。举报(督查)受理下降明显。据统计，2016年11月1日至2017年10月31日，举报(督查)受理1312件，同比下降15%，其中属实案件748件，同比下降13%。

网络监管成绩斐然。网络文化检查、办案数量大幅增长。据统计，2016年11月1日至2017年10月31日，全省文化市场综合执法机构检查网络文化企业9988家次，同比增长77.7%，发现违规158家次，同比增长143.1%;行政处罚立案调查114件，同比增长165.1%，办结案件91件，同比增长127.5%，罚款701600元，同比增长185.3%，没收非法所得98093.46元，同比增长8868.4%。组织两次全省网络表演企业集中排查。3月，组织对全省网络表演企业集中排查，发现正常运营企业35家，排查主播数量13306个、表演房间数量5797个。5月，组织对全省含网络表演的手机App和网站进行排查，排查手机App 205个，核实从事网络表演的手机App 34个。责令14家企业限期整改，行政约谈9家企业，督办案件39起;立案查处网络表演违法案件16件，罚款累计21万余元，并关停手机App 18个。组织棋牌类网络游戏排查办案。10月9日至13日，省文化厅组织对全省棋牌类网络游戏企业进行排查，从全省1467家持有《网络文化经营许可证》排查出运营棋牌类网络游戏的企业254家，并发现其中的108家企业存在涉嫌违规行为，全部列入案件督办清单，下发各地立案查处。坚决查处网络艺术品违规经营活动。在文化部指导支持下，省文化厅会同相关部门成功查办了温州瓯派文化艺术公司涉嫌利用书画宝平台从事违法犯罪活动的重大案件。下发《关于对网络艺术品经营单位经营内容进行核查的函》，要求各地按照属地管理的要求严格核查、严厉打击艺术品违规经营行为。承办三期以案施训活动和一期以案施训培训班。省文化厅牵头承办文化部文化市场司第十三期、第十四期、第十五期网络文化执法以案施训活动，并办理文化部市场司督办案件3起。成功承办了文化部文化市场司第十三期网络文化执法以案施训培训班，全国各地105名执法骨干参训。

执法保障亮点纷呈。省文化厅首次联合省人力资源和社会保障厅、省公务员局对2016年全省文化市场综合执法办案有功集体和人员记二等功，大大提高了综合执法机构及执法队员执法办案的积极性。省文化厅联合省法制办开展以案卷评查为重点的全省文化市场行政执法检查活动，大大提高了文化市场依法监管能力和执法办案的水平。省文化厅还积极筹备在宁波主办江浙沪皖艺术品市场“以案施训”培训，以网络直播形式进行。建设文化市场指挥监控中心。全省文化市场指挥监控中心场所建设已基本结束，办公设施和部分电脑已到位，软硬件采购进入招投标阶段，并在杭州市西湖区开展了采用技术手段打击假唱的试点。联合组建培训基地提供专业化支持。省文化厅和省公安消防总队、浙江警察学院联合组建浙江省文化市场综合行政执法联合训练基地；和浙江师范大学、浙江理工大学联合组建浙江省网络文化市场综合执法实训基地。开展文化市场预警系统建设试点。在丽水组织召开浙江省文化市场预警系统现场会，全省文化市场预警系统App在丽水全市试点成功并正式上线。该系统按照“真管用、多渠道、全覆盖、可推广”的要求，以“市场反应群众化”为目标，凝聚文化系统内外的有效力量，力求在文化市场安全上“打好主动仗”。

【“最多跑一次”改革取得实效】 进一步规范审批事项。根据省政府“打破信息孤岛实现数据共享推进‘最多跑一次’改革”专题会议精神，对全省文化市场行政审批事项进行了“八统一”梳理，使文化市场11项许可项目、7项备案项目实现了主项名称统一、子项名称统一、使用依据统一、申请材料统一、办事流程统一、业务经办流程统一、办理时限统一、表单内容统一。同时，贯彻落实省委书记车俊对“最多跑一次”改革做出的重要批示，对依法依职权出具的各类证明以及在审查过程中需要群众(企业)提供的证明进行清理，做到“清单之外无证明”。

进一步优化审批流程。文化市场所有审批事项全部在浙江政务服务网上开通办理窗口，于4月全面实现“最多跑一次”流程设置。提供办理结果的快递服务，申请人只要提供准确联系方式，足不出户便可实现许可证“送上门”。1月至11月，省文化厅共办理行政许可项目2772件，其中外国和香港、澳门、台湾的文艺表演团体、个人参加的营业性演出审批1368件，演出经纪机构设立审批69件，变更42件，经营性互联网文化单位设立审批721件，变更572件。

进一步推进简政放权。开展“证照联办”“多证合一”改革探索，以网吧、娱乐场所的审批为试点，指导全省各地文化行政部门积极参与证照联办工作；以艺术品经营单位的备案工作为试点，推进“多证合一”工作。同时，开展浙江自贸试验区“证照分离”改革试点，经全面梳理后将演出经纪机构设立审批、互联网上网服务营业场所审批、设立内资娱乐场所审批和设立经营性互联网文化单位审批等4个许可纳入“证照分离”改革事项，进一步增强行政审批透明度和可预期性。同时，对宁波市试行市区文化行政审批事项“全城通办”服务，台州临海市探索实施文化类极简审批“零上门”服务等经验进行推广。

进一步强化督查指导。以文化部开展文化市场政策落实和行政审批规范化全国督查工作为契机，对全省文化市场政策落实和行政审批规范化工作进行了全面督查指导。由西藏自治区文化厅党组成员、副厅长桑布带队的文化部督查组一行5人，认为我省工作成效明显，有很多亮点。义乌市、瑞安市、淳安县3个文化市场行政审批示范点受到充分肯定。

【行业管理水平不断提升】 转型升级取得进展。经过连续几年的持续努力，互联网上网服务行业转型升级取得明显成效。全省上网服务营业场所基本做到了敞亮整洁，大中城市试点场所基本实现了业态丰富、服务优良、环境优美的目标。省财政厅印发的《浙江省政府向社会力量购买服务指导性目录(2017年度)》，已将“互联网上网服务场所面向社会提供的免费或低收费服务”纳入省政府向社会力量购买服务指导性目录。以杭州、宁波、绍兴为重点城市，在全省开展文化娱乐行业转型升级试点。各地围绕文化娱乐行业转型升级“场所阳光、内容健康、服务规范、业态丰富、受众多样、形象正面”24字目标，积极探索，主动创新，形成了可供借鉴的做法，转型升级工作取得了明显进展。杭州市全面调查摸底娱乐场所，实施示范场所、待转型场所、脏乱差场所分类管理。组织浙江娱网科道网络科技有限公司、杭州唛浪投资管理有限公司、杭州神采飞扬娱乐有限公司等7家示范单位形成娱乐场所转型升级宣讲团，连续7天巡回在15个县(市、区)宣讲，传达转型升级精神，传递转型升级思路，分享转型升级成果，对全市623家娱乐场所负责人进行了转型升级培训。积极响应中国文化娱乐行业协会号召，在10月27日至29日重阳节期间组织杭城20家大型KTV娱乐场所为中老年人免费欢唱，彰显转型升级成效。杭州神采飞扬娱乐有限公司顺应“互联网＋”发展趋势，将游艺娱乐场所与互联网结合发展，与科技企业合作，实现游艺游戏设备场内场外、线上线下互动，拓展新型文化产业业态。宁波市组织演出行业协会、文化娱乐行业协会开展了历时3个月覆盖全市10个县(市、区)的首届全民K歌大赛，既是阳光娱乐消费季的惠民活动，又是推动文化娱乐行业转型升级重要举措。通过赛事奖励、文化消费优惠券发放等多种方式，线上平台、线下实地相结合，鼓励和引导群众进行阳光娱乐消费，社会反响热烈。9月，省游戏行业协会、宁波文化娱乐行业协会还在宁波承办了中国电子游戏超级联赛浙江省赛，引发各界关注。同时，各地积极鼓励大型商业综合设施设立涵盖上网服务、歌舞娱乐、游戏游艺、电子竞技等多种经营业务的城市文化娱乐综合体，涌现出一批融游戏游艺、迷你歌咏、网咖、电子竞技、微电影、桌游、体感游戏、阅读等业态为一体的复合型泛娱乐场所，进一步拓展文化娱乐业态。

培育引导持续推进。积极扶持民营文艺表演团体发展。部署开展了2017年度全省民营文艺表演团体展演活动，于7月1日到30日分别在浙江胜利剧院、绍兴市文化馆剧场、桐乡大剧院、玉环大剧院4个展演区，进行了15场优秀民营文艺表演团体风采展演，涵盖越剧、婺剧、绍剧、瓯剧、平调、乱弹等不同剧种，参演职员600人，观众达1万余人次。继续加强与浙江艺术职业学院协作，连续第八年对全省民营文艺表演团体进行公益培训，通过联合办学、省地合作等方式，细化培训人员和种类，进一步提升民营文艺表演团体人员素质，共培训9期800多人，培训对象涉及民营文艺表演团体团长及花旦、小生、主胡、琵琶、鼓板、化妆、灯光、音响等各类业务骨干。督促网络表演行业强化自律。省文化厅联合省委、省政府相关部门在杭州召开全省网络表演经营行业工作座谈会，全省30家网络表演企业联合发布了行业自律规范并签署了行业倡议书。开展2016全省文化市场行业发展报告编制工作。重点开展艺术品经营、营业性演出、网络表演、网络游戏、互联网上网服务等5个行业调研，顺应行政审批制度改革和政府职能转变，切实为企业的生产和经营活动提供方向指引，为社会资本进入文化领域提供必要的投资参考。组织开展行业协会商会脱钩试点工作。根据省委办公厅、省政府办公厅《关于印发〈浙江省行业协会商会与行政机关脱钩实施方案〉的通知》(浙委办发〔2016〕65号)要求，将浙江省演出业协会、省网吧行业协会作为第一批、第二批试点单位。按要求对协会的资产进行全面摸底和清查登记，并按相关规定委托省财政招标目录中的社会中介机构浙江新华会计师事务所开展资产清查、专项审计和相关工作，基本完成2家协会政会分开的工作任务。

【长效管理机制逐步健全】 文化市场全面摸底调查工作顺利完成。省文化厅于上半年在全省范围内开展文化市场全面调查摸底工作，全面掌握了文化市场经营单位数量门类和分布情况，为经营单位分级分类管理、“双随机一公开”、市场主体诚信管理等工作打下了坚实基础。据摸底统计，全省文化市场综合经营场所总家数57859家，其中文化类经营场所总家数18795家，正常营业14671家，占78.1%；网吧9464家，正常营业7304家；歌舞娱乐场所3928家，正常营业3233家；游艺娱乐场所1459家，正常营业571家；网络文化经营单位1107家，正常营业1040家；演出经营团队1370家，正常营业1246家；演出经纪机构422家，正常营业420家；演出经营场所420家，正常营业270家；艺术品经营场所625家，正常营业551家。全省各地上报无证文化类经营场所452家，已取缔327家。相关后续工作仍在进行中。

“双随机”抽查机制全面实施。年初，省文化厅在宁波率先启动文化市场综合执法“双随机一公开”抽查机制。此项工作已在全省各市及县区铺开，省文化厅将“双随机”抽查工作列入《2017年度全省文化市场行政执法工作考核评估细则》，扩大了执法检查面。市级每个月不少于1次，县(市、区)级每个月不少于2次；抽取、检查、处理结果全程留痕，及时向社会公布；每季度向省文化厅上报本季度本辖区“双随机”抽查情况及查处结果。省文化厅通过“双随机”方式组织春节、五一节日期间专项检查2次，组织全省网络表演企业远程集中抽查活动2次。为迎接党的十九大省第十四次党代会胜利召开，组织全省文化市场交叉检查行动2次。

信用体系建设不断推进。文化市场经营主体黑名单管理试点工作进展顺利，督促各市认真贯彻执行《浙江省文化厅印发〈关于在我省试行文化市场黑名单管理办法的实施方案〉的通知》，并完成本地区文化市场黑名单制度实施方案编制。按照省信用办要求，积极执行失信联合惩戒机制，在文化市场行政审批过程中主动查询申请主体信用记录。加快黑名单报送系统开发建设，提升文化市场经营主体黑名单网络化管理水平。

部门管理职责有效厘清。省文化厅与省公安消防总队联合下发了《关于落实消防安全加强文化市场消防安全工作的通知》，进一步厘清文化和消防部门的职责和任务，建立了有效的工作衔接制度，为更好地做好文化市场消防安全工作打下了基础。

（王　华）

政策法规

【概况】 2017年，全省文化政策法规工作紧密配合中心大局，紧跟省文化厅党组工作部署，深入调查研究，谋划政策建议，促进法治建设，推进文化改革，取得了较为显著的成绩。

【文化政策调研成绩突出】 配合省委宣传部做好《关于推进文化浙江建设若干政策意见》的专题调研工作，对“文化浙江”进行研究阐释，制定《浙江省文化厅关于推进“文化浙江”建设的实施方案》。牵头做好大运河(浙江)文化带建设的专题研究工作，统筹完成《大运河文化遗存修复保护工程研究报告》《大运河文化传承工程研究报告》《大运河文化旅游产业融合发展研究报告》和《大运河文化带建设文化文物重点工程项目汇总表》，承办了文化部大运河文化带建设规划专题调研座谈会。承担省政府十大行动计划之一《传承发展浙江优秀传统文化行动计划(2017—2022)》的文稿代拟工作。

继续落实《浙江省文化厅调研工作实施办法》，向全省文化系统征集课题。派员参与中宣部调研课题“全面建成小康社会之后的文化发展目标和路径”，受到中宣部发函表扬。与浙江工商大学合作完成特色小镇文化建设指标评价体系调研，启动与浙江大学传媒与国际文化学院合作的课题“义乌市文化融合的建设与治理模式研究”。完成《关于开展推动文艺院团深化改革、加快发展的调研报告》和《当前我省文化领域意识形态工作形势及对策》，编印了《调查与思考——浙江省文化系统2016年优秀调研报告选编》。《文化＋特色小镇建设的有效路径研究》调研报告被评为文化部全国文化系统2016年度十佳调研报告，并入选浙江蓝皮书《2018年浙江发展报告·文化卷》。起草《以文化人、以文惠民、以文强省全面提升文化服务保障水平——浙江省委、省政府2016民生发展报告之文化篇》。在全国文化系统调研工作培训班上做交流发言。配合省文化艺术研究院，探索开展文化艺术智库建设。

统筹抓好特色小镇文化建设工作，加强对特色小镇文化建设的分类指导。牵头负责对第三批省级特色小镇经典历史产业类创建申报对象进行实地评审，参与第一、二批省级特色小镇创建对象的年度考核，到有关县(市、区)进行特色小镇文化建设有效路径的专题宣讲。成功举办2017浙江省特色小镇文化建设论坛，开展特色小镇文化建设成果展和特色小镇文化建设摄影作品征集展活动，并在基层开展巡展活动。编印画册《特色小镇文化建设成果巡礼》，社会反响良好。收集整理十八大以来国家和部委，省委、省政府和省级部门以及各设区市文化政策，编印《十八大以来文化政策汇编》3册。

【法治政府建设抓出实效】 召开了全省文化法治工作座谈会，总结回顾和研究部署全省文化法治工作。制定了《浙江省文化厅2017年度法治政府建设(依法行政)工作任务分解方案》。进一步规范行政决策，制定了《浙江省文化厅重大行政决策程序规则》和《浙江省文化厅重大行政执法决定法制审核办法》，对处室的一些重要政策文件和合同进行法制审核。编印《文化法律法规汇编》。

积极做好《中华人民共和国公共文化服务保障法》学习宣传工作，举办了省级文化系统专题普法培训。积极配合做好《浙江省公共文化服务保障条例（草案）》立法起草工作，按期将草案提交省人大条例立法起草小组，并衔接好人大审议相关工作，确保《浙江省公共文化服务保障条例》顺利发布。积极开展普法工作，制定了《浙江省文化厅2017年法治宣传教育工作要点》，组织开展了全省文化（文物）系统“12·4”国家宪法日暨全国法制宣传日活动，在湖州成功举办主会场活动。参加与法制办一起组织的全省文化市场行政执法专项监督检查。组织省文化厅局机关和省文物监察总队人员参观了杭州市“五四宪法”历史资料陈列馆，组织省文化厅机关人员参观了“学习贯彻十九大精神、维护宪法权威图片展”。荣获2016年度全省政府法制信息宣传工作先进单位。

【文化体制改革稳步推进】 积极推进落实“最多跑一次”改革工作，召开全省文化系统“最多跑一次”改革工作会议，下发了《浙江省文化厅关于加快推进“最多跑一次”改革工作的通知》，省文化厅13项办事事项已于4月1日起100%实现“最多跑一次”，全省文化部门34项办事事项已于11月底全部实现“最多跑一次”。制定标准，统一规范，6月，下发了《关于印发“最多跑一次”办事事项、办事指南的通知》，将办事事项和办事指南印发各地，明确相关的法定依据、办事条件、办事材料、办事流程、办理期限等。11月，对照《事项标准化梳理“八统一”要求》，制定了《全省文化系统“最多跑一次”办事指南》（修订稿）。

制定了《浙江省文化厅深化文化体制改革2017年主要任务分解方案》，明确改革任务、责任处室和进度要求，对省文化厅涉及文化体制改革内容的相关工作进行跟踪督促与统筹归总。深化省属国有事业单位文艺院团改革，推进建立浙江越剧团、浙江小百花越剧团、浙江京剧团、浙江昆剧团4家独立建制事业法人单位工作，与省文改办、省财政厅、省人社厅等部门多次沟通汇报，并向省委、省政府相关领导专题汇报。统筹推动公共文化机构特别是博物馆系统和美术馆系统探索建立以理事会为主要形式的法人治理结构改革，浙江省文化馆、浙江省博物馆被列入2018年法人治理结构改革单位。浙江省在中央文改办组织的十八大以来各省区市推进文化体制改革工作督察考核中综合得分名列全国第一。

（骆　威）

文化产业与科技

【概况】 2017年，全省文化产业与科技工作紧紧围绕把浙江文化产业打造成万亿级产业的目标，着力推动全省文化系统管理的文化产业转型升级和文化科技创新发展。

【展会平台转型升级再上新台阶】 第12届中国（义乌）文交会以“打造文化产品交易平台，推动文化产业跨越发展”为主题，设标准展位3251个，参展企业1395家，展览面积6万平方米，展示了俄罗斯、法国等60多个国家和地区，港澳台及国内27个省（市、区）的文化产品。展会吸引了83458人次的境内外采购商及观众，44个贸易团队参会，现场达成采购与合作意向2200多个。展会同期还举办了第五届动漫衍生品授权交易活动、“中华文博礼”全国文化文物创意产品成果展推介活动等24项配套活动，极大丰富了展会文化内涵，大力提升了展览经贸成效。第13届中国国际动漫节以“国际动漫·拥抱世界”为主题，设立了1个主会场和16个分会场，围绕会展、论坛、商务、赛事、活动五大板块组织实施了59项活动，吸引了82个国家和地区参与，，共139.45万人次参加了动漫节各项活动2587家中外企业机构、5600多名客商展商和专业人士参展参会；实际成交及达成签约交易、意向合作项目986项，涉及金额130.12亿元，消费涉及金额23.16亿元，总计153.28亿元。特别是首次推出了动漫节官方直播，通过官方网络直播平台观看动漫节相关活动的人数达到526.73万人次。本届文交会和动漫节的参与国家地区数及办展规模、参与人数、交易金额、节展效益再创新高，专业化、国际化、产业化、品牌化、市场化水平进一步提升。

【文化消费试点工作有序推进】 继2016年宁波市被列入第一批

(第一次)国家文化消费试点城市后,是年年初,杭州市又成功列入第一批(第二次)国家文化消费试点城市。根据文化部相关工作部署和督导要求,积极加强与杭州市和宁波市政府对接协调,多次对两地文化消费试点工作进行调研和督促,指导完善文化消费试点工作方案,推进文化消费试点工作成效。是年,宁波市财政投入1500万元专项资金,专项支持搭建文化消费平台、举办文化惠民消费季、发放文化惠民消费券、评选文化消费品牌、加强媒体宣传推广,支持试点县(市、区)开展文化消费工作,引导和扩大居民文化消费。杭州市通过整合中央补助地方公共文化服务体系建设专项资金和相关专项资金,落实专项保障经费2000万元,并积极发挥杭州银行文创支行的优势,开展文化消费金融服务,探索市民卡、阿里巴巴等支付平台建设,创新文化消费支付模式,逐步形成行之有效的文化消费引导模式。

【文化产业项目申报推荐成效明显】 根据文化部文化产业重点项目平台准入条件,积极组织开展文化产业项目申报工作,浙江省共有演艺、娱乐、动漫、文化旅游、工艺美术、创意设计等领域的11个项目被列入文化部2017年《中国文化产业重点项目手册》。根据《文化部办公厅关于做好2017年度中央财政文化产业发展专项资金重大项目申报工作的通知》有关要求,积极指导各地市做好2017年度中央财政文化产业发展专项资金申报工作。据统计,全省共推荐上报文化产业发展项目41个。4月,舞台设备生产制造龙头企业浙江大丰实业股份有限公司(大丰实业)在上海证券交易所成功上市。

【文化文物单位文创产品开发扎实推进】 按照文化部公布的全国文化文物单位文化创意产品开发试点名单,宁波美术馆、浙江图书馆、宁波市图书馆被列为文化部备案的试点单位。浙江省博物馆、浙江自然博物馆、中国丝绸博物馆、杭州博物馆、宁波博物馆被列为国家文物局确定的试点单位。根据《国务院关于进一步加强文物工作的指导意见》和国务院办公厅转发文化部等部门《关于推动文化文物单位文化创意产品开发的若干意见》精神,结合浙江实际,起草并推动省政府办公厅印发了《关于推动文化文物单位文化创意产品开发实施意见的通知》(浙政办发〔2017〕104号),为文化文物单位推动文创产品开发工作提供了可操作的政策依据。举办全省文化文物单位文创产品开发与特色文化产业发展培训班。

【文化产业行业标准逐步建立】 由省文化厅指导推动、中南卡通牵头起草的《动画渲染平台管理与服务规范》被浙江省质量技术监督局批准发布为省级地方标准(DB33/T 2032—2017),并于6月22日开始实施,成为引领动漫产业发展的一个重要行业标准。根据文化部工作部署,按照文化部、财政部、税务总局《关于实施〈动漫企业认定管理办法(试行)〉有关问题的通知》》相关要求,完成动漫企业认定和年审工作,并报文化部备案、认定。开化根博园牵头起草的《根雕制作规范》草案通过专家评审会初审,按计划推进相关立项工作。

【新兴文化产业创新发展有效推动】 根据《文化部关于推动数字文化产业创新发展的指导意见》和《浙江省战略性新兴产业"十三五"行动计划》,按照省促进战略性新兴产业发展工作领导小组办公室关于加快培育壮大数字创意产业重点任务清单,省文化厅作为牵头部门,积极加强与相关单位和龙头企业协调对接,并组织召开数字创意产业发展工作座谈会,明确了推动数字创意产业的工作目标和对策举措。同时,认真开展全省数字文化产业发展调研工作,积极探索数字创意产业创新发展方式,设立浙江(金华)数字文化产业创新试验区,从管理体制、促进机制、政策体系、监管模式等方面先行先试、探索创新,找准数字文化产业发展瓶颈,为推动浙江省数字文化产业转型升级与创新发展积累经验。

【文化产业园区创建工作取得有效进展】 为进一步引导、规范文化产业园区健康发展,提高文化产业规模化、集约化、专业化水平,根据《文化部办公厅关于进一步完善国家级文化产业示范园区创建工作的通知》要求,推荐杭州市白马湖生态创意城申报创建国家文化产业示范园区。经文化部有关领导及专家组多轮考察、调研、指导,杭州市白马湖生态创意城正式列入国家级文化产业示范园区创建名单。同时,根据文化部文化产业园区创建要求,积极指导和推进国家级文化产业试验园区衢州儒学文化产业园的创建工作。

【国家文化与金融合作示范区创建进展顺利】 按照《文化部“十三五”文化产业发展规划》要求，继续支持推动宁波市创建国家文化与金融合作示范区，以推动供给侧结构性改革为抓手，重点推进文化与金融合作的组织创新、产品创新、服务创新和机制创新，进一步完善了创建工作方案，得到了文化部的充分肯定，申报创建工作取得积极进展。宁波市及相关金融机构已递交申请报告，由省文化厅会同中国人民银行杭州市中心支行、省财政厅联合行文报文化部等命名宁波市为国家文化与金融合作示范区。

【文化科技创新融合发展扎实推进】 按照《浙江省科技厅 浙江省文化厅推进文化事业和文化产业科技协同创新合作备忘录》相关内容，加强与省科技厅对接，实现文化产业重点领域和关键环节的“精准对接”和“精准服务”，推动中国艺术科研所浙江协同创新平台建设，开展浙江省文化领域重大科技项目、国家社科基金艺术学项目、文化部文化创新项目、国家文化创新工程项目申报工作。组织开展省文化厅厅级科研项目申报和管理工作，共受理厅级文化科研项目申报378个。推荐中国传统工艺的当代价值研究、中国传统工艺的当代价值研究——婺州建筑雕刻中的各种图案内涵及其当代价值研究、中国特色艺术学体系研究3个项目申报2017年度国家社会科学基金艺术学重大招标项目。做好2017年度省科技重点研发计划文化类竞争性项目的申报工作，浙江文物及传统文化典籍展陈共性技术研究——中华传统文化传承应用技术研究、动画虚实融合呈现关键共性技术研究2个项目入选。推荐上报2017年度全国艺术科学规划项目178个；推荐上报2017年度文化部科技创新项目33个。浙江理工大学“中国古代织锦设计要素分析与数码化创新研究及示范”获2017年度文化部重点实验室资助项目立项。做好2017年度文化艺术智库项目申报工作。组织专家做好全国艺术科学规划项目历史遗留34个课题清题工作，已完成结项历史遗留课题6项，已报文化部申请结题7项。做好文化部文化科技创新历史遗留项目结题验收工作。配合文化部做好指定4家院校的《国家社会科学基金项目资金管理办法》落实情况督查工作。组织召开文化科技管理工作座谈会。

（钱剑力）

对外、对港澳台工作

【概况】 2017年，全省对外和对港澳台文化工作认真贯彻中央，省委、省政府部署，切实增强文化自觉，坚定文化自信，通过抓大事、抓重点、抓质量、抓研究，有效展示文化浙江新形象，为服务中国特色大国外交、“一带一路”建设，推动中华文化走出去做出了积极贡献。2017年，我省共实施对外、对港澳台文化交流项目1889个，13816人次直接参与交流。对外文化交流项目1595个，11504人次参与交流；对台文化交流活动184起，1215人次参与交流；对港澳文化交流项目110个，1097人次参与交流。引进项目1706个，11323人次；派出项目183个，2493人次。

【充分发挥文化外交独特作用】 高水准文化交流活动成为国家元首外交的有机组成部分。2017年是中国同哈萨克斯坦建交25周年，《上海合作组织宪章》签署15周年，《上合组织成员国长期睦邻友好合作条约》签署10周年，也是“一带一路”国际合作高峰论坛后习近平主席首次出访，重回丝绸之路经济带首倡之地。6月8日晚，上合组织成员国元首峰会文艺演出在哈萨克斯坦首都阿斯塔纳歌剧院举行，国家主席习近平及其他成员国元首出席观看演出。浙江曲艺杂技总团有限公司杂技《梦系西湖·伞技》作为中国唯一单独节目精彩上演，掌声多达15次，受到高度赞赏，成功地服务了国家外交大局。文化部副部长丁伟特发来贺信：祝贺大家以自己精湛的艺术水平为这样一场重大的国际活动呈现了一场具有鲜明中国特色的高水平表演，为自己争了光，为艺术团争了光，为国家争了光，为习主席争了光。

第三届中国—中东欧国家文化合作部长论坛成果丰硕。由文化部、浙江省人民政府共同主办，省文化厅、杭州市人民政府共同承办的第三届中国—中东欧国家文化合作部长论坛于9月21日至25日在杭州成功举办。本届论坛内容丰富，成果显著，广受参会各方一致好评；浙江省经济、政治、文化、社会和生态等方面发展的崭新面貌，也给参会代表留下了深刻印象。总理李克强为本届论坛发来贺信，希望本届论坛持续为“16+1合作”和中欧关系发展注入生机与活力。浙江省委书记、省人大常委会主任车俊出席论坛开幕式并致辞。省委副书记、省长袁家军出席论坛欢迎晚宴。论坛一致通过《中国—中东欧国家文化合作杭州宣言》，论坛期间，与会代表团共同见证了《中国—中东欧国家音乐院校联盟成立宣言》的签署仪式和中国—中东欧国家艺术创作与研究中心的揭牌仪式。论坛有力助推中国和中东欧国家文化交流互鉴，促进民心相通，实现合作共赢，有效促进浙江对外开放发展。省文化厅多方统筹资源，周密组织各项工作，精益求精，加班加点，为论坛高水平召开及各项活动有序举办提供了强有力保障。文化部办公厅特向省政府办公厅致感谢信。

第十五届亚洲艺术节提升对周边国家文化交流与合作的水平。由文化部、浙江省人民政府共同主办，省文化厅、宁波市人民政府联合承办的第十五届亚洲艺术节于9月23日至10月23日在宁波举行。艺术节以“海丝古港，亚洲新梦”为主题，主体活动包括开幕式、文化论坛、表演艺术、视觉艺术等4个板块数十项活动。开幕式上，文化部部长雒树刚，省委副书记、宁波市委书记唐一军，泰国副总理塔纳萨·巴迪玛巴功致辞。艺术节期间举办的澜沧江—湄公河文化论坛、亚洲艺术邀请展、亚洲优秀剧目展演、亚洲演艺合作论坛和亚洲演艺联盟等多项创新性活动进一步丰富亚洲文化合作内涵，促进海上丝绸之路沿线国家文化交流与合作，提升宁波的城市国际化水平。

大力推动“欢乐春节”活动品牌化、本土化、市场化建设。春节前后，先后组派12批优秀文艺团组，分赴亚洲、欧洲、美洲、大洋洲、21个国家的35座城市开展110多场海外“欢乐春节”演展活动，组派团队规模、出访国家数量以及活动的国内外影响均居历年之最。其中，浙江歌舞剧院有限公司民族乐团联合陕西广播电视民族乐团赴俄罗斯、芬兰、爱沙尼亚、拉脱维亚、立陶宛、波兰、英国等7国的10座城市进行的“欢乐春节”商业巡演获得成功。丰富多彩的“欢乐春节”活动，不仅拉近了中国与世界的距离，让国外民众接触到博大精深的中华文化，也成为浙江与世界各国开展文化交流重要途径，有效传递了浙江的声音，让世界感知“文化浙江”。

此外，杭州市文创办承办的“中国故事——中国杭州传统工艺创新展”及杭州歌剧舞剧院的音乐表演参加了中国与希腊文化交流与文化产业合作年的启动仪式，中共中央政治局委员、中央书记处书记、中宣部部长刘奇葆和希腊副总理德拉加萨基斯，中希两国政府部门代表、文化和新闻界嘉宾近200人出席观摩。余杭艺术团赴约旦开展为期一周的“中国文化周”暨“浙江文化节”巡演、讲座等活动，庆祝中国和约旦建交40周年。浙江美术馆于4月3日至9日赴日举办“湖山胜概：西湖主题水印版画展”，庆祝浙江省与日本静冈县结好35周年，浙江省副省长梁黎明、静冈县副知事吉林章仁、省文化厅厅长金兴盛、静冈县文化·观光部部长西田郁夫等双方嘉宾出席开幕式。

【“一带一路”文化交流与合作促进民心相通】 浙江文化代表团于7月11日至19日赴罗马尼亚和捷克圆满完成“2017中国—中东欧政党对话会”闭幕演出和浙江省—皮尔森州结好十周年庆典演出任务，中共中央政治局常委、书记处书记刘云山，浙江省委副书记、省长袁家军分别出席相关活动。京剧、民乐、舞蹈、歌曲等具有浓厚中国元素、浙江特色的文化表演艺术，为两大活动营造了热烈、友好的氛围，受到与会代表的热烈欢迎。此次文化交流活动通过艺术展演的方式宣传了浙江经济社会的发展，促进了浙江与当地社会的交流合作。

6月23日，在哈萨克斯坦首都阿斯塔纳举办哈萨克斯坦世博会中国馆“浙江日”活动，浙江京剧团、浙江歌舞剧院有限公司、浙江越剧团、浙江曲艺杂技总团有限公司的艺术表演家们在“浙江日”开幕式上献上了一场浙风浓郁的艺术盛宴，非遗传承人进行了现场展演，中国贸促会副会长陈洲、浙江省副省长梁黎明、中国驻哈萨克斯坦大使张汉晖、哈萨克斯坦能源部副部长马克沃夫、哈萨克斯坦全国企业家协会副会长阿里塔耶夫等嘉宾出席观看。

推进“一带一路”沿线国家中国文化中心建设。支持宁波市与文化部共建保加利亚索非亚中国文化中心，文化部副部长张旭参加11月23日的揭牌仪式。中心将成为浙江在中东欧开展文化交流、旅游推介、信息流通、经贸合作的重要窗口。根据文化部《海外中国文化中心发展规划（2012—2020年）》，为浙江有意向城市物色推荐可共建文化中心。

深层次人文交流精彩纷呈。自2009年起，文化部“意会中国”已成为中国与“一带一路”沿线国家文化交流的知名品牌。5月26日至6月2日，由文化部外联局、浙江省文化厅共同主办，浙江音乐学院承办的首届“意会中国”——“一带一路”艺术大师工作坊活动上，来自埃及、约旦、立陶宛、塞尔维亚、黎巴嫩、斯洛伐克、苏丹、捷克等8个“一带一路”沿线国家的11位艺术家在浙江音乐学院观摩教学、文化采风、学习互鉴，真正实现了亲诚惠容、民心相通。10月22日至26日，来自阿尔及利亚、阿曼、埃及、科威特、黎巴嫩、摩洛哥、突尼斯、约旦等8个阿拉伯国家的16位知名艺术节负责人代表团到访浙江，参加文化部第二届“意会中国—阿拉伯国家知名艺术节负责人访华交流活动”。代表团参加了由文化部主办、省文化厅协办的“中国—阿拉伯国家艺术节负责人峰会”，省文化厅组织举办的“浙江省优秀艺术团体精品节目展示推介活动”，为推动浙江演出类文化产品走出去搭建平台。10月24日至11月10日，举办第三期阿拉伯国家文博（陶瓷）专家研修班，来自阿尔及利亚、科威特、黎巴嫩、摩洛哥、阿曼、苏丹、索马里、叙利亚、突尼斯、毛里塔尼亚10个阿拉伯国家的15名文博专家参与。

3月6日，中国商务部主办的援老挝国家交响乐团技术合作项目——老挝国家交响乐团来华培训项目在杭圆满结束，杭州爱乐乐团派出18名优秀音乐家与来自老挝国家交响乐团的来华培训学员进行为期3个月的交流培训。6月，由越南文化体育与旅游部选派的8位越南摄影家到杭采风创作。7月，省文化厅厅长金兴盛与越南友好省承天顺化省文化与体育厅签订合作备忘录，双方将通过组织文艺展演、文化遗产传承与保护、信息和经验交流、人文培训等多项活动，促进两省间的文化交流与合作。

积极参加“一带一路”沿线国家的重要节庆活动。5月4日至18日，组派浙江婺剧团赴摩洛哥参加第23届非斯心灵音乐节开幕演出和中国主宾国专场演出，摩洛哥王妃及该国内政大臣、文化与新闻大臣、旅游大臣，中国驻摩洛哥王国大使孙树忠等嘉宾出席观看。6月8日至12日，组派绍兴越剧艺术发展有限公司越剧《梁祝》演出团参加第24届罗马尼亚锡比乌国际戏剧节，汇集了中国戏剧6位梅花奖得主，中国驻罗马尼亚大使徐飞洪、戏剧节组委会主席康斯坦丁·基里亚克出席观看了演出。6月8日至15日，浙江艺术职业学院实验艺术团赴格鲁吉亚参加庆祝中格建交25周年“友谊日”纪念活动。10月，浙江歌舞剧院“彩蝶女乐”赴以色列参加阿卡艺术节。11月，杭州歌剧舞剧院携舞剧《遇见大运河》赴埃及演出。

【多维度开展对外文化交流与合作】　浙江省与日本东京中国文化中心开展对口合作，举办“日本·浙江文化年”活动，全年共实施中国美院师生当代艺术展、浙江农渔民画展、中国茶故事展、大阪“中秋明月”演出等9项交流活动。4月，赴日举办“浙江省现代讽刺与幽默漫画”展，拉开了“日本·浙江文化年”的序幕。日本漫画家协会、日本动漫协会代表以及日本著名漫画家与20位浙江漫画家进行了交流和现场合作创作。“日本浙江文化年—浙江龙泉青瓷生活主题展”展出浙江老中青三代青瓷艺人近年来的优秀作品近100件。“中国茶故事”展吸引了众多茶文化爱好者体验中国茶的魅力。

中国文化周是文化部海外中国文化中心打造的文化品牌活动，2017年的主题是“传承与创新——中国非遗”。6月，浙江工艺美术大师在东京中国文化中心举办“龙泉青瓷的历史与传承”讲座，浙江省文化馆在德国柏林中国文化中心举办“中国文化周——浙江省非遗展示周”活动，内容包括昆曲茶艺表演、非遗展览、手工艺展示互动等。浙江昆剧团赴比利时参加布鲁塞尔中国文化中心“中国文化周”活动，演出昆曲《牡丹亭》和经典折子戏。通过丰富多彩、立体多元展览展演和互动体验活动，让浙江非遗文化贴近当地民众。

为落实《中非合作论坛——约翰内斯堡行动计划（2016—2018年）》，文化部对非文化培训基地浙江省文化馆举办第七期非洲艺术家创作交流活动，刚果、吉布提、加蓬、中非的9位木雕艺术家参加。7月，非洲艺术家木雕创作交流活动暨大运河文化主题创作交流成果展集中呈现了非洲艺术家在浙江近一个月的“培训成果”。9月，中国杂技家协会选送浙江曲艺杂技总团有限公司的杂技《梦系西湖·伞技》赴俄罗斯参加第16届莫斯科国际青少年马戏节比赛，获得了“金象奖”金奖，这是该节目继年初获第38届法国明日世界杂技节银奖后，再次荣获国际金奖。

各文化艺术机构积极参与对外文化交流和传播。浙江艺术职业学院承办第24届中韩日戏剧节。戏剧节剧目内容丰富，形式多样，既有对经典名著的民族化演绎，又有对当下现实生活的生动展示，还有三国联合演出的再度尝试，并特别推出国际学术论坛、戏剧和舞蹈工作坊。中国丝绸博物馆在法国举办国际丝路之绸研究联盟年会。浙江省文化馆、杭州市创意设计中心赴埃及、巴基斯坦、马耳他、德国、法国、西班牙等国的中国文化中心举办展示活动。义乌市成功举办“丝路新都 文化义乌”乌克兰知名艺术家浙江义乌主题创作作品展。第12届义乌文交会、第11届杭州文化创意产业博览会、第13届中国国际动漫节等活动有声有色，在不断提升国际影响力的同时注重文化惠民，有效服务于国内文化建设，成为各地民众的文化盛会。第五届乌镇戏剧节规模再创新高，上演了来自俄罗斯、德国、英国、美国、澳大利亚、瑞士、巴西、立陶宛、黎巴嫩、爱尔兰、罗马尼亚以及东道主中国等12个国家和地区的24部特邀剧目共计100场戏剧演出。通过“部省合作、社会参与、市场运作”举办音乐、舞蹈、戏剧、儿童剧和美术领域的中国—中东欧国家文化季活动，捷克布尔诺国家剧院芭蕾舞团、斯洛文尼亚美术展等10个项目获得好评。

【对港澳台文化交流以文聚心】 以中华优秀文化凝聚人心，增进港澳台同胞的民族、文化和国家认同，促进人心回归和国家和平统一。举办系列活动庆祝香港回归二十周年。香港“根与魂——非物质文化遗产”大型展演活动是文化部与香港特区政府民政局共同主办的品牌交流项目。6月，省文化厅赴港举办“根与魂——忆江南·浙江省非物质文化遗产展览”和浙东民俗风情舞剧《十里红妆》演出。展览内容丰富、形式多样，包括传承人现场示范、表演、讲座等，充分展示浙江的传统文化与非遗传承。文化部副部长项兆伦评价：近年来，浙江非遗展览越办越好，不仅形式新颖、内容丰富、生动活泼，而且真正做到了见人见物见生活，很契合非遗走进生活的要求。浙江歌舞剧院有限公司赴港参加“香港苏浙沪各界人士庆祝香港回归祖国二十周年”晚会演出。浙江音乐学院国乐团和香港中乐团合作演出“鱼跃香江——庆祝香港回归20周年音乐会”。浙江省博物馆与香港艺术馆在港联合举办了为期3个月的“江南晨曦——良渚文化展”。西泠印社赴香港举办书画篆刻展。中国丝绸博物馆赴香港举办服装展。绍兴柯桥区小百花越剧团、浙江婺剧艺术研究院、杭州越剧传习院以及宁波演艺集团等应邀参加香港“中国戏曲节”展演活动。

4月中旬，由文化部港澳台办与香港青年联会、澳门文化局主办，浙江省文化厅承办的“2017内地与港澳青年文化创意产业交流营”活动在杭州举办。活动以“浙港澳·携手同行”为主题，30多位来自港澳传媒、设计、舞台艺术等领域的文创行业青年代表，深入了解内地文创产业相关政策、行业发展动态及创新创业等活动，浙港澳携手同行开展专业对接和务实合作，为内地与港澳文创产业发展开辟了新路径。4月下旬，组织澳门广告商会代表团参加第12届义乌文交会和第13届中国国际动漫节，与义乌和杭州相关设计中心和文创企业建立合作关系。

浙台两地共同弘扬中华文化，增进了两地民众心灵契合。赴台举办第11届“台湾·浙江文化节”，组派浙江京剧团入岛巡演，举办“兰亭的故事”巡展，指导嘉兴市承办“嘉兴文化周”，“嘉禾余韵”嘉兴民俗节目演出丰富多元，“印象嘉兴”非物质文化遗产传统手工艺展荟萃嘉兴传统美术、技艺类非遗项目精华，凸显嘉兴的文化特色和艺术魅力。承办文化部两岸文学对话活动。经贸搭台文化唱戏，在浙江美术馆举办“台湾·浙江合作周”摄影展、南投艺术巡回展、台湾中部书画家作品展，并邀请台湾有关知名文化界人士和团组前来参展参访，不仅展现了两岸既一脉相承又各具特色的文化元素，也为两岸艺术家们提供了交流技艺、相互切磋的平台。在中国美院举办两岸青年视觉艺术展，推动两岸青年艺术教育和文化共享。“2017年台湾大学生浙江夏令营”在浙江音乐学院开展交流。杭州越剧传习院一行72人赴台北亲子剧场演出5场传统越剧；

浙江昆剧团携经典剧目《紫钗记》《西园记》前往台北演出，是继2013年浙江昆剧团《西施与范蠡》在台北上演后再一次整体亮相。浙江省残疾人艺术交流团第五次入岛交流，赴新北市、新竹市、高雄市巡演。这些活动增进了两岸同胞的情谊，夯实对台工作的社会基础。

【推进对外文化贸易发展】 鼓励和扶持浙江省文化企事业单位赴国外开展商业性演展活动，开展2016年度浙江省商业演出展览文化产品出口指导目录申报评审工作，给予入选项目的5家执行单位（浙江曲艺杂技总团有限公司、浙江歌舞剧院有限公司、浙江昆剧团、浙江省博物馆、浙江自然博物馆）经费补助共50万元，为走出去增加动力。是年，浙江曲杂总团有限公司、浙江昆剧团、浙江婺剧艺术研究院等文艺机构赴境外商演，实现社会效益与经济效益的统一。

推进与“一带一路”沿线国家文化贸易发展，在全省范围内征集对外文化贸易重点项目，评选出中美友好交流博览园、宋城演艺发展股份有限公司建设澳大利亚传奇王国、浙江大丰实业股份有限公司在菲律宾建设综艺馆等项目申报文化部重点项目。浙江歌舞剧院有限公司入选2017—2018省文化出口重点企业。

第12届中国（义乌）文交会境外参展企业数达到350多家，参展国家60多个，为历届之最。吸引来自31个国家和地区的境外采购商共3275名，贸易团队44个。展会专设国际木雕艺术展区、“一带一路”国际艺术展区、非洲展区、韩国展区等。

【加强对外文化工作能力建设】 立足新的历史方位，面对国家加速构建中华文化走出去大格局，面对文化浙江建设的大好局面，进一步明确发展方向，找准重点，精准发力。落实“一带一路”倡议，积极与文化部的“一带一路”文化发展行动计划对接，开展“浙江省‘一带一路’文化发展的机遇和对策”课题调研，研究全省文化系统“一带一路”发展行动计划。

省文化厅相关处室、文艺院团、艺术院校、博物馆、文化馆、图书馆、美术馆等单位探讨打造浙江对外文化交流品牌，充分利用浙江文化资源，讲好浙江故事。加强对外文化交流资源库建设，进行全省的情况摸查，梳理出近120个项目向海外中国文化中心推介，为各地文化走出去开拓渠道和途径。

树立全省“一盘棋”理念，深化省、市、县三级的联动和合作，通过项目带动，充分发挥地方文化资源优势，为地方特色文化和品牌项目走出去搭建平台。坚持官方与民间并举，调动和发挥社会力量参与对外、对港澳台文化工作的积极性和主动性，推动浙江民间对外和对港澳台文化交流工作。

（张　雁）

文物保护

【概况】 2017年，全省文物保护工作继续以全面提升不可移动文物保护、利用和管理水平为目的，加大文物保护力度。

一、抓好世界文化遗产保护与管理

2017年是良渚遗址申遗关键之年，文物部门稳步推进良渚遗址申遗工作，各项前期筹备进展顺利。确定“良渚古城＋瑶山＋外围水利系统”的申遗范围，划定了14.34平方公里遗产区和101.48平方公里缓冲区。编制申遗文本，并提交联合国教科文组织世界遗产中心预审。扎实推进良渚遗址本体保护展示及环境整治，完成良渚遗址之反山、瑶山、莫角山遗址保护展示方案、服务点整治方案的编制，启动工程建设。实施遗产区内林相整理、湿地恢复、土地清表、水系整治、绿化标识等环境保护项目，开展遗产区外围区域环境综合治理，积极营造与遗产区相匹配的优美环境。同时，积极增强考古与申遗的关联度，进一步提炼、挖掘良渚遗址的申遗价值和良渚文明的内涵；加强与国内外知名高校的合作联系，承办了第三届世界考古论坛·良渚古城水管理系统国际学术研讨会，努力搭建良渚文明的国际传播交流平台，增强良渚文化的国际表达。

全省继续做好大运河遗产的保护管理相关工作，协调大运河沿线各遗产地建立大运河保护管理长效机制，完善快速有效的日常管理机制，加强对大运河沿线遗产区和缓冲区建设项目的事前、事中、事后监管，做好对大运河遗产保护规划修编的指导与审查，已组织审查、转报大运河保护区划内开发建设项目18项。根据《大运河（浙江）文化带建设工作方案》分工，抓好大运河（浙江）文化带建设任务，完成“大运河文化遗产修复保护工程研究”“大运河文化传承工程研究”“文化旅游产业融合发展研究和重大项目工程研究”“大运河航道整治与运河遗产保护专题研究”等 4 项专题研究课题，以及《大运河（浙江）文化带建设规划纲要》《大运河（浙江）文化遗产保护具体实施方案》编制任务。着眼于运河水工遗存、附属设施的抢救与保护，遴选了一批运河世界文化遗产、运河沿线相关遗产的保护、展示、整治项目，以及历史、自然环境的保护整治工程项目。

二、强化大遗址保护和考古管理

浙江省文物局指导、完成良渚国家考古遗址公园年度评估和第三批国家考古遗址公园申报，慈溪上林湖越窑遗址、龙泉大窑龙泉窑遗址入选第三批国家考古遗址公园，安吉古城遗址、嘉兴马家浜遗址公园获准立项。至此，我省已有 3 处国家考古遗址公园、2 处国家考古遗址公园立项。此外，浙江省文物局指导慈溪市办好国家文物局国家考古遗址公园现场工作会，完成了第一批 8 处省级考古遗址公园的评估，部署、开展了第二批省级考古遗址公园的申报，完成了嘉兴子城等省级考古遗址公园的立项批复，进一步健全考古遗址公园保护展示体系。

三、做好文物保护基础工作

1 月，省政府核定公布了浙江省第七批 286 处省级文物保护单位（古遗址 22 处、古墓葬 9 处、古建筑 179 处、石窟寺及石刻 8 处、近现代重要史迹及代表性建筑 61 处、其他类不可移动文物 7 处），以及 10 处与已有省级文物保护单位合并的项目。至此，省级文物保护单位总数已达 910 处。

受国家文物局委托，浙江省文物局开展了全国重点文物保护单位保护方案审批，共计审批全国重点文物保护单位保护维修方案和施工图 67 项；组织省级以上文物保护单位保护方案集中审查 4 次，审查省级以上文保单位修缮方案及施工图 95 项，审批省级文保单位保护工程立项 41 项；对 46 项省级以上文保单位维修工程进行竣工验收。同时，做好文保单位保护区划内建设项目的管控，对一批省级以上文保单位保护范围、建设控制地带内建设项目方案进行审查、论证，审查、上报涉及全国重点文物保护单位建设控制地带的建设项目 42 项，审批涉及省级文物保护单位建设控制地带的建设项目 30 项，处理文物保护单位异地迁移 3 项；积极推进省级以上文保单位保护规划编制，组织专家审查全国重点文保单位保护规划 17 项、省级文物保护单位 4 项。泰顺廊桥灾后应急抢险及修复工程竣工。此外，加强文物保护工程资质规范管理，审批新增文物保护工程乙、二级资质单位 3 家，备案审核新增文物保护工程丙、三级资质单位 12 家，业务范围增项 2 家；进一步加强委托下放各设区市执行的文物保护工程丙、三级资质许可事项的指导和监管，推进浙江省文物保护工程资质单位征信系统平台建设。浙江省文物资源地理信息系统 GIS 管理平台建设稳步推进，全省石窟寺及石刻类文物健康状况调研评估完成。

四、推进传统村落保护与利用

加强全省“除隐患、保安全、促转型”治危拆违攻坚战大行动中对历史文化建筑的保护与指导，浙江省文物局与省住建厅、省“三改一拆”行动领导小组办公室联合下发《关于服务保障全省治危拆违攻坚战消除历史文化建筑安全隐患的通知》，要求各地坚持规划先行、分类指导、协同配合，落实属地管理责任，全面消除文物建筑、历史建筑、传统风貌建筑安全隐患，改善城乡环境，保障民生。同时，浙江省文物局继续探索传统村落和乡土建筑保护利用新模式，指导松阳县实施国家文物局传统村落整体保护利用试验区相关工作及中国文物保护基金会资助的“拯救老屋行动”项目，资助私人产权传统村落文物建筑的修缮，完成财政部、国家文物局、中国文物保护基金会对松阳传统村落保护工作的调研，配合中国文物保护基金会完成“拯救老屋行动松阳县整县推进试点项目”中期检查，开展了中国文物基金会“拯救老屋行动”申报遴选；协调推进国保、省保集中成片传统村落的整体保护与利用，基本完成建德新叶、诸暨斯宅等首批项目的文物维修、环境整治、展示利用及民居改善等工作；有序开展武义县俞源村、浦江县郑宅村、兰溪市诸葛村、缙云县河阳村等第二批传统村落保护利用项目；配合省住建厅做好第一批省级传统村落的申报，会同省住建厅、省文化厅、省财政厅公布了第一批 636 处省级传统村落。

五、协同做好历史文化名城、名镇、名村保护

浙江省文物局配合国家文物局开展浙江省历史文化名城文物保护评估试点，并配合省住建厅做好历史文化名城、名镇、名村（街区）的申报、保护及相关评估检查；参与余姚临山镇、安吉双一村等历史文化名镇、名村保护规划的评审；对江苏、安徽开展跨地区交叉评估检查。龙泉市被国务院批准公布为国家历史文化名城。

【重点工作推进落实】 浙江省文物局做好传承发展浙江优秀传统文化、“文化浙江”建设重点任务、项目、抓手的谋划；起草、印发了《浙江省文物局关于印发中华优秀传统文化传承发展工程的实施方案》；抓好《浙江省人民政府关于进一步加强文物工作的实施意见》贯彻落实情况的督查；提请省政府调整省历史文化遗产保护管理委员会成员；编制完成《全省文博事业发展水平评估数据(2015年度)》，并在此基础上完成《浙江省文博事业发展水平评估数据(2016年度)》，形成全省83个县(市、区)文博事业发展水平的纵向参照、横向对比；起草《浙江省古建筑设计研究院改革工作实施方案》《做大做强浙江省古建筑设计研究院改革方案》，协调、推动浙江省古建筑设计研究院改革。

规范机关制度建设。省文物局制定《浙江省文物局工作规则》《省文物局信访工作暂行办法》《浙江省文博系统政务信息工作制度(试行)》及《浙江省政府信息公开暂行办法》等制度；完成局机关内部控制建设，出台《浙江省文物局内部控制手册》，以提升局机关运行效能。

加强人才队伍建设。省文物局着力构建全省文博系统人才培养及激励机制，启动实施了全省文博人才“新鼎计划”，完成经费申请及优秀人才培养对象的组织推荐及审定；组团赴法参加文化遗产保护培训，完成了考察总报告及全体学员个人报告；组织专业人员参加国家文物局培训20多次；完成文博系列中评委成员调整及2017年度职称评审，并协助国家文物局完成全国文博职称改革调研。

强化文物宣传。省文物局优化全省文物系统宣传工作机制，组织召开全省文物宣传工作通联会议、文物工作媒体座谈会，建立文物系统信息报送考评制度和宣传联络员队伍；拓展宣传途径，对微信服务号、《浙江文物》双月刊实施改版升级，举办了“文博情缘”征文活动；与《浙江日报》、今日头条等媒体合作，宣传全省文物工作及相关人物，提升宣传效能；做好政务信息报送和《浙江文物工作简报》编发。此外，举办2017年“文化和自然遗产日”主场城市活动，还部署、指导各地开展系列活动；为全省181名文物工作从业30年(以上)人员颁发荣誉证书和奖杯；推介、评选第一届28名“最美浙江文物守望者”，编辑出版《第一届最美浙江文物守望者》和《浙江省文物局2017年赴法培训掠影》。

【提升政务管理水平】 浙江省文物局完成2017、2018年度国家重点文物保护专项资金申报，分别申报项目76个、资金3.25亿元和项目54个、资金1.54亿元；加强中央和省级文物保护专项经费使用的监督管理；完成2017年度全国博物馆(纪念馆)免费开放专项8490万元、央地共建博物馆1670万元等专项资金的申请，2018年度浙江省文化遗产保护专项资金(文物部分)7350万元的项目库申报，以及省本级文物保护专项资金2650万的分配、下达，还完成了2017、2018年度国家重点文物保护专项资金1.5亿元和9784万元的下达。

全年省文物局完成综合文稿起草、公文和建议提案办理、信访等工作，与省级各文博单位签订了年度目标管理责任书和社会治安综合治理责任书，落实各项考核；做好局机关综合办公系统、文化系统电子公文交换平台、政务服务网统一行政权力运行系统的维护和“最多跑一次”权力事项电子化归档，推进电子印章申请、快递送达服务对接、在线投资项目审批平台对接等任务，启动行政权力事项办理信息归集共享前期工作，完成行政审批文件归档范围和档案保管期限梳理并通过审核；抓好政务信息公开、信息系统专项审计自查和机关软件正版化；进一步做好数据归集共享，有效提升了局机关的信息化水平。

【加强党建工作】 浙江省文物局做到党建工作与处室业务工作同部署、同落实，推行支部书记党讲课制度，开展党内政治生活，牵头开展了一系列活动。同时，规范日常财务管理，做好预算支出进度、绩效目标和预决算管理，完成了2016年度全省文物事业综合事务管理经费、浙江省第一次全国可移动文物普查经费、文化遗产日与国际博物馆日活动经费等项目绩效评价，2016年度部门决算、2018年度“一上”“二上”部门预算编制和2016年度文物系统政府资产报告编制试点，并提升预算管理精细化水平，加强决算分析工作；持续开展文物统计，完成2016年度全省文物统计年报审核、汇总及上报；做好扶贫结对帮扶，向财政争取25万元扶贫资金，用于扶持村公路建设、环境改造等项目，并积极提升行政后勤服务统筹。

【浙江省古迹遗址保护协会成立大会暨第一次会员代表大会召开】 3月24日，浙江省古迹遗址保护协会成立大会暨第一次会员代表大会在杭州召开。大会审议通过了《浙江省古迹遗址保护协会章程》等有关制度，选举产生了理事长、副理事长。

【专家指导良渚遗址申遗】 3月31日至4月2日，国际古迹遗址理事会(ICOMOS)3位专家应邀赴现场考察、指导良渚遗址申报世界文化遗产工作。专家组实地考察了良渚遗址和良渚博物院，就良渚遗址突出普遍价值提炼、申遗文本完善、遗址环境整治、遗产现场展示策略等技术问题提出意见，并建议将良渚古城外围大型水利系统纳入申遗范围，进一步丰富良渚遗址的突出普遍价值。

【慈溪上林湖后司岙唐五代秘色瓷窑址入选"2016年度全国十大考古新发现"】 4月12日，"2016年度全国十大考古新发现"终评结果在北京揭晓，慈溪上林湖后司岙唐五代秘色瓷窑址入选。后司岙位于上林湖越窑遗址核心区域，时代主要集中于晚唐五代时期。发掘首次摸清了唐五代时期越窑最高质量青瓷窑场的基本格局，确认了晚唐五代时期秘色瓷的基本面貌、生产工艺与兴衰过程，确定其为晚唐五代时期烧造宫廷用瓷的主要窑场。窑址开创的以天青色为特征的秘色瓷产品，不仅是制瓷技艺的一大飞跃，也成为高等级青瓷的代名词，影响到之后一大批名窑的生产及整个社会的审美取向。这是自1991年"全国十大考古新发现"评选活动开展以来，浙江省第18项入选的考古发掘项目。

【2017年度浙江省文物保护实训班举办】 4月17日至6月16日，2017年度浙江省文物保护实训班在杭州举办。全省10个设区市的18名学员参加了培训。为期61天的实训班涉及文物保护法律法规、传统建筑特征与工艺、勘察测绘及修缮方案编制等方面，期间还组织学员进行了业务考察和经验交流。浙江省文化厅党组成员、省文物局局长柳河出席实训班结业典礼，并颁发了结业证书。

【良渚申遗文本专家审查会召开】 7月29日，省文物局召开良渚申遗文本专家审查会，邀请多家单位的专家参与申遗文本评审。与会专家听取了申遗文本介绍，进行了审查和讨论，重点就申遗文本中良渚遗址价值的比较研究、普遍价值的提炼、申遗标准的认定等提出意见和建议。

【大运河(浙江段)文化带建设专题研究报告交流会召开】 8月8日，省文物局组织召开大运河(浙江段)文化带建设专题研究报告交流会，省文物局、省文物考古研究所、大运河沿线5个设区市文物部门负责人和业务骨干参加。会议听取了《大运河(浙江段)文化遗产保护修复工程研究报告》《大运河(浙江段)文化传承工程研究报告》《大运河(浙江段)文化带沿线文化遗产资源调研报告》《大运河(浙江段)航道整治与运河遗产保护研究报告》等4个专题研究报告。这些报告分别从大运河遗产价值研究、保护展示、管理监测、旅游产业融合、航道整治修复等方面出发，提出了配合编制大运河(浙江段)文化带建设规划，协同推进大运河文化带建设的思路。大运河沿线5市结合报告内容，就下阶段大运河文化带建设安排做了交流发言，重点提出了拟实施的保护展示项目计划。

【浙江省第二届田野考古培训班举办】 9月5日，浙江省文物局主办、浙江省文物考古研究所承办的浙江省第二届田野考古培训班开班。培训班分为课堂教学和现场实训两部分，课堂教学内容涉及旧石器时代考古、浙江新石器考古概述、浙江商周概况等方面。现场实训分为两组，分赴海宁达泽庙和慈溪上林湖考古工地，进行了为期3个月的田野考古实训。

【松阳传统村落保护发展调研】 10月，中国文物保护基金会理事长励小捷率财政部、国家文物局组成的调研组，赴松阳开展传统村落保护发展工作调研。调研组通过实地考察，深入了解传统村落保护发展、"拯救老屋行动"整县推进试点项目开展情况、存在问题和困难，听取了松阳县对传统村落保护发展和"拯救老屋行动"整县推进试点项目的情况汇报，并要求松阳县继续加强经验提炼总结，探索出一条适合国情和社会、经济发展的传统村落保护之路。

【国家考古遗址公园现场工作会召开】 12 月 2 日，国家文物局在慈溪市召开国家考古遗址公园现场工作会。国家文物局局长刘玉珠出席并做主旨发言，浙江省副省长成岳冲、国家文物局副局长宋新潮、浙江省文化厅厅长金兴盛、浙江省文物局局长柳河，中国社会科学院考古研究所、中国文化遗产研究院、宁波市政府、慈溪市委市政府、第三批国家考古遗址公园所在地政府、36 处国家考古遗址公园管理机构代表以及相关省、市、区文物局代表、专家参会。会上公布了第三批 12 家国家考古遗址公园和 32 家国家考古遗址公园立项名单，听取了浙江省文物局及 4 处国家考古遗址公园的经验交流，就深入推进国家考古遗址公园创建与运行进行了交流。

（宋丹妮、叶大治）

博物馆事业

【概况】 2017 年，全省博物馆事业根据国家文物局和省文物局的工作部署，开拓创新、真抓实干，完成了各项任务。

一、加强博物馆建设管理水平，完善博物馆体系建设

浙江省文物局继续推动具有浙江特色的博物馆体系构建，支持并配合做好浙江自然博物园、之江文化园建设项目，组织召开龙游博物馆、永嘉博物馆、建德博物馆、长兴太湖博物馆、温岭博物馆、开化博物馆等博物馆建筑及展陈方案论证会，指导嘉善县博物馆、兰溪诸葛生态博物馆等建设。组织开展《博物馆条例》贯彻实施情况检查，重点对国有和非国有博物馆设立备案、文物藏品备案、陈列展览备案实施及博物馆开展教育活动、提供社会服务等情况进行检查。

推动非国有博物馆健康发展，在杭州举办了第四期全省非国有博物馆负责人培训班，全省 61 家非国有博物馆馆长、负责人参加，并完成了“非国有博物馆急需帮扶项目”问卷调查，为下一步非国有博物馆帮扶项目提供了依据。同时，省文物局转发国家文物局《关于进一步推动非国有博物馆发展的意见》，提出了浙江省的贯彻实施意见，并赴绍兴、衢州、天台等市、县(市、区)，调研指导非国有博物馆工作，促进、引导非国有博物馆规范化、专业化建设，提升非国有博物馆办馆水平与质量。

推进全省博物馆法人治理结构及博物馆理事会建设。中国丝绸博物馆理事会正式成立，成为全省第一家开展理事会制度建设的省级博物馆。此外，杭州工艺美术博物馆、台州市博物馆、余杭博物馆、海宁市博物馆、瑞安博物馆等也先后成立了博物馆理事会。加强、规范和提升博物馆管理水平，省文物局组建了博物馆业务专家库，加强对全省博物馆的业务指导。

二、推动博物馆业务馆际交流与合作，提升博物馆公共文化服务能力

浙江省文物局组织推荐部分博物馆参加第十四届(2016 年度)全国博物馆十大陈列展览精品推介评选，中国丝绸博物馆“中国丝绸和丝绸之路——锦程　更衣记”获精品奖；组织开展第十一届(2016 年度)全省博物馆陈列展览精品项目推介申报评选，10 个陈列评为精品奖，7 个为优秀奖。组织举办第三届全省博物馆陈列展览交流会，积极发挥平台作用，促进馆际间藏品资源的整合、共享。4 月，组织全省 30 多家博物馆，携上千种博物馆文创产品，参加第 12 届中国(义乌)文化产品交易会，集中展示全省博物馆文创产品开发成果，传播了博物馆文化；指导开展了义乌文交会博物馆文创产品评选，评选出全省博物馆十佳文创产品奖 10 名、入围奖 20 名；指导举办博物馆文创产业(高峰)论坛和文创产品设计大赛，以推进博物馆文创产品开发试点，加大文化创意产品开发力度。推动博物馆免费开放，组织开展全省第三届博物馆免费开放最佳做法推介评选活动，最终 15 个项目入围“最佳做法”。省文物局与省博物馆学会组织开展了“全省博物馆优秀讲解案例选拔大赛”，最终 5 人获一等奖，7 人获二等奖，21 人获优胜奖。5·18 国际博物馆日当天，在中国丝绸博物馆举办了浙江省主会场系列活动，表彰了第三届全省“博物馆免费开放最佳做法”获奖单位、2017 全省优秀讲解案例大赛获奖人员和“经纶堂杯”文创大赛获奖人员，召开了浙江省博物馆学会组织的“原创性展览的理论与实践”学术研讨会，举办了“丝府宋韵——黄岩南宋赵伯澐墓出土服饰展”开幕活动。全省各地也纷纷开展了形式多样的活动。11月，省文物局主办、浙江自然博物馆承办的2017全省博物馆社会教育业务工作培训会在杭州召开。全省11个地市及文物主管部门的相关人员共100多人接受了业务培训。

三、开展“互联网+中华文明”三年行动计划，提升文物保护科技水平

依托国家文化遗产保护科技创新联盟（浙江省）成员单位，贯彻落实国家文物局等单位《关于印发〈“互联网+中华文明”三年行动计划〉的通知》，积极参加国家相关示范项目申报，推进我省“互联网+中华文明”实施方案编制。省文物局会同浙江大学承办了乌镇互联网大会“互联网+中华文明”展，获得主流媒体的好评；完成省文物保护科技项目申报及立项，做好已完成项目结项验收；举办全省文物科技保护技术成果推广讲座，加大科技保护成果推广应用力度；进一步加强可移动文物修复和设计资质管理，开展可移动文物修复资质单位运行评估，以及2016至2017年度丙、三级，乙、二级以上文物保护工程资质单位年检工作。

四、做好“一普”收尾工作

组织参加第一次全国可移动文物普查总结电视电话会议，编制全省“一普”数据公报，完成全省“一普”平台登录数据的导出备份。据统计，本次全省共登录可移动文物938104件/套，实际数量2492661件/套，登录收藏单位652家，登录收藏单位和可移动文物实际数分居全国第3位和第7位，通过了国家文物局的验收审核。撰写全省“一普”工作报告，校对全省国有文物收藏单位名录，做好全国“一普”先进集体、个人的推荐，并组织开展全省普查先进集体、个人的表扬、推荐、评选。经评审，最终2家单位、3名个人被评为全国先进，69家单位、137名个人被评为全省先进。

五、做好社会文物管理

浙江省文物局加强调研，做好文物拍卖企业资质管理和文物拍卖标的审核，全年新增文物拍卖企业2家，审核文物拍卖经营活动28场、文物拍卖标的16649件/套；联合省工商部门开展文物流通市场专项整顿行动，赴嘉兴等地对文物商店、文物拍卖企业、古玩（文玩）和旧货市场、经营古玩（文玩）的互联网网站等经营主体，开展文物流通市场专项检查。

【全省博物馆建设持续推进】 继续推进各级博物馆建设。5月10日，黄岩博物馆正式开馆。该馆建筑总面积1.3万平方米，展厅总面积3000平方米，一层为特展厅，二层布置了“天赐永宁——黄岩历史文化陈列展”“浮屠奇珍——灵石寺塔出土文物陈列展”“千峰翠色——黄岩窑青瓷陈列展”，三层为“铁骨丹青——陈叔亮书画陈列展”。12月29日，临海市博物馆正式开馆。该馆总占地面积19067平方米，建筑面积2万多平方米，总投资约1.69亿元，内设2个临时展厅和3个专题展厅，馆藏文物5万余件，是台州收藏最多的文博单位。

【中国丝绸博物馆成立首届理事会】 5月14日，中国丝绸博物馆首届理事会成立。成立大会上，省政府副秘书长李云林、省委宣传部副部长唐中祥为理事会揭牌，省文化厅厅长金兴盛向新当选理事颁发了聘书。中国丝绸博物馆首届理事会由13名理事组成，其中9名为社会招募，占比70%，还囊括了海外学者。这也是全省第一家成立理事会的省级文博系统单位。

【浙江省获“全国博物馆十佳优秀讲解案例”推介活动十佳】 5月18日，国家文物局指导、中国博物馆协会主办的全国博物馆优秀讲解案例展示推介活动揭晓。本次活动分设专业组、学生组、志愿者组三个组别，共有来自全国百余家博物馆的117名讲解人员参加。我省三名选手分获三个组的十佳（另有一人获专业组优秀讲解员），其中专业组还名列榜首，是历年来我省取得的最好成绩。浙江省文物局前期委托浙江省博物馆学会、浙江自然博物馆组织、举办了“全省博物馆优秀讲解案例选拔大赛活动”，经过层层选拔，推荐4位选手参与全国博物馆优秀讲解案例展示推介。各参选单位和人员也进行了2个多月的针对培训，终获佳绩。

【“中国丝绸和丝绸之路——锦程、更衣记”获全国博物馆十大陈列展览精品奖】 5月18日，第十四届（2016年度）全国博物馆十大陈列展览精品推介举行颁奖仪式。中国丝绸博物馆“中国丝绸和丝绸之路——锦程、更衣记”获全国十大陈列展览精品奖，这也是中国丝绸博物馆继2006年之后，第二次获得该奖项。展览围绕“一带一路”发展战略和2016年杭州G20峰会，依托考古、研究、修复成果和馆藏，以纵向时间轴为主线，通过“锦程”和“更衣记”两大部分，展现了中国丝绸和服饰的历史变迁，及其沿着丝绸之路的传播与交流，提出了重要的系统观点。其中，“锦程”分8个单元，呈现了中国丝绸的五千年历史和通过丝绸之路走向世界的历程；“更衣记”分3个单元，呈现了中国服装近百年的演变。

【全省博物馆藏品保管培训班举办】 8月15日至25日，省文物局主办、浙江省博物馆、安吉生态博物馆承办的全省博物馆藏品保管培训班在安吉举办。全省各市、县(市、区)国有博物馆及省直博物馆、中国水利博物馆、中国财税博物馆等单位的30多名藏品管理业务人员参加。培训为期12天，是省文物局第四次举办博物馆藏品管理领域培训班，内容涉及博物馆藏品管理导论、藏品的来源、藏品安全等方面，还专门开设了藏品线描图和藏品档案制作实训课程。

【浙江省文澜阁博物馆商店联盟成立】 10月10日，浙江省文澜阁博物馆商店联盟在浙江省博物馆孤山馆区成立。该联盟是由省文物局指导，浙江省博物馆主办，全省各有关博物馆商店自愿加盟组成的行业战略联合体。联盟建立了“文澜阁”文创品牌，提供统一的商店标识，供全省各地有场地条件的博物馆入驻，形成文创商店连锁平台；创新运营管理机制，加强与文创机构、品牌厂家的业务合作，开发优质文创产品，打响品牌知名度，树立品牌形象，促进博物馆文化的社会传播与合理利用。

【全省第一次全国可移动文物普查总结表扬电视电话会议召开】

10月20日，全省第一次全国可移动文物普查总结表扬电视电话会议召开。副省长成岳冲出席并讲话。会议由省政府副秘书长李云林主持。省文化厅党组书记、厅长金兴盛在会上宣读了浙江省第一次全国可移动文物普查领导小组办公室关于表扬浙江省第一次全国可移动文物普查先进集体和先进个人的决定，通报授予69家单位先进集体荣誉称号，137人先进个人荣誉称号。省级相关单位、省直文博单位负责人在杭州参加了主会场会议。各市、县(市、区)政府文物工作分管领导、有关部门及文物保护管理机构负责人在各分会场参加。

【“互联网＋中华文明”展参加乌镇互联网之光博览会】 12月2日，第四届互联网之光博览会在桐乡乌镇开幕。由国家文物局主办，省文化厅、省文物局、浙江大学承办的“互联网＋中华文明”数字展首次在博览会上展出。该展览展台分为“文明瑰宝，对话历史”“融合创新，服务社会”两大部分，通过“大美同赏”“时空之旅”“故事新说”等主题，诠释了“互联网＋文物文创产品”“互联网＋文物动漫游戏”“互联网＋文物教育”等内容，呈现了2016年以来互联网与中华文明尝试融合的阶段性成果。

(杨文庆)

文物安全工作

【概况】 2017年，全省进一步完善文物安全监管机制，组织、召开全省文物安全工作电视电话会议，研究起草了《关于进一步加强文物安全工作的若干意见》。浙江省文物局以文物安全状况大排查为抓手，积极开展文物安全督查，并联合下发通知，对各地治危拆违攻坚战大行动中的文物保护提出了明确要求；及时建立重大文物法人违法案件约谈、通报制度，约谈、查处、通报了法人违法重点案件，不断强化安全防护措施；以促进依法行政和简政放权为目标，加快法治政府建设，努力推进行政审批制度改革。

【文物安全状况大排查】 根据国家文物局《关于开展全国文物安全状况大排查行动的通知》精神，结合浙江实际，省文物局印发了《关于开展文物安全状况大排查行动的通知》和《实施方案》。全省文物系统三级联动，通过持续6个多月的自查、互查和督查，完成了全国文物安全状况大排查行动，共计梳理安全隐患及对应配套整改措施、责任清单251条，其中，全国重点文物保护单位44条，省级文物保护单位61条，市、县(市、区)级文物保护单位138条，博物馆及文物收藏单位4条，其他类型4条；文物安全突出问题及整改方案、责任清单180条。经分析，文物安全隐患大排查涉及各类消防安全隐患的占41%，其他各类文物安全隐患约占59%，又以不可移动文物本体的自然风化和自然灾害所致文物安全隐患所占比例较大。各市、县(市、区)对发现的安全隐患及时落实整改措施，立行立改；对不能立即整改到位的突出问题，责成有关责任主体单位制定整改措施，明确整改时限，落实整改责任。党的十九大前后，全省文物系统又部署、开展了安全排查“回头看”活动，成立检查组，分赴多地进行文物安全现场督查和暗访，跟踪安全隐患整改。据统计，此次行动各项阶段性成果在全国均处于第一梯队。

此外，全省开展文物日常执法巡查、交叉执法检查、管辖海域内文化遗产联合执法与“双随机”抽查，进行“双随机一公开”监管，累计出动巡查2.4万人次，检查文博单位9016家，发现、督促整改安全隐患305起，制止涉嫌文物违法行为59起，立案查处57起，罚款174万元。

【提升文物安防等级】 全省深入实施文物平安工程，全面完成了工程一期的360个项目，安全事故和案件发生率呈逐年下降态势。已实施文物平安工程的文保单位基本实现了安全零事故。

全省开展博物馆安全防范系统工程和全国重点文保单位安防、消防、防雷工程，持续推进全国文物消防安全百项工程，强化事中事后监管，确保工程质量。进一步推进全省文物系统文物消防安全标准化管理，指导各地深入贯彻《文物建筑消防安全十项规定》，通过了国务院消防年度考核和省消安委2016年度消防工作考核，并参加了省消安委组织的冬春火灾防督导。

配合公安部门开展全省打击文物犯罪专项行动，破获盗窃、破坏文物等案件26起，抓获犯罪嫌疑人91人；联合开展文物流通市场专项整顿行动；完成全省中华人民共和国成立以来被盗（丢失）文物及相关案件信息的排查、统计、汇总、上报，共梳理被盗文物信息263条。

【强化文物法人违法专项整治】 针对文物法人违法案件高发态势，浙江省文物局进一步完善政府领导约谈制度，先后约谈杭州市萧山区、宁波市江北区、温州市平阳县、绍兴市新昌县政府，重点督促、查处了平阳县鳌江镇违法拆毁县级文物保护单位蓝田宫案（相关责任人受到严肃追责，蓝田宫将原址复建），并向全省印发通报，要求各地引以为戒、吸取教训，杜绝类似案件再次发生；要求各级文物部门主动服务“治危拆违”行动，积极保护不可移动文物。全省文物系统以专项整治为契机，运用各类媒体宣传文物保护法律法规，及时公布文物法人违法典型案例，充分发挥社会监督作用。同时，省文物局对全省83个县（市、区）的文博事业发展水平进行评估排名，通过横向对比，促进地方政府完善、落实文物保护主体责任。

【强化文保队伍建设】 组织召开全省文物平安工程现场会，对已实施项目进行绩效评价，并总结了全省文物平安工程经验与做法。举办全省文物系统安防系统操作员知识更新培训班，结合当前治安和安全防范系统技术发展，对相关安全产品的新技术、安防系统操作的新技能等做了介绍，进一步明确了全省文博风险单位安全管理要求，提高了安防系统操作员技术水平。

【推进行政审批改革】 浙江省文物局按照“放管服”改革要求，优化办事流程、精简申报材料，全力推进文物系统“最多跑一次”事项梳理、权力清单比对规范、行政权力事项办理指导目录梳理、责任清单调整完善等任务，共梳理全省文物系统群众和企业到政府办事“最多跑一次”事项33项，其中省级行政权力事项13项；先后编印了《浙江省文物局行政许可标准化汇编》及全省文物系统“最多跑一次”事项服务指南、行政许可事项服务指南，初步实现了全省文物系统“最多跑一次”事项“八统一”；多次组织市、县对“最多跑一次”事项及服务指南进行比对、规范、统一；对政务服务网权力事项库内容进行实时动态调整更新，指导、督促全省各地文物部门规范办事指南、优化工作流程。此外，文物保护工程项目审批综合改革进一步推进，浙江省古遗址保护协会正式成立，浙江省古建筑设计研究院改革工作全面完成。

【加快法治建设】 浙江省文物局组织局机关普法培训讲座，邀请专家对法律知识及应用进行了专题讲解；落实领导干部、公务员学法用法考试，组织局干部参加了全省行政执法资格考试；编制印发了《浙江省文物局行政许可格式文书》，进一步规范行政许可行为，提高实施行政许可工作质量和依法行政效能；会同法律顾问，对姚斗门桥异地迁建案申请再审做好应诉答辩准备，最终胜诉。

（徐昕韡）

队伍建设与人才培养

【概况】 2017年，全省队伍建设和人才培养工作以党的十九大精神和习近平总书记人才工作重要思想为指引，以人才强省建设为导向，坚持党管人才，党管干部，根据《党政领导干部选拔任用工作条例》和全省人才工作会议要求，在省文化厅党组领导下，围绕中心、服务大局，真抓实干、改革创新，干部人事人才工作科学化管理水平不断提升，为文化浙江提质升级增添持续动力和人才保障。

【人才工作项目化机制实施顺利到位】 根据文化部、省委组织部及省级相关部门干部人才教育培育工作部署，统筹协调省文化厅相关处室开展业务培训工作，制定下发了《2017年度浙江省文化厅培训计划》，各项人才工作有序开展。

命名首批“浙江省文化创新团队”“浙江省文化厅优秀专家”。自2016年启动“浙江省文化创新团队”“浙江省文化厅优秀专家”培育项目以来，从2016年全省各市(县、区)申报的74个团队中，评选出了34个入围团队；从是年申报的49个团队中评选出了27个入围团队。会同浙江音乐学院，举办了2017年度文化创新团队创新力提升培训班。经过一年的精心培育、专题培训，“浙江省文化创新团队”“浙江省文化厅优秀专家”培育工作初见成效，省文化厅命名了首批15个“浙江省文化创新团队”、17名“浙江省文化厅优秀专家”。嘉兴市、温州市与浙江省博物馆等一些地区和单位全面推开这项工作，浙江音乐学院、浙江艺术职业学院等一些单位出台了配套奖励措施。浙江省财政厅开展的2017年省级部门绩效评价工作，对省文化厅开展的2016年全省优秀文化创新团队培育工作给予肯定。

启动“浙江省公共图书馆拔尖人才”培养工作。分类制订系统性轮动培育计划。选拔了30名全省公共图书馆青年骨干列入“浙江省公共图书馆拔尖人才”培育计划，举办“浙江省公共图书馆拔尖人才”培训班，制订定点培训深造方案，组建辅导团队，确定导师负责日常业务指导等。选拔3批次共8人列入“舞台艺术拔尖人才”培养对象。

推动全省文化系统网络平台学习。浙江文化干部网络学院平台7月1日正式向全省各级文化系统干部职工开放。根据全省文化行业专业技术人才和文化管理人才多层次、经常性的学习需求，网络学院设置了在线学习、在线考核、个人空间、课件中心等功能，学员可以自主学习、自主管理、资料查询、互动沟通，实现了与浙江省专业技术人才继续教育学时学分平台数据互换对接。网络学院学习情况纳入年度考核、职务晋升、职称评审、继续教育指标体系等，要求全省文化系统专业技术人才专业科目网络学习不少于30学时，行政管理人员行业公需和一般公需科目网络学习不少于18学时。网络学院已有100多个课件3万多本图书可供学习，至年底，已有4万多人次登录学习。

完善全省文化专业人才评价机制。为规范省文化系统系列职称评审工作，结合全省文化系统专业特色和浙江省实际，会同省人社厅对原职称评审办法进行修改，完善以继续教育、学术水平和工作业绩为主体的量化评分办法，将学习培训列入刚性要求，推进图书、群文、艺术系列职称的考聘结合。全省文化系统专业人才评价机制更趋公平科学。

开展乡镇文化员定向培养工作。联合省委宣传部、省人力资源和社会保障厅等5部门制定《关于开展定向培养乡镇文化员试点工作的通知》(浙文公共〔2017〕11号)，开展定向培养乡镇文化员工作。依托浙江艺术职业学院高校资源，加大培训力度，从源头上强化基层文化员队伍建设。首批招录了歌舞表演和表演艺术专业共36名乡镇学员。

持续开展基层文化队伍培训工作。持续实施基层文化队伍素质提升工程，每年省本级面向基层文化人员举办培训班20多场，培训2000多人；各市县组织文化骨干等群体参加培训20多万人次。开展“耕山播海”免费培训系列活动，组建“专家讲师团”，面向全省18个欠发达县的文艺人员开展培训，培训3万多人次。举办2017年全省新任文广新局局长和人事处长工作培训班。全省各市、县(市、区)文广新局党委书记、局长共60多人参训。

选拔推荐一批优秀文化人才。根据省委组织部和省人社厅文件要求，开展第二批专业技术二级岗位聘任人员聘期考核工作，推荐浙江音乐学院杨九华等5位同志为第五批全省事业单位专业技术二级岗位人员。组织2017年国家“千人计划”，中宣部“四个一批”人才，省特级专家，省宣传系统“五个一批”人才，省“千人计划”、省“万人计划”中青年专家，省“万人计划”人文社科领军人才，省“151人才工程”的申报工作，完成了2017年浙江省特级专家工作资助经费申报工作。截止到12月底，“四个一批”有2人入围，“151人才工程”有5人入围，省“万人计划”中青年专家有1人入围。另外还推荐并报送浙江音乐学院为省杰出人才奖和重才爱才先进单位。

组织优秀文化人才参训工作。根据文化部、省委组织部教育培训计划，办理了5位厅领导参加文化部国家行政学院、省委党校、中国浦东干部学院领导干部进修班报名学习及出国境培训上报审批手续；推荐厅局机关5位处级干部参加省直机关处级公务员培训和省直机关优秀公务员健康休养活动；安排24位厅局机关、省文物监察总队(参公单位)公务员全年分期分批脱产(3天)参加2017年省直单位公务员学法用法培训班。推荐18名市、县文化干部参加第一期全国文艺团长培训班，第二期全国文化厅局长，第四期、第五期全国地市文化局长和第六期、第七期全国基层县市文化局长培训班，2017年舞蹈编导人才培训班及2017年文化领域高层次专家国情研修班。

申报2017年因公出国培训项目，组织省文物局赴法国参加“文化遗产保护与利用”、浙江音乐学院赴奥地利参加“音乐教育与表演项目管理”、浙江艺术职业学院赴日本参加“传统手工艺的传承与发展培训班”、浙江图书馆赴德国参加“现代公共阅读服务”等出国培训工作。

扎实开展省级文化系统的培训工作。抓好厅局机关省直机关网络学院学习。做好2017年度省管领导和厅机关公务员2017年度法律知识考试有关工作。做好浙江省领导干部网络学院和机关分院本单位学员信息核对及年度督学促学工作。完成浙江领导干部网络学院省直机关分院省文化厅移动端上线工作，并对本单位学员发表课件评论进行审核。组织省级文化系统各单位主要领导、分管领导及人事干部共70多人在温州举办了浙江省文化厅属单位改革工作专题交流培训班，培训以创新改革为主线，采用“专家讲座”“交流对接”“现场教学”等方式进行授课。

完善浙江省文化人才专家库及职称评委专家库。委托浙江文化信息中心和浙江省文化艺术研究院共同开发了浙江省文化人才(专家)数据库信息管理系统，自5月20日起，向全省文化系统正式开放。

【省级文化系统组织干部工作规范有序】 坚持正确的选人用人导向，加强干部队伍建设。认真贯彻落实习近平总书记关于干部工作的一系列指示精神，始终坚持德才兼备、干事创业的选人用人导向，通过完善制度、规范程序、创新机制等举措，加强干部选拔任用，强化干部监督管理，努力营造风清气正的选人用人氛围，选人用人工作取得了积极的成效。全年提拔使用厅管干部10人(不含浙江音乐学院、浙江艺术职业学院)，其中厅局机关5人，厅属单位5人。完善制度规定。制定出台了《省级文化系统干部调整交流制度》《省级文化系统重大事项请示报告制度》，有效提升了干部队伍规范化、制度化管理水平。同时，对厅属单位主要领导助理配备、首席专家选配等方面进行了规范。抓好队伍建设。加强干部调研工作，进一步摸清干部队伍底数，为省文化厅党组选人用人提供决策依据。7月，省文化厅党组会专题研究省级文化系统干部队伍情况，为系统干部队伍建设听诊把脉，查找存在问题，有针对性抓好整改。以“狮子型”干部标准，抓好厅属单位“一把手”配备。注重年轻干部培养使用，进一步激发年轻干部干事创业活力。加强干部轮岗交流，优化干部队伍结构。加强监督管理。严格落实干部选拔任用工作程序，认真落实干部“凡提四必”要求，对拟提任的干部认真组织审查，做到从严监督，从严把关，严防“带病提拔”问题发生。认真做好领导干部个人有关事项报告工作，4月专门邀请省委组织部有关领导，召开领导干部个人有关事项政策解读会议；8月，组织领导干部个人有关事项报告工作的抽查工作。全年共有3名厅管干部因未如实报告个人有关事项被诫勉，有1名拟提任厅属单位领导干部因未如实报告个人有关事项被取消任职资格。

做好领导班子届末考核、选人用人工作检查和人大代表政协委员推荐等相关工作。8月，根据省委组织部关于开展省直单位领导班子届末考核工作的通知要求，积极做好届末考核的相关准备工作。认真准备单位“三定”方案、干部名册、群众路线教育及其他各类专题学习教育等相关材料。积极配合考核组开好领导班子述职大会，组织民主评议和民主推荐工作，及时提供考核材料，分批分组做好考核谈话保障工作。9月，省委巡视组进驻后，立即召开会议，进行工作部署，传达学习有关巡视工作要求，进行人员分工，明确工作任务，并积极参与厅巡视工作保障组工作。根据选人用人专项检查组提供的材料清单，做好材料准备工作。撰写选人用人工作情况专题汇报稿，整理汇编了近五年选人用人工作纪实材料，提供了有关机构编制、人事档案、会议纪要、文件名录等资料，选人用人材料准备工作受到了检查组的好评。10月至12月，根据省委宣传部统一部署，积极做好全国、省人大代表和省政协委员推荐工作。

以严肃认真的姿态，高标准做好有关选人用人巡视整改工作。根据省委组织部有关干部监督和巡视整改的有关要求，严格依据《领导干部选拔任用工作条例》，认真回顾和梳理选人用人工作存在的问题，坚持实事求是原则，积极抓好有关问题整改。针对巡视期间选人用人反馈意见中存在的问题，将问题分解落实到每个同志，逐条认领，逐条分析，逐条整改。对省委组织部有关档案立案调查的问题，立行立改，立即组织人员再次进行实地调查取证，并对档案审查过程进行了深刻反思，认真查找原因，吸取教训，并举一反三制定了人事档案管理的整改计划。

【厅属事业单位管理切实加强】 加强文化事业单位专业技术岗位结构比例动态调控，提高各级文化单位高级岗位比例。在全省11地市80家文化事业单位开展了文化系统专业技术队伍和事业单位岗位聘任情况调查摸底，形成《浙江省文化事业单位专业技术岗位结构状况调研报告》。同时，向省人力资源与社会保障厅提出加强文化事业单位专业技术岗位结构比例调控的意见建议。省人力资源和社会保障厅、省文化厅、省广播电视新闻出版局积极联合下发《关于加强文化和广播影视事业单位专业技术岗位结构比例动态调控的通知》。

坚持激励与规范相结合，抓好事业单位岗位调整工作。完成浙江音乐学院岗位设置申报。调整中国丝绸博物馆三类人员岗位结构比例。坚持用“同一把尺子”，加强事业单位岗位变动审核，严格对照岗位核准数量和岗位聘用条件，认真审核事业单位岗位变动材料，加强审核把关，努力做到公平公正，有效地规范了事业单位岗位调整工作。

做好厅属事业单位人事管理自查和系统防治“吃空饷”长效机制建立情况专项自查工作。认真组织下属22家事业单位开展人事管理自查自纠和全系统的防治“吃空饷”长效机制建立情况自查工作，对发现的问题及时督促整改。

做好工资日常运行和管理。积极应答相关政策法规，指导厅属单位做好工资规范化操作，配合省人力社保厅做好事业单位绩效工资核查工作。报送浙江音乐学院绩效工资首次申报方案，调整系统事业单位绩效工资水平和总量。完成2017年度医疗保险、养老保险、公积金缴费工资核定申报。做好离退休去世老同志一次性抚恤金和丧葬费的计算。计算离休干部工资和津补贴。做好退休干部年度待遇调整核对和解释工作。

做好各项社会保险工作。经多次沟通和政策争取，省委、省政府下发文件，决定将省属改制单位“老人”纳入机关事业养老保险。省文化厅高度重视，召集了厅属8家改制单位分管领导、人事干部、财务干部参加专题布置会议，制定并下发了“老人”进社保工作计划，加班加点查找改制单位和改制“老人”的缺失材料，严格审核相关数据，衔接和协调省人社厅养老处、省机关事业养老保险中心推进工作开展。为厅属3家改制院团“中人”退休待遇的落实，积极争取政策，向省人社厅报送了《关于要求我厅下属三家改制院团改制后退休原事业身份人员退出省社保、参加省机关事业养老保险的函》《浙江省文化厅关于商请将三家改制院团改制后退休的原事业身份人员纳入事业单位养老保险的函》等文件。做好厅机关工伤待遇报销、医疗保险二次报销、急诊外诊报销、特殊病种报销等事宜。做好年度省本级“双十”人员认定申报和待遇结算工作。

做好数据统计和维护工作。进一步做好浙江省机构编制实名制管理系统省文化厅机关工作人员数据的日常维护和人员入编报送审核工作。切实做好省编委办机构编制年报，按时上报厅属单位年度空编使用计划。积极完成事业单位工作人员统计和企业人才统计的填报汇总工作。认真做好机关事业单位工资福利年报统计的填报汇总工作。积极参与全省文化文物统计报表制度修订，对文化人才队伍建设的重要指标提出符合当下实际的意见建议并提供有关数据。按时完成2017年公务员统计和事业单位领导人员统计的填报汇总工作。按照“周督查、月通报”的要求，认真做好信息采集进度报表的报送工作。完成省文化厅局机关公务员离职情况调查工作，报送了厅局公务员分类管理摸底统计情况。

做好人员招聘与出国境管理工作。指导和监督省文化厅属浙江音乐学院等13家事业单位、3家改制企业实施公开招聘工作，审核上报相关材料，已完成聘用140人，另通过调动引进人才21人。办理转任2名公务员，接收安置4名军转干部和1名随调家属。做好省级文化系统人员因公、因私出国(境)审批工作，全年办理因公出国(境)审查160多批次，出国(境)人员约900人;办理因私出国(境)审查31批次，出国(境)人员22人。及时维护更新省文化厅国家工作人员报备管理系统。

【年度各项考核与奖惩工作圆满完成】 完成省文化厅局机关年度工作考核办法和厅属单位目标(经营)责任制考核意见的修订。依据公务员平时工作内容，结合工作重点和实际，设计年度考核指标，设置考核指标的标准和权重，注重制定和使用量化指标，并建立健全考核指标动态调整机制，重新修订了《浙江省文化厅关于进一步健全完善厅属单位领导班子和领导人员年度考核的实施意见》和《浙江省文化厅机关处室年度工作目标考核办法》。与此同时，认真做好2017年度厅局机关和厅属单位目标(经营)责任制的考核工作。

完成厅局机关、省文物监察总队日常考核工作。编印了《浙江省文化厅、省文物局处室工作人员岗位职责》，以明确处室人员职责，为考核提供基础依据。同时，加强厅局机关的平时考核，健全完善“日志式”管理系统和公务员平时考核办法。厅考核领导小组不定期对厅机关公务员“工作周记”进行抽查，并将抽查情况在机关处室范围内通报。

完成2017年度厅属单位目标(经营)管理责任书的签订和各类考核评议材料的整理归档工作。年初组织协调厅属各单位及时签订了2017年度目标(经营)管理责任书，细分工作任务，明确工作职责，落实工作责任。同时，对2016年度厅属单位考核民主测评表及汇总表、厅局机关干部，省文物监察总队考核登记表、厅属正处级干部考核登记表予以整理归档。

做好全省“最美公务员”推荐工作。做好“最美浙江人·浙江骄傲”人物推荐工作，省文物考古研究所王宁远入围前20名候选人，浙江电视台、钱江电视台等新闻媒体录播了有关事迹，并在全省各媒体做专题宣传。

【离退休干部服务工作认真细致】

关心好困难离退休干部。安排厅领导走访了系统内17名老高知、长期患病和生活有困难的老同志以及厅机关的老同志遗属。做好系统14位生活困难的离休干部和遗属向省委老干部局申请特殊困难补助工作。做好机关离退休党员干部每月组织生活的服务工作。探望生病住院老同志。

组织好离退休同志文化生活。召开厅机关老同志迎春茶话会，组织厅机关离退休女同志“三八”节活动。组织厅机关离休、退休老同志参加“走基层、看变化、促发展”活动和重阳节活动。组织安排系统离休干部到望江山疗养院体检疗养。配合做好省级文化系统老干部合唱团有关工作。

做好其他工作。完成系统离休干部居家养老情况的调查统计，完成发放离休干部家政服务券的工作，完成离休干部年度统计。服务离退休老干部体检49人次，机关在职工作人员体检67人次。

【社会组织管理规范工作有序开展】 做好2017年度业务主管社会组织工作会议。8月10日，召集57家社会组织负责人传达落实清理规范工作精神。同时，邀请省民政厅社会组织管理局负责人就社会团体清理规范与促进社会组织持续健康发展做了专题讲座。印发社会团体清理规范工作方案，明确清理规范标准、列出问题清单，要求厅管社会组织逐一进行整改。

做好社会组织清理规范工作。先后于3月、4月、6月、11月、12月下发了社会组织清理规范工作的通知，先后督促18家存在问题的社会团体进行了整改。依法建议省民政部门对5家活动开展不正常、连续两年未参加年检或年检不合格的社会团体进行强制注销。加强对收费社会社团的监管，降低会费收取标准。对收费金额较多的6家社会团体（会员年收会费100元以上），原则上按50%比例降低，会费标准共降低数额为2.95万元/年。扎实推进4家行业协会与行政机关脱钩试点工作，其中浙江省演出行业协会、浙江省网吧行业协会等2家已经完成。对存在违规兼职的厅管干部进行发函，列出了整改要求，严格按有关规定做好违规兼职清理工作。

做好社会组织管理工作。按时完成社会组织年检工作，共对49家厅管社会组织的活动开展情况、运营情况进行了审查。共协助处理社会组织成立、变更、审批、换届、慈善组织认定等事项53件。协助审核厅业务主管59家及业务监督1家社会组织理事以上职务的规范性，更新了联系人及秘书长的通讯方式。

建立厅管社会组织微信群。截至12月底，已有83位厅管社会组织的负责人及联系人入群，方便了组织间的互相交流学习，提高了办事效率。

（戴　言）

公共文化基础设施

【概况】　2017年是省级文化系统推进实施首轮重大文化基础设施建设“四个一批”规划的第五年，省级文化设施面貌进一步改善。浙江小百花艺术中心项目进入内部安装和装修阶段；浙江自然博物园核心馆区土建工程完成，即将进入展馆布展施工阶段；省重大项目浙江省之江文化中心完成总体规划方案优化及选址论证；浙江音乐厅、浙江话剧团艺术剧场加层改造基本完成；浙江省文物考古研究所科研业务用房改造全面动工；浙江新时代文化大厦（暂名）经过多轮谈判，与西湖区政府签署了合作框架协议；浙江省考古遗产展示园项目已基本完成项目策划和项目建议书的编制。与此同时，省文化厅着手制订新一轮的“四个一批”规划，继续谋划推进、提升省级文化设施的品质和形象。

【浙江自然博物园核心馆区项目】

浙江自然博物园核心馆区项目位于安吉县递铺镇教科文新区，占地20平方米，建筑规模6万平方米，投资5.4亿元。项目主体工程于2016年3月顺利开工，是年先后完成了项目一、二、三标段的土建、设备安装、公共部位装修、室外施工工作，同步推进6个主展馆的钢结构施工，完成布展施工的招投标、深化设计工作，做好进场施工准备，已接近竣工。

【浙江小百花艺术中心项目】　浙江小百花艺术中心项目位于杭州市曙光路南侧，工程占地面积18520平方米，建设规模25082平方米，总投资30255万元。是年，先后完成整体幕墙、室外边坡施工、室内空调、弱电、消防等安装工程，总体建安工程进入收尾阶段；精装修施工全面铺开，进入关键施工阶段；舞台机械施工已大部分完成，陆续进行设备调试；灯光音响施工配合精装修完成管线预埋；电力、市政环卫、广场景观、绿化（围墙）等室外工程完成招投标。与此同时，完成了百越文创公司的参股组建，以及中心委托运营的公开招租程序。

【浙江省之江文化中心项目】　浙江省之江文化中心是“十三五”时期浙江省基本公共文化服务体系建设龙头项目之一，项目选址位于杭州之江国家旅游度假区转塘龙王沙地块，占地270亩，规划建设包括浙江图书馆新馆、省博物馆新馆、省非遗馆、省文学馆等。已完成整体规划及城市设计方案的优化调整、修建性详规及选址论证初稿、编制可研报告，完成项目社会力量参与部分的商业策划和方案。鉴于项目重大，多次形成书面材料报省委、省政府主要领导决策，8月7日，省委常委、省委宣传部部长葛慧君，副省长成岳冲召集相关职能部门负责人召开专题协调会，省委书记车俊做出批示，拟专题听取项目汇报。

【浙江新时代文化艺术大厦（暂名）项目】　浙江新时代文化艺术大厦（暂名）项目是浙江省级文化系统重大文化设施建设“四个一批”规划项目中的谋划储备类项目，是省文化厅从盘活、整合、提升、改造建设文化设施，提升城市文化品位，改善省级文化单位的业务用房条件出发，通过教工路、影业路、莫干山路等部分文化单位的资源整合、置换而提出的。与杭州市西湖区本着互利共赢的原则，于2017年5月份签署了战略合作框架协议，当年完成了项目建设用地红线及规划指标的公示，并协调落实相关被征迁单位的资产处置、原租赁合同的解除、现有住户员工的搬迁安置，过渡安置经费的拨付，同步推进项目规划咨询、设计任务书、项目建议书编制及立项报批，有序推进项目前期工作。

【省级文化系统改造提升项目】 浙江歌舞剧院有限公司所属的浙江音乐厅内部提升改造项目于9月完工并恢复使用。浙江话剧团艺术剧院加层改造项目年底竣工完成。厅机关职工食堂项目完成并投入使用。浙江省文物考古研究所科研楼改造项目完成结构加固、隔断，桥架敷设，风管、线路的基础性安装，进入装修和外墙施工阶段。中国丝绸博物馆改扩建工程、厅机关办公用房节能维修改造项目、厅机关职工食堂项目的结算审计和财务竣工决算审计顺利完成。

（娄国建）

党工团工作

【概况】 根据《2017年省级文化系统党建工作要点》和《2017年中共浙江省文化厅党组中心组理论学习计划》，认真做好党工团各项工作。

【理论武装】 积极开展"两学一做"学习教育活动。4月底，举办省级文化系统"勇立潮头建新功、喜迎党的十九大"大讨论成果微型党课比赛，省文化厅下属单位22名选手参加比赛。选派一等奖获得者浙江艺术职业学院的王和同志代表省级文化系统参加省直机关工委微型党课比赛，获得二等奖。6月初，制定出台《省级文化系统有关推进"两学一做"学习教育常态化制度化的实施方案》，坚持用党章党规规范党组织和党员行为，不断增强党员干部的"四个意识"。

加强学习研讨。2016年12月至是年3月，开展省级文化系统处级领导干部十八届六中全会精神集中轮训，全系统自上而下开展学习十八届六中全会精神专题研讨共计667次，处级干部在研讨会上做了中心发言，254名参训处级干部向机关党委提交了学习体会文章。6月起，深入学习贯彻省第十四次党代会精神，制定下发了《省级文化系统学习宣传贯彻省第十四次党代会精神工作方案》，要求系统各单位党组织切实加强对学习宣传贯彻省党代会精神的组织领导，确保把省党代会精神及时准确传达到位。召开厅党组理论中心组专题研讨会、文化专家"文化浙江"座谈会、系统处级干部学习传达会、系统学习贯彻党代会精神讲座等，层层深入抓好学习贯彻落实。8月，下发《关于深入学习贯彻习近平总书记"7·26"重要讲话精神的通知》，组织系统各单位党组织及时传达、学习、理解和领会习近平总书记"7·26"重要讲话精神。10月，下发《关于认真组织收听收看党的十九大并报送有关信息的通知》，分阶段统计并上报省级文化系统党员干部群众对党的十九大报告的反应、对党章修改的反应和传达学习贯彻党的十九大精神的有关情况。制定《系统学习宣传贯彻十九大精神的工作方案》。10月18日至30日，厅党组召开了3次理论学习中心组专题学习会，分阶段分步骤对党的十九大报告进行深入学习，并对省级文化系统学习宣传贯彻党的十九大精神进行了动员部署。11月，筹备省级文化系统党工团负责人学习党的十九大精神专题培训班，邀请厅领导做党课辅导；研究制定《浙江省文化厅关于认真学习宣传贯彻党的十九大精神的通知》，协助厅党组做好党的十九大精神的学习宣传贯彻。

开展党日活动。结合建党96周年开展"七一"主题党日活动，系统300多名党员干部重温入党誓言、聆听微型党课、参加"文化浙江"主题讲座，积极营造迎接党的十九大召开的良好氛围。

【党组织自身建设】 强化党建考核。年初，针对2017年厅属单位工作实际，结合形势任务要求，逐一修订23家单位的党风廉政建设责任书和年度工作目标考核责任书，细化量化考核指标，提升考核刚性，并由厅党组书记与23家厅属单位一把手签订了两个责任书。

开展组织生活。部署省级文化系统各单位党组织开展2016年度民主生活会。完成2016年度厅属单位专题组织生活会、开展省级文化系统党组织负责人三级述职、党员民主评议、基层党组织星级评定总结工作，并向工委上报。9月，转发省委组织部《关于进一步深化支部主题党日活动的指导意见》的通知，进一步规范党内组织生活。

夯实组织建设。5月至6月，下发《关于开展省级文化系统党组织建设情况专题调研的通知》（浙文机党〔2017〕13号），对系统党建基础性工作全面摸底，夯实系统党建工作基础。共有4

家厅属单位党组织完成换届改选，新成立浙江省古建筑设计研究院党支部。

加强党员管理。6月，召开党费工作业务培训会，传达中组部和省组部对党费清理收缴使用有关规定，进一步规范省级文化系统党费工作。7月，召开省级文化系统党组织和党员基本信息采集工作培训会，对厅属单位使用全国党员管理信息系统进行实务辅导。

【作风建设】　进行对照整改。2016年12月起，针对省直机关"为官不为"作风建设民主评议活动中涉及省文化厅的15条意见建议开展了专项整改，切实加强效能监察和投诉处理，以正风肃纪高压态势抓好作风建设，15条意见所涉及的问题全部整改到位。下发巡视反馈意见全面回头看的整改通知，梳理汇总2015年以来的巡视整改落实情况及成效，向省委上报《厅党组关于报结巡视反馈意见整改落实情况的专题报告》（浙文党〔2017〕13号），报结省委第五巡视组反馈意见整改落实情况，有效促进了廉政监督，督促了主体责任落实。7月底，下发《关于印发〈省级文化系统"推进'最多跑一次'改革强服务强效能"作风建设专项行动实施方案〉的通知》，落实省委关于"一推两强"作风建设专项行动的有关要求。

开展日常督查。抓住元旦、春节、五一、端午、中秋、国庆等关键时间节点，下发廉洁过节通知，对"四风"问题进行广泛提醒，杜绝节日腐败。分别于年初、8月、9月，对省文化厅局机关和厅属单位开展3次明察暗访，督查上班纪律等情况，进一步提能增效。

【党风廉政建设与反腐败工作】
加强党风廉政建设。3月底，扎实做好省纪委《关于对省文化厅党组履行党风廉政建设主体责任情况报告的评议意见汇总》的整改落实，制定下发了《中共浙江省文化厅党组关于省纪委对我厅履行党风廉政建设主体责任制情况报告评议意见的整改方案》，提出18条措施。经过3个月的努力，全面提前完成整改任务，向省纪委报送了评议意见的整改报告。4月，下发《浙江省文化厅党组2017年党风廉政建设和反腐败工作12项具体任务及分工》，坚持问题导向，明确重点任务和牵头责任厅领导、责任处室和完成期限。5月，印发《浙江省文化厅党风廉政建设党组主体责任实施细则》，切实层层传导压力，从严落实责任，推进省级文化系统党风廉政建设和反腐败工作。7月，下发《浙江省文化厅办公室关于全面开展上半年党风廉政建设责任制落实情况大督查的通知》，厅领导带队走访督查。完成2017年上半年省级文化系统廉情分析报告，向党组会做了汇报。根据会议要求，下发了《关于报送党风廉政建设主体责任清单的通知》，通过"两上两下"完成了对厅属单位党组织主体责任清单的修订工作。

开展内部审计。3月，部署开展2017年度公务支出公款消费自查及专项审计工作。开展部分厅属单位法定代表人任期经济责任审计工作。5月初，完成对原有《省级文化系统企事业单位厅管干部经济责任审计办法》的修订，下发《浙江省文化厅关于印发〈浙江省省级文化系统企事业单位领导干部经济责任审计办法〉的通知》（浙文审〔2017〕1号），进一步明确审计程序，强化审计结果运用，健全党内监督体系。启动了9家单位法定代表人任期经济责任审计，完成了10家厅属基层工会2015—2016年度经费收支情况内部审计。同时，对2016年16家被审计单位的审计报告进行综合分析，完成《2016年度省级文化系统内部审计工作总体情况分析报告》。

加强内部巡察。3月，出台《2017年度省级文化系统巡察工作方案》，召开2017年度省级文化系统巡察组工作启动会，成立省文化厅巡察工作组，对浙江新远文化产业集团有限公司、浙江越剧团2家单位开展为期半年的首轮巡察。7月底，经党组会研究决定启动对中国丝绸博物馆的巡察工作，并于7月31日召开了动员会。9月，印发《中共浙江省文化厅党组巡察工作实施办法（试行）》（浙文党〔2017〕32号），初步在省级文化系统建立起内部巡查机制。

强化纪检监察。2月，研究出台了《省级文化系统纪检干部队伍管理办法（暂行）》，在职工人数多于50人的17家厅属单位全部配备专职纪检干部，初步建立起纵向到底、横向到边的纪检干部体系。9月，根据省纪委要求，对省级文化系统各单位公款购买消费烟酒情况进行排查，要求存在此类情况的单位立即整改，并对查处情况进行分析上报。

推进廉政文化建设。定期向

省文化厅、省文物局机关干部职工推送文化廉政微信、廉言纪语短信，营造风清气正的系统廉政文化氛围。本年度累计发送短信和微信44期。

【群团工作】 进行工作部署。3月，分别召开系统共青团、工会工作会议，部署全年群团工作，下发工作要点。9月30日，召开共青团浙江省省级文化系统第十二次代表大会，选举产生省级文化系统第十三届团委。

开展“创先争优”工作。组织开展工会评优表彰工作，评选出2015—2016年度工会先进集体10家，优秀工会干部55人，工会工作积极分子74人。以纪念五四运动98周年、建团95周年为主题，举办第二期省级文化系统“文化青年说”暨五四表彰活动，评选出2015—2016年度先进团组织5个，优秀团干部9名，优秀团员28名。

加强党内关怀。组织做好元旦、春节、七一慰问困难党员职工工作，做好对党员干部生活状况的调查了解。6月起，在系统内开展疗休养活动，举办省级文化系统第四届运动会，邀请心理专家在党工团负责人培训班上做“1解1”心理辅导，保护和促进职工身心健康，激发职工工作热情。

【大督查】 4月7日，省直机关工委到省文化厅督查调研省级文化系统落实学习贯彻中央和省委重要文件情况、在职党员进社区志愿服务情况、公务员工作日志记录情况和机关办公环境卫生情况等四项工作。5月31日，省直机关工委书记郑才法带队到厅走访调研，了解省级文化系统党建工作情况、推动重点工作落实情况、党建发展中的重点难点等情况。7月26日，省委组织部对省文化厅“两学一做”常态化制度化学习教育落实情况、省第十四次党代会精神落实情况、主题党日活动开展情况等开展督查。9月，做好省委巡视组进驻巡视相关工作。10月17日，工委督导组督查省文化厅党组理论学习中心组学习、开展机关基层党支部主题党日活动，组织“勇立潮头建新功、党员干部当先锋”大讨论活动和“推进‘最多跑一次’改革强服务强效能”作风建设专项行动等党建重点工作落实情况。

（王玥清）

大事记

ZHEJIANG CULTURE YEARBOOK

2017年浙江文化大事记

1月

2日至4日　省文化厅厅长金兴盛，副厅长、浙江音乐学院党委书记褚子育赴北京参加2017年全国文化厅局长会议。

3日　省文化厅副厅长陈瑶、省文物局局长柳河参加全省扩大有效投资重大项目集中开工启动仪式。副厅长刁玉泉召开会议，部署2017年省委、省政府春节团拜会文艺演出工作。

4日至6日　省文物局局长柳河赴温州参加全省五水共治和美丽浙江建设工作考核。省文化厅副厅长刁玉泉参加艺术系列副高职称评审会。

5日　省委宣传部常务副部长来颖杰到省文化厅座谈，厅领导金兴盛、陈瑶、端木义生、蔡晓春、刁玉泉、李莎参加。副厅长陈瑶出席灵隐腊八节习俗专家座谈会。副厅长黄健全赴南京参加第二十四届江浙沪演出业务洽谈会暨第十届长三角国际演出项目交易会（至6日）。副厅长蔡晓春一行到仙居县朱溪镇开展对口帮扶工作。副厅长刁玉泉参加浙江曲艺杂技总团届满考核评议会；参加全省美术馆工作会议暨美术馆藏品普查工作交流会并讲话。副巡视员任群赴缙云参加全省农村文化礼堂长效机制建设交流会暨浙江农村文化礼堂论坛（至6日）。

6日　省文化厅厅长金兴盛、副厅长陈瑶到浙江音乐学院出席观看优秀文化艺术紧缺人才结业典礼汇报演出。厅长金兴盛到浙江美术馆参加全省美术馆馆藏精品展开幕式。副厅长蔡晓春召集相关人员听取之江文化中心项目PPP部分进展情况汇报。副厅长刁玉泉参加全省反恐视频会议。

9日　省文化厅厅长金兴盛、省文物局局长柳河参加县（市、区）委书记工作交流会。厅长金兴盛列席省委常委会；主持召开向省级文化系统人大代表、政协委员、党外干部和中青年专家征求意见会。厅领导陈瑶、端木义生、蔡晓春、刁玉泉、李莎、任群出席观看浙江艺术职业学院2017年迎新晚会。副厅长黄健全赴北京参加全国文化市场管理工作会议（至12日）。省文物局局长柳河与浙江自然博物馆馆长沟通工作。

10日　省文化厅党组书记、厅长金兴盛主持召开厅党组会，厅领导陈瑶、褚子育、柳河、端木义生、蔡晓春、刁玉泉、李莎出席会议，厅局机关相关处室负责人列席有关议题。副厅长陈瑶主持召开省文化信息中心和省非遗中心目标责任制考核会，厅办公室、计财处、政策法规处、非遗处、人事处、直属机关党委负责人参加。省文物局局长柳河接待龙泉市政府领导到访。副厅长刁玉泉出席观看浙江歌舞剧院原创音乐剧《天台遇仙》；参加图书资料系列高级职称评委会。副巡视员任群赴德清参加全省小城镇环境综合整治工作现场会（至11日）。

11日　省文化厅厅长金兴盛、省文物局局长柳河、驻厅纪检组组长端木义生参加省纪委十三届六次全会第一次大会。厅长金兴盛参加省委深改组文化体制改革专项小组全体会议。副厅长陈瑶参加全国安全生产电视电话会议；参加全省外宣网宣工作会议。省文物局局长柳河与中国丝绸博物馆馆长商量2017年工作思路。副厅长蔡晓春、副巡视员李莎接待文化部外联局局长陈发奋一行到杭调研2017年中国—中东欧国家文化合作部长论坛活动方案（至12日）。副厅长刁玉泉召集厅属13家相关单位年度目标管理责任制考核会议。

12日　省文化厅领导金兴盛、褚子育、柳河、端木义生、李莎参加全省宣传思想工作会议。副厅长陈瑶参加全省财政地税工作电视电话会议；主持召开浙江歌舞剧院有限公司领导班子聘期考核评议暨干部任命大会。副厅长黄健全主持召开浙江新远文化产业集团年度目标责任制考核工作。副厅长刁玉泉参加艺术系列正高职称评审。副巡视员任群赴丽水参加会议。

13日　省文化厅举行厅局机关处室述职大会，厅领导金兴盛、陈瑶、褚子育、黄健全、柳河、端木义生、蔡晓春、刁玉泉、李莎参加，厅局机关全体干部参加。厅领导金兴盛、陈瑶、褚子育、黄健全、柳河、端木义生、蔡晓春、刁玉泉、李莎、任群参加厅党组民主生活会，省委宣传部副巡视员、干部处处长吴熔到会。

14 日　省文化厅副厅长刁玉泉参加群文系列高级职称评委会。

15 日　省文化厅厅长金兴盛列席省政协十一届五次会议开幕式。副厅长刁玉泉参加省政协十一届五次会议(至 19 日)。

16 日　省文化厅厅长金兴盛、省文物局局长柳河列席省十二届人大五次会议(至 20 日)。厅长金兴盛列席省委常委会。副厅长陈瑶接待省新闻出版广电局副局长单烈到厅商议工作。副厅长黄健全赴新西兰、澳大利亚开展对外文化交流活动(至 23 日)。省文物局局长柳河出席省文物局机关离休老干部年度工作通报会。副厅长蔡晓春赴遂昌调研第三批特色小镇培育名单。副厅长刁玉泉参加省政协十一届五次会议(至 19 日)。

17 日　省文化厅副厅长陈瑶参加省委宣传部征求意见会。副厅长蔡晓春参加南山丝绸文化小镇论证会；赴嵊州调研第三批特色小镇培育名单。副巡视员李莎参加全省企业“降成本”大调研工作动员部署会；参加浙江歌舞剧院有限公司党委民主生活会。

18 日　省文化厅副厅长陈瑶参加省政协委员小组联组讨论。副厅长蔡晓春赴上虞调研第三批特色小镇培育名单。副厅长刁玉泉参加省委秘书长陈金彪主持召开的“浙商新年联欢会”协调部署会。副巡视员李莎走访慰问老干部。副巡视员任群参加省文化馆班子民主生活会。

19 日　省文化厅厅长金兴盛列席省政协十一届五次会议闭幕式。副厅长陈瑶召集召开厅年度目标责任制考核小组会议；参加厅非遗处党支部组织生活会。副厅长蔡晓春赴安吉开展浙江自然博物园项目推进。副巡视员李莎到省委宣传部与相关处室人员商议“我们的村晚”事宜；参加美术馆党支部民主生活会。

20 日　省文化厅厅长金兴盛、副厅长陈瑶出席厅机关老干部迎春茶话会。厅长金兴盛、副厅长刁玉泉出席全省第三届农村文化礼堂“我们的村晚”活动。副厅长陈瑶参加浙江音乐学院党委班子民主生活会。副厅长蔡晓春参加浙江省文化艺术研究院班子民主生活会。副厅长刁玉泉参加厅艺术处党支部组织生活会。

22 日　省文化厅党组书记、厅长金兴盛主持召开厅党组会，厅领导陈瑶、柳河、端木义生、刁玉泉、李莎、任群出席会议，厅局机关相关处室负责人列席有关议题。厅领导金兴盛、陈瑶、褚子育、端木义生、刁玉泉、李莎、任群参加厅机关工会举行的厅局机关新春团拜会，厅局机关全体工会成员，厅属单位党政负责人参加。省文物局局长柳河、副厅长蔡晓春参加全省审计工作会议。副厅长蔡晓春参加省委政法工作会议。副厅长刁玉泉出席观看浙江昆剧团拔尖人才曾杰专场演出。

23 日　省文化厅厅长金兴盛陪同副省长成岳冲赴浙江新远文化产业集团、省博物馆、浙江自然博物馆、浙江美术馆、中国丝绸博物馆检查大型文化设施安全工作，副厅长陈瑶、省文物局局长柳河陪同调研；走访困难党员、老干部。省文物局局长柳河赴绍兴进行文物安全检查。副厅长蔡晓春参加厅政策法规处党支部组织生活会；参加中国丝绸博物馆班子民主生活会；参加 2017 年省部标准化工作联席会议。副厅长刁玉泉参加省文化馆年终总结大会；参加浙江昆剧团班子民主生活会。副巡视员李莎到杭州歌舞剧院审看赴美演出节目；参加省政府副秘书长陈宗尧召集的研究有关对朝工作会议。

24 日　省文化厅领导金兴盛、陈瑶、褚子育、黄健全、柳河、端木义生、蔡晓春、刁玉泉、李莎、任群参加省级宣传文化系统党风廉政建设工作会议。厅长金兴盛召集会议研究之江文化中心建设相关工作，厅计财处、省文物局博物馆处以及省作协、省博物馆、浙江图书馆、省非遗中心负责人等参加会议；参加省委宣传部开展净化舆论环境专项整治专题会议。副厅长陈瑶走访慰问老干部。省文物局局长柳河赴杭州博物馆等单位进行安全检查。副厅长蔡晓春走访慰问老干部。副厅长刁玉泉参加浙江艺术职业学院班子民主生活会。副巡视员李莎参加浙江自然博物馆党总支民主生活会。

25 日　省文化厅厅长金兴盛参加浙商座谈会；参加省委全面深化改革领导小组第十四次会议；参加 2017 浙商联欢会。副厅长陈瑶参加浙江京剧团、浙江新远文化产业集团班子民主生活会。副厅长黄健全参加浙江新远文化产业集团年度会议。副厅长蔡晓春参加厅计财处党支部组织生活会。副厅长刁玉泉走访慰问老干部；审查省委、省政府新年团拜演出节目。副巡视员李莎走访慰问老干部。

26 日　省文化厅厅长金兴盛、省文物局局长柳河参加省委、省政府春节团拜会。

2 月

3 日　省文化厅领导金兴盛、陈瑶、褚子育、黄健全、端木义生、蔡晓春、刁玉泉、李莎、任群走访慰问厅局机关各处室。省文物局局长柳河陪同省政协副主席郑继伟赴松阳县开展新春下基层调研活动(至 4 日)。

4 日　省文化厅领导金兴盛、陈瑶、褚子育、黄健全、端木义生、蔡晓春、刁玉泉、李莎、任群出席省级文化系统工作总结表彰部署会议、省级文化系统党风廉政建设工作会议，省文化厅、省文物局机关全体工作人员和厅属各单位领导班子成员参加。厅领导金兴盛、陈瑶、褚子育、黄健全、端木义生、蔡晓春、刁玉泉、李莎、任群参加新任副厅长叶菁到厅见面会。副厅长蔡晓春赴英国、俄罗斯执行“欢乐春节”出访任务(至 12 日)。

6 日　省文化厅领导金兴盛、陈瑶、褚子育、黄健全、柳河、端木义生、刁玉泉、李莎、任群参加全省剿灭劣五类水工作会议。厅长金兴盛列席省委常委会会议。副厅长黄健全听取中国丝绸博物馆文化科技工作情况汇报；参加全省消防安全紧急视频会议。省文物局局长柳河接待慈溪市政府领导到访。

7 日　省文化厅厅长金兴盛、副巡视员李莎接待杭州市副市长陈红英一行到厅拜访。厅长金兴盛参加全省东西部扶贫协作座谈会暨省对口支援工作领导小组第十次会议。副厅长黄健全参加产业处党支部组织生活会；参加审计署驻上海特派办审计浙江省 2017 年重大政策措施落实情况进点会。省文物局局长柳河赴浙大二院看望牟永抗。

8 日　省文化厅厅长金兴盛参加厅办公室党支部组织生活会。副厅长陈瑶参加省委组织部座谈会。副厅长黄健全、副巡视员任群出席省级文化系统 2017 年党建纪检工作会议。副厅长黄健全参加省特色小镇规划建设工作联席会议办公室主任会议。副厅长刁玉泉与厅艺术处研究治水之歌创作相关事宜。副巡视员任群参加省委组织部召开的信访工作总结交接会；参加浙江越剧团民主生活会。

9 日　省文化厅领导金兴盛、陈瑶、褚子育、黄健全、柳河、端木义生、刁玉泉、叶菁、李莎、任群参加 2017 年全省文广新局局长会议，厅局机关各处室负责人参加(至 10 日)。厅长金兴盛参加省委农村工作会议。副厅长黄健全赴绍兴调研文化市场管理工作。省文物局局长柳河接待龙泉市副市长张长山一行到访；接待在浙全国人大代表视察中国丝绸博物馆。

10 日　省文化厅厅长金兴盛分别接待金华市、丽水市莲都区、仙居县文广新局局长到厅汇报工作。副厅长陈瑶接待省旅游局副局长杨建武商议文化旅游融合发展工作。副厅长刁玉泉赴深圳参加浙江海外新春联谊会(至 11 日)。

12 日　省文化厅厅长金兴盛、省文物局局长柳河参加省委传达中央有关文件精神会议。

13 日　省文化厅副厅长陈瑶接待宁波市委宣传部副部长林大吉到厅商研举办宁波文化产业博览会相关事宜。副厅长黄健全参加全省统战部长会议；赴中国丝绸博物馆调研文化科技工作。副厅长刁玉泉与省旅游局相关人员对接出访有关事宜。

14 日　副省长成岳冲到厅机关慰问调研，厅领导金兴盛、陈瑶、褚子育、黄健全、柳河、蔡晓春、刁玉泉、李莎、任群参加座谈会，厅机关各处室负责人参加。省文物局局长柳河参加牟永抗告别仪式。副厅长蔡晓春参加丝路之绸国际研究联盟论证会。副厅长刁玉泉接待省委老干部局副局长诸春华一行到厅对接年度工作。

15 日　省文化厅党组书记、厅长金兴盛主持召开厅党组会，厅领导陈瑶、褚子育、黄健全、柳河、端木义生、蔡晓春、刁玉泉、李莎、任群出席会议，厅局机关相关处室负责人列席有关议题。厅长金兴盛向省纪委汇报 2016 年度履行党风廉政建设主体责任情况。省文物局局长柳河参加中国丝绸博物馆理事会制度建设座谈会。副厅长刁玉泉参加全省文化馆馆长会议。

16 日　省文化厅厅长金兴盛陪同省委常委、宣传部部长葛慧君赴上海考察文化产业、媒体融合等工作(至 17 日)。副厅长蔡晓春赴杭州市上城区考察丰平文创园。副厅长刁玉泉与省文联音协对接治水之歌创作事宜。副巡视员任群参加省非遗中心民主生活会。

17日 省文物局局长柳河赴良渚调研良渚遗址保护与申遗工作。省文化厅副厅长蔡晓春赴杭州海关对接工作；组织召开之江文化中心项目PPP部分功能、业态策划方案讨论会。

20日 省文化厅厅长金兴盛列席省委常委会会议。副厅长陈瑶赴浙江朱炳仁铜雕艺术博物馆出席“五牛进故宫”启运仪式。省文物局局长柳河主持召开局务会议。副厅长蔡晓春到省文化馆主持召开省级文艺单位对外和对港澳台文化交流工作座谈会。副巡视员李莎参加2017年世博会筹备工作专题会议。

21日 省文化厅厅长金兴盛、省文物局局长柳河调研中国丝绸博物馆理事会建设工作。厅长金兴盛、副厅长刁玉泉参加2017年度国家艺术基金专家大会电视电话会议。副厅长陈瑶参加全省高校思想政治工作会议。副厅长黄健全参加全省文化市场管理工作会议。省文物局局长柳河走访杭州地区国保单位。副厅长蔡晓春到浙江自然博物馆主持召开省级文博单位对外和对港澳台文化交流工作座谈会。副厅长刁玉泉召集召开“百年追梦”迎接建党100周年重大题材创作座谈会；参加“百年追梦”文艺创作会。

22日 省文化厅厅长金兴盛赴嘉兴市检查2016年度全面从严治党主体责任和意识形态工作主体责任落实情况(至24日)。省文物局局长柳河与省博物馆负责人商议工作；与省古建院负责人沟通工作。厅领导蔡晓春、李莎参加《中华人民共和国公共文化服务保障法》学习讲座，厅局机关相关处室负责人参加。副厅长蔡晓春听取浙江小百花艺术中心项目推进暨百越文创公司组建工作汇报；与杭州市文广新局局长商议中国—中东欧国家文化合作部长论坛方案。副厅长刁玉泉与美国作曲家就关于打造交响乐《良渚》进行座谈。

23日 省委宣传部副部长唐中祥、省文化厅副厅长刁玉泉与中国音协主席叶小钢洽商《第四交响曲·鲁迅》创作演出事宜。省文化厅领导金兴盛、柳河、叶菁、任群参加全国文化文物系统学习贯彻《中华人民共和国公共文化服务保障法》视频会议，厅局机关相关处室负责人参加。副厅长陈瑶赴嘉兴市检查2016年度全面从严治党主体责任和意识形态工作主体责任落实情况。副厅长黄健全陪同省科技厅副厅长曹新安到中国丝绸博物馆调研文化科技工作。副厅长蔡晓春列席省政府常务会议；到西泠印社走访考察。副厅长刁玉泉赴京出席“心香·飞梦”傅狷夫艺术世界特展开幕式，文化部艺术司副司长周汉萍、傅狷夫亲属等出席。

24日 省文化厅厅长金兴盛、省文物局局长柳河参加省政府第九次全体(扩大)会议和全省安全生产工作会议。副厅长陈瑶参加2017年省政协重点提案遴选协商会。副厅长蔡晓春到浙江展览馆走访考察；赴安吉参加省自然博物园项目推进会。

25日 省文化厅副厅长刁玉泉赴北京文化部文干院参加全国文化厅局长培训班(至3月4日)。

27日 省文化厅领导金兴盛、蔡晓春、李莎出席浙江省文化艺术交流促进会换届大会。厅长金兴盛列席省委常委会会议；参加省委对台工作领导小组会议。副厅长陈瑶、省文物局局长柳河参加省人大教科文卫委工作情况汇报会。省文物局局长柳河与浙江省文物考古研究所所长商谈良渚保护申遗工作。副厅长蔡晓春到浙江美术馆参加学雷锋志愿者誓师大会活动。副厅长刁玉泉赴文化部文化干部管理学院参加全国文化厅局长培训班(至3月4日)。副厅长叶菁在省委党校脱产培训(至4月底)。

28日 省文化厅党组书记、厅长金兴盛主持召开厅党组会，厅领导陈瑶、褚子育、黄健全、柳河、端木义生、蔡晓春、叶菁、任群出席会议，厅局机关相关处室负责人列席有关议题。厅领导金兴盛、蔡晓春陪同省委常委、宣传部部长葛慧君到安吉推进浙江自然博物园项目建设。副厅长陈瑶召集有关处室讨论厅属企业薪酬改革方案；召集厅考核小组会议。副厅长黄健全调研杭州市网络游戏企业(至3月1日)。副厅长蔡晓春召集会议研究中国—中东欧十六国文化合作论坛方案；赴良渚实地考察中国—中东欧十六国文化合作论坛场地。副巡视员任群参加第二次全国地名普查验收和成果转化视频会议。

3月

1日 省文化厅厅长金兴盛接待省政协文卫体委相关人员到厅对接工作。驻厅纪检组组长端木义生到省纪委参加会议。副厅长蔡晓春、副巡视员李莎赴北京向文化部外联局局长谢金英汇报中国—中东欧十六国文化合作论坛方案。

2日　省文化厅厅长金兴盛、副巡视员任群出席省公共文化服务协调组会议。厅长金兴盛接待松阳县副县长谢雅贞一行到厅汇报工作；接待西湖区委书记一行到厅对接工作。副厅长陈瑶接待省民宗委副主任陈振华一行到厅商议2017年“民间民俗、多彩浙江”主题活动方案；参加省委宣传部研究我省贯彻落实《关于实施中华优秀传统文化传承发展工程的意见》专题协调会。副厅长黄健全参加省政府副秘书长陆建强主持召开的研究讨论改进完善我省政府产业基金有关工作专题会议。省文物局局长柳河接待松阳县副县长一行到局汇报工作。驻厅纪检组组长端木义生主持召开驻厅纪检组组务会。副厅长蔡晓春、副巡视员李莎向文化部副部长丁伟汇报中国—中东欧十六国文化合作论坛筹备工作情况。副厅长叶菁参加省人大教科文卫委主任办公会议。

3日　厅领导金兴盛、褚子育、端木义生、李莎、任群参加厅领导班子年度述职大会，厅局机关在职在编人员参加。副厅长陈瑶参加省委老干部工作领导小组会议。副厅长黄健全参加省支持浙商创业创新促进浙江发展工作领导小组第六次（扩大）会议。省文物局局长柳河陪同省委常委、杭州市委书记赵一德赴国家文物局沟通良渚申遗和G20峰会博物馆建设工作。副厅长蔡晓春赴北京参加2017年全国文化厅（局）对外和对港澳台文化工作会议（至5日）。

6日　省文化厅副厅长黄健全带队赴河南督查文化市场政策落实和行政审批规范化工作（至10日）。省文物局局长柳河赴兰溪察看全国重点文物保护单位望云楼火灾事故现场，调查和指导善后工作。副厅长蔡晓春召集厅计财处、公共文化处商议全省基本公共文化服务资金专项审计汇报材料。副厅长刁玉泉接待江山市文广新局局长一行到厅汇报工作。副厅长叶菁、副巡视员任群召集厅公共文化处、厅政策法规处商议《浙江省公共文化服务促进条例》起草工作。副厅长叶菁在省委党校脱产学习（至4月底）。

7日　省文化厅厅长金兴盛、副厅长陈瑶接待丽水市委常委、宣传部部长葛学斌一行到访；与浙江小百花越剧团团长商议工作。厅长金兴盛与省文物局局长柳河商议工作。副厅长陈瑶接待景宁县委宣传部相关领导到厅汇报工作。省文物局局长柳河接待山西省文物局局长一行来访。副厅长蔡晓春接待省台办副主任何永明一行到访；接待省政协文史委主任沈敏光一行到厅调研。副巡视员任群参加全省残疾人事业发展大会（至8日上午）。

8日　省文化厅厅长金兴盛听取义乌市人民政府副市长骆小俊一行到厅汇报第十二届义乌文交会筹备工作情况；听取浙江艺术职业学院招生情况汇报；与干部谈话。省文物局局长柳河赴良渚与良渚遗址管委会沟通有关工作，察看水坝考古工作；接待义乌市文广新局局长一行到局汇报工作。副厅长蔡晓春参加全省基本公共文化服务资金专项审计调查进点动员会暨视频培训班；参加省委宣传部外宣工作协调会，向省委宣传部副部长来颖杰汇报中国—中东欧文化论坛筹备工作情况。副厅长刁玉泉与浙江交响乐团团长、浙江省曲杂团团长商议工作；接待金华市金东区区委常委、宣传部部长曹一勤一行到厅汇报工作。

9日　省委组织部干部考察组到省文化厅考察干部，厅领导金兴盛、陈瑶、柳河、端木义生、蔡晓春、刁玉泉、叶菁、李莎、任群参加。省文化厅组织召开省级文化系统基建项目工作座谈会，并签署廉政建设、安全生产责任书。厅领导金兴盛、端木义生、蔡晓春出席会议，厅办公室、计财处、机关党委、公共文化处、非遗处、省文物局博物馆处负责人，厅属相关在建项目建设单位党政负责人等参加。省文物局局长柳河接待常山县副县长一行到访；接待山东省文物局局长到访。副厅长蔡晓春出席“浙江省对外文化交流合作在‘一带一路’建设进程中的机遇与对策”调研课题开题会议。副厅长刁玉泉赴浙江音乐学院对接成立浙江文艺创作中心事宜。副厅长叶菁参加省政府推进“最多跑一次”深化“四单一网”改革协调小组教科文卫体改革专题组第八次会议。

10日　省文化厅厅长金兴盛、副巡视员任群听取兰溪市委书记朱瑞俊关于全国重点文物保护单位望云楼火灾事故情况及公共文化服务相关工作汇报。厅长金兴盛参加省委、省政府义务植树活动。厅直属机关党委书记陈瑶出席省级文化系统2017年工会年度工作会议。副厅长陈瑶接待浙江省文史馆馆长一行到厅调研走访。省文物局局长柳河参加良渚遗址申遗工作誓师大会。副厅长蔡晓春参加2017年全省对台工作会议。副厅长刁玉泉召集有关院团负责人召开有关党的十九大重点文艺工作专题会议，厅艺术处、厅属各艺术单位、宁波市演艺集团有限公司、浙江婺剧团负责人参加；与中央电视台摄制组商议采访内容。

11日　省文化厅副厅长刁玉泉出席浙江流行音乐会。

13日　省文化厅党组书记、厅长金兴盛主持召开厅党组会，厅领导陈瑶、褚子育、黄健全、柳河、端木义生、蔡晓春、叶菁、任群出席会议，厅局机关相关处室负责人列席有关议题。厅领导金兴盛、黄健全、端木义生、任群听取新远集团有关情况汇报。副厅长黄健全参加网络游戏行业管理工作座谈会。副厅长蔡晓春向省政府副秘书长李云林汇报中国—中东欧国家文化合作部长论坛筹备工作。副厅长刁玉泉会见《治水之歌》主创人员。

14日　省文化厅厅长金兴盛陪同副省长成岳冲到省文物局调研，省文物局局长柳河参加；与干部谈话；召集厅计财处处长商议系统基本建设项目情况。厅长金兴盛、副厅长黄健全接待建行浙江省分行营业部总经理一行。副厅长黄健全接待文化部审批规范化督察组到浙督察(至15日)。驻厅纪检组组长端木义生到省文化馆调研。副厅长蔡晓春、副巡视员李莎赴阿里巴巴梦想小镇考察中国—中东欧国家文化合作部长论坛参观活动现场。副厅长刁玉泉携《治水之歌》主创人员向省委宣传部副部长唐中祥汇报创作情况；陪同国家级作家实地采风。副巡视员任群在浙江图书馆接待文化部公共数字文化工程实地考核组，并汇报2016年度我省公共数字文化工程建设情况。

15日　省文物局局长柳河接待国家文物局副局长宋新潮一行到浙调研良渚遗址申遗工作(至17日)。驻省文化厅纪检组组长端木义生到浙江省文化艺术研究院调研；到省博物馆调研。副厅长蔡晓春赴中国丝绸博物馆接待省政协文史委主任沈敏光一行；会见斯里兰卡驻上海总领事拉克士塔·若特纳亚克一行；召集厅计财处、项目办、浙江自然博物馆负责人沟通商议之江文化中心项目、自然博物园核心馆区项目后续推进工作思路。副厅长刁玉泉与浙江音乐学院副书记、副院长洽商浙江文艺创研中心组建工作。

16日　省文化厅领导金兴盛、陈瑶、褚子育、黄健全、端木义生、蔡晓春、刁玉泉、李莎、任群参加领导干部会议。厅长金兴盛给全省市、县(市、区)新任常委、宣传部部长培训班讲课。厅直属机关党委书记陈瑶出席浙江省文化厅2017年内部审计集体进点会。副厅长黄健全赴北京参加国家级文化产业示范园区专家评审会(至17日)。驻厅纪检组组长端木义生到浙江艺术职业学院调研。副厅长刁玉泉参加省政协会议。

17日　省文化厅厅长金兴盛到浙江音乐厅、厅机关食堂项目工地检查；赴嘉兴参加意识形态责任制落实情况反馈会。省文物局局长柳河赴苏州参加江南水乡古镇联合申遗工作推进会。副厅长蔡晓春、副巡视员李莎赴杭州市人民政府对接中国—中东欧国家文化合作部长论坛筹备工作。副厅长蔡晓春到省外办对接工作；召集浙江京剧团团长等商谈京剧团地块置换、异地建设的相关事宜。副厅长刁玉泉参加2017年全省消防安全工作电视电话会议；参加省音协2017年工作会议。副厅长叶菁召集相关人员讨论《浙江省公共文化服务促进条例》。副巡视员任群参加省政府妇儿工委全体(扩大)会议。

18日　副厅长黄健全赴绍兴市上虞区参加全国游戏产业研讨会。

19日　副厅长陈瑶主持召开振兴传统曲艺工作谋划会，中国艺术研究院曲艺研究所所长吴文科以及部分曲艺专家参加会议。

20日　省文化厅领导金兴盛、蔡晓春、李莎向副省长成岳冲汇报中国—中东欧国家文化合作部长论坛筹备相关事宜。厅长金兴盛列席省委常委会会议。厅长金兴盛参加省委建设“平安浙江”领导小组和省“五水共治”工作领导小组会议。省文物局局长柳河参加局机关总支全体党员大会。驻厅纪检组组长端木义生接待省纪委、省监察委鲍秀英委员一行到厅调研指导驻厅纪检组工作。副巡视员任群赴北京参加文化部《公共文化服务保障法》培训班(至22日)。

21日　省文化厅厅长金兴盛、省文物局局长柳河参加国务院廉政电视电话会议。厅长金兴盛、副厅长蔡晓春与京剧团班子商议工作。省文物局局长柳河赴良渚参加英国皇家科学院院士、剑桥大学教授伦福儒学术报告会。副厅长刁玉泉到浙江美术馆出席“雪国精灵——冯庆油画作品展”全国巡展开幕式。

22日　省文化厅领导金兴盛、褚子育、黄健全、柳河、端木义生、蔡晓春、刁玉泉参加全省剿灭劣五类水誓师大会。厅长金兴盛接待绍兴市文广新局局长到厅汇报工作。厅领导金兴盛、蔡晓春、李莎接待文化部副部长丁伟一行到浙调研中国—中东欧国家文化合作部长论坛相关筹备情况(至23日)。副厅长陈瑶接待英国皇家科学院院士伦福儒。副厅长黄健全参加省建行、新远集团合作对接会。驻厅纪检组组长端木义生到浙江昆剧团调研。副厅长刁玉泉赴省委宣传部参加“浙水千秋”全省文艺采风巡演行动碰头会。

23日　文化部副部长丁伟、省人民政府副省长成岳冲共同出席第三届中国—中东欧国家文化合作部长论坛组委会第一次工作会议,省文化厅厅长金兴盛主持,杭州市副市长陈红英、副厅长蔡晓春、文化部外联局副局长李健钢等参加。省文化厅副厅长陈瑶听取浙江艺术职业学院干部选聘工作方案;接待景宁县文广新局领导一行到厅汇报工作。副厅长黄健全参加2017年全国禁毒工作电视电话会议。省文物局局长柳河接待浙大遗产院同志;与局综合处商量全省新任文化局长培训班讲课稿。驻厅纪检组组长端木义生到浙江美术馆、浙江交响乐团调研。副厅长刁玉泉与厅艺术处讨论“五水共治”采风巡演方案。

24日　省文化厅党组书记、厅长金兴盛主持召开厅党组会,厅领导褚子育、柳河、端木义生、蔡晓春、刁玉泉、李莎、任群出席会议,厅局机关相关处室负责人列席有关议题。厅长金兴盛向副省长成岳冲汇报工作;与杭州市西湖区委书记一行商谈九莲庄地块改造和京剧团土地置换问题,副厅长蔡晓春参加;参加全省剿灭劣五类水宣传工作视频会议。副厅长陈瑶参加全省组织部长会议。副厅长黄健全接待金华市文广新局局长一行到厅汇报工作。省文物局局长柳河参加省古迹遗址保护协会成立大会;陪同杭州市副市长张建庭调研良渚遗址保护工作。副厅长刁玉泉与磐安县文广新局局长讨论重点县文艺生产和剧目创作事宜。副巡视员任群参加全国危险化学品安全综合治理电视电话专题会议。

26日　省文化厅副巡视员任群赴松阳参加第十届中国茶商大会松阳银猴茶叶节。

27日　省文化厅厅长金兴盛、副厅长黄健全向副省长成岳冲汇报义乌文交会筹备工作情况。厅长金兴盛列席省委常委会会议。厅党组副书记、副厅长、厅直属机关党委书记陈瑶,驻厅纪检组组长端木义生出席省级文化系统巡察组工作动员会。副厅长黄健全参加省电子商务工作领导小组第六次会议暨省跨境电商综试区建设工作领导小组会议。省文物局局长柳河出席全省博物馆优秀讲解案例大赛活动。副厅长蔡晓春、副巡视员李莎参加全省对外和对港澳台文化工作会议(至28日上午)。副厅长刁玉泉与厅艺术处商量“五水共治”文艺作品创作事宜;参加全省剿灭劣Ⅴ类水出征动员大会。副巡视员任群赴松阳参加第十届中国茶商大会·松阳银猴茶叶节活动。

28日　省文化厅厅长金兴盛赴浙江省古建筑设计研究院调研,省文物局局长柳河等陪同。副厅长陈瑶赴海宁出席2017年度浙江省非物质文化遗产保护工作创新发展现场推进会并实地参观海宁非遗保护成果。省文物局局长柳河与相关处室商量《浙江文物》改版工作。驻厅纪检组组长端木义生到中国丝绸博物馆、浙江自然博物馆(安吉)和浙江歌舞剧院有限公司开展党风廉政建设调研工作(至30日)。副厅长刁玉泉赴厅直属单位巡查办公室超标工作;参加省委宣传部剿灭劣五类水采风巡演协调会。

29日　省文化厅厅长金兴盛接待省委宣传部常务副部长来颖杰到厅调研;接待嘉兴学院副书记一行到厅对接工作。厅长金兴盛、副巡视员任群接待浦江县分管副县长一行到厅汇报工作。副厅长黄健全陪同文化部国家级文化产业示范园区创建考察组一行;参加全省金融工作电视电话会议。副厅长蔡晓春、副巡视员李莎接待杭州市文广新局副局长一行,商讨中国—中东欧国家文化合作部长论坛相关筹备工作。副厅长蔡晓春与浙江京剧团负责人商议土地置换工作。副厅长刁玉泉召集召开剿灭劣五类水督导组会议。

30日　省文化厅厅长金兴盛参加省委全面深化改革领导小组第十五次会议;与干部谈话。

副厅长陈瑶出席中国畲乡三月三暨中国好畲“艺”——畲族特色民俗文化展示活动开幕式。副厅长黄健全参加省清理整顿交易场所“回头看”部署工作会议；听取金华市网络文化产业发展情况汇报。省文物局局长柳河与中国丝绸博物馆相关人员商量工作。副厅长蔡晓春、副巡视员李莎接待宁波市文广新局副局长一行，听取第十五届亚洲艺术节筹备情况汇报。副厅长刁玉泉参加厅办公室处务会议；接待义乌市文广新局局长一行；参加“服务迎接十九大　信访督查练铁军”电视电话会议。副厅长叶菁到省文化馆调研。

31日　省文化厅召开厅属单位一把手工作交流会，厅领导金兴盛、褚子育、黄健全、柳河、端木义生、蔡晓春、李莎、任群出席，厅局机关全体在职在编人员参加。厅长金兴盛、省文物局局长柳河参加全省平安建设工作大会。厅长金兴盛列席省政府常务会议。副厅长陈瑶、刁玉泉参加“千名文艺工作者赴基层”采风巡演行动启动仪式。驻厅纪检组组长端木义生到省纪委参加会议。副厅长刁玉泉召集召开剿灭劣五类水督导组会议。

4月

1日　省文化厅党组书记、厅长金兴盛主持召开厅党组会，厅领导陈瑶、褚子育、黄健全、柳河、端木义生、蔡晓春、刁玉泉、李莎、任群出席会议，厅局机关相关处室负责人列席有关议题。厅长金兴盛参加中国(浙江)自由贸易试验区挂牌暨建设动员大会；参加省普法教育领导小组会议。副厅长蔡晓春向省政府办公厅副秘书长李云林汇报中国—中东欧国家文化合作部长论坛和第十五届亚洲艺术节筹备工作情况。副厅长刁玉泉陪同总政歌舞团著名编剧、副团长。

5日　省文化厅厅长金兴盛出访日本出席浙江文化年首场活动“讽刺与幽默——浙江当代漫画作品展”开幕式，并与东京中国文化中心商洽年度合作事宜，副巡视员李莎陪同(至9日)。副厅长陈瑶赴松阳调研(至6日)。副厅长蔡晓春赴丽水市调研(至6日)。副厅长黄健全听取领导干部个人事项报告填报工作讲座。副厅长刁玉泉带队赴长兴督导剿灭劣五类水进展工作。副巡视员任群参加省事业单位改革领导小组会议。

6日　省文化厅副厅长刁玉泉参加省委人才工作领导小组第22次会议。

7日　省文化厅副厅长陈瑶、省文物局局长柳河参加第一次全国可移动文物普查总结电视电话会议。副厅长黄健全参加国务院安委会安全生产巡查动员汇报会。副厅长蔡晓春主持召开之江文化中心、九莲庄文化中心项目推进工作例会；召集浙江京剧团、浙江曲艺杂技总团有限公司、浙江小百花越剧团相关负责人商议拆迁改造过渡安置方案；接待台湾地区南投县文化局局长林荣森一行。

8日　省文化厅副厅长陈瑶参加“浙江省名中医研究院成立十周年暨《中医药与健康》小学教材首发仪式”。省文物局局长柳河陪同国家文物局党组副书记、副局长顾玉才一行考察浙江省文物工作(至10日)。副厅长蔡晓春召集厅基建项目办成员专题研究近期相关基建工作。

9日　省文物局局长柳河参加浙江大学文博联盟成立大会。

10日　省文化厅厅长金兴盛与干部谈话；听取厅计财处处长相关基建项目情况汇报；与厅公共文化处研究公共文化服务“十百千”工程方案。副厅长陈瑶参加浙江省实施中华优秀传统文化传承发展工程工作推进会。副厅长黄健全参加第二届浙江省金融报告会暨第二届“浙江金融创新人物、青年金融才俊”颁奖典礼。省文物局局长柳河陪同国家文物局党组副书记、副局长顾玉才一行考察浙江省文物工作。副厅长蔡晓春赴北京专题汇报中国丝绸博物馆申报联合国教科文组织二类机构“国际丝路之绸研究中心”事宜。副厅长刁玉泉到省委宣传部汇报工作；召集国家艺术基金会议前期工作碰头会。

11日　省文化厅厅长金兴盛听取副厅长蔡晓春关于九莲庄文化项目推进情况专题汇报；与浙江图书馆馆长、浙江新远文化产业集团有限公司董事长商议工作；赴衢州参加全省“最多跑一次”改革座谈会(至12日)。副厅长黄健全赴杭州市下城区调研跨贸小镇；赴北京参加“一带一路”高峰论坛文化市场工作会议(至12日)。省文物局局长柳河陪同国家文物局闫亚林司长赴湖州调研(至12日)。副厅长刁玉泉参加省艺术家“五水共治”赴杭州余杭慰问演出。副巡视员任群参加2017年全国群众体育工作电视电话会议。

12日　省文化厅副厅长蔡晓春与省文化馆馆长专题商议全省文化志愿者总队2017年度工作计划。副厅长刁玉泉赴嘉善参加县域科学发展示范点建设推进会暨专家研讨会。副巡视员任群参加反恐“412”视频会议。

13日　省文化厅厅长金兴盛、副厅长蔡晓春到安吉县浙江自然博物园核心馆区项目现场检查督促进展情况，并参加了项目综合例会。厅长金兴盛参加全省实施标准化战略暨国家标准化综合改革试点动员推进电视电话会议。副厅长陈瑶赴象山接待文化部非遗生态保护区评估组一行(至14日上午)。厅领导褚子育、柳河、端木义生、李莎、任群参加浙江论坛报告会。副厅长黄健全参加中央宣传部、中央政法委贯彻落实《关于进一步把社会主义核心价值观融入法治建设的指导意见》电视电话会议。副厅长蔡晓春拜会省财政厅副厅长金慧群，沟通商议文化厅教工路、影业路地块综合改造有关事项。副厅长刁玉泉接待中国文联领导专家。

14日　省文化厅厅长金兴盛参加全省国家安全领导小组第五次全体(扩大)会议；参加全省农村文化礼堂建设工作领导小组会议。副厅长陈瑶接待省直机关工委委员、办公室主任曹德平一行到厅督查调研。省文物局局长柳河赴安吉参加全省文物平安工程现场会。副厅长蔡晓春赴宁波参加宁波文博会；听取宁波市筹备第十五届亚洲艺术节情况汇报。副厅长刁玉泉赴金华参加人民音乐家施光南纪念活动及纪念馆落成仪式。

15日　省文化厅厅长金兴盛观看“全民国家安全教育日”警示教育片。

17日　省文化厅厅长金兴盛列席省委常委会会议。厅长金兴盛、省文物局局长柳河参加县(市、区)委书记工作交流会。厅长金兴盛、副厅长叶菁到嘉兴参加全省农村文化礼堂建设工作现场会(至18日)。副厅长陈瑶出席全省新任文广新局局长培训班开班仪式并讲课。副厅长黄健全参加全省禁毒工作电视电话会议。省文物局局长柳河主持召开局长办公会议。驻厅纪检组组长端木义生参加浙江新远文化产业集团有限公司巡查工作动员会。副厅长刁玉泉与厅艺术处商量庆祝党的十九大大型文艺演出事宜；接待上海音乐学院院长一行。副巡视员任群陪同文化部公共文化司副司长陈彬斌赴浙江图书馆调研法人治理及文化创意产品开发。

18日　省文化厅厅长金兴盛陪同省委书记夏宝龙会见日本雅马哈株式会社社长一行；到浙江美术馆出席刘墉作品展览开幕式。副厅长陈瑶参加非遗研培计划座谈会。副厅长黄健全赴苏州参加文化部2017年全国文化产业工作会议暨全国文化产业工作培训班(至21日)。厅领导柳河、端木义生、蔡晓春给全省新任文广新局局长培训班学员讲课。驻厅纪检组组长端木义生、副巡视员李莎参观浙江省全民国家安全教育展。副厅长刁玉泉组织相关人员策划浙江省喜迎党的十九大晚会方案；接待浙江省社会主义学院调研组到厅调研。

19日　省文化厅厅长金兴盛参加全省科学技术奖励大会。副厅长陈瑶赴丽水调研(至20日)。省文物局局长柳河赴天台调研非国有博物馆工作(至20日)。驻厅纪检组组长端木义生到省纪委开会。副厅长蔡晓春接待文化部外联局副局长李健钢一行到浙江调研。副厅长刁玉泉召集讨论治水之歌创作及晚会方案。

20日　省文化厅召开厅干部大会，传达学习全国宣传部部长座谈会精神，厅领导金兴盛、陈瑶、褚子育、端木义生、蔡晓春、任群出席，厅局机关全体在职在编人员、厅属单位主要负责人参加。厅领导金兴盛、陈瑶、端木义生、蔡晓春、任群出席厅局机关总支微型党课比赛。厅长金兴盛接待中国建设银行浙江省分行行长一行，商谈了与省文化厅的战略合作事宜。副厅长蔡晓春出席2017内地与港澳青年文化创意产业交流营闭幕式。副厅长刁玉泉带队赴长兴开展剿灭劣五类水督查工作，并组织省级艺术团队赴长兴开展剿劣慰问演出。

21日　省文化厅党组书记、厅长金兴盛主持召开厅党组会，厅领导陈瑶、褚子育、端木义生、蔡晓春、刁玉泉、任群出席会议，厅局机关相关处室负责人列席有关议题。厅长金兴盛看望全省新任文广新局局长培训班学员；列席省政府常务会议；接待刘墉。副厅长陈瑶接待民盟副主委徐燕峰一行。省文物局局长柳河陪同副省长成岳冲赴良渚调研申遗工作。副厅长蔡晓春出席日本·浙江文化年(浙江龙泉青瓷生活主题展)开幕式。副厅长刁玉泉、副巡视员任群给全省新任文广新局局长培训班学员讲课。副厅长刁玉泉参加省协调推进“四个全面”战略布局试点县建设协调小组第五次会议。

22 日　省文化厅副厅长蔡晓春参加“2017 年全民饮茶日暨第六届万人品茶大会”。

23 日　省文化厅副厅长黄健全赴温州参加文化部市场司文化执法培训班。副厅长叶菁出席公共图书馆全民阅读节暨首届阅读马拉松活动启动仪式；出席杭州图书馆“书香中国　信用杭州”信用借还图书项目启动仪式。

24 日　省文化厅厅长金兴盛列席省委常委会会议；与干部谈话；到杭州剧院出席观看朱培华、杨晓光作品音乐会。副厅长陈瑶参加全省性行业协会商会脱钩第一批试点工作总结部署会议；召集厅机关职能处室部署行业协会、商会与政府脱钩审计工作。副厅长黄健全参加浙江省暨杭州市非法出版物集中销毁活动和“绿书签 2017”系列宣传活动启动仪式。省文物局局长柳河赴北京参加国家文物局召开的传统村落保护研讨活动（至 25 日）。副厅长蔡晓春接待广东省汕头市政协主席谢泽生一行考察浙江美术馆、中国丝绸博物馆；陪同省人大常委会副主任袁荣祥到省文化馆考察青瓷展；接待杭州市江干区委宣传部部长一行。副厅长刁玉泉赴上海参加 2017 年全国艺术创作工作会议（至 25 日）。

25 日　省文化厅领导陈瑶、端木义生、任群出席省级文化系统“勇立潮头建新功、党员干部当先锋”主题微型党课比赛，省直机关工委宣传部部长周瑞忠，省直机关团工委书记韩璐等参加。副厅长陈瑶接待杭州市拱墅区政府领导。副厅长蔡晓春参加省政府副秘书长陈宗尧主持召开的专题协调会。

26 日　省文化厅厅长金兴盛、省文物局局长柳河参加全省领导干部会议。厅领导陈瑶、黄健全、端木义生赴义乌参加义乌文交会（至 28 日）。省文物局局长柳河与金华文物局相关人员商谈工作。副厅长蔡晓春接待丽水市莲都区区长一行。副厅长刁玉泉参加在杭州举办的国家艺术基金巡查会议（至 28 日）。

27 日　省文化厅领导金兴盛、陈瑶、黄健全、端木义生、出席第十二届义乌文交会开幕式。厅领导金兴盛、陈瑶陪同文化部副部长项兆伦到浙江师范大学、金华市调研非遗工作。省文物局局长柳河赴义乌参加第十二届义乌文交会（至 28 日）。副厅长蔡晓春参观考察中国国际动漫节；参加省委宣传部“当前我省意识形态领域形势及对策研究”专题座谈会；赴义乌参加义乌文交会。副厅长刁玉泉召集召开“一心向党”浙江省迎接党的十九大大型交响合唱音乐会创作会；出席省级文化系统保密工作会议；赴建德基层剧院调研并观摩新剧目演出。

28 日　省文化厅厅长金兴盛到省委宣传部汇报工作；与干部谈话。厅领导端木义生、蔡晓春参加义乌文交会。副厅长刁玉泉听取七一晚会总导演汇报方案并讨论。副巡视员、厅直属机关党委副书记、纪委书记任群出席浙江省文化厅巡察工作小组在浙江越剧团召开的巡察工作动员会。

5 月

1 日　省文化厅厅长金兴盛赴北京参加潘天寿 120 周年诞辰纪念展（至 2 日）。

2 日　省文化厅副厅长陈瑶列席省委常委会会议。省文物局局长柳河主持召开局务会议。副厅长蔡晓春接待嘉兴市文广新局局长、文联主席一行；与厅公共文化处、省文化馆负责人商议 2017 年全省文化志愿者行动方案。副厅长刁玉泉听取浙江小百花越剧团汇报《吴越王》剧目修改进度情况；与省文联商量“五个一工程”歌曲报送事宜。副厅长叶菁参加省政协委员“走进基层、走进群众”活动月优秀委员表彰暨 2017 年活动月活动动员会。副巡视员任群到省委党校学习（至 6 月 30 日）。

3 日　省文化厅副厅长黄健全参加国务院安委会电气火灾综合治理工作视频会议；参加推进钱塘江金融港湾建设联席会议第二次会议。省文物局局长柳河就文物工作约谈萧山区政府分管领导；接待中国航海博物馆人员到访参观考察。副厅长刁玉泉赴上海浦东干部学院学习（至 5 月 24 日）。

4 日　省文化厅厅长金兴盛参加浙江省纪念建团 95 周年活动；参加省委全体扩大会议；参加省委二季度工作部署会。厅党组副书记、副厅长，厅直属机关党委书记陈瑶出席省级文化系统纪念五四运动 98 周年、建团 95 周年主题团日活动，省直机关团工委书记韩璐参加。副厅长黄健全参加民进浙江省第十次代表大会开幕式。省文物局局长柳河听取中国丝绸博物馆工作汇报。副厅长蔡晓春听取杭州市文广新局副局长到厅汇报中国—中东欧国家文化合作部长论坛筹备情况。副厅长叶菁到浙江图书馆调研。

5日　省文化厅厅长金兴盛、省文物局局长柳河参加全省“两学一做”学习教育常态化制度化工作座谈会。厅长金兴盛参加代省长袁家军主持召开的中国国际茶叶博览会筹备情况汇报会。文化部非遗司保护处处长宋伟，省文化厅副厅长陈瑶出席“立夏节”民俗活动和全国“二十四节气”保护联盟成立大会。副厅长蔡晓春接待文化部中外文化交流中心文化合作二部处长楼柏芊一行。副厅长叶菁参加国防教育专题座谈会。

8日　省文化厅党组书记、厅长金兴盛主持召开厅党组会，厅领导陈瑶、褚子育、黄健全、柳河、端木义生、蔡晓春、叶菁出席会议，厅局机关相关处室负责人列席有关议题。厅长金兴盛、副厅长蔡晓春约谈浙江京剧团班子成员。厅长金兴盛、副厅长蔡晓春以及浙江京剧团、浙江新远文化产业集团等部分单位负责人赴西湖区政府参加与西湖区的战略合作框架协议的签约仪式。厅长金兴盛列席省委常委会会议。厅党组理论中心组召开专题学习会，专题学习《关于实施中华优秀传统文化传承发展工程的意见》《浙江省文化厅贯彻〈中办国办关于实施中华优秀传统文化传承发展工程的意见〉工作方案》等，厅领导陈瑶、柳河、蔡晓春做中心发言，厅领导褚子育、黄健全、端木义生、叶菁参加。省文物局局长柳河听取平阳县文广新局关于蓝田三清宫拆毁事件的专题汇报。副厅长刁玉泉赴中国浦东干部学院参加城市文化改革与发展专题研讨班（至24日）。副厅长叶菁参加省人大教科文卫工委公共文化副主任委员胡坚主持召开的公共文化服务立法起草小组工作会议。

9日　省文化厅厅长金兴盛赴良渚踏勘省考古遗产展示园选址，省文物局局长柳河等陪同；参加2017年中央财政文化产业专项资金申报评审会。副厅长陈瑶赴北京参加文化部“非物质文化遗产公约和法律研修班”（至11日）。副厅长黄健全参加浙江省计量工作联席会议第一次全体成员会议；参加省促进战略性新兴产业发展工作领导小组会议。副厅长叶菁赴北京参加文化部召开的中国民族歌剧创作座谈会。

10日　省文化厅厅长金兴盛赴舟山参加中国（浙江）自由贸易试验区建设领导小组第三次会议（至11日）。副厅长黄健全随团赴深圳参加第十三届深圳文博会（至11日）。省文物局局长柳河到浙江省博物馆与台湾锦绣三雅文化一行商量展览事宜。副厅长蔡晓春赴昆明参加2017年全国文化财务和文化扶贫工作会议（至12日）。副厅长叶菁赴台州开展公共文化服务示范区创建督查工作。

11日　中共中央政治局委员、国务院副总理刘延东在浙江省常务副省长冯飞、副省长成岳冲陪同下视察良渚遗址、中国丝绸博物馆，省文物局局长柳河等参加。省文化厅副厅长黄健全赴宁波参加全省社会治安综合治理创新工作会议（至12日）。驻厅纪检组组长端木义生接待全国爱国卫生工作会议山东省代表团山东省副省长一行。副厅长叶菁赴金华参加全省市级文化馆馆长例会；调研金华市公共文化建设。

12日　省文化厅厅长金兴盛到浙江美术馆参加干部任命宣布大会；与干部谈话。副厅长陈瑶在北京参加文化部2017年全国非物质文化遗产保护工作会议（至13日）。驻厅纪检组组长端木义生参加全省纪检监察工作会议。副厅长叶菁赴义乌市调研公共文化建设。副巡视员任群出席全国曲艺评书大赛开幕式。

13日　省文化厅副厅长陈瑶出席“振兴浙江曲艺”活动启动仪式。

14日　省文化厅厅长金兴盛、省文物局局长柳河出席中国丝绸博物馆理事会成立大会。副厅长陈瑶出席“中国浙江（杭州）·全国曲艺大书（评书评话）传承发展论坛”开幕式。

15日　省文化厅党组书记、厅长金兴盛主持召开厅党组会，厅领导陈瑶、褚子育、黄健全、柳河、端木义生、叶菁出席会议，厅局机关相关处室负责人列席有关议题。厅长金兴盛、省文物局局长柳河出席“5·18国际博物馆日”浙江主场活动。副厅长陈瑶出席民盟浙江省第十二次代表大会开幕式。副厅长蔡晓春考察杭州艺术博览会；参加副省长孙景森主持召开的研究首届中国国际茶叶博览会筹备工作会议。副厅长刁玉泉赴中国浦东干部学院参加城市文化改革与发展专题研讨会（至24日）。

16日　省文化厅厅长金兴

盛与干部谈话；听取厅艺术处关于迎接党的十九大专场文艺演出筹备情况的汇报。副厅长陈瑶接待省属改制院团等单位到厅上访，省人社厅、省财政厅相关处室以及厅办公室、厅计财处、厅人事处负责人等参加。省文物局局长柳河接待宁波市文广新局负责人到访。副厅长蔡晓春赴嵊州市参加“中华优秀传统文化传承发展”专项讲座“四进”活动开讲仪式。副厅长叶菁赴绍兴出席全国数字文化馆建设培训班开班仪式；赴宁波市调研（至17日上午）。

17日　省文化厅厅长金兴盛、副厅长陈瑶听取浙江艺术职业学院院长到厅汇报乡镇文化员“定向培养”工作情况。厅长金兴盛到省委组织部与任振鹤部长谈话。副厅长陈瑶向省委宣传部副部长唐中祥汇报工作；接待德清县政府领导到厅汇报关于承办文化遗产论坛相关事宜。副厅长黄健全出席省文化厅组织召开的数字创意产业发展工作座谈会。省文物局局长柳河赴绍兴调研工作（至18日）。副厅长蔡晓春参加“世界茶乡　中国之夜”品茶招待会；赴金华参加全省文化志愿服务工作推进会。副厅长叶菁赴舟山调研公共文化建设（至18日上午）。

18日　省文化厅领导金兴盛、柳河、端木义生到浙江省博物馆孤山馆区接待监察部副部长肖培，省委常委、省纪委书记刘建超一行。厅长金兴盛到省委宣传部参加“一心向党”——浙江省迎接党的十九大暨庆祝建党96周年大型交响合唱音乐会工作会议。副厅长陈瑶参加浙江省直属机关代表会议。副厅长黄健全参加省委宣传部召开的乡镇文化员“定向培养”工作协调会。副厅长蔡晓春参加中国国际茶叶博览会开幕式；参加中国—斯里兰卡建交60周年商务理事会开幕式。副厅长叶菁赴温州调研公共文化建设（至19日）。

19日　省文化厅领导金兴盛、陈瑶、端木义生听取内部巡察工作小组第一阶段工作报告。厅长金兴盛接待宁波市副市长许亚南一行到厅汇报亚洲艺术节筹备情况；与干部谈话。副厅长陈瑶出席“走进非遗第一线”中央媒体浙江行（杭州站）记者见面会。副厅长黄健全参加浙江省消费者权益保护工作联席会议第一次全体（扩大）会议。副厅长蔡晓春赴浙江音乐学院对接第三届中国—中东欧国家文化合作部长论坛、“意会中国”——“一带一路”艺术大师工作坊筹备工作；赴杭州市政府召开第三届中国—中东欧国家文化合作部长论坛筹备会议。副厅长叶菁在温州参加全省未成年人朗诵大赛。

20日　省文化厅副厅长叶菁出席第十三届浙江省未成年人读书节启动仪式。

22日　省文化厅厅长金兴盛、副厅长黄健全陪同文化部部长助理于群考察互联网小镇、阿里巴巴集团西溪园区、宋城集团。厅长金兴盛列席省委常委会会议。副厅长陈瑶陪同省委常委、组织部部长任振鹤到浙江省博物馆考察调研。副厅长黄健全陪同文化部部长助理于群到浙考察调研（至25日）。省文物局局长柳河赴北京出席“秘色重光”——秘色瓷考古新发现及陶瓷考古理论和方法学术研讨会（至23日）。副厅长蔡晓春赴北京参加丁伟副部长听取第十五届亚洲艺术节工作方案汇报会议。副厅长叶菁随省委宣传部副部长唐中祥赴云南参加中宣部文化体制改革落实情况跨省督察工作（至25日）。

23日　省文化厅厅长金兴盛接待文成县文广新局局长一行到厅汇报工作；听取浙江艺术职业学院干部聘任等情况汇报。副厅长陈瑶开展非遗传承人走访、调研工作（至25日）。副厅长蔡晓春赴中外文化交流中心、中国对外文化集团商谈工作。

24日　省文化厅厅长金兴盛听取省文化厅实现数据共享推进“最多跑一次”改革情况的汇报；参加省政府打破信息孤岛实现数据共享推进“最多跑一次”改革专题会议。省文物局局长柳河到宁波调研（至25日）。副厅长蔡晓春参加全省侨务工作会议；听取浙江交响乐团团长到厅汇报工作；接待丽水市莲都区副区长一行到厅汇报工作。

25日　省文化厅厅长金兴盛与干部谈话。驻厅纪检组组长端木义生参加乡镇文化员定向招生工作座谈会。副厅长蔡晓春到安吉县参加浙江自然博物园核心馆区项目建设综合例会；听取省非遗中心副主任汇报文化部“根与魂”香港浙江非遗生活展筹备情况；约谈浙江省文化馆、浙江京剧团负责人，商量京剧团过渡安置期间排练场租赁事宜。副厅长刁玉泉参加2017年江浙沪评弹工作领导小组年会。副巡视员李莎参加省政府副秘书长陈宗尧召集的专题研究《关于坚定不移扩大对外开放全面提升开放发展水平的若干意见》起草工作会议；参加外交部外管司副司长杜德文到浙调研对捷克合作工作会议。

26 日　省文化厅党组书记、厅长金兴盛主持召开厅党组会，厅领导陈瑶、褚子育、柳河、端木义生、蔡晓春、刁玉泉、叶菁出席会议，厅局机关相关处室负责人列席有关议题。厅长金兴盛参加省委宣传部“开好党代会　迎接十九大”重大主题宣传动员会。副厅长黄健全参加全面推进“多证合一”改革电视电话会议。副厅长蔡晓春在浙江省博物馆会见国际陶瓷艺术学会理事长雅克·考夫曼。副厅长叶菁参加第六届全国道德模范评选表彰活动电视电话会议；赴长兴开展剿灭劣五类水督导工作。副巡视员李莎到浙江音乐学院参加文化部“一带一路”艺术大师工作坊开班仪式；参加省政府残工委全体会议。

27 日　省文化厅厅长金兴盛列席省委常委会会议。副厅长黄健全参加省文改办召开的文化产业发展政府座谈会。省文物局局长柳河主持召开局长办公会议；接待平阳县政府领导到访。副厅长蔡晓春、副巡视员李莎到浙江艺术职业学院审查浙江曲艺杂技总团有限公司参加上海合作组织领导人峰会文艺演出节目。副厅长刁玉泉出席全省地方戏曲剧种普查工作表彰大会并讲话。副厅长叶菁赴湖州调研公共文化建设。副巡视员李莎到浙江艺术职业学院审看浙江曲艺杂技总团赴上合组织峰会演出节目合成。

28 日　省文化厅副厅长叶菁赴嘉兴出席嘉兴端午民俗文化节开幕式。

31 日　省文化厅厅长金兴盛、副厅长陈瑶接待省直机关工委书记郑才法。厅长金兴盛参加省委全面深化改革领导小组第十六次会议。省文物局局长柳河赴浙江自然博物馆调研新馆展陈工作。副厅长蔡晓春到省政府办公厅汇报中国—中东欧国家文化合作部长论坛筹备情况；到省财政厅文化处沟通协调基建项目相关事宜。副厅长刁玉泉参加省级文化系统网站安全工作座谈会。副巡视员李莎赴北京参加文化部审查浙江曲艺杂技总团有限公司赴哈萨克斯坦上合组织峰会理事会文艺演出节目并协助整排节目（至 6 月 2 日）。副巡视员任群在省委党校学习（至 6 月 30 日）。

6 月

1 日　省文化厅组织召开教工路、影业路地块综合建设项目及征迁动员大会，厅领导金兴盛、端木义生、蔡晓春出席会议，厅办公室、厅计财处、厅产业处、厅艺术处负责人以及厅属省艺术研究院、浙江京剧团、浙江小百花越剧团、浙江曲艺杂技总团、浙江新远文化产业集团、杭州电影拍摄基地单位班子成员参加会议。厅长金兴盛、副厅长蔡晓春到省财政厅与徐宇宁厅长沟通协调基建项目相关事宜。厅长金兴盛参加中国少年先锋队浙江省第七次代表大会开幕式。厅党组副书记、副厅长、厅直属机关党委书记陈瑶走访浙江省考古研究所，专题调研党工团建设情况；接待景宁县文广新局负责人一行到厅汇报工作。副厅长黄健全参加浙江省贯彻实施《网络安全法》工作座谈会。副厅长蔡晓春赴省财政厅与金慧群副厅长商议九莲庄文化中心拆迁安置财税政策事宜；赴义乌调研（至 2 日）。副厅长刁玉泉参加省委防范和处理邪教问题领导小组第二十六次全体（扩大）会议；参加省委宣传部“五个一工程”戏剧类评选。副厅长叶菁赴嘉兴参加文化部第三批国家公共文化服务示范区建设中期督查工作会议。

2 日　省文化厅厅长金兴盛参加省委十三届十一次全体会议。副厅长黄健全参加省政府副秘书长陆建强主持召开的研究协调制定《浙江省质量提升三年行动计划（2017—2019 年）》座谈会。文化部外联局副局长朱琦、省文化厅副厅长蔡晓春、浙江音乐学院党委书记褚子育在浙江音乐学院出席首届“意会中国”——“一带一路”艺术大师工作坊闭幕式。副厅长蔡晓春出席系统 2018 年度部门预算部署工作会议。副厅长刁玉泉到浙江音乐学院、浙江艺术职业学院进行安全检查。副厅长叶菁在杭州市调研公共文化服务工作；赴杭州市西湖区参加第三批示范项目督察。

5 日　省文化厅厅长金兴盛、副厅长黄健全参加省委常委、宣传部部长葛慧君召集的文化市场综合执法有关问题协调会。厅长金兴盛接待常山县委常委、宣传部部长一行到厅汇报工作。副厅长陈瑶参加第四届中国非物质文化遗产保护（德清）论坛。省文物局局长柳河参加全省博物馆陈列展览精品推介项目终评会。副厅长蔡晓春赴香港、澳门出席在香港中央图书馆举办的“根与魂——忆江南·浙江非物质文化遗产展”开幕式（至 9 日）。副厅长刁玉泉参加“一心向党”——浙江省迎接党的十九大交响合唱音乐会策划工作会；陪同文化部艺术司副司长吕育忠观摩2017“新松计划”全省青年戏曲演员大赛决赛。副巡视员李莎出席香港特别行政区政府驻浙江联络处开幕典礼暨庆祝香港特别行政区成立二十周年晚宴。

6日 省文化厅厅长金兴盛参加省委理论中心组“一带一路”专题学习会；参加省委深化文化体制改革专项小组（扩大）会议。副厅长黄健全参加国务院第四次大督查自查工作部署会议。省文物局局长柳河接待浙江理工学院领导。副厅长刁玉泉会见上海音乐学院院长林在勇，签订浙江省文化厅与上海音乐学院共同创排“良渚遗址”题材交响乐作品合作意向。副厅长叶菁参加全省文化法治工作会议。

7日 省文化厅厅长金兴盛到浙江小百花艺术中心推进项目建设；接待永嘉县文广新局局长到厅汇报工作。副厅长黄健全调研在杭文化企业。省文物局局长柳河接待杭州市园林文物局局长一行到访；主持召开局长办公会议；接待宁波市鄞州区文广新局负责人到访。副厅长刁玉泉与浙江歌舞剧院有限公司、浙江交响乐团主要负责人商议民族歌剧《青春之歌》排演工作；陪同美国作曲家到良渚遗址实地调研。副厅长叶菁赴丽水市督查国家公共文化服务体系示范项目创建工作（至8日）。

8日 省文化厅厅长金兴盛赴宁波参加浙江省参与“一带一路”建设推进会。副厅长陈瑶参加全省社会组织清理整顿和规范管理工作会议；参加全国军队转业干部安置工作电视电话会议。副厅长刁玉泉参加全省意识形态领域形势月度分析研判会；参加厅艺术处党支部学习；召开会议研究“一心向党”——浙江省迎接党的十九大交响合唱音乐会创排工作。副厅长叶菁赴温州参加浙江省第八届残疾人艺术汇演活动。

9日 省文化厅党组书记、厅长金兴盛主持召开厅党组会，厅领导陈瑶、褚子育、黄健全、柳河、端木义生、刁玉泉、李莎出席会议，厅局机关相关处室负责人列席有关议题。省文物局局长柳河向副省长成岳冲汇报良渚申遗工作情况。副厅长刁玉泉出席浙江省纪念“国际档案日”系列活动；召集会议部署推动“一心向党”——浙江省迎接党的十九大交响合唱音乐会合唱排练工作。副厅长叶菁赴温州市瓯海区督查省级综合性公共文化服务体系示范项目创建工作。副巡视员李莎赴成都参加第六届中国成都国际非物质文化遗产节开幕式（至11日）。

10日 首个“文化和自然遗产日”浙江省主场城市（杭州·拱墅）系列活动暨第六届大运河文化节开幕式在拱墅区运河广场举行，副省长成岳冲为浙江省第五批非遗项目代表、全国十大考古新发现入选项目、浙江获2016年度全国博物馆十大陈列展览精品项目、2017年全国最具创新力博物馆授牌颁奖，省文化厅厅长金兴盛致辞，副厅长陈瑶，省文物局局长柳河出席。浙江省非物质文化遗产文献馆举行开馆仪式，省文化厅厅长金兴盛、杭州市拱墅区委书记朱建明揭牌，副厅长陈瑶致辞。

11日 省文化厅厅长金兴盛参加省第十四次党代会各代表团、列席人员组召集人会议；参加省第十四次党代会预备会议。厅领导金兴盛、陈瑶、褚子育出席“非遗薪传”——浙江传统音乐展演展评活动颁奖晚会。

12日 省文化厅厅长金兴盛，副厅长、浙江音乐学院党委书记褚子育列席浙江省第十四次党代会（至16日上午）。副厅长黄健全参加厅市场处处长试用期述职评议会。副厅长蔡晓春与厅外事处商议2018年对外和对港澳台文化交流项目；与厅计财处商议2018年预算编制、2017年预算执行、2016年预算绩效评估工作。副厅长刁玉泉参加省委宣传部召开的“一心向党”——浙江省迎接党的十九大交响合唱音乐会组织工作协调会。

13日 省文化厅副厅长、厅机关党委书记陈瑶到浙江交响乐团、浙江美术馆走访调研党组织建设情况。副厅长黄健全参加全省网络直播表演企业座谈会。省文物局局长柳河、副厅长叶菁参加全国推进简政放权放管结合优化服务改革电视电话会议。副厅长蔡晓春到小百花艺术中心工地推进项目建设。副厅长刁玉泉协调赴罗马尼亚出访事宜。

14日 省文化厅副厅长蔡晓春赴仙居朱溪镇结对扶贫帮扶。副厅长刁玉泉会见义乌市文化广电新闻出版局局长一行。副厅长叶菁接待省政协副主席吴晶到厅调研。

15日 省文化厅副厅长、厅机关党委书记陈瑶到浙江艺术职业学院走访调研党组织建设情况。省文物局局长柳河到浙江省博物馆参观东土梵天·并蒂莲花展;接待温州市文物局局长一行。副厅长蔡晓春听取九莲庄电影拍摄基地征迁安置工作汇报。副厅长刁玉泉接待总政歌舞团副团长,讨论新剧目创作事宜。

16日　省文化厅厅长金兴盛参加省委传部学习宣传贯彻省第十四次党代会精神工作部署会。省文物局局长柳河出席文物保护实训班结业仪式并讲话;接待嘉兴市副市长柴永强一行。副厅长蔡晓春听取浙江自然博物馆项目推进汇报。副厅长刁玉泉赴外办参加省领导出访工作协调会。

17日　省文化厅副厅长黄健全参加"2017丝路国际联盟大会"开幕仪式。

18日　省文化厅副厅长刁玉泉出席杭州杂技总团建团60周年活动。

19日　省文化厅党组书记、厅长金兴盛主持召开厅党组会,厅领导陈瑶、褚子育、黄健全、柳河、端木义生、蔡晓春、刁玉泉、叶菁、李莎出席会议,厅局机关相关处室负责人列席有关议题。厅党组书记、厅长金兴盛主持召开省级文化系统学习传达省第十四次党代会精神会议,省文化厅、省文物局机关全体工作人员,厅属各单位领导班子成员参加。副厅长蔡晓春赴宁波参加澜湄文化论坛及亚洲艺术节筹备会(至21日)。副厅长刁玉泉参加省政府金砖五国科技部长协调会。

20日　省文化厅厅长金兴盛、副厅长黄健全出席浙江省文化厅与浙江警察学院、浙江公安消防总队、浙江理工大学、浙江师范大学等4家单位签订文化市场综合执法基地协议仪式。厅长金兴盛、副厅长叶菁在杭州剧院观看义乌婺剧保护传承中心演出的《徐文清公》,金华市委常委、义乌市委书记盛秋平等陪同观看。厅长金兴盛主持召开"文化浙江"主题研究座谈会,厅机关各相关处室负责人、厅系统部分单位的专家参加。省文物局局长柳河参加局综合处处长述职评议会。副厅长蔡晓春与省发改委副主任焦旭祥对接省文化重点项目推进情况;在宁波会见泰国国家旅游局副局长悉素达。副厅长刁玉泉参加省委副秘书长朱重烈召集召开的研究第四届世界互联网大会乌镇峰会文艺演出工作会议;审查浙江歌舞剧院民族歌剧《青春之歌》音乐部分。副厅长叶菁参加副省长成岳冲主持召开的学习贯彻全国"放管服"改革电视电话会议精神会议。

21日　省文化厅厅长金兴盛召集会议研究贯彻落实中央领导对大运河文化建设批示精神,副厅长陈瑶、省文物局局长柳河参加;与副厅长陈瑶、人事处处长研究工作。副厅长黄健全参加浙江省公安消防总队"向人民报告"主题报告会。省文物局局长柳河参加创新联盟理事会工作会议。副厅长蔡晓春、副巡视员李莎接待杭州市文化广电新闻出版局局长一行到厅汇报第三届中国—中东欧国家文化合作部长论坛筹备情况。副厅长刁玉泉与浙江交响乐团团长商谈交响乐《良渚古城》下一步工作安排;参加省委统战部与香港青年论坛文艺演出策划会。副厅长叶菁赴金华对金华市金东区开展第一轮公共文化服务重点县考核。

22日　国家文物局副局长关强和浙江省人民政府副省长成岳冲到中国丝绸博物馆出席"古道新知:丝绸之路文化遗产保护科技成果展"开幕式,省文物局局长柳河参加仪式。"石窟寺文物数字化保护国家文物局重点科研基地"在浙江大学举行揭牌仪式,国家文物局副局长关强、博物馆与社会文物司(科技司)副司长罗静、省文物局局长柳河、浙江大学副校长罗卫东等出席仪式。省文化厅厅长金兴盛参加国务院安委会安全生产巡查反馈会;接待湖州市文广新局局长一行到厅汇报工作。副厅长陈瑶参加省委宣传部人才评议会议。副厅长蔡晓春赴省电影拍摄基地检查项目征迁工作情况。副厅长蔡晓春与省发改委副主任周华富对接省文化重点项目推进情况。副厅长刁玉泉会见宁波市江北区文广新局局长一行;赴浙话艺术剧院审看"一心向党"——浙江省喜迎党的十九大暨庆祝建党96周年交响合唱音乐会高校合唱团排练。副厅长叶菁对金华市婺城区开展第一轮公共文化服务重点县考核;对磐安县开展第一轮公共文化服务重点县考核。

23日　省文化厅厅长金兴盛参加省委常委、宣传部部长葛慧君召集召开的文化产业发展相关政策协调会;向副省长成岳冲汇报中国—中东欧国家文化合作部长论坛有关筹备工作情况,副厅长蔡晓春参加。厅党组副书记、副厅长、厅直属机关党委书记陈瑶参加厅机关党委负责人述职评议会。副厅长刁玉泉参加省委常委、宣传部部长葛慧君召集召开的研究“一心向党”——浙江省喜迎党的十九大暨庆祝建党96周年交响合唱音乐会筹备工作会议。副厅长叶菁对天台县开展第一轮公共文化服务重点县考核。副巡视员李莎出席2017非洲艺术家木雕创作交流活动开班仪式。

24日　省委常委、宣传部部长葛慧君，省文化厅厅长金兴盛、副厅长陈瑶在浙江艺术职业学院音乐厅观看省直机关女干部合唱团“红船向未来”声乐专场音乐会。副厅长刁玉泉在黄龙体育馆审看“一心向党”——浙江省喜迎党的十九大暨庆祝建党96周年交响合唱音乐会联合排练（至25日）。

26日　省文化厅党组书记、厅长金兴盛主持召开厅党组理论中心组学习会，专题学习省第十四次党代会精神，厅领导陈瑶、褚子育、黄健全、柳河、端木义生、蔡晓春、刁玉泉、叶菁、李莎联系思想工作实际谈学习体会，厅局机关相关处室负责人列席。厅领导金兴盛、黄健全、叶菁参加全省党政领导干部依法执政专题研讨班开班式。副厅长蔡晓春约谈浙江新远文化产业集团、杭州电影拍摄基地负责人，听取拆迁工作进度汇报。副厅长刁玉泉到黄龙体育馆审查“一心向党”——浙江省喜迎党的十九大暨庆祝建党96周年交响合唱音乐会节目。副厅长叶菁参加省人大教科文卫委公共文化服务立法起草小组工作会议。副巡视员李莎赴丽水市莲都区、庆元县、遂昌县开展公共文化服务重点县考核验收工作（至30日）。

27日　省委常委、宣传部部长葛慧君在黄龙体育馆审查“一心向党”——浙江省喜迎党的十九大暨庆祝建党96周年交响合唱音乐会节目，省委宣传部常务副部长来颖杰、副部长唐中祥、王四清，省文化厅厅长金兴盛、副厅长刁玉泉，浙江广电集团总裁吕建楚、副总编辑顾顺坤一同审查。厅长金兴盛参加副省长成岳冲召集的全省分管教文卫体工作副市长座谈会。省文物局局长柳河听取平阳县政府关于文物损毁事件处理意见的汇报；主持局长办公会议。副厅长蔡晓春赴省商务厅商谈文化贸易工作事宜。

28日　省文化厅厅长金兴盛给浙江音乐学院师生宣讲省第十四次党代会精神；出席杭州钱塘江文化节开幕式。副厅长陈瑶陪同省委常委、常务副省长冯飞调研运河文化建设。副厅长黄健全参加省清理整顿各类交易场所领导小组（扩大）会议。副厅长刁玉泉参加“国艺昌硕——中国写意绘画名家作品邀请展开幕式”；在黄龙体育馆指挥“一心向党”——浙江省喜迎党的十九大暨庆祝建党96周年交响合唱音乐会预演。副厅长叶菁赴上海参加文化部公共文化服务效能建设现场经验交流会（至30日）。

29日　“一心向党”——浙江省喜迎党的十九大暨庆祝建党96周年交响合唱音乐会在黄龙体育馆举行。省四套班子领导，省直有关部门负责人等观看演出。省文化厅厅长金兴盛、副厅长刁玉泉现场指挥，厅领导褚子育、端木义生、蔡晓春出席观看。厅长金兴盛、副厅长蔡晓春推进浙江京剧团、杭州电影拍摄基地征迁安置项目。厅党组副书记、副厅长、厅直属机关党委书记陈瑶参加省直机关思想政治工作交流座谈会。副厅长黄健全参加全省文化产业工作会议（至30日）。

30日　省级文化系统“七一”主题党日活动在浙江图书馆举行，省文化厅领导陈瑶、褚子育、黄健全、端木义生、蔡晓春、刁玉泉、任群出席，厅直属机关党委委员、纪委委员、厅局机关全体党员，以及厅属各单位处级以上党员领导干部、系统各单位党组织班子成员、专职纪检干部、下属党支部书记等参加。厅长金兴盛参加全省国有企业党的建设工作会议；参加省经济体制改革工作领导小组暨“放管服”改革推进会。副厅长蔡晓春到杭州市西湖区龙坞茶镇调研对外文化工作。

7月

1日　省文化厅副厅长蔡晓春赴衢州参加庆祝建党96周年“七一”大型广场音乐演奏会。

2日　省文化厅厅长金兴盛赴北京参加全国文化厅局长座谈会（至4日）。

3日　省文化厅厅长金兴盛赴北京参加2017年全国文化厅局长座谈会（至4日）。副厅长陈瑶赴国家行政学院参加“加强文化自信与文化管理创新研讨班”（至13日）。副厅长黄健全、省文物局局长柳河参加全省消防安全工作紧急会议。驻厅纪检组组长端木义生参加中央纪委电视电话会议。副厅长蔡晓春赴中国丝绸博物馆落实驻华使馆外交官子女赴浙交流营活动。省外侨办主任金永辉、省文化厅副厅长刁玉泉在浙江歌舞剧院审查赴罗马尼亚访问演出节目。副厅长叶菁陪同文化部督查组赴台州市开展创建第三批国家公共文化服务体系示范区中期督查(至5日)。副巡视员李莎到浙江歌舞剧院审查赴香港演出节目。

4日　省文化厅副厅长蔡晓春参观“国艺昌硕——中国写意绘画名家作品展”。副厅长黄健全参加省人大教科文卫工委召开的文化产业发展情况座谈会。省文物局局长柳河陪同省委常委、宣传部部长葛慧君赴良渚遗址调研申遗工作。副厅长蔡晓春参加厅外事处党支部活动。副厅长刁玉泉接待总政歌舞团导演,与舟山市文广新局局长一行讨论新剧目。副巡视员任群参加全省党内法规工作会议。

5日　省文化厅厅长金兴盛到省委宣传部参加出访行前会;接待温州市委常委、宣传部部长胡剑谨一行到厅汇报工作,副厅长黄健全、蔡晓春参加。省文物局局长柳河主持召开年中局务会议。驻厅纪检组组长端木义生参加省纪委部分省直单位纪检组长座谈会。副厅长蔡晓春赴浙江交响乐团审查金砖五国科技创新部长会议文艺演出节目。副厅长刁玉泉参加第四期“新松计划”全省中青年创作人才(艺术企划)高级研修班开班仪式;召集会议研究调整赴罗马尼亚访问演出节目;在浙江歌舞剧院有限公司审看出访节目。副巡视员李莎参加全省节能减排工作电视电话会议。副巡视员任群带队赴衢州市柯城区、衢江区、龙游县、开化县开展公共文化服务重点县考核工作(至9日)。

6日　文化部非遗司司长陈通、省文化厅厅长金兴盛出席“传承人对话设计师:青出于蓝·传统染织技艺桐乡论坛”。厅长金兴盛列席省十二届人大六次会议第一次全体会议。省文物局局长柳河赶赴欢喜永宁桥局部倒塌现场,查勘受损情况,指导善后工作措施。驻厅纪检组组长端木义生召集厅纪检组开会,传达有关会议精神。副厅长蔡晓春赴省委宣传部向副部长来颖杰汇报“中国之窗”美国马斯卡廷文化中心筹建方案。副厅长叶菁参加省十二届人大六次会议(至7日上午)。

7日　省文化厅党组书记、厅长金兴盛主持召开厅党组会,厅领导褚子育、黄健全、柳河、端木义生、蔡晓春、刁玉泉、叶菁、李莎出席会议,厅局机关相关处室负责人列席有关议题。厅领导金兴盛、黄健全、叶菁参加全省党政领导干部依法执政专题研讨班结班仪式。厅长金兴盛、副厅长刁玉泉在浙江歌舞剧院再次审查赴罗马尼亚访问演出节目。厅长金兴盛接待省政府“最多跑一次”改革实地督查组到厅督查。副厅长黄健全出席2017年度厅级文化科研项目立项评审会。副厅长蔡晓春参加省委党史研究室举办的侵华日军在浙江细菌战罪行展览开展仪式。副巡视员李莎参加全国户籍制度改革推进电视电话会议。

8日　省文物局局长柳河赴香港参加“庆祝香港回归二十周年”系列纪念活动(至11日)。省文化厅副厅长蔡晓春出席中央美术学院驻东阳传统工艺工作站建站会议和有关仪式。副厅长叶菁赴衢州市参加“喜迎十九大　唱响美丽浙江”百名歌唱家走进衢州活动。

9日　省文化厅副厅长刁玉泉出席浙江歌舞剧院有限公司民族歌剧《青春之歌》开排仪式。副厅长叶菁赴磐安县参加浙江省十八届十大城市戏曲演唱联赛。

10日　省文化厅厅长金兴盛参加省委宣传部组团(浙江新闻文化交流代表团)赴泰国、越南、柬埔寨开展文化交流(至20日)。副厅长陈瑶赴国家行政学院参加“加强文化自信与文化管理创新研讨班”(至13日)。副厅长黄健全赴贵州参加“2017文化娱乐行业转型升级高峰论坛”(至12日)。驻厅纪检组组长端木义生到省人力社保厅纪检组交流工作。副厅长蔡晓春参加全省扩大有效投资重大项目集中开工活动启动仪式;与厅艺术处、厅外事处商议金砖五国科技部长、通信部长、工信部长文艺演出方案。副巡视员李莎带队赴泰顺县开展公共文化服务重点县考核工作(至12日)。

11日　省文化厅副厅长蔡晓春会见美籍华人、国学大师南一鹏,北京华夏十德文化院副院长徐茹一行。副厅长刁玉泉随袁家军省长率浙江文化代表团一行22人赴罗马尼亚、捷克两国开展完成“2017中国—中东欧政党对话会”闭幕演出和浙江省—皮尔森州结好十周年庆典演出任务(至19日)。

12日　省文物局局长柳河参加省政协重点提案“关于助推良渚遗址申报世界遗产的建议”面商会,并陪同省政协副主席郑继伟一行调研良渚申遗工作。驻省文化厅纪检组组长端木义生召集召开组务会。

13日　省文物局局长柳河与浙江日报文化新闻部沟通宣传工作。省文化厅副厅长蔡晓春、副巡视员李莎参加文化部2017非洲艺术家木雕创作交流营闭幕式。

14日　省文化厅副厅长黄健全参加国务院第四次大督查实地督查工作部署会。驻厅纪检组组长端木义生召集驻厅纪检组开展相关法律法规学习。副厅长蔡晓春赴中国丝绸博物馆参加驻华使馆青少年交流营活动；到安吉县参加浙江自然博物园核心馆区项目综合例会。

16日　省文化厅副厅长黄健全参加民盟浙江省省级组织成立70周年纪念大会暨浙江民盟榜样人物颁奖典礼。

17日　第五届金砖国家科技创新部长级会议欢迎晚宴在杭州黄龙饭店举行，全国政协副主席、科技部部长万钢，省委书记、省人大常委会主任车俊出席并讲话，省委常委、常务副省长冯飞主持仪式。省文化厅副厅长蔡晓春负责欢迎晚宴文艺演出现场指挥。副厅长黄健全列席省委常委会会议。省文物局局长柳河参加全省旅游发展暨万村景区化工作推进会。副厅长蔡晓春召集对外文化交流工作座谈会；召集国家艺术基金对外文化传播交流资助项目工作座谈会。副厅长叶菁参加各民主党派“最多跑一次”改革专项民主监督工作启动仪式。副巡视员李莎赴北京观摩2017全国基层院团戏曲汇演剧目东阳婺剧团《英王徐策》（至18日）。

18日　2017“新松计划”全省青年戏曲演员大赛颁奖演出在省人民大会堂举行。省政协文卫体委员会主任汪晓村，省委宣传部副巡视员张锦良，省文化厅领导陈瑶、端木义生、蔡晓春出席颁奖演出。副厅长黄健全参加全国深化文化体制综合执法改革工作视频会议。省文物局局长柳河分别接待缙云县、兰溪市领导到访。副厅长蔡晓春会同杭州市规划局总规划师杨明聪商议西湖九莲文化中心规划方案布局、指标等事宜；召集厅计财处、厅公共文化处商议省审计厅“关于全省基本公共文化服务资金专项审计调查”整改落实情况。

19日　省文化厅副厅长陈瑶随省委书记车俊赴金华磐安、东阳、兰溪考察调研（至20日）。省文物局局长柳河接待中国驻希腊大使。副厅长蔡晓春赴新疆参加2017中国新疆国际民族舞蹈节（至21日）。副厅长叶菁到浙江音乐学院出席“音系中美友谊，乐动一带一路”马氏团队携纽约青少年交响乐团返乡巡演（杭州站）。

20日　省文化厅副厅长黄健全出席文化产业培训班开班仪式；到浙江曲杂总团开展党风廉政建设责任制督查；参加全国安全生产电视电话会议。省文物局局长柳河接待慈溪市政府领导到访，听取上林湖窑址保护情况汇报；到省考古所开展党风廉政建设责任制督查，并参加良渚流动党支部第一次学习会。副厅长刁玉泉参加省政府办公厅相关部门分管办公室负责人及办公室主任会议。副厅长叶菁参加文化援疆协调推进会。

21日　省文化厅党组书记、厅长金兴盛主持召开厅党组会，厅领导陈瑶、褚子育、黄健全、柳河、端木义生、刁玉泉、叶菁、李莎、任群出席会议，厅局机关相关处室负责人列席有关议题。厅长金兴盛接待省审计厅副厅长康跃西到厅对接工作。省文物局局长柳河参加全省博物馆互联网+推进会；到省博物馆开展党风廉政建设责任制督查。副厅长刁玉泉接待省商务厅副厅长、省自贸办副主任张钱江到厅对接首届世界油商大会事宜。

22日　省文化厅副厅长刁玉泉看望浙江歌舞剧院民族歌剧《青春之歌》剧组。

23日　省文化厅副厅长刁玉泉赴浙江交响乐团审查“军歌嘹亮”浙江省庆祝建军90周年暨拥军慰问演出文艺节目。

24日　省文化厅领导金兴盛、陈瑶、端木义生与厅巡察组商议有关工作。厅长金兴盛、省文物局局长柳河参加县（市、区）委书记工作交流会。省文物局局长柳河主持召开局长办公会议；督查浙江省博物馆党风廉政建设责任制落实情况。副厅长蔡晓春参加中国—中东欧国家文化合作部长论坛筹备会。副厅长刁玉泉召集厅办公室全体工作会议。

25日　文化部、国家文物局、公安部召开全国文物安全工作电视电话会议。省政府常务副省长冯飞、省政府副秘书长李云林，省文化厅厅长金兴盛，省文物局局长柳河，省级有关部门、省直文博单位及省文物局机关各处室主要负责人在浙江参加分会场会议。厅长金兴盛列席省政府常务会议。副厅长陈瑶赴青海省黄南藏族自治州出席国家级文化生态保护实验区建设工作座谈会（至28日）。厅领导黄健全、端木义生、蔡晓春、李莎、任群观看警示教育片《无声的较量》。副厅长黄健全参加省十二届人大常委会第四十三次会议全体会议。副厅长刁玉泉陪同省委统战部常务副部长金长征到浙江歌舞剧院审查“四海一家　浙港同行”浙港青年主题交流活动文艺演出；赴浙江音乐厅建设工地慰问高温天气下坚持施工的一线工人。副厅长叶菁赴江山市、常山县、龙游县开展公共文化服务体系建设调研（至27日）。

26日　省文化厅厅长金兴盛赴富阳参加全省宣传文化系统专题读书会（至27日）。副厅长黄健全接待省委组织部督导组到厅进行“两学一做”常态化制度化督导。省文物局局长柳河出席全省市级文物局长座谈会并讲话。副厅长蔡晓春参加实地检查金砖国家工业部长会议和通信部长会议筹备工作会议。副厅长刁玉泉到浙江美术馆、浙江省文化信息中心开展党风廉政建设责任制督查。

27日　省文化厅副厅长黄健全参加省十二届人大常委会第四十三次会议全体会议。省文物局局长柳河参加局机关党总支学习会。副厅长蔡晓春赴钱江新城洲际酒店实地考察金砖五国地税局长会筹备工作。副厅长刁玉泉听取厅艺术处关于直属单位调研情况的汇报。

28日　省文化厅领导金兴盛、褚子育、柳河、端木义生、刁玉泉、叶菁、李莎、任群参加浙江论坛报告会。厅长金兴盛列席省委常委会会议。副厅长黄健全听取巡察组关于浙江新远文化产业集团巡查有关情况汇报；参加省十二届人大常委会第四十三次会议全体会议。副厅长蔡晓春赴北京参加文化部外联局召开的第三届中国—中东欧国家文化合作部长论坛的筹备工作会议（至29日）。副厅长叶菁出席庆祝中国人民解放军建军90周年浙江省“军魂颂”书画展开幕仪式。

29日　省文物局局长柳河参加良渚遗址申遗文本省级评审会。省文化厅副厅长刁玉泉陪同省委统战部部长冯志礼检查“四海一家　浙港同行”浙港青年主题交流活动演出现场。

30日　省文化厅副厅长、浙江音乐学院党委书记褚子育赴浙江话剧团小剧场慰问施工人员。

31日　省文化厅厅长金兴盛列席省委常委会会议；参加全省宣传文化系统专题会议。副厅长陈瑶出席中国丝绸博物馆巡察工作动员会并做动员讲话。省文物局局长柳河接待曹其镛。副厅长蔡晓春、刁玉泉出席浙港青年庆祝香港回归祖国二十周年交流活动。副厅长蔡晓春主持召开西湖九莲庄文化艺术中心地块征迁工作汇报会；约谈浙江新远文化产业集团、浙江京剧团、杭州电影拍摄基地负责人，听取拆迁安置、合同解除等工作进展情况汇报，沟通协调相关事宜。

8月

1日　省文化厅党组书记、厅长金兴盛主持召开厅党组会，厅领导陈瑶、褚子育、黄健全、柳河、端木义生、蔡晓春、刁玉泉、叶菁、李莎、任群出席会议，厅局机关相关处室负责人列席有关议题。厅领导金兴盛、褚子育、黄健全、柳河、端木义生、蔡晓春、刁玉泉、叶菁、李莎、任群出席全省市级文广新局局长座谈会，厅局机关相关处室负责人、厅属各单位主要负责人参加（至2日）。副厅长陈瑶参加常务副省长冯飞主持召开的大运河（浙江）文化带建设工作专题会议。副厅长黄健全接待义乌市政府副市长骆小俊一行到厅商谈与浙江新远文化产业集团合作事宜。副厅长叶菁参加第四批国家公共文化服务体系示范区（项目）创建申报资格评审预备会议。

2日　省文化厅厅长金兴盛赴嘉善参加全省特色小镇规划建设工作推进会现场考察；到嘉善参加嘉善县域科学发展示范点建设现场交流会；参加全省特色小镇规划建设工作推进会。副厅长陈瑶出席余杭区非遗展演。副厅长黄健全赴北京参加2017年度国家社科基金艺术学项目评审会（至4日）。副厅长蔡晓春陪同全国人大环资委副主任夏宝龙、省人大常委会副主任王辉忠一行考察调研项目建设情况；到安吉县浙江自然博物园核心馆区项目建设工地，对一线施工建设单位、工人进行高温慰问；出席湖州市文化志愿者总队成立大会。

3日　省文化厅厅长金兴盛参加省委全省深化改革领导小组第十七次会议。副厅长陈瑶出席浙江省非遗馆（筹）藏品征集工作座谈会并讲话。副厅长蔡晓春在湖州调研对外文化交流工作。副厅长叶菁到浙江省文化艺术研究院开展党风廉政建设主体责任制督查。副巡视员李莎到浙江交响乐团开展党风廉政建设主体责任制督查。

4日　省文化厅厅长金兴盛参加全省“三改一拆”和小城镇环境整治推进会；参加全省安全生产电视电话会议暨省安委会全体（扩大）会议。省文物局局长柳河听取局文物保护与考古处、省文物考古研究所关于大运河文化带建设专题研究报告编制情况汇报。副厅长蔡晓春接待丽水学院校长一行到厅对接工作；召开省级艺术单位对外文化走出去项目资源库建设座谈会。副厅长刁玉泉赴丽水参加2017年古堰画乡小镇艺术节开幕式。副巡视员李莎参加首届世界油商大会筹备工作会议。

7日　省委常委、宣传部部长葛慧君主持召开专题会议，听取浙江省之江文化中心项目情况，副省长成岳冲、省政府副秘书长李云林、省委宣传部副部长唐中祥、省文化厅厅长金兴盛、省文化厅副厅长蔡晓春等参加会议。厅长金兴盛到浙江小百花艺术中心项目建设工地对一线施工建设单位及工人进行高温慰问。副厅长、厅机关纪委书记陈瑶听取厅巡察组工作汇报。省文物局局长柳河接待江苏省文化厅副厅长龚良一行到浙调研。副厅长蔡晓春听取浙江京剧团征迁安置工作汇报。副厅长刁玉泉陪同文化部艺术司副司长吕育忠到院团调研。副厅长叶菁到浙江省文物考古研究所办公楼改建工地进行高温慰问。

8日　省文化厅厅长金兴盛接待文化部艺术司巡视员明文军、副司长吕育忠及文化部专家组。副厅长陈瑶与干部谈话。副厅长黄健全参加全省小城镇环境综合整治行动现场会（至9日上午）。省文物局局长柳河参加大运河沿线五市座谈会。副厅长刁玉泉陪同文化部艺术司巡视员明文军、副司长吕育忠及文化部专家组赴浙江歌舞剧院审看民族歌剧《青春之歌》初排并召开座谈会。副厅长叶菁带队赴宁波、湖州、嘉兴开展文化市场行政执法专项监督检查（至10日）。副巡视员任群参加全省老龄重点工作推进会。

9日　省文化厅厅长金兴盛、省文物局局长柳河参加省长袁家军召集的“打破信息孤岛，实现数据共享，推进最多跑一次改革”第二次专题会议。厅长金兴盛召集会议研究完善之江文化中心建设方案，副厅长蔡晓春参加；与省非遗中心主任商议工作。驻厅纪检组组长端木义生参加全省文化系统纪检监察工作座谈会暨省级文化系统纪检干部培训班（至11日上午）。副厅长刁玉泉出席当代舞台精品创作与实践培训班开班仪式。

10日　省文化厅厅长金兴盛、副厅长黄健全参加全省文化产业发展会议。厅长金兴盛与浙江新远文化产业集团董事长商议工作。副厅长黄健全参加全省文化产业发展大会分组讨论及工作部署会。省文物局局长柳河接待东阳市文广新局局长到访。副厅长蔡晓春、副巡视员李莎赴杭州市召开中国—中东欧国家文化合作部长论坛筹备工作会议，现场检查考察点筹备工作。副厅长刁玉泉听取浙江曲杂团剧目生产情况汇报。

11日　省文化厅厅长金兴盛参加中央第二环境保护督察组督察浙江省工作动员会。省文物局局长柳河陪同省委宣传部副部长唐中祥考察浙江省古建筑设计院。驻厅纪检组组长端木义生、副巡视员任群参加省级宣传文化系统党风廉政建设工作座谈会。副厅长蔡晓春参加“四海一家　浙港同行”浙港青年庆祝香港回归祖国20周年交流活动总结会。副厅长刁玉泉赴浙江歌舞剧院与民族歌剧《青春之歌》主创人员商讨下一步修改工作。

14日　省文化厅厅长金兴盛、省文物局局长柳河参加省政府第十次全体会议。厅长金兴盛列席省委常委会会议。副厅长黄健全接待陕西省文化厅副厅长李全虎一行。副厅长蔡晓春检查浙江音乐厅改造工作推进情况。副厅长刁玉泉听取交响乐《良渚》主创人员创作汇报；参加省文联举办的2017年度浙江省戏曲音乐学会年会。副巡视员任群对省文化馆上半年党风廉政建设责任制落实情况进行实地督查。

15日　省文化厅厅长金兴盛参加省委理论学习中心组专题学习会。副厅长蔡晓春赴安吉调研；参加安吉县纪念“两山”重要讲话发表十二周年活动绿色发展恳谈会。副厅长叶菁对浙江图书馆上半年党风廉政建设责任制落实情况进行实地督查。副巡视员任群赴温州参加全省群星视觉艺术优秀作品展开幕仪式。

16日　省文化厅召开省级文化系统迎接党的十九大召开前期相关工作部署会议，厅领导金兴盛、陈瑶、端木义生、任群出席，厅局机关各处室、厅直属各单位负责人参加会议。厅长金兴盛与省建行行长高强共同签署省文化厅、省建设银行战略合作协议，副厅长黄健全参加；接待桐乡市委常委、宣传部部长一行到厅汇报工作。副厅长蔡晓春约谈浙江新远文化产业集团、杭州电影拍摄基地负责人，商讨相关拆迁事宜。副厅长刁玉泉约谈浙江曲艺杂技总团领导班子。

17日　省文化厅在丽水召开浙江省文化市场预警系统现场会暨保障党的十九大文化市场“百日攻坚”行动启动仪式。文化部市场司副巡视员刘鲁平，厅长金兴盛，副厅长黄健全出席。在丽水召开全省文化市场执法工作会议，文化部市场司副巡视员刘鲁平，副厅长黄健全出席会议。副厅长陈瑶到基层联系点绍兴市、挂钩联系点柯桥区调研。省文物局局长柳河接待中国文化遗产研究院大运河保护督导组，并参加大运河评估座谈会。副厅长蔡晓春召集召开对外和对港澳台文化交流项目库建设工作座谈会。副厅长刁玉泉与浙江音乐学院商议确定成立艺研中心事宜。副厅长叶菁赴台州参加全省农村文化礼堂建设工作推进会（至18日）。副巡视员任群参加互联网低俗色情信息专项整治行动部署会议。

18日　省文化厅党组书记、厅长金兴盛主持召开厅党组会，厅领导陈瑶、褚子育、黄健全、柳河、端木义生、蔡晓春、刁玉泉、任群出席会议，厅局机关相关处室负责人列席有关议题。厅长金兴盛到省财政厅拜会徐宇宁厅长，沟通浙江省之江文化中心等项目建设情况，副厅长蔡晓春参加。副厅长黄健全参加国务院安委会安全生产大检查督导反馈会。省文物局局长柳河接待甘肃省文物局局长一行。

21日　省文化厅厅长金兴盛向省委常委、宣传部部长葛慧君汇报工作；与干部谈话。副厅长陈瑶参加省直单位届末考察工作会议。副厅长黄健全带队会同省法制办分两组赴杭州、绍兴、舟山、衢州、金华、丽水开展文化市场行政执法实地检查（至25日）。省文物局机关党总支召开专题学习会，学习习近平总书记“7·26”重要讲话精神，省文物局局长柳河出席，局机关全体党员参加。副厅长蔡晓春参加文化部第十五届亚洲艺术节筹备工作汇报会。

22日　省文化厅厅长金兴盛接待江山市市长舒畅一行到厅汇报工作；接受中组部谈话。厅党组副书记、副厅长、厅直属机关党委书记陈瑶带队走访浙江省古建筑设计研究院，研究党工团设置事宜。省文物局局长柳河接待宁波市文广新局和江北区政府相关领导到访。副厅长蔡晓春出席文化部第十五届亚洲艺术节新闻发布会。副厅长刁玉泉听取浙江美术馆副馆长关于“红船颂”浙江省迎接党的十九大美术作品展筹备工作情况汇报；与浙江广电集团商谈项目合作事宜。

23日　省文化厅召开全厅干部大会，部署省级文化系统届末考察相关工作，厅领导金兴盛、褚子育、柳河、端木义生、蔡晓春、刁玉泉、叶菁、任群出席，厅局机关在职在编人员、厅属单位主要负责人参加会议。厅长金兴盛陪同省长袁家军会见宴请香港特别行政区长官林郑月娥一行；参加省政府法律顾问聘任仪式。副厅长陈瑶赴安吉参加省委组织部主题党日活动专题会议。副厅长蔡晓春赴杭州市检查中国—中东欧国家文化合作部长论坛筹备工作。副厅长刁玉泉接待龙泉市委常委、宣传部部长王凡一行到厅汇报工作。

24日　省文化厅党组书记、厅长金兴盛主持召开厅党组会，厅领导陈瑶、褚子育、黄健全、柳河、端木义生、蔡晓春、叶菁、任群出席会议，厅局机关相关处室负责人列席有关议题。副厅长黄健全参加全省意识形态形势分析研判会。副厅长刁玉泉陪同文化部副部长董伟赴嵊州市越剧艺术学校、越剧小镇调研（至25日）。

25日　文化部副部长董伟出席在浙江音乐学院举行的第六届全国青少年民族乐器教育教学成果展演暨综合音乐会。文化部文化科技司副司长李蔚，省文化厅厅长金兴盛，副厅长、浙江音乐学院党委书记褚子育，副厅长蔡晓春、刁玉泉等参加。厅长金兴盛、副厅长刁玉泉陪同文化部副部长董伟赴浙江小百花越剧团工地调研，看望了民族歌剧《青春之歌》剧组成员。厅长金兴盛参加省政府与阿里巴巴集团战略合作会议。副厅长陈瑶列席省政府常务会议。副厅长黄健全到浙江新远文化产业集团向班子成员反馈厅巡察组巡察情况，并部署集团后续整改落实工作。副厅长蔡晓春赴杭州市考察白马湖杭州市文博会筹备情况；赴浙江音乐学院检查中国—中东欧国家文化合作部长参访工作筹备情况。副厅长叶菁赴桐乡参加桐乡文化发展大会暨省文明城市创建动员大会。副巡视员任群在浙江图书馆主持召开座谈会，向山东省文化厅调研组胡上山副厅长一行介绍浙江省公共数字文化建设情况。

28 日　省文化厅厅长金兴盛、省文物局局长柳河参加政府理财治税专题研讨班。厅长金兴盛、副厅长蔡晓春接待省委宣传部副部长琚朝晖到厅调研对外文化交流工作。副厅长陈瑶出席省非遗协会换届大会；陪同中组部考察组赴浙江省博物馆、浙江图书馆参观。省文物局局长柳河主持召开局长办公会议。副厅长蔡晓春参加中国—中东欧国家文化合作部长论坛杭州市筹备工作会议。

29 日　省文化厅厅党组书记、厅长金兴盛召集部分处室负责人及相关同志，研究部署省委巡视组即将入驻省文化厅开展巡视工作的相关准备工作，厅党组副书记、副厅长陈瑶，驻厅纪检组组长端木义生，以及厅办公室、厅计财处、厅人事处、厅直属机关党委等处室负责人参加会议。厅长金兴盛向副省长成岳冲汇报传承浙江优秀传统文化行动计划方案制订及实施情况，厅领导陈瑶、柳河参加；到省委巡视办领受省委巡视相关任务。省文物局局长柳河接待柯桥区政府领导到访，听取关于考古项目情况汇报。副厅长蔡晓春赴桐庐调研。副厅长刁玉泉与厅艺术处商量下步重点工作。

30 日　厅党组书记、厅长金兴盛主持召开厅党组会，厅领导陈瑶、褚子育、黄健全、柳河、端木义生、蔡晓春、刁玉泉、叶菁、任群出席会议，厅局机关相关处室负责人列席有关议题。厅党组副书记、副厅长陈瑶参加全省党委（党组）理论学习中心组学习经验交流会。副厅长蔡晓春出席第六个国家赏石日暨常山国际赏石文化节；接待国家海外文化中心主任于芃。

31 日　省文物局局长柳河参加良渚申遗宣传商谈工作。副厅长蔡晓春陪同中国海外文化中心主任于芃赴嘉兴市、海盐县调研。副厅长刁玉泉到浙江美术馆出席观看李项鸿画展；召集重大题材舞台艺术创作座谈会。

9 月

1 日　省文化厅召开省委第一巡视组巡视省文化厅党组工作见面会，省纪委副书记、省监委副主任、省委巡视工作领导小组成员王海超，省委第一巡视组组长周益扬等一行 13 人出席，厅领导金兴盛、陈瑶、褚子育、黄健全、柳河、端木义生、蔡晓春、刁玉泉、叶菁、任群参加。省文化厅召开省委第一巡视组巡视省文化厅党组工作动员会，省纪委副书记、省监委副主任、省委巡视工作领导小组成员王海超，省委第一巡视组组长周益扬等一行 13 人出席并对巡视工作提出要求。厅党组书记、厅长金兴盛主持会议并做表态发言。厅领导陈瑶、褚子育、黄健全、柳河、端木义生、蔡晓春、刁玉泉、叶菁、任群参加，厅局机关副处级以上干部、厅属单位党政主要负责人等参加。动员会后，召开了党组工作汇报会，省委第一巡视组组长周益扬等 5 人出席，厅领导金兴盛、陈瑶、褚子育、黄健全、柳河、端木义生、蔡晓春、刁玉泉、叶菁、任群参加。厅领导金兴盛、陈瑶、褚子育、黄健全、柳河、端木义生、蔡晓春、刁玉泉、任群分别与巡视组谈话。省文物局局长柳河参加中国丝绸博物馆“长安之夜”活动。副厅长蔡晓春检查杭州市中国—中东欧国家文化合作部长论坛筹备工作。副巡视员任群参加陕西—浙江文创企业创新发展恳谈会。

4 日　省文化厅厅长金兴盛与厅非遗处研究传承浙江优秀传统文化行动计划。副厅长陈瑶到省委组织部对接工作。副厅长黄健全参加省委组织部特色小镇与产业平台建设专题研究班（至 10 日）。副厅长蔡晓春到杭州市参加中国—中东欧十六国文化合作部长论坛筹备工作例会，并检查筹备情况；接待文化部外联局副局长李健钢一行。副厅长刁玉泉接待基层院团长到厅汇报工作。

5 日　省文化厅副厅长陈瑶到浙江交响乐团宣布干部任命；参加大运河（浙江）文化带建设工作专题会议。省文物局局长柳河听取德清瓷之源博物馆建设方案汇报。副厅长蔡晓春会同文化部外联局副局长李健钢一行参加第三届中国—中东欧国家文化合作部长论坛配套活动服务保障工作第二次现场演练（至 6 日上午）。副厅长刁玉泉听取厅艺术处精品创作及艺术工作汇报。

6 日　文化部外联局副局长李健钢，省文化厅厅长金兴盛、副厅长蔡晓春参加第三届中国—中东欧国家文化合作部长论坛工作座谈会暨演练总结会。副厅长陈瑶听取厅非遗处工作汇报。省文物局局长柳河带队赴全国重点文物保护单位西泠印社、浙江省博物馆进行安全检查。副厅长刁玉泉与浙江交响乐团新任团长谈话；与《鼓舞大海》主创见面并进一步讨论。副厅长叶菁参加省委宣传部《关于推进文化浙江建设的意见》征求意见座谈会。

7日　全省公共文化服务重点县工作会议在杭州召开，副省长成岳冲出席会议并讲话。省政府副秘书长李云林主持会议。省文化厅领导金兴盛、叶菁、任群，省财政厅副厅长金慧群等出席会议，省政府办公厅、省文化厅、省财政厅等相关处室负责人参加会议。厅领导金兴盛、陈瑶、柳河、端木义生听取厅巡察组关于中国丝绸博物馆巡察有关工作情况汇报。副厅长蔡晓春参加第三届中国—中东欧国家文化合作部长论坛省级成员单位联络员会议。副厅长刁玉泉与省词作家讨论主旋律题材创作事宜。

8日　以国家文物局副局长关强为组长的全国文物安全状况大排查行动第四督察组对浙江省开展文物安全状况大排查行动、文物法人违法专项整治行动，以及打击文物犯罪专项行动和文物流通市场的专项整治行动等相关工作，开展了为期3天的现场督察。省文物局局长柳河等参加（至10日）。省文化厅党组书记、厅长金兴盛主持召开厅党组会，厅领导陈瑶、褚子育、柳河、端木义生、蔡晓春、刁玉泉、叶菁、任群出席会议，厅局机关相关处室负责人列席有关议题。厅长金兴盛参加省委宣传部召开的部署进一步深化迎接党的十九大宣传工作视频会议。副厅长蔡晓春接待东京中国文化中心合作伙伴团。副厅长刁玉泉到浙江交响乐团审查首届世界油商大会欢迎晚宴文艺演出节目。

11日　省文化厅副厅长陈瑶听取省非遗中心关于非遗博览会筹备工作的情况汇报。副厅长黄健全赴法国参加特色小镇与产业平台建设专题研究班（至17日）。省文物局局长柳河赴北京参加良渚古城申遗文本国家认证会（至13日上午）。副厅长蔡晓春会同杭州市副市长陈红英召开中国—中东欧十六国文化合作部长论坛杭州市执委会“一办九组”筹备工作汇报会。副厅长刁玉泉参加首届世界油商大会执委会第二次会议。副厅长叶菁参加全省第二十届推普周启动仪式。

12日　省文化厅厅长金兴盛陪同省委书记车俊赴嵊州调研；参加全省传统制造业改造提升工作推进会。浙江省迎接党的十九大优秀作品展演首场演出越剧现代戏《海兰花》在杭州大剧院举行。省委宣传部副部长唐中祥、省文化厅副厅长刁玉泉出席观看。副厅长蔡晓春参加国务院安委会安全生产大检查综合督查汇报会；参加全省审计工作报告反映问题整改工作电视电话会议；赴宁波市接待文化部外联局局长助理王晨一行。副厅长叶菁参加省人大教科文卫工委审议《浙江省公共文化服务保障条例（草案）》会议；出席省文联“浙江人——浙江当代艺术家作品展”开幕式。

13日　省文化厅厅长金兴盛接受中组部谈话。厅党组副书记、副厅长陈瑶迎接省选人用人督察组进驻。省文物局局长柳河向省政协副主席郑继伟汇报良渚申遗进展情况。副厅长蔡晓春会同文化部外联局局长助理王晨一行，现场检查第十五届亚洲艺术节开幕式、论坛各活动场馆；出席宁波市第十五届亚洲艺术节筹备工作汇报会。副厅长刁玉泉参加全省信访工作会议并参加分组讨论；赴浙江音乐学院大剧院审看民族歌剧《青春之歌》。

14日　“红船颂·浙江省迎接党的十九大美术作品展”开幕式在浙江美术馆举行，省委宣传部副部长唐中祥，省文化厅副厅长刁玉泉、叶菁出席。厅长金兴盛参加省委高层次人才座谈会。省文物局局长柳河参加厅巡察组对中国丝绸博物馆巡察反馈会。驻厅纪检组组长端木义生到省纪委开会。副厅长蔡晓春参加第三届中国—中东欧国家文化合作部长论坛配套活动服务保障工作第三次现场演练；赴省政府参加第三届中国—中东欧国家文化合作部长论坛浙江承办工作协调会议。副厅长刁玉泉赴浙江昆剧团看望《钟楼记》剧组；听取绍兴市文化广电新闻出版局关于第四届中国越剧艺术节总体方案情况汇报。

15日　民族歌剧《青春之歌》在浙江音乐学院大剧院首演，省文化厅领导金兴盛、褚子育、端木义生出席观看。厅长金兴盛列席省政府常务会议；听取浦江县到厅汇报中国书画节相关情况。副厅长陈瑶、省文物局局长柳河出席参观“瓷韵风华”国家级非遗传承人嵇锡贵作品展。副厅长陈瑶召集相关处室负责人，与省古建院及部门负责人进行工作对接。副厅长蔡晓春参加运河文化带建设国际文化交流工程会议；参加杭州市中国—中东欧十六国文化合作部长论坛工作例会。副厅长刁玉泉接待上海音乐学院著名教育家；现场勘查世界油商大会表演场地；与国家级专家全维润会面并讨论浙江下步创作事宜。

16日　省文化厅厅长金兴盛在浙江音乐学院宴请文化部艺术司音乐舞蹈杂技处处长黄小驹所率专家指导委员会一行，副厅长刁玉泉参加。省文物局局长柳河参加国家文物局大运河文化遗产保护与传承培训班开班式。副厅长刁玉泉陪同文化部艺术司音乐舞蹈杂技处处长黄小驹一行到浙江音乐学院审看民族歌剧《青春之歌》。

17日　省文化厅领导金兴盛、蔡晓春、任群出席浙江·台湾合作周书画、摄影展览开幕式。民族歌剧《青春之歌》专家研讨会在省文化厅召开，文化部艺术司音乐舞蹈杂技处处长黄小驹，省文化厅副厅长刁玉泉出席并讲话。副巡视员任群陪同台湾南投县文化代表团赴丽水市参访（至19日）。

18日　省文化厅副厅长黄健全赴法国参加特色小镇与产业平台建设专题研究班（至24日）。省文物局局长柳河参加“八八战略新征程，美丽浙江新视界”迎接党的十九大浙江省美术书法摄影大展开幕式；陪同国家文物局领导赴金华调研（至19日）。副厅长蔡晓春参加中国—中东欧国家文化合作部长论坛省市论坛工作例会。副厅长刁玉泉参加首届世界油商大会。副厅长叶菁参加2017年浙江省网络安全宣传周活动启动仪式。

19日　省文化厅厅长金兴盛列席省委常委会会议；陪同省长袁家军会见台湾客人。厅长金兴盛、副巡视员任群参加2017浙江·台湾合作周欢迎晚宴。副厅长陈瑶与干部谈话；与厅非遗处讨论国家传统工艺振兴计划浙江项目名单。省文物局局长柳河参加全国政协“保护南方古村落提案督办调研会”。副厅长蔡晓春参加浙江开放发展高峰论坛。副厅长刁玉泉参加西湖合唱节。副厅长叶菁接待省民进到厅调研“最多跑一次”改革工作。副厅长叶菁陪同文化部科技司司长孙若风调研阿里巴巴。

20日　省文化厅厅长金兴盛参加全省人才工作会议。副厅长陈瑶到浙江小百花越剧团宣布干部调整决定；参加会见、宴请苏丹全国大会党干部考察团；检查第九届浙江·中国非物质文化遗产博览会筹备工作。省文物局局长柳河听取中国丝绸博物馆巡察整改方案汇报。副厅长蔡晓春参加2017浙江·台湾合作周开幕式和推介会。副厅长刁玉泉到浙江图书馆、浙江美术馆安全检查；到杭州剧院出席观看话剧《此心光明》浙江首演。副厅长叶菁陪同文化部科技司司长孙若风调研乌镇互联网小镇；参加文化部科技司主办的文化艺术智库项目开题暨文化智库联系点座谈会。副巡视员任群参加综治工作全国视频会议。

21日　省文化厅厅长金兴盛、副厅长陈瑶出席第九届浙江·中国非物质文化遗产博览会开幕式。厅长金兴盛陪同省委书记车俊宴请文化部部长雒树刚一行；陪同文化部部长雒树刚会见香港民政事务局局长刘江华一行；会见并宴请香港民政事务局局长刘江华一行，副厅长蔡晓春参加。副厅长陈瑶陪同文化部非遗司司长陈通考察省非遗文献馆和杭州市拱墅区非遗项目。省文物局局长柳河参加国家文物局乌镇互联网大会“互联网＋中华文明”展示活动方案讨论会。驻厅纪检组组长端木义生召集组务会。副厅长刁玉泉参加全省人才工作会议。副厅长叶菁赴宁波参加第十五届亚洲艺术节“文明的回响——匠作之美”展览开展仪式和“万象复观——亚洲艺术邀请展”开展仪式。副巡视员任群参加全省对口援疆暨东西部扶贫协作工作会议。

22日　省文化厅厅长金兴盛、副厅长蔡晓春参加中国—中东欧十六国文化合作部长论坛相关活动。副厅长陈瑶出席“大匠至心”开幕式暨《传统工艺振兴·杭州共识》揭牌仪式并讲话。省文物局局长柳河出席绍兴博物馆基本陈列开幕式活动。驻厅纪检组组长端木义生出席省委宣传部“我最喜爱的习总书记的一句话”主题宣讲竞赛决赛。驻厅纪检组组长端木义生、副厅长刁玉泉出席观看大型交响诗音乐会《鲁迅》杭州预演。副厅长刁玉泉赴浙江艺术职业学院出席第二十四届中韩日戏剧节新闻发布会并讲话。副厅长叶菁到省委宣传部与王四清副部长商议农村文化礼堂建设事宜；参加常务副省长冯飞领办的省人大重点建议办理工作座谈会。副巡视员任群出席丽水农展会活动。

23日　“中国—中东欧国家音乐院校联盟”成立仪式在浙江音乐学院举行，副省长成岳冲和文化部部长雒树刚为“联盟”共同揭牌并考察校园，省文化厅厅长金兴盛参加。厅长金兴盛到白马湖会展中心考察第十一届杭州文化创意产业博览会，参观“中东欧文化艺术交流展”；陪同文化部部长雒树刚赴宁波出席第十五届亚洲艺术节欢迎晚宴并观看开幕式文艺演出。副厅长陈瑶出席东阳非遗工作站成立仪式。副厅长蔡晓春出席中国—中东欧国家文化合作部长论坛相关活动（至 24 日）。

24 日　省文化厅厅长金兴盛出席澜湄文化论坛。副厅长叶菁赴龙泉出席青瓷宝剑节。

25 日　鲁迅文化基金会、浙江交响乐团委约创作的交响诗《鲁迅》在国家大剧院音乐厅首演，中国文联副主席赵实，省委常委、宣传部部长葛慧君，中国文联副主席、书记处书记左中一，中宣部文艺局巡视员孟祥林，文化部艺术司副司长周汉萍，省委宣传部副部长唐中祥，省文化厅副厅长刁玉泉出席观看。厅长金兴盛列席省委常委会。副厅长陈瑶参加第三十八次“浙江政协·民生论坛”。副厅长黄健全赴法国参加特色小镇与产业平台建设专题研究班（至 9 月 30 日）。省文物局局长柳河参加省委全面深化改革领导小组第十八次会议。副厅长叶菁赴龙泉出席龙泉青瓷文化节相关活动。

26 日　省文化厅厅长金兴盛参加省十二届人大常委会第四十四次会议第一次全体大会。副厅长蔡晓春与厅计财处商议西湖九莲庄文化艺术中心征迁和规划工作。副厅长叶菁赴浦江出席中国书画节相关活动；赴台州出席浙江省新人新作大赛。

27 日　省文化厅党组书记、厅长金兴盛主持召开厅党组会，厅领导陈瑶、褚子育、柳河、端木义生、蔡晓春、刁玉泉、叶菁、任群出席会议，厅局机关相关处室负责人列席有关议题。厅长金兴盛、省文物局局长柳河参加“打破信息孤岛，实现数据共享，推进‘最多跑一次’改革第三次专题会议”。厅巡察工作组召开总结座谈会，厅党组副书记、副厅长、厅直属机关党委书记陈瑶参加。副厅长蔡晓春召集浙江自然博物馆安吉核心馆区基建工程汇报会。副厅长刁玉泉参加浙江美术馆《浙江美术志》论证会。副厅长叶菁赴温岭参加台州市公共文化服务示范区创建推进会。

28 日　省文化厅副厅长陈瑶陪同文化部副部长项兆伦赴松阳调研（至 9 月 30 日）。省文物局局长柳河赴长兴考古工地进行安全检查。副厅长蔡晓春与厅外事处商议第四季度对外和对港澳台文化交流工作。副厅长刁玉泉到省委统战部参加浙商大会策划会；参加“八八战略新征程”浙江书法 200 家优秀作品展；出席省直机关“欢度国庆节·喜迎十九大·永远跟党走”合唱晚会。副厅长叶菁参加省十二届人大常委会第四十四次会议第二次全体会议。

29 日　省文化厅厅长金兴盛参加全省深化平安浙江建设暨党的十九大维稳安保工作会议；召集相关处室传达全省深化平安浙江建设暨党的十九大维稳安保工作会议精神。副厅长刁玉泉参加公安部工作组检查情况反馈会；召集会议讨论对外文化交流舞台艺术创作工作。副厅长叶菁参加省十二届人大常委会第四十四次会议分组审议《浙江省公共文化服务保障条例（草案）》。

30 日　省文化厅领导金兴盛、柳河、端木义生、蔡晓春、刁玉泉、任群参加省委办公厅关于中央文件传达学习会。共青团浙江省文化厅第十二次团员代表大会在杭召开，厅党组书记、厅长金兴盛，副巡视员、厅直属机关党委副书记任群出席大会并讲话，省直机关团工委书记助理张逸男到会指导，省级文化系统各单位 20 多名党组织书记出席会议。省文物局局长柳河主持召开局长办公会议；参加省消防安全委员会召开的全省民房等重点领域火灾隐患集中排查整治行动视频会议。副厅长刁玉泉召集浙商大会活动主创研究下步推进工作。副厅长叶菁参加省十二届人大常委会第四十四次会议第三次全体会议；参加第四届世界浙商大会组委会第一次会议。

10 月

8 日　省文化厅副厅长陈瑶参加省委宣传部“我最喜爱的习总书记的一句话”朗诵晚会录制。

9 日　浙江省迎接党的十九大优秀作品展演剧目宁波市演艺集团民族歌剧《呦呦鹿鸣》在杭州剧院演出，省委宣传部常务副部长来颖杰、副部长唐中祥，省文化厅领导褚子育、刁玉泉出席观看。厅长金兴盛列席省委常委会会议；参加全省企业上市和并购重组推进工作电视电话会议。厅党组副书记、副厅长、厅直属机关党委书记陈瑶参加省委第一巡视组与浙江艺术职业学院领导班子见面会、工作动员会。副厅长黄健全、蔡晓春接待丽水学院院长一行到访。副厅长黄健全听取浙江新远文化产业集团有限公司有关情况汇报；赴浙江新远文化产业集团有限公司召开巡察问题整改推进会；带队暗访杭州市文化经营场所。省文物局局长柳河与省考古所商量兰若寺保护意见。副厅长蔡晓春参加浙江省"一带一路"建设境外安全保障工作协调机制全体会议；参加厅外事处党支部活动。副厅长刁玉泉接待宁波演艺集团有限公司总裁邹建红一行。

10日　省文化厅党组书记、厅长金兴盛召集相关同志研究听取浙江图书馆公共文化资金使用审计情况汇报，厅领导陈瑶、端木义生、蔡晓春、叶菁、任群参加；听取中国丝绸博物馆巡察整改情况汇报。副厅长黄健全到省委党校参加赴法培训班汇报会（至11日上午）。副厅长蔡晓春召集召开"2017两岸文学对话"筹备工作会议。副厅长刁玉泉陪同国家级艺术家赴桐庐、富阳采风调研。

11日　省文化厅厅长金兴盛、副厅长蔡晓春到安吉县参加浙江自然博物园核心馆区项目建设现场推进和综合例会。副厅长陈瑶参加全省宣传文化系统"五个一批"人才评审会。副厅长蔡晓春赴杭州市西湖区政府参加西湖九莲庄文化艺术中心规划论证会；赴省作协对接筹备"2017两岸文学对话"活动。副巡视员任群赴衢州参加公共文化服务保障法座谈会（至12日上午）。

12日　省文化厅领导金兴盛、叶菁、任群在龙游出席全省乡镇（街道）综合文化站服务效能建设现场会。厅长金兴盛到兰溪市调研。副厅长陈瑶走访老同志；出席省直机关运动会开幕式。省文物局局长柳河参加省政协第36号重点提案办理工作座谈会。副厅长蔡晓春参加"香港回归祖国二十周年　同心创前路　掌握新机遇"成就展开幕式；到杭州市西湖区调研。副厅长刁玉泉参加浙商大会活动策划会；观摩省文联举办的"江南舞韵"大赛。副厅长叶菁参加省人大在衢州市的《浙江省公共文化服务保障条例（草案）》立法调研（至13日上午）。

13日　省文化厅领导金兴盛、陈瑶出席浙江省第四批传统戏剧之乡颁牌仪式暨浙江好腔调展演晚会。厅长金兴盛到东阳市调研。副厅长陈瑶出席浙江传统戏剧非遗项目保护工作座谈会，参观浙江省传统戏剧保护成果展。副厅长黄健全出席浙江金秋购物节平行主题展会开幕式；参加全省政协系统优秀文史资料图书展示活动。省文物局局长柳河赴海宁云龙村考察茧站。副厅长蔡晓春参加全省城市基层党建工作推进会；赴龙泉调研（至15日）。副厅长刁玉泉参加民进党委员会开明艺术团成立仪式；接受电视媒体采访；赴国际会议中心实地勘察并参加浙商大会活动讨论会。

15日　省文化厅领导金兴盛、陈瑶、黄健全、端木义生、刁玉泉、任群出席省级文化系统第四届运动会开幕式。

16日　省文化厅厅长金兴盛接待中国银行省分行行长郭心刚一行到厅对接工作，副厅长黄健全、蔡晓春参加。副厅长刁玉泉出席"喜迎十九大　幽兰绽新芽——浙江昆剧团·杭州市京都小学昆曲进校园"战略合作揭牌仪式；到省工商联商议浙商大会活动方案。副巡视员任群参加省外办与捷克对外交流相关工作协调会议。

17日　省文化厅厅长金兴盛、副厅长黄健全带队组成检查组，对浙江省保障党的十九大文化市场安全保障工作进行暗访。厅长金兴盛听取省非遗中心关于工艺美术大师捐赠仪式事项汇报。厅党组副书记、副厅长、厅直属机关党委书记陈瑶接待省直机关工委到厅督查；参加2017年浙江省"千人计划"评审会。省文物局局长柳河赴衢州、金华进行文物安全明察暗访工作（至18日）。副厅长蔡晓春参加省人民防空指挥部暨省城市地下空间开发利用工作领导小组扩大会议。副厅长刁玉泉陪同省委宣传部副部长、省委网信办主任朱重烈一行赴宁波审查第四届世界互联网大会文艺演出推荐项目舞剧《花木兰》。副厅长叶菁参加省政协政情通报会。

18日　省文化厅机关在职在编人员集中收看习近平总书记在党的十九大上的报告直播，厅领导金兴盛、黄健全、端木义生、蔡晓春、刁玉泉、叶菁、任群参加。厅党组书记、厅长金兴盛主持召开厅党组理论中心组专题学习会、厅党组会，厅领导陈瑶、黄健全、柳河、端木义生、蔡晓春、刁玉泉、叶菁、任群出席会议，厅局机关相关处室负责人列席有关议题。副厅长陈瑶出席浙江理工大学非遗研修班开班仪式。

19日　省文化厅领导金兴盛、端木义生、叶菁、任群参加省管干部保密教育轮训。厅长金兴盛代表省文化厅与省档案局签订战略合作协议，副厅长叶菁一同参加；到浙江小百花艺术中心项目建设工地检查安全生产和项目建设进程。副厅长陈瑶参加2017年浙江省“千人计划”综合评审委员会会议。副厅长黄健全参加大运河（浙江）文化带建设专题研究会议。省文物局局长柳河陪同国家文物局副局长刘曙光一行与杭州市政府商谈友城建设工作，并赴良渚古城遗址调研。副厅长蔡晓春到中国美术学院出席“新艺新声——两岸青年视觉艺术展开幕式”；到杭州市拱墅区出席望宸阁落成典礼，对接筹备“2017两岸作家文学对话论坛”事宜。副厅长刁玉泉赴上海参加第十九届中国上海国际艺术节相关活动（至20日）。副厅长叶菁参加专题研究打破信息孤岛、实现数据共享，推进“最多跑一次”改革工作会议。

20日　省政府召开浙江省第一次可移动文物普查工作总结和文物安全工作电视电话会议，副省长成岳冲讲话，省政府副秘书长李云林主持。省文化厅厅长金兴盛、省文物局局长柳河参加。厅长金兴盛参加厅办公室党支部组织的党的十九大精神学习党日活动。副厅长陈瑶赴台湾开展文化交流活动（至25日）。省文物局局长柳河与国家文物局博物馆司、浙江大学共商互联网＋中华文明展览工作。副厅长蔡晓春到杭州市西湖区对接筹备“2017两岸作家文学对话论坛”事宜。

21日　省文化厅厅长金兴盛出席浙江歌舞剧院60周年团庆，观看民族歌剧《青春之歌》演出并致辞。省委宣传部常务副部长来颖杰、省政府副秘书长李云林，省文联党组书记田宇原，副厅长蔡晓春等出席观看。省文物局局长柳河陪同国家文物局副局长刘曙光到中国茶叶博物馆、中国丝绸博物馆调研。

22日　省文化厅副厅长蔡晓春赴乌镇接待阿拉伯国家艺术家负责人代表团。

23日　省文化厅厅长金兴盛赴桐乡调研乌镇戏剧节。副厅长蔡晓春在乌镇出席中阿艺术节负责人峰会。副厅长刁玉泉参加政务信息系统建设审计工作会议。副厅长叶菁参加省特色小镇规划建设工作交流座谈会。

24日　省文化厅厅长金兴盛、副厅长蔡晓春一行到仙居县朱溪镇开展对口帮扶工作对接和现场调研工作。副厅长刁玉泉出席参观现代画院迎接党的十九大书画展。

25日　省文化厅厅长金兴盛召集会议，讨论推荐十三届全国人大代表和省人大代表候选人，厅领导黄健全、柳河、端木义生、蔡晓春、刁玉泉、叶菁参加。厅领导金兴盛、黄健全、端木义生、蔡晓春、刁玉泉、任群出席观看浙江曲艺杂技总团20周年团庆演出。厅长金兴盛接待衢州市文广新局局长一行到厅汇报工作。

26日　省文化厅党组书记、厅长金兴盛主持召开2017年第二十三次厅长办公会议，厅领导陈瑶、黄健全、柳河、端木义生、蔡晓春、刁玉泉、叶菁出席会议，厅局机关相关处室负责人列席有关议题。厅长金兴盛主持召开专题会议，听取厅计财处关于重大文化设施建设项目的有关情况汇报，厅领导陈瑶、柳河、黄健全、端木义生、蔡晓春、叶菁，以及厅办公室、厅艺术处、厅产业处、厅法规处、厅公共文化处、厅非遗处等处室负责人和相关厅属单位负责人参加。厅领导金兴盛、陈瑶、褚子育、黄健全、柳河、端木义生、蔡晓春、刁玉泉、叶菁、任群参加全省领导干部会议。副厅长蔡晓春参加捷克杭州国庆招待会。

27日　省文化厅党组书记、厅长金兴盛主持召开厅党组理论中心组关于党的十九大精神专题学习会，厅领导陈瑶、褚子育、黄健全、柳河、端木义生、蔡晓春、叶菁、任群做学习发言，厅局机关相关处室负责人列席。厅长金兴盛接待嵊州市副市长俞忠毅一行到厅汇报工作；列席省政府常务会议。副厅长陈瑶出席浙江省国家级非遗代表性传承人抢救性记录通查会议。副厅长蔡晓春参加厅外事处党支部学习活动。副厅长刁玉泉赴舟山观摩新剧目《鼓舞大海》演出。

28日　省文化厅副厅长陈瑶出席浙江省国家级非遗代表性传承人抢救性记录通查会议。省文物局局长柳河参加机械工业博物馆成立仪式活动。

30日　省文化厅厅长金兴盛列席省委常委会会议；参加省委宣传部学习宣传贯彻党的十九大精神会议。厅领导陈瑶、褚子育、刁玉泉、任群参加省级文化系统党的十九大精神学习宣传贯彻会议，厅局机关全体人员及厅属单位班子成员参加。副厅长黄健全接待杭州日报社领导。省文物局局长柳河召集局机关党总支全体党员干部专题学习党的十九大报告。驻厅纪检组组长端木义生参加驻厅纪检组党支部学习。副厅长蔡晓春与厅外事处讨论2018年“欢乐春节”方案。副厅长刁玉泉参加《浙江通志·舞台艺术卷》复审专家座谈会。

31日　省文化厅党组书记、厅长金兴盛主持召开厅党组理论中心组专题学习会、厅党组会，厅领导陈瑶、褚子育、黄健全、柳河、端木义生、蔡晓春、叶菁出席会议，副巡视员任群，厅局机关相关处室负责人列席有关议题。副厅长陈瑶出席第五批省级非物质文化遗产代表性项目代表性传承人评审会。副厅长黄健全参加厅产业处党支部学习。省文物局局长柳河听取中国丝绸博物馆巡查整改情况汇报。驻厅纪检组组长端木义生参加驻厅纪检组党支部学习。副厅长刁玉泉赴北京国家艺术基金管理中心汇报重大题材创作工作(至11月2日)。

11月

1日　省文化厅副厅长陈瑶接待慈溪市副市长沈小贤一行到厅汇报工作;参加厅局机关年度目标考核办法修订座谈会。副厅长黄健全参加浙江新远文化产业集团厅督导组会议;调研杭州市文化消费运营平台。省文物局局长柳河召集专题会议协调“最多跑一次”标准化工作。副厅长蔡晓春参加“2017两岸文学对话”筹备工作会议;参加筹备2018青年汉学家工作会议;参加小百花艺术中心项目推进会。

2日　省文化厅领导金兴盛、陈瑶、叶菁接待文化部到杭参加大运河文化带建设规划会会议代表。厅长金兴盛、副厅长叶菁出席观看农村文化礼堂优秀文艺展演。副厅长陈瑶接待泰顺县委常委、宣传部部长雷全勉一行到厅汇报工作。省文物局局长柳河与西泠印社有关人员商谈工作。副厅长蔡晓春赴台湾参加2017浙江文化节活动(至6日)。副巡视员任群随省人大法制委副主任委员杨晓光赴嘉兴，就《浙江省公共文化服务保障条例(草案修订稿)》进行立法调研(至3日)。

3日　省文化厅副厅长陈瑶陪同文化部到杭参加大运河文化带建设规划会议代表考察嘉兴等地。副厅长刁玉泉赴浙江音乐学院洽商浙江文艺创研中心组建工作，副厅长、浙江音乐学院党委书记褚子育出席。

4日　省文化厅厅长金兴盛参加大运河文化带建设专题座谈会并致辞。省文物局局长柳河陪同省委常委、纪委书记刘建超参加中国丝绸博物馆“巴瑟尔之夜”活动。

5日　浙江艺术职业学院承办的第二十四届中韩日戏剧节开幕式在杭州剧院举行。省委宣传部副部长唐中祥，省教育厅巡视员鲍学军，省文化厅副厅长刁玉泉出席观看浙江艺术职业学院创作排演的梦幻版昆曲《牡丹亭》。

6日　省文化厅厅长金兴盛列席省委常委会会议;听取浙江昆剧团团长到厅汇报工作。副厅长黄健全、叶菁接待绍兴市上虞区区委常委、开发区管委会党工委书记一行到厅汇报工作。副厅长刁玉泉召集浙江美术馆、浙江省文化艺术研究院负责人部署《浙江通志·舞台艺术卷》《浙江通志·美术卷》复审工作。副厅长蔡晓春赴台湾参加2017浙江文化节活动。副厅长叶菁到省文联联系工作。

7日　“新时代　新征程——全省美术馆贯彻落实党的十九大精神主题书法巡回展”开展仪式在浙江美术馆举行。省文化厅党组书记、厅长金兴盛出席活动并宣布展览开幕，副厅长、浙江音乐学院党委书记褚子育讲话，驻厅纪检组组长端木义生、副巡视员任群出席。省文化厅直属机关党委党支部、办公室党支部、艺术处党支部、驻厅纪检组党支部、浙江美术馆党支部党员同志及省级文化系统全体纪检干部参加了相关主题党日活动。副厅长黄健全参加全国小微企业金融服务电视电话会议。省文物局局长柳河主持召开《浙江通志·文物卷》编委扩大会。副厅长蔡晓春参加副省长梁黎明会见宴请捷克各州官员代表团活动。副厅长刁玉泉参加省政协全体委员会议;参加第四届世界互联网大会浙江承办工作领导小组会议。

8日　省文化厅领导金兴盛、褚子育、黄健全、柳河、端木义生、刁玉泉、叶菁、任群参加中央宣讲团党的十九大精神报告会。厅长金兴盛、副厅长叶菁赴浙江图书馆出席省特色小镇文化建设成果展开幕式。副厅长陈瑶赴景宁参加全省文化生态保护区建设工作推进会(至9日)。副厅长黄健全出席2017年浙江省暨杭州市“119”消防宣传月活动启动仪式。副厅长蔡晓春赴北京参加文化部汉学家工作部长办公会。副厅长刁玉泉接待磐安县副县长一行到厅汇报工作。

9日　省文化厅领导金兴盛、褚子育、柳河、端木义生、蔡晓春、刁玉泉、叶菁、任群听取省委十四届二次全体(扩大)会议报告。厅长金兴盛、省文物局局长柳河继续参加省委十四届二次全体(扩大)会议。副厅长黄健全率省委禁毒督察组第八组赴嘉兴市、南湖区督查(至10日上午)。副厅长叶菁赴浙江美术馆出席"双璧华章"——马孟容、马公愚昆仲书画展,并向家属颁发作品收藏证书。

10日　省文化厅党组书记、厅长金兴盛主持召开厅党组会、厅长办公会议,厅领导陈瑶、褚子育、黄健全、柳河、端木义生、蔡晓春、刁玉泉出席会议,副巡视员任群及厅局机关相关处室负责人列席会议。厅长金兴盛、副厅长蔡晓春出席"2017两岸文学对话"开幕式。厅长金兴盛陪同省委书记车俊、省长袁家军会见中国国民党前主席洪秀柱一行。省文物局局长柳河赴桐乡出席钱君匋110周年诞辰纪念活动。副厅长刁玉泉参加省委常委、秘书长陈金彪主持召开的东北亚名人会第十二次会议相关工作协调会。副厅长叶菁赴衢州出席"二十四节气"柯城全国农民画作品展开幕式;赴金华参加全省舞蹈大赛颁奖晚会。

13日　省文化厅厅长金兴盛、副厅长蔡晓春出席浙江省·静冈县结好35周年庆祝大会。厅长金兴盛列席省委常委会会议。副厅长刁玉泉与浙江歌舞剧院有限公司董事长商讨重大题材民族歌剧创作事宜。副厅长叶菁赴新疆阿克苏开展文化艺术人才培训,举办文化走亲活动,调研文化援建工作(至19日)。

14日　省文化厅厅长金兴盛主持召开省级文化系统中央有关文件传达会议,厅领导陈瑶、柳河、端木义生、蔡晓春、刁玉泉、任群参加,厅局机关处室负责人、厅属单位党政负责人参加。厅党组书记、厅长金兴盛,厅党组副书记、副厅长、厅直属机关党委书记陈瑶参加全省机关党建工作会议。副厅长黄健全赴北京参加2017首届文化消费研讨交流会(至16日)。副厅长蔡晓春参加厅外事处党支部主题党日活动,参观"新时代　新征程——全省美术馆贯彻落实党的十九大精神主题书法巡回展"。副厅长刁玉泉出席全省文化系统办公室主任暨文化宣传工作会议。副巡视员任群参加全省爱国卫生工作会议。

15日　省文化厅党组书记、厅长金兴盛召集会议研究省委巡视立行立改相关工作,厅党组副书记、副厅长陈瑶、驻厅纪检监察组组长端木义生参加;赴江山参加全省美丽乡村和农村精神文明建设现场会(至16日)。副厅长蔡晓春赴绍兴调研。厅党组副书记、副厅长、厅直属机关党委书记陈瑶出席厅直属机关党委第六次党委委员会议。副厅长蔡晓春参加"一带一路　文化先行"越剧明星版《梁祝》欧洲美洲大洋洲巡演暨2017第二届全球越迷嘉年华开幕新闻发布会。副厅长刁玉泉赴丽水参加丽水摄影节相关活动。

16日　省文化厅副厅长黄健全赴舟山调研中国(浙江)自贸区建设文化产业发展情况,并参加第十五届普陀山南海观音文化节开幕式(至17日)。省文物局局长柳河与相关人员研究"互联网+中华文明"工作。副厅长蔡晓春参加国家知识产权局与浙江省人民政府知识产权合作会商会议。副厅长刁玉泉陪同省政协副主席郑继伟赴宁波调研(至17日)。副巡视员任群参加省人大法工委全体会议。

17日　省文化厅党组书记、厅长金兴盛召集研究巡视整改相关工作,厅党组副书记、副厅长陈瑶,驻厅纪检组组长端木义生参加。省文物局局长柳河与绍兴柯桥区人民政府有关领导约谈兰若寺宋墓保护工作。副厅长蔡晓春出席"国立俄罗斯博物馆典藏——莫伊谢延科作品展"杭州站开幕式。

18日　省文化厅副厅长蔡晓春参加杭州市上城区区委、区政府主办的2017"南宋文化共享日"活动和"南宋文化论坛"。

20日　省文化厅党组书记、厅长金兴盛主持召开厅党组会、厅长办公会议,厅领导陈瑶、褚子育、黄健全、柳河、端木义生、蔡晓春、刁玉泉、叶菁出席会议,副巡视员任群及厅局机关相关处室负责人列席会议。厅长金兴盛列席省委常委会会议。副厅长黄健全到省委党校参加省管领导干部学习贯彻党的十九大精神集中轮训班(至24日)。省文物局局长柳河主持召开局长办公会议,研究讨论2018年重点工作。

21日　省文化厅副厅长陈瑶到中国美院出席非遗研培班开班仪式。副厅长蔡晓春参加省政府专题会议。副厅长刁玉泉赴宁波指导浙江省第十届音舞节决赛相关工作。副厅长叶菁出席首届"弄潮杯"钱塘江全国书法大赛颁奖典礼暨优秀作品展。

22日　省文化厅厅长金兴

盛、省文物局局长柳河参加十四届省委第二轮巡视工作动员部署会。省文化厅在桐庐组织举办2017年度党工团负责人学习党的十九大精神专题培训班暨厅局机关党员干部读书会，厅领导陈瑶、褚子育、端木义生、蔡晓春、刁玉泉、叶菁、任群出席，厅局机关全体党员干部、系统党工团负责人共计210多人参加培训(至24日)。副厅长刁玉泉陪同文化部艺术司音舞处副调研员赵琳宇一行到浙江音乐学院观看民族歌剧《青春之歌》结项验收演出。

23日　省文化厅举办浙江省非遗藏品捐赠仪式，省委常委、宣传部部长葛慧君出席并为捐赠作品的传承人颁发证书，厅长金兴盛、副厅长陈瑶出席。副厅长陈瑶出席“喜庆十九大·汇曲赞中华”浙江曲艺传承发展交流演出。副厅长蔡晓春参加全省金融工作会议。

24日　省文化厅厅长金兴盛，副厅长、浙江音乐学院党委书记褚子育出席浙江音乐学院附属音乐学校揭牌仪式及庆祝音乐会。厅长金兴盛、副厅长刁玉泉参加以“保护和发展传统地方戏剧”为主题的第四十次“浙江政协·民生论坛”。副厅长陈瑶出席浙江曲艺传承发展座谈会。省文物局局长柳河赴浙江大学审查“互联网+中华文明”展览准备工作；召集研究慈溪国家考古遗址公园现场会、乌镇互联网大会“互联网+中华文明”论坛方案。

25日　省文物局局长柳河参加浙江省古迹遗址保护协会会议。

27日　省文化厅厅长金兴盛列席省委常委会会议；参加省十二届人大常委会第四十五次会议第一次全体会议。厅领导端木义生、蔡晓春、叶菁参加省管领导干部学习贯彻党的十九大精神集中轮训班(至12月1日)。副厅长刁玉泉接待金华市金东区区委常委、宣传部部长一行到厅汇报工作。

28日　省文化厅厅长金兴盛、副厅长刁玉泉到宁波市江北区出席浙江省第十届音乐舞蹈节颁奖晚会。副厅长黄健全陪同文化部文化市场司领导在宁波市参加江浙沪皖陕青六省网络直播“以案施训”活动。

29日　省文化厅领导金兴盛、陈瑶、刁玉泉、任群出席观看昆剧《钟楼记》首演。厅长金兴盛参加省十二届人大常委会第四十五次会议第二次全体会议。副厅长黄健全参加第四届世界浙商大会开幕式；参加浙商论坛。副巡视员任群参加省人大法工委全体会议。

30日　省文化厅副厅长陈瑶接待三门县副县长一行到厅汇报工作；参加省十二届人大常委会第四十五次会议第三次全体会议。副厅长黄健全出席第十三届义乌文交会动员部署会。副厅长刁玉泉参加全省创作及院团长会议。

12月

1日　省委第一巡视组向省文化厅党组反馈专项巡视情况。省委巡视工作领导小组成员王海超、省委第一巡视组组长周益扬等出席反馈会，厅领导金兴盛、陈瑶、褚子育、黄健全、柳河、端木义生、蔡晓春、刁玉泉、叶菁参加，厅局机关副处级以上领导干部和厅属单位主要负责人参加。厅党组书记、厅长金兴盛主持召开厅党组会、厅长办公会议，厅领导陈瑶、褚子育、黄健全、柳河、端木义生、蔡晓春、刁玉泉、叶菁出席会议，厅局机关相关处室负责人列席会议。厅领导金兴盛、柳河参加越窑青瓷艺术文化节开幕式。副巡视员任群参加软件正版化工作反馈会；赴宁波参加2017中国文化馆年会卫星会议暨宁波“一人一艺”成果发布会(至2日)。

2日　省文化厅厅长金兴盛陪同国家文物局局长刘玉珠参加国家考古遗址公园现场会，省文物局局长柳河参加。省文物局局长柳河陪同国家文物局局长刘玉珠、副局长关强一行赴乌镇参加世界互联网大会，并调研嘉兴文物工作。

3日　省文化厅副厅长黄健全赴湖南长沙参加文化部推进文化产业园区建设和企业发展工作会议(至6日)。

4日　省文化厅厅长金兴盛、省文物局局长柳河到乌镇互联网大会参加“包容互鉴：网上文化交流共享论坛”等活动。厅领导陈瑶、刁玉泉、任群参加省管领导干部学习贯彻党的十九大精神集中轮训班(至8日)。副厅长蔡晓春陪同文化部副部长项兆伦在乌镇调研。副厅长叶菁到湖州参加全省文化(文物)系统“12·4”国家宪法日暨全国法制宣传日主会场活动。

5日　省文化厅厅长金兴盛列席省委常委会会议；与部分厅属单位主要负责人谈话。省文物局局长柳河分别接待富阳区政府、金华市文物局、庆元县文广新局领导到访。

6日　省文化厅厅长金兴盛与厅领导班子成员、部分厅属单位主要负责人谈话；接待金华市文广新局局长一行到厅商议工作。省文物局局长柳河主持召开巡视整改工作专题会。副厅长蔡晓春参加厅外事处党支部党日活动。

7日　省文化厅厅长金兴盛主持召开巡视整改领导小组及办公室工作会议，驻厅纪检组组长端木义生等参加。副厅长黄健全参加杭州市文化消费平台研讨会。副厅长蔡晓春陪同山西省委宣传部副部长郭健一行到浙调研；参加2017浙江省文化志愿者服务工作会议。副厅长叶菁参加省政协专题协调会议。

8日　省文化厅领导金兴盛、黄健全、柳河、蔡晓春、刁玉泉、叶菁出席观看浙江歌舞剧院有限公司成立60周年庆典演出。厅长金兴盛、省文物局局长柳河参加全省生活垃圾分类处理工作动员会。厅长金兴盛主持召开巡视整改领导小组及办公室工作会议，驻厅纪检组组长端木义生等参加。副厅长黄健全、省文物局局长柳河参加国务院安委办消防安全专题视频会议。副厅长蔡晓春赴杭州未来科技城调研杭州城市博物馆，筹备2018"汉学与当代中国"浙江考察活动相关工作。副厅长叶菁到嘉善参加2017浙江省特色小镇文化建设论坛；参加省级特色小镇规划建设工作联席会议办公室成员单位扩大会议。

11日　省文化厅党组书记、厅长金兴盛主持召开厅党组理论中心组专题民主生活会、厅党组会，厅领导陈瑶、褚子育、黄健全、柳河、端木义生、蔡晓春、刁玉泉、叶菁出席会议，副巡视员任群及厅局机关相关处室负责人列席会议。厅长金兴盛，省文物局局长柳河参加县（市、区）委书记工作交流会。厅长金兴盛列席省委常委会会议。副厅长陈瑶参加文化部调研组座谈会。副厅长黄健全参加《之江文化产业带建设规划》研究论证专题会议。省文物局局长柳河听取浙江省促进非国有博物馆发展实施意见工作汇报。

12日　省文化厅领导金兴盛、陈瑶、端木义生与相关处室负责人研究浙江图书馆有关问题整改工作。省文物局局长柳河接待温州市龙湾区文广新局副局长一行到访。

13日　省文化厅厅长金兴盛与厅属单位主要负责人谈话；参加宣传工作专题会议；向省委巡视办、省委第一巡视组汇报巡视整改方案制订相关工作。副厅长黄健全与浙江新远文化产业集团相关人员商议目标责任考核有关工作。省文物局局长柳河参加第三届世界考古论坛·良渚古城水管理系统国际学术研讨会。副厅长蔡晓春参加省政府专题工作会议。

14日　省文化厅召开会议传达习近平总书记关于进一步纠正"四风"、加强作风建设重要批示精神会议，厅党组书记、厅长金兴盛传达文件精神并部署工作，厅领导陈瑶、黄健全、端木义生、蔡晓春、叶菁、任群参加会议，厅局机关全体在编人员、厅属单位主要负责人参加。厅党组书记、厅长金兴盛主持召开厅党组理论中心组学习弘扬"红船精神"专题学习会、厅党组会议，厅领导陈瑶、黄健全、端木义生、蔡晓春、叶菁出席会议，副巡视员任群及厅局机关相关负责人列席会议。厅长金兴盛参加打破信息孤岛、实现数据共享，推进"最多跑一次"改革第四次专题会议。省文物局局长柳河赴宁波参加博物馆与文化浙江建设学术研讨会（至15日）。副厅长蔡晓春参加全省对外开放大会有关筹备工作协调会；到省审计厅对接工作。副厅长叶菁参加全省关心下一代工作会议。

15日　省文化厅厅长金兴盛参加省政府党组务虚会。

16日　省文化厅副厅长蔡晓春赴安吉参加"2017诗画浙江景·活力马拉松"系列赛安吉站相关活动（至17日）。

18日　省文化厅厅长金兴盛、副厅长刁玉泉接待嘉兴市委常委、宣传部部长祝亚伟，副市长邢海华一行到厅对接工作。省文化厅厅长金兴盛与厅属单位主要负责人谈话。省文物局局长柳河主持召开巡视整改工作会议。

19日　省文化厅厅长金兴盛、副厅长叶菁到浙江图书馆宣布班子任命事宜。厅长金兴盛听取宁波市文广新局负责人一行到厅汇报文化人才工作；接待衢州市文广新局局长一行到厅汇报工作；与干部谈话。省文物局局长柳河赴建德开展省政府文物工作意见落实情况督查工作。副厅长蔡晓春赴上海接洽2018青年汉学家研修事宜。副厅长刁玉泉与浙江交响乐团团长谈话；接待湖州市文广新局局长一行到厅汇报工作。

20日　省文化厅厅长金兴

盛到浙江美术馆出席“缘生妙有 随缘自在”吴卿金雕木刻精品展开幕式。省文物局局长柳河赴湖州市南浔区开展省政府文物工作意见落实情况督查工作。副厅长蔡晓春赴北京参加2018年“欢乐春节”部际部省联席会议。副厅长刁玉泉接待上海音乐学院院长一行。

21日 省文化厅厅长金兴盛参加宣传思想文化工作务虚会;列席省委常委会会议。副厅长陈瑶、省文物局局长柳河陪同副省长成岳冲到中国丝绸博物馆专题研究国际文物保护修复协会纺织品培训中心事宜。副厅长陈瑶赴三门参加“中国冬至文化研究中心成立大会”(至22日)。副厅长黄健全召集厅计财处、厅产业处、厅人事处、厅直属机关党委相关人员召开浙江新远文化产业集团章程修订事项会议。省文物局局长柳河接待杭州市江干区政府有关领导,沟通省保单位海塘保护事宜。副厅长蔡晓春赴文化部对接2018年“欢乐春节”项目。副厅长刁玉泉参加副省长梁黎明会见埃塞俄比亚外交部国务部长阿克里鲁一行活动。副巡视员任群参加厅直属机关第九届委员会第七次会议。

22日 省文化厅厅长金兴盛参加十四届省委全面深化改革领导小组第三次会议。副厅长黄健全参加《浙江省公共信息管理条例》新闻发布会。副厅长刁玉泉参加浙江音乐学院创业学院成立仪式。副厅长叶菁赴台州出席“台州好腔调”暨“越水如华”经典越剧音乐会。副巡视员任群参加全国反恐“12·22”视频会议。

23日 省文化厅副厅长刁玉泉参加浙江艺术职业学院校友会成立大会暨第一次校友代表大会开幕式。副厅长叶菁出席省直机关女干部健身队音乐会。

25日 省文化厅领导金兴盛、陈瑶、褚子育、黄健全、柳河、端木义生、蔡晓春、刁玉泉、叶菁、任群听取省委经济工作会议大会报告。厅领导金兴盛、褚子育、柳河参加省委经济工作会议。

26日 省文化厅党组书记、厅长金兴盛主持召开厅党组理论中心组专题民主生活会,厅党组会、厅长办公会,厅领导陈瑶、褚子育、黄健全、柳河、端木义生、蔡晓春、刁玉泉、叶菁出席会议,副巡视员任群及厅局机关相关处室负责人列席会议。厅长金兴盛参加全省人才工作述职评议会议。副厅长刁玉泉审查省政协团拜会节目。

27日 省文化厅领导金兴盛、陈瑶、柳河出席省古建筑设计研究院成立揭牌仪式。厅长金兴盛看望王森同志。副厅长陈瑶赴北京国家博物馆参加陆光正从艺60周年东阳木雕大展开幕式(至28日)。省文物局局长柳河接待文化部原副部长励小捷一行。驻厅纪检组组长端木义生到省纪委开会。副厅长蔡晓春到安吉召开浙江自然博物园项目推进会;参加审计署审计浙江省2018年重大政策措施落实情况进展会议。副厅长刁玉泉接待余姚市文广新局局长张爱琴一行到厅汇报工作;出席观看省政协团拜会。

28日 省文化厅领导金兴盛、柳河、刁玉泉参加浙江省第十三届精神文明建设“五个一工程”表彰会暨中华优秀传统文化传承发展工作推进会。厅长金兴盛接待绍兴市文广新局局长一行到厅汇报中国越剧节筹备情况。省文物局局长柳河参加2017年文博系列高级职称评审会。

29日 省文化厅党组书记、厅长金兴盛主持召开厅党组会、厅长办公会,厅领导陈瑶、褚子育、黄健全、柳河、端木义生、蔡晓春、刁玉泉、叶菁出席会议,副巡视员任群及厅局机关相关处室负责人列席会议。厅领导金兴盛、褚子育、刁玉泉出席浙江文艺创研中心成立大会。省文物局局长柳河接待金华市副市长祝伦根一行商议工作。副厅长叶菁参加省政府专题会议。

(邢吴翔)

厅属单位建设发展

ZHEJIANG CULTURE YEARBOOK

浙江省文物监察总队

【概况】 2017年末，实有在编人员7名(核定编制数7个)。

2017年，浙江省文物监察总队深入学习、贯彻与落实党的十九大精神，紧紧围绕全省文物执法监察工作要点，结合《2017年度目标管理责任书》内容，加强文物执法监察工作，创新举措、狠抓落实，努力打造文物执法监察工作升级版，各项工作取得显著成效。

一、执法巡查

进一步强化文物执法巡查工作，重点检查文物保护单位保护情况，了解当地执法工作状况，指导相关执法业务，帮助解决有关问题，着力推进各地文物执法工作有序开展。全年出动654人次，赴宁波、温州、绍兴、湖州、金华、台州、嘉兴、衢州、丽水等地，检查文博单位223家次，其中，检查全国重点文物保护单位54家次，省级文物保护单位101家次，市县级文物保护单位43家次，文物保护点17家次，博物馆8家次，发现并制止涉嫌违法行为5起，发现并督促整改安全隐患24处。

此外，推动全省各地积极开展文物执法巡查工作，全省各地累计出动巡查人员2.4万人次，检查文博单位9016家次，发现并督促整改安全隐患305起，制止涉嫌文物违法行为59起。

二、案件督查

按照国家文物局部署开展的文物法人违法案件专项整治行动要求，进一步加强对全省重大疑难案件的督查工作，尤其对法人违法案件进行重点督办，督查地方查处案件13起。如赴龙游县对全国重点文物保护单位小南海石室保护范围内存在涉嫌违法建设行为进行督查，当地文物行政部门最终对当事人处以罚款20万元，并要求当事人依法履行报批手续，按批复方案进行整改；赴杭州市萧山区对全国重点文物保护单位浙东运河纤道(萧山段)、省级文物保护单位萧绍海塘(萧山段)本体部分损毁和违法建设案进行现场督办，并约谈地方人民政府领导及相关部门负责人，提出查处意见和后续保护要求；赴平阳县对拆除县级文物保护单位蓝田宫一案进行督查，并约谈当地人民政府领导及有关部门负责人，当地文物行政部门对建设方和施工方分别处以罚款10万元和20万元等。

指导全省各级文物执法监察机构加大对文物违法案件的查处力度，全年调查涉嫌违法行为57起，累计罚款金额174万元。此外，组织报送的“浙江省衢州市龙游县文化旅游发展有限公司擅自在全国重点文物保护单位小南海石室保护范围内进行施工建设案”入选国家文物局组织遴选的“2017年度文物行政执法指导性案例”，由国家文物局印发，供全国文物系统学习参考，并通报表扬。

三、科技执法

按照浙江省全面实施创新驱动发展战略，加快建设创新型省份的要求，围绕打造文物工作升级版的目标，在加强浙江省文物行政执法网络监管平台运用工作基础上，积极推进全省开展文物执法科技运用工作，通过2年的努力，为全省91家市、县(市、区)文物执法监察机构配发了文物执法专用设备无人机航拍飞行器，实现了全省全覆盖。同时，在部分市、县文物执法监察工作科技运用推进会上，对各地文物执法设备无人机使用情况进行指导。此外，升级浙江省文物行政执法网络监管平台，增加航拍资料上传功能，研发了巡查录入的手机终端应用。

四、业务培训

进一步加强全省文物执法监察队伍建设，积极开展文物执法业务培训工作。承办第八届江浙沪文物行政执法业务培训班，江苏、浙江、上海等地的110多名文物执法人员参训，江苏、上海、西安的文物执法专家讲授了“文物行政执法案例解析”“上海水下文物保护及执法现状”“文物公安打击文物犯罪实践经验”等课程，江浙沪10名代表进行了交流发言。举办第四届全省文物执法监察业务骨干学习班，对全省22名学员在巡查、办案业务等方面进行了系统培训。组织举办文物执法监察工作理论研究成果交流会，11个设区市分别就创新工作、能力建设、管理平台、法律宣传、约谈机制、充实力量、监督渠道、处置与移送等方面的重点、难点工作进行了交流研讨。

五、法规宣传

积极参加文化遗产日主场宣传活动，通过开展法律法规咨询、发放文物普法手册、文保小知识有奖问答等形式吸引广大市民参与。在开展日常文物执法巡查和案件督查的同时，还对文物管理单位、使用者进行文物法律法规宣传，对涉嫌违法的当事人进行文物法律法规宣讲，积极引导行政相对人切实履行文物保护义务，并与各地文物执法监察机构合作，在部分文物保护单位设置文物违法行为举报牌，营造"保护文物、人人有责"的良好氛围。

此外，认真完成国家文物局、省文化厅、省文物局交办的其他专项工作。按照上级部门要求，组织开展文物系统"双随机"抽查工作，起草《浙江省文物局开展跨部门联合"双随机"抽查监管实施细则》，组织开展全省各设区市之间的文物执法监察交叉检查工作。认真贯彻执行各项财务规章制度，进一步加强对项目经费的使用管理，做到专款专用。全年共完成业务活动经费支付298万元，申报并实施政府采购培训、会议、设备采购项目等20多项，年度经费预算执行率达到87%。同时，完成了2018年度经费预算编制上报工作，通过了2016年度公务支出、公款消费专项审计，完成了固定资产盘点、报废申报处理和文物执法设备无人机调拨工作。委托第三方机构完成了单位内控建设评价工作，对预算、收支、采购、资产、合同工作进行自查与整改，优化工作管理和业务流程。能够严格遵守和执行国家财经法规、财务规章制度和省文化厅颁发的各项财务规定，无财务违纪情况发生。积极开展工会活动。完成人事、文秘、档案、统计、后勤、社会治安综合治理等各项工作任务，支持民主党派开展有关活动。

（郑李潭）

浙江音乐学院

【概况】 设有党政管理机构17个、群团组织2个、教学科研机构12个、教辅单位5个、高水平艺术团4个。2017年末实有在编人员458人（核定编制500人），其中专任教师327人，具有高级专业技术职务资格的为132人，中级208人；设有一级学科4个，开办专业8个；学生2461人，其中研究生212人。

2017年是浙江音乐学院开启"二次创业"新征程，全面推进"十三五"规划的重要之年。学院紧盯"高水平一流"奋斗目标不放松，以党建为引领，以人才培养为中心，以学科建设为龙头，以人才队伍为支撑，以经费筹措和条件优化为保障，真抓实干，蹄疾步稳，在"二次创业"新征程上迈出了坚实的一步，并在申请硕士学位授予权、申报国家艺术基金、开展国际交流与合作、成立附属音乐学校等方面取得新成绩，办学基础进一步夯实，办学水平不断提升。上半年，学院顺利通过省教育厅组织的全省高校教学巡回诊断检查，并得到了检查组专家的一致肯定；在浙江省2016—2017学年普通本科高校分类评价中，学院在全省31所以教学为主型多科性高校中排名第9位，比上一学年上升1位；经省教育评估院第三方测评统计，2016届毕业生对学院满意度居全省高校第2名。

一、全面从严治党深入推进

深入开展习近平新时代中国特色社会主义思想和党的十九大精神的学习宣传贯彻，扎实推进"两学一做"学习教育常态化制度化，全面推进二级党组织标准化建设，党支部"战斗堡垒"作用日益明显，党员"先锋"作用日益发挥。全面落实意识形态工作责任制，成立马克思主义学院，"思政课程"和"课程思政"双轮驱动，积极构建全员全过程全方位育人体系。"一网一报一台"宣传平台全面建成，完成校园文化项目一期、二期雕塑工程建设，积极营造"看得到、摸得着，可感受、有影响"的浙音特色校园文化。积极推进"清音廉律"廉洁校园文化建设，组建首届纪委班子，改选增补二级党组织纪检委员，强化正风肃纪，以内审促内巡，以内巡促整改，推动问题的整改落实。

二、人才培养中心地位更加突显

新增表演、舞蹈编导、艺术与科技3个新专业，作曲与作曲技术理论、舞蹈学、音乐表演3个专业顺利获批省"十三五"特色专业。组建53个教研室，全面启动实施课程建设工程，深化完善"教考分离"和毕业班学习统一实习制度改革，加强教师和教学规范管理，教学管理水平不断提升。顺利完成新高考后的首次本科招生工作，招收新生649人，招生计划与报考比超过1∶10。学生管理更加严格规范，全年累计发放各类政府奖助学金66.65万元，毕业生初次就业率达96.53%，就业质量列全省高校第7名。正式成立创业学院，设立学生创业园，10多个学生项目在各类国家级、省级大学生创新创业大赛中获奖，创新创业教育成果初步显现。成立附属音乐学校，顺利完成首届高一、高二新生招生。

三、学科建设加快推进

完成3个一级学科建设组织架构，各项任务顺利分解推进落实。省文化厅“浙江文艺创研中心”正式落户学院，成功创办期刊《音乐文化研究》，全年共有8项创作项目和1项青年创作人才项目获国家艺术基金资助，另有67个项目分获国家级、省部级项目立项。全年举办各类校内音乐会300多场次，一大批教师和学生先后在中国音乐金钟奖、省音舞节、“荷花奖”等各类重大赛事中喜获殊荣。正式成为硕士学位授予单位，顺利通过艺术硕士专业学位授予权评审，研究生教育取得重大突破。

四、开放办学取得新突破

承办文化部“意会中国”——“一带一路”艺术大师工作坊项目。举办“中国—中东欧国家音乐学院院长论坛”，发起成立“中国—中东欧国家音乐院校联盟”，设立“中国—中东欧国家艺术创作与研究中心”，先后与匈牙利李斯特音乐大学、白俄罗斯国立音乐学院、乌克兰国立柴可夫斯基音乐学院、乌克兰哈尔科夫艺术大学等多所高水平音乐院校签订教育合作框架协议。与浙江省盲人学校签署合作办学协议，共同探索发展盲人音乐教育。与兰考县人民政府签订校地合作协议，助推民族乐器产业发展。成立继续教育学院，积极拓展成人继续教育和各类高端培训市场。

五、内部运行机制日趋完善

正式发布学院章程，制定印发《浙江音乐学院依法治校工作实施意见》，全面启动依法治校工作。顺利召开学院第一届“双代会”第二次会议，选举产生了学院第一届教代会执委会、提案工作委员会、福利委员会和工会青年工作委员会委员。成立人才工作领导小组，顺利完成学院正式建校后的首轮公开招聘工作，多名优秀教师被成功推荐为各类省级人才或入选省级团队。学院被省委、省政府评为2017年度“浙江省重才爱才先进单位”。进一步提高生均定额拨款标准和相关收费标准，超额完成年度财政预算执行目标。完成音乐博物馆和敦煌乐舞展厅建设并顺利开馆。推行教师琴房轮流使用模式改革。顺利完成一次性住房补贴和住房公积金补贴申请和发放工作。利用现有资源解决住房困难教职工临时居住问题。改组成立资产经营公司，注册成立乐典演艺、乐典文化交流、乐典教育咨询3家子公司和乐典物业、乐典餐饮2家分公司，成立乐典公司董事会，服务保障和产业经营能力不断提升。全面启动实施“平安校园”创建，并顺利通过省教育厅评审。

学院国乐团首次登陆国家大剧院 3月9日，浙江音乐学院国乐团首次亮相国家大剧院音乐厅，以一场“最忆是杭州”的民族管弦乐专场音乐会，让众多京城乐迷大饱耳福。

获批新增3个专业 3月，教育部公布了2016年度普通高等学校本科专业备案和审批结果，学院申报的“舞蹈编导”“艺术与科技”“表演”3个本科专业获批，学制4年，计划2018年招生。

首届艺术实践周 5月下旬，学院举行了首届艺术实践周活动，2014—2016级全体学生参加。各系（部）通过精心组织，安排了采风、音乐会、汇报会、讲坛、大师班、舞台剧目排练、演出、比赛等一系列活动，为各系学生搭设了专业化实践舞台，达到了“形式多样、内容丰富、节奏紧凑、氛围浓厚、成效显著”的预期目标，培养了学生在表演、教学、创作、研究等领域的实践经验，促进了学生课内与课外、教学与演出、理论与实践等各方面能力的协调发展。

首届“意会中国”——“一带一路”艺术大师工作坊项目 5月25日至6月3日，由文化部外联局和浙江省文化厅合作举办、浙江音乐学院承办的首届“意会中国”——“一带一路”艺术大师工作坊在学院举行。来自8个“一带一路”沿线国家的11位艺术家通过与学院师生的相互交流、学习与借鉴，实现了亲诚惠容、民心相通，共同促进了音乐、舞蹈高等教育的发展。

1人荣获第五届浙江省“十佳大学生”称号 在5月26日举行的2017“最美青春——感动校园人物”第五届浙江省“十佳大学生”颁奖晚会上，学院音乐教育系学生林张娴获得了第五届浙江省“十佳大学生”称号。

第一届“尽善奖”大赛 6月16日，学院第一届“尽善奖”优秀作品展演暨颁奖典礼在音乐厅圆满落幕。此次“尽善奖”大赛吸引了1300多名学生参与，经过近6个月的宣传发动和选拔推荐，共有45件音乐、舞蹈、戏曲、理论研究和应用科技类作品进入决赛，并评选出特等奖1项、一等奖8项、二等奖10项、三等奖11项、优秀奖7项、入围奖7项。

学院国乐团与香港中乐团联袂献礼香港回归20周年 6月24日，由浙江音乐学院国乐团和香港中乐团合作演出的“鱼跃香江——庆祝香港回归20周年音乐会”在香港葵青剧院上演。音乐会由香港中乐团艺术总监、著名指挥家阎惠昌担任指挥，学院国乐系主任、竹笛演奏家杜如松，钢琴演奏家吴牧野，琵琶演奏家张莹，笙演奏家陈奕潍等诸多业内名家参演，为观众呈现了一台高水准的音乐会，为香港回归20周年庆祝活动添上了浓墨重彩的一笔。

学院“八秒”合唱团获第十一届世界合唱研讨会“杰出贡献”荣誉 7月22日至29日，第十一届世界合唱研讨会在西班牙巴塞罗那举行，学院“八秒”合唱团受国际合唱联盟(IFCM)邀请参加盛会。盛会期间，“八秒”合唱团共举办两场专场合唱音乐会，荣获国际合唱联盟颁发的研讨会参演最高荣誉——“杰出贡献”荣誉证书。

承办第六届全国青少年民族乐器教育教学成果展示活动 8月20日至25日，由文化部主办，浙江省文化厅、浙江音乐学院和中国民族管弦乐学会共同承办的第六届全国青少年民族乐器教育教学成果展示活动在学院举办。来自全国27个省、自治区、直辖市和澳门特别行政区的167所院校的1319个节目参加了活动。经过专家组遴选，最终来自40所院校的129个节目入围现场展演，共举办1场国乐专场音乐会、8场展示音乐会、1场综合汇报音乐会和4场专业教学示范课。

学院音乐博物馆正式开馆 9月15日，学院音乐博物馆在图书馆正式开馆。博物馆通过系列乐器展览，全方位展示古今中外的优秀音乐文化遗产成果。音乐博物馆中还成立了音乐史与民族音乐教学实训中心，学生可以全方面学习了解各国音乐文化，与教师共同开展相关领域的音乐研究。同时，音乐博物馆还将面向社会，积极推动音乐普及教育工作，将音乐博物馆真正打造成为具有一定社会影响力和知名度的音乐文化主题展厅。

中国—中东欧国家音乐学院院长论坛举办 9月21日至25日，为配合在杭州举行的第三届中国—中东欧国家文化合作部长论坛，浙江音乐学院同期举办中国—中东欧国家音乐学院院长论坛，匈牙利李斯特音乐大学、波兰华沙肖邦音乐大学和新保加利亚大学等14所中东欧国家音乐院校院(校)长参加了本次论坛。论坛围绕“中国—中东欧国家音乐的传承、发展与创新”和“中国—中东欧国家音乐艺术的交流与合作”2个主题，先后举办了2场学术论坛、17场大师课(讲座)和6场音乐会。

中国—中东欧国家音乐院校联盟成立 9月23日，在文化部部长雒树刚和中东欧16国负责文化事务的部长和部长代表的共同见证下，浙江音乐学院和14所中东欧国家音乐院校院(校)长共同签署了“中国—中东欧国家音乐院校联盟”成立宣言，雒树刚和副省长成岳冲共同为“中国—中东欧国家艺术创作中心”成立揭牌。

学院附属音乐学校正式揭牌 11月24日，学院附属音乐学校揭牌仪式暨庆祝音乐会在学院音乐厅举行。省文化厅厅长金兴盛、省教育厅副厅长丁天乐、省物价局副局长韩亚明等省、市相关厅局领导，国内各大音乐学院附中校长，省内相关兄弟学校代表，以及学院党政班子、中层干部、附属音乐学校全体师生及部分家长代表近500人出席揭牌仪式。

浙江文艺创研中心正式落户 12月29日，浙江文艺创研中心成立大会在学院图书馆举行。新成立的浙江文艺创研中心是在省委宣传部、省文化厅指导下，依托浙江音乐学院组建的内设科研机构，由学院负责运行管理，与“中国—中东欧国家艺术创作与研究中心”合署。浙江文艺创研中心将依托学院品牌优势、平台优势、资源优势，引聚国内国外高层次艺术人才，整合全省舞台艺术精品生产题材资源、创作资源、经费资源，构建全省性舞台艺术精品创作创意中心、孵化中心和研究中心，推动和提升浙江舞台艺术精品创作。

(蒋　楠)

浙江艺术职业学院

【概况】 内设机构21个。2017年末教职工435人(核定编制511

人),其中具有高级专业技术职务资格的为121人,中级115人。

一、深化全面从严治党,党建与思政教育有新的加强

认真学习贯彻党的十九大精神和习近平新时代中国特色社会主义思想。切实履行党委主体责任,扎实推进"两学一做"学习教育常态化制度化,不断加强思想政治建设。认真贯彻全国、全省高校思政工作会议精神,严格落实意识形态工作责任制。创新思想政治工作,用好课堂主渠道,探索"课程思政"。积极配合省委第一巡视组巡视校党委工作,制订巡视反馈意见整改方案,狠抓整改落实。严格执行中央八项规定精神,加强作风建设。充分发挥群团组织、民主党派及老干部群体参政议政、民主管理作用。

二、创新人才培养特色,专业建设和教学改革有新的推进

戏剧影视表演、舞台艺术设计与制作两个专业入选全国文化艺术行指委骨干专业。重点打造公共文化管理与服务专业,定向招收首届乡镇文化员订单班。开展重大项目立项申报,省级课堂教改10个,省级教改2个。完成教育部行指委《高等职业学校表演艺术类专业教学标准》项目首批8个专业教学标准的拟制任务。举办第二十四届BeSeTo(中韩日)戏剧节,承办2017年省高职高专院校、中等职业学校技能大赛艺术专业相关赛项比赛,承办2017年省大学生艺术节展演活动。举办"讴歌新时代,绽放艺术梦"2017—2018学年综合展演季。参与"新春演出季"、高雅艺术进校园和农村文化礼堂建设服务演出。组织师生参与"一心向党"浙江省喜迎党的十九大交响合唱音乐会、第十三届全国学生运动会开幕式演出、浙江省·静冈县结好35周年庆祝文艺演出等。组团赴格鲁吉亚、澳大利亚、日本等国开展对外文化交流演出,传播中华文化。

三、优化整合内外资源,科研和创作水平有新的提升

建立"沈凤泉江南丝竹音乐研究中心"。牵头成立中国艺术职业教育学会艺术职业教育理论专业委员会和戏剧与影视专业委员会。成立民间文艺研究中心,举办9期"浙艺大讲堂"。坚持以人民为中心的创作导向,开展"剿灭劣V类水"文艺采风创作。"'松庭流芳'赵派竹笛艺术作品音乐会"等4个项目申报省委宣传部"精品工程"。开展《走过硝烟》《挺进敌后》《北极情缘》等影视剧创作,联合拍摄电影《艺魂》并在全国电影院线公开发行放映,微电影《树图腾》获评"2017贵州铜仁'守望乡愁'微电影大赛最佳故事片"。

四、集聚培训品牌效应,社会服务与合作有新的拓展

深化校企、校政、校校合作培训,全年完成文化培训63班次,举办20场民营文艺表演团体展演及传统戏剧濒危项目展演。举办"春雨工程"培训,积极建设全国培训示范基地。服务省委、省政府中心工作,赴湖州、丽水、绍兴、金华、宁波等10个市、县开展农村文化礼堂建设服务演出和"剿灭劣V类水"文艺巡演。召开校友代表大会,获批正式成立校友会。

五、夯实内涵发展基础,师资与干部队伍有新的增强

新引进教师32人。实施教师培养和团队综合素质提升工程,搭建教师队伍成长平台。深化师德师风建设,严格落实"师德一票否决制"。开展人才选拔培养,1人被评为"省文化厅优秀专家",8人入选省高职高专专业带头人培养对象,70人入选国家及省级各类专业评审专家库,3个教师团队入选省级文化创新团队。坚持好干部标准,完成第七轮中层干部选聘,提拔任命25名处级干部、11名科级干部。

六、加强谋篇布局规划,内部治理和管理服务有新的优化

健全议事规则,推进科学决策和民主管理。严格财务管理,紧盯预算执行狠抓项目落实,执行率达93.6%。规范国有资产管理,建设节约型校园。严格落实校园综合治理目标管理责任制,提高校园安全系数。认真做好招生就业及学生管理服务,共招收新生992人。高职毕业生1015人,就业率达98.23%。

"艺术为民·梦想花开"2017新年晚会　1月9日,在杭州剧院上演,省委宣传部等上级部门领导与学校师生欢聚一堂,倾听艺术为民心声,迎接新的梦想、新的希望。

2017第十二届中国超模总决赛获奖　3月23日在北京举行,学院1人获超级模特大奖。

"千名文艺工作者赴基层"采风巡演　为贯彻落实省委、省政府"剿灭劣V类水"战略部署,组织师生分赴各地开展"千名文艺工作者赴基层"采风巡演。

牵头成立中国艺术职业教育学会理论专业委员会和戏剧与影视专业委员会 中国艺术职业教育学会理论专委会于5月6日在北京成立，党委书记朱海闵受聘为主任委员。戏剧与影视专委会于11月6日在杭州成立，院长黄杭娟受聘为主任委员。

在2017全国职业院校技能大赛艺术专业技能比赛中获奖 5月8日至13日在天津举行，学院获5个一等奖、1个二等奖和1个三等奖。

定向培养乡镇文化员试点工作 省委宣传部等部门发文决定，自是年起，由浙江艺术职业学院承担开展定向培养乡镇文化员试点工作，首批计划为50名。

入选浙江省优质高职校建设计划 学院成功入选浙江省优质高职校建设计划，建设周期为2016—2020年。

参与第十三届全国学生运动会开幕式演出 9月3日，学院100多名师生参与在杭州黄龙体育中心举行的第十三届全国学生运动会开幕式演出。

获“十三五”高等职业教育示范性实训基地建设项目立项 “戏剧影视与舞台美术综合性实训基地”“音乐表演实训基地”“非遗文化实训基地”“影视科技实训基地”获“十三五”高等职业教育示范性实训基地建设项目立项。

获批“高等艺术职业院校骨干专业”等项目立项 “文物修复与保护专业‘双师型’教师培养培训基地”“舞台艺术设计与制作骨干专业”“戏剧影视表演骨干专业”“舞台艺术设计校企共建生产性实训基地”获“高等艺术职业院校骨干专业”等项目立项。

省委第一巡视组专项巡视 10月9日至11月1日，省委第一巡视组对浙江艺术职业学院党委进行了专项巡视和选人用人专项检查，并于12月4日向学校党委反馈了巡视意见。

8名教师被列为浙江省高职高专院校专业带头人培养对象 包峥嵘、褚琳、毛肄、缪海洁、潘骅、孙煜珑、王芳、谢志勇8人被列为浙江省高职高专院校专业带头人培养对象。

学习宣传贯彻党的十九大精神 根据中央、省委和上级部门部署，及时传达学习党的十九大精神，邀请党的十九大代表做专题报告，全校党总支、党支部主动开展学习宣传，牢固树立“四个意识”，坚定“四个自信”。

在2017第二十三届中国模特之星大赛总决赛中获奖 10月26日在北京举行，学院1人获“十佳男模”。

承办“戏剧：梦想与传达”第二十四届BeSeTo（中韩日）戏剧节 11月5日，“戏剧：梦想与传达”第二十四届BeSeTo（中日韩）戏剧节在杭州剧院开幕。包括学院作品昆剧《牡丹亭》在内的中韩日三国共10台剧目上演，同时举办国际学术论坛。

在2017年浙江省大学生艺术节现场展演中获佳绩 小品《圈儿》《寝室味道》分获戏剧（朗诵）专场乙组第一、第二名，舞蹈《红船》获舞蹈类乙组第一名。

作品《现代工业下传统手工艺的传承与发展——以传统蓝染工艺衍生品设计为例》获奖 获浙江省第六届职业院校“挑战杯”创新创业竞赛一等奖。

在浙江省第十届音乐舞蹈节中获佳绩 《新倒采茶》获声乐类金奖，《红船》获舞蹈类金奖，《定海血壁》《花鼓声响花开处》获舞蹈类银奖，《小莲初上琵琶弦》获舞蹈类铜奖。

浙江艺术职业学院校友会成立大会 12月23日在浙江实验艺术剧场召开。上级部门领导、全校师生及广大校友出席大会。当天召开第一次校友代表大会，选举产生第一届校友理事会。校党委委员、副院长夏开堂担任会长。

（李旭芳）

浙江图书馆

【概况】 内设机构17个。2017末实有在编人员229人（核定编制229人），其中具有高级专业技术职务资格的为63人，中级121人。

2017年，浙江图书馆创新服务方式，提升服务效能，继续深化改革，坚持转型提升，取得较好成绩。

一、深化管理体制改革

深化法人治理结构试点工作，严格按照理事会议事规则开展工作。制定理事会建议制度。

加强理事会自身建设，组织理事会开展调研。在2017年中国文化馆年会"公共文化机构法人治理结构改革工作论坛"上，浙江图书馆作为全国试点单位做经验交流。坚持民主集中制原则，"三重一大"事项集体决策。制定《浙江图书馆重大事项请示报告制度》，强化纪律刚性约束。推行馆务公开，完善职工代表大会制度，召开浙江图书馆第三届职工代表大会第十一次、十二次会议。

二、推进新馆建设工作

稳步推进新馆建设，组织馆项目建设小组成员召开规划方案研讨会，参加省文化厅组织召开的之江文化中心规划方案讨论会，不断完善新馆建设规划，为下一步新馆建设做好准备。

三、加大资源保障力度

完成《浙江图书馆文献资产管理办法》《浙江图书馆馆藏发展政策》《浙江图书馆文献采访条例》《浙江图书馆数字资源建设"十三五"规划》等采访制度的制定修订工作。完成《浙江省地方文献(图书)标引规范》《浙图法中文图书回溯建库方案》《浙江图书馆舆图参数配置》《索书号编制规则》等编目规范的制定修订工作。

年文献购置费4079万元。新增入藏实体文献32.9万册(件)，同比增长24.6%。采访各类文献13.6万种28.3万册，其中购买中文图书11.4万种25.7万册。继续开展原始文献采访工作，新购宋湖州刻《思溪资福藏》1册，明清以来民间地方文书2批，在馆藏资源建设的品种和范围上有了突破。

启动老照片征集工作，征集民国时期蒋介石父子及国民政府高级将领、官员相关老照片540张，原始底片855张。继续开展浙江地方人物著作签名本征集活动，征集浙籍人士著作173种227册。全年共征集地方文献3500种4769册。完成中国记忆项目林祖藻口述史专题工作。

完成可移动文物普查1.43万套(件)，其中包括民国洋装书1.06万部，信札3671件3896通8005页。修复馆藏古籍1.3万叶(张)，其中含重度破损1200多叶(张)。新整理并刷印雕版2.5万片，截至年底共刷印18.6万余片，基本完成全部工作。

新增数字资源28.3太字节，总量达到137.3太字节，包含外购资源116.07太字节，自建资源21.25太字节。数字资源统一检索系统新增2个数据库，实现40个数据库的统一检索。全省公共图书馆馆藏文献联合目录系统增加数据159万余条。建成"群星闪耀"——浙江文化名人多媒体资源库并开通使用。完成浙江省地方文献联合征集平台(揽越)建设。完成珍贵古籍数字化103种16.8万叶，其中38种已在网站公布，供读者免费阅览。

四、提升读者服务效能

(一)提升基础服务效益

新办读者证4.8万张，同比增加67%。文献外借167.6万册次(含续借)，同比增加4.5%。总流通人次458.1万人次，同比增加37%。

(二)创新服务手段

借助互联网和物联网技术打造"U书"快借线上借阅平台，全年外借图书3.4万余册(含续借)。深入实施"互联网+"行动计划，实现支付宝办证升级和卡券功能，方便读者使用二维码读者证和进入支付宝服务大厅。实现停车费和自助办证机的移动支付。实现芝麻信用线下办证、芝麻信用用户年检。实现联合目录与第三方系统对接、自助文印系统与官网个人中心的对接。推出浙江图书馆App苹果版等。

(三)推进全民阅读

联合全省各级公共图书馆举办"图书馆之夜"、"琅琅书声"走进文化礼堂、"阅读马拉松挑战赛"等系列活动。与浙江新闻客户端、杭州地铁运营分公司合作，开展"彩虹悦读在浙里"系列活动，开通"彩虹悦读在浙里"阅读专列。联合肯德基在全省开展"我是小书迷"阅读推广活动。成立浙江省朗诵协会，举办多种形式的朗诵活动。紧扣时代主旋律，围绕党的十九大召开、中国人民解放军建军90周年等重大主题开展读者活动。全年举办各类读者活动896场次，参与读者122.5万人次，同比分别增加60.3%和326.8%。

(四)深化特殊群体服务

举办"第十三届浙江省未成年人读书节"，以"感受语言魅力，向国学经典致敬"为主题开展各类活动1200多场，近100万人参与。继续实施"数字时代　我们一起前行——老年人信息素养提升活动"，通过组织全省公共图书馆开办"常青E学习"培训班，帮助老年人提升信息素养。继续实施"书香传家，阅读继世"60+阅读计划，开展晨读会等多形式活动50多场。继续丰富视障读者活动的内容和形式，在第三十四个国际盲人节举办"同心筑梦　智启未来"浙江省2017年国际盲人节主题公益活动。进一步丰富特殊群体服务，建成首家“浙江图书馆康复中心分馆”。

（五）拓展决策信息服务

浙江省公共图书馆信息服务联盟组织甄选29家图书馆编制“两会”热点专题信息37个，推出《勇立潮头敢为先·2017浙江“两会”专辑》专题信息电子版。向省委办公厅提供对策类报告2份，信息专报748期。为省文化厅承担的中国—中东欧国家文化合作部长论坛、文化部大运河文化带建设专题座谈会等重大项目提供信息服务。为省委、省政府资源平台提供《关注长三角》5981篇，《文化透视》2605篇。为省人大代表履职平台各栏目提供信息资料652期(篇)。为省政协履职服务综合平台各栏目提供信息资料602期(篇)。与浙江省科技信息研究院建立文献平台创新服务合作关系，利用科技信息共建共享平台服务用户。

五、持续推进重点文化工程

（一）公共数字文化工程

完成浙江省数字图书馆推广工程网站改版。完成浙江省数字图书馆推广工程运维平台在衢州、丽水、台州、湖州的部署。完成全省用户数据日常检查维护和除嘉兴、衢州地区外的用户数据同步。完善全省公共图书馆云服务平台建设，上线参考咨询平台。完成联合目录系统同步模块功能，并在部分市级图书馆部署试运行。完成2017年度浙江省共享工程地方特色数据库建设项目申报与2016年度项目验收评审。完成浙江省公共数字文化网站改版和戏曲动漫网站建设。开通浙江省全民学习中心，全省用户在任何地点、任何时间都可学习。建设浙江省农村文化礼堂数字文化服务网站并上线提供服务。开展“数字文化讲师团”下基层活动116场，培训7685人。举办“文化共享·结伴礼堂”浙江省文化共享工程农村文化礼堂行系列活动11场，3000多人参与。组织全省公共图书馆开展“网络书香过大年”“我和爸爸读经典”“阅读·阅自己”等在线互动阅读活动，参与人次139.1万。“浙江文化通”客户端年下载安装量2.7万个，安装总量14.7万个，年用户访问量382.9万余次，访问总量1036.7万次。“浙江网络图书馆”年访问量1159.6万次，文献传递30.8万次，电子图书阅读55.4万次，期刊下载567.4万篇。浙江省公布41个首批省级网上文化家园项目名单，浙江文化通App、浙江文化通微信公众号项目入选。

（二）中华古籍保护计划

完成全省95家单位古籍数据统校工作。继续开展“国家级古籍修复技艺传习中心浙江传习所”传习工作。完成《两浙文丛》第一辑选目，增补稀见刻本55部，整理第二辑选目336种。出版浙江图书馆、宁波市图书馆、温州市图书馆、嘉兴市图书馆、绍兴图书馆、临海市图书馆等6家公共图书馆的馆藏古籍普查登记目录。出版《浙江省古籍普查报告》和《浙江图书馆藏国家珍贵古籍题跋图录》。加强古籍保护宣传，举办“古籍修复特展”等展览、讲座、修复体验活动11场，向社会公众宣传古籍保护工作和知识。探索中高级古籍修复人才培养方式，除继续开展系统性古籍修复技术培训，首次开展浙江省石刻传拓技艺初级培训班。

六、加强业界交流

（一）以联盟和中心为平台联动发展

浙江省公共图书馆讲座联盟讲师资源库新增讲师30名，讲师资源总量达到372名，全年市级联盟成员共组织开展讲座400多场。浙江省公共图书馆展览联盟展览资源库新增7个主题展览，展览联盟共享50个主题的展览资源，市级联盟成员组织开展展览活动近200场次。浙江省视障信息无障碍服务联盟组织成员馆申报“书香承载梦想　阅读点亮人生”全国优秀盲人读者评选活动，全省3位视障读者获“百名优秀读者”称号，4位视障读者获“阅读达人”称号，浙江图书馆和衢州市图书馆获优秀组织奖。浙江省图书馆文献采编中心新增数据15.9万多条。

（二）以学术研究和教育培训为纽带提高学术研究水平

浙江省图书馆学会围绕业界热点组织学术交流、讲座、培训等15场次，包括2017年学会年会、第三届“浙思享”学术研讨会、“新一代知识出版与服务创新”学术研讨会等。面向全省举办“第六次全国县级以上公共图书馆评估定级工作研讨班”等各类对口培训班3期，总计培训600多人次。

学术研究有重大突破。《图书馆服务智能化及机器人应用研究》获国家社科基金一般项目立项。《图书馆与社会记忆研究》获国家社科基金青年项目立项。省文化厅科研项目立项4个，结项1个。省科技情报学会研究课题立项1个。馆级课题立项5个，结题 3 个。《浙江通志·图书馆志》完成初稿。《浙江通志·艺文志(下)》通过初审。主持启动《中国茶文化资料集成·浙江卷》编纂工作。

进一步提高《图书馆研究与工作》刊物质量,带动全省图书情报界学术研究水平的整体攀升。全年刊物载文 248 篇,其中国家级基金项目 9 个,省部级项目 22 个,市厅级项目 31 个,院校级项目 9 个。新开"公共数字文化:新理念 新思维 新服务""中美图书馆专业交流""4·23 世界读书日活动案例"等专栏 4 个。

七、优化人才队伍

继续实施《浙江图书馆 6411 人才工程实施方案》,完成首批 6411 人才工程人员考核和第二批人才工程人员的选拔工作。"公共图书馆数字文化服务创新团队"入选"2017 年度浙江省文化创新团队(命名)",1 人入选"2017 年度浙江省文化厅优秀专家",10 人入选"浙江省公共图书馆拔尖人才培育人员"。

完善志愿管理工作规范,制定《浙江图书馆文化志愿服务管理规范》。"触摸天堂——阅读文化助盲志愿服务项目"在第四届中国青年志愿服务项目大赛中荣获"全国青年志愿服务示范项目创建提名奖",被省文化志愿总队评为"2017 年度浙江省十佳文化志愿服务项目"。浙江图书馆文化志愿者团队被团省委评为"2016 年度浙江省志愿服务优秀团体",被省文化志愿者总队评为 2017 年度"优秀文化志愿服务团队"。

发布第一批馆藏珍贵古籍数字版 2 月 28 日,国家图书馆(国家古籍保护中心)与上海图书馆、天津图书馆、浙江图书馆、云南省图书馆联合在线发布古籍数字资源,免费服务大众阅览和学术研究。浙江图书馆第一批发布 25 部数字版馆藏国家珍贵古籍,大多为明清时期著名学者重要著作的稿抄本和明代中期的刻本。

推出"U 书"快借服务 借助互联网与物联网技术打造线上借阅平台,于 3 月初推出"U 书"快借服务。读者通过浙江图书馆网站、支付宝服务窗或微信服务号就可免费借阅新书,实现省域范围内的"你选书我买单"。服务推出仅半个多月,"U 书"平台下单数就达 2054 多次,外借图书 4537 册,借书读者覆盖全省所有地区。

文化部 2016 年度公共数字文化工程考核组莅临浙江考核指导 3 月 14 日至 15 日,由中国古籍保护协会会长、原国家图书馆副馆长、党委副书记刘惠平带队的文化部 2016 年度公共数字文化工程考核组,到浙江开展实地考核工作。考核组先到浙江图书馆,听取浙江省 2016 年度公共数字文化工程工作的汇报。省文化厅副巡视员任群出席全省工作汇报座谈会。随后,考核组赴金华和丽水地区,对金华市图书馆、丽水市莲都区文化馆、青田仁庄镇小令村文化礼堂等地进行实地考察指导。

举办浙江省公共图书馆首届阅读马拉松挑战赛 4 月 23 日,浙江省公共图书馆举办首届"阅读马拉松挑战赛"。本次挑战赛由省文化厅主办,全省 65 家公共图书馆联动,共 3000 多名选手参赛。挑战赛统一选用纸质新书《门对孤山——丰子恺与杭州》,通过智能手机完成线上答题,从阅读速度与阅读质量两个维度考察参与者的阅读力。

省政协副主席张泽熙到馆视察古籍保护工作 7 月 28 日,省政协副主席张泽熙一行到浙江图书馆视察古籍保护工作。省政协常委、文史委主任郑新浦,省社科联党组书记盛世豪等陪同。张泽熙一行先后视察了古籍修复中心、普通古籍阅览室、古籍书库、《淳化阁帖》碑廊和浙江省古籍修复材料中央库。

举办"飞翔在艺术的彩云里——殷翔云作品展" 7 月 28 日至 8 月 7 日在浙江图书馆展出。浙江省政府参事,原省文化厅党组书记、厅长杨建新;原省文化厅党组书记、厅长沈才土;原中国美术家协会副主席、中国美术学院院长肖峰;原中国美术学院副院长孟云生;浙江省文化厅副巡视员任群等出席展览开幕式。展览展出 70 幅版画和 20 幅速写水彩,讲述了 19 世纪 60 年代殷翔云在部队从军的真实经历。

开通"彩虹悦读在浙里"阅读专列 8 月 8 日,以阅读为主题的地铁专列在杭州地铁 2 号线庆春广场站首发。阅读专列共分为儿童、爱情、武侠、科幻、推理、历史六大主题,让广大市民在为期一个月的时间内体验"图书馆就在你身边"。此次"彩虹悦读在浙里"活动由浙江图书馆、浙江新闻客户端、杭州市地铁集团联合发起。

“触摸天堂——阅读文化助盲志愿服务项目”获“全国青年志愿服务示范项目创建提名奖” 12月2日至3日，在第四届中国青年志愿服务项目大赛暨志愿服务交流会上，浙江图书馆选送的“触摸天堂——阅读文化助盲志愿服务项目”获得“全国青年志愿服务示范项目创建提名奖”。该项目开展制作盲文书、录制有声读物、举办“心阅”读书会等系列服务，丰富阅读资源，满足盲人读者的阅读需求。本次大赛在往届获奖项目范围内，优中选优，共120个项目获得示范项目创建提名。

第六次全国副省级以上公共图书馆评估第五专家组到浙江评估 12月8日至14日，专家组成员及评估工作观察员一行6人到浙江评估检查，通过听取总结汇报、实地考察、审阅材料等方式，先后评估了杭州图书馆、杭州少年儿童图书馆、浙江图书馆、宁波市图书馆、宁波市镇海区图书馆、温州市瓯海区图书馆、温州市图书馆。12月10日，评估组到浙江图书馆评估。当天，浙江省公共图书馆事业发展汇报会在浙江图书馆召开，省文化厅副巡视员任群做浙江省公共图书馆事业发展和评估总体情况汇报。汇报会结束后，专家组一行对浙江图书馆各部门进行了实地察看，并仔细查阅评估台账。

（胡益红）

浙江省文化馆

【概况】 内设机构10个。2017年末实有在编人员48人（核定编制64人），其中具有高级专业技术职务资格的为32人，中级13人。

2017年，浙江省文化馆共策划组织群文活动79次（项），其中参与承办省委宣传部、省文化厅等大型活动6项，省文化厅主办的示范性群众文化活动11项（共计22项子活动），省文化馆主办的专项活动及其他活动58项。举办美术、书法、摄影、民间手工艺、对外文化交流等展览24次。组织召开全省论坛、研讨会、作品加工会、采风活动等15次。全年开办12个门类（38个课程种类）的公益日常免费培训（含民间手工艺培训）126期。在全省培训各类艺术团队6800多支，其中农村文化礼堂排舞团队6000支、表演艺术和视觉艺术团队800多支，重点扶持社会优秀艺术团队27支，重点扶持社会优秀艺术团队人数6245人。新增传统手工艺教学实验基地3个。推出农村文化礼堂菜单32项，点单500多次，服务覆盖全省93个农村文化礼堂品牌建设点。“耕山播海”农村文艺骨干培训面向22个欠发达地区县（市、区）文化馆，走进100多个乡镇，组织了40个项目活动，培训骨干师资近2000人，受惠对象逾3万人。“爱心拉拉钩”活动文化志愿者帮扶基地定向培训500人。馆“浙江艺术网”网站点击量累计突破400万人次。

一、服务大局取得成效

2017年是党的十九大和全省第十四次党代会胜利召开之年，也是建党96周年和建军90周年。省文化馆承办中共浙江省委宣传部、浙江省文化厅、浙江广播电视集团“一心向党”浙江省喜迎党的十九大暨庆祝建党96周年交响合唱音乐会，省委、省政府四套班子领导及副省级以上领导全体出席，省委书记车俊给予晚会“主题突出、规模宏大、气势磅礴、激情四射、鼓舞人心”的高度评价。承办浙江省委统战部、香港新家园协会“四海一家·浙港同行”浙港青年庆祝香港回归祖国20周年交流活动。此次活动为香港回归以来最大规模的香港青年赴内地交流活动，香港特别行政区行政长官林郑月娥，香港中联办副主任林武，浙江省委常委、统战部部长冯志礼，全国人大常委范徐丽泰等参加活动授旗仪式。

推出“喜迎十九大”系列品牌群文活动、2017年唱响“两美浙江”百名歌唱家走基层系列活动和“庆祝中国人民解放军建军90周年浙江省‘军魂颂’书画展”，均取得强烈社会反响。其中，“庆祝中国人民解放军建军90周年浙江省‘军魂颂’书画展”在浙江省文化会堂（浙江展览馆）开幕，浙江省军区副政委张晓林等领导出席了展览开幕式，展出优秀群众书画作品300多幅。“美好生活 精神家园”2017年浙江省农村文化礼堂优秀文艺作品展演活动由中共浙江省委宣传部、浙江省文化厅主办，在省人民大会堂举行，400多名来自全省各地农村文化礼堂的农民演员参加演出，省政协领导出席，展演在文化部网站录播，中新网、浙江卫视等媒体进行了报道。承办“飞歌中国·舞动盛世”浙江省第十届音乐舞蹈节颁奖晚会，得到了省文化厅领导的高度评价。带头推出10项“喜庆十九大”重点活动，全省文化馆积极跟进，共推出“喜庆十九大”群文活动354项，借此打响了“唱响好家风”喜迎党的十九大浙江省新农村建设题材精品小戏展演暨群星奖优秀节目巡演、“唱响好家风”农民好声音擂台赛等一批品牌活动，调动了全省各级文化馆的参与热情。春节元旦期间组织全省文化馆以文艺小分队形式深入基层，宣讲党的十九大精神，进行文化惠民服务，省文化馆推出服务13项，全省各级文化馆推出服务390项。

配合全省“剿灭劣Ⅴ类水”攻坚行动，响应习总书记“绿水青山就是金山银山”的号召，先后组织了“剿灭劣Ⅴ类水”暨2017唱响“两美浙江”百名歌唱家走基层系列活动、“水乡物语、印象柯桥”浙江省群文美术柯桥采风写生作品展暨学术研讨会，浙江省“绿水青山·潇洒桐庐”剪纸艺术活动。围绕“特色小镇”主题，组织举办2017浙江省特色小镇优秀摄影作品展，征集摄影作品1000多幅，展出优秀作品60多幅。

二、文艺精品成果丰硕

全年奋力备战全国“群星奖”，通过一系列省级赛事和作品加工会，选拔出一批有潜力的作品并进行打磨提高。部分优秀作品在文化馆业务干部指导下崭露头角。辅导的宁波市海曙区学生合唱艺术团在第六届全国童声合唱节夺冠，辅导的文学作品在中国文化报社举办的第二十六届“东丽杯”全国梁斌小说奖评选中荣获文学大奖。馆摄影干部作品入选中国摄影家协会2017年“瓯江行”摄影大赛。

三、对外文化交流扩大浙江群众文化影响

承接、参与文化部、省文化厅对外文化交流活动（展览、讲座、培训）14项。具体执行了“日本·浙江文化年”、“台湾·浙江文化节”、“中国非遗文化周——浙江非遗周展示周”、中卡文化年中卡摄影家作品联展等活动的策划组织布展工作。全力支持海外中国文化中心开展活动，组织昆曲茶艺表演、江南美食工作坊、江南文化体验工作坊3个项目，赴德国、埃及、巴基斯坦、马耳他展演展示，充分发挥中国茶文化、陶瓷文化与丝绸刺绣文化对中外文化交流的历史影响力，体现“和平合作、开放包容、互学互鉴、互利共赢”的丝绸之路精神。其中，江南美食工作坊在埃及展示期间，中国驻埃及大使宋爱国，埃及旅游部部长拉希德、前总理谢拉夫、前驻华大使阿莱姆等嘉宾出席活动。

立足“对非文化培训基地”，进一步推动中非地区文化交流与合作，实现互学互鉴、交流融合，以文化艺术思想交流的方式加强中非之间的文化联系。9名来自刚果民主共和国、加蓬共和国、吉布提共和国和中非共和国的艺术家应文化部邀请，赴浙江参加为期1个月的“非洲艺术家木雕创作交流活动”。本馆精心安排课程，组织非洲艺术家与浙江手工艺传承人互动，圆满完成培训交流任务，并在西湖文化广场馆区程允贤雕塑馆举办“非洲艺术家木雕创作交流活动暨大运河文化主题创作交流成果展”。12月，非洲艺术家的部分优秀作品在“第六届中国根雕文化艺术节暨首届一带一路国际根文化艺术交流周”活动中展出。

着眼长效机制建设，积极探索对外文化交流“十个一”模式，建立全省对外文化交流项目库、人才库、社会艺术团队库，组建对外文化交流志愿者队伍，探索对外文化交流活动的展览、展演、展销一体模式，建立对外文化交流项目培育基地，有针对性地扶持民间文艺团体，带领浙江群众文化“走出去”，更多地参与国际文化交流与合作。积极配合省文化厅，做好“浙江文化年”相关项目，具体执行的“日本·浙江文化年——浙江龙泉青瓷生活主题展”于5月在东京中国文化中心开幕。东京中国文化中心主任石永菁、日本国土交通省政策统括官（副部长）馆逸志、日本前民主党党首海江田万里、日本前参议院议员滨田和幸等出席了开幕式。此外，还举办了“日本·浙江文化年——美丽浙江农民渔民画展”、“世界文化遗产——龙泉青瓷”讲座。

四、服务方式探索创新

作为文化部数字文化馆建设试点，成功申报文化部“百姓大舞台”数字文化馆建设直播专项，全省排舞大赛、2017年浙江省农村文化礼堂优秀文艺作品展演在文化部网站播出。

积极探索创新公共文化服务方式，提出文化馆总分馆与法人治理结构方案。充分发挥文化志愿者队伍作用，培育了“以文化人”文化志愿者走进女子监狱、“爱心拉拉钩”文化志愿者在行动、“文化志愿者礼堂行”3个有影响力的活动品牌，截至年底全省文化志愿者注册6.5万余人。

五、农村文化礼堂建设稳步推进

开展按需点单服务。围绕农村文化礼堂建设，多管齐下提升礼堂文化内涵，丰富文化服务供给，提升文化服务效能，扶持文艺骨干队伍。馆党总支的“五级联动”推进全省文化礼堂品牌建设经验材料入选全省农村文化礼堂建设现场会经验交流。文化礼堂“点单制”服务惠及全省，提供农村文化礼堂菜单32项194场，全年点单500多次，服务覆盖全省96个农村文化礼堂品牌建设点。通过“百名专家联百村四季行动”业务指导活动和“文化志愿者礼堂行”活动，一批省市专家、业务干部、文化志愿者深入全省各文化礼堂品牌建设试点开展指导辅导、团队帮扶。将文化礼堂建设与民间艺术传承保护相结合，在桐庐合村乡建立浙江省新农村文化业务建设“绣花鞋项目实验基地”，由本馆业务干部联系辅导。

策划主题活动。组织开展了2017年浙江省农村文化礼堂优秀文艺作品展演、2017年浙江省农村文化礼堂优秀群众文艺作品大赛、全省文化礼堂乡村排舞大赛等主题活动。其中，全省18个农村文化礼堂的400多名农民演员参演了2017年浙江省农村文化礼堂优秀文艺作品展演。

丰富供给服务。全年编印《农村文化礼堂演唱资料》4期，向各地文化礼堂和文化站累计下发约1.2万册，受到基层群众文艺团队的欢迎。

六、免费开放继续深化

课程内容多元化。以西湖文化广场馆区为依托，巩固免费开放阵地，开展公益培训。推出公益日常培训(含民间手工艺培训)126期，项目涵盖音乐、舞蹈、戏剧等12个门类38个课程种类。组织省直机关艺术培训班、优秀文艺团队培训班等面向特定群体需求的专项培训5期，培训200人，学员培训合格率95%以上，学员反馈满意度100%。“耕山播海”农村文艺骨干培训师资近2000人，受惠对象逾3万人。举办首届浙江省百姓手艺教学成果展，展出全省文化馆免费开放教学(民间手工艺类)作品300多件，在全省免费开放教学师生和群众中引起广泛反响，为推动全民文艺普及培育了良好土壤。

培训定向化。整合资源，以培养师资力量为目标，以共建特色基地为抓手，不断放大培训效应，扩大社会公益教学受惠面和影响力。与浙江省女子监狱、杭州市美术职业学校、杭州高级中学签订浙江省民间手工艺教学基地合作协议并对3个基地授牌。在省文化厅2017年“文化援疆”活动中，与新疆阿克苏文化馆签订意向合作协议，拟在此后1—2年间为当地培育部分文艺师资力量。

考级覆盖面扩大化。全年完成全省音乐考级约6500人，美术考级约4700人，舞蹈考级约5000人。组织成果汇报展演2期。

七、群文活动品牌继续提升

持续开展品牌活动。组织58次(项)重点群文活动，其中包括2017年浙江省第十一届排舞大赛、2017年浙江省群众舞蹈大赛、第十六届音乐新作演唱演奏大赛等形成规模效应、品牌效应的赛事展演，以及浙江省新农村建设题材小戏、浙江省群众舞蹈大赛和音乐新作大赛题材讨论会、作品加工会，浙江省群文声乐培训班，摄影理论高端研修班等专题培训、研讨活动。通过行之有效的“以赛促产、以演促兴、以交流促创作”的群文精品创作培养模式，提高全省群文队伍创作水平，培育群文艺术精品，为备战群星奖打好基础。

推出一批创新活动。以提升人民群众文化艺术素养，坚定文化自信、文化惠民为导向，创新活动模式。在“日本·浙江文化年——浙江龙泉青瓷生活主题展预展”“中非木雕展暨大运河主题创作成果展”中，开启对外文化交流活动省内预展模式；“美好生活”浙江省首届手机摄影大赛体现全民艺术普及理念；“农民进城晒文化”2017年浙江省农村文化礼堂优秀群众文艺作品大赛、浙江省“村情村韵”民间艺术(戏曲、手工艺)展演展示、“花样年华”全国剪纸精品展等综合展示展演重心下移，服务基层，面向群众。

八、群文理论研究创新发展

围绕《关于加快构建现代公共文化服务体系的实施意见》精神，紧密联系浙江经济社会发展现状，以实现和保障公民基本文化权益、满足广大人民群众基本文化需求为目标，从规范化标准化入手，助推公共文化服务体系构建。撰写完成文化部全国基层文化干部培训教材《文化志愿服务与管理》，完成文化部《文化志愿服务规范》及起草说明的撰写和上报，参与文化馆蓝皮书《文化馆全民艺术普及发展报告(2015—2016)》一书的编辑与总报告撰写，该书已经出版并在文化馆年会期间首发；参与编写《中国文化志愿服务发展报告(2016)》，写作并收录《我国文化馆志愿服务发展报告》。

参与制定的《文化馆服务规

范》正式报送省质监局地方标准立项。承担文化部“民间文化艺术之乡”研究课题和数据统计(2011—2016)工作,完成《中国民间文化艺术之乡建设调研报告》《中国民间文化艺术之乡命名与管理办法》编写,其中《中国民间文化艺术之乡命名与管理办法》于12月由文化部出台。

全省群文理论研究成果喜人。在2017年中国文化馆年会征文中,推荐的论文获得3个一等奖、7个二等奖、7个三等奖,获奖总数在全国名列前茅。成功组织全省第十九届公共文化论坛、全省第三届数字文化馆建设培训班和理论研究征文等活动,并举办了浙江省首届群文美术论文征评活动、首届群文美术论文论坛,组织“主题性摄影展览的策划和呈现”研讨会,鼓励各个艺术门类开展群文理论研究,用理论指导实践,提升工作。

积极探索文化馆总分馆和法人治理结构方式,申报2017年浙江省“文化事业单位法人治理结构改革”试点单位。通过广泛征求意见,周密论证,制订文化馆总分馆与法人治理结构方案。

全年编印《浙江公共文化》4期、《农村文化礼堂演唱资料》4期。组织全省第二届群文刊物评比,共有40多个市、县级文化馆的50多本群文刊物参加评选。

九、数字文化馆建设有序推进

全面铺开数字文化馆建设,主动对接国家公共文化云平台,成功申报文化部“百姓大舞台”数字文化馆建设直播专项。全省排舞大赛、2017年浙江省农村文化礼堂优秀文艺作品展演实现文化部网站录播,并进入国家公共文化云平台资源库。“浙江艺术网”累计点击量400万人次,日点击量2500—3000人次,在全国文化馆网站中位居前列,政务信息报送数量位于省文化厅厅属各单位前列。组织开展了全省第二届十佳文化馆网站评选活动。

十、志愿者服务工作深入开展

以文化志愿者为切入点,积极开拓文化惠民新形式,将文化服务工作从普通大众延伸到弱势群体、特殊群体当中,让文艺为经济社会发展凝聚强大精神力量、提供丰润文化滋养。“以文化人——文化志愿服务走进浙江省女子监狱”项目在原有基础上进一步深化服务意识,文化志愿者帮教队伍继续开展浙江省女子监狱丝绸特色监区文化建设传统手工教学活动,协助女监办好“监狱文化节”,将艺术教育融入司法改造工作,帮助服刑人员塑造健全人格。暑假期间,朝晖街道总工会、团工委联合浙江省文化馆工委组织“关爱外来民工子女民艺体验夏令营”,开展风筝制作、竹编、戏剧脸谱绘画、戏迷表演的课程教学,帮助外来务工人员子女健康、快乐成长。“爱心拉拉钩·文化志愿者在行动”将文化服务送到留守儿童、农民工和残疾人等重点群体当中,在农民工子弟学校帮扶基地成功新培育艺术团队4个。

(周　平)

浙江省文化艺术研究院

【概况】 内设机构8个。2017年末在职在编人员24人(核定编制27人),其中具有高级专业技术职务资格的为10人,中级8人。

一、围绕中心工作,完成重点工作

认真履行省文化厅《浙江通志》编纂委员会办公室工作职能,完成《浙江通志·舞台艺术卷》复审稿90万字的编写工作并上交省方志办。厅属《浙江通志》五卷初稿基本完成,其中《浙江通志·美术卷》提交省方志办复审稿、《浙江通志·图书馆卷》装订成册,经过初审等程序后将复审稿正式提交省方志办。《浙江通志·非遗卷》据方志办意见修改,基本成稿。

全面完成浙江省地方戏曲剧种普查工作任务,撰写并提交《浙江省地方戏曲剧种普查调研报告》,召开全省戏曲普查总结表彰大会。完成“浙江省地方戏曲剧种普查资源平台”建设,提供地方戏曲文化交流、探讨、研究服务。

完成《浙江艺术发展基金》草案、《省级文艺院团服务规范》初稿、《浙江省非物质文化遗产传统戏剧项目保护评估报告》、《浙江省国家艺术基金2018年度项目申报复评情况报告》、《2016年部门决算报告》、《2017年度内部控制自评报告》。

承担文化系统艺术系列职称办公室职责及相关工作。完成影业路老办公楼的移交工作,并上交新楼需求初稿。

二、重点工作有亮点,特色工作有创新

积极推进浙江文化艺术智库建设,打造智库论坛系列品牌,提升品牌效应。开展“对话——浙江文化艺术智库系列活动”，举办浙江文化艺术智库论坛建设暨文化艺术期刊与智库建设座谈会、《嵊州越剧文化生态保护区规划》论证会、2017年“东方文化论坛·中国(浙江)丝瓷茶与人类文明国际学术研讨会”等活动15场次，是近10年来活动数量最多的一年。其中，东方文化论坛品牌更加成熟，逐渐成为以丝瓷茶文化为主的学术交流探讨研究传播平台。通过开展智库系列活动，提高策划组织实施方案的水平与能力，锻炼了队伍，为继续深入建设文化系统智库型单位打下了良好基础。

发挥参谋智库作用，推出“二专一报”，每人编写2份《浙江文化艺术智库专报》、1份《文化浙江智库报告》，为省文化厅领导决策提供参考。全年共编写专报22期、智库报告16篇，共20多万字，计划结集出版。此外，还将“二专一报”的编写与年度考核结合，确保工作成效。

组建“浙江省文化艺术研究院(所)联盟”，由14家省、市、县文化艺术研究院(所)单位组成，旨在资源共建共享，互惠互利，共同发展。

组建中华优秀传统文化传承讲师团，举办中华优秀传统文化传承发展百场讲座进社区、进学校、进农村文化礼堂、进图书馆“四进”活动。活动由全省文化艺术研究院(所)联盟14家艺术院所成员共同完成，共举办131场次，受惠群众达2万多人次。这是落实中办、国办《关于实施中华优秀传统文化传承发展工程的意见》精神的具体举措，社会效益显著，社会影响广泛。

组织策划举办“庆祝浙江省文化艺术研究院建院十周年大型图片展”。全省16家省属院团、文化艺术研究院(所)联盟成员等提供各自的文化艺术成果，制成150多块展板，计划于2018年1月7日至19日在浙江图书馆展出。

加入“全国省级文化艺术研究院(所)联盟”，为本院拓展工作提供了更加广阔的平台，并积极策划联合申报2018年国家基金艺术科学规划课题。

抓管理，加强内部考核。一手抓制度建设，一手抓制度执行，完善修订《考核管理办法》与《岗位聘用考核办法》，新增年度考核排名末尾降级制，若连续3年年度考核分排名最后，则降级聘用。

宣传报道工作取得新成绩。全年《中国文化报》、《浙江日报》、网站、微信、网络媒体、《文化月刊》等报道本院工作动态新闻40多篇，较过去有大幅提高。省文化厅政务信息报道采用数量较过去有较大提高。开设院部官方微信，每月4期，发布近10万字。

本院期刊《文化艺术研究》进入南大中文社会科学引文收录扩展版(准核心刊)。

三、砥志研思，文化艺术研究、创作成果与荣誉双丰收

省文化厅厅长金兴盛主持、本院承接的“现代文化市场体系建设路径研究——以浙江探索为例”作为文化部2017年度文化艺术智库项目立项。戏曲舞美(灯光)高级技术人才培训班成功申报2018年国家舞台艺术基金资助项目，填补了本院国家舞台艺术基金资助项目立项的空白。2015年省哲学社会科学规划办课题“花雅之争中的乾嘉文人曲家研究”结项。完成课题“文化原动力及其传导机制——多国视角下的实证研究”。成功申报文化部制度设计课题“现代公共文化服务体系的建设路径——以浙江为例”。厅级课题“浙江戏曲演出团体与现状调查研究”“越剧前身落地唱书的书目研究”立项。

发表《乾嘉学派与清代戏曲》《黄文旸年谱》《清中叶扬州曲家的戏曲创作论》等论文20篇。编辑出版《转型时期公共文化服务创新研究》、编译儿童文学作品《扬·比比扬历险记》、撰写出版《2016浙江省文化市场行业发展报告》。创作姚剧《红色四明》，越剧《村嫂》《悠悠浣溪江》《小巷总理》，婺剧《月亮湾》，昆剧梦幻版《牡丹亭》，灯光作品豫剧《焦裕禄》、越剧《屈原》、新创楚剧《万里茶道》、越剧《牡丹亭》等。舞剧《人·参》、音乐剧《袁隆平》、新创楚剧《万里茶道》入选2017年度国家艺术基金资助创作项目。

本院一级舞美设计师周正平的《牡丹亭》灯光设计荣获WSD世界剧场设计展“灯光设计银奖”；选送的剧本《凤凰》《筑梦》分别获得第三十一届田汉戏剧奖剧本一、二等奖。1人当选浙江省第十三届人大代表、全国文化名家暨中宣部“四个一批”人才、国家“万人计划”哲学社会科学领军人才，1人受聘为浙江省社科院首批高端智库专家。

四、做好编辑出版工作

编辑出版《浙江文化年鉴》，完成2016卷的印刷等工作以及2017卷稿件的收集等工作。

完成了《文化艺术研究》2016年第1期至第4期刊物的审稿、编辑、翻译、出版、发行、费用结算

等系列工作。拟定了新的编委成员，并制定了编委会章程。积极联系学者专家，努力推进《文化艺术研究》组稿工作。完成《文化艺术研究》"戏文"增刊的编辑和出版工作。完成《浙江文化月刊》12期编辑和印刷发行工作。做好《中国文化报》浙江记者站工作，立足浙江记者站，提高浙江文化影响力。全年在《中国文化报》发表浙江文化报道或图片新闻200多篇，其中浙江记者站3名记者发稿超100篇。

五、做好艺术档案管理工作

完成2017年本院及全省重大艺术活动材料的收集、整理、编目工作。举办"浙江省艺术档案学会2017年艺术档案业务工作会议暨文化艺术档案业务培训班"。

（温佳露）

浙江美术馆

【概况】 内设机构9个。2017年末实有在编人员39人（核定编制50人），其中具有高级专业技术职务资格的为13人，中级17人。

2017年，浙江美术馆共举办各类展览48个，学术活动10多场，公共教育活动近400场，新增藏品989件，观众45万余人次，浙江美术馆之友网站访问人数突破1.5万人，双微账号粉丝突破10万人。浙江美术馆"艺游乡里——乡村儿童美育计划"获文化部2016年基层文化志愿服务活动典型，2016年度浙江省优秀志愿服务项目；"浙江美术馆之友观众'跟踪'项目"获2016年度浙江省优秀志愿服务项目；"基于互联网的'美术馆之友'公众平台"获得2016年度全国美术馆优秀项目；教育推广部被评为2016—2017年度浙江省青年文明号；"湖山胜概——西湖主题水印版画展"获2016年度文化部优秀展览项目，"众美抱华——钱君匋的艺术世界"获2017年青年策展人扶持项目；"刘墉、毕薇薇夫妇捐赠近现代名家书画作品"征集获评文化部2017年国家美术作品收藏和捐赠奖励项目。

一、学习贯彻党的十九大精神和省第十四次党代会精神，创新党建载体，加强基层党建工作，激发事业发展活力

（一）以中心组学习和"三会一课"为主抓手，开展党建主题活动，做好党员思想政治工作

以馆领导班子成员为重点，党支部理论学习为基础，进一步深化"两学一做"学习教育，全面抓好党的十九大和省第十四次党代会精神的学习宣传贯彻。以重大历史事件纪念日、节庆日活动为契机，扎实开展革命传统及现场体验教育。联合全省16家美术馆共同举办"新时代　新征程——全省美术馆贯彻落实党的十九大精神主题书法巡回展"。

（二）进一步规范强化党内政治生活，发挥党员的先锋模范作用

严格遵守《关于新形势下党内政治生活的若干准则》规定，保持党员先进性，在群众中发挥先锋作用，促进浙江美术馆行政管理标准和工作模式的全面创新。继续深入开展基层公共文化服务。建立共产党员志愿服务岗。根据全省文化系统"千名文艺工作者赴基层"采风活动的统一部署，以党员为骨干，组织采风小分队，历时8个周末下基层采风写生创作，宣传"五水共治"成果。在"红船颂"展览期间，组织全体党员轮流为观众、团队导览，结合学习党史体会，宣传红船精神、浙江精神。

（三）以组织志愿服务为突破口，创新公共文化服务的形式和内容

在学雷锋志愿者队伍建设等方面加大改革创新力度。一是积极开展县域合作，推动志愿者队伍走入乡村文化大礼堂。与嘉善县合作招募培养文化宣传员，组建流动美术馆志愿者服务队伍。推出常规"流动美术馆"志愿服务展览菜单。创新策划推出"流动美术馆"志愿服务文化惠民项目，在杭合作学校达到30所，已有17所授牌"浙江美术馆流动美术馆志愿服务合作单位"。推广基层艺术馆与浙江美术馆共建、共通、共享的合作模式。先后在海宁、嘉兴、宁波、慈溪、台州、青田等地举办了"积健为雄——浙江美术馆藏余任天作品展""刻画鲁迅——馆藏鲁迅题材藏品展"等优秀传统文化活动10场。

二、坚持文化惠民，加强自主策划，打造品牌展览，突出学术高度

（一）围绕重要节点和中心工作，精心策划实施配套的艺术活动，发挥文艺宣传主渠道和文化传播主阵地的作用

为喜迎党的十九大及庆祝党的十九大的胜利召开，9月至10月，自主策划了"红船颂——浙江省迎接党的十九大美术作品展览""新时代　新征程——浙江省庆祝党的十九大胜利召开美术作

品展览”及“浙江人——浙江当代艺术家作品展”三大主题展览。此外,还紧紧围绕习总书记提出的“一带一路”战略目标,举办了“意会中国——一带一路沿线国家艺术家访华采风精品展”;围绕深入贯彻落实省委、省政府的“五水共治”重要决策,举办了“禹迹新图——全省美术馆工作者基层采风创作展”,反响良好。

(二)立足经典,弘扬传统文化,策划传统名家经典展览

加强与国(境)内外美术馆、博物馆和艺术机构、学术单位的交流与合作。与故宫博物院、广东博物馆等 8 家单位合作举办“健笔蟠龙——王铎作品展”,形成参观高潮,在国内外产生极大影响。“众美抱华——钱君匋的艺术世界”展览入选文化部 2017 年全国美术馆青年策展人扶持计划项目。“马孟容马公愚昆仲艺术展”挖掘与宣传了浙江地域文脉的历史与特色。与中国美术学院合作举办“20 世纪的潘天寿:潘天寿诞辰 120 周年特展”,是至今为止举办的规模最大的潘天寿艺术展。与浙江大学合作举办“翰墨求是——浙江大学 120 年书画作品展”。

(三)加强合作,交流互鉴,宣传浙江文化,举办交流展览

作为浙江与日本静冈文化交流项目,在日本静冈县清水文化会馆和东京日中友好会馆美术馆展出“湖山胜概——西湖主题水印版画展”。举办“海外回流”的展览项目“跨洋三杰——郑月波、王昌杰、刘业昭作品展”“书卷江山——刘墉作品展”“性情笔墨——唐大康艺术作品展”。此外,与陕西省美术博物馆共同主办“云开华藏——陕西省美术博物馆馆藏王子云作品及文献展”,配合省台办、省外办举办了“台中艺术展”“中东欧艺术展”等,促进了文化交流。

三、规范藏品征集,丰富馆藏体系,不断增强自身藏品研究和策展能力,发挥藏品最大社会效益

(一)积极拓展藏品征集渠道,扩大藏品征集成果

全年实施藏品征集项目 12 宗,新增藏品 989 件,基本确立起近现代浙江名家书画、国立艺专百年、浙江现当代版画等典藏体系。主要藏品征集项目有:陆抑非作品与藏品征集,共征集作品 154 组 510 件,其中陆抑非各类作品 479 件,还包括陆抑非旧藏的古代及近现代名家作品 31 件;刘墉、毕薇薇夫妇近现代名家书画作品捐赠,无偿捐赠 31 件中国近现代书画名家作品和其临摹的《富春山居图》长卷;潘景友作品与藏品捐赠,共捐赠潘景友国画作品 112 件、藏品 40 件、文献 42 件,共计 196 件。“海外回流”捐赠项目:郑月波、王昌杰、刘业昭等“跨洋三杰”的作品捐赠和唐大康作品捐赠,共捐赠 3 人的作品计 38 件,唐大康作品 15 件。其中,“刘墉、毕薇薇藏近现代书画名家作品捐赠”被评为“2017 年度国家美术作品收藏和捐赠奖励项目”。

(二)提高藏品资源利用效率,充分发挥藏品社会效益

通过举办专题展、学术展、捐赠展、交流展、下乡展等形式多样的藏品展览,挖掘学术内涵,答谢社会捐赠,服务基层大众,促进馆际交流,提升浙江美术馆形象。策划实施的藏品捐赠展有:李子侯作品展,刘航作品展,刘墉、毕薇薇夫妇捐赠近现代书画名家作品展等。主题展有:文化部 2017 全国美术馆馆藏精品展出季项目:“吾身通明——杨可扬艺术特展”“盈藏呈祥——全省美术馆馆藏精品展”“春风伊人——女・浙江美术馆藏作品展”等。藏品交流展有:“湖山胜概——西湖主题水印版画展”。与中国美术学院、浙江省美协、浙江大学、中国水利博物馆等合作,积极参与有影响的学术展览。此外,继续发挥藏品优势,以“流动美术馆”的方式输送高品质展览,先后在台州文化馆、嘉兴文化馆、青田文化馆、千岛湖艺术馆、杭州绿城育华中学和小学、萧山图书馆、慈溪陈之佛艺术馆、海宁钱君匋研究馆、桐乡陆维钊纪念馆等地举办“刻画鲁迅——馆藏版画展”“杨可扬藏书票”“心中的父亲邓小平——邓林摄影展”“走街串巷忆旧事——贺友直画展”“积健为雄——馆藏余任天书画展”“馆藏当代书法作品展”等 10 多场展览。

(三)进一步强化藏品与库房管理的科学化和规范化

加强制度建设,完善内控机制,进一步强化藏品管理规范化、科学化。根据《浙江美术馆关于深化人事制度改革的实施细则》,对岗位人员进行适当调整,特别是加强了库房管理人员的合理调配。继续完善典藏部工作管理制度。完成现有藏品的信息采集、建档,为全面实现藏品信息化建设打好基础。完成 2 万余件藏品系统的文字信息、图像信息和虚拟库房的登录工作以及库房盘点工作。藏品信息化管理系统于 7 月初步投入正常使用。完成新增

1000多件藏品的信息采集，及时登录上架。持续跟进全省美术馆藏品普查的扫尾工作，完成全省美术馆合作及藏品信息共享的调研等。

四、创新公共教育内容与形式，打造特色活动品牌，彰显文化惠民深度

（一）拓宽馆校合作新渠道，打造青少年美育基地

青少年美育是浙江美术馆公共教育服务的重要内容，共有29家院校成为浙江美术馆2017年度公共教育服务合作单位，涵盖了大、中、小学和幼儿园。发起"大美育，小任务"大型公众参与活动，邀请1000位浙江美术馆之友和82位新志愿者，认领美育任务。馆校合作8个月以来，共接待了126所学校的6.3万人预约参观，青少年观众人数较过去有明显增加。根据需求，量身定制合作方案。对于大学生，充分调动发挥其专业实践能力，与浙江工业大学外语学院合作建设英文网站，140位师生翻译完成81万余字；与中国美术学院合作开展"艺术共同体"计划，举办多个艺术门类的讲座、工作坊及展映等活动；对于中小学生，在积极引导参与美术体验的同时，也鼓励他们参与导览服务。

（二）拓展互动新体验，提升公共服务影响力

创新服务形式，拓展服务空间，以自主策划为重点、品牌项目为依托、社会参与为途径，不断提升公共文化服务的内容和品质。更加注重"内外结合"，经常性地把美术展览送进校园、社区。特别策划了"水的肖像"青少年互动特别计划，分别与杭州胜利实验学校、大关小学教育集团、杭州绿城育华小学、杭州市东园小学合作，组织100多名儿童进行主题绘画，了解劣V类水的基本情况及危害。在"书卷江山——刘墉作品展"中配套开展了"读画师"人气大赛，与杭州市安吉路实验学校等9所中、小学合作，由近200名中小学生担任"读画师"进行展览导览，获得了22万余人次的关注，最终评选出10位人气"读画师"。

（三）开辟区域合作新途径，增强乡村美育辐射力

通过田野调查，收集、整理乡村艺术及教育机构开设艺术课的基本情况，形成《利用乡村文化礼堂推广特色美术教育活动的可行性报告》。"艺游乡里"系列志愿服务项目已经衍生出"艺术教室""乡村艺术公开课""流动美术馆""流动影像站"等多个志愿项目，并不断发动更多的社会力量加入，已在全省10个地市设立了17个"流动美术馆"，初步构建了乡村公益志愿服务项目的基本布局。重点实施"乡村文化礼堂志愿服务计划""儿童疗愈志愿服务计划"。与中国美术学院等高校合作，招募文化志愿者，独立策划乡村儿童美育课程。积极开展县域合作，推动"流动美术馆"走入10座乡村文化大礼堂。"儿童绘画心理疗愈项目"关注青少年的健康教育和心理辅导，通过绘画解决青少年成长的心理问题。完成2场儿童心理绘画疗愈培训工作坊活动。

五、立足浙江地域文化，明确学术定位，提升学术高度

（一）《浙江通志·美术卷》编纂工作高效推进，初见成果

完成《浙江通志·美术卷》13个章节初稿，计80多万字，扫描及查找各类图版1000多张。其间多次召开章节专家论证会，完成10多次全面修改工作。召开《浙江通志·美术卷》初审会，省文化厅副厅长、《浙江通志·美术卷》副主编刁玉泉，《浙江通志》副总编童芍素等20多位领导专家参加初审会。专家对《浙江通志·美术卷》初审稿高度认可，并一致通过初审。召开《浙江通志·美术卷》人物与作品论证会，确保其专业质量与学术水准。通过专家论证会、上门征询、专家审稿等形式，征集专家意见，累计汇集专家意见2000多条，完成志稿的全面修改工作，形成高质量的复审稿。

（二）强化学术编辑，扩大社会影响

首次编辑《浙江美术馆2016年年鉴》，分为美术馆建设与发展、学术研究、展览策划、典藏研究、公共教育、大事记、附录等板块，是2016年度美术馆工作的翔实资料。改版《浙江美术馆馆刊》，创新封面设计模式，开辟"本期关注"专栏，聚焦重点事件，更好地体现浙江美术馆界的发展特色。

六、围绕中心工作，强化内部管理，深化人事制度改革，提升自身建设水平

（一）实行全员双向选择竞聘上岗，打造高效实干队伍

召开全馆职工大会，审议通过《浙江美术馆关于深化人事制度改革的实施细则》。通过建立岗位管理和人员聘用制度，创新管理体制，转换用人机制，全面深化人事制度改革。全馆设置9个部门44个岗位，岗位聘用坚持"双向双层、自愿申报、竞聘上岗"

“平稳实施、科学调配、逐步推进”的原则，拓宽了用人渠道，激发了工作原动力，进一步优化了岗位结构，取得较为明显的成效。

（二）保质保量完成馆舍修缮改造工程

按照“完成重点、保障日常，提升能力、搞好服务”的目标要求，继续进行馆舍提升改造工程。完成以提升改造屋面（平台）补漏修缮工程为重点的馆舍维修工作，修缮面积4200多平方米，投入资金500多万元。

（三）规范财务管理，严把财务关，确保资金使用安全

严格控制三公经费支出，2017年度三公经费同比有所下降。强化预算编制，细化具体项目，减少执行中的追加和调整事项。本年预算执行进度完成上级部门要求的91%。全年使用资金4500万元左右，编制凭证1000多张。认真做好政府采购工作，编制建议书200多张，完成政府采购资金2800多万元。做好工程项目的审价及支付工作。做好资产清查工作，抓好固定资产管理，建账立制，编制《固定资产入库单》，办理采购设备入库登记及领用手续，加强对新增资产设备的管理。对征集的美术作品，采购的图书资料、美术文献资料和办公设备设施，建立一物一卡登记制，由专人验收入库并登记入资产账册，定期账账核对、账实核对。做好用友财务软件的账务处理。按时完成单位年度预决算工作。积极开展内部控制建设，编制2016年内部控制年度报告。加强工会经费管理，出台浙江美术馆工会财务管理办法。

（四）抓好安全工作

成立综合治理领导小组，定期召开安全专题会议，与各部门、各项目人、各合作单位、施工单位分别签订年度安全责任书和项目安全责任书，实行安全目标5级责任管理。多次组织员工和物业进行反恐及灭火疏散演练，做好应急预案。召开迎接党的十九大优质服务和安保工作动员大会，组织安全演练，提高突发事件应急能力。党的十九大召开期间，实行全馆部门24小时“轮流巡查制”，确保美术馆安全运行。严格执行每日防火巡查、每月及重要节假日安全大检查，每月上报安全月报。同时，还加强对外来临时工作人员和车辆出入管理，有效消除外来安全隐患，杜绝不安全事件的发生。

刘墉、毕薇薇夫妇捐赠近现代书画名家作品展　1月1日至2月17日展出。由浙江美术馆主办。共展出刘墉、毕薇薇夫妇捐赠近现代书画名家作品31件，以宣扬刘墉、毕薇薇夫妇捐赠义举，使之发挥更大的社会作用。

盈藏呈祥——全省美术馆馆藏精品展　1月6日至2月19日展出。由浙江美术馆主办。遴选展出全省27家美术馆馆藏精品近百件，展示全省美术馆藏品普查成果，展现全省美术馆藏品建设风采。

金鸡唱晓——丁酉春联展　1月13日至2月19日展出。由浙江美术馆主办。共展出浙江老、中、青代表性书法家作品60多件，弘扬传统楹联文化，营造浓厚的春节艺术氛围。

心灵方向——刘航艺术展　2月21日至3月5日展出。由浙江美术馆主办。共展出刘航遗作及相关文献115件。

意会中国——一带一路沿线国家艺术家访华采风精品展（浙江巡展）　2月22日至3月19日展出。由中国对外文化集团公司、浙江美术馆主办。共展出120幅作品，较为全面地展现了外国艺术家眼中的中国，有助于推动“一带一路”沿线国家文化艺术交流的可持续发展。

“心香·飞梦”傅狷夫的艺术世界特展　2月23日至3月5日在中国美术馆展出。由浙江省文化厅主办、浙江美术馆承办。展览从傅狷夫家属捐赠中遴选了84件作品、藏品展出，分傅狷夫书画作品、藏品两个板块，以宣传傅狷夫的艺术成就，让观众了解这位海外游子的故土情怀。

春风伊人——女·浙江美术馆藏作品展　3月8日至24日展出。由浙江美术馆主办。展览分为“女容”（女性肖像）、“女姿”（女性人体）、“女韵”（当代都市女性形态）、“女思”（女性艺术家作品）4个部分，精选馆藏女性题材作品和女性艺术家创作的相关题材作品150件展出，通过艺术家笔下描绘的女性形象，呈现女性精神面貌、发饰、服饰等的时代变化，探究女性题材美术作品创作的变化规律。

跨洋三杰——郑月波、王昌杰、刘业昭作品展　3月22日至4月13日展出。由浙江美术馆主办。

共展出作品120组(件)。郑月波、王昌杰、刘业昭是国立杭州艺专的早期学生,关注他们的艺术道路,对了解现当代美术史具有格外重要的意义。

云开华藏——陕西省美术博物馆馆藏王子云作品及文献展 3月28日至4月23日展出。由陕西省美术博物馆、浙江美术馆主办。展览分为“东山望西海”“寻游百度回”“云开华藏现”“岁寒松后凋”4个部分,展出陕西省美术博物馆馆藏的王子云作品、学术文献、手稿、书信和收藏作品等120多件,以纪念王子云120周年诞辰,展示、研究和弘扬王子云在20世纪中国美术考古、中国雕塑艺术史、美术教育及创作等方面的重要贡献和杰出成就。

内美静参——黄宾虹山水画展 3月29日至4月24日展出。由浙江美术馆主办。展出的黄宾虹山水作品,选自其不同时期创作的精品,共36件,从中可领略其独特的艺术魅力。

浙江美术馆“湖山胜概——西湖主题水印版画展” 由浙江省文化厅主办,浙江美术馆承办。4月6日至12日在日本静冈展出。作为浙江省与静冈县缔结友好关系35周年纪念展,共展出32件(组)作品。5月9日至18日在东京中日友好会馆美术馆展出,共展出32件(组)作品,让日本观众更好地了解了西湖深厚的历史文化。

书卷江山——刘墉作品展 4月18日至5月28日展出。由浙江美术馆主办。展览分为“师古篇”“山水园林篇”“花鸟翎毛篇”“现代水墨篇”“写生研究篇”5个部分,共展出刘墉绘画作品120组(件)和一大批文献资料,涵盖了刘墉各个时期的代表作品,展现其诗情画意的艺术境界,分享画作背后的故事与感悟。

性情笔墨——唐大康艺术作品展 4月27日至5月20日展出。由浙江美术馆主办。展出作品130多件,作品以山水、花鸟、人物、书法为主,全面展现了唐大康的艺术成就。

字响调圆——龙榆生藏现当代文化名人手札展 5月23日至30日展出。由浙江美术馆、中国作家书画院主办。共展出手札80件,展品具有深厚的历史意义、文化特点和书法价值。

许鸿飞雕塑世界巡展·杭州站 5月28日至6月11日展出。由广东省文学艺术界联合会、广东省美术家协会、浙江美术馆、广东美术馆主办。共展出许鸿飞的“肥女”系列雕塑作品80件。展览采取架上雕塑与大型户外雕塑相结合的展示方式,更全面地展示了“肥女”雕塑的艺术形态与个性。

丝路源头 桑陌青青——李子侯作品展 6月1日至11日展出。由中国美术家协会、浙江省文化厅、中国美术学院、中国工笔画学会主办,浙江美术馆承办。展出李子侯自20世纪60年代以来的人物画、花鸟画、速写共120件,展览以江南桑蚕题材的工笔人物画为主,作品极具江南水乡的风情和韵味,也体现了其独有的艺术特色和风格。此次展览也是李子侯的八十回顾展。

禹迹新图——全省美术馆工作者基层采风创作展 6月2日至11日展出。由浙江省文化厅主办,浙江美术馆承办。展出作品近100件,总结采风创作成果,展现“五水共治”成果。

吾身通明——杨可扬艺术特展 8月31日至10月15日展出。由浙江美术馆主办。共展出杨可扬各时期作品230多件,相关出版资料100多件,“云梦归程——张子虎版画作品展”也一同展出。展览从艺术风格、身份内涵、创作模式开拓3个篇章勾画出先辈的艺术历程,并借此呈现新兴木刻艺术“公共性”与“个体化”双重精神指向相生相成的内在关联。

健笔蟠龙——王铎作品展 9月2日至10月15日展出。由浙江美术馆主办。展出王铎书画作品50多件。展览展示王铎独特的书风和书学成就,作为浙江美术馆推出的中国传统经典系列展览,展览突出学术性,扩大了社会效应,满足了观众的文化需求。

迎接党的十九大:浙江人——浙江当代艺术家作品展 9月12日至10月8日展出。由浙江省美术家协会、浙江美术馆主办。展出杨参军、孙景刚、池沙鸿、应金飞等18位代表当代浙江美术界主流群体及发展方向的中青年艺术家集中创作的一批兼具艺术性、思想性与时代性的优秀美术作品，全面反映当代浙江人的精神风貌、道德信念。

“红船颂”——浙江省迎接党的十九大美术作品展 9月14日至10月29日展出。由浙江省文化厅、浙江省文学艺术界联合会、中国美术学院主办，浙江美术馆承办。精选了40多件（组）以红船精神、浙江精神为主题的精品力作，展示了中国共产党领导全国各族人民在革命和建设时期走过的光辉历程、创造的辉煌成就。

2017浙江·台湾合作周书画摄影艺术展 9月17日至26日展出。由浙江·台湾合作周组委会主办，浙江美术馆承办。共展出两地艺术家作品约200件，由浙江·台湾合作周摄影作品展、“绮丽南投·艺采飞扬”巡回展和台湾中部书画家作品展3个部分组成，通过摄影、书法、绘画等艺术形式，进一步促进两岸文化交流。

“纪念钱君匋110周年诞辰：众美抱华——钱君匋的艺术世界”展 10月19日至11月5日展出。由浙江美术馆、海宁市人民政府主办。展览分为“铁笔纷华——钱君匋篆刻艺术”“笔墨凝华——钱君匋书法和中国画艺术”“书衣灿华——钱君匋书籍装帧艺术”“乐音颂华——钱君匋音乐创作和编辑出版事业”“萃精藏华——钱君匋的艺术品收藏”5个板块，共展出钱君匋艺术研究馆收藏的钱君匋书法、国画、篆刻、装帧设计作品及藏品约150件。展览以钱君匋艺术的个案研究为立足点，旨在呈现钱君匋多姿多彩、成就卓著的艺术人生，传承发展中华优秀传统文化。

“翰墨求是”——浙江大学百廿书画作品展 11月2日至12日展出。由浙江大学、浙江美术馆主办。展览分为大道合一、海纳江河2个板块，展出120年来与浙江大学有学渊源的书画名家作品及浙江大学师生、校友的作品，展现浙江大学百年人文积淀，讲述百年书画情结。

新时代 新征程——全省美术馆贯彻落实党的十九大精神主题书法巡回展 11月7日至17日展出。由浙江美术馆主办。展出书法作品50多件，旨在以中国传统艺术为载体，宣传贯彻党的十九大精神，讴歌以爱国主义为核心的民族精神和以改革创新为核心的时代精神。

双璧华章——马孟容马公愚昆仲书画展 11月9日至26日展出。由浙江美术馆、中共温州市委宣传部主办。展出作品近百件。展览被列为浙江美术馆浙江籍近现代书画名家系列展之一。

2017中国—中东欧国家文化季项目——中东欧当代艺术展 11月10日至12月3日展出。由浙江美术馆主办。共展出36位艺术家的35组作品，旨在强调不同地区历史和政治背景的多元文化共存，构建求同存异的美好社会。

溪上新风——第二届慈溪市中青年书画展 11月16日至26日展出。由浙江美术馆、慈溪市委宣传部主办。展览共展出慈溪市代表性中青年书画家作品80件。作品以反映慈溪地域文化为主，艺术种类覆盖书法、中国画、油画、水粉、水彩等。

民族翰骨——潘天寿120周年诞辰纪念大展 12月1日至2018年1月14日展出。由文化部、中国文学艺术界联合会、浙江省人民政府主办，中国美术馆、中国美术家协会、浙江省文化厅、中国美术学院承办，浙江美术馆执行。展览分为“高风峻骨”“饮水生涯”“一味霸悍”“奇崛明豁”“雁荡山花”和“守常达变”6个部分，展出潘天寿代表作120多幅，及其手稿文献等，全方位地讲述作为艺术家、教育家、画学家的潘天寿，立体展现这位画史伟人。

瀚海云垂——浙江美术馆馆藏“海派”名家作品展 12月12日至26日展出。由浙江美术馆主办。展览精选浙江美术馆藏“海派”名家作品近100件。浙江画家在“海派”绘画中占有“半壁江山”，代表人物大部分来自浙江，其作品是浙江美术馆重点征集对象，几年来通过接受捐赠和其他渠道的征集，馆藏海派作品已有一定规模，是浙江美术馆的重要典藏体系之一。

社会美育 国美表达——中国美术学院“美美讲堂”案例展 12月15日至26日展出。由中国美术学院、浙江美术馆主办。展览以“美美讲堂”近年来开展的活动案例为内容，集中展示美院师生在中华优秀传统文化传播、农村留守儿童艺术教育、社区艺术体验、绘画心理疗愈等方面取得的成果。

艺术无障碍——"融纳"艺术作品展 12月16日至28日展出。由浙江美术馆、杭州师范大学美术学院主办。展出50组由浙江省盲校学生在杭师大志愿者团队的指导下创作完成的版画作品，配套开展了为视觉健全人设定的触觉体验装置、针对自闭症儿童的"马赛克"融合互动体验游戏等。

（胡　超）

中国丝绸博物馆

【概况】 内设机构4个。2017年末在编人员38人（核定编制40人），其中具有高级专业技术职务资格的为15人，中级17人。

2017年是中国丝绸博物馆完成整体改扩建项目后的第一年，在浙江省领导的关心和重视下，在省文化厅、省文物局的直接指导下，全馆干部职工不懈努力，团结协作，有序推进各项工作，圆满完成了全年工作目标，亮点纷呈。致力于展示中国古老的蚕桑丝织文化和丝绸之路遗产，受到上级领导的关注和重视，接待了中共中央政治局委员与国务院副总理刘延东、浙江省副省长成岳冲、中央统战部副部长林智敏、全国人大外事委员会副主任委员迟万春、在浙全国人大代表会前视察团等。

一、机制建设

（一）成立中国丝绸博物馆首届理事会

为进一步建立、健全法人治理结构，在省文化厅、省文物局的指导下，开展了理事会制度建设工作，重新修订《中国丝绸博物馆章程》，成立中国丝绸博物馆首届理事会。5月14日，中国丝绸博物馆首届理事会成立大会举行，浙江省人民政府副秘书长李云林、省委宣传部副部长唐中祥、浙江省文化厅厅长金兴盛、浙江省文物局局长柳河等出席成立大会。中国丝绸博物馆是浙江省级文博系统第一家开展理事会制度建设的单位。首届理事会共有13位理事，其中社会公开招募的9位，涵盖了新闻媒体、学术机构、艺术院校、热心市民、企业代表等社会各界人士，并特别新设了1位海外理事，充分体现了理事组成的多元性。

（二）成立时尚专业咨询委员会

为进一步推进中国丝绸博物馆与时尚设计、时尚产业的合作，共同倡导和引领时尚生活方式，服务和促进时尚服饰产业的发展，根据《中国丝绸博物馆时尚专业咨询委员会工作条例》规定，12月22日，中国丝绸博物馆首届时尚专业咨询委员会成立。委员由行业领导、资深设计师、策展人、媒体代表等30位委员组成，中国服装设计师协会主席张庆辉、国家纺织产品开发中心主任李斌红担任主任委员，李当岐、包铭新为首席专家。

二、安全保卫

贯彻"安全第一、预防为主、综合治理"的方针，组织动员全体干部职工，坚持整体防控、突出重点、以点带面，全面排查和整治中国丝绸博物馆存在的文物安全隐患。开展了"文物安全"专项整治工作。每月组织1次对全馆的文物安全排查，每天4次对全馆进行安全巡查，及时发现问题，及时对安全隐患采取措施进行整改。展厅和涉及文物的场所改装了安全防火防盗门或加装了卷闸门。对借藏在馆外的藏品，每月会同陈列保管部到现场进行安全检查。每月组织一次展厅管理、保安业务学习，增强安全意识，加强管理能力。根据省文化厅、省文物局的要求，每月上报安全月报。

加强文物布展、撤展、借展，借藏馆外藏品的安全押运和保卫工作，以及"丝博之夜"夜间开放的安全保卫和展厅管理工作。认真做好贵宾、外宾等到馆参观安全保卫工作，根据上级公安（警卫）要求，及时上报接待人员政审材料及博物馆安全评估报告，合理安排警力，圆满完成了16批次的重要接待任务。

按照一级博物馆评审标准，以及浙江省治安保卫重点单位安全防范评估标准，进一步加强基础管理工作，各展厅、夜间值班、行政值班、夜间领导检查、中控室值班及人员进出、高配间等岗位和工作建立了完整的台账记录体系，得到了全省创建治安安全单位检查组的肯定。

三、藏品征集与管理

重新修订《中国丝绸博物馆藏品征集工作制度》，并按制度设立藏品征集工作领导小组、藏品征集小组和藏品征集鉴定专家库，确保中国丝绸博物馆藏品征集工作精确稳妥地运行。全年新增藏品640件（套），其中文物98件（套），三级以上文物57件（套），一般文物41件（套）；现代藏品542件（套）。藏品总量达66961件（套），其中文物4861件（套），三级以上珍贵文物4460件（套）。本年度的藏品收藏工作主要有：

1. 针对中国丝绸博物馆法国

丝绸和西方内衣临时展览的需求，从法国里昂、巴黎等地征集了法国服饰、面料、家用纺织品、内衣等一批西方服饰，共有法国丝绸142件和18世纪的西方内衣4件。

2.为丰富和完善收藏体系，征集一批唐代服饰、清代龙袍朝褂和当代著名服装设计师作品，主要包括唐代宝花纹锦半臂袍、团窠人面狮子纹锦等唐代纬锦残片，清雍正明黄色彩云金龙纹妆花缎龙袍、清嘉庆蓝色缎绣彩云金龙纹女朝褂、清道光红色缎绣八团花蝶纹吉服袍、清同治石青色缎绣云龙纹云雁补霞帔等珍贵织绣文物，郭培作品“云肩翘摆凤尾”，劳伦斯·许东方祥云礼服、珠片绣云锦旗袍。

3.继续接受社会捐赠，主要针对年末时尚回顾展，接受各个企业、设计师、高校捐赠各种当代面料、服饰，主要有爱沙尼亚、拉脱维亚、波黑等中东欧设计师捐赠的15套作品，清华美院张红娟纤维艺术作品《山水之韵》挂毯，上海极致盛放有限公司捐赠的3D打印婚纱，JULIEN FAURE（法国）捐赠的LV定织面料，浙江嘉欣丝绸股份有限公司、鲁泰纺织、广东健业纺织集团有限公司等企业捐赠的面料等200多件。

4.法国、杭州、上海等海内外社会各界踊跃捐赠民国服饰等近当代藏品。

藏品管理方面，严格按照《藏品管理办法》开展库房管理工作，确保库房藏品安全，完成新增藏品的登记、入库、拍照及制档的初步信息。根据临时展览和境外展览安排，及时完成文物安全提取工作。全面起用新建藏品库房，完成借存于杭州工艺美术博物馆、萧山博物馆和下沙临时库房的珍贵文物、西方藏品和现当代藏品搬运至新库房的工作。

四、陈列展览

除4个基本陈列外，全年举办19个临时展览，包括14个馆内展览、2个馆外展览、3个境外展览。

4个基本陈列为“锦程：中国丝绸与丝绸之路”“天蚕灵机：中国蚕桑丝织技艺非物质文化遗产”“从田园到城市：四百年的西方时装”“更衣记：中国时装艺术（1920s—2010s）”。基本陈列充分利用馆藏资源，构建了以中国丝绸为核心、丝绸之路概念为亮点、融古今中外于一体的完整展览体系。其中“中国丝绸与丝绸之路：锦程、更衣记”荣获第十四届（2016年度）全国十大陈列展览精品奖。

馆内临时展览的重点是在时装馆临展厅举办的4个大型展览，分别是“桂风壮韵：广西壮族织绣文化”“古道新知：丝绸之路文化遗产保护科技成果”“荣归锦上：1700年以来的法国丝绸”“匠·意：2017年度时尚回顾”，依旧沿袭以往民族学服饰、丝绸之路、国际题材、时尚等策展主题。其中“古道新知：丝绸之路文化遗产保护科技成果”由国家文物局和浙江省人民政府主办，取得良好的社会反响。

修复展示馆举办的4个中型临时展览，分别是“绽放：蕾丝的前世今生”“丝府宋韵：黄岩南宋赵伯沄墓出土服饰”“钱家衣橱：无锡七房桥明墓出土服饰保护修复”“她的秘密：西方百年内衣”，主要展示中国丝绸博物馆在保护修复项目实施、藏品整理研究等方面的工作成果。

新猷资料馆也举办了4个小型文献展，分别是“片页碎语：近代染织设计文献”“弦歌不辍：浙江敦煌学研究掠影”“纸上衣影：西方时装插画”“丝绸盛开迎春花：20世纪下半叶的上海第七印绸厂”，或自成体系，或配合临展，均小巧精致，受到观众青睐。此外，与中国美术学院合作的户外纤维艺术展也从秋季开始在博物馆馆区展示。

2个馆外展览均是配合国家需求而举办，分别是配合“一带一路”高峰合作论坛，在北京市太庙艺术馆举办的“丝路云裳：衣邦天下”；配合中法高级别人文交流机制第四次会议，在北京钓鱼台国宾馆举办的“中法地方交流展”，副总理刘延东和法国外长勒德里昂参观了展览，并给予高度评价。

3个境外展览分别是在新加坡中国文化中心举办的“时代映像：中国时装艺术精品”、在香港中央图书馆举办的“根与魂·忆江南：浙江非物质文化遗产”、在香港知专设计学院举办的“丝·赏：中国丝绸博物馆服装”，充分体现了丝绸对文化遗产的完美诠释。

五、文物保护与基地建设

在保护修复方面，涉及“新疆和田山普拉出土纺织品保护修复”等10个委托项目，馆藏文物修复保护3项。完成纺织品文物消毒68件（套），清洗整理32件（套），修复文物72件，加固、整理残片类纺织品80件（套）。

在方案编制方面，全年接受全国文博单位委托，编制完成6项修复方案，均已通过审批。

在工艺复原方面，全年复制4套成都老官山汉墓出土织机模型、相关辅助工具及木俑等。制作滑框式勾综提花织机1台，完成“五星出东方利中国”锦复制过程中约70片穿综工作。复制兴安盟、黄岩等地5个品种的绫绢。

纺织品文物保护国家文物局重点科研基地内蒙古工作站成立，这是继新疆、西藏、甘肃之后的第四家工作站。

全年投入700万元用于新增大型仪器设备，完成TIMS同位素质谱的招标采购工作，在已有MAT253质谱仪的基础上，同位素实验室得以完善。

持续推进科技标本库建设，全年新增纺织品文物标本130件、现代矿物标本570件，极大扩充了科研基地的科技资源，为开展相关科学研究提供了坚实基础。

六、学术研究

全年验收课题3项，完成9项，在研9项，新增5项。在顺利通过验收的3项课题中，国家文物局指南针计划“汉代提花技术复原研究与展示——以成都老官山汉墓出土织机为例”获得重要研究成果。《成都汉墓出土世界最早提花织机模型研究》一文荣登《文物》（2017年4月）封面。该文由中国丝绸博物馆牵头，联合成都博物院、中国科学院自然科学史研究所、浙江工业大学之江学院共同完成。文章主要介绍了2013年全国十大考古新发现之一的成都市天回镇老官山西汉时期墓地出土的4台木制提花织机模型与纺织相关工具，这是截至发文前世界上最早的提花织机，具有明确的考古出土信息，填补了中国乃至世界纺织史和科技史的空白。

新增5项课题有新突破，首次立项浙江省科技厅文化专题领域重点研发计划项目“浙江文物及传统文化典籍展陈共性技术研究——中华传统文化传播应用技术研究”。未来三年，中国丝绸博物馆将与浙江大学、浙江文物考古研究所一起开启互联网＋文物教育新领域。

改进中国丝绸博物馆官网结构，完成网站设计，计划开展各栏目图文数据传输并上线。负责国际丝路之绸研究联盟等的联络事宜，以及部分国际交流展览与年报编撰工作。完成新增书籍杂志的整理、分类、上架。

七、文博宣传

通过报刊、广播、电视、网站，微信、微博、网络直播，以及与博物致知合作的全媒体矩阵宣传模式，全面宣传报道博物馆的展览、科研、学术交流、科普活动等，报道量215次（不含转载）。

全年在中国丝绸博物馆官方网站、微信平台以及国际丝路之绸研究联盟网站共计推送452条消息，并适时与网站和公众号读者互动。截至11月30日，微信关注者超过1.2万人，微博粉丝数接近4万人。

全年发表期刊论文14篇，出版专著3部。《锦程：中国丝绸与丝绸之路》荣获“2016中国好书”奖。该书由赵丰著，介绍了中国丝绸的起源，配合早期文献对蚕蛹转化的叙述，提供了古神话学的研究思路。本书还对过去考古工作中难以处理的丝织品进行了详细研究，补充了丝绸之路研究的“丝绸”部分。

作为首批文创试点、文化文物单位文化创意产品开发扶持资助单位，中国丝绸博物馆进一步利用自身资源，积极设计和开发文化创意产品。2月，由浙江省博物馆学会、中国丝绸博物馆主办的首届“经纶堂”杯浙江文博丝绸创意产品设计大奖赛启动，首次引进“双品牌”概念对获奖作品进行了后期开发；4月，参加了第十二届中国（义乌）文化产品交易会，由“经纶堂”参与设计和制作的G20杭州峰会纪念礼“华美致远”丝绸围巾荣获“2017年度浙江博物馆十佳文创产品奖”；11月，对20个丝绸纹样进行了IP确权。全年配合“荣归锦上：1700年以来的法国丝绸”等临展开发出丝巾、抱枕、面料、意匠本等41类文创产品。

八、文博教育与培训

社会教育工作在创新中稳步推进，在观众服务、社教活动、媒体宣传等方面均有新亮点，并荣获“第三届全省博物馆免费开放最佳做法——最佳社会教育”。全年到馆观众68万人次，其中学生15万人次，境外观众8万人次，讲解次数1350次。2月26日，中国丝绸博物馆丝路之友会正式成立，截至年底已经拥有会员1000人。

依托馆藏资源，结合自身特色倾力打造的“女红传习馆”“丝博之夜”两大社会教育品牌，社会反响良好。女红传习馆6月10日正式挂牌，通过开展染、织、绣、编等与纺织服饰相关的专业课程与传习活动，满足大众热爱传统文化和传承传统技艺的需求。除继续做好、做精原有的科普养蚕、丝绸扎染、丝绸手绘等互动体验项目外，还通过开展系列分众化特色社教活动，设立教学基地，对教育模式的品牌化运营进行了创新与重构。3月至11月，时装馆和锦绣廊在每周五、周六晚上对公众开放到21:00，全年共举办12次“丝路之夜”系列主题活动。

配合“古道新知”“钱家衣橱”“荣归锦上”等临时展览举办的系列讲座及馆内专家在国内外的讲座，均受到业内与社会各界的好评，全年举办了84场不同主题的讲座。

作为高中生社会实践基地，全年接待杭州高级中学、杭二中、学军中学等的国内中学生和美国中学生等100多名学生到馆开展社会实践。

成立中国丝绸博物馆丝路之友会。2月26日的成立仪式上，60多名热爱丝绸文化、关心中国丝绸博物馆发展的会员和志愿者参与，其中邀请到历年10位捐赠者参加，并开展了现场捐赠活动。通过微信群、QQ群等网络方式与丝路之友建立沟通联系。截至年底，加入丝路之友会的观众近1000人。

加强学术交流，主办了“锦上花”学术论坛、“古道新知：丝绸之路文化遗产保护科技成果”学术报告会、“欧亚丝绸对话：历史、技术与艺术”第二届国际丝路之绸研究联盟学术研讨会、“时尚艺术&工匠精神”时尚论坛，邀请了国内外专家学者做学术报告。此外，馆专业技术人员还参与了国内外8个研讨会、国际会议并在会上发表学术报告。

九、交流与合作

围绕“一带一路”倡议，与丝路主题紧密相连，开展各项学术交流工作，在丝路沿途深入开展广泛的国内外合作，积极推动“一带一路”人文交流。

进一步加强国际丝路之绸研究联盟(以下简称IASSRT)的运行，于11月29日至12月3日在法国里昂成功举办第二届IASSRT学术会议及第二次联盟理事会。积极发挥IASSRT研究优势，5月18日，IASSRT在国家文物局的主导下，倡导建立了丝绸之路国际博物馆联盟。IASSRT作为主要平台，承担了国际丝绸联盟历史文化专委会工作，12月1日，在法国里昂召开了国际丝绸联盟历史文化专委会的成立会议。

发起成立丝绸之路文物科技创新联盟，10月18日召开首届理事大会，10月19日正式成立。全年先后组织6批14位专业技术人员赴以色列、法国、韩国、英国等开展学术交流。全年接待了中国—中东欧国家文化合作部长论坛嘉宾、希腊总检察长谢妮·迪米垂斯·瓦赛洛普罗、希腊文化与体育部秘书长弗拉扎基、国际博物馆协会主席苏埃·阿克索伊等重要来宾。

(余楠楠)

浙江省博物馆

【概况】 内设机构17个。2017末实有在编人员145人(核定编制180人)，其中具有高级专业技术职务资格的为64人，中级28人。

2017年，浙江省博物馆全馆干部职工团结协作，以建设“国内一流、国际先进的现代化博物馆”为目标，按照《浙江省博物馆事业发展“十三五”(2016—2020)规划》，积极开展各项业务工作，圆满地完成了全年工作任务。

一、之江新馆建设

配合之江文化中心整体规划，在省文化厅、省文物局的领导下，开展专家论证，不断完善之江馆区建筑设计任务书，并开始启动部分陈列的内容规划，征集相关陈列所需文物。

二、馆藏古籍普查

完成“浙江省博物馆古籍普查”项目数据审核和项目结项。经普查，浙博有古籍及民国传统装帧书籍共计6522种35873册，其中一级古籍2种32册，二级古籍41种180册，三级古籍605种3593册，四级古籍5874种32068册。编辑《浙江省博物馆古籍普查登记目录》和《浙江省博物馆民国传统装帧书籍普查登记目录》，由国家图书馆出版社统一出版。

三、文物征集

明确征集方向，规范征集程序，拓展征集渠道，在省文物局和财政部门的支持下，总账登记接收各类文物及资料入藏共计21批次164件(组)，其中珍贵文物73件(组)，资料91件(组)；征集收购68件(组)，接受捐赠96件(组)。全年使用征集经费750万元。

四、文物保管

严格执行藏品管理制度，加强文物库房管理，对各库的温湿度情况进行监测，确保库房藏品安全。完成新入藏品的登记、注册，并建立相应的账目。

全年提用藏品进出库近3600件(次)，其中展览近3200多件(次)，鉴赏、拍摄、复仿制近

150件(次);修复、清洗、熏蒸等藏品处理165件(组);接收书画部移交的黄宾虹纪念室原陈列物品46件(组)。

继续对马定祥和马传德父子捐赠的钱币资料进行整理,继续进行资料信息输录工作。

五、文物保护

继续加强浙江省文保科研基地建设,完善文物保护基础设备,深度开发设备文物保护修复应用,并购置新设备,为文物保护修复工作提供技术支撑和保障。

积极开展馆藏文物的保护修复工作。对馆藏青铜器进行去锈和缓蚀保护,完成金华万佛塔出土的青铜佛像36件和铜镜22件的维护;对纸质文物进行修复、清洗、装裱,完成21件书画的维护工作;完成河姆渡出土双鸟朝阳纹牙雕的清洗、维护;完成馆藏良渚文化木器以及征集战国复合农具前期处理工作;完成曹其镛夫妇捐赠漆器巡展前的养护清洗工作;完成馆藏宁绍地区红妆漆器、竹木器及浙江畲族生产生活藏品7批次的灭菌消毒工作。

积极开展对外文物保护和修复技术服务工作,将重点技术服务继续推向全国,为地方博物馆的预防性保护、金属文物防腐蚀、漆器保护、陶瓷器修复、书画保护编制保护修复方案,实施保护修复项目。为杭州市园文局、衢州市博物馆、临海市博物馆等6家单位提供了技术服务。对茅山遗址出土独木舟及其木构件进行难溶盐脱除与定型保护,进入脱水定型关键阶段。

六、学术研究

文物保护类课题方面,共有9个课题结题或在研。国家文物局课题“南方可移动文物环境控制方法研究”,浙江省文物局项目“小型扩散吸收式恒温恒湿控制系统的研究”、“临安唐五代越窑青瓷保护修复综合研究”课题和“临安博物馆馆藏国宝级越窑青瓷的保护修复”项目通过结项验收。其他文物预防性保护、饱水木质文物、漆器研究课题进展顺利,达到预期目标,并在饱水木质文物保护方面,逐步形成脱盐脱色、预处理、脱水定型等专项技术,被广泛认同与应用。

社科类课题方面,共有15个课题结题或在研。完成省文化厅文化科研项目“整合资源办好展览——博物馆展览策划的框架性思路探索”课题;完成“博物馆与社区”“图说浙江近代货币金融”“馆藏浙江近代慈善资料整理与研究”等课题;完成浙江省文物局“基于文献与现存实物的清中晚期彝器拓片鉴定研究——以浙江省馆藏拓片为例”课题的调查、走访等第一阶段工作;启动“琅琊王氏”“浙博馆藏五四新文化运动史料研究”“沈曾植的手稿及题跋”等课题研究;“浙东抗币资料整理和研究述论”获得立项。

全馆业务人员在各类专业刊物上发表学术论文和专业文章50多篇,其中包括《湖上有奇峰:蓝瑛作品及师承影响》《吴越国时期的佛教遗物概述》《学术性与通俗性的融合:浙江省博物馆近年书画策展举要》等高水平专业文章。

七、学术研讨

积极组织学术研讨会,举办“蓝瑛作品及其师承影响”“青色流年——全国出土浙江纪年瓷”“金银货币与社会生活”等9个学术研讨会。

由省文物局主办,浙江省博物馆承办的“浙江省博物馆藏品保管培训班”“全省第四期非国有博物馆负责人培训班”“第三届浙江省文博系统陈列展览专题培训班”“全省第三届博物馆陈列展览交流洽谈会”顺利举办。

积极选派业务人员参加各类学术活动,开展学术研究,在“中国博物馆协会出版专业委员会2017年年会暨学术研讨会”“五代十国考古发现与研究学术研讨会”“2017年出水与饱水文物保护专题研讨会”等14个研讨会上进行专题发言。

八、图书出版

刊物《东方博物》编辑出版4辑(第62—65辑),刊登文章共62篇80多万字,编辑图片1000多幅。出版《湖上有奇峰——蓝瑛作品及其师承影响》《青色流年——全国出土浙江纪年瓷》《盛世天子——清高宗乾隆皇帝》等18本展览图录,以及《金银货币与社会生活学术研讨会论文集》《中兴纪胜——南宋风物观止学术研讨会论文集》《中国博物馆协会博物馆学专业委员会2016年“博物馆的社会价值”学术研讨会论文集》《中国漆器文化研究的回顾与展望学术研讨会论文集》4本研讨会论文集。

九、信息化工作

馆官方网站完成改版验收与访问安全升级。完善“数字浙博”板块,新增馆藏文物三维展示、展厅全景环拍等内容。截至年底,馆官方网站对外发布数字展览23个,数字文物18件。

浙博“互联网+中华文明”因地制宜出成效,微信、微博粉丝逾

54万。全年网站更新新闻376条、展览预告和回顾26个,制作数字展览4个,网站访问量超过55万次。配合年度重点展览,在官网推出展览专题网站,其中,仅“盛世天子”专题网站网页浏览量就多达10.23万次。新增微博粉丝20万,截至年底微博粉丝总量已超过24万,通过微博平台共推送展览活动类信息398条,总阅读量超过1018万次;新增微信粉丝7.3万,截至年底微信粉丝总量超过30万,通过微信平台共推送展览活动类信息200条,总阅读量超过75万次。获得全国“2017年度文博行业最具创新力官微”称号以及“2017年度浙江省文化系统网站群建设:最具创意奖”奖项。

十、陈列展览

积极整合馆内外文物资源,坚持自主策划与“引进来”“走出去”相结合的展览工作模式,注重展览的学术性和普及性相结合,努力“让文物活起来”,取得了良好的社会效益。全年馆内举办各类陈列展览29个(包括5个跨年展览),其中原创性展览13个,合作办展与引进展览16个。完成外出展览31批(次),其中赴香港展览1批(次),赴省外博物馆展览12批(次),赴省内博物馆展览18批(次)。荣获“第三届全省博物馆免费开放最佳做法——最佳展示推广奖”。

十一、对外交流

积极开展展览、人员等全方位的对外文化交流,不断拓展浙博的国际影响力。藏品赴境外展览1批(次),引进境外展览2个,派遣10批23人次赴国(境)外进行学术交流、业务培训等,接待国(境)外文博机构等到访人员9批(次)。

十二、宣传教育

主动与媒体合作,有效推进博物馆的宣传推广工作。据不完全统计,全年纸质媒体报道170多条,电视广播报道80多次,传统大众网站报道300多条,行业网站报道150多条。同时,借助蓬勃兴起的新媒体,全年微信、App、直播、H5等新媒体宣传1000多次。与浙江日报集团旗下“浙视频”合作推出“镇馆之宝”系列报道,完成7期。配合央视大型文化节目《国家宝藏》内容策划与拍摄录制。与《杭州日报》合作,开设“老爸老妈的博物大学”系列课程,使老年教育活动系统化。在“5·18”国际博物馆日之际,结合浙博首届“观众节”策划全媒体宣传,浙江卫视、中新社、浙江新闻App等20多家媒体集中报道,《中国文物报》刊登《创新服务形式　提升服务水平——首届浙江省博物馆“观众节”系列活动掠影》特别报道。

根据馆藏及展览特点,针对亲子家庭、少儿、成人、传统文化爱好者开展了系列专项活动,推出“武林文博讲坛”“少儿微课堂讲座”“浙博伴你共成长”等18个系列499场宣教活动。

做好学校校本课程和教师培训。以“亲近经典——浙博经典馆藏主题教育”“喜迎十九大　重走革命路”“文澜书影”“网聚少年——青少年夏令营活动”等为主题,策划开展学生博物馆校本课程。同时,受杭州市青少年活动中心和下城区教育局的邀请,以“十里红妆”为主题,为“校园民族民间手工艺类课程的开发与实施”美术老师培训班授课。

依托陈列展览资源,延伸博物馆文化触角,推出图文并茂、制作精美、内容翔实的《昆山片玉》《重华绮芳》图片巡回展,在街道、图书馆、市县博物馆等地展出,展点50多处,受众人数达51万余人。

启动“无障碍讲解”项目,开辟“手语姐姐的博物馆课堂”新栏目,设立手语志愿者团队,组织了7次活动。开辟出陶瓷体验区、玉器体验区、古琴体验区、青铜器体验区4个可触摸体验区,通过听觉、触觉等分别感受馆藏文物的恒久魅力。

十三、经营服务

成立“浙江省文澜阁博物馆商店联盟”,首批10家博物馆的文创产品正式入驻浙江省博物馆联盟总店。全年各个馆区商店及文博会销售额共计526万元,比往年有明显增长,净利润97万元。配合佛教展览,研发“馆藏雷峰塔经抄本”“馆藏心经抄本”“佛卡祝福牌”“佛牌挂坠”等“佛教禅意”文创产品系列。配合“盛世天子——清高宗乾隆皇帝特展”,以文澜阁为主题,结合乾隆在杭州的趣闻逸事,研发一系列精致的木质文创产品。以馆藏文物《清代西湖十景册页》元素为基础,研发制作了印象版、动漫Q版、古意版“清代西湖十景”系列文创产品。积极参加各大展会,扩大浙博文创产品知名度。“中兴纪胜系列”和“佛教禅意系列”2项文创产品荣获“2017年全省博物馆十佳文创产品奖”。“西湖十景系列”文创产品摘得第十二届中国(义乌)文化产品交易会“工艺美术奖银奖”,“佛教禅意系列”文创产品荣获"创新设计奖"，浙江省博物馆被评为"优秀参展企业(单位)"。"西湖娃娃系列"文创产品荣获第十届海峡两岸(厦门)文化产业博览交易会"最佳创意文创产品奖"。

十四、队伍建设

注重队伍建设，以提高全体职工的向心力、凝聚力。委派14批次17人次参加各类技术培训及研修班。入围的"浙江省博物馆文物保护创新团队""浙江省文博经营公司创新团队"根据省文化厅创新团队年度目标任务，向专家组就团队建设进展进行了汇报，并获得肯定。此外，新入围了"传统文化互联网传播创新团队"。

抓好讲解员和志愿者队伍建设，完善服务制度，加强管理，组织业务学习、培训60多场，提升了服务质量和水平。2名讲解员在2017全省博物馆优秀讲解案例选拔赛中获奖；7名志愿者获得杭州市功勋志愿者荣誉称号，是全省博物馆拥有功勋志愿者最多的博物馆；志愿者团队获得2016年度全省文化志愿服务先进单位；"浙派古琴文化推广"获得优秀志愿服务项目；2名志愿者获评首届"最美浙江文物守望者"。

"漂海闻见——15世纪朝鲜儒士崔溥眼中的江南"展 2016年11月30日至2017年2月12日在武林馆区展出。展览围绕崔溥所著《漂海录》中的江南文化，展出中韩两国26家博物馆的300多件(组)展品，在文献基础上结合文物展陈，对《漂海录》作延伸性解读，为观众呈现15世纪的明代江南社会文化。

"错彩镂金——浙江出土金银器"展 2016年11月30日至2017年2月13日在孤山馆区展出。展览汇集了全省各地出土的金银器128件(组)，共计190多件，其中包含了国家一级文物，有些展品还是首次露面。展览分为首饰、器皿、宗教用具3个部分，主要按照时间顺序展示晚唐、宋代和明代的出土金银器，兼顾品类和组团展示。

金罍野逸——徐三庚书法篆刻展 2016年12月13日至2017年1月15日在武林馆区展出，由浙江省博物馆与西泠印社联合举办，以纪念徐三庚190周年诞辰。展览共展出徐三庚书法作品36件，印章222方，铭刻2件，如此规模的徐三庚专题展览，尚属首次。

"观泉阅世——浙江近代货币金融概览"展 2016年12月15日至2017年3月31日在武林馆区展出。展览选取馆藏浙江近代货币及与之相关的实物、图片和文字资料，借助电子翻书、投影、电视、电脑触摸屏和声、光、电等其他现代科技手段以及场景制作与互动设计，结合浙江百年政治经济形势变动，使受众在了解有关货币知识的同时，进一步理解浙江人民反帝反封建的艰辛历程。

残山梦最真——馆藏近代山水画展 2016年12月31日至2017年2月27日在西湖美术馆举办。展出了从馆藏几千件作品中遴选出来的40多件精品。

"越中佛传——东南佛教盛事胜迹圣物"展 1月11日至3月27日在西湖美术馆展出。展览汇聚省内外23家文博单位的111件(组)佛教遗物，以时间为顺序，分三国两晋南朝隋唐时期、五代宋初吴越国时期、宋元明时期3个单元，展示独具特色的4—16世纪两浙佛教遗物。

放怀丘壑——新安画派山水精品展 1月21日至2月19在武林馆区展出。展览汇聚了安徽博物院与浙江省博物馆所藏的新安画派佳作70件(组)，呈现了新安画派的艺术风貌与发展流变。

"紫玉春华——蒋淦勤紫砂艺术精品展"小型研讨会 2月17日在浙江省博物馆孤山馆区举行。高级工艺美术师蒋淦勤，中国工艺美术大师高公博，浙江省文化厅原厅长、浙江省人民政府参事杨建新等专家出席研讨会。与会专家研讨了浙江紫砂壶的发展历程、独特表现手法，并就蒋淦勤紫砂作品的各种类型、装饰手法和艺术风格做了深入交流。

紫玉春华——蒋淦勤紫砂艺术精品展 2月17日至3月5日在孤山馆区举办。展览展出中国陶瓷艺术大师蒋淦勤的精品代表作88件(组)，向观众呈现独具魅力的紫砂艺术之美。

江南晨曦——浙江省博物馆良渚文化展 3月2日至5月30日在香港茶具文物馆展出。为庆祝香港特区成立二十周年，由香港康乐及文化事务署、浙江省文化厅主办，香港艺术馆、浙江省博物馆承办此次展览。展览展出浙江省博物馆馆藏新石器时期良渚文物精品，包括玉器、石器和黑陶器等共118(件)组，从良渚人的生活、良渚人的精神世界、玉器的加工、纹样的解读等方面介绍良渚文化。

品竹——宝善堂珍藏中国历代名家竹画展 3月15日至5月1日在浙江西湖美术馆展出。宝善堂积累了明至当代的名家画竹作品300多幅，大致反映了明代以来文人画竹的发展状况。该展是浙江省博物馆推出的第16个“浙江民间收藏精品走进博物馆系列特展”。

剑出龙泉——龙泉宝剑精品展 3月17日至4月23日在孤山馆区展出。展览汇集了当代31位铸剑名家的46把刀剑精品及6把古剑，其中不乏国家级工艺美术大师和数名省级大师的作品，既有汉剑、唐剑、玄武剑、天子剑，又有长锋剑、短锋剑、重剑，可谓百花齐放，精彩纷呈。

齐白石绘画精品展 3月22日至5月21日在武林馆区展出。展览精选辽宁省博物馆馆藏齐白石早期、中期、盛期和晚期绘画精品70件(组)，兼顾学术性和欣赏性，尽可能地展现白石老人的艺术特色与成就，展现了一代艺术大师的风采。

“世界陶都1000年马约里卡精粹——意大利法恩扎国际陶瓷博物馆典藏”展 3月25日至5月25日在武林馆区举办。展出150件(组)来自意大利法恩扎国际陶瓷博物馆的馆藏精品，为观众讲述意大利的陶艺故事。这是在中国举办的首次大规模、系统展示意大利法恩扎马约里卡陶艺历史发展、艺术内涵及工艺变革的专题展。

回乡漫步——宁夏回族民俗文物展 3月25日至5月25日在武林馆区举办。展览展出宁夏回族自治区博物馆馆藏回族历史与文化、生产与生活方面的各类实物142件(组)，从回族概况、民俗撷英和工艺奇葩等方面，较全面地展示回族悠久的历史和灿烂的文化，以及宁夏回族独特的民俗风情。

虔生出净世——中国古代汉传佛教造像选萃展 4月12日至6月25日在西湖美术馆举办。展览展出“汉传佛教造像藏友会”会员收藏的古代汉传佛教造像近120件(组)，将主要的佛造像分门别类地加以展陈介绍，让社会公众通过展览对汉传佛教造像有所了解。

越地佛韵——金华万佛塔地宫发掘60周年暨两浙佛教艺术特展 4月18日至7月26日在金华市博物馆展出。展览由浙江省文物局、金华市文物局主办，浙江省博物馆、金华市博物馆承办，展出浙江省内三国至明清时期的金佛造型、铜镜、石刻等佛教精美文物183件，其中有87件万佛塔出土珍贵文物，分为佛事初兴、万佛神韵、佛国吴越、佛影流觞4个部分。此次展览是金华市博物馆开馆以来最重要，也是最具看点的一场临时展览。

青出于蓝——2017年龙泉青瓷传承与创新展 4月28日至7月2日在孤山馆举办。展览展出龙泉青瓷大师及“后起之秀”共58人的72件青瓷作品。作者在传承龙泉青瓷传统烧制技艺的基础上，大胆创新，在图案构成、综合装饰中融入现代陶艺元素，充分展示了“人类非遗”龙泉青瓷在新时期的传承与发展成果。

馆藏明清书法展 5月27日至7月2日在武林馆区展出。展览以明清书法为主体，选取了70多位明清大家的74件(组)最具代表性和影响力的作品，其中许多展品为首次展出。

张侯光剪纸艺术精品展 6月9日至8月16日在武林馆区展出。展出的183件(组)作品为2006年张侯光家属所捐赠。展览受到观众的一致好评，并赴衢州、海宁、萧山等地巡展。

“金银货币与社会生活”学术研讨会 6月15日，由浙江省博物馆、中国钱币学会金银货币专业委员会主办的“金银货币与社会生活”在杭州召开。这是中国钱币学会金银货币专业委员会成立以来第一次举办具有较高学术水准的研讨活动，也是国内首次以中国历史金银货币为主题的学术研讨会。44位国内知名资深专家学者参加了研讨会，20位专家学者做了论文交流。

梵天东土　并蒂莲华：公元400—700年印度与中国雕塑艺术大展 6月15日至9月10日在武林馆区展出。展品以中印两国石刻造像为主，包含少部分陶质造像和铜造像，以此见证两国人民的长期友好往来以及文化交流的源远流长。

金石书画系列展览(第二期) 7月8日至9月3日在武林馆区展出。展览分4个单元,收录作品109件,除了碑帖、书法、文献单元外,本期还特别推出了"纪念书画鉴定家黄涌泉先生九十周年诞辰"专题。

曹氏有藏——曹其镛夫妇捐赠珍贵漆器展(宁波) 7月28日至9月4日在宁波博物馆展出。展览由宁波市文广新局主办,宁波博物馆、宁波鄞州区侨办承办,浙江省博物馆协办。此次外展为曹氏捐赠漆器第一次馆外巡展,以清中期精美雕漆为主题,展出文物70件。

盛世天子——清高宗乾隆皇帝特展 8月10日至11月10日在浙江西湖美术馆展出。展览较为全面地反映了清高宗乾隆皇帝其人其朝。展出文物202件,其中故宫展品168件,浙江省博物馆31件(一级文物3件,二级文物12件),常州博物馆、杭州西湖博物馆、浙江图书馆各1件。该展览是浙江省博物馆自2003年免费开放以来的第一个收费展览,在门票及观众数据采集、宣传教育、志愿者服务、文创品销售等各方面都做了大量尝试。

2017年浙江省藏品保管培训班 8月15日,浙江省藏品保管培训班在安吉开办。培训班由浙江省文物局主办、浙江省博物馆和安吉生态博物馆承办。全省20多家国有博物馆的藏品保管人员参训。培训内容涉及博物馆藏品管理导论、藏品的来源、藏品安全等,还专门设置了藏品线描图和藏品档案制作的实训课程,培训为期12天。

生死同乐——山西金代戏曲砖雕艺术展 8月18日至9月18日在孤山馆区展出。展品来源于山西博物院,合计78件(组)。山西地处金国腹地,戏曲艺术发达,大量出土的金代戏曲砖雕,展示了金代的繁华。

"中国博物馆协会博物馆学专业委员会2017年年会暨经济环境变化与博物馆应对"学术研讨会 8月24日在太原召开。会议由中国博物馆协会博物馆学专业委员会主办,山西博物院、浙江省博物馆承办。全国各地博物馆、高校以及相关单位的博物馆学专家、学者、代表100多人参加了会议。

"嵇锡贵陶瓷艺术展"小型研讨会 9月15日,在浙江省博物馆孤山馆区举行。中国工艺美术大师、高级工艺美术师嵇锡贵,浙江省委宣传部副部长、浙江省文联党组书记、中国美协理事高而颐等专家学者出席了研讨会,研讨交流了中国陶瓷不同朝代、不同流派的技法,就陶瓷画面上的传承和创新做了深入探讨,高度肯定了嵇锡贵所取得的艺术成就。

瓷韵风华——嵇锡贵陶瓷艺术精品展 9月15日至10月15日在武林馆区展出。此展览是浙江省博物馆工艺美术大师系列特展之一,展出了中国工艺美术大师嵇锡贵的精品代表作品,为观众展示"青白釉传色泽美,方圆形似器容珠"的陶瓷艺术魅力。

湖上有奇峰——蓝瑛作品及其师承影响特展 9月15日至10月31日在武林馆区展出。展览以馆藏蓝瑛及相关作品为基础,向国内博物馆商借作品40件(组),共计展出60件(组)。展览分"渊源有自""澄怀味象""赏石雅观""嘉木幽禽""山高水长"5个单元,梳理蓝瑛早年与孙克弘、董其昌等人的师承渊源、绘画创作(包括山水、树石、花鸟)、对同时代及后世的影响。本次展览作品阵容强大,集蓝瑛早中晚3个时期的精品力作,在海内外各博物馆中尚属首次。该展览是本年度书画类重点展览,也是新推出的"明清浙籍书画名家系列特展"的首个展览。展览参观人数5.41万人次。

中意木质文物保护技术交流会 9月20日,由浙江省博物馆联合中国文化遗产研究院共同承办的"中意木质文物保护技术交流会"在浙江省博物馆孤山馆区举办。郑幼明、马丹、尼古拉马·奇奥尼、本尼蒂托·皮佐等中国和意大利专家就木质文物保护进行专题交流。

"国石天工——陈小甫石雕艺术精品展"小型研讨会 9月25日在浙江省博物馆孤山馆区举行。浙江省委宣传部副部长、浙江省文联党组书记、中国美协理事高而颐,浙江省工艺美术大师陈小甫,高级工艺师都一兵等专家出席研讨会,就青田石雕的工艺体系及表现形式做了系统交流,并肯定了此次参展精品的取材和构思。

国石天工——陈小甫石雕艺术精品展 9月28日至10月22日在孤山馆区展出。青田石雕大师陈小甫刻楮功巧，雕磨出别具一格的青田玉石。该展览是工艺美术大师系列特展之一，内容涵盖了陈小甫人文历史、风景名胜、果蔬花卉等各个类型的作品。

青色流年——全国出土浙江纪年瓷特展 10月1日至12月31日在武林馆区展出。展览汇集了48家文博单位的300件藏品，是迄今为止有关出土浙江纪年瓷展示规模最大、展品数量最多的一次。展品按时代早晚排序，分为“青出东隅”“千峰叠翠”“昆山片玉”“春水秋山”“碧绿晚青”5个单元，清晰地勾勒出浙江古代青瓷发展的辉煌历程。

第四期非国有博物馆负责人培训班 10月25日至28日在浙江省博物馆武林馆区举办。培训班由浙江省文物局主办，浙江省博物馆承办。培训班设置了博物馆法规政策解读、藏品管理、运行管理等5门专业课程，全省61家非国有博物馆的馆长或负责人参训。

匠心——吕世良珍藏历代工艺品展 10月31日至11月30日在孤山馆区举办。展出的历代百工之物不但具有实用性和艺术欣赏性，也体现了吕世良对收藏的理解，有助于促进收藏文化的发展。

第三届浙江省文博系统陈列展览专题培训班 11月1日至3日举办。全省近100名学员参训。培训班特邀业内专家进行了4场与陈列展览工作相关的专题讲座，每场讲座之后，专家还与参训学员共同探讨实际策展工作中遇到的困难和应对的措施，收效良好。

“青色流年——全国出土浙江纪年瓷”学术讨论会 11月17日在杭州举行。故宫博物院、上海博物馆、内蒙古自治区文物考古研究所等多家文博单位的20多位专家学者出席了研讨会。会议以全国出土的浙江纪年瓷为主题展开，6位专家做了精彩发言。

首届“走进博物馆——工美之旅”活动 11月20日至24日举办。活动旨在邀请省内优秀的工艺美术行业的大师近距离参观省内外著名博物馆、临摹藏品、聆听专家讲解，以开拓思路，激发创作灵感。中国工艺美术大师高公博、冯文土，省工艺美术大师金家虹等人参与活动，参观了浙江省博物馆、上海博物馆与南京博物院等地。

曹氏有藏——曹其镛夫妇捐赠珍贵漆器展（温州） 11月24日至2018年3月12日在温州博物馆展出。展览由温州市文广新局主办，温州博物馆承办，浙江省博物馆协办。展览集中展示以清中期雕漆为主的漆器精品，展现中国古代漆器的时代特征与文化内涵。此次展览作为浙江籍海外收藏家特展，以传承和弘扬中华优秀传统文化为主旨，为观众呈现海外收藏家对中国传统文化的保护成果。

流芳未歇——明清女性画家作品展 11月25日至12月24日在武林馆区举办。展览展出浙江省博物馆、常州博物馆和常熟博物馆庋藏的30多位明清时期闺阁画家的书画作品60多件（组），让观众感受到古代女性在绘画创作中流入笔端的细腻情怀。

第三届博物馆展览交流洽谈会 11月30日至12月1日在浙江博物馆武林馆区举办。本次会议共收到交流展览项目83个，参会单位79家，参会人员144人。浙江省博物馆、杭州工艺美术馆、海盐县博物馆3家单位做先进工作经验分享。浙江省博物馆相关负责人做平台工作报告，中国文物报社融媒采编中心副主任王超做“传播新形态的展望和反思——信息互联网技术对博物馆展览的影响”讲座。此外，参会代表还进行了面对面的交流洽谈。

“佛影湛然——西安临潼唐代造像七宝”展 12月15日至2018年3月20日在浙江省博物馆孤山馆区展出。展览由浙江省博物馆联合西安市临潼区临潼博物馆举办，展出珍贵佛教文物120件（组），意在展示唐代繁盛时期的佛教文化与艺术。

大元·仓——太仓樊村泾遗址出土文物展 12月29日至2018年1月28日在浙江省博物馆武林馆区展出。展览由浙江省博物馆主办，苏州考古研究所、太仓博物馆协办，展出文物294件（套），均为樊村泾遗址考古出土的最新成果，属首次公开亮相。展览分为“大元瓷仓”“青出龙泉”“海丝撷珠”3个单元，分别从樊村泾遗址、龙泉青瓷、海上丝绸之路3个方面展开。

（高利祥、俞　敏）

浙江自然博物馆

【概况】 内设机构8个。2017年末实有在编人员62人（核定编制数68个），其中具有高级专业技术职务资格的为46人，中级13人。

2017年，浙江自然博物馆认真学习贯彻习近平总书记系列重要讲话和党的十九大会议精神，秉持"立足当前保目标，放眼长远打基础"理念，紧扣浙江自然博物园核心馆区建设等中心任务，抓好现有场馆开放服务、展示教育、收藏、研究、保护维护、文化交流等工作，多方面取得新突破、新进展、新成效。获"2017年全国最具创新力博物馆"称号。

一、新园建设全力推进，按计划完成布展项目招标

（一）土建工程基本竣工

主馆区、库房、教育服务中心、综合保障用房、市政景观、智能化及安防工程等按照项目推进总体要求和建设进度计划有序实施。

（二）布展工程有序推进

按计划完成地质馆、恐龙馆、贝林馆、海洋馆、自然艺术馆、生态馆6个布展标段以及恐龙馆、海洋馆、生态馆3个模型标的立项、经费审批、招标审批和公开招标等工作。完成深化设计效果初步验收。做好馆方与布展初步设计单位、深化设计与施工单位之间的对接交流。完成布展项目监理招标。

（三）展品征集成效显著

赴法国、美国、加拿大、北京、江西、贵州、云南、上海、江苏、湖南、长沙、深圳等国内外30多地广泛开展展品征集调研、比价，并对拟征集标本进行评审、二次报价、谈判、签订合同，全年征集128批次，共征集展品近4万件。

（四）钢结构施工基本完成

6个展馆钢结构加层计3944平方米，经立项、规划、消防审批及设计施工一体化招标等环节，于年底基本完成施工。完成内装修配套的库房藏品设备、餐厅厨房设备、办公家具等预算报批，以及智慧博物馆项目的两办预审和概算审核等工作。

机构设置、人员编制申报审批工作有序推进。同时，积极开展相关业务学习，邀请国内外富有实践经验的专家做讲座，提升全体员工新园建设方面的业务技能。

二、开放服务品质提升，科普活动亮点突出

是年，接待观众210万人次，完成讲解6945场；完成科普活动708场；提供便民服务1.37万次。获"第三届全省博物馆免费开放最佳做法——最佳服务创新奖"，获评2016年度杭州市第二课堂先进基地。

（一）科普活动亮点突出

承办"全省优秀讲解案例选拔大赛"活动，指导培训参赛选手并带队参加全国博物馆优秀讲解案例展示推介活动，3位选手分别荣获专业组、学生组、志愿者组的十佳讲解员。承办"环球自然日·青少年自然科学知识挑战赛2017浙江赛"活动，通过组织杭州、衢州、永康、舟山等分赛区的预选和决选，从107组参赛团队中选拔出18支队伍参加全球总决选，获一等奖12个、二等奖5个、三等奖1个，单位获年度优秀组织奖。举办"2017年两岸中学生自然探索夏令营"，来自台湾、浙江两地的中学生代表35人参加活动。承办"全省博物馆教育工作业务培训会"，全省11个地市的86家博物馆及文物主管部门的相关领导和业务骨干103人参会。

（二）志愿者团队建设获多项荣誉

全年服务总时数约为1.7万小时，公益讲解1000多场，组织策划科普活动34场。获全省"2016年度文化志愿服务先进服务单位"、全省2016年度"优秀志愿者"、2017年度全省优秀文化志愿服务团队、2017年度全省优秀文化志愿服务者等荣誉。此外，召开浙江自然博物园建设博物馆之友座谈会，邀请公共文化义务监督员、志愿者、学生及家长、共建社区和学校、教育机构、新闻媒体、兄弟博物馆等社会各界代表近40人，为提升新园服务水平建言献策。

三、陈列展览探索新模式，展示主题贴近百姓生活

（一）原创展览探索策展新模式

推出原创展览"金鸡报晓——酉年生肖展""浙江恐龙大复活""響宴——鸟类鸣声行为展"等11个。引进、合作举办"第五十二届国际野生生物摄影年赛获奖作品巡展·中国站""恐龙木乃伊——浓缩的生命""鲨的故事——大型海洋生态标本展"等8个。举办出境展3个，先后赴日本名古屋举办"恐龙大移居"展、赴日本福井县立恐龙博物馆举办"恐龙蛋——恐龙诞生之谜"

展、赴日本千叶县幕张国际展览中心参加“巨大恐龙展2017”。

(二)认真做好巡展及未成年人生态教育巡展、社区和农村文化礼堂巡展

精心组织“海洋瑰宝——珊瑚特展”等赴台州博物馆等省内外博物馆展出7场次。未成年人生态教育图片巡展赴金华等11个市县巡展139场次。社区和农村文化礼堂巡展赴新昌等社区、缙云等农村文化礼堂7场次。同时，开展巡展配套服务，如举办科普讲座、野外观鸟和讲解培训等，深受观众及学生群体欢迎。

(三)展厅日常维护井然有序

根据展品保护和展示环境的技术要求，定期对展区标本进行维护保养，实行每日巡查、定期抽检、定期保养和适时清洁、杀虫、除霉等工作机制，完成场景熏杀6处、展厅综合消杀15处、标本熏杀3500件、动植物标本维护381件。对展厅设施、设备实行定时大检测、每日小监测，定期维护、适时检修更新，完成展厅展项及相关设施故障排查维修1818次，保证展厅的正常开放和观众的参观质量。

四、学术研究持续开展，学术交流深入广泛

(一)积极推进学术交流和课题研究

按计划进行已立项国家自然科学基金、省自然科学基金等科研、科考课题研究。开展各类课题研究23项，结题7项。专业人员赴国内外参加学术会议74人次，做学术报告23人次。出版科普书籍、论文集、图册5册，发表论文39篇。《空中之龙——中国翼龙化石研究最新进展》获2017年国土资源优秀科普图书奖，《鸟类科学绘画》获第三十届华东地区科技出版社优秀科技图书二等奖。继续开展重要科研项目。在象山和舟山开展中华凤头燕鸥种群人工招引与种群恢复项目，环志大凤头燕鸥雏鸟283只、中华凤头燕鸥雏鸟1只，并为5只大凤头燕鸥成鸟佩戴鸟类卫星追踪器。继续深化义乌“足迹化石的发掘和保护”项目，发现浙江省内首条鸟脚类恐龙行迹，同时对之前发现的重要足迹进行三维信息采集和保护。博物馆陈列展示、青少年教育项目、恐龙化石保护研究与展示3个团队入围2017年浙江省文化创新团队。文创项目获中央补助文化产业发展专项资金资助。“浙江自然博物馆AR科普文创”项目获2017年度中央补助文化产业发展专项资金资助。这是本馆文创科研项目首次获得该项资助。

(二)竭力承办重要学术会议

承办由国家古生物化石专委会、浙江省国土资源厅、浙江省文化厅主办的“恐龙蛋研究与展示”国际学术研讨会暨“海上丝绸之路”(杭州)化石论坛。承办“舟山2017濒危动物保护论坛”，北京师范大学、中国科学院动物研究所、中国科学院古脊椎动物与古人类研究所、浙江大学、复旦大学、中山大学等高等院校和科研院所的专家学者及主管部门相关人员50多人参会。

五、藏品征集成效显著，藏品管理利用水平提高

(一)藏品征集成效显著

全年新增藏品36534件，其中地球科学类1294件(新园标本)，生命科学类35223件(新园标本15396件，常规标本19827件)，藏画17件。本年度登记入库藏品4078件，累计登记入库藏品163037件，其中地球科学类17219件，生命科学类145642件，藏画176件。

(二)藏品利用严守规则

严格依照藏品借用、察看、进出库等管理规定提供藏品利用。馆内研究人员到库房查询、鉴定藏品231批次317人。接待日本、美国、台湾、北京、福建等地博物馆研究人员入库查询、研究和参观74批次184人。为临特展提供藏品1155件/组。

(三)藏品保护不断强化

完成2016年度入藏标本2775件总账登录工作。完成“浙江自然博物馆植物标本数字化与共享”项目，上传国家标本数字化平台累计达到20000多份。整理入馆标本16740件、入藏标本19907件，植物标本上台450件，新增标本入库、撤展标本回库等消杀处理8954件。完成化石修理、维护、翻模、清理285件。适时对藏品库区进行杀虫处理，全年未发生藏品霉变虫蛀。

六、宣传平台继续完善，对外宣传力度加强

全年在《中国文物报》《浙江日报》《杭州日报》以及新华社、浙江电视台明珠新闻、浙江卫视新闻蓝、浙江新闻、浙江在线、宝藏网、新蓝网、中国文物网等各类媒体上发布新闻报道200多篇，活动得到了媒体及社会的广泛关注。

优化网站宣传与服务。网站全年点击量300万人次。全年发布馆务新闻、展览及各类活动公告共计822篇。推出网上展览6个。少儿板块发布科普文章100

多篇。增加馆刊《自然博物》及《回眸》全文内容。发布微博800多条，新增粉丝3.8万余人；微信推送231条。此外，认真做好网站设施设备维护维修工作，确保各平台信息安全。

"狂野之地——肯尼斯·贝林世界野生动物展"微信语音导览制作完成。票务云系统投入使用，实现了观众数据实时监测，为展览检票和经营推广提供了便利。

七、队伍建设水平提升，内部管理科学规范

（一）完善内部管理机制

修订《浙江自然博物馆年终绩效考核管理办法》《浙江自然博物馆考勤管理办法》《浙江自然博物馆差旅费管理办法》等5项制度。加强政务管理，及时上传下达，保障全馆工作顺利开展。完成公文收发600多份，筹备组织新园及全馆重要会议、活动50多次，并做好相关接待、宣传工作。率先尝试博物馆内部文化建设，营造良好的文化氛围。

（二）重视人才队伍建设

举办第六期中层干部培训班。通过讲座、内部交流、专题交流等方式，增长知识，开阔视野，提升能力。举办新园建设专题讲座。围绕新园建设，先后4次邀请国内外博物馆界和相关行业知名专家到馆做讲座，学习成功经验和有益做法，提升团队理论水平和实践能力。支持职工继续教育，专业人员、管理人员参加各种研修班、培训班及岗位培训332人次。

（三）认真做好图资档案服务工作

整理装订业务期刊284种770册。入库本馆出版书刊3种3810册。发放各类书籍3600多册。编目录入馆藏期刊和新增图书273册。整理2016年度各项工作档案144卷630件，光盘35张，收集2017年新园核心馆区场馆布展工程等项目材料200多份。提供档案利用119人次415卷(件)745张照片。更新档案管理软件，提升档案数字化管理水平。做好数据迁移和备份。划分用户权限，建立由馆领导、部门负责人和档案部门组成的三级管理机制。新增档案在线编研库，开放可全文浏览档案950份。实体档案存放安全，无虫蛀霉变现象发生。

（四）规范财务管理

严格遵守和执行各项财经法规、财务规章制度和规定。修订完善本馆各项财务规章制度，规范财务基础工作，提升财务服务能力。强化预算编制刚性，进一步提高预算执行力度，超额完成97.66%的年度任务。强化项目经费绩效目标设置，提高资金使用效率。依法进行会计核算和会计监督，完成新园基建的财务管理。积极沟通落实2018年经费，做好固定资产管理，办理政府采购手续，保障采购工作合理有效。

（五）推进文创开发创新

提高经营团队整体服务和专业水平，提升博物馆自身造血功能。参加第十二届中国(义乌)文化产品交易会获6项奖，参展产品受到文化部副部长项兆伦的关注和肯定。在"文化和自然遗产日"浙江省主场城市活动期间，化石、玩具、工艺品颇受市民青睐。产品销售网络初步形成，入盟浙江省文澜阁博物馆商店，并与山东省博物馆、宁波博物馆、浙江省博物馆、杭州工艺美术博物馆达成代销经销合作。努力推进新产品开发，全年开发产品57款。

（六）切实履行安全管理责任

进一步完善各项安全管理制度，落实安全保卫责任制。围绕现有场馆开放服务和新园建设等中心工作，有效落实人防、物防、技防等各项安全防范措施，确保全年场馆开放运行安全和观众人身安全。组织安全教育、演练和培训。全年开展职工安全宣传教育活动2次；组织保安、物业等人员开展反恐、火灾扑救、应急疏散、闭馆清场等训练演练46次；组织微型消防站队员开展应急拉练训练22次；召开部门安全会议16次。

（七）努力做好后勤保障

适时对中央空调、电梯等设施设备进行保养维护，确保物业设施设备正常运行。抓好日常物业管理工作，保持展厅和办公区域干净、整洁、舒适。严格车辆管理，做好车辆日常维护保养工作，行驶25万公里安全无事故。

金鸡报晓——酉年生肖展　1月20日，由浙江自然博物馆、杭州博物馆、湖州博物馆联合主办的"金鸡报晓——酉年生肖贺岁展暨珍宝展"在本馆开展。该展在国内博物馆中首次尝试"众包、众筹、众创"方式，从筹备到展出都有观众参与。

葛慧君部长一行调研浙江自然博物园项目进展情况　2月28日，浙江省委常委、宣传部部长葛慧君一行赴安吉调研浙江自然博物园项目进展情况，省文化厅厅长金兴盛、副厅长蔡晓春,省广电集团总裁吕建楚、总编辑姜军、副总裁何跃新,湖州市委常委、宣传部部长胡菁菁一同调研。

成岳冲副省长调研浙江自然博物园建设项目 3月28日,副省长成岳冲赴安吉调研浙江自然博物园建设进展情况,湖州市副市长闵云一同调研。

荣膺"2017年全国最具创新力博物馆" 5月18日,在国家文物局、北京市政府主办的"5·18国际博物馆日"主场活动上,浙江自然博物馆获"2017年全国最具创新力博物馆"奖项。

"浙江恐龙大复活"展览 6月1日,浙江自然博物馆推出原创性收费展览"浙江恐龙大复活"。展览通过化石、复原骨架与模型、复原生态图及各种体验装置、互动项目科普浙江恐龙知识,其中的恐龙、恐龙蛋等化石标本是近30年本馆在浙江发掘的恐龙化石的集中展示。

浙江参赛团队斩获"环球自然日2017全球总决赛"12个一等奖 7月20日至25日,"环球自然日·青少年自然科学知识挑战赛2017全球总决赛"在重庆举行,浙江中文组参赛团队在浙江自然博物馆带队下获12个一等奖、5个二等奖和1个三等奖;浙江自然博物馆获2017年度优秀组织奖。

"恐龙蛋研究与展示"国际学术研讨会暨"海上丝绸之路"(杭州)化石论坛 7月28日至30日,承办"恐龙蛋研究与展示"国际学术研讨会暨"海上丝绸之路"(杭州)化石论坛。会议由国家古生物化石专委会、浙江省国土资源厅、浙江省文化厅主办,来自美国、日本、葡萄牙、斯洛伐克、阿根廷等5个国家的恐龙蛋化石及古生物研究的权威学者,还有国土资源部、全国40多个博物馆、科研院所、大学的专家学者以及媒体记者等100多人参会。

夏宝龙副主任委员一行调研浙江自然博物园建设项目 8月2日,全国人大环资委副主任委员夏宝龙一行调研浙江自然博物园建设项目,浙江省人大常委会党组书记、副主任王辉忠,湖州市市长钱三雄,浙江省文化厅副厅长蔡晓春等一同调研。

響宴——鸟类鸣声行为展 12月1日,由浙江省文化厅、浙江省文物局指导,浙江自然博物馆主办,台湾康和生态有限公司、中国鸟类学史料中心、浙江生物多样性研究中心协办的"響宴——鸟类鸣声行为展"在本馆开展。该展是国内首个以鸟声为专题的展览,通过107个头戴式有线耳机,展出106种鸟类的238段鸟鸣声,均精选自研究人员历时15年从野外采集的数万段素材。

(韩小芳)

浙江省文物考古研究所

【概况】 内设机构11个。2017年末实有在编人员59人(核定编制63人),其中具有高级专业技术职务资格的为37人,中级9人。

2017年,浙江省文物考古研究所主持了教工路科研用房的建设,启动了浙江省考古遗产展示园项目,积极支持配合了良渚遗址申遗、安吉考古与保护中心建设等工作和重要项目,各项工作稳步推进。

一、专项工作

(一)实施教工路科研用房建设项目

自4月起至年底,本着公开招标、规范操作、注重实力、捋清职责、确保时效的原则,分别完成了监理单位招标、电梯设备采购及安装招标、暖通设备采购及安装招标、网络通信设施安装招标、技防设备采购及安装招标,以及实验家具采购及安装招标等工作,为全面施工做好准备。

依次完成设计交底、图纸会审、质量和安全生产监督交底,以及资料查漏补缺审核整理工作,及时解决图纸中存在的问题,消灭质量隐患。8月,完成施工许可证申领和规划许可证更新,保证开工建设项目符合法定条件。9月初,施工正式全面启动。至11月中旬,两栋主楼的拆除工作全面完成,同时完成科研楼楼梯边间(设备房)钢筋架楼承板及混凝土浇筑施工。

(二)推进浙江省考古遗产展示园项目

5月10日,省考古所就"展示园"项目约请浙江省规划设计研究院共同讨论项目建议书及可行性研究报告。5月18日,良渚管委会产业局组织召开展示园地块论证报告会,余杭区国土局、规划局及浙江省文物考古研究所等相关人员参会。会议确立了展示园建设流程,由业主方省考古所完成展示园规划设计方案，细化到施工图阶段，形成总平面布置图，拟委托北京清城睿现数字科技研究院完成。征迁工作由瓶窑镇完成。6月17日，省考古所面向全国召开了“浙江省考古遗产展示园”建设专家咨询会，陕西、四川、湖南、湖北、山东等考古研究院（所）院长参会。会上，北京清城睿现数字科技研究院及上海复旦大学等单位，就展示园规划设计、展陈设计做了汇报，专家提出了意见。

（三）全力支持并配合良渚遗址申遗工作

配合良渚遗址申报世界文化遗产，做好考古调查与发掘工作。参加国家文物局副局长宋新潮一行的调研和座谈会，讨论良渚遗址的申遗范围，将古城外围的水利系统纳入良渚遗址申遗范围。

（四）开展安吉考古与保护中心建设工作

与安吉递铺街道、绿城公司合作建设安吉考古文物保护中心，完成施工图纸制作、建设区块的土地征收和平整工作以及施工建设前的通水、通电、通路工作，按照工程进度表，2018年8月文保中心区块将投入使用。10月16日，举行了安吉考古保护中心（在建）及安吉考古工作站的揭牌仪式，安吉考古工作的硬件设施将得到极大改善。

（五）加强风险防控

建立健全内部控制制度。编制了《2017年度行政事业单位内部控制报告》，成立内部控制领导小组以及项目预算小组。加强基建工程廉政建设，签订了《基本建设项目党风廉政建设责任书》，成立了基建工程领导小组，严格落实《浙江省文物考古研究所基建及维修工程管理制度》。

（六）完成古建院改制工作

本着政企分开、管办分离的原则，以稳定队伍凝聚人心、推动文化遗产保护传承、文化产业快速发展为目的，聘请专门律师，完成了古建院的改制工作。

二、业务工作

（一）考古工作

主要开展的考古调查、勘探、发掘项目共50项，其中主动性考古发掘项目7项，配合基本建设及抢救性考古发掘项目14项，考古调查及勘探项目29项。申报2017年度国拨经费考古项目12项，经费3961.98万元，经国家文物局审核批复，通过了其中的10个项目，下拨经费共计2177万元。绍兴平水兰若寺墓地的考古发掘入围2017年度全国十大考古新发现评选。全年共出版考古发掘报告及论文集3部，分别是《绍兴越墓》《2013年保国寺大殿建成1000周年系列学术研讨会论文合集》《秘色越器》。

（二）文保工作

强化自身建设，起好步、打基础、勤服务，努力提升文物工作的水平。按照年初制定的目标管理责任书，推进各项工作，为完成全年工作目标奠定基础。

进一步夯实文物保护基础工作。组织专家对各县（市、区）上报的“四有”档案材料进行验收审查和指导，已基本完成前六批省保国保的建档工作。指导各地划定、公布第七批省文保单位的保护范围与建控地带。做好相关技术方案（含规划）审查、论证工作。全年共计审查方案施工图达到100多项。做好文物保护工程质量检查与验收工作。配合省文物局文物处等赴实地检查、指导50多人次。参加省文物局组织的工程竣工验收10多次，验收省级及以上文保单位修缮工程项目70多个。参加地方文物部门实施的工程竣工项目20多处。检查、解决现场问题20多次。做好文保工程勘察设计与施工资质申报材料审查工作。对7家设计、施工企业提交的申报乙二级资质材料进行了审查。开展国保工程项目立项计划审查。完成22个国保工程项目立项计划的审查，并逐个提出了修改建议。开展文保工程第三方评估工作。完成17项全国重点文物保护单位修缮工程设计方案的审查并出具评估报告，并协助国家局审查了200多处革命文物立项报告等。做好传统村落保护利用工作。承担《浙江通志》编纂工作，基本完成了《浙江通志·文物卷》和《浙江通志·运河卷》相关志稿的编写与修改工作。

（三）文化遗产监测工作

开展省级遗产监测工作。与中国世界文化遗产中心和省内各个遗产地监测机构联络互动，充分发挥“上情下达，下情上传”的桥梁纽带作用。依据省级遗产监测的职能，开展省级巡查和反应性监测，完成省级巡查工作12次，反应性监测1次。完成杭州、嘉兴、湖州、绍兴、宁波、温州、金华、衢州等设区市部分县（区）省级以上文物保护单位遗产监测工作情况的初步调研。搭建省级遗产监测平台，完成了基础数据建库工作。

研发和部署文物资源地理信息系统（GIS）。完成系统基本功能的研发，已实现全省7万多处三普登录的不可移动文物标注，并可以区划、类型、时代、保护级别、自定义关键词进行筛选。

完成“第三次全国文物普查不可移动文物登记信息（浙江省）数据库”和“浙江省文物保护工程企业与个人征信系统（数据库）”建设，完成“四有档案数据”“文物保护单位保护规划”和“保护方案数据库”框架方案设计，继续推进“文物保护工程管理信息数据库”“省级以上文物保护单位数据库”研究。

完成“1—7批国保”和“1—6批省保”现有“四有”档案（电子）对应整理，共403份。开展“1—7批国保单位”和“1—7批省保单位”内涵与“三普”登录点的对应整理工作，其中国保单位共计133处1168址，省保单位共计949处870址。

完成GIS系统服务器硬件的采购，完成内部局域网系统部署，并完善和升级4次。

（四）科研课题

开展考古、文保、遗产监测各类课题研究共30项，以学术科研促进业务发展。其中承担的重要考古课题有“长江下游稻作农业起源”“良渚石器鉴定及石源研究”“钱塘江上游旧石器考古专题调查”等18项。开展文保课题“浙江省不可移动文物价值评估体系研究”“全省石窟寺及石刻类文物健康状况调研评估”“木拱廊桥安全评估及修缮加固关键技术研究”等9项。开展遗产监测课题“浙江省省级以上文物保护单位宣传品编辑制作”“木结构文物建筑适用阻燃材料研选与工程示范”“浙江省古建筑彩画保存现状调查研究”3项。参与《古城古镇古村依法保护问题研究报告》的修改与定稿，该课题为国家文物局课题，得到了中央宣传部的认可。

全年共出版报告及论文集3部。编写完成《马家浜》《河姆渡文化图录》《中国出土青铜器全集·浙江卷》《浙江先秦土墩墓报告集》《龙泉黑胎青瓷研究》《小青龙》等报告、专著。发表学术论文42篇。

（五）学术会议、合作交流与公共考古

举办上林湖发掘现场论证会、国家文物局“十三五”跨省课题“长江下游区域文明模式研究”启动会、考古合作项目阶段性成果验收会等重要学术会议10次。

积极开展公众考古工作，认真做好信息交流，及时、主动、准确上报重要考古发掘、文物保护等信息，共上报信息17条。积极向相关媒体提供业务工作稿件。运营自媒体“浙江考古”微信公众号，推送图文消息33条，总用户数2627人。

与日本金泽大学、岩手大学，加拿大多伦多大学，北京大学、南京大学、复旦大学、江苏省考古研究所、上海博物馆、安徽省文物考古研究所等国内外多家高校及科研院所达成战略合作目标，互通有无、取长补短，做到了跨界创新与融合发展。

三、综合管理

（一）做好安全保卫工作

落实社会治安综合治理工作目标安全责任书。全方位改造水泵房，更换消防水泵的全部零部件。更换办公楼各楼道消防水带，扫清消防安全障碍。展开消防演练，普及消防知识。开展所内安全检查。更换全部灭火器，加强监控及门卫管理制度，保证24小时有人值班，加强夜间巡查。加强文物库房出入库管理和文物考古工地、文物库房的安全检查工作。做好出土文物移交以及文物的借展、归还工作。

（二）做好人事管理

完成单位在编人员公开招聘工作，录取2名专业技术人员、8名合同制聘用人员。做好月工资系统申报。完成人事年报工作。做好离退休人员工作。

（三）加强政务管理

加强公文管理，公文交换规范高效。做好档案管理工作，切实执行好保密工作，无重大泄密事件发生。做好全体干部重大事项报告工作。

（四）做好资产后勤工作

完成资产登记6件，小额资产登记6件，资产移交11件。处理朝晖房屋出租资产收益和2017投资古建院收益缴费申报。补充验收2016年度实验设备类资产。结算2017年度资产账目。整理资产账面资产。做好医保社保办理工作。

（五）做好外事工作

成立浙江省文物考古研究所对外交流中心。围绕中心、服务大局，坚持“请进来，走出去”，积极做好与国（境）外学术机构间的交流与合作，全年接待日本、美国等的专家学者2批50人；应邀派出2批2人次出访美国、墨西哥、洪都拉斯、法国等地做学术交流访问。严格外事纪律，“公事公办”，不打“公事私办”擦边球。

四、财务管理

修订和完善了《考古工地报

销规定》《浙江省文物考古研究所行政出差报销制度》等财务管理制度。认真执行财务预算，规范管理各项收入。全力配合上级部门巡视及审计相关工作，全年无财务违纪情况发生。

高度重视预算管理和编制工作，维护预算的严肃性、规范性和真实性。年中追加项目补助资金2207万元，追加资金占了全年财政拨款总额的51.1%，是近几年来追加额度最多的一年。及时组织项目实施，单位预算执行的时效性和达标率均达到省财政厅和省文化厅要求。

加强专项资金清理、归并、整合管理，提高项目管理水平和资金使用效益，改进和加强项目后续实施过程的管理。按时完成上年度项目绩效评价工作。

加强国有资产管理。截至10月，共申报采购预算执行确认书97项，执行政府采购资金3140万元，新购置固定资产9.7万元。全年无国有资产遗失、损坏情况。全年上缴对外投资收益60万元，房租收入28.2万元(税后)。根据省财政厅及省文化改革发展领导小组办公室关于同意浙江省古建筑设计研究院改革方案的批复意见，及时对其进行了股权变更和资产划拨。

（沈晓文）

良渚古城遗址发掘 2月至2018年1月，由浙江省文物考古研究所、良渚文物保护管理所联合开展。

主动发掘项目主要包括钟家港、池中寺等遗址。钟家港共发掘4000平方米，基本明确了此区域莫角山东北坡的堆筑过程，河道内堆积中出土了的陶器、石器，首次从地层学和碳十四测年证实莫角山始筑年代在距今5000年前后，大致与反山、水利系统等同时。对位于莫角山南部、皇坟山和桑树头之间的池中寺台地进行了大规模揭露和局部解剖，发掘面积800平方米，发现3座良渚晚期的房基土台，通过勘探和试掘确认台地堆筑土下分布有面积达1万平方米的碳化稻谷堆积，初步估算含有20万余斤碳化稻谷。通过对池中寺外围的勘探，确认池中寺东部为人工堆筑堤形成的大型蓄水池。

配合瑶山申遗展示工程，对瑶山顶部进行清理，并对清理出的祭坛、石磡、墓葬、灰土沟等遗迹进行了整体航拍、测量定位和三维扫描，获取了灰土沟及部分墓葬内填土土样。此次考古清理为瑶山遗址的复原展示和申遗工作提供了精确翔实的考古资料。

（刘　斌、王宁远、陈明辉、王永磊、朱雪菲）

余杭玉架山遗址发掘 2月至2018年1月，由浙江省文物考古研究所、余杭博物馆联合开展。

玉架山遗址地处余杭东部，西距良渚古城20多公里，因“余杭经济开发区”建设，经国家文物局批准，于2008年10月至2018年1月对遗址进行全面钻探调查与发掘。调查勘探面积总计约1平方公里，发现了由6个相邻环壕组成的良渚文化聚落遗址，总面积约15万平方米。至年底，已发掘面积3万余平方米，清理良渚文化墓葬524座、灰坑25座，建筑遗迹10处，出土陶器、石器、玉器等各类文物6000多件(组)。

本年度发掘基本情况与主要收获：环壕Ⅴ被道路施工破坏后残存约6000平方米，主要发掘其东半部，发掘面积2700平方米，清理良渚文化墓葬25座；对东壕沟和北壕沟进行了解剖，清理了壕沟的东北转角。首次发现了由多个环壕组成的完整聚落，为研究良渚文化社会的组织结构，基本的社会组织单元及其人口数量，氏族内部和氏族之间的等级差异等提供了全新的材料和视野。这种聚落模式不仅是良渚文化的首次发现，也是长江流域史前考古的新发现，是田野考古上的新突破，对于本地区以及良渚文化以后的考古工作有着重要的借鉴意义。

（楼　航、方中华、王建平、姚六珍）

良渚外围水利系统调查与发掘　3月至2018年2月，由浙江省文物考古研究所开展。

本项目属于良渚大遗址考古项目。3月，国家文物局决定将整个良渚水利系统纳入良渚古城申报世界文化遗产范围。本年度对蜜蜂垄、黄路头、奇鹤村、燕子窝等地点进行了考古发掘，共发掘1300平方米，发现溢洪道、取水口重要线索。为水坝结构和库区堆积等研究提供重要材料。黄路头的发掘形成对南北高垄的认识，有助于了解塘山遗址的结构功能，并对古城系统历时性变化产生新的认识，为良渚申遗提供重要考古学支撑。

（王宁远、范　畴、朱雪菲、闫凯凯、李　博、陈欢乐、葛建良）

慈溪荷花芯窑址发掘　2月至4月，由浙江省文物考古研究所、慈溪市文物管理委员会办公室联合开展。

为配合上林湖越窑遗址考古遗址公园建设和申遗工作，在2015年考古发掘基础上继续对该窑址进行发掘，共布设探方8个，发掘总面积为309平方米。

新揭露出包括北宋时期房址3处和匣钵挡墙3道等在内的较为丰富的遗迹。同时，还揭露了北宋晚期的地层堆积，出土大量瓷器、窑具等遗物，但器物组合较为简单，以碗、小盘、杯、盒、灯盏为主，另有少数熏炉、执壶、盏、盏托、钵、罐、碾轮等。胎质较粗，胎色较深，釉面干枯，釉层薄而不甚均匀，凝釉明显。器物装饰基本为素面，仅杯、盒盖类器物上有深弦纹圈装饰及熏炉上有刻划花装饰。装烧方法方面，多数产品为叠烧，其中除同类产品叠烧外，也存在不同产品混合叠烧。从地层中出土匣钵很少，故推测多数产品应为明火裸烧。

（谢西营）

余姚井头山遗址考古勘探调查与发掘准备　5月至6月，由浙江省文物考古研究所、河姆渡遗址博物馆联合开展。

井头山遗址位于余姚市三七市镇，在田螺山遗址西侧1.5公里、河姆渡遗址西北侧8公里处，于2013年下半年在土建地质钻探施工的钻孔后被发现。2014年上半年由浙江省文物考古研究所经过正式的机钻调查后确认。

4月上旬，国家文物局批准井头山遗址全年800平方米的发掘面积。开展机器钻探调查，调查结果显示，井头山遗址主体位于原厂区范围内中部偏东的位置，处于海拔72米的井头山东南面山坡下方一个埋深地下6米的下伏小山丘东坡下，文化层分布北界约止于61省道，南界止于地下小山丘的南坡中段，南北长约150米，西界处在地下小山丘的顶坡下，东界处在坡下较深处，堆积分布东西宽约50米。

文化堆积最浅处距现代水田面近6米，最深处距现代水田面10米左右。文化堆积最大厚度在180厘米左右，多数文化堆积在50—100厘米，呈近南北向长条状叠压于地下小山坡的中段。文化堆积大体可分3到4个小层，包含物的具体构成有明显区别：上部小层含少量贝壳和植物碎屑；中部小层夹杂密集的各类贝壳遗存，少植物碎屑；下部地层少贝壳，但多植物碎屑。在现代小河西南面地块，钻探中发现的南北向地下小山丘的西坡下深7—8米处，也发现分布有类似东坡下的文化堆积，暂不计入该遗址的面积数值。

为确保考古发掘实施过程的安全性，做好发掘基坑的安全围护措施，进行“考古发掘基坑围护方案”设计，向国家文物局报送“井头山遗址主动性考古发掘专项经费补助申请”，开展了原厂区范围四周围墙建造、场地的全面清理和外围道路铺垫等相关准备工作。

（孙国平、郑云飞、黄渭金）

慈溪后司岙窑址发掘　5月至12月，由浙江省文物考古研究所、慈溪市文物管理委员会办公室联合开展。

后司岙窑址位于慈溪市桥头镇上林湖中部的西岸边，编号为Y66，是上林湖越窑遗址中最核心的窑址。发掘面积近900平方米。揭露龙窑炉1座，出土包括秘色瓷在内的大量北宋越窑青瓷精品，同时，在瓷窑址考古发掘方法上也做了诸多尝试。首先整个窑场，包括废品堆积区，均以遗迹的方式进行清理。每一文化层发掘过程中仅剔除泥土，留下所有窑具、窑炉砖块以及各种青瓷产品，再进行三维扫描，重要标本建立三维坐标；其次是以九宫格方法进行标本的清理与采集。由于窑址堆积厚而疏松，发掘一般以10米×10米的规格进行；第三是所有标本均统计采集的方法；第四是发掘过程三维化全记录和古代窑场废弃过程的三维化重建。这一发掘与记录过程，将对报告编写带来重大变化。

后司岙窑址本身的发掘也收获巨大，理清了以后司岙窑址为代表的北宋秘色瓷的基本面貌与生产工艺，秘色瓷的产品种类丰富，以碗、盘、钵、盏、盒等为主，也有执壶、瓶、罐、碟、炉、盂、盏托等。

后司岙窑址北宋地层出土的秘色瓷产品，与北宋皇陵、辽祖陵出土的秘色瓷特征相同，可以确定晚唐五代北宋时期的多数秘色瓷器当为本窑址产品。

（郑建明）

永嘉坦头唐代瓯窑遗址发掘　5月至12月，由浙江省文物考古研究所、温州市文物保护考古所、永嘉县文物馆联合开展。

坦头窑址位于永嘉县三江街道龙下村，这里是楠溪江入瓯江口，也是瓯窑的重要分布区。此次发掘发现了窑炉1条以及灰坑等作坊遗址，出土大量瓷片标本。

龙窑沿山而筑，保存基本完整。

窑业废品堆积主要在窑炉前端两侧的下坡低地区，出土物以各种类型的碗为主，其次是壶、罐、钵、盆、粉盒、碟、灯盏、盏、碾轮，窑具有匣钵、垫具与间隔具等。出土的青瓷产品质量上乘，胎质细腻，呈灰白色；釉色极佳，以淡青釉为主，玻璃质感强，釉面晶莹。基本为素面，少量的细线划花与褐彩装饰。地层中发现了“大中”纪年，时代为唐代中晚期。

坦头窑址是瓯窑的重要窑场。坦头窑址的发掘具有以下重要意义：首次完整揭露唐代瓯窑窑场，理清了窑场的基本布局、窑炉的完整结构等窑业基本信息；首次较全面地揭露了唐代瓯窑产品的基本面貌与特征，胎釉质量上乘，面貌上以浅白的胎体上施以各种彩绘瓷为最明显特征，在国内同时期的窑业中独树一帜；首次在窑址中发现纪年标本，为唐代晚期瓯窑产品确立年代标尺；首次发现唐代“官作”字样，1件匣钵上发现“奉王监”3个字，1件瓷碗上发现“官作碗”等。这对于整个唐代窑业管理制度的理解，具有指向性意义。

（张馨月）

苍南县壮士所城考古发掘

10月至2018年1月，由温州市文物保护考古所、苍南县蒲壮所城文物保护管理所联合开展。

壮士所城自废弃后，遗址的时间基本定格在明代前叶，为后人研究明代海防所城的建置布局，留下了重要标本。

本年度考古发掘中，做了覆盖全城及其周边辐射区的大面积的遥感测绘和田野调查，绘制1∶2000的大比例地形图，建立了三维数据模型。通过测绘和调查，基本明确了所城的轮廓及其与周边环境的关系。据此，建立了遗址全范围的电子探方系统，选取所城中心位置的城隍庙东侧地块为主要发掘区，同时在西城和南城做局部解剖，总发掘面积800平方米。

在主发掘区内，发现的遗迹现象包括房基、道路、窖穴、水井、暗沟和大型排水渠等，均由块石垒砌而成。其中水井、暗沟和排水渠虽因揭露面积较小，结构关系尚不清晰，但已为了解城内的水资源配套系统提供了非常重要的资料。夯土路面的发现，则为研究所城最初的路网格局提供了重要信息。此外，探方内还发现4处长方形石构窖穴，其性质和作用也值得关注。

是年的考古工作，基本实现了课题的初步构想，尤其是城中部的排水系统和道路的发现，为深入了解壮士所城的布局打下了良好基础。但因发掘面积有限，许多问题仍有待此后工作的深入开展。

（李晖达）

安吉龙山107号古墓葬发掘

1月1日至11月12日，由浙江省文物考古研究所、安吉县博物馆联合开展。

龙山墓群位于安吉县递铺街道古城村，与安吉古城遗址仅隔一座海拔100米左右的九龙山余脉。在不足5平方公里的范围内，共有地表隆起的土墩268座，主要分布在低山丘陵地带和山脊线上。龙山107号古墓葬位于墓群中部，当地俗称“八亩墩”，与“九亩墩”隔水相望。

整个八亩墩由外到内共分为三重结构，是一个要素齐整的贵族墓园。最外是一周人工挖掘的规整隍壕，隍壕平面为转角规整的长方形，壕内部分东西长182米，南北宽115米，面积2万余平方米，壕宽约21米。壕内有两周共30座地面隆起的小型土墩，土墩平面多呈圆形馒首状，直径10—20米，高1—2米，两两对称分布。107号墩位于整个墓园中心的小山之巅，墓顶海拔高度41.8米，与山脚地面相对高度约20米。土墩整体呈东西向长方形覆斗状，顶部平整，四周边壁整齐陡直。土墩底脚平面东西长56米，南北宽约30米，顶部平面东西长28米，南北宽12米，高8米。

截至年底，已完成所有外围土墩的发掘，共清理春战之交的墓葬29座，另有2座明代砖室墓，1座由砖石垒建墙基的晚期房址，1处性质不明的晚期砖结构遗迹。

安吉龙山八亩墩是安吉古城外围规模最大的墓葬之一，也是形制最为完整的春秋战国时期贵族墓园。尤其是围绕主墓的两圈小型土墩，墩内墓葬营建方式相同，形制相近，朝向统一，墓内出土遗物的时代面貌也难以区分早晚，体现出墓园整体规划的统一性，墓葬形制和时代的一致性。八亩墩外围的隍壕是继印山越王陵之后浙江省发现的第二个墓例，隍壕平面形制规整，只是规模与印山大墓存在一定差距。这些围绕主墓的土墩均分布在隍壕围绕的墓园范围内，与中心主墓必然存在紧密的关联。

从土墩及墩内墓葬的文化因

素分析，先营建土墩再挖浅坑埋墓的做法在春秋战国时期吴越地区较为多见，墓底用块石铺垫石床也与越地常见的石床型土墩墓极为相似，是传统土墩墓文化因素的延续。墓内随葬品以印纹硬陶和原始瓷器为主，器形和纹饰也与同时期越墓所出完全一致。但与典型的越墓相比，也存在着明显差异，如墓内多伴有数量较多的泥质陶及夹砂陶器，尤其是D117Q1 和 D132M1 出土的袋足鬲，显然与越文化无关。多座墓葬中出土的泥质陶乳钉足小壶，多见于吴地的遗址或墓葬中，如江宁陶吴土墩墓、苏州新庄遗址、丹徒北山顶殉人墓等。

安吉龙山 107 号古墓葬的发掘不仅仅是一座贵族墓葬的发掘，更是一个贵族墓园的完整揭露，是研究春秋战国时期越国贵族墓园制度的典型样本。墓葬的时代与安吉古城的早期阶段基本对应，该墓园的发掘对安吉古城的性质、文化属性、历史定位等问题的研究也具有非常重要的意义。

（黄昊德、游晓蕾、汪飞英、田正标）

南浔树下兜遗址发掘 2 月至 8 月，由浙江省文物考古研究所开展。

为配合湖州南浔“三高”连接线工程，于 2016 年 8 月对南浔树下兜遗址进行了考古调查和钻探，当年 12 月及是年开始正式发掘，发掘面积 1000 平方米。

树下兜遗址位于湖州市南浔区马腰村树下兜小组，遗址堆积厚度 2.5—3.5 米，年代包括马家浜、良渚、马桥、唐宋、明清时期，揭露出明清路基 1 段；宋代墓葬 2 座，水井 2 座，石墙基 1 段，灰坑 4 座，灰沟 5 条，窑坑 1 座；马桥时期灰坑 60 座，灰沟 4 条；良渚文化墓葬 2 座，马家浜文化灰坑 2 座。此次发掘的主要收获是发现了一处良渚时期的台地，保存面积不大，约 250 平方米，台地上仅发现 2 座良渚文化中期的墓葬，无其他遗迹类型。马桥时期继续沿用该台地，并利用台地周边的低洼地倾倒生活废弃物，围绕土台发现了比较丰富的马桥时期的遗迹、遗物。在遗址南部较低位置，还发现了少量马家浜文化的灰坑。由于发掘面积有限，遗址东部和北部的情况尚不清楚。

（孙瀚龙）

长兴碧岩寺古墓群发掘 3 月至 12 月，由浙江省文物考古研究所、长兴县博物馆联合开展。

因为墓地规模宏大，分Ⅰ、Ⅱ、Ⅲ 3 个区域进行发掘。

Ⅰ区：共探明 18 个土墩，清理了 63 座墓葬，以长方形竖穴土坑墓为主，共 45 座；另有少量长方形竖穴砖室墓和长方形竖穴石框墓、石床墓。多为西汉晚期至东汉早中期，出土大量陶器、铜器、铁器等，器形有罍、弦纹罐、壶、盆、铁剑、铜镜等。

Ⅱ区：发掘土墩 58 处，清理墓葬 245 座，出土器物 3072 件（组）。墓葬年代几乎涵盖自春秋到明清的多数年代，其中以汉墓为多。春秋战国时期的墓葬，石床型土墩墓数量较多，另有少量的平地掩埋型土墩墓、石室土墩墓，其中石室墓受扰较严重。西汉时期有土坑墓、土坑木椁墓、土坑砖椁墓、土坑石框石床墓等。东汉时期土坑墓和砖室墓并存，其中砖室墓大多受扰，六朝至明清大都是砖室墓且受扰严重，宋代有少量土坑墓。

Ⅲ区：共发掘土墩 20 座，清理商晚期至春秋战国时期的土墩墓 7 座，两汉时期的土坑墓、砖室墓 80 多座，明清时期的砖室墓 4 座及 1 座窑炉遗迹。出土随葬器物 100 多件。

长兴县碧岩村土墩墓葬群范围大，大型土墩多为一墩多墓，一些土墩埋葬关系复杂，墓葬类型多样。但发现的春秋战国墓葬至汉代墓葬多为中小型墓葬，多为平民墓葬。发现的较大型土墩，也都是一墩多墓的存在，从出土随葬品看，应是小型家族或世家的家族墓葬。大量的墓葬对认识浙北地区自商周以来，历经两汉，直至宋明时期丧葬习俗的发展演变，具有重要价值。

（徐　军、孟国平、马竹山）

湖州市昆山遗址发掘 3 月至 2018 年 1 月，由浙江省文物考古研究所、湖州市文物保护管理所联合开展。

遗址位于湖州市吴兴区八里店镇昆山村，遗址面积约 100 万平方米，为第七批全国重点文物保护单位。1957 年发现，后经多次调查、发掘。2014 年《湖州昆山遗址考古工作规划》列入国家文物局重点课题项目。按照规划内容，浙江省文物考古研究所联合湖州市文物保护管理所对昆山遗址进行了一系列的主动性考古调查和发掘工作。

为了解昆山南部遗址堆积情况、探索有无大型建筑或城墙，本年度的发掘集中于昆山南部、大东吴厂区以北，分东、西两区进行，总发掘面积1000平方米。发现各类遗迹50多个，出土小件标本90多件，时代主要属于高祭台类型，少量广富林文化阶段遗存。

另外，西部发掘点还发现烧土堆积和夯土痕迹，分布范围和性质不明，需进一步做工作。

综上，本年度的考古发掘丰富了昆山遗址的文化内涵，首次明确发现了广富林文化阶段的堆积单元，也增添了浙北地区商周时期遗存分期的重要参考资料。同时，新发现的大型建筑遗迹、房址、沟槽以及铜矛、铜铙等遗存对于研究商周时期昆山遗址的聚落布局结构具有重要的启发意义。

（闫凯凯）

安吉古城遗址发掘　8月16日至12月，由浙江省文物考古研究所、吉林大学边疆考古研究中心联合开展。

安吉古城遗址位于安吉县递铺镇古城村。遗址南依龙山，西邻白石山，城址西侧有沙河，东侧有西苕溪。城址平面略呈方形，城墙为平地堆土筑成，整体保存较好，墙宽约23米，现存高度3—6米。城内面积约33万平方米，包括护城河在内总面积40多万平方米。

本年度发掘面积950平方米，区域内发现三层文化堆积，共发现灰坑29个，灰沟3条，建筑台基1座以及与之相对应的瓦砾堆积1处。遗存主要为汉代至两晋时期，发现少量战国时期遗存。出土遗物以板瓦、筒瓦、瓦当等瓦件为主，共出土各类小件器物74件，包括铜器、铁器、原始瓷器、陶器等。

通过本年度的发掘，初步了解了发掘区域内夯土基址的分布及内圈环河的走向，基本明确了官署建筑区南侧缺口为三国两晋时期形成的小的封闭区域，包括大型夯土基址、生活有关的灰坑、水井等遗存，夯土基址周边有独立的河道围护。这对于了解城址的平面布局，研究六朝时期的大型夯土建筑结构，开展区域内城址结构、建筑布局的综合研究，乃至探索该历史时期大型土遗址的展示和保护，都具有十分重要的意义。

（黄昊德、李晓健、林　森）

德清杨墩遗址发掘　9月至2018年1月，由浙江省文物考古研究所、德清县博物馆联合开展。

德清杨墩遗址位于德清县雷甸镇杨墩村木鱼桥南，西南距良渚古城遗址18公里，海拔2.85米。

本次发掘首先对杨墩遗址及遗址北部的中初鸣村、王家里、田板埭等区域进行了调查和勘探。遗址西部保存较好，1米以下即为良渚文化层，发现有灰坑、土台等遗迹。中初鸣村位于遗址北部约1.5公里，采集有良渚文化陶片及玉料。其次，对中部展开发掘，共清理良渚文化时期土台2处、灰坑1个。出土较多陶片、玉器和少量石器，文化内涵为良渚文化晚期。

此次虽然没有发现房址等迹象，但出土的半成品玉器、带加工痕迹的玉料、加工工具等是制玉作坊的重要特征，据此推测杨墩遗址应是良渚文化晚期的一处玉器加工作坊。勘探显示杨墩遗址、中初鸣遗址所在的区域可能存在着多处加工和制作玉器的场所，还需进一步确认。

（方向明、朱叶菲）

嘉兴子城遗址调查与勘探　2月至12月，由浙江省文物考古研究所、嘉兴市文物保护所联合开展。

嘉兴子城遗址是嘉兴自五代天福五年（940）升格为州府城市以来的历代衙署（秀州、嘉兴府、路）所在地，素来是浙北的政治中心之一。民国以来，相继作为军队营房和军区医院等机构所在地。子城南门清代谯楼完好保存，是国家级历史文化名城嘉兴的历史文化地标。

2014年至2015年，为了子城遗址公园建设的需要，对遗址进行了考古勘探，以厘清遗址的分布范围和基本内涵。子城遗址四至边界清晰，面积约7万平方米：东南西北的北宋城墙遗迹，为夯土城芯，内外包砖，明代以后，城墙逐渐废弃；子城中轴线上，发现成片建筑遗迹，自前而后，依次有宋明时期的甬道、仪门、戒石坊、大堂（设厅）、二堂遗址等；中轴线两侧，经过局部勘探也发现有仓储库房或其他衙署遗迹，大堂西侧发现了吏廊遗迹；遗址中还出土了大量唐宋元明时期的建筑构件、瓷器、碑刻等遗物。

江南地区的“古今重叠型”城市，子城多居于城市的核心区，在大规模的城市建设中，通常很难保留下来。就浙江乃至江南地区而言，州郡一级的城市，唯有嘉兴子城遗址格局完整，保留至今，并且具有全面揭露和展示的条件。通过考古调查勘探，可知子城城墙和城内遗址保存状况较好，具有全面还原中古时期江南子城面貌的基本条件，对研究唐宋江南地区衙署建筑和城市制度具有极其重要且不可替代的学术价值。

（郑嘉利）

海宁达泽庙遗址发掘 2月至6月、12月至2018年1月，由浙江省文物考古研究所、海宁市文物保护管理所联合开展。

为配合太湖南排工程，对达泽庙遗址进行了第三次发掘，揭露面积1100平方米。所见地层依次为崧泽文化、良渚文化、马桥文化、商周及春秋战国时期的堆积，共清理崧泽文化墓葬12座、灰坑27个、井2口，良渚文化墓葬24座、灰坑7个，马桥文化灰坑2个，战国灰坑5个，另有宋墓1座。出土各类编号器物213件。

史前墓地是本次发掘的主要收获，36座崧泽及良渚墓葬出土了169件各类随葬品。墓地位于两个土台及扩展区域，分3组成群分布，头向均朝南，唯M36的东南角有一个埋设夹砂缸的坑。墓坑长1.7—2.7米，宽0.6—1.2米，随葬品1—14件不等，有2座无任何遗物。随葬品以陶器为主，玉器数量较少，遗物显示这片墓地从崧泽文化晚期开始，基本延续至良渚文化晚期，表明在此期间一直有先民栖居于此。墓葬规格较为一般，但在T0606表土中发现一块残玉璧，H77内出土一件精美的坠饰，回顾1990年第一次发掘出土的龙首纹玉牌饰，不排除遗址区曾有过高等级墓葬。

本次发掘区仅为太湖南排工程所涉史前聚落的局部，工程线路东部尚有数户农家未解决搬迁问题，发掘工作部分受阻。

（赵 晔）

海宁伊家桥遗址发掘 7月1日至11月15日，由浙江省文物考古研究所、海宁市文保所联合开展。

遗址位于海宁市马桥街道柏士村新丰组，1989年因取土被发现，2009年列为海宁市文保点。遗址上原有现代民宅，2010年房屋拆迁，遗址南部的小河弹花浜被拓宽取直，破坏了部分遗址本体。2010年10月，对河道拓宽地带开挖了两条探沟，揭示的良渚文化堆积不足0.5米，清理良渚文化墓葬1座。是年5月，海宁市文保所再次对遗址进行钻探调查，确认遗址保存面积2000多平方米。

本次发掘将遗址主体全部揭露，发掘揭露面积2200平方米，文化层堆积厚度0.2—2.5米，主要为良渚文化和唐宋时期两个阶段的堆积，共清理良渚文化灰坑27个、灰沟3条、井2口，唐宋时期墓葬6座、灰坑16个、灰沟10条、井4口，另有明清时期灰沟1条。

良渚文化遗存围绕西南部一个人工台地呈扇形分布，台地上残存柱坑等居住遗迹，东侧一水井(J6)内出土一件完整陶罐。外围有一条由西北至东南斜跨遗址的大灰沟(G3)，沟宽1.9—3.6米，深0.6—0.8米，沟壁坑洼不平，底部有较多长方形凹坑；沟内局部出土陶片较多，石器皆零星出土，器形有锛、镞、刀、砺石等。唐宋时期遗存主要分布于G3区域两侧，其中墓葬散布于中段，方向均不一致。M3人骨架保存完好，随葬品仅1件瓷碗。M4葬具保存较好，残高30厘米，人骨架基本完整，出土瓷碗和瓷罐各1件。水井皆分布于G3东部南侧，口径约1米，深约3米，井内有一些砖瓦、瓷器、粗陶、石臼等日用残件，其中J3内出土瓷碗、茶盏、瓷壶、韩瓶、双耳瓷罐、石权、铜钱等11件器物。H22出土一件唐代瓷壶，还掺杂了一枚史前时期的玉管。

伊家桥遗址展现了良渚文化和唐宋时期该地区的世俗生活状况。良渚时期的文化特性与附近的达泽庙遗址具有同步相似性，部分遗迹单位内也发现了崧泽晚期的陶片。嘉兴地区基本不具备瓷器生产条件，唐宋及明清时期来自不同窑口的瓷器，对研究当时的商品贸易具有一定价值。

（赵 晔）

绍兴市平水镇兰若寺墓地发掘 2016年11月至是年12月，由浙江省文物考古研究所、绍兴市柯桥区文化发展中心考古处、北京大学考古文博学院、浙江大学文化遗产研究院联合开展。

兰若寺墓地位于平水镇东部青龙山与日铸岭之间的峡谷地区，小地名称皇坟山，墓地距离南宋皇家陵园宋六陵仅6公里。田野勘探发现兰若寺墓地由风水环境、墓园、坟寺等组成，为配合绍兴市柯桥区平水镇稽山集团兰若寺水库裸心湖建设项目开展，本次考古发掘工作主要针对墓地的墓园部分进行抢救性发掘。

墓园的选址是典型南宋时期江南地区丧葬习俗的模式，具备完整的风水格局，墓园坐北朝南，至少由四级大台地构成，中轴线方向为323°。

根据建筑布局差异，墓园可分为上、下两部分园区。其中，第一级台地为下园区，第二至第四级台地为上园区，墓园整体面积至少为1.2万平方米。兰若寺墓地主墓部分与南宋时期高等级贵族墓特征基本一致。墓室由同坟异穴、东西并列的两个长方形墓室组成，以砖石混筑墙体、大石板盖顶的方式构筑。墓室被盗严重，通过对盗洞的解剖分析，可知墓室应在宋元之交已经多次被盗掘，同时亦有明显的后期填补、整修痕迹，与历史记载的“妖髡毁墓”颇为契合。另外，在墓园东侧约200米处暴露出兰若寺寺庙遗迹，从地表采集遗物以及建筑构筑方式看，兰若寺寺庙很可能为墓地赐享的坟寺遗址。

兰若寺墓地的建筑，石材耗费量巨大，存在多种石料，石雕精美，尤以高浮雕构件最为突出。同时，墓园中出土了数量庞大的陶质仿木构建筑构件，与宋六陵遗址采集遗物特征一致，当是严格按照宋代官式建筑营造法式微缩而成。另外，在墓园垫土中还出土了一批建筑构件陶范，另有带有商标类戳印文字的贴塑花砖，结合墓园西侧发现的袖珍陶窑遗迹，应当是论证墓园营建模式的重要资料。

从考古成果分析，兰若寺墓地建于南宋晚期，使用年代下限不晚于元代初年，当是已知南宋时期等级最高、规模最大、茔园最完整的贵族夫妻合葬墓地，在宋六陵已遭毁坏、布局不清的现状下，兰若寺墓地对于研究南宋墓葬制度、南宋帝陵制度、南宋建筑史、宋元之际历史事件等课题具有极为关键的学术价值。

（罗汝鹏）

嵊州兰山庙遗址发掘　3月至6月，由浙江省文物考古研究所、嵊州市文物管理处联合开展。

配合杭绍台高速项目建设，对崇仁镇兰山庙旧石器时代遗址进行了考古发掘。本次发掘面积60平方米，发掘深度5米，大部分标本出自网纹红土，获得石制品60多件，多为石核、石片、断块，岩性以燧石、石英岩、石英砂岩为主。优质燧石多为小石片，打击点集中，打击泡突出，与典型的南方主工业类型不同。石核简单随意，无预制和修理，没有固定的剥片方向和部位。从共存的大量砾石和岩块分析，该遗址可能非原生堆积。年代距今10万—15.6万年，处于旧石器时代中期。这也是曹娥江流域首次发现的旧石器，为探讨这一地区万年前的人类活动提供了线索。

（徐新民、刘亚林）

义乌市桥头遗址发掘　2月20日至2018年1月27日，由浙江省文物考古研究所开展。

桥头遗址位于义乌市城西街道桥头村村西。2015年和2016年，遗址继续发掘，发掘面积共1500平方米。为取得更好的发掘效果，当地文物部门在发掘区上加盖了钢结构的保护棚。

重点发掘对象是环壕堆积。经过发掘，确认环壕填土由内而外呈倾斜状堆积，证明环壕遗址废弃后，环壕所包围的中心台地依然被利用，在利用过程中环壕被废弃、填埋。环壕填土的分层在不同位置并不一致，大致分4—6层。出土陶器有绳纹釜、浅腹平底盘、红陶罐、壶等，年代相当于跨湖桥文化时期，早期处在上山文化与跨湖桥文化之间，为探索两者的关系及分期研究提供了新的重要资料。同时也证明，迟至跨湖桥文化时期，环壕功能废止。

桥头环壕遗址是上山文化考古的重要发现，环壕所包围的中心台地的性质，是普通生活区还是具有公共性质的特殊建筑，有待进一步考古探索。桥头环壕遗址是上山文化聚落考古的一大突破。

另外，桥头遗址上山文化阶段，发现较丰富的彩陶，分乳白彩和红彩两种，以条带纹为主，彩纹中出现了太阳纹的图案。这些彩陶是中国境内迄今发现的最早的彩陶。这些彩陶与跨湖桥遗址中的太阳纹图案一脉相承，充分说明上山文化是跨湖桥文化的重要源头。

（蒋乐平）

开化龙坦窑址发掘　8月至12月，由浙江省文物考古研究所、开化县文保所联合开展。

龙坦窑址位于开化县苏庄镇龙坦村。1982年开化县文物普查小组在野外调查时，首次在龙坦村对面的茶山上发现多处瓷片堆积。1985年10月29日开化县文管会办公室又对该处做了详细复查，采集了部分标本，并据此初步推断该处为元代始烧的窑址。为了进一步探明该窑址的时代、生产面貌及与周边地区尤其是景德镇地区制瓷业的关系等方面的问题，并在考古发掘基础上进行文物保护，开展了本次发掘。

本次发掘主要分为两部分，第一部分为龙坦窑址考古发掘，共布设探方7个，总发掘面积为350平方米；第二部分为周边地区窑址及窑业资源调查，发现窑址点4处。

发掘揭露出包括龙窑窑炉、储泥坑、澄泥池和匣钵挡墙在内的大量遗迹，为窑址布局与复原提供了较为翔实的资料。龙窑窑炉位于发掘区中部，编号为Y1，揭露出来的长度约15米，宽度1.8—2.3米，头南尾西。储泥坑位于发掘区西部，编号为K1，内储藏大量白色瓷土。澄泥池位于发掘区中部偏东，编号为CH1，紧邻窑炉，底部残存有纯净的白色瓷土痕迹。匣钵挡墙两道，编号为DQ1和DQ2，应为分割功能区所致。

揭露出较为丰富的地层堆积，出土了包括瓷器、窑具在内的较为丰富的遗物。瓷器产品类型多样，以釉色区分，可分为青花瓷、白瓷、紫金釉瓷、蓝釉瓷和青釉瓷等5种，尤以青花瓷、紫金釉瓷和蓝釉瓷质量最优。器形多样，主要有敞口碗、侈口碗、敞口盘、侈口盘、折沿盘、敞口盏、盒、瓶、花盆、高足杯、砚台、执壶、钵、炉、盆托、器盖、罐、擂钵、擂棒、瓷塑等。胎质细腻，釉色纯正。青花纹样装饰多样，有鱼藻纹、莲荷纹、折枝花卉纹、蝴蝶纹等。装烧工艺较高超，为提高产量多采用涩圈叠烧法。此外值得注意的是瓷器款识较多，以釉下青花书写。据不完全统计，可见款识有"福""瑞""善""寿""真""德""瑗""珙""锪""进""白""岳""嶽""娘""上二""三""十""廿二""三七""半百"等。窑具多样，包括匣钵、垫饼、垫柱等。从发掘情况来看，该窑址产品面貌及年代特征相对集中，基本上可确定为明代中期。

通过本次发掘，已经基本上掌握了龙坦窑址的年代、产品面貌及技术体系等方面信息。通过对比研究，该窑址是浙江地区发现的年代最早的青花瓷窑址，时代可达明代正德年间；在以往认识中，明清时期青花瓷等产品烧造应采用馒头窑，而龙坦窑址揭示出来的明代龙窑遗迹突破了以往的认识；该窑址的发掘为探究"青花浙料"这一学术问题提供了大量一手资料。

（谢西营）

舟山定海顾家路遗址发掘　9月至12月，由浙江省文物考古研究所、舟山市文物考古保护所联合开展。

8月底，329国道舟山段改建工程途经白泉镇顾家路和平村，在施工过程中，于该村西南方向的小山坡（村民称"瓶帽山"）上发现了大量瓷片以及一座龙窑遗迹，发现时工程作业已对窑炉本身以及地层堆积造成较大破坏。为避免文物资源遭到建设施工继续破坏，对该窑址展开抢救性发掘。

经过现场勘探调查，窑址面积约1100平方米，实际发掘面积为1000平方米，共清理出窑炉2座、灰坑1座、灰沟1条、瓮棺1座、残建筑单元2处，出土器物包括瓷瓶、瓷盏、瓷碗、瓷罐、灯支座、器盖、瓷壶、垫具等1300多件。

顾家路窑址是舟山境内第一次正式发掘的瓷窑址，共发现2条宋代龙窑，产品以瓷瓶、瓷盏等普通瓷器为主，产量、规模较大，烧造时间较长。在东发掘区探沟的最早地层中，还发现了少量青瓷碗，可能是其他窑炉的废弃产品，由此推断该窑址当时的烧造规模可能不止发现的2条，或许在发掘区周围形成过一个小型的窑址群。从青瓷碗的发现来看，在该窑址群生产的最初阶段，还烧制过较高级的青瓷产品，由于东部发掘区只进行了探沟式解剖，窑炉遗迹分布在发掘区和施工区以外，因此对其全貌的了解尚不清楚。

通过观察器物，顾家路窑址的瓷器生产分为早晚2个阶段，器物类型和品相质量上都存在比较明显的区别，早期产品器形较大，釉色品相较好，晚期产品器形较小，釉色不均或不施釉，品质较差。这种转变和差异或许是因为烧制技术的嬗变，或是因为窑工群体的迁移，又或者是产品需求的改变，其背后的社会原因值得进一步探究，此次发掘无疑提供了丰富的考古资料。

（孙瀚龙）

浙江省文物鉴定审核办公室

（国家文物进出境审核浙江管理处）

【概况】　内设机构2个。2017年末实有在编在岗人员7人（核定编制数8个），其中具有高级专业技术职务资格的为5人，中级2人。

2017年，浙江省文物鉴定审核办公室围绕年度工作目标，积极开展工作和活动，取得了良好的成绩和荣誉。7月1日，起草制定的7项文物保护国家标准，获国家标准化委员会正式发布实施。被省文化厅评为2017年度目标管理责任制考核"优秀"单位。

一、综合管理

按程序完成单位中层干部的重新聘任工作。修改完善工作岗位说明书，实施主管责任制。组建了新一届工会。年初与省机关事务管理局签署办公用房使用协议，对办公面积超标予以整改，并通过厅核查组验收合格。完成上年度之前所有档案的数字化工作。完成《2017年度单位内部控制自我评价报告》。进一步完善综合治理工作。及时做好工会日常账目，圆满完成2017年度职工的疗休养工作。积极参加省文化厅召开的省级文化系统运动会。

二、文物进出境审核

全年共办理了以下各类文物进出境审核事项：

文物临时进境审核登记4起，共52件(套)。受理私人携运文物出境1起共3件(套)，经审核为禁止出境文物。旧家具(新仿制品)出境许可27起，共计5812件，其中禁止出境86件，本年度旧家具申报厂家与出境数量继续呈下降态势，以新仿家具为主。文物复仿制品出境1起，共13件。

审核国有博物馆文物临时出境展览3起，查验文物283件(组)，分别是：浙江省博物馆118件(组)文物赴香港举办"江南晨曦——浙江省博物馆良渚文化展"，西泠印社76件(组)文物赴香港举办"西泠印社创社四君子暨历任社长书画篆刻展"，西泠印社89件(组)文物赴日本举办"西泠四君子——丁仁、王禔、叶铭、吴隐书画篆刻作品展"。

查验国有博物馆临时出境展览文物复进境4起，分别是：宁波博物馆"跨越海洋——中国海上丝绸之路文化遗产精品联展"170件(组)，西泠印社"西泠印社创社四君子暨历任社长书画篆刻展"76件(组)，西泠印社"西泠四君子——丁仁、王禔、叶铭、吴隐书画篆刻作品展"89件(组)，浙江博物馆"江南晨曦——浙江省博物馆良渚文化展"118件(组)。

审核宁波博物馆引进香港历史博物馆"百年时尚——香港长衫故事"展览文物253件(组)。

查验浙江省博物馆引进韩国"漂海闻见——15世纪朝鲜儒士崔溥眼中的江南"展览复出境文物97件(组)、宁波博物馆引进马来西亚"中马关系：从古代到未来"展览复出境文物150件(组)。

三、涉案文物鉴定

积极配合公安、海关和文化文物行政执法部门，坚决打击盗窃、盗掘和走私文物的犯罪活动，及时做好涉案文物的鉴定工作。全年办理各类涉案文物鉴定43起，鉴定各类器物3094件，其中认定二级珍贵文物10件，三级珍贵文物16件，一般文物2996件，非文物72件。其中，7月13日杭州市公安局上城区分局送鉴的盗窃古钱币案中的钱币，为著名钱币收藏家钟旭洲藏品，包括元末农民起义军铸造的"天启通宝""龙凤通宝"等铜钱，均为古钱币中的稀有名品。

现场勘查认定云和、海宁、三门、余姚、安吉、龙泉、嘉兴、椒江等地被盗掘的具有一定历史、艺术和科学价值的古墓葬、古文化遗址23处。其中，嘉兴沈玮宝墓被挖案，因沈玮宝系沈钧儒先人，社会影响较大，省鉴审办多次配合办案部门鉴定追缴的涉案文物，以便案件处理。

四、文物拍卖标的审核

严格按照法律法规要求，做好文物拍卖标的审核。全年共受理文物拍卖申请42场次，审核拍卖标的40933件，其中文物拍卖标的25977件，允许拍卖的文物标的25854件，包括书画14051件、陶瓷器1914件、玉杂器9889件，撤拍国家禁止流通文物123件。相比2016年，拍卖场次和数量基本持平；以疑似出土文物做宣传及虚标拍品年代等行为有所减少，有效地规范了文物拍卖流通市场。

五、国有馆藏文物定级鉴定及培训教学

组织有关鉴定专家对舟山博物馆馆藏文物进行定级鉴定，鉴定舟山博物馆2003年以来新征集的1500多件藏品，包括陶瓷器、书画、玉器、家具、杂项等各个门类，经辨伪、断代和定级，共确认三级珍贵文物31件。结合本次鉴定工作，专家组还为舟山市文博系统开展了文物鉴定基础知识培训，并安排了明清陶瓷及外销瓷鉴定专题讲座，巩固和提高学员们的专业理论水平，取得良好效果。

六、待征集文物鉴定

充分发挥专业优势，对国有博物馆拟征集的藏品进行鉴定甄选。先后组织专家对浙江大学考古与艺术博物馆、松阳博物馆、西湖博物馆等20多家博物馆待征集文物开展初鉴工作，出具评估意见共33批次2157件，涉及书画、金属器、陶瓷、玉器、杂项等门类，其中包括"颜真卿楷书《西亭记》古碑残石”“辽代‘官’款白釉提梁皮囊壶”“南宋龙泉窑青瓷龙虎瓶”等珍贵文物，为国有博物馆的藏品征集把好质量关，有效提高了各博物馆征集藏品的质量。

七、人才队伍建设和业务交流

荣获浙江省第一次全国可移动文物普查先进集体称号，4人获先进个人荣誉。

派员参加国家文物局组织的汉代玉器鉴定培训班、宋元书画鉴定培训班以及文物进出境责任鉴定人员内部考核等，多次组织业务人员参观学习省内外高质量的展览数十个。

与杭州海关监管处、驻邮局办事处、杭州萧山机场海关旅检科等，就文物进出境管理进行沟通协调，双方就“国家文物进出境审核信息管理系统”的应用、文物进出境审核电子标签、审核文本单证管理、风险防控等多个方面进行了深入交流，并就建立长效联系机制、加强合作等达成共识。

与调研涉案文物鉴定工作的上海市文物保护研究中心及上海市文物局法规处、文物处人员举行座谈，交流工作经验，进一步加强联系，更好地协助执法机关做好涉案文物的鉴定评估工作。

此外，还配合文物流通市场专项整治工作，派员参加由省工商行政管理局和省文物局联合组成的2支督查组，对嘉兴、绍兴和金华市的文物流通领域进行专项检查。

八、课题研究

受国家文物局委托，承担“文物鉴定现状调研及《文物鉴定规程》编制”课题研究工作，经过实地调研、汇总分析、专题研讨、成果整理、会议论证等工作阶段，得到结项评审会与会专家的一致好评，顺利通过验收。

（吴婧芸）

浙江省非物质文化遗产保护中心

【概况】 内设机构3个。2017年末实有在编人员7人（核定编制8人），其中具有高级专业技术职务资格的为5人。

2017年，浙江省非物质文化遗产保护中心坚持“保护为主，抢救第一，合理利用，传承发展”方针和“政府主导、社会参与、明确职责、形成合力、长远规划、分步实施、点面结合、讲求实效”原则，倡导“在提高中保护、走进现代生活、见人见物见生活的生态保护”理念，注重制度建设，强调工作创新和理念引导，广泛深入地调动社会各界的积极性，扩大传承人群，扩大非遗受众，增强传承活力，让美丽非遗更好地融入现代生活，引领时尚生活。

一、组织举办“第九届浙江·中国非物质文化遗产博览会”

由浙江省文化厅、杭州市人民政府主办，浙江省非物质文化遗产保护中心、浙江省非物质文化遗产保护协会、杭州市文化创意产业办公室承办的第九届浙江·中国非物质文化遗产博览会9月21日至25日在杭州白马湖国际会展中心B馆举行。本届博览会以“非遗让生活更美好”为主题，以“传承发展优秀传统文化”“振兴传统工艺”为目标，以“三馆二区一论坛一竞赛”为主线，主要活动内容包括二十四节气生活主题馆、浙江非遗生产性保护基地成果展、浙江文化生态保护区成果展、浙江非遗馆（筹）捐赠作品精品展、“大匠至心”传统工艺振兴杭州（大运河）论坛暨“竹韵新声”传统竹制技艺拱墅沙龙、“履步生花”全国绣花鞋制作竞技比赛暨精品展示系列活动等，来自全国27个省（市、自治区）的近400位非遗传承人、相关从业人员携280个非遗项目（衍生品牌）的作品、产品、衍生品参加展示、展演、展销、研讨及竞技比赛等活动。文化部部长雒树刚，浙江省委常委、宣传部部长葛慧君，省文化厅厅长金兴盛等领导参观博览会，对展会的组织举办与非遗保护传承表示充分肯定，并对此后的工作提出了新的要求。通过本次博览会的举办，来自全国特色非遗项目代表性传承人、工艺美术大师的作品及活态技艺得到了精彩呈现，同时，以互联网为媒介，通过传统媒体以及新媒体等力量大力宣传，实现线上线下“两条腿”走路。新华社、中新社、《中国文化报》、《浙江日报》、腾讯、新浪等30多家媒体参与报道，累计100多万网民通过网络直播的形式关注了此次非遗博览会。

二、组织举办国家级非遗论坛活动

（一）组织举办第二届“大匠至心”传统工艺振兴杭州（大运河）论坛暨“竹韵新声”传统竹制技艺拱墅沙龙

由浙江省文化厅、杭州市人民政府主办；浙江省非物质文化遗产保护中心，浙江省非物质文化遗产保护协会，中共杭州市拱墅区委、区人民政府，杭州市运河集团，浙江大学城市学院承办的第二届“大匠至心”传统工艺振兴杭州（大运河）论坛暨“竹韵新声”传统竹制技艺拱墅沙龙于9月20日至23日在杭州市拱墅区手工艺活态馆举行。沙龙以竹制技艺为内容，以有关非遗传承人、非遗衍生品从业者的精彩创作为案例，以相关专家学者、非遗项目（非遗衍生品）代表性传承人为研讨对象，以对话交流的形式，邀请全国的30多位非遗保护专家、代表性传承人以及竹制品厂商参加。通过专家学者、从业者的交流互动，将传统传承与现代设计相结合，拓宽传统竹制技艺产品设计开发的思路，提升非遗竹制技艺类项目的保护利用与传承发展水平，为新时期传统工艺振兴建言献策，得到了与会专家学者及文化部领导的高度肯定。文化部非遗司司长陈通，省文化厅党组副书记、副厅长陈瑶以及来自全国各地相关领域的非遗保护专家、代表性传承人、从业者、竹制品厂家代表、媒体代表近100名嘉宾出席论坛。

（二）组织举办“传承人对话设计师：青出于蓝·传统染织技艺桐乡论坛”

由文化部非遗司、浙江省文化厅支持，浙江省非物质文化遗产保护中心、桐乡市人民政府主办，桐乡市文化广电新闻出版局承办。7月6日至7日在桐乡市举行。本次论坛以“振兴传统工艺，展现生活智慧”为主题，与会代表围绕传统染织业的传承、发展与创新等相关议题进行广泛交流，并就传统技艺与现代设计结合、产品销售与知识产权保护、传承人培养与高校研修研习等问题进行深入探讨。文化部非遗司司长陈通、浙江省文化厅厅长金兴盛、国家非遗保护专家委员会委员徐艺乙等有关领导和专家学者出席论坛并在论坛上讲话。北京、上海、江苏、浙江等省（市）传统染织行业的专家学者、设计师、企业家以及非遗代表性传承人、新闻媒体代表共60多人参加了论坛。文化部非遗司对这次活动给予高度重视，陈通全程参与，并对办好论坛活动提出“对话要产生生产力，产生合作意向，通过这个对话产生一系列效果，更加能够产生结果”的具体指导意见。《中国文化报》《浙江日报》等5家新闻媒体作为观察员参加了论坛的新闻报道。

三、推出第十二届中国（义乌）文交会“浙江非遗衍生品生活主题馆”

第十二届义乌文化产品交易会——浙江非遗生活馆于4月27日至30日在义乌国际博览中心C2馆推出。本次活动由浙江省文化厅主办，浙江省非物质文化遗产保护中心、省非物质文化遗产保护协会、省创意设计协会等承办。该馆以“再现·再造·再生”为主题，强化非遗与生活、商贸、媒介融合，以“非遗+、非遗家、非遗嘉”为展陈形式，推出非遗传统工艺门类衍生品专题展。主题馆面积3800平方米，以“编、织、染、绣”项目作为主要内容进行展示，邀请了省内近100个非物质文化遗产传统技艺、传统美术、传统戏曲项目传承人举办展示、展演、展销活动。为了体现义乌文交会“交易”特色，在省内精选了50多个具有浓郁生活气息的特色传统手工艺项目作品及衍生品现场销售，卖品品类繁多，涵盖衣食住行各个方面，真正让非遗走入百姓时尚生活。同时，省非遗中心被评为第十二届中国（义乌）文化产品交易会展会组织一等奖。

四、组织开展“浙江好腔调”传统戏剧、曲艺展演系列活动

（一）传统戏剧系列活动

8月至12月，在全省11个地市组织开展10个代表性专场与1场综合性传统戏剧成果专题展演活动，促进经典剧目的保护与传承，展现了近年传统戏剧创新发展取得的成果。

10月13日，在党的十九大胜利召开前夕，组织举办了以“喜迎十九大·文脉颂中华”为主题的浙江省非物质文化遗产传统戏剧项目保护发展成果展示展演系列活动。省委宣传部副部长唐中祥，省文化厅厅长金兴盛，省人民政府参事、省非遗保护协会会长杨建新，省政协常委、文体卫委员会副主任穆建平，省文化厅党组副书记、副厅长陈瑶以及金华市相关领导等出席活动，并为第四批浙江省传统戏剧之乡授牌。本次活动由浙江省文化厅、省戏剧发展促进会主办，省非物质文化遗产保护中心、省非物质文化遗产保护协会、金华市文化广电新闻出版局承办。授牌结束后，全省各地近年来复（新）排的18个精品传统戏剧剧目进行了集中呈现。

（二）曲艺展演系列活动

2017年是我省“振兴浙江曲艺”的启动年，组织开展了以“激扬优秀曲艺、促进保护传承”为主题的浙江曲艺保护系列活动。活动由浙江省文化厅主办，浙江省非物质文化遗产保护中心、省非物质文化遗产保护协会、省曲艺家协会等承办。

5月，与中国艺术研究院、中国说唱文艺学会、杭州市文广新局联手举办了“中国浙江·全国曲艺传承论坛及交流展演”品牌系列活动暨“中国浙江（杭州）·全国曲艺大书（评书评话）传承论坛暨交流展演”活动。这是一次全国性学术研讨和艺术交流盛会，北京、上海、天津、福建等全国10个省（区、市）的近50位专家学者和艺术家出席了论坛活动，涵盖北京评书、四川评书、湖北评书、苏州评话、扬州评话、杭州评话、绍兴评话、宁波评话、福州评话、闽南讲古等10个曲种的26位艺术家携其拿手节目参加交流展演。活动学术和艺术并举，研讨与观摩互动。活动期间，举行了“振兴浙江曲艺”启动仪式。本次活动内容包括曲艺专家表彰、发布振兴浙江曲艺倡议书、科研教学基地授牌、浙江曲艺“三进”授旗、浙江曲艺专场展演等。其中，浙江曲艺进校园、社区（企业）、农村文化礼堂“三进”活动累计演出250场，观众5.5万人次。

11月21日至24日，举办了浙江曲艺传承发展交流演出暨曲艺保护传承座谈会。全省省级以上49个曲艺项目的62个保护地参加交流演出，57个曲种的代表性曲目分为6场轮番上演，每场演出后，由专家组进行现场点评。11月23日晚，“喜庆十九大　汇曲赞中华——浙江曲艺传承发展交流演出”汇集了能够展现全省曲艺保护传承发展面貌的9个曲目，且多为新创作品。同期还举办了“浙江曲艺保护传承发展座谈会”，就浙江省级以上曲艺项目的保护、传承、发展、创新进行了探讨。

五、举办“非遗薪传”浙江传统音乐系列展演展评活动

6月9日至13日，由浙江省文化厅主办，浙江省非物质文化遗产保护中心、浙江音乐学院、省非物质文化遗产保护协会承办的“非遗薪传”浙江传统音乐展演展评系列活动在浙江音乐学院举行。本次活动主要内容包括浙江传统音乐类节目评选、传统音乐（器乐、声乐）展演，浙江传统音乐展演展评活动颁奖、综合场展演活动，浙江传统音乐理论研究征文评奖、研讨、讲座活动。中国艺术研究院研究员、博士生导师田青，中国艺术研究院研究员、博士生导师李枚参加理论研讨会，田青在浙江音乐学院举行“一带一路与传统音乐”专题讲座。活动全方位地展示浙江传统音乐各乐种、歌种的丰富多彩，展现了传统音乐类项目老中青一条龙的传承链条。国家级非遗代表性传承人高如丰、楼正寿、顾友珍等7位获得特别贡献奖，江南丝竹《欢乐歌》、楼塔细十番《上马骄》、乐清撞歌《对鸟》等11个节目荣获“薪传奖”。传统音乐理论征文共评出获奖论文44篇，其中一等奖8篇，二等奖12篇，三等奖24篇。

六、组织全省非物质文化遗产系列培训

（一）全省非物质文化遗产业务骨干培训班

7月18日至20日，全省非遗业务骨干培训班在桐庐举行，全省11个地市的100多名非遗业务骨干参训。培训班邀请文化部非遗司副调研员孙占伟，清华美院艺术史论系主任、北大哲学博士陈岸瑛等专家学者，分别就国家级非遗代表性传承人抢救性记录工作的规程与要求、传统工艺振兴计划、非遗数据库建设等课程进行讲解与交流。培训进一步提升了业务骨干的专业水平与业务素质。

（二）全省非遗处长（中心主任）培训班和全省抢救性记录工作培训班

11月27日至29日，在舟山举办了全省非遗处长（中心主任）培训班和全省抢救性记录工作培训班。全省非遗处长（中心主任）培训班主要围绕学习贯彻党的十九大精神、《保护非物质文化遗产公约》和推进非遗项目的保护和传承工作进行了专题授课，舟山市作为全省非遗数据库建设试点地区，进行了典型经验介绍。省中心印制了《浙江省非物质文化遗产保护数据库平台建设标准化手册》，全面推进非遗数据库的标准化建设。全省11个地市非遗处长、中心主任以及各县（市、区）非遗中心主任参训。全省抢救性记录工作培训班特邀国家非遗保护专家委员会副主任刘魁立以及非遗传承人抢救性记录摄制领域专家进行专题授课，全省各地市非遗传承人抢救性记录工作相关单位负责人和抢救性记录工作摄制团队相关成员100多人参训。

七、扎实推进浙江非物质文化遗产馆建设

（一）完善组织机构

按照省文化厅“借势、借力、全力以赴”的工作要求，完善组织机构建设，成立了省非遗馆（筹）藏品征集工作办公室。

（二）加强调查研究

结合非遗馆建设，组织开展了多渠道的调研、考察，多次召开专家和代表性传承人座谈会，听取省非遗馆建设的意见和建议，起草完成《浙江省非物质文化遗产馆（筹）藏品征集工作管理办法（试行）》。

（三）推进非遗藏品捐赠工作

5月，省文化厅副厅长陈瑶带队赴青田、龙泉、杭州上城等地开展调研，实地走访代表性传承人，广泛听取意见与建议；省非遗保护中心组织非遗专家开展征集工作，行程2800多公里，赴龙泉、青田、东阳、温州、乐清、宁海、宁波、东阳、椒江等12个市、县（市、区），与浙江省内36位非遗代表性传承人和工艺美术大师进行了广泛而深入的沟通与交流。在藏品征集工作中，向全省非遗代表性传承人发起倡议，得到了全省国家级非遗代表性传承人和工艺美术大师的积极响应，26位传承人捐赠代表作品38件。9月21日至25日，在杭州白马湖国际会展中心举办了浙江省非遗馆（筹）捐赠作品精品展。

（四）举办浙江省非遗藏品捐赠仪式

11月23日，在省人民大会堂举行了浙江省非遗藏品捐赠仪式。省委常委、宣传部部长葛慧君出席捐赠仪式，并为陆光正、徐朝兴、周锦云、高公博、嵇锡贵等26位国家级非遗代表性传承人和工艺美术大师颁发捐赠证书。

八、开展代表性传承人抢救性记录工作

按照《文化部关于国家级非物质文化遗产抢救性记录工作的通知》要求，着力推进10位国家级非遗传承人和5位省级非遗代表性传承人的抢救性记录工作。完成第一批国家级非遗传承人的拍摄记录和后期制作，收集的文献资料有影像178个，出版物52部，电子文献2530篇，图片4317张，音频100段，专辑4张，实物8件，剧本90本。采集的文献资料有传承人口述史访谈36.1小时，相关人员访谈14小时，教学片8.1小时，实践片7.1小时，综述片5小时，图片3963张，文本59.1万字。10月，浙江省第一批国家级非遗传承人抢救性记录通过了浙江省文化厅的验收，并将抢救性记录成果上报文化部非遗司。完成第二批10位国家级非遗传承人，3位第一批省级非遗传承人及5位第二批省级非遗传承人抢救性记录拍摄工作。第三批20位国家级非遗传承人的抢救性记录工作有序进行，完成了拍摄工作。

九、组织开展非遗对外和对港文化交流

根据文化部外联局和省文化厅统一部署，在香港回归20周年和中国首个“文化和自然遗产日”来临之际，组织全省非遗特色项目代表性传承人、演出团体赴香港举办“根与魂——浙江省非物质文化遗产展”。展览由文化部和香港特别行政区政府、民政事务局主办，浙江省文化厅、香港康乐及文化事务署承办，浙江省非物质文化遗产保护中心、非物质文化遗产办事处策划，于6月5日至6月19日在香港中央图书馆举行。文化部副部长项兆伦、香港特区民政事务局局长刘江华、省文化厅副厅长蔡晓春等领导出席开幕式并参观了展览。这是历年浙江非遗走出去活动中面最广、点最多、参演人数最多、展陈面积最大、内容最为丰富的一次。在近1500平方米的展场内，58个浙江非遗项目的68位传承人、从业者携112套（件）作品参展参演。活动有工艺美术精品展示、展演；传统音乐、地方曲艺戏曲剧表演；讲座、工作坊、服装秀以及进校园、进社区和配合舞剧《十里红妆》演出、举办相关非遗项目临展等活动，立体、综合、鲜活地展现浙江省非物质文化遗产的丰富性和多样性。据香港康文署提供的数据，15天展期，仅香港中央图书馆参观人次就达2万余人次。进校园和社区活动的参与人数为327人。

十、组织开展“走进非遗第一线”中央媒体浙江行活动

由浙江省文化厅与中国文化传媒集团（中国文化报）联合发起，省非遗保护中心具体实施的“走进非遗第一线”采风宣传活动5月在全省相关重点县市展开。活动邀请中央电视台、《人民日报》、新华社、《光明日报》、《经济日报》、《中国文化报》等6家中央媒体的记者参加，在为期一周的时间里，采风团分赴杭州、桐乡、东阳、乐清等地开展采访活动，通过召开座谈会、采访非遗代表性传承人、参观非遗场所等形式，深入一线，聚焦报道，对我省“振兴传统工艺”相关情况进行了集中采访报道，并做专题报道，特别是《中国文化报》进行了一系列整版报道，在全国引起较大反响。

十一、开展美丽非遗进乡村系列活动

以“弘扬优秀传统文化”为主题，以方岩庙会为内容，联合浙江省摄影艺术学会、永康市方岩风景名胜区管理委员会举办浙江省“美丽非遗进乡村”系列活动暨“寻梦方岩”全省手机摄影大赛，121幅(组)作品获奖。大赛进一步拉近大众与优秀非遗的距离，成为促进非遗融入百姓生活的良好方式。结合浙江省第十个“服务传承人月”活动，分赴杭州市拱墅区、萧山区及临安市组织开展“第十个服务传承人月”暖冬行系列活动，内容包括曲艺专场暨杭州市拱墅区“小戏小品拜大年”、杭州市萧山区“文化暖冬行”送文化进基层专场演出、临安市太湖源镇金岫村“好家风”褒奖礼活动等。活动内容丰富，表演形式多样，既有非遗专场演出，又有非遗丛书捐赠，还有书画艺术家现场写春联、生肖剪纸赠送等。活动期间，还开展了国家级代表性传承人走访慰问活动。

十二、继续开展非遗系列丛书编撰出版工作

开展了非遗项目的理论研究工作，做好《浙江省国家级非物质文化遗产代表性传承人口述史丛书》《浙江非遗代表性传承人调查报告》《非遗薪传——浙江传统音乐理论研究文集》《非遗薪传——浙江传统服饰精品集萃》《非遗薪传——浙江传统戏剧展演》《非遗薪传——浙江传统戏剧曲艺展演展评集萃》《浙江省非遗馆捐赠作品精品图典》等系列丛书的编纂工作。继续做好浙江民间非遗馆成果的研究和出版工作，自2014年启动以来，已陆续编纂出版了“‘非遗’选粹——中国民间博物馆系列丛书”9本，集中体现了民间博物馆在非遗保护中取得的成果。

十三、推进省非遗保护协会各项工作

(一)组织召开省非遗保护协会换届大会

8月27日至28日，在杭州市萧山区组织召开了浙江省非物质文化遗产保护协会第二届会员代表大会。全省非遗保护领域的150多名会员代表参会。会议审议通过了第一届理事会工作报告、财务报告及协会章程修改(草案)等有关议案，选举产生浙江省非物质文化遗产保护协会第二届理事、常务理事、会长、副会长，提名通过秘书长。同时，召开了协会二届一次理事会，研究部署了新时期协会的工作目标和任务。省文化厅原厅长、省人民政府参事杨建新当选新一届协会会长。文化部原副部长、省非遗保护协会名誉会长王文章，中国非遗保护协会会长马文辉，省文化厅党组副书记、副厅长陈瑶出席成立大会并讲话，对省非遗保护协会工作予以肯定，同时也对协会的工作提出了希望。

(二)推进协会专委会建设

近年来，浙江省共成立了省非遗保护协会传统舞蹈专委会和省非遗保护协会传统医药专委会等11个非遗保护协会专业委员会。协会专委会是协会职能的必要补充和有效延伸，对于提高协会决策水平，推进协会的创新发展，提高协会的影响力和凝聚力都有着重要作用。

(韩　俏)

浙江省文化信息中心

【概况】 内设机构1个。2017年末实有在编人员4人(核定编制6人)，其中具有高级专业技术职务资格的为1人，中级3人。

2017年，浙江省文化信息中心深入学习贯彻落实党的十九大精神和省第十四次党代会精神，落实国家、省有关网络安全和信息化工作的决策部署和习近平总书记关于网信工作的重要指示精神，按照年初制定的目标管理责任书，秉持“深化改革，务实创新；加强管理，提升服务”的工作思路，全力推进本系统网络信息安全、机关电子政务及业务网络平台运维、网络宣传、舆情管控与网站信息采编等工作，有序开展单位各项工作，较好地完成了各项工作任务。

一、落实党建工作责任制，提升单位综合水平

(一)落实党建工作责任制

积极开展政治理论学习。结合单位实际和平时采编、审核、发布各类文化信息、时讯和专题，以及管理机关微平台及系统网络舆情等工作需要，积极开展“两学一做”活动，深入学习党的十九大和习近平总书记系列讲话精神。持续加强党风廉政建设。强化单位民主管理和民主监督，深化“四风”整治，进一步完善单位廉政风险防控机制建设，加强反腐倡廉教育和廉政文化建设，强化风险防范。强化制度建设与民主管理。注重维护职工权益，积极推行单位政务事务公开，加强职工民主参与和民主监督，提高决策的科学性和有效性。

(二)大力开展时政宣传

积极配合省文化厅重点工作和政治思想教育活动，及时利用门户网站和机关微平台做好年度重点工作及重大时政要闻网络宣传，及时开发上线了“全省文化系统学习党的十九大精神专题”“剿灭劣Ⅴ类水浙江文化在行动”“《中华人民共和国公共文化服务保障法》学习专栏”“2017·文化与自然遗产日暨第十二届浙江省非物质文化遗产系列活动”等4个时政专题。不断强化网络文化建设，努力构建网上文化家园，积极策划制作了“春节去哪儿——2017年春节期间浙江省非物质文化遗产传统文化活动”“浙江省第五批省级非物质文化遗产名录项目集萃”以及严子陵传说、温岭大奏鼓、浦江板凳龙、朱丹溪中医药、京剧、绍兴词调、南浔三道茶、万隆腌腊食品制作技艺、彩石镶嵌、易筋经等12个网络文化专题。

（三）切实加强财务管理

严格遵守和执行国家财经法规、财务规章制度和省文化厅颁发的各项财务规定，加强收入和支出管理，一切开支严格按财务制度、省政府专项经费管理及政府采购制度办事，对国家规定的采购目录和限额以上项目按规定实行政府采购，全年无财务违纪情况。完成了对中心法人2014—2016年度的任期经济责任审计以及2016年度公务支出公款消费情况专项审计。严格规范执行国有资产管理制度，确保国有资产安全，实现管理规范化、制度化。完成对单位法人的经济责任审查。重视单位预算管理，认真执行《浙江省文化厅关于进一步加强预算管理工作的意见》，并根据工作实际及时按规定调整预算项目，增强预算执行的时效性和均衡性；合理设置项目绩效目标，强化预算绩效管理，提高预算资金使用绩效，当年预算执行进度为91.06%。

二、强化网络安全意识，提升网络安全防护水平

（一）开展《网络安全法》宣传，落实网络安全主体责任

为深入学习贯彻《网络安全法》，切实增强网络安全意识，进一步落实责任，有效保障省级文化系统各网站及信息系统的安全，同省文化厅办公室于5月31日组织厅属各单位网络与信息系统分管负责人及管理工作人员召开省级文化系统网络安全工作座谈会，通报了省级文化系统网络安全情况，布置《网络安全法》的学习以及在系统各单位开展宣传巡展的工作，并就在省级文化系统各单位进行网站及信息系统安全检查、检测的具体工作做出部署。6月1日至9月30日，在省属各单位开展了以“共建网络安全　共享网络文明”为主题的《网络安全法》宣传巡展活动，在系统内营造了浓厚的学习氛围。

（二）提升网络及信息基础设施安全防范能力

针对网络安全事故频发及去年的等保安全检测的缺漏项，增加防毒墙设备，增强厅机关网络安全抗打击性。做好邮件安全网关的日常监管，对原有邮件系统进行更换和升级，及时调整邮件安全策略，新邮件系统和内网OA系统无缝对接，通过绑定QQ、微信，极大地提高工作效率，同时也确保邮件系统正常、高效运行。组织举办有省文化厅厅属各单位、各设区市文广新局办公室负责人、信息员、网站管理员参加的全省文化系统网络与信息安全培训，邀请专家做专题讲座，分析目前政府网站存在的主要安全漏洞，提出切实加强网站安全的措施与工作部署。

（三）做好网络与信息系统安全工作

在党的十九大召开前夕，对省文化厅厅属各单位开展了一次网络安全检查，并在10月17日组织省级文化系统各单位在浙江图书馆开展了一次网络安全应急演练。与此同时，继续强化网络安全技术手段，党的十九大和第四届世界互联网大会召开期间，将省文化厅机关门户网站、机关OA、全省电子公文交换系统等纳入云盾24小时不间断值守平台，确保了会议期间省级文化系统的网络安全。平时则进一步强化实时监控和应急值守，加强内网准入控制和个人终端管理，每月更新网络安全设备及软件安全配置，做好各类应用系统数据备份工作，争取做到早发现、早防控、早报告，并切实采取措施加强了对厅机关无线网络的管理，通过准入设备对外来用户进行管控。

（四）加强网络安全问题的查找和整改力度

继续对全省各级各类文化单位的门户网站进行安全检测，对存在安全问题的单位及时下发《浙江省文化单位网络安全预警通报》，督促各单位抓紧整改，消除安全隐患，确保网站及信息系统安全运行。与此同时，汇总分析各单位安全扫描结果，为各单位下一步安全整改工作提供参考。

三、加强业务应用管理，提升信息化建设水平

（一）继续开展全省文化系统网站群绩效评估工作

对全省文化系统各单位网站

开展网站绩效考评。结合系统部门和单位网站建设实际发展水平，形成新的网站群评测指标体系，按照设区市文化部门和省属单位不同职能和工作划分，制定两套不同的评估指标，被考评单位共29家，包括设区市和义乌市文化广电新闻出版局12家、厅属单位17家，比去年增加2家。测评结果显示，全省文化系统网站管理水平持续提升，但个体间的两极分化现象依旧明显、部分功能设计模块还需完善；信息公开建设情况良好，但内容规范性与体系化有待加强；线上服务日趋完善统一，但资源整合与应用质效仍需深化；互动交流渠道日益健全，但公众参与率有待进一步提升。

（二）进一步加强机关门户网站建设和管理

继续加强信息采集发布，严守宣传报道纪律，认真审核、采编各类新闻稿件，保证网站新闻日日有更新，全年共更新文化及政务信息19428条，其中门户网站文化信息11230条，浙江文化信息网各类文化信息7880条。完成省文化厅门户网站英文版项目招标，已确定网站页面设计风格和栏目组织，积极完善内容，丰富文化专题。根据网站已有栏目分类部署全文检索系统，搜索关键字既可以全网搜索，也可以在指定栏目搜索，方便用户快速定位网站内容。根据国办网站普查以及文化部网站绩效考评要求，在厅门户网站上部署无障碍浏览辅助系统。通过语音、光标、高对比显示等网页辅助系统帮助残疾人等获取网站信息。做好续费、解析等域名的日常管理。同时，根据最新的域名挂标要求，注册中文域名，重新备案并挂标。

（三）继续做好网站内容监管

根据国务院办公厅通知要求，完成全国政府网站的抽查整改工作，包括省文化厅机关网站报备维护、门户网站内容监测、监测验证、内容检查和整改工作。同时，根据省政府绩效考评系统、监管系统的提示以及实际工作需要，及时调整、修改网页，全年共处理监管系统链接错误提示2000多次，问题处理单5个，修改网页400多次。

（四）助推厅属单位的信息化建设

一方面，认真指导省文化厅厅属单位完成信息化建设项目两办预审的上报材料，积极协调组织与两办的预审评审工作；指导厅属单位业务信息系统的上云工作，完成对厅属单位办公软件正版化需求的统计与上报工作，同时开展指导安装工作。另一方面，在12月的网站绩效评估结果公布会议上，组织了有关新媒体应用、网站纠错、建设数字政府网站等相关内容的培训，借此提高厅属各单位的网站管理水平。

四、推进数据信息共享，服务“最多跑一次”改革

（一）深入推进政务服务网建设

根据省电子政务中心的总体要求，继续做好政务服务网省文化厅专栏内容保障，根据政务服务网考核要求，按月填报每月工作进展，及时汇总统计最新行政审批数据。定期查看政务服务网监察系统，及时处理各类预警、红黄牌信息。做好政务服务网日常用户管理、流程维护、办事指南信息维护；根据省数管中心的统一部署，建立部门资源目录，升级接口，建数据仓，归集数据；根据要求报送各类周报；统一审批系统应用改造，精简办事材料，实现“最多跑一次”高频事项内部共享和外部共享数据调用。

（二）积极做好政府信息公开数据维护

根据国办、省政府关于政府信息公开最新要求，调整省文化厅网政府信息公开栏目，及时更新数据，并不断完善省政府网站上厅机关的政府信息公开数据。厅门户网站新设立“国务院要闻”“省政府要闻”专栏并及时采集更新；新开辟“重点领域信息公开”专栏，汇集行政处罚、行政审批、工作动态等厅中心工作数据。整合政务公开、政府信息公开数据，更直观、有效地展示政府门户网站的信息公开功能。

（三）整合优化厅机关信息化系统功能

根据省文化厅人事处要求，完成人才数据库的建设；根据财政厅对财务专网的要求，配合厅计财处，完成财务专网的规划建设；配合厅市场处，完成市场OA系统，网吧监管平台的运行保障；根据保密局要求，配合厅机关对终端电脑完成安全保密检查；根据版权局要求，配合厅机关办公室完成对终端电脑的软件正版化及办公软件正版化的安装；配合省政府，完成“钉钉”通信工具的部署工作。

（四）不断完善业务应用系统的维保工作

继续做好与文化部全国文化市场监管平台的数据对接、技术开发等工作。做好省文化厅机关综合办公 OA 系统、电子公文交换平台、全省文化市场数字化网络监管系统、省执法人员继续教育考试平台、全省基层公共文化评估体系等多个业务应用系统的维保工作，其中电子公文交换平台截止到 12 月底共接收公文 1018 件，下发 876 件；全省文化市场数字化网络监管系统上报信息 9240 条，录用 7971 条。

五、增强舆情监控管理，完善“双微”平台运维

（一）开展网络舆情管理专项培训

为进一步加强系统各单位的网络舆情研判及引导能力，强化网络及信息安全工作，提升队伍工作水平，增进系统网评员之间的沟通联系，9 月组织举办了全省文化系统舆情管理暨网络安全培训班，得到了省网信办的大力支持。培训邀请了省网信办特约网情研究员、省检察院原副巡视员、二级高级检察官岳耀勇做“网络舆情引导实务”的专题讲座，宁波北仑区网信办副主任赵华奇做“互联网舆情分析与解构”的专题讲座，与会者获益匪浅。

（二）加强厅双微平台运维

积极利用“双微”平台，拓展信息发布渠道，努力从广度、深度上扩大文化信息的覆盖面，打造网络宣传主阵地，截至 12 月底，发布微博（新浪、腾讯）718 条；官方微信群发信息 368 条、推送一周资讯 46 期、活动预告 12 期，同时，在日常微平台的服务工作中重视网上服务，及时为网民答疑解惑，全年共受理微博、微信咨询近 100 人次，用户关注度不断提高，微博粉丝量达到 47 万人。与此同时，协助省文化厅直属机关党委在官方微信公众号上开设“文化廉政”专栏，全年发布 46 期。此外，立足微博政务微官网，加强与全省各级各类文化单位的联系，构建系统微平台宣传矩阵。

（三）强化网络舆情监控管理

关注《浙江日报》《钱江晚报》《都市快报》《青年时报》《中国青年报》等主要媒体，新华网、人民网、豆瓣、19 楼、浙江在线等主要论坛、地方网站论坛及近 400 个微博账号，搜集文化舆情与热点，全年编发并报送文化系统网络《舆情月报》12 期。

六、完善规章制度建设，提升队伍综合水平

（一）规范内部管理

进一步完善监督制约机制，开始引入第三方监理机制，对中心各项软硬件采购项目进行事前、事中和事终的全程监理。完成单位内部控制基础性评价工作、单位内控管理制度自评报告及单位岗位设置方案变更。完成单位文字与图片档案的同步收集、整理和备份工作，并根据工作实际，强化合同的归档收集、整理和利用，同时做好每年新增专题档案的收集整理，保证档案收集的全面完整性。完成工资调标和省级养老保险参保有关工作。严格做好因私出国（境）证照管理工作。保证政令畅通和公文报送规范有序，单位全年保持安全和谐稳定，无违纪违法案件、重大责任事故和越级集中上访事件发生。

（二）健全规章制度

继续健全和强化内部管理体制和运行机制，再次按要求重新修订了差旅报销相关规定，努力规范内部管理，确保政令畅通。同时，在全单位努力强化与工作职能相适应的风险防控机制，切实做到“内控防范有措施、岗位操作有标准、事后考核有依据”，责任到人，加强协作，共同完成本单位各项工作。

（三）严肃人事纪律

及时办理单位同志的职称聘任工作。严格按照人事纪律、流程办理完成了本单位 1 位同志的调动手续和单位退休职工的工资调整工作。完成了对拟调本单位人员的干部考察工作。此外，从单位实际出发，采用引入驻场维护人员为我所用的办法，有效解决单位人手少、任务重的难题。

（四）深化绩效管理

坚持效率优先、兼顾公平的原则，制定了《浙江省文化信息中心岗位聘任管理实施办法》，严格干部的经常性管理、监督，合理安排工作岗位，明确岗位职责、工作目标和考核办法，完善专业人员考核评价体系。完善内部收入分配制度，以岗定薪，按绩取酬，根据岗位要求实施绩效考核，根据考核结果，发放绩效奖金，充分发挥收入分配的激励导向作用。

（五）开展继续教育

坚持思想和业务两手抓，积极开展单位以提升职业道德、业务素质和创新能力为目标的职工继续教育，努力强化职工业务知识培训，提升专业能力，单位工作人员个人的继续教育学时均超过 90 学时，其中浙江文化网络学院专业继续教育人均超过了 35 学时。

七、积极做好运维服务，努力保障机关日常工作

（一）圆满完成机房回迁

保障年初省文化厅机关从省

府路29号搬回曙光路53号期间的运行，完成搬迁期间光纤、网络、电话等线路的检测及部署，完成电脑、打印机等终端的安装调试，完成机房网络、服务器及安全设备等的组网调试，全力保障机关工作的正常运作。

（二）加强无线网络管理

针对原有省文化厅机关无线网络信号不稳定的情况，配合厅办重新采购一批无线，对原无线系统进行了升级，对部分点位进行了重新规划部署。

（三）积极服务好机关工作

继续尽心尽责做好省文化厅机关计算机软、硬件的日常维护和维修工作，一有情况保证第一时间响应，确保维修及时、服务到位，全年维修和维护共计750多台次，受到一致好评。

（张 烨）

浙江交响乐团

【概况】 内设机构7个。2017年末实有在编人员64人（核定编制95人），其中具有高级专业技术职务资格的为21人，中级27人。

2017年，浙江交响乐团深入学习贯彻党的十九大精神和省第十四次党代会精神，高举习近平新时代中国特色社会主义思想伟大旗帜，坚持以人民为中心的工作导向，认真执行省文化厅工作部署，各方面工作取得积极成效，在推动乐团发展方面实现新进步。

一、凝心聚力抓党建，政治引领促发展

（一）夯实思想阵地，筑牢思想政治之魂

线下集中学习，积极组织党员干部参加各类讲座、展览、参观等活动。占领网上党建阵地，把信息化网络手段运用于党建工作中，按照“方向正、内容新、形式活、更新快”的总体要求，设“学习专栏”“正能量微读物专栏”“廉政宣传微播报专栏”等6个专栏，收集、编写、转载各类学习文章，每周上传3篇以上。

（二）精神引领，持续发力

服务群众零距离，时刻关注演职员工的思想动态，回应党员干部、演职员工的所思、所想、所盼、所求。注重发现和挖掘身边典型，以“故事党课”的形式学习宣传典型人物的先进事迹。

（三）多措并举，见力见效

突出主体化特色。把“三会一课”、党日活动、党员组织生活会等融入乐团日常工作，选送代表参加文化系统的主题微型党课比赛并获二等奖。组织全体党员赴嘉兴南湖举行了主题党日活动。组织开展“迎十九大做合格党员”征文比赛等。健全常态化保障。不断完善“三会一课”制度、理论中心组学习制度、谈心谈话制度等。严格按领导班子议事制度研究乐团工作。修订出台了13个内部管理制度。三团联盟，共促党建发展。与中共浙江小百花支部委员会、中共浙江昆剧团支部委员会交流探讨党建工作，并提出由3家单位组建党组织联盟，同谋进步、共促发展。

二、服务中心大局有新作为

牢牢把握迎接和学习贯彻党的十九大，围绕中国人民解放军建军90周年、庆祝建党96周年等重大时间节点，参与实施了一系列重要演出活动。《社戏》入选国家艺术基金大型舞台剧和作品资助项目，《唐诗之路》入选国家艺术基金传播交流推广资助项目。《诗画浙江》获浙江省第十届音乐舞蹈节金奖，《规矩方圆》获银奖。

（一）积极参加“千名文艺工作者赴基层”采风巡演

在省级文化系统组织开展的“千名文艺工作者赴基层”采风巡演行动中，乐团采风巡演小分队于4月20日至5月底期间两次赴长兴，参加了省文化厅与长兴县委、县政府主办的“剿灭劣Ⅴ类水”文艺工作者赴基层采风巡演“走进长兴”专场音乐会以及“剿灭劣Ⅴ类水”暨长兴非遗主题文艺巡演启动仪式2场演出，还分别在诸山村、吕山乡、师姑岗村演出了3场，把音乐送到了百姓家门口，也把“剿灭劣Ⅴ类水”重要精神传递到了基层。

（二）参演“一心向党”交响合唱音乐会

6月29日晚，参演了由省委宣传部、省文化厅、浙江广播电视集团共同主办的“一心向党”浙江省喜迎党的十九大暨庆祝建党96周年交响合唱音乐会。

（三）举行“军歌嘹亮”庆祝建军90周年拥军慰问文艺巡演

7月24日至28日，赴象山、舟山、金华为海、陆、空、火箭军驻浙部队、武警浙江省总队驻杭部队举行了5场“庆祝中国人民解放军建军90周年拥军慰问巡演”。

（四）圆满完成多场重要外事活动的伴宴演出任务

7月、9月，在金砖五国系列部长级会议期间进行了4场伴宴演出。9月17日，被选为首届世界油商大会欢迎晚宴表演团体。

11月13日，在浙江省、静冈县建立友好关系35周年纪念活动中进行伴宴演出。12月3日，在第四届世界互联网大会开幕仪式当天，承担了主场迎送以及欢迎晚宴演出任务。

三、艺术精品创作取得新成果

（一）着力打造大型原创交响乐作品

圆满完成大型交响诗《鲁迅》的创作、排演工作。与鲁迅文化基金会联合委约中国音协主席叶小纲进行创作的大型交响诗《鲁迅》于9月25日在北京国家大剧院举行了全球首演，获得巨大成功，社会各界反响强烈。该剧是一部与时代相匹配的交响乐中国化的力作，展现了坚定的文化自信，发挥了文艺的正能量及音乐的引擎作用。

顺利开展交响组曲《社戏》的创作工作。把浙江地方音乐元素与西方创作技法相融合，彰显地方特色，奏响浙江好声音，在前两年完成“浙江组画”三部曲之一《山海经》、之二《唐诗之路》后，创作了三部曲之三《社戏》，12月8日晚在浙江音乐学院举行了全球首演。

认真筹备大型交响乐《良渚》。确定创作意向，委约作曲家于阳进行音乐创作。这是我国第一部以历史考古为题材的交响乐作品，已申报2018年国家艺术基金创作类资助项目。

联合出品民族歌剧《青春之歌》。与浙江歌舞剧院有限公司联合出品民族歌剧《青春之歌》，于9月15日、16日在浙江音乐学院精彩亮相，连演2场，全年共计演出6场。这部作品已成功入围2017年“中国民族歌剧传承发展工程”9部重点扶持剧目名单。

（二）灵活打造小型交响乐作品

持续扩充小型曲目库。积极打造乐曲《中国进入新时代》及室内乐作品《规矩方圆》。乐曲《中国进入新时代》配合宣传党的十九大精神的相关图片及背景音乐，制作成宣传片，在乐团网站、微信公众号上播出。《规矩方圆》体现了孟子“不以规矩，不能成方圆”的哲学思想内涵，是契合习总书记全面从严治党精神的作品。

四、人才培养工作迈出新步伐

为优秀人才举办了多场个人音乐会：1月5日晚，乐团入选第一批省属舞台艺术拔尖人才项目的小号演奏员刘琛在红星剧院举行了成果汇报音乐会；11月11日、12日晚，乐团在浙江音乐学院音乐厅和浙江音乐厅成功举办了“新松计划——邬娜作品音乐会”以及“第三批省属舞台艺术拔尖人才汇报演出——邬娜作品音乐会”；11月13日晚，乐团的“新松计划”室内乐专场音乐会在浙江音乐厅上演。在浙江省第十届音乐舞蹈节上，乐团作曲邬娜创作的管弦乐曲《诗画浙江》获得金奖，王天明创作的《规矩方圆》获银奖。

五、演出核心业务迎来新气象

全年演出85场，比上一年度增加了23场；演出收入447.52万元。是年的演出业务具有三个明显特点。

（一）音乐季及商演水准大幅度提高

着力在音乐季与商演中开展与一流音乐家和演出机构的合作，如在音乐季中相继与陈萨、黄蒙拉、谭利华、莫漠、谭小棠、聂佳鹏、阿列克谢·沃洛克等国内外知名独奏家、指挥家合作演出，演出水准被评价为迈入一流乐团行列；商演方面，承接了“上海之春国际音乐节”中的3场重量级音乐会，不仅和众多国内音乐界大腕同台飙技、合作默契，也用精彩、高水准的演奏征服了上海观众。

（二）特色演出品牌持续发力

室内乐演出成为新品牌。在浙江省联谊中心小剧场推出了铜管五重奏、木管五重奏音乐会各1场。7月20日、21日，在联谊中心小剧场举办“战争与和平”弦乐四重奏专场音乐会。10月23日，木管五重奏、弦乐四重奏、铜管五重奏组合在首届国际室内乐音乐节上演出了室内乐专场音乐会。

传统演出品牌阵地扩大。儿童动漫音乐会、杭州新年音乐会及在联谊小剧场举行的视听音乐会已成为乐团的传统品牌，无论是每年举办的六一儿童节音乐会，还是持续23年举行的杭州新年音乐会，或是在联谊小剧场举行的宫崎骏·久石让作品视听音乐会，都销售火爆，深受观众喜爱。

（三）文化惠民演出持续开展

积极践行“深入生活、扎根人民”主题实践活动。6月5日至7日，赴象山县举办了“交响室内乐走进海岛普及音乐会”巡演活动，在象山西周镇、爵溪、定塘等地举办了5场演出，《我的祖国》《在水一方》《天鹅湖》等中外乐曲受到当地观众的热烈欢迎。

“高雅艺术进校园”系列演出大获好评。10月23日至11月7日期间，乐团分别赶赴中国计量大学、浙江工业大学、浙江财经大学等院校举行了10场专场音乐会。

依托公益乐团普及培育交响音乐受众群。浙青交在杭州剧院举行2017新春音乐会，口碑爆棚，一票难求。5月1日，在“中华杯”中国第十一届优秀管乐团队展演中，青少年管乐团从全国21个省、市、自治区、香港特区及国外的130多个团队中脱颖而出，获得了综合组示范乐团奖(一等奖)。

六、文化外事交流工作实现新拓展

(一)浙江青少年交响乐团赴加拿大成功举行音乐会

应加中文化发展协会邀请，隶属于乐团的浙江青少年交响乐团于7月26日赴加拿大，举行了为期11天的“艺术拉近距离，音乐传递友谊”主题音乐交流演出活动。出访期间，浙青交举行了3场专场音乐会和1场联谊音乐会。其中，在加拿大首都渥太华国会山前举办专场音乐会前夕，加拿大总理特鲁多专门为音乐会发去贺信，代表加拿大政府对此次作为庆祝加拿大建国150周年活动之一的“加中青少年夏季友谊音乐会”表示热烈欢迎并祝愿演出成功。浙青交也成为首支在加拿大国会山前进行演出的中国乐团。

(二)参加浙江和美国印州缔结友好省州30周年庆祝大会暨“诗画浙江”主题推介及旅游文化展活动

8月24日，浙江和美国印州缔结友好省州30周年庆祝大会暨“诗画浙江”主题推介及旅游文化展活动在美国印第安纳波利斯成功举办。浙江省委书记车俊、中国驻芝加哥总领事洪磊出席活动。乐团派遣了大提琴首席肖兴凯赴美国参加此次活动，在推广浙江的宣传片环节以及结好30周年庆祝音乐会上进行了精彩演出，为活动的成功举办做出了积极贡献。

(张　翀)

浙江小百花越剧院
(浙江小百花越剧团)

【概况】 内设机构3个。2017年末实有在编人员85人(核定编制99人)，其中具有高级专业技术职务资格的为46人，中级19人。

2017年，浙江小百花越剧团按时按要求完成了剧目演出、人才培养、党建、基建、团部搬迁、领导换届等方面的工作，并取得了显著成绩。

一、艺术项目及演出取得实效

(一)主题演出创收益

承办了“优越中国”越剧精英演唱会、“越聚京城”浙江越剧北京周活动。越剧精英演唱会聚合了当代中国越剧界最顶尖的艺术家，演出票房飙高，实现了市场与口碑的双赢。浙江越剧北京周在省文化厅的指导下，与北京市剧院运营服务平台合作，实现了经济效益和社会效益双丰收。

根据杭州市市政规划，教工路95号将整体拆迁，剧团暂时搬至浙江音乐学院办公，待原址建设完工后再回迁。以此为契机，正式开启院团合作，从4月29日起，拉开了以“移花节”为主题的演出，除了放映电影三部曲外，奠基之作《五女拜寿》、改编经典新版《梁祝》、全新创作的《吴越王》先后上演。

此外，还在春节期间参加了文化系统新年演出季，此后相继参加第十届东方名家名剧月、纪念钱镠晋封吴越王1110周年暨丁酉年“清明恭祭钱王”系列活动、山西艺术节、汤显祖戏剧节暨国际戏剧交流月、2017年成都市“走基层”文化惠民活动等系列演出。

(二)国家艺术基金2016年度人才培养资助项目圆满完成

为纪念中国越剧111周年诞辰，3月底，面向全国发布了《〈五女拜寿〉越剧表演人才培养招生公告》，选拔录取了25名来自全国10多个地方(包括港台)的青年演员，并正式组建《五女拜寿》传承培训班。茅威涛、董柯娣、陈辉玲等8位原生代演员倾尽全力，汪世瑜、杨小青等业内知名专家先后受邀为学员辅导。经过2个月的封闭训练，7月9日该项目在温岭上演了结项演出，得到了专家的高度点评。

(三)“亲情中华、越洋之约”三国七城巡演备受关注

7月至8月，受中国侨联和浙江省文化厅委派，在中国侨联文化交流部部长刘奇与浙江小百花越剧团团长茅威涛的亲率下，以浙江越剧的名义，赴澳大利亚、新西兰及汤加3国，展开了面向澳大利亚的珀斯、悉尼、堪培拉与墨尔本，新西兰的奥克兰、惠灵顿以及汤加王国的努库阿洛法7个国外城市的巡演。本次巡演以“亲情中华、越洋之约”为主题，演出了《梁祝》等8部越剧经典的9

出折子戏，包括华人华侨、留学生及住在国居民在内的逾6000名观众观看了演出。中国驻澳大利亚大使馆、新西兰大使馆、汤加大使馆及珀斯总领事馆、悉尼总领事馆、墨尔本总领馆、奥克兰总领事馆给予了全力支持，其中，中国驻澳大利亚大使成竞业、汤加大使王保东及中国驻新西兰大使馆政务参赞屈光洲及各地总领事馆总领事、代总领事等悉数出席演出现场。新华社、中新社、凤凰卫视、中国网、人民政协报、亚太日报、中国文化网、新浪网、搜狐网、澳星中文电视台等诸多媒体对本次巡演活动给予了高度关注与联合报道。

（四）常规演出工作有序进行

赴浙江宁波、湖州、温州、绍兴、舟山、嘉兴，上海，江苏盐城、苏州，四川成都及山西太原等多地演出。全年完成演出106场次，完成原定指标的132.5%，演出与其他收入781.64万元，完成原定指标的144.75%。

二、人才培养稳步推进

（一）推选青年演员参加“新松计划”

4月，推选5名青年演员参加2017“新松计划”全省青年戏曲演员大赛，并组织原生代、中生代演员对其进行专业指导，经过初赛、复赛，2人获大赛一等奖，2人获二等奖。

（二）组织青年演员开展老戏复排工作

继续开展《胭脂》老戏复排工作，由青年演员担纲主演青春版《胭脂》并完成合成彩排。成立传统剧目《碧玉簪》复排剧组，由青年演员担纲主演的《碧玉簪》进入乐队合成阶段。

（三）选送优秀青年演职人员参加专业培训

选送乐队1名作曲人员参加文化部2017年戏曲艺术人才培养“千人计划”高级研修班，舞美灯光1人、服化1人参加人力资源社会保障部专业技术人才知识更新工程戏曲舞台美术高级研修班，舞美音响1人参加国家艺术基金高级舞台美术设计及管理人才培训班等，以培养各类专业技术人才，优化队伍结构，提高整体素质。

（四）组织公开招聘引进人才

根据人才引进和后期岗位培养的需要，组织本年度公开招聘工作，5位优秀青年艺术人才正式进编。

（五）优化队伍结构积极培养年轻干部

继续优化队伍结构，致力于培养更多青年管理人才，在原中层干部队伍的基础上，根据身体素质、业务能力、团队意识、工作态度等，积极起用年轻管理人才，演员、舞美、乐队都起用了“80后”中层干部，全团“80后”的中层干部占比50%左右。

三、艺术中心基建进展顺利

围绕设计、招标、施工等开展了浙江小百花艺术中心项目各项工作，截止到12月底，招标工作全部完成，建筑施工工作、总图工作全面推进，基本完成了年度工作进度要求。

（钱　蓉）

浙江小百花越剧院

（浙江越剧团）

【概况】 内设机构7个。2017年末实有在编人员106人（核定编制134人），其中具有高级专业技术职务资格的为59人，中级22人。

2017年浙江越剧团全团上下深入学习贯彻党的十九大精神及习近平总书记系列重要讲话精神，紧紧围绕省委、省政府以及省文化厅中心工作，深抓“两学一做”学习教育活动的常态化、制度化，强化监督执纪问责，严格落实“两个责任”，坚持以人民为中心的创作导向、稽古明新，锐意创造，以越剧男女合演为立身之本，传承遗惠，不忘初心，稳步前进。

一、党建工作

继续深抓组织建设和党员队伍建设，基层党组织的战斗堡垒作用和广大党员的先锋模范作用日益增强，在工作发展中得以充分体现。

（一）推动全面从严治党向基层延伸

坚定不移推进全面从严治党。认真学习贯彻党的十九大精神，深学真学，深思善思，领会精神实质。加强沟通协调，支持执纪监督机关依纪依法履职。严肃党内政治生活，坚持党内各项制度。坚定不移落实“两个责任”，建设风清气正的廉洁型党组织。做到以上率下，把全面从严治党落到实处。管好文艺作品的政治导向，在剧目选题和创作上注意培育和践行社会主义核心价值观，紧紧围绕习总书记注重家风家教传承、注重家庭建设的讲话精神开展创作，重点打造了《游子吟》，不仅有故事性，更具有时代精神，深受好评。

（二）开展党组织换届选举工作以及院党总支分设工作

11月16日，浙江小百花越

剧院党总支委员会召开了全体委员会议，一致认同撤销浙江小百花越剧院党总支，分别成立两团的党组织，直接隶属浙江省文化厅直属机关党委，不断增强基层党组织的凝聚力、战斗力。省文化厅直属机关党委已同意批复。12 月 6 日，向省文化厅直属机关党委上报了《关于成立中共浙江越剧团总支部委员会的请示》。

（三）促进党建工作与剧团业务工作紧密结合

将党建工作与剧团业务工作紧密结合，组建浙越在职演出临时支部，在平时的演出中开展各项党建工作。积极参演浙江省喜迎党的十九大暨庆祝建党 96 周年交响合唱音乐会“一心向党”。为弘扬传播党的十九大精神专门创作排练越剧表演唱《让世界看我特色华夏树新碑》，并参加“全国高雅艺术进校园”活动，在重庆、湖南、安徽开展了 12 场演出。

（四）加强制度建设提高民主管理水平

积极推行单位政务事务公开，坚持召开职工代表大会。制定《关于成立浙江越剧团演出安全责任小组的决定》《浙越支部党员大会的职能》，修改完善《浙江越剧团演出奖励制度》《党群思想交流小组管理条例》等，形成了用制度规范工作行为、按制度办事、靠制度管理的工作机制，确保党风廉政建设落实到位。

二、业务工作

始终坚持以“出人出戏提高精神文明效益”为目标的办团思路。坚持浙越特色，除了坚持越剧男女合演方向不变外，还积极开拓思路、找准目标、增强创造力，不断提高社会效益和经济效益。

（一）剧目创作“浙越现象”再出新成果

剧团自 2013 年开始先后与玉环县人民政府、遂昌县人民政府、松阳县人民政府合作打造了越剧现代戏《我的娘姨我的娘》、越剧音乐诗画剧《牡丹亭》、原创历史传记剧《张玉娘》，先后荣获中宣部精神文明建设“五个一工程”奖、浙江省精神文明建设“五个一工程”奖等重要奖项，形成剧目创作的“浙越现象”，获得社会效益和经济效益双丰收。是年，再度与德清县人民政府合作打造越剧《游子吟》。该剧以孟郊母子情感为切入点，以千古名诗《游子吟》的创作为落脚点，打造了一出思想性、艺术性、观赏性俱佳的舞台艺术精品。

越剧《游子吟》集合了浙江越剧团最顶尖的创作力量，由梅花奖得主王滨梅领衔主演，同时集合了全国一流主创团队，保证了其艺术质量。在艺术表现上，该剧首创“新中式”概念，即追求继承传统和发展传统的有机结合，追求古典美与现代美的巧妙结合，追求内容与形式的完美结合。11 月 18 日，越剧《游子吟》在浙江音乐学院大剧院首演，观众反响强烈。

（二）人才梯队建设成绩喜人

结合剧目创排推出艺术新人。以戏代功，不断培育青年演员表演水平和舞台实践能力，重新创排青春版《天之骄女》。该剧自 1983 年首演后，先后历经了周云娟、王滨梅、马誉嘉等三代表演班底，传承至第四代。此次复排，由第一代“天之骄女”高阳公主扮演者，梅花奖、文华奖双料得主周云娟，以及国家一级演员、第二代“燕娘”扮演者李沛婕担任导演，他们将多年的艺术积累传授给了下一代。该剧首演后，专家表示，新一代青年演员承袭了老一辈艺术家的风采，同时又贴近时代进行了新的艺术创造。通过剧目排演，将深厚的艺术造诣和执着的艺术精神传授给青年演员，把人才梯队建设落到实处。

加强越剧男女合演班培养。与浙江艺术职业学院合作开展了第一届越剧男生班的招生工作。该班学员毕业后，剧团择优录取，共有 12 人进入本团工作，并在剧团的重点剧目中崭露头角，夯实了事业发展的人才基础。

2016 年，继续与艺校合作招收了第二届越剧男女合演班。在该班实行校、团联合办学、联合培养，发挥“双师传授”的优势。在艺术职业学院的师资基础上，剧团增派著名越剧男演员、梅花奖获得者华渭强担任该班班主任并参与教学，实现学校教育与舞台实践的无缝衔接。是年 6 月 22 日，浙越男女合演班进行了开班一周年汇报演出，成绩喜人，为男女合演事业后继有人提供了有力的保障。

（三）公共文化建设持续推进

开展剧目传承培训，打造艺术教育实践基地。积极与地方政府合作，开展剧目移植传承培训，提高基层院团的艺术实践能力。8 月，越剧《张玉娘》剧组主创团队集体到松阳开展了该剧的移植传承培训，通过现场教学等方式，将松阳本土文化移植给当地，让它进一步传播、流传下去。同时，为进一步培育地方文化自主力量，与基层政府合作成立艺术教育实践基地。8月，首个教育实践基地在松阳县非遗馆成立，成为浙江越剧团深化落实艺术服务民众、扎根人民的又一次社会实践。

积极开展戏曲进校园活动。作为浙江省唯一一家艺术院团，参加由教育部、文化部、财政部联合主办的全国高雅艺术进校园活动，先后在重庆、湖南、安徽开展了总计12场演出。此外，还积极走入杭州大禹路小学、杭州青蓝小学等杭城中小学校，在校园设立了戏曲教学基地并进行辅导，不定期邀请学生观摩排练演出，不断提升学生的人文素养、审美能力，更好地发挥戏曲艺术在传承文化、涵养道德方面的独特作用。

（四）年度演出场次及收入指标超额完成

全年完成演出169场，超额完成60%；演出收入691万元，超额完成122%；其中商演收入达570万元，超额完成178%。

三、综合管理

作为浙江省文化厅巡察工作的巡察对象，全团上下进一步统一思想，主动接受、积极配合巡察监督，以高度的政治责任感做好各项工作。

制定完善行政管理、安全保卫等各项规章制度，以制度加强管理，以制度进行监督约束，提高剧团科学化管理水平。建立文化安全及突发事件应对机制，成立治安综合小组，确保无重大文化安全事件发生。进行电、水、火等方面的安全排查，确保无重大安全事故发生。

在公文管理方面做到专人负责，分类存档，规范有序。涉密文件按规定处理，保密工作有条不紊，没有发生重大泄密事件。严格按照要求，加强对领导干部的日常管理、社会兼职管理、严格把控因私出国（境）证件管理。及时做好档案的收集、整理工作，推进档案规范化、数字化建设。

做好离退休老干部的管理和服务工作。为老干部活动提供细致周到的组织服务，并向老同志汇报剧团有关工作情况。邀请老干部观摩新创剧目，并虚心听取意见建议。每年对老干部进行慰问，对住院老干部进行探望，为离世的老同志安排好"告别会"等，得到老同志们的认可和好评，密切了老同志与剧团的关系，增强了剧团凝聚力。

做好剧团网站建设管理，强化网站特色。注重网络平台的宣传推广，及时推送、更新本单位的演出、工作情况，并与粉丝互动。积极配合剧团重点工作开展新兴媒体宣传。

（吴莱莱）

浙江京昆艺术中心

（浙江京剧团）

【概况】 内设机构5个。2017年末实有在编人员77人（核定编制90人），其中具有高级专业技术职务资格的为39人，中级19人。

2017年，浙江京剧团党政班子带头学习贯彻党的十九大精神，不忘初心，牢记使命，将剧团的业务工作和党建工作推向新起点。

一、国家艺术基金项目《大面》圆满完成巡演顺利结项

11月29日晚，剧团国家艺术基金重点资助项目——大型新编京剧《大面》在富阳影剧院演出，至此圆满完成了20场全省巡演任务，也顺利完成了国家艺术基金项目全部创演指标。

京剧《大面》是浙京"悲情京剧三部曲"的压轴之作，入选了2016年国家艺术基金大型舞台剧项目的重点资助项目并名列榜首，也成为当年省文化厅年度资助的重点创作项目。该剧由中国戏剧家协会副主席罗怀臻担任编剧，中国戏剧文华导演奖得主翁国生担任导演，中国戏剧家协会副主席韩生、中央戏剧学院教授胡耀辉、音乐作曲家王啸冰等资深主创人员参与创作，是一次"学院派"主创群体与基层国粹院团强强联手、紧密合作的艺术创作与学术探索。自9月27日杭州剧院成功首演后，上山下乡、进校园、入农村，辗转全省各地巡演，足迹遍及宁波、萧山、诸暨、浦江、龙游、常山、衢州、庆元、缙云、桐庐、富阳等10多个地区，得到了全省各地无数戏迷观众和行内专家的肯定和赞誉。

二、现代京剧《东极英雄》和武戏《诈历城》亮相第八届中国京剧艺术节

5月11日至29日，浙京大型现代京剧《东极英雄》和京剧武戏《诈历城》2台剧目，双双入选第八届中国京剧艺术节优秀新编剧目展演和武戏专场展演，在南京人民大会堂和江南剧场连演了3场。

艺术节上，大型现代京剧《东极英雄》以紧凑流畅的演剧形式，亮点纷呈的武戏展现，精心设置的舞台变化，以及演员们充满情感的演唱和独特别致的开打，获得了南京戏曲观众和文化部戏剧专家的肯定和好评。京剧武戏折子戏《诈历城》载歌载舞的京剧武戏走边和干净利落的武戏开打，获得了现场观众的热烈掌声。

本届京剧节不设评奖机制，以全国资深戏剧专家"一剧一评"专家评审会的形式对参演的每部剧进行严格评议。演出第二天，文化部专门为《东极英雄》剧组召开了专家评审会。会上，全国各地的10多位文化部特邀资深戏剧专家，对《东极英雄》展开评议，对该剧的成功创演给予了充分的肯定和高度的评价。

三、出访演出精彩纷呈

6月21日至25日，剧团17人前往哈萨克斯坦参加阿斯塔纳世博会中国馆"浙江日"开幕式演出活动，和浙江歌舞剧院有限公司、浙江越剧团、浙江曲艺杂技总团有限公司的演员们一起，为参加世博会的各国观众献上了一场具有浓郁浙江风情的戏曲艺术盛宴。京剧《齐天大圣美猴王》还受邀在哈萨克斯坦阿斯塔纳国家万人体育馆"哈萨克斯坦国家内政部成立25周年大型庆典晚会"上进行庆贺演出。

7月12日至19日，剧团武戏演员随省文化厅代表团赴罗马尼亚、捷克圆满完成"2017中国—中东欧政党对话会"罗马尼亚开幕庆典演出和浙江省与捷克皮尔森州友好10周年庆典演出任务。浙京演出的京剧《齐天大圣美猴王》亮点纷呈，获得了现场观看演出的中央政治局常委刘云山、浙江省省长袁家军和罗马尼亚、捷克等政府部门领导的高度评价。

10月底，《齐天大圣美猴王》参加了"意会中国——阿拉伯艺术节"负责人访华交流活动演出，演出现场获得了摩洛哥艺术节组委会主席、艺术总监的喜爱和青睐，《齐天大圣美猴王》当场获邀参加2018年摩洛哥艺术节。

11月4日至11日，剧团45人前往台湾南投、台中、台北三地参加第十一届台湾·浙江文化节，大型南派京剧武戏《飞虎将军》成功献演，广受赞誉，台湾中华文化促进会已着手筹备邀请浙京的《王者俄狄》《飞虎将军》《兰陵王》3部"悲情京剧"赴宝岛巡演。

四、人才建设持续加强

传承排练传统剧目《金玉奴》，这是重点培养的青年演员中戏青年研究生班的成果汇报，并在北京长安大戏院进行了汇报演出，获得了专家的认可和观众的好评，这也是剧团培养拔尖人才的有力见证。

选送舞美灯光青年人员赴北京参加国家"千人计划"2017舞美班，和全国各地优秀舞美同行切磋技艺，在提升自身舞台实际操作创造能力的同时，也提升了剧团舞美团队的整体竞争力。

积极选送青年人才参加国家艺术基金京剧唐派艺术人才培训班、杨派老生人才培训班、作曲培训班，培养挖掘青年人才潜能，促进剧团长足发展进步。

此外，邀请李文才、薛亚萍、唐元才、黄乃强等名家到剧团为《四郎探母》《遇后》《锁五龙》《观阵》等传统戏做一对一的辅导传承教学，使得青年演员的舞台呈现愈发成熟老练，驾驭舞台的业务能力得到进一步提升。

五、各类演出亮点纷呈

年初，大型历史京剧《飞虎将军》作为送戏下乡剧目到湖州演出。

2月初，《锁麟囊》《雷峰塔》作为新春演出剧目在胜利剧院上演；参加了"2016—2017浙江省传统戏曲演出季"，赴全省各大剧院演出优秀京剧剧目《雷峰塔》《锁麟囊》《飞虎将军》。

4月，积极落实省委宣传部、省文化厅关于"剿灭劣Ⅴ类水"千名文艺工作者赴基层活动，在省属院团中率先走进绍兴和新昌开展文艺巡演，上演了京剧联唱《重整山河看浙江》、京韵朗诵《五水共治写奇篇》、武戏表演《孙悟空大治污水怪》等节目。

6月，参加2017全省"新松计划"青年戏曲演员大赛，剧团2人获得表演一等奖，2人获得表演二等奖，1人获得表演三等奖。

7月，浙京和青海京剧团联合演出的少儿京剧《藏羚羊》在安吉、宁波、临海等地巡回演出了82场，市场反响良好，已成为浙京市场演出的一大品牌剧目。

7月下旬、11月下旬，剧团《飞虎峪》剧组和《问探》剧组先后走进天津电影艺术摄制中心和北京"像音像"京剧拍摄基地，积极配合中宣部、文化部"像音像"摄制工程，也为剧团留下了珍贵的影像记录。10月，两剧在央视播出。

10月国庆期间，现代京剧《东极英雄》参加了全省庆祝党的十九大胜利召开"十大优秀戏剧剧目"展演活动，受到观众的好评。

六、剧团搬迁工作稳步推进

严格服从上级安排，按照规定和要求稳步推进剧团整体搬迁工作，新地址位于杭州西湖区延安路126号耀江广厦，截至年底，各项工作有序进行，即将顺利完成全部搬迁工作。

（宋 婧）

浙江京昆艺术中心
（浙江昆剧团）

【概况】 内设机构9个。2017年末实有在编人员74人（核定编制81人），其中具有高级专业技术职务资格的为51人，中级11人。

2017年是贯彻执行党的一系列文艺新政的一年。浙江昆剧团坚持以人民为中心的创作导向，认真落实省文化厅党组的新决策，在新的团部领导班子带领下，围绕剧团中心任务，各项工作取得新进展。在传承创新上，出人出戏出效益，浙昆声誉得到新提升；在队伍管理上，出工出力出真心，各项规章在执行中得到不断完善；在工作作风上，出谋出策出新意，全局服务意识得到进一步加强。

一、坚持传承创新

（一）大型原创昆剧《钟楼记》（《圣母院》）

大型原创昆剧《钟楼记》（《圣母院》）于11月29日、30日亮相杭州。副省长成岳冲、省文化厅厅长金兴盛、省教育厅副巡视员方天禄等领导出席并观看演出。该剧改进了宣传方式，创新开展了戏曲周边纪念活动，更加符合市场需求与社会需求，观众年龄结构发生了非常大的变化，30岁以下的观众占比60%，让传统文化充满了新的活力。2天的演出票房突破60万元，实现了杭州市戏曲演出类票房的重大突破。

（二）丹麦童话昆剧《红鞋子》和中国传统神话剧《真假美猴王》

2017年是中丹国际旅游年。原浙江昆剧团“秀字辈”著名演员、中丹文化使节六小龄童，为浙江昆剧团牵线搭桥，以中国神话和丹麦童话为结合点，把昆曲艺术推向丹麦。4月16日，剧团邀请六小龄童与丹麦驻华大使馆文化参赞汉娜观看了本团丹麦童话昆剧《红鞋子》和中国传统神话剧《真假美猴王》演出，汉娜对演出给予高度赞扬，并诚邀浙昆到丹麦演出。

（三）国家艺术基金项目

剧团“《十五贯》娄阿鼠昆剧培训班”入围2016年度国家艺术基金扶持项目，于是年8月8日开班，31日进行了汇报演出，全国专业艺术院团及艺术院校戏曲专业的青年演员同台演出了经典昆曲《十五贯》娄阿鼠的经典折子戏《杀尤》《访鼠测字》。

“昆剧百讲——幽兰讲堂”入围2017年国家艺术基金文化交流传播项目。“周传瑛昆生表演艺术培训班”申报了2018年国家艺术基金人才培养项目，并于12月12日参加了该剧目的复试答辩。

二、坚持公益性、市场化

全年演出117场次，商演收入175.5万元。

（一）新春演出季

2月6日至7日新春期间，在浙江胜利剧院上演了《狮吼记》以及“昆剧经典折子戏专场”演出。

（二）2016—2017年浙江省传统戏曲演出季

参加2017年传承戏曲演出季活动，把两出优秀传统剧目《牡丹亭》《狮吼记》送到基层，共演出7场，在丰富基层群众文化生活的同时，也积累了剧团新农村演出市场推广的经验。

（三）5·18传承演出季

创新开辟戏曲演出市场新路，推出“5·18传承演出季”。5月14日至18日演出季期间，上演了五代同堂《牡丹亭》（上本）、三地联动《牡丹亭》（下本）、师生同台经典折子戏专场、文武不挡——项卫东艺术专场、师生同台《烂柯山》等，充分体现了浙昆青年演员在传承路上的整体面貌和艺术追求，吸引了包括港澳台在内的全国各地的众多戏迷观众。演出季采用网络售票的方式，为观众购票提供了便利，据演出季开演前的初步统计，票价收入超过30万元。

（四）幽兰系列项目

继续实施幽兰系列项目，打造浙昆文化品牌。“跟我学”公益昆剧培训班已开设3期共13个班，并推出专门面向少年儿童的“昆曲娃娃班”。10月15日，“昆曲娃娃班”正式开课。此次招收的娃娃班分“生、旦、六旦”3个班，共25人；第三期普及班（成人班）分“生、旦、末”3个班，共70人。加强昆曲实验基地建设。10月16日，举办了“幽兰绽新芽”浙江昆剧团·杭州市京都小学昆曲进校园战略合作揭牌仪式，持续推进“戏曲进校园”工作。

（五）《十五贯》献礼党的十九大暨中国上海国际艺术节

10月20日至21日，剧团《十五贯》作为献礼党的十九大暨中国上海国际艺术节的参演剧目，在上海天蟾逸夫舞台上演。

演出汇聚了“世、盛、秀、万、代”五代浙昆传承人，并邀请上海昆剧团著名昆剧表演艺术家计镇华助阵演出，演出阵容强大，打响了浙昆品牌。

（六）“五水共治”演出

5月5日，由浙江昆剧团、浙医四院、民进义乌总支委联合举办的“剿灭劣Ⅴ类水”宣传文艺演出暨文艺工作者走进治水一线活动，在义乌市大陈镇杜门村文化礼堂和义乌市浙医四院礼堂举行。浙昆演出小分队还参观了当地九都溪的治理现场。

（七）高雅艺术进校园活动

开展高雅艺术进校园活动，走进浙江工业大学、浙江财经学院、浙江金融职业技术学院、上海同济大学，为广大师生奉上了最具有浙昆特色的昆剧演出。此外，还与杭州灵隐寺联合，在浙江音乐学院上演了昆剧《未生怨》，促进戏曲的传承发展。

（八）文化惠民演出

开展“送戏下乡”活动，精心准备了3出大戏，10多出传统折子戏，在温州、诸暨、余姚、慈溪、舟山、嘉善以及上虞的西湖村、丁宅村、倪梁村，义乌的文化广场剧场、大陈镇杜门村等地演出，受到了当地百姓的热烈欢迎。

三、坚持对外和对台文化交流

（一）赴比利时布鲁塞尔演出

6月11日至17日，剧团26人赴比利时布鲁塞尔开展了2场“幽兰讲堂”演出活动，上演了《牡丹亭》及“精品折子戏专场”演出。

（二）赴台湾演出

6月28日至7月2日，剧团经典剧目《紫钗记》《西园记》赴台北城市剧场演出。

四、坚持人才培养

有序推进“代字辈”昆剧班的教学管理，学员已经开始参加剧团的演出及排练工作。

五、坚持昆曲研究

完成《中国昆剧年鉴》《浙江年鉴》浙昆条目编纂任务，整理完善了2015—2016年剧团在传承、创新、发展、推广、文化交流等方面的文字、图片及视频资料。

（周　玺）

浙江歌舞剧院有限公司

【概况】 内设机构13个。2017年末实有在岗员工221人，其中具有高级专业技术职务资格的为65人，中级82人。

2017年，浙江歌舞剧院有限公司深入学习贯彻党的十九大精神，紧密围绕省委、省政府、省文化厅的决策，认真执行省文化厅的工作部署，各项工作有序推进。公司全年完成演出540场，演出收入超2211万元。

一、艺术创作再攀高峰

（一）原创歌剧惊艳亮相

浙歌首部原创民族歌剧《青春之歌》自9月15日首演后，获得了专家评委的一致好评，成功在人民大会堂公演。之后完成多轮精修，以优异的成绩入选第三届中国歌剧节，并顺利通过了文化部验收。《青春之歌》不仅是省委宣传部、省文化厅2017年度重点项目，而且是文化部2017“中国民族歌剧传承发展工程”重点扶持剧目，还是浙江献礼党的十九大的重点剧目。

（二）创新合作神话歌舞剧

与天台县人民政府签约联合出品的大型神话歌舞剧《天台遇仙》，于1月10日在人民大会堂成功首演。这是浙歌首次与地县级文化单位合作宣传地方文化的一次大胆尝试。

（三）国家艺术基金申报再获佳绩

群舞《奋楫者》、歌曲《情思》、歌曲《富春山居图》、歌曲《感谢有你》入选国家艺术基金2017年度小型舞台剧（节）目和作品创作资助项目；舞剧《王羲之》巡演入选国家艺术基金2017年度传播交流推广资助项目。

二、人才培养尽心竭力

（一）加强拔尖艺术人才培养

有效落实培训方案，推选公司拔尖艺术人才在原创民族歌剧《青春之歌》和原创舞蹈专场晚会“风从海上来”中担任主演。积极推出优秀青年音乐课堂系列，举办了“新松计划——‘星光灿烂’优秀青年演员专场系列音乐会”。推荐优秀青年演员入选国家艺术基金各类人才培养计划。

（二）鼓励指导演员参加比赛进行历练

在第十一届中国金钟奖选拔暨浙江省第五届青年歌唱家大赛中，选送的青年演员一举拿下若干金奖和银奖。在浙江省第十届音舞节比赛中，参赛演员频频告捷。合唱团在嘉兴南湖全国合唱节中获演唱金奖、指挥金奖和钢琴伴奏金奖，在黄龙音乐季全国比赛中获混声组金奖冠军，并且蝉联最佳指挥、最佳伴奏等奖项。

（三）完善机制激发员工活力

按需议岗、以岗定酬、竞争上岗，每年利用业务考核促进广大演员精进业务能力，调动演员的工作积极性，激发整体活力。

三、演出市场开拓创新

（一）保质保量完成指令性演出

圆满完成省文化厅举办的“两美浙江”春节演出，成功举办“一心向党·浙江省喜迎党的十九大暨庆祝建党96周年交响合唱千人音乐会”，积极参与“送戏下乡”“高雅艺术进校园”活动，宣传“五水共治”，开展“印象西湖”驻场演出、浙江省总工会全省巡演等，高质量地完成了各项演出任务。

（二）多措并举增加商演收入

深入拓展演出市场，制定合理的营销机制提升业务量。加强内部调控，优化演出流程，合理降低演出成本，全年商演收入1400多万元。

四、对外和对港交流丰富多彩

1月18日至23日，应悉尼中国文化中心邀请，浙歌彩蝶女乐赴澳大利亚参加“彩蝶女乐——2017新年音乐会”，为澳大利亚增添了中国农历新年的欢乐气氛。

1月24日至2月10日，受文化部、省文化厅委派，浙歌38人赴俄罗斯、芬兰、英国、爱沙尼亚、拉脱维亚、立陶宛、波兰等国家，为当地观众献上了一场场精彩的民乐演出。

5月至9月，应香港同乡会联合会邀请，浙歌4次跟随省委统战部出访香港特区，分别参加“香港各界庆祝香港回归祖国合唱大会演”“香港苏浙沪人士庆祝香港回归祖国二十周年晚会”等活动，参与庆祝晚会的前期排练指导和演出，出色完成出访任务。

7月12日至19日，受省文化厅委托，组织浙江艺术团23人赴罗马尼亚和捷克执行文艺演出任务，承担布加勒斯特“对话会”晚宴上的伴宴演出及皮尔森州“浙江—皮尔森州结好十周年庆典”活动上的相关演出，集中展演京剧、杂技、民乐等具有中国特色的传统文化艺术。

10月5日至9日，应东京中国文化中心邀请，浙歌20人赴日本大阪参加“中秋明月夜”演出，上演了一台综合歌、舞、乐的节目，当地数千华人华侨观看了演出。

10月7日至11日，应阿卡艺术节和以色列阿卡市政府的邀请，浙歌彩蝶女乐赴以色列阿卡市参加2017阿卡艺术节。

五、管理水平逐步提高

（一）重视党建工作

深入学习党的十九大精神，多次组织开展专题党课，提高党员认识，促使党员以高度的政治责任感、优良的精神状态和扎实的工作作风，为建设文化浙江贡献力量。

（二）举办浙歌六十周年院庆演出

2017年是浙江歌舞剧院有限公司建院六十周年。浙歌在高效率高质量地完成各场商演的同时，在院庆期间成功举办了四大类60多场演出，向社会各界展现了浙歌悠久的历史和昂扬的风貌，同时也增强了浙歌内部员工的荣誉感与归属感。

（金　鑫）

浙江话剧团有限公司

【概况】 内设机构6个。2017年末从业人员82人，专业技术人员73人，其中具有高级专业技术职务资格的为24人，中级19人。

2017年，浙江话剧团有限公司全体演职员团结协作，开拓进取，以“干在实处，走在前列”为要求，以出人出戏出效益为目标，积极开展创作演出，全年新创作演出了话剧《秋水山庄》《此心光明》，儿童剧《渔夫和金鱼的故事》《奇幻异次元之旅》《河伯传奇》《国学小戏班》，诗剧《志摩有约》等7部作品，轮番演出20多部话剧、儿童剧，全年演出837场次，票房收入1246.88万元。话剧《凤凰》获得浙江省第十三届精神文明建设“五个一工程”优秀作品奖，剧本也获第三十一届田汉戏剧奖剧本一等奖，取得了较好的社会效益和经济效益。

一、话剧精品创作不断

话剧《此心光明》由贵阳孔学堂、贵州省文化厅、浙江省文化厅共同资助，浙话与贵州省话剧团有限责任公司联合打造，反映一代大儒王阳明修学悟道、几经生死，最终创立“心即理、致良知、知行合一”传世心学的起伏人生。这是一部现代感强烈的新型历史剧，力求在思想内容和形式样态上均有所创新。这既是表现内容的需要，也符合当代戏剧发展的走向和趋势。该剧入选国家艺术基金2017年度资助项目，并获贵州省“五个一工程”奖、陕西丝绸之路国际艺术节“丝绸之路艺术贡献奖”。12月，该剧参加“纪念中国话剧诞生110周年·戏剧东城10周年”全国话剧优秀新剧目展演季，在首都剧场演出。在该剧专家研讨会上，专家们给予此次演出高度评价，并建议继续打磨提高，登上全国更多的高端展示平台。

二、浙江特色话剧持续打造

充分发挥浙话新势力优势，打造富有浙江本土特色与风格的话剧，持续推出温婉抒情的民国风作品。

话剧《秋水山庄》作为浙话倾力打造的民国三部曲之一，以史量才、沈秋水两人之间的爱情故事为背景，展现了一代报业巨子史量才的人格、报格、国格，剧中既有儿女情长，又有风云激荡，既有时代关怀，又有媒体人的担当精神和使命感的传承，首演就受到观众好评。该剧在北京剧院演出时也成功俘获了大批话剧观众，获得许多戏剧界专家的肯定。

计划于2018年浙话新春话剧节推出新创剧目《志摩有约》。此外，还筹划推出反映郁达夫的作品，向文学家和爱国人士郁达夫致敬，已完成剧本《天真之笔》的创作，并入选国家艺术基金2018年度资助项目。

三、儿童剧创作高产高质

连续创作推出数部优秀儿童剧，在杭城掀起了观看儿童剧演出的热潮。儿童剧《渔夫和金鱼的故事》《奇幻异次元之旅》《河伯传奇》《青青小戏班》等剧目相继在浙江儿童戏剧节、浙话艺术剧院周末剧场、北京市优秀少儿题材舞台剧目展演等活动中上演，推出了一批年轻演员，锻炼了队伍，积累了剧目，培育了观众，产生了良好的社会效益和经济效益。国家艺术基金资助项目儿童音乐剧《皇帝的新衣》完成巡演任务，顺利完成结项工作。复排了浙话经典儿童剧《奥芝国历险记》，送戏进校园演出。此外，还筹划推出童话剧《七色花》，并入选国家艺术基金2018年度资助项目。

四、演出市场持续拓展

全年演出837场，其中话剧101场，儿童剧736场；公益演出440场，票房收入1246.88万元，商业演出收入848.58万元，观众60多万人次。

以浙话艺术剧院为基地，以纪念话剧110周年诞辰为契机，大力开展各项演出活动。从年初的浙话新春演出季、“隆重纪念中国话剧110周年诞辰——以人民为中心的中国话剧辉煌永远”优秀剧目展演（杭州分会场）到浙话之春演出季、浙江儿童戏剧节、华东大区优秀剧目巡演（杭州站）、浙江省喜迎党的十九大优秀剧目展演等，营造了全年浓郁的文化氛围，进一步推动了浙话艺术剧院专业话剧、儿童剧演出场所的打造，使其成为杭城比较活跃的剧场之一。

四剧晋京演出，打响浙话品牌。暑期期间，浙话四剧晋京演出，驻扎在京城连演半个月共9场。7月22日至23日，话剧《秋水山庄》作为北京市剧院运营服务平台纪念中国话剧110周年诞辰演出季展演剧目，在北京市天桥剧场上演。7月25日至26日，话剧《再见徽因》参加2017首都剧场精品剧目邀请展演，在北京首都剧场演出，该剧同时也是2017首届老舍国际戏剧节的邀请剧目。7月底，儿童剧《渔夫和金鱼的故事》参加第六届“春苗行动”北京市优秀少儿题材舞台剧目展演，在中国梅兰芳剧院演出。8月初，国家艺术基金2016年资助项目、儿童音乐剧《皇帝的新衣》参加第七届中国儿童戏剧节，在中国儿童剧场演出，这同时也是晋京接受国家艺术基金管理中心的结项验收。

8月31日至9月3日，应邀赴宁夏参加宁夏大剧院两周年演出季“一带一路·宁夏情”文化交流演出活动，《轻度深爱》《燃烧的梵高》《心灵游戏》《只爱你一天》轮番上演，受到当地观众的好评。

坚持公益演出。坚持开展“雏鹰计划万里行”送戏演出、“高雅艺术进校园”演出活动，走遍浙江全省各地，演出440场次。

开拓海外演出市场。11月底，肢体创意剧《花木兰》应邀出访德国、比利时，并参加德中协会成立60周年庆典活动。

五、探索改制院团发展思路

深化改制，积极探索院团发展思路，做到心中有思路，眼中有蓝图。6月，在纪念中国话剧诞生110周年主题论坛上，浙话董事长兼总经理从院团运营的角度，探讨了新的发展阶段面临的新问题，交流了院团管理与制作的新理念、新方法；8月，在2017国际儿童戏剧合作与发展论坛上，又做了“浙江话剧团儿童剧的经营之道”主题发言，引发关注。

（胡海芬）

浙江曲艺杂技总团有限公司

【概况】 内设机构7个。2017年末在职演职员107人，其中具有高级专业技术职务资格的为24人，中级31人。

2017年，是浙江曲艺杂技总团有限公司建团20周年。公司在省文化厅各级各部门的领导下，坚持以习近平新时代中国特色社会主义思想为指导，深入学习习近平总书记文艺座谈会讲话精神，积极开展“深入生活、扎根人民”的主题创作活动，着力创作演出精品力作；保护和发展地方戏曲剧种，启动创作大型滑稽戏《南湖人家》；培养评弹艺术年轻演员传承和扶持非遗文化；稳步开展国家艺术基金项目的验收和申报工作；完成全省剿灭劣Ⅴ类水文艺小分队演出任务。积极参加（或承办）全国和全省艺术大赛、展演活动及重要的外事文化交流活动，努力完成省文化厅下达的各项工作任务，各项文化改革工作迈上新台阶。全年完成演出1757场次，演出收入1313.6万元。

一、加强舞台艺术生产，精品节目在国内外赛场摘金夺银

精品创作成绩显著，荣获多个奖项。1月，受中国杂技家协会委派，赴法国参加第三十八届法国明日世界杂技节，杂技《白蛇传说·蹬伞》摘得银奖。6月，小品《买了吧》在第六届浙江省曲艺新作会演中获节目奖，1人获创作金奖、表演金奖，各有1人获表演金奖、银奖。9月，杂技《梦系西湖·伞技》参加俄罗斯第十六届尼古林杂技节比赛获金奖，杂技《文明记忆·脖支造型》参加第十届中国杂技金菊奖全国杂技比赛获杂技节目金奖。创作演出的小品《清水之恩》和独角戏《唱水》荣获“千名文艺工作者赴基层采风巡演”优秀作品，公司获评“千名文艺工作者赴基层采风巡演”优秀组织单位。12月，启动创作滑稽戏《南湖人家》。苏州弹词入选浙江省教育厅2017年高雅艺术进校园的艺术门类。

杂技《白蛇传说·蹬伞》节目组受邀赴北京人民大会堂金色大厅参加习近平总书记欢迎塞尔维亚总统米斯拉夫·尼科利奇的欢迎晚宴演出活动。

全新改版的杂技《梦系西湖·伞技》以其独有的中国江南之美和高超的杂技技巧，成为文化部和外交部联合选派的中国唯一单独节目，参加在哈萨克斯坦阿斯塔纳歌剧院举行的上合组织成员国元首峰会文艺演出。此后，受邀参加“四海一家　浙港同行”浙港青年庆祝香港回归20周年主题交流活动演出、第十届中国杂技金菊奖全国杂技比赛开幕式演出、第四届中国国际马戏节开幕式演出。

承接协办“欢度国庆节·喜迎十九大·永远跟党走”合唱晚会，浙江省委书记车俊及省委四套班子成员观看了演出。此外，还承接协办了“省直属机关第十二届运动会开幕式文艺演出”。

9月，多媒体杂技《碧波展翅》作为唯一参演的专业文艺院团节目，参加了全国第十三届学生运动会开幕式文艺演出。该节目为开幕式演出量身打造，集高难度系数、高危作业、高超技艺“三高”于一体，得到了导演组和主承办方的一致认可，并取得了单个节目最高价60万元的经济收入，经济效益和社会效益双丰收。

持续开展多项“文艺下基层”公益慰问演出和文化惠民活动，紧跟时代脉搏，宣传党的十九大精神。完成送戏下乡46场，雏鹰计划99场，评弹团更是常年在江浙沪三地的基层进行演出。

参加新年演出季演出。2月9日、10日，在胜利剧院为春节期间坚守杭城的外来务工人员、杭城百姓送上了一台丰富多彩的文艺演出。

参加“剿灭劣Ⅴ类水”文艺工作者赴基层采风巡演，创作的作品《清水之恩》荣获“千名文艺工作者赴基层采风巡演”优秀作品，并深入嘉兴、台州等地区进行巡回演出。

创作排演“曲杂绽放二十载”庆祝党的十九大胜利召开暨浙江曲艺杂技总团建团20周年文艺晚会，在杭州剧院为支持和关心公司成长的各级领导、同行及观众呈现了一场精彩演出。

二、推动业务建设，拓展演出市场

积极接洽和承办各类演出活动，努力开拓市场。积极参加全国和省的各项艺术活动。1月，承办了宁波逸夫剧院主办的“2017年新春环卫工人专场慰问演出”和“2017年新春民政专场慰问演出”；魔术节目参加省直老同志迎春团拜会的演出、省直机关工委迎新年活动演出。2月，参加2017浙江省文化厅省属院团“新年演出季”演出；滑稽戏《约法三章》在东阳佐村镇前塘村大会堂演出。3月，参加送戏下乡演出；承办浙江省直属机关工会“三八”主题系列活动“送文化，送温暖”到基层，赴长兴华能浙江分公司演出。4月，参加雏鹰计划演出、嘉善县2017中国·姚庄桃花节开幕式文艺演出、“剿灭劣Ⅴ类水”千名文艺工作者赴基层采风巡演“走进余杭”专场演出暨“美丽余杭”年度主题宣传行动启动仪式演出；杂技节目参加“剿灭劣Ⅴ类水”文艺工作者赴基层采风巡演“走进长兴”专场演出；承办宁波市鄞州区“致劳动·无上荣光”五一晚会演出。5月，魔术节目参加第十三届深圳文博会魔术专项活动及第四届深圳魔术艺术节闭幕式颁奖晚会演出；在嘉善县各乡镇开展文化下乡演出暨剿灭劣Ⅴ类水巡演；参加“丹夫集团2017新品全球发布会”演出；参加斯里兰卡中国商业委员会（斯中商会）成立及庆祝晚宴演出；承办省文化厅二省一市评弹工作领导小组年会；参加省文化厅地方戏曲剧种普查工作表彰会议，1人荣获剧种普查先进工作者。6月，参加2017年浙江省文化艺术档案培训班；魔术节目参加2017阿斯塔纳专项世博会中国馆“浙江日”开幕式演出；参加第六届浙江省曲艺新作会演；荣获“中国演出行业诚信经营单位”奖牌。7月，参加2017年厅属单位改革工作专题交流培训班；开展实习学员基本功和节目展示业务考核工作；参加庆祝中国人民解放军建军90周年暨鱼水情深·平湖市庆“八一”双拥文艺晚会的演出。9月，承办第二届全国杂技精品节目交流展演演出；协办“喜迎十九大　永远跟党走”合唱晚会演出。10月，杂技曲艺综合文艺晚会在金华中国婺剧院演出；协办省直属机关第十二届运动会开幕式的仪式和文艺演出；举办2017浙江省文化厅“新松计划”“毅楚好戏”张毅、张楚君曲艺专场；评弹团高雅艺术进校园在杭州外国语学校演出；举办“曲杂绽放二十载”暨浙江曲艺杂技总团建团二十周年文艺晚会演出；承办2017“台州文化年”系列活动“喜迎十九大　迈入新时代”主题文艺晚会演出。11月，承办台州地区市县乡镇“喜迎十九大　迈入新时代”2017台州市文化下乡巡演暨食品安全法宣传演出；参加安徽省（临泉）第四届民间杂技艺术节开幕式演出、第四届中国国际马戏节开幕式演出；参加浙江曲艺专题会演及全省曲艺保护传承座谈会。12月，参加“月映乡情——纪念苏州评弹一代宗师蒋月泉100周年诞辰”活动演出；开展雏鹰计划演出；参加宁波市“天然舞台”文化惠民在海宁市的演出、综合文艺晚会在嘉兴圣雷克大酒店的演出等。

三、积极开展对外文化交流活动，弘扬浙江文化

1月23日至31日，受中国杂技家协会委派，杂技《白蛇传说·蹬伞》《幻相金刚·头顶》参加第三十八届法国明日世界杂技艺术节比赛。2月9日至17日，受文化部、浙江省政府委派，省文化厅组团，参加2017文化部海外春节“欢乐春节”活动，赴印尼登巴萨进行庆祝新春演出。6月4日至10日，受文化部、外交部联合选派，杂技《梦系西湖·伞技》参加上合组织成员国元首峰会文艺演出。6月20日至25日，参加境外世博会，赴哈萨克斯坦阿斯塔纳参加2017阿斯塔纳专项世博会中国馆“浙江日”开幕式演出。9月5日至12日，应莫斯科国际青年艺术节组委会邀请，赴莫斯科参加第十六届莫斯科国际青少年马戏节比赛。

四、加强人才培养，提高队伍建设水平

招收了沈阳民族艺术学校和广西艺术学校的应届杂技班毕业生共31名演员，杂技学员班一共招收了19名小学员。

做好苏州弹词传承保护工作，提高演员业务水平。选派两位青年演员参加了为期一个月的国家艺术基金苏州评弹表演创作理论高端培训。

努力改善演职人员的工作条件，提升演员队伍素质。完善杂技团排练厅各项设施。努力改善练功房条件，为演员提供优质的工作环境。组织创作人员深入基层采风。举办曲艺演员张楚君、张毅“新松计划”曲艺专场，邀请名师复排经典曲艺作品。

加强业务考核工作，完善演员薪酬待遇管理办法。一年两次集中学习，每次不少于一周。安排演员时政、综合和业务知识学习，注重提高演员的艺术水平和综合素质，同时，在暑期或演出淡季对演员进行集训和考核。召开职工代表大会对公司新的奖励分配方案进行了修改，进一步提高演员的演出积极性。

（杨　惟）

浙江新远文化产业集团有限公司

【概况】 内设机构7个。2017年末集团本级有在职员工46人（含文化大厦、招待所），其中具有高级专业技术职务资格的为1人，中级12人。

2017年，浙江新远文化产业集团有限公司以巡察巡视为鞭策、以整改整顿为助推，在建设重大项目和健全内部管理方面取得明显成效，在处理历史遗留问题和规划新型产业方面形成良好势头，全年实现主营业务收入27935.84万元。

一、推动电影主业平稳发展

坚持贯彻一流品质、一流服务、一流体验的经营价值理念，在管理、营运、品牌三线统一输出的基础上，通过强化技术支撑，一方面加大力度引入智能化放映管理设备保障运营管理质量，另一方面在消费终端和会员维护中采用更加人性化、便利化、智能化的服务手段，通过创新营销手段保持阵地优势，并在主动分析受众观影需求上有所作为，分期推出观影券与卖品组合礼包，加入全国艺术电影放映联盟，为增强观影群体黏性提供支撑。

全年集团所属6个影院网点年度票房收入6445.95万元，其中新远国际影城作为一家开业逾7年的老影院，年度票房在全杭州市150多家影院中位居第三。与此同时，积极推进由集团与星光院线、金球影业等公司联合发起的杭州新天地新远影城项目，预计于2018年2月初正式开放营业。该项目共12个影厅，其中包含1个IMAX厅、2个VIP厅和2个采用RealD终极银幕的全景声厅。

二、推进传统产业改革调整

提升经营质量方面，集团下属2家剧院单位全年完成演出320多场。其中，杭州剧院深化合作、整合资源，承接的“浙江省迎接十九大优秀剧目展演”以及《孔雀之冬》《三体》等剧目均取得市场广泛关注和好评；浙江胜利剧院继续潜心打磨两张“金舞台”招牌，为曲艺爱好者提供更为丰富的剧目种类。

深化改革转型方面，浙江文艺音像出版社积极融入互联网出版发行趋势，全年申报56个音像电子选题，完成12个网络游戏出版发行选题，成功获批增值电信业务经营许可。浙江舞台设计研究院有限公司在集团指导下对资产情况、人员情况和工程项目情况予以全面梳理，并对经营困境和存在的问题做出深刻分析，形成了股权结构调整的基本方案。

配合地块改造方面，会同杭州电影拍摄基地对所涉两处房产内的承租户进行清退并按期完成交房，同时向省文化厅提交改造建设用房需求方案，为翠苑街道九莲庄地块改造重点工作推进付出努力。

三、打造新型文化品牌项目

浙江文化艺术品交易所股份有限公司全年完成艺术收藏品交易品种交易规则制定和最新版本交易软件安装，并与相关机构开展了PTP艺术品金融对接项目以及文创产品金融运营模式洽谈，参与动漫衍生品交易授权会，实现总授权金额2.45亿元。浙江天合文化发展有限公司全年版权收费业绩较上年继续提升，由天合方面主导搭建的平台公司“娱网科道”已完成可行性研究方案制订工作和软件测试，准备启动软件量产工作，引导带动O2O休闲娱乐消费模式。此外，集团主动尝试新型服务内容，以项目管理模式开展了省文化厅食堂的运营管理工作，设立新滋客餐饮管理公司并发起西广餐饮经营项目，与安邦护卫等单位开展跨界合作，联手组建文化领域专业安全服务机构。

四、实施内部管控整改行动

巡察和巡视系列工作为集团进行了一次全面的政治体检。面对严肃的整改要求和繁重的整改任务，集团深刻自检梳理、快速反应行动，狠抓制度体系建设和监督落实执行：在贯彻从严要求上，召开巡察工作专题民主生活会，订立班子集体学习计划，制定党风廉政建设党委主体责任实施细则和党委主体责任清单，落实基层单位监督检查；在严肃用人管理上，制订集团人员双向选聘工作方案和干部（人员）交流任职制度，对转变集团本级人员工作状态和面貌提出具体措施，并对各单位规范人员招聘提出具体要求；在完善制度建设上，对公司《章程》提出修改意见并将党建工作要求纳入其中，集中修订了10多项行政、财务、党建、人事管理制度，进一步完善了内控制度体系，并对各产业单位的内控制度及执行情况组织开展了检查督查。

（王文萱）

【杭州剧院】 内设机构3个。2017年末实有在编人员20人。

2017年，杭州剧院全年实现总收入2212.29万元，其中主营业务收入886.86万元。全年演出170场，其中主办、合作演出50场。一是强化制度建设，提升硬件设施。继续修订和完善剧院内控管理制度，规范业务及行政管理流程，强化内部管理。修订和完善了《聘用工作修订办法》《提成奖励修订办法》，制定了《领导班子分工办法》《合同管理制度》《人事管理制度》等，完善工作流程。开展改扩建工作，集中对硬件设施设备进行改造升级，重点对舞台灯光、音响设备、消防预警系统设备进行升级。购置新的观众厅座椅，对观众厅地面加装地暖设施，并对观众卫生间、后台演员卫生间进行装修改造，对观众厅和大厅LED灯具进行节能化改造。二是引进高水平演出，各项业务稳步发展。继续深化和加强与浙江交响乐团、浙江歌舞剧院有限公司、浙江话剧团有限公司等省属院团的合作，为省内文艺院团提供良好的展示平台，近10场演出票房收益及观众反响良好。同时，发挥自身优势，有效整合省内戏曲资源，主办“牵手重阳——戏曲折子戏专场”，传承和弘扬优秀传统文化，实现了社会效益和经济效益的双丰收。继续加强周末音乐大讲堂、精品演出大舞台、欢乐儿童剧场等三大品牌的建设和宣传。引进音乐会“天空之城”、重阳节折子戏晚会、儿童剧《超级飞侠》等多个大型品牌项目，提升观众对剧院三大品牌的认知度。同时，话剧《藏海花》《金锁记》，荷兰达人秀冠军马丁演唱会、芭蕾舞剧《胡桃夹子》等高品质演出，也都得到了观众的认可与好评。将剧院微信公众号打造为最主要的售票平台，公众号粉丝近5万人。采用扫码和纸质票两种方式共同检票入场，不仅方便了观众，提高了自然票房收入，也有效整合了观众数据库。三是构建和谐的内部环境，增强剧院职工凝聚力。院党支部积极推进“三会一课”制度、“党的十九大”学习教育和党风廉政建设等各项党建工作的开展和落实，重视党内教育和发展工作，关心、关怀生活困难党员，推进党支部、工会、共青团和谐互促。积极发挥工会的民主平台作用，对剧院日常考核管理进行监督。通过组织工会活动，促进了职工间的沟通与交流，建立了和谐的团队关系。切实关心职工利益，实施“送温暖”活动。团支部积极组织开展形式多样的团员活动，通过理论学习、拓展活动和外出考察等，提升团员青年的思想认识，增强自身的综合素质，切实推进团的各项工作。

（骆夷婷）

【浙江胜利剧院】 内设机构3个。2017年末实有在编人员14人（核定编制19人），其中具有高级专业技术职务资格的为2人，中级5人。

2017年，浙江胜利剧院实现总收入1013.78万元，净利润133.21万元，资产负债率19.55%。全年演出110场次，观众5.5万人次；放映电影4368场次。一是“金舞台”项目实施7周年。“周末戏剧金舞台”和“小伢儿金舞台”项目演出共66场，观众平均上座率七成以上。邀请苏州昆剧院、浙江昆剧团、浙江越剧团等省内外优秀专业院团到剧院演出；邀请戏迷剧社、民间剧团、杭州人民广播电台新闻综合频率等参加演出，为其相互观摩、提高演出水平提供便利平台。7年来，“金舞台”项目秉承“文化惠民”的理念与初心，采取常年举办、持续演出的长效机制，不断开拓市场、服务观众，成了“老字号”的新名片。年底，剧院制作了周末戏剧金舞台宣传册，向领导、观众汇报“金舞台”当年取得的成绩，进一步提高了剧院演出品牌影响力。开通支付宝支付方式，方便观影群众，同时减少现金收支情况，降低了安全风险。二是电影小厅经营有新成效。通过百度糯米、美团、猫眼、微信等网络渠道为观众提供团购、票价查询、在线选座购票服务，截至12月底放映电影4368场次，观众7.34万人次，电影票房收入244.3万元，剔除应缴专资及院线片款，扣除税金后，纯收入117.4万元。三是完成其他各项演出工作。1月，接待戏剧节演出2场；2月，接待新年演出季6场；4月至6月，接待“新松计划”赛事13场；5月，浙江昆剧团传承演出季演出5场；7月，2017年民营文艺表演团体展演4场，第24届BeSeto（中韩日）戏剧节演出2场。另外还承接了10多场企事业单位的活动。四是认真抓好日常管理工作。完善制度体系，对剧院内控制度进行了自查和梳理，查漏补缺，健全和完善了管理规章制度。加强内部考核管理，年初与办公室、业务部签订工作目标管理责任书，视工作完成情况在年底予以奖惩，有效调动了职工的积极性和创造性。加强民主监督，坚持每月召开监审委会议，审核员工的月度考核，将员工责任与奖惩挂钩，取得了良好效果。高度重视社会治安综合治理工作，年初与各部门负责人及租赁单位签订综治工作目标责任书，将综治工作落实到部门和个人，明确责任目标内容和工作要求。加大检查督促力度，发现问题，迅速解决，对存在的隐患，要求相关部门限期整改，并做好检查记录和整改记录。认真参加上级职能部门组织的两月1次的消防安全培训。积极组织剧院员工和出租经营户进行消防灭火演练，提前预防，未雨绸缪。全年未发生安全责任事故。做好多种经营管理工作。

（傅备文）

【杭州电影拍摄基地】 内设机构3个。2017末实有在编人员16人(核定编制27人),其中具有高级专业技术职务资格的为1人,中级1人。

2017年,杭州电影拍摄基地根据杭州市西湖区政府及浙江省文化厅开展九莲庄营盘地区块整体改造工作要求,圆满完成腾房清退和自身平稳发展两项工作目标。一是做好腾房清退工作。6月1日,与省文化厅签订《浙江省文化厅教工路影业路及京剧团地块整合、置换、综合建设征迁过渡安置责任书》,并据此对与电影基地签订租赁合同的17家租赁户,共8889.72平方米租赁面积开展清退工作,于7月31日前完成16家租赁户《解除合同协议书》的签订工作,9月30日前完成该部分租赁户房屋交接手续,并于12月5日完成与杭州西湖城市建设投资集团有限公司的整体地块房屋交接手续。清退工作中,严格执行相关制度,确保决策程序有序严谨、经费使用规范合理,强调清退过程书面资料齐全完整,强化沟通、监督和制约,杜绝廉政漏洞。二是自身平稳发展。克服腾房清退工作对经济效益的影响,全年完成营业收入总额364万元,顺利完成责任目标。同时,进一步加强内部管理,谋求自身平稳发展。加强党建工作,把党性教育和党员管理,政治理论学习和本职工作相结合,抓好党风廉政建设,认真落实“两个责任”,确保廉政工程。做好综合治理工作,尤其注重清退工作后期的安全保障。根据清退工作情况,采取加强人防,及时向尚未撤离人员发放《安全温馨提醒》,及时封闭管制已撤离楼房等措施,安全交房,全年无安全责任事故发生。进一步规范制度建设,对内部制度进行梳理,并相应进行修订、废止、新建和完善,形成制度汇编。妥善安置人财物。根据整体改造工作安排,及时撤离原址,于8月底完成本部办公室搬迁工作。同时,根据新的工作业态和下一步工作计划,对人、财、物进行妥善安置。其中,重点根据人员实际情况,重新设置岗位,明确岗位职责,使人尽其责,妥善处理人事历史遗留问题。保障全体在职与退休职工权益,维护和谐氛围。全年召开3次全体职工大会,向职工通报单位情况,征求职工意见。注重规章制度制定过程的民主程序和执行规范,落实厂务公开制度。多次组织退休人员活动,构建和谐氛围。

(陈 靓)

【浙江舞台设计研究院有限公司】 内设机构10个。2017年末在职人员72人,其中具有高级专业技术职务资格的为17人,中级16人。

2017年,浙江舞台设计研究院有限公司在市场整体疲软的背景下,通过全体员工积极努力,取得了一定成绩。一是狠抓经营收入。新签工程项目合同3个,主要为荆门剧院舞台机械、灯光、音响系统采购及安装工程项目,山西临猗县大剧院舞台机械、灯光、音响、电影系统设备采购及安装工程项目,济宁杂技城增补舞台机械(侧车台)设备采购及安装工程项目等。新签设计、监理、技术服务等合同8个,主要为上海复旦大学邯郸区相辉堂改扩建工程功能化实现项目,湖州吴兴区文体中心建设工程设计项目,济源职业教育中心高职校区大学生活动中心舞台专项工程咨询设计项目,洛舍镇文化中心舞台设计项目等。顺利完成金陵大报恩寺遗址公园及配套建设项目、河北省艺术中心场馆设施设备修缮项目、武汉市群众艺术馆小剧场舞台机械设备采购项目的竣工验收工作,并且配合河北省艺术中心举行了第十六届吴桥国际杂技艺术节。积极推进济宁杂技城舞台工艺设备采购及安装、阜城群众艺术馆舞台设备和声学装修设计施工一体化以及荆门剧院工程舞台机械、灯光、音响系统采购等工程项目建设。此外,还通过司法途径收回了如皋文化馆、鄂托克旗文化艺术中心等老大难项目的部分工程应收款。二是做好党团工会工作。党总支以“三会一课”为抓手,不断加强党的思想、组织、作风、制度建设和反腐倡廉建设。组织在职党员到浦江“江南第一家”参观学习,接受廉政教育;组织离退休党支部茶话会;组织党员参加党章知识竞赛答题等活动。发展预备党员和入党积极分子各1名。同时,加强组织文化建设,在元宵节、三八妇女节等节日组织相关庆祝活动。三是做好科技创新工作。发挥自身技术优势,不断加大科研投入,为公司拓展新业务、扩大市场占有率,提供技术支撑。获得省科技厅科研经费50万元,全部投入科技项目使用。以舞台技术为核心,加强业务培训,不断提升全院的业务能力水平。2人获评高级职称,7人获评中级职称。

(张海松)

【浙江文艺音像出版社有限公司】 内设机构3个。2017年末在职人员14人，其中具有高级专业技术职务资格的为3人，中级6人。

2017年，浙江文艺音像出版社有限公司始终坚持正确的出版导向，将社会效益放在首位，努力实现社会效益与经济效益的统一。全年共申报音像电子选题（含补报选题）56个，具体为音像类55个、电子类1个。其中，出版的《劳动托起中国梦》DVD节目获2017年第七届（2017年度）浙江优秀出版物（音像制品电子出版物）编辑奖；《昆剧经典折子戏（浙江昆剧团建团六十周年）》DVD节目获2017年第七届（2017年度）浙江优秀出版物（音像制品电子出版物）编辑奖。出版发行互联网游戏选题12个，拓展了出版领域。积极申报并取得了由浙江省通信管理局颁发的“增值电信业务经营许可证”，为开展全域的互联网出版增值服务完善了许可手续，向互联网出版转型迈出了重要的一步。继续加强和完善出版管理工作。严格执行国家有关出版管理的法律法规。坚持“两为”方向，坚持以马列主义、毛泽东思想、邓小平理论、“三个代表”重要思想及科学发展观为指导，深入学习贯彻习近平总书记系列重要讲话精神，进一步加强中国特色社会主义和“中国梦”宣传教育，牢固树立马克思新闻出版观，牢牢把握正确出版导向。坚持选题论证、“三审三校”责任制度。严格把握政治性和政策性问题，提高了节目的科学性、艺术性和知识性，在坚持社会效益的前提下，确保选题结构合理，具有可行性和创新性，又有一定的经济效益。努力提高节目制作质量，保证出版的导向不出偏差，将弘扬主旋律和发展传统文化相结合。树立品牌意识，开拓本版产品发行渠道，提高市场占有率，增加发行收入，改变出版社形象。坚持发展传统出版业与新媒体的融合。多做原创节目，开拓合作出版业务，全方位为客户提供出版服务，增加出版物附加值。加强编辑人员力量，提高编辑人员业务素质，鼓励编辑人员参加学术交流活动与各种编辑业务培训。对编辑、发行人员和行政人员均实行年度业绩考核制度。对年度考核优秀者，进行奖励；对年度考核不合格者，实行下岗或换岗。将传统出版做强做大，做到了独树一帜。在戏曲出版上，内容涵盖了浙江地区所有的戏剧剧种和非遗文化作品，继承和发扬了传统文化。享有大量的传统文化节目资源。加快传统出版的转型和产品结构的调整。根据数字出版发展方向，加强网站功能开发，给用户更多的体验和个性服务。以网络出版和电子商务为重点。开拓电子出版、网络出版、电商、电子版权贸易等经营新模式。

（赵益凤）

【浙江卡尔曼物业管理有限公司】 内设机构7个。2017年末人员94人，其中具有中级专业技术职务资格的为2人。

2017年，浙江卡尔曼物业管理有限公司延续往年“外抓服务质量、内抓内部管理”的工作重心，实现营业收入771.31万元，比上年增长6.02%。一是经营项目取得突破。4月、9月，分别接管了省文化厅食堂管理项目和省文化馆武林馆区内部物业项目。二是内部管理进一步完善。加强公司人事管理，强化员工入职档案审查环节，进一步完善规范招聘入职流程；调整职工公积金缴费比例，1月起，由8%恢复至12%；完成公司薪酬体系调整工作，7月5日向集团上报薪酬体系调整方案，8月29日召开职工代表大会审议通过薪酬体系调整方案，于9月4日开始试行。加强公司员工技能、消防等方面的素质培训。

（李晓庆）

浙江省古建筑设计研究院

【概况】 内设机构13个。2017年末在职员工82人，其中具有高级专业技术职务资格的为13人，中级28人。

2017年是浙江省古建筑设计研究院划时代的一年，古建院由省文物考古所下属文化企业变更为省属文化企业，成为浙江省文化厅厅属单位，按规定办理完成了古建院工商注册登记，及相关资产、股权变更登记等事宜，迎来发展上的新起点。古建院继续秉持自身发展理念，保持自身特色，围绕文化浙江建设，坚实推进文化遗产保护工作，立足科研，探索新理论与新技术，将文化遗产保护工作与社会发展相结合，为增强社会主义民族自信心、繁荣社会主义文化事业贡献力量。荣获中国勘察设计协会传统建筑分会颁发的“2017年弘扬与发展传统建筑事业方面业绩突出先进单位”；兰溪诸葛村项目获得“华筑奖”三等奖；“弥陀寺公园（历史建筑）建设工程”获评浙江省风景学会2017年度浙江省“优秀园林工程”。

一、立足文保工作，不断夯实主业

始终坚持“保护为主、抢救第一、合理利用、加强管理”的文物保护方针，立足文保工作、夯实主业，文保工作范围涉及世界遗产、文物保护规划、文物保护工程、考古遗址公园、遗产监测等多个方面。

（一）全力推进申遗工作

世界文化遗产相关工作以良渚申遗为主，同时启动上虞青瓷窑遗址申报世界文化遗产预备名单文本的编制，完成西湖文化景观各遗产点现场巡查监测和遗产监测评估及海丝申遗的相关延续工作，海宁海塘·潮文化景观申报世界文化遗产预备名单迎来专家现场评估。

2017年是良渚申报世界文化遗产三年行动计划的开局之年。根据《良渚古城遗址遗产保护、展示、整治方案》的批复意见，古建院设计人员配合浙江省文物局和良渚遗址管理区管理委员会的工作要求，与考古人员密切沟通，集中技术力量，投入良渚遗址整治工程，完成古城内基底环境整治工程，河道疏浚工程，城垣和湿地、莫角山遗址、反山遗址、瑶山遗址保护展示工程，何村、雉山下、反山3处服务点建设工程的施工图设计及良渚古城遗址标识系统和界桩研究设计工作，良渚申遗按照既定目标有序推进。

（二）科学制订文物保护规划

积极开展文保规划工作，深入研究现状问题，科学评估，提升保护规划理念，主要完成了鲻山遗址保护规划初稿、庆安会馆保护规划的修改、大运河宁波段保护管理规划等数十项文物保护单位的保护规划工作。

在大运河（宁波段）申遗成功之后，为细化保护措施，加强遗产保护，编制了大运河（宁波段）保护管理规划。规划重点落实和细化保护区划，细化保护范围及建设控制地带边界，根据现实情况，对建设控制地带进行分类，增加风貌协调区。按照不同的区划类别制定与城乡规划协调衔接的用地性质、建设高度、强度控制等控制指标。制定景观风貌控制要求，包括历史环境保护、景观空间格局、天际轮廓、建构筑物风貌、空间节点控制等。协调水利工程与遗产保护之间的关系，明确水利工程的报批程序及建设控制要求。改善大运河遗产周边水、大气、湿地等生态环境；构建阐释与展示体系，配置公共服务设施，制定控制要求。清晰管理部门权责，制订管理运营规划，提出管理架构、运营模式、宣传教育计划。

（三）注重传统技艺传承

提高文物保护工程的科技含量，注重传统技艺传承。完成金华寺平村乡土建筑，永康方岩抗战时期浙江省政府及相关机构旧址，松阳古市俭公祠，泰顺廊桥——三条桥、墩头桥、霞庄桥、霞光桥、池源桥等多处保护修缮工程设计。实施泰顺廊桥结构安全评估，凤凰山考古遗址公园探坑隔梁设计实施一体化，杭州通益公纱厂旧址（办公楼）清水墙材料保护，遂昌宏济桥抢险加固等项目，涉及建筑修缮、城墙修缮、桥体修缮、塔体修缮、炮台修缮、文物安全评估、抢险加固、材料保护等多种文保工程类型。

开展泰顺廊桥灾后修复，为廊桥修复工作提供有力的技术保障，设计、工程人员在遵守行业规范，探索先进保护理念，进行科学实验的同时，注重结合匠人经验，尊重传统技艺传承，为廊桥修复交出了满意答卷，3座廊桥修复工程已全面竣工。

（四）积极开展考古遗址公园工作

高度重视大遗址保护利用工作，积极推进考古遗址公园建设，努力推动散布于各地城乡的大型文化遗址、遗迹“活”起来，成为富有意义的公共文化空间。开展下汤考古遗址公园规划、嘉兴子城考古遗址公园规划、良渚文化时期余杭玉架山遗址考古公园的概念性规划及方案设计等多项工作。

以“海丝申遗”为契机的龙泉窑考古遗址公园的8个子工程陆续施工，延用了2016年的技术力量，积极配合工程推进。其中，以枫洞岩窑址、金村码头、古道及大窑犇窑址为核心的4个本体工程基本上采取考古探查、施工设计、现场施工同步开展的组织方式，在原有设施的基础上补充最新考古成果的展示，积极探索龙泉窑遗址在“时空架构”中的可读性。为遗址公园建设的重点工程高际头、金村两处游客中心工程现场服务30多次。该工程至年底已完成土建部分，展陈及景观绿化工程进入收尾阶段。

（五）实施文物建筑监测

加强文物建筑预防性保护工作，培养专业人员，购买先进设备，开展文物建筑监测工作，为文物勘察提供科学、准确的现场资料。完成泰顺廊桥结构安全监测、宁波镇海口海防遗址之靖运炮台监测、台州府城墙监测等一系列监测工作。

二、探索新理念新模式，加强名城名镇名村历史文化街区保护

（一）循序渐进开展历史城镇街区保护

探索保护新理念、新模式，努力从物质文化形态层面、社会经济层面及文化、社会民生层面提出历史城镇街区的保护重点。开展浦江民主路历史文化街区，解放西路历史文化街区，柯桥历史文化街区保护工程实践。完成松阳县古市镇、松阳汤兰公所—文庙历史文化街区、松阳南直街等城镇街区保护工作。

在工程实践方面，针对民主路历史文化街区保护工程，先后开展规划设计，实施工程设计，内容包括街道立面整治、重要文化景观恢复、建筑改造、管线设计、景观照明、标识标牌设计等。结合以往历史文化街区工程建设经验，制订了符合浦江历史文化街区的整治原则和措施，并在工程推进中，进行了充分的现场沟通，确保工程设计方案的进度和实施效果。

在汤兰公所—文庙历史文化街区保护规划中，强调保留街区原有“文、武、城隍”三庙共存的特色公共空间，合理引导业态发展，使有形的遗产和无形的传统相互依存、相互融合，共同反映汤兰公所—文庙的历史文化积淀，促进物质文明和精神文明的持续协调发展。在此规划的基础上，进一步延伸了历史文化街区中小商品市场—何联奎故居区块及老戏院—仙娘殿区块利用概念规划设计。结合街区实际状况，整合多元文化，唤醒片区的历史记忆；将传统业态与现代生活结合，实现传统业态的现代延展；结合功能分区、业态布局，形成多种形式的空间，以提倡“静享、慢游、畅言”的生活哲学，使之成为带动松阳历史文化街区全面复兴的动力原点。

（二）全力助推传统村落活态保护

从传统村落保护发展规划到工程方案设计再到管理实践，全力助推传统村落的活态保护工作，完成松阳后湾村传统村落规划设计、松阳县三都乡下田村传统村落保护发展规划。继续推进国家文物局唯一的传统村落保护利用试验区以及浙江省文物局西田村历史文化村落保护利用示范项目的经验总结，研究松阳传统村落保护利用方式，包括传统村落经济、社会、文化多角度的保护发展方式，政府、社会、村民共同参与村落保护发展管理模式，低等级文物保护利用方法等多个方面的内容。配合中国文物保护基金会开展“拯救老屋行动”项目，为项目开展提供技术文件编制、人才队伍培育、方案审核、现场技术指导等服务，深入探索以产权人为实施主体的私人产权文物建筑保护利用方式。“拯救老屋行动”带动了一大批传统工艺项目，通过改善生活设施，加入民宿和展陈功能，最终带带传统村落的复活。“拯救老屋行动”总计申报143幢文物建筑。截至10月，现场方案审核133幢，概算定稿122幢，预验收46幢，正式验收34幢。

三、凭借技术优势，传承拓展传统文化景观建筑技艺

凭借自身在传统建筑营造上的技术优势，勇于进取，致力于将传统建筑文化融入现代生活及文化建设需求，持续在传统建筑和文化景观设计两个方面开展实践，努力拓展传统建筑艺术、景观在新时代中的社会及美学价值。完成柯桥融光寺、径山寺祖师塔林及东坡涤砚池提升改造工程、南浔古镇旅游基础设施提升及水系环境整治项目北部主入口工程等工程项目设计。

10月，望宸阁落成，成为杭州城北的新地标，它以南宋楼阁式建筑形态重续半山“仁和县属”的历史文脉，也符合杭州南宋都城发展最高峰的气质。阁的建造严格按照南宋建筑外观材料、建构法式和模数尺度，忠实于南宋建筑形态特征和装饰艺术特色。望宸阁采用“明三暗五”的重檐楼阁式形态，外观三层设平座，内部五层，遵从建筑与环境相融合的传统处理手法，阁的主要景观面设置观光平台，平台下采用井干式架空的形态，一层在主要景观面分别对应出抱厦和卷棚，屋面组合丰富多样，屋顶采用十字脊，并居中出宝顶，檐下设板隐檐，形成丰富的立面造型和屋顶轮廓。此类地标性文化景观建筑的设计与建成极大地提高了古建院的社会影响力和公众认知度，树立了古建院的品牌形象。

四、着眼行业引领，科研能力全面提升

（一）努力拓展课题研究领域

以行业引领作为长远的发展目标，通过研究项目的拓展，引导专业技术人员向研究型、复合型

发展，并承担了从国家到地方，跨越文化和科技的研究课题。继续推进“国保省保集中成片传统村落保护利用项目年度工作报告”“浙江省历史建筑保护利用导则”“浙江区域一带一路文化遗产调查与价值认知”等近10项课题的研究；重点启动“浙江省全国重点文物保护单位保存情况调研”“钱塘江临江古海塘保护修缮技术导则”等研究课题；完成《宁波城墙整体展示研究报告》《宁波古建老宅保护利用导则》《平阳县蓝田宫传统建筑施工工艺复原设计研究》的编制。申报启动了省文物局“大运河浙江段文化带建设与环境景观保护协调导则”课题，《浙江省建设项目文物影响评估报告编制规范》已完成初稿并已提交省文物局。由古建院编制，国家文物局8月发布的《文物建筑保护工程预算标准（南方地区）》于12月实施。

（二）注重文物保护中的科技应用

与时俱进，积极进行文物保护科技的研究与创新，文化遗产安全监测评估、材料保护及研究类项目逐步增多。水准仪、全站仪、阻抗仪、应力波检测仪、3D扫描仪、无人机等设备在文物保护工程中广泛使用，前期材料测试、后期科技监测、化学保护等逐步结合项目推广。

7月，杭州欢喜永宁桥东北侧桥体发生坍塌。该桥是第七批全国重点文物保护单位大运河的组成部分。桥发生坍塌以后，社会各界高度关注。为防止文物本体被二次破坏，需尽快对桥进行抢险加固。在永宁桥抢险加固中，受运河航运以及抢险时间紧迫的限制，运用无人机进行倾斜摄影测量，建立真三维模型，生成点云数据，为后续维修提供基础勘查资料。本次抢险以最快速度配合文物部门解决突发状况，沟通媒体，取得了较好的社会影响。

五、承担社会责任，致力于文化遗产保护事业公益服务

（一）搭建平台，培养人才

成立浙江省古迹遗址保护协会，136个单位和个人成为首批会员。作为发起单位，古建院从人力、物力上全力支持协会的成立和开展工作。承办“浙江省文物保护实训班”第二期省文物保护培训班工作，抽调业务骨干作为培训的授课教师以及全程组织和带队人员，有效提高了浙江基层文保技术力量。

（二）承担社会责任，彰显专业担当

积极协助国家和省市文化遗产主管部门为文化遗产保护把脉献策，院领导及技术骨干承担了大量的文保公益工作，参与了明中都东华门维修风波工作会议、敦煌干旱环境下古代壁画和土遗址保护工作会议、国家考古遗址公园评估工作等多个专家咨询会议及评审工作；院技术骨干经常性对外开展技术指导，为松阳、宁波、重庆等省内外文化文物工作者进行了传统村落保护研究、保护性建筑保护和利用、文物建筑保护工程预算定额等方面的培训授课。

六、开展学术交流活动，提升专业素养

（一）承办学术会议

为浙江文化遗产保护经验交流提供平台，进一步提升古建院的社会和行业影响力，4月至12月底，承办了8场“留下讲堂”，邀请了9位资深专家围绕古建筑工艺、遗产保护、古建修缮等举办专题讲座，受到浙江大学、中国美院、浙江工业大学师生以及业内人士和文保志愿者的热烈欢迎。4月，承办了“中国勘察设计协会传统建筑分会大区工作会议”。

（二）促进学习交流

为员工提供专业学习和专业交流机会，派员参加国家文物局举办的新材料在文物保护修复中的研究和利用研修班（有机类），官式古建筑木构保护与木作营造技艺培训班，全国文物保护工程勘察与方案设计培训班；派员参加省文化厅举办的浙江省文化创新团队创新力提升培训；派员参加省文物局组织赴法国开展的文化遗产保护培训。

（三）重视论文发表

在注重专业学习的同时，强调总结工作及学习成果，发表了《古建筑中的结构技术及艺术特征分析》《海宁念汛大口门二限三限石塘图说中的海宁海塘塘工技艺浅释》《从传统寺庙园林到城市公园的文化转型——杭州弥陀寺公园设计实践思考》等多篇专业论文。

七、提升管理水平，构建专业团队

3月，浙江省文化改革发展工作领导小组办公室下发了关于对《做大做强浙江省古建筑设计研究院改革方案》的批复，同意古建院由浙江省文化厅主管，并要求理顺古建院的管理体制，做强做优做大国有文化企业，确保国有资产保值增值。省文化厅、省文物局领导先后到古建院调研，对古建院的发展提出了新要求。

围绕厅、局要求，古建院积极开展自身建设，提升管理水平，对原有规章制度进行了修订完善，进一步规范财务管理、文件管理、档案管理和后勤管理；完成全年财务核算工作，及时准确上报月、季、年度各类报表，开展企业经营预算、党员经费专项核算等工作；完成职称、考试备案及各类资质和奖项申报；开办了职工食堂，添置更新部分电脑及办公用品；完成变更后古建院所需的章程、出资人、法定代表人、注册资本金、经营范围等各类变更工作；编辑完成古建院宣传册，参加上海、北京等地的行业会展。宣传推广工作得到加强，后勤管理服务能力显著提升，以更高的要求约束鞭策整个团队，迎接更大挑战。

（余舒婷）

市、县(市、区)文化工作

ZHEJIANG CULTURE YEARBOOK

杭州市文化广电新闻出版局

【概况】 内设职能处室14个，直属单位8个。2017年末人员456人（其中：公务员69人，参公24人，事业363人；具有高级专业技术职务资格的84人，中级152人）。

一、完善公共文化服务体系地方标准

在市与各县（市、区）出台有关加快构建现代公共文化服务体系《实施意见》或《工作方案》的基础上，努力把近几年来各地在公共文化服务建设上先行先试的经验做法制定成地方性标准规范，并由各县（市、区）市场监管局发布。全市已出台乡镇综合文化站服务规范、公共文化服务评估规范、政府向社会力量购买服务规范等地方性标准规范16个。同时，将各地出台的地方标准规范编成册，并在全市推广应用，既完善了公共文化服务1+X标准化体系，也为现代公共文化服务提供了强有力的保障。对照省基本公共文化服务标准49条和市基本公共文化服务标准60条相关内容，督促县（市、区）边自查边推进建设；指导余杭、拱墅和富阳等地出台关于社会参与等方面文件，促进了公共文化服务的社会化程度。根据《中共浙江省委关于补短板的若干意见》以及省政府2017年工作报告精神，杭州市5个薄弱乡镇和162个薄弱村（社区）入选浙江省"十百千"工程，开展定向帮扶工作。

二、积极推进"三项试点"工作

积极推进杭州市公共文化服务"三项试点"提质扩面工作。健全公共文化服务标准体系。积极探索"标准化+公共文化"实施策略，并通过标准化的规范、实施和推广，全面推进杭州市公共文化服务均等化，提升公共文化服务城乡一体化水平。努力提升基层公共文化设施建管用水平。科学布局公共文化设施网络，进一步规范公共文化设施建设和用途，积极整合和不断丰富基层公共文化资源，鼓励第三方组织和其他专业团队参与基层综合性文化服务中心的管理和运行，切实提高基层综合性文化服务中心的社会效能。在全面推进县级以上图书馆、文化馆等文化事业单位基本完成理事会组建工作的基础上，积极探索和努力形成功能明确、治理完善、运行高效、监管有力的管理体系和运行机制。

三、扎实开展公共文化服务数字化建设

（一）推进社区（村）公共文化场地免费无线网络覆盖工作

与杭州图书馆共同研究制订工作方案，召开各县（市、区）文广新局专题会议，明确2017年全市社区（村）公共文化场地无线覆盖新建点，同时展开了有关招标工作流程，做好新增1000个社区（村）公共文化场地实现免费无线网络覆盖工作。项目实施完成后，全市基本实现了公共文化服务数字化、智慧化。

（二）打造"中心馆+主题分馆+24小时图书馆"公共阅读新空间

吸引社会力量，以联建、众筹、招募等方式建设主题分馆，使阅读空间呈现分众化、主题化、社会化、网格化的特点。与省盲文学校合办盲文分馆、与房地产企业联建运动分馆、与中国电影资料馆和中国电影艺术研究中心合建电影分馆之后，又与杭州市环境集团合作，以众筹形式建设环保分馆，成为全球首个建在垃圾场上的图书馆。这一做法以输出品牌、管理、服务、人员的形式拓展公共阅读阵地，实现了公共文化设施建设从体制"内循环"向社会合力共建模式的转变。在建成音乐、佛学、电影、运动、环保、科技分馆等的基础上，是年又建成了江南健康、城市学2家分馆，全市共建成14家特色主题分馆。

（三）搭建数字平台，实现零距离服务

推动杭州市公共图书馆数字资源覆盖中小学校。以公共图书馆与教育系统的原有软、硬件资源为基础，在两网间建立VPN（虚拟专用网络）通道，实现两者的互联互通，从图书馆海量的资源中整合出适合中小学师生的内容，为学生打造一个绿色、优质、免费、全天候的阅读专属空间，学生无论在学校，还是在家里，都能

便捷获取阅读资源。项目已有7600多万篇期刊论文,1.6万多部中小学教辅图书,10.5万余套教学音视频,2.8万小时科普影片和动画,1.2万余套试题,数字资源总量达45.48太字节。

四、不断加强非物质文化遗产保护发展宣传推广工作

完成39项杭州市国家级非物质文化遗产代表性项目的视音频拍摄及后期制作,全面记录保存了39项国家级非遗的表现形式、技艺和保护传承发展状况。组织实施了"走进非遗第一线"中央主流媒体杭州行活动。中央电视台、《人民日报》、新华社、《光明日报》、《经济日报》、《中国文化报》等媒体,分别对杭州市振兴传统工艺保护发展情况做了深度宣传报道。协调完成我国首个"文化和自然遗产日"浙江省主场城市(杭州)系列活动,组织各县(市、区)在"文化和自然遗产日"期间在各地开展各类非遗成果展示展演活动58场。

五、做好第二批非物质文化遗产示范基地评定工作

启动"第二批杭州市非物质文化遗产生产性保护示范基地"申报认定工作。各地积极申报,在各县(市、区)文广新局推荐的基础上,经专家初审、答辩评审、专家集中审议、公示等程序,最终公布了杭州上城区映山静水刺绣馆等21个第二批杭州市非物质文化遗产生产性保护示范基地,对于培育成功典型,发挥相关企业和单位的示范带动作用,进一步探索和总结非物质文化遗产保护经验具有积极的意义。

六、加强高校文化站建设

杭州师范大学等7所市属高校文化站正式挂牌,并向各高校首任文化站站长颁发聘书。"在杭高校文化站"建设工程于2013年正式启动,为全国首创。该工程以"文教联动、校地共建"方式,着力提升高校文化站覆盖率、校园文化活动吸引力、高校文化阵地融合度和各类文化团队续航力,积极探索高校思想文化阵地建设的"杭州方案"。是年,全市已建有高校文化站25家。

2017海外"欢乐春节" 春节期间,杭州市文化系统共组派5个团组110人分赴7个国家10多个城市,参加文化部2017海外"欢乐春节"活动,演出达40场,观众超3万人,规模、水平创历年之最。

非遗"三进"活动 开展非遗"进学校、进社区、进文化礼堂"系列活动。2月,开展了杭州市千人缝制环保书皮系列活动,共招募杭州市17所学校和"环保小天使"学生代表1000多人;8月至9月,举办了3场杭州市曲艺"三进"活动,分别为浙江农林大学(进学校)、余杭区运河街道螺蛳桥社区(进社区)、富阳区渌渚镇新港村(进文化礼堂);9月,举办了非遗绘本读本进校园宣传活动;11月至12月,开展了2017年度杭州市非遗进高校活动。

杭州市首届戏剧大赛 3月启动,吸引各年龄层次的戏剧爱好者300多人参与,征集到小品、绘本剧、地方小戏等各类作品上百件。经专家评审,《少年中国强》等15件作品进入决赛。该赛事填补了杭州市10多年来群众戏剧小品类赛事举办的空白,其中绝大部分作品为群众自编自导自演。

全市娱乐场所转型升级试点培训

制定了《杭州市文化娱乐行业转型升级的实施方案》。4月17日,杭州市娱乐场所转型升级宣讲团连续7天在15个县(市、区)开展巡回宣讲,全市623家娱乐场所的负责人参加了培训。

"信用服务"项目 杭州图书馆与蚂蚁金服旗下芝麻信用、苏州嘉图公司、邮政速递合作推出"信用借还图书"服务。4月23日,"信用借还图书"服务正式上线,使杭州成为首批开放线上借书服务的城市,"免押金、免办卡、线上借、送上门",凡芝麻信用分550分及以上的市民,均可享受免押金、免办卡线上借书服务。分别于9月和11月举办"2017公共图书馆信用服务论坛",对"信用借还图书"服务进行宣传和推广,发布了《公共图书馆信用服务杭州宣言》,27家公共图书馆共同签署宣言。杭州图书馆还通过逐步归纳探索,形成"信用+阅读"模式,推广至杭州市各县(市、区)图书馆。至年底,通过信用方式注册与绑定的读者数11.7万余人,借阅图书4.06万册。

"中国阅读"项目 4月正式启动,市委宣传部部长戚哮虎到杭州图书馆调研"中国阅读"项目,6月成立项目领导小组,组建"中国阅读"专家库,开展"中国阅读"图书推荐榜的图书推荐工作。专家库成员由全国图书馆界、出版界、文学评论界、作家代表和杭州市委宣传部领导等近100位专家、学者组成，评选出68本推荐图书，在“中国阅读”微信公众号上推送，并于11月26日举办了图书推荐榜发布仪式。

“中国梦，我的梦”网络微故事大赛 4月开赛，共收到来自北京、上海、浙江、福建、山东、辽宁、广西等全国30个省、市、自治区的微故事作品852篇，评出一等奖3篇，二等奖8篇，三等奖15篇。

“优礼·我行”全国少年儿童礼仪故事大赛 4月至10月，举办中国图书馆学会、浙江省文明办指导，中国图书馆学会未成年人图书馆分会、杭州市西湖读书节组委会、杭州市文化广电新闻出版局、杭州文广集团联合主办的中国图书馆学会“2017全国少年儿童阅读年”系列活动之“优礼·我行”全国少年儿童礼仪故事大赛，全国29个省、市、地区的47家图书馆，5.28万人次参加，荣获“2017全国少年儿童阅读年”系列活动优秀组织奖，获评2017年杭州最具影响力公益项目提名奖。

杭州市绿茶制作技艺大赛 5月2日至3日，由杭州市文化广电新闻出版局、西湖区人民政府主办，西湖区、余杭区、富阳区等地7种绿茶制作技艺的近60名代表性传承人和传人参加了比赛，评选出了19名“制茶技艺能手”。

第十届杭州艺术博览会 5月12日至15日，2017年（第十届）杭州艺术博览会在浙江世贸国际展览中心举行。展会以经典与未来为主题，展出了俄罗斯、英国、法国、东南亚等国家和地区以及北京、上海、南京、重庆、成都、黑龙江等地50多家艺术机构的1300多件当代艺术作品，3.8万余人参观，成交额1800万元。

杭州市第24届“三江”歌手大赛

由杭州市文化广电新闻出版局、余杭区人民政府、桐庐县人民政府主办，大赛设美声、民族、通俗3个组别，分青年组、中老年组进行，分别评出演唱、创作和辅导等各类奖项。自5月起，大赛初赛分别在15个县（市、区）进行。9月20日至21日，在桐庐县人民剧院完成了全市中老年组、县（市）青年组复赛和决赛；27日至28日，在余杭人民剧院完成了主城九区青年组复赛和决赛；29日，第24届杭州市“三江”歌手大赛汇报演出在余杭区举行。本届“三江”歌手大赛参与选手8000多名，年龄最大的70多岁，最小的16周岁。进入决赛的220多名选手分别获得金银铜奖及优秀奖。

“保护传承非遗·展现生活智慧”传统手工技艺展 6月4日在西湖天地举行，由杭州市文化广电新闻出版局主办、杭州市非物质文化遗产保护中心承办，共有22个非遗项目参加。此次展示活动增加了互动体验环节，400多人参加体验。

中国—中东欧国家图书馆联盟项目 由杭州图书馆发起成立中国—中东欧国家图书馆联盟，贯彻落实文化部“一带一路”文化发展行动计划，加强与“一带一路”沿线国家和地区在图书馆领域的交流合作，积极开拓“映像西湖”人文交流新领域。7月、9月，副市长陈红英两次到杭州图书馆，指导第三届中国—中东欧国家文化合作部长论坛杭州图书馆参观接待工作的推进情况及“中国—中东欧国家图书馆联盟”倡议书发布仪式筹备情况。9月22日，在杭州图书馆举行中国—中东欧国家图书馆联盟倡议书发布仪式，10个国家的38个图书馆积极响应。

“悦读快车——孩子们的流动图书馆”项目 9月1日，项目在外来务工者子弟学校——莫干山路小学正式启动。该项目与芬兰通力百年基金会和浙江锦麟公益基金会合作，新签约10家学校。项目在淳安的乡村小学以及下城区、江干区、西湖区等地的21家学校开展借阅、阅读推广活动28次，覆盖杭州市9个城区，借阅图书2.08万册。

第三届中国—中东欧国家文化合作部长论坛 9月21日至25日，第三届中国—中东欧国家文化合作部长论坛在杭州市成功举办。论坛主题鲜明、内容丰富、形式创新，被文化部称赞为历届中规格最高、规模最大、成果最丰富的一届。论坛期间，中国和中东欧16国文化部长共同发表的《中国—中东欧国家文化合作杭州宣言》及其附件《中国—中东欧国家2018—2019年文化合作计划》，推出了20项文化合作内容，明确了首届“中国—中东欧国家图书馆联盟馆长论坛”和第二届“中国—中东欧国家非物质文化遗产保护专家级论坛”将于2018年

10月在杭州市举办。论坛精心安排的14项配套活动,全面展示了杭州历史与现实交融的独特韵味和别样精彩。

杭州市第一届制汇节 9月23日至24日,杭州图书馆科技分馆与摩图科技、杭州市科协共同举办"杭州市第一届制汇节"活动。此次活动是服务杭州创客、宣传本土创客文化的公益性活动。活动期间安排了3D打印、智能机器人、无人机等创客类产品展示以及机器人足球比赛、木工创意实践、创意绘画等体验活动,共有50多家创客团体参展,2万余人参加了活动。

"西湖中秋赏月"雅集活动 9月27日,由杭州市非物质文化遗产保护中心、杭州名人纪念馆主办的"西湖中秋赏月"雅集活动在杭州苏东坡纪念馆举行。活动包括书画家现场创作挥毫"留月"、诗人创作诗词现场吟诵"咏月"和浙派古琴音乐抚琴"品月",以在传统文化中融入非遗、在传统氛围中感受非遗、在传统节日中体验非遗为重要内容,60多人参加了活动。

"风雅钱塘"传统戏剧展演 9月29日,由浙江省文化厅、杭州市文化广电新闻出版局主办的"浙江好腔调·风雅钱塘——2017杭州传统戏剧展演"活动在杭州艺苑举行。参加此次展演的项目有淳安三角戏、滑稽戏、杭剧等8个戏剧项目,500多人观看。

"手工的精彩"杭州民间工艺作品展 10月13日至17日,"手工的精彩"杭州民间工艺作品展在杭州科技交流馆举办,展览聚集了篆刻、木雕、泥雕、面塑、手陶等20多个门类近200件艺术作品,展览现场还安排了杭绣、雕刻、剪纸、捏手陶等技艺展示,让观众得以近距离参与互动。

"风雅颂"民间艺术精品展演活动 10月15日,杭州市"风雅颂"民间艺术精品展演活动在富阳区举行。本次展演从历届93个优秀作品中精选了13个,包括鼓动山哈、龙门魁星等获得诸多奖项的精品节目。

2017杭州美术节 11月14日至12月15日,由中共杭州市委宣传部、中国美术学院、杭州市文化创意产业办公室、杭州市文化广电新闻出版局、中共杭州市上城区委员会、上城区人民政府联合主办的杭州美术节在上城区举办。本次美术节列入杭州西博会、文博会项目,并作为子项目纳入杭州南宋文化节。本次美术节主题为"宋韵皇城·艺术杭州",举办了"南宋艺术与南宋都城生活文化探讨"论坛、诗画杭州书画精品展开幕大展、老中青少四代人共绘美术节主题绘画作品等活动。

送戏下乡和文化走亲演出活动 通过政府招标采购,9家演出团队中标送戏到基层,2家演出团队中标文化走亲演出活动项目。以杭州群众文化网配送平台和"订单式"服务预约为主要通道,采取"你点我演"点击预约的方式,面向基层和特殊群体实施文化惠民演出。全年市本级完成送戏到基层演出496场,其中送到农村文化礼堂159场;组织到河南、陕西、福建及浙江温州、绍兴地区开展跨区域文化走亲6场。全市送戏下乡5339场,送书下乡65.4万余册,送讲座、展览6903场,送培训55万余人次,开展文化走亲活动836场次。

《中国茶,东方神药》纪录片 纪录片《中国茶,东方神药》在第69届艾美奖评选中获得了包括最佳专题纪录片奖在内的6项大奖。这部60分钟的纪录片有近三分之二的画面和内容在杭州市拍摄或与杭州市有关。梅家坞、胡庆余堂、杭州知名茶馆以及王旭烽等茶文化专家关于龙井茶的讲述在片中一一呈现。该片成为杭州市借用海外社会资源和主流媒体,通过外国人讲好中国故事、成功传播中华优秀传统文化的典型案例,也是杭州市文化广电新闻出版局等杭州市多部门密切协作,合力打造"东方文化国际交流重要城市"的成功尝试。

对外、对港澳台文化交流 全年经文化部门归口报批、承办和跨部门、跨地区组织实施的各类文化交流项目共200多起,开展各类重大文化合作项目66项,其中输出项目41项,引进项目25项。杭州爱乐乐团、杭州歌剧舞剧院、杭州越剧传习院多次携经典作品赴海外巡演,多个国家级非物质文化遗产保护项目配合国家外交活动参与纪念香港回归20周年、哈萨克斯坦世博会中国馆"浙江日"等重要活动,对港澳台文化交流活动进一步加强,与"一带一路"沿线国家文化交流日益丰富,交流层次和影响力明显提升。

文化类民办非企业发展 鼓励社会力量和民间资本兴办民办非企业单位。全年新审批成立文化类民办非企业单位12家，注销2家，截至年底，有各类文化类民办非企业单位102家，业务范围涵盖了书画研究、艺术交流、展览展示等众多门类。

公益艺术培训 杭州市文化馆总校及下属6个分校共开设培训班416个，课目178项，培训学员8584人；开设音乐、舞蹈、二胡和英语等7个艺术沙龙；持续开展杭州市青年合唱团、市青年剧团等馆直属、合作团队的培训工作；利用场馆设施，每周7天为16支基层优秀文艺团队共500多人提供免费场地和优质辅导。

文化市场发展 全年行政区域内办理文化行政许可审批件3749件(其中市本级329件)、备案事项1019件(其中市本级237件)。在杭州市行政区域内经依法许可或备案的文化市场经营户数量为14386家。市本级有演艺业、娱乐业、网吧业、艺术品业、娱乐品牌促进会等文化市场行业协会7个。

文化市场诚信信息平台 在一库一网一平台信用信息平台基础上，完成文化市场信用分级分类管理系统建设，实现对信用信息实时评分和信用分级，结合信用统计分析实施信用监管措施，为文化市场信用分级分类管理提供技术保障。完成了文化市场诚信网的改版升级，增设信用评分、信用动态、企业诚信、政策法规等栏目，进一步强化诚信网宣传功能。

文化市场信用承诺制度 制定印发了《杭州市文化市场分级分类管理办法(试行)》，重新修订印发《杭州市文化广电新闻出版局在行政管理事项中使用信用记录和信用报告的实施细则》。依托信用信息平台，根据综合企业信用等级、企业社会关注度、区域敏感度情况，纳入一级监管企业35家，二级监管企业3165家。截至12月，信用扣分企业885家，信用评分在C级范围的企业58家，D级范围5家。根据企业信用情况落实信用分级管理，动态调整巡查频率，开展集中法规教育培训，发送警示短信1400多条，行政监管约谈20多次；在行政管理中使用信用记录237次。

党的十九大文化安保工程 一是早谋划，早动员，早部署。杭州市多次召开会议进行专题部署，下发了《关于加强文化市场消防安全工作的通知》《杭州市文化市场安全生产大检查实施方案》《全市文化市场保障十九大“百日攻坚”行动方案》，明确工作目标和重点，完善应急处置预案。全市执法部门认真履行监管责任，每天保持一定执法力量在市场上巡查，各县(市、区)调动街道社区力量，实施“网格化”管理。坚持领导带班、24小时值班和信息“零报告”制度，确保监管到位。二是强化督查，狠抓安全生产到位。市局、总队组成7个督查组，由局领导和总队负责人带队，按区域实地暗访检查网吧、歌舞娱乐等人员密集型文化经营场所，特别将消防部门确定的11个市级火灾防控重点区域、文化行业904家消防安全重点单位和10家火灾高危单位作为重中之重，逐家检查、逐个排查，确保安全检查不走过场，隐患整改落到实处。全市排查出各类问题隐患257个，下发整改通知书94份，抄告消防通知书10份，对12家有违法经营行为的场所予以行政处罚立案调查。三是百日攻坚，重点护航保障到位。8月17日起至党的十九大闭幕，全市进入文化市场重要安全保障期，市、县两级执法机构开启“白加黑”“5+2”模式，持续保持对文化场所的高压监管态势，组织开展了全市文化市场保障党的十九大“百日攻坚”行动，实施全覆盖检查，打击重点领域、重要环节和关键部位的违法违规行为。

扎实推进“扫黄打非”“进基层”网格工作 按照“试点先行、以点带面、整体推进”的总体思路，以余杭区为试点，坚持思想引领、标准引领、示范引领、宣传引领，做实基层基础工作，初步形成文化市场监管和“扫黄打非”进基层的工作标准，并承接了全省“扫黄打非”进基层现场会，推广余杭经验。余杭区临平街道和滨江区金东方社区示范点获评全国“扫黄打非”首批300家示范点，余杭区庙东社区为全省“扫黄打非”进基层示范标兵，富阳区新登镇等8家单位为全省“扫黄打非”进基层示范点。全国“扫黄打非”工作小组专职副组长李长江在检查杭州市“扫黄打非”进基层工作时，给予了“工作落实好、重点监管好、协助配合好、工作成果好”的高度评价。

全面推行“双随机一公开”监管 以实现市场监管公平性、行政执法公正性、执法结果公开化为目标，在全市率先实现了文化市场“双随机、一公开”监管举措。市、区两级文化执法机构共随机抽查文化类、网络文化类等企业1475家，检查总体情况良好，合格企业971家。对存在消防安全隐患的87家企业进行抄告和整改，对检查中发现的417家企业注册地与实际经营场地不一致的情况进行了重新登记，并变更相应手续，对检查中发现的已经停止营业未及时办理注销手续的经营场所进行了清理。同时，按要求将检查结果在市局门户网站进行了公开。

主题分馆建设 杭州图书馆与杭州植物园、阿里巴巴公益基金会合作，共同建立杭州图书馆自然分馆；与都市快报社合作，共同建立南宋序集(艺术)分馆；与江南养生文化村开发有限公司合作，共同建立健康分馆；与杭州国际城市学研究中心合作，共建城市学分馆。杭州图书馆主题分馆达14家。江南健康主题分馆获副市长陈红英批示表扬：健康主题分馆的开设，是一种探索，望在“健康杭州”建设中有更多惠民、利民、便民的主题分馆让群众共享。

公共图书馆数字资源覆盖中小学校项目 “课后也精彩”青少年课外阅读平台资源总量达到60.15太字节，全年服务少儿数字阅读575.7万余人次，较上一年增长132%。进一步加强培训，提高辅导团队专业技能，与省教育技术中心、市(区)教育局合作开展各类阅读活动和“课后也精彩”青少年课外阅读平台利用培训活动。在第83届国际图书馆协会联合会(国际图联)世界图书馆与信息大会上，此项目成为“图书馆如何为联合国2030年可持续发展目标做贡献”最佳案例。

杭州少年儿童图书馆学校阅读服务网点项目 新建初中、小学和幼儿园阅读服务网点15家，至年底已建成58家。全年累计为学校配送图书4.39万册，同时推送阅读讲座、活动等到学校13场，4216人参加。

“易悦读——你选书、我买单”活动 与杭州市新华书店城西银泰店合作，策划开展“易悦读——你选书、我买单”活动，提供“一站式”借阅服务，即读者在书店自主选书，由书店进行简单加工后，可直接将书借回家。

成功申报国际图书馆协会联合会“姐妹图书馆”项目 杭州少年儿童图书馆成为该项目在中国的唯一一家成员馆，为今后与世界上其他图书馆开展儿童与青少年方面的协作交流搭建平台。

承办全国2017“我最喜爱的童书”(杭州地区)评选活动 开展读书活动60多场，6800多人参与，荣获“2017我最喜爱的童书阅读推广活动”阅读推广贡献奖。

【大事记】

1月

4日　省文化厅公布了第二批浙江省非物质文化遗产生产性保护基地，杭州市王星记扇业有限公司等13家单位入选。

17日　杭州市全面推行文化市场“双随机”抽查监管工作启动仪式在萧山区举行。

21日至22日　“中国—西班牙文化艺术节”开幕式“中国梦五洲情”迎春晚会在杭州剧院举行。

2月

15日　省文化厅公布了第六次全省乡镇(街道)综合文化站评估定级结果，杭州市共有上等级站189个，实现了上等级率100%。

20日　经文化部评审，杭州市入选第一批(第二次)国家文化消费试点城市名单。

23日　全国“扫黄打非”办公室案件督办处处长刘艳宇一行赴阿里巴巴园区调研工作。

3月

30日　杭州市文化广电新闻出版局“联百乡结千村访万户”调研组走访农户3407户、企业161家，集中宣讲党代会精神19次，召开民情恳谈会(座谈会)25次，实地踏勘了滨河绿道，小城镇整治等情况，收集民生问题53个。

4月

18日　杭州市文化广电新闻出版局“联百乡结千村访万户”送戏下乡暨“千名文艺工作者赴基层”采风巡演启动仪式在临安市太湖源镇南庄村举行。

24日　2017年浙江省暨杭州市非法出版物集中销毁活动在杭州学军中学举行。

25日　组织召开2017年全市文化广电新闻出版工作会议，

回顾总结2016年工作成绩，研究部署2017年重点任务。

27日至30日　组织29家文化类企业参加第12届中国（义乌）文化产品交易会，展位102个。

5月

2日至3日　杭州市非遗代表性项目绿茶制作技艺大赛在西湖区转塘街道外桐坞村举行，西湖龙井、天目云雾、径山茶等多个品牌绿茶炒作技艺的代表性传承人60多人参赛。

9日至12日　杭州艺术学校舞蹈科2名学生双双摘得2017年全国职业院校技能大赛中国舞表演比赛银奖。

12日至15日　第十届杭州艺术博览会在浙江世贸国际展览中心举行。

6月

4日　2017年杭州市传统手工技艺展示活动在西湖天地举行，拉开了非物质文化遗产保护传承宣传月活动的序幕，西湖绸伞、桐庐剪纸、土布纺织技艺等22个项目参展。

15日　"联百乡结千村访万户青山绿水美丽乡村行"文艺工作者下基层采风巡演活动在临安市太湖源镇浪口村文化礼堂举行，杭州市副市长陈红英出席活动。

7月

4日　副市长陈红英一行到杭州市文化广电新闻出版局调研，听取杭州市文化重点工作推进情况汇报。

同日至6日　组织"最忆·杭州"杭州本土优秀节目晚会赴河南省三门峡市、陕西省西安市开展文化走亲专场演出。

8月

13日　杭州市首场曲艺进校园、社区（企业）、农村文化礼堂"三进"展演活动在富阳区渌渚镇新港村文化礼堂举行。

14日　杭州图书馆江南健康主题分馆在桐庐开馆，成为杭州图书馆与社会力量合作开办的第14家特色主题分馆。

19日至25日　2017年世界图书馆和信息大会（第83届国际图联大会）在波兰弗罗兹瓦夫召开。杭州市选送的案例《绽放自己的美丽——让每个女性发现自己的创造力》《青少年资源进中小学校》因关注弱势群体、积极发掘女性读者创造力而被作为亚太地区最佳案例在会上分享。

23日　杭州市文化广电新闻出版局组织召开2017年全市文广新系统半年度工作会议。

29日至30日　文化部专家组刘士林一行到杭州考察调研国家文化消费试点城市创建工作，充分肯定杭州市壮大文化产业，引领和拉动文化消费的各项举措。

9月

20日　"喜迎十九大·歌声献给党"第七届西湖合唱节合唱进校园首场活动在杭州艺术学校举行。

21日至25日　由文化部、浙江省人民政府主办，文化部外联局、浙江省文化厅、杭州市人民政府承办的第三届中国—中东欧国家文化合作部长论坛在杭州市举办。

26日　杭州图书馆参加江干区城管驿站"同心圆共建"现场会暨爱心捐赠仪式。

27日　杭州图书馆·欧洲艺术馆开展，法国总理为此发来贺信。

29日　"喜迎十九大·颂歌献祖国"杭州市第二十四届"三江"歌手大赛颁奖晚会在临平剧院举行。

10月

12日　杭州市首届戏剧大赛在滨江区文化中心举行，《少年中国强》《喜迎党的十九大，杭州人民心向党》等15件作品获奖。

是月　国庆节期间，全市文化市场执法部门认真开展"护航十九大'百日攻坚'"行动，共出动执法人员398人次，检查场所662家次，立案1件，取缔非法经营单位3家，收缴非法出版物319册，取缔大篷车演出3场。

11月

13日　第二批杭州市非物质文化遗产生产性保护示范基地名单公布，映山静水刺绣馆、吴越人家、王星记等21家单位上榜。

26日　国家级文化项目"中国阅读"杭州发布公众号上线。平台发布了首个2017年度"中国阅读"图书推荐榜，"哲学·宗教""政治·军事""经济·法律"等7个类别的68本图书上榜。

28日　与衢州市文化广电新闻出版局签署杭州—衢州"深化山海协作"文化合作框架协议。

30日　杭州市市属高校文化站授牌仪式在之江饭店举行，杭州师范大学等7所市属高校文化站正式挂牌。

是月至12月底　局系统党员先后走进全市10个城区，召开"走基层听民意文化为民"街道社区圆桌会，收集到各类意见、建议

823条。

12月

7日　杭州文化消费平台正式上线，首个文化消费体验周同步启动。平台以微信公众号为载体，打造线上获取资讯、线下消费体验、平台交易分析、精准对象传播的“O2O”消费“闭环”。

8日至13日　“不忘初心，讴歌新时代，学习贯彻党的十九大精神”杭州市硬笔书法作品展在杭州图书馆举行，展出优秀硬笔书法作品120多件。

9日　文化部第六次公共图书馆评估组在杭州图书馆对杭州图书馆、杭州少年儿童图书馆评估检查情况进行反馈，肯定成绩，对下一步工作提出了建议。

15日　“丝竹传韵”江南丝竹音乐展演在杭州艺术学校举行，杭州艺术学校、杭州歌舞剧院、海宁硖石小学的14支乐队演奏了《运河春早》等乐曲。

25日至29日　杭州市文化市场行政执法总队在全市范围内开展元旦、春节期间文化市场安全生产专项督查行动。

(袁延平)

杭州市县(市、区)文化工作概况

【上城区文化广电新闻出版局(体育局)】　内设职能科室4个，直属单位4家。2017年末人员37人(其中：公务员10人，参公9人，事业18人；具有高级专业技术职务资格的3人，中级3人)。

2017年，上城区文化广电新闻出版局在区委、区政府的坚强领导下，紧紧围绕“争创文化传承标杆区”的工作目标，以弘扬中华传统文化为着力点，以基层文化创建为抓手，深入实施文化惠民工程，丰富群众性文化活动，深入推进依法行政、“最多跑一次”工作，全力促进形成文化繁荣新局面。一是重热点、亮品牌，公共文化服务精彩纷呈。围绕“喜迎十九大”“建军90周年”“剿灭劣V类水”等热点工作，开展各级文化活动450多次，在市级以上文化赛事中争金夺银。对标“文化传承标杆区”，推出“传承南宋古韵味，树立文化标杆”传统年节文化特色活动；突出创新共享，牵头组织举办2017杭州南宋文化节暨“首届中国南宋文化共享日”活动。全区共组织大中型文艺活动60多场，“百团百场”、送戏下乡等文艺演出100多场，传统节庆活动200多场，公益性培训或讲座500多次，惠及群众30多万人次。二是重便民、管行业，辖区文化市场规范有序。结合“最多跑一次”改革，局48项行政审批事项全部录入省政府服务网、全部实现“最多跑一次”、全部对外公开、全部进入行政服务中心、全部实现“三个全覆盖”(网上申请全覆盖、证照快递送达全覆盖、电子审批和电子归档系统全覆盖)；截止到10月31日，共办理行政审批、备案总计402件；办理零跑腿(双向快递服务)4类91件；开展“助推改革、换位体验活动”4人次，其中一把手、分管局长分别开展2次，专题召开“最多跑一次”部署会、分析会、汇报会5次，开展“最多跑一次”学习交流1人次；局服务窗口被区行政服务中心评为标兵窗口2次，服务之星5人次，被《杭州日报》、杭州明珠频道民生栏目、《上城报》分别报道1次；全年行政服务、咨询、许可无投诉、无复议、无诉讼。三是重传承、强宣传，非遗传承保护有序推进。继续深化非遗保护工作，辖区省级以上代表性项目数量位居全市第二；融非遗展示、展演、传习、展销于一体、线上线下相互呼应的非遗展示中心于年底揭牌。积极申报各级非遗名录项目，加大名录体系建设。推动非遗进校园、进社区活动，抓好非遗特色学校建设。做好暑期非遗社会实践活动，联合街道、社区开展活动40多场。做好大运河沿岸文化大发展调研。充分利用首个“文化和自然遗产日”，联合街道组织13场系列活动，开展非遗展示、展演、展销活动。

(王　哲)

【下城区文化广电新闻出版局(体育局)】　内设职能科室4个，下属文化事业单位4个。2017年末人员43人(其中：机关7人，事业36人；具有中级专业技术职务资格的3人)。

2017年，下城区文化广电新闻出版局以提高区域文化软实力为目标，加快推进公共文化标准化建设，促进公共文化的转型升级。一是公共文化服务体系建设成效显著。申报的下城区“社区公共文化服务动态评估体系”项目成功入围第四批国家示范项目。创建省第三批公共文化示范项目“公共文化群众需求与反馈机制”顺利通过验收。发布国内首个《社区公共文化服务绩效评估白皮书》和《公共文化服务满意度蓝皮书》。“个性定制”的公共文化服务先进经验2次被《人民日报》刊登，“1＋N”标准化体系建设获文化部高度认可。推动

《社区文化动态评估规范》升级为市级规范、《公共文化服务第三方评价规范》升级为省级规范。公共文化服务综合排名保持全省第四位。二是“欢庆十九大”系列活动丰富多彩。积极打造“武林文化”城市特色文化品牌，围绕“欢庆十九大”，开展“群众文化周——下城原创节目精品会演”“社区文化月——星级团队展演季”等“武林文化节”系列品牌活动。建成开放区级非遗中心，举办“画里下城”民俗画展及非遗展示体验活动。完成政府采购送演出60场、送培训1000课时。围绕“剿灭劣V类水”，开展“浙水千秋·最美下城——剿灭劣V类水”实地采风、作品征集、主题创作、专场展演等系列活动。三是公共文化服务载体与平台不断创新。推进跨区域文化走亲、文化扶贫工作，圆满完成文化部、中央文明办“春雨工程”全国文化志愿者广西行群众文化活动周活动以及黔东南黎平县文化走亲交流活动等，探索开展下城·那曲汉藏交流民族文化走亲专题演出。高质量做好全民阅读推广工作，区“品质阅读·书香下城”全民读书年活动获第十一届西湖读书节优秀项目。积极创建省级文化强镇(街)2个，启动街道级公共文化服务示范项目评选，开展一社一品评选活动，首届推出10个社区文化品牌。四是“护航十九大”文化市场监管有力。全面做好“护航十九大”文化市场安保工作，营造和谐稳定的文化市场环境。以“扫黄打非”“清源”“秋风”“净网”“护苗”和“固边”专项行动为抓手，积极开展文化市场安全大检查及专项整治行动。持续强化网络文化市场监管，创新“双随机”抽查监管方式，积极探索文化市场分级分类管理工作，努力构造安全、有序、规范、健康、和谐的下城文化环境。深入贯彻文化市场综合执法，创新市场管理体制机制，丰富管理方式手段，提高文化市场综合执法能力和水平。全面落实“最多跑一次”改革，探索“互联网＋行政审批”新模式。

（徐李蓬）

【江干区文化广电新闻出版局(体育局)】 内设职能科室4个，直属单位6个。2017年末人员50人(其中：公务员9人，参公11人，事业30人；具有高级专业技术职务资格的4人，中级11人)。

2017年，江干区文化广电新闻出版局围绕中心、服务大局，坚持问题导向、理念引领、项目推进、系统提升，在场馆建设、重大活动、标准建设等工作上取得成效。建成九堡、丁兰文化体育中心，基层文体设施得到明显改善。牵头举办全国书法大赛、中国—中东欧16国文化部长论坛纳凉晚会等重大活动。新增省文保单位2家、市文保点1家。制定的《文化团队标准化建设》被评为省级标准并在全省推广。一是群众文化开展。举办第七届钱塘读书节，开展“钱塘文荟”讲座、“钱塘周末”文化沙龙、“钱塘书房”等系列活动74场，参与人员近1万人次，被评为第十一届西湖读书节“先进单位”。举办群众喜爱的主题展览、专题讲座、全民读书节、文化艺术培训班等文化惠民活动，活跃群众文化生活，公众参与达40多万人次。区文化馆免费开设市民培训班12个班次、机关培训班7个班次，培训人员500多人，14个团队经过预约在文化馆举行了近300次活动。二是文化艺术创作。区文化馆钮约少儿舞蹈团创作演出的《西湖鸭丫》获第九届全国小荷风采展演金奖。承办第三届中国—中东欧国家文化合作部长配套文化活动，创新采用“一步一景”“一静一动”的文化展示方式，为16国文化部长、政府文化代表团献上具有中国特色的文化盛宴。举办江干区第四届市民摄影节作品展，以“喜迎十九大·江干新变化”为主题，展出市民创作的摄影作品80幅。参加杭州市“第二十四届‘三江歌手’中老年组总决赛”，江干区参赛选手歌曲《小路》获银牌。三是文化市场管理。开展文化经营单位换证工作，涉及企业897家，换发新证803份。稳步推进“最多跑一次”审批改革，共涉及47个主项、56个子项，完成率达100%。对文艺表演团体、演出场所、演出经纪机构等7类文化经营单位，进行年度登记统计网上申报工作，共发放各类报表280多份，涉及企业278家，从业人员2369人，经营面积10.33万平方米，资产总额245008万元，营业收入113142万元，利润50315万元。加大从业人员培训力度。举办文化经营场所法定代表人和负责人培训班7期，培训期间发放各类宣传资料6000多份，受训1000多人次。实施网吧分级管理，制定出台《江干区互联网上网服务营业场所分级管理办法》，通过业主自评、协会初评、部门复评、结果公告、上门授牌的方式，评出A级单位36家、B级单位56家、C级单位4家，待评定单位12家，对不同等级网吧采取不同的检查频率。建立文化市场巡查机制，共出动检查1400多人次，检查文体场所2183家次，保障党的十九大期间文化市场的安全稳定。四是文化设施建设。江干区图书馆共投入购书经费150万元，采购新书5.21万册，馆藏图书总量37.46万册，提供报刊452种。编印《江干图书信息》12期，新书新碟推荐12期，推出“新书月月点”12期。区图书馆全年接待到馆读者45.85万人次，全年借阅人次8.20万人次，总流通量为93.50万册次。建成李白餐厅图书馆、艺术主题图书馆两处特色主题图书馆，配送图书7000多册；与邵逸夫医院共建咖啡流通书吧，配送各类图书500多册；开展阅读进机关服务活动，在政府机关大楼开设流通点，全年送书478册。建立法人治理结构，成立江干区图书馆理事会，加强业务档案管理，完成全国第六次县级以上公共图书馆评估定级工作，被评为国家一级馆。五是文化遗产保护。加强文物保护。全区有全国重点文物保护单位1处，省级文物保护单位3处，市级文物保护点3处，民办博物馆6家。举行“传承钱塘文脉　推进文化兴盛”江干区文化遗产展示暨2017年文物保护总结活动，增强群众文物欣赏能力和保护意识。加强非物质文化遗产保护。新增区级非物质文化遗产名录9项、非物质文化遗产传承人9人。全区共有区级以上非遗项目名录41项、非遗代表性传承人21人。组织非遗培训活动。举办“非遗武术班”“珠心算”培训班。主办区非遗保护月活动等非遗保护系列活动。推动非物质文化遗产对外交流，组织非遗项目参加第12届中国(义乌)文化产品交易会、第四届两岸经济论坛、第十四届世界华商大会等。南宫秀文化创意有限公司被列为第二批杭州市非物质文化遗产生产性保护示范基地。

(李心怡)

【拱墅区文化广电新闻出版局】
内设职能科室4个，下属单位7个。2017年末人员63人(其中：机关12人，参公9人，事业42人；具有高级专业技术职务资格的4人，中级13人)。

2017年，是拱墅文化工作有序、健康、快速发展的一年，各级各部门在有效完成年度常规任务清单的同时，重点目标任务和创新目标任务更是硕果累累的一年，具有里程碑式的意义。文化规划正式出台。在区“文化引领”发展战略领导小组的指导下，《拱墅区文化发展规划(2018—2021)》正式出台。这也是全市首个县(市、区)级的文化发展规划。规划围绕“全面融入大运河文化带建设”核心，明确了文化与各领域融合发展的八个“文化＋”实施路径，通过开展提升一批文创园区、建设一批文化设施、打造一批文化地标等“九个一批”108个项目，到2021年将拱墅区打造成大运河文化带发展的先行先试区，使运河拱墅段成为展示中华文明金名片的核心地带。文化服务渐入佳境。全区公共文化场馆均向群众免费开放服务，打造老百姓自己唱主角的“民星大舞台”，初步形成覆盖所有街道的群众性文化活动品牌。中外文人齐聚拱墅。举办了2017第三届中国诗歌春晚浙江分会场活动、第六届杭州大运河国际诗歌节和两岸文学对话。非遗传承闻名全国。拱墅是大运河杭州段文化遗产最集中、旅游资源最丰富的区域。区文广新局牢牢依托拱墅深厚的历史底蕴和丰富的传统习俗，做好非遗保护传承利用的文章，10月，文化部非遗司复函支持在拱墅设立传统工艺工作站。文保工作留住乡愁。5月以来，在全区城中村改造地块范围内，抢时间、比速度，全力开展老物件的征集保护工作，通过征集、捐赠、收集等形式，已有登记在册老物件935件、童谣166首、地方志五本。全区文化市场更加繁荣，文化市场管理更加规范，服务更加周到。文化市场执法更加严格，依法行政守住底线。

发布并实施《社会力量参与公共文化服务》地方性规范，对社会力量参与公共文化服务的绩效做出量化评价。完成浙江省公共文化服务体系制度设计课题“社会力量参与公共文化服务建设模式研究”并撰写结题报告。与中国计量学院合作开展公共文化服务体系“第三方”考评工作，对全区各街道、社区、社会力量参与公共文化服务的单位、名人工作室、文化体验点等开展了第三方考评。搭建“拱墅区社会公共文化绩效评估网络平台”，全区基层文化场馆、机构投入使用。一是群众文化方面。3月至10月，开展“十百千”工程，强化提高基层文化工作人员专业技能。完成“十支精品文艺团队”进馆扶持，开展了舞蹈、声乐、书画等多个门类的业务辅导，累计开展540课时，培训6480人次。完成“百名文化员”“千名文化志愿者”培训，累计开展60课时，培训1280人次。3月至12月，开展“2017年拱墅区基层公共文化示范项目创建”，经专家组评审，产生康桥街道“‘你不孤读’数字读书推广项目”、大关街道“百姓书场”、米市巷街道“城市综合文化站精准化服务实践探索”、上塘街道“‘蔡马人家’基层综合文化服务中心”、拱宸桥街道“‘桥西之家’文化家园”5家创建单位和创建项目。参与“杭州市我送你秀”百家社区文化行活动。完成16个社区的送图书、送讲座、送演出、送艺术培训，共计32场。按计划开展“民星大舞台”“五送五进”“文化走亲”“剿灭劣五类水文艺演出进社区”等文化惠民活动。全年完成“民星大舞台”105场，“送电影下基层”60场，“送演出下基层”60场，“剿灭劣Ⅴ类水文艺演出进社区”10场，文化走亲34次，送讲座展览58场。加强“1＋10公益培训基地”建设。以区文化馆(北城馆)为中心，在米市巷等6个街道及长阳小学、老开心茶馆、剑瓷视界、拱墅区摄影家协会等地共设立了10个基层公益培训点，共开办61个班别、915课时的公益培训，服务1.56万余人次。开展“文化走亲”活动。区文化馆分别与余杭文化馆、富阳文化馆、江干文化馆等地开展了“文化走亲”活动，区图书馆分别与杭州少年儿童图书馆、良渚文化艺术中心大屋顶、下城区图书馆等开展了10场“文化走亲”活动，促进区域间文化交流。举办庆祝建军九十周年系列活动、大运河申遗成功三周年活动等。实施“运河·好奇实验室”亲子科学实验项目、“运河畅想之旅”传统节日互动项目、运河妙趣沙艺社少儿运河文化体验项目等。二是文艺创作方面。9月，创作的舞蹈《泥猫和蚕娘》参加浙江省广场舞大赛获金奖。音乐剧《半山小泥猫》参加杭州市戏剧大赛获少儿组创作金奖和表演金奖。创作歌曲《立夏歌》《半山小泥猫》并拍摄MV。在《中国文化报》、《花港》词刊、《杭州群众文化》等发表各类作品19篇。策划、实施、完成拱墅区第五届“我的运河我的家”文学征文活动，并完成了优秀作品集的编纂、发行等。区文化馆获得杭州市第二十四届“三江”歌手大赛组织奖。三是阅读服务方面。区图书馆理事会运行良好，深入开展具有拱墅特色的全民阅读活动，成功举办了第三届“书香拱墅悦享精彩”全民阅读节，先后荣获杭州市青少年科普教育基地、浙江省未成年人朗诵大赛优秀组织奖、杭州市青年安全示范岗、杭州市第十一届西湖读书节优秀项目等荣誉称号。区图书馆丰富多元的读者活动及工作成果吸引了新华社、中国新闻网、浙江日报、浙江在线等媒体的争相报道，各级媒体报道共计27篇(条)。浙江省非遗文献馆揭牌开馆。位于运河文化广场的拱墅区图书馆老馆，经过近一年的提升改造，于6月10日华丽转变，成为浙江省首家非物质文化遗产文献馆，也是拱墅区图书馆非遗文献主题分馆。场馆的服务面积2000多平方米，内设阅览座位200多个，设计藏书量3万册，设有服务大厅、序厅、沙龙区等多个功能区，每周开放时长48小时，开馆半年接待读者10万余人。组织开展了文献资料征集和“十佳百优”非遗图书评选活动，共收图书资料2030种，对评选出的“十佳”非遗图书获奖者进行颁奖，举办了“十佳百优”非遗图书大展。首家自助借阅空间“运河书房”建成开放一年，到访读者2万余人。数字图书馆持续运行，4月至10月，区图书馆先后在拱墅区政府、新盛集团建设工地、拱墅区消防大队等地开展了8场数字阅读推送活动，发放数字阅读卡累计达3000多张。

(杨于佳)

【西湖区文化广电新闻出版局】 内设职能科室6个，下属事业单位3个。2017年末人员49人(其中：机关12人，参公14人，事业23人；具有高级专业技术职务资格的5人，中级4人)。

2017年，西湖区文化广电新闻出版局认真贯彻落实省市精神，以创建“第三批浙江省公共文化服务体系示范项目”为契机，积极开创工作思路，全方位推进文化事业发展。一是提高活动质效，加大文化惠民力度。成功举办群众文化艺术节、西湖交享阅、戏聚群音汇等“千场文娱健康活动”2200场次，完成百场美丽文化活动105场。成功承办“2017两岸文学对话”“我们的村晚”“杭州市非物质文化遗产代表性项目绿茶制作技艺大赛”“龙坞开茶节”等重大活动。图书馆举办各类人文公益活动150期，到馆人次40万以上，借阅量超百万册次，各基层网点借阅在60万册次以上。二是提升公共设施，提高文化阵地设施水平。牵头完成位于蒋村D－03地块的文体中心

(浙商文化中心)建设,总建筑面积为111860平方米,文体功能齐全,于10月建成并投入使用;完成位于北山街道弥陀寺文化公园内的西湖区非遗馆建设,面积659平方米,展馆内共有市级以上非遗项目35项、实物50多件;完成区文化馆改造提升,新馆增设了舞蹈、乐器、摄影、书画、琴房等专业艺术培训教室,开馆以来,举办各类活动144场次;有序推进"陈宅"异地迁建项目,迁建方案确定后,现场基础施工、雕刻、木结构搭设等工作有序进行,将于12月底前竣工。三是注重制度建设,提升公共文体服务软实力。制定出台首个文化类地方服务标准《公共文化跨区域服务规范》(DB330106/T 002—2016),进一步规范了跨区域演出、展览(展示)、培训等公共文化服务内容;完善智慧文体网络服务体系建设,完成《"三网合一"智慧文化网络服务体系研究报告》,出台《"三网合一"智慧文化网络服务体系实施意见》;制定出台《西湖区推进基层综合性文化服务中心建设实施方案》,进一步规范全区综合文化站建设和考核标准。

(冯丹丹)

【高新区(滨江)社会发展局】 内设职能科室2个,下属文化事业单位2个。2017年末人员16人(其中:机关6人,事业10人;具有高级专业技术职务资格的4人,中级2人)。

2017年,滨江区文化工作紧紧围绕现代公共文化服务体系建设中心工作,结合省、市文化主管部门相关要求,大力推进全区文化事业纵深化发展。一是完善公共文化阵地。区群文中心9月30日正式开馆。该馆位于区文化中心五楼,建筑面积2400平方米,涵盖区文化馆、区非遗中心、区美术馆等功能区块,内设展览厅、音乐厅、培训室等。区图书馆通过全国第六次县级以上公共图书馆评估定级,定为县一级公共图书馆。图书"一证通"工作已完成27个基层服务点建设,包括网易图书室、中国Wi-Fi产业基地图书室2个企业服务点。提升公共场所设施。提升改造白马湖、冠山、新浦、滨文社区公共文化场所。新增官河社区公共文化场所。二是丰富群众文化活动。继续推进文化品牌工程。文化产品配送服务中,送演出进基层50多场,送电影1150场,服务人群10万人次。打造"滨江四季"经典文化品牌,以区文化中心剧院为依托,开展了新春音乐会、童话剧《绿野仙踪》《海底两万里》及话剧《谁主沉浮》演出等活动。开展类型多样的文化活动。举办"4·22世界地球日——千人共读《寂静的春天》""4·23世界读日——书香科技城读书节启动仪式"和"杭州市第一届MINI创客节"大型活动3场,直接参与人数2万余人。开展"笔墨凝书香,春联进万家"送春联活动。三是紧抓文化人才队伍培养。重点推进"文艺大课堂"工作。免费开展菜单式文艺培训。课程由文艺骨干自助点单报名,举办培训1000课时,培训1万余人次。举办区文艺骨干集中培训。重点培育2016年已命名的葫芦丝表演队、白马湖民乐队、魅影舞社等10支特色文艺团队,不断打造文艺团队的文化特色。四是开展非遗宣传保护工作。以文化活动为载体宣传非遗。开展了"古韵新情、欢度元宵"老街节庆活动和"此心安处是吾乡"滨江区少儿故事大赛。启动了"非遗成果进校园"活动,深入西兴小学、丹枫实验学校、博文小学等学校进行非遗宣传。选送《水袖江南》《盛世鸿姿》《问春》等节目参加杭州市群众文化走亲大联动文艺演出活动。举办滨江区第六届群众文化艺术节,包含"剿灭劣Ⅴ类水·建设美丽滨江"文化采风、2017年"高新音为你"滨江区第七届歌手大赛、2017年"人文滨江·群星璀璨"文艺新作品大赛等活动。以传承基地建设为重心推进非遗保护工作。建立区省级非遗项目传承保护基地,在丹枫实验学校、长河小学分别设立西兴竹编灯笼、长河蓝印花布教育基地并挂牌。

(来佳萍)

【经济技术开发区社会发展局】
2017年,经济技术开发区社会发展局抓好区域文化共建,积极推进公共文化阵地建设,大力开展群众文化特色活动,各项文化工作稳步推进。一是构建校地公共文化共建机制。发布《高校文化站建设服务规范》,明确了高校文化站术语和定义、组织与管理、评估体系、评估过程、监督考核等指标体系。这是全国出台的首个关于高校文化站建设服务规范的地方性标准。该标准的颁布是开发区与高教园区新一轮战略合作启动以来,双方贯彻落实全国、全省高校思想政治工作会议精神,做好新形势下高校思想政治工作,抓好区域文化共建,繁荣发展区域文化的一项重要举措。开发区驻高校文化站是开展校地文化共建工作的重要组织依托。至年底，14 所高校文化站已运行两年多，高校文化站主要由校团委进行日常管理，区社发局进行业务指导。二是加强公共文化阵地建设。新建新元社区、景园社区、晨光社区 3 个社区图书室，以及新元社区、江潮社区、晨光社区、朗琴社区 4 个“一证通”基层服务点，改善大北社区公共电子阅览室 1 个。联合开发区总工会、开发区高教办开展第四届“书香东部湾”最佳图书室（馆）评选活动，经实地考察、专家组评选，入围图书（室）馆 19 个，并从中评选出最佳图书室（馆）10 个。三是加强基层文化骨干培训。举办“2017 年社区文化教育工作者暨团队骨干培训班”，社区文化专员、示范社区学习共同体、群众文化星级示范团队骨干以及历届百姓学习之星 70 多人参与培训。举办公共文化服务体系建设基层服务点培训会，全区 22 个已建服务点和是年 4 个新建点社区的文体委员以及图书管理人员 40 多人参训。四是开展群众文化特色活动。开展群众文化特色活动项目申报工作。开展评审会，辖区 22 个单位的 25 个项目参加现场展示和评审，最终确定立项项目 20 个，并由开发区社发局进行表彰及扶持经费划拨。开展群众文化星级示范团队评选。通过申报筛选、现场展示、实地查看和专家评审等环节，授予青少年宫演艺社团等 39 支群众文化艺术团队开发区 2017 年度群众文化星级示范团队称号，授予浙江育英职业技术学院艺术团舞蹈社等 15 支群众文化艺术团队开发区 2017 年度群众文化示范团队称号，并分别给予相应经费补助扶持。开展“我最喜爱的新春文化活动”评选，28 个活动获选。评选结果分 3 个等级，并分别给予经费补助扶持。开展第三届全民阅读节暨“书香东部湾”活动。活动以“学习，让三次创业更精彩”为主题，开展“经典诵读演讲”系列活动、“文化大讲堂”巡讲活动及各类评选活动。举办“发扬垦荒精神，推进三次创业”征文大赛、第三届开发区青年歌手大赛、首届花样年华时尚选拔活动等。开展“文化走亲，越走越亲”活动，组织开发区文艺团队、高校示范团队以及社区的优秀节目赴嵊泗、遂昌、建德、富阳开展 4 次文化走亲活动，并携手诸暨市文化广电新闻出版局举办“诸暨走进开发区——文化走亲、文艺演出”活动。开展学正国学公益大讲堂系列活动。公益大讲堂设在学正小学，每月举办 1 期，共 10 期，分为大型普及课程、常规兴趣课程，采取自愿报名的原则，以线上填报为主，通过网络填报或直接扫码报名，引导社会大众亲近经典、接受经典、传承经典。开展非遗文化进校园活动，举办了非物质文化遗产进校园演出暨非物质文化遗产保护志愿者服务队授牌仪式。举办喜迎党的十九大开发区美术书法主题创作作品展，共收到书画作品 285 幅，并有 5 幅美术、书法作品入展杭州市“翰墨抒情·喜迎十九大”美术书法作品展。开展“文化惠民季”活动。全年累计举办文化演出 30 场、放映电影 100 场。

（房露婷）

【萧山区文化广电新闻出版局】 内设职能科室 7 个，直属单位 9 个。2017 年末人员 208 人（其中：机关 25 人，事业 183 人；具有高级专业技术职务资格的 31 人，中级 76 人）。

2017 年是打造体现世界名城风貌的现代化国际城区的开局之年，也是放大杭州 G20 峰会效应、抢抓亚运机遇的关键之年，萧山区文化广电新闻出版局围绕“迎亚运、立新功、展新姿”的工作目标，牢固树立以人民为中心的工作导向，深入贯彻全面从严治党各项要求，准确把握当前萧山所处的历史方位，全面加强现代公共文化服务体系建设，着力提升区域文化软实力，取得了明显成效。一是品牌活动有序推进，映照惠民情。文化惠民活动多样。开展萧山区 2017 年春节及元宵文化系列活动、跨湖桥文化艺术节、“品牌艺术团、星级团队、文化志愿者大队展演活动”，继续培育周末剧场、湘湖讲堂、“你点我送”、文化直通车等文化惠民品牌。举办 2017“金溢杯”第十届少儿故事演讲大赛、第九届少儿书画大赛、第六届青年歌手大奖赛等区级群文原创作品评选活动。全年举办区级演出近 200 场，“你点我送”文化下乡 110 场，各类讲座展览 200 多期，新建文化礼堂 20 个。萧山博物馆和跨湖桥遗址博物馆开展“拓片制作”等第二课堂特色活动 130 多场次，累计接待观众 131.6 万人次。全民阅读氛围浓厚。萧山图书馆建立 22 个支馆，农家书屋和社区分馆 499 家，企事业分馆和流通点 84 家，全年累计接待读者 142 万人次，文献借还量 116.55 万册次。“4·23”世界读书日，打造国内首家区县级官方认证的阅读类微信公众号“好好读吧”，打造纯公益的线上朗读亭；先后举办“朗读萧山”“浙江省公共图书馆阅读马拉松”和“‘唯知识，普天下’全民阅读行动”等一系列阅读活动，开展“来图书馆看敦煌”系列活动，探索“你点书，我买单”悦读活动。鼓励全民参与，大力倡导全民阅读新风尚。实施城市书房首个试点项目，完成选址、设计方案审定等工作，力争打造成为有品位的公共文化空间。文化精品力作纷呈。萧山区群文戏剧事业再登高峰，话剧小品《实话实说》和绍剧小戏《让爱飞翔》分获杭州市戏剧大赛创作和表演的双料金奖、银奖，原创歌曲《萧山》获杭州市第二十四届“三江”歌手大赛青年组铜奖，MV 凸显了萧山美景和浓厚的萧山情怀，成功注册音乐版权。盘活场馆资源，萧山画院新址(原萧山图书馆)于 10 月 10 日正式起用，陆续开展“秋声·萧山画院书画作品邀请展”“此心安处是吾乡·来楚生书画篆刻艺术展”等高规格展览，进一步向社会展示了萧山籍艺术家的风采。全力配合承办“记得住乡愁”晚会，本土原创《蝶变萧山》《欢迎回家》等 8 个节目精彩助力萧山人大会。二是文化遗产保护全面加强，凸显守护责。文物修缮持续开展。2017 年是区第二轮文物保护修缮三年计划(2016—2018)的关键之年，列入维修项目 8 个，总投资约 2300 万元。南大房、祇园寺西厢房完成修缮工作，省保单位务本堂维修报省局立项并通过专家评审；河上蒋家老屋和楼塔陈家祠堂施工稳步推进；所前娄家墙门，新塘曹氏宗祠、万寿庵等项目设计方案完成报市局批准。非遗保护与传承并重。积极推进非遗基地和传承人评审工作，南宋官窑等 3 个项目被评为第二批浙江省非遗生产性保护基地，徐同泰等 4 个项目被评为第二批杭州市非物质文化遗产生产性保护示范基地，29 家基地被评为首批区级非遗基地；“河上龙灯胜会”傅叶茂、“翻九楼”钱小占被评为国家级代表性传承人，新增区级代表性传承人 23 名，区内 5 名传承人荣获省、市“工匠”荣誉称号。绍剧项目成功晋级，成为区第 11 个省级非遗项目，萧山区也获评第四批传统戏剧之乡，“非遗进校园”、基地教育传承和专项培训班均取得喜人成绩，通过参赛、参演、汇报演出等方式崭露头角，屡创佳绩。文物违法行为从严查处。加强对文保单位的安全隐患排查，不定期对存在安全隐患的文保单位进行抽查，发现问题立即下发整改通知书，督促镇街及时整改安全隐患。依法查处涉及世界文化遗产、全国重点文保单位大运河—浙东运河(萧山段)、省级文保单位萧绍海塘(北海塘)的 6 起未经上级文物等相关主管部门批准的违法建设行为，对涉案单位做出停止施工、限期整改、罚款、通报批评等处理，并由区政府予以通报批评。主动服务“五水共治”“交通大会战”等区级相关工程项目审批，开展遗址踏勘、抢救性挖掘和不可移动文物的保护工作，做到城乡建设和文物保护有机统一。三是文化交流有效提升，彰显国际范。地方文化内涵深度挖掘。连续八届的跨湖桥文化节打响了萧山区“跨湖桥文化”品牌。跨湖桥遗址博物馆国际学术论坛的成功举办，引起了国际、国内专家的普遍重视，逐步搭建起了国内外多学科领域共同参与研究跨湖桥文化的平台；以中国早期玉文化研究为切入口，对跨湖桥遗址玉器材料及工艺进行了深入研讨和比较研究；引进了“玉出东方——敖汉红山文化玉器精品展”。萧山博物馆与上城区联合推出“天水一朝——两宋印章的渊源与走向文物展”，是我国首次官印集中实物展；原创展览“陶瓷之间——印纹硬陶与早期青瓷器特展”获第十一届全省博物馆陈列展览优秀奖，越窑青窑茶具荣获 2017 年首届“浙江省十佳文创产品”奖。南宋官窑艺术馆、萧然花边艺术馆、吴越古文化博物馆等民营场馆活动丰富、各有所长。对外文化交流活动活跃。以 2018 年央视《东西南北贺新春》特别节目录制为契机，积极组织推荐区文艺群众团体参演，深入挖掘萧山本土文化元素，萧山花边、萧山萝卜干、丝绸画缋等 11 个非遗民俗项目参与展示，12 个艺术团队、116 名演员及众多广场舞演员和配舞演员精彩亮相，展现了萧山浓厚的历史文化底蕴。区文化馆选送燕云艺术团新排传统小戏《初会》《十八相送》走进央视戏曲频道《一鸣惊人》栏目。萧山花边走进央视《我有传家宝》栏目。在第八届跨湖桥文化节暨“联合国代表团中国萧山文化行”活动中，南宋官窑、萧山花边等 11 个非遗项目的精彩展示和楼塔细十番、花边舞蹈、绍剧表演等三大具有浓厚地域特色的非遗演出，让来自 22 个国家的 56 位联合国代表连声赞叹。首次组队开展跨省走亲，绍剧艺术和细十番分别远赴广州、丽江开展文化交流。优秀文艺项目有序引进。以萧山剧院为主要演出平台，引进了“中国古筝第一人”王中山独奏会、第十五届“文华奖”获奖剧目《麻醉师》、中国铁路文工团反腐题材话剧《叩问》等一系列媲美国际水准的优秀剧目，整体上座率超过70%，社会反响热烈。同时，积极探索市场化、商业化、产业化运作方式，鼓励民间文化团体积极参与组织商业性文化交流。四是市场引导扶持管理，展望产业梦。“最多跑一次”改革落地见实效。全面推行“互联网+政务服务”，形成“在线咨询、网上办理、证照快递送达”的便民服务运行机制，调整和完善“最多跑一次”事项62个主项76个子项审批流程、审批清单等要件，并向社会公布实施。提供便利化服务，对不需要踏勘现场的审批事项，按时受理，及时审核，即时办结，实行“四个一”，即“一次办结”制，邮箱预审“一站式”服务、电话指导一次性服务和“最多等一天”审批制度，全年通过邮箱补件受理和预审许可事项达108项。全年累计提速128个工作日，提速12%以上，共受理行政审批项目474件，办结444件，实现最多跑一次351件；261个事项稍等片刻，立等可取，行政审批“最多跑一次”改革初见成效。文化市场实现平安有序繁荣。全力保障护航党的十九大，全面落实喜迎党的十九大期间的各项安保措施，严格抓好各类重要会议和节点全区各类文化阵地和文化市场的监管，切实维护文化安全。全年共进行执法检查2387次，出动执法人员8378人次，检查各类场所8834家次。积极推广分级管理工作机制，网吧分级更加科学规范，娱乐场所综合分级稳步推进，并与信用建设进行无缝对接。推进智慧网络监管中队建设，健全执法全记录数据大平台，视音频监管扩大至文物、网吧、演出场所、歌舞娱乐场所等领域，进一步规范执法人员的日常巡查工作，实现执法视频数据的统一存储。严厉打击无证经营行为，紧紧依靠当地党委政府，紧密联系公安、市监等职能部门，始终保持对“黑网吧”、“大篷车”演出、音像出版游商摊贩等各类无证经营行为的高压严打态势。建立健全“双随机”工作机制，成功承办全市文化市场“双随机”抽查监管工作启动仪式，全年开展“双随机”检查35次，检查各类场所193家次，发现问题场所49家次，其中，立案调查2家，列入异常名录15家，检查结果均向社会公开公示。文化产业高端融合发展前景向好。浙江国家音乐产业基地萧山园区入围广电总局创建名单，将成为继上海、北京、广州、成都之后的全国第5席；积极支持社会资本投资文化事业，中国青年文体创新创业基金等多个平台落户萧山。

（周寒瑜）

【余杭区文化广电新闻出版局（体育局）】 内设职能科室8个，直属单位12个。2017年末人员198人（其中：机关21人，事业177人；具有高级专业技术职务资格的24人，中级75人）。

2017年是党的十九大胜利召开的重要一年，余杭区文化广电新闻出版局紧紧围绕区委、区政府中心工作和年初制订的工作目标，进一步健全现代公共文化服务体系，加强文化遗产保护利用，繁荣文艺精品创作，规范文化市场秩序，取得了明显成效。一是布局精准，完善现代公共文化服务体系。推进公共文化设施建设，临平街道、星桥街道、径山镇文体大楼完成提升改造。开展区图书馆维修改造工程，进一步提升读者的阅读环境。扎实推进镇村影院建设，完成4526场公益电影放映。文化体制机制持续创新。以《余杭乡镇（街道）综合文化站公共服务规范》地方标准为蓝本，出台《浙江省乡镇综合文化站公共服务规范》，进一步完善基本公共文化服务标准体系，提高乡镇综合文化站服务效能。在区图书馆、博物馆、文化馆等公共事业单位组建理事会，充分发挥理事会成员参与决策管理的作用，持续激发公共文化场馆活力。加大西部5镇文化工作扶持力度，深入推进“文化西进”工作，径山镇创建为浙江省文化强镇，瓶窑镇南山村创建为浙江省文化示范村。开展径山铁岭关古道、黄湖东坞礼堂等项目修缮工作。指导鸬鸟镇、百丈镇建设非遗展示馆。全年送文艺演出进西部60场，电影放映1206场次，图书1万册，举办各类培训72次，培育区级一级文艺团队8支，上等级团队31支，进一步推动公共文化服务体系的均等化建设。开展各类文化惠民活动。举办“唱支山歌给党听”余杭区合唱邀请赛、“党在我心中”诗歌征文及诗歌朗诵会、“喜迎十九大　丹青抒情”美术作品展等活动，直接参与人数达10

万余人次。开展“醉美余杭”四季文化赛事精品活动，邀请名人名家举办个人专场演出，群众文化获得感稳步提升。据统计，全年举办各类文体活动7000多场，参与群众100万余人次。余杭小百花越剧艺术中心获第七届全国服务农民、服务基层文化建设先进集体。余杭区荣获2017年度全省基层公共文化服务绩效评估第一名。二是自信增强，构建优秀传统文化传承体系。扎实推进文物保护利用，开展广济桥、桂芳桥安全监测，完成广济桥养护和雷家桥古纤道等3处修缮项目，刘世定民居、应龙桥等8处文物维修工程竣工，实施完成安乐塔安防工程。新增玉架山遗址等5处省级文物保护单位、柴车墓遗迹等14处市级文物保护点。出版《重修余杭文物志》。安乐塔等2处档案通过省文物局验收。举办首个文化和自然遗产日活动。区文广新局荣获浙江省第一次全国可移动文物普查工作先进集体、杭州市文物工作先进单位。余杭区文博事业发展水平评估指标数据综合排名列全省第四。非遗保护传承成效明显。开展国家级、省级非遗名录项目“八个一”保护工作。《径山茶宴》等五大国家级非遗项目丛书全部出版发行。成功举办余杭·台江文化交流活动、第十二个非物质文化遗产保护月和美丽非遗西部行系列活动，促进非遗融入生活。举办“发现余杭非遗之美”新闻媒体采风余杭活动，新华社、《光明日报》等20家新闻媒体参加。通过浙江省民间艺术(余杭滚灯)之乡复评，中泰街道紫荆村被评为省级非遗旅游景区(主题小镇)，杭州三家村藕粉厂等3家企业被评为第二批市级非遗生产性保护示范基地。杭缎织造技艺项目参加第12届中国(义乌)文化产品交易会获“最具人气非遗项目”奖。姚梦兰中医内科传承人参加第二届长江非遗大展获得展会“突出贡献奖”。1名殿堂壁画传承人入选首届“杭州工匠”，各有1名古琴斫制技艺传承人、越窑青瓷烧制技艺传承人入选首届“余杭工匠”。三是积极有为，健全现代文化市场体系。主动融入社会治理大联动工作，余杭区“扫黄打非”进基层网格工作经验获全国和省“扫黄打非”工作领导小组办公室的高度肯定，在全省范围内推广。余杭区文化市场行政执法大队获全国“扫黄打非”先进集体，临平街道获全国“扫黄打非”示范单位。开展“扫黄打非”五大专项行动及演出市场、艺术品市场等各专项整治行动，整顿规范市场经营秩序。加大出版物市场、网络文化市场等重点领域执法检查力度和案件查办能力，重点关注淘宝网网上文化产品和网络直播平台，全年共查办网络文化类案件4起。围绕护航“两会”，党的十九大等重点时段文化市场维稳安保以及全区文明创建等工作，落实人员密集型文化经营场所消防安全隐患排查，联合职能部门开展网吧卫生环境和规范经营检查。余杭区文化市场行政执法大队被评为全省文化市场综合执法先进集体，余杭区文物监察大队被评为全省文物执法监察成绩显著单位。以全省“最多跑一次”改革为契机，进一步规范行政审批工作。四是影响扩大，实施文化品牌培育工程。文艺精品繁荣创新。大型越剧历史剧《汉兴未央》荣获浙江省第十三届精神文明建设“五个一工程”奖及杭州市“五个一工程”奖，歌曲《又见白鹭飞》《香雪海》获杭州市精神文明建设“五个一工程”奖。杭摊《梅画硕昌》获第五届“缤纷长三角·浦东北蔡杯”曲艺邀请赛金奖、浙江省第九届曲艺新作大赛金奖，舞蹈《枇杷鼓》获亚洲舞蹈艺术节金奖，歌曲《牡丹花开》获第九届全国村歌大赛金奖，歌曲《又见白鹭飞》获浙江省第十届音乐舞蹈节兰花金奖，小品《爷们儿》获浙江省第二十八届戏剧小品邀请赛金奖，故事《父亲的秘密》获浙江省第六届故事会金奖。余杭区在杭州市第24届三江歌手大赛中，荣获3金3银3铜的历史最好成绩。为贯彻落实国家“一带一路”战略，庆祝中约建交40周年，余杭艺术团先后在约旦扎尔卡省、马安省、首都大安曼市等地举办4场专场文艺演出，受到约旦各地观众广泛好评，获中国驻约旦大使潘伟芳高度赞誉，中国驻约旦大使馆发来感谢信。这是余杭代表团第五次接受文化部、省文化厅委派参加对外文化活动。与贵州台江、浙江象山、浙江金华等地开展“文化走亲”活动，区域文化交流显著增强。

(张舒婷)

【富阳区文化广电新闻出版局】 内设职能科室4个，直属事业单位6个。2017年末人员125人(其中：公务员18人，参公14人，事业93人；具有高级专业技术职务资格的35人，中级23人)。

2017年，富阳区文化广电新闻出版局紧紧围绕区委、区政府中心工作，坚决贯彻“三看四态促转型”战略要求，不断完善公共文化服务体系、加强文化遗产保护利用、提高文化管理水平，助推大都市新型城区建设。一是公共文化服务体系日益完善。实现政府职能从“办文化”向“管文化”方向转变。出台《公共文化设施委托社会力量管理规范》，探索以招标形式引入社会组织对公共文化设施进行社会化托管运营。通过“请进来、走出去”等方式，邀请省、市、区公共文化服务领域专家开展公共文化服务保障法、农村文化礼堂建设等方面的培训，以集中授课、分散教学及典型经验介绍等形式进行交流，为全区基层文化队伍搭建学习交流平台，提高其业务理论素养和实务操作水平。二是文化惠民活动丰富多彩。开展公益性艺术类免费培训班、社区“送戏惠民乐万家，新春戏迷喜开颜”演出、村歌演唱大赛等多种形式的文化活动。完成农村电影放映工作3450场次。开展“我送你秀”百场社区文化行演出活动和“送戏下乡”服务农村文化礼堂惠民演出活动。三是图书服务水平逐步提高。至年底，区图书馆藏书49.50万册，接待读者44.70万人次，书刊外借132.50万册次。专项购书经费110万元，新购图书2.68万册，订购报刊745种，收集地方文献138种、256册。全年举办富阳区第七届富春江读书节等各类读者活动127次，参加人员10万余人次。组织开展送书下乡活动，向24个乡镇(街道)、村基层图书室赠送书刊5000多册；为农家书屋补充新书7980册；建立图书流通点10个，配置图书1万余册。10月29日，区图书馆城西分馆“红书房”开馆，采用“图书馆＋”的模式，通过公共资源与社会服务行业相结合，跨界打造多元化公共阅读服务体系。区图书馆荣获杭州市第十一届西湖读书节先进单位。四是文物保护力度不断加强。全年完成农村历史建筑修缮项目20处，启动富阳区农村历史建筑五年保护规划编制工作，逐年科学合理安排全区历史建筑修缮资金和项目。龙门建筑群、两浙公所、曹氏宗祠3处建筑(群)被公布为省级文物保护单位。泗洲造纸作坊遗址保护展示项目计划获国家文物局批复同意。开展全区“三普”登录点复查，为下一步研究制定不可移动文物保护对策提供依据。对瓦窑里遗址进行后续补充性考古发掘，发现1座良渚文化墓葬，出土了一批马家浜文化晚期器物。成功举办第二届古建筑摄影大赛、讲文物故事·传优秀家风主题讲解词征稿比赛、“走读富阳，爱国爱家”9·3抗战胜利纪念日富阳区小学生主题征文活动等一系列主题活动。富阳博物馆正式对外开放。该馆是一座反映富阳地域历史文化的综合博物馆，总建筑面积4009平方米，其中展厅面积2573平方米，展线长度500米。固定展厅分山水富阳、千年古县、东吴源流等7个单元。抗日战争胜利浙江受降纪念馆开设小讲解员培训班，积极发挥纪念馆的综合教育实践基地的作用。郁达夫故居成功获批“中国华侨国际文化交流基地”。富阳博物馆、抗日战争胜利浙江受降纪念馆、郁达夫故居全年共接待参观者23万余人次。五是非遗保护与传承持续发力。至年底，全区有国家级非物质文化遗产代表性项目3项，省级12项，市级20项，区级83项，镇级175项；国家级非物质文化遗产代表性项目代表性传承人3名，省级12名，市级23名，区级66名。组织拍摄《风生水起——富阳区非遗保护生动实践》宣传片；《杭州市富阳区非物质文化遗产大观·民俗卷》和《富阳市非物质文化遗产大观·民间文学卷》被浙江省文化厅评为“百优图书”。龙门故事、天钟山传说等34个项目被评为第七批富阳区非物质文化遗产代表性项目。组织开展各项非遗传承人评选、比赛、培训活动。组织非遗项目参加展示展演和文化交流活动，推荐鼓亭锣鼓参加“非遗薪传”浙江传统音乐展演展评系列活动；举办“2017公望富春——富阳区优秀非遗项目活态展”以及富阳区优秀非物质文化遗产展演。组织非遗项目参加义乌文交会、国际文化产业博览交易会等展示交流活动。杭州富阳中医骨伤医院(张氏骨伤疗法)成功申报为第二批浙江省非物质文化遗产生产性保护基地；杭州新南藤竹制品有限公司(赤松竹藤编织技艺)和杭州富阳中医骨髓炎医院(周氏骨髓炎疗法)成功申报为第二批杭州市非物质文化遗产生产性保护示范基地。常绿镇中心小学等15所学校被命名为第二批富阳区非物质文化遗产传承教学基地。指导杭州富阳中医骨伤医院成功申报国遗专项资金20万元。组织召开富阳区传统舞蹈类项目保护座谈会和2017罗隐传说学术研讨会。六是文化市场发展健康有序。至年底，全区有文化、广电、新闻出版经营单位701家。全年受理、办结各类事项1116件,其中即办率93.1%,上网审批率、办理准确率和按时办结率均为100%。局所有事项全部开通网上办理,全部实现"最多跑一次"。开展"扫黄打非"专项整治、影院专项整治、平安浙江文化市场专项整治等行动,社会文化环境得到有效净化。分阶段开展文化类社会团体清理规范与脱钩工作。开展文物保护单位(点)检查及冬季消防、雨季防汛文物安全检查。组织、参加各类法制宣传活动5次,组织召开全区性行业协会、文化市场业主培训会议、宣教会8次。全年出动执法人员1719人次,检查经营场所2828家次,受理举报19起,一般程序立案38起,做出行政处罚决定36起,简易程序处罚8起,办结案件39起。收缴罚没款10.55万元,停业整顿3家次,吊销许可证1家次,没收违法物品3套,收缴非法出版物3262本(张)。

(夏　晨)

【临安区文化广电新闻出版局】 内设职能科室6个,直属单位7个。2017年末人员110人(其中:机关35人,事业75人;具有高级专业技术职务资格的7人,中级34人)。

2017年,临安区文化广电新闻出版局坚定文化自信,凝心聚力,文化工作在美丽幸福新临安建设中发挥了应有的作用,取得了应有的地位,彰显了独特的魅力。一是以项目建设为抓手,公共文化设施有新改善。加快推进博物馆项目建设,顺利完成临安剧院改造项目。小城镇环境综合整治"线乱拉"治理工作全面推进。二是以服务大局为引领,文化事业有新精彩。举办了"三美"临安村歌展演、"百路千里 文化连心"第八届临安市群众文艺调演、2017钱王故里新年音乐会等大型公益文化活动。围绕"治水剿劣"工作举办了第六届浙江省故事会及"治水剿劣"主题颁奖晚会。全年组织文艺演出下乡109场,开展跨区域文化走亲10场。故事《疯狂的石头》获得浙江省第六届故事会创作金奖、表演金奖;组织参加第四届杭州市"小故事大王"评选大赛,喜获三金一银。围绕"打赢治水剿劣攻坚战 建设美丽幸福临安"主题,创作了《美我水源》《邻里之间》《开闸》等文艺作品,广受好评。三是以精准惠民为宗旨,公共文化服务有新举措。区图书馆顺利通过国家一级馆复评。举办了第十三届未成年人读书节、临安首届"全民阅读月"等阅读推广活动。以"书香进家庭 诗礼润家风"为主题,精心策划10多项重点主题项目和百余项阅读活动。全年送书下乡3万余册,举办讲座、活动20多场。全年图书外借册次51万册次,借阅人次24万人次,到馆人次58万人次。全年接待各级领导和各地参观考察团52批次,自驾游游客和本地休闲市民约48万人次。举办"丁酉年清明恭祭钱王"活动,为各地钱氏后裔寻根问祖、拜祭钱王提供便利。四是以保护传承为核心,文化遗产保护有新成效。维修凌氏宗祠、姜氏宗祠等农村历史建筑20处。对功臣塔、钱王陵等单位进行环境整治和修缮改造。开展全区文物安全状况大排查行动。对区政府地下车库建设工地发现的吴越国建筑遗址进行考古发掘,并召开专家论证会。组织临安珍贵文物参展故宫博物院"秘色重光——秘色瓷的考古大发现与再进宫""钱塘觅珍——杭州全国第一次可移动文物普查成果展"等展览,扩大了临安文物影响力。积极开展第五批浙江省非遗传承人和第七批临安市级非遗名录项目申报工作,临安三和园竹盐食品有限公司成功列入杭州市第二批非遗生产性保护基地,公布14个项目为第七批临安区非遗名录。文化遗产日在湍口镇迎丰村举办了临安非物质文化遗产代表性项目展示展演活动。出版了非遗大观书籍《吴越遗风》。五是以平安稳定为底线,文化市场管理有新提升。积极开展审批事项梳理工作,依据省级部门公布的指导目录梳理,共梳理出大项62项,子项76项。按照"成熟一批、确定一批、公布一批"的要求,公布了所有"最多跑一次"事项,全部进驻中心窗口,比例实现了100%。以护航党的十九大为核心,以"平安文化建设深化年"为抓手,扎实开展"清源""净网""秋风""护苗""固边"等"扫黄打非"专项行动,保障了文化市场安定有序。全年出动检查462次、出动执法人员1666人次,检查经营单位2509家,办理案件25件,罚款人民币8万余元,取缔"黑网吧"4家,没收非法出版物893件,没收违法所得283元。

(周佳波)

【建德市文化广电新闻出版局】 内设职能科室4个,下属事业单位4个。2017年末人员65人

(其中:公务员11人,参公9人,事业45人;具有高级专业技术职务资格的12人,中级14人)。

2017年,建德市各项文化工作稳步推进。出台《送戏下乡暂定管理办法》《推进基层综合性文化服务中心建设实施方案》《2017年乡镇综合文化站免费开放实施细则》《建德市群众文化星级团队评选办法》《建德市农村公益电影放映考核办法》。全年送戏下乡200多场次,送图书下乡3.8万册,送电影下乡3432场次。与岱山、萧山、温州等地开展"文化走亲"活动10场次。开展公共文化服务活动近600场。市文化馆开展文艺演出70多场、辅导培训500多场次、展览6场、各项赛事10多场,受益人数达10多万人。承办"建功立德"报告会、农村文艺会演、农村文化节排舞大赛等系列活动。开展剿劣Ⅴ类水及小城镇综合整治采风和巡演32场。组织参加浙江省第十九届公共文化论坛、浙江省第十一届新故事征文比赛、杭州市第二十二届群文论文比赛,分别获二等奖3名,三等奖1名。全市有文化经营单位384家。全年受理文化类行政审批事项52件。全年出动检查472次1315人次,检查场所2152家次,开展联合执法20多次,立案查处案件41件,办结44件,停业整顿2家次,查处无证经营场所2家次,没收违法物品3889件。开展"扫黄打非"、网吧、娱乐场所等各类专项整治行动20多次。开展"扫黄打非"进基层活动,编印《建德市"扫黄打非"进基层网格工作手册》4000多册,制作宣传画报、海报、绿书签3900多份,分发倡议书2500多份,参与2000多人,新安江街道明珠社区被评为2017年度全省"扫黄打非"进基层示范点。市文化市场行政执法大队被评为杭州市执法评估先进单位。举办各类文化市场从业人员培训10多期,参训人数900多人次,发放宣传资料3200多份。完成2016年8处历史建筑保护工程项目,是年10处历史建筑保护工程通过验收。新叶乡土建筑消防工程完成工程量的70%,该工程获国家文物局986万元专项补助。建立2010—2015年历史建筑保护工程施工档案。开展第六批省级文保单位李村乡土建筑和上吴方村乡土建筑"四有档案"编制工作。8位传承人列入省第五批非遗代表性传承人名单;三都镇三江口村列入第四批省级非遗旅游景区名单。与杭州市艺术创作中心联合出品婺剧作品《畲女凤凰》,获评杭州市第十三届精神文明建设"五个一工程"奖,是全国首部反映畲汉民族故事的婺剧大戏。组织严东关致中和酿酒技艺传承人参加第九届浙江·中国非遗博览会;组织新叶昆曲座唱班和新安江第三小学参加"浙江好腔调·风雅钱塘——2017杭州传统戏剧展演";组织大同一小的畲歌参加省"非遗薪传"浙江传统音乐展演,《黄泥昵崽》获优秀入选奖;组织畲歌《敬酒歌》和《我是山哈人》参加第三届杭州市畲族民歌邀请赛,分别获得优秀奖和优秀表演奖;《建德非遗概览》入选浙江省非遗"十佳百优"图书名单;《新叶三月三》正式出版。围绕"文化遗产与一带一路"主题,举办文化遗产日系列活动传统手工技艺展。婺剧团作为唯一的县级文化演出团体赴约旦执行"欢乐春节"暨中约建交40周年纪念活动展演,约旦使馆专门写了感谢信,得到副省长成岳冲批示,被省文化厅评为2017年度省海外"欢乐春节"活动先进单位;赴法国、西班牙商业演出,成功打开了国外市场;荣膺第七届全国服务农民、服务基层文化建设先进集体称号。市图书馆总购书经费103万元,新增图书3.23万册,总藏量达69.14万册,接待到馆读者55.17万人次。全市各级图书馆(室)外借图书41.5万册次,"一证通"系统外借图书24.5万册。围绕"书香建德",组织开展各类读者活动74场,参与人数达5.4万。市图书馆荣获杭州市第十一届"西湖读书节"先进单位称号,通过第六次全国县级以上公共图书馆国家一级馆评估定级。启动桥东区块图书馆新馆建设。RFID图书馆自助借还系统开放运行。市文化中心剧院完善免费开放服务模式和常态化管理,全年对外提供免费服务112场次。调整"两馆两中心"功能布局;市博物馆筹备工作有序推进,拟定《建德市图书馆新馆建设规划意见书》,完成市图书馆新馆建设基础设计,正式启动整体土建工程。莲花镇开展综合文化站改造提升工程,完善镇图书分馆、文化展示厅和多功能教室等配套设施。开展文化礼堂特色展陈馆建设,打造三都镇新和村水文化展陈馆和大同高桥村畲族文化展陈馆。新增68家公共文化场地宽带建设点,实现Wi-Fi覆盖。乾潭镇幸福村文化礼堂被评为"杭州市四星级文化礼堂",梅城镇龙泉村严州虾灯表演队、三都镇三江口村九姓渔民表演队获评杭州市农村文化礼堂“十佳特色文化团队”，大慈岩镇李村民俗展陈馆获评杭州市农村文化礼堂“十佳特色文化展陈馆”，大同镇富塘村获评浙江省“书香之村”。完成乡镇文化站站长业务培训4期70学时，组织村级宣传文化员业务培训、村文化礼堂管理员培训各3期。组织全市群众文化业余文艺骨干培训近100期，1.5万余人次参训。

（雷　婕）

【桐庐县文化广电新闻出版局】 内设职能科室6个，直属单位9个。2017年末人员109人（其中：公务员13人，参公12人，事业84人；具有高级专业技术职务资格的30人，中级39人）。

2017年，桐庐县文化广电新闻出版局围绕年度工作目标，文化事业取得长足发展。一是不断推进文化阵地建设。完成《春江花月夜》演出场地配套设施升级改造和叶浅予艺术馆第四展厅的提升改造工程。完成县图书馆古籍、地方文献特藏室改造及总服务台、24小时书屋改建工作。县文化馆新添数字化互动体验设施，推进“吧文化”建设。二是大力开展群众文化活动。举办“唱响桐庐”新年晚会、三月三畲族文化节等大型群众文化活动52场。举办“剿灭劣Ⅴ类水 创全国文明城市”采风作品展、“龙腾盛世·喜迎十九大”农村文化礼堂展演、“喜迎十九大”群众文化优秀成果摄影展等100场。送文化下乡200场，举办越剧大戏演出84场，送电影下乡2400场。举办桐江人文讲堂10期。开展排舞、少儿合唱、少儿硬笔书法等培训202场次，培训4150人次；开设剪纸、书法、石雕等免费培训166课时，培训1100多人次。第六届桐庐“百姓日”期间，开展第五季“欢乐大舞台·幸福桐庐人”决赛、颁奖晚会等活动，图书馆、博物馆、文化馆、叶浅予艺术馆等各大文化场馆免费开放，面向全县发放颁奖晚会入场券、电影票、KTV入场券，广受欢迎和好评。三是积极开展文化遗产保护工作。继续实施“乡村创造力——桐庐县美丽乡村非遗保护发展行动计划”，推进合村乡等非遗特色街区建设。做好第四批县级非物质文化遗产项目代表性传承人申报评审工作和第五批省级非遗项目代表性传承人申报工作，4人被评为省级非遗项目代表性传承人。钟山乡被评为省非遗旅游（石雕）主题小镇，合村乡、桐君堂药业公司被评为省级非遗生产性保护基地，钟山乡天尊贡芽技艺、江南镇深澳灯彩、莪山畲乡红曲酒被列入杭州市级非遗保护名录。麻根英绣花鞋工作室获2017年市级绣花鞋技能大师工作室称号。3人被评为桐庐首批工匠。剪纸作品《东方魅力》和石雕作品《小沙弥》获第七届中国·浙江工艺美术精品博览会金奖。瑶琳小学、分水实验小学获评全国非遗进校园先进学校，县非遗中心获评先进单位，横村初级中学、分水实验小学、瑶琳小学校长获全国非遗进校园先进校长称号。开展非遗“五进”（进农村、进学校、进社区、进机关、进军营）惠民活动30多场。召开浙江省非遗工作培训会议。组织文化交流团赴法国、瑞士开展非遗民间文化交流活动。开展寻找传统年俗活动，桐庐县近1000名中小学生分成100多个小组走访桐庐剪纸、合村绣花鞋、深澳灯彩等民间手工艺人和民俗非遗专家。举办“回乡下 品乡韵”最美桐庐万人过大年活动，合村划旱船和桐庐越剧2个传统非遗项目到江南镇荻浦村展演。举办第七届“龙舞春江 福满桐庐”元宵民间文化活动，在中心广场开展剪纸、刺绣、木雕等25个传统手工技艺项目展示展演活动，50多名民间艺人参加表演。承办第九届浙江·中国非遗博览会“履步生花”全国绣花鞋制作竞技赛；承办全省绿水青山剪纸采风活动，40多名剪纸艺术家到桐庐采风。配合杭州市文物考古研究所，对临金高速沿途地区进行前期考古调查，新发现瑶琳镇永安村石山脚墓群、分水镇下马坞墓群、莪山畲族乡塘联村郭家塆墓地等3处古墓葬，旧县街道鸿儒村大塆遗址（新石器时代至战国时期）1处及莪山畲族乡塘联村牛头山西麓牛轭岭、莪山畲族乡塘联村九亩岭、横村镇胜峰村塘湾里等3处可能分布有古墓葬的文物点。四是进一步规范文化市场管理。全县有文化、广电、新闻出版、文物等经营单位583家。办结76件行政许可项目。全年出动检查445次，检查2727家次，查处违规29家次，警告19家次，行政处罚立案调查28件，办理重大案件1件，停业整顿1家次，吊销许可证1家。收缴罚款人民币3.2万元，没收非法所得2033元，没收违法物品200件。五是推进文艺精品创作。完成《知桐庐 爱家乡》《桐庐县传统建筑维修保护成果集萃》等书稿编写工作。复排并公演《何文秀》等2部越剧大戏。原创越剧小戏《山哈人家》获2017年杭州市戏剧大赛表演和创作双金奖，“江浙沪第三届现代小戏邀请赛”表演金奖、创作银奖、优秀演员奖及优秀作曲奖。原创作品《剪》《拱猪》等作品参加杭州市“风雅颂”民间艺术精品展演。凤川街道翙岗村村歌《一个凤凰起飞的地方》在第九届全国村歌大赛上获中国村歌好声音金奖、中国村歌十大金曲奖、词曲金奖3项大奖。

（王　洁）

【淳安县文化广电新闻出版局】 内设职能科室4个，直属单位5家。2017年末人员52人（其中：公务员9人，参公12人，事业31人；具有高级专业技术职务资格的4人，中级11人）。

2017年，淳安县文化事业持续发展。一是文化惠民持续深入。持续实施“百千万”送文化下乡。通过“政府花钱买服务”方式，将年度送戏下乡、送电影下乡的任务场次面向社会公开招投标，全年累计完成送戏162场、送电影3100多场、送书2.7万余册。持续开展“百姓系列”公益培训。举办美术、书法、排舞等“百姓课堂”免费培训50多期，受训人员1100多人次；举办传统民俗等“百姓讲堂”讲座20多期。开展公共图书流通服务。全年新增图书9万余册，订购报刊413种，接待读者48.91万人次，累计发放有效借书证38.9万张，外借文献23.14万册次，接待人数比上一年增长近30%。分馆（包括自助图书馆）借还12万余册次，村级借还10万余册次。图书分馆、农家书屋全年配送图书7.7万册。县图书馆全年开展读者活动60多项，获杭州市第十一届西湖读书节优秀项目奖。二是设施建设日趋完善。扎实推进县文化中心建设。县图书馆新馆于4月23日正式开馆，作为5A景区里的最美图书馆，阅读活动首登中央台《新闻联播》。县博物馆12月底基本完成陈列布展。推进乡镇综合文化站整合提升，通过组织赴现场督查、召开专题会议等方式，推进整改提升。逐步落实乡镇综合文化站整改达标方案。新建屏门、梓桐、中洲3个图书分馆。实施村级文化设施建设、农村历史建筑修缮工程，完成55处村级文化设施建设项目、14处农村历史建筑修缮项目。三是群文活动更加丰富。举办了民营剧团展演、“文化在行动——淳安县剿灭Ⅲ类以下小微水体”文艺巡演、2017年全民阅读活动启动仪式、全县青年歌手大赛等活动。协助里商、临岐、姜家等乡镇举办乡村节庆活动。乡村两级文化活动蓬勃开展，全县各乡镇村共举办各类文化活动1800多场、文化培训讲座800多场、展览50多次、文化联动500多场。组织赴上虞、余姚、越城、龙游、衢江、柯城、余杭、富阳、建德、拱墅等地开展文化走亲活动。淳安县共有各类业余文艺团队800多支，其中杭州市星级示范团队10支，杭州市示范团队18支。四是遗产保护日益加强。完成县第一次全国可移动文物普查工作，县文广新局获杭州市第一次全国可移动文物普查先进集体。协助、指导姜家镇推进瀛山书院遗址恢复工程，开展狮城水下古城巡查监管，完成文物库房57幅字画修复装裱工作。芹川王氏宗祠被列为第七批省级文保单位。联合县睦剧团，编排了大型现代睦剧大戏《锦里家园》并进行了首演。编印了小学睦剧乡土教材，开展了10场睦剧进校园巡演活动。出版发行了《睦剧唱腔精选》第一、第二辑和《睦剧经典唱腔集萃》光盘，文化馆编排的睦剧小戏《旧梦重圆》《鸳鸯马》首登央视，《心愿》荣获杭州市精神文明建设“五个一工程”奖。申报公布第五批县非遗项目，组织青溪龙砚、八都麻绣参加省展示展览。完成12期《钱江晚报》“老底子”专栏、12期县电视台《睦州非遗》专题片和《睦剧名段电视》专栏报道录制播映。五是服务方式更为完善。以“新安书屋”建设为载体，探索旅游城市“主客共享”文化服务模式。启动新安书屋建设，已建成并开放南苑社区办公楼、县规划展览馆、名湖大酒店大堂吧等11处新安书屋。同时，推出公共图书进精品小酒店、民宿活动，无偿为城区景区和乡镇范围内的21家精品小酒店、民宿提供图书服务。扎实推进“最多跑一次”审批改革和文化市场执法“双随机一公开”。按政务服务网权力事项库疏理，共疏理依申请事项大项35项，子项39项，网上申请开通率达100%；按省级部门指导目录要求，疏理大项54项，子项60项；按公共服务事项梳理要求，梳理服务事项22项。全年新增文化类经营单位近30家。全年开展文化市场“双随机”抽查42次、546家次，出动检查1190人次，检查1818家次；行政处罚立案调查22件，办结17件；警告15家次，停业整顿1家次。逐步推进由“办文化”向“管文化”转变。推进文化事业单位法人治理结构改革，吸纳有关方面代表、专业人士、各界群众成立县图书馆、县文化馆理事会、监事会，实现“管、办”分离。六是文化队伍建设稳步推进。加大文化专业人才培养。新录用公务员1人，事业干部1人，乡镇专职文化员4人。全年举办乡镇文化员、村级宣传文化员、文化市场经营业主等培训30多次，培训1500多人次。1人入选2017年度省151人才工程第三层次培养对象。加大民间工艺人才培养。协助省民间工艺大师开设工作室。开展“青苗”“拔节”“金穗”等乡土人才专项培养工程，完成民间工艺培训、民间展示馆、民间人才工作室、民间工艺产业化示范点等四大类八项乡土人才建设项目验收工作，兑现人才专项扶持资金19万元。确立师带徒、重点作品创作、民间展示馆等三大类七项乡土人才建设项目。成功评选杭州市非遗绿茶“制茶技艺能手”3人、市民间工艺大师1人、市民间工艺师2人。

(张　昂)

宁波市文化广电新闻出版局

【概况】 内设职能处室 13 个，直属单位 16 个。2017 年末人员 552 人（其中：机关 61 人，事业 491 人；具有高级专业技术职务资格的 145 人，中级 217 人）。

2017 年，宁波市文化系统深入贯彻落实党的十八大和十九大精神，以习近平新时代中国特色社会主义思想为指引，围绕市委、市政府建设“名城名都”和“跻身全国大城市第一方队”的要求，抓重点、谋发展、强服务、补短板，各项工作稳中有进，重点工作取得新突破，文化强市建设呈现良好发展态势。

一、专题教育和队伍建设有序推进

（一）各项专题教育进一步深化

坚定不移地维护以习近平同志为核心的党中央权威和党中央集中统一领导。党的十九大召开前，通过组织主题文艺创作展演、开展群众文化活动、部署文化市场专项保障等多种形式，为党的十九大顺利召开营造良好氛围。党的十九大召开后，通过组织集体收看党的十九大开幕式直播、第一时间召开局党委中心组学习扩大会、举办局系统中青年干部培训班等系列活动，学习党的十九大报告，领会思想精髓和核心要义，在文化系统掀起学习党的十九大精神的热潮。扎实推进“两学一做”学习教育常态化制度化，集中学习省、市党代会精神，制订了局系统“两学一做”学习教育常态化制度化实施方案。认真落实市委“大脚板走一线，小分队破难题”抓落实专项行动，积极做好建设索非亚中国文化中心、打造宁波音乐港文创港、促进宁波城乡接合部环境整治等 3 项市级攻坚难题的破题保障工作。同时，成立了局“大脚板走一线，小分队破难题”抓落实专项行动领导小组，围绕文化工作难点，有效推进 34 项局系统攻坚目标。

（二）队伍建设进一步优化

坚持德才兼备、以德为先的选人用人标准，优化局机关干部队伍和局属单位领导班子结构。推荐选拔局系统后备干部 39 名，选拔“文化艺术新秀”35 人。局系统 2 个团队被命名为首批“浙江省文化创新团队”。王锦文入选文化部“名家传戏——当代戏曲名家收徒传艺”工程。以全面实施事业单位专业技术人员职称评聘结合等为契机，探索职称评审机制创新，突出评价中的能力、实绩和贡献导向，完成艺术、图书资料、文物博物、群众文化等系列的职称评审推荐。宁波市文化馆、图书馆、天一阁等 11 家事业单位录用 29 人，其中硕士研究生 13 人。宁波交响乐团招聘演奏员 21 人，其中博士研究生 1 人，硕士研究生 9 人。

（三）作风建设进一步强化

推动落实局党委党风廉政建设主体责任，完成局直属机关党委、纪委的换届选举工作，完善主体责任落实的组织保障。认真查找对照存在的“四风”突出问题，对市纪委在“四见”工作中提出的问题建议做到立行立改。召开局系统党风廉政建设大会，党委书记定期开展集体廉政谈话，强化廉政教育引导。严格落实领导干部个人事项申报制度，规范事业单位绩效工资工作，委托第三方对事业单位开展绩效工资审计。组织开展检查整改、典型创争、岗位练兵、“抓整改、转作风、提效能”专项督查专项行动，有效提升了各级干部干事创业、担当作为的使命责任意识。

二、文化传播力显著增强

（一）成功举办第十五届亚洲艺术节

9 月 23 日至 10 月 23 日，举办以“海丝古港、亚洲新梦”为主题的第十五届亚洲艺术节，主体活动包括开幕式、文化论坛、表演艺术、视觉艺术等 4 个板块、数十项活动。开幕式晚会“亚细亚和谐之声”荟萃亚洲各地区的经典旋律，讲好宁波故事，展示亚洲风采。澜湄文化合作论坛中国、泰国、老挝、柬埔寨、缅甸和越南 6 国通过了《澜湄文化合作宁波倡议》。遴选亚洲国家和港澳台地区 19 台优秀剧目和 3 场展览，为宁波市民奉上了文艺盛宴。“澜湄文化行”车队从宁波发车到曼谷收车，行程 31 天近 1 万公里，有效传播了宁波地域文化，促进了文化交流。

(二)索非亚中国文化中心揭牌成立

11月23日,索非亚中国文化中心正式揭牌成立,在保加利亚首都索非亚举行民俗舞剧《十里红妆·女儿梦》以及揭幕典礼系列演出活动。索非亚中国文化中心作为市政府与文化部合作共建的官方非营利文化机构,是宁波在中东欧开展文化交流、旅游推介、增进信息流通、促进经贸合作的重要载体和渠道,对提升宁波城市国际化具有重要推动作用。

(三)文化交流演出广受赞誉

春节期间,受文化部指派,宁波市4个团组分别赴英国、克罗地亚和捷克、泰国、新加坡等地参加"欢乐中国"演出,获各国政要及中国驻访问国大使的高度赞誉,完成中东欧博览会、浙洽会、消博会开幕晚会、甬港经济合作论坛等演出任务,市政府给予宁波市演艺集团嘉奖通报。宁波交响乐团受邀参加全省迎接党的十九大召开"一心向党"大型交响合唱音乐会;举办了中央音乐学院院长俞峰主讲的"立德树人 美育启智"高雅音乐普及暑期大师公开课;与台湾创世歌剧团联合制作和演出歌剧《卡门》,品牌效益和社会知名度不断提升。持续打造东亚文化之都品牌,梅山舞狮出访韩国济州耽罗艺术节,慈溪瓯乐艺术团亮相日本奈良春日野音乐节。宁波小百花越剧团圆满完成国家艺术基金项目"海路遗风·越剧万里行"南线12城市巡演之旅。甬剧团和小百花越剧团在上海举办"宁波戏曲艺术周"。鄞州越剧团受邀赴吉林长春参加十地方戏曲剧种"桃李梅"同城会演。

三、精品创作成果丰硕

文艺精品创作成效明显。聚焦中国梦、社会主义核心价值观抓好重点创作,挖掘宁波本土题材,深化央地合作和城市之间的合作,宁波市涌现出舞台艺术、影视等一批反映时代呼声、陶冶高尚情操的优秀作品,走在了全省前列。民族歌剧《呦呦鹿鸣》、民族舞剧《花木兰》、甬剧《甬港往事》、姚剧《王阳明》等精品剧目陆续在国家大剧院、兄弟城市剧院和宁波各大剧院上演。舞剧《花木兰》赴乌镇亮相第四届世界互联网大会。歌剧《呦呦鹿鸣》赴杭州参加"浙江省迎接党的十九大优秀作品展演",参加上海国际艺术节和第三届中国歌剧节。话剧《大江东去》、姚剧《浪漫村庄》成功入围省"五个一工程"评选项目。完成甬剧历史上第一部电影《典妻》拍摄工作,原创甬剧《筑梦》获得第31届田汉戏剧奖剧本二等奖,创作完成并播出104集甬剧情景系列剧《老爷升堂》,甬剧《药行街》舞台版正式上演。

四、公共文化服务体系不断完善

(一)公共文化产品和服务供给规范推进

贯彻落实《中华人民共和国公共文化服务保障法》和《中华人民共和国公共图书馆法》,邀请专家举办解读讲座。浙江省第六次乡镇综合文化站评估定级,宁波市44个乡镇综合文化站被评为特级综合站,占全省特级站的四分之一。鄞州区连续9年蝉联全省公共文化服务综合评估第一名。宁波市出台了22个基本公共文化服务标准,初步实现了基本公共文化服务内容供给标准化。开展宁波市公共文化示范区(项目)创建工作,余姚黄家埠镇等5个乡镇和奉化图书馆"巴人读书节"等7个项目入选宁波市第三批创建市公共文化示范区和示范项目。对全市93支民间文艺团队进行评星定级,其中北仑区海晨业余艺术团等4支艺术团被评为五星级艺术团。做好第六次全国县以上公共图书馆评估定级迎检准备,全市县级公共图书馆初评均达到一级馆标准。推进《宁波市乡镇(街道)图书馆建设与服务规范》的实施,进一步提高公共图书流转率。

(二)公共文化服务品牌建设成效明显

全面推进"一人一艺"全民艺术普及工程,制定并发布了《宁波市引导社会力量参与全民艺术普及的实施办法》等10多个评定规范和激励办法,开展全民艺术普及"十进"活动,在全国文化馆年会卫星会议上发布2017"一人一艺"宁波市全民艺术普及蓝皮书,《人民日报》等多家国家、省、市媒体给予大幅推广报道。积极实施全民阅读推广工程,市、县(市、区)两级联动,与社会阅读推广联盟融合,圆满完成2017宁波读书周、第三届浙江全民阅读节暨2017宁波书展、全国"书香社区"论坛等100多项活动。全力推进全市公共文化数字资源建设工程,探索"互联网+公共文化"建设,发布宁波公共文化云平台,为宁波市民提供便捷、高效、全面的数字文化服务。

(三)各类文化活动精彩纷呈

成功承办第十四届中国合唱

节，宁波共有8支合唱团获各组别金奖。举办浙江省2017“新松计划”青年戏曲演员（宁波赛区）大赛、国家艺术基金“中国艺术新视界”巡展（宁波站）、宁波市青年戏曲演员大赛等多项赛事和活动。持续举办“听见·天一朗读”“遇见·宁波有戏”“看见·宁波有影”等“三见”系列活动。

文化惠民服务不断深入。制定《宁波市基本公共文化服务专项资金管理办法》，积极推动政府向社会力量购买公共文化服务，群众文化获得感进一步增强。着力构建农村公益电影放映和农村电影市场培育双轮驱动的改革目标体系，全年放映农村公益电影3.1万场，观影人数493.8万人。开展“国际博物馆日”“文化和自然遗产日”等大型系列展览活动，全年举办各类临特展100多场，博物馆观众流量达500多万人次，群众文化获得感进一步增强。进一步推动在全市公共文化设施开展学雷锋文化志愿活动，“关爱心灵，添翼筑梦”原生艺术文化创意公益项目获浙江省志愿服务项目大赛银奖。

文化设施建设持续推进。持续推进重大公共文化设施建设，艺术剧院（凤凰剧场）改造项目基本竣工，并交付“天然舞台”试运行。宁波市图书馆新馆建设进入内部装修阶段。完成宁波博物馆文物科保中心基础设备升级、恒温恒湿设备改造项目研究立项工作。奉化区城市文化中心项目基本建成；余姚市公共文化中心动工建设；慈溪完成上林湖越窑博物馆建成并投入使用；宁海十里红妆特色小镇和潘天寿艺术中心建设，象山图书馆、象山博物馆和中国海洋渔文化体验馆建设有序推进。

五、文化体制改革稳步推进

（一）深化“最多跑一次”改革

牵头推进政府简政放权、便民利民服务，全局314个权力事项涉及群众企业的办事事项76项，均实现“最多跑一次”改革承诺，实现率达100%。推进行政审批“一窗受理”改革，率先推出互联网上网服务营业场所设立等2个审批事项“一件事联办”模块，在全市推进“最多跑一次”改革视频会议上进行经验介绍。文化行政审批“全城通办”便民服务模式被省文化厅作为典型经验在全省推广，被评为宁波市优质服务案例一等奖。打通信息孤岛，完成自建系统与统建系统对接后事项的承接，实现数据共享共用。宁波市文化广电新闻出版局审批窗口荣获2017年度宁波市行政服务中心示范窗口。

（二）深化文化法治体系建设

以深化“四张清单一张网”改革为抓手，着力做好简政放权、放管结合、优化服务3篇文章。4项文化立法项目纳入市人大五年立法规划项目库。制订局重大行政执法决定法制审核实施方案、局重大行政执法法制审核办法，公布局重大行政执法事项目录，建立局普法责任清单，文化法治工作走在全市前列。宁波市文化广电新闻出版局获评全市法治政府考核先进单位，案卷获评宁波市优秀行政许可、优秀行政处罚案卷。

深化国有文化企业资本多元化改革。宁波市电影有限责任公司通过市场化运作、股份制改革等方式，成立宁波东方壹玖壹零文化传媒有限公司，负责影视产业项目运营，与50多家宁波特色景点、外景点达成合作意向，推动影视服务平台建设。宁波演艺集团坚持多渠道发展，与海曙区合作成立宁波市话剧团；争取多元资金投入，引进美国、中央歌剧院等知名团队，创排精品剧目拓展国内外演出市场；承接各类演出、场租、舞美、培训等项目获良好效益。

内部机制改革不断深化。局属单位新增宁波帮博物馆，局机关新增设对外文化交流处和内部审计处，撤并计划财务处，对原有的机关内部处室进行了适度职能调整。在宁波市文物保护管理所（大运河〔宁波段〕遗产办公室）增设宁波市世界文化遗产保护中心，承担宁波市世界文化遗产的申报、保护以及日常管理等工作。完成甬剧研究传习中心岗位设置，指导文化馆、图书馆等单位调整岗位设置方案，指导文化艺术研究完成聘期期满岗位聘用。积极推进行业协会商会与行政机关脱钩，厘清行政机关和行业协会商会的职能边界，宁波市印刷行业协会、书刊发行行业协会、动漫行业协会等9家行业协会完成全市性行业协会商会脱钩试点工作。

六、文化遗产保护水平全面提升

（一）文保基础工作不断夯实

持续推进中国大运河（宁波段）保护和海丝申遗工作，开展“海丝活化石”的城市定位与宁波“一带一路”综合试验区建设的价值研究。大运河文化带建设工作全面展开，先后完成宁波市《大运河文化遗存保护修复和文化价值传承研究》和《大运河文化带(宁波段)建设专题研究报告》等基础工作。有序推进第七批省保公布后的“两划”“四有”档案编制工作,建成全市文物资源数据库。组织实施国保“金色名片”日常修缮、管理工程31项。大力实施文物平安工程,完成涵盖文保数据库、项目库和文物安全监管平台的“两库一平台”智慧文保项目,在浙江省首创文物保护单位(点)的“掌上文保”二维码上墙工作。大力推动“一普”成果转化,完成《宁波市第一次全国可移动文物普查工作报告》和《宁波市国有可移动文物珍贵文物图目》资料整理工作。6个单位被评为浙江省第一次全国可移动文物普查先进集体,4人荣获“最美浙江文物守望者”荣誉称号。

(二)水陆考古工作成果丰硕

“慈溪上林湖后司岙唐五代秘色瓷窑址”成功入选2016年度“全国十大考古新发现”,上林湖越窑遗址成功入选第三批国家考古遗址公园行列,国家考古遗址公园现场会在宁波市召开。“宁波奉化下王渡遗址Ⅰ期发掘”项目和“宁波大榭史前制盐遗址Ⅱ期发掘”项目成功入选2017年度“浙江考古重要发现”。宁波市考古所与上海大学、上海市文保研究中心合作研发的“机器人水下考古装备关键技术与应用”项目获2017年度上海市科学技术奖(技术发明奖)。田野考古有重大发现,配合宁波地域工程建设,开展主动性、抢救性考古调查项目47项,其中明州罗城(望京门段)城墙遗址考古发掘成果填补了宁波古城建历史空白,并在遗址保护上与城市建设形成了合理的统筹与融合。持续推进“小白礁Ⅰ号”保护修复(Ⅰ)期项目实验室建设和学术研究。编著完成《宁波考古六十年》《天下永丰——元代庆元路永丰库遗址出土文物图录》。

(三)博物馆事业蓬勃发展

规范出台直属文博单位藏品征集专项经费使用管理办法,修订了《宁波博物馆文物征集管理办法》《宁波博物馆文物捐赠管理办法》。天一阁出版了《天一阁藏历代方志汇刊》,整套汇刊850册,成功征集《平定两金川战图》等珍贵文物,成功举办第二届“天一阁论坛”之“中国传统文化中的审美观”国际学术研讨会。宁波博物馆举办了“诸侯的礼乐——来自周王朝曾国的青铜瑰宝”“看见你的声音——精神障碍患者原生作品展”“百年时尚:香港长衫故事”等15个特展。宁波中国港口博物馆入围第三届全省博物馆免费开放最佳运营管理项目,宁波博物馆入围最佳产品创意和最佳服务创新项目。推动非国有博物馆建设发展,开展非国有博物馆发展运行现状调研和群众满意度调查,以及非国有博物馆专项资金、星级审核工作。

(四)非遗保护工作有效推进

开展宁波市非遗特色小镇创建工作,宁海县前童镇等7个乡镇(街道)列为首批宁波市非遗特色小镇创建单位。创新引入社会力量,举办“温故”非遗手工艺系列展。有10个省级项目和20个市级项目入选重点非遗项目培育库。在奉化区和北仑区分别举办了阿拉非遗汇,展示非遗小镇,展演宁波特色非遗技艺,展卖非遗产品和美食,参与群众6万多人次。“江南戏曲文化史研究”获得国家社科基金艺术学项目立项。开展戏曲进校园、进乡村工作,在鄞江镇小学、华泰小学等学校建立甬剧传承基地;姚剧走进余姚老年大学和余姚小学展演。整理出版《甬剧传统小戏选》,启动宁波评话等非遗濒危项目保护工作。在国家典籍博物馆举办国家级海洋渔文化(象山)生态保护实验区建设成果展。象山渔文化生态保护实验区作为全国唯一一个以海洋渔文化为保护内容的国家级生态保护区顺利通过文化部专家组评估并获好评。

七、现代文化产业体系和市场体系建设成效明显

(一)扎实推进国家文化消费试点城市建设

市政府印发了《宁波市引导城乡居民扩大文化消费试点工作实施方案》,宁波市坚持供给侧改革和需求侧管理并重、文化事业和文化产业融合互通的试点工作思路,得到文化部领导和相关专家的充分肯定。宁波文化消费研究课题入围文化部年度十佳调研报告。方特东方神话、博地影秀城等一批新建文化设施成为市民文化消费的新去处,宁波购物节、旅游节等节庆展会的商文、文旅互动板块成为文化消费新热点。

(二)积极争创国家文化与金融合作示范区

起草《宁波市创建文化与金融合作示范区总体方案》。与市委宣传部联合开展了文化金融走一线活动。承办文化部文化金融合作研修班。宁波深入推进文化金融合作的做法在全国文化产业工作会议上做大会经验交流。浙江省人民政府批复同意宁波申报创建国家文化与金融合作示范区。实施推进企业上市和并购重组“凤凰行动”。大丰、创源两家文化企业在创业板上市,主板上市文化企业增至6家;甬派、年轮映画等5家企业在新三板上市,新三板挂牌企业增至16家;在区域股权交易市场挂牌文化企业超过60家。

(三)搭建平台助推文化产业提质增效

积极搭建平台促进文化企业经贸合作,组织文化企业参加2017中国(义乌)文交会和2017中国(杭州)国际动漫节等展会,赴泰国参加2017中国浙江时尚创意精品展览会,宁波市文化广电新闻出版局荣获义乌文交会“展会组织奖一等奖”。2017中国(宁波)特色文化产业博览会参观人数达19.2万余人次,现场成交3.78亿元。加强文化产业重大项目指导、服务,10个项目列入文化部、国家新闻出版广电总局文化产业发展专项资金扶持重大项目;大丰文体创意及装备制造产业园等5个项目入选2017年度中国文化产业重点项目。11家企业被认定为2017—2018年度国家文化出口重点企业,17家企业、2个项目被列入浙江省文化出口重点企业和重点项目。积极助推动漫游戏产业发展,在宁波电视台少儿频道开设了《5爱动漫》栏目。支持“宁波音乐港”“宁波文创港”建设,打造文化发展新动力。支持文化特色小镇建设,象山星光影视小镇成为全省唯一影视类省级特色小镇创建单位,慈溪周巷古家具小镇、宁海十里红妆小镇发展态势良好。

(四)全力推进传统文化市场转型升级

文化娱乐行业转型升级全面铺开,鼓励娱乐场所组织艺术讲座、艺术培训等多种形式的便民利民公共文化服务,采用发放文化消费券等多种形式,让更多市民走进量贩式KTV。举办“一人一艺”全民K歌大赛,100天的赛程获700多万人次关注。举办中国电子游戏游艺CGL超级联赛宁波城市赛和浙江省赛。做好娱乐综合体、娃娃机、迷你歌厅等新兴娱乐行业新业态的调研管理工作。开展艺术品市场普查,实施艺术品市场调研。以县城乡镇、城郊接合部等为重点,深入推进上网服务行业转型升级。

八、文化监管能力不断强化

强化文化市场专项保障。以文化内容安全为重点,深入开展“扫黄打非”2017“清源”“净网”“护苗”“秋风”“固边”专项行动;完成元旦、春节等重大节庆,“两会”“党的十九大”等重要阶段重点工作文化市场保障任务。将“扫黄打非”和文化市场管理纳入基层社会治理网格化管理平台,2家单位获得全国“扫黄打非”进基层示范点称号,鄞州区江东外国语小学成为浙江省唯一全国进基层标兵单位,8家单位获得省级进基层标兵点和示范单位,数量和质量全省领先。抓好重点案件查办工作,办结余姚“3·11”销售360云盘账号传播淫秽物品案,“邓花”销售云盘账号传播淫秽物品案,“4·29”制售盗版教材案等3起全国重点督办案件,互联网低俗色情信息专项整治取得阶段性成果。宁波市文化市场综合执法“双随机一公开”监管工作在全市“最多跑一次”改革推进会上做典型发言。宁波市文化市场行政执法总队获全国查处侵权盗版有功集体三等奖,获省人社局、省文化厅、省公务员局联合发文荣记集体二等功。

第十五届亚洲艺术节 9月23日至10月23日在宁波举办。由文化部和浙江省人民政府共同主办,浙江省文化厅和宁波市人民政府承办。9月23日,第十五届亚洲艺术节在宁波开幕。中国文化部部长雒树刚,泰国副总理塔纳萨·巴迪玛巴功,浙江省委副书记、宁波市委书记唐一军出席开幕式并致辞。泰国文化部部长威拉·洛朴乍纳叻、老挝新闻文化旅游部部长波显坎·冯达拉、柬埔寨文化艺术部国务秘书索姆·索坤、缅甸宗教事务与文化部副常务秘书吴昂山乌、越南文化体育与旅游部副部长郑氏水等一同出席开幕式。浙江省副省长成岳冲主持开幕式。第十五届亚洲艺术节以“海丝古港 亚洲新梦”为主题,包括开幕式、文化论坛、表演艺术、视觉艺术等4个板块数十项活动。

一人一艺全民艺术普及工程

是年,宁波文化馆全面推进“一人一艺”全民艺术普及工程,努力打造一条具有宁波特色的数字化、体系化、社会化、品质化、国际化全民艺术普及道路,在全国实现可复制的公共文化服务经验。宁波市“一人一艺”全民艺术普及工程顶层设计走在全国前列,社会参与逐步扩大;依托“互联网+全民艺术普及”的服务理念,全民艺术普及建成集管理、服务、产品供给、资源建设等于一体的综合性"一人一艺"云平台;积极开展各类品牌活动,初步形成了多元的服务体系。此外,还编撰了《宁波市"一人一艺"全民艺术普及发展报告(2017)》。

【大事记】

1月

21日 "欢乐中国年"活动在英国诺丁汉市拉开帷幕。除了中国传统歌舞表演外,具有中国特色的红灯笼、春联、中国结、窗花等物品的展示也吸引了不少外国观众驻足观看。

22日至30日 宁波市演艺集团27人赴克罗地亚、捷克开展2017"欢乐春节"海外巡演活动,共演出8场。克罗地亚总统基塔罗维奇、议长佩特罗夫、中国驻克罗地亚大使邓英等高级政要出席。中国驻捷克大使馆专函致电文化部、外交部及浙江省政府等,点名感谢宁波文艺团队,省委书记夏宝龙和省委常委、市委书记唐一军先后批示表扬。

22日至31日 应泰国国家旅游局邀请,宁波市演艺集团有限公司歌舞剧院总经理一行17人赴泰国参加2017泰国"欢乐春节"活动,共演出10场。其中,2017泰国"欢乐春节"开幕仪式暨专场文艺演出在曼谷市中心隆披尼公园举行,泰国副总理塔纳萨、泰国旅游与体育部部长葛甘、泰国国家旅游局局长育塔萨、中国文化部对外文化联络局局长谢金英、中国驻泰国大使宁赋魁等代表出席并参加了开幕式活动,与中泰多家媒体、中国各艺术表演团队共贺"欢乐春节"。

26日至2月5日 受文化部、省文化厅委派,慈溪青瓷瓯乐团38人赴新加坡进行"欢乐春节"文化交流,在新加坡总统府、中国驻新加坡大使馆、新加坡中国文化中心等地参加24场迎新庆祝活动,并参加了新加坡"牛车水"农历新年庆祝活动暨电视直播跨年演出。新加坡总统陈庆炎等高级政要出席。

2月

28日 "一人一艺"蓝皮书专家研讨会在上海社会科学院举行,国家公共文化服务体系建设专家委员会、上海社科院等多名专家、学者参会。

3月

10日 "一人一艺"与宁波市舞蹈家协会签署战略合作,吸纳24个舞蹈普及点加入社会联盟组织,使全民艺术普及在专业艺术门类的纵深化上又迈进了一步。

5月

18日 天一阁博物馆推出"智享书香——天一阁博物馆智慧展厅首展",融合AR、VR、裸眼3D沉浸式影院等最新科学技术,让观众可以指尖轻触历史和文物,在把玩中接收古籍信息、古阁故事、藏品资讯,体验来自智慧博物馆的真正魅力。

同日 河姆渡遗址博物馆举行4D影片《梦幻河姆渡》首映式。总投资1900万元的河姆渡遗址博物馆4D影院专门播放全实景拍摄的"梦幻河姆渡"影片。

19日至21日 演绎宁波商帮爱国故事的原创大型话剧《大江东去》受邀参加"纪念话剧110周年诞辰——中国原创话剧邀请展",在国家话剧院大剧场连演3场。《人民日报》、新华社、中央电视台等主流媒体均做了报道。

6月

2日 "一人一艺"云平台正式上线。平台依托"互联网+公共文化"服务理念,打造"一站式"服务管家,打通"多渠道"服务路径,整合"海量化"服务内容,搭建集管理、服务、产品供给、资源建设等于一体的综合性公共文化超市。

17日至18日 舞剧《十里红妆·女儿梦》在香港大会堂音乐厅和荃湾大会堂演奏厅演出,受到香港观众的欢迎。

7月

24日至25日 在海曙区文体中心举办了为期两天的"一人一艺"OL城市舞蹈培训班,拉开了宁波市全民艺术普及活动的帷幕,通过"进机关、进企业、进商圈"的"三进式"服务模式输送舞蹈培训,共拍摄录制完成"一人一艺"城市OL舞20集,并完成上线,供百姓在网上点击学习,活动受益群体覆盖全宁波。

8月

17日至10月28日 举办了"一人一艺杯"宁波市首届全民K歌大赛,这是市民文化艺术节的重要活动之一。大赛由中共宁波市委宣传部、宁波市文化广电新闻出版局主办,由海选(线上、线下)、城市对抗赛、半决赛、决赛、总决赛组成,评选出冠、亚、季军各1名。

是月 中共宁波市委宣传部、宁波市文化广电新闻出版局联合下发《宁波市"一人一艺"全民艺术普及"十进"活动项目方案》,在全大市范围联合推进"戏曲进校园""歌声进家庭""舞蹈进商圈”等品牌系列活动。

9 月

1 日　宁波市第四届市民文化艺术节开幕式与“戏曲进校园”启动仪式同时举行。

8 日至 10 月 18 日　亚洲艺术节推出剧目展演活动，来自印尼、菲律宾、泰国、日本以及中国的 19 个演出团队演出 23 场。演出类型丰富，包括交响乐、芭蕾舞、话剧、舞剧、杂剧、越剧等。演出剧目均推出低票价，甚至全免费，丰富市民的节日文化生活。

15 日至 11 月 26 日　“一人一艺杯”宁波市首届朗读大赛举行。大赛由海选、复赛、决赛组成，报名人数近 4000 人。经过 33 场比赛，最终 30 组选手脱颖而出，分获年度十佳朗读者、年度十佳朗读之星、最美朗读者、最佳朗读家庭。

21 日至 11 月 20 日　亚洲艺术节推出“万象复观——亚洲艺术邀请展”“文明的回响——匠作之美”“夏蕙瑛水云乡作品展”等一系列高层次的艺术展览。

24 日　作为第十五届亚洲艺术节的主体活动之一，澜沧江—湄公河文化论坛在宁波举行。柬埔寨、老挝、缅甸、泰国和越南文化部长或代表和中国文化部长共同出席，就次区域文化交流与合作进行顶层设计与规划。论坛还通过了《澜湄文化合作宁波宣言》，六国代表在宣言中一致表示澜湄文化合作是澜湄务实合作的重要内容，将加强六国文化交流与合作，努力传承和发展六国优秀传统文化，以文化为纽带增进六国人民的相互理解与信任，促进民心相通。

同日　举办第十五届亚洲艺术节亚洲演艺合作论坛。论坛上举行了“亚洲演艺合作联盟”合作框架签约仪式。

同日至 10 月 24 日　举办了“澜湄文化行”活动。活动总行程超过 1 万公里，是首个澜湄区域文化旅游融合发展的重点合作项目，以海上丝绸之路起点城市宁波为起点，沿海上丝绸之路重要节点城市和澜湄国家老挝、柬埔寨、泰国行走，邀请媒体和文化领域人士全程参与，沿途开展内容丰富、形式多样的文化交流活动。

10 月

18 日至 11 月 21 日　宁波市文化馆联合在甬 7 所高校，将“缪笛侃乐”、阿拉现代乐团“走近爵士”、匹诺曹人声乐团“阿卡贝拉”3 个艺术主题普及活动带进校园，举办近 10 场演出。

11 月

1 日至 3 日　宁波市图书馆建馆 90 周年暨 2017“图书馆与城市文化”图书馆馆长研讨会在宁波举行。来自法国、日本、韩国以及全国各省市图书馆的近 200 名嘉宾参会，共话图书馆与城市文化及城市未来发展。

1 日至 19 日　第二届浙江全民阅读节暨 2017 宁波书展·宁波读书周在宁波举行。活动继续紧扣“享阅读之乐，建书香之城”主题，以书为媒，以人为本，邀请名家名社，联系各地图书馆、实体书店、社会阅读组织、大中小学，通过多种形式，使群众关注、参与全民阅读活动，共同体会阅读之乐。

3 日　2017 年“书香社区”论坛在宁波市召开。论坛由中国图书馆学会、宁波市人民政府主办，中国图书馆学会阅读推广委员会、宁波市文化广电新闻出版局承办。中国图书馆学会副理事长、国家图书馆常务副馆长陈力等领导和专家及来自全国各个社区的负责人、图书馆馆长等 120 多人参加开幕式。开幕式上还为入围 2017 年“书香社区”发现活动的 40 个社区授牌。

4 日　举办“专家巡讲——文化名人甬城书香行”，邀请知名作家、文人到宁波为市民巡讲。

18 日至 19 日　2017 阿拉音乐节暨宁波草莓音乐节在宁波南部商务区举行，阿拉舞台、草莓舞台和新血计划舞台同时开演。

22 日　为庆祝索非亚中国文化中心揭牌，宁波民俗风情舞剧《十里红妆·女儿梦》在保加利亚国家大剧院上演。中国文化部副部长张旭，保加利亚文化部副部长迪米托洛夫，中国驻保加利亚大使张海舟夫妇，宁波市委常委、宣传部部长万亚伟及 1000 多名当地观众一同观看了演出。这也是中国艺术院团的精品舞剧首次到保加利亚演出。

12 月

1 日至 5 日　2017 中国文化馆年会卫星会议暨宁波“一人一艺”成果发布会在宁波举行。大会由中国文化馆协会主办，文化部全国公共文化发展中心协办，宁波市文化广电新闻出版局承办。会议内容涵盖国家公共文化云应用推广交流会、宁波“一人一艺”成果发布会、全民艺术普及点考察等。全国各省、自治区、直辖市文化厅（局），新疆生产建设兵团文化广播电视局，各副省级以上文化（群艺）馆、图书馆领导及相关从业人员参会。“一人一艺”

全国全民艺术普及首本蓝皮书、全国全民艺术普及首个地方规范、全国全民艺术普及首个发展指数等发布。

4日 《花木兰》献演第四届世界互联网大会,这是继舞剧《十里红妆·女儿梦》后,宁波的舞台艺术作品第二次亮相世界互联网大会。

(林赛君)

宁波市县(市、区)文化工作概况

【海曙区文化广电新闻出版局(旅游局、体育局)】 内设职能处室7个,直属单位4个。2017年末人员65人(其中:机关7人,事业58人;具有高级专业技术职务资格的5人,中级12人)。

2017年,海曙区文化广电新闻出版局紧紧围绕区第九次党代会“争做五个排头兵”的战略部署以及区委、区政府和上级主管部门年度重点工作要求,一手抓区划调整后的部门组建、机制健全,一手抓新海曙开局之年局工作的规划布局、重点方向,推进文化各项工作持续融合健康发展,取得积极成效。一是健全完善文化大发展顶层设计。注重规划引领。完成“十三五”文化发展专项规划修编,对接宁波名城名都建设目标和新海曙争做“文化引领排头兵”的战略要求,提出“十三五”期间打造宁波文化气质窗口区、历史文化名城核心区、文化融合发展引领区的目标。完善政策体系。系统梳理中心城区和海西片政策差异,立足新海曙现实基础,重新梳理制定公共文化惠民政策体系、民办博物馆扶持办法、历史文化保护利用以及文化产业扶持等一揽子政策体系。夯实队伍建设。在区委、区政府的坚强领导下,迅速完成新机构建立、机制健全和人员划转到位,全局机构设置和人员配备进一步强化。推动文化馆体制机制改革,更好适应新时期文艺精品和群众文化工作开展需求。牵头召开文创产业发展联席会议、“扫黄打非”和文化市场管理年度工作会议,举办公共文化专业培训班,在全系统干部融合和素质提升方面取得了积极的成效。二是持续加大公共文化服务供给。广泛开展文化惠民活动。策划举办2017“幸福海曙”文化惠民工程,组织开展免费观影季、精彩演出季和全民阅读季三大系列活动2000多场。组织海曙区第三届“市民艺术季”原创音乐作品、舞蹈作品和全区排舞大赛。举办2017年春节元宵活动、喜迎党的十九大大型交响乐京剧演唱会、第二届宁波国际微电影节等大型文化活动。与市演艺集团共同组建宁波市话剧团(挂牌“海曙区话剧中心”)。深化推进全民阅读。2017宁波书香文化季暨全民阅读活动在海曙区启幕。举办2017书香海曙全民阅读季启动仪式暨宁波读书人分享大会、第二届小海狸阅读家族嘉年华、纪念世界读书日——图书馆之夜等各具特色的书香阅读系列活动。上海三联书店·筑溪生活开业运营,并举办三联京港沪三地高层论坛。高桥芦港社区获评全国书香社区,古林镇、集士港镇获评首届省书香城镇。全面做好区图书馆国家一级馆复评工作,继续增加公众阅读开放时间,稳步推进总分馆和基层流动图书站建设。积极推进公共文化示范项目创建。集士港镇、“区级重大公共文化设施社会化管理模式”通过市第二批公共文化示范项目验收。月湖街道、南门街道积极开展市第三批示范创建,相关工作在《中国文化报》上获专题报道。三是不断加强文艺精品创作和全民艺术普及。创作编排的音乐作品《南国书香》《江南的滩簧》和舞蹈作品《改变》《快递小哥》获宁波市音乐舞蹈节两金一银一铜;《南国书香》《快递小哥》分别入围浙江省音舞节决赛和浙江省舞台舞蹈大赛,四明南词《悠悠青蒿魂》参加了浙江省第九届曲艺新作大赛决赛并入围宁波市精品工程扶持项目。组织获全国群星奖的舞蹈《阿婶合唱团》参加央视录制及文化部组织的多地巡演。海曙文化企业原创的现代舞剧《都市魅力》成为亮相2018冬奥会宣传片的唯一中国元素,展现了海曙文化和原创精品的良好风貌。推进“一人一艺”全民艺术普及工程,组织开展全民K歌、全民朗读等系列活动,全年开展百姓文化课堂公益性免费培训159次,受众5453人次。《光明日报》迎接党的十九大文化专题“砥砺奋进的五年”首条内容对海曙区文艺精品创作和群众文艺普及的经验做法进行了报道。四是扎实做好历史文化资源保护利用。全面开展海西片区主要文物建筑情况摸底调查,制定海曙区历史建筑规划利用联合评审制度,完成第七批省级文保单位保护标志碑制作安放,启动第八批国家文保单位申报。做好重点文物建筑修缮,推进永丰库遗址、范宅、城隍庙、鼓楼等修缮工程。参与做好月湖东区部分文保房占用清退和袁宅后进、花果园庙等文保房及历史建筑的公益性文化项目引进落地工作。加强非遗传承保护，"黄古林草席编织技艺"入选国家级非遗项目后备库，并积极推进省级非遗代表性传承人申报；"赵大有传统糕团制作技艺"等3个市级项目入选省级非遗项目后备库；"四明南词"等2个国家级非遗项目申报2017年度国家补助经费。参与指导举办已中断70年的"浙东高桥会"，参与组织"三月三""十月十"鄞江庙会，组织非遗舞蹈《渔翁捉蚌》以及"缸鸭狗宁波汤圆制作技艺"等6个非遗项目参加宁波市第四届阿拉非遗汇，梳理全区民办博物馆名录，进一步增强公众参与保护历史文化资源和非物质文化遗产的自觉意识。五是不断推动文化产业集聚壮大。全区文化产业呈现出总量规模不断壮大、重点行业快速发展的良好势头。截至第三季度，全区共有文化产业法人单位约3000家，规限上文创企业349家、非企业文创单位42家，规限上文创产业实现增加值43.58亿元，同比增长3.7%，增加值增速3.7%。其中，服务业增加值25.92亿元，同比增长12.4%，工业增加值14.06亿元，同比下降10.8%。文创企业实现营业收入235.5亿元，同比下降8.3%。健全工作机制。修订出台相关政策，建立海曙区文创产业联席会议工作机制，制定出台《海曙区文化产业扶持政策》《海曙区文创产业园区(街区)认定办法》《区对镇(乡)街道目标管理考核办法文创产业考核细则》等，为文创产业发展提供政策引领。推动企业提质。推动重点企业、园区树立品牌，做大做强。辖区文创企业广博集团股份有限公司蝉联浙江省重点文化企业称号；博洋集团旗下的"创客157"文创园入围国家纺织服装创意设计试点园区(全国仅8家)；鼓楼沿、南塘老街2条街区入围省级文创街区评选；2家企业参加省第二批高成长性企业路演评选；1844艺术生活中心成功创建市级文创园，万盛文创园等3家园区入围市级培育文创园区，是年底，全区共有市级文创园1家，市级培育文创园区8家，园区数量质量居全市第一。积极组织宣传推介。鼓励企业走出去，共有23家企业分6个批次参加省、市各级展会和推介活动，成功举办"书香海曙""动漫嘉年华"等各类文化活动10多场次。六是全面推进文化市场繁荣发展。夯实文化市场管理基础。建立区、镇乡(街道)、村(社区)三级监管网络；开展全区文化市场经营场所调查摸底，启动在册87家次"僵尸企业"清理工作，完成全区印刷复制企业和销售批发场所基层布点；依托"执法+协会"模式，打造平安文化经营场所，会同区文明办下发《海曙区"五星网吧"评定办法》，引导企业创先争优；引导城乡网吧经营模式转变，鼓励集体感游戏、网吧、桌游于一体的联盟经营模式发展，首批转型的33家联盟经营网吧营业收入同比增长30%；会同区法院、区文化经营行业管理协会共同建立著作权纠纷诉调对接机制，成立著作权纠纷诉调对接工作室；开展网吧、娱乐行业等人员密集场所安全教育培训和应急演练，各场所年度自行组织安全演练两次以上。提升文化市场智慧监管水平。自主开发区文化市场联动智慧监管平台；继续推进文化市场视频(技术)监管系统(四期)建设，深化"天地一体"文物执法监察预警系统试点；在13家娱乐场所试点安装智慧式电气线路运行安全隐患监管服务系统，截至9月底，整改报警多起，效果明显。开展文化市场专项整治。先后开展"扫黄打非"、无证"黑网吧"及娱乐场所取缔，"护航十九大"等多项整治行动，出动执法人员1572人次，检查场所2145家次，查处案件36件，取缔"黑网吧"23家，有力打击了文化市场违法违规经营行为。区文化市场执法大队自2012年起连续5年获得省、市文化市场综合执法工作考评优秀。七是严格落实审批制度改革、"线乱拉"治理等年度重点工作。深化"最多跑一次"审批制度改革，已梳理完成78项权力事项和8项政府公共服务，并录入浙江政务服务网，对外承诺全部审批事项实现"最多跑一次"，娱乐场所许可审批时间较之前缩短15日以上，企业、群众审批办事的便捷性和效率大幅提升。牵头推进"线乱拉"治理工作，因地制宜制订"线乱拉"专项整治实施方案，完成9个镇(乡)街道"线乱拉"专项规划方案编制，积极协调相关镇(乡)街道以及电力、华数、电信、移动、联通等运营单位，建立联席工作机制，确保工作分片负责、合理分担、统筹推进。各项整治工作推进有序，截至10月底，共完成"上改下"15.25公里、架空线路梳理13.33公里、入户线整治800户。

(余丹笛)

【江北区文化广电新闻出版局】 内设职能处室5个，直属单位5个。2017年末人员100人(其中：机关25人，事业75人；具有高级专业技术职务资格的3人，中级6人)。

2017年，江北区文化广电新闻出版局认真贯彻落实区委、区政府“文化强区”发展战略，抓住机遇，乘势而上，文化事业和文化产业双轮驱动，取得了新进展、新成效，为江北宜居宜业现代化滨水品质城区建设提供了有力的文化支撑。一是以“三港”建设为龙头，培育文化发展新动力。宁波音乐港加速形成。加快推进以宁波大剧院为核心和以三江口音乐时尚消费集聚区、荪湖音乐产业集聚区、慈城音乐创客集聚区的“一核三区”建设，宁波音乐港先后列入省委、省政府加快打造万亿级文化产业重点项目、市第十三次党代会报告，上升为省、市发展战略，并得到了浙江省委常委、宣传部部长葛慧君，省委宣传部常务副部长来颖杰，宁波市委常委、宣传部部长万亚伟等领导的批示肯定。重大项目更集聚，大力推进音乐艺术院校产学研基地建设，与中央音乐学院、中国音乐学院合作的音乐继续教育、考级培训等项目正式签约，与中国音数协音促会、中国音协高校音乐联盟等单位签署了战略合作协议。活动影响更广泛，举办宁波文博会音乐展、海丝国际音乐论坛、“十三五”音乐产业发展高峰论坛等重点音乐活动。产业生态更完善，借鉴音乐产业先进发展模式，加快构建适合本土的完整音乐产业生态链。是年，宁波音乐港接洽意向合作企业70多家。“四张名片”更靓丽，以中央音乐学院院长俞峰为引领的宁波交响乐团，对接世界潮流，带动宁波本土高端音乐演艺产业发展，打造“交响乐”名片；以宁波童声合唱团、江北合唱团为代表，带动本土音乐教育培训和合唱事业的发展，打造“合唱”名片，在第十四届中国合唱节上，宁波大学音乐学院学生合唱团和江北合唱团荣获成人混声金奖，江北实验教育集团清音合唱团荣获青少组金奖，宁波童声合唱团还荣获“2017世界青少年合唱节——香港”国际合唱比赛金奖；以宁波城市现代舞团为代表，借力中国音乐剧协会宁波基地建设，带动宁波复合型音乐剧创作表演产业发展，打造“舞台剧”名片；以老外滩音乐时尚街区、荪湖海丝音乐广场为代表，带动宁波本土原创音乐制作、发行、版权交易等音乐核心层产业发展，打造“流行乐”名片。组织保障更有力，以“政府主导、社会参与、企业运营、市场运作”为模式，基本明确“1＋1＋1”的组织架构，即“一领导小组”(音乐港建设领导小组)、“一委员会”(音乐港建设管理委员会)、“一公司”(音乐港文化发展公司)。宁波音乐港文化发展公司正式启动运作。外滩时尚港精彩纷呈。依托国际人才社区，引入拉脱维亚、匈牙利、爱尔兰、塞尔维亚4个中东欧国家经贸或文化合作代表处、意大利全国艺术家协会(中国)创意中心，并积极与罗马尼亚、斯洛伐克、波兰等6个国家洽谈合作；宁波老外滩国际签证服务中心投入运行。举办“创业·相约老外滩”创业大赛、“舌尖上的中东欧”、“魅力拉脱维亚旅游推介会”等活动，获得各界好评。成功招引中国保险博物馆、宁波市对外文化交流协会，积极推进I&G体验馆等项目建设。推进SMART智慧管理，积极打造以智慧停车、无人地图机、24小时便利店、无线网络增强系统为核心的智慧服务体验商圈。宁波文创港蓄势待发。联合孔浦、白沙、甬江3个街道完成排摸，助力宁波市尽快完成前期规划。加快推进海洋渔业公司地块、老外滩延伸段地块等相关区块的招商谋划，做好企业走访参观的服务工作。作为文创港的延伸，8号公园、1986青年小镇相继投入运营。青年小镇成功孵化柏家、豆仆、818等多个品牌，入选全省宣传文化系统“三贴近”创新百例。正式启动甬江北岸大庆北路整治工程，已投入资金2.2亿元；启动文创港周边危旧房改造项目，已投入资金0.87亿元；开展甬江北岸沿江码头整治工作，为文创港建设打下基础。二是以产业招商为支撑，积蓄文化发展持续力。产业发展势头强劲。是年，共引进文创企业1491家，其中认缴资本1000万元以上218家，总认缴资本达60.99亿元以上。新浪动漫二次元商城项目、77洪塘湾文创园、达人村综合体等龙头项目纷纷落地并启动运行。文创园区百花齐放。有宁波音乐港、宁波文创港、外滩时尚港等较大文创园区10家，发展势头良好。江北作为全市县(市、区)唯一代表在全市特色文化产业博览会总结表彰会上做典型发言。宁波音乐港、创意1956 LOFT创意园被评为市级文创园区，宁波文创港、8号公园、77洪塘湾被评为市级培育园区。产业政策保障有力，计划出台《江北区重点文化项目扶持及人才奖励办法》、扶持音乐产业文化消费等相关政策文件。编制出台《江北区“文化强区”区直及驻区垂直管理单位考核细则》。三是以重大活动为引领，提升江北文化影响力。举办第十四届中国合唱节暨第九届中华慈孝节。本届合唱节为历届规模最大、规格最高、项目最多的一届，来自全国各地的141支参赛队伍7000多人参赛；本届慈孝节坚持慈孝文化与音乐艺术交相辉映、相得益彰，共有浙江省第十届音乐舞蹈节决赛暨颁奖典礼、音乐宁波帮大会暨葛朝祉百年诞辰音乐会、“一带一路”国际青年（中国·宁波）论慈孝活动等七大主体活动。举办浙江省第十届音舞节。本届音舞节共有近300个新作品、800多名选手报名参赛，设置了声乐、器乐、舞蹈3个大项的比赛。举办音乐宁波帮大会暨葛朝祉百年诞辰音乐会。活动邀请了40多位甬籍音乐名家及名家亲属集聚一堂，举办媒体见面会、论坛、专场音乐会等活动。新华网、人民网、央广网等40多家中央、省、市、区级媒体争相报道。举办7077现代舞节。宁波城市当代舞台的现代舞《雲走·宓镜》《雲走·色线》等作品，围绕宁波帮、宁波人敢于拼搏、不屈不挠的品质展开，做到形式与实景相结合，内容与精神相贴切，打造出观赏性强、有启迪、有内涵的文艺精品。这是首部宁波本土文艺团体创作的现代舞作品。举办“吾爱音乐”周周演活动，全年举办21场活动。四是以文化阵地为载体，提升公共文化普及力。探索公共文化服务体系标准化建设。制订开展“一人一艺”全民艺术普及“十进”活动相关方案，依托全民K歌大赛、朗读大赛、合唱大赛、非遗进生活系列活动等，提升全民文化艺术素养，全区艺术普及人口综合参与率达50%以上。高度重视公共文化服务体系标准化建设，认真对照“四张清单”全面排摸，推进街道（镇）文化馆图书馆总分馆制建设。因地制宜推进基层综合性文化服务中心建设，出台《关于推进基层综合性文化服务中心建设的实施意见》，加强乡镇（街道）综合文化站效能建设。梳理公共服务事项内容，制定并上报43项公共服务事项，提升公共服务效率，增强群众公共文化服务满意度。进一步打造群众文化社会影响力。举办第四届“北岸文化艺术节”，十大主体活动100多项子活动精彩呈现。依托宁波交响乐团、洛奇音乐图书馆等团队资源，定期开展交响乐和古典乐等高雅艺术赏析活动。继续推进“兰江舞台”“北岸讲堂”“百姓展厅”三大公共文化平台建设，切实做到月月有演出、有讲座、有展览。“一街（镇）一节庆”“一村（社区）一品牌”基层文化品牌建设深入推进，“唱响日湖”文化艺术节、“潮起甬江”企业文化节、“拾”村汇十堂等区域特色文化活动丰富多彩。新建庄桥街道马径村等4家文化礼堂。庄桥街道荣获省民间文化艺术之乡称号。继续大力实施各种文化惠民活动。深入推进千场电影百场戏曲进农村、天然舞台文化惠民等活动。“书香江北”氛围更浓，全年举办活动50多场，北岸童读会品牌不断打响。五是以创作文艺精品为引领，培育江北文化原创力。浙江省第十届音舞节上，《年年高》荣获声乐类金奖；电影《爱在生死间》荣获宁波市第十三届精神文明建设“五个一工程”奖；出版长篇小说《县令霍与瑕》；电影《好久不见》即将开拍；学术专著《江南女性民俗的文学展演研究》《千年望族慈城冯家——一个宁波氏族的田野调查》分获2015—2016年度宁波文艺奖金、银奖；区文化馆选送的戏曲表演唱《山清水秀江北美》和音乐快板《最爱还是江北水》荣获浙江省文化厅“千名文艺工作者赴基层采风巡演”优秀作品奖；“一人一艺杯”2017年宁波市全民K歌大赛，江北区1人获亚军，江北区文化广电新闻出版局荣获优秀组织奖；2017年“一人一艺杯”首届朗读大赛中，江北赛区1人荣获十佳朗读者；区文化馆作曲的《永远的青蒿》荣获宁波市第六届“我的城市我的歌”歌曲征集评选活动“最佳歌曲”；舞蹈《守岁》、表演唱《大手拉小手》、少儿舞蹈《小小马儿奔四方》、歌曲《江北韵》荣获宁波市第十二届音乐舞蹈节银、铜奖等相关奖项；施晓峰工作室被评为第五批市文艺家工作室。六是以保护管理为抓手，增强文化遗存传承力。加大力度保护监管大运河工作。大运河遗产保护管理机制进一步完善，沿线遗产区、缓冲区内建设项目得到有效管控，年内共组织审查、转报、整改保护区划内建设项目4项。区政府常务会议通过《关于进一步加强江北区各级不可移动文物保护管理工作实施意见》。扎实做好文保单位保护基础工作。全面推行国家文物局《古建筑日常保养技术规程》,优化不可移动文物维修、维护和再利用工作机制。大力推进江北区历史文化保护工作规范建设项目的事前、事中、事后管理指导,履行相关审批程序。建议将“句章故城遗址”公布为江北区区级重点文物保护单位。加强文物安全监管工作。持续开展“文物法人违法案件专项整治行动(2016—2018)”,及时处置文物违法案件,按时序进度完成文物安全大排查专项行动,9月顺利通过国家文物局对江北区国保单位天主教堂安全隐患大排查的抽查工作。完成对电商园区违规操作的监管工作,并加大文物平安工程事中事后的监督力度,落实检查整改,建立全区文物平安工程的部门绩效考核,改善各级文保单位的安全基础设施建设。加大非遗保护力度,骨木镶嵌、半浦民间故事入选第五批省级非遗名录。七是以守住底线为前提,强化文化市场规范力。强化文化市场规范管理。加强文化市场日常巡查力度。加强重大节庆及敏感时期监管。开展双随机抽查工作,共开展双随机抽查23次,出动检查人员46人次,检查各类经营单位145家次。加强文化市场监管执法。深化文化市场专项督察,完善重大案件联合查处机制、安全生产协作机制等,全年出动执法人员2000多人次,检查市场经营单位近1000家次,基本做到了巡查全覆盖;取缔无证经营单位24家次,当场纠正违规行为60多起,办理案件36起。加速文化行政审批效率。将所有59项审批事项均纳入行政审批窗口办理,并在浙江政务服务网上公布。将所有审批承诺办结时间大幅缩短,所有行政审批事项均提速80%以上。切实做到办事群众“最多跑一次”,通过窗口受理、网上申报和预约实地核验等3种途径实现“最多跑一次”。实行“一窗受理、集成服务”的工作模式,建立商事登记“证照联办”机制,实现办事群众真正意义上的“最多跑一次”。

(方　文)

【镇海区委宣传部(文化广电新闻出版局)】 内设职能处室5个,直属单位5个。2017年末人员38人(其中:机关18人,事业20人)。

2017,镇海区文化广电新闻出版局认真贯彻落实上级精神和“文化浙江”“名城名都”建设任务要求,结合“港口强区品质之城”建设目标,坚持以文化人、以文惠民、以文兴业、以文强区,扎实推进全区文化工作,坚定区域文化自信,文化全面小康建设取得明显成效。一是以“满足人民对美好文化生活的向往”为主线,坚持群众文化与精品文化共荣共生,文化事业百花齐放。本土文化活动再掀新高潮。重点打造融合“民俗、海防、非遗”等镇海元素的本土文化。策划开展传统媒体与新兴媒体互动推进的“我和党旗(国旗)合个影、我向党来说句话”活动,吸引6.5万人次参与,收到合影2.2万张;举办镇海区中小学生古诗词大赛、歌手大赛等大型文化赛事,诗词大赛吸引4000多名中小学生参赛,2万余名网民参与线上互动。围绕“海防馆建馆20周年”主题,集中展现海防特色文化,精心打造以“赛、展、享”为重点的“海防文化专题分享季”,开展摄影大赛、知识竞猜、亲子文化体验等群众性文化活动和服务共享项目。融合地方特色,振兴中国传统节日,结合精神文明建设、非遗民俗展示等活动,推出“一镇一街一风采”,招宝元宵大巡游、庄市街道梨花节、九龙湖端午文化节等均形成地方特色文化品牌,有力推动休闲生活与传统文化融合发展。对外文化交流开创新局面。主动架构对外人文交流桥梁,陆续引进西班牙舞剧《卡门》、巴黎国家歌剧院独奏家乐团音乐会等优秀剧目,举办海峡两岸一家亲(镇海·高雄)民间艺术、商贸交流活动。充分发挥宁波帮博物馆桥梁纽带作用,促进海内外文化走亲,出版《旅沪宁波同乡会人物史料》《近代宁波帮建筑研究》,刊发《宁波帮博物馆馆刊》4期,馆刊发放范围延伸至新加坡、日本等地的宁波帮人士。依靠乡情乡谊,征集海内外宁波帮人士无偿捐赠100多件,海内外征集史料实物数量在全市博物馆中位列前茅。推出潘天寿、范岁久等原创人文展览。组织“宁波帮与宁波帮遗存”研讨会、宁波帮传承与创新学苑研修班。着力打造文化传播旗舰产品“镇灵通”新闻客户端,利用海内外校友群推动“镇灵通”在东南亚、欧洲、北美、大洋洲等地区落地,进一步讲好镇海故事,传播镇海好声音。文化消费市场实现新突破。依托镇海大剧院文化主阵地,坚持公益惠民与高效运营协同发展,引进精品儿童剧、优秀地方戏曲、音乐会等剧目,累计演出108场、接待国内外观众超10万人次、经营收入超1000万元,在“零”补助的基础上,实现收支平衡,走出一条现代公共文化服务新路子，该模式被《中国文化报》专题推荐。集中精力扶持重点文创企业，由镇海区影视企业红珊瑚出品的院线电影《七十七天》，累计票房达1.03亿元，成为是年全市唯一一部本土投资出品的票房过亿的院线电影。通过公共文化阵地、重点文创企业的牵引辐射，有力培育文化消费市场，带动区域文化消费强劲增长。多级协同联动共谱新篇章。充分整合市区两级资源优势，共同推进宁波帮博物馆提升发展工作，建立市区两级经费共同投入机制，探索重要事项共商共谋共享。承办第十五届亚艺节优秀剧目展演、宁波首场环境现代舞《雲走·宓镜》、宁波市业余文艺团队考核演出等重要展演活动6场次；澥浦船鼓、九龙柱两个节目先后参加中央电视台《我们的中国梦——2017东西南北贺新春》春节特别节目录制和2017"文化和自然遗产日"浙江省主场城市(杭州·拱墅)活动暨第六届大运河文化节开幕式。以镇海海防馆建馆20周年为契机，邀请国防科工委原副政委葛焕标等4位共和国将军共同出席，增强对上联谊联络，扩大地方特色文化影响力。二是以"一人一艺"全民艺术普及工程为抓手，坚持品牌引领与创新驱动同频共振，文化小康建设取得实效。深化"雄镇"品牌建设，群众文化获得感显著增强。围绕"一人一艺"全民艺术普及工程，构筑"雄镇大舞台""雄镇展厅""雄镇课堂""雄镇讲堂"四位一体的"雄镇"系列品牌，逐渐形成常态化运行机制，推动全区文化繁荣发展。积极推动"雄镇大舞台"转型升级，全年开展"雄镇大舞台·专业剧场"及宁波市"天然舞台"惠民演出近300场；依托"镇海大剧院"场地优势，丰富百姓"家门口"高雅艺术欣赏，先后引进上海越剧团、钢琴家汪洋专场音乐会等名团、名家、名作和艺术经典演出共计40多场，平均上座率超80%；举办历时4个月的镇海区第四届市民文化节活动，开展"镇海戏剧周"等近100项形式多样、精彩纷呈的文化活动。强化服务效能，公共文化阵地使用效率明显提升。"书香镇海"全民阅读阵地建设取得新成果。区图书馆深化"最美基层图书馆"品牌建设，顺利通过全国县以上公共图书馆第六次评估定级，"树袋熊"活动获浙江省图书馆学会2017年优秀图书馆服务品牌卓越影响奖。招宝山街道入选省首批"书香城镇"，澥浦图书分馆入选省第二届读者最喜爱的乡镇街道图书馆十强名单。此外，还有6家单位、10个家庭、7名个人获得浙江省"书香系列"评选相关荣誉。提升综合性文化服务中心效能建设。区府办印发《关于推进基层综合性文化服务中心建设实施方案》，明确"十三五"建设目标。深化文化站免费开放工作，确保周开放时间不少于56小时；统一制作文化站免费开放和服务项目公告牌，文化服务信息上墙率达到100%；加强基层公共文化服务标准落实情况的跟踪，全年开展专项督查140多次。招宝山街道文化站受邀在中国文化馆年会上就文化站效能建设发言，是浙江省唯一受邀的乡镇街道文化站；骆驼街道被列入省级文化强镇公示名单。强化政策激励，文艺创作势头强劲有力。加强文艺创作规划引导，加大创作扶持力度，拨付100万元重点扶持《朱妞妞的春天》等15个项目，积极推荐作品申报上级精品扶持，全年有5部作品纳入市级扶持范围；广播剧《邵逸夫》、儿童长篇小说《十五岁的星空》2部作品获省"五个一工程"奖，5部作品获市"五个一工程"奖；各项群文赛事活动获兰花金奖5个、兰花银奖2个、入围奖2个；总浦桥社区合唱团获第十四届中国合唱节老年组混声合唱铜奖。"工业之光——浙江镇海工业摄影展"在北京"中国文艺家之家"展览馆展出，这是区级艺术团队作品第一次集体走进中国文艺家之家。三是以"在保护中发展、在发展中保护"为基调，坚持凝固历史与用活文物齐声共鸣，文博事业稳步推进。文物保护基础工作扎实推进。完成镇海区第一次全国可移动文物普查工作，镇海区文保所获评文物普查工作省级先进集体。稳步推进文物保护规划编制工作，完成国保单位《镇海口海防遗址保护规划》立项、审批，编制《镇海口海防遗址保护区划研究》《七里屿灯塔保护利用研究》。推进"古籍保护与共享项目"，完成《朱砂卷集成》镇海籍部分扫描与编序，出版《小长芦馆集帖(唐诗集二王书)原石》刊印本。镇海区庄市街道叶氏义庄和包玉刚故居入选省级文保单位。"镇海口海防历史故事"入选第五批浙江省非物质文化遗产代表性项目名录，"招宝山风物传说"入选浙江省非物质文化遗产代表性项目培育库。文博阵地公共服务水平持续提升。积极开展流动展览进基层活动，宁波帮人文宣讲团、海防宣讲团宣讲36批次。推进非遗保护传承,举办“文化和自然遗产日展示展演活动”。结合“国际博物馆日”“文化和自然遗产日”策划开展系列文博活动,成功举办“国藏风雅——镇海区第一次全国可移动文物普查成果展”“王阳明遗墨特展”等展览。宁波帮博物馆被市委党校列为“干部教育培训现场教学基地”。四是以强化管理、优化服务为手段,坚持做强平台与保障安全双向发力,文化市场稳中有进。健全考核机制,文化产业蓬勃发展。完善镇海区文化产业工作考核机制,持续传导责任压力。扎实开展“线乱拉”、户外广告电视屏专项治理,基础工作有序推进。立足抢抓机遇、抢抓重大项目、抢抓重要人才三大途径,扎实推进中官路创业创新大街建设,该区域已集10多个创新创业平台,拥有“国千”人才35名,“省千”、市3315人才100多名,各类创新创业人才1万余名,中官路创业创新大街为全省唯一入选文化部文化产业双创服务体系建设扶持名单的园区,并成功入选2017年度浙江省文化创意街区,同时镇海329创业社区分获国家级、省级优秀众创空间,镇海i设计小镇成功创建省第三批特色小镇。依托区文化创意产业联盟、宁波大学科技园工作站,搭建文化产业服务平台,组织文化企业参加宁波、深圳文博会及杭州动漫节等相关产业展会和推介会,实现意向签约额5000万元。突出规范引领,文化市场健康有序。围绕“最多跑一次”,梳理公布权力事项67个,实现文化行政审批事项“最多跑一次”全覆盖,全年办理经营性互联网文化单位、歌舞娱乐经营场所等的设立许可、变更及相关事项78件。探索行政审批服务升级,为企业提供线上申报、“送证上门”服务,实现群众“零跑腿”。围绕党的十九大、平安镇海建设等重大活动任务,由区主要领导亲自带队开展文化市场安全督查行动,全年检查文化经营场所2018家次,查获违规场所32家次。强化源头指导,创新编制《镇海区文化市场安全生产工作手册》下发至文化经营单位。创新文化普法工作,在镇海区中小学校发放《上网笔记》近1万册,举办“健康生活,绿动校园”影视配音大赛等活动。镇海区“扫黄打非”工作领导小组办公室被评为全省“扫黄打非”先进集体。五是以“锻造忠诚干净担当文化铁军”为目标,坚持正风肃纪与选优配强齐抓共管,人才队伍提质提效。强化党性修养,增强“四个意识”。围绕党的十九大和省、市、区各级党代会,推进“两学一做”学习教育常态化、制度化。成立区文广新局机关党委,按“区域联建、分类管理”的原则调整系统内基层党组织布局,促进规范管理,增强合力。开展“打通中梗阻提升执行力”活动,梳理出单位问题4条、个人问题93条,并全部整改落实到位。优化干部结构,激发干事活力。根据岗位和发展需求,以专业实践能力为侧重点,分层次开展跨部门竞岗交流、基层单位事业人员招考与选调工作,选拔区文化馆馆长1人,引进事业干部10人,充实了优秀人才储备。以注重能力、注重结构为导向,顺利完成宣传文化系统新一轮中层干部聘任工作,新提任中层干部19名,中层干部年龄、学历、专业等结构配比进一步优化。开展主要领导与系统全体中层干部集体谈话,进一步统一思想、增强干劲。深化素质工程,壮大人才队伍。组织举办文化产业、公共文化服务等业务培训班18期。全年举办声乐、器乐、小品等21个艺术培训班,培训学员1000多人次。抓好民间文艺骨干、民俗文化代表人、非遗传承人等特殊文化人才的挖掘、培训、推介工作。推荐优秀人才培训深造,全年1人入选第六批宁波市宣传文化部门“六个一批”人才,2人入选宁波市文化广电新闻出版局“文化艺术新秀”,1人入选镇海区第三届优秀人才。积极培育民间文艺团队,组织参加宁波市公共文化团队评星定级,获评市五星级艺术团1家,四星级艺术团1家,二星级艺术团2家。

(胡华峰)

【北仑区文化广电新闻出版局(体育局)】 内设职能处室4个,直属单位7个。2017年末人员64人(其中:公务员12人,参公7人,事业45人;具有高级专业技术职务资格的7人,中级14人)。

2017年,北仑区文化广电新闻出版局紧紧围绕党的十九大精神,以推进北仑海洋文化强区建设为目标,全面实施文化引领战略,重谋划、强品牌、增亮点、惠民生、拉短板,各项工作取得了新的成绩。一是重谋划。开展海洋文化发展规划编制工作。委托浙江大学中国海洋文化研究中心开展规划编制相关工作,充分挖掘北仑区现有资源,积极探索,合理布局,充分凸现、促进“一带一路”文化融合，内容涵盖文化空间规划，文化遗产、文化产业、文化生活、精神引领、文化旅游等软件建设规划。统筹推进基础文化设施建设。谋划推进北仑文化中心项目建设。引导海伦钢琴参与音乐厅建设，提升城市艺术等级。谋划推进北仑美术馆项目落地，该项目已被列入2018年北仑区政府投资重点前期项目。推进街道文化活动中心建设，并积极引导社会力量参与文化设施建设。戚家山文体活动中心建成，白峰盛威文体活动中心开工。开展名人文化资源普查和利用。完善信息、建档立卷，重点挖掘做好张人亚红色名人文章。推荐张人亚衣冠冢及故居申报第八批全国重点文物保护单位，会同开展广播剧《党章守护人》、话剧《坚定》、纪实文学《信仰》等文艺宣传创作。推进文化馆总分馆建设。以北仑区文化馆为总馆，下设10个街道分馆和1个企业分馆。同时，借力文化加油站服务平台，通过网格化布局，选择条件成熟的社区、村、企业建立了50个文化服务站点(支馆)。积极送培训、送活动到基层，实现了总分馆资源、活动大联动。进一步推进公共文化服务效能建设，形成全区文化资源扁平化管理，促进文化资源统筹共享。二是强品牌。港口文化品牌元素更加多元。围绕"一带一路"综合试验区核心区建设，充分依托港口特色，努力扩大港口文化品牌影响力。重点做好围绕港口海洋搭建人文交流平台、做好人文体验文章、打造文化地标3个方面的工作。漆画艺术品牌基本形成。中国美术家协会漆艺委北仑创作中心落户，中国美协主办的首届中国(宁波·北仑)青年漆画大展在北仑举办，并与中国美协签约，达成展览此后五届长期落户协议，推进浙江漆画迈出突破性步伐。同时，通过校地合作，举办浙江青年漆画创作讲习班、宁波市首届青年漆画邀请展等活动，加强漆画交流和人才培养。北仑"漆艺"入围2017年浙江省文化创新团队，漆艺彩绘《戚继光抗倭八联屏》获浙江工艺美术双年展铜奖。三是增亮点。打造"一人一艺"北仑模式。建立以数字服务平台为核心，以群众文艺团队为根本，以海享文化舞台为中心，以全民文艺赛事为推手，以区域多级联动为依托，以艺术欣赏体验为载体的"一人一艺"全民艺术普及工程体系。搭建全民摄影季赛、全民书法季赛等活动载体，并集中推出全民艺术普及季免费培训活动400多场次，实现了季季有赛事、月月有活动，真正为市民打造零门槛、全免费的"艺术培训殿堂"。先后在全省新任文广新局局长培训班、浙江省农村文化礼堂管理员业务建设培训班上做了题为《公共文化服务供给侧改革下全民艺术普及的"北仑样本"》的专题讲座，推广"北仑模式"。两岸文化交流更加紧密。连续3届的"秀美渶江"龙舟赛已成为宁波和台湾两地亲情的纽带，并形成了正常互访机制，赛事被新华社等媒体采访报道，被国务院网站转载宣传。引进"滴水观海——台湾海洋画会作品展"，开展两岸画家笔会交流活动。举办台湾名家沈以正"绘画作品展"，促进两地绘画艺术交融。文物保护显著增强。制定出台《北仑区不可移动文物保护修缮专项经费使用管理办法》，金银渡桥等不可移动文物纳入2017年度修缮专项经费项目投资计划并落实文保主体责任、推动保护进程。积极推进国保单位镇海口海防遗址(江南部分)修缮工程。瑞庐被省政府公布为第七批省级文保单位。配合开展大榭遗址Ⅱ期考古发掘，该项目位列2017年度浙江考古重要发现榜单第三。非遗传承扎实推进。设立宁波市非物质文化保护中心宁职院教育基地和宁职院非遗研究工作室，为非遗项目的传播和传承提供平台。借助"我们的节日"系列活动平台和首个"文化和自然遗产日"，举办非遗项目进校园、进机关及市民走进非遗一日体验游、"金鸡献瑞·闹元宵"新春灯会等非遗文化活动，让群众更加贴近非遗。深入挖掘葛洪文化元素，成立北仑区葛洪非物质文化遗产研究中心，举办葛洪中医药文化高峰论坛，部署挖掘整理一批灵峰和葛洪的民间故事、传说，为非遗传播和传承搭建平台。梅山街道成为宁波市首批非遗特色小镇创建单位，荣获"浙江省民间文化艺术之乡"称号。梅山舞狮代表宁波参加韩国的耽罗文化节。四是惠民生。公共文化场馆服务持续改善。宁波中国港口博物馆社教功能进一步发挥，全年接待群众52万人次，同比增长49%，提供讲解1640多场，同比增长58%，接待重要团队近230批次，同比增长186%。承办2017年"博物馆与文化浙江建设"学术研讨会，推进博物馆在参加文化浙江建设中的作用发挥。举办"我从远古来——史前宁波人的生活"特色展览，展现宁波考古60年成就。

成功打造“互联网+”智慧场馆,虚拟博物馆正式投入使用。荣获浙江省第三届博物馆免费开放评选最佳运营管理奖。图书馆发挥全民阅读主阵地作用,全年累计到馆读者近100万人次,同比增长7.2%;借还图书162万册次;举办读书活动170多场次,同比增长27.3%。推出读者之间微信转借等各类便民服务,促进全民阅读深入开展,书香北仑建设取得成效,大碶街道荣获首届浙江省“书香城镇”称号,梅山江梅社区被评为全国“2017书香社区”。在2017年“书香社区”论坛上,北仑分享建设经验并向全国推介北仑全民阅读好的做法。推出《北仑区公共图书馆2016年阅读报告》,多方位多视角对北仑图书馆总体运行数据进行分析,为进一步开展全民阅读工作提供指导依据。区域特色活动蓬勃开展。群众文化生活丰富多彩。组织开展首届“4·23”世界读书日系列活动、第八届未成年人读书节、区企业文化月等区域特色文化活动。同时,兼顾公共文化服务均衡普惠,开展关注残疾人、流动人口等特殊群体服务,承办第二十七次全国助残日广场活动暨宁波市文化助残“五个一”工程启动仪式、九峰讲坛流动人口专场等活动。送戏送电影送出版物下乡、快乐戏台、开心书场等文化惠民工作质量进一步提升。文化市场管理安全有序。对文化市场进行调查摸底,全面掌握辖区文化市场大数据。开展文化市场法制宣传培训6期,强化文化经营单位日常管理,落实做好全国文明城市创建迎检、党的十九大安全护航、“扫黄打非”等文化市场安全监管工作,累计出动检查近2000人次;检查文化经营单位近3900家次;立案24起,办结23起,并做好“双随机”抽查监管工作。其中,娱乐经营企业每月检查频率1.11次,检查频率全市排名第一。大碶街道被评为全国“扫黄打非”进基层示范点,在省现场推进会上做视频典型发言。北仑区“扫黄打非”领导小组办公室被评为2017年浙江省“扫黄打非”先进集体。积极做好文化市场行政审批登记工作。完成北仑区文化市场技术监管平台一期开发建设,并做好在网吧领域终端监控信号的接入事宜,启动筹建二期建设。五是拉短板。推进博地影秀城开业经营,策划博地影秀城国庆主题灯光秀,得到全国媒体广泛关注,接连登上浙江卫视新闻联播和中央电视台新闻联播。打响“一带一路”题材“甬秀——港通天下”主题秀,作为参与“一带一路”综合试验区核心区建设的重要文化内容进行宣传推广。加强文化产业扶持与引导,助推经济转型升级。出台《北仑区关于扶持文化产业发展的实施意见》等政策意见,鼓励和引导文化产业重点领域加快发展。2017年新增文创企业712家,注册资金总额达47亿元,其中超1亿元的10家,超1000万元的144家。博地影秀城成为市级文化产业示范园区,华生设计巢成为市级培育园区,产业带动效应、行业聚集功能逐步显现。宁波创源文化发展股份有限公司主板上市,是北仑第2家(宁波第6家)上市的文化企业,是全市唯一一家文化创意类上市公司。文化企业股交所挂牌6家,新三板挂牌2家。海伦钢琴、创源文化公司入围全国文化出口重点企业。贝发集团股份有限公司、宁波奇邻文化创意有限公司等入围2017—2018年度浙江省文化出口重点企业。

(郑　亮)

【鄞州区文化广电新闻出版局(风景旅游管理局、体育局)】 内设职能处室8个,直属单位12个。2017年末人员132人(其中:公务员43人,参公2人,事业87人;具有高级专业技术职务资格的15人,中级44人)。

2017年,鄞州区文化广电新闻出版局围绕打造“浙江两富两美先行区、宁波港口经济圈核心区”目标和“名城强区”战略,深化国家公共文化服务体系示范区创建成果,重视文化遗产保护,大力发展文创产业,切实加强文化市场管理,各项工作取得了新进展。一是公共文化服务方面。公共文化继续领跑全省。在全省90个县(市、区)基层公共文化服务评估指标测评中,鄞州区以81.33分排名首位(满分100分),是全省唯一总分达80分以上的县(市、区),已连续八年蝉联全省公共文化服务综合评估第一。全区21个镇(街道)综合文化站全部达到省一级以上标准,高标准综合文化站数量位居全省前茅。完成市级公共文化示范区(项目)创建。鄞州区“一个镇、两个项目”通过了市级第二批公共文化示范区(项目)验收,是全大市入选数量最多的县(市、区)。同时,鄞州区还获得3个市级第三批公共文化示范区(项目)创建资格。完成特色文化创建。福明街道新城社区荣获全国“书香社区”,东胜街道获评首届浙江省“书香城镇”,东柳街道中兴社区、福明街道新城社区、五乡镇明伦村、钟公庙街道都市森林社区4个村(社区)获评首届浙江省“书香之村(社区)”。此外,在“2017宁波市优秀基层业余文艺团队会演评级”中,鄞州区共有4个团队入选。文化设施建设持续加强。编制完成鄞州城区“十三五”公共文体设施布局规划,谋划布局群众身边的文化体育设施,一、二期全部完成,共123平方公里。文化惠民服务水平进一步提升。继续推进以“天天演”为龙头的“天天系列”文化惠民工程,“天天演”下基层演出804场次,总观看演出人数达78万人次,观众满意度达100%;“百场文化进东部”开展文化演出26场次,受惠群众约2万人次;“天天读”为农家书屋更新图书2.5万册,新增借书证2499张,汽车图书馆出车506次;“图图宝贝”开展亲子阅读推广活动50场次,600多个家庭加入亲子阅读团队,品牌影响力进一步扩大。积极推进公益电影放映阵地建设,全年完成3个公益电影放映基地创建工作,放映公益电影故事片1399场、科教片321场,受惠群众超39万人次。推进“基层公共文化菜单式补助”项目。面向区内三类镇及考核优秀镇(街道)提供针对性的“公共文化补助菜单”,全年对7个考核优秀镇(街道)和3个三类镇补助文化产品共计78万元。启动鄞州区“艺起来”全民艺术普及试点工作。成立了由区长任组长、24家区级单位为成员的鄞州区“艺起来”全民艺术普及工作领导小组;出台了《关于开展“艺起来”全民艺术普及的实施意见》等4个文件,开展了镇(街道)21台基层文艺团队综艺会演,参与群众1.5万余人次。创新全民阅读服务、推广平台。搭建起“你选我买”图书荐购、“扫码悦读”数字阅读和“网约书”配送平台,开展“春伢计划”阅读推广活动,图书借还量达296.7万册。鼓励社会力量参与各类文化活动,全年共举办6次,财政资金补助60万元,引导社会力量投入资金近500万元。品牌文化活动有声有色。举办第七届王应麟读书节、第十二届科普电影节、2017“梨园雅韵”群众自创自演文艺节目(戏曲类)会演等品牌文化活动,参与人数众多,活动影响力进一步扩大。文艺精品创作取得成效。由区文化馆选送的两支合唱团“星光”合唱团和茅山小学“紫云英”童声合唱团在第十四届中国合唱节中获得双金奖,此外还获得了“优秀指挥奖”和“最佳钢琴伴奏奖”。越剧《桃李梅》参演国家艺术基金项目“花开桃李梅”——十地方戏曲剧种《桃李梅》同城会演,《中国日报》、光明网、央视等10多家媒体做了报道;新排传统越剧《红楼梦》《洗马桥》戏迷反响热烈。文化交流持续深入。举办“音系中美友谊,乐动一带一路”——马氏团队携纽约青少年交响乐团返乡巡演。举办“立德树人 美育启智”高雅音乐普及暑期大师公开课。鄞州越剧亮相韩国艺术盛会。公益文化品牌“红牡丹”书画国际交流社赴英国诺丁汉大学、伦敦大学孔子学院等地开展文化交流活动,创始人还应邀走进BBC直播室,讲述中国文化故事,扩大了鄞州“红牡丹”的影响力。举办鄞州区与台湾南投县文化交流活动。文化志愿服务不断深入。鄞州区天天文化志愿者协会与市文化志愿者总会合作,开展文化志愿服务标准体系课题研究;举行“鄞州区天天文化志愿者协会(宁波市舞蹈家协会)艺术培训基地”签约、挂牌仪式,组织省市舞蹈家协会开展慰问全区文化志愿者代表专场演出;天天文化志愿者协会在绵阳建立朗诵艺术培训基地;定时跟踪记录“2016年全国最佳志愿服务项目”东吴镇文体中心文化志愿服务情况,并策划设计新的志愿服务项目。智慧文化建设不断加强。有序推进鄞州区智慧文化二期工程建设,文化惠民服务网络平台和App应用软件开发整体框架基本搭建完成。图书O2O系统在鄞州文化地图、鄞州区图书馆微信公众号上实现常态化运行。推进智能监控系统在博物馆、文物、文化执法重点领域全覆盖,实现了实时动态监管与远程控制。二是文化遗产方面。文物保护推进有力。文物工作指数测评名列全省第一。根据2017年公布的浙江省文博事业发展水平评估数据(2015年度),鄞州区名列全省第一。推进文物工程。考古发现了五乡鄮县旧址、东吴古窑址、天童舍利塔和《天童寺舍利塔记》碑等。完成茅山县立初级师范学校、横溪杨氏宗祠、万安桥修缮工程,完成王应麟墓及墓道环境清理工作,有序推进翻石渡复建工程,推动落实栖木庙、李惠利故居迁移保护工程;启动云龙冠英庄村古建筑测绘登记工作。夯筑文物基础。加强库房可移动文物管理,开展“一普”以后的藏品登记账册的整理与补充工作。核对区划调整引起的可移动文物与不可移动文物数据变动。初步完成省保单位蔡氏宗祠、大嵩所城遗址、七塔寺、和丰纱厂“四有档案”的编制工作。完成候评新一批文保单位(点)的实地踏勘、材料初审、专家审定工作。保障文物安全。采取日常巡查和专项巡查相结合的文物安全检查制度,实现文保安全动态监管。成立2个安全自查小组,开展地毯式安全巡查40多次。启动各级文保单位监控系统安装工程,实现人防与技防的结合,针对25处文保单位(点)及重点监防对象,安装72处监控点位,6处人流量监测点。推进天童寺海丝申遗工程。药师殿(延寿堂)保养维护工程接近尾声,积极编制罗汉沟综合保护利用方案。万工池周边环境整治基本完成。“海丝监测”上报数据700多条。加强与高等院校合作,对禅宗文化、寺院形制及空间布局等课题进行深化研究,出版有关“海丝”论文集、天童历代文献合集(明、清、民国)、图书《圣地天童》。推进陈列布展工作,着手设计制作标牌、标识、界桩等。7月,举行了由中央电视台科教频道《探索·发现》栏目拍摄的纪录片《天童寺》开机仪式。开展文物宣传。以“5·18”博物馆日和“文化与自然遗产日”为契机,开展文物保护宣传教育活动。成立“鄞州区文物平安工程”之“新华小记者素质教育社会实践基地”,并挂牌5家,聘任177名“小小文保员”,让文化遗产保护事业走进校园。提升队伍素质。加强业余文保员队伍建设,重新签订业余文保员责任书,完善“区、镇(街道)、点”三级网格化管理队伍。加强法律法规的学习和研讨。派遣业务骨干参加省、市古建筑基础知识理论与实践培训。邀请省、市专家举办专业学习培训。非物质文化遗产保护力度加强。全区共拥有区级以上非遗名录项目99项,其中国家级非遗名录4项、省级21项、市级44项、区级92项;区级以上非遗代表性传承人98人,其中国家级3人、省级11人、市级49人、区级92人;市级非遗传承基地49个、区级111个;市级非遗“三位一体”示范点7个;区级非遗教育传承基地26个;非遗专题展示馆22座。非遗保护工作走在全省前列。在“2016年浙江省县(市、区)非物质文化遗产发展指数评估”中,鄞州区以总分75.46分的成绩,位列全省县(市、区)第一。非遗保护成果丰硕。瞻岐镇依托“元宵灯会”,获“浙江省民间文化艺术之乡”称号。横溪镇获得宁波市首批“非遗特色小镇”创建资格。彩灯《竹编组灯》获浙江省民间文艺映山红奖彩灯大赛创新类银奖,彩灯《金鸡报晓》入选浙江省元宵彩灯展示活动。鄞州区朱金漆木雕保护利用设施列入国家“十三五”时期文化旅游提升工程。非遗活动精彩纷呈。举办“薪火相传”第二届非遗文化节、第九届“我们的节日——端午看云龙”大型民俗活动、“山海瞻岐,古邑新城”——瞻岐镇元宵灯会等大型活动。区非遗项目全年参加各类大型展示活动60项,举办“鄞州非遗公益课堂”培训12期,非遗馆游览人数超9万人次。非遗文化交流如火如荼。7月,英国中华传统文化研究院、全英华人华侨中国统一促进会、英国伦敦越剧协会联合主办的“戏曲文化寻根之旅”访问团走进鄞州非遗馆。8月,与中国港口博物馆合作在鄞州非遗馆举行“我与港博同成长”青少年教育体验活动。朱金漆木雕代表性作品宁波“万工花轿”代表中国入选中国与哥斯达黎加建交十周年建交封。非遗保护工程有序推进。积极开展“宁波评话”抢救保护工程,已完成传承人张少策表演艺术的摄像工作。浙江民间音乐纪录片《宁波马灯调》开拍。塘溪邹溪庙稻花会传承基地的《邹溪庙志》出版。博物馆群建设不断提升。全区拥有各类已建、在建博物馆22座,已建国有10座、非国有10座,在建非国有2座,微小(非遗)博物馆12座。全年参观人数达到180万人次。在是年公布的《浙江省文博事业发展水平评估数据(2015)》中,鄞州区博物馆的面积、数量等多项工作名列全省县(市、区)第一。探索调整扶持政策,在补助方向上向提高办馆、办展质量倾斜,提升非国有博物馆群品牌。展览活动促进区域融合,全年举办各类临时展览50多次、活动40多次。此外,全区还开展了讲座、讲解员大赛等各类活动。推进新场馆建设。周尧昆虫博物馆迁建工程于9月正式启动,已确定了深化实施方案。千工甬式家具博物馆开馆。齐物艺术馆整体建筑已结顶。三是文化产业方面。做好政策推动文章,搭建产业发展框架。制定《十三五文化创意产业发展规划》,修订《2017年鄞州区文化演艺、影视传媒、新闻出版、工艺会展等文化创意产业扶持实施细则》。是年,鄞州区再次获评全省文化产业重点县(市、区)。全年新增国家广告产业园1家,省重点文化产业园2家,宁波第二批培育文创产业园区4家,国家文化出口重点企业2家、省级2家,全省首批成长型文化企业4家。做好项目带动文章,实现产业层次升级。引进外来投资。坚持用项目引资金、聚人气、出效益,宁波华侨城等大项目对指标推动作用明显,欢乐海岸项目累计完成投资29亿元,计划投资100亿元的石家村文化旅游小镇项目完成意向性签约。培育本土企业。宁波数字传媒产业基地、鄞州书城、宁波三江印务有限公司等一批本地企业投资项目先后落地,成为新的增长点。激活新兴项目。大力扶持有创新引领作用的文化产业项目与相关产业融合项目,对优质新项目给予最高20万元的补助。培育影人圈App、中国方志数字馆等产业融合项目,实现新兴文化产业项目优质高效发展。繁荣发展影视业。鄞州影视公司制作的作品在电影、电视、网络多个界面全面开花。电影《一路向爱》全国公映,《白云桥》入围戛纳电影节"特别展映"单元;青春励志剧《路从今夜白之遇见青春》登陆湖南卫视,并在网络同步播出,创下了"台、网"收视率第一的好成绩;电视剧《极品一家人》完成制作;网络剧《河神》在爱奇艺等主流媒体平台累计点击播放量超15亿元;《租房惊魂》《鬼谷传人》等多部网络剧也在各个平台登陆播出。做好企业驱动文章,夯实产业发展基础。鼓励引导民营资本投资文化产业、建设文化设施,对符合条件的新办文化企业给予资金补助,并对新办重点文化企业予以"一事一议"重点支持。欧虎文化科技有限公司与中国传媒大学签署协议,在宁波成立了"中国传媒大学动画与数字艺术学院——动漫衍生品产学研基地"。鼓励小微文化企业积极拓展业务,对新升规(限)上企业给予最高10万元的补助;对符合条件的高成长、产品开发、品牌打造等企业给予一定额度的扶持奖励。全区有7号梦工厂、科技信息孵化园等国家级众创空间6个,国家级孵化器3家,累计培育创新型初创企业1300多家。重点扶持一批基础较好、实力较强的本地文化企业,并对营业收入增速达到要求的高成长企业给予最高20万元的奖励,形成了一批好口碑、显特色、树标杆的文化品牌。做好产业联动文章,推动产业内涵提升。推进文化产业与制造业联动发展。积极培育和丰创意广场,强化打造工业设计品牌,入驻广场的工业设计企业荣获工业设计红点奖、红星奖等。推进文化产业与旅游业联动发展。打造罗蒙环球城等大型休闲旅游综合体,开发都市文化娱乐互动游、特色文化名镇游、博物馆文化游特色旅游线路,核心文化旅游产品集聚效应显现,文化旅游消费扩大。全区建有10个国家3A级以上旅游景区和一大批精品型旅游休闲基地、商务会展基地,旅游景区数量和能级居全市领先地位。推进文化产业与文博产业联动发展。出台关于文博单位开发、销售文创衍生品的奖励政策,对文博单位开发衍生品按销售额给予最高50万元的奖励。四是文化市场方面。推进审批改革,优化服务质量。推进"最多跑一次"改革。推行"减程序、加服务、乘效率"惠民便民举措,对93件办理事项的工作流程做了重新设计,全部达到了"最多跑一次"的要求。窗口共办结各类行政审批事项1558件,开展各类上门指导、服务1216家次,提前办结率达100%。完善事前事后指导服务。推行风险警示服务。提升审批服务水平。加强审批队伍建设。规范文书档案制作,各有一份案卷分别被市局、区法制办评为2017年度"十佳许可案卷"。在全市文化行政审批系统技能比武中取得团体第一的成绩。夯实基层基础,强化机制创新。扎实推进"扫黄打非"进基层工作。区扫黄办被评为全省"扫黄打非"先进集体。公安部门侦办了一起全国"扫黄打非"办和公安部联合督办的网络传播淫秽物品案。区"扫黄打非"办公室部署开展了进基层示范创建工作,鄞州区江东外国语小学成功入选全国300个"扫黄打非"进基层示范点,同时作为全国唯一的学校类基层单位入选进基层示范标兵点,全国共有15家单位获此殊荣,浙江省仅1家;东柳街道月季社区、明楼街道分别被评为省级进基层示范标兵和示范点。"扫黄打非"进综治网格工作取得初步成效,各镇(街道)梳理上报涉及文化经营场所的综治网格367个。落实安全生产任务。加强行业协会建设。全年行业协会开展自查自纠9次,检查网吧、歌舞娱乐场所400多家次。推进娱乐行业转型升级。加大监管力度,市场规范有序。日常巡查落实到位。坚持每天安排执法人员进行日常巡查,共出动执法检查2630人次,检查文化市场经营场所3945家次,关停取缔各类无证照场所6家、"大篷车演出"3家次。深入开展"扫黄打非"等专项行动,共出动执法人员184人次,检查各类文化经营场所396家次,查处违规违法经营网吧17家。此外,还积极开展"春风""雷电"行动,组织执法人员赴基层开展文明创建检查,对偏远镇进行突击检查。深化文明城区创建工作。制定《文明城市创建"六大行动"的实施方案》。开展护航党的十九大"百日攻坚"行动,出台《文化市场百日攻坚专项行动的实施方案》,调整文化市场领导小组及局内部组织分工,做到监管责任到位、监管措施到位、监管效果明显。其间,全区未出现严重政治性问题,未发生重大群体和安全事件,未形成社会焦点,为党的十九大胜利召开营造了良好的文化市场环境。开展"线乱拉"专项整治。9个镇全部完成专项规划方案,首批4个镇"上改下"专项整治基本完成。

(路慧洁)

【奉化区文化广电新闻出版局(体育局)】 内设职能处室6个,直属单位6个。2017年末人员103人(其中:机关16人,事业87人;具有高级专业技术职务资格的5人,中级21人)。

2017年,奉化区文化广电新闻出版局牢牢把握文化发展的新趋势和新要求,不断提升创新力,增强服务力,扩大影响力,文化工作取得了长足进步。"巴人读书节"作为奉化品牌活动获宁波市第三批公共文化示范项目。国家级非遗项目"布袋和尚传说"和"宁波走书"的保护传承做法获得了文化部领导肯定,刊登于国家非遗信息摘报上,并作为经验进行宣传和交流。新编宁波走书剧目《巴人传》在宁波市少儿曲艺大赛中斩获金奖;区图书馆在浙江省阅读推广活动创意策划大赛中获三等奖。是年,全区文化工作目标明确,呈现出"三好""三加快""四加强"的良好势态。一是以"三好"为目标,大力促进公共文化全民共享。重大文化活动影响好。组织承办了中华文化四海行走进奉化和太湖世界文化论坛弥勒文化高层研讨会系列活动。举办了宁波市第四届阿拉非遗汇暨2017奉化区首届市民文化艺术节开幕式,开幕式现场设摊位120多个和非遗小镇主题馆7个,新华社、人民网、《浙江日报》、《宁波日报》等10多家媒体做了报道,浙江凤凰新闻网全程直播。首届市民文化艺术节历时6个月,举办了90多项活动,是宁波市局首次与县(市、区)合作,为市民搭建了欣赏艺术和展示艺术的平台。举办了"军歌嘹亮"庆祝建军90周年文艺晚会、"剿灭劣V类水共建美好奉化"系列宣传文化活动,承办了"一人一艺"全民艺术普及工程非遗进生活——振兴浙江曲艺暨浙江曲艺"三进"活动。先后组织参与了"汉墨楚韵——樵夫佛教书法展"、"明月寄相思 千里送真情"中秋戏曲晚会、"唱响奉化"原创音乐会等大型文化活动。特色文化品牌发展好。继续深化"和乐大舞台""凤麓讲堂""文化欢乐行"等文化品牌活动。指导各镇街道举办活动150多场。联合总工会、妇联等单位共同开展文化进企业、进社区、进村落等文化活动13场、"群乐·艺学堂"流动书场国遗项目宁波走书进基层活动120场、"奉化布龙"进基层系列活动等文化惠民活动。精品文艺创作成绩好。在宁波市第十二届音乐舞蹈节上,选送的歌曲《奶奶的微信》、独舞《问春》、群舞《电·缘》分别获金奖、银奖、铜奖,奉化区文化广电新闻出版局还获得团体奖。歌曲《梦在桃源深处》《一生锁爱》获宁波市第六届"我的城市我的歌"最佳歌曲。4件美术作品及1件书法作品入选浙江省第五届群星视觉艺术大展。二是以"三加快"为手段,全力夯实公共文化发展基础。加快落实文化发展保障。牵头制定了《奉化区人民政府办公室关于推进基层综合性文化服务中心建设实施方案》,以标准化建设提升基层公共文化服务效能,丰富公共文化服务供给。印发《奉化区非物质文化保护管理办法》,为全区非遗工作的顺利开展奠定了基础。制定了《奉化博物馆文物征集管理办法(试行)》,为全区文物征集工作打下了基础。研究制定了《关于文化产业招商引资政策的暂行办法》和《奉化区文化产业园区认定及管理办法》,为全区文创产业的资本集聚、产业集聚以及人才集聚,更好地发挥文创产业的社会经济效益提供了保障。加快建设文化设施。新建奉化城市文化中心。该项目总用地面积51413平方米,总建筑面积79126平方米,包括博物馆、图书馆、文化馆新馆、书城等11个单体建筑,是年完成投资额5.1亿元,新建部分地下室建设已完成85%,并提前对各功能区块的二次布置装修进行了设计论证,初步拟定了二次装修设计方案。加快发展文化产业。文化创意产业增加值增速明显。据初步统计，1—9月，全区规上文化创意产业增加值为8.61亿元，增速17.6%，略高于宁波平均值，规上文化特色产业增加值为6.60亿元，增速18%。据不完全统计，全区新注册文创企业33家。加大招商力度。建立以区委宣传部牵头，文化、财政等相关部门组成的文化创意招商组，定期召开专题会议，确保招商项目顺利实施。已注册落地的招商项目（单位）8个，具有合作意向项目（单位）2个。推动文化产业园建设。继续推进两岸城曦文创生态园、奉化天艺文化创意产业园建设，两园区已被命名为"宁波市级培育文化创意产业园区"。做好文创企业服务工作。积极实行文化企业"引进来""走出去"战略，组织参加宁波文博会、义乌文交会等活动，共有16家单位参加了第12届中国（义乌）文交会，2件展品获得银奖，7件获得铜奖。三是以"四加强"为任务，竭力推进各项重点工作任务高效落实。进一步加强文化市场管理。积极开展专项行动。全面整合市场管理执法力量，对区"扫黄打非"领导小组成员进行了重新调整。开展2017"清源""净网""秋风""护苗"及保障党的十九大"百日攻坚"行动，积极推进"扫黄打非"专项行动，开展出版物印刷市场、网吧、演出市场等专项整治行动。有效治理文化市场环境。扎实开展"双随机"抽查监管、安全生产大排查等工作。全年出动检查1333人次，检查各类经营单位2298家次。抓好安全生产工作。积极开展"安全生产月"活动，召开安全生产培训会议，并与全区200多名经营单位业主签署了消防安全责任告知书及消防安全责任承诺书。组织人员对娱乐场所进行安全隐患抽查。节假日期间对区重点文物保护单位进行安全检查，督促文物保护单位严格落实各项文物安全管理制度。建立健全审批制度。全年办结文体行政审批事项280件，办结率100%。积极推行"最多跑一次"改革工作。以"一窗受理，集成服务"为标准，通过精简审批流程和快递邮寄许可证等措施做好便民服务工作。在各镇街道的便民服务中心，设置受理窗口，方便办事群众就近办理文化行政审批事项。进一步加强文化遗产保护。做好非遗传承和保护。继续开设流动书场"百场宁波走书进基层"活动，探索做好非遗与校园的结合，让传统非遗走入时代新生代群体。出版奉化非遗丛书国家级项目卷，继续编撰省级项目卷和宁波奉化级项目卷。新增"梅妻鹤子传说"等15项为第五批奉化区级非遗项目。此外，"千层饼制作技艺"入选宁波省级项目后备库，"奉化吹打""红帮裁缝技艺"入选国家级项目后备库。做好文物的保护和开发。配合做好下王渡遗址考古工作，总发掘面积3000平方米，清理出史前至宋元时期各类遗迹现象170处，出土残损文物标本1000多袋、各类可修复文物320多件和丰富的动植物遗存，并积极开展遗址遗物保护工程。继续完成对宁波地区古代城址（鄞治古城）的考古调查勘探与试掘，启动奉化葛岙水库地块的考古勘探工作。联合宁波市考古研究所对白杜南岙循环经济园区进行考古前期调查，并发文要求对该地块进行考古勘探及发掘。此外，利用特有的文物资源，讲好奉化故事，精心打造专题纪念馆。将大堰镇柏坑村王氏宗祠打造成王氏家风馆，在国保单位万斯同墓所在的莼湖岙村建成万斯同纪念馆，将区保单位孙鹤皋旧居改造成青云村村史馆，充分利用和展示文物保护成果。进一步加强文化人才培养。开展各类文化培训。开展常态性艺术培训20多次。开展暑期公益艺术培训，包含14个项目，共200多人参训。开展各类主题活动。印发《宁波市奉化区文化广电新闻出版局委员会关于开展文体系统"干部作风大整治"活动实施方案》，对历史遗留问题进行梳理研究，并包案到人，逐一解决。针对小单位、小资金、小项目、小采购、小干部等五方面的规范化制度化管理，以文保所为试点，制定印发了《文保所五小权力运行清单三十四条》手册，并组织局属各单位制定"五小权力"运行清单手册，建立完善文体系统"五小权力"运行机制。全面落实推进"两学一做"学习教育常态化制度化。认真落实党风廉政建设责任制。坚持从教育入手，以抓教育促廉洁。抓好监督执纪问责，严格执行中央"八项规定"。

（康一健）

【余姚市文化广电新闻出版局（旅游局）】 内设职能处室9个，直属单位13个。2017年末人员286人（其中：机关48人，事业238人；具有高级专业技术职务资格的44人，中级99人）。

2017年，余姚市文化广电新

闻出版局立足“十三五”文化发展规划,深入贯彻落实党的十八届五中、六中全会和十九大精神,以增强余姚文化软实力为目标,以满足人民群众个性化的文化需求为宗旨,以《政府工作报告》、民生实事工程、“大脚板走一线、小分队破难题”抓落实专项行动等相关任务为落脚点,进一步解放思想、开拓创新,为建设更高水平的文化强市做了积极努力。一是进一步完善公共文化服务体系。着力完善公共文化设施。市公共文化中心项目完成项目初步设计文本,PPP 项目实施方案、财政承受能力报告和物有所值报告,经余姚市财政局审核并报宁波市财政局。指导黄家埠镇和陆埠镇袁马村创建宁波市第三批公共文化示范区(项目),指导临山镇湖堤村创建省文化示范村。文化礼堂理事会建设工作稳步推进。做好2017 年度余姚市企业文化中心创建指导工作,全市新创建 14 家。积极开展群众文化活动。作为宁波市“一人一艺”全民艺术普及工程试点县,全面铺开“一人一艺”全民艺术普及工作,制定《余姚市“一人一艺”全民艺术普及工程建设实施意见》,以群众文化艺术培训和活动为载体,着力提升全民艺术修养。选择泗门镇等 4 个镇(街道)为试点单位,并在“全国文化馆总分馆制建设交流研讨会”上做经验介绍。是年,全市围绕全民艺术普及工作的各类活动、培训和辅导累计达 680 多场次。品牌活动影响力增强。精心举办余姚市第二届舞蹈精英大赛,共有 86 个舞蹈代表队参加复赛,37 个代表队参加决赛。组织开展余姚市第七届全民读书节系列活动。主题活动吸引力提升。围绕传统节日、文明城市创建、剿灭劣Ⅴ类水等主题,开展内容契合的群众文化活动。此外,与临海、仙居等地开展文化走亲 5 次。扎实推进公共文化服务。公共文化服务中心以演出配送为重点,完成配送 440 场次,覆盖全市 40 个村级服务点。文化馆重点提升四明阁“天天演”品牌影响力,指导 12 支骨干业余文艺团队开展演出 365 场次,受惠群众约 6 万人次。此外,做好场馆免费开放工作,举办展览 20 期。图书馆提升服务水平,新增图书 5.9 万册,接待读者 34.8 万余人次,“书香余姚”全民阅读数字平台点击量超过 371 万次。同时,扎实推进 24 小时自助图书馆建设。新华书店以第 22 个世界读书日为契机,精心组织成立 80 周年系列纪念活动,群众参与热情高涨。电影公司积极提升影院整体形象,统筹推进大厅修缮改造工程和农村电影放映工程,农村电影放映 3000 场次,观众 50 多万人次,公益基地放映 300 场次,观众 4.5 万人次。此外,“周末文化”系列活动不断拓展服务面,“周末课堂”全年举办培训 85 期,“周末影院”放映电影 54 场次,“周末戏院”演出 52 场,“周末书市”让利促销,为群众送上全方位的文化实惠和享受。持续壮大基层人才队伍。组织开展类别多样的培训活动,带队参加省文化礼堂建设培训班、宁波市公共文化业务培训班等,有效提升队伍的综合素质和业务水平。加强文艺精品创作。姚剧保护传承中心认真做好姚剧《浪漫村庄》剧目巡演工作。精心重排姚剧《王阳明》,成功举行公演,并携越剧《探春》赴京参加 2018 浙江戏曲北京周演出,反响热烈。文化馆绘画作品《空椅子》入选第十一届全国水彩·粉画展,《乡情》入选纪念叶浅予 110 周年诞辰“潇洒桐庐”全国中国画作品展,《四明山花》荣获 2016 年浙江省纪念中国共产党成立 95 周年群星中国画大展兰花金奖;《飞回来的孝心》等 3 篇故事入选第四批中国好故事;宁波市第十二届音乐舞蹈节上,摘得 1 金 1 银 2 铜。同时,注重对外文化交流。引进话剧《大江东去》、美国钢琴演奏家安托尼奥·克鲁奥斯音乐会、欧洲著名交响乐团“欧联盟 LSC 交响乐团”等精品文化,进一步丰富人民群众精神生活。二是进一步推进文化遗产保护利用。切实增强文化遗产保护研究利用。专项工作井然有序。继续做好国家历史文化名城申报工作。完成《国家历史文化名城申报》文本撰写及文本初稿的设计制作,并通过市级相关部门和专家评审。配合做好保庆路历史街区建筑测绘及方案设计、府前路历史街区修缮工程 1 期 B 区方案评审。完成全国可移动文物普查和全省古籍普查工作。配合宁波市一普办做好《宁波市第一次全国可移动文物普查成果系列丛书》余姚卷相关工作,完成筛选珍贵文物清单和全景图 953 件。同时,做好全省古籍普查统校工作和古籍修复工作。基础工作扎实有效。完成国保单位《鲻山遗址保护规划》第一轮审核,完成王守仁故居、黄宗羲墓等国保单位以及 12 处省保、市保单位“四有”档案的编制及补充完善,完成 360 份文物档案电子化。

继续做好大运河余姚段遗产定期监测和情况上报，完成全市所有文物建筑白蚁调查和文物危房情况调查，并对29处文物建筑实施安全鉴定。文保工程推进有力。完成《张房魏氏老宅修缮工程设计方案》等5处文保工程方案的编制及审批事项。朗霞泥堰徐宅等5处文保单位(点)修缮工程通过验收。新四军浙东纵队政治部旧址完成方案编制、住户搬迁。全年对近20处不可移动文物实施局部抢修或维护工程，朗霞、鹿亭、大隐等多个乡镇街道的文物建筑得到全面修缮和有效保护。文物利用和研究得到进一步加强。王阳明故居修复开放十周年活动顺利举行，阳明书院在阳明先生讲学处中天阁成立并开讲，由文保所发起的全国阳明史迹保护研究联盟在余姚成立。龙虎草堂和中天阁完成改造提升。王阳明故居国家AAA级旅游景区创建成功。《潮起东南——河姆渡文化图录》《萧萧总是故园声——王阳明与余姚》正式出版，《阳明文化遗产保护研究》简讯正式发行，王阳明故居LOGO和网站正式启用。充分发挥宣传教育职能。余姚市河姆渡博物馆、余姚博物馆、王阳明故居等文物开放点接待观众110万余人次。主题宣教活动不断创新载体。精心策划"5·18"国际博物馆日系列活动。"文博小课堂""我快乐，我是河姆渡小传人"等品牌活动不断提升影响力和知名度，获得社会一致好评。开展"走近青瓷""三白三毛"互动体验区中小学生实践课堂、暑期夏令营等活动25场次。举办大地湾遗址考古成果特展、红山文化玉器精品展等临时展览16个。"王阳明·姚江王氏家规家风传习苑"和"至善堂"两个教育基地成为廉政文化教育品牌。不断完善非遗保护利用机制。做好非遗项目申报记录工作。公布第五批余姚市级非物质文化遗产代表性项目名录，"围千宴"等6个项目入选。省级非遗项目大隐石雕传承基地——余姚市大隐石刻加工厂入选第二批浙江省非物质文化遗产生产性保护基地。梁弄镇以梁弄大糕制作技艺为主体成功申报宁波市首批非遗特色小镇创建单位。虞舜传说和莲华文书分别入选宁波市国家级、省级非遗申报后备库项目。完成传统戏剧姚剧的保护成果汇总，报送文化部非遗司。完成浙江省非物质文化遗产保护文献成果征集，上报11套非遗书籍和23套非遗活动音像资料。《姚剧音乐》入选浙江省非物质文化遗产"十佳百优"图书评选推荐候选名单。参加非遗展演和培训。积极组织非遗项目参加第12届义乌文交会浙江非遗衍生品生活主题馆展、第六届中国成都国际非物质文化遗产节、宁波市第四届阿拉非遗汇展览展示等活动。做好国家级非遗项目姚剧的传承弘扬，通过举办第二届姚剧文化周、"中华优秀传统文化传承发展"讲座"四进"活动、"姚剧进校园"等交流活动，展现传统文化魅力。全年组织非遗课堂培训和非遗传承人进校园培训100多次，带队参加宁波市非遗专业干部及传承人培训班、省非遗传统戏剧类项目师带徒辅导等培训活动，加强非遗传承人队伍建设。加强非遗保护利用。设计生产国家级非遗项目余姚土布的衍生创意产品和梁弄大糕的外包装盒，使传统非遗和现代创意相结合。三是进一步推动文化市场稳定繁荣。提高行政审批服务质量。推进"最多跑一次"改革，局100项行政审批事项全部纳入"最多跑一次"事项清单，占办事事项总数的80%，并已在浙江省政务服务网公示。持续推进联合审批，通过"一门受理、抄告相关、联合审批、限时办结"的联审标准化运行机制，大幅度提高审批效率，共进行联合踏勘7次，联合验收经营单位7家次。增强服务意识，完成本部门126个行政许可事项的"星级服务"标识工作。创新举措，通过制作两款动态的H5操作教程、提供最多跑一次"私人订制"服务和"一站式压缩包"申报示范文书等方式，努力实现行政审批提速增效。本年度受理各类审批服务事项185件，其中承诺件125件，即办件58件，承诺提前率88.89%，实际提前率97.92%，群众满意率100%。新设立文化经营单位79家。在市行政服务中心的月度优胜窗口评比中，文广窗口已10次蝉联两月考核"优胜窗口"荣誉。加强文化市场监督管理。以"扫黄打非"工作为核心，以保驾护航党的十九大为主线，以打造平安文化市场为目标，全面加强市场监管。及时调整市级"扫黄打非"和文化市场管理工作领导小组成员，逐步健全市、乡镇(街道)、村(社区)三级监管网络。围绕"4·26"知识产权日，开展侵权盗版及非法出版物集中销毁、保护知识产权宣传等主题活动，营造良好社会氛围。通过网吧市场专项整治、电影市场专项整治、印刷行业专项行动等，推进文化行业和谐发展。加大文化市场执法力度。加强日常监管的同时,以党的十九大保障为重点,切实开展文化市场"双随机"抽查工作、全国文明城市创建、"护航十九大"百日攻坚专项行动等,共出动执法人员1382人次,检查各类文化经营单位3416家次,查处立案51起,罚没款7.14万元。进一步加强执法队伍建设,在邀请上级专家、业务骨干授课和积极参加上级培训的同时,制订年度学习计划,每月开展一次集中学习会,不断提升执法队伍业务能力。规范案件办理流程,成立案件评查小组,论证自由裁量适用等办案环节,进一步确保案件处罚结果公平公正。加强部门协作,每季度向教育局通报网吧接纳未成年人情况,关工委义务监督员向本单位通报网吧监督情况。促进文化产业发展繁荣。指导文化企业申报各类国家、省、市政策资金扶持,完成2017年度宁波市动漫游戏产业发展、2017年度中央财政文化产业发展、2017—2018年度国家文化出口重点企业和重点项目等专项资金申报工作,进一步优化余姚文化产业功能布局。积极开展行业调研,强化风险引导,推进传统企业转型升级,促进文化市场良性发展。专题召开电影市场专项整治会议,学习《电影产业促进法》。稳步推进市新华书店并入宁波新华书店集团工作。此外,国有文化单位实力稳中有升。市姚剧保护传承中心积极开拓演出市场,共演出430场,演出收入515.9万元;市新华书店图书销售额达6700万元,实现税前利润780万元;电影公司公益电影放映3300多场次,实现税前利润916万元。提高安全生产责任意识。完善安全生产责任体系,调整安全生产工作领导小组,印发《余姚市文化广电新闻出版局(旅游局)关于全面落实安全生产"党政同责,一岗双责"责任制的通知》,明确各科室安全职责,单位主要负责人与各分管领导签订安全生产责任书。落实企业安全生产责任,与企业签订安全生产责任状,文化行业基本实现全覆盖。开展"护航十九大"安全生产检查。开展各类专项检查,对漂流企业、人员密集场所、文物等开展专项检查,严格排查安全隐患,坚决杜绝事故发生。

(方其军)

【慈溪市文化广电新闻出版局(体育局)】 内设职能处室5个,直属单位11个。2017年末人员136人(其中:机关31人,事业105人;具有高级专业技术职务资格的12人,中级35人)。

2017年,慈溪市文化广电新闻出版局高举习近平新时代中国特色社会主义思想伟大旗帜,深入贯彻中共慈溪市委第十四次党代会精神,围绕中心,服务大局,找准定位,真抓实干,各项工作取得了新成就,各个领域呈现出新面貌。上林湖后司岙唐五代秘色瓷窑址入选"全国十大考古新发现",上林湖越窑国家考古遗址公园正式挂牌,大剧院等文化公建群建成投用。文创产业实现增加值82.08亿元,增速达49.5%,列宁波大市第一位。一是强化为民惠民,进一步提升公共文化服务水平。扎实做好文化惠民工作。累计开展戏剧进农村1441场,送文艺演出89场,送电影下乡(含公益电影放映基地放映)6035场,配送图书3万册。引进高水准文艺演出13场,点演宁波"天然舞台"演出35场,不断提升公共文化产品和服务质量。慈溪市环创中心文化公建群相关项目基本完成投用前准备工作,慈溪大剧院完成设施设备采购、安装,为"两会"的胜利召开做好保障;文化馆新馆装修竣工验收,启动环境布置及办公用具、乐器等采购工作;博物馆新馆完成展板上墙和场景、多媒体制作。积极推动"一人一艺"全民艺术普及。出台《加快推进"一人一艺"全民艺术普及工程建设的实施方案》,策划举办了"2017年慈溪市全民艺术嘉年华"七大主题系列活动,参与群众4000多人次。慈溪市文化馆继续发挥"百姓课堂"在全民艺术普及中的"排头兵"作用,全年开设培训项目71个,累计1131课时,直接培训1800多人。组织开展宁波市"一人一艺"杯全民K歌大赛慈溪赛区活动。深入开展主题群文活动。组织开展"送欢乐进文化礼堂"戏剧专场演出24场、"文明进万家"全国文明城市创建专场文艺演出22场、"喜迎十九大,助力新慈溪"主题文艺宣传下乡18场。慈溪市图书馆举办"阅读马拉松挑战赛""4·23图书馆之夜"等阅读推广活动;"三北讲坛""慈图展览"举办讲座、展览48场。市文化馆"百姓舞台"举办演出活动7场,"百姓展厅"和"百姓书场"举办各类视觉艺术展览和地方曲艺演出42场。大力扶持文艺精品创作。组织参加宁波市第十二届音舞节,获得2金1银1铜的好成绩。

瓯乐重奏《秘色乐集》获第十届省音舞节铜奖。宁波暴风动漫有限公司出品的《小鸡彩虹》入选浙江省“五个一工程”奖，并获第27届浙江省电视“牡丹奖”(动画片)最佳作品奖、全国动漫最高奖“金猴奖”银奖。瓯乐音画《秘色重光》获宁波市“五个一工程”奖。瓯乐情景音乐会“听瓷”列入“2017年度宁波市文化精品工程重点扶持项目计划”并举行首演。市文化馆各艺术门类作品全年参加上级各类比赛获奖、发表78件(次)，其中国家级17件(次)，省级31件(次)。不断加强基层文化阵地和队伍建设。慈溪市图书馆总藏书量达82.8万册，年接待到馆读者61.1万人次，圆满完成第六次全国县级以上公共图书馆评估定级迎评工作。桥头镇、逍林镇福合院村积极争创浙江省文化强镇和省文化示范村。龙山镇成功列入宁波市非物质文化遗产特色小镇创建单位。组织开展了全市基层图书管理员、全市非物质文化遗产传承人等业务培训，不断加强基础性文化人才培养。二是致力品牌打造，进一步深化地域文化保护传承。上林湖越窑遗址考古发掘取得重要成果。2月，慈溪市政府与省文物考古研究所联合举办“浙江慈溪上林湖后司岙窑址考古发掘现场专家论证会”。4月，上林湖后司岙唐五代秘色瓷窑址顺利通过终评，成功入选“2016年度全国十大考古新发现”，成为本届评选中浙江省唯一入选项目。联合故宫博物院等单位在北京故宫举办“秘色重光——秘色瓷的考古大发现与再进宫”展览。上林湖越窑国家考古遗址公园正式授牌。完成8800多座坟墓的迁移和复绿工作，拆除违法建筑4000多平方米，完成上林湖越窑博物馆的建设、装修、布展并正式开放，完成荷花芯、后司岙两处窑址保护工程建设，完成主入口、游步道、标识标牌等室外工程建设，开创了“慈溪速度”“慈溪模式”。同时，在《世界遗产》《中国国家地理》等国家级期刊、报纸上做相关专题报道，出版、编印了《秘色越器——上林湖后司岙窑址出土唐五代秘色瓷器》《秘色重光——秘色瓷文化读本》等专著和读本，摄制《上林湖越窑遗址申遗宣传片》和《秘色瓷》专题宣传片，为上林湖越窑国家考古遗址公园成功创建营造了良好氛围。大力提升文物保护和博物馆工作水平。提交第八批国保单位申报初选文物点材料、第七批省保“两划”材料。完成第七批省保单位和15个市级文保单位的“四有档案”编制。扎实做好文物修缮工作，编制龙山虞氏旧宅建筑群和锦堂学校旧址两处国保单位的保护规划，基本完成鸣鹤陡塘桥、廿四间头、敦本堂等市级文保单位、文保点的修缮工作。成功举办第四届越窑青瓷文化节，组织开展了20多项主题活动。圆满完成国家考古遗址公园现场工作会承办任务，国家文物局局长刘玉珠、浙江省人民政府副省长成岳冲出席。积极推动非物质文化遗产保护和传承。慈溪市越窑青瓷有限公司等4家单位获浙江省第二批生产性保护基地称号。配合宁波建立国家、省两级非遗项目申报数据库。开展“寻找青瓷梦 体验非遗情”大型非遗主题踏青、“2017非遗在我身边”展演展示等活动，与慈溪电视台新闻栏目合作推出“非遗巡礼”节目。加强非遗传承人群培养，全年举办非遗课堂130课时，组织非遗“三进”活动171次。持续扩大青瓷瓯乐影响力，慈溪市青瓷瓯乐艺术团受上级委派，先后赴新加坡、日本、泰国、柬埔寨、老挝等国家开展文化交流演出。三是加强管理服务，进一步确保文化市场规范有序。优质高效完成行政审批工作。重点推进群众和企业到政府办事“最多跑一次”改革，对13项由慈溪市文化广电新闻出版局牵头的“一件事情”，从群众办事的角度重新整合归集，并按照“一窗受理，分类审批，内部流转，统一出件”的运作模式编制受理标准与材料清单。大力简化审批流程，大幅提高即办事项比例，推行“承诺件转即办件”改革。全年共办结行政审批事项121件，完成年检、换证510家，接待群众咨询近700人次，办件准确率、提前办结率、群众满意率均达100%。慈溪市文化广电新闻出版局连续7年在慈溪市法制办组织的年度行政执法案卷评查中被评为优秀行政许可案卷单位。多措并举，加强文化市场管理。深入开展“扫黄打非”各专项行动，查办印刷企业违法行为7起；查处网吧等接纳未成年人进入营业场所案件9起，其中停业整顿1家；完成上级交办的1起通过网络购买境外非法出版物的落地查人和实物追缴工作，完成1起通过网络传播宗教类非法出版物的核实工作。加强文化市场日常巡查，执行“一店一本”检查登记制度，大力推进“双随机一公开”，规范巡查过程留痕和可回溯管理。进一步增强镇

(街道)"守土有责"意识,通过强化考核、日常督促、指导示范等多种形式提高"属地管理"水平,全年各镇(街道)出动巡查人员985人次,检查"四类场所"9250家次。严防文化市场安全生产事故,全年组织开展了文化市场安全生产集中暗查暗访、文化市场电气火灾隐患专项治理、"迎接十九大、全力保平安"暨文化市场百日攻坚等系列专项行动。认真履行"线乱拉"治理牵头部门职责。制订专项治理方案,明确两年内完成全市13个镇、2个街道共计17家单位"线乱拉"专项整治目标任务,截至年底,"上改下"整治项目完成33.84公里,"架空线路"整治项目完成70.92公里,"入户线"整治项目总体完成71.73%。四是积极引导扶持,进一步推动文化产业提档升级。不断加快园区培养和特色集聚。出台慈溪市级文创园认定、管理办法和考核标准,开展市级文化创意园区和培育园区申报。智巢·文创园面积达到2.6万平方米,入驻企业81家,实现产值2亿元,同比增长117%;园区企业宁波市暴风动漫有限公司被评为全省高成长型文化企业。天元古玩一条街成功创建省级文化创意街区,周巷古香艺宝小镇列入年度宁波市级特色小镇培育类优秀小镇。慈溪八戒国际创意城线上注册用户逾4000家,线下一期园区入驻企业24家,实现满园,园区虚拟注册企业65家,完成工商注册65家,实现产值1844万元。加速筹备和建设一批以民营资本或市外资本为主导、由旧厂房或商业体改建而来的特色文创园区和消费街区。深入推进招商引资和重大项目、载体打造。北京保利文化集团投资建设的湾底文化小镇项目实质性启动,深圳梦方动漫科技IP和VR项目与暴风动漫实现深度合作,景德镇耘和陶瓷标准化薄胎白瓷项目、国际艺术博物馆项目等优秀市外企业和优质项目落户慈溪。截至年底,新签约项目5个(总投资达25.22亿元),新注册项目11个(注册资金6200万元),在谈项目42个。同时,积极推进上林湖青瓷文化传承园建设,累计完成投资1.3亿元。继续提升产业服务水平。完成2016年扶持资金兑现,比上年增长180%,33家本地企业获得扶持资金774.46万元,1家企业享受"一事一议"政策获得扶持资金570.68万元。出台2017年文化产业发展扶持政策和实施细则及配套文件,重点对重大文创项目、文创园区、民生类文化消费产业等进行补助和奖励。积极推荐企业申报上级产业资金,35家企业获上级补助资金809万元,其中12家企业获评宁波市高成长型文化企业,7家企业入选宁波市八大文创重点行业企业排行榜。积极推动文化消费,开展慈溪文化消费年电影季活动。是年,慈溪市人均文化娱乐消费支出增幅达20.4%。组织文化企业、优秀项目参加"深圳文博会""杭州国际动漫节"等知名展会,助推企业"走出去"。承办2017中国(宁波)特色文化产业博览会系列活动——宁波国际(中东欧)玻璃艺术品展及洽谈会。举办"文化金融走一线——慈溪站"活动,帮助慈溪文化企业享受宁波文创银行推出的文化产业风险池贴息及保险优惠政策,3家文化产业企业成功授信790万元。五是坚持标本兼治,进一步加强文化系统队伍建设。切实有效抓好党的建设。提高管党意识和水平,严明政治纪律,提升执行力,在"大脚板走一线、小分队破难题"以及文明城市创建、卫生城市创建等中心工作中建功立业,在全市市管一把手"对标争先"工作交流会上做交流发言。认真落实全面从严治党主体责任,实施党风廉政建设责任状制度。全面加强党风廉政学习教育。开展新一轮廉政风险排查。扎实开展作风效能专项检查。加大问责力度,全年处理或整改问题7起,对相关责任人进行问责。继续深化法治机关建设。开展行政规范性文件清理工作。认真贯彻落实行政机关合同管理有关规定。切实做好政府信息公开工作。连续两年被市政府评为政务信息工作先进单位。有效提升内部管理水平。全面推进机关内部管理规范化建设,出台近10项内部管理制度。加强内控管理,对所有局属单位实施内部审计,基本实现全覆盖。

(任思帅)

【象山县文化广电新闻出版局(体育局)】 内设职能处室6个,直属单位9个。2017年末人员117人(其中:机关17人,事业75人,国企25人;具有高级专业技术职务资格的12人,中级25人)。

2017年,象山县文化广电新闻出版局认真贯彻党的十八大及历次全会精神、十九大精神以及习近平总书记系列重要讲话精神,深入开展"两学一做"学习教育活动,紧紧围绕海洋文化强县建设总体目标，求真务实，奋发进取，推进全县文化事业繁荣发展。一是坚持项目引领，提升文化驱动力。扎实推进重大项目建设。积极推动总投资约2.3亿元、总建筑面积约3.1万平方米的象山县图书馆和博物馆两馆联建工程，启动地块房屋征迁，并谋划县图书馆、博物馆、象山书城、象山县文化活动中心等4馆地下空间改造及地面形象提升工程。启动大剧院和文化馆建设的概念性设计方案。总投资1.8亿元、总建筑面积约1.31万平方米的一冷·文化创意园和中国海洋渔文化展览展示馆进入布展设计阶段。积极服务全域旅游发展。象山县人民政府与国家图书馆（国家典籍博物馆）联合主办了“潮起东海 海韵象山——国家级海洋渔文化（象山）生态保护实验区建设成果展”，集中展示了象山海洋渔文化的面貌与风采、海洋渔文化（象山）生态保护实验区的保护内容和建设成果。举办“第一届象山特色产品文创设计大赛”，推动象山县地方特色商品和传统工艺提档升级。策划编排以“仙”“鲜”“闲”为主线的常态化旅游演艺节日，凝聚象山的历史文化、海味风情、休闲品质。依托象山县文化创意园暨县非遗传习中心，集中展示11项500多件非遗产品。开展“非遗进景区”活动，深化文化旅游内涵，提升旅游档次。二是坚持惠民宗旨，提升文化服务力。文化服务提档升级。成功承办中国（象山）开渔节“20风华，渔开天下”系列文化活动。以“歌舞飞扬”“印象象山”“书香半岛”“好戏连台”四大系列为主体，举办首届群众文化艺术节，县、镇、村三级联动，举办活动200多场，惠及群众20多万人次。打造“半岛大舞台”系列活动品牌，积极开展“一打三整治”“剿灭劣Ⅴ类水”“相约文化礼堂，共建精神家园”等覆盖各镇乡的文艺采风巡演。引进“天然舞台”惠民演出29场，送交响乐进农村5场，送戏进农村文化礼堂300多场次，带动民营剧团参与商业演出900多场次，送电影下基层2240场，累计惠及观众110万余人次。深入推进“一人一艺”全民艺术普及工程，举办各类展览100多场次，接待观众10多万人次，开展艺术培训70多期3000多课时，累计培训5万多人次。“一人一艺”杯第三届戏曲好声腔大赛历时3个月，50多个折子戏参赛，掀起“追戏”热潮，决赛阶段网络投票达35万张，有力促进了传统戏剧保护振兴。完成文化馆总分馆建设。出台《象山县文化团队管理办法（试行）》，规范文艺团队管理和创新创优，组建准专业混声合唱队、文艺创作社等，14个团队荣获市级星级文化团队。注重文艺精品打造，《唱进洋》等4个作品获得宁波市第十二届音舞节2金2银佳绩，创历史最好成绩，列各县（市、区）第一。加强象山农民画教学传承，获批“浙江省民间文化艺术之乡（象山农民画）”，建成“高妙兰农民画苑”。全民阅读深入开展。象山县图书馆完成第六次全国县级以上公共图书馆评估定级实地考评。重点打造“塔山讲堂”“阅读学会”“你点我买”等特色阅读品牌。举办各类讲座22场，听众5000多人次，特色阅读活动30多个，专题图片展17场。完善全县图书分馆、惠民阅读点、城市书房等设施配套，新建城市书房（瑶琳馆）和乡镇书吧（鹤浦镇）、图书流动站各1家，积极构建“馆外馆”惠民阅读服务网络。探索社会力量参与“书香象山”建设新模式，引导象山县新生代创业联谊会设立“新创会阅读推广基金”，借助全县新一代非公有制经济人士的力量推广全民阅读。三是坚持保护传承，提升文化感染力。文化生态保护提质增效。海洋渔文化（象山）生态保护实验区建设深入推进，并于4月顺利通过文化部专家组复评验收，建设经验在全国文化生态保护实验区建设工作座谈会上交流。象山县非遗馆确定选址，中国海洋渔文化展览展示馆进入布展设计阶段，乡镇非遗综合性传习中心已建成5个，在建7个，筹建4个。不断完善4级名录体系，推荐申报省级非遗项目代表性传承人2个，完善15个省级以上非遗项目“八个一”保护措施，石浦镇入选宁波市首批创建非遗特色小镇（开洋谢洋节），首批11个县级非遗传承教学基地有序开展各项非遗传承工作，传统艺术“走红”校园。继续开展非遗惠民活动，送曲艺进文化礼堂162场，举办公益书场80场，开设非遗课堂125期，完成宁波市曲艺进社区、进农村、进校园“三进”活动。积极讲好象山渔故事，在国家典籍博物馆成功举办国家级海洋渔文化（象山）生态保护实验区建设成果展，并亮相第九届浙江·中国非物质文化遗产博览会，此外还选送非遗项目参加庆祝香港回归20周年浙江曲艺专题会演、浙江传统音乐展演展评、全国曲艺传承发展论坛及观摩交流展演等活动。支持非遗志愿者团队开展非遗项目寻访、非遗宣讲、象山话大赛等活动，有力推动非遗保护走向年轻化、社会化。文博事业发展优化升级。成功申报淳熙井、“钟郝遗徽”石亭、陈汉章故居(墓)为第七批省级文物保护单位，并启动4处省保单位“两划”和“四有档案”编制工作，同时完成县级文保单位“四有档案”5个。完成第一次可移动文物普查工作，共登录文物4310件(套)。完成国保单位花岙兵营遗址和塔山遗址的保护规划编制。实施爵溪街心戏亭、鉴池公祠等10多处文保单位的修缮和环境整治，启动南田县署修复，监督指导历史文化名村古建筑维修，命名51处象山县首批历史建筑。落实文物安全日常巡查制度。切实做好博物馆开放及馆藏文物管理工作，累计接待观众3.6万人次，举办4次惠民展览，并开展了流动博物馆进社区、进农村、进学校等宣传活动。利用革命烈士和名人故居、纪念馆开展红色和传统文化教育，接待观众15.2万人次。将40多处文保单位(点)发掘成为群众文化活动场所。开展老城区历史建筑实地调研，助力棚户区改造。开展大百丈岩画、大沙烽火台等文物底蕴挖掘，协助打造鹤浦镇文物旅游精品带。认真完成非国有博物馆年检，全力扶持民办博物馆大旸艺术馆开馆，积极引导社会力量参与文博事业发展。协助国家水下考古中心宁波基地、宁波市考古所启动“十三五”象山县域内“海丝、海岛、海防”资源调查国家级项目。四是坚持规范监管，提升文化保障力。认真开展“最多跑一次”改革“找痛点通堵点破难点”专项行动，“最多跑一次”实现率达100%。开展文化市场经营单位教育培训9次，受训人员697人，签订《安全经营目标管理责任书》和《文明经营承诺书》各219份，积极开展“平安文化经营场所”创建。成功承办“一人一艺”杯全民K歌大赛象山赛区选拔赛和南部赛区争霸赛，吸引529名选手参与，并摘得市优秀组织奖。全面开展“扫黄打非”行动，圆满完成“迎接十九大、全力保平安”文化市场百日攻坚战。全年组织文化执法检查478次，出动检查2049人次，检查出动2061家次，共立案调查40件，办结38件，罚款16.30万元，停业整顿2家次，没收非法所得1.71万元，查处文化市场经营单位安全隐患197处，全部责令改正，文化市场平稳有序，良好率96%以上。五是坚持产业推动，提升文化创新力。调整出台《关于加快象山县文化产业发展的若干意见》《关于扶持宁波影视文化产业区影视产业发展的若干意见》《关于进一步扶持竹根雕艺术创作和产业发展的若干意见》等政策，鼓励影视传媒、文化(体育)旅游、动漫游戏等产业业态发展，在行业准入、土地供应、资金支持等方面给予重点倾斜。在政策解读、行政审批、项目申报等方面主动服务文化企业，象山县特色产品创意园获评第二批市级文化产业培育园。影视文化产业龙头效益更趋明显，象山星光影视小镇成为全省唯一影视类省级特色小镇创建单位。由象山企业宁波云朵网络科技股份有限公司联合浙江省文化产业促进会共同申报的“浙朵云文化产业大数据服务平台”入选2017年度国家文化创新工程项目储备库，成为全国12个、全省2个入选项目之一。举办象山县首届特色产品创意设计大赛，共收到参赛作品58个，评出奖项25个，着力推动象山地方特色商品和传统工艺提档升级。承办第一届中国(宁波)“文化+互联网发展论坛”，云集国内近300名行业大咖、业内精英。积极组织县内文化企业、团队参加2017中国(宁波)特色文化产业博览会、第12届中国(义乌)文化产品交易会、2017年温州国际文博会等。积极争取中央财政资金对剧院改造的扶持，实施“塔山戏苑”工程，逐步恢复象山剧院经营“造血”功能。县新华书店积极开展丰富多彩的图书公益活动，取得经济效益与社会效益双赢，预计全年可实现销售4450万元。六是坚持队伍建设，提升文化凝聚力。认真部署开展了“两学一做”学习教育活动。扎实推进党风廉政建设。坚持从严教育培养、从严选拔任用、从严管理监督，全力打造象山“文化铁军”，推荐7名优秀干部为县管副职后备干部，选拔3名干部到中层岗位。坚决打通“中梗阻”，提升执行力，扎实开展“大脚板走一线、小分队破难题”抓落实专项行动。全年5个交易项目均通过局公共资源交易平台公开、公正操作，财务内审制度继续强化，做到了关口前移，源头防范。

(宋国光)

【宁海县文化广电新闻出版局】 内设职能处室5个，直属单位5个。2017年末人员113人(其中：机关25人，事业62人；具有高级专业技术职务资格的10人，中级30人）。

2017年，宁海县文化广电新闻出版局贯彻落实中央、省、市各级文化工作精神，围绕市局总体部署和考核目标，以及县委、县政府中心工作，以创新的发展思路和务实的工作举措，抓重点、攻难点、出亮点，努力推动文化建设繁荣兴盛。多次获国家级、省级、市级荣誉称号、奖励，并做经验推广。一是文化活动品牌创新初显成效。打造乡村“百姓大舞台”文化活动品牌，结合“一人一艺”全民艺术普及培训及文化志愿服务，打通公共文化服务“最后一公里”，提升群众文化获得感。全年举办乡村“百姓大舞台”活动263场次，场场不重复，受惠群众达12万余人次。该活动信息发表在浙江政务信息专报，得到了浙江省副省长成岳冲、宁波市委宣传部部长万亚伟、宁波市副市长许亚男的批示推广。11月，宁海在全省乡镇街道综合文化站效能建设现场会上做了专题发言。二是文化阵地创建成就显著。完成长街镇对岙洞村和梅林街道河洪村的公共文化示范村创建和申报工作。完成20家文化礼堂创建任务，并召开全市文化礼堂创建推进现场会。做好茶院乡、西店镇、强蛟镇3个文化馆分馆创建。完成第六次公共图书馆评估定级相关工作，完成图书馆数字化管理系统建设，完成柔石公园24小时城市书房建设。全县10个古村落入选第一批浙江省传统村落，另有6个申报国家级传统村落，古村保护工作走在全市前列。深甽镇依托十月半庙会入选浙江省民间艺术之乡，并被列入浙江省旅游风情小镇培育名录。前童镇被列入宁波市首批非遗特色小镇，成绩名列全市第一。深甽镇龙宫村入选宁波市最美古村摄影创作基地。强蛟镇图书馆以第一名的成绩，入选全省仅有10家的“读者最喜爱的乡镇（街道）图书馆”。跃龙街道综合文化站被评为省特级文化站。三是文化艺术人才崭露头角。平调艺术传承中心1人获得宁波市第四节青年演员大赛暨第七届“相约梨园”戏曲演员大赛一等奖；2人分别获得省“新松计划”青年演员大奖赛活动二等奖、三等奖。舞蹈《外婆的石磨》和《二宝洗澡澡》参加宁波市第十二届音舞节，分别荣获银奖、铜奖。《怒放的生命》获得“美丽浙江”浙江省第三届群众声乐大赛青年组（流行唱法）铜奖；歌曲《快乐的河小二》《老百姓的笑》获得宁波市第十二届音乐舞蹈节铜奖。诗歌《在农民的家里做客》获得“舜韵杯”浙江省第八届乡村诗歌大赛兰花铜奖。作品《天人合一》获得浙江省第四期优秀文艺团队培训班学员成果作品摄影展最佳优秀奖；美术作品《静待远航》《海边》分别获得“剿灭劣Ⅴ类水”宁波市美术书法摄影优秀作品展银奖、铜奖。1名青年戏剧演员获宁波青年文艺之星。2017年新增正高职称1名，副高1名。2人列入第五批省级非遗传承人名单。全县3件文艺作品获得“宁波文艺奖”，其中长篇小说《出家》获得金奖，并获首届“京东文学奖”；《竹镂文心》参加广东“岭南杯”2017中国（广东）民间工艺博览会获得金奖，在第七届中国民间艺人节上获“产业示范奖（特别奖）”称号。四是遗产保护再上新台阶。宁海石碾群、万年桥、戊己桥3处被列入第七批省级文物保护单位。编制了宁海县第一次全国可移动文物普查工作报告、国有可移动文物收藏单位名录和宁海县珍贵文物名录。1人获评浙江省第一次全国可移动文物普查先进个人。出台《关于加强古建筑保护管理的实施意见》，做好县域内古建筑保护工作。全面提升纪念馆、非国有博物馆免费开放和公共文化服务水平。做好柔石故居陈列展览提升工作。做好梅花村会议旧址的维修指导和书画装裱工作。完成“四海一家·浙港同行”浙港青年交流活动。做好浙江省第五批非遗代表性传承人申报工作。开展宁海县第五批非遗名录评审认定工作及第三批非遗代表性传承人、非遗传承基地申报认定工作。完成第一批国家传统工艺振兴项目申报，泥金彩漆项目列入。《宁海平调口述史》《宁波泥金彩漆口述史》入选十佳百优非遗图书评选。完成国遗丛书《前童元宵行会》的编撰、校稿工作。大型地方文献《宁海丛书》荣获浙江省第十九届哲学社会科学优秀成果二等奖。五是大型活动举办圆满成功。成功举办纪念潘天寿诞辰120周年系列活动。“海峡两岸纪念潘天寿诞辰120周年大师故里系列活动”在宁海举行，并得到全国政协主席俞正声批示，海峡两岸关系协会副会长孙亚夫、中国国民党前副主席蒋孝严等嘉宾参加；协助浙江美术馆举办“民族翰骨——潘天寿诞辰120周年纪念大展”；承办第五届“潘天寿设计艺术奖”中国制造2025全国工业产品创意设计大赛等。举办第十五届徐霞客开游节。举办“永远跟党走，走向新时代”党的十九大精神系列宣传展示活动，其中包括大型文艺晚会4场、党的十九大精神乡镇街道快板宣传分队演出18场、党的十九大经典语录书法巡回展览等。全年举办大中型专题文艺晚会30多场。协助乡镇、街道做好节庆文化活动。完成“天然舞台”“千场戏剧进农村”30场次，“百姓大舞台”文化惠民演出263场次，观众数达10万余人次。完成“万场电影进农村”3600场次，放映“五水共治”、反邪教、廉政文化等各类电影宣传片2000多场次。举办排舞、声乐、书画等公益艺术培训70期，开辟宁海县“一人一艺”网络培训平台，培训学员2000多人次。举办“正学讲堂”23期、群文讲堂5期，听众3000多人次。图书馆、文化馆、文物办、非遗中心举办各类展览30次，观众8万余人次。开展各级文化交流21次。六是文化市场监管扎实有力。加大文化市场监管力度。全年组织文化市场检查417次，出动执法人员1593人次，检查各类文化经营单位2357家次，市场良好率达97.49%。加大违规查处。共查获违规经营单位59家次，责令改正42家次，立案调查42件，办结案件45件；警告经营单位26家次，查处22家次，总罚款12.85万元，停业整顿2家次；取缔17家。推进信用体系建设。以网吧行业为试点，推进文化市场分级分类治理，评选出红色网吧1家、黄色网吧7家、蓝色网吧11家、绿色网吧57家；网吧市场经营秩序改善明显，市场良好率持续保持96%以上，违规率和举报量实现双下降，同比降幅分别达16.67%和68.42%。建立经营主体黑名单管理制度，未发生经营主体黑名单列入、移出情况。落实“最多跑一次”改革，91项个审批子项目中82个项目实现“最多跑一次”，实现率达90.11%，群众满意率均为100%。宁海的“最多跑一次”改革创新工作得到了省委书记车俊的充分肯定。宁海县被评为年度宁波市文化市场管理(“扫黄打非”)示范地区。县文化市场行政执法大队获评2016年度全省文化市场综合执法先进集体。七是论文信息添力决策护航。全年上报信息被中办采纳2篇，《基层反映“网红”低俗演出呈现向基层蔓延趋势》获中共中央政治局委员、国务院副总理刘延东批示；中宣部采纳2篇；文化部采用4篇；省委办采纳5篇；省厅、省文物局采纳3篇。浙江省“我的报刊·我的童年”主题征文活动，全县获小学组一等奖1名，二等奖2名；中学组获一等奖2名，二等奖1名。八是文化人才队伍建设稳步推进。做好优秀人才选拔培养工作。通过举办“五王大赛”、宁海民间文艺人才、文化产业能人星级评定等活动，发掘一批文化艺术人才，扶持一批具有创新能力的文化经纪人、制作人和文化企业管理人才，造就一批熟悉文化产业经营管理业务的人才。提升人才分类应用水平。加强对基层文化管理员队伍的管理，健全县、乡、村三级文化管理网络，吸引更多的业余文艺骨干和文艺爱好者加入文艺团队。通过开展文化从业人员培训、群文座谈会或外出交流考察等形式，提高基层文化管理员、业余团队骨干工作能力。严格选人用人标准，确保干部选拔任用的质量。加强干部培训和监督管理。全年培训1223人次。全面从严治党，激发和调动干部积极性，努力营造干事创业的良好氛围。

(邵颖玢)

温州市文化广电新闻出版局

【概况】 内设职能处室11个，直属单位16个。2017年末人员477人（其中：公务员41人，参公21人，事业415人；具有高级专业技术职务资格的115人，中级122人）。

2017年，温州市文广新系统以党的十八大、十九大精神和习近平新时代中国特色社会主义思想为指引，紧紧围绕省、市党代会的战略部署和市委、市政府中心工作，牢固树立以人民为中心的工作导向，以"文化温州"建设为载体，全面推进各项工作，取得了一定的成绩。

一、服务中心，营造优质文化环境

（一）坚定自信，贡献温州改革智慧

坚持以人民为中心的发展思想，先行先试，推动法人治理结构改革成为全国样板，该试点于7月获中央深改办高度肯定，七部委发文推广，为全国事业单位法人治理结构改革提供温州智慧。市图书馆理事会和城市书房入选由中央宣传部、中央电视台推出的大型政论专题片《将改革进行到底》，并入选"砥砺奋进的五年"大型成就展，在全国范围内宣传报道，为党的十九大献礼，进一步坚定了温州文化自信。

（二）紧扣主题，文艺宣传凝聚共识

围绕党的十九大、香港回归20周年、"大拆大整"、"大建大美"、"剿灭劣Ⅴ类水"等重大题材，依托省舞蹈大赛、省曲艺大赛等平台，大力推动弘扬正能量、讴歌主旋律、具有时代特征和瓯越特色的文艺精品创作，全市创作音乐、舞蹈、小品、书法、美术、摄影等各类主题文艺作品800多件，同时组织各类专题展演1000多场，让社会各界在喜闻乐见的文艺宣传中凝聚共识、汇集力量，为温州经济社会转型发展鼓与呼。"古代戏曲编创人才培养""木雕艺术创作人才培养""温州大学讲师程治国（油画创作）"等3个项目被列入国家艺术基金2017年度资助项目，项目数为历年最多、全省同类城市领先。

（三）主动靠前，文物保护助推中心

全市文物战线统一认识，积极将工作重心向服务"大拆大整""大建大美"行动倾斜，拟定《温州市不可移动文物重新核定工作流程》（试点），完善新形势下文物保护点、三普登录点的动态管理机制。梳理市区不可移动文物登录点1278处（其中涉及城中村改造范围内不可移动文物登录点175处），并抄告有关部门和属地政府，督促各地积极开展复核、挂牌、下发名单等工作。成立局服务"大拆大整"专项行动不可移动文物保护专家组，为各部门和属地政府提供评估、咨询、培训等服务，妥善做好城中村改造中不可移动文物的及时处置，全力配合地块清零行动。评估鹿城和龙湾城中村改造范围内不可移动文物登录点92处，其中原址保护46处，异地保护16处，因自然损坏或被擅自拆除、专家评估后核销的30处。派员参加市人大组建的历史文化街区保护建设指挥部，积极参与名城四大街区历史建筑的调查，参与城西街区、五马—墨池街区历史建筑维修导则的制定工作。

（四）增强意识，平安建设筑牢底线

以狠抓意识形态、安全生产为主线，深入开展公共文化、文化市场、广电播出、新闻出版、文化遗产、文化队伍等六大平安行动，进一步筑牢了事业发展底线，为温州转型发展营造了良好的文化发展秩序。顺利完成党的十九大、世界互联网大会等重要保障期护航工作，基本实现"零事故"。全系统各条线开展明察暗访及各类安全隐患排查行动200多次，涉及文化、文物等相关单位2000多家，组织各类安全培训77次，消防及应急演练93次，出动文化市场行政执法检查3.39万人次，取缔无证文化经营场所396家，立案查处违规行为631件。市文化市场行政执法支队被评为全市"党的十九大维稳安保工作突出贡献集体"。

（五）自我加压，文化形象有力提升

成立城市文化形象提升专项

办公室,积极参与“两线三片”开发建设,积极与住建、城投、名城、园林、文明办、旅游等单位对接谋划,推动文化元素融入城市建设。温州文化形象片在全市83家影院映前播放,民俗风情等温州特色地域文化元素植入BRT沿线站点,轻轨1号线文化形象提升稳步推进。申报“东亚文化之都”,提高温州国际知名度和美誉度。市委副书记、市长张耕等领导充分肯定温州市文广新局相关工作并做重要批示。

(六)强化宣传,传递温州文化声音

围绕全市文化工作重点,强化信息宣传工作,“温州文化云”建设扎实推进。《人民日报》、《中国文化报》、中央电视台等各大媒体报道400多次,《温州日报》等本地媒体报道240多篇,同时全媒体推送。文化部、国家文物局、省府办、省文化厅、市委和市府办等部门信息录用90篇。《温州城市书房建设新模式有效促进全民阅读》获省委常委、市委书记周江勇批示肯定,《温州市推进图书馆公共文化机构法人治理结构改革的经验做法》被《浙江政务信息专报》选登,并获副省长成岳冲批示:温州市的改革经验值得各地研究借鉴。

二、争创示范,提升文化服务内涵

(一)温州成为国家级示范区创建城市

全力做好国家公共文化服务体系示范区创建申报工作,把创建示范区作为与时俱进、推进“温州模式”创新发展的重要内容。8月通过省级评审答辩,12月以全国第三的佳绩通过文化部评审,温州成为第四批国家公共文化服务体系示范区创建城市。瓯海区顺利通过第三批省公共文化服务综合性示范项目验收;泰顺县顺利通过省第一批公共文化服务重点县创建验收,并在省政府重点县建设总结会上做典型发言;洞头区被列入省第二批公共文化服务重点县创建计划。文化发展指数进等升位,根据11月底发布的《浙江省公共文化白皮书》,温州市基层公共文化服务晋升至全省第四位。

(二)都市“15分钟文化圈”不断优化

新建并对外开放城市书房23家(其中市本级9家,各县14家),全市总数达48家,接待读者206万人次,外借图书134万册,办理借书证4.99万张,图书外借率382%。全市建成文化驿站40家(社会合作模式17个),其中市本级11个,各县(市、区)29个,开展各类活动587场。“城市书房”入选2016浙江省宣传思想文化系统十大创新项目,出台地方标准《城市书房服务规范》并成为省级标准;文化驿站吸引省内外众多考察团并被学习推广,两者已成为温州都市文化新名片。温州美术馆、温州非遗新馆、世界温州人博物馆建设前期工作稳步推进。完成市图书馆整体装修工程的项目立项和工程招标,完成市文化馆加固改造工程立项并进入招标流程,完成温州博物馆、东南剧院安全维护等工程。温州博物馆被评为“国家一级博物馆”,历史厅改陈工作完成并对外开放,获省市领导点赞。

(三)农村“30分钟文化圈”效能提升

深入贯彻落实《中华人民共和国公共文化服务保障法》,加强基层综合性文化服务中心建设,重点开展全市区划调整后新增56个乡镇街道的规划布局,全市基层文化设施每周开放42小时成常态。完成平阳文化中心、永嘉县公共文化活动中心、永嘉县博物馆建设。落实浙江省公共文化服务“十百千”工程,完成12个薄弱乡镇(街道)和121个薄弱村(社区)文化中心的服务提升。建成百姓书屋22家,作为城市书房的延伸版、农家书屋的升级版。新建或改建农村电影室内放映点72个。推进全市农家书屋提档升级,纳入图书馆流通体系的农家书屋比例占总量的10%以上。在全省率先开展“书屋+书店”试点工作,推进全市乡镇街道和高等院校实现实体书店全覆盖。

三、优化供给,满足美好生活需要

(一)艺术创作成果丰硕

分别于1月、9月召开全市文艺创作座谈会,积极部署下达任务。成立温州市文化广电新闻出版局艺术委员会,93位温州文艺专家受聘为委员,为温州市文化艺术重大项目的决策和资金投入提供参谋。全年创作表演艺术类作品213件、视觉艺术类2075件,获国家、省级奖项200多项,《晒蓝》《温州两家人》《永昌之魂》等优秀作品获浙江省“五个一工程”奖。实验瓯剧《伤抉》入选浙江省文化精品扶持工程第十二批扶持项目。《竹镇畲香》《夫妻》《江南莲花谣》等7件作品获温州市第七届精神文明建设“五个一工程”奖。

(二)文博服务丰富多彩

精心组织“5·18”国际博物馆日、“6·10”文化与自然遗产日等节庆活动,举办“东瓯风雅·第四届温州民间藏品展暨第三届温州博物馆之友藏品展”“典藏东瓯——温州市第一次全国可移动文物普查成果精品展”等展览，温州博物馆“白象塔的故事”智慧博物馆正式上线。编辑出版《掇英撷华——第四届温州民间藏品展暨第三届温州博物馆之友藏品集》《藏珍——温州百件历史文物品读》《温州古代史》等。积极开展文博科普教育活动，与市教育局、浙江安防职业技术学院等单位合作建立实践基地，各级博物馆观众近400万人次。组织送文博展览讲座到社区、农村、学校系列活动，举办年味非遗、端午民俗节庆、非遗“五进”、对外交流等系列活动300多场次，深受社会各界好评。

（三）群文活动蓬勃开展

精心组织第五届市民文化节，于4月启动，历经8个多月，共举办了3200多场活动，近12万名演职人员参与，现场观众近120万人次。积极打造公共文化服务品牌“云端百姓大舞台”，市民文化节期间，线上观众达700万人次，市民文化节系列活动场次和参与群众同比增长310%、400%，取得了显著的社会成效。“深入生活、扎根人民”主题实践活动扎实推进，歌曲《又回水乡》《江南小镇蓝》《只为一片新天地》、情景小品《河长轶事》、快板《治水新说》等5个作品入选浙江省“千名文艺工作者赴基层采风巡演”优秀作品，19件书画作品入围“禹迹新图——全省美术馆工作者基层采风创作展”。

（四）全民阅读成效显著

举办2017“书香温州”全民阅读节，推出“朗读温州”“读书会联盟”“乡村阅读护苗行动”等重点创新性品牌活动，全市共举办3000多场活动，参与人数80多万，网络直播参与人数100多万。举办2017城市书展，销售图书2万册，交易额近70万元，为历年书展之最。2个乡镇街道入选全省书香街道，11个家庭入选全省书香家庭，5个社区（村）入选全省书香社区，5家企业入选全省书香企业，市文广新局等6个机关入选全省书香机关，市少儿馆等3个单位入选全省亲子阅读体验基地。市文广新局承办全省全民阅读现场会，并做经验介绍。

（五）文化惠民深入实施

不断健全“菜单式”“点单制”等服务方式，优化供需对接。全市送戏下乡4116场次、送书下乡34.59万册次、送展览讲座下乡2101场、县级以上文化走亲112场次、送电影下乡5.14万场，数量和综合效益居全省前列。全方位推进网格化服务，全市文化馆系统已完成网格化服务点720多个。政府向社会力量购买农村电影放映服务工作列全省第二。全年社会公益放映电影175场，惠及群众6000多人次。

（六）地方戏曲传承发展

加强瓯越优秀传统文化保护传承，开展地方戏曲等文化资源挖掘、整理、研究等工作。积极申报戏剧之乡，瑞安市（瑞安高腔）和苍南县（民间八仙戏）被省文化厅命名为第四批浙江省传统戏剧之乡。全面完成地方戏曲剧种普查工作，市文广新局获省文化厅先进集体，15人获先进个人。编辑出版《中国瓯剧音乐大典》，举办“王十朋故里行——南戏传承发展研讨会”。全市创排瓯剧《当李月娥遇上李月娥》、越剧《香莲案》《红丝错》《莫问奴归处》、永昆《孟姜女送寒衣》、木偶剧《木偶奇遇记》等6部剧目以及《抬花轿》《十五贯·杀尤》《火凤凰》等30出折子戏。加强现实题材创作，筹备创作现代瓯剧《兰小草》、越剧《苏步青》《温州风云》等，市瓯剧院、市越剧演艺中心分别完成各类演出175场、119场，观众人数达40多万人，“2017新年戏曲艺术周”活动取得叫好又叫座的佳绩，成为文化新品牌。市青年戏曲演员参加省“新松计划”大赛，荣获1金3银7铜的佳绩。

（七）文化交流力度加大

积极对接文化部中外文化交流中心，培育温州文化“走出去”新平台。引进布拉格爱乐乐团音乐会、俄罗斯经典芭蕾舞剧《天鹅湖》等海外高品位文化演出活动。选派市越剧演艺中心青年演职员赴越南参与“中越文化交流”活动，组织30名优秀文艺骨干和书法专家赴青海格尔木进行“昆仑风·温州情”文化交流，赴新疆拜城开展“传统戏曲进校园”等活动，进一步增进了温州与国内城市的文化友谊。温州群文晚会登陆央视《群英会》栏目，在浙江美术馆举办“双璧华章——马孟容马公愚昆仲书画展”，温州市女声合唱团受邀参加西安国际合唱节、第七届中国西湖合唱节等国家级重要社会团队活动，《荆钗记》《高机与吴三春》等温州市经典传统剧目赴北京、上海、广东、福建及省内各城市巡回演出，有力扩大了温州文化的影响力。

四、保护传承，打造共同精神家园

（一）文博基础工作不断强化

圆满完成为期4年的第一次

全市可移动文物普查工作，被国家文物局评为先进集体。完成新增的26处省级文保单位保护范围与建设控制地带划定工作，完成华盖山南城墙保护利用展示、泰顺廊桥之文兴桥等3座廊桥的复建保护工程，编制完成厉宅、叶文定公祠等一批危旧房类文保单位维修方案。做好“大拆大整”、甬台温复线、肯恩大学、杭温高铁等建设工程的考古调查、清理工作，苍南海防遗址考古入选全省2016年度十大考古新发现，永嘉县坦头(瓯窑小镇)唐代瓯窑遗址被评为2017年全省八大考古重要发现之一，温州矾矿入选第一批国家工业遗产。龙湾博物馆展厅改造工程获2016年度中国建筑装饰工程金奖。瓯海区围绕滨水文化，推动济堂中医药博物馆、志通雕塑艺术馆等沿河非国有博物馆建设。充实壮大业余文保员队伍，全市有业余文保员914人。

(二)文物属地管理和安全监管力度加大

文物属地管理责任全面落实，代拟《温州市人民政府进一步加强文物工作的实施意见》，完成意见征求、公示等程序并上报市政府待批。除鹿城区因无文物工作职责外，其他县(市、区)均已落实文物属地管理，与乡镇、街道签订《文物保护管理属地责任书》166份。制定《温州市文物安全检查工作规程》，开展对各县(市、区)各级文物保护单位、馆藏文物、文物维修工地、考古发掘工地安全检查、电器消防安全专项检查及“回头看”工作，建立双随机抽查机制，发现问题及时通报当地县(市、区)政府或文化文物行政部门落实整改，向龙湾区、苍南县等7个县(市、区)政府及瑞安市等3个文广新局发送检查情况通报。开展文物法人违法案件专项整治行动，妥善处理平阳县鳌江镇县级文物保护单位蓝田宫擅自拆除违法事件。继续完善文物“天地一体”预警监管系统，泰顺县将省级以上文保单位全部纳入该平台并实行24小时监控，确保文保单位的安全。

(三)非遗保护传承工作有序推进

编制《温州市非遗名录管理方案》《温州市非物质文化遗产代表性项目代表性传承人评估办法(试行)》和《温州市非物质文化遗产代表性项目“带薪学徒”工作考核办法》，继续探索“带薪学徒”“传承人考核退出”等机制，规范非遗项目、传承人和传承基地的管理。对145项省级非遗项目落实“八个一”保护措施，37位传承人入选全省第五批非遗传承人公示名单，黄杨木雕、瓯绣项目传承人在国际非遗博览会上分别被评为“新生代工匠之星”和“新生代手艺之星”。做好非遗项目保护保存工作，完成布袋戏、渔鼓、石雕等16个项目20多位省、市级代表性传承人的口述史拍摄，搜集近2万小时的非遗影音资料和1000多万字的文字资料，建成初具规模的非遗数据库。建立非遗校地合作模式，与温州大学等4所大学院校联合举办木雕、石雕、畲族民歌等培训班。组织“非遗学堂”48期，培训1600人次。木活字印刷、彩石镶嵌、阿红鱼丸等温州市非遗项目受邀登上央视《家有传家宝》《探索与发现》《消费主张》等栏目。

五、强化监管，健全现代市场体系

(一)“最多跑一次”工作成效显著

深化权力清单梳理工作，印发《关于试行市县文化行政审批事项“全市通办”服务模式的实施意见》，按照规范有序、便民高效的原则，在全市范围内打破地域限制，改变文化行政审批按照属地管辖权进行申请受理的传统模式，积极探索文化行政审批事项“全市通办”的有效路径，实现全市范围内就近办理申请业务，建立“异地受理、属地办理”的文化行政审批服务新模式，促进市域审批服务一体化。从全市现有76项省级部门委托和市、县法定实施文化行政审批事项中筛选社会民生类30项、商事登记类22项、基本建设类1项(共占全部事项的70%)，列入“全市通办”事项表并对外公开，最大限度便利申请人和申请单位。市审批窗口共受理审批事项229件，均提前办结且无一投诉。市、县两级文广新局窗口共完成审批事项2593件，未发生投诉与错件问题，全市提前办结率达94.82%，实际提速率达98.60%，群众满意率100%。

(二)文化市场监管到位

认真开展“扫黄打非——净网、护苗、清源、固边、秋风”等专项整治行动，积极推进“扫黄打非”进基层工作，建成国家级示范点1个、省级示范点7个。正式起用温州文化执法网站信用监管平台，并对列入“黑名单”的相关企业予以公示。建立全市文化市场“双随机”监管系统，有效提高行政执法效能。承办文化部第十三期网络文化执法以案施训培训班，启动“温州·安康”文化市场对口交流协作活动。成功举办“3·18”文化市场法制宣传日暨阳光执法启动仪式、侵权盗版及非法出版物集中销毁和“绿书签”系列宣传活动。主动作为，切实做好文化新业态监管处置工作。联合金融和公安部门办理的“书画宝”一案，得到了文化部和省文化厅的肯定；“温州当游网络科技有限公司未经批准擅自从事经营性互联网文化活动案”被评为“2015—2017年度全国文化市场综合执法十佳案卷”和“2016—2017年度全国文化市场重大案件”。

（三）深入整治电影市场

在电影市场管理上，坚持“三早三到位”，做到了早部署、早检查和早宣传，收到了规范秩序的良好成效。大众电影院获省青年文明号，白鹿影城、新时代电影大世界、新中国影院获市级文明单位。为营造党的十九大良好宣传氛围，全市影院均开展了系列主题宣传活动。认真贯彻《电影产业促进法》，开展电影市场专项整治行动，对影院开展高频次巡查。全市81家影院共放映电影93.6万场次，总票房3.92亿元，观影人数1122.3万元。雁荡院线在映76家影院全年放映电影62.8万场，同比增长7%；观众908万人次，同比增长16%；票房收入2.86亿元，同比增长2%。4家国营影院全年总票房2593.5万元，观众80.45万人次。

六、融合发展，推动产业转型升级

（一）积极搭建产业发展平台

积极参与2017温州国际时尚文化创意产业博览会组织工作，本届文博会共有来自30多个国家和地区的490多家企业参展，观展人次20.21万，成交额3.58亿元。组织全市25家文化企业参加第12届中国（义乌）文化产品交易会。开展重点文化企业评审，推动特色小镇建设。搭建文化产业信息交流平台，与温州文化创意学院合编4期《温州文创》。推动金融和文化企业对接，为非遗知名企业和传承人搭建银企合作桥梁。2016年温州市文化产业增加值占GDP比重5.16%，成为全市国民经济支柱产业。

（二）扎实推动非遗融合发展

以非遗生产性保护为抓手，加强文化旅游融合发展，助推地方经济社会发展。永嘉县三江街道、平阳县鸣山村、苍南县矾山镇等地获评第四批浙江省非物质文化遗产旅游景区，开展“非遗进民宿”系列活动。对传统文化企业进行政策帮扶，推动相关部门扶持桥墩月饼、郑家园食品等优秀非遗食品生产企业提升管理水平和生产质量。与各地市场监督部门联合开展特色小吃类非遗项目的规范化管理工作，协助文成纱面等传统饮食类非遗项目获得食品质量认证。推动乐清市后横村浙江省非遗主题小镇（黄杨木雕方向）建设，乐清市被中国民间文艺家协会命名为“中国木雕艺术之乡”。委托聘请浙江工贸职业技术学院对永嘉瓯窑小镇建设发展进行课题设计和发展调研，提升建设水平。

（三）大力扶持文创产品开发

组织文化企业将传统文化元素融入文创产品的开发生产。苍南叶丹公司的“缬韵”主题文化创意产品、海西公司的瓷板画和高端瓷器、鸣山陶院利用蛋画技艺同现代陶瓷工艺相结合的瓷器，均在各种展会上获得了优秀奖项，并取得较好的经济效益。深入挖掘馆藏文物资源，积极探索开发博物馆文创衍生品的开发，在省博物馆学会举办的浙江博物馆十佳文创产品评选活动中，“蓝夹缬”文人书签用品系列、茶艺用品系列荣获“文创产品入围奖”。

七、改革创新，激发文化发展活力

（一）体制改革扎实推进

推动全市公共文化事业单位开展法人治理结构改革，建设完善“温州市图书馆发展基金会”，组建温州博物馆理事会，制定完善《温州博物馆理事会建设实施方案》《温州博物馆章程》。深化文投集团、温州影业公司改革，健全现代文化企业制度，使之成为政府办文化的重要补充平台。切实构建传统媒体和新型媒体统一监测监管体系，成立温州市文化传媒监测审评中心。扎实推进文化市场综合执法运行机制、农村电影发行放映体制等专项改革。

（二）机构职能整合优化

科学布局机关和局属单位结构，合理设置职责。将人事处更名为组织人事处、执法指导处（行政审批处）更名为政策法规处（行政审批处），将原文化艺术处分设为文化艺术处、公共文化处，原文化遗产管理处分设为文物处、非物质文化遗产处，原广电影视管理处、新闻出版管理处合并为新闻出版广电处，单独设立宣传信息处。调整局属单位机构设置，温州大剧院管理处和市文化馆合署，设立市非遗保护中心、市文化传媒监测审评中心,市艺术研究所升格为市文化艺术研究院。同时,根据实际情况在编制、职数上把准尺度、用好政策。继续深化事业单位内部管理机制改革,完成11家局属事业单位内部管理机制改革工作,建立以岗位管理、全员聘用、绩效考核3项制度为核心的综合管理体系。

(三)队伍建设创新举措

创新校地合作模式,本着“资源共享、优势互补、深度合作、互利共赢、共同发展”原则,分别与温州大学、市委党校签订战略合作协议,挂牌成立“温州文化干部培育基地”和“温州文化人才培育基地”。落实全年“星辰计划”专项资金15万元,确定培养对象16名,已完成学习并验收合格15名,举办名师讲坛5场。市文化馆阮静入选2016年全国文化系统青年拔尖人才,全省仅4人。全年推荐全省社科领军人才“万人计划”2名,省宣传文化系统“五个一批”人才2名,市宣传文化系统“四个一批”人才3名,推荐市劳动模范1名。切实抓好专业演职员、群文干部、文博干部业务考核,加大文化管理骨干和社会团队骨干的培训力度,“春风行动”“农村文化骨干万人培训计划”全年公益培训14.65万人次。

【大事记】

1月

3日　住房和城乡建设部公布了全国第四批美丽宜居小镇、美丽宜居村庄示范名单,温州泰顺县村尾村上榜。

4日　浙江省文化厅发文公布第二批浙江省非物质文化遗产生产性保护基地,温州青街工艺品有限公司(平阳漆器制作技艺)、瑞安市活字印刷协会(木活字印刷术)、乐清市黄家龙档木雕艺术研究所(乐清龙档)等6家单位入选。

5日　全国重点文物保护单位泰顺廊桥之薛宅桥、文兴桥和文重桥修复工程设计方案审查会召开,泰顺廊桥修复工程设计方案获原则性通过,并将于次月进场施工修复。

6日　省文化厅党组成员、省文物局局长柳河率省、市文管单位负责人到永嘉实地调研重点文物保护、博物馆建设等工作情况。

同日至23日　温州市文物保护考古所联合瓯海区博物馆对在瓯海区净水社区安置房施工现场北侧的西山南坡发现的数座古墓进行抢救性考古发掘清理工作。

9日　温州首届“五朵金花”声乐大赛冠军、温州市文化馆研究馆馆员、温州市音乐家协会副主席施丽君在上海音乐厅举办“有根有梦有远方”独唱音乐会。这也是温州歌唱家首次在上海举办个人演唱会。

10日　温州市委副书记、市长张耕率副市长郑朝阳及相关部门负责人等10多人调研文化工作,实地察看了城市书房、博物馆,并召开座谈会。

11日　由温州市委宣传部、市文广新局、市文联主办的2017年温州市新年合唱音乐会在温州大剧院上演。

同日　中央电视台《芝麻开门》栏目组到苍南县矾山镇采风,将制作矾山矾矿相关科普节目在央视播出。

12日　全省宣传思想工作会议在杭州召开,温州市文广新局牵头打造的“24小时城市书房”项目入榜。

13日　浙江省人民政府公布第七批省级文物保护单位,温州市27处文物点、文保单位入选。

同日　第三届“年味温州”非遗迎春展在温州市文化馆开展,全市11个县(市、区)的100多位传承人展示了71个饮食类非遗项目。

19日　由中宣部主办的“社会主义核心价值观主题微电影征集展示活动”在北京举办优秀作品发布仪式,永嘉县选送的微电影《素面人家》、瓯海区选送的微电影《丈量》荣获15分钟类优秀作品三等奖。

20日　中国博物馆协会发布第三批国家一级博物馆名单,温州博物馆成为浙江省第5家国家一级博物馆。

22日　召开2017年全市艺术创作座谈会。

2月

6日　浙江省文化厅下发《关于公布2016年各项群众文化赛事获奖名单的通知》,在2016年全省的13项赛事活动中,温州市共选送作品211个,取得金奖35个,银奖58个。

8日　召开全市文化市场消防安全整治专项行动部署会议,传达贯彻全省消防安全紧急视频会议和全市消防安全工作电视电话会议精神。

14日　市人大常委会主任葛益平到永嘉三江商务区调研瓯窑特色小镇。

15日　全市文广新系统作

风建设暨平安建设大会在市图书馆召开。市委常委、宣传部部长胡剑谨，副市长郑朝阳对本次会议分别做了重要批示。

17日　温州市艺术研究所正式更名为温州市文化艺术研究院。

21日　温州市文化广电新闻出版局党员大会胜利召开，全系统260多名党员参会。

22日　省委宣传部常务副部长来颖杰一行，在市委常委、宣传部部长胡剑谨的陪同下，到温州市图书馆考察调研了城市书房公共文化服务项目的运行情况。

24日　温州市委书记周江勇到永嘉调研永嘉县地方经济社会发展情况，并实地考察了瓯窑特色小镇。市委常委、秘书长仇杨均等一同调研。

28日　中宣部、央视《记住乡愁》栏目第三季第39集《岩头古镇：义以为上》在中央电视台中文国际频道(CCTV4)首次播出。

3月

7日　省委常委、宣传部部长葛慧君在市委常委、宣传部部长胡剑谨等陪同下，到温州市图书馆调研城市书房建设运行情况。

8日　温州市非物质文化遗产保护中心正式成立。

9日　浙江省委副书记、政法委书记袁家军到永嘉三江商务区(街道)坦头村，实地调研瓯窑特色小镇建设。市领导周江勇、姚高员、陈作荣、王军一同调研。

12日　温州市话剧表演艺术协会成立大会暨第一次会员大会在文苑大楼举行，140多名会员参加了成立大会。

14日　省委宣传部常务副部长来颖杰在温州市委常委、宣传部部长胡剑瑾的陪同下参观温州博物馆。

15日　市政协主席余梅生率温州11个县(市、区)政协主席到三江商务区实地考察瓯窑小镇项目。

16日　2017年全市文化广电新闻出版工作会议在市人民大会堂举行。副市长郑朝阳出席会议。温州市委宣传部、市文联、温州日报报业集团、温州广电传媒集团、各县(市、区)相关领导、市文广新局班子成员及中层以上干部和局属单位主要负责人等200多人参会。

17日　在市文化馆文化驿站举行2017年全市文化驿站工作推进会，明确2017年2.0版文化驿站建设方案。

20日　《中国瓯剧音乐大典》首发式暨李子敏从艺70周年学术研讨会在温州市瓯剧艺术研究院举行，来自北京、上海、杭州等地的专家学者与温州市文化艺术界人士一同参加首发式和学术研讨会。

同日　文化部文化市场政策落实和行政审批规范化督查验收组莅临瑞安对文化部文化市场行政审批示范点——瑞安市文广新局进行督查验收。这是温州唯一被推荐的单位，浙江省仅3家。

23日至28日　中共温州市市委宣传部、温州市文化广电新闻出版局主办的2017年温州全民阅读节第一站——城市书展在会展中心举行。温州市委副书记、市长张耕，市委常委、宣传部部长胡剑谨，副市长郑朝阳一行人参观了城市书展。

25日　泰顺廊桥修复保护工程开工仪式在三魁镇薛宅桥桥头举行，标志着泰顺廊桥灾后修复保护工程由"精准勘探""精心设计"阶段进入"精确施工"阶段。

26日　文化部第十三批网络文化以案施训活动在温州启动。温州市文化市场行政执法支队支队长以及来自山东威海、河南驻马店、浙江嘉兴的10多位文化执法专家参加了会议。

28日　市委常委、宣传部部长胡剑谨率队调研洞头区文化产业发展、思想道德建设等工作情况。

30日　开封市人大常委会副主任朱丽萍率考察团到温州考察历史文化名城建设、文物保护等相关工作。

4月

7日　国务院召开第一次全国可移动文物普查电视电话会议，表彰了第一次全国可移动文物普查工作先进集体和先进个人，温州市文物局第一次全国可移动文物普查办荣获先进集体表彰。

12日　副省长成岳冲、省政府副秘书长李云林等一行人到泰顺廊桥修复施工现场指导工作，温州市副市长郑朝阳等一同检查。

13日　2017年浙江省第九届曲艺新作大赛在绍兴柯桥区举办，温州鼓词《一杆秤》为温州地区唯一入选的参赛作品。

17日　温州市第五届市民文化节暨全民阅读节开幕式文艺晚会在温州大剧院拉开序幕。市领导胡剑谨、卓高柱、郑朝阳等出席开幕式。

同日至20日　浙江省群星奖(戏剧、曲艺)新作品题材培训班在平阳开班。

22日　由温州市委宣传部、市文广新局主办的温州读书会联盟成立仪式暨2017“书香温州”阅读论坛在市博物馆举行。

24日　文化部文化市场司副巡视员刘鲁平一行至苍南调研餐饮场所附带KTV服务、网吧等文化市场工作。

同日　“4·26世界知识产权日”到来之际，在温州大剧院广场举行了全市侵权盗版及非法出版物集中销毁和绿书签系列宣传活动启动仪式。活动由温州市“扫黄打非”领导小组办公室主办，温州市“扫黄打非”领导小组副组长、副市长郑朝阳，温州市“扫黄打非”相关职能处室负责人、温州市及各县(市、区)文化市场执法机构全体执法人员、市实验小学学生以及长期以来关心支持“扫黄打非”工作的社会各界人士共400多人参加。

同日至27日　由文化部文化市场司主办，浙江省文化厅文化市场管理处和温州市文广新局承办的第十三期网络文化执法以案施训培训班在温州开班，总结交流第十三期网络文化执法以案施训案件办理经验。

27日至30日　第12届中国(义乌)文化产品交易会在义乌国际博览中心举办，温州25家文化企业集体搭建温州文化产品馆，温州馆总展位面积近600平方米，其中4家企业特装展位。

5月

1日起　温州城市文化形象宣传短片在全市各影院及农村电影放映单位上线，在每场电影放映前统一播放，提升城市文化形象。

2日　市委书记周江勇和市委常委、宣传部部长胡剑谨，市委常委、秘书长王军，副市长郑朝阳等调研温州文化工作，实地察看了温州市图书馆城市书房。

4日　在南戏博物馆文化驿站和鹿城区文化馆文化驿站开展2017年首次文化驿站互看互学活动，全面升级2.0版文化驿站。

8日　文化部中外文化交流中心交流与合作二处处长楼柏芊、创意设计室处长赵影等一行到永嘉三江商务区(街道)瓯窑小镇，实地调研入驻非遗项目。

同日　召开文化系统集体廉政谈话会，近期提任的13位副科级以上领导干部以及局属单位主要负责人共30多人参加会议。

9日　永嘉县岩坦镇张溪林坑村、苍南县马站镇金城村、泰顺县罗阳镇仙居村等6个村落入选2017年中央财政支持范围中国传统村落名单；文成县珊溪镇朱川村、泰顺县筱村镇徐岙村拟列入2018年中央财政支持范围的中国传统村落名单。

11日至12日　开展“‘剿灭劣V类水’温州文艺创作评论采风活动”，全市专业团体及各地的创作评论人员代表、温州高校师生参加了活动。

11日至15日　第十三届中国(深圳)国际文化产业博览交易会召开。温州市“奥光动漫集团”“温州中联格莱姆乐器”“温州城市之礼”等12家文化企业与单位、团体亮相浙江馆，参展单位数量为省内最多。浙江省委常委、宣传部部长葛慧君，省委宣传部副部长唐中祥点赞温州文创产业发展。

12日　城市书房建设专题会议在市委宣传部召开。市委宣传部、市财政局、市综合执法局(市园林局)、市交通局、市文广新局等相关单位负责人参会。

17日至19日　杭州市文物保护管理所考察团到温州考察文物保护利用情况。

18日　温州博物馆历史厅新陈列“温州人——一个生存与发展的故事”全新揭幕，温州市委常委、市委宣传部部长胡剑谨，市人大副主任张洪国，副市长郑朝阳等出席了开放仪式。

19日　浙江省文化厅副厅长叶菁一行莅临视察文化工作情况。

20日　浙江省未成年人读书节暨省未成年人朗诵大赛决赛在温州文苑剧场举行。浙江省文化厅副厅长叶菁出席活动，全省11个地级市的160多名选手参赛。

22日　浙江省文化厅联合《中国文化报》，邀请中央电视台、《人民日报》、新华社、《光明日报》、《经济日报》等中央媒体记者赴杭州、桐乡、东阳、乐清4地开展采风宣传活动。

24日　温州、安康文化市场综合执法能力对口提升交流协作活动在安康启动，安康市、温州市、金华市各县(市、区)文化市场行政执法队伍负责人参加了仪式。

26日至27日　浙江省文化厅召开地方戏曲剧种普查工作表彰暨数据平台培训会，温州地区的戏曲普查工作获得省文化厅肯定，温州市文化广电新闻出版局被评为浙江省地方戏曲剧种普查工作先进集体，15人被评为剧种普查先进工作者。

27日　国家文物局水下文化遗产保护中心、宁波市文物考古研究所会同温州市文物保护考古所等专家莅临平阳指导三国时期横屿船屯遗址考古调查工作。

30日　市委书记周江勇和市领导胡剑谨、王军一行专题调研市区历史文化街区修复工作。

6月

2日　副市长苗伟伦一行到温州市特殊教育学校和温州市大剧院，亲切看望了参与浙江省第八届残疾人艺术会演的残疾人代表队，并观看了节目排练。

6日至8日　“王十朋故里行·南戏传承发展研讨会”在乐清市举行。中国艺术研究院戏曲研究所所长王馗、中国剧协戏剧理论家黎继德、《中国戏剧》副主编高扬等来自北京、杭州的10多位专家与温州本地专家一起参加了活动。

6日至19日　文化部对港澳文化交流品牌项目“根与魂——忆江南·浙江省非物质文化遗产展”在香港中心图书馆开幕，温州地区泰顺廊桥、瑞安木活字印刷、瓯绣等非遗项目精彩亮相。

8日至17日　“青山绿水美丽家园”剿灭劣V类水温州市视觉艺术作品主题展在市文化馆展出，展出治水一线美术、书法、摄影作品共计181件。

10日　“非遗薪传”浙江传统音乐展演展评活动在浙江音乐学院举办，温州乐清山歌《对鸟》喜获薪传奖。

同日　全市举行“非遗保护——传承发展的生动实践”文化遗产日主题系列活动，11个县(市、区)共开展各项主题活动60多场次，参与人数达30多万。同时，与温州大学共同启动非遗“校地合作仪式”。

同日　“典藏东瓯——温州市第一次全国可移动文物普查成果展”开幕。

同日至18日　第六届中国成都国际非物质文化遗产节暨2017年“文化和自然遗产日”文化部主场活动开幕式在成都举行，泰顺木拱桥传统营造技艺、木偶头雕刻等温州非遗项目参加活动。

26日　浙江省委副书记、代省长袁家军在省委常委、温州市委书记周江勇，温州市委副书记、市长张耕等人的陪同下，到市府路城市书房和温州博物馆进行实地考察。

同日　中央电视台三套《群英汇》栏目上演温州专场，温州近100名演职人员组成的群文队伍首次在央视舞台全方位、多角度展示温州群众文化。

7月

10日　温州市瓯剧艺术研究院蔡晓秋个人戏曲艺术专场“那年那秋”在上海天蟾逸夫剧院上演。

17日　泰顺3座被冲垮的廊桥文兴桥、薛宅桥、文重桥廊桥拱架相继搭建完工，廊桥修复工程完成近半。同时，推进廊桥保护智能化，已完成省级以上文保单位安防工程，国家级文保单位消防工程通过国家文物局评审。

18日　组织温州各专业院团青年演员参加2017年“新松计划”全省青年戏曲演员大赛，获得1个金奖3个银奖7个铜奖的好成绩。

同日至19日　由浙江省文化厅主办、温州市文广新局承办的2017年浙江省文化厅厅属单位改革工作专题交流培训班在温州市举行。

21日　温州城市书房、温州市图书馆理事会作为全国文化体制改革样板在十集大型政论专题片《将改革进行到底》第五集《复兴之魂》中播出展示，向党的十九大献礼。

31日　国家旅游局公布了全国第三批“中国乡村旅游创客示范基地”公示名单，永嘉县瓯窑小镇文化创意中心榜上有名。

8月

2日　国家艺术基金资助项目“古代戏曲编创人才培养”项目在温州城市大学开班，来自全国各地的30名学员参训，为期1个月。

同日　全省特色小镇规划建设工作现场推进会召开，温州文昌创客小镇入选浙江省级特色小镇第二批培育名单。

3日　四川省巴中市副市长温奇志一行7人到温州市图书馆参观考察。

同日　参加“四海一家·浙港同行”浙港青年庆祝香港回归祖国20周年交流活动的200名香港青年到温州博物馆参观。

11日　泰顺县国家级文保单位文重桥修复工程顺利完成。

15日　全国人大财政经济委员会副主任委员邵宁，省人大常委会原党组书记、副主任茅临生率在浙全国人大代表第三小组考察永嘉县历史文化村落保护情况。市人大常委会主任葛益平，市委常委、常务副市长陈浩陪同。

同日　在青海格尔木举行“昆仑风 温州情”文化交流大型

歌舞综艺晚会,丰富当地群众的精神文化生活,并与格尔木市文体广电局签订战略合作协议。

同日　意大利米兰昂布罗修图书馆副馆长、知名学者傅马利,米兰博物馆馆长费得里科·贝左塔等一行8人,到温州市图书馆、温州博物馆等进行参观访问和业务交流。

21日至23日　举办"温州城市形象国际推广工程——'与世界握手·老外看温州'主题外宣活动"。温州市委常委、宣传部部长胡剑谨出席了21日的启动仪式。10多位来自中国国际广播电台的知名外籍记者、主持人走访体验了温州城市书房、社区文化礼堂、南戏博物馆等特色文化场所,并通过多种媒体、多种语言分享自己眼中的温州文化、城市印象。

22日至23日　省法制办副主任率永利带领省文化市场行政执法专项监督检查组到温州督查文化市场行政执法工作。汇报会由副市长郑朝阳主持,市文广新局、市法制办以及市编办、市发改委、市财政局、市文化市场行政执法支队负责人等参加。

是月　浙江省文改办公布了"2016—2017年度浙江省文化产业重点县(市、区)和浙江省重点文化企业名单",温州鹿城区、乐清市入选重点县(市、区)名单,奥光动漫集团有限公司、浙江国技互联信息技术有限公司入选重点文化企业名单。

9月

1日　2017年温州市艺术创作暨艺术委员会成立座谈会召开。副市长郑朝阳出席并发表讲话。会上,温州市文广新局艺术委员会成立,近100名艺术专家受聘成为艺术委员会委员。

4日　"缘因国美·情系东瓯——中国画名家作品邀请展暨93届中国美院同学作品联展"在温州书画院展厅开幕。

5日　浙江省人民政府副省长成岳冲参观考察了洞头东海贝雕博物馆。

6日　为期3天的"美丽浙江"浙江省第三届群众声乐大赛在乐清市乐清大剧院圆满落幕,温州选手在美声、民族、流行、中老年等4个组别中夺得7个金奖,获奖数量居全省之首。

同日　布隆迪共和国参议长雷韦里安·恩迪库里约一行20人参观温州博物馆,温州市政协副主席谢树华及温州市外侨办、温州市政协港澳台侨和外事委等负责人陪同。

8日　浙江省第一批省级传统村落公示名单公布,温州市瓯海区泽雅镇桂川村、文成县百丈漈镇上石庄村、永嘉县溪下乡陈坑村等63处传统村落入选。

11日　首届"紫禁城"杯中华老字号文化创意大赛颁奖典礼在故宫博物院举行,温州浙江广进祥食品有限公司选送的高粱肉摘取银奖。

13日　省委常委、市委书记周江勇出席市委党校2017年秋季主体班次开学典礼,做"'温州模式'与时俱进创新发展的文化思考"专题"文化大课",对温州文化发展提出新要求、新方向。

同日　"喜迎十九大　舞动美好生活"2017浙江省第四届农村文化礼堂乡村排舞大赛在台州市天台县落幕,温州排舞代表队取得3金3银的好成绩。

20日　中国文化部原副部长周和平、中国装备指挥技术学院原政治委员何福东一行到苍南矾山矾矿遗址镇调研。

21日至10月4日　央视一套《中国影像志》栏目组到瑞安,进行《瑞安篇》拍摄工作。该节目于党的十九大召开前黄金时段登陆央视一套与全国观众见面。

25日　"砥砺奋进的五年"大型成就展在北京展览馆举办,温州市图书馆首届理事会第一次会议照片入选,突出反映了温州文化事业单位法人治理结构的改革成效。

27日　第五届"全国市县电视台推优活动暨全国二十强市县电视台评选活动"评选揭晓,《泰顺提线木偶系列》喜获戏曲片一等奖。

同日至29日　2017公共文化服务"春风行动"培训班在温州少图举办,温州市、县(市、区)公共图书馆馆员,温州少图学校分馆管理员80多人参训。

28日至30日　池上楼文化驿站仲秋主题分享会举行,活动持续3天,以"琴棋书画、诗酒花茶"为主要内容,增加南戏等非遗项目展演,吸引大量市民参加,20万人线上观看。同时,文化驿站微信公众号正式上线。

是月　中宣部、文化部等7部门联合印发《关于深入推进公共文化机构法人治理结构改革的实施方案》,温州为全国公共文化服务改革提供新经验。

是月　浙江省第十三届精神文明建设"五个一工程"入选作品奖名单公布。其中,电视剧《温州两家人》、广播剧《永昌之魂》、歌曲《晒蓝》3项温州作品上榜。电视剧《潮起温州》、电影《美丽童年》、实验瓯剧《伤抉》、长篇小说《送行人》入选省文化精品扶持工程项目。

10月

4日　泰顺国保廊桥文兴桥、薛宅桥、文重桥灾后修复主体工程完成，比预期提早1个多月。

10日　第四批浙江省传统戏剧之乡名单公布，瑞安市凭借瑞安高腔被评为“传统戏剧特色县”，并于13日在中国婺剧大剧场举行了授牌仪式。

同日　副市长郑朝阳深入文化市场经营场所，开展文化市场安全管理专项检查工作，为党的十九大会议期间文化市场安全护航。

13日　“喜迎十九大中国梦组雕暨温州木雕艺术200年回顾展”在温州博物馆开幕，市委常委、宣传部部长胡剑谨出席开幕式并致辞。

16日至18日　省文物局组织对温州鹿城、龙湾、平阳、永嘉等地文物保护单位进行检查。

27日　宁夏回族自治区吴忠市副市长马中勇一行11人到温州参观考察公共文化建设。

31日　“最忆·杭州”杭州市文化走亲——走进温州在市东南剧院上演，近70位演职人员为温州观众奉上歌舞、反串、杂技等精彩节目。

是月　正逢党的十九大胜利召开，“喜迎十九大　颂歌献给党”社会艺术团队大展演和“红心向党·喜迎十九大”文艺宣传巡演、“喜迎十九大”系列主题展览以及“唱支山歌给党听”红色歌曲系列沙龙等活动，在群众家门口唱响了主旋律，在基层掀起了喜迎十九大的热潮，营造了良好的文化氛围。

11月

9日至26日　“马孟容马公愚昆仲书画展”在浙江美术馆举行，省文化厅副厅长叶菁出席开幕式，来自温州、杭州的书画界学者和书画爱好者约600人参加了开幕式。

10日　全国曲艺、木偶剧、皮影戏优秀剧(节)目展演在晋江戏剧中心举行，平阳木偶戏保护传承中心的优秀提线木偶小品《徐策跑城》入选此次展演。

13日　“弘扬工匠精神　打造百工之乡——温州市非遗传承人手工技艺展示活动”在温州非遗馆举行，温州市委副书记姚高员到馆参观，并对温州非遗近些年来所做出的成绩给予了高度肯定。

15日　浙江省咨询委主任章猛进参观温州博物馆，省委常委、温州市委书记周江勇陪同参观。

17日　全国政协教科文卫体委员会副主任李从军一行15人参观温州博物馆。

21日　温州市图书馆举行图书馆基金捐赠仪式，“温州市图书馆发展基金会”受捐500万元，用于开展图书馆文化公益事业活动，推进全市公共图书馆服务体系的现代化建设，温州社会资本参与公共文化建设和服务进入新阶段。

28日　“2017年浙江省第十届音乐舞蹈节”决赛作品获奖名单揭晓，温州市舞蹈作品《心有翎惜》和《温州一家人》入围总决赛，并分别获得银奖和铜奖。

30日　温州第五届市民文化节暨2017全民阅读节闭幕式文艺晚会在温州大剧院举行。本届市民文化节于4月启动，历时8个多月，共举办了3200多场活动，近12万名演职人员参与，现场观众近120万人次，线上观众达700万人次。

是月　浙江省基层公共文化服务数据评估白皮书发布，温州市基层公共文化服务晋升全省第四位。

12月

2日　乡村版“城市书房”永嘉岩头百姓书屋等首批5家百姓书屋正式对外开放，与“城市书房”共同构成城乡公共阅读体系，打造“乡村30分钟文化圈”。

4日至9日　联合国教科文组织保护非物质文化遗产政府间委员会第十二届常会在韩国济州岛国际会议中心召开，“急需保护的非物质文化遗产名录”的遗产项目中国木拱桥传统营造技艺的定期履约报告顺利通过审议。

5日至8日　赴京参加第四批国家公共文化服务体系示范区创建资格评审会，以第三名的成绩取得国家公共文化服务体系示范区创建资格。

6日　中国(温州)网络文学全产业融合发展高峰论坛暨墨客工场——温州网络文学原创IP众创空间启动仪式在温州浙南·云谷举行。浙江省网络作家协会、温州市文化艺术研究院、温州市网络作家协会、温州市电影家协会4家机构联合签约，成立“温州网络文学·编剧研究培训中心”，挂牌墨客工场。

7日至8日　召开了全市文广新行政审批规范化建设工作推进会暨案卷评查会，深化“最多跑一次”审批改革，推行“全市通办”

审批服务模式。

8日至11日　第五届中国泉州国际木偶节在福建省泉州市举行，平阳木偶戏《猪八戒背媳妇》、童话木偶剧《金凤凰》等精彩亮相。联合国教科文组织国际木偶联会秘书长、国际木偶联会非遗委员会主席等国际木联官员和专家也亲临现场指导和交流。

12日　文化部第五评估专家组莅临温州开展全国第六次县级以上公共图书馆实地评估考察工作，温州市图书馆顺利通过实地评估考察。

同日　城市书房建设引入"标准化＋"理念，由市图书馆和市标准化研究院联合起草的《城市书房服务规范》(DB3303/T 64—2017)正式发布，有力推动了城市书房管理向精细化、标准化迈进。

19日　省委常委、宣传部部长葛慧君到平阳调研宣传思想文化工作。

22日　举办"冬日暖阳·携手共享"池上楼文化驿站社会合作签约仪式暨冬至主题分享会，温州开元集团有限公司常务副总裁、温州市武术家协会主席李志荣捐资300万元助力文化驿站建设，文化驿站社会合作建设探索新路。

是月　浙江省委宣传部公布2017年度浙江省文化创意街区名单，温州鹿城区的黎明92文化创意街区、龙湾区的文昌文化创意街区、乐清市的宋湖里坊文化创意街区、瑞安市的溪坦工艺礼品文化创意街区和泰顺县的泰顺石特色街区入选。

是月　乐清市柳市镇、瓯海区丽岙街道、平阳县万全镇获得浙江省文化强镇称号。

是月　温州市女声合唱团受邀参加国家级重要社会团队活动，并荣获2017年度温州市承接政府职能转移工作"十佳优秀社会组织"荣誉称号。

是月　中华韵荣获由中国成人教育协会授予的"特别受老百姓喜爱的终身学习品牌项目"奖。

(孙　帅)

温州市县(市、区)文化工作概况

【鹿城区文化广电新闻出版局】内设职能科室5个，综合执法机构1个，直属单位5个。2017年末人员84人(其中：机关31人，事业53人；具有高级专业技术职务资格的9人，中级14人)。

2017年，鹿城区文化广电新闻出版局各项工作稳步推进。一是文化设施数量稳步上升。推进政府民生实事建设，新建6个城市书房，3个百姓书屋，6家文化驿站。谋划新建区图书馆、区文化馆，组织各街镇文化站开展辖区房产排摸，努力争取市、区两级闲置房产打造公共文化服务空间，积极补齐公共文化设施建设短板，全年正常对外免费开放。有座席410个，其中少儿阅览座席60个、盲人阅览室座席16个。全年入藏文献7.05万册，文献总藏量28.96万册，接待读者79.57万人次，文献流通24.88万册，新增读者证9133个，共有读者证2.59万个。有10家城市书房和3家百姓书屋。有序开展公共文化网格化服务，建立文化馆员与街镇结对挂钩机制，将文化馆专业干部下派到街镇，有计划、有重点地开展辅导培训。二是文化活动实现质与量的提升。开展丰富多彩的节庆品牌和群众文化活动，在温州市第五届市民文化节村歌创作演唱大赛中，选送的《大美藤桥》《我像雪花天上来》获得最佳创意奖，《大漠之夜》《梦的故乡》获得优秀奖。成功举办鹿城区第五届市民文化节、鹿城金秋文化节和鹿城读书节，开展全民阅读、文艺演出、讲座展览等各类文化活动876场。积极鼓励文艺工作者围绕"改、拆、建"等区委、区政府中心工作创作文艺作品，开展宣传活动。加大文化惠民供给，采用政府引导、需求引领、社会力量引入参与的配送模式，实现送戏下乡供需无缝对接，进一步促进公共文化服务向社会化、市场化发展，完善送戏下乡配送体系建设。完成送戏下乡223场，区域性"文化走亲"6场，举办各类培训班培训3.83万人次，展览57期，讲座1162期，社区文化活动3137场，完成7个省级农村电影放映示范点建设。承办2017浙江省农村文化礼堂优秀群众文艺作品大赛，区文化馆获评优秀组织单位。承办温州首台实景演出"诗画江心·情暖金秋"。推动文艺作品创作，小品《垫钱》参加全国第七届小戏小品展演获评优秀剧目；小品《致夕阳》获温州市第三届戏剧小品大赛表演金奖、创作金奖；音乐作品《我的梦》参加浙江省第十六届音乐新作演唱演奏大赛获金奖，并获温州市第七届音乐新作大赛表演金奖、创作金奖；舞蹈《戏恋》获2017浙江省农村文化礼堂优秀群众文艺作品大赛金奖，并获温州市舞蹈新作大赛表演、创作银奖;舞蹈《石头剪刀布》获浙江省第十届音乐舞蹈节铜奖;理论调研《鹿城文艺》获2017年度全省群众文化期刊评比铜奖;书法《碧山书屋联》获浙江省第五届"群星"视觉艺术大展金奖,书法《各忙各的》获银奖;舞蹈《新木偶老木偶》获2017浙江省幼少儿舞蹈大赛银奖。承办温州市第十六届群众声乐大赛,并获优秀组织奖。鹿城区艺术总团赴台湾南投县和台湾艺术大学交流演出。此外,完成省内县(市、区)间文化走亲9场。三是文化遗产保护工作创好成绩。新增省级非遗传承人4人,区级非遗项目10项、传承人16名、传承基地12个。广进祥高梁肉获评首届"紫禁城"杯中华老字号文化创意大赛银奖,是温州唯一获奖单位。温州米塑亮相阿斯塔纳世博会,是温州非遗唯一参会项目。温州发绣入选中国好手艺展,并参加首届中国民间工艺精品双年展。温州米塑参加文化部港澳文化交流品牌项目"根与魂——忆江南·浙江省非物质文化遗产展"。彩石镶嵌、温州发绣等项目参加温州、深圳文博会展览活动。国家级非遗项目彩石镶嵌及传承人亮相中央电视台《探索·发现》大型纪录片《手艺》栏目,阿红鱼丸亮相央视2套《消费主张》栏目,竹丝镶嵌、米塑、阿红鱼丸、剪纸等登上中央电视台《群英汇·温州专场》栏目。召开全区不可移动文物保护业务培训。与市文保所联合向区政府上报《关于危旧房治理改造工作中涉及文物保护单位和不可移动文物处置的报告》。承接"五水共治""水乡文化提升工程"之"樟里水乡"文化创意村二期工程、"卧旗河、正岙河法治文化滨水公园"工程,打造2个水乡文化阵地,总投资1300万元。创作以"五水共治"为主题的温州鼓词《深刻体会》、温州方言散讲"治水与环保"节目,助推剿灭劣Ⅴ类水宣传工作。启动"带薪学徒"项目,选取了省级非遗项目彩泥塑(佛像彩塑)、十字花边绣以及市级非遗项目温州盆景技艺。开展温州盆景技艺和温州高梁肉制作技艺抢救性保护记录摄制工作。四是文化市场管理再创佳绩。紧紧围绕"争创三连冠"工作目标,全面开展"严作风、保平安、抓考核"行动,召开网吧、娱乐、演出等文化经营单位年度工作会议,与各经营场所签订安全生产及消防工作责任书400多份,发放自查自纠、消防演练、培训登记表480份,进一步明确安全生产责任的落实,全面开展文化经营场所安全生产大排查、大整治行动。共出动执法检查545次,出动执法人员1711人次,检查文化经营场所2609家,行政处罚立案58件,办结57件。开展"扫黄打非"进基层工作,五马街道成为全市"扫黄打非"进基层示范点。做好"书画宝"平台相关处置工作,带队组织人员前往泰顺、洞头等地学习金融事件处置经验,并牵头起草"书画宝"处置工作方案、步骤和计划表,及时向区政府汇报相关工作进展情况。加大力度开展移民区"黑网吧"整治工作。于7月初启动整治工作,采取分批断网、逐个关停的"蚕食"方式,改变以往比较激烈的强制关停、扣押电脑服务器等措施,分16批次、133条线,全面取缔"黑网吧",取得一定成效。区文广新局被国家版权局评为全国查处侵权盗版案件有功单位,鹿城区文化市场行政执法大队被评为全省文化市场综合执法先进集体,这也是区文广新局及执法大队连续三年获此殊荣。

(廖　娅)

【龙湾区文化广电新闻出版局】 内设职能科室5个,下属单位4个。2017年末人员60人(其中:公务员10人,参公9人,事业41人;具有高级专业技术职务资格的3人,中级12人)。

2017年,龙湾区文化广电新闻出版局认真贯彻落实党的十八大及十八届三中、四中、五中、六中全会和十九大精神,以及习近平新时代中国特色社会主义思想,紧紧围绕区委、区政府中心工作,牢固树立以人民为中心的工作导向,着力增强文化服务力,全面提升文化执行力,有效扩大文化影响力,"四大工程"稳步推进。一是推进文化惠民,文化服务工程提质增效。积极推进公共文化服务体系建设。深入宣传贯彻《中华人民共和国公共文化服务保障法》,抓好基层公共文化服务保障工作,确保群众享受优质的公共文化服务。配合省文化厅实施公共文化服务重点市县及薄弱乡村文化建设"十百千"工程,确定瑶溪街道为薄弱街道,永中街道双岙村、蒲州街道上庄村等8个村为重点扶持村,加大经费投入、增加文化设施,确保活动常态化开展,超额完成市局下达的6个村任务。试水公益文化培训社会化运营机制,建立文化类公益培训师资库,与龙湾晓雯音乐培训机构签订合作协议,全年开展音乐培训20班次。截至年底,区图书馆共接待读者94万人次,外借图书52.46万册,新增馆藏4.5万册(件),馆藏达43.69万册(件),自建数字资源5.6太字节,举办阅读推广活动700多场。优化提升15分钟都市文化圈。继续深化图书馆、文化馆、博物馆免费开放措施,新建百姓书屋3家、城市书房1家,通过自行建设和挂牌认证的方式,新建文化驿站3家,全年开展活动52场。基层文化阵地进一步夯实,"15分钟文化圈"建设、公共文化服务均等化有力推进。保障"文化惠民"强化公共文化产品供给。以文化民生为抓手,采取多种措施,促进各项惠民工作落实。截至年底,累计送书下乡1.44万册、送戏下乡457场、送电影下乡1400场,开展文化走亲9场,举办各类展览讲座72场。积极打造龙湾区"四季"公益培训品牌,有效整合图书馆、文化馆公益培训资源,截至年底累计举办公益培训487场,惠及1.56万人次。积极打造示范性群众文化活动品牌,围绕"世界读书日""5·18国际博物馆日"和"文化和自然遗产日"开展系列接地气、汇人气、聚文气的主题活动。文艺精品创作实现突破。群舞《忆·一抹红》获温州市舞台舞蹈比赛双金,并参加省舞台舞蹈大赛,实现龙湾群舞创作零的突破。创排音乐作品3个、舞蹈作品7个、小品作品1个。二是强化属地管理,文化遗产保护工程落地生根。加强文物保护,提升文保单位管理利用水平。启动国安寺塔总体保护规划编制,完成初稿。国保单位国安寺塔防雷工程和区保单位玄真观、石胜观抢修工程通过竣工验收,完成王瓒祖墓修复、望海桥"四有档案"照片卷立卷,编制《龙岗山摩崖石刻保护周边环境整治规划》。配合市考古所开展龙岗山遗址调查,并上报省局申报2018年度考古计划。启动温州市内海上丝绸之路遗迹和海防遗址调查先期准备工作。召开龙湾区文物安全工作会议,并与各街道签订文物保护责任书,进一步落实属地政府的文物保护主体责任。开展护航党的十九大文保单位安全大巡查活动,加强文保单位日常巡查,成功处置"何茂顺"宅构件被盗卖案。加强国有博物馆建设,提升服务水平。全年举办临时展览8场,接待观众2.60万人次。规范文物征集鉴定程序,修订《龙湾区文博馆藏品征集管理办法》,征得陶瓷器、民国蓝夹缬花鸟纹绣片、贵寿考纹秀片等。完成博物馆衍生品开发任务,对国安寺塔佛像进行整体拍摄并联系文创单位开发佛像挂件。第一次全国可移动文物普查获温州市先进集体称号,筛选1838件可移动文物并集结成《龙湾区可移动文物普查成果汇编》,举办龙湾区第一次全国可移动文物普查成果图片展。鼓励扶持非国有博物馆建设,结对帮扶白水民俗博物馆。服务"大拆大整",探索历史建筑保护新模式。念好"分、活、护"三字诀,对龙湾区域内截至2018年底涉拆的105处"三普"文物登录点、信息点实施"就地保护、迁移保护、采集信息后拆取构件保存"3种保护方式,拍摄纪录片,启动16处"三普"文物历史建筑迁移工作,落实钟秀园历史建筑保护群和校东公园两处安置地块,建设龙湾门台公园,促进城市建设与文化传承和社会文明协调发展。成立龙湾区历史文化风貌保护协调组,办公室设区文广新局,研究制定了龙湾区历史建筑保护处置流程,为街道提供历史建筑迁移一站式服务,确保历史建筑拆迁处置流程合理合法合规。做好非遗传承生产性保护。扎实做好非遗申报工作,推荐4人申报省第五批非遗项目代表性传承人,制订第五批省级非遗项目"八个一"保护措施,并开展了前四批项目保护措施落实情况自查,启动濒危非遗项目图像记录工作,提升非遗传承基地2个,永昌堡非遗小镇初具雏形。开展重要非遗传承活动,全年开展非遗展演、非遗进校园等各类活动16场,获省非物质文化遗产保护发展创新案例优秀奖。协助温州市非遗中心完成区域内非遗保护项目、传承基地、传承人现状工作的调研,为制定非遗保护退出机制献计献策。三是加强依法行政,文化市场监管工程不断规范。狠抓文化市场监管常态化管理。做好文化、文物等综合执法工作,加强文化市场日常监管力度,全年出动日常巡查389次,出动检查1765人次,1172家次,受理举报31件,行政处罚立案调查43件,办结案件41件,警告33家次,罚款3.15万元,没收非法所得2000元,没收违法物品116件。扎实开展"扫黄打非"工作,组织好"净网""清源""护苗""秋风"等专项行动,召开"扫黄打非"部门联席会议,在全区114个村、居委会、社区全面铺开"扫黄打非"进基层工作,录入基层企业信息102条。持续加强"黑网吧"巡查和打击力度,以多部门配合、全方位执法的联动模式，严肃取缔网吧违法违规行为，并联合政法委综治办，将“黑网吧”纳入“一网兼容”网格化平台，延伸行政触手，实施“全科网格”监管，牢筑“黑网吧”整治基层防线。四是创新管理方式，文化体制改革工程深入推进。行政审批“最多跑一次”改革提质增效。通过简化审批、流程再造、联合会审、网上申报、快递送达等方式，实现群众和企业到政府办事“最多跑一次”改革，区文广新局15个承诺事项简化为即办事项、“零上门”事项从1项增加至7项，削减30多个审批事项中的“其他相关材料”等条款，全年受理186件、办结187件，无错件和涉诉件。全面推广文化市场“双随机”执法工作。制订“双随机”年度抽查计划，抽查重点包括文化市场、文物等3大类，共有192家文化经营场所和90处文保点纳入名录库监管，共102条监督检查事项。名录库形成“季度更新”和“日常维护”并行的动态调整机制，全年开展文化市场“双随机”抽查20次，抽取执法人员40人次，抽取、检查、处理结果分别有“摇号”记录单、随机抽查情况记录表、执法案卷等凭证，有效保证了抽查过程的公正透明。

（林碧纯）

【瓯海区文化广电新闻出版局】 内设职能科室4个，直属单位6个。2017年末人员54人（其中：公务员9人，参公14人，事业31人；具有高级专业技术职务资格的4人，中级10人）。

2017年，瓯海区文化广电新闻出版局坚持以人民为中心，坚持强基创优、率先创新，全面做好公共服务、保护传承、产业发展、行业监管、自身建设等各项工作，率全市之先以优异成绩通过第三批浙江省公共文化服务体系综合性示范项目验收，并出台社会力量购买公共文化服务地方标准，为基层购买文化服务提供示范样本。荣获2017年度全市文化广电新闻出版工作先进集体、瓯海区年度考绩先进单位。区图书馆荣获第七届全国服务农民、服务基层文化建设先进集体。区文化市场行政执法大队获“全省文化市场综合执法先进集体”。一是文化设施建设方面。全面完成全省第六次综合文化站评估定级工作，获评特级1个（仙岩街道综合文化站）、一级11个。精心打造“十大书屋”，建成城市书房1家、百姓书屋4家，并举行了统一开放仪式。其中“瓯悦书屋”获市文博会优秀展示奖，受到了市长张耕的高度肯定。完成泽雅镇源口村、潘桥街道方岙村、茶山街道博园社区等8个薄弱村文化中心扶持任务。建成文化驿站肯恩站、瓯图站，开放并开展主题文化活动6场。开展“文化样板村”创建，丽岙街道杨宅村、瞿溪街道河头村、仙岩街道穗丰村3个村首获创建资格单位。丽岙街道成功获评浙江省民间艺术之乡，创成省级文化强镇。区图书馆、区文化馆法人治理工作启动运行，区图书馆成功实行夜间开放。同时，首创“文化派驻团”项目全面提升基层文化站效能，建立了“文化部门牵头、镇街为主体、第三方为补充”的三位一体管理模式，为基层输送各类公益培训45期460多场，惠及万余人，实现了优质文化资源全方位下沉服务，成功经验先后被《中国文化报》《浙江月刊》等媒体宣传报道。二是群众文化活动方面。开展“你点我送”公共文化百姓点单惠民工程，为各镇街配送各类培训750场、文艺展演356场、数字电影2664场。承办了肯恩小镇音乐节、“大拆大整大建大美”和“剿灭劣Ⅴ类水”文艺创作采风活动、“美丽乡村”广场文化节瓯海主题歌曲征集活动。首推“爱在科教新区 舞靓山水瓯海”地方广场舞，举办万人初赛、千人决赛。举办全民阅读节系列活动、大拆大整专项行动文艺巡演、中国水彩画名家写生作品展等系列活动。三是文化产业发展方面。以“最多跑一次”改革为契机，推出23项“即审即办”事项，全年办结行政审批件374件。争取到文化大区专项经费20万元，用于文创融合创新项目开展。全市首家“文化创意产业众创空间”落户瓯海，打造新生代文化产业孵化器模式。完成“瓯海非遗创新发展”课题研究，并入选省级宣传文化重点课题；启动“文化产业与旅游业融合创新发展”“文化产业与传统产业融合创新发展”2个研究课题。推动文化创意引领非遗发展，让传统非遗更好融入现代市场和现代生活的相关创新举措，被《光明日报》重点报道。四是文化市场管理方面。全年出动执法人员1854人次，检查各类文化经营单位2712家次，办理行政处罚案件46起，受理举报45起，取缔“黑网吧”、无证娱乐场所45家次。召开网吧、娱乐、户外视频、影院等各类业主经营单位会议10多次。深入开展“扫黄打非”专项行动，推进“扫黄打非”进基层和示范点创建工作，建立“扫黄打非”联络站14个，“扫黄打非”经验多次被中国扫黄打非网采用宣传，荣获全省“扫黄打非”进基层示范标兵称号。严厉打击校园周边各类非法教材和教辅读物。开展网吧市场专项整治，检查网吧108家次，查处违法行为6起。严厉打击淫秽、色情、低俗等非法演出活动，取缔辖区非法大篷演出3起。开展全区文化市场经营单位、文物保护单位安全生产地毯式检查，发现整改安全生产隐患75处。完成党的十九大召开前后、文明城市测评期间、卫生城市迎检期间等关键时期安全护航任务。同时，出台《瓯海区文化市场随机抽查检查工作细则》，全面推行双随机抽查监管，建立文化市场随机抽查事项清单11项，建立全区文化市场经营主体名录库，460家经营单位入库待查，并开展随机抽查20次，检查200家企业。五是文物保护管理方面。规范做好灾后文物修缮方案设计，监督省保仙岩圣寿禅寺修缮方案设计与实施。规范做好胡成墓、孙昭墓、黄淮墓等修缮工程。完成节孝亭、清宁桥、普明寺等6处文保单位的“四有”测绘工作，全区文保单位“四有”测绘全部完成。全面巡查辖区内文保单位，组织巡查110家次。完成第七批省保单位“两划”“两碑”工作。全面落实文物属地管理责任，与13个镇街、93处文保单位(点)、56名业余文保员等逐级签订文物保护安全责任书。全面推进博物馆建设，颁布文物征集规章制度，给予温州石刻博物馆等民办博物馆业务指导。确定温瑞塘河(瓯海大道—南白象段)二期投建对象一济堂中医药博物馆、志通雕塑艺术馆博物馆，完成协议签订。完成1款博物馆衍生品。第一次可移动文物普查成果的转化利用工作富有成效，完成普查成果著述《瓯地藏珎》的编辑与出版工作，完成1个普查成果展览。结合城中村改造、“大拆大整大建大美”等专项行动，完成城中村改造三年行动计划60个行政村的排查校对。启动文物古建筑保护“八个一”工作新模式。博物馆基本历史陈列厅获浙江省陈列布展精品奖。引进浙江省博物馆展览“昆山片玉——中国古代陶瓷专题图文展”进瓯海社区巡展。六是非遗传承保护方面。公布区第七批非遗项目20项、第二批非遗传承人11位、第三批非遗基地8个。建立全区非遗项目、传承人、基地名录的四级名录体系，完成电子档案存档。组织开展郭溪“九龙迎春”活动、瞿溪二月初一会市活动、“瓯匠百技大展演”非遗活动。茶山小学非遗教学基地、木偶戏传承基地每周定期开展传承培训。彩石镶嵌、砖雕、彩泥塑等基地在生产的同时开展带徒活动，并对外参观开放。进一步打造地域非遗品牌，围绕国家级非遗项目泽雅屏纸制作技艺开展艺术创作活动，举办了中国水彩画名家“纸山论艺”主题水彩画展、泽雅纸山采风写生和展览。初步建立非遗传承考核机制，出台《瓯海区非物质文化遗产代表性项目代表性传承人评估办法》，首批选取了6项非遗项目启动“带薪学徒”工作。七是区图书馆建设。全年到馆人流量128万余人次，图书外借105.3万余册，新增文献13.3万余册，馆藏总量达到67.1万册(包括各基层分馆)，新办证2.07万个，举办各类阅读推广活动1550场，参与人数超过26.3万余人次，图书配送下乡11.7万册，新增数字资源10.32太字节，网站更新1300多条。区图书馆顺利通过第六次全国县级以上公共图书馆一级馆(县级)评估。新建了有声阅读馆和纸山故事体验区等特色馆室，精心打造“我们都是朗读者”活动品牌，成功推出瓯海区首届“我们都是朗读者”群诵会，与《温州都市报》、温州电台合作开展“有声的阅读无声的感动”朗读活动，向全市征集有关奉献的感人故事。荣获中宣部颁发的第七届全国服务农民、服务基层文化建设先进集体，中图学会颁发的2016年度全民阅读优秀组织奖；荣获“童声读经典”全国少儿诵读经典绘本音频大赛活动优秀组织奖；在“我最喜爱的童书”评选活动中获得全国特等奖和幸运奖；仙岩分馆荣获2017年浙江省“读者最喜爱的乡镇/社区图书馆”称号；《浙江瓯海：阅读成为风景》被《人民日报海外版》刊登，大篇幅报道了瓯海区图书馆的基础服务、特色创建、阵地拓展以及平台建设等。八是区文化馆建设。全年创作文艺作品300多件，3人舞《我的姐姐》荣获温州市舞蹈新作比赛金奖和浙江省群众舞蹈大赛银奖；排舞《吻你》荣获温州市第九届排舞大赛金奖；声乐作品《水说》荣获温州市第七届音乐新作演唱演奏大赛创作表演金奖和浙江省第十六届音乐新作大赛创作金奖；原生态作品《撞歌》入选2017浙江省农村文化礼堂优秀群众文艺作品。承办、协助举办各类公益性群众文化活动及服务性社会活动，共有100多场文艺活动，参与上千人，观众达10多万人次。成立瓯海文化派驻团，公开招聘14名文化派驻员，“盘活”镇街综合文化站等已有公共文化阵地，在各镇街组织开展丰富多彩的文化活动，培训基层文艺骨干，组建培育优秀文化队伍，辅导各社区、各村文化活动，做好文化宣传工作等。成立瓯海区文化馆理事会，举行了瓯海区文化馆理事会第一届第一次全体会议，审议通过了《瓯海区文化馆章程(草案)》。举办各类文艺培训班400多期，培训学员3000多人次。九是区博物馆建设。征集购买锡器、木雕、石器等各类文物52件(组)，接受书画、民俗文物捐赠97件(组)，接收瓯海区公安分局移交文物2件(组)。举办各类展览14个，累计参观人数达8万余人次。主编出版《瓯地藏珎——第一次全国可移动文物普查成果精品图录》，收录瓯海博物馆馆藏青铜器、陶瓷器、玉器等文物精品166件(组)。“瓯居海中——瓯海历史文化”基本陈列获评浙江省第十一届博物馆陈列展览精品项目。

(谢晓利)

【洞头区文化广电新闻出版局】

内设职能科室4个，直属单位7个。2017年末人员44人(其中：公务员5人，参公7人，事业32人；具有高级专业技术职务资格的5人，中级6人)。

2017年，洞头区文化广电新闻出版局持续深化“以文化人、以文惠民、文体强区”理念，大力推动文化与旅游、体育、健康等产业深度融合，海岛文化事业取得了较好成绩。一是强基础，积极推进省公共文化服务重点区建设。实施省级“十百千”工程，开展1个薄弱重点乡镇和8个重点村扶持工作。根据公共文化服务重点区建设两年提升计划(2017—2019年)任务内容，稳步推进文体基础设施建设，实时跟进11项两年提升重大项目。率全市之先推进民办公助城市文化客厅建设，启动建设一批城市文化客厅，建成城市书房、文化驿站和百姓书屋各1个。二是创精品，丰富文化品牌活动服务供给。全年举办洞头区第二届海洋文化节、第八届妈祖平安节、第十届七夕海洋民俗风情节等大中型文化活动50场。开展送文化下乡活动，完成送戏下乡145场，送书下乡1.37万册次，送展览25场，送讲座90场，文化走亲9场。图书馆注册读者证16259个，借阅18.65万册次，人均1.22册。全年创作海岛特色摄影、小品、舞蹈等作品41个，选送参加上级赛事节目或作品83个，获得各类奖项68个，其中市第五届市民文化节比赛活动获奖18个，声乐作品《走在人群中》获浙江省第十六届音乐新作演唱演奏大赛金奖，排舞作品《迎客歌》获浙江省第十一届排舞大赛金奖，摄影作品《温州城际枢纽组照》入选浙江省第五届群星视觉艺术展，美术作品《立春丝路开》入选“二十四节气”柯城全国农民画作品展，理论研究《基于智慧城市下构建智慧文化服务体系的探索——以创新2.0背景下“文化地图”公共文化服务为例》获浙江省第三届数字文化馆建设理论研究征文一等奖。三是增活力，壮大海岛公共文化人才队伍。出台《2017年洞头区文化队伍素质提升培训方案》，开设春、夏公益培训季，开展舞蹈、声乐、渔灯制作等各艺术门类公益培训111期，培训6180人次。推动文化馆干部“网格化”工程，完成网格化点单服务26次。选送全区7个街道(乡镇)文化员参加省农村文化礼堂业务建设培训，选送剧院干部参加省国有剧场技术管理人员培训、剧务管理人员培训，选送专业干部参加省文化共享工程业务、市民艺术团骨干等培训，100多人次受训。成立洞头民乐队，提升渔民画基地、老年大学文艺基地和“晚情”合唱团，全区文艺队伍共有195支6788人。四是重传承，推进做实文化遗产保护弘扬。编制《洞头区文物古迹保护专项规划》，对全区已定级的大门寨楼张氏照壁及家族墓等3处省级文保单位，33处区级文保单位，6处文保点进行梳理，有序开展文物保护和利用。实现全区文保单位巡查全覆盖，重新核定全区190多处一般不可移动文物(三普登陆点)。“洞头东沙妈祖宫安防项目”通过浙江省文物安全技术防范工程审核验收。12月21日，洞头区非遗展览馆在望海楼主楼揭牌，集文化展示和民俗体验功能于一体，极大地推动了洞头非遗和文化旅游的融合。建成全区首家非国有博物馆东海贝雕工艺艺术馆。完成七夕文化广场、东岙海洋民俗馆主体工程建设。启动七夕成人节传承基地东岙村非遗小镇建设。实施非遗进民宿项目，开发海洋海岛文化遗产衍生品。提升民间舞蹈《迎亲》《迎火鼎》《贝壳舞》，原生态歌曲《烤船谣》

《渔歌对唱》《乞鸟歌》等,并亮相各大文化旅游节庆活动。启动《洞头渔商》历史文化书籍编撰工作。完善四级非遗名录体系信息库,全区有国家级项目2个,省级项目12个,市项目52个,区级项目82个;国家级传承人2位,省级传承人4位,市级传承人20位,区级传承人36位;省级非遗项目生产性保护基地1个,市级传承基地9个。五是抓管理,建设现代文化市场体系。严格文化市场网格化管理,坚持"一手抓繁荣、一手抓管理"的原则,将日常监管与突击检查相结合,深入开展文化、文物等综合执法工作,开展"消防安全大检查""扫黄打非"等专项整治行动,重点对歌舞娱乐、网吧等人员密集经营场所和文保单位进行安全隐患排查整改。组织召开全区"扫黄打非"工作会议、2017年洞头区文体系统及文体市场经营单位安全工作会议,落实经营单位安全生产主体责任,签订责任书55份。全年出动检查392次959人次,检查628家次,办理办结案件8起,共处罚款1.85万元,没收非法出版物1014册。落实"最多跑一次"审批工作要求,重新核对修改办事指南,公布"最多跑一次事项"77个,对互联网上网服务营业场所设立审批等35个行政许可事项的审批时限进行再压缩,累计减少127个工作日。六是促融合,挖掘潜力深化文旅发展。完成全域影视基地接待中心建设和九亩丘海创园(二期)建设初步方案,完成洞头文体手绘地图设计。出租海陶文化创意村15亩土地,积极推进现场施工。举办沙滩音乐会,开展民俗文化体验之旅,着力推进非遗进民宿项目。推进非遗文化产品进民宿,扶持文创企业开发贝雕、海陶、古船木等海岛特色文化创意产品,创办面对游客的贝雕、海陶创意制作培训班,推进九亩丘海创园创意文化产业发展,联姻肯恩大学与东海贝雕文化博物馆,签订校企合作协议。积极结合海洋文化特点,推进云海九仙等文旅融合项目,引导打造海陶文化创意村产业平台,探索演艺酒吧、沙滩音乐节等文旅融合产品。

(庄丽燕)

【乐清市文化广电新闻出版局】 内设职能科室5个,直属单位9个。2017年末人员244人(其中:公务员17人,参公28人,事业199人;具有高级专业技术职务资格的38人,中级48人)。

2017年,乐清市文化广电新闻出版局推进重点文化设施建设,社会文化逐步繁荣,以满足人民群众文化需求为目标,更加自觉、更加主动地推进全市文化建设,各项工作取得明显成效。一是不断完善公共文化服务体系。市文化馆被评为国家一级馆,市图书馆通过国家一级馆复评;乐清市入选浙江省民间文化艺术(书法)之乡。全年新建文化馆文化驿站及社会认定文化驿站2处,创建城市书房1个、百姓书屋2个,完成1个薄弱乡镇和15个薄弱村"十百千"提升工程任务。推进基层文化阵地实施第三方暗访评价机制,完成三轮暗访。二是繁荣发展社会文化。文艺创作取得新进展。新排演越剧宫廷大戏《秦宫遗恨》及16个折子戏;辅导创作声乐作品19个、小品2个、美术作品82件、摄影作品14件、书法作品22件,共计155件。文艺创作以服务中心工作为宗旨,以精品创作和主题宣传为重点,围绕迎接党的十九大、"中国梦"、庆祝建军90周年、香港回归20周年及市委、市政府中心任务"大拆大整""五水共治"等重大题材,创作声乐精品《留得住青山绿水沐朝晖》、大型声乐组歌《秀美乐清》,制作"浙水千秋·秀美乐清"主题歌曲MV。在"禹迹新图——全省美术馆工作者基层采风创作展"中,乐清22件作品通过展览初评,其中《治水纪事》等13件作品入展,《码头》等9件作品入选复评,两项数量均居温州首位。《乐清湾鱼灯》走进央视《群英汇》。选送200多件各类文艺作品,参加国家、省级、市级组织的各类艺术活动,获奖超100项。举办2017"书香乐清·读书之城"第二届全民读书活动,活动为期9个月,开展各类子活动372场,参与人数13.27万人次,有力推进了书香乐清建设。举办第五届市民文化节,以"多彩文化品味生活"为主题,精品文艺大展演、文化团队大巡演、市民才艺大比拼、视觉艺术大放送、箫台艺苑大培训、百姓舞台大联动六大项目贯穿全年。开展"文化下乡"活动。组织开展送戏下乡505场次,送书下乡2.78万册,送电影下乡8379场,送展览讲座52场,开展县域间"文化走亲"19次。以开展"文艺领军人才、文艺骨干培养""基层文化人才队伍培养"为重点,建立多层次立体式的文化人才培养机制,共培训文艺骨干1.41万人次。推进文化品牌建设,以文艺演出、公益培训、文化驿站、文化展厅等为平台，开展文艺活动。非遗百工教坛全年开设乐清细纹刻纸、篆刻、米塑等课程16门，排课235期，累计培训各年龄段学员7700人次，逐步成为乐清专业的传统民间文化教学基地和服务品牌。坚持并完善梅溪讲堂、梅溪学堂、梅溪空间等品牌活动，全年举办梅溪讲堂11场，梅溪学堂329场，梅溪空间37场。举办公益培训70期，内容涉及音乐、舞蹈、器乐等20多个门类。首次推出文化驿站，全年开办活动14期。文化展厅举办展览21场，开展各类大赛4场。开拓群众文化"网络＋"模式，全年文化馆活动直接参与人数10多万人次，网络直播点击量达93万人次。文化馆场地免费开放，接纳企事业单位、社会团队、社会文艺爱好者预约排练2000多场次。"百姓舞台"构建市、乡镇(街道)、村三级联运的运营机制，以乡镇联动＋星级团队展演为主要模式，以中心广场＋农村文化礼堂为主要阵地，全年举办活动32场。三是加强文化遗产保护。举办"走进非遗"媒体浙江行(乐清站)活动。开展第一个文化和自然遗产日庆祝活动，活动分非遗小剧场、非遗百工展、非遗美食汇、非遗小课堂4个板块，活动期间人流量达10万人次。5名传承人入选第五批浙江省非物质文化遗产代表性项目代表性传承人名录。朱质庵墓和乐清古桥群被列入第七批省级文物保护单位。举办首届"雁山艺坛"艺术研讨会。《乐清历史文化记忆丛书》之《乐清古城》《乐清古塔》《乐清古井》出版。加强国保单位南阁牌楼群保护，开展了白蚁和木椽蜂患防治工作。积极开展民俗活动。全年直接参与展演人数超百人的传统民俗活动有50多场，总参与演艺4万余人，观众达100万人次。多家省级以上媒体进行了宣传报道，CCTV戏曲频道《戏曲采风》新年特别节目《品戏·读城·年》专题拍摄了南岳杏湾高跷，CCTV新闻频道《东方时空》"千名村民共抬阁20万人迎元宵"专题报道了蒲岐抬阁，浙江卫视《浙江新闻》也对首饰龙、蒲岐抬阁等进行了报道。浙江卫视对以"对鸟·芙蓉花开"为主题的2017年首届芙蓉山春节联欢晚会进行了报道，省委常委、宣传部部长葛慧君在2月7日召开的宣传会议上指出：做村晚，向乐清市芙蓉镇学习。乐清黄杨木雕、乐清细纹刻纸、蓝夹缬等项目及传承人参加第12届中国(义乌)文化产品交易会浙江省非遗衍生品生活主题馆。黄杨根抱石作品《荷韵》获浙江非遗生活馆"最佳设计奖"。乐清撞歌《对鸟》参加"非遗薪传"浙江传统音乐展演展评活动，获薪传奖。乐清龙档、乐清竹壳雕、乐清石雕等项目传承人及其作品参加第九届浙江·中国非物质文化遗产博览会，乐清非遗中心获最佳组织奖。四是推动文化产业发展。全市已建成乐清市级重点文化产业项目6个，在建重点文化产业项目15个；拥有温州市级重点文化产业园区2个，拥有规上文化企业64家、省重点文化出口企业3家、温州市重点文化企业10家、温州市成长型文化企业10家；宋湖里坊文创街区被列入省级重点文化产业街区创建试点。乐清已形成重点街区、重点园区、重点企业和重点项目等体系完整、各有亮点的文化产业发展阵列。五是加强文化市场管理。全年受理办结审批件456件，提前办结率100%，群众满意度100%。参加温州市局组织的行政审批档案规范化建设检查暨全市行政审批案卷评查，市文广新局选送的乐清市桃乡源民俗艺术团案卷获评优秀案卷。在7个行业证照联办"一件事"的基础上，推出文化类民办非企业单位设立多证联办服务。结合党的十九大、第四届世界互联网大会等重要节点，狠抓文化市场监管工作，切实履行文化市场监管职能。开展"扫黄打非"行动，组织"护苗""固边""清源""护苗""秋风"五大专项行动，全年共出动检查2548人次，检查营业场所3822家次，立案94起，取缔无证经营单位13家、无证流动摊点21个，查缴非法音像制品1560盒、非法书报刊189册，及时处理各类举报18起，罚没款60万元。开展为期2个月的"僵尸企业"清理处置工作，并公示注销。组织核查迷你歌咏亭，进行备案信息核对和汇总。开展"4·26世界知识产权日"宣传活动，现场发放宣传资料1000份，参与人数600人次。加大"12318"举报热线宣传力度，实行群防群治。

(章璐贞)

【瑞安市文化广电新闻出版局】 内设职能科室7个，下属参公单位1家、事业单位6家。2017年末人员124人(其中：公务员20人，参公28人，事业76人；具有高级专业技术职务资格的10人，中级28人)。

2017年，瑞安市文化广电新

闻出版局各项工作稳步推进。一是公共文化设施建设加强。建成10家城市书房,4家文化驿站。认真落实公共文化服务保障法,加快推进基层公共文化设施建设和提升,转变政府提供公共文化服务方式,加大免费开放力度,保障公民的艺术文化权益。全市有乡镇(街道)综合文化站17家;社区文化活动中心97家;百姓书屋2家,图书分馆13家。完成省文化厅下达的2乡(芳庄、北麂)、23村(社区)2017公共文化服务重点乡镇、村(社区)提升的目标任务。同时,进一步提升文化馆软硬件设施,完善群文活动场馆配置,积极发挥新时期下文化馆的功能作用。二是公共文化服务水平提升。公共文化服务提质扩面。深入基层一线,让广大群众充分享受文化大餐,让文化惠民扎根基层。全年共组织开展各类基层文艺活动620多场,讲座展览180场,送书下乡2.2万册,送电影下乡8682场。举办各类公益培训班30多期,共计392个课时,受训人员超过3000人。开展县域间"文化走亲"活动15场,接收其他县(市、区)文化走亲回访7场。举办瑞安市"村歌大赛"、"温州市村歌大赛"南赛区复赛等大赛,全年开展戏曲进校园30场,推动地方戏曲传承和发展。图书借阅量连续7年居温州各县(市、区)首位,第六次全国县级以上公共图书馆定级评估排名温州第一。大力推动文艺精品创作。加强文艺创作指导扶持力度,推动弘扬主旋律、传播正能量的现实题材作品创作,通过以赛促创,文艺创作势头强劲,艺术创作成果丰硕。全年创作出富有瑞安本土特色的文艺精品132件。积极选送音乐、舞蹈、小戏小品、视觉艺术等各门类文艺作品参加各类大赛,其中获得国家级荣誉1件,省级荣誉10件,温州市级荣誉44件。《智慧时代》获浙江省"五个一工程"奖,《女孩的蜕变》获浙江省第十一届排舞大赛金奖,《飞云江水水流长》获浙江省农村文化礼堂优秀群众文艺作品金奖,方言表演唱《舞动花鼓唱排街》参加全国乡村"斗"春晚。此外,温州鼓词《一杆秤》获浙江省第九届曲艺新作大赛金奖,《馒头情》献演第四届"岳池杯·中国曲艺之乡系列活动",鼓词新唱节目《一带一路放异彩》打头阵亮相全省曲艺专题汇演。三是文化遗产传承保护取得新进展。文保工作取得实质进展。贯彻落实《国务院关于进一步加强文物工作的指导意见》《浙江省关于进一步加强文物工作的实施意见》和国家、省文物安全工作电视电话会议精神,出台《关于进一步加强文物保护实施意见》。成功申报虞廷恺故居、东元水碓造纸作坊群2处为省保单位,圣井山石殿、观音寺石塔的消防工程、防雷工程、安防工程通过省平安工程安防项目专家组验收。对隆山宫等全市66处文保单位"两划"工作进行重新评估修订并公布。推动文物属地管理,健全市、乡镇(街道)、村(社区)三级文物安全管理网络,层层落实文物安全管理责任,安全责任书签订率达100%。博物馆工作成绩突出。全年累计接待观众18.47万人次,举办了15场临时展览和17场主题活动,完成"天瑞地安——瑞安历史文化陈列"部分展柜的改陈提升。顺利完成全国第一次可移动文物普查和古籍普查成果转化及发布,出版《瑞安博物馆馆藏文物集》(瑞安市全国第一次可移动文物普查成果汇编)二卷,并配合省古籍保护中心做好古籍普查登记目录编辑出版工作。市博物馆分别获得浙江省和温州市第一次全国可移动文物普查先进集体。积极开展文物修复工作,完成23件书画装裱及57件书画的基础维护、1册(27叶)二级破损古籍的修复及114册古籍的基础维护、700件馆藏书画消杀的工作,协助瑞安中学进行1000多册古籍消杀。启动馆藏书画数字化保护工作,完成968件馆藏书画数字化扫描。成立市博物馆理事会,推进博物馆法人治理结构改革。非遗工作迈上新台阶。凭借浙江省级非物质文化遗产项目瑞安高腔,瑞安市被评为"传统戏剧特色县"。藤牌舞传承人徐巧青入选第五批国家级非遗传承人;木活字印刷协会及温州华侨伤骨科医院2处入选第二批浙江省非遗生产性保护基地;高腔传承人瞿金华入选第五批浙江省非遗代表性传承人名录。积极开展第九批瑞安市非遗名录、第六批瑞安市非遗代表性传承人征集和申报工作,征集到17个项目及16名传承人。温州鼓词"瑞安印象"暨阮派艺术研讨会在瑞安举行。四是文化市场执法监管不断强化。文化部文化市场行政审批示范点创建成功。精简审批事项,优化服务环境,全力助推"最多跑一次"改革。累计完成网上审批88件、送证上门375件。全年办结审批件475件(含文化经营单位年检件),提前办结率达100%。3月,顺利通过文化部督查组验收，成为温州唯一一家国家文化市场行政审批示范点，全省仅3家。瑞安市金幕影视传媒有限公司申请设立电影放映单位审批案卷被评为全省文广新系统优秀案卷，全省仅2个；瑞安市京河宾馆有限公司申请设立内资娱乐场所审批案卷被评为温州市文广新系统行政审批优秀案卷；市文广新局以考评第一名的成绩获得温州市文广新系统行政审批工作单项先进。“扫黄打非”获得省级先进。坚持线上突破与线下拓展相结合，实现立体式、全方位保障体系，“扫黄打非”专项整治行动取得实效，被评为浙江省“扫黄打非”先进单位，莘塍街道获评省级“扫黄打非”示范点。全年建成基层联络站22个、联络点211个，排查出11家非法网站(均为境外网站)，开展了10多次有关法律法规宣传教育活动，发放宣传资料2000多份，印制“拒绝盗版、从我做起”的文具袋5000多个。案件查处力度全省前列。全年共出动执法人员5905人次，检查各类文化经营单位3740家次，受理举报55件，行政处罚立案调查93件，办结案件94件，警告88家次，罚款35.95万元，没收非法出版物1.62万册，案件移交公安机关1起。查处案件数、案件办结率居温州市同级单位前列，行政执法实现了零投诉。五是文化产业加快发展。培育龙头企业。加快培育文化龙头示范标杆企业，促进文化产业统筹发展，推行“文化＋”融合模式，提升相关产业的文化附加值，重点推进“文化＋制造”“文化＋旅游”“文化＋体育”等产业发展。全市有文化产业企业约1600家。培育国家级文化出口重点企业1家、浙江省重点文化企业1家、新三板挂牌企业1家、温州市重点文化企业8家、温州市级成长型文化企业7家。指导溪坦礼品文化创意街区以一核、二轴、三区总体规划为依托，以“礼”文化和三大体验基地为核心内容，以“产业＋文化＋旅游＋互联网”为手段，着力推动礼品产业转型升级。协助瑞安日报社主导建设电商文创园，以文化创意新兴业态为主，打造区域城市产业互联网双创服务平台，建成文化产业创意与设计服务基地。引导幸福谷文化主题乐园、禾竹茶文化博览园等重点核心项目建设，推进文企规模发展。培育了浙江省文化创意街区创建工作示范试点单位1家、温州市级文化创意街区1家、温州市级重点文化园区2家。充分开发非遗产业，打造蓝夹缬、木活字印刷等非遗品牌。指导毕昇文化发展有限公司将木活字印刷术和信息化技术相结合，推出木活字礼品、喜帖等一系列新产品。建成集研究、创作、生产、展示、销售为一体的蓝夹缬展示馆，制作独具特色的传统产品并开发创意衍生品，走出一条大众化、市场化、边保护边开发的路子，提升品牌知名度。

（薛行顺）

【永嘉县文化广电新闻出版局】内设职能科室8个，直属单位6个。2017年末人员201人(其中：机关39人，事业162人；具有高级专业技术职务资格的14人，中级39人)。

2017年，永嘉县文化广电新闻出版局紧紧围绕年度工作目标，补短板、破难点、创品牌，全面推进文化永嘉建设，较好完成了全年各项工作任务，文化建设迈上新的台阶。一是补短板、增亮点，文化服务供给日益丰富。县公共文化活动中心、博物馆即将建成投用。县图书馆完成第六次图书馆评估定级工作，新馆建设稳步推进，全年组织活动314场次，参与人数约9万人次，截至年底总藏书量22.52万册，总购置图书7.20万册，总新增藏书6.10万册，总订购报纸杂志等刊物543种，接受社会各界捐赠藏书731册；送书下乡4.16万册，新增读者借阅证6180个，接待读者21万余人次。基层文化设施服务效能不断提升。有序实施公共文化服务“十百千”工程，3年计划建设重点乡镇2个、重点村23个，针对薄弱环节实施一村一策，全年13个公共文化服务薄弱村提升工作基本完成。大力推进“五水共治”，永嘉书院重点水乡文化提升工程完成投资额8155万元，达年度投资计划163.1%，完成率全市领先。文化品牌建设亮点纷呈，大力推进城乡一体公共阅读服务体系建设，城市书房建设纳入十大民生工程，上塘、瓯北2家城市书房和全市首家百姓书屋岩头百姓书屋先后对外开放。打造时尚化、体验版、文艺范的休闲空间，县首个文化驿站一瓯茶肆正式揭牌。全县新建成文化样板村20个，新增农村文化礼堂17家，百姓舞台25个，农村文化地标建设深受群众好评。截至年底，全县共有138个文化礼堂，58个样板村。全年各文化礼堂举办文体活动1500多场次，片区礼堂联盟开展交流活动58场次。

通过搭建县、片、乡、村四级赛演平台,文化礼堂成为农民群众举办文体比赛的大舞台。文化惠民活动高潮迭起,以农村文体建设深化年为抓手,着力打造农民文化节和全民阅读节品牌,结合大拆大整、移风易俗、治水剿劣等中心工作,赛演联动、贯穿全年,推出村歌合唱、排舞展演、群众声乐等系列主题活动,创新推出"文艺红旗小分队""文化年货送万家""乡村文化大走亲"等载体,不断丰富和均衡文化服务供给,全年举办各类培训796场次、讲座566场次、文化走亲46场,完成送文艺下乡391场、送图书下乡4.16万册、送电影下乡6348场,开展大小文化活动3474场次。二是创精品、强队伍,文化艺术水平不断提升。永昆精品工程成果丰硕。积极备战2018年中国昆剧艺术节,着力打造年度大戏《孟姜女送寒衣》,并成功首演。成功申报并完成11出文化部经典折子戏录像摄制工作。大力提升永昆影响力,深入开展永昆进校园、进社区、进文化礼堂等惠民演出,创新开展上昆、浙昆、永昆"三地联动"会演,积极参与全国昆曲传统剧目展演等国家、省市交流活动45场,有效打响永嘉昆曲世遗、国遗金名片。文艺精品创作成绩斐然。紧扣时代脉搏,深挖地方资源,全年完成文艺精品创作268个,超额完成30件任务,并在省市比赛中屡获佳绩。舞蹈《时光里》、声乐作品《游园昆梦》、器乐《夜深沉》等大量作品选送省级赛事,排舞作品在省排舞大赛中荣获2金2银。文艺人才培养成效显著。精心实施"群星计划",深入开展春季公益系列培训,推出排舞师资等专业课程20多种,通过"六个一"下基层活动深入全县社区、单位、企业等不同领域开展培训讲座256场,培养基层文化带头人和文化志愿者1万余人。县文化馆荣获县劳动模范集体称号。三是搭平台、促融合,文化产业发展转型升级。抓强平台建设。协调推进瓯窑小镇等文化产业集聚平台建设。大力推进永嘉木雕转型发展,县首个文化产业基地永嘉工艺美术文化创意产业园竣工投产。加大文化产业推介力度,组织优秀企业参与温州文博会等展会。全县18家文化企业在全市文化产业大会获授牌表彰。抓好融合发展。做好"文化+"文章,推动文化产业和非遗、文物、旅游等融合发展。大力推进非遗生产性保护,以木雕为龙头,加强对弹棉、白酒烧制、林秀阁养生茶等非遗生产性项目的指导宣传。大力开发博物馆衍生产品,利用馆藏文物元素开发新瓯窑产品。抓优服务环境。全面推进"最多跑一次"改革,紧扣简政放权优化服务,梳理编制办事指南,通过网上预约、快递送达、上门服务等手段推出"最多跑一次"事项73项,其中37项实现"零"跑服务。全面落实"事权下放"改革,21项审批事项下放乡镇,54项实现"镇街代收,县局审批",文化审批窗口获评县红旗窗口。四是推改革、谋发展,文化市场监管全面加强。文化体制机制改革有序推进。平稳顺利地完成电影公司人员和资产处置工作,妥善安置电影公司在职职工53人。深化农村电影体制改革,实施农村电影公开招投标并完成续约工作,位列全市前茅。积极引入社会力量参与文化建设,向社会购买文化服务力度不断加强。文化市场巡查执法有力开展。全面开展保障党的十九大"百日攻坚"行动,加大文化市场监管力度,深入推进"扫黄打非"进基层,开展"扫黄打非"五大专项行动,确保文化市场有序规范。全年出动执法人员1412人次,检查各类文化经营场所1443家次,立案调查39个。严厉打击无证照经营行为,取缔无证网吧8家、无证娱乐场所5家,并对情形严重的4家无证网吧、3家无证娱乐场所予以关停,力度全市最大。立案查处文物案件5起,文物立案查处数量居全市第一。五是抓试点、建体系,文化遗产保护再上新台阶。进一步完善非遗名录,完成省级非遗代表性传承人申报和第九批县级非遗名录认证工作。大力推进非遗活态传承,在全市率先开展温州莲花、溪下马灯戏等非遗"带薪传承"试点,濒危项目抢救力度空前。全县非遗基地全年开展传承培训活动40多场,学员近2000人次,非遗校本教材编写走在全省前列。广泛开展古庙拦街福等大中型非遗活动60多场,组织永嘉乱弹等非遗表演艺术开展"三进"惠民活动,推动竹雕、泥塑、剪纸等非遗项目进校园,全年开展各类非遗活动300多次。全力守牢文物安全底线。文物属地管理全面落实,联合纪委在全省文物领域首创结合监督执纪开展文物督查,获省市高度认可,有效筑牢县、镇、村和业余文保员三级四层文物保护责任体系。完善文物"四有"制度,第七批省保单位和102处县保单位"两划"基本划定,重新出台文保员管理办法，文物安全巡查和隐患整改落实到位，文物修缮工程有序推进。大力做好博物考古工作。圆满完成全国可移动文物“一普”工作，永嘉县文物馆获市普查先进集体称号，各有1人获省、市普查先进个人。博物馆建设有序推进，博物馆陈列文本获省专家一致肯定。加大文物征集力度，出台藏品征集管理办法，全年征集流散文物22件。联合省文物考古所对瓯窑窑系典型代表坦头坟山窑址进行挖掘，出土瓷器器型丰富，进一步丰富了瓯窑小镇文化内涵。

（李安乐）

【文成县文化广电新闻出版局】 内设职能科室4个，下属单位10个。2017年末人员78人（其中：机关10人，事业68人；具有高级专业技术职务资格的3人，中级13人）。

2017年，文成县文化广电新闻出版局各项工作稳步推进。一是公共文化项目。建成文成首家24小时城市书房和玉壶镇“百姓书屋”。建成文化中心飞鸟集文化驿站和培头畲风文化驿站、南田武阳文化驿站。建成峃口镇文化站，推进珊溪镇、公阳乡、桂山乡文化站建设，完成二源镇、周壤镇、铜铃山镇文化站启动项目前期工作。完成水乡文化项目5个。二是文化惠民服务。做大“百场活动惠万民”服务品牌，举办市民文化节、伯温读书节等大型节庆活动58场，开展公益培训213场。开展文化下乡“四送一走”活动，举办“喜迎十九大”“贯彻省党代会精神”“剿灭劣五类水”等宣传演出，送戏下乡340场，送展览讲座95场，送书下乡2.16万余册，送电影下乡2676场次，文化走亲11场。文化驿站开展音乐、诗词等分享活动18场，累积参与观众2000人。第二届文成好声音比赛等活动引入网络直播，腾讯直播观看人数突破20万。推出更加贴近农村的文化下乡形式——文艺小分队，“文艺快递”点单110多场次。举办文成县“文化惠民”主题新闻发布会，积极宣传《中华人民共和国公共文化服务保障法》《中华人民共和国文物保护法》等政策法规。三是文艺创作。原创小品《吃饭，请关手机》首登央视三套综艺频道《我爱满堂彩》栏目录播，创作小品《篮子》《妈妈丢了》，话剧《最后的瞬间》，舞蹈《温馨时光》《阳光宝贝》《阿婆说》，歌曲《城市书香》等参加各类省市比赛，在省、市新作大赛获3银2入围奖、6金4银13铜1优秀组织奖，1最佳男演员奖；参加温州市第十六届群众声乐大赛获流行组一等奖、新温州人声乐大赛一等奖。四是博物馆事业。县博物馆“帝师故里·天然文成”基本陈列获第十一届全省博物馆陈列展览优秀奖。新增文物400多件（套），举办临时展览9场，建立“第二课堂”，并成为温州市社会科学界联合会授予的“温州市社会科学普及示范基地”。馆内设立施昌民办博物馆，与浙南民俗文化展示馆结对并达成协议，助推毛泽东像章纪念馆建设。五是非遗文化产业。成功举办第三届刘基文化国际学术研讨会、“新时期刘伯温传说的保护和创新”研讨会等会议，举办刘伯温文化进高校活动，开展太公祭春秋二祭、刘伯温传说讲故事培训、第十届刘伯温传说讲故事大赛等活动，出版《刘伯温传说新编》（入选文成县中小学地方课程教材）和《刘伯温传说》（集成），推动伯温家宴、畲族婚嫁等非遗项目落户巨屿“十亩之间”农庄、培头古村落。开展元宵灯会、首个“文化和自然遗产日”系列活动、“非遗、薪火、文成”舞台演绎大赛等非遗传承活动。成功申报刘一侠、周光正为国家级、省级非遗项目传承人。六是文物保护。新增方坑太阴宫、养根施宅、依仁灯柱3个浙江省第七批省级重点文物保护单位。全面规范县级文保单位“两划”工作，已完成第一批32处县保单位“两划”划定。服务“大拆大整”工作，启动全县831处三普登录点复核。开展各级文物保护单位保护修缮工程，国保单位刘基庙及墓、省保单位谢林大宅院安防工程基本完成。开展文保单位安全大排查，整改消防、安防等安全隐患。七是图书事业。建设畲族之书馆藏，新增畲族文书3000多件，出版文成畲族文书集萃（第一辑），县图书馆成为全国收藏畲族文书种类和数量最多最全的公共图书馆，并被上海华东师范大学授予“民间记忆与地方文献中心教研基地”。大力推进全民阅读，开设伯温讲坛、伯温学堂、电影学堂，举办“阅读马拉松”等活动161场次，累计参与读者2.6万人次。八是文化产业发展。培育微电影影视产业，引进拍摄《温州青年》《唐伯虎之醉美人》等院线电影3部，《睡前恐怖故事》《绝对重生》等网络大电影6部，引进5家影视公司，成功签约巨屿沙洲文化园项目，成功举办畲乡“三月三”

民俗风情节、平和乡采茶文化节等节庆活动。组织博发工艺公司、根雕协会2家单位参展温州文博会和义乌文博会，开发施昌秀戏画衍生品1件。推进根雕产业发展，举办“根艺意境”文成县第三届根雕艺术作品展。九是文化市场环境。落实各项文化平安工作。以互联网“扫黄打非”、网吧整治等为重点，突出保护未成年人，大力开展“扫黄打非”工作。全面开展文化市场经营场所调查摸底，规范文化市场，引导企业守法诚信经营。每月开展文化市场(文物)双随机抽查工作2次，依法查处违法违规行为。举行消防安全培训和演练，多次联合平安办、消防局开展文化市场安全生产大检查大整治行动。文化执法大队共出动检查1454人次，检查954家次，立案调查8件，办结案件8件，停业整顿1家次，没收违法物品1个。十是文化改革。推进“最多跑一次”改革，梳理行政审批服务事项，采取即办、手机申报、网上预审查的形式，实现75项行政许可及其他权力事项“最多跑一次”。继续增加网上服务事项，新增“移动互联网＋审批”事项4项，网上预审查审批事项9项。推进电影公司、影剧院体制改革及文化中心剧院实行委托经营管理。

(陈依倩)

【平阳县文化广电新闻出版局】 内设职能科室6个，下属单位7个。2017年末人员135人(其中：公务员8人，参公17人，事业110人；具有高级专业技术职务资格的13人，中级53人)。

2017年，平阳县文化广电新闻出版局扎实推进温州南部文化引领示范区建设，稳步推进重点项目，积极开展文艺惠民、文物保护、文化市场监管等工作，取得了一定的成绩。一是深化公共文化示范创建。公共文化示范创建成效显著，稳步推进重点项目，新文化艺术中心基本建成，新博物馆、新图书馆启动桩基施工，有效助推城市形象和文化品位提升。谢侠逊纪念馆建成开放。平阳木偶生态文化园成功立项启动施工招标。中国数学文化园之数学户外拓展基地完成3个子园建设。万全镇、昆阳镇雅山村成功创建省级文化强镇、文化示范村，县图书馆顺利通过国家一级馆复评，有效发挥基层文化建设先进典型在推进公共文化服务体系建设中的示范引领作用。浙江省公共文化服务“十百千”工程深入落实，2个薄弱乡镇、23个薄弱村(社区)得到重点扶持，有力推进公共文化服务标准化均等化建设。新建农村文化礼堂15个，扎实推进农村文化礼堂“建管用育”一体化建设。有效对接温州“15分钟都市文化圈”和“30分钟农村文化圈”，深入贯彻落实《中华人民共和国公共文化服务保障法》，基层文化设施每周开放42小时成常态。子久文化驿站、县图书馆文化驿站建成投用，开展主题活动16场，参与群众超1000人次。鳌江银泰城·百姓书屋建成开放，创新采用“商业综合体＋阅读”模式运营，成为富有特色的文化地标。5个农村电影室内固定放映点以及一批“朗读亭”建成投用，服务便捷的公共文化设施不断充实市民文化生活。有序推进公共文化机构法人治理结构改革，成立县文化馆理事会，实现政事分开、管办分离，推动文化阵地管理升级。二是优化文化供给。深入实施乡镇文化员“春风行动”培养计划、文化干部服务基层“网格化”工程，落实“点单式”培训服务56次；承办浙江省群星奖(戏剧、曲艺)新作品题材培训班；全年创作各类群文作品271件，获省级奖项18项、市级奖项37项。举办平阳县第四届市民文化节暨首届民间民俗文化节、全民阅读节、“一镇一品”品牌活动。深入实施“百千万”文化惠民工程，完成送戏582场、送电影6000场、送书4.75万册、送展览讲座620场、跨县文化走亲13次。积极推广群众点单、政府购买、按需服务的形式，县本级向社会购买送戏下乡服务103场。深入打造“文化驿站”“朗读亭”“艺苑星空”等文化品牌，提升城市文化品位，丰富市民文化生活。围绕党的十九大、“剿灭劣Ⅴ类水”等重大题材，依托省级示范性群众文化赛事活动、市第五届市民文化节等平台，推动弘扬正能量、讴歌主旋律、具有时代特征和乡土特色的文艺精品创作，全年创作音乐、舞蹈、小品等各类文艺作品271件，同时组织开展各类专题展演活动。精心组织“5·18国际博物馆日”“6·10文化与自然遗产日”等节庆活动，举办平阳县第一次全国可移动文物普查成果实物展、章乃群个人藏品展、清代瓷瓶特展等展览。积极开展文博科普教育活动，举办第二届“弘扬步青精神，传承历史文脉”征文活动、纪念苏步青诞辰115周年诗词朗诵比赛等活动，苏步青励志教育馆成为省级爱国主义教育基地、省级社会科学普及基地、温州市市民终身学习体验基地、平报小记者社会实践基地，全年接待观众达11.2万人次，励志教育功能进一步突显。开展地方戏曲文化资源挖掘、整理、研究等工作，全面完成地方戏曲剧种普查工作；现代越剧《雁山春曲》获温州市第七届精神文明建设“五个一工程”奖。举办“唱响平阳·越唱越美”越剧十佳票友大奖赛，搭建展示交流平台，繁荣本土越剧文化。平阳木偶戏参加第26届国际木偶艺术家和木偶剧艺术交流活动、全国曲艺木偶剧皮影戏优秀剧（节）目展演、第五届中国泉州国际木偶节、中国（广州）演艺交易会暨丝绸之路国际剧院联盟年会，推动本地特色文化走出去。三是夯实文化遗产保护工作。完成全国重点文保单位顺溪古建筑群老二份大屋、省级文保单位青街李氏二份大屋和县级文保单位万全镇温州师范学校旧址（东楼）、腾蛟镇苏振音宅修缮工程；实施国保单位顺溪古建筑群陈氏祖屋、新大份大屋修缮工程。完成省级文保单位南雁会文书院棣萼世辉楼维修方案编制，实施省级文保单位红军挺进师驻地（平阳）旧址维修方案编制。完成5处省级文保单位安防系统方案设计并启动施工。完成第七批6处省级文保单位“两碑”设立和“两划”文件上报。完成全国重点文保单位顺溪古建筑群安防工程项目计划书和老七份大屋主院及北侧院保护修缮工程计划书上报。召开全县文物安全工作会议，县政府与乡镇政府、行政村（社区）、业余文保员逐级签订文物安全目标管理责任书，组织开展全县文物安全状况大排查行动、“护航十九大”乡镇交叉检查行动和文物建筑消防安全演练，落实17处各级文保单位安全隐患整改工作。出台《平阳县藏品征集管理办法（试行）》，征集新藏品24件。完成谢侠逊纪念馆陈展工程，引用“云观博”智能系统，并于12月19日开馆。完成《平阳县第一次全国可移动文物普查成果图录》编辑出版工作，并举办普查成果展览。完善各级非遗传承基地、传承人、项目名录数据库建设。新增1名第五批省级非遗项目平阳童谣传承人，公布第九批县级非遗项目16个、第二批县级非遗传承基地5个、第七批县级非遗项目代表性传承人43个。完成单档布袋戏、平阳和剧、渔鼓等3个项目和太平钿剪纸省级传承人柯娟娥抢救性保护记录工作，实施马灯戏、卖技等2个濒危项目抢救性保护记录和口述史工作。平阳木偶戏受邀参加第26届克罗地亚国际木偶节和第五届中国泉州国际木偶节，温州鼓词和平阳木偶戏赴香港参加“根与魂——忆江南·浙江省非遗展”，平阳漆器参加第九届中国非遗博览会，平阳黄汤参加首届中国茶叶博览会，2支舞龙队和9个美食类项目参加“年味温州非遗展”。举办平阳县首届民间民俗文化节、第四届鳌江“划大龙”文化艺术节、文化和自然遗产日活动；组织“品非遗逛庙会”、“非遗零距离”、非遗进校园活动、非遗下乡、非遗走亲等宣传展示展演活动393场。出台《平阳县非物质文化遗产代表性项目代表性传承人评估办法（试行）》和《平阳县非物质文化遗产代表性项目“带薪学徒”工作考核办法》，完成平阳和剧、平阳吹打、平阳白鹤拳、南湖马灯戏4个省级非遗项目带薪学徒工作和考核工作，完成市、县两级饮食类项目代表性传承人评估和考核工作。四是强化文化市场监管。扎实推进“最多跑一次”改革、文化市场综合执法改革，完善县文化市场管理工作领导小组职能，逐步建立跨部门执法协作联动机制，进一步健全县、乡镇、村（社区）三级监管网络。68项行政审批项目全部纳入“最多跑一次”，9项行政审批项目列入“一件办”联办，行政审批提供热线预约、在线咨询、网上办理、免费快递送达、容缺受理等服务。积极探索文化行政审批事项“全市通办”的有效途径，建立“异地受理、属地办理”的文化行政审批服务新模式。文化审批窗口进驻行政审批北港分中心，为群众提供近距离、全方位、多渠道服务。全年受理行政审批办件424件，办结率100%，提前办结率99%，实现行政审批“零投诉”。全面推行“双随机”抽查监管，落实文化市场黑名单管理，健全以内容监管为重点、信用监管为核心的监管机制。建成投用文化市场智慧监管平台（一期），执法监管更加透明高效。扎实开展“扫黄打非”系列专项行动、电影市场专项整治等一系列行动，有效保障文化市场健康平稳发展。全年检查各类场所2972家次，行政处罚立案35件，结案37件，警告24家次，罚款101.07万元，停业整顿1家次，没收违法所得4418.5元。认真开展侵权盗版及非法出版物集中销毁、“4·26世界知识产权日”、“绿书签”等宣传活动，发放法律法规资料

1300份,提升了公众法制监督意识。不断强化平安底线意识,深入开展公共文化、文化市场、广播电视、文化遗产、综合治理等五大平安行动。顺利完成党的十九大、世界互联网大会等重要保障期护航工作,实现安全生产"零事故"。成立文化市场突发事件应急工作领导小组,制定印发文化市场突发事件应急管理办法及应急预案,举办娱乐场所、网吧、影院等各类单位法律法规和消防安全知识培训4次,组织开展消防安全演练3次。五是推动产业转型。开展全县文化企业摸底调查,梳理出19类2238家文化企业,完善文化产业提升基础工作。实施文化产业发展战略,会同有关部门共同推动县委、县政府出台《关于打造文化百亿产业的实施意见》,着力打造文化旅游、文化制造、文化创意设计、数字内容、文化体育等五大优势产业,形成一批主业突出、实力雄厚的骨干文化企业和特色鲜明、集聚度较高的文化产业园和集聚区,巩固提升现有传统文化产业,拓展文化新业态,产业集群的综合实力和市场竞争力显著增强。加大文化企业宣传推介力度,积极组织文化企业参加2017温州国际时尚文化创意产业博览会、第12届中国(义乌)文化产品交易会、首届中国义乌文具礼品展览会等重大展会,平阳县印刷行业协会获首届中国义乌文具礼品展览会优秀组织奖。完善重点文化产业项目推进工作,星际科幻谷文化园、283文创街区、中国数学文化园等项目稳步推进,助推文化产业转型升级。是年,全县规上文化企业增加值3亿元,增速达19%。大力推动非遗与旅游相融合,昆阳镇鸣山村成功入选省级非遗旅游景区民俗文化村,助推地方经济社会发展。以非遗生产性保护为抓手,推动非遗项目落户古村落(街区),温州蛋画与平阳瓯窑青瓷落户昆阳镇鸣山村,创建非遗文化产业孵化基地鸣山陶院,成功开发瓯窑青瓷系列文创产品。平阳木偶生态文化园落户昆阳镇坡南街。文化企业不断研发文创产品,推动本地特色文创产业起步发展。

(陈瑶琦)

【泰顺县文化广电新闻出版局】 内设职能科室4个,下属单位11个。2017年末人员81名(其中:公务员7人,县广电台领导3人,参公4人,事业67人;具有高级专业技术职务资格的4人,中级19人)。

2017年,泰顺县文化广电新闻出版局积极推进文化建设工程,丰富群众文化活动,加大文艺作品创作力度,取得实效。一是加强文化设施建设。自泰顺县被列入全省公共文化服务标准化建设重点县以来,严格对照标准化建设要求,按照"破难题、补短板、强基础、求提升"的思路,全面实施"两年提升计划",按时完成了省定49项、县定51项指标任务,于7月通过了省验收组的评估验收,"泰顺经验"在全省推广。全面完成19个乡镇文化中心达标提升工作,其中新建2个、改造9个、腾退整合利用8个。升级提升了县图书馆新馆、方介堪美术馆、非遗专题馆、红军挺进师纪念馆、英士大学纪念馆,县图书馆被评为国家一级馆,文化三馆(博物馆、非遗馆、美术馆)完成立项工作。建成仕阳百姓书屋1个、图书流通点16个,19个乡镇综合文化站图书室纳入图书馆集群管理系统,全县乡镇实现了通借通还。二是提升文化惠民服务。精心组织大型文化活动,结合重要节庆和党委、政府中心工作组织各类大型主题文艺晚会,并结合泰顺特色,先后组织举办春节、元宵节期间"弘扬文化·共享欢乐"系列活动,开展了"泰顺县首届文化礼堂展演暨第七届农村文化会演"、喜迎十九大文艺晚会、全民阅读节等大型文化活动,营造了浓厚文化氛围,充实了群众的文化精神需求;还积极借助各地节庆习俗,认真指导开展了三魁镇的"百家宴",司前、竹里的"畲族三月三",龟湖禳神节、彭溪镇的栀子花节,仙稔第四届"尝新饭"民俗文化节等"一镇一品"文化品牌活动,有力彰显了泰顺文化影响力;12月16日,由温州市文广新局、温州市旅游局、中共泰顺县委、泰顺县人民政府主办,中共泰顺县委宣传部、泰顺县文化广电新闻出版局、筱村镇人民政府承办的"中国氧吧·康旅泰顺"第七届廊桥氡泉文化旅游节和第六届中国泰顺廊桥文化论坛顺利举行,直接参与人数约1万人。注重横向交流促提升,坚持"请进来,走出去",开展了百姓舞台系列活动,引进了越剧、综合文艺晚会乡镇巡演,推送精品木偶戏到周边县市及国内外走亲14场;认真组织开展文化驿站等送展览讲座56场,培训2.2万人次。三是加强文艺创作与表演。积极参加国家省市文化活动赛事,全年辅导创作选送作品总共84件。《泰顺提线木偶戏系列》参加第五届全国市县电视台推优活动荣获“电视戏曲片类”一等奖；非遗微视频《百家宴·陈十四信俗》获“安吉杯”最美中国年·浙江年俗2017年春节非遗微视频作品大赛铜奖；《歌要唱 花要对》参加“2017中国畲乡三月三”获第九届中国畲族民歌节暨中国好畲“音”畲族民歌邀请赛银奖。歌词作品《蓝色丝带》获2017年浙江省“一带一路”丝瓷茶专题歌词大赛三等奖；朗诵作品《江南的雨》代表温州市参加浙江省未成年人朗诵大赛决赛并荣获二等奖。选送歌手陈宇皎参加“美丽浙江”浙江省第三届群众声乐大赛获流行组银奖；原创作品《真的没想到》获浙江省第十六届新作大赛银奖；舞蹈作品《茶山欢歌》获浙江省广场舞蹈大赛银奖。四是加强文化市场管理工作。全年办结各类文化经营项目91件。开展“最多跑一次”改革，共对80项涵盖文化、新闻出版广电、文物、公共文化服务等四大类事项做了全面梳理，按照即办、网上预审、预约上门服务等方式，实现线上线下相统一，完成“最多跑一次”事项和网上办理事项约达95%。全年共出动检查465次1225人，检查文化市场经营单位1752家次，联合公安、工商、消防、环保、教育等部门开展联合执法42次，办结案件32起，对2家网吧进行停业整顿，对1家网吧吊销经营许可证，罚没款10.85万元，收缴非法书报刊、音像制品、电子游戏机等物品7256件。举办8期文化经营户培训班，开展6次文化市场宣传活动，发放宣传资料3800多份，组织1次多部门联合消防安全应急预案演练，开展各类专项整治行动。五是加强图书事业管理。泰顺县图书馆每周开放60小时，节假日正常开放，全年接待读者39.6万余人次。新馆总藏量303677册，新增藏书38495册，书刊文献外借303743册次；有效借数证数23039个，新增2073个；订阅报刊335种，征集地方文献826册669种；完成古籍基础修复348册；送书下乡21875册。举办各种活动、展览、讲座、培训和“阅享童年”等读书系列活动404场。其中“戏享童年”提线木偶少儿公益培训班活动荣获浙江省图书馆学会(2017年)优秀图书馆服务品牌最佳创意奖。在第六次全国县级以上公共图书馆评估定级工作中，泰顺县图书馆被评为县级一级馆。六是加强文博工作管理。完成了省级以上文保单位安防工程建设。完成第七批省保单位安防工程方案设计和上报审批。完成国保单位消防工程方案设计和上报审批等工作。完成了薛宅桥、文兴桥、文重桥周边环境整治工程、永庆桥周边建筑立面整治工程和霞光桥、池源桥、墩头桥(省保)、霞庄桥(省保)修缮工程方案设计及上报审批。2月17日，省文物考古所、市文物考古所人员调查福建上白石水库泰顺域内淹没区，发现处于上白石水库淹没区的地面文物共3处。10月4日，泰顺廊桥灾后修复保护工程主体工程完成。2016年中秋节，泰顺3座国保廊桥薛宅桥、文重桥、文兴桥在“莫兰蒂”台风中被洪水冲垮。廊桥修复工作按既定目标科学有序推进，6个月就完成了勘探、设计、立项、论证、审批等所有前期工作，3月25日正式开工建设；3个月时间完成了桥基桥台建设和桥木修复工作；在廊桥水毁一周年之际，桥本体修复工程全面完工。12月3日，省、市专家组依次到薛宅桥、文兴桥、文重桥进行实地走访踏勘，对3座国保廊桥桥本体的修复情况进行了验收。修复工程总体验收情况良好，质量符合设计方案和各项规定。泰顺县3座国保廊桥的修复达到验收标准。12月，泰顺廊桥修复团队荣获“最美温州人——2017感动温州十大人物”(集体)。11月29日，召开了闽浙木拱廊桥联合申遗泰顺推进会筹备会，七县共同签署了闽浙木拱廊桥保护与申遗联盟协定以及章程，12月6日举行了第七届中国泰顺廊桥氡泉文化旅游节和闽浙木拱廊桥申遗泰顺推进会，实质性推动了七县联合申遗进程。泰顺县博物馆规范文物征集程序制定《泰顺县博物馆文物征集制度》，举办“抱朴怀素——陈传敏书法作品展”“陈传敏书法讲座”“半溪书画作品展”等展览，并联合温州博物馆举办“海之精灵——贝螺的大千世界”科普展；出版《瓯南稽古》一书；征集方介堪方去疾书法作品3件，与林一鹤家属签订林一鹤油画作品20幅的捐赠意向书。七是加强非遗保护传承工作。8名传承人入选浙江省第五批非遗项目代表性传承人名单。泰顺县非物质文化遗产活态传承保护团队被确定为浙江省文化创新团队，团队带头人季海波获评浙江省文化厅优秀专家。开展第十个“服务传承人月”活动。完成木拱桥传统营造技艺国家级传承人董直机的抢救性记录拍摄保护工作。11月，泰顺国遗项目丛书《泰顺畲族民歌》《提线木偶戏》《碇步龙》出版发行。组织开展“非遗融入现代生活·幸福泰顺过大年”活动，完成了木偶戏演出366场，民间灯舞(龙凤狮子灯、马灯舞、八宝灯、龙舞)演出143场。组织优秀非遗项目参加百家宴元宵节、二月二、三月三畲歌节、六月六禳神节等民俗活动。开展首个“文化与自然遗产日”活动。泰顺木偶戏、石雕、木拱桥营造技艺等非遗项目参加第六届中国成都国际非遗节、“根与魂——忆江南·浙江省非物质文化遗产香港展”第九届中国浙江非遗博览会等一系列展示展演活动。

（陈海平）

【苍南县文化广电新闻出版局】 内设职能科室6个，直属单位7个。2017年末人员179人(其中:公务员13人，参公38人，事业128人;具有高级专业技术职务资格的17人，中级31人)。

2017年，苍南县文化系统以习近平新时代中国特色社会主义思想为指导，深入学习贯彻党的十九大精神，坚定文化自信，加快改革发展，扎实推进“文化苍南”建设，取得一定成绩。一是创新进取，推动文化改革发展。创新公共文化服务供给模式，积极发动社会资金和社会力量参与文化建设，引入具备演出资质的民营剧团、艺术团体、学校等参与政府“送戏下乡”惠民工程，丰富文化产品供给。以“半书房”为模板，将“众筹”理念引入苍南公共文化体系建设，支持引导50多位阅读爱好者众筹创建中心湖城市文化客厅。引进民间资金，完成抢红文化驿站建设，改造提升观澜、城格2家文化驿站，并创新招募第三方社会机构进行运营，开展多期文化活动，社会反响良好，也极大激发了民间参与公共文化建设的活力。创新行政审批模式，创新服务理念，全面拓展“最多跑一次”内涵。创新基层阵地评价模式，引入第三方评价方式开展基层文化设施管理综合评价工作，委托第三方对全县19个乡镇文化站、58个社区文化中心进行两轮突击暗访，形成书面绩效评估，作为评价各文化阵地开放情况和服务质量的重要依据，与乡镇免费开放奖励补助资金挂钩，切实推动了基层文化阵地开放正常化、活动常态化。二是服务中心，营造优质文化环境。强化文艺宣传凝聚共识，坚持文化先行，以丰富多彩的群众文化活动为载体，围绕党的十九大、省第十四次党代会、“五水共治”等重大题材和县委、县政府中心工作，创作各类主题作品，开展文艺大巡演和大型演出活动，形成了强大的文化磁场和政策宣传效应。强化平安建设筑牢底线，以“护航十九大”文化市场专项保障行动为重点，围绕省、市“夏季消防检查行动”和苍南安全生产基层基础“提升年”行动，扎实推进文化市场安全隐患清剿工作，顺利完成党的十九大、世界互联网大会等重要保障期护航工作。服务保障“大拆大整”。积极主动与县住建部门对接，召开“大拆大整”古民居保护协调会，对县住建部门C、D级危房排查清单逐一筛查遴选，排查出已列入乡镇拆除名单的“三普”登记点古民居8处，经实地考察和分析研究后进行维修加固保护。三是优化供给，满足群众美好生活需求。充分发挥文化阵地资源，文化馆举办“周末剧场”品牌文化活动演出15场、剧场文艺演出40场、视觉艺术展览24场。开展公益培训课堂，培训文艺爱好者4300多人次。深入实施文化惠民工程，全年联合乡镇开展送戏下乡554场，送书下乡8.61万册次，送展览讲座200场次，组织区域间文化走亲12场次。认真做好农村数字电影放映工作，完成7家文化礼堂创建省级农村电影固定放映示范点工作，开展送电影下乡共9316场次。大力推动全民阅读活动，开展了“图书馆之夜”“第六届读书节”等系列读书活动，吸引12万人次的读者参与，营造了良好的阅读氛围，全县图书借阅量达64万册次。成功举办第八届文化艺术节，共举办7场大型文艺演出、8项文艺赛事及5个视觉艺术展览。推动文化礼堂菜单式服务深入开展，设置了20个服务项目共168场活动的文化礼堂服务“菜单”。积极组织文艺工作者开展创作，不断向各级各类展览比赛选送优秀作品，全年完成各类文艺作品创作762件，文化馆干部及辅导对象获国家级奖项或入展的作品15个，省级157个，市级258个。四是保护传承，厚植文化底蕴根基。完成钱库雅前正节牌坊、南宋北山古戏台、矾矿遗址1号等保护修缮工程。完成福德湾三期传统民居、碇步头谢氏民居及张家堡双牌坊维修工程等3个设计方案编制工作。配合省、市文物部门开展蒲壮所城、矾山矾矿遗址雪花窟的考古勘探工作，积极指导推进陈铁军故居、谢云旧居保护利用工作。新增县级非遗项目24项，传承人64人，传承基地17个。开展非遗进校园14场，组织非遗讲座进文化礼堂30场，每月开展一次“非遗学堂”活动。组织8个重要非遗基地开展传承活动16次，开展民间民俗文艺展演展示活动13场。积极开展民间戏曲保护传承，被命名为“民间八仙戏”省传统戏剧特色县，灵溪镇被评为“单档布袋戏”省传统戏剧特色镇。五是加大监管，繁荣规范文化市场。坚持日常监管与专项整治并举、技术监控与实地巡查齐抓、教育引导与严格执法并重、文化监管与安全督导同行的理念，全方位加强文化市场监管。制定出台《苍南县文广新系统开展“双随机”抽查监管工作实施方案》，有效推进“双随机一公开”抽查工作机制。全年出动检查3521人次，检查各类经营单位2544家次，办结案件120件，有效维护了文化市场繁荣稳定。以“净网”“清源”“秋风”“固边”“护苗”五大专项行动为抓手，对各类非法违禁出版物、宣传品及有害信息坚决打击，全年开展“扫黄打非”专项检查80多次，与公安、市场监管、消防等部门联合行动10多次，全年收缴各类非法图书3.48万本(册)、非法光盘2000多张，确保了全县政治文化意识形态领域安全。紧密联系乡镇综合文化中心，深入推进“扫黄打非”进基层，成功创建龙港镇、灵溪镇渎浦社区2个省级“扫黄打非”进基层工作示范点。六是积极培育，推动文化产业发展。研究制定文化产业发展扶持政策，积极推动县政府出台《苍南县人民政府关于推动文化产业加快发展的扶持意见》，从财政扶持政策、税收优惠政策、金融支持政策、土地使用政策、人才保障政策、组织领导保障等方面提出了扶持文化产业发展的相关意见。积极协调组织企业参加温州市国际时尚文化创意产业博览会等重点展会活动，并获得奖项，其中文创产品“蓝夹缬衍生品缬韵系列”作品在2017中国特色旅游商品大赛中斩获金奖，成为温州市唯一获此殊荣的旅游商品。协调办好第十二届(温州·金乡)台挂历礼品展览会，以及2017浙江台湾合作周海峡两岸(龙港)印刷与文化产业博览会。及时跟进浙南海西文化创意产业园项目工程建设，顺利完成全年1369万元投资额。

(姜雪寒)

湖州市文化广电新闻出版局

【概况】 内设职能处室6个，下属事业单位8个。2017年末人员189人(其中:机关22人，事业167人;具有高级专业技术职务资格的24人，中级62人)。

2017年，湖州市文化工作紧紧围绕学习宣传贯彻党的十九大精神，积极融入“四新”主题实践，扎实推进文化强市各项工作，成效显著，特色鲜明，为湖州市加快赶超、实现“两高”提供了坚强的文化支撑。据最新发布的“浙江省文化发展指数(CDI)”显示，湖州在全省排名第三。

一、服务中心工作有力有为

以全力保障党的十九大召开为主线，认真抓好全国文明城市创建、“六重”、“剿灭劣Ⅴ类水”、河长制和路长制等中心工作落实，服务大局成效显著。

(一)实现文明城市创建目标

全面落实全国文明城市创建和省城市文明程度指数测评任务，开展网吧、娱乐场所和校园周边等文化市场集中整治，督查18个街道(乡镇)综合文化站和335个社区(村)综合性文化服务中心建设，规范文化场馆和影院管理，市文广新局获市“集体三等功”，20多人次获各层次奖励。

(二)重大文化建设项目进展顺利

推进市美术馆建设，馆舍改建进入实际操作阶段。启动“城市书房”、市非遗展示馆(湖剧传习所)建设前期工作。有序推进长兴县太湖博物馆、安吉县昌硕文化中心二期(安吉县图书馆新馆)、吴兴区文体中心和南浔区非遗馆文化馆等设施建设。

(三)“最多跑一次”改革全面完成

集中梳理文化、广电、新闻出版和文物等88项办事事项，提前完成“最多跑一次”改革事项100%、“零上门”事项51%的年度改革任务。进一步推进简政放权，实施审批“八统一”(主项名称统一、子项名称统一、适用依据统一、办理时限统一、申请材料统一、申请表单统一、办事流程统一、业务流程统一)，精简办事事项31项，精简率达37%，32项审批事项实现全程在线办理，占比达74%。开展文化市场“僵尸”企业清理、信用体系和黑名单制度建设等工作。

二、文化惠民能力有效提升

全面落实《湖州市关于加快构建现代公共文化服务体系的实施意见》，文化活动品牌不断深化，文化项目持续创新，全民阅读全域推广，文艺精品新作不断。长兴县太湖街道获评省级“文化强镇(街道)”，德清县新市镇蔡界村、钟管镇蠡山村，长兴县夹浦镇丁新村，安吉县天荒坪镇余村、彰吴镇景坞村，吴兴区环渚街道瑶台村、东林镇星群村，南浔区双林镇向阳村、和孚镇长超村等9个行政村获评省级“文化示范村(社区)”。

(一)群众文化活动丰富多彩

持续深化“文化走亲”等活动品牌，完成“文化走亲”553场次，开展基层演出2286场次，其中送戏下乡904场次，送书下乡8.6万册，送讲座展览960场次。举办全民公益艺术课堂150班次。推出“文化阳台”项目。开展“湖城春晓”、第七届农民文化节等一系列节庆文化活动。湖州大剧院全力打造“名剧、名角、名团”精品演出，上座率比上年增长9.3%。长兴县民间艺术团(长兴鸳鸯龙)参加意大利民间艺术节，并获颁组委会特别奖。

(二)全民阅读推广取得实效

以经典作品诵读、讲座、沙龙和读书会等10多项活动推广全民阅读，全市图书借阅量超300万册，数字资源访问量50万人次。深入实施“驻馆作家”“韵海讲坛”等项目，继续推进阅读进校园、乡村、社区、企业、部队和机关等“七进”活动，全市3个家庭获“第二届全国‘书香之家’”荣誉称号。德清县图书馆获得中国图书馆学会颁发的“全民阅读先进单位”称号，乡土阅读活动获得“全民阅读优秀案例二等奖”。完成市图书馆“借阅一体化”改造升级及馆舍维修，起用24小时自助图书馆。

(三)文艺精品创作稳步实施

新编大型古装越剧《游子吟》在浙江音乐学院大剧院成功首演。越剧小戏《规矩》参加省新农村建设“好家风”题材小戏专场展演和第七届全国优秀小戏小品展演。湖州三跳《英台乔装》获省第九届曲艺新作会演金奖。歌曲《乐手》《绽放所有的向往》《清清谣》入围省第十六届新人新作演唱演奏大赛决赛。全市有10件书法、9件摄影和10件美术作品入选省第五届“群星”系列大展。

三、文化遗产保护利用再上台阶

坚持“保护为主、抢救第一、合理利用、加强管理”的文物工作方针，扎实推进文化遗产保护利用工作，积极融入湖州生态建设，助推经济社会发展。

(一)文物保护利用积极主动

编制实施下菰城遗址、钱山漾遗址、大运河(湖州段)等保护规划，做好文保单位“四有”、保护性修缮、科技保护和宣传展示等工作，文物保护基础工作扎实推进。实施文物平安工程，与市公安、工商部门建立联防联控机制，及时发现并妥善处置有关乡(镇)文物法人违法案件，全市文物安全形势总体平稳。配合大运河文化带建设，推荐66个运河遗产保护利用项目，指导中心城区小西街文物建筑维修利用和新四军苏浙军区旧址等文保单位旅游开发，探索实施文物领域文创产品开发，文物活化利用取得进展。安吉县古城入选国家考古遗址公园立项名单，长兴县龙之梦乐园考古扎实推进，吴兴区昆山考古遗址公园启动建设，文物助推经济发展取得实效。

(二)博物馆工作不断提升

各级文博单位积极融入地方经济社会发展，利用资源和专业优势为美丽湖州、特色小镇以及各类非国有博物馆建设提供指导和帮扶。以第41个“国际博物馆日”为契机，组织开展博物馆与纪念馆联动参观、老照片征集等系列活动。策划举办赵孟頫碑刻拓片展、王一亭书画特展等多个精品展览，原创展览“扇舞清风”“刀木情”持续在省内外推广。创新开展“菰城文化种校园”等60多场社会教育活动，“美的教育”入选省文化创新团队。扎实做好文物征集和馆藏文物研究、修复和鉴赏等工作。

(三)非遗保护传承稳中有进

新增国家级非遗传承人4名、省级12名。承办第四届中国非物质文化遗产保护(德清)论坛，举办国家首个“文化和自然遗产日”系列活动，编撰出版《湖州市非遗名录集成》。开展地方曲艺“三进”(进社区、校园、文化礼堂)活动，举办“湖腔雅韵——地方戏曲专场展演”，复排湖剧折子戏《珍珠塔·羞姑》。《非物质文化遗产保护与传承通用指南》成为全省首个非遗保护类的地方标准。

四、文化市场繁荣有序

以护航党的十九大、创建全国文明城市和“扫黄打非”工作为重点，创新服务手段，提升监管能力，文化市场管理标准化、规范化和科学化水平进一步提高。

(一)文化市场繁荣稳定

办理文化场所设立、营业性演出审批等行政许可事项456件，全市文化市场业态进一步繁荣。组织开展网吧、出版物、消防安全以及查处无证等10多项专项整治行动，全市文化市场综合行政执法队伍出动检查9730人次，检查网吧、歌舞娱乐和艺术品市场等实体经营单位1.67万家次，全程监管营业性演出110台，合力关停涉赌上亿元网络游戏App(南太湖山庄)，确保文化场所安全稳定，为市民营造良好文化环境。

(二)“扫黄打非”深入推进

组织开展“清源”“净网”“秋风”“护苗”“固边”五大专项行动，突出政治性非法出版物、网络有害信息等问题的整治，并在线上线下开展全面排查和整改。开展出版物市场专项整治，办理全国督办案件1起、省交办案件3起、一般程序案件16起，刑事移交2人，罚款17万余元。深入开展“扫黄打非”进基层工作，创新实施进基层示范点建设，安吉县天子湖镇高禹村入选全国“扫黄打非”进基层优秀示范点。

五、文化产业发展步伐加快

以培育新的经济增长点、融入“4+3+N”现代产业体系为导向，科学谋划创意产业布局，精准服务文创产业项目，积极推介文创产品走出去，着力提升区域竞争力。

(一)全面谋划文创产业发展

认真梳理文化产业工作定位，全面谋划未来几年文化产业工作方向。加快落实文化产业项目招商，推动文化创意街区建设，规划创意园区功能定位。推动动漫游戏等文创产业“众创空间”建设，扶持小微文创企业成长。参与筹建浙江省影视基地联盟，搭建影视产业交流服务平台，促进影视基地打造特色、错位发展。引导金融等社会力量参与，积极打造湖州文化联盟平台，整合壮大文化消费资源。

(二)服务产业项目顺利推进

推荐湖州微总部创新基地申

报文化部文化产业双创服务体系建设扶持计划，指导吴兴区文体中心等项目申报财政部文化类政府和社会资本合作示范项目，争取相关资源和平台支持。落实全市重点项目的对接服务工作，对联系产业项目实行“一对一”跟进服务。长兴县百叶龙演出团队获得文化部2017年中央文化产业资金。

(三)产品交易展示有声有色

着力构建对外交流平台，扩大湖州文化品牌影响。组织60家次文化企业参展义乌文化产品交易会、深圳国际文化产业博览交易会、宁波特色文化产业博览会，吸引15万人次参观，现场交易额突破200万元，协议交易金额1000万元。

六、文化工作运行更加高效

以提质增效为目标，不断创新工作机制、完善管理制度，有序整合文化资源，逐步优化文化人才培养，文化工作运行效率更加高效。

(一)文化体制机制不断完善

出台《局系统国有资产出租出借管理实施细则》《局系统举办展览管理办法》等制度，优化内部保障。出台《政府向社会力量购买农村电影放映服务实施方案》，将农村电影公共服务与市场运作有机结合。

(二)文化设施整合利用有序推进

出台《关于推进文化设施整合利用的实施意见》，建成运行综合性公共数字文化服务平台“湖上云”，文化设施整合利用路径有效落实。市文化馆、市青少年宫、市科技馆等15家市级公益性文化场馆和湖州大众书局等3家民营场所以及县(区)文化场馆相继入驻平台，有关文化设施及其活动、产品和服务等资源实现整合利用。

(三)文化人才培养多措并举

全面实施文化人才培育工程，推荐4人参加国家“四个一批”人才评选、3人参加浙江省“151人才工程”评选，领军文化人才发掘进一步加快。组织评选表彰10名“优秀青年文化专家”，中坚文化人才培养力度持续加大。举办全市乡镇文化站长培训班，102名文化馆(站)、图书馆和博物馆文化专家与结对的318个文化礼堂开展辅导培训，基层文化干部综合素质和业务水平进一步提高。

【大事记】

1月

25日　吴兴西塞山旅游度假区“生态妙西 美丽家园”摄影展在湖州图书馆开幕。此次摄影展由湖州市图书馆、吴兴西塞山旅游度假区委员会、湖州市摄影家协会红叶分会联合主办。市文联、市图书馆、市摄影家协会、吴兴区、妙西镇等相关单位负责人及广大摄影爱好者参加了开幕仪式。

27日　长兴上泗安村被中央电视台四套中文国际频道《传奇中国——春节》选为全国仅有的八个民俗传奇村落之一，向全球直播，内容有精彩的水上青龙表演、以“百叶龙”为首的庙会巡游、历史年俗介绍、特色年夜饭“一桌圆菜”等活动。

同日至2月11日　全市举行形式多样的春节、元宵文化活动1000场次。

3月

21日至24日　全省第二十八届戏剧小品邀请赛题材讨论会在湖州举行。活动由浙江省文化厅、湖州市人民政府主办，浙江省文化馆、湖州市文广新局、德清县人民政府承办，来自全省各地文化馆的戏剧干部和创作者70多人参会。

28日　《赵孟頫书画全集》首发式在湖州市博物馆举行。

4月

7日　湖州文化广电新闻出版(文物)工作会议召开，会议总结回顾2016年全市文化工作情况，部署2017年重点工作，动员全市文化工作者贯彻落实市第八次党代会精神和市委“四新”主题实践，进一步认清文化发展的新形势，抓住文化发展的新机遇，开创文化发展的新局面。

20日　湖州市召开全市文化市场管理(“扫黄打非”)工作领导小组会议。市委常委、宣传部部长、市领导小组组长范庆瑜，副市长、市领导小组副组长闵云出席会议。市领导小组各成员单位成员，各县(区)领导小组正副组长及领导小组办公室主任参会。

26日　双林费新我艺术馆向湖州图书馆地方文献部捐赠《左腕如山——费新我书法作品集》等8种费新我相关文献，共计16册。

5月

18日　全国重点文物保护单位下菰城遗址及陈英士墓的保护规划评审会召开。吴兴区政府、道场乡政府及市委统战部、市规划局、市住房与城乡建设局、市国土资源局、市交通运输局、市水利局、市农业局、市旅委、市环保局等部门代表参会。

26 日至 27 日　浙江省文化厅副厅长叶菁一行到湖州市调研公共文化服务体系建设，先后走访了长兴县、南浔区基层公共文化服务点以及湖州市文化馆、图书馆、美术馆和大剧院等基层文化单位，听取了有关公共文化服务工作的情况汇报。

6 月

1 日　第一届"寻找身边的文化遗产"摄影大赛评选活动在湖州市文物保护管理所拜石草堂举行，评选出入围作品 150 多幅（组）。

6 日至 7 日　2017 湖州市文化礼堂管理员培训班在安吉县委党校举办，吴兴区、南浔区、开发区、度假区的 100 名农村文化礼堂管理员参训。

9 日　"苕雪流吟"2017 年湖州市文化和自然遗产日系列活动启动仪式在湖州市文物保护管理所举行。活动表彰乡镇文物保护先进工作者和摄影大赛获奖者，成立了湖州市文物保护志愿者协会，并参观"缤纷苕雪——寻找身边的文化遗产"摄影展。

8 月

1 日至 10 日　长兴鸳鸯龙应邀参加意大利第 34 届国际民间艺术节，并获得了"意大利第 34 届民间艺术节特别奖"。

9 月

28 日　"文化阳台"第六季"喜迎十九大"系列活动之吴语话中秋晚会在湖州市文化馆举行。活动由中共湖州市委宣传部、湖州市文化广电新闻出版局主办，湖州市文化馆承办。

10 月

25 日　拓展性教材《探寻吴兴文脉》首发仪式在爱山小学教育集团青阳校区举行。该书是湖州市文化和教育部门首次集结本土优秀教师、文史专家，以拓展性教材的形式，对湖州吴兴人文历史进行了全面的挖掘整理，并汇编付梓。

31 日　"书画湖州"基本陈列展专家座谈会在湖州市美术馆举办，湖州市书画家和书画史方面的 10 位专家、学者参会。

11 月

14 日　吴昌硕纪念馆馆长、吴昌硕曾孙吴民先受邀访问日本驻中华人民共和国大使馆，并与大使横井裕会面。

18 日　与浙江越剧团合作打造的越剧《游子吟》在浙江音乐学院成功首演。

22 日　由浙江省文化厅主办，浙江省文化馆、湖州市文化广电新闻出版局承办的"喜庆十九大——2017 浙江省第二十八届戏剧小品邀请赛"现场决赛在德清县电视台拉开帷幕。本届邀请赛决赛分为 11 月 22 日晚与 11 月 23 日晚两场。

24 日　由湖州市安吉县人民政府、上海书画出版社主办，中共安吉县委宣传部、安吉县文广新局、安吉县鄣吴镇人民政府、吴昌硕纪念馆协办的《吴昌硕全集》首发式在安吉两山创客小镇云中心举行。

27 日至 30 日　浙江省文物考古研究所在安吉举办"安吉龙山 107 号古墓葬考古发掘暨安吉考古保护中心建设及安吉古城遗址博物馆展陈设计专家研讨会"。来自国家文物局、浙江省文物局、北京大学、南京大学、吉林大学、南京博物院、江苏省考古研究所、上海博物馆、秦始皇帝陵博物院、湖北省荆州文物保护中心、浙江省博物馆、浙江自然博物馆、浙江省文物考古研究所等单位的近 20 位专家参会。

28 日　由浙江省新四军历史研究会、长兴县文化广电新闻出版局主办，长兴县新四军苏浙军区纪念馆、县文化馆承办的学习贯彻党的十九大精神，纪念新四军成立八十周年暨粟裕将军 110 周年诞辰专场演出在长兴县文化馆举行，350 名观众观看了演出。

12 月

4 日　浙江省文化（文物）系统"12·4"国家宪法日暨全国法制宣传日活动在湖州市文化广场举行。浙江省文化厅副厅长叶菁，湖州市人民政府副市长闵云以及省文化厅、省司法厅、市政府、市委宣传部等相关负责人出席，市司法系统、市文广新系统干部职工等近 300 人参加活动。

5 日　国家文物局副局长关强到湖州调研文物工作，先后考察调研了国家重点文物保护单位飞英塔、湖州市博物馆、湖州太湖古木艺术馆。湖州市副市长闵云一同调研。

21 日　湖州市首个大型非遗空间"湖州·传家小镇"文化项目在市文化产业发展大会上正式签约，项目总投资约 150 亿元。

（梅　菊）

湖州市各县（市、区）文化工作概况

【吴兴区文化体育局】　内设职能科室 4 个，直属单位 5 个。2017

年末人员 23 人(其中:公务员 7 人,参公 10 人,事业 6 人;具有中级专业技术职务资格的 2 人)。

2017 年,吴兴区文化体育局以推进现代公共文化服务体系标准化、均等化建设为原则,不断完善公共文化服务网络,创新转变文化服务模式,逐步实现公共文化服务制度化、常态化和品牌化。文艺精品创作借智借力,充分挖掘新人新作,多渠道、多形式发挥社会文艺创作力量,地域文化影响力更加广泛。一是提升公共文化服务水平。积极贯彻落实《吴兴区现代公共文化服务体系实施意见》和《关于加快推进基层综合性文化服务中心建设的实施意见》要求,基层文化阵地逐步健全,19 个乡镇(街道)文化站改造提升并实现免费开放,中心城区 55 个社区"综合文化活动室"实现全覆盖,新建 10 个农村文化礼堂,东林镇星群村、环渚街道瑶台村获评"浙江省文化示范村"。全年组织送文艺演出下乡 150 场,送书下乡、进学校 2.5 万余册,送讲座、展览 60 场,送电影下乡 2688 场次,组织推荐参加文化员培训班 580 人次。开展"音艺梦想"艺术培训进校园活动 240 多次,非物质文化教学传承基地在各学校授课 84 次。举办"'靠前站 马上办 讲实效'文艺宣讲报告会""吴兴区'音艺梦想'艺术培训基地新年音乐会""'爱上吴兴'首届歌唱大赛"等。全年开展"文化走亲"交流活动 87 场,组织吴兴稻穗龙团队代表浙江省赴广东省参加文化推介。"文化走亲"项目获得市文化系统专项行动一等奖。二是加强文艺精品生产和创作。精品艺术工作稳步提升,作品《芝麻大的一点事》获评浙江省"中国梦·故乡情"小说评选兰花银奖,作品《甜蜜又可爱》《再唱山歌给党听》获评浙江省排舞大赛铜奖,"吴兴之星"越剧团作为湖州市唯一入选团队参加 2017 年度全省优秀民营剧团展演,并获得优秀剧目奖。开展视觉艺术扶持培育工作,举办"吴兴八景"优秀摄影作品大赛,发挥全区摄影专业人才的引领作用,用艺术培育"吴兴风格"、彰显"吴兴气派"。三是健全文化市场监管体系。市场布局日趋合理,投资主体愈加多元,品牌化经营初具规模。全区文化经营单位 290 家。全年除日常巡查、双随机抽查之外,组织开展"春节平安检查""十九大百日攻坚""护航世界互联网大会"等专项检查 20 多次,出动区、镇、村三级检查人员 3000 多人次,检查场所 5000 多家次,查缴非法书报刊和非法音像制品 3000 多册,办结案件 34 起。全年未出现重大事故,文化市场安全、繁荣、稳定、有序。四是促进文化产业发展。打造多元文化创意产业平台,服务湖州多媒体产业园、吴兴区 EBD·总部自由港、吴兴梦工场等文化创意产业承载平台建设,新建湖州文创中心产业园,积极推动游戏、影视剧制作等具有吴兴特色的文化创意产业发展。打造优质文化创意特色小镇,紧紧抓住"丝绸小镇""美妆小镇""原乡蝴蝶小镇"和西塞山旅游度假区的建设契机,依托钱山漾遗址"世界丝绸之源"等文化优势,积极探索推动与文化创意产业的融合发展,积极创建省级特色小镇文化建设示范点。充分发挥区位、资源、智力等优势,促进文化产业项目签约落户、落户的文化产业项目开工建设。建立文化产业项目库,积极推进文化创新驱动、文化产业重大项目带动和特色文化产业发展,积极推介优质项目申报省、市文化产业扶持资金。组织开展吴兴文化名企名品培育创强行动,逐渐培养一批有实力、有竞争力的文化行业龙头企业;指导推出一批具有吴兴特色的动漫游戏、创意设计、演艺视觉艺术等精品佳作;大力推介一批文化产业企业、非遗项目走出去,积极组团参加义乌文化产品交易会等;提高区域文化产业创造力、竞争力,实现城乡文化力量积聚,激发文化创意活力。五是加强文化遗产保护。开展"大匠至心·非遗薪传"吴兴区非遗保护系列活动,挖掘命名第六批区级非遗项目 17 个,成功推荐老恒河酿造技艺和东林柳编技艺入选浙江省第五批非物质文化遗产代表性项目名录。加强属地文物保护,全力做好古村落保护和利用,服务道场乡多宝塔修缮后亮灯仪式,支持"钱山漾遗址"所在地路村村实施"文化+"开发,围绕"太湖溇港文化"提升义皋古村落文化影响力,使千年古村在保护与开发展示中焕发新的生机。

(彭功胜)

【南浔区文化体育局】 内设职能科室 4 个,直属单位 7 个。2017 年末人员 37 人(其中:公务员 6 人,参公 8 人,事业 23 人;具有高级专业技术职务资格的 1 人,中级 9 人)。

2017 年,南浔区文化体育局紧紧围绕"聚力大赶超、实现新跨越"总体部署,深入贯彻落实"四新”主题实践活动，以补齐短板和营造特色为着力点，全面加强公共文化服务体系建设，圆满完成了全年各项工作任务。一是夯实文化阵地。新建18个农村文化礼堂。区图书馆顺利通过国家一级馆复评，启动“南浔区城乡图书共享工程”，实现乡镇图书分馆全覆盖。旧馆镇文体中心改建工程顺利推进并被列入第二批省公共文化服务重点镇，旧馆镇大洋村等9个村被列入重点村，双林镇向阳村获评省级文化示范村，菱湖镇竹墩村文化礼堂获评全省示范文化新地标。二是完善服务体系。全年举办各类民间文化活动50多场，各类大型文艺演出20多场，组织开展基层文化活动300多场，送展览、讲座活动110场，送书2万册。以举办第五届南浔全民阅读节为契机，以“嘉业讲堂”和“百姓声音”两大讲座活动为抓手，组织开展读者活动近100场，大力倡导全民阅读。拍摄制作《天下南浔》等宣传片，成立沈氏研究会。三是打造文艺精品。围绕党的十九大等重要节点，谋划创作一批文艺精品，重点打造“一歌一舞一戏”。荻港民间丝竹获省非遗传统音乐新传奖。《规矩》《我在江南等着你》获湖州市第八届“五个一工程”奖。《闻乐起舞》获2017年湖州市排舞大赛金奖。越剧小戏《规矩》参加2017全国群星奖展演，登上全国舞台。出版《浔根丛书》第四辑和《天下沈氏·族鉴南浔——沈氏宗姓文化研究》。四是提升服务水平。深化行政审批制度改革，进一步简政放权，98项服务事项全部实现“最多跑一次”目标，其中50%以上服务事项实现零上门并向社会公布。全年出动检查631次，检查经营单位3893家次，其中双随机抽查24次，检查经营单位196家次。办结案件24件，协助指导34家无证小歌厅办理行政审批手续并纳入正常监管。五是抓好保护传承。完成大运河（湖州段）遗产监测中心建设。完成三高连接线沿线树下兜遗址抢救性考古发掘、太平桥异地迁建方案编制。加大培育力度，促进文旅、文创融合，花间堂—求恕里作为文物合理利用试点项目对外开放，荻港古村作为旅游景区对外迎客、双林绫绢等衍生品不断拓展。完成全国重点文物保护单位小莲庄安防工程专项资金项目申报工作，获得国家文保专项补助资金214万元。大力培育非遗品牌项目，开展第五批省级非遗传承人、第六批市级非遗传承人、第四批浙江省非遗旅游景区申报工作，确定“南浔十校十礼堂非遗基地”。六是加强文化队伍建设。围绕招商引资、文明城市创建、旧城改造等中心工作，通过外挂和借调等形式提升能力，选派5名干部赴省文化厅、省文物局、区委宣传部、上海市招商组、頔塘南岸房屋征收指挥部挂职锻炼，进一步锤炼了干部队伍。以“红色星期六”“党纪教育一刻钟”等为载体，抓好机关党员干部党风廉政教育。不断增强“四个意识”，把思想和行动统一到区委、区政府工作要求上来，狠抓各项工作的推进落实。积极推动农村（社区）文化人才队伍建设，每个村（社区）至少组建文化活动队伍1支。

（徐铁城）

【德清县文化广电新闻出版局】 内设职能科室9个，直属单位5个。2017年末人员99人（其中：公务员16人，参公15人，事业68人；具有高级专业技术职务资格的6人，中级29人）。

2017年，德清县文化广电新闻出版局认真学习贯彻党的十九大精神，按照“奏响主旋律，唱响好声音，讲好德清故事”的工作基调，完善“政府主导、市场运作、全民受益”工作机制，深化改革创新，激发文化活力，大力促进文化惠民，县图书馆获得“2016全民阅读先进单位”称号，为率先建成全面小康标杆县提供了有力支撑。一是加强文化设施建设。德清大剧院和新文化馆建设加快推进，钟管蠡山民俗图书馆、欧诗漫珍珠博物院、潘氏中医外科博物馆、农耕博物馆、国土资源馆、红色记忆馆、江南刺绣馆建成开放，新建10家农村文化礼堂。二是提升惠民服务水平。深化“我们的品牌”。聘请4位驻馆作家，举办5期名家开讲和7期春晖讲堂，有效扩大了德清影响力。结合“互联网＋”思维模式，继续开展以德清家风节、阅读节为载体的“文化修身”行动，打造以免费公益培训为内容的“文化客厅”，全年开展各类艺术、文博培训10期，共计受众2.4万人次，有效解决了“送文化”“种文化”和“创文化”的问题。策划开展蚕花庙会、乾龙灯会、舞阳侯会等富有生命力的文化节庆活动，乾元镇以民俗活动“乾元龙灯会”获2016年度浙江省民间文化艺术之乡称号；同时，承办浙江省第二十八届戏剧小品邀请赛题材讨论会、作品加工会和决赛以及浙江音乐学院“剿灭劣Ⅴ类水”专场演出，举办首届莫干山国际诗歌节、德清县第二届前溪原创歌舞(戏剧)小品大赛、德清县第六届乡村排舞大赛和“喜迎十九大　永远跟党走”全县村歌大赛，创新推出德清朗读者大舞台、“一城一人一书”新书首发签售等全民阅读品牌，乡土阅读活动获得“2017全民阅读优秀案例二等奖”。培育“我们的惠民”。开展公共文化“菜单式”服务，全年全县送戏下乡170场，开展文化走亲125场，电影放映2035场，受益观众43.89万人次。加强文化礼堂长效管理，出台《2017年德清县农村文化礼堂管理使用实施方案》，评选出13家特色农村文化礼堂，鼓励十佳文艺团队与文化礼堂结对，定期开展活动，提高文化礼堂使用率，全县文化礼堂开展活动610场次。三是加强精品创作。越剧电影《德清嫂》成功上映，并在德洽会暨上海活动周期间走进上海兰馨悦立方影城。与浙江越剧团合作打造越剧《游子吟》，11月18日在浙江音乐学院成功首演。话剧《小镇琴声》完成剧本大纲，并召开了专家论证会，逐渐形成了精品创作的“德清样本”。与国家一级导演合作，以德清道德模范故事为题材，以德清本土演员为主，探索德清小品进央视模式，《捉放鸟》《老马不傻》《租个妈》《排戏》4个小品登上央视舞台。同时，紧密围绕中心工作，创作了《最多跑一次》《文明德清十八礼》《裸心》等一批优秀的音乐作品。歌曲《少年行》《德清老家》《文明德清十八礼》和小品《拍电影》申报“2018年度国家艺术基金项目”。四是加强文化遗产保护。加强文物保护。推进云岫寺等计划内文物维修工作，开展东部水乡228座古桥梁摸底调查，对有历史价值的20多座古桥梁分批有序实行修缮保护，同时，全力配合良渚遗址考古工作和大运河(浙江段)文化带建设。实施“博物馆在行动”。积极助力美丽城镇建设，打造一批有文化的特色小镇，已有体现防风文化的二都小镇、体现民国文化的莫干山镇和体现老底子文化的乾元镇，新华每日电讯、《光明日报》、《浙江日报》等媒体做了报道。与龙泉市双渔瓷庄合作，建立“瓷之源”研发体验基地，共同研发“瓷之源”文创产品。继续开展文物征集，向社会公开征集文物43件/套，获赠陈香梅签名藏书票1枚，接收社会各界热心人士捐赠10件藏品，丰富了博物馆藏品。积极打造学生教育“第二课堂”，以“学堂＋体验”模式，推出良渚玉器带你飞、戏曲萌娃喊你来拿礼等7场活动，惠及2000多名学生。注重非遗传承。承办第四届中国非物质文化遗产保护(德清)论坛和主题晚会，启动《德清非遗工匠》纪录工程，弘扬匠心精神。加强非遗宣传推广，开展“喜迎十九大·文脉颂中华”非物质文化遗产大型网络传播，《德清县非物质文化遗产大观》《火种：德清县非物质文化遗产传承人口述》入选首届浙江省非遗图书“十佳百优”图书名单，国遗名录《扫蚕花地》接受多家央视媒体专题采访。五是加强市场监管。以“最多跑一次”改革为导向，切实转变文化市场审批服务。按照行政审批“两集中、两到位”制度，全力推进实施“最多跑一次”审改任务，调整梳理全部行政服务事项(主项62项，子项76项)，完成权力事项库、政务服务网、行政中心网3网事项、数据统一，并完成办事指南、办理范本和数据梳理表的编制及上报。按全省统一部署，同步实现权力事项“最多跑一次”事项公布实施，实现网上预审率100%，“零上门”事项率88%。全年办理各类行政审批事项408件，无投诉、行政复议和行政诉讼情况发生。以“扫黄打非进社区”为抓手，深入开展“扫黄打非”和文化市场管理各项专项行动。以政府购买第三方社会公益机构服务的新模式，充分发挥社区基层组织的作用，采取在试点社区打造“三个一”，即“一支专业志愿者队伍，一个固定宣传点，一个网络宣传平台”的“扫黄打非”工作新模式，努力将“扫黄打非”进基层工作落到实处，调动社区居民、社会组织力量参与到“扫黄打非”队伍中来。以“全国文明城市创建”和“护航十九大”为主线，不断深化文化市场综合治理。通过开展网吧专项整治、党员夜巡网吧、聘请4名职业消防安保人员“安全体检”等举措，不断深化文化市场综合治理，全年出动检查1337人次，检查经营单位2583家次，查处违规116起，立案调查44件，排查出安全隐患83个，其中，在寿昌桥建设控制地带内进行建设工程案被评为“2016年度全国文物行政处罚案卷评查优秀案卷”。六是推动文化产业发展。德清县入选2016—2017年度省文化产业重点县(市、区)，浙江泰普森休闲用品有限公司和浙江欧诗漫集团有限公司荣获省重点文化企业称号。出台《德清县文化创意领军人才培育计划》，莫干山文旅产业小镇项目发布会暨中外设计师论坛、2017国际公共艺术研究员会议相继在德清举行。总投资5.8亿元的钟管镇水样年华古婚俗文化街，11幢建筑已结顶。包含了珍珠工业旅游开发的欧诗漫珍珠文化产业园，基础建设基本完工，珍珠博物院对外试营业。

（朱国辉）

【长兴县文化广电新闻出版局（体育局）】 内设职能科室8个，执法大队1个，直属单位6个。2017年末人员101人（其中：机关25人，事业76人；具有高级专业技术职务资格的11人，中级22人）。

2017年，长兴县文化广电新闻出版局公共文化服务水平不断提高，文艺创作持续繁荣，文化事业和文化产业蓬勃发展，文化乐民惠民水平不断提升，为打造高水平全面小康社会县域典范提供了有力支撑。长兴县文化广电新闻出版局获浙江省第一次全国可移动文物普查先进集体，浙江省文化市场综合执法先进集体。浙江百叶龙文化发展股份有限公司成功上市，成为湖州市首家浙江省第二家新三板上市的国有文化企业。“农村文化礼堂志愿者项目”获浙江省优秀志愿服务项目。长兴图书馆获第七批“浙江省社会科学普及基地”称号。“静美的绘本会说话”荣获全国“2016年全民阅读推广优秀项目”。长兴鸳鸯龙获全省第四届舞龙锦标赛双金奖（传统舞龙项目金奖、女子成年竞速项目金奖）并赴意大利进行文化交流。一是建设文化阵地。加快推进太湖（长兴）博物馆建设，完成新馆陈列展览的相关布展方案及藏品征集方案。启动国家一级公共图书馆评估定级工作。纪念馆多处旧址实行局部维修，10月底正式启动苏浙公学、兵工厂旧址项目的维修工程。乡镇设施实现提升。17个乡镇（街道、园区）实现综合文化站全覆盖。指导太湖街道积极创建省级文化强镇。村级设施持续完善。完成新建夹浦镇香山村等农村文化礼堂10个，并着力推进文化礼堂建管用育一体化机制。社区文化活动中心基础设施实现提升，新增北门社区等9个图书流通点并指导做好日常开放和活动开展，全县17个乡镇图书馆分馆、城区24个社区图书室、20多个行业分馆全部建立。二是积极开展文化活动。组织开展基层群众文化活动1000多场，送戏、讲座、展览下乡200场，文化走亲81场，大型演出65场，完成电影放映近3000场次，送书下乡2万余册。举办樱桃节、蓝莓节、桃花节等农事节庆活动，打造“一乡一品”“一村一韵”特色。举办第八届排舞大赛，72支队伍、1200多人次参与，龙山街道等4支队伍获得金奖。助力党的十九大，开展了“喜迎十九大　颂歌献给党”等6场“唱响党建好声音”活动。配合县重点工作，完成清明茶圣陆羽祭祀大典、建党96周年庆祝大会、2017廉政晚会等大型活动。举办“长兴茶文化优秀摄影图片展”、“太湖风”书画展、“祥光秋韵”长兴国画三元老作品联展等大型展览45场。持续推广全民阅读。开展阅读马拉松挑战赛、“遇见最美的你”杨红樱读者见面会、“书香行动”经典诵读等系列全民阅读推广活动。举办少儿阅读推广活动200场，深入基层乡镇文化礼堂、社区、学校及企业，开展送绘本故事及各类读书活动60多场，赠送绘本图书3000多册。全面加强文化交流。认真组织参与“文化走亲”，尤其是县区间开展“文化走亲”活动30场，促进文化成果共享。百叶龙、鸳鸯龙参加县内外重大演出活动40多场，尤其是长兴鸳鸯龙受邀参加意大利阿尔贝罗贝洛国际民俗艺术节，并登上《中国文化报》、《浙江文化月刊》、省文化厅网站等，成为又一走出国门的文化交流品牌。央视国际频道对祭祀茶圣陆羽的大典进行了直播，上泗安村被中央电视台中文国际频道《传奇中国——春节》选为全国仅有的八个民俗传奇村落之一，于大年三十向全球直播，彰显长兴地域文化特色。三是稳步发展文化产业。项目引推富有成效。围绕《长兴县文化产业发展三年行动计划（2015—2017）》，坚持以项目为抓手，实现文化产业层次提升。举办2017年度长兴文化产业（杭州）招商推介会，签约一批落地项目，推介一批潜在项目。服务西泠印社紫金苑项目落地签约。馨园影视文化产业园成功引进长兴健康管理有限公司、长兴年代影视文化工作室近70家公司。服务企业健康发展。走访全县20家大型文化企业，调研文化企业发展现状。组织15家单位参加第12届中国（义乌）文化产品交易会，12件参评作品共获工艺美术类、创新设计类7个奖项，占湖州地区获奖总数一半以上，紫砂大师蒋淦勤夺得湖州地区唯一一个工艺美术金奖，首次参展的一品堂雕刻博物馆获得创新设计奖。此次参展企业数同比增加15.4%,获奖数同比增加250%。组织龙之梦申报文化金融扶持计划重点项目,组织百叶龙申报特色文化产业发展“优秀基层戏曲院团奖励”重大项目,助力本土文化金名片百叶龙腾飞。整合资源作用明显。成立南窑陶瓷研究院和长兴南窑陶瓷材料科技有限公司,引进陶瓷大家为研究院特聘顾问。紫砂炼泥厂加快建设进程,获得营业执照,并积极进行环评工作。推进非遗手工制作、紫砂工艺等一批优秀文化企业尝试文创产品开发,紫砂荷叶杯、紫砂艾灸枕、紫砂茶盘等紫砂文创产品相继面市。四是大力打造文化品牌。打造百叶龙文化品牌。浙江百叶龙文化发展股份有限公司成功上市,成为湖州市首家、浙江省第二家新三板上市的国有文化企业。探索长兴创新经营模式,延伸“又一光年咖啡馆”项目,将文化创意产品销售和休闲咖啡美食相结合。同时,百叶龙宴会中心、百叶龙游艺项目等百叶龙品牌授权单位经营效益同比提升明显。百叶龙相继参演了春节上泗安村央视录制、杭州钱王祠祭祀活动、“出彩中国人”长兴站海选等演出,进一步扩大品牌影响力。打造红色文化品牌。立足新四军纪念馆,继续发挥爱国主义教育基地作用,接待了粟戎生、任振鹤等中央、省、市重要领导。同时,完善集教育、培训、拓展训练于一体的红色教育项目内容,打造铁军训练营。赴井冈山专题学习访谈教学模式,深入挖掘整理新四军故事后,以访谈形式进行叙述。开展敬献一次花圈花篮、重温一次入党誓词等“八个一”体验教学活动。引入专业素质拓展团队,组织红色穿越、模拟会师、寻觅情报等活动,培养学员的组织纪律意识、团队协作能力。全年接待红色教育培训班次80多批,培训人员2400多人。五是加大文物保护力度。召开全县文物工作大会,加强文物动态管护,在保障美丽乡村建设、“治危拆违”专项整治、龙之梦项目建设等重大项目或行动顺利推进中发挥了积极作用。完成所有县级及以上保护单位的保护标志碑和文物巡查。完成全县野外文物的保护规划。做好“清水入湖”工程中的复兴桥异地搬迁工作。做好小沉渎、顾渚两个古村落整体提升中的文物文化工作。做好图影太湖龙之梦工地的考古配合工作。编纂《物阜长兴2》,第一次完整呈现了县博物馆的所有珍贵文物。推出《寻访长兴国宝》节目,精心策划“文物保护宣传月”活动,推进传统“四送”“特色课堂”进校园,营造文物保护浓厚氛围。2人次获省、市第一次可移动文物普查先进个人。加强非物质文化遗产的传承保护工作。成功申报“长兴紫砂研究院”“长兴丰收园茶厂”为省级非遗生产保护性基地。推荐申报省级非遗传承人2人、市级非遗传承人23人。整理、申报百叶龙等非遗项目专项资金补助。推动非遗进乡村礼堂、进旅游景区、进美丽校园,县非遗中心接待学生3000多人次,举办“美丽非遗”展览走进三县两区文化礼堂,开展10场长兴美丽非遗主题活动巡演,以狮舞、马灯、滩簧等本地传统文化打造非遗一台戏。在太湖图影国际半程马拉松、环太湖国际公路自行车赛等大型文体赛事开幕式上举办鼓乐狮舞、双偶摔跤、长兴鸳鸯龙等非遗展示。六是进一步健全文化市场管理体系。部门联动强协作。围绕“护航十九大”“全国文明城市创建”和“扫黄打非”三大中心工作,深入开展“清源”“净网”“秋风”“护苗”“固边”等文化市场管理专项整治行动。全年联合公安、消防、城管、市监、教育等部门开展联合巡查56次,召开联席会议3次;全年出动巡查3366人次,检查4321家次,查处违规场所394家次,收缴非法出版物、音像制品4427册(盒),有力确保了文化市场健康稳定。开展全国文明城市创建行动,结合视频监控和实地巡查,对网吧、歌舞厅等重点场所形成“三位一体”监管。借鉴全国文明城市创建经验,开展“护航十九大”专项行动,共出动执法人员906人次,检查场所1165家次,查处违法违规行为96家次,排查安全隐患,确保党的十九大召开期间长兴县文化市场安全稳定。审批改革强服务。全面落实行政审批“最多跑一次”改革,梳理出相关事项61项,全部公布为“跑一次”。接入浙江省政府服务网长兴平台网上申请、在线服务、快递送达,并汇聚整合到浙江省政务服务网及移动客户端。坚持日常依法审批工作,全年新审批设立文化经营场所35家,变更16家,同时对整个文化市场进行调查摸底,梳理出93家“口袋本”企业,通过自行申请和公告的方式进行了注销。全面推进“双随机一公开”工作。从3月开始,按每月2次的检查频率,开展随机抽取执法人员、随机抽取检查对象工作，将结果及时报告上级部门，并向社会公开。

（史佳琪）

【安吉县文化广电新闻出版局】 内设职能科室5个，局属单位5家。2017年末人员79人（其中：公务员11人，工勤1人，参公10人，老人老办法1人，事业56人；具有高级专业技术职务资格的8人，中级20人）。

2017年，安吉县文化广电新闻出版局围绕“两聚一美发展大局”，开展“四新”主题实践，动员系统上下“拼激情、比担当、争一流”，不忘初心、再创佳绩，为建设中国最美县域提供文化支撑。一是加强重点文化项目建设。浙江省自然博物园项目初显形象。抽调一批干部驻点完成工作协调事项。核心馆区工程提前3个月完成结顶，市政景观工程、三标段室内装饰装修及智能化工程初步验收，陈列布展工程正式进入实施阶段。古城国家遗址公园项目扎实推进。国家、省文物局先后批准《安吉古城遗址、龙山越国贵族墓群保护利用规划》《安吉古城考古遗址公园建设规划》。筹备召开国家遗址公园、龙山古城考古保护中心、遗址博物馆项目全国专家研讨会。国家考古遗址公园、安吉古城考古保护中心、浙江省文物考古研究所安吉工作站、安吉县龙山古城大遗址管理处正式揭牌。古城考古保护中心正式开工建设。九亩墩大墓及周边环境整治与景观改造工程有序开展，古城城址、窑山遗址的考古发掘工作全面铺开。县城新图书馆项目正式启动。7月8日正式开工，完成审核报批、建筑规划设计和内部装修设计以及基础桩基工程。影视文化小镇建设步子加快。积极参与影视小镇建设服务，影视产业园一期项目建设初显成效。全年完成投资6.26亿元，影视外景拍摄基地法门寺主体工程封顶，完成二次结构、内外装、设备安装；影视学院配套工程完成主体工程50%。91家影视企业签订入驻协议。传统文化经营项目日益增多。安吉县442家文化经营单位实现产值近50亿元，其中城市电影院线票房收入突破3000万元。以手工艺术为特色的文化创意企业不断增多，并多次参加义乌、杭州、台湾等国际文化产业博览会。安吉县文创微小企业500多家，成为全县经济转型升级的有益补充。二是开展特色创新工作。吴昌硕品牌建设再结新果。国家重点出版项目《吴昌硕全集》12卷，历经五年完成全部编纂任务，极大地填补了近百年来吴昌硕艺术大全的出版空白和吴昌硕文献研究的学术空白。举行纪念吴昌硕逝世90周年暨《吴昌硕全集》首发式，征集受捐近20件吴昌硕印章及名家书画作品，极大地提高了吴昌硕纪念馆馆藏作品层次和品位。配套举办全国篆刻名家作品邀请展、《大哉，吴昌硕》大型原创诗歌剧首演活动。全民阅读城市书房建设启动。组织开展2017“阅动安吉·书香竹城”全民阅读暨城市书房启动仪式系列活动。首批建成4个城市书房示范点以及多个流动读书点，线上线下同步开展“故鄣讲堂·讲座”“阅读悦美·阅享”“与书同行·体验”等6个系列16场活动，彰显“共建共享”的全民参与智慧，为创建全开放、高品位的城市阅读服务体系奠定了良好基础。积极争取上级支持两山示范。省文化厅指派钱江浪花艺术团文化下乡巡演，省文化厅非遗处支持承办“‘安吉杯’最美中国年——2017年春节非遗微视频作品大赛”，浙江音乐学院协助编排大型原创诗歌剧《大哉，吴昌硕》，浙江图书馆援建领办天荒坪镇图书分馆项目，省博物馆助力举办“梦圆两山”优秀传统文化节目走进余村、支持指导龙山古城国家级大遗址保护规划报批工作。三是打造公共文化品牌。以“四新”主题实践活动为总抓手，打响文化品牌、培育“美丽文化”，先后承办“博物馆之夏”系列活动、首届传统手艺非遗秀暨小而美中秋博览会、“阅动安吉·书香竹城”全民阅读暨城市书房启动仪式系列活动等品牌文化活动。以纪念吴昌硕逝世90周年系列活动为主线，举办全国篆刻名家邀请展、“苦铁金石、亘贯书画——吴昌硕作品展”、“国艺昌硕——吴昌硕绘画作品展暨中国写意绘画名家邀请展”等多场高规格精品展览。组建“文化顾问”助力打造“中国最美县域”，指导编排“灵峰战马图”，指导创建省级文化示范村，参与小城镇综合整治评审等，开展“范范与你聊昌硕”“美丽技艺传匠心”“让文物说话 讲安吉故事”等特色传统文化体验活动。以公共文化提升工程三级联动体系为载体，开展各类文化惠民活动。县生态博物馆、吴昌硕纪念馆接待参观1220多批次42.5万余人。继续实施政府购买公共文化服务，完成文化街景200场、文化下乡200场、文化走亲133场、文体活动866

场、讲座培训297次、展览69场、电影放映任务2995场次。配合宣传部门新建安城、鹤鹿溪等9家文化礼堂,推进天荒坪、灵峰等7家乡镇文化站建设。杭垓镇、梅溪镇获评省民间文化艺术之乡。完成2个省级文化示范村、1个省级非遗小镇的申报工作。竹乐歌伴舞节目《春风竹韵》作为浙江省唯一入选节目参加全国文明村镇文艺展演,受到中央文明办函电表扬。安吉公益合唱艺术协会团队在2017全国电视合唱大赛中获总决赛冠军。歌曲《美酒一缸缸》、第一首以特色小镇为主题的歌曲《天使 Angel》、新创竹乐曲目《竹凤凰》、非遗宣传视频《遇见安吉·醉美街景》、原创小品《甜果》、双人舞《忆红》等分获国家级、省级奖项。全年有70多个团体和个人在音乐、舞蹈、书画、文学、摄影等领域分获国家、省、市不同奖项。四是加强文化遗产保护。巩固文物普查成果,编制《故鄣遗珍》《安吉县博物馆古籍普查登记图录》等普查书籍。与省地理信息中心合作,在全省率先安装测试文物信息系统,制作最新版乡镇文物分布地图,整理分类三普908处登录点信息,实现各乡镇各行政村文物点信息归类统计,精准掌握安吉县文物家底。及时跟进新增省保的“四有档案”编制工作。加强馆内文物安全保护升级以及县内100多处文保点巡查工作,完成盛家老宅等10多处古建筑文物维修工作,启动国保单位古城遗址、龙山越国贵族墓群平安工程建设,对古城遗址、龙山墓群、灵芝塔等文保单位安装实时监控系统。安吉文物平安工程建设成为全省典范,承办浙江省文物平安工程安吉现场会。切实履行文物保护工作职责,服务经济建设,做好申嘉湖高速延伸段、“清水入湖”工程、高铁大道项目等前期文物勘察工作。协助省考古所推进八亩墩考古发掘工作,已发掘土墩墓26座,出土文物200多件。打造美丽乡村升级版,做好文化内涵挖掘和传承工作,参与美丽文化挖掘和文化礼堂建设指导。完成第四批浙江省国遗丛书之《上舍化龙灯》编撰工作以及15个乡镇215项县级非遗项目复评工作,建立非遗“活档案”,完善“三位一体”保护体系。探索传统工艺融入现代生活,扩面非遗“六进”展演,全年组织非遗项目进校园16场次,进街区(“非遗集市”)30场次,进宁波、义乌等地知名展会、节庆活动20多场次,非遗下乡20场,为民间手工技艺产品走向市场提供平台。五是加强文化市场监管。以保障党的十九大胜利召开为主线,加强全县文化市场、不可移动文物、城市影院的消防安全等专项检查工作。全年出动执法人员1914人次,检查场所1673家次,发现违法违规经营活动43起,其中已立案36起,办结35起,做出行政处罚罚款5.85万元。在“护航十九大”百日攻坚行动中,联合公安、消防、安监、市监、网信等部门开展各类专项检查14次,出动执法人员857人次,巡查各类场所及文保单位640家次,发现违法违规行为20起,立案19起,获“护航十九大”先进单位。“扫黄打非”进基层工作成效明显。率先将“扫黄打非”工作纳入基层治理体系“四个平台”并跟踪落实到位,提高监管效能和应急处置水平。指导高禹村成功创建“扫黄打非”进基层国家级示范点,先进经验在全省“扫黄打非”会议上做典型交流。创新文化市场监管方式。开展“美丽网吧”创建工作,实施网吧行业正向引导机制。发挥行业协会在行业自律管理中的作用。编制出台行业通识规范,对16个行业的日常管理、经营行为等24项标准规范予以细化明确,确保经营有章可循、监管有据可依。积极响应文化市场监管制度改革,制定《“双随机”抽查监管办法》,建立“一单两库一细则”,规范事中事后监管,加强抽查监管信息公开。截至12月底,开展“双随机”抽查24次,抽查文物保护单位120家次、文化类经营单位120家次。落实科技兴安措施,发挥智慧监管作用。引进安全生产社会化服务,利用第三方服务机构的技术优势,全面排查辖区87家歌舞娱乐场所、网吧视频监控运行情况。完成全县网吧、娱乐场所及电影放映场所视频监控安装全覆盖,着手引进重要文化场所全时值班社会化服务,强化对人员密集场所的监管力度。推进文化市场“智慧用电”安装工作,提高电气安全隐患发现与预警能力。开展网吧监管系统“清网卫士”大检查。完成部门权力事项清理、“最多跑一次”事项三级目录比对、权力运行平台数据库更新。完成全省一体化投资项目标准化清单、行政审批服务规范指南编制。部门行政审批实行“一窗受理、集成服务”模式,全年梳理公布群众和企业到政府办事事项共计87项,实现100%事项“最多跑一次”,跑零次事项41项。落实“两集中、两到位”工作要求，完成行政审批事项向许可科集中、科室成建制进驻行政服务中心工作，做到审批事项到位、审批权限到位，构建“审批一条龙、服务一站式”的行政审批工作新机制。六是加强文化交流。文化艺术交流增多。吴昌硕纪念馆馆长受邀访问日本驻中华人民共和国大使馆，并与大使横井裕就昌硕艺术的弘扬与传承、昌硕文化的传播与发展进行交流，提升吴昌硕品牌的国际影响力。台湾澹庐书会、浙江省友好城市日本静冈县以及省内外考察团队近150批次到访。加强馆际交流，携吴昌硕作品赴武汉美术馆、沈耀初艺术馆、潘天寿纪念馆等中国书画名家馆参与各类学术研讨及展出。新闻媒体报道面广量大。会同新闻集团制作央视重量级纪录片《中国影像方志·安吉篇》并在黄金时间8点档播出。会同农业局精心制作《首届全国休闲农业与乡村旅游大会——厉害了我的村》并在央视7套播出。“博物馆之夏”系列活动图文信息在《人民日报》头版及文化版、《光明日报》文化版、《中国文化报》头版等国家级重要综合媒体以及10多家国家级、省级网络媒体刊登。信息《〈吴昌硕全集〉在安吉首发》在《光明日报》《浙江日报》以及各大门户网站刊登。图文信息《开笔礼》在《中国文化报》头版、《光明网》文化版刊登。信息诗歌剧《大哉吴昌硕》浙江安吉首演在《中国文化报》刊登。此外，还有60多篇图文信息在省、市级各大网络媒体上刊登。七是加强文化队伍建设。实施“新标杆 新业绩 新形象 新征程”主题实践，排定“责任表”，划清“路线图”，讲究“战术法”，围绕23项中心任务，确定主要负责人统筹落实。加强文化铁军建设，选派8名干部进项目、进村入企，驻点服务攻坚清零城市拆迁行动。落实党委主体责任和分管责任制。开展系统内部党风廉政建设执行落实情况专项检查4次。阳光热线、网络平台、来信来访受理率100%，满意率100%。“两学一做”教育活动常态化、制度化。

（夏　琛）

嘉兴市文化广电新闻出版局(文联)

【概况】 内设职能处室8个,下属单位10个。2017年末人员170人(其中:公务员25人,参照公务员法管理群团机关工作人员5人,参照公务员法管理事业单位工作人员20人,事业120人;具有高级专业技术职务资格的42人,中级65人)。

2017年,嘉兴市文化广电新闻出版局紧紧围绕中心、重点工作和全年各项目标任务,有力推动公共文化服务、文艺精品创作、文化遗产保护、文化产业发展、文化市场管理和文化人才队伍建设等各方面工作,并取得显著成效。

一、国家公共文化服务体系示范区后续建设稳步推进

(一)加快推进市级重大文化设施项目建设

2017年为"项目推进年",共有政府投资项目14个,其中:续建项目5个,博物馆二期工程、博物馆高配扩容工程、嘉兴大剧院设备设施大修工程已完成,嘉兴市图书馆二期(古籍善本藏书楼)工程、高家洋房修缮及周边环境整治工程进展顺利;新建的3个项目均已报批并按计划推进;前期的6个项目,4个开展了方案编制工作,1个进行了招标,积极调整嘉兴市文化艺术中心(市美术馆)项目方案,抓紧立项。

(二)完善规范公共文化服务政策和标准

把贯彻落实《中华人民共和国公共文化服务保障法》作为示范区后续建设的有利契机和重要抓手,纳入全年重点工作和对县(市、区)目标责任制考核内容,将法律的"硬要求"转化为实际工作的"自觉行动"。年初,召开全市创建国家公共文化服务体系示范区总结表彰暨后续建设推进会,制定出台《嘉兴市国家公共文化服务体系示范区后续建设行动计划(2016—2020年)》《嘉兴市人民政府办公室关于进一步加强基层公共文化"两员"队伍建设的意见》,为推进国家公共文化服务体系示范区后续建设指明了方向。上半年,又与市质监局联合发布了《城乡基本公共文化服务规范》《文化馆总分馆服务体系管理规范》《公共图书馆中心馆——总分馆服务体系建设与运行管理规范》等3个地方标准,确定了保障底线,规范了公共文化服务标准。

(三)巩固提升基层公共文化设施建设水平

上半年完成了2016年度基层公共文化设施建设补助,新建镇(街道)、村(社区)文化活动中心10个,改扩建7个,新增公共文化服务面积1.40万平方米,下拨财政资金285.39万元。全市73个乡镇(街道)综合文化站中省定特级站27个,省定一级站42个,一级站以上占比94.52%,省定二级站仅剩4个。全市文化站站舍总面积21.72万平方米,平均每站近3000平方米。全市1147个村(社区)均建有符合标准的文化活动中心(室),平均面积500多平方米。

(四)不断提升公共文化服务持续创新能力

成立"国家公共文化服务体系示范区创新研究中心(嘉兴)"。市长胡海峰和国家公共文化服务体系建设专家委员会主任李国新共同为全国唯一一家示范区研究中心揭牌。在创新研究中心第二次全体会议上,签署了《合作成立创新研究中心备忘录》,并向创新研究中心各位学术委员颁发了聘书。开展市级公共文化重点创新项目研究。开展重点创新项目申报评审工作,共收到各县(市、区)申报项目37个,经省内外专家论证,确定18个项目为公共文化重点创新项目进行扶持和指导,组织专家跟踪调研,并给予每个创新项目2万元的经费补助,有效解决了当前公共文化服务体系建设中的重点和难点问题,有力推动嘉兴公共文化不断取得新突破、实现新跨越。推进"文化馆总分馆"效能提升。11月中下旬,召开全市文化馆总分馆效能建设现场会,进一步巩固嘉兴市文化馆总分馆制的建设成效,落实"两员"制度,不断优化资源配置,切实提升基层公共文化服务效能。嘉兴市现代公共文化服务体系建设继续走在全国前列,文化馆总分馆建设得到了国家公共文化服务体系专家委员会的高度肯定,在2017年中国文化馆年会上设置“嘉兴市文化馆总分馆制建设”论坛，向全国进一步推广嘉兴经验。

（五）创新拓展文化惠民服务品牌

成功举办首届市民文化艺术节系列活动。系列活动分为普及推广、群众文化活动、精品艺术等三大板块，共11项主题活动，跨越大半年，覆盖县（市、区），约有100多万人通过不同方式参与了艺术节相关活动。“文化有约”产品服务博览会是开幕式的特色亮点，9家公益性文化单位、25家社会文化机构集中展示推介各类文化产品服务，内容涵盖文艺演出、展览展示、培训讲座等。全年通过“文化有约”平台开展公益性文化服务项目（活动）1589个，计1.25万场次，网站总访问量突破700万次，直接受益群众超过150万人次。“文化有约”品牌经市直机关工委复评为优秀品牌，并成为全市机关服务品牌创建工作推进会上唯一的现场参观项目。继续推进农村文化礼堂建设和服务的标准化。积极探索农村文化礼堂统筹运行机制，完成服务菜单编制，组织文化业务干部下村指导文化活动、策划组织文艺赛事、辅导排练精品节目。充分发挥“两员”作用，探索农村文化礼堂“建、管、用”一体化发展长效机制，有效对接群众文化需求，成为百姓的“文化殿堂”、精神家园。全市已建成农村“文化礼堂”559家，开展“送戏下乡”1000多场。深入推进全民阅读工作，打造“书香嘉兴”活动品牌。以“书香嘉兴，崇文厚道”为主题，全年开展29个活动项目，举办25场专家讲座，收到“我的书屋，我的梦”征文86篇。继续开展常规品牌群众文化活动。配合中心工作，完成以“共建平安嘉兴·共享平安幸福”为主题的歌舞团文艺大篷车进基层巡演任务100场。深入实施农村电影放映工程。积极协调推进各县（市、区）建立政府向社会力量购买农村电影放映服务机制。全市各地均已完成政府购买农村电影放映服务工作，并超额完成1.2万场次的农村公益电影放映任务，观影人数超过200万。

二、重大文化活动和文艺创作成果丰硕

（一）重大文化活动精彩纷呈

承办“民俗文化与特色小镇”2017年嘉兴端午全国学术研讨会。共收到北京、江苏、上海、重庆等21个省（市、区）高等院校与研究机构的专家学者论文和调查报告62篇。举办“美丽乡愁”嘉兴市原创舞蹈大赛，全市12个节目参加比赛，最终评出金奖3个，银奖4个，铜奖5个。举办“沈曾植奖·首届嘉兴市书法篆刻大展”。共收到来稿398件，最终产生“沈曾植奖”1件、金奖3件、银奖6件、铜奖10件、入围作品81件，同时评出入展作品81件，入选作品50件，共展出130件作品。该活动将每两年举行一届，打造嘉兴书法展览品牌。承办2017第八届中国·嘉兴国际漫画双年展。本届展览以“漫生活”为主题共征集到投稿作品1777件，包括国内投稿1375件和英国、美国、法国等40个国家的402件作品。

（二）文艺精品创作硕果累累

在文学及民间文艺方面，启动了《嘉兴节日志》调查与编纂；成立了嘉兴市网络作家协会，首批吸纳会员80多名；承办了第十三届中国民间文艺山花奖·优秀民间文艺学术著作终评活动，《运河记忆——嘉兴船民生活口述实录》成为嘉兴市首部获得“山花奖”的作品，也是全省唯一入选和最终获奖作品；长篇小说《七天七夜》《四季奔跑》、短篇小说集《雪宝顶》、文化随笔集《樵园随笔》出版；长篇小说《绝响》入围“2016中国好书盛典”文学艺术类好书；“人文嘉兴”文艺系列丛书顺利完成编撰出版。在视觉艺术方面，“心之骛：王新妹的自然观”摄影作品展在中国美术馆开展，这是嘉兴市摄影家首次在中国美术馆举办个展，作品被中国美术馆收藏；嘉兴市12名摄影家提名入展“直面冲击——长三角地区当代摄影作品学术提名展”；袁培德的三组专题摄影148幅作品被纳入国家摄影千名摄影家计划；在全省“最美中国人”笑脸摄影作品征集活动中，嘉兴市有7人8幅优秀作品上榜；吴松、汪新宇获第二届“陆俨少奖”全国中国画展优秀奖；摄影作品集《记忆嘉兴（续）》出版。在表演艺术方面，策划开展越剧《五姑娘》全市巡演，推进戏剧进农村、进社区、进企业；舞台音乐剧《五色螺》在嘉兴大剧院首演，取得圆满成功；举办首届嘉兴曲会暨纪念许鸿宾先生逝世50周年、庄一拂先生110周年诞辰活动；在第二届“浙江少儿戏曲小金桂奖”决赛暨第二十一届“中国少儿戏曲小梅花荟萃”选拔赛上，嘉兴市共有9人获奖。

（三）文化交流合作影响增强

组织赴日本东京开展浙江当代漫画作品展。举办“丝乡

行——湖州、嘉兴、绍兴、苏州美术作品联展”。组织“嘉禾余韵”嘉兴民俗节目演出和“印象·嘉兴”非物质文化遗产传统手工艺展参加第十一届“台湾·浙江文化节”嘉兴文化周活动。与上海金山区文化广播影视管理局和上海宣传人才交流中心结为合作伙伴,共同加强公共文化创新课题研究、文化人才交流、美术事业交流和研究等项目合作,积极推进文化工作接轨上海。策划开展“嘉兴—丽水”山海协作文化交流活动。继续开展嘉兴—沙雅文化走亲活动。

三、文化遗产保护利用水平持续提升

(一)做好世界文化遗产保护与申报

积极推进大运河世界文化遗产法律法规体系建设,起草制定《嘉兴市大运河世界文化遗产保护条例(草案)》,已经市人大常委会第四次会议审议通过。同时,加快大运河(嘉兴段)遗产数据平台建设,完善运河保护管理长效机制,加大对长虹桥、长安闸遗产点的保护管理,嘉兴运河文化展示馆建成开放。推动乌镇、西塘等江南水乡古镇联合申遗工作。完成海宁“钱江海塘”申遗材料上报,争取列入“中国世界文化遗产预备名单”。

(二)推进考古遗址公园保护与建设

马家浜文化博物馆项目土建工程正式进场施工,预计2018年上半年竣工。完成《马家浜考古遗址公园总体规划》编制及马家浜遗址公园省级考古遗址公园评估复核工作,考核名次全省第三名,马家浜遗址公园入选第三批国家考古遗址公园立项名单。编制完成《嘉兴子城保护规划》《嘉兴子城遗址公园总体规划》,获省文物局批复同意,已启动子城谯楼维修工程。桐乡罗家角遗址、平湖庄桥坟遗址配合周边村庄“整改拆项目”,开展“整改拆项目”设计文本编制,对照标准积极开展遗址公园建设,已申报省级考古遗址公园。

(三)夯实文物工作基础与安全保障

组织实施高家洋房、严助墓、秀州中学校史楼等20多处文物保护单位保护维修工程。配合基本建设开展的考古调查勘探10多项,其中子城遗址、达石庙遗址等考古发掘取得丰硕成果。圆满完成第一次全国可移动文物普查工作,嘉兴市国有收藏单位数量和登录文物总数,分别位居全省4位和第7位。编辑出版《嘉兴市第一次全国可移动文物普查成果汇编》。文物平安工程基本完成,市区重点文物保护单位均已安装监控设施,依靠现代科技手段为文物提供安全保障。

(四)提升文博单位社会服务能力与水平

充分发挥馆际合作交流平台作用,引进荆州出土楚国兵器展、清代康熙时期的青花外销瓷展等一批有影响力的展览。推出嘉兴海派书画作品、漫画作品赴太原、玉溪、沈阳、中山等市进行交流。举办零距离赏宝、微课堂、陶艺进校园等主题活动,弘扬嘉兴特色文化。

(五)加强非遗保护活态传承利用

组织开展第十个“服务传承人月”活动。调整充实嘉兴市非遗保护专家库名单。完成第三批享受市政府补贴传承人申报工作。深入推进非遗特色、非遗文化客厅小镇建设,将秀洲区王江泾镇古塘村打造成“江南灶画村”,鼓励社会力量参与非遗文化建设。探索制定《嘉兴市非遗文化客厅建设标准》。开设“非遗我来了”电视综艺节目。积极参加浙江省非物质文化遗产展(香港)、第九届浙江·中国非物质文化遗产博览会等活动。完成《越韵吴风——嘉兴市非物质文化遗产大观》丛书4卷出版工作。

四、文化产业不断创新拓展

积极组织参展义乌文交会。全市17家文化企业参展,共设展位61个,2家企业进入中心馆展示,共获得工艺美术奖金奖1个,银奖1个,铜奖3个。据不完全统计,嘉兴市在展会期间共实现洽谈交易额约300万元,签订意向合作企业50多家。认真做好中央财政文化产业发展专项资金项目申报工作,文化乌镇股份有限公司的2017年第五届乌镇戏剧节项目作为特色文化产业发展项目,海宁皮影艺术团作为基层院团分别获得中央财政文化产业发展专项资金。

五、文化市场管理和执法力度不断加大

(一)规范开展行政审批工作

实现“最多跑一次”事项73项。全市有文化市场经营单位3817家,其中互联网上网服务营业场所782家,歌舞娱乐场所413家,游艺娱乐场所168家,印刷经营单位1679家,出版物单位590家,电影场所71家,文艺表演团体22家,演出场所26家,演出经纪机构28家,互联网文化经营单位36家。

(二)全力为党的十九大及其他重大活动保驾护航

围绕党的十九大和第四届世界互联网大会的召开,日常巡查与"双随机"抽查相结合,常态管理和专项整治相结合,宣传教育与惩罚并处相结合,创新管理理念,增强服务意识,强化监管举措,加大执法力度。全年全市共出动检查人员1.04万人次,检查经营场所2.23万家次,受理举报(督查)34件,行政立案调查233件,办结案件266件,罚款104.10万元,停业整顿7家次,吊销许可证3家次,移交10家次。办理的一起违禁歌曲案被文化部评为优秀案卷。

(三)周密部署"扫黄打非"工作

根据国家、省、市"扫黄"办工作要求和部署,深入开展"护苗""秋风""清源""净网"等"扫黄打非"专项行动,有效删除网络有害信息,严厉打击侵权盗版行为,严格查缴各类非法出版物,确保意识形态安全和国家文化安全。将各县(市、区)"扫黄打非"工作领导小组办公室列为考评对象,抓好"扫黄打非"信息管理系统运行工作,推进"扫黄打非"进基层。将"扫黄打非"纳入社会治安综合治理网格化管理,巩固"扫黄打非"成果。全年集中销毁7.53万件侵权盗版及非法出版物。

六、文化队伍水平和能力进一步提升

加强招才引智,组织局属部分事业单位招聘高层次紧缺专业人才。做好局属部分单位领导班子调整,动态做好事业单位岗位聘任晋升工作。开展嘉兴市重点文化创新团队遴选,年底前完成遴选工作,文艺创作类、公共文化服务类、社科理论研究类等7类共遴选出10个创新团队,培育期为3年,每个团队奖励60万元。配合做好浙大研究生院10名博士、1名硕士暑期嘉兴实践基地挂职锻炼工作。完成全市文化系列职称评审。制订和实施2017年文化队伍人才的培训计划,加强各类公益培训力度。

【大事记】

1月

13日至2月28日　由嘉兴博物馆、上海嘉定博物馆联合主办的"中国科举文化展"在嘉兴博物馆举办,展出84件(套)展品,期间推出了"软陶官帽""书法春联"等相关配套活动。

20日　嘉兴市第十个"服务传承人月"活动暨"最萌非遗好声音"颁奖典礼、嘉兴市首批非物质文化遗产保护示范基地授牌仪式在江南新天地举办。浙江五芳斋实业股份有限公司、嘉兴南湖中国式斗牛发展有限公司、嘉兴市秀城实验教育集团吉水小学等10个单位接受嘉兴市非遗保护示范基地授牌。

是月　浙江省文化厅公布了2015年度全省基层公共文化服务评估数据。在地市级总排名中,嘉兴总得分位居全省第一,实现三连冠。

是月　《嘉兴市大运河世界文化遗产保护条例》被纳入嘉兴市人大常委会2017年一类立法项目。

2月

15日　浙江省文化厅公布全省第六次乡镇(含街道)综合文化站评估定级结果,嘉兴全市73个文化站全部参加评定,其中27个综合文化站被评定为特级站,占总数的37%,42个被评定为一级站,占总数的58%,特级站、一级站占比位居全省第一,一级站以上占比94.52%。

18日　嘉兴市图书馆二期工程开工,于年底完成主体结构封顶。

23日　嘉兴市召开全市创建国家公共文化服务体系示范区总结表彰后续建设推进会。会议邀请了文化部公共文化司副司长白雪华,国家公共文化服务体系专家委员会主任、北京大学教授李国新,浙江省文化厅副厅长叶菁等领导专家。市委副书记、市长胡海峰,市委常委、宣传部部长陈越强,市政府副市长柴永强等出席会议。会议总结了近年来嘉兴市创建国家公共文化服务体系示范区过程中取得的成绩和经验,表彰了创建过程涌现的先进集体和先进个人。

3月

3日　"直面冲击——长三角地区当代摄影作品学术提名展"在嘉兴美术馆开幕,展出13位江、浙、沪、皖摄影艺术家作品52件。

4月

3日至14日　作为浙江省文化厅开展的"日本浙江文化年"系列文化活动之一,嘉兴美术馆在东京中国文化中心承办了"讽刺与幽默——浙江当代漫画作品展"。日本众议院议员舆水惠一、国土交通省政策统括官(副部长)馆逸志,浙江省文化厅厅长金兴盛出席启动仪式。此次漫画展览汇集了省内43位漫画名家的62幅精品力作。

13日　嘉兴市江南水乡古镇申遗推进会在嘉善县西塘镇举行。

23日　第21个世界读书日之际,嘉兴市图书馆正式推出"京东快借"线上荐购服务,与新华书店合作开展的"你选书,我买单"一起,形成线下、线上完整的荐购体系。

27日至30日　嘉兴市文化广电新闻出版局组织全市17家企业参展第12届中国(义乌)文化产品交易会,展位61个。据不完全统计,本届展会嘉兴展团共实现现场销售额约300万元,签订意向合作企业50多家。在展会的工艺美术奖评选中,嘉兴市企业共获得金奖1个、银奖1个、铜奖3个。

是月至12月　嘉兴市文化广电新闻出版局与质监局联合发布了《城乡基本公共文化服务规范》《文化馆总分馆服务体系管理规范》《公共图书馆中心馆—总分馆服务体系建设与运行管理规范》等3个地方标准,以标准的形式规定公共文化设施的面积、功能、服务等内容。以标准的形式确定了保障底线,提升了公共文化服务水平。

5月

4日　由嘉兴博物馆主办的"海上风·鸳湖魂——馆藏嘉兴籍海派书画家精品展"揭开帷幕,共展出88幅海派书画作品。展览持续至6月1日。

9日　"丝乡行——湖州、嘉兴、绍兴、苏州美术作品联展"在湖州吴昌硕纪念馆开幕,展出4地市50位知名画家的50件美术精品。

15日　嘉兴市文化广电新闻出版局荣获浙江省第三届博物馆免费开放最佳做法组织奖。嘉兴市非国有博物馆浙江东方地质博物馆荣获第三届"全省博物馆免费开放最佳做法"推介活动"最佳公众参与奖"。

是月　嘉兴南湖区开展红色革命历史研究和传承工作,启动革命遗址遗迹调查和史料征集工作。

6月

1日　由中国美术家协会、嘉兴市人民政府主办,中国美术家协会漫画艺委会、中国漫画创作基地(嘉兴)办公室、浙江省美术家协会、广东省美术家协会漫画艺术委员会、中山市文化广电新闻出版局、嘉兴市文化广电新闻出版局、嘉兴市文学艺术界联合会联合承办的"中国·嘉兴国际漫画双年展(中山巡展)"在广东中山市中山漫画馆开幕。开幕式后举办"2017当代漫画学术研讨会"。

6日　浙江省文物局组织专家组对嘉兴马家浜考古遗址公园进行评估检查。

10日　中国第1个"文化和自然遗产日"。嘉兴市围绕"非遗保护——传承发展的生动实践"的活动主题,举办了2017中国·嘉兴端午民俗文化节活动、"香飘端午'粽'享古韵"端午体验活动、"灶画江南"等系列活动。

20日至8月6日　"海洋精灵——水母活体科普展"在嘉兴博物馆举办,共展出8个品种水母700只水母活体,同时还展出了14种贝壳标本。

27日　马家浜考古遗址公园总体规划论证会在嘉兴经济技术开发区召开。嘉兴市委常委、嘉兴经济技术开发区(国际商务区)党工委书记陈利众参加会议。

是月至8月　由嘉兴市文化广电新闻出版局、市教育局联合主办的第十届"石榴奖"校园文化艺术节举行。本届艺术节评出奖项238个。

7月

16日至22日　沙雅县文化体育广播影视局系统、红旗镇、努尔巴克乡等相关工作人员组成的文化代表团抵达嘉兴,开展2017年度"嘉兴、沙雅文化交流年"走亲活动,代表团考察了海宁市、平湖市、桐乡市等地,参加文化演出,参与座谈交流。

19日　由青海省美术家协会、浙江省美术家协会、青海省西宁市文化广播电视局、浙江省嘉兴市文化广电新闻出版局主办的"丝路·圆梦——2017东西部区域美术创作交流展"在西宁市山陕会馆举办,共展出作品60件。

29日　位于文生修道院的嘉兴运河文化展示馆正式开馆,并举行揭幕仪式。市委常委,宣传部部长祝亚伟参加揭幕仪式。

是月　嘉兴马家浜文化博物馆建设工程正式启动。马家浜文化博物馆建筑面积7500平方米,主体为一层建筑,局部两层。博物馆对外展览强调科普性、知识性、教育性相统一,努力建设成一座以马家浜史前文化为主题的现代综合博物馆。

8月

28日　由嘉兴市文化广电新闻出版局、市文学艺术界联合会主办的嘉兴市首届市民原创歌曲展演在秀洲农民画艺术中心文体广场举行。该活动历时6个月，共创作了26首作品，专家评审选出的13首优秀作品参加了展演。

9月

8日至12日　第十一届“台湾·浙江文化节——嘉兴文化周”在台湾地区举行，安排了“印象·嘉兴”非物质文化遗产传统手工艺展和“嘉禾余韵”嘉兴民俗节目专场演出两大项目。

22日　由嘉兴市文明办、嘉兴市文化广电新闻出版局、嘉兴市社工委联合主办，嘉兴市文化馆及县(市、区)文体局承办的第十五届“社区之声”文艺调演之百姓K歌大赛在桐乡市凤凰湖广场举行决赛，共决出金奖3名、银奖5名、优秀奖7名。

23日　2017嘉兴市首届市民文化艺术节开幕式暨“文化有约”产品服务博览会在嘉兴大剧院举行，市委常委、宣传部部长祝亚伟出席。

10月

1日　“嘉禾典藏——喜迎十九大嘉兴市第一次全国可移动文物普查成果图片展”在嘉兴博物馆举行，全面介绍嘉兴市第一次全国可移动文物普查的实施动态和整体情况，并以图片形式向广大市民展示普查成果。

24日　嘉兴市文化广电新闻出版局(文物局)组织召开《嘉兴子城保护规划》《嘉兴子城遗址公园总体规划》评审会。

27日至28日　2017嘉兴“非遗与创意”手作展在嘉兴中关村广场购物中心举行，共设20个展位，参展类别主要包含嘉兴本地非遗项目、金华非遗走亲项目以及浙江省内文创手作产品三大类。

11月

1日　由嘉兴博物馆、荆州博物馆联合主办的“利兵谁何——荆州出土楚国兵器展”在嘉兴博物馆开展，共展出195件荆州出土的楚国兵器。

10日　嘉兴市召开文化市场管理工作评估会，开展2017年度综合行政执法工作评查活动。

同日至17日　由中共嘉兴市委宣传部、嘉兴市文化广电新闻出版局主办，嘉兴市文化馆承办，各县(市、区)文化馆协办的第十一届嘉兴市乡村文化艺术周在市文化馆及部分乡镇举行，最终评选出2017嘉兴市村级民间精品文艺节目金奖3个，“美好生活·美丽家园”嘉兴市文化礼堂视觉作品大赛美术、书法、摄影系列金奖5个，2017嘉兴市第二届村歌大赛金奖2个，另有银奖、铜奖、优秀奖若干。

24日至25日　原创音乐剧《五色螺》在嘉兴大剧院首演，连演2场。

25日　第八届中国·嘉兴国际漫画双年展开幕。本届展览共征集到投稿作品1777件，包括国内投稿1375件和英国、美国、法国、意大利、以色列、伊朗、土耳其、保加利亚、希腊、捷克、俄罗斯等40个国家的402件投稿作品。此外，还举办了2017全国水墨漫画作品邀请展、“讽刺与幽默”浙江当代漫画作品展、“中国漫画历史发展与国际漫画产业发展的借鉴和融合”第八届中国·嘉兴国际漫画学术研讨会等配套活动。

30日　由中国文化馆协会主办，嘉兴市文化广电新闻出版局承办的2017中国文化馆年会主题活动之“创新实践 提升效能——文化馆总分馆制建设论坛”在安徽马鞍山举行，嘉兴市文化馆做主旨发言。

12月

3日　国家文物局局长刘玉珠、副局长关强一行到嘉兴博物馆调研考察，浙江省文物局局长柳河、嘉兴市副市长邢海华等一同调研。

同日　国家文物局副局长宋新潮视察嘉兴子城遗址考古工地，并就后续考古工作和遗址公园建设做出重要指示。

17日至22日　“新时代·新丝路”嘉兴·沙雅文化走亲活动走进新疆沙雅县，进行为期一周的文化交流活动。嘉兴文化走亲团带去了农民画、摄影作品以及皮影戏等民间传统艺术，让当地百姓感受江南水乡传统文化的魅力。

20日　嘉兴子城遗址公园改造项目子城城墙和谯楼部分开始动工，为整个子城遗址公园全面动工拉开了序幕。

(潘筱凤)

【南湖区教育文化体育局】　内设职能科室8个，直属文化事业单位2个。2017年末人员72人(其中：机关11人，事业61人；具有高级专业技术职务资格的4人，中级3人)。

2017年，南湖区教育文化体育局围绕“四个全面”战略布局和“富裕美好文明自信”现代田园城区总目标，贯彻落实文化发展“十三五”规划，不断完善公共文化服务体系,深入实施文化惠民工程,广泛开展群众性文化活动,全区的文化工作实现新的跨越,圆满完成了年度目标任务。一是推进标准化建设,完善公共文化设施网络。新丰镇净相村、凤桥镇茜柳村、南湖街道民北社区等9家村(社区)文化活动中心,通过新建或改扩建方式提档升级,新增文化活动中心面积3735平方米。新建、改造社区文化家园、农村文化礼堂17家。七星街道湘城社区成功创建省文化示范社区。二是创新工作机制,丰富公共文化服务内容。出台《关于政府向社会力量购买公共文化服务的实施意见》,加大政府购买服务力度,推进公共文化服务的社会化和市场化,通过公开招投标的方式确定2家文化公司开展送戏下乡活动,全年完成送戏下乡110场,确保农村文化活动"158"计划的顺利开展。强化"两员"队伍建设。举办区文化馆、各镇(街道)分馆馆长、文化下派员培训班和区"两员"队伍培训班,开展公共文化素质提升培训。强化"一人一艺"公益培训,利用"两员"队伍和社会公益培训机构,采用"文化有约"方式,举办摄影、美术、戏曲等公益性培训项目8项,共23期,培训520多人次。强化文化下派员素养提升,举办南湖区两员队伍风采展示活动。三是丰富群众性文化活动,拓宽文化惠民广度。文化惠民工作扎实推进。以"双百双千双万"工程为载体,全年完成区域内文化走亲活动93场(次),以百场治水电影公益放映为主题,完成农村公益电影放映1312场,观众18万余人次;完成百场广场文艺演出317场,观众14.5万人次;戏曲歌舞演出390场,观众17万余人次;举办讲座1037场(次);完成"送欢乐下基层"文艺演出141场。围绕"剿灭劣Ⅴ类水"主题,组织20多支文艺小分队、200多名文艺工作者完成专场演出99场、文艺巡演152场、文化采风20多次,完成百件治水摄影作品展并结合"送戏下乡"活动开展巡回展出。举办"南湖戏迷小剧场"起用仪式,确定每月15日为小剧场活动日,设置戏曲沙龙、戏曲专场演出等。举办各街道戏曲专场演出9场,受到广大戏迷爱好者的好评。强化文化馆总分馆体系建设。区文化馆与上海嘉兴市其他县(市、区)等地文化馆联合开展文化走亲活动。同时,抓好文化场馆(设施)对外免费开放工作,不定期组织人员进行暗访和督查,并通过反馈和通报的形式,进一步规范免费开放工作。根据《嘉兴市文化馆总分馆服务体系标准(暂行)》,强化区文化馆对镇(街道)分馆日常工作的指导和考核激励,形成城乡统筹、互联互通、便捷高效的管理运行机制,打通公共文化服务"最后一公里"。推进全民阅读工作。强化城乡一体化图书分馆和农家书屋资源整合力度,满足广大城乡居民的阅读需求。截至12月底,全区7个乡镇(街道)及区图书分馆藏书40.03万册,新办证3721张,到馆人数达到88.05万人次,外借图书量48.87万册,开展读者活动731次;15个村(社区)图书分馆藏书12.61万册,到馆人数15.15万人次,年外借图书量9.22万册,图书馆总分馆平均每册藏书年流通率为1.24次。七星街道成功入选浙江省首届"书香城镇"。四是弘扬南湖特色,打造特色文化品牌。南湖"歌城"品牌越唱越响。举办"美丽中国"南湖合唱周——全国优秀合唱团邀请赛暨第十五届南湖合唱节,省内外的16支优秀合唱团的900多名团员参加,其间除举办优秀合唱团队邀请赛外,还举办了合唱大师课和全民欢唱日系列活动。经过15年的发展,南湖区合唱团队已发展到185支,辖区内上万名歌唱爱好者参与其中。"365天天欢乐大舞台"和城乡文体十大联赛工作推陈出新。围绕新一届城乡文体十大联赛,成功开展第六届城乡文体十大联赛启动仪式暨综合太极比赛、群众舞蹈大赛、南湖新歌声等系列赛事,参赛人数200多人次。全区完成"365天天欢乐大舞台"148场演出任务。校园文化艺术精彩纷呈。承办2017年浙江省中小学生艺术节,区教文体局荣获省中小学生艺术节组织贡献奖。举办区校园文化艺术节儿童歌舞剧、校园剧、校歌演唱等比赛,选送优秀节目和个人参加嘉兴市第十届"石榴奖"校园文化艺术节比赛,区教文体局连续多年荣获"石榴奖"校园文化艺术节"优秀组织奖"。五是探索传承模式,提升文化遗产保护力度。文物工作市区联动有新探索。充分利用主城区优势,探索建立文化市场、文物保护市区两级联动的新机制,以"双随机"抽查监管工作机制实施为契机,强化辖区内文化市场及文保单位的日常监管工作。认真做好文物修缮工作,完成辅成小学严助墓、秀洲中学校史馆、新丰镇北庄桥和凤桥镇小周桥修缮工程。非遗保护和传承工作扎实推进。完成浙江省非物质文化遗产代表作丛书《嘉兴掼牛》的编撰出版工作，完成南湖船拳校本课程《武术苑》。认真做好非遗传承人申报工作，9人入选第三批嘉兴市非物质文化遗产代表性项目代表性传承人名单，2人获评第五批浙江省非物质文化遗产代表性项目代表传承人。开展湘南民俗文化庙会、余新镇大曹王寺清明节庙会、南湖踏白船表演赛、“品味竹韵”竹刻体验亲子活动。六是落实监管责任，规范文化市场管理。全区有依法设立的文化市场经营单位534家，其中出版物零售单位实现营业额99036万元，实现利润1890万元；印刷企业实现工业值29亿元，实现利润1.49亿元，上缴税金0.35亿元。全年出动执法检查1309人次，检查经营单位2808家次，受理市长电话等各类举报7件，开展联合检查行动21次。依法收回嘉兴市超速网吧有限公司的《网络文化经营许可证》正副本各1份。

（陆雅菊）

【秀洲区教育文化体育局】 内设职能科室9个，直属单位3个。2017年末人员49人（其中：机关17人，事业32人；具有高级专业技术职务资格的14人，中级14人）。

2017年，秀洲区教育文化体育局全面完成文化建设的各项工作任务。一是加强人文秀洲建设。加强规划引领，编制《秀洲区文化发展“十三五”规划》《秀洲农民画画乡建设规划（2016—2020）》《“人文秀洲”发展规划（2018—2025）》，高标准谋划秀洲文化发展蓝图。围绕“人文秀洲”建设，加强文物、非遗、历史典籍、名人等传统文化研究，协助区委、区政府召开人文秀洲建设工作座谈会，编写《人文秀洲的100个故事》公民读本。出版《朱彝尊研究》（第七辑）。二是推进文化设施建设。推进嘉兴市文化艺术中心项目建设，项目位于秀洲大道与新塍塘路交叉口西北侧，由市美术馆、农民画艺术中心与区图书馆、秀洲音乐厅（剧场）与区群团服务中心等三大建筑单体有机构成，总建筑面积9万多平方米，已完成设计方案。加强镇级文化设施建设，油车港镇综合文化站新建项目建筑面积近1万平方米，积极开展内部装修设计。实施好公共文化服务“十百千”工程，补齐薄弱镇村文化建设短板，完成重点乡镇高照街道文化站2000平方米设施改建项目，内设图书分馆、教育培训室、文艺排练厅等。王店镇庆丰村、洪合镇凤桥村、新塍镇观音桥村等7个重点村文化设施建设扎实推进。做好市对区基层文化设施建设工程项目申报和验收。三是加强文化队伍建设。落实区文化馆向所属镇（街道）文化站下派1名文化员和每个村（社区）配备1名专职文化管理员的“两员”制度。赴上海市群众艺术馆举办“画乡秀洲”公共文化建设专题培训班。分五批组织文化站长参加浙江省农村文化礼堂业务建设培训班。加强“两员”培训，举办网船会采风、摄影骨干培训、舞蹈培训等系列培训班，培育了舞龙队、话剧社、戏曲小品组等优秀“两员”团队，全区“两员”队伍快速成长。四是开展群众文化活动。举行“画乡秀韵”迎新文艺晚会、首届群众舞蹈大赛、首届群众声乐大赛等大型文化活动，挖掘了一大批文艺骨干，丰富了群众文化生活。深入打造“一镇一品”，召开“一镇一品”特色文化品牌提升工作会议，初步形成了“一镇一品”升级版。开展文化走亲活动，赴镇海、普陀、建德等12地文化走亲，加强区域文化交流。全面落实农村文化活动“158计划”，为农村群众每村每月免费放映1.15场电影，每个行政村（社区）每年观看5.3场戏剧或文艺演出、每年组织群众性文化体育活动8.6次。依托“文化有约”等平台，文化馆总分馆八馆联动开展“我的艺术梦”公益培训，累计完成58个项目8000多课时，惠及1.5万余人次。“我的艺术梦”公益培训荣获“2017年度浙江省优秀文化志愿服务项目”，王店镇“村嫂摄影队”荣获“2017年度浙江省优秀文化志愿服务团队”。农民画艺术中心展览推陈出新，围绕“春”“夏”“秋”“冬”4个系列举办展览12场，全面展示区群众美术、书法、摄影和农民画作品的风采，全年接待国内外各类考察团32批次。五是加强文化供给创新实践。创新工作制度，扩大文化内在供给。区文化馆“创设驻镇工作室推进精准服务”被列入2017年度嘉兴市公共文化服务创新项目并有效推进，成立7家工作室，实现全覆盖。同步推进10个区公共文化服务创新项目。积极探索社会力量参与公共文化服务，洪合镇文化活动中心委托社会组织运营，实行农村电影放映服务向镇级影院购买的合作模式。2家文化类民非单位开展送戏下乡文化服务。王江泾镇省文化强镇创建、高照街道高家桥村创建省文化示范村已公示。新塍镇以民俗活动鳌山元宵灯会获评2016年度浙江省民间文化艺术之乡。开展文化馆总分馆运行年度考核、优秀支馆评比、村(社区)文化管理能手评比3个考核评比,健全文化馆总分馆制绩效考核机制。六是推进画乡品牌建设。3幅优秀农民画作品入选“中国精神·中国梦”全国农民画创作展,是入展作品数量最多的画乡。8幅作品入选“二十四节气”全国农民画大赛,其中4幅获入会资格。举办“七彩大运河·斑斓中国梦”运河沿岸北辰、邳州、秀洲三画乡现代民间绘画联展。进一步打造油车港农民画非遗小镇,委托鲁能集团整体规划小镇建设。举办农民画创作大赛。秀洲农民画随团赴台湾、香港交流展览。编写《我学秀洲农民画》(三册)校本教材、《时间之画——二十四节气秀洲农民画作品集》。首次开展秀洲农民画版权登记55件,扶持秀洲农民画产业发展。七是促进非遗保护传承。文化与自然遗产日期间,承办了“香飘端午·‘粽’享古韵”端午体验活动和“灶画江南”系列2个大型活动。首次举办洪合刺绣和新塍彩蛋画2个传习班,学员共60多人。做好代表性传承人申报工作,2人获评省级代表性传承人,公布第二批区级代表性传承人14人。开展第二届“‘雅莹杯’我是秀洲非遗传习人——二十四节气我来画”系列活动,全区各中小学积极参与,共收到作品600多幅,并举办了专题展览。网船会获评首批嘉兴市非物质文化遗产保护示范基地。新建灶头画馆(王店镇建林村)、蚕桑技艺馆(新塍镇潘家浜村)、婚俗馆(王江泾镇洪典村)、农民画馆(油车港镇胜丰村)4个非遗分馆。“纸凉伞灯彩”受邀参加浙江省民间文艺“映山红奖”灯彩大赛荣获“华灯杯”优秀奖,新塍传统糕点加工技艺、公泰和传统糕点制作技艺参加“九九重阳,颛桥糕会”上海重阳民俗文化活动,王江泾打莲湘参加2017江浙沪打莲湘邀请赛。八是创作推广一批文艺精品。音乐作品《老朋友》荣获市“五个一工程”奖,舞蹈作品《村姑的美丽生活》登上省人民大会堂舞台。3件音乐作品、2件排舞作品、1件舞蹈作品、1件戏剧小品作品进入省决赛,组织创作家风情景剧《万卷教子》。208件视觉艺术作品在市级以上获奖或入选,其中国家级37件、省级79件。九是加强校园文化建设。开展2017年校园文化艺术节,举办中小学生及幼儿才艺大赛、第四届“曝书亭杯”中小学师生书法大赛、“我的书屋,我的梦”暑期征文等,区级层面参与作品(节目)数近1000件,获奖师生人数565人次。继续推进送文化进校园活动,浙江曲艺杂技总团儿童剧《丑小鸭》进校12场、爱国主义电影进校园32场、市第一次全国可移动文物普查成果图片展进校12场。十是加强文物保护工作。积极开展文物维修工作,王店镇曝书亭、王江泾镇周相公庙桥和一里街炮楼、油车港镇西湖村许家桥维修工程竣工验收。加大文物安全检查和巡查力度,加大消防安全隐患排查和整治力度,按月度汇总文保协管员文物巡查情况,做好不可移动文物动态档案及时更新等相关工作。借力小城镇环境综合整治工作,对各级文保单位(点)周边的违章搭建进行整治拆除,减少文物安全隐患。十一是加强文化市场管理。开展无证网吧整治“回头看”工作。联合公安、综合执法等部门开展取缔“黑网吧”联合整治行动4次,取缔无证网吧4家,其中立案查处3家、主动关停1家,没收涉案电脑主机和电脑显示器57件。实行“双随机”检查。1月1日起全面推行,开展双随机抽查24次,覆盖辖区2个街道、5个乡镇,抽取各类经营单位144家。扩大专项行动广度。开展了元旦春节安全生产联合检查、演出市场专项整治、“两会”期间文化市场专项整治等专项行动。认真研究“扫黄打非”工作,明确工作重点和责任,有序开展了“护苗”“清源”“净网”“秋风”等“扫黄打非”专项行动。健全安全生产制度。下发“2017年度消防安全隐患自查自纠表”,并落实场所月报制度。组织文化市场消防培训和演练活动。召开文化市场安全工作会议暨“百日攻坚”行动启动仪式,并与各经营单位签订本年度《规范经营责任书》和《规范经营及安全生产承诺书》。

(周剑锋)

【嘉善县文化广电新闻出版局(体育局)】 内设职能科室7个,直属单位11个。2017年末人员111名(其中:公务员11人,参公10人,事业90人;具有高级专业技术职务资格的5人,中级35人)。

2017年,嘉善县文化广电新闻出版局以习近平新时代中国特色社会主义思想为指导，全面贯彻落实党的十九大精神，紧紧围绕县域科学发展示范点建设目标，以“二次创业再出发”为主题，以“四个年”活动为抓手，不断开拓创新，努力争创特色，实现了全县文化事业繁荣发展，为示范点建设提供了有力的文化支撑。一是行政改革全面深化。全面梳理行政权力事项，分3次公布“最多跑一次”清单，覆盖行政许可41项，行政确认6项，公共服务3项，其他行政权力32项，审核转报1项。全年共办件360件，其中许可64件，其他行政权力296件。除公共服务及行政处罚外，所有事项均可在行政审批中心办事窗口受理，其中5项被纳入首批公布的“一窗受理，证照联办”事项。二是公共文化服务水平不断提高。文化惠民项目图书、博物“两馆”建设工程按计划顺利推进，已完成外立面幕墙工程，内部装修同步进行，为嘉善县首个被评为省级二星级绿色建筑的公建项目。吴镇书画院正式投入运营。大云镇成功创建省级文化强镇。全县镇（街道）综合文化站建设走在全省前列，其中5个为特级站、4个为一级站。全年共建成农村文化礼堂15个、文化家园4个、文化庭院80家。承办浙江省特色小镇文化建设论坛、浙江省文化礼堂建设现场会。《魏塘街道文化中心引入社会力量》在全省做经验介绍，并列入浙江省乡镇综合文化站工作手册案例；“嘉善村级宣传文化员三位一体管理模式”和“嘉善文化庭院管理模式”等6个项目列入嘉兴市文化重点创新项目。文化队伍建设更加健全。制定《关于嘉善县文化志愿者招聘办法的实施意见》等4个有关志愿者队伍建设的文件，完善了志愿者队伍招聘、管理、评定和奖励办法。组建文化（文联）、姚庄、干窑等10个文化志愿者中队，人数707名。实现了文化下派员，宣传文化员、文化志愿者全覆盖，真正实现阵地有人管、活动有人办、队伍有人带。三是文艺创作成绩不俗。嘉善宣卷《良心桃》获省曲艺展演创作和表演双金奖。原生态田歌《搡水草》获浙江传统音乐展演展评“非遗薪传”“最具人气奖”两个大奖和2017第二届苏州冯梦龙文化旅游节金奖。嘉善田歌项目传承人顾友珍在浙江传统音乐展演展评活动中获“特别贡献奖”。长篇小说《七天七夜》、戏剧《百合》获嘉兴市第十三届“五个一工程”奖。水彩画《苍台》获第六届庐山国际水彩节比赛一等奖。据统计，全年共有72件文艺作品荣获省级以上奖项，其中国家级15项。四是安全生产管理有序。积极开展文化市场调查清理工作，清理“僵尸”企业36家，引导办证、变更手续10多家。全面排查经营场所消防安全隐患。全年开展各类消防安全大检查8次，发现各类安全隐患63处，即整即改46处，责令限期整改17处，全年无重大安全生产事故发生。五是文化产业发展保持平稳。加快市场主体培育，推进文化产业发展，全县文化产业增加值34亿元，被评为浙江省文化产业重点县。积极助推恒天、梦东方、华策嘉善影视综艺产业园等文产项目建设。新引进中影星美，新增银幕21块，全年观影人数101.67万人次，票房收入3287.8万元。举办浙江省杜鹃花文化节。六是群众文化活动广泛开展。举办2017中国故事节·吴根越角“善文化”故事会、中国嘉善孙道临艺术节暨第四届善文化微电影大赛。继续以政府购买服务的方式开展送文艺下乡，鼓励文艺社团参与文艺活动。全年送戏下乡442场次，送书下乡2.31万册次，送讲座与展览265场次；组织开展周末大舞台33场次，百姓剧场26场次，市民书场362场次，放映农村电影1603场次；开展文化走亲53场次；引进浙江曲艺杂技总团等团队演出21场次。嘉善县和姚庄镇分别以“新故事”和“农民画”被命名为全省民间文化艺术之乡。七是文化市场管理规范有序。全力推进“黑网吧”专项整治，累计出动60多批次、490多人次，完成了58家“黑网吧”整治任务，自动关停28家，取缔24家（其中立案处理5家），整治提升办证6家。开展“护航十九大”文化市场百日攻坚行动和第四届互联网大会专项保障行动。八是切实做好非遗抢救性保护工作。对省级项目“盘窑技艺”、市级项目“蒋氏祖传伤科诊疗”和县级项目“修船技艺”“木质古农具微模制作”进行录音录像、资料收集、整理归档。配合省文化厅做好国遗项目“嘉善田歌”的抢救性记录保护，配合市非遗中心做好《百人百集》非遗代表性传承人纪录片拍摄。组织第五批省级非遗项目、传承人及第六批县级非遗项目的申报和推荐工作，开展“服务传承人保护月”系列活动。九是不断加强文物保护与修缮。开展全县范围内200多处不可移动文物资源的名录复核和巡查。开展安澜桥、东岳庙、圆觉寺前殿等文保单位维修工作，共计补助资金38.8万元。完成省级文保单位魏塘叶宅、西塘建筑群“四有”建档工作，启动天凝古桥群“四有”档案的资料采集。完成全国重点文保单位吴镇墓的消防工程设计方案，并上报省文物局审批。天凝古桥群被列为第七批浙江省文物保护单位，广福桥、费家大宅等10处被列为第五批县级文物保护单位，袁黄祖居、陆家门楼等10处被列为第三批县级文物保护点。全面完成可移动文物普查。博物馆馆藏2936件(套)藏品信息采集全部完成，并录入普查数据平台。开展博物馆新馆藏品征集工作，制定了《嘉善县博物馆藏品征集工作管理办法》，发布了《嘉善县博物馆藏品征集公告》。

(曹　琦)

【平湖市文化广电新闻出版局(体育局、文物局)】 内设职能科室7个，分支机构1个，直属单位8个。2017年末人员105人(机关13人，事业92人；具有高级专业技术职业资格的12人，中级33人)。

2017年是实施文化发展“十三五”规划的关键之年。平湖市文化广电新闻出版局紧紧围绕“四个全面”战略布局，按照全市“四大工程”总体要求，牢固树立打造“文化铁军”意识，解放思想，抓住机遇，创新发展，努力推进全市文化事业产业大发展，不断深化文化品牌建设，圆满完成了全年各项工作目标，极大地丰富和满足了全市广大人民群众日益增长的精神文化需求。一是着力完善现代公共文化服务体系。丰富公共文化服务载体。围绕民生共享工程，组织开展“平湖人讲平湖故事”“寻找平湖老味道”“千家万户刻瓜灯”系列文化活动。持续推进“全民阅读节”系列活动暨“阅读＋运动”阅读推广宣传活动，深化公共文化服务体制机制改革，创新开展文化馆慕课项目和农民图书会星级评定项目。统筹公共文化设施建设。加大财政对公益性文化设施的投入力度，有序推进市镇村三级公共文化设施网络。积极筹备博物馆新馆建设，建成金平湖城市书房2个，协助做好玺印篆刻博物馆建设项目。增强公共文化惠民功能。加强文化场馆免费开放力度，扩大群众受益面，以元旦、春节、元宵、端午等民俗节日和法定节假日为契机，市镇村三级组织开展了丰富多彩的群众文化活动240多项。加大宣传工作力度。继续开展“五送一走”工作，完成送文艺下基层304场，送书2.73万册，送电影下乡1644场，送讲座74场次，送展览62场次，文化走亲8场，惠及群众22.4万余人次。加强文化创强及精品创作。制定文化特色工作考核内容，创建省级文化示范村1个。重点推动精品节目创作，涌现了文化馆女子群舞《篱上花开》、钟埭街道民俗群舞《打莲湘》、新仓镇群舞《谷雨时节》等一系列文艺精品。承办了“江浙沪打莲湘邀请赛”活动。新仓镇《谷雨时节》在新加坡斩获首届亚洲舞蹈艺术节暨大赛群舞类金奖。二是着力加强文化遗产保护与传承。文物保护有力。文物增量成效明显，征集接收文物39件(组)，博物馆被评为省第一次全国可移动文物普查先进集体。积极开展文物双随机检查14次，出动56人次，检查78家文物单位。野外文物保护修缮有序，新增平丘墩遗址、新埭姐妹桥(太平桥、青云桥)为浙江省第七批文物保护单位，按计划开展文物修缮工作，完成重点野外文物保护单位的技防工程项目。开展“金平湖文化寻宝”活动，创新文物保护新途径。考古清理发掘成果丰硕。对乍浦小平山汉墓进行抢救性清理发掘，从3月22日至5月16日，发掘面积约1000平方米，清理墓葬21座，其中16座为西汉时期墓葬，出土各类器物217件(组)。此次发掘是平湖区域内首次正式的汉墓考古发掘，丰富了平湖市的汉墓资料，弥补了博物馆汉代文物的不足，对研究西汉时期嘉兴地区的文化分布具有重要意义。非遗保护与传承继续深入。各非遗传承基地正常开放，做好传承申报工作，对非遗传承人进行走访慰问。成功申报了林埭镇九彩龙基地为嘉兴市非遗传承示范基地，申报广陈小学等3个传承基地为嘉兴市示范基地。举办“文化与自然遗产日”活动，做好非遗对外交流工作，平湖派琵琶在2017非遗薪传浙江传统音乐展演展评中获得“薪传奖”。有6人入选嘉兴市非遗工作专家，朱大祯获得非遗薪传“特别贡献奖”。成功申报省第五批非遗传承人1人，新增了平湖职业中等专业学校、新埭小学、实验小学3个非遗传承基地。三是着力构建现代文化市场体系。规范行政审批管理。做好行政审批，贯彻落实“最多跑一次”改革工作，梳理行政许可事项规范化文档37项。优化审批流程，提高审批效能，新批37家经营单位，变更38家经营单位。严格行政执法。坚持阳光执法，落实“双随机一公开”制度，建立完善案件审查委员会制度，全年召开案审委会议4个，讨论行政处罚案件5起。加大执法力度，出动执法人员1143人次，检查经营单位3147家次，开展联合执法行动40多次，取缔无证经营23起，行政处罚立案调查33起，结案36起，罚款8.48万元，停业整顿3家次，没收违法所得3262元，没收违法物品776个，吊销经营许可证1家，收缴非法“抓烟机”32台，全市文化市场良好率达97%。四是助力中心工作彰显文化特色。七大项目助力民生共享工程。重点做好民生共享七项工作，即做大做强“当湖十局”、纪念吴一峰110周年诞辰系列活动、千家万户刻瓜灯大赛、“平湖人讲平湖故事”系列活动、“寻找平湖老味道”征集活动以及平湖市博物馆新馆建设项目和金平湖“24小时城市书房”建设项目。各项目工作推进顺利，全部完成了预定目标。专项破难助力环境整治工程。牵头林埭破难工作组，专题破难庄桥坟遗址保护项目，编制完成《庄桥坟遗址安防方案计划》《庄桥坟遗址考古计划》，并申请上级补助资金，准备筹建安防网络，实现对遗址的实时和全方位监控。牵头全市小城镇环境综合整治“线乱拉”专项整治行动，按照2017—2019三年行动计划，全年投入专项整治资金2.4亿元，整治完成率在嘉兴市范围内处于领先地位，得到了省、市等各级领导高度肯定。文化宣传专项行动助力剿劣工程。围绕“剿灭劣V类水·共建美丽平湖”中心工作，推出了创作一批文艺作品、举办一场文艺演出、开展一次文艺巡演等“八个一”活动，创作了快板《鱼翔浅底》、朗诵诗《心的呼唤》等文艺作品，举办了“剿灭劣V类水·共建美丽平湖”专场汇报演出。

（施宇星）

【海盐县文化广电新闻出版局（体育局）】 内设职能科室6个，直属单位10个。2017年末人员113人（其中：公务员16人，参公6人，事业91人；具有高级专业技术职务资格的10人，中级44人）。

2017年，海盐县文化广电新闻出版局以党的十八届五中、六中全会和十九大精神为指导，认真学习习近平总书记系列重要讲话，紧扣中心，服务大局，大力加强和谐文化建设，深入挖掘保护历史文化遗产，全面优化文化市场环境，加快推进基本公共文化服务标准化、均等化。2016年度全省基层公共文化服务评估指标数据排名第七，连续四年位列全省前十；获评2017年全省“扫黄打非”工作先进集体等荣誉称号；“3·11”销售侵权盗版出版物案入选全国“扫黄打非”典型案件；县文化市场行政执法大队记省集体二等功；指导通元镇获评浙江省文化强镇，于城何家村获评省级文化示范村，元通青莲寺村入选省级民俗文化村。一是以学习贯彻公共文化服务保障法为契机，探索文化发展新思路。落实相关法律法规的宣传学习贯彻工作。制定下发《关于学习宣传贯彻落实〈中华人民共和国公共文化服务保障法〉的通知》，组织开展普法讲座，邀请有关专家对公共文化服务保障法进行全面解读。结合送文化下基层、各类广场演出等活动，利用网站、微信、微博等平台，多方面宣传公共文化服务保障法。贯彻落实《嘉兴市国家公共文化服务体系示范区后续建设行动计划（2016—2020年）》，深入推进基本公共文化服务标准化、均等化。加强制度建设。印发《海盐县文化体育发展“十三五”规划》。制定下发《海盐县文化体育基本公共服务均等化改革试点2017年度工作计划》。出台《海盐县农村文化礼堂星级管理实施办法（试行）》。重新修订出台对各镇（街道）文化体育工作考核办法。完善工作机制。启动海盐县公共文化服务绩效评估系统改造升级工作，新系统于12月底正式上线运行。深入探索建立文化礼堂独立法人理事会制度，全年共20家文化礼堂（文化家园）获准成立民办非企业单位，其中县开发区（西塘桥街道）完成全覆盖。积极探索社会力量参与公共文化服务机制，“百场文艺演出下基层”和农村电影放映工程两个项目向社会力量公开购买服务，同时进一步探索政府购买服务过程中的监督管理机制，对服务绩效进行评定。二是以文化惠民为核心，促进公共文化服务均等化。进一步加强文化阵地建设。阵地社会效益进一步提升。抓好县级场馆的免费开放工作。全年张元济图书馆总分馆接待读者150多万人次，文献外借量75.5万余册，新增图书6.9万册，新增图书分馆1个；深入开展“涵芬”品牌读者推广活动，举办“涵芬讲坛”“涵芬沙龙”“涵芬展览”等共264场;“万册图书大家选”新华书店借书活动全面升级。举办纪念张元济150周年诞辰系列活动。县文化馆全年主办、承办、协办各类演出103场,举办各类比赛14场,举办视觉艺术类展览、文化大讲堂38场,开展“一人一艺”公益大培训,参训人员13374人次。县博物馆牢筑展览、讲座、活动三大阵地,举办各类展览、活动234场,接待观众25.3万余人次,接待团队530个,其中“玩,味十足——海盐县博物馆馆藏中国民间玩具展”开展全省巡展,吸引11.5万人次参观。编辑出版《海盐县博物馆馆藏书画精选》。立足两张龙凤古琴修复成果,录制古琴音频(琴曲),开设古琴公益体验课,积极推进古琴文化展示传播。镇级文化阵地不断完善。武原街道总建筑面积8950平方米的综合文化站内部装修工作积极开展,西塘桥街道综合文化站完成装修投入使用。村(社区)文化阵地建设水平进一步提升。配合开展农村文化礼堂建设,抓好农村文化礼堂管理与使用。武原街道百可社区、新光社区确定为公共文化服务重点村(社区),并通过以点带面,进一步完善城市社区的公共文化设施建设。加强文化队伍建设。加强文化队伍业务素质提升,继续推进各场馆工作人员、“两员”队伍、业余团队、志愿者团队建设等。下发《关于调整海盐县村(社区)专职文化管理员工作指导意见的通知》,并修订《村级专职文化管理员抽样测评指标》。此外,与县质监部门联合出台《海盐县村(社区)专职文化管理员服务与管理规范》,使县村(社区)专职文化管理员制度更加完善,先进经验得到进一步总结和固化。大力开展文化惠民工程。继续开展文化礼堂点单式服务工作。制定印发《2017年海盐县文化局(体育局)农村文化礼堂服务菜单》,提供展览、讲座、演出、培训、电影等7个大类51项内容,供各文化礼堂按需选择。全年提供点单服务900多次。组织开展“六送六下”活动。全年开展大型文化活动86次,送戏下乡、进企、入户597场,送讲座展览435次,送书下乡19.8万册,文化走亲26次。深入开展种文化活动。积极培育村级文艺团队,共有各类村级文艺团队556支。赴龙泉、永嘉等地开展文化走亲和考察学习活动,接待外来县市考察学习团10多次。三是以保护传承为己任,提升文化遗产保护水平。切实加强文物保护管理工作。夯实不可移动文物保护工作基础,进一步完善文保单位“四有”工作。做好文物保护标志碑(牌)更新维护,完成70多处文物点标志碑(牌)的新置或调整安装。组织完善仙坛庙遗址等4处新公布省级文保单位“四有”工作。完成第八批县级文物保护单位的保护范围及建设控制地带划定、公布工作。总结近年来海盐古桥保护与管理工作情况,编辑出版《海盐古桥》图录。项目化推进小型文物保护工程,年内组织落实14处文物建筑修缮项目和1处古遗址远程监控项目,文物建筑维护保养趋于常态化,兑现奖补经费30多万元。切实强化文物安全监管。进一步落实文物安全分级巡查机制,配合上级部署实施文物安全专项行动,组织57家文保单位(收藏单位)开展安全状况自查排摸,对整理出的77处文物单位(点)安全隐患,督促责任单位(人)切实采取措施。推进田野文物技防设施建设,全县各级文保单位实现视频监控安全防护的有11处。切实提升非遗保护水平。继续加强非遗保护传承体系建设。召开第二届海盐县非遗传承人研讨会。完成第三批海盐县级非遗代表性传承人申报和第六批海盐县级非遗名录申报及评选,评出9个县级非遗名录和10名代表性传承人。新增3名省级代表性传承人,入选的省级代表性传承人与省级以上项目占比居全市第一。新增1个省级民俗文化村。开展海盐县镇级非遗名录建设工作。结合传统节日、“服务传承人月”、全国文化和自然遗产日等组织开展非遗系列传承活动,全年开展活动40多次。推进非遗进校园工作,举办6期“浙派古琴”进校园讲座等活动。非遗书籍《乡风民俗》《老海盐的记忆》正式出版,《千年脉动——海盐县非物质文化遗产丛书》《中国戏曲声腔文化海盐腔》两部非遗书籍获评浙江省“百优”图书。微视频《海盐:在美食与民俗中体验浓浓年味》获浙江省2017年春节非遗微视频作品大赛最佳网络人气奖。积极打造《上梁有喜》等精品节目,多次登上省、市级舞台,展现海盐县非遗项目特色。四是以巩固优化为目标,规范文化市场秩序。围绕重大活动和重要节点,加强对重点区域、重点内容、重点时段的监管。全年出动检查1168人次,检查经营单位1966家次,办结案件22件。全面落实双随机抽查工作,抽查24次,随机抽取执法检查人员48人次，检查文化市场经营场所240家次。着力推进“扫黄打非”进基层工作，全县9个镇(街道)均已成立(或调整)“扫黄打非”领导小组及其办公室，105个村(社区)全部纳入“扫黄打非”基层站点。牵头协调“3·11”侵犯著作权案，被全国“扫黄打非”办等5部门列为督办案件和“护苗2017”典型案件，市委书记鲁俊做出批示。围绕“最多跑一次”改革，积极落实“放管服”和“四张清单一张网”工作。文体窗口权力事项63大项79小项，100%进驻中心，全部实现“最多跑一次”。

(沈玲丽)

【海宁市文化广电新闻出版局】内设职能科室6个，局属单位7个。2017年末人员163人(其中：机关15人，事业148人；具有高级专业技术职务资格的20人，中级59人)。

2017年，海宁市文化广电新闻出版局全面完成文化建设各项工作任务。一是深化公共文化服务体系建设。完成市文化馆精品展厅改造，完成市图书馆第六次全国县级以上公共图书馆评估定级，新建阅读阵地10个。制定《海宁市2017年公共文化服务体系建设工作实施意见》，发布《村级综合性文化服务中心建设管理规范》地方标准。完成博物馆理事会组建工作。是年，海宁市基层公共文化服务全省排名第三、嘉兴第一，文博事业发展水平全省排名第一。市文化广电新闻出版局先后被评为嘉兴市创建国家公共文化服务体系示范区先进集体、浙江省第一次全国可移动文物普查先进集体、嘉兴市“扫黄打非”工作考评优秀单位、嘉兴市文化市场管理工作优秀单位。二是广泛开展群众性文化活动。举办首届“硖石灯会”灯彩艺术节、第七届海宁市文化艺术节，开展“美丽海宁大舞台”演出88场，开展文艺、皮影戏、硖石灯彩等文化下乡、进校园、进礼堂活动291场，开展“潮乡艺术大讲堂”、文化艺术培训班等系列公益培训2560次，放映公益电影2184场。累计有40多万人次参与群众文化活动。举办全民阅读活动750多场，参与读者20多万人次。加大群文精品创作力度，全年获全国级奖项8个、省级奖项24个、嘉兴市级奖项22个。三是全市图书事业蓬勃发展。全市图书馆图书藏量175.7万册，其中19个分馆图书藏量55.27万余册。全年接待读者318.4万人次，其中分馆接待读者93.7万人次。图书借阅流通433.06万册次，其中分馆借阅流通213.98万册次。年内新增借书证2.69万张，累计有效读者证42.33万张。全年完成文献购书经费350万元；新增入编图书4.93万种11.44万册。征订报纸期刊2505种，其中报纸402种、期刊2103种；装订报纸、期刊1.45万余册，并入藏。收集地方文献703种1929册；接收赠送的图书文献144种306册。修补图书2804册次。举办“紫微讲坛”22期，听众2400多人。组织放映资源共享工程优秀视频680场次，观众6534人次。全面实现免费开放，推出图书借阅、期刊阅览、电子阅览等12项免费开放项目。推出“潮阅读”“星阅读”两大品牌活动，开展各类阅读活动771次，参与读者31.43万人次，分别比上年增长1.7%和28.8%。设于馆内的查济民纪念馆、米谷画廊全年接待参观者1.9万人次。四是全力推进文物重点工作。完成海塘申遗文本和保护规划的编制，国家文物局对海宁海塘·潮文化景观申报《中国世界文化遗产预备名单》工作进行现场考察评估，国家文物局局长刘玉珠一行重点考察调研海宁海塘保护工作。运河遗产保护整治工作全面推进，完成长安闸渗水处理抢救性保护工程，长安寺弄历史街区、东街修复工程整体推进。配合全市重大经济建设，参与达泽庙遗址等5处遗址的考古调查勘探与发掘工作，完成徐志摩旧居等3处文保建筑维修。完成全国文物安全状况大排查行动和文物法人违法案件专项整治，立案调查2起文物盗掘违法行为。新增5处省级文物保护单位。创新完成“文物保护移动一张图”建设。开展“流动博物馆”进校园、进社区活动。完成全国第一次可移动文物普查工作，全市有文物收藏的国有单位14家，共收藏文物总数10023件(套)。积极引进3批次省内外精品展览，加强馆际交流与合作。完成蒋百里纪念馆布展工程。五是全域展示非遗保护成果。依托“我们的节日”开展蚕俗文化体验日、南关厢水龙会等民俗活动8场。新增省级非遗传承人3名，1人列入国家级非遗传承人公示名单。编印出版《美丽非遗·海宁韵律》，复排《铁牛镇海》等海宁皮影戏经典传统剧目10部、复演40场。做好非遗馆(衍芬草堂)陈列布展工作，开展市非遗展示馆建设调研工作。开展非遗进礼堂、进校园154场。组织海宁皮影戏和硖石灯彩参加香港“根与魂·忆江南”浙江省非遗展和“台湾·浙江文化节”嘉兴文化周对外交流活动,先后参加第二届“运河记忆”非遗宣传展示、第二届南充国际木偶艺术周等8项大型展览(演出)。六是加强文化市场管理。全市有各类文化经营单位1216家,较去年增加76家,行政审批办件397件。出动检查2763人次,检查文化经营单位4786家次,发现违规84家次;举报受理10件,属实案件9件,不属实案件1件;行政处罚立案调查25件,办结案件34件,警告14家次,罚款16.70万元,没收非法所得8161元,没收违法物品248个;取缔无证电子游戏游艺场所28家,取缔无证出版物经营点6家。报送全省文化市场信息89篇,录用77篇。每月出刊一期《海宁市文化市场工作简报》。

(李如月)

【桐乡市文化广电新闻出版局(体育局)】 内设职能科室9个,直属单位11个。2017年末人员132人(其中:机关34人,事业98人;具有高级专业技术职务资格的13人,中级52人)。

2017年,桐乡市文化部门坚持普惠性原则,丰富文化惠民活动形式,参与举办中央电视台《我们的中国梦——2017东西南北贺新春》特别节目录制;举办“欢乐文化汇”2017年桐乡市春节系列文化活动;举办“文学照亮生活”全民公益大讲堂暨优秀文学作品诵读会、《戏曲艺术之美》全民公益讲座;举办2017桐乡市“乡风乡韵桐乡荟”活动;举办“喜迎十九大、乐舞颂桐乡”2017年桐乡市第三届排舞大赛;举办2017年“琅琅书声”走进文化礼堂暨桐乡市村级文化管理员诗文诵读比赛;举办摄影长训班、舞蹈长训班和各种文化业务技能培训班300多场次;举办“荷博杯”桐乡市首届童心筑梦少儿美术大赛、“锦绣河山”筑梦新征途视觉艺术展、第三届“桐乡好声音”大赛、“东兴杯”青少年钢琴大赛、“剿灭劣Ⅴ类水,共创美好家园”少儿书画大赛、“共建平安嘉兴共享平安幸福”——嘉兴市文艺大篷车进基层惠民巡演、机关单位大合唱比赛、“戏曲进校园”活动、第二届浙江省少儿戏曲比赛、第三届江浙沪现代小戏邀请赛、文化惠民评弹专场演出等。国家文物局主办的“互联网+中华文明”数字展在乌镇国际互联网会展中心开展,国家文物局局长刘玉珠、副局长关强参加。钱君匋110周年诞辰暨君匋艺术院建院30周年庆典活动在桐乡举行。中国文联副主席、西泠印社副社长兼秘书长陈振濂,省文物局局长柳河出席活动。活动包括“艺兼众美”钱君匋艺术人生学术研讨会、“翰墨大观”君匋艺术院藏品展、海外藏钱君匋书画精品展等。全年举办广场文艺75场,助力百千万文化下乡活动350多场,“2131”工程电影放映3000多场。召开桐乡市文化发展大会,表彰了在文化发展中做出突出贡献的团队和个人,颁布了桐乡市第七届文学艺术金凤凰奖,还举行了市人民政府与中华文学基金会“茅盾文学院”合作共建签约仪式和授牌仪式、第二届“茅盾文学新人奖”暨“茅盾文学新人奖·网络文学新人奖”启动仪式。是年,为推进文物保护基础工作,制定下发了《桐乡市野外文物保护工作制度》《文物安全保卫人员工作守则》等工作制度。加强不可移动文物的保护和管理,推进全国重点文物保护单位罗家角遗址保护设施建设项目,完成遗址安防监控布设,开展罗家角遗址展示馆基建工程。配合罗家角遗址周边村庄“整改拆项目”推进,完成“整改拆项目”设计文本编制。对照浙江省考古遗址公园创建标准积极开展考古遗址公园建设,积极开展浙江省第二批省级考古遗址公园申报工作。编制省级文物保护单位河山镇俞家湾桑基鱼塘、崇福镇永丰典当和司马高桥的维修保护方案。启动屠甸镇钱君匋故居、大麻镇苕溪丝厂遗址的修缮方案。修缮“夏氏府第”古建筑群。完成君匋艺术院景区化改造提升工程。启动罗家角文化遗址展示馆工程、丰子恺纪念馆改扩建一期工程。9月5日,日本东京中国文化中心合作伙伴团参观石门丰子恺纪念馆,成员有日本动画协会理事长、手塚株式会社董事长松谷孝征、东京中国文化中心主任石永菁等。市博物馆、茅盾纪念馆等5家文博场馆获“平安桐乡”示范单位。丰同裕成功申报嘉兴市非遗保护示范基地。6人申报第五批省非遗项目代表性传承人。蓝印花布印染技艺申报第一批国家传统工艺振兴项目。是年,积极推动传统文化产业发展,挖掘壮大经典产业项目,加强地域文化优秀品牌推介,桐乡蓝印花布创新制作团队参加第12届义乌文交会并获奖。桐乡蓝印花布、竹刻、木雕等非遗项目参加第7届中国(浙江)工艺精品博览会,84件作品获4金7银2铜的好成绩,其中染织挂画《游》获金奖。同时,推进文化市场建设,管理规范文化产业发展。市文化市场执法大队规范行政许可项目审批程序,及时进行审批,全年新批、变更文化经营单位39家,其中网吧17家,出版物经营单位2家。全年开展“净网”“清源”“秋风”“剑网”“固边”专项行动5项。开展元旦、春节文化市场安全检查,“两会”“互联网大会”期间文化市场保障行动,开学前校园周边文化市场专项整治,出动文化执法人员1478人次,检查各类文化经营场所582家次,办理各类行政处罚案件34件。开展取缔“黑网吧”专项行动,出动98人次,检查105家次,其中与公安、综合执法、市场管理等部门联合行动6次,取缔“黑网吧”34家,收缴主机、服务器、显示器、路由器等设备50多件。

(颜剑明)

绍兴市文化广电新闻出版局

【概况】 内设职能处室9个，直属单位9个。2017年末人员484人(其中：机关31人，事业453人；具有高级专业技术职务资格的161人，中级183人)。

2017年，绍兴市文化广电新闻出版局以党的十九大、习近平总书记系列重要讲话、省市党代会精神为指引，以“两个高水平”建设为目标，紧紧围绕市委、市政府中心工作，加快构建现代公共文化服务体系，深入推进文化惠民，着力促进文艺精品创作，进一步加强非遗保护传承，综合推动文化产业发展，各项工作齐头并进，取得了新的成绩。

一、夯实基层文化设施，文化服务水平得到新提升

(一)基层公共文化设施进一步完善

推进省公共文化重点县建设，启动越城区、新昌县公共文化建设两年提升计划。加强公共文化服务体系建设工作督查、实地核查，有力推进全市乡镇(街道)文化站面积达标及图书馆分馆、文化馆分馆、自助书屋、农村文化礼堂等基层文化设施建设。全年全市新建图书分馆15家、文化分馆54家。有101家乡镇(街道)综合文化站面积达标并正常开放，全市乡镇(街道)综合文化站面积达标率86.3%。

(二)惠民服务内容不断拓展

全面实施公共文化场所免费开放，镇街文化中心开放时间基本达到42小时以上。绍兴图书馆创办全市首个少儿公益性国学培训。绍兴文化名人馆正式开馆。文化下乡活动常态化开展，全市共组织送书下乡13万余册、送戏下乡1300多场、送电影下乡2.6万余场；组织开展“绍剧周末剧场”38场次、“广场电影”124场次、“越州讲坛”155场次、文化走亲活动72场；“好书天天荐”活动成功荐书2.8万余册次，被评为“绍兴市全民阅读优秀项目”。

(三)惠民服务方式不断创新

绍兴市文化馆“文艺专家门诊”被文化部评为“文化志愿服务项目最佳创意奖”，全国仅10个，是浙江省唯一获奖项目。以“文化+互联网”发展思路加快建设“绍兴市公共文化云服务平台”，12月底平台搭建完成，并通过了定级评审、安全测评及信息系统安全等级保护备案证明；全市公共图书馆联合开展微信“扫码阅读”活动，全年数字资源读者访问量624万余人次；全市各类政府采购文化惠民演出场次不断增加，仅市本级就有464场。

(四)惠民活动丰富多彩

圆满举办2017年公祭大禹陵典礼仪式。举办首届“中国越剧春晚”，总票房突破100万元，观众近7000人次。举行第二届全国越剧戏迷大会暨中国越剧戏迷网上活动，15个省市千余名戏迷参加现场活动，上百万戏迷参与线上互动。组织开展全市“全民大舞台，越乡民星汇”系列活动，配套举办初赛、复赛等群文展示、展演比赛20多项。此外，还举办了第十五届江浙沪闽经典越剧大展演、绍兴市大学生电影节、全市公共图书馆全民阅读节系列活动(50多项)等全市性比赛、活动30多场。

二、立足出人出作品，文艺创作成果有新突破

(一)梅花玉兰竞相绽放

绍兴小百花越剧团国家一级演员张琳荣获第28届“中国戏剧梅花奖”，绍兴市戏剧梅花达到9人次10朵。柯桥小百花越剧艺术传习中心国家一级演员陈飞荣获第27届上海戏剧“白玉兰”主角奖，绍剧院国家二级演员章金刚荣获主角提名奖，浙江绍剧艺术研究院青年演员王浩爽、杨钦锋、朱丹贤分别荣获“白玉兰”新人主角奖、配角奖、新人配角奖，浙江绍剧艺术研究院累计荣获16个“白玉兰”奖。

(二)剧(节)目创作成果丰硕

绍剧《绍兴师爷》(创排)、越剧明星版《梁祝》(巡演)、嵊州市“越乡越韵”(巡演)3个项目入选2017年度国家艺术基金资助项目。越剧《屈原》《袁雪芬》、歌曲《我们村嫂》荣获浙江省“五个一工程”奖。越剧《屈原》作为全国越剧界唯一入围剧目参加第十五届中国戏剧节展演，并作为浙江省唯一推荐剧目参加了全国地方戏曲南方片会演。莲花落《传代碗》《一只堂鼓》分别荣获第六届浙江省曲艺新作会演大赛创作、表演金奖。绍剧优秀剧目《于谦传之两袖清风》赴西安参加秦腔节展演。

(三)戏剧新秀崭露头角

全市一批优秀青年演员在浙江省2017"新松计划"青年演员戏曲大赛中取得优异成绩，荣获4个一等奖、4个二等奖、3个三等奖，金牌数占全省总数的1/4。绍兴艺术学校学生参加2017年浙江省中等职业学校职业能力大赛(学生技术技能类)"艺术专业技能(中国舞表演)"获二等奖、三等奖各1个；参加"浙江省职业学校阳光学生才艺展示演出"荣获唯一一个"最佳才艺奖"，10名学生荣获第二十一届中国少儿戏曲"小梅花"奖。

三、加强保护体系建设，非遗传承发展成效显著

(一)加强非遗基础保障

制定出台《2017年绍兴市各区、县(市)非遗工作考核办法》《绍兴市非物质文化遗产传承基地星级考核评定办法》。加快推进非遗场馆建设，全市已建成开放5个非遗馆。完成市本级4个国家级非物质文化遗产项目保护专项资金申报工作，全年共申请到国家补助非遗保护专项资金130万元。对29个省级项目开展了"八个一"保护措施自查、互查工作。

(二)完善充实非遗保护项目

绍兴市获"第四批浙江省传统戏剧之乡"称号。全市11个项目成功入选第五批浙江省非物质文化遗产代表性项目名录，入选项目数量并列全省第三，省级非遗项目有86个；全市6家基地被命名为浙江省级非物质文化遗产生产性保护基地；7人入选第五批国家级非物质文化遗产代表性项目代表性传承人公示名单，23人入选第五批省级非遗代表性传承人名单。

(三)强化非遗传播服务

制定《绍兴市关于做好传统工艺振兴计划宣传工作的方案》，与绍兴电视台等3家绍兴市主流媒体合作开展非遗专题片拍摄，至12月底已完成拍摄17集、播出13集。组织开展国家级传承人调研，论文荣获一等奖1篇、二等奖3篇。组织开展了为期3天的绍兴市非遗集市活动，72个非遗项目亮相，吸引2万余人次参与。举办绍兴市文化和自然遗产日系列活动、第六届"绍兴师爷讲故事比赛"、第三届元宵节系列活动等40多项活动，开设手工技艺体验课96场次。

四、加大产业调研服务，文化产业融合进一步推进

(一)推动文化与旅游融合发展

举办"第二届绍兴市文化创意产品设计大赛"，开展作品评选、颁奖、展览和文创设计论坛等活动。大赛共征集作品630件，其中创意类418件、产品类212件，各评选出阳明奖2件、元培奖5件、树人奖8件、优秀奖25件。指导举办"2017第三届中国·绍兴水城动漫节"系列活动，参与人次4.68万(按门票数统计)，动漫衍生品展销总交易额467.85万元，比去年同期增长44.84%。

(二)推进文化产业服务工作

加强文化产业调研，走访联系文化企业，开展产业服务。推进越剧演艺产业发展，积极争取越剧发展扶持政策，为绍兴越剧艺术发展有限公司落实了500万元财政专项扶持资金，初步建立了政府采购、项目资助、场次补贴等财政投入机制。组织绍兴32家文化企业参展第12届义乌文化产品交易会，获展会组织二等奖及7个工艺美术奖和创新设计奖。积极参与"绍兴文创大走廊建设"课题和规划研究、"浙东大运河(绍兴段)文化带建设"专题研究，并起草了《浙东大运河绍兴段文化创意产业与旅游产业融合发展研究报告》《绍兴古城功能定位和发展思路研究》。

五、强化文化市场监管，文化市场更加繁荣有序

(一)切实加强文化市场监管工作

围绕平安护航党的十九大，文明城市复检，全国、省、市"两会"以及各类重大节会活动等重要时段、重要节点，组织开展安全保障工作。绍兴市全年出动文化执法检查1.56万人次，检查2.20万家次，违规查处场所227家次；举报(督查)受理51件，属实案件35件，不属实案件9件，其他案件7件；行政处罚立案调查217件，办结案件217件，警告136家次，罚款87.46万元，停业整顿5家次，吊销许可证3家次，没收非法所得5.87万元，没收违法物品1142个，办理重大案件6家次，移交2家次。开展法制宣传活动，举办"4·26知识产权日"宣传周进校园系列活动，发放《中华人民共和国著作权法》500册，绿书签4.90万张，文化市场普法手册1000册。

(二)积极推进"最多跑一次"审批制度改革

全面梳理涉及改革的审批事项

70项，通过明确办事指南，优化办事流程，建立健全监督考核、并联审批、容缺受理等配套制度。是年底，涉及行政审批改革的70项事项已全部实现“最多跑一次”，群众办事便捷性和满意度得到了有效提升。

(三)深入推进“扫黄打非”工作

开展“清源”“净网”“护苗”“秋风”“固边”专项行动。绍兴市扫黄办共查办传播淫秽物品(牟利)案件120起，采取刑事强制措施377人，涉案金额达1500多万元，其中6起重特大案件被全国“扫黄打非”办公室和公安部治安管理局联合挂牌督办，受到中央、省“扫黄打非”办公室书面表扬，得到省委书记车俊和省委常委、宣传部部长、省“扫黄打非”工作领导小组组长葛慧君的高度肯定。

六、加强文化交流，绍兴文化影响日益扩大

(一)戏曲演出成文化交流新亮点

绍兴越剧艺术发展有限公司携国家艺术基金资助项目明星版越剧《梁祝》，亮相第24届罗马尼亚锡比乌国际戏剧节演出现场。组织绍兴文艺团队在“盛世公主号”邮轮上开展“丝路江南”专场演出，展示中国丝路文化。柯桥小百花越剧艺术传习中心积极参与“丝绸之路经济带”和“21世纪海上丝绸之路”建设，先后赴尼日利亚、马来西亚、斯里兰卡等国家进行演出交流。“国遗·绍兴小百花实验曲艺团”应邀赴香港大会堂剧院举办专场演出，首次出访获得圆满成功。

(二)越剧巡演为越剧“金名片”增添成色

国家艺术基金资助项目越剧明星版《梁祝》赴加拿大演出，开启了明星版越剧《西厢记》《桃花扇》在国内及美洲、大洋洲、欧洲三大洲近百个城市百场巡演的序幕。开展越剧《青藤狂歌——徐渭》首轮全国巡演，足迹遍及浙江、广西、广东、福建等7个省、自治区和18个城市，受到2万余名观众好评。完成越剧《青藤狂歌——徐渭》《袁雪芬》首轮全国巡演，历经15个省26个城市，巡演期间还通过播放宣传片和举办特色展览活动推介绍兴越剧，央视戏曲频道和全国多家媒体进行了宣传报道。

【大事记】

1月

5日　绍兴大剧院在江浙沪两省一市第二十四届演出业务洽谈会暨第十届长三角国际演出项目交易会上，获“重合同守信用”荣誉称号。

6日至18日　“同唱一台戏”2017越剧春晚先后在绍兴、上海、北京、广州、杭州5城上演。

7日至8日　举办绍兴地方曲艺传承保护研讨会暨传习成果汇报交流展演，四川清音、杭州评词、绍兴莲花落等众多曲种名家参会。

20日　新昌县小将镇被评为2016年度浙江省民间文化艺术之乡。

2月

11日　开展绍兴市第三届元宵节系列活动，推出彩灯展览、现场猜谜、戏曲表演等活动。

22日　全国“扫黄打非”网络案件调研组到绍兴调研网络案件办理的经验做法。

25日　举办2017绍兴市“四季赞歌”优秀歌手演唱会，近500名音乐爱好者观看。

3月

4日　绍剧《绍兴师爷》主创团队组建完成并召开首次碰面会。

7日　杭州都市圈第九次文化广电新闻出版局局长联席会议在绍兴召开。

10日　《绍兴市2017年公共文化服务体系建设工作目标》正式印发。

4月

7日　获第27届“白玉兰奖”5个奖项：越剧演员陈飞获主角奖，绍剧演员章金刚获主角奖提名奖，绍剧青年演员王浩爽、杨钦锋、朱丹贤分别获新人主角奖、配角奖、新人配角奖。

14日　根据绍市干〔2017〕21号文件，陈泉标同志任中共绍兴市文化广电新闻出版局委员会委员、书记。

18日　根据市人大〔2017〕20号文件，陈泉标同志任绍兴市文化广电新闻出版局局长。

20日　2017年公祭大禹陵典礼在绍兴会稽山(大禹陵)景区举行，1000多人参加。整个典礼共9项仪程，省委书记、省人大常委会主任夏宝龙主祭，省委副书记袁家军宣读祭文。

21日至22日　中国东部剧院联盟三届一次会议在绍兴召开。

24日　组织开展2017年“绍兴市打黄扫非”进基层暨非法出版物集中销毁活动，化浆处理非法出版物1.60万册，粉碎回收音像制品1.12万张。

5月

6日　第十五届江浙沪闽经典越剧大展演在绍兴拉开帷幕。

9日至10日　省文化厅督查组到绍兴开展半年度文化市场综合执法工作检查。

15日　市委副书记、市长马卫光专题调研绍兴市文化工作。

同日至17日　全国数字文化馆建设培训班在绍兴举行，文化部全国公共文化发展中心副主任罗云川、浙江省文化厅副厅长叶菁出席开班仪式并讲话。

22日　绍兴"小百花"越剧演员张琳荣获第28届中国戏剧梅花奖。

26日　举行绍剧《绍兴师爷》开排仪式。

同日　绍兴市文化广电新闻出版局被省文化厅评为浙江省地方戏曲剧种普查工作先进集体。

6月

6日　绍兴市在浙江省2017"新松计划"青年戏曲演员大赛中获得4个一等奖、4个二等奖、3个三等奖，金牌数占全省的1/4。

同日　市文物有限公司移交市文物管理局。

9日至11日　举行2017年绍兴市"非遗集市"，共72个非遗项目参加。

10日　越剧明星版《梁祝》参加第24届罗马尼亚锡比乌国际戏剧节演出。

12日　副市长顾涛主持召开越剧发展工作研讨会。

同日至16日　绍兴市演出团队代表浙江省参加由中国人民对外友好协会和美国嘉年华集团主办的盛世号海上丝路首航特别活动，向来自40多个国家的7000多名来宾献上7场以"丝路·秀"为主题的文艺演出。

14日　绍兴市首家名人主题馆绍兴文化名人馆开馆。

7月

5日　第二届绍兴市文化创意产品设计大赛正式启动。

11日　组织开展贯彻党代会精神推动"文化绍兴"建设研讨活动。

13日　绍兴文化发展集团、绍兴大剧院整体移交市文旅集团。

29日　绍兴滩簧、绍兴莲花落、新昌调腔、诸暨草塔抖狮子4个项目成功申报中央补助资金130万元。

30日　非遗宣传片《嵊州泥塑》《绍兴腐乳制作技艺》拍摄完成。

8月

10日至11日　举行绍兴市青年演员基本功大赛，全市6个专业院团参赛，评出7个金奖、9个银奖、12个铜奖。

9月

20日　越剧《屈原》《袁雪芬》、电视剧《女儿红》、动画片《少年师爷之大禹宝藏》、歌曲《我们的村嫂》、广播剧《万民伞》6部作品入围省第十三届精神文明建设"五个一工程"奖。

21日　副市长顾涛赴嘉兴市考察文化产业及公共文化服务工作，实地走访了嘉兴南北湖影视基地、嘉兴图书馆、海盐文化馆等地。

同日至25日　组织参加第九届浙江·中国非物质文化遗产博览会，绍兴市荣获最佳组织奖，越文化生态区展位获最佳展阵奖，绍兴铜雕、同山烧酿制技艺获最具人气项目奖。

26日　绍剧《绍兴师爷》、越剧《王阳明》入选省精品扶持工程第12批名单。

10月

10日　绍兴市喜获第四批浙江传统戏剧之乡传统戏剧特色市(绍剧)称号。

14日　绍剧《于谦传之两袖清风》赴西安参加中国秦腔优秀剧目会演。

同日至18日　"2017年全国戏曲脸谱艺术作品邀请展"在绍兴举行，展览汇集北京、福建、浙江等地20多位脸谱艺术家的60多组作品。

31日　绍兴图书馆《信息与参考》服务项目荣获浙江省2017年优秀图书馆服务品牌"卓越影响奖"。

11月

6日　绍兴市"文艺专家门诊"惠民创新团队入围2017年浙江省文化创新团队。

8日　举行"美丽水乡·放飞梦想"第四届绍兴市"全民大舞台"才艺秀总决赛。

同日至10日　中国索引学会第五次全国会员大会暨学术研讨会在绍兴举行，全国不同地区和单位的133位会员代表及日本索引学者松浦崇出席会议。

10日　根据绍市编〔2017〕86号文件，撤销市文物管理局，市文广新局增挂市文物管理局牌子，增设内设机构文物保护与考古处、博物馆与社会文物处，将原市文物管理局承担的文物行政执法职责划转由市文化市场行政执法支队承担。

17日　举行第二届绍兴市

文化创意产品设计大赛颁奖典礼暨文化创意论坛。

30日　绍兴市"文艺专家门诊"荣获文化部文化志愿者服务示范项目"最佳创意奖"。

12月

12日至13日　经典绍剧《黄飞虎反五关》(青春版)、《孙悟空三打白骨精》在上海天蟾逸夫舞台上演。

16日　举行"我镜头下的绍兴非遗"全国摄影展启动仪式,是绍兴市首次举办以非遗为主题的全国性摄影活动。

19日　绍兴市文化广电新闻出版局荣获2017年浙江省民营文艺表演团体展演活动优秀组织奖。

同日　绍兴市"扫黄打非"办公室荣获2017年全省"扫黄打非"工作先进集体称号。

23日　绍兴市委副书记、市长马卫光,副市长顾涛赴绍兴艺术学校调研。

(吴丹娟)

绍兴市县(市、区)文化工作概况

【越城区文化广电新闻出版局(旅游局)】　内设职能科室6个,直属事业单位3个,镇街文化站17个。2017年末人员47人(其中:机关5人,事业42人;具有高级专业技术职务资格的3人,中级16人)。

2017年,越城区文化广电新闻出版局深入贯彻党的十八大和十八届三中、四中、五中、六中全会、十九大精神和习近平总书记系列重要讲话精神,努力在群众文化事业、文化市场管理、落实全面从严治党等方面夯实基础、创新求变、积极突破,取得了一定成绩。一是文化惠民有新成果。区图书馆全年接待读者135万人次,图书流通127万册次;区文化馆因馆制宜,重点开设书画、戏曲、声乐、舞蹈、器乐等公益课程,每周开展免费培训、活动时间56.5小时,免费培训461场次,受惠群众8400人次;举办送文化下基层活动70场;举办文化走亲6场次。建成图书分馆2家,文化分馆7家。实现辖区12个镇街文化站(文化中心)面积达标。二是文化赛事有新成绩。组队参加绍兴市第七届"师爷讲故事"比赛,获得1金、2银、2铜、1个特别奖及"优秀组织奖";市第八届排舞大赛中荣获3金、3铜及"优秀组织奖";绍兴市首届广场舞比赛,获得1金、2银、2铜及"优秀组织奖""优秀编导奖";荣获绍兴市农民好声音擂台赛1金、1银、1铜及"优秀组织奖";绍兴市第四届全民大舞台才艺秀获总冠军;获省第七届西湖合唱节合唱比赛老年组金奖;选送的《溪清风好》等19件作品入展浙江省"五水共治"美术作品展,1件书法作品入展浙江省楹联作品展。区图书馆成为第三批"绍兴市社会科学普及基地";被评为"绍兴市全民阅读示范单位""绍兴市亲子阅读基地";"大树下"系列活动获"绍兴市公共图书馆优秀阅读推广品牌";案例"书香奶香·伴我成长——0岁宝宝阅读初体验活动"获"浙江省阅读推广活动创意案例大赛"二等奖,为绍兴市最高奖。三是文化市场管理有新实效。文化市场全年日常检查出动2316人次,检查场所2460家次,行政处罚立案调查25件,办结案件26件,没收违法物品341个,罚款9.54万元;依托省文化市场数字化网络监管系统,制定4类随机抽查事项、建立611家对象库,逐步探索"双随机"抽查机制,3月至12月,每月组织开展"双随机"抽查工作2次以上,抽取执法人员40人次,检查各类企业(单位)160家次;将全区所有文化经营单位纳入镇街网格化管理,建立联系人制度,形成文化市场管理工作三级联防体系;围绕"平安越城"建设,牵头开展"净网""清源""秋风""护苗"等四大专项行动;突出网吧监管,切实做好文明城市复评迎检工作;扎实推进"扫黄打非"进校园、进社区、进企业等基层活动;承办全市"扫黄打非"进基层暨侵权盗版及非法出版物集中销毁现场会,竭力营造良好的文化市场氛围;成功推选鉴湖镇王家葑村成为绍兴市"唯一"入选的全国"扫黄打非"先进示范点创建单位。是年,越城区文广新局被评为全省"扫黄打非"工作先进集体。四是行政审批服务有新提升。简化审批手续,积极落实"集成服务、一窗受理",规范业务办理。落实"两集中、两到位"要求,单独设立行政审批服务科,成建制进驻区行政服务中心。紧密围绕"最多跑一次"改革,规范审批材料、审批流程,精减审批程序,落实容缺受理机制,力促审批成效,57个许可事项统一进驻行政服务大厅,办事时限由原承诺期543天缩短到95天,效率提高了82.5%,受理各类业务办理161件;多次获评先进窗口和先进个人,并授予2017年度区级"行政服务示范窗口"。五是事权管理职能有新拓展。经与市文物局多次商谈，就文物职能下放达成了《移交接管协议书》，于10月31日完成正式签约手续，11月1日起行使实辖区域内的文物管理职能；与市文化广电新闻出版局正式签署《高新区文化市场管理交接协议》，自12月1日起，承担原高新区实辖区范围文化场所行政许可和行政执法监督职责；同时接管划转场所286家。六是旅游小镇创建有新突破。成功推选东浦黄酒小镇、富盛抹茶小镇成为全省风情小镇创建对象。6月，组织东浦镇、富盛镇参加全省省级旅游风情小镇专家联审，通过自我推介、专家问答环节；8月，2个创建镇被列为全省创建对象(全市8个)。

(洪淑萍)

【柯桥区文化广电新闻出版局】 内设职能科室6个，直属单位5个，乡镇(街道)文化站16个。2017年末人员183人(其中：机关15人，事业168人；具有高级专业技术职务资格的51人，中级59人)。

2017年，柯桥区文广新系统以习近平总书记系列重要讲话精神为指引，认真贯彻省、市党代会精神，坚持以人民为中心的文化工作导向，深入开展文化惠民活动，扎实推进公共文化服务体系建设，着力提升文艺精品创作，切实加强文化遗产保护传承，维护文化市场健康有序，全面推动了文化柯桥建设。一是公共文化服务补齐短板。完善公共文化管理运行机制，制定《关于开展镇(街道)公共文化服务体系建设推进工作量化评价的实施意见》，将工作重心落到镇(街道)基层。指导王坛镇综合文化服务中心建设工作，完成湖塘街道、稽东镇、夏履镇等综合文化站整改建设，全区镇(街道)综合文化站面积达到54783平方米。新建文化分馆8家、图书分馆5家、城市书屋1处。成立区文化馆、图书馆两馆理事会。加大政府采购公共文化服务力度，全年采购民营剧团演出100场，完成农村电影放映服务3728场。柯桥区图书馆新增馆藏2.55万册，全年接待读者51.30万人次，外借图书35万余册；柯桥区博物馆接待各类参观团体和参观者达5.7万余人次。二是文化精品创作再攀高峰。小百花越剧艺术传习中心国家一级演员张琳凭越剧《一钱太守》荣获第二十八届中国戏剧梅花奖，成为继吴凤花、吴素英、陈飞三人四梅后小百花获得的第五朵梅花。国家一级演员、梅花奖演员陈飞荣获27届上海白玉兰戏剧表演艺术表演奖主角奖。青春版越剧《白蛇前传》成功首演。越剧《屈原》作为浙江省唯一入选剧目参加第15届中国戏剧节和"全国地方戏曲南方会演"，并入选浙江省"五个一工程"奖。新编越剧《王阳明》入选第十一批浙江省文化精品扶持工程。全年开展越剧《鉴水吟》等演出活动101场。成功举办第五届中国曲艺柯桥高峰论坛，中国文联及中国曲协领导、相关曲艺专家、新闻记者等70多人参加论坛，论坛期间还举办了中国曲艺牡丹奖艺术团"送欢笑到基层"暨长篇绍兴莲花落大赛颁奖晚会。完成"三个柯桥"主题的莲花落创排，新创作绍兴莲花落作品11篇、小戏小品5篇，举办绍兴莲花落长篇大赛、省第九届曲艺新作大赛等赛事45场。绍兴莲花落《吃补药》荣获第十一届河南马街书会"优秀曲艺展演一等奖"，《不是你会是谁》获首届"通州杯"曲艺小剧场新作展演大赛表演金奖；《传代碗》获第六届浙江省曲艺新作会演大赛创作、表演双金奖，《一只堂鼓》获得表演金奖。柯桥区人民政府被中国曲艺家协会授予"创建中国曲艺之乡工作先进单位"称号。三是群众文化活动提质升级。首创"相约礼堂"周末剧场，在全区19个文化礼堂每月固定开展文化活动2次以上，打造出村民才艺PK、地方曲艺展演等农村特色文化品牌，共开展活动392场次，100多支业余文艺团队、1000多名村民登台亮相，2万余名观众参与活动。成果获副省长孙景淼批示。全年共开展"百花大舞台"53场、"莲花书场"活动121场、"鉴湖之春"广场文化月20场、"文化五进"活动74场。"幸福水乡才艺秀"新增树人大学等4个赛区，完成各类赛事121场次。以舜王庙会、安昌腊月风情节为代表的镇(街道)特色文化节会顺利举行。全年区镇两级共开展群众性文艺演出活动达700多场次。对外文化交流积极活跃，赴衢州江山等地开展跨区域文化走亲活动31场次，各镇(街道)组织开展文化走亲160场。国遗·绍兴小百花实验曲艺团应邀赴香港大会堂剧院进行专场演出，首次出访获得圆满成功，赢得香港观众广泛赞誉。四是文化遗产保护有序推进。评审公布第六批区级非遗代表性项目11个，全区非遗项目总数达到113个。柯桥区非遗数据库正式建成使用。举办首届非遗嘉年华、端午民俗文化节等非遗活态传承展示活动40多场次,受众8.6万余人次。黄酒文化传播中心落户柯桥区非遗馆。齐贤镇陶里居建成非遗展示场所。修订《关于进一步加强柯桥区文化遗产保护工作的意见》,编制出台《绍兴市柯桥区文物修缮工程实施办法》和《绍兴市柯桥区区级文物保护单位(点)文物保护工程竣工验收管理暂行办法》。完成舜王庙中型消防工程、印山越国王陵原址安防工程,全区纳入监控系统的文保单位增加到42处,实现国保、省保单位监控全覆盖。开展柯岩造像及摩崖题刻抢险加固二期保护工程等7个文物保护工程。推进平水裸心湖宋代大墓考古发掘工作。开展柯桥历史文化街区、阳明文化园建设等相关工作。五是文化市场发展健康有序。开展文明城市复评迎检及"保障十九大"文化市场执法专项行动,联合消防部门开展网吧内部环境集中整治活动。开展电影市场专项整治。重点检查电影市场偷瞒票房等违法违规行为。开展"护苗""清源""净网""秋风"四项"扫黄打非"专项行动,积极推进"扫黄打非"进入社会治安综合治理平台,完成"扫黄打非"进村(居)相关资料库的建立并录入全国"扫黄打非"信息管理系统。协助公安机关破获一起涉及经费100多万元的网络传播淫秽物品牟利案,抓获犯罪嫌疑人16名,被全国"扫黄打非"工作小组办公室及公安部列为联合挂牌督办案件之一,是柯桥区首例,柯桥区文广新局被评为全省"扫黄打非"工作先进集体。全年出动文化执法检查1215人次,检查网吧2193家次,整改隐患151处,立案查处19件;销毁各类盗版、非法书刊3000多册,音像制品万余张。

(祝妍春)

【上虞区文化广电新闻出版局】 内设职能科室4个,直属单位9个,乡镇(街道)文化站20个。2017年末人员147人(其中:机关12人,事业135人;具有高级专业技术职务资格的32人,中级46人)。

2017年,上虞区文化广电新闻出版局围绕"创新之区　品质之城"建设要求,扎实推进各项工作落实。一是青瓷文化传承得到新加强。推进凤凰山考古遗址公园建设,完成禁山窑址保护棚工程,实施核心区绿化标段工程。举办中国(上虞)·越窑青瓷国际学术研讨会,来自国内外的40多位专家、大师齐聚上虞,进一步巩固上虞作为瓷器发源地的地位。举办第二届现代国际陶艺展,展出现代陶艺品100多件。上虞青·现代国际陶艺中心全票入选联合国教科文组织国际陶艺学会(IAC)团体会员单位,全年接纳来自13个国家的41位陶艺家,创作作品1214件,捐赠985件。二是文化设施建设取得新进展。新建百官街道、曹娥街道2家图书馆分馆,崧厦、下管、章镇等10家文化馆分馆。完成15个乡镇(街道)综合文化站面积达标工作。上虞区图书馆丰惠分馆获评2017年绍兴市公共图书馆全民读书节"读者最喜爱的乡镇(街道)图书分馆"。完成古运河史料馆、非物质文化遗产展示馆、娥江影视厅3馆立项、设计、招投标工作。三是文化惠民服务喜获新成果。实施阳光文化行动,全年向乡镇(街道)、村(社区)及文化礼堂配送戏曲、综艺等演出240场(大戏90场),乡镇(街道)综合文化站每周免费开放42小时以上。开展虞舜文化节、主题巡演、文化走亲、文化遗产日等活动46场。完成阳光剧场惠民演出12场。举办各类展览讲座45场。送电影下基层、进社区4500场,送书下乡3万册,送戏下乡到文化礼堂120场。区图书馆荣获"绍兴市青年图书馆员技能大赛"团体二等奖,"乐益行"书友会公益活动被评为"绍兴市公共图书馆优秀阅读推广品牌"。系统在绍兴市各类比赛中获得9个一等奖,14个二等奖,16个三等奖。组织参加绍兴市第十三届戏剧节,公共文化服务中心5人获奖。四是文化市场执法取得新成效。全年出动598次,出动执法检查人员1385人次,检查各类文化经营场所2975家次。办理文化市场行政处罚案件37件,开展文化经营业主行政约谈14次。扎实开展"清源""净网""秋风""护苗"等各类专项行动39次,部门联合大检查11次,取缔非法大篷演出9起、无证流商摊点8个,受理举报投诉9起。做好重要事件节点文化市场、户外大屏播放等安全工作,加大文化市场政策法规宣传,加强系统及行业安全生产监管,全年无事故发生。五是文化遗产保护实现新提升。完成上虞博物馆、范寿康故居整修工程。联合上虞区教体局组织"5·18"博物馆日活动,组织8所中小学校3000多名学生走进博物馆参观。选送文物参加浙江省博物馆"青色流年”和绍兴市博物馆“阳明的故事”展览。开展春晖中学旧址、同兴里、曹娥庙等各级文保单位安全隐患排查整治，累计检查34处，发整改通知单8张，整改率100%。百沥海塘、丰惠钱氏大宅院、浙东新四军北撤会议旧址、萧曹海塘被省政府公布为第七批省级文保单位。完成萧绍海塘、百沥海塘实地调查报告，组织2017年曹娥庙会，接待游客1.11万人次。配合曹娥老区拆迁，完成已有24处不可移动文物编号、资料搜集整理、建筑构件收储；完成2016年度文博事业发展水平评估报告，上虞区2015年度文物资源量、文物事业保障水平、文物业务工作水平、加分指标、扣分指标五项指标全省排名第十二位，在绍兴各县（市、区）中排名第一位。

（陆佳锋）

【诸暨市文化广电新闻出版局】 内设职能科室5个，直属单位7个，乡镇（街道）文化站27个。2017年末人员122人（其中：机关12人，事业110人；具有高级专业技术职务资格的22人，中级40人）。

2017年，诸暨市文化广电新闻出版局以党的十八大和十九大精神为主线，深入学习贯彻浙江省第十四次党代会和诸暨市第十六次党代会精神，围绕市委、市政府中心工作，以“永无止境”的追求、“要谋新篇”的担当，有序推进重点工作进展，深化公共文化服务体系建设，加强文化遗产保护，实施文化惠民工程，依法管理文化市场，大力繁荣文艺创作，弘扬社会主义核心价值观，扎实开展文化工作，完成了全年工作任务，并获得省、市各类荣誉60多项。诸暨市人民政府被国际水彩画协会正式授权为2018“首届世界水彩画大赛”东道主。店口镇、牌头镇、草塔镇3个文化站被评定为省特级综合文化站，9个文化站被评定为省一级综合文化站，15个街道、镇乡文化站分别被评定为省二、三级综合文化站。“中国诗歌小镇”落户枫桥。大唐袜艺小镇入选省特色小镇文化建设第一批创建名单，牌头环保小镇进入第二批培育名单。应店街镇紫阆村文化礼堂跻身全省50个示范文化新地标之列；同山镇镇丽坞底、东和乡十里坪、草塔镇上下文村文化礼堂则跻身100个优秀文化新地标之列。一是深化公共文化服务体系标准化建设。制订实施《诸暨市2017年公共文化服务体系建设年度目标》。根据绍兴对诸暨市考核的两项工作清单，重点抓好镇乡（街道）综合文化站面积达标和2家图书分馆、14家文化分馆建设工作。通过实施镇乡（街道）综合文化站“三达标”建设，全市27个镇乡（街道）综合文化站全部实现站舍面积、服务项目和开放时间三达标。出台《诸暨市城乡一体化公共图书馆、文化馆总分馆体系建设实施方案》，落实分馆建设、运行补助政策，新建2个图书分馆和14个文化分馆，均已投入使用。配合有关部门新建农村文化礼堂40家。出台2017年政府购买公共文化服务指导性意见和目录，鼓励和引导社会力量参与公共文化服务，将政府购买公共文化服务资金纳入财政预算，出台了政府购买民间演出团队参与文化下乡演出的操作方案，启动政府购买程序。探索公益性文化事业单位法人治理结构，分别组建了图书馆、文化馆理事会。二是持续开展“我们的文化”系列群文活动。继续抓好以“我们的舞台演艺秀”“我们的展厅艺术秀”“我们的节日我来秀”“我们的课堂教我秀”4个系列为主要内容的“我们的文化”系列群文活动。开展“好美诸暨”下乡巡演、第九届群文作品创作大赛和“好美诸暨　喜迎十九大”美术作品大赛。完成第八届“舞动诸暨”舞蹈大赛。全面开展全民读书节系列活动、“北承杭州 读在诸暨”主题月活动，成功承办“北承杭州 读在诸暨”朗读晚会、浙江省“琅琅书声”进礼堂活动启动仪式，以及浙江省第十一届排舞大赛。完成自然和“文化遗产日”展览、展示、演出系列活动，顺利举办“非遗十年”专题晚会。继续深入实施文化惠民工程，完成文化下乡演出135场次、送书下乡2.7万册（不包括农家书屋）、送电影下乡7296场、送展览下乡30场、送培训下乡50场。周末剧场惠民演出完成52场，市民影院放映4500场。图书馆、文化馆、博物馆等文化单位向市民提供免费培训、讲座251场次，免费展览26期。三是加大文化建设资金投入。向上争取2017年各类文化建设资金1064.6万元，获得基本公共文化专项补助1007万元、历史文化名城名镇名村保护专项资金10万元、博物馆纪念馆逐步免费开放补助资金34万元。鼓励民间资本进入社会文化领域，已吸纳7535万元民间资本用于文化遗产保护和公共文化服务建设，其中，草塔乡贤杨洪康独资捐助

6000万元建造草塔镇杨家楼村文化中心；18个历史文物修缮、历史遗迹整治提升、历史遗迹消防安全工程项目涉及12个镇乡，共获得民间资金1490万元；已在城区建成使用的公益书房越书房、心旅书苑分别投入民间资本30万元、15万元，有藏书近万册，为市民提供免费的图书阅览和借阅服务。四是加强文艺精品创作。3集历史广播剧《万民伞》获得中国广播剧年度银奖、浙江省第十三届精神文明建设“五个一工程”奖。复排的全国“五个一工程”奖剧目《西施断缆》应深圳诸暨人联谊会邀请赴深圳南山大剧院演出，获得一致好评。《珍珠塔》《打金枝》两台大戏参加江浙沪长江三角洲越剧大展演，取得圆满成功。开展以歌颂党、歌颂社会建设发展成就为主题的全市文艺作品创作大赛、诸暨市“喜迎十九大——好美诸暨美术大赛”等活动，在绍兴市级演出活动中获得了3个演唱金奖，2个创作金奖、1个创作银奖、1个创作铜奖，4个一等奖、2个二等奖；有12件作品入选浙江美术作品展。五是加强文化遗产保护。投入1947.17万元，扎实开展文物保护工程，完成涉及12个乡镇的历史建筑修缮工程14项，历史遗迹整治提升工程2项，历史遗迹消防安全工程2项。马剑古建筑群等3处不可移动文物成功申报为浙江省文物保护单位。棕编、南孟祭礼、十里红妆等5个项目传承人成功申报为省级传承人。公布第六批诸暨市非物质文化遗产项目代表性传承人16个、第三批诸暨市非物质文化遗产教育性传承基地10个、第三批诸暨市非物质文化遗产传承基地12个。是年底，有国家级文保单位2处、省级文保单位14处、市级文保单位77处、市级文保点67处，珍贵文物241件(套)；有中国传统村落4个，省级历史文化村落25个、省级历史文化保护区(村)2处；有国家级非遗项目3个、省级非遗项目10个、市级非遗项目44个。六是不断推动文化产业发展。出台《2017年度文化产业发展奖励办法》，开展了诸暨市“西施”地理商标注册有关工作。投资4亿元的西施大剧院委托北京保利集团经营管理顺利实施，首场演出成功举行；万达影院、保利国际影城、雄风泰禾影院等5家影院入驻，实现开门营业。组织诸暨市永旺珍珠有限公司、旺盛珍珠养殖场、润泽珍珠珠宝有限公司等6家珍珠企业参加第12届中国义乌文创会，获得市文产办奖励政策补贴；选送刀画、同山烧制作技艺参加第二届宁波特色文化产业博览会受到好评；组织16个非遗项目参加绍兴非遗集市展演、展示活动，参展项目为绍兴各县(市、区)之最，展期内参展作品销售额3万多元。组织选送22件作品参加绍兴第二届文化旅游创意产品大赛。其中，阮市珍珠“韶华系列”获得元培奖，天使之泪珍珠“珍珠白玉侧把壶”获得树人奖，6件作品获得优秀奖。七是切实加强文化市场管理。至年底，全市有文化经营场所881家。“扫黄打非”工作纳入全市基层社会治理网格化管理平台，全市504个村(社区)分别建立了“扫黄打非”工作站，明确了“扫黄打非”联络员，基本形成市、乡镇、村(社区)三级“扫黄打非”管理网络。紧紧围绕党的十九大维稳安保、文明城市创建等中心工作，依法行政，严格执法，出动日常巡查人员1637人次，检查各类文化经营场所3002家次，行政处罚立案调查18件，移交公安机关处理1家。收缴非法音像制品1798张(盒)、非法图书出版物2168册(张)。查处网络涉黄案件5起，抓捕犯罪嫌疑人89人，其中移送审查起诉64人。老虎直播的“黄鳝门”事件、张翅飞淘宝网传播淫秽物品案及刘忠海非法经营案被列为全国督办案件。

(徐可良)

【嵊州市文化广电新闻出版局】 内设职能科室5个，直属单位11个，乡镇(街道)文化站21个。2017年末人员260人(其中：机关13人，事业247人；具有高级专业技术职务资格的31人，中级73人)。

2017年，嵊州市文化广电新闻出版局在市委、市政府的领导下，按照上级部署和要求，务实创新，注重特色，坚持惠民，文化事业建设发展取得新成绩。一是嵊州越剧传承发展有新概念。在不断提升市越剧团、越剧博物馆、越剧艺校、嵊州·中国民间越剧节“一团一馆一校一节”档次的基础上，大力推进越剧文化生态保护区、越剧小镇、全国越剧戏迷大会、中国越剧戏迷网“一区一镇一会一网”建设，积极办好“相约越乡”全国越剧票友擂台赛，大力培育发展民营越剧团演出产业。以举办第二届全国越剧戏迷大会和中国越剧戏迷网上线为主要内容，开展越剧111周年诞辰纪念活动，推出越剧达人网络大赛、越迷·彩妆嘉年华活动、“越剧+互联网”研讨会等系列活动，吸引了15个省市的千余名戏迷参加现场活动，百万戏迷线上点击，其中的越剧达人网络大赛，短短20天网上点击人数达30多万，受到省委常委、宣传部部长葛慧君的肯定和表扬。举行第二十一届中国少儿戏曲小梅花荟萃活动，来自23个省、4个基地和两个国外团队的119位选手参赛，嵊州再次摘得11朵“小梅花”。由嵊州市越剧艺术保护传承中心（越剧团）创作排演的现代越剧大戏《袁雪芬》被省委宣传部列为精品扶持工程项目，获浙江省“五个一工程”奖；“越乡越韵·越剧万里行”活动获2017年度国家艺术基金传播交流推广资助项目，于10月中旬至11月完成南线巡演，演出《蔡文姬》《袁雪芬》两出大戏。嵊州越剧艺校师生自主创排“魅力越剧——名剧名段演音会”，全方位展示越剧的故事美、音乐美、人物美、服装美、青春美，获得各界好评，成为嵊州市有影响有特色的一台文旅大戏。艺校师生参赛省“新松计划”青年戏曲演员大赛获得专业演员组二等奖和学生组一等奖。以女子越剧诞生地甘霖镇施家岙村为核心的越剧小镇被正式列入第三批浙江省级特色文化小镇创建名单，规划面积3.68平方公里，总投资近40亿元。二是公共文化服务体系建设有新提升。制定出台并组织落实《嵊州市关于推进乡镇（街道）综合性文化服务中心建设实施方案》。全市18个综合性文化服务中心通过达标验收，5个示范点初见成效。建成文化分馆10个，图书分馆1个。加强乡镇综合文化机构和管理的做法在全省乡镇（街道）综合文化站效能建设现场会上做典型交流。嵊州市文化综合大厦主体工程年底结顶。完成以嵊州市图书馆总馆为中心、乡镇分馆为重点、村图书室为基础的城乡图书流通一体化建设。成立市图书馆首届理事会。建立首家城市书房，为市民免费提供图书自助借阅和归还等服务，平均每月接待读者2万余人次。开展世界读书日、未成年人读书节、全民读书月等活动。文化“种、送”活动不断深化，全年送书2.16万册，送电影5027场，送戏236场，完成跨县（市）文化走亲8场次。三是文化“三走进”活动走出新亮点。6月起，在全市开展以“乡土文化进校园、人本文化进企业、孝悌文化进农村”为主要内容的文化“三走进”活动。“乡土文化进校园”是在中小学生中开展“万人读历史、万人背唐诗、万人练书法、万人唱越剧、万人传非遗”活动；“人本文化进企业”是在工商企业中开展“万人爱阅读、万人比创新、万人争标兵、万人送温暖、万人游嵊州”活动；“孝悌文化进农村”是在全市农村中开展“万人讲故事、万墙诗书画、万人进礼堂、万人上夜校、万户评孝子”活动。截至12月底，活动覆盖6.89万学生、150家企业、152个行政村，开展各类活动1600多场次。四是文化遗产保护传承有新突破。开展旧石器时代考古专题调查，于杭绍台高速崇仁施工段附近进行发掘，发掘面积200平方米，深度4米多，出土一批石器石料，把绍兴乃至曹娥江流域的人类活动历史前推至十二万年前。做好国保单位小黄山遗址保护规划、崇仁村建筑群修缮（三期）工程及省保单位城隍庙、瞻山庙修缮保护工程设计方案。国保单位崇仁村建筑群之沈家台门、员外台门，省保长乐钱氏大新屋（二期）、太平邢氏宗祠维修工程通过省级竣工验收。争取到国家文物资金3000多万元。嵊州市可移动文物普查办公室获得省级先进集体。艇湖塔、瞻山庙、灵鹅王氏纯节坊3处成功入选第七批省保单位。在浙江省博物馆“青色流年——浙江古代纪念瓷精品展”中，展出文物29件（套）；在绍兴市博物馆基本陈列展中，展出小黄山遗址出土陶器、石器6件（套）。全年参加各类非遗赛事展会10次，在第六届中国成都国际非物质文化遗产节上，非遗（嵊州竹编）传承人的作品组合《秦马》《书香提篮》《八角茶篮》荣获金奖；在“非遗薪传——浙江传统音乐展演展评活动”中，嵊州吹打曲目《新年欢》获得薪传奖金奖。4人被公布为第五批省级非遗代表性项目代表性传承人。全市14个省级及以上非遗项目的保护规划实施情况通过省文化厅验收。举办竹编工艺新人培训班。黄泽镇前良村的民间艺人举行以“崇尚孝义·目连薪传”为主题的折子戏专场演出，被摄制成《绍兴非遗·目连戏》专题片。五是文化市场监管有新行动。以“净网”“护苗”等五大专项行动为抓手，深化“扫黄打非”，完善监管网络，初步形成了市、乡镇、村（社区）三级“扫黄打非”管理网络。黄泽镇“扫黄打非”工作站被评为浙江省首批“扫黄打非”进基层示范点。全年检查各类经营单位2425家次，清查网络场所10家，收缴非法出版物326册，取缔无证出版物摊贩2个和非法大篷演出2起;立案33件,简易程序4件,吊销许可证2家,停业整顿3家,移送公安机关案件1件。其中,李某某侵犯著作权案被全国“扫黄打非”办公室列为“护苗2017”专项行动年度七大案件之一,被中央电视台《新闻联播》等栏目报道。制订《嵊州市文化市场随机抽查事项清单》《嵊州市文化市场“双随机”抽查监管办法》,建立随机抽查执法检查人员名录库,每月开展不少于2次的双随机检查。建立文化市场“黑名单”制度,对列入“黑名单”的经营单位采取措施实施重点监管。围绕《浙江省文化市场保障十九大“百日攻坚”行动方案》目标要求,确保党的十九大期间文化市场平安有序。嵊州市文化市场行政执法大队被评为2017年度全省文化市场综合执法先进集体。

(王鑫君)

【新昌县文化广电新闻出版局】 内设职能科室4个,下属单位9个。2017年末人员128人(其中:机关10人,事业118人;具有高级专业技术职务资格的6人,中级33人)。

2017年,新昌县文化广电新闻出版局认真贯彻落实党的十九大精神和习近平总书记系列重要讲话精神,坚定文化自信,补齐发展短板,注重传承创新,坚持惠民为民,文化事业发展扎实推进。一是各类赛事成绩斐然。全年获市级以上各类奖项105项。新昌县文化市场行政执法大队获全省文化市场综合执法先进集体。新昌博物馆荣获省“免费开放最佳做法”最佳展示推广奖。1名业余文保员获省“最美文物守望者”荣誉称号。《新昌十番的省厅现状与研究保护》获浙江传统音乐理论征文一等奖。2017“新松计划”全省青年戏曲演员大赛获三等奖2个,绍兴市青年演员基本功大赛获金奖2个、铜奖2个。基层文艺骨干和团队在市广场舞、“农民好声音”、文化分馆优秀节目展演等群文比赛活动中获市级以上奖项53个。文艺工作者原创歌曲《我在新昌等你》、三句半《新昌治水赞》、小品《拆屋》等一批文艺节目获绍兴市“文礼杯”群众文艺原创作品大赛二等奖2个、三等奖1个。竹编《地震仪》获第十三届中国(深圳)国际文化产业博览交易会“中国工艺美术文化创意奖”最高奖“特别金奖”;第十二届中国(义乌)文化产品交易会获创新设计奖1个、工艺美术铜奖3个;2017第二届绍兴市文化创意产品设计大赛获元培奖1个、树人奖1个、优秀奖3个。二是公共文化服务体系不断完善。9月,启动浙江省第二轮公共文化服务重点县建设,明确了未来两年的建设任务和目标。文化基础设施建设加快,是年完成县图书馆少儿服务区新建、城市阅读体验区和县志(家谱)陈列室改建任务和大市聚镇、小将镇、东茗乡等9个乡镇(街道)综合文化站达标创建任务。县文化馆、县图书馆总分馆制建设逐步推进,新建澄潭镇、儒岙镇2家图书分馆和小将镇、沙溪镇等5家文化分馆,并建立联系人制度,指导分馆日常管理运行。县图书馆通过第六次全国县级以上公共图书馆评估定级,全年新增藏书5万册,新增5个馆外图书流通服务点。文化惠民活动扎实推进,全年送戏下乡139场、送书下乡3.35万册,送电影下乡3021场,放映广场电影460场,培训文艺骨干1073人次,举行“阳光文化进礼堂”演出15场,赴宁波、丽水、台州等地文化走亲6次,举办第十一届农民文化节、“剿灭劣V类水”文艺巡演、群众戏剧节等各类文化活动22场。公共文化免费开放服务不断深化,全年举办各类公益性讲座、展览和培训活动71场次,县图书馆提供读者服务50.1万人次,县博物馆接待参观8.45万人次,县文化馆提供文艺培训服务1.05万人次。阅读服务推广全面加快,组织开展阅读马拉松挑战赛、未成年人朗诵大赛等活动,实施“你挑书我买单”便民服务项目,推出了移动图书馆App、二维码扫描、三维立体展厅等数字服务平台。三是非遗保护亮点不断。规范非遗项目申报管理,出台非遗代表性“项目申报评定”“传承人认定与管理”“基地认定与管理”3个管理办法,制定省非遗代表性项目的“八个一”保护措施,是年新增县级非遗代表性项目8个、传承人20人、传承基地12个。开展全县非遗工艺美术精品展、首届南洲非遗体验夏令营、武术会演等非遗活动,邀请新闻媒体对梅渚糟烧、竹编、传统砖瓦制作等非遗项目进行采访、拍摄和报道,加大宣传力度。继续实施调腔保护振兴计划,完成传统剧《大唐忠义》复排和《目连拜佛》排演及内部审查。赴南岩小学、青年路小学、城关中学等学校开展调腔进校园活动。完成调腔剧团文化墙制作,全面展示调腔历史和近年来保护发展成果。新昌调腔全年演出104场，赴宁波、杭州等地参加了“江浙沪地方戏展演”“赏调腔、游新昌——戏曲活化石走进杭州唱响南宋皇城小镇”等对外交流活动。12月29日，新昌调腔登上国家大剧院舞台，与其他8个地方剧种联唱《一个都不能少》，作为2018年新年戏曲晚会开场节目。四是文物保护多措并举。落实属地管理责任，与全县16个乡镇(街道)签订责任书，出台《新昌县文物保护专项资金管理办法》。新增省级文保单位4处，完成西坑古建筑群等4项省保单位、13个县保单位(点)保护范围和建设控制地带划定工作。配合5A级景区创建工作，完成大佛寺四、五层殿阁维修。完成八宝龙庭、孟仓庙、大古年杨家台门等年度文物维修项目。挖掘明代古墓1座，填补了新昌县近二十年来纪年墓考古发掘的空白。五是文化市场监管并重。推进文化市场综合执法改革，推行“双随机”抽查监管，全年开展抽查摇号60次，检查各类场所310家次。组织开展“扫黄打非”“净网、清源、护苗”等行动及问题地图排查、网吧等级评定、迎十九大“百日攻坚”行动等专项整治活动，切实加大重点区域监管和查处力度。开展第十五个“安全生产月”、夏季消防安全专项整治等活动，全年开展应急演练13次，签订安全管理责任书140份，无重大安全事故发生。全年检查经营单位2229家次，查处违规经营单位24家次，取缔无证经营场所3家，收缴非法出版物153张，销毁各类非法出版物1531册，开展各类宣传普法活动12次，文化市场良好率95%以上。六是文化改革不断深入。推进“最多跑一次”改革，44项行政权力事项和20项公共服务事项均实现“最多跑一次”目标。完成“商事登记，一窗受理，集成服务”改革工作，7项事项纳入商事登记。全年办理行政审批事项43件。开展乡镇文化员定向培养试点工作，公开招考定向培养乡镇文化员1名。

（俞克媚）

金华市文化广电新闻出版局

【概况】 内设职能处室6个,直属单位8个。2017年末人员278人(其中:公务员23人,参公15人,事业240人;具有高级专业技术职务资格的116人,中级116人)。

2017年是实施"十三五"规划、高水平全面建成小康社会的重要一年,是党的十九大和省第十四次党代会召开之年。这一年,金华市紧紧围绕党的十九大报告中的"坚定文化自信,推动社会主义文化繁荣兴盛"的指示精神,按照省第十四次党代会提出的"努力建设文化浙江"的新目标新要求,抓落实抓改革,取得一定实效。

一、文化设施建设

公共文化服务体系建设列入市文化体制改革重点突破项目和宣传思想文化工作"一个责任四张清单"督查内容,有效推动了全市公共文化服务标准化提升工作。顺利通过省政府对婺城区、金东区、磐安县公共文化服务标准化重点县(区)的验收工作,全市文化站整改合格率达到95%。开展金华市图书馆新馆建设项目、市非遗馆建设项目前期工作。义乌市文化广场二次装修施工通过验收。金华市数字图书馆、24小时自助图书馆、婺城区文化中心、婺城区图书馆、金东区文化馆、义乌市文化馆软装设计项目、浦江县综合图书馆(中国美术图书馆)、浦江非遗展示馆等一批文化建设项目顺利推进。

二、文化精品创作

坚持以人民为中心的创作导向,以社会主义核心价值观为引领,以"中国梦"为时代主题,紧紧抓住创作优秀作品这一中心环节,相继推出了一大批体现社会主义核心价值观,讴歌时代精神和民族精神的优秀作品。《宫锦袍》入选2017年度国家舞台艺术精品工程十部重点扶持剧目,是我省近4年唯一入选剧目,省政府办公厅专门下文予以通报表扬,并被省委宣传部授予浙江省第十三届精神文明建设"五个一工程"奖。《白兔记》入选国家艺术基金2017年度资助项目。《月亮湾》入选第十二批浙江省文化精品扶持工程项目。同时,浙江婺剧艺术研究院和浙江昆剧团联合,用中国戏曲展示世界名著,创排了《钟楼记》(《巴黎圣母院》)。金华市文化馆完成了《一起来金华》《欢乐婺江边》两首原创曲目的动作创编及拍摄编辑工作,并精心编制了全套排舞动作。

三、文化惠民活动开展

深化"五进五送"文化惠民活动,完成4.5万余场。组织文化队伍培训610期,培训4万人次。中国婺剧院全年引进法国爱乐乐团、爱尔兰美少女踢踏舞团、上海评弹剧院等34个国内外优秀团体,完成大剧场演出95场,小剧场演出57场,进一步满足群众的文化需求,剧院荣获2016年度中国传统戏曲大型演出场馆活力十强第五名。永康市走"种为本,送为补,村自主"工作模式,实施"五个百"文化惠民工程,得到省党政领导批示肯定。"两美婺城·百姓舞台大PK","走在前列·最美开发区",兰溪"星舞台""三月三"畲乡风情节,东阳"周末剧场",浦江"月泉艺苑",武义县、乡、村三级文艺百花会和"唱响壶山,舞动熟溪"幸福武义大舞台等惠民活动,2017"欢乐金华"百姓文化节、全民阅读节等品牌活动的举办,极大地丰富了群众的文化生活。

四、公共图书事业发展

在市区江南、江北建设完成4个"悦读吧",并向市民读者免费开放。其中,东苑书吧藏书1.8万余册、恒大书吧藏书0.8万余册、十五中书吧藏书1.6万余册、江滨书吧藏书0.6万余册。全年4个书吧共计到馆50.35万人次,借还书28.71万册次。投入资金190多万元的数字图书馆建设项目"市图书馆数字图书馆"于2月28日正式上线运行,完善全市用户数据,与浙江图书馆同步,并加入馆际互借和地方文献联合目录著录平台。建成金华市县图书馆统一用户管理平台,实现市数字资源共享共用。整合数字资源,建成金华市数字资源网站,同时共享国家图书馆和浙江图书馆的资源,丰富了数字资源平台的内容。此外,完成9个县市图书馆的网络专线铺设，从“光纤＋VPN”模式到“专线＋VPN”模式，提高了虚拟网的安全和稳定，确保图书馆业务系统安全快速。

五、非物质文化遗产保护

评审公布了第四批市级代表性传承人 90 人，开展第十个“服务传承人月”活动。组织非遗馆展示展演、非遗古村落行、美丽非遗百村文化礼堂行等系列活动近 110 场，深化“非遗惠民”。中国婺州窑博物馆开馆使用，“婺窑”非遗小镇建设渐入佳境。地方戏曲保护获新突破。婺剧精品剧目《宫锦袍》被列入 2017 年度国家十大舞台艺术精品工程重点剧目，为我省唯一入选剧目，省政府予以通报表彰，并参加了浙江省“迎接十九大”献礼演出。“新编历史婺剧《英王徐策》参加 2017 年全国基层院团戏曲优秀剧目展演，为我省唯一入选剧目。举办“浙江好腔调”传统戏剧展演，金丽衢非遗市集，金华、舟山非遗联展等活动，极大地提升了金华非遗的影响力。

六、文化行政审批

是年，自“最多跑一次”改革全面实施以来，共办理行政事项 417 件，其中办理“跑一次”事项 361 件，占比 86.57%；办理“零”次跑事项 18 件，占比 4.32%。梳理原有的 86 项权力事项，依据浙江政务服务网权力事项目录，取消了 12 项，增加了 1 项，合并了 6 项，并通过流程再造，确定保留的 69 项权力事项全部提供办理材料快递提交、送达服务，其中 56 项权力事项向社会公开承诺提供“零现场”办理，13 项权力事项向社会公开承诺“最多跑一次”。推进文化市场信用建设，积极参加全省优秀民营文艺表演团体展演活动。开展“七五”普法工作，推进文化市场法治建设。

七、文化市场监管

坚持市场监管与依法行政相结合，制定“错时检查”制度，保证节假日、双休日必有一组执法人员进行执法检查，严厉打击各类违法经营行为，规范市场经营秩序。共出动检查 743 次，出动执法人员 2261 人次，检查文化经营场所 4283 家次；办结行政处罚案件一般程序 48 起，未发生一起行政复议案件。较好地完成了“扫黄打非”“净网”“秋风”“清源”“护苗”“固边”5 个专项行动以及其他工作任务。突出抓好重点时间节点和重点场所及路段的“扫黄打非”工作，全面查堵各类非法出版物，坚决打击各种非法出版活动，维护出版物市场秩序，营造少年儿童健康成长的社会文化环境。组织举行 2017 年侵权盗版及非法出版物集中销毁活动，销毁侵权盗版音像制品 2.47 万张，盗版书报刊 7027 册，非法印刷品 2.08 万件，销毁游戏机 316 台，电路板 13 个，游戏机 10 台，有效地净化了文化市场。

八、文化产业发展

全市有文化影视时尚规上企业 2393 家，实现营收 2270.74 亿元，同比增长 10.1%，全行业实现营收 4188.5 亿元，同比增长 10.2%。其中，影视文化行业规上企业实现营收 94 亿元，同比增长 29.6%，全行业实现营收 258.2 亿元，同比增长 22.9%；网络文化行业规上企业实现营收 124.38 亿元，同比增长 4.9%，全行业实现营收 211.1 亿元，同比增长 10.0%；传统文化行业规上企业实现营收 285.98 亿元，同比增长 7.8%，全行业实现营收 660.9 亿元，同比增长 8.6%；时尚行业实现营收 1693.31 亿元，同比增长 9.5%，全行业实现营收 2521.6 亿元，同比增长 8.3%；文化贸易行业实现营收 73.07 亿元，同比增长 22.9%，全行业实现营收 536.7 亿元，同比增长 15.9%。组织开展各类产业政策扶持项目评选奖补工作，激发文化企业活力。共征集初创型、成长型文化影视时尚项目 40 多项，经初选、实地查看、联评、专家答辩等环节，评出市本级初创型项目 10 个、成长型项目 4 个，并借以带动县(市、区)重点文化项目的培育，共评出县市初创型项目 5 个、成长型项目 1 个。此外，还表彰了 7 家市区文化产业重点培育园区和 21 家重点文化企业，开展市级十佳成长型企业评选活动。同时，积极组织申报，争创省级文化产业重点县市 2 个、省级文化产业成长型企业 10 个、省级重点文化企业 7 个，华谊兄弟再次荣获全国文化产业 30 强荣誉称号。

【大事记】

1 月

3 日　金华市图书馆“自助借还书”系统正式上线使用。

10 日至 14 日　“文旅结合”金华非遗走进古子城暨第三届金华非遗年货展活动在古子城保宁门广场举行。

17 日至 22 日　浙江婺剧艺术研究院 30 人首赴葡萄牙参加“欢乐春节”文化交流活动，共演出 12 场。

19 日　副市长林丹军带队对文化市场经营场所进行节前安全生产工作大检查。

20 日　金华 24 小时自助图书馆东苑分馆和恒大分馆开馆，东苑分馆举办了开馆仪式。副市长林丹军为分馆揭牌。

23 日　浙江婺剧艺术研究院赴希腊雅典万神剧场进行文化交流演出。

是月　《文化金华》再次捧得 2016 年度全省群文期刊“兰花金奖”。

是月　浙江婺剧艺术研究院（浙江婺剧团）青年演员杨霞云入选文化部“2016 年青年拔尖人才”，我省仅 4 人获此殊荣。

2 月

7 日　市委副书记、市长暨军民在副市长傅利常陪同下，带领市文化局、市公安局、市安全监管局等单位负责人对文化市场安全生产工作进行检查。

8 日　副市长林丹军在市文化局、市消防支队、市文化行政综合执法支队等部门负责人陪同下，赴歌舞娱乐场所进行检查并指导安全生产工作。

20 日　金华 24 小时自助图书馆十五中分馆和江滨分馆开馆。

3 月

15 日　中国古籍保护协会会长刘惠平、文化部全国公共文化发展中心资源建设部处长琚存华一行对金华公共数字文化工程进行实地考察。重点考察 2016 年度金华市公共数字文化建设工作、文化信息资源共享工程、数字图书馆推广工程等建设情况。

是月　对原有的 86 项权力事项进行梳理，依据浙江政务服务网权力事项目录，取消了 4 项，合并了 4 项。

4 月

10 日　浙江省文化厅主办，浙江省文化馆、金华市文化广电新闻出版局承办的“2017 浙江省群众舞蹈题材讨论会”开班。

13 日　中国婺剧院入选“2016 中国传统戏曲演出场馆活力十强”第五名。

21 日　“明月书场”举行运行启动仪式。

22 日至 23 日　在中国婺剧院组织 2017“李渔戏剧奖”第三届青年婺剧演员大赛暨“新松计划”浙江省青年戏曲演员大赛金华赛区选拔赛，这是金华市首次颁发“李渔戏剧奖”。

23 日　在中国婺剧院广场举办“书香金华从阅读开始——金华市第三届全民阅读节”活动启动仪式，副市长陶叶萍参加活动并致辞。

28 日　浙江婺剧艺术研究院获“浙江省五一劳动奖状”。

5 月

4 日　浙江婺剧艺术研究院陈美兰新剧目创作团队 35 人，分两批赴摩洛哥开展了为期 15 天的文化交流演出。

7 日　“浙江师范大学国际文化与教育学院实践基地”在金华市文化馆挂牌成立。

13 日　浙江婺剧艺术研究院出访第 23 届非斯国际心灵音乐节。

14 日至 21 日　宝鸡市文广局及市文化市场综合执法支队 6 人到金华市开展文化市场综合执法对口交流协作调研工作。

15 日　浙江婺剧艺术研究院婺剧《宫锦袍》入选“2017 年度国家舞台艺术精品创作扶持工程”10 部重点扶持剧目。

16 日　“金华市第十三届未成年人读书节启动仪式暨少儿图书馆雅畈分馆成立仪式”在婺城区雅畈镇中心小学举行。

是月　浙江婺剧艺术研究院“婺剧《穆桂英》及经典折子戏赴港参加中国戏曲节”项目入围“2017 年度内地与港澳文化交流重点项目名单”。

6 月

9 日　副市长陶叶萍赴婺城区和金东区调研公共文化设施建设。

21 日至 23 日　省文化厅副厅长叶菁一行 5 人到金华考核验收婺城区、金东区、磐安县公共文化服务标准化重点县（区）《两年提升计划》落实情况，副市长陶叶萍一同参加。

21 日至 26 日　浙江婺剧艺术研究院（浙江婺剧团）陈美兰新剧目创作团队 90 人应香港康乐及文化事务署邀请，赴香港参加“2017 中国戏曲节”演出活动。

27 日　浙江省第一个数字创意产业试验区落户金华。

29 日　浙江婺剧艺术研究院报送的《白兔记》成功入选国家艺术基金管理中心 2017 年度资助项目名单，在浙江省入选的 5 个项目中排名第一。

7 月

18 日　浙江婺剧艺术研究院 4 名优秀青年演员喜获 2017“新松计划”全省青年戏曲演员大赛一等奖。

24 日　浙江婺剧艺术研究

院陈美兰新剧目创作团队入选2017年度“浙江省文化创新团队”，浙江婺剧艺术研究院、金华市少儿图书馆各有1人入选“浙江省文化厅优秀专家”（命名）名单。

26日　特邀北京大学教授、博士生导师，北京大学国家现代公共文化研究中心主任，文化部公共文化研究（北京大学）基地主任李国新授课，深入解读《中华人民共和国公共文化服务保障法》。

8月

15日　浙江省人民政府办公厅发文对浙江婺剧艺术研究院《宫锦袍》剧组予以通报表扬。

21日　文化部领导到金华指导婺剧《宫锦袍》。

24日　在中国婺剧院东广场举行了金华市迎党的十九大系列文化活动启动仪式，中共金华市委常委、宣传部部长林丹军参加，并宣布活动正式启动。

9月

5日　第二届“腾讯创业节”走进金华，“腾讯文创基地”在金华市金东区腾讯众创空间正式挂牌。

14日　副市长陶叶萍带队考察衢州实体书店。

同日至15日　在金华市文化馆召开金华市文化志愿者支队成立大会。

28日至29日　在古子城保宁门广场举办金华“非遗市集”中秋专场活动。本次活动以展演、展示、展销等方式，联合丽水、衢州、舟山等地，组织了60多个非遗精品项目集中亮相。

30日　金华市委书记赵光君到浙江婺剧艺术研究院调研，市委常委、宣传部部长林丹军，市委常委、秘书长郑余良，副市长陶叶萍等一同调研。

是月　浙江第十三届精神文明建设“五个一工程”入选作品奖名单公布，浙江婺剧艺术研究院创作的婺剧《宫锦袍》入选。

10月

12日　浙江省文化厅厅长金兴盛一行到兰溪市游埠镇调研文化工作。

13日　“浙江好腔调”传统戏剧保护成果展示展演系列活动在中国婺剧院举办。

17日　浙江婺剧艺术研究院新编婺剧《宫锦袍》应邀参加“浙江省迎接党的十九大优秀作品展演”。

是月　公布第七批金华市级非物质文化遗产名录推荐项目名单62项。

11月

5日　武警总部与文化部军民融合发展试点调研组先后到金华市文化馆、金华市少儿图书馆、“悦读吧”自助图书馆、金华市剪纸博物馆、中国婺州窑博物馆等地开展调研。

10日至11日　“喜庆十九大”2017浙江省群众舞蹈大赛在金华市中国婺剧院举行。

13日　台州市非遗走亲团30人到金华市开展非遗文化走亲活动。

27日　在上海交通大学举办“推进文化体制机制创新专题研讨班”，全市文化系统领导干部和业务骨干50多人参加。

是月　金华市文艺创作扶持项目《跳魁星》喜获浙江省第十届音乐舞蹈节金奖。

12月

7日至8日　浙江省文化馆主办、金华市文化馆承办的2017全省群文报刊年会在金华召开，全省50多家群文报刊的编辑人员参会。

8日　金华市婺文化研究会举办了2017年度学术研讨会暨成立十周年大会，特邀省、市文化界的专家、学者及《婺文化丛书》作者，共同探讨如何进一步研究与传承婺文化、打造婺文化优秀品牌。

29日　副市长陶叶萍视察市区部分文化企业，先后走访了齐聚科技、天艺影城、天下谱局等公司。

是月　金华市文化广电新闻出版局主办的“品格阅读分享会”入选浙江省宣传思想文化工作“三贴近”优秀百例。

是月　在省级非物质文化遗产旅游景区评比当中，金华市6个单位入选，其中包含兰溪市游埠镇、武义县柳城畲族镇2个非遗主题小镇，金华市金东区澧浦镇琐园村、永康市舟山镇舟山二村、浦江县前吴乡寿溪村、磐安县双峰乡大皿村4个民俗文化村，入选数量位居全省首位。

是月　金华市11人入选第五批国家级非物质文化遗产代表性项目代表性传承人公示名单。

（朱致远）

金华市县（市、区）文化工作概况

【婺城区文化体育新闻出版局】内设职能科室4个，下属单位6个。2017年末人员35人（其中：公务员4人，参公4人，事业27人；具有高级专业技术职务资格的 5 人,中级 12 人)。

2017 年,婺城区文化体育新闻出版局深入学习贯彻党的十九大精神和省委、市委、区委关于文化建设的决策部署,坚定文化自信,服务大局、服务群众,抓建设、抓管理、抓落实,各项工作取得良好成效。一是公共文化服务体系更加完善。完成公共文化服务标准化两年提升计划省级考核验收。区文化馆婺星剧场对外免费开放,举办活动 52 场次,4.16 万人次参与。区图书馆提供全年免费开放服务,功能齐全,设施完善,全年借阅 20.15 万人次,移动图书馆平均月访问 23.54 万次,歌德电子书下载量 3264 册;做好第六次全国县级以上公共图书馆评估定级迎检工作,接受国家二级馆的评估检查;完成 9 个乡镇(街道)文化站公共电子阅览室建设并纳入全省公共电子阅览室管理平台,新建 3 家图书流通站,图书流通走进社区、学校、部队、监狱等,全年流通图书 8172 册;通过第三方公开问卷系统调查,满意率达到 99.67%以上。各类文化惠民活动丰富多彩。积极探索公共文化工序对接机制,超额完成惠民实事任务,全年送戏下乡 208 场,送电影下乡 3300 次,文化走亲 10 场。举办“喜迎十九大,共筑中国梦”机关、乡镇(街道)干部大合唱等大型文化活动 34 场,开展“剿灭劣Ⅴ类水”百名文艺工作者下基层活动,完成 6 个主题文化下乡演出 48 场,参观人数达 10 万余人次。努力打造书香婺城,全年完成全民阅读活动 167 场,其中大型活动 7 场、公益讲座 12 场、培训 34 场、展览 11 场,阅读推广 103 场。文化服务送到基层一线。成立婺城区志愿者大队,共吸收志愿者 600 多名,全年开展免费开放培训项目 29 期,参加培训人员 1.15 万人次。二是文化遗产保护和弘扬工作更加扎实。文物保护维修工作稳步开展。新增 2 处省级文物保护单位,完成了 12 处第四批市保单位申报工作。完成 2 处省级文保单位和 14 处市(县)级文保单位的保护范围和建设控制地带的划定工作。公布三普登陆点 581 个。开展 6 处市文保点的保护修缮工作及市级文保单位白竹诸葛宗祠的白蚁防治工作。做好文物安全工作,共出动执法检查 123 人次,检查不可移动文物 90 家次。非遗保护工作扎实开展。申报市级第四批非遗代表性传承人,4 人通过评审。推荐金华剪纸(詹东明)申报省级第五批代表性传承人。完成婺城美丽非遗进文化礼堂 10 场、进社区 7 场,开展非遗进校园活动(培训传承人)3 场。评审认定区级第五批非遗代表性项目名录 14 项,评审认定区级传承人 12 名,非遗传承基地 5 个。积极协助金婺陶瓷有限公司创建婺城非遗场馆。三是文化市场更加平稳健康。做好“最多跑一次”改革工作。实现审批事项“最多跑一次”达到 100%。进行微政务创新,逐步实现“一次都不跑”。许可事项办理的承诺期均不超过 5 个工作日,90%的事项比法定期限提速 75%以上。全年共办件 244 件,其中承诺件 52 件、即办件 180 件、上报件 12 件。文化经营单位(网吧、娱乐场所、表演团体)换证 97 件。加强文化市场监管力度。对检查中发现的各类违规案件给予严肃查究办理,以对违规行为的零容忍强势推进安全管理的高压态势,全面督促文化市场经营户依法经营、安全生产。在节假日、“两会”、“两考”、党的十九大期间,重点开展网吧、出版物市场、音像制品和歌舞娱乐场所专项整治工作,“扫黄打非”工作全面落实,共出动执法检查人数 1047 人次,检查文化经营单位 1429 家次,受理群众举报 5 起,立案查处违规经营单位 16 家,取缔无证经营场所 2 家,执行罚没款 1.9 万元,市场良好率达 98%。

(章小丽)

【金东区教育(文化体育)局】 内设职能科室 3 个,直属事业单位 1 个。2017 年末人员 8 人(其中:机关 1 人,事业 7 人;具有高级专业技术职务资格的 1 人,中级 4 人)。

2017 年,金东区教育(文化体育)局以习近平总书记系列重要讲话精神为指引,切实增强政治意识、大局意识、核心意识、看齐意识,以创建全国文明城市为契机,扎实推进各项文化惠民工作。文化基础设施不断完善,文艺骨干队伍不断壮大,文艺展演创作亮点纷呈,名人品牌文化持续打造,文化时尚产业不断壮大,文化遗产传承保护持续强化,各类文化创建工作不断推进。一是公共文化服务提升工程成效显著。从政策保障、资金保障、硬件建设、精品打造及基础培育等方面,全面推进基本公共文化标准化建设和服务项目内容全覆盖。出台了《金东区公共文化服务体系建设专项资金管理办法(试行)》等系列文件,制度建设进一步完善。进一步理顺了区图书馆管理制度，加强文化馆和文化站建设，坚持文化遗产保护和利用并行。乡镇综合文化站免费开放、光南舞台建设项目扎实有效，新建成20家公共电子阅览室，20个光南文化舞台。区公共文化服务两年提升计划任务基本完成，通过了省文化厅考核。二是公共文化基础设施不断完善。根据两年提升计划，区级建文化馆、图书馆，乡镇建文化站，村(社区)建文化礼堂、光南文化舞台等，区、镇、村三级公共文化设施增加明显。源东乡、塘雅镇、岭下镇、澧浦镇、东孝街道、曹宅镇均对文化站站舍实行了异地搬迁，对功能进行了重新设置和补充完善，并对外开放。多湖街道、江东镇综合文化站站舍已进入装修阶段。提升文化站服务效能，探索总分馆建设模式。各乡镇和中心村都实现了“有一批藏书和一个阅览室、有一个表演的舞台、有一套高质量的灯光音响设备、有一支招之即来的业余文艺团队、有一台特色鲜明的节目、有一笔文化活动保障经费、有一套行之有效的文化活动制度”。施光南音乐厅划归区文化馆管理使用，区文化馆室内实际使用面积达2700多平方米，达到了部颁二级文化馆的标准。扩大塘雅的木版年画博物馆服务面，增加了塘雅文化站图书阅览室、电子阅览室，受到群众欢迎。三是基层文化队伍力量不断增强。以政府购买服务、教师顶岗锻炼等形式，充实文化工作力量。8个乡镇文化站工作岗位通过政府购买服务方式解决。培育业余文艺团队240多支。组建金东区文化志愿者大队，各乡镇相应成立志愿者中队，开展各类群众文化活动。四是光南文化名人品牌深入打造。积极开展施光南系列活动，举办了施光南钢琴、手稿捐赠仪式，“金东骄子·时代歌者”施光南音乐主题晚会等。施光南纪念馆开馆。圆满完成金东区少儿施光南歌曲演唱大赛暨金华市第四届少儿声乐大赛选拔赛。五是文艺展演创作亮点纷呈。“剿灭劣Ⅴ类水·我们在行动”文艺巡演在全区开展，先后走进塘雅、岭下、澧浦等乡镇，创作演出了舞蹈《美丽金东》、道情《治水先锋》等一批百姓喜闻乐见的文艺节目。积极组织迎接十九大文艺宣传工作，开展“风情小镇·幸福生活——美丽金东小城颂”赛歌会。开展“文化与自然遗产日”系列活动。积极开展送电影下乡、送戏下乡等活动，完成4000场电影放映任务，送戏下乡140多场。举办机关干部声乐培训班20多场。参与全省文化礼堂优秀文艺作品展演活动，塘雅镇下吴村文化礼堂推送的舞蹈《奇石·下吴》展现了金东区农村文化礼堂中文化生活的新风貌，是金华市唯一参与展演的农村文化礼堂。积极开展文化走亲活动，赴舟山定海区、嵊泗县、桐庐县、金华婺城区等地开展文化走亲活动，并邀请桐庐、婺城、景宁、上海等地文艺团队到金东区开展文艺演出、书画展览活动，群众反映良好。六是文化遗产保护与利用并行。通过安排专项经费、引导社会资金、合作保护利用等形式，多方筹措资金，对木版年画、婺州窑、石佛寺等文化遗产在保护的同时进行合理的开发利用，取得了较好成效。文物保护工作逐步深入，全区共调查登记不可移动文物739处，两年来通过各种形式累计投入文物保护经费1000多万元，对100多处文物保护单位(点)进行保护修缮。按照文旅融合的思路，积极指导和扶持金华木版年画、长弓鉴庐美术馆及古婺窑火等特色民间博物馆建设，均已实现对外开放，并举办展览100多场次，年接待观众10万人次以上。木版年画作品《五水共治系列》获“中国梦想·美丽浙江”浙江省非物质文化遗产传统手工艺主题创作精品大展一等奖。文物保护利用得到有力提升。深入实施历史建筑修缮工程，积极推进区1000万元历史建筑修缮项目，推选首批18处历史建筑进入项目库，5处已竣工验收。传统村落保护利用工作卓有成效，完成18处传统村落内的文物抢险加固项目。完成省级文物保护单位琐园村乡土建筑之严氏宗祠第四进后堂和集义堂修缮设计招标程序。省立实验农业学校旧址之学生宿舍修缮设计方案进入招投标程序。雅湖村胡氏宗祠、明厅、书房台等修缮工程全面铺开，张店村全园和后溪汤氏宗祠修缮工程接近尾声。持续加强文保单位保护管理等基础工作。推荐申报7处市级文物保护单位，完成全区24处市(县)级文保单位“两划”工作。强化文保工程管理。推进建设项目的文物考古前期准备工作，土地出让前置审批5项。强化执法监察保安全，到11月底，共出动检查人员433人次，巡查文物保护单位(点)211家次，排除安全隐患107处；开展“双随机”抽查行动17次，未发现文物违法行为。持续开展文物法人违法案件专项整治行动。七是文化行政执法能力显著提高。按照“日常检查、分类管理、有序推进”的原则,共出动检查人员885人次,检查各类文化经营单位345家次,取缔游商地摊5家,收缴盗版光盘1800多张,销毁非法音像制品3000多张,非法出版物200多本。按照健全组织形成合力为前提、日常监管查处案件为基础、联合治理专项行动为突破的工作思路,突出抓好“扫黄打非”工作向基层延伸。积极开展宣传活动,对全区各乡镇的网格员进行培训,发放“扫黄打非”工作进基层网格员宣传册。开展深化查堵校园周边不良书报刊的“护苗”行动。围绕党的十九大、“两节”、“两会”、“两考”等敏感时期,开展专项治理检查工作。八是文化创意产业加快发展。全区有文化企业523家,截至10月,规上企业数125家,文化影视时尚产业规上营收106.85亿元,营收增速7.7%。园区载体建设取得新成果。腾讯众创空间第二批招商工作基本完成,园区装修改造进展顺利,意向签约企业14家,形成“网红+IP、网红+电商、网红+VR”的产业新格局。文化产业展示交易成效显著。木版年画举办各类文创活动近30场次,并赴迪恩参加金华市和德国迪恩市友好交流15周年的第39届城市节活动。古婺窑火年度接待观众6万多人次,接待海外学子、港澳台学生文创交流团、清华大学生社会实践团等10多个参观团体,并参加第二十五届中国(深圳)国际礼品及家居用品展览会,现场签约国内外经销商客户86个。区域文创作品屡创佳绩。木版年画博物馆1人获评市八婺工匠、十大女匠,企业被确定为省文化旅游示范基地。古婺窑火被省文化厅确认为浙江省非物质文化遗产生产性保护基地,其作品在国家和省级工艺美术精品博览会上多次获金奖。金华市浩纱针织厂荣获2016年度金华市十佳成长型企业。腾讯众创空间被金华市人民政府确认为第四批“金华青年创客工场”,其互联网影艺造星项目(浙江华星璀璨影业有限公司)被评为2017年度全市文化产业重点项目(初创型项目)。

(袁修广)

【兰溪市文化广电新闻出版局(体育局)】 内设职能科室5个,直属单位9个。2017年末人员120人(其中:公务员14人,参公11人,事业95人;具有高级专业技术职务资格的15人,中级36人)。

2017年,兰溪市文化广电新闻出版局实施“三馆一站”改造提升工程,建成行政服务中心文馨书吧,新建8家乡村影院。举办了第五届兰溪星舞台,参与或承办了2017中国·兰溪李渔国际戏剧节、“迎新纳福 沸腾兰溪”2017迎新春音乐会、“兰湖之夜”音乐会等大型文化活动。完成送戏下乡160场、送书下乡1万余册、送电影下乡4500场、送展览讲座70场次。市博物馆举办“墨拓千秋”缙云县博物馆馆藏碑帖拓片精品展等19个临展。创新公共文化服务。在兰溪剧院举办周末李渔剧场,共演出21场。推出“公共图书馆+新华书店”服务模式,开展“周末图书超市”活动,点购书籍4836册。举办“迎新纳福 沸腾兰溪”2017迎新春音乐会。音乐会由兰溪市人民政府主办,兰溪市文化广电新闻出版局、浙江交响乐团承办。音乐会上演奏了《节日序曲》《蓝色多瑙河》《雷电波尔卡》等世界名曲,根据流行音乐改编的《野蜂飞舞》《Let It Go》等轻快欢腾乐曲,观众熟悉的中国经典民歌联奏及邓丽君、周杰伦经典歌曲联奏,以及巨笛表演《茉莉花》、口笛表演《云雀》等,800多人观看了音乐会。举办2017浙江排舞教材拍摄活动。2月至3月,2017浙江排舞教材拍摄活动在兰溪市文化馆举行,国家级排舞专家做教材示范。此次排舞教材的曲目有40多首,包括《微笑的探戈》《月光华尔兹》《灰姑娘》等世界名曲,录制完成后,该排舞教材将在全省乃至全国推广。举办2017中国兰溪李渔国际戏剧音乐季活动。9月30日晚,音乐季活动在兰溪剧院开幕;10月至11月,兰溪市婺剧团改编的廉政戏剧《血溅乌纱》在全市巡演;10月至12月,周末李渔剧场在每周六下午开演;11月至春节前,在全市文化礼堂开展李渔文化戏剧演出活动,演出形式以婺剧、小品、话剧为主。10月27日至28日,非凡丝路乐园在兰溪上演大型音乐会《非凡丝路情——弘上行吟音乐会》;11月19日,上演多媒体儿童剧《泰迪爱冒险》。举办喜迎党的十九大系列文化宣传活动暨市文化志愿者大队成立大会。11月23日,在兰溪农贸城举办。文化馆组织编排了歌曲《夜空中最亮的星》、歌曲《热情的沙漠》、歌舞《祖国万岁》等节目参加此次活动,现场观众近300人。举办第五届兰溪星舞台。12 月 27 日至 28 日，在体育中心举办了 2017 第五届兰溪星舞台舞蹈年年度展演活动及颁奖晚会活动，全市 20 支队伍参加了展演。

（丁历丽）

【义乌市文化广电新闻出版局（体育局）】 内设职能科室 6 个，下属单位 8 个。2017 年末人员 182 人（其中：公务员 18 人，参公 19 人，事业 145 人；具有高级专业技术职务资格的 36 人，中级 51 人）。

2017 年，义乌市文化广电新闻出版局各项工作稳步推进。开展文化志愿者行动。1 月 15 日，“送温暖、送祝福”——文化志愿者在行动暨“欢乐春节”关爱春运返乡外来建设者的活动在国际商贸城客运中心举行，志愿者 200 多人参加，发放年画 1 万余张、帽子 7000 多个、围巾 800 多条、书刊 2000 多份，书法家现场书写春联 1000 多张。举办义乌市第二届“富美上溪”杯全民摄影大赛。3 月 7 日至 10 月 30 日，由义乌市文化广电新闻出版局、义乌市文学艺术联合会、上溪镇人民政府联合主办的义乌市第二届“富美上溪”杯全民摄影大赛启动。大赛设一等奖 2 名，二等奖 4 名，三等奖 8 名，优秀奖 80 名，最佳人气奖 10 名；对集体参赛的单位，设置若干优秀组织奖，颁发荣誉证书。至 10 月 30 日，比赛共收到作品 700 幅。开展群众文艺团队斗台活动。3 月 18 日至 19 日，由义乌市文化广电新闻出版局、上溪镇人民政府主办的义乌市群众文艺团队斗台活动在上溪镇桃花坞举行。共有 8 支文艺团队 48 个节目参演。最终义乌市群艺婺剧团、义乌市江滨戏曲联谊会获得金桃花奖。举办“清明记忆 印象义乌”活动。4 月 2 日，由市委宣传部主办，市文化广电新闻出版局、市文学艺术界联合会、义乌商报社等单位联合承办的“清明记忆 印象义乌”——“我们的节日”在赤岸镇举行。来自 50 多个不同国家的留学生 130 多人参加，举办了茶文化体验、清明美食大比拼等 7 项民俗文化活动，中央电视台中文国际频道《中国新闻》节目及《人民日报》（海外版）给予报道。义乌市举行“剿灭劣Ⅴ类水”文艺宣传巡（展）演。活动由中共义乌市委宣传部、义乌市文化广电新闻出版局主办，文化馆、婺剧保护传承中心执行承办。4 月 11 日至 12 日，义乌市文化广电新闻出版局带领文化馆、婺剧保护传承中心以及义乌市部分文艺创作骨干下基层采风，并召开文艺创作座谈会。4 月 18 日，义乌市“剿灭劣Ⅴ类水”文艺宣传巡（展）演启动仪式在江滨戏曲大舞台举行，1000 多名观众到场观看。至 5 月底，巡展演活动到各镇（街道）道、社区、企业及人员密集地区进行 10 场巡（展）演。举办第 26 届青年歌手组合演唱大赛。4 月 16 日，由市文化广电新闻出版局主办，文化馆组织策划承办的义乌市第 26 届青年歌手组合演唱大赛预赛在万达广场举行，全市 26 组选手参加，10 组选手进入决赛。4 月底，决赛在文交会广场文化周期间举行。举办“魅力义乌·多彩赤岸”摄影大赛。4 月 22 日，由义乌市文化广电新闻出版局、市文学艺术界联合会、赤岸镇政府主办的“魅力义乌·多彩赤岸”摄影大赛启动仪式在赤岸镇文化中心举行。报名参赛的摄影家 73 人、摄影爱好者 200 多人、主办单位负责人等 300 多人出席。大赛设一等奖 1 名，二等奖 3 名，三等奖 5 名，优秀奖 60 名，网络人气奖 20 名，活动中开展了采风活动及作品展览，并在稠州论坛上开设自然风光摄影大赛专栏。中国（义乌）文交会浙江非遗生活馆开幕。4 月 27 日，由浙江省文化厅、义乌市人民政府主办，浙江省非物质文化遗产保护中心、浙江省非物质文化遗产保护协会、义乌市文化广电新闻出版局承办的浙江非遗生活馆在义乌市国际博览中心开幕。文化部副部长项兆伦，中国国际贸易促进会副会长王锦珍，浙江省文化厅厅长金兴盛，金华市副市长、义乌市市长林毅为非遗生活馆揭幕。浙江非遗生活馆除开展非遗精品展销活动外，还进行婺剧折子戏及舞蹈等文艺表演，吸引了大批义乌工商学院和在义乌经商的外国友人。举办 2017“美好生活”浙江省首届手机摄影大赛。5 月，由浙江省文化馆、义乌市文化广电新闻出版局、快拍快拍网主办的 2017“美好生活”浙江省首届手机摄影大赛启动。大赛设置金质收藏作品 2 幅，银质收藏作品 4 幅，铜质收藏作品 8 幅，优秀作品 100 幅，最佳人气奖 10 幅，另有优秀组织奖若干。至 9 月 1 日，共收到来自全国 19 个省市摄影爱好者的参赛作品 13186 幅，评选出 122 幅（组）优秀手机摄影作品。《流动大舞台》栏目走进义乌市上溪镇。5 月 8 日，浙江电视台教育科技频道《流动大舞台》栏目走进义乌市上溪镇金傅宅村。此次演出由市文化馆和上溪镇精心编排组织，共有12个节目。此次录制的节目于5月14日下午在浙江卫视新闻频道播出。举办义乌市广场舞“千人培训”。5月至6月，由中共义乌市委宣传部和义乌市文化广电新闻出版局主办的广场舞“千人培训计划”在全市各镇(街道)全面开展。举办“端午风情·义乌印象”系列文化活动。5月30日，由中共义乌市委宣传部主办，义乌市文广新局、市文联、大陈镇政府等6家单位承办的“端午风情 义乌印象”——“我们的节日”系列文化活动在大陈镇红旗村举行，3万余人次现场观看。央视中文国际频道《传奇中国节》节目对龙舟赛、包粽子、织香囊等活动进行直播连线，时长20分钟。召开全市文物工作专项会议。6月10日，召开全市文物工作会议，开展文物保护知识业务培训，编印《义乌市文物工作手册》，签订市、镇(街)、村三级文物保护责任书，印发《义乌市人民政府关于进一步加强文物工作的实施意见》《义乌市文物安全突发事件应急预案》《义乌市2017年10项濒危古建筑抢修计划目录》《三个名人故居保护利用项目任务分解表》《义乌名人文化保护利用项目任务分解表》，此外，还开展了文物知识业务培训。举办群星视觉艺术优秀摄影作品展。7月1日至2日，义乌市参加2017浙江省第五届群星视觉艺术优秀摄影作品展的参赛作品加工会在稠江街道图书馆举行。此次活动由义乌市文化馆主办，会上对200多幅(组照)进行了解剖。开展“缘起义乌·情系莲都”文化走亲活动。8月23日晚，“缘起义乌·情系莲都”文化走亲文艺晚会在丽水市莲都区大港镇文化礼堂举行。此次活动由义乌市文化广电新闻出版局、莲都区文化广电新闻出版局主办。义乌、莲都两地的文化交流不断加深，文化走亲成为“山海协作”的载体之一。义乌市举行第五届青少年民族器乐演奏大赛。8月25日，由市文化广电新闻出版局主办，义乌市文化馆、义乌市音乐家协会承办的2017年义乌市第五届青少年民族器乐演奏大赛在青少年宫多功能厅举行，共有94人参赛。举办义乌市曲艺小品大赛。9月20日，由义乌市文化广电新闻出版局、义乌市文学艺术界联合会、廿三里街道办事处主办的义乌市2017年曲艺小品大赛在义乌六中举办。全市各镇(街道)选送的16个节目参赛。举办2017年义乌市青少年书画作品大赛。9月29日，市文化广电新闻出版局和市教育局共同主办“喜迎十九大　共创美好生活”2017年义乌市青少年书画作品大赛，共收到参赛作品3549件，12幅作品获得一等奖，24幅作品获得二等奖，36幅作品获得三等奖，48幅作品获得优秀奖，优秀指导教师20名，优秀组织奖10个。举办鸟类生态摄影联展。10月1日至5日，由义乌市文化馆、义乌市摄影家协会主办的“百鸟争鸣 追梦乌伤”鸟类生态摄影联展在义乌市绣湖公园华川书舍开展，展出70多幅鸟类生态艺术作品和122种义乌发现的鸟类科普作品。举办第26届文化艺术节。10月16日至18日，由中共义乌市委宣传部和义乌市文化广电新闻出版局、市文学艺术界联合会主办的市第26届文化艺术节开幕式在赤岸镇丹溪文化广场举行。此届文化艺术节共安排8场大型活动。文化艺术节期间，3.8万余人次观看线上演出，累计55万人次观看现场直播。举行浙江省首届道情比赛。10月17日，由浙江省曲艺家协会、义乌市委宣传部主办，金华市曲艺家协会、义乌市文学艺术界联合会、义乌市文广新局、义乌市赤岸镇政府承办的2017年浙江省道情比赛在义乌市赤岸镇举行，来自全省各地的道情艺人50多人参赛，最终评比出2个金奖、4个银奖、6个铜奖。举办义乌市广场舞大赛。11月27日，2017年义乌市广场舞大赛在佛堂镇举行，14支来各个镇(街道)的代表队参加，佛堂代表队获得金奖。举办第九届排舞大赛。11月28日，由市委宣传部、市文化广电新闻出版局主办的第九届排舞大赛在佛堂镇举行。各文化礼堂和农村社区的22支队伍参加，参赛演员400多人，比赛决出金奖2名，银奖4名，铜奖6名，优秀奖10名。成立义乌市文化志愿者大队。12月26日，成立仪式在义乌市文化广场剧院举行，为19支中队颁发了文化志愿者旗帜，截至年底，义乌市有20多支文化志愿服务小分队，6000多名文化志愿者。继续实施“蒲公英群文课堂”公益培训。举办摄影、声乐、器乐等艺术门类培训332期，授课时间达2380课时，培训1.53万人次。此外，市文化馆的艺术干部、文化志愿者主动前往全市农村文化礼堂、学校、机关企事业单位进行艺术辅导。实施古建筑修缮工程。

完成古建筑抢修三年(2013—2015)行动计划实施的所有续建工程项目,实施2017年新建文物维修计划项目50项以上。谋划启动12项共50处濒危古建筑抢修项目,概算总投资1.2亿元,年度市财政追加投资3000万元,年内完成总投资1354.48万元。计划启动新一轮的百幢古建筑抢修行动计划和文物倍增计划,新推荐公布138处市级文物保护单位、100处市级文物保护点。着力推动城市书房建设,完善公共图书馆服务体系,10家城市书房完成建设并开放。推进观音塘古生物足迹化石地质遗迹保护。6月1日,浙江自然博物馆和日本、韩国等科考专家进场,对义乌观音塘恐龙足迹地质遗迹核心区进行勘探发掘,本期发掘为期20天,发现10多枚有连续运动轨迹的翼龙类足迹,并完成《义乌市观音塘古生物化石地质遗迹保护与利用总体规划》编制,通过市政府规划集体会议会审。配合做好土地征用工作。7月31日,恐龙蛋研究与展示国际学术会议暨海上丝绸之路(杭州)化石论坛的42名与会专家在会议期间赴观音塘开展了实地考察,中新网、新华社客户端、央视国际新闻"新闻速览"等给予报道。出版《流风遗韵》。3月6日,由义乌市非物质文化遗产保护中心主编的义乌非遗普及读本《流风遗韵》正式出版。推进文化建设工程。义乌市文化广场完成竣工验收。文化广场分为文化馆、青少年活动中心、健身中心及屋顶花园4区块,总投资概算5.54亿元,坐落于经济技术开发区中心区新科路与西江路的交叉口,占地面积2.94万平方米,建筑面积约8.23万平方米,是开发区中心区的配套项目,也是义乌市文化建设的重点项目。

第十二届中国(义乌)文化产品交易会 4月27日至30日,由文化部、浙江省人民政府、中国国际贸易促进委员会主办的第十二届中国(义乌)文化产品交易会在义乌国际博览中心举行。展会设标准展位3251个,参展企业1395家,展览面积6万平方米,设置文化消费馆、文博馆、时尚文化馆、"一带一路"馆、文创馆、电竞馆、非遗工美馆、艺术品馆八大展馆,展示来自俄罗斯、法国、德国、希腊、西班牙、南非等60多个国家和地区,中国香港、中国澳门、中国台湾及国内27个省市的文化产品。展会吸引境内外采购商及观众8.35万人次,参会贸易团队44个,现场达成采购与合作意向2200多个。展会成交额52.17亿元。展会同期举办文化产业创业创意人才扶持计划系列活动、第五届动漫衍生品授权交易活动、第三届八大美术学院研究生优秀作品展等24项配套活动。

(马俊文)

【东阳市文化广电新闻出版局(旅游局)】 内设职能科室10个,下属事业单位10家。2017年末人员159人(其中:公务员23人,参公12人,事业124人;具有高级专业技术职务资格的17人,中级46人)。

2017年,东阳市完善市文化旅游发展委员会办公室工作机制,理顺、整合各项职能,建立运转协调、办事高效、行为规范的内部运行机制,充分发挥政府对全市文化旅游业发展的监督管理和统筹协调作用,推动文化事业持续发展。一是推动文化产业全域发展。积极开展"文化提升旅游品质、旅游推动文化传承"的双向融合,推动文化资源市场化、产业化、旅游化进程,推动文化产业提质升级。充分挖掘、保护、传承、利用东阳的文化资源,起草《关于推动东阳文化优势转化为发展优势的若干意见(讨论稿)》,东阳被评为2016—2017年度浙江省文化产业重点县市。横店影视股份有限公司、华谊兄弟传媒股份有限公司等7家企业入选2016—2017年度浙江省重点文化企业。东阳青雨传媒股份有限公司等3家企业被评选为2017浙江省成长型文化企业。浙江天意影视有限公司等3家企业入选金华市文化影视时尚产业十佳成长型企业。横店影视城演艺游乐体验技术升级项目被评为金华初创型重点项目。横店影视产权交易平台项目被评为金华重点成长型项目。积极联系落实金华市企业参加第12届中国(义乌)文化产品交易会。在义乌国际博览中心设立东阳木雕竹编·红木家具专馆,参展企业53家,展位132个,并在东阳设立义乌文交会东阳分会场。充分利用报纸、电视、网络等媒体,广泛宣传全市丰厚的历史文化资源,提高文化产业发展的紧迫性,宣传金华文化产业发展的决策部署、典型及经验,提升东阳文化产业影响力。二是提升公共文化服务水平。完善公共文化服务政策。加强文化建设制度创新,正式印发《政府向社会力量购买公共文化服务的管理办法(试行)》,制订下发含有34项服务内容的农村文化礼堂服务菜单,积极实现文化产品和服务供需对接。抓好重要文化政策落地。加强《东阳市关于加快构建现代公共文化服务体系的实施方案》《东阳市基层综合性文化服务中心建设实施方案》的落实、指导、督促和考核。做好《中华人民共和国公共文化服务保障法》的学习宣传、贯彻落实。继续配合做好公共文化专项审计调查及农村文化建设财政支出项目绩效评价工作,会同审计局、财政局下达《关于要求部分镇乡(街道)综合文化站进行整改的通知》,做好督改工作。年内建设基层综合性文化服务中心10个,扶持提升薄弱乡镇文化中心1个,薄弱村(社区)文化中心19个。推动文化活动品牌化。新编历史婺剧《英王徐策》,作为浙江省唯一入选2017年全国基层院团戏曲优秀剧目展演的剧目,在京城大放异彩。抓好"周末惠民剧场",全年演出42场。举办各类文化活动103次,县市间"文化走亲"7次。组织业余文艺骨干、文艺爱好者培训72期,参训人员6000多人次。完成送戏下乡378场,送电影下乡7825场次,送展览下乡42场次,送讲座下乡23场次。三是加强文物保护利用。新增下石塘德润堂、厦程里慎德堂、北后周肇庆堂、蔡希陶故居4处省级文物保护单位,东阳省级文物保护单位达14处。新公布文物保护点118处,东阳文物保护点增至317处。初步划定52处文物保护单位的保护范围与建设控制地带,在17个镇乡、街道设立文物保护标志碑140多处。起草文物"双随机"执法实施方案。指导完成22处古建筑的维修保护。在巍山镇黄西塘清理圆形古墓葬一座,出土墓志一方,其墓葬形制在东阳尚属首次发现。配合市委、市政府治危拆违中心工作,加强历史文化建筑保护。下发《关于在治危拆违中加强历史文化建筑保护工作的通知》,组建4个工作小组,历时4个多月,分赴各镇乡(街道)开展历史文化建筑的调查与价值评估,共出动670多人次,调查村落1000多个、古建筑1500多处,应群众反映出查260多次,新发现建议保留保护的历史文化建筑296处。制订《东阳市治危拆违中古建筑价值评估初审意见表》。与此同时,征收古建筑木雕构件200多件,征收千祥前巷廿间头、环龙崇德堂等古建筑作拆迁保护。卢宅保护利用项目取得突破性进展。卢宅文化休闲园、五云堂遗址保护区块房屋进入扫尾阶段。积极引进上海爱必依旅游项目,基本完成了卢宅景区内的商业策划布局、改造施工图设计和成本估算,并启动招商工作。卢宅文保所对东荷亭书院进行了抢救性维修,对现存的两盏大料丝灯进行整修。接待《秋收起义》《笑傲江湖》等4个剧组,利用热播影视剧,扩大卢宅的知名度和影响力。全年共接待游客约6万人次。做好市博物馆的免费开放工作。累计接待国内外游客12万余人次,团队80多批次,4500多人次,提供讲解服务60多次。中国木雕博物馆累计接待游客超20万人次,其中公务团队578批次,提供讲解866批次。组织"博物馆日""文化和自然遗产日"系列宣传活动,引进或联合举办临时展览9个。积极开展馆际交流和馆校共建,发挥博物馆的社会教育功能。四是加强非遗传承保护。市府办下发《关于印发〈东阳市非物质文化遗产保护办法〉的通知》。卢宅一期非遗街区布展工作基本完成,并完成了二、三期非遗街区的招标。继续推进名录体系建设,东阳竹根雕被列入省级非遗名录,东阳刺绣、东白山茶炒制技艺、东阳木梳制作技艺等5个项目被公布为第七批金华市非物质文化遗产代表性项目名录;浙江新东阳木雕有限公司被公布为省级非遗生产性保护基地;5位传承人被公布为第五批浙江省非物质文化遗产项目代表性传承人,21人被认定为第四批金华市非物质文化遗产项目代表性传承人。尝试"非遗+高校"发展模式。同济大学东阳传统营造实习基地挂牌,并举办了两期实习活动。中央美术学院驻浙江东阳传统工艺工作站成功挂牌,东阳成为文化部支持设立的第七个传统工艺工作站驻地。市政府与中央美术学院签订备忘录,中央美术学院与传承人企业签订合作协议,并顺利召开工作站第一次站务工作会议,决定先启动南马镇前宅村、画水镇紫微山村、虎鹿镇西坞村的案例基地村建设。尝试"非遗+旅游"发展模式。横店古民居非遗体验馆开馆,10多位非遗传承人集体入驻横店古民居景区。长庚童方城非遗传承亲子体验中心挂牌,10多个非遗项目入驻校外教育机构。继续开展非遗学堂、百场道情进文化礼堂等活动,全年完成40场道情下乡、13期"非遗学堂”公益性体验活动。联合三分堂展示平台，举办了7期传承人非遗专场展示活动。推进传统工艺振兴。将东阳手工技艺生产性保护探索和实践经验在全省非遗保护工作创新发展现场推进会上交流。举办以“活力非遗：传承·创新·发展”为主题的东阳市首届传承人沙龙。第二期浙江省非遗传承人群培训班(传统营造)在浙江广厦职业技术学院开办。全国传统营造学术研讨会成功举办，文化部副部长项兆伦，省文化厅副厅长蔡晓春，市委副书记、市长姚激扬，副市长蒋震雷参加活动。加大非遗宣传推广力度，共组织国内外非遗交流15次，其中国际交流1次，国家级、省级交流6次，组织参加金华市级非遗展演展示8次。开展“振兴传统工艺”央媒浙江行——东阳采风活动、庆祝全国首个“文化和自然遗产日”系列活动等。举办东阳市“圆明新园”杯民间艺术大奖赛。首届世界东阳人发展大会期间，在市府大楼前举办大型非遗展演活动。此外，还完成12个项目宣传片的制作。五是加强文化市场管理。文化行政许可实现群众“少跑腿”“最多跑一次”改革。全年办件225件，其中行政许可210件，备案15件。年检换证745家，办结率100%。加强文化市场安全生产的行业监管。坚持日常监管和专项整治相结合。运用双随机抽查、移动执法等手段，改进监管方式，以“护苗”“清源”“净网”“秋风”“固边”五大专项整治为抓手，深入推进“扫黄打非”进基层，净化网络空间、校园周边、城乡接合部等的文化市场环境。通过创新安全教育模式，运用人防、技防及考核制度，夯实安全生产工作基础。加大文化市场执法力度。全年出动执法检查2151人次；检查各类文化经营场所3324家次，取缔无证经营非法出版物摊点7家、非法大棚演出14个、无证娱乐场所2家；查缴各类非法出版物、音像制品459册(盒)、书报刊82本，游戏机电脑版2件。查处违规经营38起，罚款10万余元，停业整顿2家。

机构改革　为适应打造“影视旅游名城、经济文化强市、生态宜居东阳”的需要，8月29日，依据东委办发〔2017〕113号文件，组建东阳市文化旅游发展委员会办公室(简称“文旅办”)，挂东阳市文化广电新闻出版局、东阳市旅游局牌子，作为市文旅委常设机构，主管全市文化艺术、文物、广播影视、新闻出版、旅游和风景管理工作。

(吴晨辉)

【永康市文化广电新闻出版局】内设职能科室3个，下属事业单位5个。2017年末人员72人(其中：机关7人，事业65人；具有高级专业技术职务资格的6人，中级22人)。

2017年，永康市文化广电新闻出版局以习近平总书记系列重要讲话精神为指引，切实增强政治意识、大局意识、核心意识、看齐意识，紧紧围绕加快建设文化大市、“文化更兴、素质更高”的奋斗目标，按照“干在实处、走在前列、勇立潮头”新要求，坚定文化自信，牢固树立以人民为中心的工作导向，准确把握当前文化工作所处的历史方位，大力推动文化繁荣兴盛。一是健全文化服务体系，文化服务效能不断增强。进一步推进文化惠民工程。深入推进“五个百”文化惠民工程工作，完成各类文化活动进文化礼堂301场，组织127位文化指导师下乡培训，组织26个文艺团队结对63个文化礼堂村，培育农村文艺带头人110名、农村文艺团队106支，推送特色文化产品下基层107件。举办村晚80多场，受益群众30万余人。进一步推动文化供需对接。分编图书1万余种2万余册，借阅图书16万册，借阅人数11万人次。拓展培训项目，全年免费培训学员2000多名。完善龙山、芝英、古山中心镇图书分馆建设，实现与金华市公共图书馆之间的通借通还。新建教师进修学校图书分馆、11个图书流通站，送书下乡4万册、期刊1900册。电影下乡放映6000多场，观众人数达60万人次。电影进校园放映312场，观映学生达8万人次。组织春联送下乡到30多个村文化礼堂。二是促进文化多样共建，永康文化舞台持续繁荣。打造节庆文化活动。组织开展“春满丽州”庆元宵系列文化活动、“汉风雅集、品味端午”游园等端午节活动、“丽州之夏”系列大型文艺晚会。举办文化遗产保护传承活动。组织“5·18国际博物馆日”宣传活动、2017“文化和自然遗产日”系列活动。组织文化展示交流活动。在文化馆内举办书画、摄影、橱窗展览12次，书画、国学、音乐等各类讲座7次，摄影沙龙活动10次。在博物馆内举办8个展览，吸引观众约22万人次。在图书馆内举办各种展览36场，累计参观人数达

4万人次。组织永康锡雕、铜艺、“十八蝴蝶”等非遗项目参加第12届义乌文交会等各地大型展示展演活动。开展、接待跨县文化走亲20次。开展书香永康全民阅读活动。举办永康市第三届全民阅读节、第十三届未成年人读书节等17个活动,参与人数达6.5万以上。三是挖掘保护文化资源,文化遗产保护效率提升。实现非遗抢救保护与活态传承。挖掘醒感戏剧目《药茶记》。组织永康鼓词宣讲进文化礼堂总计55场、醒感戏传承基地下乡演出共计51场,组织2期永康鼓词培训班,培训学员59人。做好金华市非物质文化遗产业务专题会议的接待、活动组织工作。申报永康索面制作技艺、切糖技艺、永康抽白糖技艺等5个项目列入金华市第七批非遗保护项目,申报戏服刺绣、舞狮、拉线三狮图等15个项目列入第七批永康市非物质文化遗产保护项目名录;申报6人列入第四批金华市非物质文化遗产代表性传承人,推荐11人为浙江省第五批非遗代表性传承人,其中8人入选。推荐舟山二村申报第四批浙江省非遗旅游景区和第二批金华非遗旅游景区。开展“我们的节日”传统节日活动和非遗项目保护传承社会实践课外活动。推进文物安全监管及有序修复。顺利完成寿常公祠、小宗祠堂、古竹桥文物保护等修缮工程;顺利推进占鳌公祠、李氏家庙、泮川周氏宗祠等修缮工程。积极开展文物平安工程建设。全面完成19处省级文保单位三次巡查及51处市级文保单位二次巡查工作;完成100处文保单位的“双随机”巡查工作。成功申报湖西遗址、厚仁后宅厅、象珠二村前仓以及寿常公祠为浙江省第七批省级文物保护单位。四是推动产业转型升级,文化创新驱动作用增强。促进文化产业转型升级。引导互联网行业转型升级,集中组织全市网吧业主开展转型升级培训,实现从传统网吧到网咖的转型。改造永康影城各个影厅激光光源,提高屏幕亮度及色彩饱和度,加强与猫眼、美团、微票儿等电商合作,实现电影放映管理升级。规划3个省级中心镇农村影院布局。推动“五大百亿”产业发展。五大百亿文体用品和影视旅游产业考核任务285.5亿元,完成348.35亿元,超额完成任务122%。培育文化企业3家,新增规上文化企业3家。组织有关文化企业参加厦门、义乌文博会,展示宣传永康文化产品、产业。五是强化文化市场监管,文化执法能力有效提高。严格规范文化安全生产。加强领导,多次召开安全生产工作会议,成立今冬明春火灾防控工作领导小组,制定实施安全生产网格化管理工作方案,认真做好“双随机”抽查监管工作,确保各项责任落实。狠抓文物安全状况大排查,加大文化市场安全生产巡查力度,和安监、公安、消防相关部门及镇街区密切配合、齐抓共管、形成合力,始终保持对违规行为的高压态势。突出重点区域、重点部位监管,狠抓隐患的排查治理,确保问题隐患整改及时、措施到位。加强培训,提高素质,联合安监、消防部门对各文化经营单位进行了安全生产教育培训,全面提高消防安全技能。持续开展专项整治行动。召开2017年“扫黄打非”工作电视电话会议,部署了全年“扫黄打非”工作。组织开展了“护苗”“净网”等专项行动。进行了高强度、高密度的创建国家卫生城市巡查。开展以打击非法和侵权盗版出版物为主要对象的出版物市场专项整治行动。开展中高考期间文化市场综合治理。全年出动检查人次1446人次,检查478次,检查文化经营场所2805家次,立案42起。取缔无证音像地摊、书摊13起,收缴各类非法音像制品3110张、书籍235本,配合公安查处盗版音像制品案件6件。

“五个百”文化惠民工程

“五个百”文化惠民工程走出“种为本,送为补,村自主”永康模式,“种”出基层文化百花齐放,具体方式是聘文化指导师,组织文化活动进礼堂,培养文艺带头人,培育农村文艺团队,推送特色文化产品下基层,举办各类农村文艺演出和农村村晚,实现基层文化活动“不愁没人看,不愁没人演,不愁没人助,不愁没保障”的效果。省委常委、宣传部部长葛慧君和副省长成岳冲做出重要批示:永康的做法值得肯定;永康的做法具有示范意义。金华市委常委、宣传部部长林丹军也对该工作给予批示肯定。《实施“五个百”文化惠民工程“种”出基层文化百花齐放》入选全省宣传思想文化工作“三贴近”典型案例。

(黄绕龙)

【武义县文化广电新闻出版局】 内设职能科室4个,直属事业单位5个。2017年末人员57人(其中:机关9人,事业48人;具有高级专业技术职务资格的9人，中级17人）。

2017年，武义县文化广电新闻出版局紧扣县委、县政府中心工作，立足全县文化工作实际，不断提升文化服务能力，夯实文化发展基础，努力实现文化大繁荣大发展，为武义"绿色转型，美丽富民"提供有力的文化支撑。依托"唱响壶山，舞动熟溪"幸福武义大舞台这一载体，组织开展"剿灭劣Ⅴ类水·建设美丽家园"主题文艺节目巡演，全年组织开展主题巡回演出活动220场。积极组织开展"文化五进五送"等惠民利民活动。全年送书1.52万册，送戏下乡177场，送电影下乡3825场以上。一是积极开展群众文化活动。成功将"唱响壶山，舞动熟溪"县乡村三级文艺百花会打造成为县草根文化金名片，时长45分钟的文艺百花会专题片在浙江电视台公共新闻频道《流动大舞台》播出，专报信息《武义县接续35年举办"文艺百花会"以草根文化品牌主推乡村振兴》先后得到副省长孙景森、成岳冲批示，武义县文艺百花会的主要做法还被《全省工作交流》编发。温泉节期间成功举办第八届武川艺术节。圆满完成大红岩景区举行的武义县"三月三畲族风情节"、桐琴影剧院举行的禁毒宣传、全国电动工具博览会开幕式等演出任务。全年举办大型文化活动10场，大型展览4个，开展文化走亲活动8场。举办"明招人文讲坛""耕山播海"等免费知识讲座及培训76期，参加人数5865人次。二是推进县博物馆新馆建设。博物馆新馆总投资为1.8亿元，建筑面积约1万平方米，已完成土建工程。7月底，博物馆新馆展陈设计进场施工，展示陈列项目预计总投资9000万元，是年计划投资约4900万元，计划完成总工程量的60%。新馆展陈深化设计方案报省文物局评审，按照智慧化博物馆建设标准，积极实施博物馆新馆展示陈列工程，完成安防设备采购、展陈监理招投标工作，积极制订智慧化博物馆方案、库房设备采购方案，基本完成现场办公用房装修，展陈设计施工方进场施工。三是加强重点项目建设。明招文化园景观（一期）工程被列入2017年县政府投资项目，总投资900多万元，规划总面积8.3万平方米，新建金貂亭、明招小院、外山门等主体建筑，完成围墙、污水管道铺设、池塘护坎、停车场、游步道等施工，整体工程全部完工。截至年底，延福寺修复主体工程完工，其中包括文保区修缮项目和展示利用工程，平安工程消防、安防和防雷项目，景观提升工程，智慧旅游、延福桥、山林绿化等配套项目。四是提高文物和历史建筑保护利用水平。申报并获批俞源古建筑群国保省保集中成片修缮工程修缮资金1073万元，先后对急公好义宅、真贞楼、内屋楼等多处进行抢修。6月，在俞源村开展第一季"港澳台学子走进金华古村落"活动、"归去来兮"2017中国传统村落保护（武义）国际高峰论坛。范村花厅、上王元大礼堂完成修缮，擂鼓厅完成修缮工程的90%，邵李清故居完成修缮工程的65%。完成新公布省保单位保护标志碑安装与县保单位、文保点记录档案编制工作，64处县保单位和78处县级文保点保护范围和建设控制地带划定初稿。根据全县不可移动文物保护现状，采用民间资金、政府补助相结合的形式，对35处县级文保单位、文保点、登录点进行修缮，文保所提供修缮技术指导，补助资金达68.15万余元，吸引民间投入文物保护修缮资金300多万。五是开展特色博物馆（展示馆）创建工作。正式启动武义县特色博物馆（展示馆）创建项目。12月底，评定黑茶文化展览馆、八婺掇英展览馆、徐英烈士纪念馆等21个星级展馆，其中三星级4家，二星级11家，一星级6家，分别给予每家补助资金15万元、10万元、5万元，共发放补助资金200万元。六是发展公共图书事业。县图书馆全年接待读者33.61万人次，书刊文献外借21.77万册次，有效持证读者1.07万个。新增馆藏2.03万册。新增青少年综合服务中心、开发区两新党委、民生大篷车领导小组办公室3个图书流通站。县图书馆"绿拇指故事会"获优秀阅读推广品牌，王宅镇杨店村文化礼堂获"书香礼堂"荣誉称号。七是强化非遗传承与保护工作。完成第五批省级非遗名录申报和第四批市级非遗名录和代表性传承人申报工作，新增5项市级名录和14位市级代表性传承人。柳城畲族镇成功入选浙江省第四批非遗主题小镇。组织开展形式多样的全国首个"文化与自然遗产日"系列活动。"寿仙谷中医药文化""婺州窑陶瓷烧制技艺""泥茶壶制作技艺"等非遗项目参加"婺风遗韵"金华非遗展演展示活动。举办武义县首届昆曲艺术周，中央戏曲频道、《中国艺术报》等主流媒体对活动予以全程报道。八是促进文化产业发展。至年底,全县有规上文化影视时尚产业企业185家,全年产值142.51亿元,同比增长13.4%。有"星韵""舜熙""国华"等27家文化影视公司,成功拍摄《梭哈人生》《漂亮的村事》《母亲花》和《护花使者在都市》4部影视剧。制定出台了《进一步加快影视文化产业发展的若干意见(试行)》扶持政策,完成对21家文化企业奖励资金69万元,对7名省级非遗传承人、14名市级非遗传承人和29名县级非遗传承人奖励资金22.7万元,共计91.7万元。九是加强文化执法。文化市场行政执法大队全年出动执法检查809人次,检查经营单位1789家次,查处案件18件。取缔无证摊贩15家,查缴非法书刊66册,非法音像制品5463片(盒);巡查非法大篷演出点21个,取缔无证大篷表演团体3家。

(罗　津)

【浦江县文化广电新闻出版局】 内设职能科室4个,直属单位12个。2017年末人员89人(其中:机关8人,事业81人;具有高级专业技术职务资格的9人,中级25人)。

2017年,浦江县文化广电新闻出版局紧紧围绕"五位一体"总体布局和"四个全面"战略布局试点要求,坚持"党建引领、文化创新"的理念,以"两学一做"为工作抓手,以"文化育民、文化惠民、文化乐民"为目标,根据年初确定的工作思路,抓重点、攻难点、求亮点,全力推进文化建设各项工作,取得了较好成效。一是落实"四个全面"试点任务。逐项落实《省文化厅助推浦江县贯彻"四个全面"战略布局试点县建设2015—2017年重点任务实施计划》。成立了"上山遗址"博物馆事业单位,启动遗址博物馆建设前期工作。推进第二轮百幢历史建筑保护利用工程,昌三公祠、中共浦江县委旧址等20处修缮工程已经开工;梅石坞王氏家庙、大店村厅堂等5处准备开工。举办了第十届书画节,举行了2017"万年浦江"全国中国画人物作品展、书画拍卖会、书画展销周等一系列丰富多彩的文化活动。做好浦江县综合图书馆(中国美术图书馆)选址及可研工作。举办了"情满非遗两美浦江"全国摄影大展启动仪式,与中国摄影家协会签订了五年合作协议。做好文化生态廊道建设。制定文化进廊道工作方案。完成《大地有名》《浦江古村落传说》编撰出版工作。完成三分之一以上乡镇(街道)综合文化站达标工作和三分之一以上行政村基层公共文化服务中心达标工作。建成民间博物馆(南山博物馆)和文化公园(上山遗址公园)。创建了市级非遗小镇郑宅镇,市级民俗村杭坪镇杭坪村。市级生态廊道文化项目前王山窑址保护利用工程进入财政评审阶段,3个月内完成建设。推进浦江非遗展示馆工程建设。积极创建省级文化示范村。推进文化改革项目。落实宣传思想文化工作"一个责任四张清单",对照"四张清单",认真查找工作短板,强化落实,每季度开展一次以上的工作督查,整改达标率在85%以上。改革文化产品评价体系和激励机制,制定政府购买文化服务实施细则。深化行政审批制度改革,通过减少审批前置条件、简化审批环节、缩短审批时间、优化审批流程,68项行政审批事项全部实现"最多跑一次"。协助县整治办牵头做好小城镇综合整治"线乱拉"治理工作,共需治理完成9个,大畈乡已通过验收。二是积极培育文化品牌。打造"万年上山"文化品牌。做好上山考古遗址公园免费开放工作。成立上山文化志愿讲解员队伍。完成上山考古遗址公园金华市社普基地的申报工作。做好上山考古遗址公园配套设施维护及建设工作。接受省级考古遗址公园评估组对上山考古遗址公园的评估检查,各项工作受到评估组领导的充分肯定和高度赞赏。做好上山遗址博物馆前期工作。开展《"上山文化"命名十周年暨稻作农业起源国际学术研讨会文集》编辑工作。完成"上山文化"命名十周年暨稻作农业起源国际学术研讨会报告及发言整理工作。培育"千年孝义"文化品牌。推进郑义门古建筑群保护工程。向国家文物局申报项目资金462万元。全面宣传和挖掘郑义门廉政孝义文化。大力宣传《郑义门》家训家规动漫片,开展廉政教育系列活动,创编了《江南第一家》廉政文化系列连环画(套装)。打好"百年书画"文化品牌。成功举办了第十届浦江中国书画节。举行了"助推全面剿劣,唱响两美浦江"百件书画摄影作品巡展,巡展历时47天,观展人数达4.36万人次。开展书画写生、创研培训和展览活动。6个书画场馆全年累计举办各种书画展览50多场次,组织中美协、省美协、中国美术学院书画家、美院师生到浦江写生创作,共10多批次300多人次，举办书画创研培训班6期。三是夯实文化基础。大力提升文化设施建设水平。严格落实“四张清单”，推进公共文化设施建设。开展综合文化站定级工作，共有13个乡镇（街道）综合文化站参加定级。新增城镇影院1家，新设农村室内固定放映点7家。积极推进总投资5亿元，用地面积40.8亩的虞宅下湾画家村项目。以评估促发展，博物馆顺利通过国家三级馆评定，获得全省第九、金华第一的好成绩；图书馆参加第六次全国县级以上公共图书馆评估定级工作。配合做好文化礼堂建设，到年底建成104家。建设数字文化。普及“浦江移动图书馆”，让群众“零距离”享受文化资源。积极开展24小时自助图书馆筹备工作，制定建设方案。积极利用新技术、引进新设备，做好农村数字电影下乡工作。开通“浦江文化”远程网络平台，将优秀的文艺节目、书画展览、艺术培训等以数字化方式服务群众。加大“浦江文化”微信公众平台推广力度，实时发布重大活动信息。重点文化活动有声有色。举办了“诗和远方”迎春晚会、“情满非遗两美浦江”全国摄影大展采风活动、“我们与你在一起”全国大型诗歌公益活动等大型文艺演出。举办喜迎党的十九大图片展、“推动全民阅读共建书香浦江”暨浦江县第三届全民阅读节、首个“文化和自然遗产日”系列活动。群众文化活动丰富多彩。春节期间举办了各类文化活动20多场次，开展“三百三巡”助力围剿Ⅴ类水文艺下乡系列活动。送书下乡3.26万册，放映电影3820场，送戏下乡90场次、展览讲座97次，文化走亲12次，开展培训活动72期。文化精品创作持续推进。编辑出版《吴善增剪纸作品选》《中国历代画家佳作品鉴——吴茀之》《浦江百个古村落传说》等。弘扬优秀传统文化，配齐《浦江文化志》统稿编撰人员，完成2015年至2016年文化志编纂延续工作。特色文化培训持续推进。除开展婺剧、音乐、瑜伽等常规培训活动外，承担省第二期传统戏剧濒危项目浦江乱弹培训班。全年共举办书画、摄影等各类培训72期。推进非遗保护。组织开展省、市、县级非遗项目的申报，10个项目的11个传承人获批市级传承人。举办首个“文化和自然遗产日”系列活动，展示浦江文化遗产传承和保护成就，开展优秀传承人、优秀传承基地表彰活动。多次组织浦江剪纸、麦秆剪贴、竹编等10多个项目赴外地展演展示。全方位开展非遗传承、普及活动，开展非遗项目进文化礼堂活动10场。做好藏品管理。继续夯实文物保护基础性工作，全面完成第一次全国可移动文物普查工作，浦江博物馆被评为全省普查先进集体。完成《浦邑典藏——浦江县第一次全国可移动文物普查成果汇编》初稿。加强文物保护。成功申报新光古建筑群、嵩溪建筑群、潘周家古建筑群、嵩溪石灰窑群遗址、广安桥等5处为第七批省级文物保护单位，并根据“四有”工作要求，完成保护标志碑的树立。四是加强文化市场监管。以锻造文化铁军为抓手，以保障党的十九大为核心，全力推进平安浦江和省文明示范县城创建工作。坚持市场监管与依法行政相结合，日常检查与专项整治相结合。做好“双随机一公开”工作，加强事中事后监管，引导文化市场健康有序发展。深入推进“扫黄打非”进基层工作，首次将15个乡镇街道纳入“扫黄打非”领导小组成员单位，建立“扫黄打非”乡镇工作联络站，把工作重心向基层拓展延伸，筑牢“扫黄打非”第一道防线。狠抓安全生产工作，联合消防部门开展消防安全专项整治行动，定期组织网吧、娱乐场所、电影院进行安全生产培训，每年对人员密集型文化经营场所开展消防安全演练两次以上。开展多部门联合行动，做好节假日、“两会”、高考等重点时段的文化市场监管工作，有效净化文化市场环境。做好综治平安和安全生产工作。拟订并下发《浦江县文化广电新闻出版局综治维稳和平安建设整治工作方案》和《浦江县文化广电新闻出版局突发安全事件应急处置预案》。组织全系统中层干部进行消防知识培训和应急演练。推行安全风险分级管控和隐患排查治理机制建设试点。开展文化市场经营企业和文物古建筑消防安全专项检查，将排查的隐患整治到位。全年全系统无事故发生。

（周子馨）

【磐安县文化广电新闻出版局】 内设职能科室4个，下设机构1个，局属单位5个。2017年末人员40人（其中：机关14人，事业26人；具有高级专业技术职务资格的6人，中级10人）。

2017年，磐安县文化广电新闻出版局全年送戏下乡166场，举办公益性展览103场、讲座52

场、培训135场,送书2.02万册,县域外文化走亲14场;县图书馆年新增图书2.63万册,接待读者9.12万人次,图书流通11.23万册次、9.12万人次;磐安县首个自助图书馆“昌文悦读书吧”建成并开放;承办浙江省第八届十大城市戏曲演唱联赛,举办磐安县第四届百姓(农民)艺术节、文化主题月、十三届未成年人读书节、“图书馆之夜”、书香进军营、书香进文化礼堂活动;19个乡镇的88个行政村(社区)举办春节期间文化活动119场;评选出星级业余文艺团队31支。提升村文化礼堂15个、文化示范村10个,创建基层综合性文化服务中心19个,17个乡镇完成“文化走廊”建设;新建24小时悦读书吧1个,新增24小时阅读机2台。新增省级非遗代表性传承人1人、市级3人、县级28人;新增省级非遗旅游景区1个、市级2个;注册非遗项目22个;创新提升省级非遗项目3个;《磐安吹打》入选国家声音档案;共组织非遗项目参加展示展演活动44场;整合提升“非遗一台戏”,在尖山镇陈界村“沪上人家”、“江南药镇”浙八味药材城、尖山镇管头村等地演出12场,中央人民广播电台《中国之声》栏目、《中国交通报》、《交通旅游导报》等省市多家媒体专访;开展“北大旗,南炼火”特色展演,展演《迎大旗》4次,《炼火》5次;在双峰乡大皿村建成可容纳1000多人的炼火场,于11月开始营业;12月2日,“浙江省非物质文化遗产保护协会传统舞蹈专业委员会传承创作基地”在磐安县九和乡御龙湾授牌,并举办“纵古论今浙江舞蹈”学术研讨会。全年共创作文艺作品1100件,其中摄影作品600多件,书画作品100多件,音乐作品4件,舞蹈作品60多件,曲艺作品9件,舞台节目20件,非遗婺剧大戏《茶姑》1本;“Trois国际名人工作坊”在玉山镇马塘村揭牌开坊,旨在邀请书画名家在磐安进行写生创作,并将不定期举办书画展览等文化活动。新增省级文物保护单位1处,征集文物4件(套);启动道德桥维修,完成方案编制;完成文物平安工程二期项目;安装感烟报警探测器690只,实现房屋类文保单位(点)全覆盖;复查磐安县第三次全国文物普查登记点,并初拟保护政策;编制《玉山古茶场周边环境整治工程设计方案》,通过国家文物局审批;完成承志桥、清德堂等3处省保单位“四有”档案修改;完成12处县保单位保护范围和建设控制地带划定;开展文物安全检查6次,检查文物建筑989处次,出动检查人员1700人次,发现隐患76处,整改11处,限期整改65处。磐安茶文化博物馆累计接待游客24万人次。7月19日,省委书记、省人大常委会主任车俊到玉山古茶场和磐安茶文化博物馆调研指导。全年新增文化经营场所52家,全县在册文化经营场所321家;共办理行政审批事项53件;文化市场日常巡查出动检查745人次,检查1487家次,检查出违规25家次;举报(督查)受理1件,属实案件1件;行政处罚立案调查5件,办结案件6件,警告4家次,罚款9000元,重大案件1家次;开展“僵尸企业”专项整治行动,注销“僵尸企业”17家;开展“扫黄打非”专项执法检查52次,出动745人次,检查文化经营单位1487家次,发出整改通知书20份,取缔无证书店2家,收缴非法教辅书籍20多册,查处违法违规网吧2家,责令停业整顿网吧2家,磐安县“扫黄打非”工作领导小组办公室、县文化广电新闻出版局被评为2017年度全省“扫黄打非”先进集体;组织文化经营单位参加第12届中国(义乌)文化产品交易会,深三竹木工艺厂陈元浪获市级“工艺美术大师”奖。新组建了1支合作流动电影放映队,新建7个农村电影室内固定放映点;全年放映农村公益电影2531场,观众逾40万人次;在电影放映前播放以“老城区拆迁改造”“建军90周年”“小城镇综合整治”等内容为主题的专题片,放映2500场次,放映宣传标语超过10万条次;8月,组织开展“庆祝建军90周年”红色经典电影展映月活动,调集20部红色经典影片,放映60场,场均观众近400人。引进影视公司及工作室178家,重点培育10家,到磐安拍摄影片40部(其中全程在磐拍摄的15部),挂牌命名影视外景拍摄基地5个;全县影视企业完成税收4188万元;影视企业奖励补助兑现223万元(县本级)。

(周晗璐)

衢州市文化广电新闻出版局

【概况】 内设职能处室7个,下属单位7家。2017年末人员145人(其中:公务员23人,参公11人,事业111人;具有高级专业技术职务资格的57人,中级36人)。

一、公共文化服务体系建设扎实推进

2015年被列入全省首批公共文化服务重点县的柯城区、衢江区、龙游县和开化县,完成公共文化服务标准化两年提升计划,顺利通过省实地考评。江山、常山列入省第二批重点县建设名单。全市100个乡镇文化站全面完成挪用清理并实现每周免费开放42小时以上,通过省深改组考核验收。在全省率先出台《衢州市人民政府关于进一步加强乡镇(街道)综合文化站建设的实施意见》,对衢州市乡镇文化站按“三个一批”的方案全面进行整改提升。出台《衢州市乡镇(街道)综合文化站建设重点乡镇(街道)管理考核办法》,加强对薄弱乡镇的督促和管理,首批列入市重点管理的乡镇有13个。立足“建管用育”一体化,扎实推进农村文化礼堂建设,新建成农村文化礼堂107个,完成年初计划的119%。创新机制,整合资源,与社会力量合作的衢城首家24小时自助图书馆在水亭街历史文化街区正式开馆,衢州市图书馆在此注入7000多册书籍和40万元自助借还、监控等相关设备。至年底,到馆人数5万余人次,自助办卡2492张,借阅图书7447册,共举办沙龙、活动等49场,参与人数1280人次,获2017年度全市宣传思想文化工作创新奖。继续开展文化惠民服务工作,全市送戏1528场、送书18.64万册、送电影2.19万场、送讲座展览800期、开展文化走亲85场、培训文艺骨干5.62万人次。

二、重大文化项目取得突破

衢州市文化艺术中心完成前期基础调研报告、项目选址以及建筑设计方案初稿,进入项目前期实质性运作阶段。牵头召开儒学文化小镇建设工作协调会,完成儒学文化小镇建设方案清单初稿编制。启动儒学文化产业园创建国家文化产业示范园区课题研究和衢州市儒学文化产业园区公众服务平台建设。儒学文化产业园区办公室抽调人员于10月底集中办公。衢州儒学文化产业试验园核心区水亭门街区建设项目获得2017年国家文化产业专项扶持资金450万元贷款贴息补助。

三、文艺精品创作再获佳绩

坚持以项目化理念,抓文艺精品创作。衢州市西安高腔传习所婺剧现代戏《橘红满山香》获省第十三届精神文明建设“五个一工程”奖;婺剧《铁面御史》入选市文艺精品扶持工程第五批项目;完成国遗西安高腔代表性剧目《白兔记》编排并进行了汇报演出;成功承办“喜迎十九大　唱响美丽浙江——百名歌唱家走进衢州”专场演出活动和“最美衢州”第二届地方戏剧演唱(折子戏)大赛;衢州市文化馆长篇小说《重回花开》荣获浙江省“中国梦·故乡情”小说评选“兰花金奖”,器乐合奏《柯山早春》、民间舞《新席》、歌伴舞《红木缘》获“弘扬公匠精神守护美丽乡愁”第十四届赣浙闽皖四省四市民间艺术节金奖。重视高水平创作人才培养,出版衢州市儿童文学作家长篇小说《姐姐的背篓》、散文集《很蓝很蓝的李子》、中短篇小说集《采春,采春》等10部作品。

四、文化遗产保护利用不断加强

积极推进文保单位活化利用工作,引入民间力量参与文保单位的管理和运营,建设“文化志愿者之家”活动阵地、廉政文化和孝文化教育基地。全市启动全国重点文物保护单位衢州城墙北段修缮工程等20多处省级以上文保单位修缮工程,完成全国重点文物保护单位周宣灵王庙附属建筑修缮工程。全市共42处文物保护单位入选第七批省级文物保护单位。编撰了《南孔祭典》《九华立春祭》《杨继洲针灸》等国遗丛书系列,编印了《三衢遗迹——衢州市文物保护单位集萃》《三衢遗韵——衢州市非物质文化遗产集萃》及《三衢遗珍——衢州市馆藏珍贵文物集萃》系列精品画册。对市级以上非遗项目及传承人进行深度记录,开辟“衢州非遗纪录”

微信公众号,开展抢救性记录宣传工作。积极与电视台合作,播出30多期非遗专题节目。衢州市全年共争取国家和省级文化遗产保护经费补助经费1177.5万元。

五、文化市场平安规范有序

以平安护航党的十九大、创全国文明城市、“扫黄打非”等工作为抓手,开展了春季校园周边出版物市场专项整治以及暑期网吧专项整治、市区歌舞娱乐场所相关警示标志自查整改、营业性演出市场专项整治等,全市文化市场整体安全有序。市县两级执法机构共出动执法人员7152人次,检查场所8756家次,受理举报、督办案件22起,立案查处违法案件163件,罚款93.45万元,停业整顿4家次,吊销许可证2家次,取缔无证游商地摊36处、非法大篷演出10多起,收缴各类非法物品955件,有力净化了衢州市文化市场环境。

六、文化体制改革取得进展

深化农村电影发行放映体制改革,衢州农村电影放映工程政府采购走在全省前列,成为全省唯一的全区域农村电影放映工程100%政府采购地市。在全市全面启动农村电影室内固定放映点建设工作,已建成44个固定点。制定2017—2020年公共文化服务标准规划,编制“十三五”时期公共文化服务清单,大力推进基本公共文化服务标准化均等化建设。完成衢州市图书馆法人治理结构改革工作的实施方案制定。落实省文化市场综合执法改革实施意见,成立市文化市场管理工作领导小组,健全文化市场信用监管体系,全面实施“双随机一公开”抽查监管。深化“一窗受理”,加快推进“最多跑一次改革”,市本级76项行政审批事项全部纳入一窗受理范围;积极探索“互联网+审批”新模式,全部审批事项都可实现电脑在线或手机移动端办理。出台文化领域行业组织管理办法,通过严把审批关和后续管理引导,加强文化领域行业组织建设。

【大事记】

1月

16日　组织春运期间“温暖回家路 携子共阅读”活动。

23日　召开市区文化市场经营业主大会。

2月

3日　中国立春文化研究中心成立大会暨首届立春文化传承保护研讨会在中国儒学馆举行。

17日　最美衢州人展示馆在中国儒学馆开馆。

4月

7日　起用衢州市文广新局微信公众号。

8日　西安高腔《槐荫分别》参加央视十一频道展演录播。

24日　开展2017年侵权盗版及非法出版物集中销毁活动。

5月

19日　国遗西安高腔代表性剧目《白兔记》在市工人文化宫进行首场汇报演出。

21日　2017年“传承神农精神,弘扬中医文化”暨炎帝神农诞辰祭祀主题活动在神农殿举行。

6月

19日　召开衢州市文化志愿者联合会一届三次会议暨全市文化志愿服务推进会。

7月

24日　华东师范大学汉语国际教育专业硕士(简称“汉硕”)本土教师来华培训班在衢州儒学馆举行开班仪式,40位来自不同国家的“汉硕”本土教师参训。

25日至27日　省文化厅副厅长叶菁调研衢州市公共文化服务体系建设情况。

9月

28日　衢州文化网与衢州市文化广电新闻出版局网官网合并。

30日　衢城首家24小时自助图书馆在水亭门历史文化街区开馆。

10月

12日　全省乡镇文化站建设现场会在龙游召开,全省各市文广新局分管副局长、公共文化处处长,各县(市、区)文广新局分管局长,部分乡镇文化站长代表,以及浙江图书馆、省文化馆负责人等150多人参会。

21日　由衢州儒学馆和国家汉办孔子学院总部合作的印度、缅甸本土教师培训团开班仪式在中国儒学馆举行,51位外籍汉语教师参训。

11月

10日　2017年全民读书周暨衢州书展在会展中心开幕。

28日　“深化杭衢山海协作”文化合作框架协议签约仪式在中国儒学馆举行。

12月

1日　第二届(2017)衢州文化产业交易博览会在东方会展中心举行。

(方思远)

【柯城区体育教育局(文化局)】　内设职能科室2个,下属单位2

家。2017年末人员10人(其中:公务员1人,参公4人,事业5人;具有高级专业技术职务资格的2人,中级1人)。

2017年,柯城区文化局认真学习宣传贯彻党的十九大精神,以务实基础、精心创作、统筹推进、强化措施为抓手,扎实推进各项工作,取得成效。一是夯实基础,公共文化服务水平有效提升。2016年启动的区文化中心建设,至年底完成主体建设,投资近9600万元。乡村振兴计划的中国(余东)乡村美术馆于11月10日在余东村开工奠基。全区15个乡镇(街道)综合文化站均已确定场所,文化站标识牌、各项管理制度、服务公示、服务承诺均已上墙,明确了开放时间、服务项目和管理人员,实现每周42小时免费开放。持续开展文化"三下乡"活动,全年送戏下乡214场;深入基层放映科教片短片1200场、农村院线影片3700场;开展全民阅读活动4次,送书下乡3.3万册;文化走亲14场。春节期间,在4个乡镇开展了为期4天的"迎新春、送春联"活动,共送出春联上千幅。二是精心组织,群众文化活动精彩不断。7月至11月,举办寻找"乡村好声音"歌手大赛,持续4个月,通过海选赛、片区赛、总决赛等20场比赛,1000多人参与比赛,最终评选出柯城区十大"乡村好声音"。深入贯彻落实衢州市第七次党代会精神,落实区委、区政府"大干三个月 干成六件事"、加快建设"美丽城镇 美丽田园"的决策部署,启动"干成六件事"文艺巡演暨剿灭劣Ⅴ类水巡演活动,演出16场次;举办喜迎十九大"我最喜爱习总书记一句话"文艺巡演,演出10场次;组织"戏聚钟楼——相约星期五"柯城区北门古戏台演出,演出20场次,受益观众上万人次。11月,启动柯城区第二届民营剧团传统剧目会演和庆祝党的十九大文艺巡演下乡活动。开展社区、学校、企业文化活动的辅导、培训,已培训4000人次,共700课时。举办了青少年婺剧培训、少儿合唱培训班、少儿戏曲培训班等。婺剧《我要上春晚》获全国团体银奖,并赴央视11频道录制;原创道情《春风吹到九华乡》荣获浙江省曲艺大赛入围作品第一名,在浙江省人民大会堂展演;选送剪纸成品在浙江省人民大会堂举行展示和现场制作;原创舞蹈作品《糍粑糯糯盼儿归》荣获浙江省群众舞蹈大赛金奖;排舞《彩球飞舞》荣获浙江省第十一届排舞大赛少儿组金奖。在衢州市第八届群众文艺会演中,音乐作品《听春》、舞蹈作品《打春糕的嬷嬷们》和小品《张富财的幸福生活》分别摘得创作、表演双金奖。三是统筹推进,文化遗产事业持续发展。配合区委宣传部筹办丁酉年九华立春祭系列活动,与中国民俗学会共建中国立春文化研究中心,谋划并实施2017年以立春文化、节气文化为载体的立春文化品牌打造、文化内涵挖掘、全年传承保护利用活动、文化遗产保障机制等工作。制定完善人类非遗二十四节气(九华立春祭)传承、保护和利用项目化工作方案和加快余东农民画产业化发展工作方案。由中国美术家协会、柯城区人民政府举办的以二十四节气为主题的柯城中国农民画作品展在衢州市博物馆举办。举办九华立春祭传承保护利用项目"二十四节气·中国(柯城)全国农民画作品展"、"二十四节气"文艺创作作品展、中国立春文化学术研讨会,编制出台《柯城区九华立春祭传承、保护和利用五年规划》具体实施方案,分步落实。举办省级非遗万田乡余家山头村"女儿节"等系列活动。组织柯城区2个省级非物质文化遗产生产性保护基地邵永丰和火神瓷业参加第九届浙江·中国非物质文化遗产博览会。完成省文保单位石梁镇麻蓬村天主教堂维修保护二期工程建设及省文保单位九华古建筑群修缮资金的申请。对接市博物馆,制定杜立特遗址改建方案。第六批区级非物质文化遗产项目名录公布。实施第五批省级非遗项目"八个一"保护措施,开展前四批省级非遗项目"八个一"保护措施落实情况检查。开展文物安全专项检查35次,排查、整改安全隐患12处。建立有效的文物安全巡查工作机制,发现问题立即整改,确保文物安全。加强业余文保员队伍建设,柯城区业余文保员被授予"最美浙江文物守望者"称号。四是强化措施,文化市场健康有序。认真贯彻落实省、市、区三级政府关于"扫黄打非"和文化市场管理工作的决策部署,进一步强化队伍管理,优化市场管理手段,深化市场监督,以市场监管为重点,以查处违规行为为抓手,加强对重点区域、重点内容、重点时段的监管,多管齐下,有序开展文化市场和"扫黄打非"各项专项行动,确保全区文化市场平安有序,繁荣发展。自行动开展以来,围绕"三个重点""五大专项",执法检查350人次,检查文化经营单位176家次,互联网经营单位24家次,发出整改通知书33份,查处违规经营印刷企业2家、图书零售单位3家,取缔出版物游商地摊6处,收缴非法图书200多册,删除有害信息150多条,立案15起、罚款4000元,为维护柯城区文化安全筑起了一道坚强防线,荣获2017年全省"扫黄打非"工作先进集体,航埠墩头村获评全国"扫黄打非"进基层示范点。

(应土花)

【衢江区文化广电新闻出版局】 内设职能科室3个,下属事业单位5个。2017年末人员30人(其中:机关11人,事业19人;具有高级专业技术职务资格的4人,中级7人)。

2017年,衢江区文化广电新闻出版局倾力打造"雏燕争春""民星争辉""梨园争霸""衢韵争芳""舞动衢江""流动风情""小乡村·大舞台""小节日·大欢乐""归谷映象""衢江记忆"十个群众文化活动品牌。城乡文化基础设施建设得到改善,区、乡、村三级公共文化服务网络逐步完善,文化人才队伍不断壮大,群众文化活动广泛开展,文化建设基础更加扎实。公共文化资源重心下沉,文化"百千万"工程(每年送戏120场、送电影3800场、送图书1.8万册以上)、文化走亲等工作有声有色。深化十大群众文化品牌活动,组织"忆民俗·寻乡愁"衢江区民俗文化摄影作品展、"归谷映象"衢江区第三届"寻找记忆中的乡愁"视觉艺术大赛、衢江区第四届幼儿经典诵读大赛等大型文艺活动。其中,衢江区第五届电视排舞大赛吸引68支队伍、1000多人参赛,吸引观众万余人;衢江区第三届民间艺人才艺大赛吸引46支队伍参赛。依托"4·23世界读书日""第十二届未成年人读书节"等平台,开展"悦读·心语"系列读书沙龙、"你选我购"图书采购等系列阅读活动。组织送戏180场、送书3.5万册、送电影3500场。开展区外文化走亲活动7场。编制和发放《文化惠民服务指南》3600多册。组织文化志愿者队伍赴"市文化志愿者之家"演出7场。按照部颁二级馆标准建设文化馆,租赁2265平方米场地按功能用房布置新馆。建成廿里镇、高家镇2个中心镇图书分馆。推进企业图书馆分馆建设,完成衢江区图书馆农商银行分馆建设。抓好乡镇综合文化站免费开放和效能提升工作,主动邀请部分人大代表视察乡镇文化站免费开放工作,推进效能提升,作为文广系统唯一代表在全市农村文化礼堂建设工作推进会上做典型发言。5月8日,全省文化礼堂巡礼仪式在衢江区召开,现场会重点推介了衢江文化礼堂建设的经验。利用学校、特色文化乡村等主体优势,在区文化馆、浮石小学、南方艺术幼儿园等多个乡镇及学校安排免费授课,内容涵盖排舞、葫芦丝、婺剧等10多个艺术门类,发掘大批联系社区(村)的文艺爱好者、民间艺人和非物质文化遗产等文化资源,培育"乡土艺术家"。举办音乐创作、葫芦丝、竹笛、美术、排舞培训,共700多课时,培训9000多人次。根据"最美教师"童淑芳先进事迹创作歌曲《唤醒》,参加省第十六届音乐新作演唱演奏大赛、市第八届群众文艺会演。根据富里农村综合改革试验区事迹创作诗朗诵《田·梦》。排舞《乌溪江畔我的家》入选国家排舞曲库。创编说唱表演《针圣杨继洲》、舞蹈《针·灸》,弘扬杨继洲针灸文化。文化馆干部受《欧洲时报》邀请,赴维也纳金色大厅,参加"风华丝韵 交响金色"葫芦丝维也纳音乐会,演奏经典曲目《断桥残月》;参加2017首届"丝韵浙江"葫芦丝巴乌全国邀请赛,获得青年组银奖;作品《新席》参加2017年省群众舞蹈大赛。举办"故园清梦"王鸿个人绘画作品展。文化馆干部参加浙江省第八届十大城市戏曲演唱联赛朗诵,获得团体组合及个人赛两个铜奖。赵抃墓修缮工程完成项目招标工作;仙岩洞摩崖题记保护规划完成方案初稿;吴氏宗祠平安工程通过验收,李泽李氏大宗祠平安工程正式施工;黄甲山塔修缮工程完成加固、塔身砖修复工作;南垅张氏宗祠、上坪田朱氏祠堂、月山村叶氏宗祠屋面保养工程等基本完工;云溪乡棠陵邵庙山尖土墩墓的保护性发掘工作有序推进。启动安全状况大排查行动,摸清全区文保资源状况。举行文物消防实战演练。成立全国重点文物保护单位吴氏宗祠、省级文保单位仙岩洞摩崖题记文物巡逻队。区政府与各乡镇(街道、办事处)签订《文物保护安全目标管理责任书》;区文广新局与业余文保员签订《业余文保员目标责任书》。基本完成省级文保单位"四有档案"资料整理修改工作;完成5处省级文保单位"四有档案"资料修改工作;启动19块省、市文保单位标志牌的制作安装工作。云溪乡新发现的卖身契、铜镜等11件文物，全部收入文物库房妥善保管。《衢江区文化遗产丛书(I)》《衢江民居》《盈川·杨炯》出版发行。区文保所1人获"浙江省第一次全国可移动文物普查先进个人"荣誉称号。古砖瓦制作技艺入选央视《老手艺 新经济》节目，为浙江唯一代表；省级非遗项目"衢北重阳节"入选央视七套《喜雨落重阳》专题片；《百年薪火传砖瓦砌国风》登上中纪委网站。举村乡入选省传统戏剧特色乡，云溪乡富西村入选省传统戏剧特色村。作为全市代表参加全省传统戏剧工作交流座谈会并做交流发言。出台区级非遗专项资金使用管理办法。推进"茶灯戏""马灯戏""木偶戏"3个省级非遗传统戏剧专项保护工程，完成全区非遗传统戏剧巡演60场。完成省、市非遗传承人申报工作，上报的17个市级非遗传承人全部被确定为衢州市第二批非遗传承人；公布首批区级非遗传承人45名；启动第七批区级非遗项目申报工作，公布第七批衢江区非遗代表性名录项目。推动捏泥人等非遗项目进入图书馆；举办"忆民俗·寻乡愁"衢江区民俗文化摄影作品展。以"最多跑一次"改革为抓手，全面梳理本部门行政权力事项，公开的第一批、第二批"最多跑一次"行政审批事项共59个主项、69个子项。开展局长跑窗口，助力"最多跑一次"活动。全年共办结行政审批事项116件，办结率100%。采用"双随机、一公开"抽查机制，规范文化市场执法行为。召集网吧、影院、KTV等文化单位业主，分别签订了《安全规范经营承诺书》《安全规范经营责任书》《安全生产责任书》。联合区政法委印发《关于将"扫黄打非"工作纳入基层社会治理网格化管理平台的通知》，推动"扫黄打非"进入基层网格。开展"清网""护苗""扫黄打非"等系列专项整治，净化全区文化市场。在城区配置四轮电动车进行不定期、高密度巡查，出动检查366人次，检查536家次，处罚违规20家次，罚款9000元，停业整顿2家次，没收非法音像制品50张。开展"文化干部服务百家文化企业"活动。组织8家文化企业参加第12届义乌文博会。组织8家文化企业参加第二届衢州市文化博览会。开展"僵尸企业"场所核查摸底工作。

（刘　业）

【江山市文化广电新闻出版局】 内设职能科室4个，直属事业单位7个。2017年末人员71人（其中：机关13人，事业58人；具有高级专业技术职务资格的32人，中级19人）。

2017年，江山市文化广电新闻出版局围绕市委、市政府中心工作，服务江山发展大局，主动发挥优势，积极参与全省美丽乡村和农村精神文明建设现场会、文化礼堂建设、D级危旧房腾空解危专项行动等工作，不断为中心工作任务宣传助势，贡献文化人的力量。先后荣获"市十九大维稳安保工作先进集体""市法治政府建设工作先进单位""创建国家级5A级旅游景区先进集体"等荣誉。多位干部职工分别获"市十九大维稳安保工作先进个人""市法治政府建设工作先进个人""全省美丽乡村和农村精神文明建设现场会筹备工作先进个人"等荣誉。一是加强公共文化服务体系建设。推进文化艺术中心二期工程。按照"两年"活动的要求，加快工作节奏，提高工作效率。设立文化艺术中心二期项目办公室，抽调业务骨干担任项目办主任，配齐人员和设备，完成立项和可研批复、PPP项目"两报告一方案"批复、项目地质灾害评估报告、项目概念方案设计论证修改完善、社会资本方招投标前期考察及公告等工作。巩固基层公共文化服务体系成果。积极争取公共文化服务重点县项目，被省政府列为第二批建设县(市)。起草《关于印发江山市公共文化服务重点县建设两年提升计划的通知》，拟定《公共文化服务重点县建设乡镇(街道)工作手册》，加快全市公共文化服务体系建设步伐，保障人民群众的基本文化权益。积极开展以"流动文化加油站""文化赶集"等品牌活动为载体的基层公共文化服务工作。全年送书下乡(含图书流通)3.5万余册；流动图书馆下乡100多次；送戏下乡173场；送电影下乡4123场；送展览、讲座下乡17场次；举办专业培训70多次；文化走亲16次；文化馆专业干部下乡指导1000多人次，平均每名干部下乡辅导农村群众文化活动100天以上；培训农村文艺骨干2万多人次；建成农村电影室内放映点10个。市文化馆开设19项免费培训课程，创办"群文麦克风"之专家频道。市博物馆全年接待海内外观众23万余人次，举办9期临时展览；组织开展小小讲解员招募培训讲解活动，成功入围的22名小小讲解员，经专业培训后,安排在寒暑假和双休日期间轮流上岗。市图书馆以“互联网+”思维创新服务模式,策划推出以读者线上点书、志愿者送书上门服务为主打的“江山悦读”手机App;实行全新的开放制度,推行9.5小时不间断服务新模式,达到了每周开放时间不低于56小时的标准,且节假日不闭馆;全年接待读者18万多人次、外借图书33.54万册次,电子阅览书下载9000多册次;开展全民阅读活动24次,参与读者7795人次。江山市图书馆“4·23世界读书日”活动项目荣获浙江省阅读推广活动创意策划大赛三等奖,设计的海报作品荣获二等奖及最佳创意海报奖;“天天阅读 天天向上”全民阅读活动项目被评为2017年度省优秀文化志愿服务项目。在新媒体领域积极开展文化服务信息推送,不断加强对微信公众号“文化江山行”的管理,全年累计推送领导调研活动、文化活动开展、信息公告、美文鉴读等微信文章104条,点击量达14万余人次,订阅人数5万余人。二是加强文化遗产保护工作。加强文物保护工作。国家级文保单位“三卿口制瓷作坊”保护修缮工程全面展开,一期部分工程竣工并已通过初步验收。完成省级文保单位泉井(含周氏宗祠)、仙霞古道“龙井客栈旧址”等修缮工程。启动省级文保单位“凤里姜氏宗祠”、“礼贤城隍庙”、张村“周氏宗祠”和“黄氏宗祠”以及仙霞古道“公泰酱园旧址”等4处文物点的修缮工程。开展国保、省保单位“四有”档案编制工作,实施省级以上文保单位安防工程。实施特色文化挖掘工程,组织评选首批“江山市历史文化名村”,并开展丛书的编撰出版工作。顺利完成全国第一次可移动文物普查工作,市博物馆被评为“浙江省第一次全国可移动文物普查先进集体”,1人被评为“浙江省第一次全国可移动文物普查先进个人”。开展非遗传承活动。由市委宣传部、市文广新局、市新闻中心等5个单位共同主办的“我和‘非遗’有个约会”文化生态行系列活动,深受市民喜爱。整个活动分7批次,近2500名群众的报名,观察团成员400多人,吸引当地群众10000多人次参与。组织开展婺剧促进会换届选举筹备工作;实施婺剧经典重现工程,做好经典婺剧折子戏复排工作,打造江山婺剧折子戏“精编版”,加强对外交流,推向港澳台地区,努力打造江山对外文化交流“金名片”。顺利完成全省地方戏曲剧种普查工作,1人被评为省级先进个人。婺剧小戏《一诺千金》获浙江省新农村建设题材小戏会演兰花银奖;婺歌《沁园春·雪》荣获第十四届赣浙闽皖四省四市民间艺术节金奖。《江山方言》收入《中国语言文化典藏》。江山市西砚堂雕刻厂被评为第二批省级非物质文化遗产生产性保护基地。三是规范文化市场管理。建立文化市场全方位监管模式,积极探索“扫黄打非”工作新方法,按照“五加强”“四坚持”“三打造”的工作思路,扎实开展“扫黄打非”“净网”“固边”“护苗”“清源”等专项行动,取得明显成效。成立联合执法巡查队、“五老”义务监督队、“小灵通”志愿者监督队3支队伍。开展文保单位安全巡查工作。全年出动执法人员553人次,现场检查1564家次,举报(督查)受理3件,行政处罚立案调查15件,查办重大案件2起,办结案件15件,移交案件1起。江山市文化市场行政执法大队被评为2017年度全省文化市场综合执法先进集体,在衢州各县(市、区)文化市场综合执法考核中名列第一,1人被评为江山市平安建设暨综治维稳工作先进个人。四是促进文化行业发展。全面梳理行政许可事项,清理了一批行政许可和非行政许可事项,重新梳理办事事项64项,将各事项的办事指南信息逐条在浙江政务服务网上更新公布,扎实推进“最多跑一次”改革。全力支持“江山市西砚非遗博览馆”项目地块选址、规划及建设,推动“江山西砚”产业化发展。西砚作品《君子之交淡如水》在第12届(中国)义乌文化产品交易博览会上获得金奖,是衢州地区在本届义乌文交会上获得的唯一金奖。新编音乐剧《寻孝》获第十五届中国人口文化奖戏剧类优秀奖。微电影《饭碗》获第二届浙江省微电影大赛最佳影片奖,《江山如此多娇》获特别奖金奖,《妈妈的那碗大陈面》《不忘初心》获银奖,《愿望假条》《裂变》《面子》获铜奖。1人获第二届浙江省微电影奖最佳男演员奖。市文广新局获第一届中国(衢州)文化产业博览会优秀组织奖。召开全市企业文化俱乐部建设座谈会,贯彻落实全省文化工作会议关于开展企业文化俱乐部建设的相关精神,响应市委、市政府提出的工业强市号召,为企业文化软实力建设集思广益,更有力地推进江山市企业文化培育和企业自身发展。五是抓好队伍建设。加强党建工作，健全党务和纪检干部队伍，建立健全各项制度，新修订制度汇编，共纳入16项工作制度。提升业务能力水平，文化政务信息工作名列全省第4，被评为全省文化政务信息优秀直报点，1人被评为先进个人。深化“两学一做”教育实践活动，层层签订全面从严治党责任书，开展纪念建党96周年暨打造“文化铁军”系列活动。每季度开展一次以上专题党员96345志愿服务，建立党员干部与重点文化经营单位一对一挂联机制，使党员干部业务能力得以增强，党性修养也得到提升。

（姜虹霞）

【常山县文化广电新闻出版局】 内设职能科室5个，直属单位6个。2017年末人员55人（其中：机关13人，事业42人；具有高级专业技术职务资格的3人，中级11人）。

2017年，常山县文化广电新闻出版局紧紧围绕“四四二战略”体系，以打造江南水乡风物清嘉的文化名县为目标，以举办各类文化活动为载体，以繁荣发展文化事业为中心，以改革创新为动力，解放思想，真抓实干，大力推进文化常山建设，各项任务稳步推进，取得了阶段性成果。一是特色项目开展有声有色。全面实施第二轮省级公共文化服务重点县提升建设工程，26个县文化考核得满分，全省排名第一。基本公共文化服务数据评估，名列衢州地区第一名。扎实推进城市古迹修复十大专项工程建设，已完成德川行、方文彬故居、傥溪桥、文峰塔、李昭炜故居和太守公墓屋的设计方案编制工作，并按计划落实到实施单位，文昌阁重建工程已完成设计阶段工作，移交城投公司组织实施建设工程。成功开展了“喜迎十九大·七一颂党恩”全县万人大合唱比赛和“喜迎十九大·舞动新慢城”全县万人排舞大赛。配合县委宣传部组织开展了“为非遗喝彩”国家级非遗常山喝彩艺术展演活动，举办5场喝彩歌谣艺术集中展演活动，有力促进了常山县国家级非遗的宣传推广工作。成功开展了“爱我中华”第六个全国赏石日暨首届常山国际赏石文化节晚会演出活动，塑造了石城的良好形象。二是文化民生工作持续深入。积极举办群众文化活动。举办了2017年春节元宵系列文化活动。指导乡镇（街道）开展了16场“激情广场月月唱”活动和14场“一乡一节”活动。举行“常山艺苑”和“东鲁戏剧角”周末越剧免费专场演出活动58场。牵头协调满天星业余交响乐到常山演出，成功举办“何处心安·慢城常山”迎新音乐会。积极推进文化惠民活动。全年开展送演出送戏下乡169场，送图书下乡1.25万册，送电影下乡2955场次，举办讲座展览27期，跨县域文化走亲9场。举办“冰心奖”等多个系列图片展，开展了“送书下乡”“读者选书我买单”“喜迎十九大，书香颂党恩”等阅读活动。文化基础设施进一步完善。制定出台《常山县公共文化服务重点县建设两年提升计划（2017—2019年）》，全面实施省级公共文化“十百千”工程。认真组织图书馆楼层维修工作，多形式丰富馆藏图书，落实图书馆等级评估、古籍普查等重点项目。积极开展送电影进驻文化礼堂固定放映点平台建设。持续推进乡镇（街道）综合文化站提升建设两年行动计划（2016—2017年），督促指导辉埠镇、何家乡、招贤镇、东案乡和同弓乡5个综合文化站开展迁址重建工作，配合县委宣传部新建农村文化礼堂18个。三是文艺精品创作不断加强。加强历史文化挖掘，开展第二批百村故事挖掘编撰工作。围绕“国际慢城”“合唱之城·排舞之乡”“常山喝彩歌谣”等主线进行创作，拓宽创作形式，形式涉及摄影、舞蹈、声乐等，原创《常山喝彩歌谣》等20多个节目，《绿水常情》等一批精品获省、市大奖。其中以喝彩元素为核心创作的原创排舞《常山喝彩》、原创情景剧《金婚》《上梁喝彩》等以文艺形式对民间喝彩进行了传承，培育了常山本地的喝彩文化品牌。四是文化遗产保护和传承工作卓有成效。高度重视文物保护与管理。全面完成第一次全国可移动文物普查工作，荣获浙江省第一次全国可移动文物普查先进集体和先进个人称号。做好第七批省保单位申报工作，成功获批8处省级文物保护单位，获批数量在衢州地区名列前茅。完成省级文物保护单位“樊氏大宗祠”屋面翻漏及局部抢修工程、新增8处省级文物保护单位文物保护标志碑的竖立工作及古民居的部分电线整改工作，完成里择祠消防安防工程并通过省文物局验收，完成“徐氏旧宅”二期维修工程。五是非遗保护水平进一步提高。实施3个非遗保护项目，完成华府喝彩歌谣基地建设。组织“传统榨油技艺”项目参加第九届浙江·中国非物质文化遗产博览会。推荐7人成为第二批衢州市非遗代表性项目代表性传承人。积极开展国遗项目“常山喝彩歌谣”的保护、传承工作,成立常山县喝彩协会,完成了“常山喝彩歌谣”传承人(民间彩师)的调查摸底、整理汇总工作,全面掌握传承人情况。成功推选《常山历史文化丛书——非遗集锦》《为常山喝彩》入选浙江省非物质文化遗产“十佳百优”图书。助推同弓乡彤弓山村入选第四批浙江省非遗旅游景区“民俗文化村”。扎实推进“戏剧传承非遗”大戏派送活动,全年完成廉政越剧等大戏派送下乡演出任务42场,观众3万余人次。六是文化产业扶持力度不断加大。服务助推文化企业转型升级,帮助中国观赏石博览园(龙腾石博园)和常山县百灵越剧团2家文化企业申报中央财政文化产业发展重大项目专项资金;帮助科德琴业、中国观赏石博览园、富瑞三维科技(3D打印)、浙江泓影文化传播有限公司、半典阁连环画博物馆申报浙江省企业文化建设示范单位;帮助常山县宇华景观石业公司建设“东方巨石阵”;助推常山县文化艺术博物馆项目建设。有效推动文化产品“走出去”,组织11家文化企业参加第12届义乌文化产品交易会与2017衢州市中国文化产业博览会,戴氏棕编工作室文化创意作品《鹤之舞》入选义乌文化产品交易会优秀文化创意产品。帮助常山县宇华景观石业公司成功申报衢州市重点服务企业。七是文化市场管理能力明显提升。在元旦春节、全国“两会”、省党代会等重大节日及敏感时期,积极组织开展文化市场安全生产大排查,做好重大时段文化市场管理工作。组织召开全县网吧业主消防安全知识培训会,开展人员密集场所消防安全检查行动。做好文化市场“平安常山”迎检工作,开展“扫黄打非”专项整治,较好地完成了平安建设夺取“平安金鼎”的各项管理工作任务。深入开展“最多跑一次”事项梳理工作,公布行政审批事项58项主项、68项子项,列入“最多跑一次”的行政审批事项达到100%,并按照省级模板制作最新的办事指南。

(凌　昊)

【开化县文化旅游委员会】 内设职能科室4个,下属事业单位8个。2017年末人员76人(其中:机关12人,事业64人;具有高级专业技术职务资格的5人,中级27人)。

2017年,开化县文化旅游委员会紧紧围绕全县中心工作,以创建国家全域旅游示范区和省公共文化服务重点县为主要载体,强谋划,强执行,重项目,强党建,着力夯实文化旅游发展基础,文化旅游事业不断迈上新台阶。一是省公共文化服务重点县建设成效明显。按照“公益性、基本性、均等性、便利性”的要求,整合全县公共文化服务资源,扎实推进文化基础设施建设,不断提高公共文化服务能力和水平,打造覆盖城乡、结构合理、功能健全、实用高效的公共文化服务体系,顺利通过浙江省公共文化服务重点县验收。马金镇荣获省级文化强镇(全省共30个,全市唯一),池淮镇潭头村、华埠镇横街社区荣获省级文化示范村(社区),大溪边乡荣获省民间文化艺术之乡。全年共建设提升20个农村文化广场,打造完成华埠镇金星村、下溪村、池淮镇潭头村等10个精品文化广场。二是积极推动重大文旅项目建设。加快推进中国根艺美术博览园三期、钱江源水湖枫楼景区、白石尖景区等一大批重大文旅项目建设,全年旅游投资达28.96亿元,位列全市首位。谋划推动文旅前期类项目,进一步充实文旅投资项目库,增强产业发展后劲。三是推进文化遗产保护。开展“一祠一品”建设工程,完成马金镇富川村的“开化矿产知识陈列馆”、何田乡陆联村“开化古法养鱼文化陈列馆”等布置。初步完成大溪边余氏宗祠、霞山爱敬堂、高朱致福堂3个省保单位“四有”档案工作。全面完成霞山村内所有文物保护单位修缮工程,并全部通过审计。全力推进华埠新四军遗址修复工作。加快苏庄镇龙坦窑址发掘,并成功列入2017年度浙江省八大考古发现,入围2017年度全国十大考古新发现预选。四是筑牢文化安全防线。积极开展“扫黄打非”专项行动,开展系列宣传活动,张贴海报、发放“绿书签”,引导青少年儿童自觉远离和抵制有害出版物。净化出版物市场,出动执法人员213人次,检查文化经营单位134家次,查扣非法出版物50多册(盘),收缴非法印制品3000多册,行政处罚1家销售非法出版物的单位。全年累计开展5次安全隐患全面大排查行动,有效消除了事故隐患。

(操红珍)

【龙游县文化广电新闻出版局】 内设职能科室4个，下属事业单位5家。2017年末人员51人（其中：公务员8人，参公8人，事业35人；具有高级专业技术职务资格的4人，中级12人）。

2017年，龙游县文化广电新闻出版局以文化发展“十三五”规划为纲领，深入推进公共文化建设、文化遗产保护、文化市场管理、文化产业发展等各项工作。一是公共文化服务水平整体提升。顺利通过省公共文化服务重点县建设验收并在省政府召开的总结大会上做典型发言。全省乡镇（街道）综合文化站效能建设现场会在龙游县召开。《中国文化报》分别于9月20日头版头条、10月18日六版专题报道了龙游县乡镇（街道）综合文化站建设在建管用方面的做法和经验。以公共文化服务重点县建设为抓手，龙游县公共文化服务水平取得显著提升。公共文化服务阵地不断完善，县博物馆项目完成主体结顶，完成县图书馆龙北分馆和全市首家24小时图书馆建设，乡镇（街道）综合文化站全面建成，实现了有机构、有站所、有编制、有职级、有经费、有队伍、有活动的“七有”目标，同时，探索政府购买服务的社会化运作模式，15个乡镇（街道）综合文化站与7个文化公司合作，提高服务效能。村（社区）文化阵地不断完善，已建成农村文化礼堂106个，农村固定电影放映点20个。文化惠民成效显著，县图书馆图书流通8.7万册次，接待读者15.2万人次，新建成的24小时自助图书馆、龙北图书分馆累计接待读者2.6万余人次，举办讲座、展览16场。县文化馆开设了器乐、舞蹈、书画等10多个免费培训项目，参训学员3000多人次，免费为社会提供剧场、舞蹈室、展厅等场地服务50多场次，举办展览讲座活动16场次。全年完成送书1.15万册，送婺剧下乡230场，开展文化走亲10场次，累计送电影下乡3128场。围绕剿灭劣V类水、城市东进等县委、县政府中心工作，开展“喜迎十九大　剿灭劣V类水”下乡巡演30场，组织省级非遗传承人为城市东进编排道情曲目，开展不间断的宣传演出。指导举办“魅力青年才艺大赛”“乡村好声音”“沐尘畲族风情节”等一系列文化品牌活动，受到群众欢迎。围绕治水拆违等开展采风活动，选送17件优秀作品参加省级评选，7件作品获奖。选送节目《鹤之泣》获浙江省第三届群众声乐大赛金奖、浙江农民好歌声擂台赛银奖，阿乐道情《龙游发糕》入选浙江省农村文化礼堂精品节目展演，村歌《青青家园》参加省村晚演出，原创节目《红木缘》《这一方水土》《龙脉》《我为良叔点个赞》等入选参加省、市比赛展演。二是文物保护工作成效明显。大南门历史文化街区保护工作有条不紊，对大南门古城墙、古县衙、县学、西湖等4个区块2万余平方米的遗址进行考古勘探，取得阶段性成果。完成大南门历史文化街区文物保护规划编制方案初稿，大南门8处省保单位修缮通过省文物局立项和修缮方案评审。省保单位申报工作成果丰硕，新增第七批省保单位18处89点，省保单位总数达34处118点。国保、省保、县保的标志碑（牌）安装工作全面完成，启动新增省保单位“四有档案”工作。完成国保单位“三槐堂”修缮、“民居苑”和“小南海石室”修缮工程计划书编制。编制了省保单位“蒋氏宗祠”“刹下塔”设计维修方案，完成省保单位“翁宝清宅”和5处“明代楼上厅”修缮。完成“夏氏宗祠”等18处县级文保单位的修缮工程，“祝氏宗祠”等39处重点登记文物的保养维修工程。推进“文物平安工程”建设，投资307万元，完成国保单位7处10点、省保单位16处29点的高清探头和指挥监控平台设备安装工作。配合县重点工程推进，督促项目建设单位办理考古调查报批程序，完成生活垃圾热解气化、垦造耕地等项目的考古调查。协助省文物局开展抢救性发掘，完成沿江公路、嘉溢鑫城、社阳溪东、新看守所等地古墓葬抢救性发掘。积极开展古建筑虫害防治、消防器材配置、古建筑D级危房排查和汛期专项巡查等工作，共出动文物巡查302人次，检查文保单位786家次，查处案件3起，办理的一起文物执法案件被评为“2017年度全国文物行政执法10大指导性案例”。三是非遗保护传承工作力度加大。做好省级传统戏剧特色县文章。通过面向社会征集、邀请专家评选的办法，完成《南宋廉相余端礼》婺剧剧本创作征集，举办全县民营婺剧团大赛、全县婺剧表演艺术培训和龙游县道情培训等活动，承办衢州市婺剧保护现场会。开展龙游县第五批和衢州市第六批非遗保护名录申报工作。开展龙游县非遗传承人评选及第二批衢州市非遗传承人申报工作，30人被评为市级非遗传承人。新增省级非遗主题小镇1个(小南海镇),省级非遗传承人6名。组织参加第九届中国(浙江)非遗博览会、浙江省道情比赛等,《硬头狮子》参加2017年浙江省文化与自然遗产日活动获得展演奖,道情《龙游发糕》荣获2017年浙江省道情比赛铜奖。四是文化市场繁荣稳定。开展"最多跑一次"改革,完善"一次告知""预约服务"和"即办制"等制度,结合省市县三级指导目录梳理出"最多跑一次"权力事项68项,办理各类审批事项25件。调查全县87家文化经营企业,排查出"僵尸企业"28家,为下一步"僵尸企业"清理整顿摸清情况。扎实推进文化市场"网格化"管理,组织开展歌舞娱乐场所、出版物市场等专项检查,有效保障了党的十九大、互联网大会期间文化市场的平稳安全。组织开展"扫黄打非""清源""秋风""护苗""净网"专项整治行动,溪口镇被评为全省"扫黄打非"进基层示范标兵,庙下乡浙源里村被评为全省"扫黄打非"进基层示范点。加强文化市场巡查,开展文化市场执法检查2017家次,出动检查人员892人次,全年行政处罚立案33起,办结31起,警告18家次,有效规范了文化市场经营秩序。积极鼓励文化企业参加各地文博会,拓展了销售渠道,展示了龙游县文化企业的风采。龙游红木小镇被列入全省特色小镇文化建设示范点,成了龙游文化产业金名片。徐偃王文化园项目确定选址,招商洽谈工作取得实质性进展。龙游县被评为浙江省文化产业重点县。

(方梦媛)

舟山市文化广电新闻出版局（体育局）

【概况】 内设职能处室10个，直属单位14个。2017年末人员254人（其中：机关28人，事业226人；具有高级专业技术职务资格的45人，中级85人）。

2017年，舟山市文化系统紧紧围绕市委、市政府中心工作，凝心聚力，打好“五大会战”、服务“四个舟山”建设，落实民生实事项目，以体制机制改革促进文化发展，以完善服务体系保障文化权益，着力满足人民对美好生活的文化期待，各项工作有力推进。据最新统计数据显示，舟山市基本公共文化服务均等化实现度位列全省第二。

一、各项重点文化工作成效明显

成功申报国家艺术基金。以国家级非遗项目舟山锣鼓为基础，融合休渔谢洋、渔歌号子、岑氏木船等多种非遗表演形式的大型锣鼓打击乐舞台剧《鼓舞大海》于7月入围国家艺术基金2017年度大型舞台剧和作品创作资助项目名单，成为舟山首个获国家艺术基金扶持的文艺作品。顺利推进为民实事项目。按期完成5家“城市书房”建设和6个小城镇文体休闲广场（公园）建设。不断深化体制机制改革。推进政府职能转移工作，启动政府部分管理职能向文化行业协会转移，拟定转移试点意见和协会实体化改革方案。启动政府向社会力量购买农村电影放映服务工作。积极参与“五大会战”相关工作。以建设“海上花园城市”及剿灭劣Ⅴ类水为主题，启动“两百”“两一”行动，全市百名文艺干部和百支文艺团队进行文艺节目创排演出，共完成19件表演艺术类作品及27件视觉艺术类作品创作；开展巡演活动59场，受众数达4.9万人次；组织放映宣传片《剿灭行动》120场。完成文化设施的标识标牌整改工作，协调推进三线入地、通信线箱归并等工作。

二、抓基层基础，现代公共文化服务体系不断健全

逐步完善文化设施网络。积极推进海洋文化艺术中心二期、东沙海产品（大黄鱼）加工作坊文化展示馆扩建工程、嵊泗县洋山镇钥匙路群众文化休闲广场等项目施工建设。建成舟山市图书馆朱家尖分馆、舟港公司分馆。定海图书馆开工建设。上影联和影城开业，完成本岛自西向东“一条线”的多厅影院拓展布点。农村文化礼堂已建成171个，覆盖70%的社区。有效充实基本公共文化产品和服务供给。发布各类文化惠民活动427场次，送戏下乡405场，送书下乡9.2万册，开展培训1050期，举办讲座、展览110场，开展文化走亲35场，放映公益电影6237场。做好三馆免费开放，市图书馆接待读者65.5万人次，开展各类阅读推广活动200场次；市博物馆提供免费讲解468场，参观人次突破24万。

三、抓特色精品，海洋文化品牌影响力继续扩大

文艺精品创作喜获佳绩。原创现代越剧《海兰花》、京剧《东极英雄》入选浙江省迎接党的十九大优秀作品展演，在杭州大剧院演出。“中国现代民间绘画——舟山渔民画展”在香港文化中心展览馆举行，扩大“海派画风”影响力。成功举办首届“三毛散文奖”评选。群舞作品《船上的日子》获全省群众舞蹈大赛兰花金奖，音乐作品《农庄小娘》获浙江省第十五届音乐新作演唱大赛兰花金奖。展示舟山独特地域风情的系列群文作品被中央电视台《群英汇》专题节目采录并播出。品牌文化活动精彩纷呈。“2017舟山群岛·中国海洋文化节暨休渔谢洋大典”圆满完成。东海音乐节顺利举行。第三届舟山群岛新区越剧节成功举办。打造家庭亲子阅读指导服务项目“燕子亲子课堂”，引导未成年人读好书。“书香定海”“欢乐海洋”“全民乐和”等群众文化品牌示范活动全面启动。“市民大舞台”“市民大展厅”“市民大讲堂”等“市民”系列文化品牌量质并举。

四、抓保护利用，文化遗产基础工作有效夯实

文物保护与管理不断加强。推进全国重点文保单位法雨寺九龙殿、省级文保“海岸牌坊”“三忠祠”等的修缮保护工作。开展定海区白泉镇平湖社区顾家自然村瓷片堆积和窑炉遗址的考古发掘工作。非遗保护与传承稳步开展。创建非遗传承人工作室，打造东沙古渔镇“东海渔文化”非遗展示基地，探索非遗融入“特色小镇”建设举措，推进非遗保护传承工作。

五、抓平台项目，文化产业驱动力持续增强

“淘文化”平台建设深入拓展。“淘文化”网已有注册用户2.2万余个，提供文艺演出、培训、展览、电影放映等项目2000多个(场)。全年累计点单325次，参与服务人数2万余人。项目建设有序推进。定海伍玖文化创意产业园区项目竣工，双桥影视创作基地项目有序推进，定海中大街海洋文化一条街成功申报省文化创意街区，普陀海洋文化创意产业园区基本完成整体工程综合验收。系统内文化产业稳步发展。全市电影市场票房总收入突破5946万元；市艺术剧院剧场票房收入151万元。

六、抓依法行政，社会文化环境和市场更加规范

文化市场健康有序。联合公安成功破获一起利用手机App“快鱼云播”传播淫秽物品牟利案，该案在全国“扫黄打非”官方平台被点名表扬，央视法制栏目对此案进行了专题报道。在文化部和省文化厅的指导下，成功破获网易博乐公司涉嫌提供载有宣传赌博内容的网络游戏一案，该案被评为2016—2017年度全省文化市场综合执法重大案件之一，市文化体育市场综合执法支队获集体二等功。围绕保障党的十九大积极开展专项行动，日常巡查出动2750人次，检查文化市场各类经营单位5124家次，处理重大案件3起。行政审批工作提速增效。81大项审批事项全部实现“最多跑一次”改革目标。全年办理各类业务238件，其中行政许可143件，办结率100%。文化社团管理日趋成熟。全市共有1000多支业余文化团队。进一步加大对社团的检查和考核评估，以“星级评定”的形式进行管理，使其真正发挥社会服务功能。广场舞指导中心实践获2016年度全市宣传思想文化工作创新奖，舟山市广场舞指导中心志愿项目被评为2016年度浙江省优秀志愿服务项目。

七、抓发展保障，文化基础工作机制不断完善

文化队伍建设切实加强。新成立“王海舞蹈工作室”“鲁凯数字技术工作室”和“包丽霞摄影工作室”，通过“传帮带”逐步形成人才梯队。投入保障机制有效运行。多渠道筹措文化经费，全市收到省级基本公共文化服务补助专项资金3331万元。

【大事记】

1月

1日　由嵊泗县文体广新局主办、嵊泗县金融学会协办、舟山泉友会嵊泗分会承办的嵊泗县“迎元旦”民间钱币收藏展在街心公园举办。展览展出中国历史上各类钱币近500枚(张)，所有展品均由民间钱币收藏爱好者无偿提供。

3日　第三届农村文化礼堂“我们的村晚”暨舟山·宁波文化走亲活动在定海区白泉镇北蝉文化广场举行。活动现场安排了送春联、舟山贝雕和舟山船模等特色摊位及剪纸、撕纸、渔民画等特色互动项目，演出了来自舟山、宁波两地的12个精彩节目。

5日　定海区的舟山贝雕、海岛传统婚礼习俗和普陀区的德顺坊老酒酿制技艺3个项目入选第五批浙江省非物质文化遗产代表性项目名录。至此，全市有国家级非物质文化遗产项目5项，省级38项，市级67项，县级226项。

13日　普陀山短姑码头、普陀山潮音洞摩崖石刻2处文物古迹入选第七批省级文物保护单位。

17日　全省民营文艺表演展演活动工作总结会在杭州召开，舟山市文化广电新闻出版局获优秀组织奖，舟山市青年越剧团获优秀剧目奖。

26日　2016年市“扫黄打非”工作领导小组协同市公安局，定海区检察院、法院等单位成功破获“林凯、丁智亮贩卖传播淫秽物品牟利案”。

2月

3日　开展2017年春节系列文化活动。以“我们的中国梦”文化进万家为主题，推出77项丰富多彩、富有特色的春节文化活动。

6日　2016年度全省各项群众文化赛事活动获奖名单公布，舟山市获得5金8银15入围奖，成果丰硕。

11日　“新区景 元宵情”2017舟山群岛新区元宵游艺活动在舟山海洋文化艺术中心和舟山体育馆举行，全市近8000名市民参与，共度元宵佳节。

15日至16日晚　舟山群岛

新区新春音乐会分别在市艺术剧院和普陀保利大剧院奏响，浙江音乐学院国乐团为岛城观众送上一场高水准的音乐盛宴。

16日　浙江省第六次乡镇综合文化站评估定级结果公布，舟山市35家乡镇综合文化站全部上等级，其中定海区白泉镇综合文化站、普陀区六横镇综合文化站、普陀区展茅街道综合文化站3家达到了"特级"标准，实现了特级站"零的突破"。

3月

4日　由市委组织部、市文明办、团市委、市志愿者协会主办的"同心共创文明城 志愿服务我先行"——"3·5"学雷锋志愿服务月启动暨新区党员志愿者总队成立仪式在定海文化广场举行，市文体局授领了新区首批专业志愿服务团队队旗，认领了2017文明城市创建十大志愿服务项目中的3个项目，开展了文化活动咨询现场志愿服务。

21日　由舟山市网信办和舟山市网络文化协会主办的浙江舟山群岛新区首届新媒体盛典在舟山广电演播厅举行，盛典揭晓了2016年度舟山市五佳创新网站，舟山海洋数字图书馆名列其中。

同日　市文化馆的"市广场舞指导中心的创新实践"获评舟山市宣传思想文化工作创新奖。

22日　市文化馆创作的歌曲《墨香》《祖国，我是您的儿女》荣获2014—2016年度舟山市精神文明建设"五个一工程"奖。

4月

19日　第九届中国普陀佛茶文化节在沈院开幕。本届佛茶文化节由普陀佛茶文化研究会主办，东港街道办事处、普陀区文体广电新闻出版局、普陀区农林水利围垦局承办。

20日　由《人民文学》杂志社，浙江省作协，定海区委、区政府主办的首届"三毛散文奖"颁奖典礼在定海举行，三毛亲属、评委、审读委、获奖作家、三毛粉丝、文化界代表等250多人参加了典礼。

23日　以"图书馆就在我身边"为主题的2017年舟山市全民阅读节暨第十三届舟山市未成年人读书节正式启动。

24日　舟山市"扫黄打非"工作领导小组联合定海区、普陀区"扫黄打非"工作领导小组，在定海文化广场开展2017年全市侵权盗版及非法出版物集中销毁活动。集中销毁非法盗版音像制品9700盘、非法盗版书报刊560册(本)、违规电子游戏机6台、赌博机3台。

26日　"美丽中国、美丽卡塔尔"中卡文化年两国摄影家作品联展在舟山美术馆开展。舟山市人大常委会主任钟达出席了开幕式。

5月

11日　舟山市"淘文化互联网+"服务平台及艺术云集、彼岸文化、红钳蟹、岑家木船4家骨干文化企业亮相深圳文博会，分别入住互联网文化产业展示区和文化创意设计展示区。

同日至29日　大型现代京剧《东极英雄》亮相第八届中国京剧艺术节，在南京人民大会堂和江南剧场连演3场。

12日　由中共舟山市委宣传部、舟山市文化广电新闻出版局(体育局)主办，香港舟山同乡会、舟山海外联谊会承办的"中国现代民间绘画——舟山渔民画展"在香港文化中心展览馆举行，共展出舟山渔民画作品60幅。

26日　由舟山市文化广电新闻出版局(体育局)、义乌市文化广电新闻出版局主办的"中国舟山渔民画展"在义乌宾王158文创园举行。

6月

7日　由舟山市文广新闻出版局(体育局)主办，市文化馆、市非物质文化遗产保护中心承办的"振兴传统工艺 弘扬传统文化——省级非遗代表性传承人夏雨缀作品展"在舟山海洋文化艺术中心开展，共展出螺钿镶嵌和贝雕作品23件。

同日　2017年度浙江省非物质文化遗产图书"十佳百优"获奖名单公布。岱山县非遗保护中心推荐的《浙江非物质文化遗产丛书 岱山渔风系列》入选"十佳"图书名单；由舟山市非遗保护中心推荐的《舟山锣鼓作品精选集》《舟山海产传统加工技艺》《舟山海洋文化系列丛书之舟山婚俗文化》和普陀区推荐的《中国·普陀渔民画集》等入选"百优"图书名单。

10日　第十一届(2016年)全省博物馆十大陈列展览精品项目公布，舟山博物馆"美丽家园——舟山自然陈列"荣获"陈列展览精品奖"。

11日　"非遗薪传"浙江传统音乐展演颁奖及综合展演活动在浙江音乐学院大剧院举行。舟山锣鼓《海乡鼓韵》荣获薪传奖；普陀渔工号子《阿拉珂鱼人》获得最具人气奖和薪传奖双料奖项。

《舟山锣鼓》的国家级代表性传承人高如丰被授予“浙江传统音乐传承特别贡献奖”。

15日　第八届东沙古渔镇弄堂节2017舟山·金华山海协作非遗联展活动在东沙古渔镇举行。活动由渔家迎宾、千人宴、非遗大舞台等九大活动板块组成,365人参加了活动。

16日　由舟山市人民政府主办,岱山县人民政府、舟山市文化广电新闻出版局承办的“2017舟山群岛·中国海洋文化节暨休渔谢洋大典”在岱山鹿栏晴沙海坛举行。本届大典以“勇立潮头·汇通天下”为主题,以东海区休渔为背景,以民间谢洋仪式为特色,分为开幕仪式、祭祀仪式和歌舞谢洋3个部分。

7月

5日　由嵊泗县文体广电新闻出版局以及绍兴市越城区、新昌县、建德市文化广电新闻出版局联合主办,嵊泗、越城、新昌、建德4地文化馆携手承办的“吴越·山海情·文化一家亲”庆祝嵊泗解放67周年——四馆联动文化走亲文艺专场演出在嵊泗县海洋文化中心举办。

同日　舟山市博物馆和舟山市普陀区博物馆获评浙江省第一次全国可移动文物普查先进单位。4年来,普查全市12家国有收藏单位收藏可移动文物4272件(套),舟山博物馆占全市国有文物藏品量90%以上,三级及以上珍贵文物数量288件(套)。

6日　舟山市跨界融合舞台剧《鼓舞大海》入围国家艺术基金管理中心2017年度资助项目名单,资助总经费近80万元。

26日　市、县(区)图书馆与7家入选单位(个人)签署了“城市书房”建设与运行协议。

31日　由市委、市政府主办的舟山市庆祝中国人民解放军建军90周年文艺晚会在舟山剧院举行。

8月

4日至9日　2017年第十五届俄罗斯“歌唱世界”国际合唱艺术节暨第十三届“福林卡”国际合唱比赛在圣彼得堡举行。舟山市文化馆两支馆办业余团队舟山市爱乐合唱团、OWN清唱团,分别夺得混声合唱组别、重唱组合组别的金奖。

8日　以手绘卡通形式呈现的普陀中英文文体手绘地图正式发布。

15日　由市文化广电新闻出版局(体育局)主办,舟山博物馆、市文化体育发展有限公司承办的“匠新逐梦”2017舟山群岛新区首届文创产品设计大赛正式启动。舟山博物馆发布并展出了30多件参考元素供参赛者实地观看,作品征集截止到10月。

16日　《舟山渔业谚语》编纂组工作会议在市文化馆召开。市文化广电新闻出版局、市非遗中心相关负责人以及编纂组成员、非遗专家10多人参会。

17日至18日　浙江省公共图书馆评估组赴舟山市图书馆进行评估考查。评估组认为舟山市图书馆阅读环境舒适,业务工作扎实,特色亮点鲜明,服务效益提升明显,同时建议图书馆能加大经费投入,加强人才储备能力,深化法人治理。

29日　市文物保护考古所对岱山县衢山镇的文物保护单位进行了安全巡查,实地察看了6处文物保护单位。

9月

6日　东京中国文化中心合作伙伴团赴舟山市开展文化交流活动。考察团由日本动漫、法律、版画、剪纸等领域的专家和艺术家组成,先后走访了普陀山、南洞、沈家门渔港等地,深入了解舟山渔民画项目和普陀山佛教文化的发展情况。

12日　浙江省迎接党的十九大优秀作品展演首场演出在杭州大剧院拉开帷幕。原创现代越剧《海兰花》作为舟山唯一入选节目参加展演。

同日　浙江省文物考古研究所联合舟山市文物保护考古所,对定海区白泉镇平湖社区顾家自然村发现的瓷片堆积和窑炉遗址正式展开系列考古发掘工作。根据窑炉特征和器物形制,初步判断为宋代窑址,烧造时间较长。

23日　舟山风渔民号子队原生态非遗节目“舟山渔民号子联唱”获得2017年江苏冯梦龙山歌会铜奖。

29日　普陀区东极镇庙子湖村、嵊泗县黄龙乡峙岙村及市本级朱家尖街道白沙港村入选第一批省级传统村落名单。

10月

10日　全市文物保护专家库专家工作会议召开,并为20名专家库专家颁发了聘书。

13日　市政协组织政协委员实地走访新城怡岛路城市驿站、定海柳永广场三毛书吧、定海凯虹广场迟留书店等地,对“城市书房”建设工作进行了视察。

同日至15日　2017东海音乐节在朱家尖南沙举办。本届音乐节邀请了许巍、陈绮贞、琼英卓玛、GALA 等国内外一线乐队、音乐家、各类跨界艺术家。

26 日　全市文物工作会议召开。市文物管理委员会成员单位负责人，4 个县(区)、2 个管委会文物行政部门负责人和科室负责人，各乡镇(街道)文物工作分管领导和综合文化站负责人参会。副市长方维出席会议。

27 日　第二届舟山市海洋文化衍生品展示会在新城体育馆开幕。开幕式上舟山市中小企业"文创贷"合作平台正式起用。

同日　由舟山市文化广电新闻出版局(体育局)倾力打造的跨界融合舞台剧《鼓舞大海》在普陀保利大剧院正式公演，2000 多名观众观看了演出。

11 月

2 日　朱家尖街道东沙文化礼堂《渔村欢乐多》和嵊泗县菜园镇金鸡岙文化礼堂《文化春风万里歌》参加"美好生活 · 精神家园"2017 浙江省农村文化礼堂优秀文艺作品展演。

10 日至 11 日　定海区文化馆选送的群舞《我想去看看》、普陀区文化馆选送的群舞《嬉莲图》、岱山县文化馆选送的群舞《塔岛生命线》等 4 件作品参加"喜庆十九大"2017 浙江省群众舞蹈大赛。

12 日至 16 日　舟山市艺术剧院小百花越剧班参演的越剧《情探 · 阳告》获 2017 年浙江省中小学生艺术节戏曲专场组一等奖。

28 日　中央电视台综艺频道《群英汇》"舟山专场"在北京录制。旗语舞蹈、阿卡贝拉、嘻哈说唱等 7 个优秀节目参与录制。这是舟山群众文化艺术作为专场首次亮相央视。

12 月

8 日　白泉顾家路窑址抢救性发掘项目田野考古阶段顺利结束。经过 3 个月的发掘，共揭露面积 1100 平方米，发现窑炉两座，文物标本 2000 多件。

18 日　中央电视台 13 套《新闻直播间》对舟山市文化综合执法支队联合舟山市公安局网安支队破获的一起利用手机 App 传播淫秽物品牟利特大案进行了报道。该案被列为全国"扫黄打非"领导小组办公室督办案件。警方抓获"快鱼云播"手机 App 制作者李某和管理者喻某、施某、任某等人，并在"快鱼云播"手机 App 中发现淫秽视频文件 700 多万部，数量之多在浙江乃至全国都属罕见。

25 日至 27 日　市文物保护考古所会同舟山博物馆，抢救性清理新城一处清代乾隆年间夫妇合葬墓。

27 日　岱山县岱东镇沙洋村入选第四批浙江省非物质文化遗产旅游景区(民俗文化村)名单。

(邵雪诗)

舟山市县(区)文化工作概况

【定海区文化体育新闻出版局】内设职能科室 6 个，下属单位 6 个。2017 年末人员 60 人(其中：公务员 9 人，参公 6 人，事业 45 人；具有高级专业技术资格的 2 人，中级 13 人)。

2017 年，定海区文化体育新闻出版局坚持立足大局谋举措，着眼不足补短板，顺应形势求创新，全力推进现代公共文化服务体系、传统优秀文化传承发展体系建设，大力发展海洋文化经济，全区文化事业、文化产业取得了较好发展。一是文化设施网络日益健全。新建金塘沥港文化中心、干览镇文化楼、干览镇图书分馆，建成城市书房 2 家，新增图书流通点 14 个。综合文化站公共文化服务社会化运营模式纵深推进，试点马岙街道综合文化站通过社会化运营，全年累计开展各类文体活动 167 期次，培育业余文体团队 7 支，基层文体设施效能有效发挥。二是公共文化品牌创新培育。创新建立"全民阅读 全民学艺 全民善行"内生循环机制，通过整合全区公共阅读、文化培训、志愿服务 3 方面资源，设置信息管理、平台建设、激励设计等方面互通互融渠道，以"三个全民"App 为主要载体，打通阅读、学艺、志愿服务 3 个群体。"三个全民"App 集成了全民阅读、全民学艺、全民善行三大板块的信息发布、活动报名、签到签退等内容，年底已有注册用户 12 万余人。推出"海尚艺苑"公共艺术平台，通过名家讲学、地域交流、培训展览、探讨分享等多种形式，为群众提供"名家讲座"等四大板块的公共文化精准服务，打造新的艺术会客厅。全年开展"海尚艺苑"系列艺术沙龙活动 15 期次。三是群众文化活动好戏连台。全年开展"唱响定海""书香定海"等系列品牌文化活动 160 多场，送戏下乡和文化走亲 110 场，文化公益培训 500 期次，送书 1.25 万本、送电影 1500 场，组织文艺团队参与公益性服务活动 60 多场，优秀团队带头人下基层辅导 30

多次,高频次、低门槛、多形式的文化活动丰富了群众的精神文化生活。图书馆、文化馆文化阵地作用有效发挥,文化馆全年举办定海区迎新春美术作品展、"诗咏定海"历代定海诗歌书法展等展览20期,图书馆全年接待读者18.45万人次,借阅图书35.55万册次。四是海洋文艺不断繁荣。首届"三毛散文奖"奖项影响力涉及亚、欧、美、非等洲,共征集作品590件,评选优秀作品18件,成功举办了"从《蹉跎岁月》到《孽债》——我的创作和知青生涯"名家讲座、中国当代散文创作研讨会等系列配套活动。海洋文艺精品创作成果较丰硕,女声表演唱《军港之夜》参加央视"群英汇"栏目表演,全年有30件静态作品获省级以上奖项,其中渔民画《上洋夏至抲旺风》获全国农民画作品展最高奖(优秀奖),摄影作品《东福山石屋村》入选2017中国丽水国际摄影节,《花港观鱼》《炭烤带鱼》入选浙江省第五届"群星"视觉艺术大展系列活动之优秀摄影作品展,书法作品《苏轼〈赠别王文甫〉》入选浙江省第五届"群星"视觉艺术大展系列活动优秀书法大展。五是传统文化传承保护全面加强。落实文物安全责任,与各文物保护责任单位或责任人签订了文物保护单位安全责任书,修缮完成市级文保单位御书楼,开展了文物安全巡查、安全状况大排查等工作。加强非遗代表性传承人保护力度,开展传承人抢救性记录和传承人工作室建设工作,全年完成舟山锣鼓国家级传承人高如丰抢救性记录工作,建成舟山锣鼓国家级传承人高如丰、翁洲走书省级传承人黄素芬传承人工作室。举办定海区庆祝首个文化和自然遗产日活动,组织非遗团队、节目参与各级各类展示展演活动并获得省级及以上奖项10多项,其中贝雕作品《大唐公主入藏》《辉煌的总理》在第12届中国(义乌)文化产品交易会、第七届中国(浙江)工艺美术品精品博览会上获得金奖。编写并印制《舟山船模》。六是文化产业稳步推进。加大文化产业招商引资工作,引进3家企业落户定海海洋科学城,组织区内文化企业参加第二届舟山市海洋文化衍生品展示会。此外,中大街海洋文化一条街成功获批省文化创意街区。七是文化市场监管规范有序。对82项审批类项目进行"最多跑一次"流程配置,相继开展了"扫黄打非——护苗、净网、清源、秋风2017"、文化市场安全生产"大排查大整治"、"护航十九大"等专项行动。全年出动检查人员689人次,检查各类场所1406家次,立案查处违规经营场所16家次,罚没款20万元,吊销许可证1家次,依法取缔无证地摊6家次,阻止无证流动演出8家次。

(方优维)

【普陀区文体广电新闻出版局】 内设职能科室7个,局属单位6个。2017年末人员71人(其中:公务员13人,参公8人,事业50人;具有高级专业技术职务资格的3人,中级17人)。

2017年,普陀区文化体育工作全面贯彻落实习近平新时代中国特色社会主义思想和党的十九大精神,紧紧围绕区委、区政府提出的"开放活力的幸福普陀"建设目标,扎实推进,勇于创新,大力促进全区文化事业繁荣发展,为打造"自由贸易先行区"和"海上花园会客厅"提供强大的精神文化动力。全区公共文化服务评估指标连续四年全市第一。一是公共文化服务力逐步提升。投资9000万元、建筑面积1.05万平方米的六横文体中心和投资1055万元、建筑面积3500平方米的桃花文体中心均已完工。新建六横镇石柱头村等12家基层综合文化服务中心。完成八目书局、六横文化中心等城市书房建设。全面完成浙江省第六次乡镇综合文化站评估定级工作,覆盖率100%,六横镇、展茅街道综合文化站被评为特级综合文化站,数量位居全市第一。完成全国公共图书馆第六次评估定级复查工作。六横镇荣获"书香城镇"称号。推荐展茅街道申报省文化强镇、六横镇礁潭中心社区申报省文化示范村(社区)。推进文化事业单位法人治理结构改革,组建文化馆理事会。深化公共文化场馆免费开放,文化馆免费开放场馆服务1.38万人次,公开课堂320节次、培训辅导5221人次;图书馆接待读者15.96万人次,借阅量达10.36万册次;博物馆及海洋系列(民间)博物馆等7个场馆接待游客18.24万人次。举办人文大讲堂、文化大展厅系列活动42场次,参与人数2.8万人次。积极开展流动文化服务,完成送戏下乡和文化走亲107场次,送书下乡5.04万册次。举办第九届中国普陀佛茶文化节、2017普陀文化艺术节等"最潮海洋风"系列文化活动223场次,受益群众40万余人次。加强对基层和企事业单位文化活动的指导与服务，积极开展镇（街道）文化管理员下派工作。紧紧围绕党的十九大、“五大会战”等重要主题，组织召开2017年全区艺术创作座谈会，出台了《普陀区文艺精品创作生产行动计划（2017—2020）》。组织参加省第十届音乐舞蹈节等重大艺术赛事活动，《寻梦渔家》等51件作品在市级以上比赛中获奖，其中渔工号子《阿拉讴鱼人》参加“非遗薪传”浙江传统音乐展演展评活动，获最具人气奖和薪传奖双料奖项。在全市原创文艺节目会演中获得全市唯一优秀组织奖和集体创作奖。《渔市恰恰恰》等3个原创节目亮相央视三套《群英汇》。加大文化交流，与温州鹿城、丽水景宁等县（区）开展文化走亲活动。与浙江音乐学院开展校地合作，召开合作交流会，不断推进高雅音乐艺术普及。二是文化遗产生命力日益激活。做好城乡建设尤其是旧城改造中的文物保护工作，加强与区旧城改造办和文物属地政府部门的沟通，提供全区不可移动文物名录，督促做好文物保护管理工作。继续推进文物平安工程，检查文物保护单位（点）62家次，整改安全隐患3个。完善区文保所、镇（街道）综合文化站、业余文保员三级文物保护管理体系和巡查制度。加大文物修缮力度，严格按照规定完成柴家走马楼和省级文物保护单位“定海测候所旧址”的修缮。完成《普陀典藏——普陀区全国第一次可移动文物普查成果图集》编印。积极承办全省非遗处长（中心主任）培训班和传承人抢救性记录培训班。进一步健全非遗传承机制，修订非遗传承工作考核补助办法，建立代表性传承人、传承基地督查和退出机制。新增普陀木偶剧团等两家区级非遗传承基地，德顺坊老酒酿制技艺入选第五批省级非遗名录。举办普陀区庆祝2017“文化和自然遗产日”活动等“最浓海岛味”系列活动46场次。不断推进非遗保护传承创新发展，完成渔工号子叶宽兴等4位代表性传承人的抢救性记录，创建了国家级代表性传承人岑国和工作室，联合东港中学等传承教学基地开办非遗课堂。加强非遗宣传力度，印发非遗系列丛书《普陀渔民传统竞技》，组织传统木船制造技艺等参加第九届中国非物质文化遗产博览会，推进非遗进校园、进社区、进礼堂。三是文化产业竞争力明显提高。成立普陀区会展经济工作领导小组，拟定《普陀区会展业发展管理办法》初稿并提交区政府，出台《舟山市普陀区文化产业资金项目申报办法》。举办第六届普陀区精品文化产品展评活动，打造全区文化产品微信展示平台，促进地方特色精品文创产品开发与推广。组织文化企业参加义乌文交会、深圳文博会，助力区文化产品“走出去”。做好2017海峡（浙江普陀）文创论坛相关工作，增进普陀与台湾两地文创产业的交流与合作。完成第二届舟山市海洋文化衍生品展示会普陀馆场馆建设，组织35家企业616件产品参展，取得良好的社会效益与经济效益。举办2017普陀区文体产业培训班，全区近30名文体产业工作人员和文体企业负责人，实地考察上海田子坊文创园等地，学习产业发展先进经验。做好市文化产业重点项目等申报工作，积极为文体企业争取资金502万元。完成《普陀区海洋文化体育产业及海洋旅游装备产业发展研究》等区级指定的3个重点课题，探索区文化产业发展新思路。做精做优文化品牌赛事、节庆、会展，全区文化产业经济呈现繁荣增长态势。2017普陀文化艺术节吸引了30多万人次参与，设置的16个普陀地方特色摊位和30个美食摊位创收110万元。为期两天的2017海浪音乐榜暨侠侣爱情文化节在桃花岛塔湾金沙景区举行，浙江各地优秀的原创乐队和歌手齐聚，吸引了6000多人现场参与。东海音乐节实现票房约187.87万元，2000多人参与配套露营活动，国内外500多家媒体报道，进一步扩大了普陀旅游金三角宣传效应。普陀海洋文化创意产业园区基本完成整体工程综合验收。投入2200万元完成普陀会展中心项目建设。截至11月底实际利用市外资金约1.24亿元，在全区5个项目招商组中排名第二，能够圆满完成全年招商引资1.3亿元的任务指标。普陀海洋文化创意产业园区已有22家企业在园区注册，注册资金8620万元。四是文化市场监管力有效强化。不断完善审批程序，创新服务机制和方式，严格落实“最多跑一次”，完成93项行政许可的上报工作，达标率100%。全面实行创星级服务，实现即办件14项，三、四星级服务68项和五星级服务11项，并实现办理“零上门”。完成“先照后证”企业登记信息双告知相关工作。截至11月底，窗口共办理各类业务161件，办结率100%，接受各类咨询约1585次。完善文化市场色彩积分管理制度。开展文化市场保障专项行动,突出重点区域、重点时段,推进"扫黄打非""平安浙江"等专项行动,带动全区文化市场综合整治,确保党的十九大等重要时期文化市场平稳有序。进行网吧、娱乐场所等市场日常监管,出动检查人员596人次,检查经营单位1236家,立结案查处违规单位15家。在全省率先开展文化市场"双随机"抽查联合执法工作,开展双随机24次,随机抽查场所185家。五是文化队伍建设明显增强。实施全局干部综合素质提升工程,通过邀请专家授课、交流学习心得、工作经验交流、外出培训等形式每周集中学习普陀当前发展形势、新闻舆情处置等知识与技能,共组织集中学习17次,工作交流55人次,有效提高干部队伍的业务水平和综合能力。开展全区基层文化队伍素质提升工程,对基层文化骨干、组织文化志愿者等进行培训,全年共组织文体培训4026人次,组织文化志愿者服务1.1万人次。通过创新学习方法,拓展学习覆盖面等措施,有效提高了系统内外文化队伍的思想素质和业务能力。

(曹舰艇)

【岱山县文体广电新闻出版局】 内设职能科室8个,直属单位9家,其中全额拨款事业单位6家,国有企业3家。2017年末人员172人(其中:公务员5人,参公5人,事业162人;具有高级专业技术职务资格的5人,中级47人)。

2017年,岱山县文化工作扎实推进,县广电文化中心免费开放日益深入,社区"文化礼堂"建设加速推进,全县公共文化服务体系进一步完善。一是文化设施建设有序推进。新建1家城市书房,并探索市场化运作管理。海洋系列博物馆改造提升工程基本完成,县海洋文化博物馆全新亮相,全年接待各类群体14万余人次。顺利完成全国一级图书馆申报工作。新建社区文化礼堂7家,至年末,全县已高标准建成文化礼堂37家。二是文化品牌打造成效显著。着力打造以"百姓文化节""海洋非遗""全民阅读"为支撑的海洋文化品牌,广泛开展各类文化活动超100场。百姓文化节彰显海洋文化特色,以"港口花园城 幸福岱山人"为主题,共举办文化活动、文艺辅导、百姓讲堂等39项活动,举办2017百姓春晚大型文艺晚会、春节元宵广场系列文化活动、赛飞赛丽携越剧姐妹故乡义演等大型群众性活动15场。岱山县创作的情景剧《大海深处是我家》荣登央视《群英汇》节目。海洋非遗提升扩面,东沙非遗小镇建设成效显著,成功举办第八届东沙古渔镇弄堂节暨2017舟山·金华山海协作非遗联展活动,开设非遗展示馆6家,开展双休日古镇活态展演34场。岱东鹿栏晴沙舟山渔民号子实景演绎34天共68场,民间祭海展示活动4场,累计带动县内外游客20多万人次,做大做强了"文化+旅游"大融合大提升文章。全民阅读渐成风尚,仙岛岱山·朗读会活动历时3个月,共举办12场,现场参与群众3000多名,在全县掀起了全民阅读的高潮。三是文化惠民工程扎实开展。文化"三下乡"稳步推进,全年累计送戏下乡63场、赠送和流通图书1.95万册、送电影1188场,举办各类讲座7场,举办各类展览10期。组织开展送文化进鱼山活动,县图书馆在鱼山设立首批11个流通站点,首次配送图书2000多册,赠送杂志500多册;县影视演艺公司选送优秀影片在绿色石化基地放映8场。优化文化礼堂"点单式"服务菜单,推出文艺培训、特色民俗指导等服务"菜单"共34项内容,全年面向南峰、秀北等15家社区文化礼堂开展各类培训班45期,1000多人受训。大力打造"岱你'艺'+'益'"公益系列文化品牌,开展春、夏、秋3期文艺培训,共设美术、乐器、舞蹈等10多个课程,累计培训616课时,学员5163人。以文化体制改革增强文化惠民后劲,印发了《岱山县文化馆总分馆建设实施方案》《岱山县图书馆总分馆建设实施方案》及《岱山县图书馆、文化馆法人治理结构改革实施意见》,"两馆"初步建成较为完善的法人治理结构,政府职能进一步转变。四是文化产业发展稳步推进。成功引进2家文化企业。文化街孵化功能进一步提升,茶文化展销中心全面建成并运营;城市书房年接待量全市领先,成为全县图书阅读、推广的重要阵地。沙洋风筝主题村落初具雏形,新建1家风筝作坊,顺利完成第一批订单;建设一支15人的风筝放飞队伍,节假日放飞活动常态化。五是文化遗产保护工作稳步推进。海洋系列博物馆改造提升工程基本完成,县海洋文化博物馆全新亮相。健全博物馆讲解员的奖勤考核制度,对讲解员实行季度现场讲解考核，并组织全县博物馆工作人员开展常态化服务礼仪培训，提升讲解服务能力。岱山县海洋文化博物馆和灯塔博物馆正式被纳入全省博物馆名录。全年接待观众约14万人次。六是东沙非遗小镇建设成效显著。举办第八届东沙古渔镇弄堂节暨2017舟山·金华山海协作非遗联展活动，开设非遗展示馆6家，开展双休日古镇活态展演34场。岱东鹿栏晴沙舟山渔民号子实景演绎成效明显。省级文保单位东沙海产品加工作坊保护工程维修方案获舟山市文化广电新闻出版局准许，7月正式进入施工阶段。七是文化市场管理工作常抓不懈。坚持“一手抓管理、一手抓繁荣”，确保全县文化市场保持稳定、健康的发展态势。认真做好行政审批工作，进一步深化“最多跑一次”审批改革，梳理确定的82项审批事项均实现100%“最多跑一次”改革目标。加大对重要时段、重要部位的监管力度，狠抓元旦、春节、“两会”、省第十四次党代会及党的十九大等重要节点和时段，先后组织开展“文化市场安全保障行动”及2017“净网”“清源”“护苗”“秋风”等“扫黄打非”系列专项行动。八是文化队伍建设取得新进展。继续实施队伍“素质提升工程”，加大“请进来”“走出去”的人才培养力度，运用多种形式抓好机关日常教育管理和业务知识培训，组织干部职工赴南京、上海等地高校参加全县文体广电系统干部素质提升班。

（邱巧燕）

【嵊泗县文体广电新闻出版局】 内设职能科室5个，直属单位6个。2017年末人员50人（其中：机关13人，事业37人；具有高级专业技术职务资格的2人，中级14人）。

2017年，嵊泗县文体广电新闻出版局以“美丽海岛”建设、“新一轮海洋文化强县”为目标，加大投入，加快建设，加强创新，不断满足广大群众日益增长的文化需求，为全县“美丽海岛”建设提供强大的精神动力。一是公共文化服务体系进一步健全。推进县城内城市书房建设，做好洋山镇城市书房的免费开放工作，进一步实现县馆与分馆资源整合和互联互通。以文化礼堂省级先进县为新的起点，全面落实《嵊泗县渔农村文化礼堂“建管用”长效机制的意见》精神，推进完善管理、服务基层“点单”等各类制度建设，进一步规范渔农村文化礼堂的运行和管理，协助抓好3家文化礼堂新（改）建和4家已建成文化礼堂提质工作。全县“两馆一站”免费开放力度进一步加大，县文化馆不断加大培训、辅导力度，全年举办各门类长期、短期艺术培训班39班次，1000多人受训；县图书馆充分利用文化信息资源共享工程和网站数字资源平台，进一步完善读者服务工作，共接待读者2.89万人次，外借3.35万册次，办理借书证425本，“你点我买”30多册，馆内举办讲座11场，展览10场，受众人数6359人次；继续依托省级项目——县渔俗文化特色数据库文化信息资源共享工程及配置在县图书馆、县人民医院、李柱山客运站、沈家湾客运中心等重要公共场所的4台数字图书借阅机，加快图书馆数字化建设。县影剧院接待各类会议、举办或引进各类演出48场次，并安排43万元引进高质量、高品位的艺术剧团演出10场次，不断提升群众的文化品位；继续实行票务改革，通过网络、微信和广告、媒体平台等宣传免费领票，进一步扩大受众面。文化惠民实施力度不断加大，送戏下乡44场，受众人数达2.10万人次，渔农村电影下乡404场，送书下乡1.11万册，图书流通2836册次，讲座11场，展览10场；坚持“船头图书”海上流动特色文化服务，为全县7个乡镇116只船头图书流通书箱赠送图书2320册，杂志6710册；依托“淘文化”公共文化产品和服务社会化运作平台，开展“订单式”和“菜单式”服务创新，实现文化惠民供需有效对接；实施政府向社会力量购买文化服务政策，组织戏迷沙龙、岛城合唱团、音协合唱团等优秀业余文化团队深入边缘小岛、外来务工人员及困难群体等，开展送文体活动12场次，受众人数6300人。重点开展以传统节日、主题宣传、文化品牌为主的群众文化活动，主办、承办、协办各类大中型群众文体活动43场次。以打造“美好生活·全民乐和”文化活动品牌为主线，成功策划组织实施了“美好生活·全民乐和节”系列文化活动，全年开展24场次，参与人数达7300多人次。以“世界读书日、未成年人读书节、图书馆服务宣传周”等为契机，组织举办了经典图书互换、图书快闪秀、与书中人物相约的cosplay等读书活动8场次，受众人数1000多人次。加大对各乡镇“一乡一品”基层群众文化品牌活动的指导、扶持力度。紧紧围绕“中国梦”、“五水共治”、美丽海岛建设和党的群众路线教育等主题,创作各类文艺精品24件,表演唱《靠海吃海千百年》荣获浙江省新民歌演唱创作大赛创作优秀奖、演唱银奖。男声小组唱《捕鱼的汉子》参加2017浙江省第十六届新乐新作演唱演奏大赛,获入围奖。摄影作品《重任在肩》在“2017年底十九届全国艺术摄影大赛”中荣获人像类优秀奖;摄影作品《和平》在“全国摄影家走进中新天津生态城摄影大赛”中荣获优质收藏作品奖。推进县区间、乡镇间、文化礼堂间的文化走亲活动。继续深化“与沪同城”文化交流活动。持续推进嵊山—枸杞两地文化同城发展,全年组织开展文化走亲活动12场次。二是文化遗产保护工作进一步深化。加强对文物保护单位的安全监管和巡查工作,开展全县66处各级文保单位及三普登陆点安全状况大排查及隐患整改方案落实工作,邀请文物专家对洋山天后宫修缮情况进行调查,并做好修缮协调工作。开展嵊泗县业余文保员队伍招募工作,制定业余文保员管理办法,并组织全县文保员参加市级文保员培训班。做好嵊泗县两处市级文保单位保护范围和建设控制地带划定工作。突出重点,狠抓非遗保护传承工作,开展服务非遗传承人月活动;调查嵊泗县非遗代表性传承人现状,做好传承人现状登记归档工作;创建渔用绳索结编织技艺省级代表性传承人刘有九工作室;做好《省级非遗项目丛书》编撰筹备工作;开展“文化和自然遗产日”非遗保护和传承活动;组织剪纸艺人参加中国传统工艺(剪纸)大赛、浙江省剪纸艺术大赛,完成省级非遗项目“八个一”保护措施自查及资料网络填报工作。做好舟山非遗曲艺三进(嵊泗站)和浙江好强调“海天情缘”2017舟山传统戏剧展演(嵊泗站)活动。三是文化市场监管力度进一步加大。重点围绕2017“净网、清源、秋风、护苗、固边”五大专项整治行动,开展执法检查,加大查处力度,围绕重大节庆敏感时段加强监管,确保平安建设。开展党的十九大期间百日攻坚行动,做好大会期间的维稳安保工作,为党的十九大保驾护航。深化“扫黄打非”工作,召开文化市场管理暨“扫黄打非”工作领导小组联席会议、全县“扫黄打非”工作进基层培训会,在每个社区(村)设立1个工作站,实施推进“扫黄打非”工作走进基层专项行动。加强法制宣传,充分利用“4·26”等法规宣传日,组织开展知识产权法规政策宣传系列活动。联合县消防大队对全县文化市场经营单位进行安全隐患排摸,组织举办安全生产培训。全年出动检查人员412人次,检查各类经营场所743家次,办理行政处罚案件9起。行政审批工作有序推进,完成嵊山镇及枸杞乡室内固定影院申报、“最多跑一次”事项梳理、政务服务网更新等工作。严格落实行政审批制度和行政审批程序各项要求。完成对全县“僵尸企业”的排摸,清理娱乐场所、互联网场所“僵尸企业”12家。四是文化与旅游的融合进一步加快。组织田岙渔文化创意有限公司、捡海人文化创意工作室、沙艺库文化创意有限公司等企业参加义乌文化产品交易博览会及舟山市海洋文化衍生展品展示会。推进渔民画文化创意产业研发,开展渔民画培训、展览、创作采风等系列活动,建立和完善渔民画创作基地,启动嵊泗渔民画画院建设工作,选送嵊泗渔民画参加全国、省、市各级展览和比赛,并多次获奖。配合引进电影、电视剧、综艺节目等影视项目的实地取景拍摄。举办嵊泗县非遗衍生品创意大赛。做好舟山市文化产业重点推进项目申报工作。五是文化人才队伍进一步壮大。鼓励专业人员参加培训,并做好人才推荐,1人被评为市委宣传部“五个一批”人才和舟山市第七届(2015—2017年)专业技术拔尖人才,2人被评为嵊泗县第六届(2016—2018年)优秀专业技术人才,1人被评为百名优秀专业技术后备人才等。业余文化队伍培育日趋规范,继续依托广场舞指导分中心的成立,对县登记备案的20支广场舞队伍加强了业务上的指导和服务;同时,继续实施全县业余文化团队等级评定工作,并安排20万元用于“以奖代补”。多形式、多步骤、多层次开展各门类培训辅导,同时落实宣传文化系统干部素质提升轮训、耕山播海培训,进一步提升基层文化干部整体素质,也为乡镇文化专干和业余文艺团队文化骨干搭建了学习平台。

(韩依妮)

台州市文化广电新闻出版局

【概况】 内设职能处室5个，下属单位7个。2017年末人员90人(其中：机关19人，事业71人；具有高级专业技术职务资格的16人，中级29人)。

2017年，台州市文广新系统以喜迎党的十九大、喜庆党的十九大为主线，紧紧围绕市委、市政府中心工作，紧扣群众文化需求与文化强市、国家公共文化服务体系示范区建设任务，全力抓项目、大力补短板、全面抓改革，全市文化工作氛围不断浓厚、工作成绩不断出彩，多项工作取得了新突破、新进展、新成效。全年共摘得省级以上荣誉称号27项，其中8项工作获国字号桂冠，19项工作获评全省优秀和创新项目，12项指标排名全省前三。台州市文广新局分别获评全省、全国“扫黄打非”工作先进集体。作为全省唯一的第三批国家公共文化服务体系示范区创建城市，台州市在文化部、财政部组织的中期督查考核中综合得分97.71分，居全国第二。

一、全力实施“十百千万”公共文化提升工程，强势推进国家公共文化服务体系示范区创建达标创优

(一)高分通过示范区中期督查

在市委、市政府主要领导的高度重视和关心支持下，各级创建单位围绕构建“具有台州特色、东部地区示范、全国领先的现代公共文化服务体系”总目标，以9个县(市、区)、近5000个行政村、600多万常住人口的庞大体量，直面示范区创建标准中人均村均指标多、财政投入要求高和考核周期跨度大等困难挑战，坚持市县联动、区域协同，狠抓重点攻坚和亮点创新，整体创建工作强势推进，进度良好。在第三批国家公共文化服务体系示范区中期督查中，台州市取得35项指标全部达标，其中31项达优秀等次，在全国30个创建城市中排名第二，受到文化部专家组的高度评价和副省长成岳冲、市委书记王昌荣、市长张兵等省市领导的批示肯定。

(二)设施建设有效推进

全面落实市委、市政府关于开展公共文化服务“十百千万”工程的实施意见，台州市大剧院开展规划设计，市美术馆启动选址工作，市非遗馆计划2018年开馆，市文化馆拓展公益服务场地3320平方米。全市公共图书馆全年新增藏书近100万册，仅次于杭州，居全省第二。黄岩区博物馆、临海市文化广场综合体、温岭市博物馆、玉环市博物馆、三门大剧院等一批重点文化工程相继建设或建成，9个文化馆、6个图书馆达到国家一级馆标准。和合书吧(24小时自助图书馆)和农村文化礼堂建设列入市政府民生实事项目，全年新建农村文化礼堂232家，年增量和建成总量均位居全省第一；累计建成和合书吧(24小时自助图书馆)40家，在建6家，总量全省第一，年服务读者超70万人次，合计拥有藏书超60万册，主城区基本实现15分钟阅读圈。

(三)体制改革不断深化

积极完善公共文化机构治理机制，市级文化场馆在全省率先实现理事会制度全覆盖，吸收28名社会各界人士担任文化理事。落实《中华人民共和国公共文化服务保障法》，在全省率先完成市级公共文化设施及服务项目登记，全市203个公共文化设施及1000多家村级重点文化场所全部经台州文化地图予以发布。着眼市域公共文化服务配送一体化目标，制定实施市县两级公共文化馆和图书馆总分馆制相关办法，累计建成乡镇(街道)文化分馆13家，图书分馆56家。实施乡镇综合文化站人员、设施双回归工程，在全市129个乡镇全面落实文化站每周42小时免费开放要求。“文化超市”公益艺术培训服务规范由市质监局发布，成为全省第一个公共文化服务地方标准。切实推进市域一站式数字文化服务平台建设，国家试点项目“台州文化云”上线运行。

(四)机制创新亮点纷呈

积极鼓励引导社会力量参与公共文化服务，“百分之一”公共文化计划纳入《台州市城乡规划条例》，于3月1日颁布实施。建

立健全公共文化服务联盟制度,建成“环市民广场公共文化服务联盟”等文化共建组织12个,公共文化服务的广度和深度进一步拓展。公共文化设施社会化运营“4C模式”逐步推广,温岭市PPP模式推进基层文化站市场化运营得到省领导批示。黄岩农村文化礼堂理事会轮值联盟制度、玉环乡镇综合文化站委托运营模式通过省级公共文化创新项目评审。探索社会化建设新模式,由村民自愿提供场地、自助开展借阅服务、自主选择开放时长,在温岭、玉环等地试点建成200多家“家庭图书馆”,有效打通农村阅读服务“最后一公里”,受到《人民日报》《光明日报》和新华网等主流媒体关注。黄岩区高雅艺术票价补贴、路桥区百名文化志愿者进百家文化礼堂、温岭市“你选书、我买单”等惠民举措成效明显。

二、全域开展“台州文化年”文化惠民工程,让城乡百姓共享文化发展成果

(一)品牌活动特色鲜明

按照“天天有活动、周周有演出、月月有项目、季季有节庆”的要求,积极开展“和合台州民俗文化季”“书香台州全民阅读季”“山海台州书画艺术季”等文化“四季”活动,通过市县联动推荐选拔,先后举办台州好风俗展演、台州好书房评选、台州好书画大赛等系列活动100多场次,市县联动组织相应活动5000多场次,并带动基层开展各类文化演出等活动3万多场次,形成品牌示范效应,受到市委、市政府主要领导的批示肯定。成功举办“2017中国台州·德国哈瑙友好周”、台州乱弹剧团赴美国友好城市韦恩堡市文化交流演出、天台山佛道音乐会赴台湾文化交流,受到当地市民广泛好评。市图书馆“童萌汇”小书坊被中国图书馆学会评为全国阅读推广优秀项目。市级三馆全年到馆人数达249.8万,居全省第二。持续深化“文化三下乡”活动,市县共送戏3000多场,送书18余万册,送电影3万余场,受益群众超300万人次。

(二)文艺精品力作频现

紧紧围绕迎接党的十九大精神和贯彻十九大这条主线筹划扶持文艺创作,乱弹现代小戏《老村新路》等2个项目入围国家艺术基金2017年度资助项目,实现了台州历史上“零”的突破。原创乱弹大戏《戚继光》、大型动画片《小济公》获得浙江省第十三届精神文明建设“五个一工程”作品奖,为台州历年最好成绩。舞蹈《田歌》等10多个文艺作品和个人摘得省级以上赛事桂冠,4名戏剧演员在国家和省级赛事上获得金桂奖、少儿戏曲小梅花奖等荣誉。电视剧《海之谣》《啊!一江山》、电影《中国式并购》、纪录片《家在大陈岛》等一批重大历史题材作品加快创作,公益电影《一辈子的姐弟》在全国公映。台州市重大题材《和合二圣》舞台剧创作全面启动。《天台遇仙》成为省内首个由省属国有院团和地方政府联合打造的原创文艺精品剧目。

(三)文化队伍蓬勃发展

以文化活动激发队伍活力,在“文化年”活动期间同步实施“万名文化大使”培育工程、文化馆干部下基层“五个一”工程和“乡土艺术家行动计划”,重点培养村级文化带头人、群众业余文艺团队和草根艺术创作队伍。全市文化大使总量超过1.1万名,市县两级文化馆200多名业务骨干已对口落实联系村(社区)300多个,年均开展业务培训指导1000多场,就地组建群众文化团队近400个。积极发挥文化志愿团队优势,文化志愿者参与“文化超市3.0”公益艺术培训被评为2017年度浙江省“优秀文化志愿服务项目”,入选2017年度文化部优秀“文化志愿者活动项目”。市博物馆获得“2017年度浙江省优秀文化志愿者服务团队”称号,台州“和合文化”精神研究团队入围2017年浙江省文化创新团队。

三、全面推进“和合文化”传承弘扬工程,文化遗产综合保护利用能力有了新的提升

(一)文保工作基础不断加强

市人大审议通过《台州府城墙保护条例》,将于2018年1月1日起施行。条例将5月10日定为“台州府城墙保护日”,为全市首个文物保护领域的地方立法。全市38处文保点入选新一批省级文物保护单位名录,总量居全省第三。下汤遗址保护规划及省级考古遗址公园提交省文物局审批,委羽山大有宫修缮工程获省文物局立项。配合规划建设部门,先后完成杭绍台铁路、航空小镇、葭芷水城等地文物调查、勘探,切实保障重点片区的城市有机更新顺利推进。

(二)文博服务能力明显优化

以制定实施《台州市非国有博物馆扶持办法》为抓手,积极推进市级非国有博物馆群建设。温岭市博物馆、玉环市博物馆项目主体结构完工,仙居县博物馆、椒江博物馆新馆等项目前期工作进展顺利。扎实开展全市文物安全状况排查摸底，如期完成全市国有文物收藏单位的信息采集及报送工作，台州市博物馆被评为全省可移动文物普查先进集体，台州民俗展陈在全省十大精品展陈奖评选中排名第二，相关策展经验被《中国文物报》专题介绍。

（三）非遗保护体系更加健全

先后开展"文化和自然遗产日"、第十个"服务传承人月"、非遗进校园等系列活动，动态传承传统文化，全社会关心、参与非遗传承和保护的氛围更加浓厚。积极组织第五批省级非物质文化遗产保护名录申报，玉环词调等11个项目入选第五批省级非遗代表性名录，35人入选省级非遗项目代表性传承人，入选数均居全省第三，全市省级非遗项目总数达117个，总量前移到全省第四。积极支持非遗项目"走出去"，国家级非遗传承项目专题片《黄沙狮子》在央视四套播出，"三门祭冬"项目在中国农博馆和全省非遗博览会展陈，廖春妹作品《国色天香真丝手包》等12件非遗产业化项目入选省级博览会和义乌文博会优秀展示项目，仙居花灯《和颜悦色》获第十三届山花奖。

（四）地方文献整理有序开展

作为台州建市以来首个大型地方文献整理工程，《台州文献丛书》迎来出版高峰。列入年度古籍出版计划的《章安史话》《翰墨飘香——柯九思的艺术世界》《洪颐煊》点校本及《台州金石录》《委羽山志》《委羽山续志》影印本等6本80万字分别由上海古籍出版社和国图出版社完成出版。《万山纲目》点校本、《水道提纲》、《天台山方外志》等进入印前二审阶段。文化研究丛书第三辑的《台州海运海交发展史》《戴复古研究》《正史台州籍人物传》《台州历代文武进士考》《台州历代书画家篆刻传略》均完成二审。国内已有100多家高校及省级公共图书馆收藏该丛书。

四、全力实施"活力文化"扶持引导工程，文化产业层次规模和综合实力有了新的突破

（一）平台建设高位推进

印发2017年度首个产业扶持政策《台州市关于加强影视文化产业扶持的若干意见》，设定了财政奖励、金融支持和公共服务等一揽子扶持措施，市本级文化产业（影视产业）发展专项资金扩容至1500万元/年，单体项目最高奖励支持额度提升至100万元。黄岩区继2015—2016年度首次上榜后，蝉联全省文化产业十大重点县（市、区）。组织20多家文化企业参展第12届义乌文交会，5家企业获评工艺美术金奖及创新设计奖，获奖产品数创历年新高。在原台州商人文化促进会的基础上，正式成立台州市文化产业促进会，会员覆盖各市级重点文化企业。台州心海文化生态园、椒江影视小镇、台绣文创园等一批文化产业园区建设进展顺利，文化园区成为融聚小微文化企业实现集约发展的创业热土。

（二）品牌企业日益壮大

中新科技集团股份有限公司入选浙江省重点文化企业名单，"临湖邀月"文化创意街区被列入全省文化创意街区创建试点名单。台州台绣文化发展有限公司、台州中亿动漫科技等3家企业被认定为2017—2018年度浙江省文化出口重点企业。仙居中国工艺礼品文化创意产业园、台州工艺美术馆有限公司和台州传统工艺博物馆等入选全省文化产业发展"122"工程。台州设计创意产业园年营业额超1亿元，黄岩模塑工业设计基地拥有创意设计企业24家、公共服务平台10家，企业员工300多人，设计成果转化产值超20亿元。

（三）招商引资成效显著

台州华强文化产业基地签订框架协议，计划投资额达100亿元。台州影视文化产业园实现开园，吸引了来自北京、上海、香港等地的欢喜传媒集团有限公司、盛世凯华文化投资公司等多家国内优秀影视制作公司入园，首期影视项目投资超5亿元。总投资50亿元的北影小镇项目落户仙居，总投资15亿元的法华龙山文化旅游综合体落户天台，台运广场文化产业综合体成功对接中影集团影视基地等亿级项目。

五、全线推进"平安文化"创建保障工程，文化综合治理和监管工作有了新的提升

（一）文化法治建设纵深推进

进一步完善"四张清单一张网"，全面推进文化系统政府信息公开和社会信息资源共享开放，权力透明度和政府公信力不断提高。全速推进"最多跑一次"改革，通过推行异地受理、预约审批、容缺受理等创新服务，57项（主项）行政审批事项已全部实现"最多跑一次"，改革进度在全省文化系统中位居前列。探索实践常态化文化综合监管模式，建立完善了市场黑名单、星级管理、双随机抽查等管理制度，台州文化市场信用管理平台建设任务基本完成。

(二)文化市场整治健康有序

以文化内容安全为重点,深入开展"清源""护苗""清网""固边""打违"专项行动,组织开展了学校周边、网吧、艺术品经营等16项执法检查,分段、分类治理,全面规范市场秩序,确保了元旦、春节等重大节庆和党的十九大、"两会"等重要活动阶段的文化市场保障任务。全市"扫黄打非"工作排名首次进入全省前三,连续3年实现向前移步,台州市"扫黄打非"工作领导小组办公室和台州市文广新局分别获评全省"扫黄打非"工作先进集体,市文广新局被推荐为全国"扫黄打非"工作先进集体。中西部对口交流协作项目受文化部通报表扬,玉环县"打黄打非"进基层工作在全省现场会上做经验交流,玉环玉城街道入选全国首批"扫黄打非"基层示范点。

【大事记】

1月

10日　举办"上海·台州古琴雅集"音乐会。

15日　举办台州市柳琴·阮·三弦学会新春音乐会。

18日　举行《台州文献丛书》第三辑首发式。

19日　举办"刻画鲁迅"浙江美术馆馆藏版画作品展暨浙江美术馆"流动美术馆"授牌仪式。

2月

15日　举办"群星璀璨"第四届美术作品展。

22日　召开"2017·台州文化年"系列活动新闻发布会。

3月

3日至18日　举办"群星璀璨"第四届书法作品展。

6日　市长张兵就"2017·台州文化年"系列活动做出专门批示。

20日至24日　开展国家公共文化服务体系示范区创建情况督查。

30日　举办全市县乡两级文化干部业务培训会。

31日　"和合遇仙"音乐剧在椒江剧院上演。

4月

1日至6日　举办2017年"迎春书画全省巡展"。

5日　举办2017精品剧目——室内音乐沙龙活动。

6日　举办2017"台州好唱腔"戏曲表演大赛。

8日　举办2017"书香台州"全民阅读季启动仪式暨诗歌朗诵会。

12日至16日　举办"炼形铸神·金属铸造——浙江省雕塑精品展"。

20日　全市农村文化礼堂建设工作现场会暨"3+1"重点项目攻坚行动部署会在仙居召开。

22日至23日　国家公共文化服务专家组调研台州市"2017·台州文化年"系列活动及示范区创建工作情况。

27日至30日　第12届中国(义乌)文化产品交易会举办,台州市荣获展位组织二等奖,斩获工艺美术奖4金3银2铜。

28日　"剿灭劣V类 我们在行动"文艺采风工作启动。

同日　象外之象·当代中国画名家学术提名展及艺术家部分作品欣赏展览开展。

5月

8日　举办《叶文玲文集》首发仪式暨作品研讨会。

9日至10日　浙江省文化厅副厅长叶菁一行调研2017台州文化年系列活动和示范区创建工作进展情况。

24日　召开台州市非物质文化遗产代表性项目代表性传承人评审会。

25日　台州市委、市政府召开全市国家公共文化服务体系示范区创建工作推进会,市长张兵出席会议并就下一阶段示范区创建工作做了重要讲话。

6月

8日　台州市文化馆理事会成立。

10日　2017"文化和自然遗产日"系列活动暨台州市中小学百名师生剪纸现场赛在白云小学正式开幕。

13日　"大地情怀——文化地理学视野中的台州民俗陈列"获评第十一届浙江省十大精品陈列展。

22日　台州市博物馆首届理事会成立。

23日至25日　由中国图书馆学会阅读推广委员会主办,藏书与阅读推广专业委员会、台州市图书馆承办的"绘本馆藏与亲子阅读推广研讨会"在台州举行。

24日　举行2017·台州文化年"书香台州"全民阅读季总结表彰大会。

29日　举行台州市非遗展示馆挂牌仪式。

7月

1日　举行台州市朗诵团(筹)海选活动。

2日至5日　文化部督查组对台州市国家公共文化服务体系

示范区创建工作进行中期督查，对创建工作台账资料进行全面核查，随机选取并实地考察了市、县（区）、镇、村四级公共文化设施。

2 日至 22 日　举行“山海台州”书画艺术季启动仪式暨浙江省第二届粉画展优秀作品展。

3 日至 5 日　文化部第二督查组对台州市创建国家公共文化服务体系示范区工作进行中期督查，全域开展“台州文化年”系列活动，全力提升公众文化获得感的做法被列入创新案例进行推广。督查组对台州市创建工作给予高度评价。

12 日　台州市重大题材《和合二圣》艺术创作活动在天台启动。全市文艺骨干赴天台开展“和合文化”题材艺术采风活动。

17 日　台州市 2017 和合文化节暨创建全国文明城市主题巡演活动正式启动。

18 日　“山海台州”书画艺术季系列活动暨浙江省第二届粉画优秀作品展开展。

8 月

10 日　“邓小平——女儿心中的父亲”邓林摄影展在台州市文化馆开展。

17 日至 18 日　全省农村文化礼堂建设工作推进会在黄岩召开。

29 日　台州市第五届人民代表大会常务委员会第五次会议审议通过的《台州府城墙保护条例》，于 9 月 30 日经浙江省第十二届人民代表大会常务委员会第四十四次会议批准，于 2018 年 1 月 1 日起施行。

9 月

2 日　举办“争创文明城市·奉献慈善爱心”2017 慈善之夜广场文艺晚会。

12 日至 13 日　“喜迎十九大　文化宣传进礼堂”活动在仙居金竹岭脚村举行。

21 日　第九届浙江·中国非物质文化遗产博览会开幕，浙江非遗生产性保护基地成果·台州馆荣获“最佳展陈奖”、仙居花灯获得“最具人气非遗项目”、台州市非物质文化遗产保护中心荣获“最佳组织奖”。

22 日　文艺进文化礼堂服务总站、分站授牌。

25 日至 26 日　椒江剧院举办“喜迎十九大——浙江省第十六届音乐新作演唱演奏大赛”。

28 日　举办 2017 台州市摄影艺术作品展。

10 月

14 日　举办“喜迎十九大歌唱筑梦想”暨 2017“我也是歌手”冲刺总决赛。

25 日　举办湖州市 2017 年文化走亲（台州站）戏曲专场演出。

28 日　“喜庆十九大　迈入新时代”主题文艺晚会精彩上演。

30 日　“同源异境、和合求新”吴庆扬、金森富、林智伟美术作品联展在台州市书画院举行。

31 日　2017 台州市“醉美乡村”第二届农村文化礼堂村歌大赛在天台平桥镇嵩山后村举办。

11 月

1 日　“让非遗走进校园 2017 浙江好腔调·和合戏韵”晚会在台州学院上演。

3 日至 6 日　第十届海峡两岸文博会在厦门国际会展中心举办，台州市获“第十届海峡两岸文博会组织奖”。

7 日至 11 日　举办台州市第六届民间戏剧展演。

8 日　2017 台州市“醉美乡村”农村文化礼堂排舞大赛在玉环剧院举办。

9 日　举办台州市第四届“小荷之星”少儿舞蹈新作比赛。

13 日至 15 日　台州市组织“台州—金华非遗走亲”活动，学习金华非遗保护与传承工作经验。

15 日　举办“金秋的号角——德国著名小号大师 Uwe Komischke 专场音乐会”。

同日至 24 日　举办 2017 台州市文艺名家展演工程项目——杨萍摄影展。

19 日　举行台州影视产业园开园仪式，市委常委、宣传部部长叶海燕宣布开园，市级相关单位、入园企业负责人及影视界人士等参加仪式。

同日　2017·台州文化年精品展演季——俄罗斯国家剧院《天鹅湖》在椒江剧院上演。

22 日　2017·台州文化年系列活动——“台州好唱腔”暨“越华如水”经典越剧音乐会在椒江剧院上演。

27 日　台州市“我们的礼堂”演讲大赛在临海古楼村文化礼堂举办。

28 日　台州市文艺名家展演示工程——“千峰翠色”黄岩九峰山水画院巡回画展在台州市文化馆举办。

29 日　台州市各界人士新年茶话会举行，陈奕君、张兵、元茂荣、陈伟义、吴海平等市领导参加并观看了精彩的文艺演出。

30 日　2017 台州市“醉美乡

村"农村文化礼堂管理员才艺大赛在温岭市文化馆举行。

30日　全市古建筑文物安全培训班在临海开班。

12月

1日　举办台州市第四届书法展。

4日至14日　开展台州市级非遗代表性项目和代表性传承人2017年度评估考核。

9日　举办台州市第四届"小荷之星"少儿舞蹈新作比赛。

11日至12日　举办2017年全市新建农村文化礼堂管理员培训班。

12日　2017台州市"醉美乡村"农村文化礼堂礼仪大赛在路桥区桐屿街道坐应村文化礼堂举行。

20日　举办台州市首届残疾人文化艺术节汇报演出。

22日　举办"台州好唱腔"颁奖晚会暨"越华如水"演出。

25日　举办文艺名家展演工程——陈兴长摄影展。

(朱益霆)

【椒江区文化广电新闻出版局】 内设职能科室4个,直属单位6个。2017年末人员72人(其中:公务员12人,参公8人,事业52人;具有高级专业技术职务资格的6人,中级16人)。

2017年,椒江区文化广电新闻出版局坚定文化自信理念,大力实施"文化强区"战略,扎实推进各项工作。椒江区被评为浙江省民间文化艺术之乡、第四批浙江省传统戏剧之乡。一是文化阵地得到夯实。顺利通过创建国家公共文化服务体系示范区中期督查,在第六次全国县级以上公共图书馆评估定级中椒江图书馆达到"国家(县级)一级图书馆"标准。新建6家综合文化站、2家图书馆分馆、1家文化馆分馆、14家文化礼堂和2家"和合书吧",汽车流动图书馆全年服务50次。二是文艺演出精彩纷呈。以枫山大舞台为载体,结合党委、政府中心工作举办"创全国文明城市""剿灭劣Ⅴ类水""一江两岸建设"等主题演出20多场,送戏下乡116场,送电影下乡3300场,送展览12场,文化区域联动走亲7场,为55家基层流通服务点送书1.8万册,开展基层群众声乐、群众排舞等公益培训班52期,极大丰富了群众的文化生活。三是精品佳作百花齐放。先后创作剧本《大陈岛誓言》、歌曲《最多跑一次》、大型现代戏《弘扬大陈垦荒精神》等小品、相声、音乐、快板等一系列文艺作品。台州乱弹大戏《戚继光》获浙江省第十三届精神文明建设"五个一工程"优秀作品奖;台州乱弹戏曲小品《老村新路》荣获2017中国农民艺术节"优秀农村题材曲艺小品"一等奖;歌曲《最多跑一次》获浙江省第十六届音乐新作演唱演奏大赛金奖;舞蹈作品《田歌》获浙江省群众舞蹈大赛兰花金奖;排舞《彩球飞舞》获浙江省第四届农村文化礼堂排舞大赛中年组兰花金奖;相声《帝王传说》荣获浙江省第六届曲艺新作大赛银奖;少儿舞蹈《新长征 红孩儿》获第四届台州市"小荷之星"少儿舞蹈新作比赛创作、表演金奖。四是惠民活动火热开展。全市首创365公益课堂,通过有效整合资源、施行部门联动的举措,邀请当地名家名师、省内外专家导师授课,开设应急救护、茶艺、旅拍、非洲鼓等18个门类的培训等共400多场次,充分利用综合文化站、农村文化礼堂等基层文化阵地,让市民便捷享受公共文化服务。枫山书院共举办评书55场次,图片展览21场次,艺术沙龙9场次;人文讲座14场,法治讲堂4场,健康讲堂12场,枫山故事会18场,其中枫山故事会成为浙江省人文大讲堂分讲坛,并荣获台州市2017年度社会科学普及月"优秀社科普及活动"荣誉,在台州市社科普及基地建设推进会上做了经验介绍。在大陈岛新建6家红色书屋,布置10多次主题图片展,很好地推广了"大陈岛垦荒精神"。五是文化遗产保护扎实推进。深入挖掘海门卫城、章安、葭沚、大陈等处名人史迹、民间传说等特色历史文化并汇编成册。对章安街道古墓葬安全状况进行排查,配合公安部门成功抓获一伙盗墓团伙。圆满完成"2017首个文化与自然遗产日暨戚继光民间故事会"以及戚继光抗倭史迹陈列展等活动,出版《戚少保年谱耆编·庆善寺铜钟考》。积极准备送大暑船国家级非遗项目申报材料,完成《台州乱弹史》初稿。公布12人为第二批椒江区非物质文化遗产项目代表性传承人,2人入选第五批市级非遗传承人。六是文化市场和文化产业有序发展。审批窗口严格按照"最多跑一次"要求落实各项审批工作,完成新设立变更和补证的审批工作共61件。全力推进文化市场"扫黄打非""多城同创""消防安全"工作,启动"双随机"抽查工作机制,共出动执法人员2637人次,检查文化经营单位2785家次,行政处罚立案调查 12 件，重大案件 1 件，办结案件 13 件，警告 2 家次，罚款 12.31 万元，停业整顿 2 家次，没收非法所得 2557.5 元。积极推进椒江影视小镇、版权产业园建设前期调研工作，顺利推进心海文化生态园项目开工建设。实现新注册股改企业 1 家，股改签约企业 1 家。

（陈泓锗）

【黄岩区文化广电新闻出版局】 内设职能科室 4 个，直属单位 7 个，乡镇（街道）文化站 19 个。2017 年末人员 86 人（其中：公务员 15 人，参公 9 人，事业 62 人；具有高级专业技术职务资格的 8 人，中级 21 人）。

2017 年，黄岩区文化广电新闻出版局紧紧围绕区委、区政府中心工作，以创建国家公共文化服务体系示范区为抓手，积极开展文化活动，丰富群众文化生活，提升文物保护水平，依法规范和引导文化市场繁荣有序发展，各项重点工作进展顺利。一是公共文化服务水平稳步提升。公共文化设施建设不断增强，博物馆新馆于 5 月正式开馆，图书馆新馆工程于 7 月动工，启动文化馆新馆建设，落实选址在西城街道汇江村，用地面积 8036 平方米，区发改局已批复立项。夯实示范区创建工作，着力破解难点工作，督促乡镇（街道）综合文化站实施整改提升，院桥、宁溪等 15 个综合文化站基本达标，南城等 4 家综合文化站进行内装；通过图书资源整合和新书购置，公共图书馆藏书量达到人均 1 册标准，完成图书流动服务车采购工作；推进事业单位法人治理结构建设，建立了区文化馆、区图书馆、区博物馆理事会，提升公益服务质量和效率。市政府为民办实事工作有序开展，完成江口街道、北城街道和合书吧建设；继续开展农村文化礼堂创建工作，建成 32 家农村文化礼堂。建立农村文化礼堂理事会轮值联盟制度，充分发挥其引领和辐射作用。二是大力开展基层群众性文化活动。推进文化民生工程，依托“文化四下乡”活动平台，全年送戏 168 场次，送书 2.6 万册，送电影 5790 场次，举办美术摄影书法展、图片巡回展 51 场，讲座 12 场；开展图书“你点我购”活动，方便和满足群众多元化的阅读需求；通过政府购买服务，对放映队进行招标，确保每个行政村每月看 1 场电影。群众文化活动异彩纷呈，举办了区第十六届社区艺术节暨春节广场文艺展演、区第十一届农民文化节暨“乡村大擂台”文艺演出、区第三届新黄岩人文化节等活动，配合区委、区政府做好“黄岩区纪念中国共产党建党九十六周年暨‘破难攻坚 跨越发展’主题晚会”、柑橘节系列文艺活动等。文化服务能力不断提升，开办了 2017 年文化超市，免费为全区广大干部群众提供“菜单式”文艺培训，助力文化精准服务。积极开展“种文化”活动，经常性组织文化业务干部深入各文化礼堂进行巡回辅导与培训，提高农村文化自我发展能力。三是艺术创作生产进一步繁荣。开展对外文化交流活动，台州市黄岩九峰书画院画家赴台州友好城市德国黑森州哈瑙市参加“中国文化周”活动，在哈瑙市举办了“千峰翠色”山水画作品展览，增进了双方的文化交流，推动了传统文化艺术走向国际舞台。加强艺术精品创作，改编创作以台州民间传说为故事情节的大型舞台越剧《梦石传奇》和省级非物质文化遗产保护名录项目“新前采茶舞”，通过原创剧目展演的形式充分展示黄岩区深厚的历史文化底蕴，深受观众欢迎。实施图书精品工程，相继出版了《黄岩博物馆馆藏文物精品图录》《宋服之冠——黄岩南宋赵伯澐墓出土文物解读》以及《百年筑梦——一家三代人强国梦的奋斗历程》等书籍。四是文化遗产保护工作持续推进。实施文物修缮工程，对区级文保单位新来桥、王士骏宅等进行抢救性维修；省级文保单位委羽山大有宫修缮工程获省文物局立项；划定 3 处新增省级文保单位保护范围和建控地带；做好黄岩天长路改造区块不可移动文物保护工作。做好文物科学保护利用工作工作，与中国丝绸博物馆联合在杭州召开赵伯沄墓出土文物科学保护成果新闻发布会，“‘丝府宋韵’黄岩南宋赵伯沄墓出土文物展”在中国丝绸博物馆展出。加强文物安全，在沙埠青瓷古窑址安装了电子监控设备，进行全天候监控。非遗工作水平整体提升，“南太极拳”“院桥高台狮舞”列入第五批省级非遗项目名录；做好市第五批非遗代表性传承人申报工作，新增 2 人为市级非遗代表性传承人，8 人为区级非遗代表性传承人；组织开展非遗宣传周活动，举办罗启松师徒翻簧竹雕作品展，取得了良好的社会效应。五是文化市场健康稳定有序。放管结合优化环境，将 64 个行政审批事项纳入“最多跑一次”审批改革项目，完成行政审批项目规范化建设;推进在线申报与全流程办理,全面推广“在线咨询、网上预审、信任在先、快递送达”。加强监管确保稳定,完善双随机抽查制度,保持对文化市场管理的高压态势,全年出动执法人员1027人次,检查经营单位1584家次,立案查处案件35件;开展以“护苗”“净网”“清源”“秋风”为主要内容的“扫黄打非”专项行动,建成澄江街道、东江河村、桥头王村等3个“扫黄打非”基层示范点。扶持文化产业发展,组织文化企业参加第12届中国(义乌)文化产品交易会,组织民营剧团参加全省民营剧团文艺表演团体展演。加强文化产业招商引资,引进嘉博影院黄岩店。开展消防安全大检查,组织开展护航党的十九大“百日攻坚”行动,确保全区文化市场持续保持安全生产无事故。

(何　宁)

【路桥区文化广电新闻出版局(体育局)】 内设职能科室5个,直属单位5个。2017年末人员60人(其中:公务员10人,参公6人,事业44人;具有高级专业技术职务资格的7人,中级14人)。

2017年,路桥区文化广电新闻出版局各项工作稳步推进。一是加强文化阵地建设。成立图书馆理事会,购置全市首台流动图书车,建成2家24小时自助图书馆,设立横街镇文化馆分馆和金清镇九村联盟、路北街道管前村、新桥镇金大田村3家村民艺术学校。二是大力扶持精品创作。共18个作品在各级比赛中斩获殊荣,其中舞蹈《宅门女人》获浙江省群星奖、《摇滚因素》获省第十届排舞大赛青年组兰花金奖、《我们开始吧》获省第三届文化礼堂乡村排舞大赛中年组兰花金奖。三是丰富文化产品供给。举办了读者文化节、基层文化俱乐部会演、文化志愿者才艺大赛等品牌活动,持续开展点单式服务进文化礼堂、文化超市公益培训、文化惠民服务进民工子弟学校、送文化下乡等活动;全年送演出下乡135场,电影下乡3444场,图书下乡1.5万册。四是加强人才队伍建设。新成立2家名家工作室,举办2期基层文化专兼职人员学习教育专题培训班,开展了文化志愿者进百家文化礼堂“艺体启蒙免费培训”公益活动,影响力不断提升。基层文艺团队发展壮大,新桥镇大力扶持“大美艺术团”,成为全区首支免费文化巡演高品质团队。五是推进文化遗产保护和传承。组织拷绢手工技艺和戏剧服装加工技艺参加浙江传统服饰精品展,分获优秀奖;积极开展非遗进校园、进社区系列活动,普及非遗知识;保安剪纸被评为第五批省级非物质文化遗产代表性项目,路桥拷绢被评为台州市第四批非物质文化遗产传承基地。六是推进文化市场平安稳定。深入开展“扫黄打非”行动,全年查处各类案件9起,刑事案件6起,其中1起案件被全国“扫黄打非”办公室立为挂牌督办案件,刑事拘留12人,收缴非法出版物8000多册。开展安全生产大检查,全面排查安全隐患,利用消防安全工作会议、“安全生产月”等活动,加强安全宣传,开展警示教育,确保文化市场“零事故”。七是推动文化产业稳步发展。成功举办台州动漫节,组织文化企业参加第12届中国(义乌)文化产品交易会,其中区传统装饰剪纸、路桥藤编织技艺等2家非物质文化遗产企业参加,是路桥区非遗项目首次参展。

(张　眉)

【临海市文化广电新闻出版局】 内设职能科室5个,直属单位9个。2017年末人员120人(其中:公务员14人,参公13人,事业93人;具有高级专业技术职务资格的11人,中级23人)。

2017年,临海市文化广电新闻出版局紧紧围绕“喜迎十九大”这一主题,全面增加公共文化服务的有效供给,开展“春华秋实,醉美乡村”喜迎十九大文化下乡巡演、迎国庆迎十九大广场文艺会演、重阳敬老系列文化活动等活动110场次。一是文化设施项目建设稳步推进。加快项目建设,市博物馆新馆开馆。文化广场建设顺利动工,积极深化图书馆新馆和文化馆新馆设计方案。建设村级文化礼堂40家,完成率达100%,全市共有农村文化礼堂193家。建成文化馆分馆1家、村民艺术学校1家。全面打造“和合书香城市”,建成和合书吧(自助图书馆)6家。成立台州市首家海峡两岸同根文化交流中心,下设张秀娟剪纸博物馆、台州府城刺绣博物馆等5个文化交流基地,推进两岸文化交流,服务两岸关系和平发展。二是做好示范区创建工作。全民总动员、全力以赴做好示范区创建工作,文化系统紧急抽调152人组建示范区创建攻坚团队,整理台账资料30万余字,照片3000多张。临海作为台州市区之外的唯一县市接受文化部中期督查,受到高度肯定,圆满完成督查考核任务。举办“和合文化 美丽群文”系列活动5352场次,参与演出人员7万余人,现场观众累计70万余人,其中,送电影1.1万场次,送戏下乡396场次,送讲座下乡372场次,送展览下乡372场次。到温州、绍兴等9个市、县(市、区)文化走亲,同时,赴法国、香港交流文化艺术。文化馆紧紧围绕“名牌、名团、名作、名人”开展工作,馆办专业团队5支,学员290人,全年累计开展免费辅导1404课时,辅导学员2.96万人次。此外,还有业余文艺团队2300多支,文艺爱好者3万多人,初步形成党委政府“领唱”、城市乡村“联唱”、社会各界“合唱”的良好氛围。三是文化遗产保护特色鲜明。有序推进台州府城墙申遗,《台州府城墙保护条例》经台州市人大会议审议通过,浙江省人大批准,于2018年1月1日起正式施行,这是台州市第三部实体性地方性法规。参加中国明清城墙联合申遗第五次工作会议。新入选第七批省级文保单位12处。深入开展府城文化内涵研究,出版《清戚学标台州史事杂著三种》,出台《临海市文物保护专项资金管理暂行办法》。启动《临海市文物保护修缮三年计划(2017—2019年)》,投入200万元,修缮市级文保单位12家。配合台州府城创5A工作,完成紫阳街7家非遗专题展示馆的提升改造工程。桃渚城列入省级消防安防百项工程。顺利通过国家历史文化名城复检。进一步完善四级非遗保护体系,新增省非遗名录3项、台州市名录2项,省级传承人6人、台州市传承人8人。新建上盘花鼓等陈列馆3家、临海民间谜语等传承基地3家,落实黄沙狮子等21项省级以上非遗项目“八个一”保护措施。专题片《黄沙狮子》在央视四套《非常传奇》栏目播放。全年开展活动44场次,举办非遗进校园、进文化礼堂、进社区18场次,参与观众达30多万人。四是文化产业发展取得长足进步。“临湖邀月”文化创意街区被列入浙江省文化创意街区创建工作试点名单。引进新华盛世文化创意公司、浙江艾锐克影业股份有限公司等9家文化企业,开展台运广场文化产业综合体招商工作,成功对接迪趣小镇主题公园、中影集团影视基地等亿级项目。积极扶持永强、正特集团创建省级文化产业示范基地。建成耀达横店影院、中影南方影院,发挥新华盛世公司、浙江艾锐克影业龙头作用,完成电影、微电影、电视剧拍摄。扶持五月工坊拍摄临海民间手工艺系列专题片《临海百工》,已完成拍摄30集。五是文化市场更加稳定。开展保障党的十九大“百日攻坚”专项行动。执法大队全年出动检查613次,出动执法人员1301人次,检查各类文化经营场所2817家次,办理行政处罚案件40件,市执法大队获得2016—2017年度省级青年文明号。共立案网吧违规案件2件,停业整顿4家,清理“僵尸企业”25家。推行“四减一容缺”制度。全年探索实施文化类极简审批“零上门”服务,打造“四减一容缺”,减材料、减流程、减时限、减环节,开展容缺受理,推行预约上门服务、联合审批、联合现场踏勘等服务举措。全年90项群众和企业到政府办事事项全部实现“最多跑一次”,实现“跑零次”事项数44项,占总事项的48.9%,该做法得到省文化厅领导的高度肯定,并在全省发文推广。

(陈　煜)

【温岭市文化广电新闻出版局】 内设职能科室4个,直属单位(含市电影公司)6个。2017年末人员142人(其中:公务员11人,参公15人,事业116人;具有高级专业技术职务资格的6人,中级22人)。

2017年,温岭市文化广电新闻出版局紧紧围绕年初提出的工作目标任务,抓重点、破难点、创亮点,圆满完成了年度各项工作,荣获温岭市年度目标责任制考核优秀单位。一是现代公共文化服务体系建设步伐加快。示范区创建走在前列。通过国家公共文化服务体系示范区创建中期督查,8大板块31项指标达标率为96.7%,得到台州市副市长批示,取得台州市创建工作考核第一名。重大文化设施整体推进。博物馆幕墙工程完工,文化中心落实选址,非遗馆等项目纳入新一轮城市总体规划。公共文化短板得到弥补。实现16个乡镇(街道)综合文化站全覆盖、全达标,其中4个文化站获评省特级综合文化站,数量居台州首位。全年购书经费1031万元,图书总藏量142万册,实现人均1册以上目标,图书借阅量149万册次,服务读者353万人次,数字资源下载量151万篇次。公共文化供给提质扩面。新建农村文化礼堂80家、文化广场41个,完成指标数的364%、137%。新建和合书吧

（24小时自助图书馆）2家、家庭图书分馆100家。送戏204场、图书2.28万册、党报600份、电影5348场。市文化馆举办“书香机关 艺飘社区”等公益艺术培训，受训4.05万人次；举办展览37场，“名家讲座”12期。市图书馆推出微信办证、办证免押金、提高借阅权限、“读者选书 政府买单”等服务，开展阅读推广活动134场次、汽车图书馆服务120多次。王伯敏艺术史学馆举办精品展8场、“文史讲堂”6期。群众文化活动蓬勃开展。举办第五届市民文化节系列活动2000多场、“村晚”30场以及“越剧好声音”戏曲电视大赛、首届村歌创作演唱大赛、排舞大赛等。开展主题宣传活动、节庆文艺演出175场。低票价引进高雅艺术演出18场。文化体制改革不断深化。以PPP模式推进基层文化站市场化运营做法及成效得到两位副省长批示。成立市文化馆、图书馆理事会。二是本土文化品牌体系建设深度挖掘。文艺创作日益活跃。承办省新农村建设题材小戏会演讨论会与加工会，4篇作品参与加工。组织文艺采风10次，创作村歌歌词42首。出版《温岭洞房经选编》《温岭民间歌谣》等书籍。人才队伍不断壮大。举办业务培训10多场，开展文艺赛事50多场。有业余文化团队2162支，文化志愿者9900多人。文化交流深入开展。开展文化走亲10场次。打造省内越迷家乡，吸引省内外剧团到温岭演出5500多场。三是文化遗产保护传承体系建设成果丰硕。文物保护势头强劲。新增2处省级文保单位。划定并公布49处文保单位（点）保护范围与建设控制地带，树立保护标志碑23块、界桩200多根。全市79处文保单位（点）、200处不可移动文物纳入“多规合一”。设置文保单位监控点88处，开展文物安全检查3批次，完成11处文保单位（点）白蚁防治。完成市政府围墙、石塘粗沙头双碉楼、新河张元勋旧居、温峤万寿桥等4处文保单位修缮工作。开展博物馆馆藏文物公开征集。举办东瓯文化研讨会、纪念戴复古诞辰850周年暨戴复古与南宋文学学术研讨会。非遗保护成绩喜人。新增省级非遗项目2个，台州市级非遗项目4个、代表性传承人10人、传承基地2个，温岭市级非遗项目8个、代表性传承人16人、传承基地15个。5个项目被评为台州市优秀非遗项目，5人被评为台州市优秀传承人。2套丛书获省非遗“百优”图书称号。举办庆祝首个“文化和自然遗产日”非遗项目展演、省级优秀传统文化系列活动之石塘七夕节民俗祭祀活动、洞房经百人传唱培训、大奏鼓群英会。四是现代文化市场体系建设持续推进。产业发展稳步推进。举办第六届文博会，人流量达6万余人次，交易额达1260万余元。7家规上文化企业营业收入14090.7万元，同比增长33.5%。新增影院4家，引进首家IMAX巨幕影厅。受理行政许可95件，提前办结率100%。行业监管安全有序。开展“扫黄打非”“消防安全”“护航十九大”等专项行动，出动执法检查3942人次，检查经营场所3039家次，办结案件56件。

（叶沫一）

【玉环县文化广电新闻出版局】 内设职能科室4个，下属单位9个。2017年末人员92人（其中：机关9人，事业83人；具有高级专业技术职务资格的6人，中级24人）。

2017年，玉环县文化广电新闻出版局在党的十九大和市第十五届一次党代会精神的指引下，以助推台州市创建国家公共文化服务体系示范区为契机，大力贯彻落实《中华人民共和国公共文化服务保障法》，不断补齐文化发展短板，加快文化民生建设步伐，各项工作齐头并进，成绩喜人。全市文化发展指数连续三年居台州市前茅，“扫黄打非”工作在台州市考核位列第一；公共文化服务体系综合考评在台州市位列第三；成功创建玉城街道为全国“扫黄打非”进基层示范点。一是文化设施建设向纵深推进。市重点项目市图书馆新馆、市博物馆工程建设多部门合力排除前期施工障碍，进展顺利，累计完成投资1.09亿元，完成土建总工程量60%。乡镇综合文化站提标扩面工作继续深化，继清港镇综合文化站新建投用后，龙溪镇新建、大麦屿改建、芦浦镇迁址3个综合文化站项目进入内部装修，干江镇新建文化站完成立项许可，并积极进行设计单位招投标。农村文化礼堂建设按计划进行，全年新建文化礼堂21家，完成指标的130%，建管用育五项制度逐渐完善。二是公共文化服务品牌效益明显。坚持“以人为本、文化惠民”理念，围绕服务中心工作导向，深化榴岛四季风等文化品牌打造，分类开展文化嘉年华、“越音飞扬”、“悦悦”亲子课堂等公益培训项目，全年培训学员近5000人次。围绕玉环市委、市政府中心工作，举办迎庆党的十九大、撤县设市、剿灭劣V类水等系列活动40多项。多形式宣传和贯彻落实《中华人民共和国公共文化服务保障法》，提升群众文化自觉、浓厚城市文化氛围。深入开展“文化下乡”，全年完成送演出196场、送图书3.6万册、送电影3205场、送展览讲座90多场，进一步丰富公共文化供给，提升了文化影响力。三是公共文化服务格局扩大。文化馆、图书馆总分馆体系日趋完善，继续推进布点工作，新建乡镇文化馆分馆1家，乡镇图书分馆、和合书吧及其他馆外图书流通点21家。按打造“书香玉环”要求，深化“公共阅读+”社会化共建模式，公共阅读网络更加完善，均等化水平进一步提高。启动市图书馆法人治理结构、农村文化礼堂理事会试点工作，致力于打通公共文化服务“最后一公里”。实施公共文化服务社会购买计划，指导乡镇文化站推出“文化大超市”基层服务项目，推动乡镇综合文化站购买社会公益培训，将文化嘉年华模式延伸至乡镇。与文教、文旅联动，加强与团青妇等部门的协作，通过资源共享和渠道融合，文化渗透性有所提高。完成《玉环县志(1989—2013)·文化篇》初稿，为玉环文化继往开来打下了扎实基础。四是文物工作成效显著。按照文保单位“四有建设”要求，加大文物保护力度，完成平环桥修复，启动坎门验潮所等4个国保、省保单位环境整治工程。加大海岛历史人文宣传普及，整理制作并开展“玉环撤县设市献礼篇——玉环三千年建置史”图文展巡展。组建文物志愿者队伍，编印《西青山文史资料》《海岛珍遗·玉环三合潭遗址出土文物图文鉴》等3套文遗丛书，进一步强化文物保护。五是非遗保护创新推进。注重非遗保护活化传承，新增3个台州市级非遗项目、1个台州市级非遗传承基地以及1个国家级传承人、4个台州市级传承人、6个玉环市级传承人，非遗传承氛围不断浓厚。推动非遗文化“流动”传承，开展“传统曲艺乡村行”“民间文艺人才课堂”，组织鳌龙鱼灯舞参加2017“文化和自然遗产日”浙江省主场城市活动、玉环鼓词参加浙江曲艺专题会演等，积极开展非遗进校园、进社区、进农村文化礼堂以及非遗走亲活动，文化遗产保护传承得到深化。鼓励扶持玉环渔民画走产业化道路。六是文化产业引导扶持有力。坚持“依靠龙头企业、培育小微企业”，推动扶持政策落地，有效活跃了文化市场，完成9家重点文化企业认定，兑现两批次产业扶持资金共计346万元。市场潜力竞相迸发，公共文化场馆利用率明显上升，其中，玉环大剧院营业性演出场次同比增加45%。致力于产业集聚和业态发展，启动玉环首家文化产业园区对接谋划工作；做好文化产业服务指导工作，开展3场文化产业专家讲座，组织文化企业参加义乌文交会、海峡两岸文化产业博览会等，其中，渔民画衍生品与多家企业达成合作意向，“非遗产业化”势头向好。七是文化市场安全保障有力。坚持“管行业必须管安全、管业务必须管安全、管生产经营必须管安全”的要求，围绕平安玉环建设、护航党的十九大等重点任务，按照“最高标准、最严要求、最强措施”，全力以赴开展文化经营服务场所及非学历艺术类培训机构消防整治铁拳行动，取得了突破性进展。深入开展2017“清源、净网、护苗、秋风、固边”等专项行动，扎实推进“扫黄打非”进基层工作，坚持常态化日常巡查、夜间突击、节假日错时检查交错并行，通过创新执法监管手段，配备现场执法记录仪，建立隐患排查整改清单等“六张清单”以及“回访”制度等措施，守牢安全底线，确保了文化市场平安、繁荣、有序。全年共出动执法人员1814人次，检查文化经营单位和非学历艺术类培训机构2435家次，与公安、消防、城管、市场监管联合执法15次，巡查不可移动文物119处，监管演出活动15场，取缔无证地摊24处、无证电子游戏室1处、无证大篷演出7处，“黑网吧”2家，收缴非法音像制品2158张、书报刊193册、电脑显示屏及主机39台、电子游戏机9台，立案并查结67件，罚没款8.95万元，受理并办结12318举报20起。八是文艺领军人才作用明显。充分发挥市文化馆、图书馆等公共文化服务龙头单位聚焦辐射作用，加强联系和指导全市文艺骨干队伍、基层文艺人才，招募文化志愿者511人。以规范化建设为目标，组建经常性活动团队12支355人。指导新增6家文艺表演团体、1家民营非企业进行规范化审批登记。同时，名家工作室等文化领军人才全年承办书画名家现场笔会、艺术家创作采风题材交流等活动10多次。指导成立了台州市首家以县市命名的印社——玉环印社，并挂牌浙江金石篆刻传承基地。九是文艺精品创演收获颇丰。全年共有70项文艺作品和节目获得台州市级以上奖项。其中，市文化馆舞蹈队获浙江省第十一届排舞大赛青年组第一名，浙江省第十三届未成年人读书节暨浙江省未成年人朗诵大赛决赛荣获4个铜奖，浙江省第八届残疾人艺术会演声乐专场荣获铜奖，11位作家入围“剿灭劣Ⅴ类水”浙江省美术作品展览(台州展区)等。十是审批制度改革落到实处。创新“互联网＋”政务服务，大力推进“最多跑一次”行政审批改革，建立健全局长验收长效机制，严把审批入口，优化办事流程，全面启动68个事项(共76个项目)“最多跑一次”，全年受理、办结各类审批事项69件，实现了审批效能和群众满意度“双促进”“双提升”。局行政审批窗口被市行政服务中心评为2017年度考核优秀窗口。

(毛　玮)

【天台县文化广电新闻出版局】 内设职能科室4个，下属事业单位7个。2017年末人员100人(其中：公务员9人，参公10人，事业81人；具有高级专业技术职务资格的1人，中级11人)。

2017年，天台县文化广电新闻出版局紧紧围绕全县工作大局，以创建国家级公共文化服务体系示范区为契机，建设“名县美城”为目标，大力实施文化惠民等各项工程，加快推进文化事业发展，2016全省基层公共文化服务总排名、2017年台州市公共文化服务满意度调查均位居全市第一。被文化部办公厅评为2016—2017年度全国文化市场重大案件办理单位，获浙江省文化厅、省人力资源和社会保障厅及省公务员局联合发文的二等功集体，获2017年度台州市“扫黄打非”先进集体和2017年度国家公共文化服务体系示范区创建工作先进单位。一是国家级公共文化服务体系示范区创建工作有序推进。严格按照示范区工作要求，并对照验收标准要求，精心组织，狠抓各项工作落实，公共文化服务体系示范区创建工作快速稳步推进。7月，顺利通过了国家公共文化体系示范区的中期督查，33项考核指标均已基本达标。二是文化阵地日趋完善。建成农村文化礼堂157家，24小时图书馆4家。天台非遗馆开馆。策划文化中心项目，包括文化馆、图书馆和大剧院，占地近100亩。租赁了国大容园商铺1600平方米和原卫计局办公大楼2000平方米，用于建设图书馆分馆，图书馆面积从1658平方米提高到6100平方米。完成平桥、白鹤两个省级中心镇的图书分馆和文化馆分馆建设，并投入使用。天台山文化专题图书馆挂牌成立。建成天台山文化网站。完成智慧博物馆馆藏文物数据库建设，部分重要藏品完成三维数字化建模，并在县政府大厅建成了“和合之窗”。三是文化活动丰富多彩。承办2017年浙江省文化礼堂乡村排舞大赛，并借机举办万人《小济公》排舞展演活动，进一步扩大了济公文化的影响力。充分利用农村文化礼堂、文化广场、乡镇文化站等基层文化阵地，常年开展送戏下乡、大型文化活动、文化走亲等工作。完成重大文化活动演出112场、“文化走亲”演出35场、送戏下乡1280场、送书6万册、送讲座展览85场。举办“天天大舞台”月赛12场、季赛4场。推出创新项目“一人一艺”全民艺术公益免费培训计划，开设舞蹈、戏曲等10多个科目，2000多人报名，6家社会民间艺术培训机构参与。四是文化团队不断壮大。建立完善了点对点文化结对帮扶机制，由专业文艺团队帮扶农村文艺团队，提高群众性文化活动效果，全县建有各类文艺团体2091支。全力打造“天天大舞台”文化品牌，深挖农村文艺资源，探索了一条“政府投入小、社会影响大、百姓参与广、群众得实惠”的文化惠民新路子。五是文艺精品打造有新突破。与央视联合打造了52集大型动画片《小济公》，获全省“五个一工程”奖，收视率荣登全国第一。启动《刘阮遇仙》改编对接工作，培育本地创作队伍。重新整理现有的佛道音乐素材，11月15日在天台旅游集散中心实现了常态化演出。创作完成了歌曲《心归》《和合之光》《和合颂》。成功举办了“天下和合”2017首届天台山和合文化节开幕式演出。六是文物保护卓有实效。按照“保护为主，抢救第一，合理利用，加强管理”的工作方针，全面系统地编制《天台县文物保护三年行动计划》。启动10处文物古建筑修缮工程，项目总投入1704万元。5处入选第七批省文保单位，创历史申报成绩之最，至此全县共有各级文物保护单位58处，其中国家级文保单位1处，省级文保单位12处，县级文保单位45处。七是非遗项目活力增强。"天台铃医文化""天台陈氏蛇伤疗法""天台坐唱""银饰纯錾刻技艺"等4个项目被列入第六批台州市非遗名录。完成天台县第四批传统文化建设先进单位、先进个人的评选工作,评出文化艺术之乡2个、非遗传承基地2处、特色队伍10支、民间艺术家5人、农村干部文化示范户5家、传统文化优秀骨干10人、非遗传承人52人,并在文化遗产日期间进行了表彰。大力开展非遗进乡村和非遗进校园活动。举办"天台记忆"非遗专题展等非遗宣传活动90多场,展示各种非遗项目100多项。针对"寒山拾得"传说召开了3次研讨会,60多人次参加。八是文化创意产业有新气象。大力推进十大博物馆建设,建成天台山民俗博物馆、和合人间文化园、家风家训馆。出台《天台县文化体育产业发展扶持奖励办法》《天台县影视文化产业发展扶持办法(试行)》等政策,推动文化产业发展。设立文化发展基金500万元,影视文化产业发展基金每年700万元,吸引了15家影视公司入驻天台。启动影视名人村前期建设,引进刘志江影视名家工作室,《济公神扇》等一大批网络电影开拍并上映。5000万元以上文化产业项目开工6个,签约1个。大力开展招商引资,实施借力发展。编制完善了天台县重点文化产业项目推介手册,储备重点文化产业项目30多项。台州工艺美术馆有限公司和台州传统工艺博物院入选浙江省文化产业发展"122"工程。九是文化市场繁荣有新贡献。深入开展"扫黄打非""清源""净网""秋风""护苗""固边"等各大专项整治行动。共出动检查人员805人次,检查场所1111家次,市场良好率99%,查处案件14起,办结13起。全面整治文化市场消防安全问题隐患,构筑安全长城。大力开展全国文明城市和平安天台创建工作,发动全局力量,实行分片包干制度,在各项创建工作中取得较好成效。

(王　蔚)

【仙居县文化广电新闻出版局】 内设职能科室4个,下属单位10家,乡镇(街道)文化站20个。2017年末人员103人(其中:公务员9人,参公18人,事业76人;具有高级专业技术职务资格的3人,中级12人)。

2017年,仙居县文化广电新闻出版局紧扣台州市创建国家公共文化服务体系示范区和"三年打基础、五年上台阶"目标,各项工作顺利开展。一是文化阵地建设扎实推进。包含县级图书馆、文化馆、博物馆、剧院的县城市文化综合体PPP项目建设工作持续推进,部分基础工程已开工建设。新建图书馆分馆2家,和合书吧2家,文化馆分馆4家;新建农村文化礼堂23家,文化广场25个,数字文化广场13个。全县418个行政村均建有村级文化活动中心,其中107个村建有文化礼堂,106个村建有文化广场,对全县已建成的文化礼堂和乡村书院开展星级评定管理并实施免费开放补助。全县20个乡镇综合文化站基本达到整改要求并实行免费开放。二是文化活动丰富多彩。按照"季季有节庆、月月有项目、周周有演出、天天有活动"的要求,城乡联动开展各类文艺活动,全年开展文化惠民下基层、文化走亲等活动1205次,开展送戏、送展、送讲座等文化活动892场,送书3.84万册,送电影6685场;举办了"诵读者之夜"晚会、示范区创建暨保障法宣传巡演、"不忘初心 牢记使命"喜迎党的十九大文艺晚会等系列活动20多场。积极参加各类赛事,共有3件作品获国家级奖项,11件作品获省级奖项,10件作品获市级奖项,反映仙居本土人物故事的电影《一辈子的姐弟》在院线影院上映。完成1120种地方文献数字化工作,实现了地方文献的网上查阅、下载功能。创建完成"仙居记忆"数据库。整合公共阅读资源,实现全县所有图书通借通还、全面流动,打通阅读服务"最后一公里"。全年定向培养乡镇文化员2名。三是文化遗产保护绽放异彩。启动下汤遗址公园建设,已完成下汤遗址保护规划送审稿、遗址公园节点性方案,编制文本向省文物局申报下汤省级考古遗址公园。全面启动仙居岩画调查工作,完成实地调查和《仙居古越族岩画群保护规划》初稿编制。启动省级文物保护单位攀龙附凤牌坊、黄梁陈武庙及陈氏宗祠之武庙修缮方案设计工作。抢救性挖掘大战乡下满村宋代古墓及官路镇后里吴村明代古墓。新增省级非遗传承人3人,市级12人,县级26人;新增省级非遗生产性保护基地(仙居花灯)1个,市级1个,县级9个。陈彩平仙居花灯作品获得第十三届中国民间文艺"山花奖";仙居花灯作品在省灯彩大赛中获"映山红奖",仙居县文广新局获得优秀组织奖;仙居山歌获得“非遗薪传——浙江省传统音乐展演展评活动”优秀入选奖；仙居花灯参加“根与魂——浙江根雕艺术精品展”，庆祝香港回归20周年。组织6家企业参加中国(义乌)文化产品交易会，“仙居花灯”(衍生品)获金奖，稻草画《锦上添花》获银奖。承办台州市非遗传承骨干剪纸培训，开展非遗走亲以及讲述仙居好故事系列活动。四是文化市场健康有序。全省首创“安全活动日”制度，将每月9日设立为“文化市场安全活动日”，定期开展安全生产宣传教育活动，全年实现安全生产零事故。仙居县文化市场日常巡查出动检查2046人次，检查出动1999家次，行政处罚立案调查16件，罚款11.9万元，停业整顿6家次。落实“最多跑一次”行政审批改革，公布“最多跑一次”服务事项60项，其中行政许可31项，其他权力事项29项。

(张梦瑶)

【三门县文化广电新闻出版局】 内设职能科室5个，下属单位8个。2017年末人员73人(其中：公务员9人，参公6人，事业58人；具有高级专业技术职务资格的7人，中级16人)。

2017年，三门县文化系统紧紧围绕县委、县政府总体部署，以创建国家公共文化服务体系示范区为抓手，以统筹城乡文化发展为重点，以推进文化惠民工程为核心，戮力同心，实干创新，较好地完成了全年各项任务，为开创海洋经济新时代做出了积极的贡献。一是公共文化服务水平稳步提升。国家公共文化服务体系示范区创建工作取得新进展。六大类27项创建指标基本完成。公共文化设施网络不断完善，三门剧院工程基本完工，图书馆新馆立项，县文化艺术中心改造工程完成设计，博物馆“海开三门”主题展厅动工建设，亭旁起义纪念馆被评为浙江省社科教育基地，新建成2个和合书吧(24小时图书馆)并免费开放，启动“悦吧三门”共享书吧工程，已完成20个书吧建设。图书人均占有率1册以上，图书年流通率达标。乡镇(街道)文化站整改成效明显，新建成珠岙、海润、浦坝港综合文化站，基本实现文化站全覆盖。已建成9个图书馆分馆和4个文化馆分馆，图书馆、文化馆总分馆体系基本形成。新建22个农村文化礼堂、3个县文化示范村、2个村史馆，农村综合文化设施不断健全。数字文化网络不断完善，“三门文化云”平台上线运行，新建5个数字文化广场，互联互通的公共数字文化服务平台基本实现共建共享。项目创新有成效，“农(渔)数字化公共文化标准化服务”入选省级标准化试点项目。群众文化活动精彩纷呈。紧扣“台州文化年”活动任务，举办2017新春团拜会、全民排舞闹元宵、送戏下乡优秀民营剧团选拔演出等活动12场。第七届百姓文化节暨“海上畲乡”文化周活动成功举办，“五大会战”成果汇报文艺晚会赢得一致好评，主办了“剿灭劣V类水”主题宣传文艺晚会，组织开展了“剿灭劣V类水”综艺文艺下乡巡演40场、“爱在三门，乐在礼堂”系列文艺活动105场。文艺创作取得新成果。完成了大型歌舞剧《梦寻三门湾》的编排及红色主题历史话剧《包定》的剧本创作，开展了百名文艺工作者赴基层创作采风活动，共创作出26首新歌新词，100多件美术及摄影作品。文化惠民持续开展。全年开展文艺下乡218场、文化走亲交流活动8次、送书下乡4.3万册、送电影下乡3228场、各类公益培训150次。开展了读书节、最美书房评比等“书香三门”系列活动，举办好书推荐、经典诵读、绘本故事会等阅读推广活动90多场。举办了民乐戏曲“三”进活动10场、周末剧场30场、浙江省雏鹰计划30场。二是文化遗产保护传承利用成效明显。举办了以“弘扬冬至文化，传播中华文明”为主题的中国冬至文化研究中心成立大会暨2017冬至文化论坛。开展“美丽非遗乡村行”系列活动，助推全域旅游示范区创建。成功创建二十四节气(冬至)非遗主题小镇，亭旁镇成为这一批新入选的台州唯一非遗主题小镇。积极开展相关申报工作，分别有1名、4名、7名传承人被列入第五批国家级、省级、市级代表性传承人。非遗微视频《正月十四闹元宵》获得“安吉杯”最美中国年·浙江年俗2017年春节大赛铜奖。三门祭冬项目参加中国农业博物馆举办的“人与自然相处的智慧——二十四节气专题展”和第九届浙江·中国非遗博览会二十四节气专题展览。举办“金鸡报春·幸福三门”三门县2017年元宵民俗展演活动。开展“曲艺三进”活动20多场次。设立“戏曲驿站”，开展了20多场公益性演出。加强文保单位维修。完成了路上周宗祠、祁家宅院2个省保单位修缮工程，完成香山汪氏宗祠、悬渚俞氏家庙等3个省保单位的"四有档案"编制工作。完成倪廉墓、铺里宗祠等7个县保单位的抢救性修缮工程。完成文保单位(点)白蚁防治面积2万平方米。举办三门县博物馆藏品展、三门石窗图片进文化礼堂巡回展、"二十四节气"三门祭冬图片下乡巡回展等9个展览,参观人次达2万多。配合亭旁党性教育培训基地建设工作,完成了亭旁起义纪念馆修缮和改造提升以及南溪村亭旁起义第一枪旧址修缮和宣传展陈建设方案设计工作。县博物馆获全省第一次全国可移动文物普查先进单位。三是文化产业发展取得突破。完成县影视文化产业扶持政策、县文化产业发展扶持政策起草修订,拨付文化产业发展专项资金196.5万元。引进落户中国(三门)写生创作基地等项目,精准包装"老粮仓文创园""蛇蟠岛影视拍摄基地"等5个文化产业招商推介项目,老粮仓文创园项目被市委宣传部作为台州文化产业重点推介项目,蛇蟠岛影视拍摄基地项目在台州市文化产业发展对接交流会上进行路演推介。组织三门石窗、贝特工艺参加了2017中国浙江时尚创意精品(泰国)展览会,石木缘、唐韵根雕等4家单位参加第12届中国(义乌)文交会,其中贝特工艺圈椅获创新设计奖,唐韵根雕的"八仙过海"作品获工艺美术银奖。推荐蛇蟠岛集团申报台州市文化产业专项资金奖励性项目,帮助三门小百花越剧团申报中央财政特色文化产业补助资金项目,近两年帮助民营剧团累计争取到60万元中央财政文化产业补助资金。推动县内知名民营剧团参加省市各类展演活动,积极组织文化企业参加省文化厅的系列培训工作,共5批次46人。四是文化市场保持平稳。"最多跑一次"工作有力推进。进一步理清权力事项清单和办事流程,减少办事环节,简化办事流程,共梳理行政许可和其他类58项,实现"最多跑一次"58项,完成率达100%。文化市场监管全面加强。组织开展了全县文化市场保障党的十九大"百日攻坚"和"消防安全百日大会战"专项整治等行动,对全县网吧、娱乐场所、校园周边环境、演出市场等监管重点区域实施地毯式检查,共排查消防安全隐患108处,全部整改完毕。全年出动执法人员1117人次,检查文化企业1683家次,查处违规企业23家次;举报(督查)受理3件,行政处罚立案调查22件,办结案件18件,罚款9.4万元。完成了全县32家网吧及1家娱乐场所监控平台调试接入工作,实现24小时实时监管。开展"僵尸企业"摸底调查工作,共排查出"僵尸企业"68家。加强"扫黄打非"工作。开展了"净网""清源""护苗""秋风"等专项行动,加强对全县互联网服务单位的监管力度,及时清理各类网络淫秽色情有害信息,防范和打击"三假"(假记者站、假媒体、假记者)、盗版销售等违法犯罪活动。深入开展"扫黄打非"进基层工作,将"扫黄打非"工作纳入县综治网格化管理,海游街道蟠龙社区"扫黄打非"示范点被评为省先进单位。县文化行政执法大队被省文化厅评为先进单位。

(章芸超)

丽水市文化广电新闻出版局

【概况】 内设职能科室8个，下属单位7个。2017年末人员105人(其中：机关20人，事业85人；具有高级专业技术职务资格的24人，中级30人)。

2017年，丽水市文化广电新闻出版局共组织送戏下乡1851场、送书下乡16.79万册、送戏下乡2.59万场，文化走亲83场。全市882个村自办“乡村春晚”，开启全国百县万村网络联动新模式，形成“一台引领，十台示范，百台特色，千台规模”的格局。正式出台《丽水市公共文化服务提升计划(2017—2020)》。莲都区、遂昌县通过省首批公共文化服务重点县验收；庆元县、云和县被列入全省第二批重点县，受到重点扶持。全年实施文化基础设施项目9个，总投资12.37亿元。市文广新局被评为2017年度全国、全省“扫黄打非”先进集体，全市2个基层联络站被评为全国“扫黄打非”进基层示范点，1个联络站入选省级示范标兵，6个联络站入选省级示范。全省率先试点建设文化市场预警系统。

一、公共文化服务

(一)公共文化设施建设

开工建设总投资3.04亿元的市图书馆新馆项目，该项目被评为全国PPP示范项目。6月30日，丽水市图书馆新馆项目开工仪式举行，副市长卢彩柳出席开工仪式。项目选址在市区开发路和寿元路交叉口西南侧地块，总投资3.03亿元，总建筑面积3.45万平方米，按照一级馆标准建设，规划藏书量120万册，阅览座位数1100座，日均接待量3000—3500人次，机动车停车位411个，非机动车停车位850个，为广大公众提供图书借阅、专题展览、音乐鉴赏、文化创意、参考咨询等公共文化服务，项目将建成市图书馆、城市绿地公园、城市地下停车场“三位一体”的城市大型公益性公共设施，预计在2019年年底前完工。市非遗馆建成并开放，实现“市有五馆”(文化馆、图书馆、博物馆、美术馆、非遗馆)目标。挂牌总投资3.05亿元的市区重大非工招商项目海德(国际)音乐艺术收藏馆。在全省第六次乡镇综合文化站评估定级中，2个综合文化站被评为特级站，实现零的突破，150个综合文化站达到三级以上综合文化站标准，与以往评估定级相比，上等级数量增加66.7%。

(二)“乡村春晚”品牌建设

丽水市与文化部全国公共文化发展中心、全国“乡村春晚”百县联盟共同组织开展全国“乡村春晚”百县万村网络联动活动，全国共有23个省(市)、100个县、10000个村参与丽水市“乡村春晚”模式联动。1月12日，2017年全国“乡村春晚”启动仪式在缙云县举行。文化部全国公共文化发展中心副主任陈胜利、省文化厅副巡视员任群、市人大常委会副主任陈志雄、副市长戚永远等出席启动仪式。16支丽水“乡村春晚”代表方阵进行了才艺展演，向全国汇报展示丽水乡村春晚36年探索建设成果，展示丽水乡村群众文化自信自觉精神风貌。文化共享工程·中国文化网络电视通过覆盖25个省(市、区)的1万多个入站终端、1400万个入户终端和手机App、微信平台等多种途径，对启动仪式盛况进行网络直播。丽水“乡村春晚”数量由2012年的120台增加到2017年的882台。丽水市“乡村春晚”通过国家示范项目中期督查，并被编入《中国全民艺术普及发展报告》，列入文化部“公共文化空中大讲堂”向全国推广的地方案例，专题论坛亮相2017中国文化馆年会。

(三)文化惠民服务

组织举办丽水市第十届乡村文化艺术节等各类群众文化活动。深入实施“文化家园”工程，做好公共文化场馆免费开放工作，其中，市文化馆实现全年免费开放；市图书馆读者人数近19万人次；市博物馆参观人数达36万人次，同比增长38.4%；市美术馆实现每天有免费展览，全年组织大型展览27次。组织开展2017年全市“书香丽水·全民阅读”系列活动、“4·23世界读书日”系列活动，创新开展“我是角儿”亲子角色阅读活动，成立“学而读书会”“丽水朗读团”，在全省

11个地级市中率先在市行政中心设立阅读吧，建成市区第一家24小时城市书房。

二、文艺精品创作

（一）文艺精品创作成果

启动话剧《亲水亭》创作。原创越剧《张玉娘》获第十三届省"五个一工程"奖并亮相国家大剧院。婺剧小戏《老鼠娶亲》、婺剧折子戏《断桥》，云和包山花鼓戏《福妈嫁囡》、小品《村长耳背》受邀参加央视戏曲频道《一鸣惊人》栏目"梦想微剧场"录制，并分获团体金奖、铜奖。婺剧《斗战神猴》赴央视演出，并在《七彩梨园》栏目播出。诗集《白铁皮》、书法作品《唐诗》、美术作品《寂》、歌曲《最江南》及《蚂蚁部落》等获得第四届瓯江文化奖优秀成果奖。

（二）群众性文艺活动

举办2017丽水摄影节开幕式音舞诗画"一城丽水"、丽水市第十二届原创歌曲大赛、丽水市第三届原创舞蹈大赛、丽水市第四届合唱节、丽水市音乐家协会流行音乐学会成立两周年暨丽水市流行乐团成立专场音乐会等一系列文艺活动。组织开展"党旗高高飘扬"宣传市党代会精神暨"剿灭劣Ⅴ类水"文艺巡演。

（三）文化交流

开展全市文化"走出去"项目库建设，缙云钢叉舞、遂昌昆曲十番等16项地域特色文化项目预先列入项目库。龙泉青瓷等丽水特色文化产品和非遗项目亮相2017香港·浙江文化节"根与魂——忆江南·浙江省非物质文化遗产展"。遂昌昆曲茶艺节目在"2017上海中食展""哈萨克斯坦2017年世博会中国馆""德国柏林中国文化周""香港遂昌同乡会"等活动中精彩亮相并深受好评。

三、文物保护

（一）文物保护工程

12月2日，龙泉市大窑龙泉窑考古遗址公园正式入选第三批国家考古遗址公园，成为全省两处之一、全市唯一入选的考古遗址公园；《大窑龙泉窑遗址保护管理规定》列入丽水市人大及其常委会2018年地方立法计划。加强世界文化遗产预备项目处州廊桥保护管理，启动25座"国保"廊桥专项规划编制。龙泉市被国务院批准公布为国家历史文化名城，是全省第10座国家历史文化名城。省级文保单位处州府城行春门城墙保护修复工程如期竣工验收，总投资近3000万元，是丽水市省级历史文化名城建设中增添的标志性建筑。完成省级文保单位省委机关旧址兴华广货号陈列场景改造提升工程。

（二）传统村落保护

新增首批省级传统村落198个，国家和省级传统村落总数达356个，占全省总数的34.4%。松阳全国传统村落保护利用试验区通过国家文物局专家评估。《丽水市传统村落保护条例》列入丽水市人大及其常委会立法调研项目库。

（三）博物馆体系建设

推进瓯江文苑市区特色民办博物馆群建设，在建拟建展馆12幢，总建筑面积5.9万平方米，总投资4.4亿元，完成"招馆引馆"9家，并启动9幢展馆陈展装修方案编制；世界钟表文化中心项目完成政策处置和招商方案。市博物馆被评为全国民族团结进步教育基地、全省精神文明教育基地，"秀山丽水生态展"获全省十大精品展。举办纪念建军90周年暨全民族抗战爆发80周年丽水革命文物展、"丽水三宝"精品展、河南省夏商周文物展等系列精品展览。完成丽水数字博物馆建设并投入运行。2件博物馆文创产品获"浙江博物馆十佳文创产品奖"，2件产品获入围奖。

四、文化市场

（一）"扫黄打非"工作

市文广新局被评为2017年度全国、全省"扫黄打非"先进集体。大力推动"扫黄打非"进基层，实现9个县（市、区）181个乡镇（街道）、2850个行政村"扫黄打非"联络站、村级信息员全覆盖，初步建立"快速反应、上下联动、横向到边、纵向到底"的"扫黄打非"网格监管体系，"扫黄打非"进基层工作创新举措获国家和省"扫黄打非"办充分肯定。丽水2个基层联络站被评为全国"扫黄打非"进基层示范点，1个基层联络站入选省级示范标兵，6个基层联络站入选省级示范点。抓好大案要案查办，2016年4起列入全国挂牌督办的案件全部办结，是年3起案件被列入挂牌督办案件，刑拘犯罪嫌疑人22人，扣押涉案现金100多万元，累计关闭网站4个，查获淫秽视频数万部，硬盘容量6太字节以上。

（二）文化市场管理

在全省率先试点建设文化市场预警系统。加强文化市场信息化建设，全市文化市场信息监管平台正式投入使用。开展省级文化市场营业场所文化类标识牌规范化管理试点工作，率先对属地各文化经营场所相应标志牌进行格式设计，统一标准，规范悬挂。

加大文化市场监管力度,全年全市日常巡查出动 1.07 万人次,检查场所 1.22 万家次,违规 153 家次;行政处罚立案调查 132 件,警告 86 家次,罚款 28.24 万元,停业整顿 5 家次,吊销许可证 1 家次,移交 5 家次。深入推进"最多跑一次"改革,19 个事项被列入全市"零上门"和"最多跑一次"服务事项清单,梳理公共文化服务事项 29 个。启动浙陕(丽水—西安)对口交流协作,开展丽水市—嘉兴市两地执法交流协作。

(三)文化产业宣传推介

不断加大文化产品市场拓展和对外宣传推荐力度,文化精品先后在温州国际时尚文博会、宁波文博会、义乌文交会、深圳文博会等各大展会上亮相展出,现场交易和意向订单较上年明显增加。其中,市文广新局连续三届获义乌文交会组织一等奖,12 件工艺作品获工艺美术奖,2 件博物馆文创产品获创新设计奖。积极做好文化产业评选推介工作,推荐浙江松阳田园文化创意园、龙泉中华香菇文化创意园申报中央财政文化产业发展专项资金;推荐好玩猫网络科技有限公司申报国家文化创新工程项目;推荐浙江畲族歌舞团等 8 家优秀剧团申报优秀基层戏曲院团奖励资金,4 家优秀剧团各获 30 万元的奖励资金。

(四)全省文化市场预警系统现场会

8 月 17 日,全省文化市场预警系统现场会暨保障党的十九大"百日攻坚"启动仪式在丽水召开。会议总结全省文化市场执法上半年工作,部署下半年重点工作,向全省推广丽水市文化市场预警系统。省文化厅厅长金兴盛、副厅长黄健全,文化部文化市场司副巡视员刘鲁平,丽水市副市长卢彩柳出席会议。全省各市、县文化广电新闻出版局分管领导、执法机构负责人 150 多人参加会议。会议期间举行保障党的十九大"百日攻坚"行动启动仪式,金兴盛和卢彩柳共同触摸启动球。

五、非物质文化遗产保护

(一)非遗保护传承体系

松阳县西屏街道明清文化街、云和县采真里历史文化街区、景宁县鸬鹚乡入选省级非遗主题小镇,龙泉市石马村入选省级民俗文化村。8 家单位入选第二批省非遗生产性保护基地。25 名传承人被评为第五批省级非遗代表性传承人。评定第五批市级非遗代表性传承人 61 人、第三批市级非遗传承基地 19 个。评选公布第二批市级非遗体验点 11 个、非遗主题小镇 7 个、民俗文化村 4 个。完成市级非遗数据库平台建设。完成陈十四传说彩色连环画的编纂、出版。在全省首届非遗"十佳百优"图书评选中,丽水市 11 部图书入选,数量居全省第三位。

(二)非遗展示展演

组织举办"丽水市美丽非遗四季行"、"温情端午·金丽衢'非遗市集'"、全市木偶戏展演暨文化志愿服务"四进"活动、2017 丽水市新春婺剧专场演出、全市传统戏剧展演等各类非遗展示展演活动,提高非遗知名度和影响力。陆续在市区 61 所学校开展戏曲进校园活动,进一步弘扬中华优秀传统文化,推动戏曲传承发展。

(三)丽水市非遗馆开馆

12 月 15 日,丽水市非遗馆正式开馆,并面向社会免费开放。副市长卢彩柳出席开馆仪式。丽水市非遗馆位于市区大猷街应星楼内,场馆面积近 1700 平方米,由"和之韵·山高水长""勤之韵·春耕冬酿""匠之韵·巧夺天工""娱之韵·弦歌弄灯""奇之韵·乡野绝艺"和"凤之韵·千年山哈"6 个单元组成。展出联合国教科文组织公布的人类非遗项目 3 个,国家级、省级和部分市级代表性非遗项目 90 个,多层次、多角度地系统展示丽水数量繁多、绚烂多姿的非遗乡土文化。市非遗馆静态陈列和活态展示相结合,展馆区块设置分为展览区、互动体验区、活态展演展示区等多个功能区块,运用声、光、电、塑像、浮雕、场景、实物、图文、幻影成像等表现形式,观众可以现场倾听鼓词、观看传统戏剧表演、体验畲族民歌等。

【大事记】

1月

3 日 全市"扫黄打非"信息系统管理员会议召开。9 县(市、区)"扫黄打非"办,以及丽水市"扫黄打非"工作领导小组成员单位的管理员和信息员参会。

4 日 省文化厅发文公布第二批浙江省非物质文化遗产生产性保护基地名单,丽水市龙泉市古越剑铺、景宁县浙江奇尔茶业有限公司等 8 家企业入选。是年,丽水市共有国家级非遗生产性保护基地 1 家,省级非遗生产性保护基地 14 家。

同日 省文物局发文公布 2016 年度全省文物执法监察工作成绩显著单位名单,市文物监察支队、龙泉市文物监察大队、遂昌县文物监察大队3家被表彰为先进集体。

5日　省政府发文公布第五批浙江省非物质文化遗产代表性项目名录，丽水市云和八步洪拳、莲都翻龙泉等9个项目入选。是年，丽水市共有人类非遗项目3个，国家级非遗项目18个，省级非遗项目104个，市级非遗项目254个。

9日　丽水大剧院新一轮委托经营工作协调小组召开丽水保利大剧院管理有限公司2016年度工作考核会议。市府办、市财政局、市文广新局、市审计局、大剧院管理处及丽水保利公司相关人员参会。

12日　丽水市举行2017年全国"乡村春晚"启动仪式。16支丽水乡村春晚代表方阵进行才艺展演。文化部全国公共文化发展中心副主任陈胜利宣布活动启动。省文化厅副巡视员任群、全国公共文化服务体系建设专家委员会委员巫志南，以及市领导陈志雄、戚永远、何赤峰等出席启动仪式。全国乡村春晚观察员、丽水市创建全国公共文化示范项目领导小组成员单位负责人、丽水9县（市、区）文化部门相关人员参加启动仪式。

13日　副市长戚永远对云和县文化市场进行安全生产检查。检查情况总体良好。

19日　省政府发文公布第七批省级文物保护单位名单，丽水市的浙江铁工厂旧址、胡纮夫妇墓、鞍山书院等21处入选省级文物保护单位。是年，丽水市共有全国重点文物保护单位13处，省级文物保护单位81处。

22日　省文化厅发文公布2016年度浙江省民间文化艺术之乡名单，遂昌县石练镇石练七月秋赛会、松阳县坪枫乡迎神赛会等5个项目入选。

2月

3日　省政协副主席郑继伟带队到丽水市松阳县调研。市委书记史济锡、市委常委朱继坤、市政协副主席金爱武等陪同调研。

4日　市文广新局创建全国文明城市2017年部署会召开。市文广新局班子成员，局机关各处室主要负责人，局直属各单位班子成员、联络员，局创建办全体人员参会。

6日　全市文化市场管理暨"扫黄打非"工作会议召开。市、各县（市、区）文广新局分管领导、文化执法大队负责人参会。

13日　丽水市非遗馆正式开工建设。

16日　省文化厅发文公布浙江省第六次乡镇综合文化站评估定级结果，丽水市150个文化站被评为省级综合文化站。其中，丽水市莲都区碧湖镇综合文化站、遂昌县石练镇综合文化站被评为特级综合文化站，25个综合文化站被评为一级站，32个综合文化站被评为二级站，91个综合文化站被评为三级站。

同日，市委宣传部、市文广新局联合印发《2017年丽水市"书香丽水·全民阅读"系列活动实施方案》。

25日　在上海召开的中国全民艺术普及发展报告和全民艺术普及慕课建设指南研讨会上，丽水"乡村春晚"作为全国地方优秀案例之一，写入《中国全民艺术普及发展报告》大纲。

3月

6日至7日　全市文物工作会议在缙云县召开。市、各县（市、区）文广新局文物分管领导及各地文保所（文管办）负责人，市博物馆、文保所负责人参会。

8日至9日　全市文化广电新闻出版局长会议在松阳县召开。会议总结分析了2016年工作，全面部署了2017年重点任务；市文广新局各分管副局长分别就各条线2017年工作重点进行具体部署；各县（市、区）文广新局局长分别做典型工作交流发言。市文广新局班子成员、副调研员，各县（市、区）文广新局局长，市文广新局直属各单位主要负责人，局机关各处室负责人参加会议；市纪委派驻纪检组负责人、市电影公司和丽水保利公司主要负责人受邀列席会议。

12日　"中华颂"全国小戏小品曲艺高级研修班暨2017丽水市第一期文化馆业务干部培训班在市文化馆举办。来自内蒙古、黑龙江、山东等8个省的150多名戏剧骨干参训。

14日　市文广新局组织举办全市博物馆优秀讲解案例选拔大赛，全市各博物馆选送的16名选手参赛。

同日至15日　吉水县考察团一行18人到莲都区、缙云县、景宁县等地考察文化建设。

15日　全市文化市场管理工作紧急会议暨全市文化市场交叉执法检查活动部署会召开。市、县（市、区）文广新局分管领导和市县两级有关文化执法人员参会。

16日　"党旗高高飘扬"丽水市第四次党代会精神文艺宣传

下基层活动启动仪式暨首场演出在莲都区岩泉街道青林村文化礼堂举行。活动由市委宣传部、市文广新局主办,市文化馆、市歌舞团、市文化自信志愿者服务队承办。

23日　市婺剧促进会工作会议在遂昌县召开。市人大常委会副主任、市婺剧促进会会长武昌出席会议并讲话。市婺剧促进会、遂昌县人大常委会及缙云、遂昌、莲都婺剧促进会相关人员参会。

27日　在2017全省博物馆优秀讲解案例选拔大赛上,丽水市2位选手获二等奖,1位选手获优胜奖。

31日　联合市消防支队组建安全检查组,对市本级各级重点文物保护单位开展消防安全隐患拉网式大排查。

4月

1日　丽水市"美丽非遗文化礼堂四季行"之"春来了,到遂昌"活动在遂昌县石练镇淤溪村文化礼堂举行。

5日　市委办、市府办印发《丽水市公共文化服务提升计划(2017～2020)》。《丽水市基本公共文化服务标准(2017—2020年)》同时出台。

同日,丽水市第十三届未成年人读书节启动仪式暨优秀童谣传唱大赛在莲都区囿山小学举行。该活动由市文广新局、市教育局主办,市图书馆、市文化馆承办,囿山小学1800多名师生参加活动。

同日至6日　省文化厅副厅长蔡晓春一行到莲都区、龙泉市调研指导文化特色小镇建设和对外文化交流工作。

13日至14日　全市非遗工作培训会在龙泉市召开。市、县(市、区)文广新局分管副局长、非遗中心主任、非遗业务骨干参训。

24日　丽水市在市区纳爱斯健身广场开展2017年侵权盗版及非法出版物集中销毁活动,并开展"绿书签2017"系列宣传活动,集中销毁12700多件盗版和非法出版物。市"扫黄打非"领导小组各成员单位分管负责人,市、县两级文化执法人员代表,市级公安、市场监管和城管执法部门的执法人员代表,市印刷协会及印刷企业代表,社区居民代表等120多人参加了活动。

26日　文化部副部长项兆伦到松阳县调研非遗和传统村落保护工作。文化部非遗司司长陈通,省文化厅党组副书记、副厅长陈瑶,市委常委、宣传部部长葛学斌,副市长卢彩柳等一同调研。

27日　文化部副部长项兆伦在省文化厅厅长金兴盛,省文化厅党组副书记、副厅长陈瑶,市政府副秘书长王炜等陪同下,参观第12届义乌文交会丽水市展位。

5月

5日　中共丽水市委印发《关于郑利剑等同志职务任免的通知》(丽委干〔2017〕77号),任命叶锦伟为丽水市文化广电新闻出版局党组书记。

7日　"打开艺术之门"童年五彩梦想大舞台——全市未成年人读书节之朗诵大赛举行。来自9县(市、区)的17个节目、500多名未成年人参赛。大赛共产生各组别一等奖4名、二等奖6名、三等奖8名。

10日　市文广新局、市文明办、市教育局、市新华书店联合发文公布2016年"阅读伴我成长"读书征文活动获奖作品。此次活动共收到作品221篇,评出一等奖11篇,二等奖22篇,三等奖33篇,优胜奖43篇。

15日　在浙江省5·18国际博物馆日主场活动颁奖仪式上,市文广新局获浙江省第三届博物馆免费开放最佳做法组织奖,景宁县博物馆获最佳产品创意奖。

17日　在浙江省文化志愿服务工作推进会上,丽水市文化馆"文化自信"志愿者服务队获2016年度浙江省文化志愿服务先进单位,丽水市文化馆"四关爱"志愿服务项目被评为2016年度浙江省优秀志愿服务项目。

18日　2017年"国际博物馆日"丽水市主场活动启动仪式在市博物馆举行。本次活动内容包括义务鉴宝、全省博物馆优秀案例选拔大赛丽水市获奖人员颁奖仪式、"丽水数字博物馆"项目启动仪式等。

19日　丽水市人民代表大会常务委员会印发《关于决定任命刘志伟等职务的通知》(丽人大常干〔2017〕17号),任命徐兼明为丽水市文化广电新闻出版局局长。

同日至21日　第十三届浙江省未成年人读书节暨全省未成年人朗诵大赛决赛上,丽水市获得一等奖1个,二等级1个,三等奖2个。

23日至24日　省文化厅党组副书记、副厅长陈瑶到青田、龙泉开展省非遗捐赠作品调研走访活动。

24日　副市长卢彩柳实地

调研省重点项目市图书馆新馆建设及市区重大非工招商项目海德(国际)音乐艺术馆项目、世界钟表文化中心项目。

6月

2日　市图书馆开办的行政中心阅读吧正式对外开放。

4日　2017第一届吉他中国(丽水)国际吉他文化艺术节启动仪式在市文化馆举行。

9日　副市长卢彩柳一行到市文广新局和局直属各单位调研走访。

10日　在2017“文化和自然遗产日”浙江省主场城市(杭州)活动暨第六届大运河文化节系列活动开幕式上,丽水市“畲族银饰制作技艺”被省政府公布为“浙江省非物质文化遗产”;《处州提线木偶戏》《处州板龙》等11本书入选首届浙江省非物质文化遗产“十佳百优”图书;市博物馆“秀山丽水——自然生态基本陈列”获第11届全省博物馆十大陈列展览精品奖;2人被省文物局授予第一届“最美浙江文物守望者”荣誉称号;3人被省文化厅、省文物局授予“文物工作三十年”荣誉称号。

同日　“处州古韵”丽水市2017文化和自然遗产日活动在市博物馆举行。全市30个传统技艺类、美术类和美食类的非遗代表性项目参加,近70位非遗传承人、工艺美术大师现场展示技艺,此外还进行了《陈十四传说》连环画免费发放和义务鉴宝活动。

12日　丽水市第五批非物质文化遗产项目代表性传承人名单公布,共有61人入选。

13日　丽水市第三批非物质文化遗产传承基地名单公布,共有19个基地入选。

同日至16日　2017年丽水市《中华人民共和国公共文化服务保障法》学习培训班在浙江艺术职业学院举办。全市9个县(市、区)文广新局公共文化分管领导及文化馆、图书馆、博物馆馆长共40多人参训。

27日至30日　省文化厅副巡视员李莎带队到莲都区、庆元县和遂昌县考核验收省公共文化服务重点县工作。

28日至29日　全国重点文保单位处州廊桥保护规划编制会议在庆元召开。龙泉、青田、庆元、松阳、景宁5县(市)文广新局分管领导及文管办(文保所)主要负责人,省古建筑设计研究院项目负责人等参会。

30日　市图书馆新馆项目开工仪式举行。副市长卢彩柳出席开工仪式。

7月

4日　2017年政府购买公共文化服务——“绿谷大舞台”系列活动签约仪式举行。经过公开征集社会团体服务方案、专家评审等环节,最终7个社会团队及项目获得“绿谷大舞台”系列活动承办资格。

5日　丽水市文广新局、缙云县博物馆等5个集体获评浙江省第一次全国可移动文物普查先进集体,10人获评先进个人。

6日至7日　全市博物馆运行水平提升工作现场会在景宁县召开。各县(市、区)文物行政部门分管领导、市县两级博物馆负责人,有关非国有博物馆代表、博物馆工作先进代表参加会议。

26日　由市委宣传部、市档案局、市文广新局、丽水军分区政治工作处主办的“红色史·强军梦·老区情——纪念中国人民解放军建军90周年丽水影像档案展”在丽水摄影博物馆开展,展出新老照片400多幅。

同日　“千年精艺·人类遗产”丽水三宝精品展在贵州省安顺市平坝区博物馆开展。本次展览展期一个月,共展出19位中国工艺美术大师、15位浙江省工艺美术大师、25位丽水市级大师和绿谷新秀的近200件龙泉青瓷、宝剑及青田石雕艺术精品。

同日至31日　2017“秀山丽水”国际萨克斯风艺术节——暨2018 Alain Crepin国际萨克斯风大赛在市文化馆开幕。此次艺术节由市文广新局、丽水学院、市文联共同主办。

27日　市委老干部局、市文广新局、市武警支队、市公安消防支队在丽水大剧院联合主办“庆祝建军90周年军民联欢晚会”。晚会以“喜迎十九大,共叙鱼水情”为主题,分为“峥嵘岁月”“鱼水情深”“强军战歌”和“追梦中国”4个篇章。市委书记史济锡观看演出。

31日　市区首家城市书房正式开放。该书房位于城北路与紫金路交叉路口,集阅览、借阅、休闲于一体,面积近140平方米,设阅览座位42个,藏书8000多册,向市民免费开放。

8月

1日　由市委宣传部、市文广新局、市档案局、丽水军分区政治工作处共同主办的“红色史·强军梦·老区情——纪念建军90周年·全民族抗战爆发80周年丽水革命文物展暨百名将军书法展”在市博物馆开幕。市委常委、宣传部部长葛学斌致辞并宣布开幕,市政府副市长卢彩柳主持开幕式,丽水军分区副司令张宝藏大校致辞。市直有关部门主要负责人、干部职工和群众共200多人参加开幕仪式。

3日　市委常委、宣传部部长葛学斌带队到市文保所、市图书馆、市文化馆等文化事业单位走访调研。

同日　全市文化市场预警体系建设现场会在庆元县召开。省文化厅市场处、市文广新局、庆元县政府及各县(市、区)文广新局、文化执法大队相关负责人参会。

14日至16日　2017“浙江好腔调”处州古韵·浙江传统戏剧系列展演活动暨丽水市第二届传统戏剧展演在市区莲城剧场举行。展演由省文化厅主办,省非遗保护中心、省非遗保护协会、市文广新局承办。

17日　全省文化市场执法工作培训暨十九大文化安保工作启动仪式在丽水举办。省文化厅厅长金兴盛、文化部文化市场司副巡视员刘鲁平出席会议并讲话,副市长卢彩柳致辞。省文化厅副厅长黄健全主持会议。市文广新局局长介绍丽水市文化市场预警系统试点经验。全省各市、县文化广电新闻出版局分管领导、执法机构负责人150多人参会。

23日　全市文化广电新闻出版局长会议召开。市文广新局班子成员、副调研员、局机关中层干部,直属各单位主要负责人;各县(市、区)文广新局主要负责人参会。市纪委派驻纪检监察组负责人,市电影公司、丽水保利大剧院管理有限公司主要负责人列席会议。

同日　全市“扫黄打非”暨文化市场管理工作会议召开。市委常委、宣传部部长葛学斌出席会议并讲话,副市长卢彩柳主持会议,市文广新局局长做2017年丽水市“扫黄打非”和文化市场管理工作报告。

24日至25日　由省法制办、省文化厅组建的第三督查组到丽水开展文化市场行政执法督导检查。市政府、市法制办、市文广新局以及市区两级法制办、文广新局相关负责人参加汇报会。

9月

6日至30日　传统文化的当代实践——中青年非物质文化遗产传承人传统节日仪式研讨班在北京师范大学开班。此次研讨班由文化部非遗司、浙江省文化厅指导,北京师范大学、中共丽水市委宣传部、松阳县人民政府、丽水市文化广电新闻出版局主办,中共松阳县委宣传部、松阳县文化广电新闻出版局承办。

7日至23日　“大国重器——迎接党的十九大胜利召开摄影展”在市美术馆开展。此次摄影巡展由中国文学艺术界联合会、中国摄影家协会、中共丽水市委宣传部、丽水市文化广电新闻出版局、丽水市文学艺术界联合会主办。展览共展出90幅摄影作品,较为全面地展示了近年来我国在多个领域取得的重大成就。

19日至20日　由松阳县委、县政府和浙江越剧团共同打造的越剧《张玉娘》,作为浙江省文化精品项目参加“庆祝国家大剧院十周年戏曲邀请展”,首次亮相国家大剧院。中国文联党组成员、副主席、书记处书记赵实,文化部副部长项兆伦,省文联党组书记、副主席、书记处常务书记田宇原,市委常委、宣传部部长葛学斌等到场观看演出。

26日至10月15日　喜迎十九大“绿水青山”2017丽水美术书法摄影展在市美术馆举办。该展由市委宣传部、市文联、市文广新局主办,共展出280多幅作品。

27日　全市文物安全工作会议召开。市文广新局副局长、各县(市、区)文管办(文保所)主要负责人参加会议。

29日　2017年浙江省广场舞大赛在龙泉市大剧院举行。该活动由省文化厅主办,省文化馆、丽水市文广新局承办。来自全省各地的15支舞蹈队参赛。

30日　丽水市198个村入选首批浙江省省级传统村落名录,占全省总数的近三分之一,为全省入选数量最多的地区。

10月

4日至7日　2017第一届吉他中国(丽水)国际吉他文化艺术节在丽水市举行。本次艺术节由吉他中国、市文广新局、市文联、丽水华侨学院联合主办,共设7大类比赛、12组单项决赛,来自全国14个省(市、区)的500多名选手参加。

10日　第四批浙江省传统戏剧之乡名单公布,遂昌县新路湾镇(丽水提线木偶戏)被评为传统戏剧特色镇,莲都区碧湖镇保定村(处州乱弹)、庆元县濛洲街道姚家村(庆元唱灯)被评为传统戏剧特色村。

17日至28日　2017“木偶

情缘"全市提线木偶戏展演暨文化志愿服务送戏活动在市区举行。本次活动共安排22个木偶剧团在市区9个点开展22场木偶戏演出。

18日　召开全市影视产业发展座谈会。9家影视制作、放映单位的导演、编剧、制片人和企业负责人参加座谈。

20日　全市文物和文物安全工作电视电话会议召开。副市长卢彩柳总结了前期文物工作，分析了文物安全面临的严峻形势，全面部署了文物安全工作。市政府、市文广新局及市直有关部门负责人出席会议，各县（市、区）政府分管领导、有关部门负责人在当地分会场参会。

同日至21日　全国政协委员、中国文物保护基金会理事长励小捷，财政部文化司副司长叶雁林一行到松阳县调研传统村落保护工作。

27日至28日　2017丽水市剧院演出管理业务暨安全运行培训会召开。市文广新局、各县（市、区）文广新局分管副局长，全市剧院、大型演艺场所负责人，公益演员代表等50多人参会。

29日至31日　来自阿尔及利亚、阿曼、叙利亚、科威特等10个阿拉伯国家的13名专家学员，到龙泉开展"海上丝绸之路——陶瓷文物保护与利用"考察研修活动。

11月

8日至9日　浙江省文化生态保护建设工作推进会在景宁召开。省文化厅党组副书记、副厅长陈瑶出席会议并讲话。全省11个地（市、区）文化分管局长、非遗处长或非遗保护中心主任，10个省级文化生态保护区所在县文化部门负责人，以及相关领域专家学者等60多人参会。

13日至15日　丽水、西安、嘉兴、汉中文化执法业务培训班在丽水举办，4地文化执法人员100多人参加培训。

14日至17日　2017丽水市处州板龙传承人培训班在丽水职业技术学院举办，来自莲都、青田、云和等7个县（市、区）的近60名学员参训。

15日　2017丽水摄影节、第二届国际摄影研讨会、第26届全国摄影艺术展览开幕晚会举行，大型音舞诗画"一城丽水"进行了展演。中国摄影家协会、浙江省委宣传部和省级相关部门、丽水市四套班子和市级相关部门领导及组委会邀请的摄影业界人士、第26届全国影展邀请的嘉宾及荣誉获得者等参加晚会。

16日　龙泉市上垟镇、云和县凤凰山街道新华社区入选全国首批300个"扫黄打非"进基层示范点。

18日　全市"美丽非遗文化礼堂冬季龙泉锦溪行"暨非遗助推大花园建设在龙泉市锦溪镇举行，展示了丽水各县（市、区）以及桐庐、衢州、金华、舟山的35个特色非遗项目。

21日至22日　"引吭高歌走进新时代"贯彻落实党的十九大精神合唱大赛暨丽水市第四届合唱节在丽水大剧院举行。本次大赛由市委宣传部、市文广新局、市教育局主办。丽水市26支代表队参赛。仙都之声合唱团等4支队伍获得县（市、区）成人组别金奖。青田园丁合唱团等4支队伍获得县（市、区）教育系统组别金奖。丽水学院男声合唱团等5支队伍获得市直各系统组别金奖。

23日　丽水市第十届乡村文化艺术节在遂昌县大田村开幕。该活动由市委宣传部、市文广新局、市农办、市旅委联合举办。全市宣传、农办、文化、旅游四大系统分管领导、中层干部、文化馆长和各县（市、区）参赛人员180多人参加开幕式。

同日　在2017浙江省第二十八届戏剧小品邀请赛上，丽水市文化馆小品《张三的歌》，莲都区文化馆小型音乐剧《我》和缙云县文化馆小品《考前》入围。

24日　全市乡村春晚梦剧场建设现场会在遂昌县大田村召开。

29日　2017年全国文化馆年会上丽水市开设了"全民艺术普及体系（乡村春晚联盟）设计与创新"论坛。文化部全国公共文化发展中心主任李宏出席论坛并致辞。全国各地文化职能部门、文化馆、全国"乡村春晚百县联盟"单位来宾和全国文化馆年会参会代表等300多人参与论坛。

12月

2日　国家考古遗址公园现场工作会上，丽水市大窑龙泉窑成功入选第三批国家考古遗址公园，成为全省两处之一、全市唯一入选也是全市首个国家考古遗址公园。大窑龙泉窑也是"海上丝绸之路·中国史迹"联合申遗遗产点。

6日　丽水市第十二届原创歌曲大赛在庆元举行。本次大赛由市委宣传部、市文广新局主办。市文化馆选送的《白鹭飞处等你来》等4部作品获得创作金奖。庆元县文化馆表演的《牵了手就是一辈子》等4部作品获得表演金奖。

7日　省文物局组织专家验收组对处州府城行春门城墙保护修复工程进行竣工验收。验收组认为该工程建设基本按照设计要求,符合文物维修原则,同意通过验收。

11日　“舞动美好生活”丽水市第三届原创舞蹈大赛举行。本次大赛由市委宣传部、市文广新局主办。文化部文化艺术人才中心主任李立中到场观看演出。全市各县(市、区)的17支队伍参赛。

12日　丽水·温州文化走亲越剧专场《张玉娘》在温州大剧院上演。本次活动由丽水市、温州市文广新局及松阳县委、县政府主办,浙江越剧团承办。

14日　发文公布丽水市第二批非遗主题小镇(民俗文化村)名单,莲都区大港头镇政府等7家单位被评为丽水市第二批非遗主题小镇,云和县雾溪乡坪垟岗村等4个村被评为民俗文化村。

同日　发文公布丽水市第二批非物质文化遗产展示体验点名单,丽水市鱼跃酿造食品有限公司等11家单位入选。

15日　市非遗馆正式开馆,并面向社会免费开放。开馆仪式上,副市长卢彩柳宣布开馆。

19日　省“扫黄打非”工作领导小组办公室公布了全省首批10个“扫黄打非”进基层示范标兵、示范点名单,龙泉市披云青瓷文化园获评进基层示范标兵,云和县石塘镇等6个联络站入选进基层示范点。

同日　省“扫黄打非”工作领导小组办公室发文表彰2017年全省“扫黄打非”工作先进集体和先进个人,丽水市“扫黄打非”办、市文广新局等5个单位获评先进集体,3人获评先进个人。

25日　市政协组织中共界别的政协委员,专题视察省级文物保护单位处州府城墙的保护、开发与利用工作。

26日　“不拘一格”2017浙江省第二届综合艺术大展在市美术馆开幕,500多位艺术爱好者参加开幕式。本次展览由省美术家协会、丽水市文广新局、丽水市文联主办,共展出作品128件,其中丽水有15件美术作品入围。

27日　省文化厅、省旅游局正式发文公布第四批浙江省非物质文化遗产旅游景区名单,丽水市松阳县西屏街道明清文化街区、云和县采真里历史文化街区、景宁畲族自治县鸬鹚乡入选非遗主题小镇,龙泉市龙渊街道石马村入选非物质文化遗产旅游景区。

29日　“探妙天工有奇术——中国历代玉器·骨器专题展”在丽水市博物馆开展。展览为期66天,展出历代玉器232件、骨器155件。

同日　全市“学习党的十九大精神”主题书法展在市博物馆开幕。展览为期19天,展出全市书法家和书法爱好者以党的十九大报告文本为书写主题的书法作品60多件。

(吴　海)

丽水市县(市、区)文化工作概况

【莲都区文化广电新闻出版局(体育局)】　内设职能科室5个,下属单位12个,其中局直属部门6个,乡镇(街道)文化广电中心站6个。2017年末人员135人(其中:机关11人,事业124人;具有高级专业技术职务资格的8人,中级51人)。

2017年,莲都区文化广电新闻出版局紧紧围绕区委、区政府中心工作,以提高公共文化服务水平和文化品位、服务旅游发展、服务创建国家全域旅游示范区为重点,积极开展各项工作,取得了明显成效。一是文化阵地建设有成效。以全国文明城市创建为契机,以省公共文化重点县建设为抓手,实现区、乡镇、村3级文化基础设施全面提升。建成区数字文化馆、区公共图书馆以及老竹镇、万象街道乡镇(街道)文化活动中心。完成峰源乡、雅溪乡综合文化站改造装修。太平、丽新文化站新建项目立项。全区14个乡镇(街道)文化站、233个村(社区)文化活动室实现全覆盖,全年新建农村文化礼堂9个,共有61个;新建乡村戏苑3个,共52个;新建“天天乐”活动点42个,共520个。二是品牌文化活动有创新。积极培育本土特色文化,开展“三月三”畲文化、“六月六”莲文化、“九月九”孝文化,“十二月十二”乡村春晚等系列主题活动,挖掘地方特色资源,丰富群众精神生活。组织开展了“金鸡报晓闹新春”系列活动、“欢乐莲城”莲都区第七届社区文化艺术节、2017古堰画乡小镇艺术节系列文化活动等区级大型活动60多场、各类中小型文化活动700多场。以农村为重要阵地开展一系列文化活动,组织文化礼堂村进行村歌创作、推荐和评选,写村歌、唱村歌、演村歌,以村歌为乐曲,组织村民跳村舞,开展乡村春晚、敬老礼仪等活动。三是文化惠民工作有实效。坚持常年开展"送文化"惠民活动，完成送戏下乡528场，送书下乡1.95万册。全年开展各类公益培训、讲座741期，参加人数5.67万人次；举办公益展览116次。以农村文化礼堂和社区文化中心为主阵地，组织社区村文艺会演、"天天乐"文化活动展演等活动，充分挖掘优秀民间文艺人才。积极开展"文化走亲"活动，完成赴秀洲、嵊州等地文化走亲16场，打造开放式活动平台，促进地域文化交流互动。四是文化遗产保护有成果。开展重要文保单位维修工作。国保通济堰堰头村古民居修缮工程、通济堰渠道文物修缮工程，省保西溪乡土建筑群修缮工程、沈家邸维修工程，市保沈氏宗祠维修工程进展顺利。完善文化遗产保护体系。浙江铁工厂19个点、碧湖镇古建筑群12个点被公布为第七批省级文保单位；积极开展重要文物的抢险加固工程，全年开展保护工程6项，协助区农办、项目所在乡镇开展历史文化村落保护利用重点村、一般村建设共9个。落实各文保单位安全保卫工作。层层落实文物安全管理责任，由莲都区政府与各乡镇(街道)、各乡镇(街道)与文物所在村签订安全责任书。定期检查更换灭火器材等设备。开展智慧消防物联网预警项目，实行三年运行维护管理。对第七批省保单位共10幢古建筑进行白蚁防治。五是非遗保护传承有亮点。"国遗"项目保护传承成效显著。全面开展区国家级非遗项目"丽水鼓词"的保护传承和弘扬工作，撰写出版《丽水鼓词研究》专著和《丽水鼓词》丛书。巩固完善丽阳门鼓词场(室外)、大港头鼓词场(室外)、丽水鼓词展示体验点等活态传承载体。录制音像视频200多小时，建立丽水鼓词艺人档案制度，激励传承人带徒授艺。举办第三届丽水鼓词演唱会。排练丽水鼓词新编曲目《诸葛亮招亲》《水事》参加浙江省"非遗薪传"展演展评活动，分别荣获二等奖、三等奖。促进丽水鼓词"活态"保护传承和弘扬。开展非遗传承活动。举办"处州乱弹"传承保护专场演出等9次，观众5.6万人次。举办民俗活动6次，1.5万人次参与。举办非遗保护展览6次，观众1万多人次。举办培训班(讲座)6次，培训学徒190人。组织传承人群培训班11次，培训175人次。巩固完善了6个非遗传承基地。

(项维芳)

【龙泉市文化旅游委员会(体育局、文物局)】 内设职能科室9个，下属参公单位1个，事业单位8个，国有企业1个。2017年末人员94人(其中：机关17人，事业77人；具有高级专业技术职务资格的8人，中级37人)。

2017年，龙泉市文化旅游委员会认真贯彻落实党的十九大和习近平总书记系列重要讲话精神，紧紧围绕文化"一十百千万"工程和市委、市政府"五水共治""三改一拆""六边三化三美"等中心工作，积极践行"绿水青山就是金山银山"的绿色生态发展战略，坚持"五措并举"，重点做好强基础、提素质、重服务、抓活动、建制度等方面工作，推动文化工作走在丽水各县(市、区)前列。一是创建工作喜结硕果。7月21日，中国政府网发布《国务院关于同意将浙江省龙泉市列为国家历史文化名城的批复》，同意将龙泉市列为国家历史文化名城。龙泉市正式成为全国第132座、浙江省第10座国家历史文化名城，丽水市首座国家历史文化名城。9月25日，在首届世界丽水人大会龙泉会场暨第十届龙泉青瓷·龙泉宝剑文化旅游节开幕式上，中国陶瓷工业协会对龙泉市进行"中国青瓷公园"授牌。12月2日，在国家考古遗址公园现场会上，龙泉市大窑龙泉窑考古遗址公园正式入选第三批国家考古遗址公园，成为全省两处之一、全市唯一入选的考古遗址公园。二是文化事业长足发展。文化惠民深入推进。各文化场馆施行免费开放，市文化馆开展免费培训30次，市图书馆接待读者共计30万人次，市博物馆接待观众55万人次。春节期间组织51个行政村举办"乡村春晚"文艺晚会，举办的数量和经费投入在丽水名列前茅；策划举办的"春光黄南 文化小梅""石马抢灯""安仁板龙闹元宵"等18场系列主题乡村文化漫游节活动，形式上更加创新，内容上更加丰富，发挥了公共文化服务品牌应有效应，成为乡村旅游发展的闪光点。举办首届世界丽水人大会龙泉分会场暨第十届龙泉青瓷·龙泉宝剑文化旅游节开幕式、龙泉市第二届"小城文化艺术周"，承办浙江省广场舞大赛等活动。持续开展"送文化"活动，送戏下乡演出155场，送电影下乡2800场，送讲座展览93次，送书下乡18次1.13万册。文化创作形成规模。文化精品成为龙泉市文化新名片。雪拉同排舞队参加浙江省广场舞大赛荣获金奖。市图书馆参加浙江省阅读推广活动创意策划大赛决赛获得优秀奖。《仙宫湖畔大白岸》《源底老家》《梦回宝溪》3首原创村歌代表龙泉市参加全国村歌大赛。原创歌曲《蚂蚁部落》参加中央电视台3套《群英汇》栏目录制。文化旅游深度融合。推进“讲好小城故事、助力精致龙泉”等系列活动,主动对具有文化底蕴的特色村和非遗文化点进行创意链接,全年策划开展19场“不灭窑火”龙泉青瓷传统龙窑烧制技艺活动,吸引中央电视台、浙江卫视、《浙江日报》等几十家全国主流媒体报道,其中中央电视台新闻频道以“绿水青山寻青瓷 五一别样乡村游”为主题对龙窑活动盛况进行了现场直播;国际陶协主席考夫曼、文化部国家非遗专家委员会副主任刘魁立等到龙泉参观体验,文化旅游热度不断提升,全市生态文化旅游品牌效应持续放大。三是文化产业快速提升。青瓷文化创意基地二期(大师教授传承园)主体完工,进入销售阶段,截至年底,累计实现固定资产投资21685万元;成功组织龙泉青瓷小镇、龙泉市建春青瓷厂、龙泉御泥堂青瓷厂等7家企业参加第12届义乌文交会,其中龙泉玉德青瓷有限公司荣获优秀企业称号,龙泉市卓越刀剑有限公司作品《清龙泉》、龙泉玉德青瓷有限公司作品《青莲三才系列》、龙泉市建春青瓷厂作品《太平有象》等获评优秀作品,龙泉青瓷烧制技艺获评“浙江非遗生活馆”网络评选最具人气非遗项目(品牌)。组织参加第九届浙江·中国非物质文化遗产博览会展示活动,被浙江省文化厅授予“最佳组织奖”。主动融入国家“一带一路”、浙江省“大花园”建设,高起点规划、高标准建设、高效率推进大窑龙泉窑考古遗址公园创建国家考古遗址公园,全面完成大窑龙泉窑遗址保护范围划定、保护机构设立、标志碑树立、记录档案编制“四有”工作,完成枫洞岩窑址展示提升、金村古码头保护展示等“海丝”申遗八大项目。四是文化市场稳中求进。坚持日常监管与专项整治并举、科技设备监控与实地巡查齐抓、宣传教育与执法查处并重,全方位加强文化、文物市场监管,为全市文化产业健康发展保驾护航。全年出动执法人员1111人次,检查文化经营场所1121家次,排查整改安全隐患45处,办理行政处罚案件14件,罚款4000元,查缴非法出版物460盒(片),发放整改通知书12份。五是文化遗产传承保护成效显著。加强龙泉青瓷传统烧制技艺、龙泉宝剑锻制技艺各级传承人管理,积极培养年轻优秀手艺人,3位传承人获评省级代表性传承人,8位传承人获评丽水市级代表性传承人。组织安仁小板龙、菇民防身术、龙泉七星剑法等非遗节目参加百姓大舞台展演,完成省非遗馆、丽水市非遗馆相关展品征集工作。启动毛正聪、夏侯文2位国家级非遗传承人抢救性记录档案拍摄整理工作,组织保护活动45场次,撰稿发布各类媒体宣传报道48篇。安仁小学、上垟小学被评为丽水市级非遗传承基地。龙渊街道石马村入选第四批浙江省非物质文化遗产旅游景区名单。成立传统龙窑烧制技艺研究会,选举产生首届研究会领导机构,探索推动龙泉青瓷传统龙窑烧制。阿尔及利亚、阿曼、摩洛哥、苏丹等阿拉伯9国13位文博专家到龙泉寻瓷问剑,就龙泉青瓷传统烧制技艺、青瓷文化历史、青瓷产业发展现状等进行学术交流和文化考察。龙泉青瓷亮相“一带一路”峰会。加强文物保护。夯实文保单位“四有”工作基础,启动第七批省保、第五批市保保护范围划定及立碑工作,全面完成第六批省保单位记录档案编制工作。完成全市不可移动文物安全状况大排查工作,基本摸清970处不可移动文物安全状况,并通过晾晒形式,有效推动文保员工作。完成江滨北岸东街拆迁区块重要文物构件的收集、整理、管理工作。加快构建以地面物联网视频监控、天空卫星定位预警为依托的全市“天地一体”文物执法监察预警系统,对省级以上文保单位进行全天候动态化监控,平安(安防)工程项目覆盖全市70%以上文物保护单位。

(赵 婕)

【青田县文化广电新闻出版局】 内设职能科室3个,下属单位8个。2017年末人员68人(其中:机关16人,事业52人;具有高级专业技术职务资格的4人,中级21人)。

2017年,青田县文化广电新闻出版局紧扣县委、县政府总体工作要求,坚定文化自信,落实意识形态工作,紧抓基本公共文化服务体系建设、文化惠民工程、文化产业发展、文体精品创作,推动文化繁荣兴盛,开创文化工作新局面。一是强化均衡发展,提高公共文化服务水平。完善文化基础设施建设。成功申报9位县级传承人为第五批丽水市非物质文化遗产代表性传承人，青田县江南实验学校等3个县级传承基地为第三批丽水市非物质文化遗产传承基地。倪东方艺术博物馆、24小时自助图书馆正式对外开放。新图书馆、东堡山文化旅游综合体、非遗及文物展示陈列馆等一批项目建设有序推进。提升公共文化服务能力。实行“送文化下乡”和“送电影下乡”服务事项市场化运作，送戏下乡192场，送电影下乡3700多场，送书下乡1.3万余册。立足群众需求、创新购买方式，规范管理程序、注重服务实效，为群众提供更加方便、快捷、优质、高效的公共文化服务。均衡城乡服务能力。报送浙江省公共文化服务重点县和薄弱乡村建设“十百千”工程推荐乡镇2个、村32个，积极推动薄弱村和乡镇发展提升。二是实施惠民工程，丰富群众精神文化生活。挖掘特色，打造文化品牌。组织举办百项非遗闹元宵、“青田好声源”歌手大赛、乡镇文艺会演、月末戏曲大舞台等群众性文化品牌活动。多样化开展以培育本土文艺人才为主题的“乡村春晚”“乡乡一台戏”等活动182场。持续开展以促进区域文化交流为主题的乡镇文化走亲32场、跨县域文化走亲活动5场。创新开展“指尖上的文化课堂”“芝田文化讲堂”“侨乡夕阳红系列”等品牌活动。以人为本，创作优秀文艺精品。坚持以人民为中心的创作导向，把“深入生活、扎根人民”的成果，体现在创作更多深受广大群众欢迎和喜爱的文艺精品上。以省市县各类文艺评选活动为载体，扶持推动舞蹈、音乐、小品等各类文艺优秀作品创作生产。小品《我的奶奶》参加丽水市第二届原创小品大赛获表演金奖、创作银奖。三是加强产业发展，夯实文化强县建设基础。推进行政审批改革。积极推进“最多跑一次”改革，全面梳理事项清单和数据共享需求情况，并按要求及时补充更新了12345热线事项库信息77条。加强审批服务标准化建设，按照“功能齐全、设施齐备、系统配套”的标准，继续做好“一站式”服务办结审批事项，完善行政审批中心窗口服务平台，完成审批事项20件，全面提升了行政审批服务质量和效率。强化文化执法力度。认真贯彻落实省市“扫黄打非”工作部署，深入开展以网吧、娱乐场所、出版物市场为重点的专项整治行动，全年出动检查342次，出动检查人员1040人次，检查各类场所1504家次，严厉打击参与经营非法出版活动和销售违禁非法出版物的行为，对违法违规经营的网吧从严从重处罚。狠抓文化产业发展。积极培育格瑞斯影视、欧影包装等文化产业龙头企业，鼓励社会资本进入文化产业。完成第六次全国县级公共图书馆服务规范考核评估定级工作，引进伯温影视村、高市生态乐园等一批项目，建成倪东方石雕艺术博物馆，兴建东堡山文化旅游综合体，完成非遗及文物展示陈列馆方案设计，逐步形成以石雕文化市场、歌舞游戏场所等传统文化产业为依托，欧陆风情式文化旅游和商品购物为支撑的文化产业发展格局。四是保护文化遗产，构建文化传承利用体系。加强文物保护工作。开展各类检查15场，继续跟进文物馆建设，完成龙现吴氏旧宅（含家庙、宗祠）、夏超旧居修缮工程，开展“海上丝绸之路”瓯江沿线文化遗产资源调查，整理12处文化遗产点。加强对各级文保单位资金补助扶持力度，保障日常开放、维护和保护管理工作。加强非遗保护工作。《“侨之韵”非遗传承活动——华侨新生代培根夏令营》入选《浙江省非物质文化遗产保护发展创新案例选编》。国遗青田鱼灯舞和青田百鸟灯舞入选丽水市文化“走出去”项目库。完成温溪传统刻字技艺传承基地，海溪乡（鱼灯舞）、阜山乡（庙会）丽水市第二批非遗展示体验点，非遗主题小镇和民俗文化村等的申报工作。开展曲艺“三进”等非遗相关演出展示活动22场。组织编撰出版《青田县非遗汇编》丛书。加强文化交流。组织青田石雕传承人携作品参加在香港举办的“根与魂——忆江南·浙江省非物质文化遗产展和活态展演”活动。组织青田石雕传承人（大师）携作品参加第九届浙江·中国非遗博览会。组织青田石雕和温溪核雕参加遂昌县“美丽非遗文化礼堂四季行”、景宁县“畲乡非遗廉政文化乡村行”、缙云县“美丽非遗文化礼堂四季行”等展示展演活动，还参加了金华市“‘温情端午’·金丽衢‘非遗市集’”和丽水市2017“文化和自然遗产日”展示展演活动。五是创新管理机制，加快文化人才队伍建设。增强干部政治意识。紧扣“两学一做”学习教育活动和“庸懒散”专题治理行动，落实意识形态工作。加强文化业务培训。组织全县乡镇文化员到浙江音乐学院学习《中华人民共和国公共文化服务保障法》,同时,着重加强图书馆、文化馆站等公共文化服务人员的教育培训。壮大文化人才队伍。以打造一支"一专多能"的文化管理队伍、一支"活力四射"的业余文化队伍、一支"门类齐全"的文艺创作队伍为目标,扎实建设素质、能力过硬的人才队伍。会同青田县人力资源和社会保障局,联合浙江艺术职业学院,定向培养乡镇文化员2名。

(叶王薇、吴华杰)

【云和县文化广电新闻出版局(体育局)】 内设职能科室4个,下属单位6个。2017年末人员47人(其中:机关7人,事业40人;具有高级专业技术职务资格的9人,中级16人)。

2017年,云和县文化系统全力推进"文化引领"战略,以满足人民群众精神文化需求为出发点和着力点,一手抓文化事业全面繁荣,一手抓文化产业融合发展,各项工作取得新进展。一是文化服务体系建设方面。不断完善文化基础设施建设。投入1080万元,实施文化中心小剧场等的改造提升。加快推进文化领域改革。文化审批事项全部纳入"最多跑一次"改革,并实现网上办理。县图书馆在全市文化系统率先完成公共文化机构法人治理结构改革,成立图书馆理事会。二是惠民文化活动开展方面。文艺宣传不断加强。实施"百千万"工程,全年送戏下乡100场,送电影下乡1511场,送图书下乡1.82万册。举办云和铁军开局大会战"党旗高高飘扬"主题晚会、"军歌献给党 喜迎十九大"拉歌赛等大型文艺活动9场,第二届戏迷演唱会、新春茶话会等中小型演出5场。举办乡村春晚25场。指导并参与举办梯田开犁节、田垟西瓜节等"一乡一品"特色文化活动17场。成功举办第六届木制玩具节板龙巡演。包山花鼓戏《福妈嫁囡》、小品《村长耳背》赴央视戏曲频道《一鸣惊人》栏目"梦想微剧场"进行录制,并荣获团体铜奖。两次邀请浙江电视台《流动大舞台》栏目组到云和录制以法制宣传、文化礼堂巡演为主题的文艺演出,并在浙江电视台公共新农村频道播出。书香云和建设深入推进。新建图书分馆1个,悦读吧2家,民宿书屋7家,截至年底,共建成分馆4个,馆区1个,悦读吧7家,民宿书屋10家。其中,石塘小顺分馆被评为第二届读者最喜爱的乡镇(街道)图书馆,小顺村被评为浙江省书香之村(社区)。民宿"漫享书屋"获省宣传思想文化工作"三贴近"典型案例。全年举办阅读推广活动151场次,公益展览39场次,公益讲座23场次,读者培训活动110场次。推广"超星移动图书馆"客户端,年访问量达128万次。三是文化市场和阵地监管方面。联合开展"扫黄打非"系列工作。积极推进"扫黄打非"进基层,工作典型经验在全省"扫黄打非"工作会议上做交流发言。凤凰山街道新华社区创成全国"扫黄打非"进基层示范点;白龙山街道、石塘镇创成省级"扫黄打非"进基层示范点。县"扫黄打非"领导小组办公室被评为省级先进集体。全面加强文化市场监管力度。严格做好"双随机"抽查监管工作,强化日常执法检查。与全县35家文化经营场所负责人签订《安全生产承诺书》,举办文化经营场所安全生产培训班,组织开展安全演练。成立首家文化经营场所义务消防队。办结文化执法案件13件,没收文化类非法物品383件。四是优秀传统文化保护传承方面。文化遗产申报取得重大突破。成功申报省级文物保护单位2处,省非遗生产性保护基地1处,省非遗旅游景区1处,省非遗项目代表性传承人2人,市非遗传承基地3处,市民俗文化村1个,市非遗展示体验点1个,市非遗项目代表性传承人8人。文化遗产保护工作扎实开展。完成文保单位(点)修缮维护15处,省级文保单位平安工程2处。组织开展"文化和自然遗产日"非遗展演系列活动。完成可移动文物普查成果汇编《箬水遗珍》并正式出版。全面推进包山花鼓戏等濒危剧种抢救性保护工作。开展古籍基础修复工程,100多册古籍家谱实现数字化。

(周　磊)

【庆元县文化广电新闻出版局(体育局)】 内设职能科室5个,直属事业单8个,乡镇文化中心站6个。2017年末人员67人(其中:机关10人,事业57人;具有高级专业技术职务资格的5人,中级31人)。

2017年,庆元县文化广电新闻出版局深入贯彻落实党的十八大、十八大历届全会、十九大精神以及习近平总书记系列重要讲话精神,围绕"生态立县、产业富县、开放兴县"战略发展目标,常态化开展"两学一做"学习教育活动,贯彻落实县委、县政府决策部署，以“浙江省基本公共文化服务标准化建设”为重点，积极主动作为，创新争先，认真实施文化惠民建设工程，深入开展群众性文化活动，推动文化民生事业全面发展，各项工作成效明显。一是项目建设取得突破。完成县公共文化服务中心公开招投标等工作，并于12月19日举行开工仪式。该项目选址于县城元帅公庙区块，总用地面积51186.1平方米；总建筑地上面积26804平方米，其中图书馆建筑面积6125平方米，文化馆6000平方米，剧院9350平方米（座位818个），广电制作中心5280平方米；地下26780平方米；投资35501万元。二是重点县建设有序推进。庆元县被列入第二轮公共文化服务重点县建设，县人民政府颁布《庆元县公共文化服务重点县建设两年提升计划（2017年9月—2019年7月）》，明确县文化中心等公共文化重点建设项目、16个乡镇综合文化站提升工程项目的建设任务，制定《基本公共文化服务项目任务分解表》，于11月底召开庆元县公共文化服务重点县建设推进会，从标准要求、具体举措、责任单位等方面明确各部门职责。三是文化惠民力度不断提高。专题演出好戏连台。春节期间全县举办70场“乡村春晚”和1场“乡村春晚”精品节目会演，参演人数3000多人，评选出12场“特色乡村春晚”和66名“乡村春晚”草根明星，此外还举办了“和和美美过大年”春节系列演出5个专场。举办第十届农村文艺会演，全县各乡镇（街道）共举办38场文艺会演并从中选出36个特色节目开展2场全县农村文艺总会演。组织开展“享阅读之乐·建书香之城”第一届庆元县全民阅读节系列活动、“光辉历程，永恒记忆——喜迎十九大庆元红桥摄影诗文展”、“不忘初心 牢记使命”庆元县宣传贯彻党的十九大精神专场文艺演出等20多场，丰富了群众的精神生活。全年送戏下乡114场，送电影下乡3200场，送图书流通1.21万册，送讲座展览23场，组织文艺骨干送指导、送服务2000多人次，举办文化走亲演出8场；举办“菇星璀璨”免费培训班12期。庆元县香菇、廊桥博物馆全年接待参观团体400多个，观众37万余人次；县图书馆外借图书4万余册次，采购新书7000多册。探索优化供给模式。改革公共财政投入方式，采用政府招标、集中采购等方式，提高财政资金的使用效益。全年送电影下乡3200场，其中向社会采购2000场；送戏下乡114场，其中向社会采购106场。四是文化遗产保护进展顺利。完成全国重点文物保护单位处州廊桥之如龙桥、西洋殿和省保卢福庙修缮工程，并顺利通过验收。启动黄坛李氏宗祠和大济古驿道修缮工程。完成处州廊桥之咏归桥日常养护工作。有序推进文物平安工程，进一步加强庆元县文物保护工作，改善文物保护状况。和泰顺县共同组团代表浙江省参加第六届中国成都国际非遗节暨2017年“文化和自然遗产日”文化部主场活动，对联合国急需保护的非物质文化遗产名录项目木拱桥传统营造技艺进行展示。组团参加第12届中国（义乌）文交会，文创产品“木拱廊桥拼装模型——咏归桥”获文交会工艺美术银奖和创新设计奖，“木拱廊桥拼装模型——咏归桥”“半路亭桥”获得国家外观设计专利。参加中国浙闽木拱廊桥保护与申遗推进会、第六届廊桥文化节暨第七届廊桥文化论坛，全力推进“浙闽木拱廊桥”申报世界文化遗产工作。庆元县非遗文献《庆元廊桥》入选浙江省非物质文化遗产保护文献“百优”图书名单。公布第二批庆元县级非物质文化遗产项目代表性传承人10人。五是文化市场建设规范高效。全年日常巡查出动检查707人次，检查经营单位903家次，违规13家次；行政处罚立案调查13件，办结案件12件，移交1家次；警告9家次，罚款2.2万元，没收违法物品25件，取缔非法演出4起、非法游摊4家，没收非法出版物341册。有针对性地开展校园周边环境整治、网吧市场专项整治、娱乐场所专项检查等，顺利完成“护航十九大”等工作任务，确保了全县文化市场健康、平稳、有序发展。文化市场工作取得突破，庆元县“扫黄打非”办协调公安部门成立专案组，全力查办“浙江庆元QQ群传播淫秽物品牟利案”，该案件入选全国“护苗2017”专项行动第一批典型案件，并提请全国“扫黄打非”办将此案列为全国挂牌督办案件。省文化厅在庆元县进行文化市场预警系统试点建设，在庆元召开浙江省文化市场预警体系庆元试点现场会，庆元县预警体系建设得到了肯定并在全省铺开。县文化市场行政执法大队荣获全省文化市场综合执法先进集体称号，已是连续三年获此殊荣。

（张丹萍）

【缙云县文化广电新闻出版局(体育局)】 内设职能科室6个，下属单位5个，乡镇(街道)文体站18个。2017年末人员106人(其中：机关20人，事业86人；具有高级专业技术职务资格的17人，中级35人)。

2017年，缙云县文化广电新闻出版局紧紧围绕县委、县政府中心工作，提升公共文化服务标准化、均等化建设水平，为“十三五”文化事业开好局、起好步，迈出了坚实的一步。一是以互联网+文化为重点，扩大特色文化品牌影响力。“乡村春晚”有新影响。春节期间举办“乡村春晚”101场，全力办好全国“乡村春晚”启动仪式，协同中国文化网络电视进行全程直播，得到网上观众上百万次点击，有效扩大了缙云县乡村文化影响力。“婺剧文化”传播呈现新气象。婺剧小戏《老鼠娶亲》、婺剧《断桥》参加央视《一鸣惊人》栏目录制，夺得“团体金奖”和“优秀节目奖”“最佳编剧奖”“最佳导演奖”，并在央视戏曲频道和网络电视播出；“喜迎十九大——缙云县首届民间婺剧演艺大赛”受到评委高度肯定，并在央视戏曲频道播出；长坑小学《斗战神猴》节目赴央视演出，并在《七彩梨园》栏目播出；婺剧《断桥》参加浙江省第八届十大城市戏曲演唱联赛摘得团体金奖。“美丽非遗”提升有新步伐。县国遗项目“张三寨七七会”吸引了中央电视台为期半个月的采访；独角台场《独角婺韵》、丝竹锣鼓《花头台》参加“非遗薪传——浙江省传统音乐展演展评活动”分获优秀入选奖和最具人气奖获；“金竹关公庙会”“美丽非遗文化礼堂秋季缙云笕川行”展演活动网上直播，深受网友好评。二是以服务均等化为目标，开展丰富多彩的群众文化活动。文化下乡深入开展。结合县委、县政府中心工作，通过政府买服务方式，完成送戏170场、送电影4507场、送图书1.64万册。完成“剿灭劣V类水”暨丽水市第四次党代会精神文艺巡演19场。积极组织文化走亲活动15场，并引进浙江昆剧团演出。大型活动引领文明新风。组织全县性大型文艺活动12次，结合喜迎十九大、省示范文明县城创建主题，开展了缙云县首届民间婺剧演艺大赛、庆祝中国人民解放军建军90周年军民联欢晚会、仙都之声合唱音乐会等，用艺术营造了浓厚的创建氛围。精品节目推陈出新。选送优秀作品参加省内外比赛，小品《考前》参加浙江省第二十八届戏剧小品邀请赛，婺剧小戏《惟有活水源头来》参加“中华颂”第八届全国小戏小品曲艺大展，原创舞蹈《晒》参加全市原创舞蹈大赛。三是以挖掘资源为重点，推进文化遗产保护利用。夯实博物馆服务社会功能。全年组织举办临时性展览活动11场，并到学校、文化礼堂巡展10次。积极与浙江自然博物馆、兰溪博物馆开展馆际合作办展，弘扬缙云地方文化。加强文物单位保护工作。完成省级文物保护单位独峰书院修缮项目工程，推进国保单位仙都摩崖题记保护范围内仙都下洋至鼎湖大道污水工程项目建设，完成国保单位仙都摩崖题记修缮。扎实开展“四有”档案工作。加强非遗传承保护。开展县戏曲文化的挖掘和整理，已通过省民间文艺家协会审核，成功创建中国民间戏曲文化之乡。完成市级主题小镇、民俗文化村和非遗展示体验点建设。收集整理缙云歌谣70多首、戏台对子1128首、道情16首、唱莲花3首、故事198个，并出版了《经典民歌荟萃》书籍。推进杂剧进湖川小学、上宕功夫进胡源小学、丝竹锣鼓进长坑小学、迎罗汉进前路小学等活动，开展国遗项目轩辕黄帝祭典进校园活动。扩大志愿者队伍，编写《千村故事》。四是以加强监管为抓手，积极规范文化市场经营秩序。推进“最多跑一次”改革。认真梳理办理事项，其中主项63项，子项77项。完成“最多跑一次”事项电子化归档工作，推进“一窗受理、集成服务”工作，全年办件174件，实现“让群众跑变为让数据跑”。规范文化市场经营秩序。开展文化市场摸底，全县有文化类经营场所139家，同时建立了“双随机”抽查名录库，结合日常执法检查工作，出动检查758人次，检查经营单位1328家次，实施各类行政处罚案件30起，受理各类群众举报4件，办结率、满意率100%。加强“扫黄打非”力度。推动全县各乡镇成立了“扫黄打非”工作领导小组，并将“扫黄打非”工作纳入全科网格员职责。始终保持“扫黄打非”高压态势，重点开展“清源、净网、护苗、秋风、固边”等专项行动，集中整治学校周边文化场所，收缴非法图书(刊)700册，非法音像制品2300多张，较好地净化了社会文化环境。加强文保单位监管力度。全面开展县文保单位消防安全设施隐患排查工作，加强文物保护力度，共出动执法人员211

人次，检查各级文保单位238家次，及时发现问题并要求落实整改。

（陈俊杰）

【遂昌县文化广电新闻出版局（体育局）】 内设职能科室5个，下属事业单位7个（含参公事业单位1个）。2017年末人员56人（其中：机关8人，事业48人；具有高级专业技术职务资格的9人，中级15人）。

2017年，遂昌县文化广电新闻出版局深入践行“两山”理论，紧紧围绕县委、县政府中心工作，以高度的文化自觉和文化自信，推进文化事业全面创新发展。文化在全县发展中的功能效益不断凸显，以汤显祖文化为代表的县域文化已成为遂昌“美丽幸福大花园”建设的强大引擎。一是特色文化品牌打造成果明显。以打造“汤显祖文化”为主线，成功举办了2017年元宵节“班春劝农”典礼，端午节“大过中国节·端午遂昌行”龙排节活动，央视新闻频道对两起活动进行了现场直播，极大地提升了遂昌的知名度和美誉度；“班春劝农”受中国农业博物馆邀请参加了在北京举办的“二十四节气专题展”；汤显祖戏曲小镇后江区块规划通过初评，并移交建设部门实施；遂昌昆曲茶艺节目在“2017上海中食展”“哈萨克斯坦2017年世博会中国馆”“德国柏林中国文化周”“香港遂昌同乡会”等活动中精彩亮相并深受好评。完成好川文化遗址出土文物整理修复，在杭州西湖博物馆举办“好川文化发现20周年”纪念活动和首次好川文化出土文物特展。二是公共文化服务体系建设质量不断提升。重点县建设全面迎检并顺利通过，部分亮点特色工作受到省文化厅检查组肯定。城市文化综合体项目稳步推进。全县20个文化站在浙江省第六次乡镇综合文化站评估定级中上等级率100%，石练镇综合文化站被评为省特级综合文化站。全县71个村举办“乡村春晚”，承办丽水市第十届乡村文化艺术节开幕式暨“乡村春晚梦剧场”建设现场会，并正式开通全市首条“乡村春晚”文化体验线路。大力推进“文化惠民”工程，全年送戏下乡122场、送书下乡1.2万册、送电影下乡1800场。接待杭州下沙、诸暨、平阳、仙居以及省政协送法下乡等文艺演出队伍，赴金华、台州等地区开展“文化走亲”活动。举办戏曲、音乐、小品等培训活动52次，受训学员3000多人。文化馆选送的原创歌曲《最忆遂昌山水》和原创舞蹈《戏春》分别获丽水市原创歌曲、舞蹈大赛金奖；县图书馆举办首届“阅读马拉松赛”。三是文化遗产保护工作持续加强。完成全县80家文保单位安全状况大排查摸底，建立排查档案，不可移动文物实现安全目标。深入实施文物平安工程，完成全国重点文物保护单位好川遗址安防工程和省保单位蕉川乡土建筑群安防工程。配合完成丽水数字博物馆建设，协助拍摄遂昌汤显祖纪念馆藏品128件（组）。云峰街道长濂村鞍山书院，湖山乡奕山村朱氏宗祠榜被认定为全省第七批文物保护单位。新路湾镇（传统戏剧“丽水提线木偶戏”）被列入第四批浙江传统戏剧之乡。汤显祖纪念馆文创产品“香盒套装”获“浙江博物馆十佳文创产品奖”。纪念馆1人获2017全省博物馆优秀讲解案例选拔大赛二等奖。深入开展“美丽非遗进文化礼堂”“戏曲进校园”等活动，推进非遗保护和传承。遂昌昆剧团组建工作逐步推进，公考招录1名笛子手，与浙江昆剧团达成合作共识。完成遂昌昆曲十番古乐坊有限公司的改制解散等工作。四是文化市场管理稳定有序。坚持“繁荣”和“整治”两手抓，不断加大文化市场整治力度，推进网吧分级管理工作，督导全县网吧安装“清网卫士”，通过OA网络平台实时监管。深入开展“平安建设”“扫黄打非”等专项行动，全年受理举报3件，处理3件；出动检查688人次，检查经营单位540家次，查获违规经营单位18家次，查处非法游商6起，收缴盗版音像制品3000多张，图书530多册；一般程序立案调查10件，办结10件。深入开展“安全生产月”“护苗2017”绿书签系列活动，发放法规资料900多份，接受咨询58人。

（吴君建）

【松阳县文化广电新闻出版局（体育局）】 内设职能科室4个，直属单位6个。2017年末人员61人（其中：公务员9人，参公8人，事业44人；具有高级专业技术职务资格的6人，中级15人）。

2017年，松阳县文化广电新闻出版局牢固树立“文化振兴”理念，充分发挥“文化引领”作用，深入实施“文化名县”战略，精心打造“文化+”名片，努力探索“松阳模式”，较好地完成了各项工作任务目标，项目建设顺利推进，文化活动赛事精彩纷呈，文化市场繁荣稳定,文化队伍建设成效明显,特色亮点工作得到国家、省、市各级领导的肯定以及《人民日报》、中央电视台等媒体报道,为弘扬田园文化,建设“田园松阳”升级版提供了强有力支撑。一是做好文化遗产传承保护工作。首次与文化部、北京师范大学开展合作办学,举办中青年非物质文化遗产传承人传统节日仪式研讨班,被授予北京师范大学社会治理智库调研基地。整合汇总全县民俗文化资源建立文化基因库,特邀台湾《汉声杂志》,以“松阳传家”为主题,记录、梳理和呈现松阳地域保存至今的鲜活民俗遗产和魅力乡土生活。组织举办(承办)文化寻根非遗展演,《汉声杂志》举办讲座“从苏州水八仙到松阳大哉问”“谢谢你,松阳,让我遇见了可以预见的未来”,张玉娘文化现象艺术沙龙等。创建省级文化强镇、省级非遗小镇、市级文化强镇、市级非遗小镇、市级民俗文化村、市级非遗体验点各1个,市级非遗传承基地2个;1人获评省级非遗传承人,8人获评市级非遗传承人。县非遗馆全年累计接待国家级、省级、市级领导52次,举办“每周剧场”72场,被授予“浙江越剧团艺术教育实践基地”。开展拯救老屋行动。经过两年努力,项目初显成效,全县申报老屋142幢,开工130幢,完工100多幢,顺利通过财政部、国家文物局及中国文物保护基金会组织的中期检查。大力实施国家文物局传统村落保护利用试验区项目,加强《松阳传统村落保护利用模式探索与研究项目》课题研究。着力推进大东坝镇六村、三都乡酉田材等重点村(片)项目建设,深入开展历史文化建筑保护利用工作,继续推进宗祠、廊桥及濒危历史文化建筑修缮工作,形成政府与群众良性互动、保护与利用互促共进的良好氛围。积极申报松阳县传统村落中非物质文化遗产活态保护利用试验区试点,项目得到文化部支持和肯定,已起草完成建设方案初稿。松阳传统村落整村保护经验获省政府肯定,并多次受邀在中组部举办的“城市文化改革与发展专题研讨班”、国家文物局举办的“文物建筑活化利用”工作会议等国家级会议上做典型交流发言,《文化修复 活态传承 积极探索以文化为引领的古村落复兴之路》入选全省基层文化工作典型交流材料选编。二是加强文艺精品创作。原创历史文化名人传记越剧《张玉娘》荣获浙江省第十三届精神文明建设“五个一工程”戏剧类作品奖、2016年度丽水市宣传思想文化工作创新奖等多项大奖,其经验做法《院团联姻,合作共赢——松阳县越剧〈张玉娘〉探索地方文化挖掘新模板》入选浙江省非物质文化遗产保护发展创新案例,并在全省艺术创作题材规划会暨全省专业院团长会议上做典型经验交流,9月作为浙江省文化精品项目参加“庆祝国家大剧院十周年戏曲邀请展”,首次亮相国家大剧院,社会反响巨大。此外,各项精品创作也在省市比赛中屡获大奖,如作品《茶香小镇等你来》荣获浙江省新农村建设特色小镇题材歌词大赛银奖,《月宫调》荣获“非遗薪传——浙江传统音乐展演展评活动”优秀入选奖,原创歌曲《山高水长》获丽水市第十二届原创歌曲大赛创作金奖、演唱金奖、辅导金奖等。三是开展多样文化活动。结合传统村落保护、第十届茶叶节、剿灭劣Ⅴ类水等全县重点工作,面向基层定制“文化菜单”。创作剿灭劣Ⅴ类水原创作品38个,编排了《十八届六中全会精神很重要》等文化节目。送戏下乡217场,送书下乡2.34万册,送电影下乡1905场,举办县级大型文化活动35场,大型民俗节庆活动32场,“乡村春晚”综合演出33场,文化走亲9场,极大丰富了群众文化生活。完善“乡乡有节会、月月有活动”民俗展演机制,彰显传统文化的时代价值。创新新闻宣传报道。各项特色工作成为迎接党的十九大重点报道课题,《人民日报》、新华社、《光明日报》、中央电视台等主流媒体进行了大篇幅报道,在全社会引起了强烈反响。据不完全统计,共刊发省级以上报道26篇,其中国家级19篇。开通“文化松阳”微信公众号,全年发送消息200多条。四是加强文化队伍培养。创新开展文化圆梦大使辅导活动,积极组织开展传统工匠及文物保护工程从业人员、讲解员、业余文保员等基层文化队伍年度轮训和专项业务采风培训,仅县级层面累计举办42期特色培训及讲座,累计培训学员2500多人次。完成《文化圆梦大使志愿服务管理规范》的地方标准制定,并在水南街道设立试点。受邀参加全国“乡村春晚”开幕式表演、2017年中国文化馆年会乡村文化艺术普及体系(乡村春晚联盟)设计与创新专题论坛等。五是加强文化设施建设。公共文化设施不断完善,以乡镇综合文化站为依托,村级文化礼堂、文化活动室为辐射点，扎实推进“半小时公共文化服务圈”建设及“十百千”工程。新建农村文化礼堂8个（累计建成60个），成功创建省级文化强镇古市镇、市级文化强镇大东坝镇，西屏街道、古市镇、水南街道、斋坛乡等4个文化站被评为省一级文化站。田园文化创意园完成年度投资8000万元。推进全县域生态（乡村）博物馆建设，打造独具松阳特色的“生活形态博物馆”。松香博物馆布展和契约博物馆、王景纪念馆基本完成，红糖工坊、竹林剧场投入使用，成功引进鸣珂里团队落户开发运营契约博物馆文化民宿。六是加强文化服务管理。按照“最多跑一次”的理念与要求，深化行政审批制度改革，进一步简政放权，提升服务质量，76项行政权力事项全部实现“最多跑一次”服务制度改革。文化市场管理坚持“一手抓繁荣，一手抓管理”，完成47家文化类许可，25家文化类单位换证工作，注销“僵尸企业”15家。深化“扫黄打非”工作，成功创建西屏街道城东社区为省级“扫黄打非”进基层示范点，着力开展农村文化市场以及“净网”“护苗”“清源”等专项行动，为全县文化市场的繁荣、稳定、平安、和谐做出了积极贡献。全年出动检查409人次，检查经营单位671家，查获违规单位12家次，受理群众举报1件，实施行政处罚11件，收缴非法出版物书刊1533册，文化市场良好率98.5%，全年未发生重大安全事故。

（陈凯奕）

【景宁畲族自治县文化广电新闻出版（体育）局】 内设职能科室5个，直属单位7个、国企2个。2017年末人员61人（其中：公务员5人，参公5人，事业51人；具有高级专业技术职务资格的13人，中级14人）。

2017年，景宁畲族自治县文化广电新闻出版局紧紧围绕县委、县政府提出的“文化名县”战略部署和“文化引领”工作要求，全力推动文化项目化、有形化和精品化，在公共文化理念创新、重大文化活动开展、特色文化品牌打造、传统文化保护传承、文化精品创作提升等方面取得了可喜成绩，为打造全国畲族文化总部，实现“三个走在前列”奋斗目标提供了坚强的文化保障和智力支持。一是完善政策法规。在全国120个民族自治县中率先启动公共文化立法步伐，制定出台《贯彻落实〈中共浙江省委办公厅 浙江省人民政府办公厅关于加快构建现代公共文化服务体系的实施意见〉方案》《景宁畲族自治县现代公共文化服务体系建设协调机制》《景宁畲族自治县关于实施“文化引领”建设“文化高地”推动文化发展走在全国民族自治县前列的若干意见》（简称“文化新十条”）。完成《景宁畲族自治县公共文化服务保障条例》初稿。二是紧抓示范创建。景宁畲族自治县大漈乡西二村被公布为第二批丽水市民俗文化村；岗石村畲族民歌传承馆被公布为第二批丽水非物质文化遗产体验点；畲族彩带编织技艺传承基地、大漈罐烧制技艺传承基地成功申报为第三批市级非遗传承基地；浙江奇尔茶业有限公司被公布为第二批浙江省非物质文化遗产生产性保护基地；鸬鹚乡被公布为第四批浙江省非遗主题小镇。畲族博物馆获第三届全省博物馆免费开放最佳做法最佳产品创意称号、文化旅游示范基地称号。三是加强设施建设。景宁县提升扩建景宁畲族自治县畲族博物馆，主体建筑扩建工程主体结构和基础结构顺利通过验收。完成景宁畲族服饰馆设计方案。完成国保单位高演环胜桥、大漈护关桥修缮工程方案设计，并上报国家文物局审批。完成省保单位潘家大屋修缮工程方案设计，并通过省文物局论证。孔庙被公布为第七批省级文物保护单位。四是丰富活动开展。开展2017中国畲乡三月三系列活动、“星耀新春·放飞梦想”大型文艺贺春系列活动、“百村闹春·乡村春晚”全县文化大荟萃启动仪式暨“凤舞畲山”大舞台年度总决赛等活动。“畲家飘歌”“小小故事林”“书友聊吧”等公共文化品牌活动继续常态化开展。五是加强文化遗产保护。在《2015年—2018年全省非物质文化遗产保护发展指数指标数据（试行）》评估排名中，景宁非遗保护工作连续4年位于全省前列。持续巩固“中国民间文化艺术之乡”品牌形象。全国畲族文化生态保护区创建工作取得阶段性进展。承办浙江省文化生态保护区建设工作推进会。畲族文化生态保护区展陈馆荣获浙江非遗博览会“最佳展陈奖”。景宁县非遗中心荣获“最佳组织奖”。畲族文化遗产保护创新团队被命名为“浙江省文化创新团队”，1人被授予“浙江省文化厅优秀专家”称号。《彩带王》荣获浙江省文交会“最佳设计奖”。畲族民歌《高皇歌》荣获浙江省传统音乐展演“薪传奖”,县非遗中心获优秀组织奖,畲族民歌国家级非遗代表性传承人蓝陈启被授予“浙江传统音乐传承特别贡献奖”。7人获评第五批浙江省非物质文化遗产代表性传承人,5人获评第五批丽水市非物质文化遗产代表性传承人。畲族博物馆举办了丽水青年书法十家写畲乡作品展、少数民族工艺品及民族服饰设计大赛获奖作品展和“中国畲乡杯”瓯江行丽水摄影大展等11个展览;文创产品获第12届中国(义乌)文交会5个奖项;畲乡文化产业研究创新团队入围浙江省文化创新团队;馆内藏品增加434件(套),总量达5025件(套),文物征集工作取得阶段性成果。六是加强精品创作。全年演出大型风情旅游剧《印象山哈》52场次,接待游客9332人。组织《印象山哈》到南京、常州、无锡等地进行旅游市场推广宣传30多场次。创作畲族作品《畲寨我来了》《酒不醉人人自醉》,均获第九届中国畲族民歌节暨中国好畲“音”民歌邀请赛金奖。双人舞《畲恋》获丽水市原创舞蹈大赛创作表演双金奖。歌曲《水兰草》《梦中的故乡》《治水战歌》分别获丽水市原创歌曲大赛金奖、银奖、铜奖。大赶考之歌《不打胜仗绝不收手》成为景宁畲族自治县建党96周年合唱大赛中的必唱曲目。七是深化文化惠民。全年开展“凤舞畲山大舞台”系列活动47场,参与演员达5000人次,观众近10万人次。全年举办公益培训班44班次,参与免费培训1000多人次。开展文化走亲7场。景宁县图书馆藏图书量13.03万册,到馆读者26.58万人次,读者图书借阅16.12万册次,电子图书借阅3.5万册次,移动图书馆点击量56.8万次,每周开放时间60小时。图书馆开展全民阅读活动105次,活动参与人数达到4.2万余人,各级获奖人数300多名,进一步推进了“书香景宁”建设。畲族博物馆全年免费接待各类团体800多个,观众25万余人次,全程讲解735场次。开展各类主题送戏下乡演出146场次,送书下乡1.18万册,送电影下乡1602场。八是强化文化执法。采取日常检查与集中行动相结合、现场检查与网络监管相结合、独立执法与联合执法相结合的方式,不断加大对全县文化市场检查的频度、密度和力度,全年检查各类文化经营场所853家次,立案12起,结案12起。坚持法治和德治并行,大力开展法规宣传教育,全年开展了“安全生产月”“文明上网校园行”“文物法律法规宣传月”等主题宣传活动,举办全县文化经营单位大型消防安全演练,召开全县文化市场经营业主会议12次。

(徐　冰)

文献资料

ZHEJIANG CULTURE YEARBOOK

中华人民共和国公共图书馆法

中华人民共和国主席令

第七十九号

《中华人民共和国公共图书馆法》已由中华人民共和国第十二届全国人民代表大会常务委员会第三十次会议于2017年11月4日通过，现予公布，自2018年1月1日起施行。

中华人民共和国主席　习近平

2017年11月4日

中华人民共和国公共图书馆法

（2017年11月4日第十二届全国人民代表大会常务委员会第三十次会议通过）

目录

第一章　总　则

第一条　为了促进公共图书馆事业发展，发挥公共图书馆功能，保障公民基本文化权益，提高公民科学文化素质和社会文明程度，传承人类文明，坚定文化自信，制定本法。

第二条　本法所称公共图书馆，是指向社会公众免费开放，收集、整理、保存文献信息并提供查询、借阅及相关服务，开展社会教育的公共文化设施。

前款规定的文献信息包括图书报刊、音像制品、缩微制品、数字资源等。

第三条　公共图书馆是社会主义公共文化服务体系的重要组成部分，应当将推动、引导、服务全民阅读作为重要任务。

公共图书馆应当坚持社会主义先进文化前进方向，坚持以人民为中心，坚持以社会主义核心价值观为引领，传承发展中华优秀传统文化，继承革命文化，发展社会主义先进文化。

第四条　县级以上人民政府应当将公共图书馆事业纳入本级国民经济和社会发展规划，将公共图书馆建设纳入城乡规划和土地利用总体规划，加大对政府设立的公共图书馆的投入，将所需经费列入本级政府预算，并及时、足额拨付。

国家鼓励公民、法人和其他组织自筹资金设立公共图书馆。县级以上人民政府应当积极调动社会力量参与公共图书馆建设，并按照国家有关规定给予政策扶持。

第五条　国务院文化主管部门负责全国公共图书馆的管理工作。国务院其他有关部门在各自职责范围内负责与公共图书馆管理有关的工作。

县级以上地方人民政府文化主管部门负责本行政区域内公共图书馆的管理工作。县级以上地方人民政府其他有关部门在各自职责范围内负责本行政区域内与公共图书馆管理有关的工作。

第六条　国家鼓励公民、法人和其他组织依法向公共图书馆捐赠，并依法给予税收优惠。

境外自然人、法人和其他组织可以依照有关法律、行政法规的规定，通过捐赠方式参与境内公共图书馆建设。

第七条 国家扶持革命老区、民族地区、边疆地区和贫困地区公共图书馆事业的发展。

第八条 国家鼓励和支持发挥科技在公共图书馆建设、管理和服务中的作用，推动运用现代信息技术和传播技术，提高公共图书馆的服务效能。

第九条 国家鼓励和支持在公共图书馆领域开展国际交流与合作。

第十条 公共图书馆应当遵守有关知识产权保护的法律、行政法规规定，依法保护和使用文献信息。

馆藏文献信息属于文物、档案或者国家秘密的，公共图书馆应当遵守有关文物保护、档案管理或者保守国家秘密的法律、行政法规规定。

第十一条 公共图书馆行业组织应当依法制定行业规范，加强行业自律，维护会员合法权益，指导、督促会员提高服务质量。

第十二条 对在公共图书馆事业发展中做出突出贡献的组织和个人，按照国家有关规定给予表彰和奖励。

第二章 设 立

第十三条 国家建立覆盖城乡、便捷实用的公共图书馆服务网络。公共图书馆服务网络建设坚持政府主导，鼓励社会参与。

县级以上地方人民政府应当根据本行政区域内人口数量、人口分布、环境和交通条件等因素，因地制宜确定公共图书馆的数量、规模、结构和分布，加强固定馆舍和流动服务设施、自助服务设施建设。

第十四条 县级以上人民政府应当设立公共图书馆。

地方人民政府应当充分利用乡镇（街道）和村（社区）的综合服务设施设立图书室，服务城乡居民。

第十五条 设立公共图书馆应当具备下列条件：

（一）章程；

（二）固定的馆址；

（三）与其功能相适应的馆舍面积、阅览座席、文献信息和设施设备；

（四）与其功能、馆藏规模等相适应的工作人员；

（五）必要的办馆资金和稳定的运行经费来源；

（六）安全保障设施、制度及应急预案。

第十六条 公共图书馆章程应当包括名称、馆址、办馆宗旨、业务范围、管理制度及有关规则、终止程序和剩余财产的处理方案等事项。

第十七条 公共图书馆的设立、变更、终止应当按照国家有关规定办理登记手续。

第十八条 省、自治区、直辖市人民政府文化主管部门应当在其网站上及时公布本行政区域内公共图书馆的名称、馆址、联系方式、馆藏文献信息概况、主要服务内容和方式等信息。

第十九条 政府设立的公共图书馆馆长应当具备相应的文化水平、专业知识和组织管理能力。

公共图书馆应当根据其功能、馆藏规模、馆舍面积、服务范围及服务人口等因素配备相应的工作人员。公共图书馆工作人员应当具备相应的专业知识与技能，其中专业技术人员可以按照国家有关规定评定专业技术职称。

第二十条 公共图书馆可以以捐赠者姓名、名称命名文献信息专藏或者专题活动。

公民、法人和其他组织设立的公共图书馆，可以以捐赠者的姓名、名称命名公共图书馆、公共图书馆馆舍或者其他设施。

以捐赠者姓名、名称命名应当遵守有关法律、行政法规的规定，符合国家利益和社会公共利益，遵循公序良俗。

第二十一条 公共图书馆终止的，应当依照有关法律、行政法规的规定处理其剩余财产。

第二十二条 国家设立国家图书馆，主要承担国家文献信息战略保存、国家书目和联合目录编制、为国家立法和决策服务、组织全国古籍保护、开展图书馆发展研究和国际交流、为其他图书馆提供业务指导和技术支持等职能。国家图书馆同时具有本法规定的公共图书馆的功能。

第三章 运 行

第二十三条 国家推动公共图书馆建立健全法人治理结构，吸收有关方面代表、专业人士和社会公众参与管理。

第二十四条 公共图书馆应当根据办馆宗旨和服务对象的需求，广泛收集文献信息；政府设立的公共图书馆还应当系统收集地方文献信息，保存和传承地方文化。

文献信息的收集应当遵守有关法律、行政法规的规定。

第二十五条 公共图书馆可以通过采购、接受交存或者捐赠等合法方式收集文献信息。

第二十六条 出版单位应当按照国家有关规定向国家图书馆和所在地省级公共图书馆交存正式出版物。

第二十七条 公共图书馆应当按照国家公布的标准、规范对馆藏文献信息进行整理，建立馆藏文献信息目录，并依法通过其网站或者其他方式向社会公开。

第二十八条 公共图书馆应当妥善保存馆藏文献信息，不得随意处置；确需处置的，应当遵守国务院文化主管部门有关处置文献信息的规定。

公共图书馆应当配备防火、防盗等设施，并按照国家有关规定和标准对古籍和其他珍贵、易损文献信息采取专门的保护措施，确保安全。

第二十九条 公共图书馆应当定期对其设施设备进行检查维护，确保正常运行。

公共图书馆的设施设备场地不得用于与其服务无关的商业经营活动。

第三十条 公共图书馆应当加强馆际交流与合作。国家支持公共图书馆开展联合采购、联合编目、联合服务，实现文献信息的共建共享，促进文献信息的有效利用。

第三十一条 县级人民政府应当因地制宜建立符合当地特点的以县级公共图书馆为总馆，乡镇（街道）综合文化站、村（社区）图书室等为分馆或者基层服务点的总分馆制，完善数字化、网络化服务体系和配送体系，实现通借通还，促进公共图书馆服务向城乡基层延伸。总馆应当加强对分馆和基层服务点的业务指导。

第三十二条 公共图书馆馆藏文献信息属于档案、文物的，公共图书馆可以与档案馆、博物馆、纪念馆等单位相互交换重复件、复制件或者目录，联合举办展览，共同编辑出版有关史料或者进行史料研究。

第四章 服 务

第三十三条 公共图书馆应当按照平等、开放、共享的要求向社会公众提供服务。

公共图书馆应当免费向社会公众提供下列服务：

（一）文献信息查询、借阅；

（二）阅览室、自习室等公共空间设施场地开放；

（三）公益性讲座、阅读推广、培训、展览；

（四）国家规定的其他免费服务项目。

第三十四条 政府设立的公共图书馆应当设置少年儿童阅览区域，根据少年儿童的特点配备相应的专业人员，开展面向少年儿童的阅读指导和社会教育活动，并为学校开展有关课外活动提供支持。有条件的地区可以单独设立少年儿童图书馆。

政府设立的公共图书馆应当考虑老年人、残疾人等群体的特点，积极创造条件，提供适合其需要的文献信息、无障碍设施设备和服务等。

第三十五条 政府设立的公共图书馆应当根据自身条件，为国家机关制定法律、法规、政策和开展有关问题研究，提供文献信息和相关咨询服务。

第三十六条 公共图书馆应当通过开展阅读指导、读书交流、演讲诵读、图书互换共享等活动，推广全民阅读。

第三十七条 公共图书馆向社会公众提供文献信息，应当遵守有关法律、行政法规的规定，不得向未成年人提供内容不适宜的文献信息。

公共图书馆不得从事或者允许其他组织、个人在馆内从事危害国家安全、损害社会公共利益和其他违反法律法规的活动。

第三十八条 公共图书馆应当通过其网站或者其他方式向社会公告本馆的服务内容、开放时间、借阅规则等；因故闭馆或者更改开放时间的，除遇不可抗力外，应当提前公告。

公共图书馆在公休日应当开放，在国家法定节假日应当有开放时间。

第三十九条 政府设立的公共图书馆应当通过流动服务设施、自助服务设施等为社会公众提供便捷服务。

第四十条 国家构建标准统一、互联互通的公共图书馆数字服务网络，支持数字阅读产品开发和数字资源保存技术研究，推动公共图书馆利用数字化、网络化技术向社会公众提供便捷服务。

政府设立的公共图书馆应当加强数字资源建设、配备相应的设施设备，建立线上线下相结合的文献信息共享平台，为社会公众提供优质服务。

第四十一条 政府设立的公共图书馆应当加强馆内古籍的保护，根据自身条件采用数字化、影印或者缩微技术等推进古籍的整理、出版和研究利用，并通过巡回展览、公益性讲座、善本再造、创意产品开发等方式，加强古籍宣传，传承发展中华优秀传统文化。

第四十二条 公共图书馆应当改善服务条件、提高服务水平，定期公告服务开展情况，听取读者意见，建立投诉渠道，完善反馈机制，接受社会监督。

第四十三条 公共图书馆应当妥善保护读者的个人信息、借阅信息以及其他可能涉及读者隐私的信息，不得出售或者以其他方式非法向他人提供。

第四十四条 读者应当遵守公共图书馆的相关规定，自觉维护公共图书馆秩序，爱护公共图书馆的文献信息、设施设备，合法利用文献信息；借阅文献信息的，应当按照规定时限归还。

对破坏公共图书馆文献信息、设施设备，或者扰乱公共图书馆秩序的，公共图书馆工作人员有权予以劝阻、制止；经劝阻、制止无效的，公共图书馆可以停止为其提供服务。

第四十五条 国家采取政府购买服务等措施，对公民、法人和其他组织设立的公共图书馆提供服务给予扶持。

第四十六条 国家鼓励公民参与公共图书馆志愿服务。县级以上人民政府文化主管部门应当对公共图书馆志愿服务给予必要的指导和支持。

第四十七条 国务院文化主管部门和省、自治区、直辖市人民政府文化主管部门应当制定公共图书馆服务规范，对公共图书馆的服务质量和水平进行考核。考核应当吸收社会公众参与。考核结果应当向社会公布，并作为对公共图书馆给予补贴或者奖励等的依据。

第四十八条 国家支持公共图书馆加强与学校图书馆、科研机构图书馆以及其他类型图书馆的交流与合作，开展联合服务。

国家支持学校图书馆、科研机构图书馆以及其他类型图书馆向社会公众开放。

第五章　法律责任

第四十九条 公共图书馆从事或者允许其他组织、个人在馆内从事危害国家安全、损害社会公共利益活动的，由文化主管部门责令改正，没收违法所得；情节严重的，可以责令停业整顿、关闭；对直接负责的主管人员和其他直接责任人员依法追究法律责任。

第五十条 公共图书馆及其工作人员有下列行为之一的，由文化主管部门责令改正，没收违法所得：

（一）违规处置文献信息；

（二）出售或者以其他方式非法向他人提供读者的个人信息、借阅信息以及其他可能涉及读者隐私的信息；

（三）向社会公众提供文献信息违反有关法律、行政法规的规定，或者向未成年人提供内容不适宜的文献信息；

（四）将设施设备场地用于与公共图书馆服务无关的商业经营活动；

（五）其他不履行本法规定的公共图书馆服务要求的行为。

公共图书馆及其工作人员对应当免费提供的服务收费或者变相收费的，由价格主管部门依照前款规定给予处罚。

公共图书馆及其工作人员有前两款规定行为的，对直接负责的主管人员和其他直接责任人员依法追究法律责任。

第五十一条 出版单位未按照国家有关规定交存正式出版物的，由出版行政主管部门依照有关出版管理的法律、行政法规规定给予处罚。

第五十二条 文化主管部门或者其他有关部门及其工作人员在公共图书馆管理工作中滥用职权、玩忽职守、徇私舞弊的，对直接负责的主管人员和其他直接责任人员依法给予处分。

第五十三条 损坏公共图书馆的文献信息、设施设备或者未按照规定时限归还所借文献信息，造成财产损失或者其他损害的，依法承担民事责任。

第五十四条 违反本法规定，构成违反治安管理行为的，依法给予治安管理处罚；构成犯罪的，依法追究刑事责任。

第六章　附　则

第五十五条 本法自2018年1月1日起施行。

中共中央办公厅　国务院办公厅
印发《关于实施中华优秀传统文化传承发展工程的意见》

中办发〔2017〕5号

文化是民族的血脉，是人民的精神家园。文化自信是更基本、更深层、更持久的力量。中华文化独一无二的理念、智慧、气度、神韵，增添了中国人民和中华民族内心深处的自信和自豪。为建设社会主义文化强国，增强国家文化软实力，实现中华民族伟大复兴的中国梦，现就实施中华优秀传统文化传承发展工程提出如下意见。

一、重要意义和总体要求

1. 重要意义。中华文化源远流长、灿烂辉煌。在5000多年文明发展中孕育的中华优秀传统文化，积淀着中华民族最深沉的精神追求，代表着中华民族独特的精神标识，是中华民族生生不息、发展壮大的丰厚滋养，是中国特色社会主义植根的文化沃土，是当代中国发展的突出优势，对延续和发展中华文明、促进人类文明进步，发挥着重要作用。

中国共产党在领导人民进行革命、建设、改革伟大实践中，自觉肩负起传承发展中华优秀传统文化的历史责任，是中华优秀传统文化的忠实继承者、弘扬者和建设者。党的十八大以来，在以习近平同志为核心的党中央领导下，各级党委和政府更加自觉、更加主动推动中华优秀传统文化的传承与发展，开展了一系列富有创新、富有成效的工作，有力增强了中华优秀传统文化的凝聚力、影响力、创造力。同时要看到，随着我国经济社会深刻变革、对外开放日益扩大、互联网技术和新媒体快速发展，各种思想文化交流交融交锋更加频繁，迫切需要深化对中华优秀传统文化重要性的认识，进一步增强文化自觉和文化自信；迫切需要深入挖掘中华优秀传统文化价值内涵，进一步激发中华优秀传统文化的生机与活力；迫切需要加强政策支持，着力构建中华优秀传统文化传承发展体系。实施中华优秀传统文化传承发展工程，是建设社会主义文化强国的重大战略任务，对于传承中华文脉、全面提升人民群众文化素养、维护国家文化安全、增强国家文化软实力、推进国家治理体系和治理能力现代化，具有重要意义。

2. 指导思想。高举中国特色社会主义伟大旗帜，全面贯彻党的十八大和十八届三中、四中、五中、六中全会精神，坚持以马克思列宁主义、毛泽东思想、邓小平理论、“三个代表”重要思想、科学发展观为指导，深入贯彻习近平总书记系列重要讲话精神和治国理政新理念新思想新战略，紧紧围绕实现中华民族伟大复兴的中国梦，深入贯彻新发展理念，坚持以人民为中心的工作导向，坚持以社会主义核心价值观为引领，坚持创造性转化、创新性发展，坚守中华文化立场、传承中华文化基因，不忘本来、吸收外来、面向未来，汲取中国智慧、弘扬中国精神、传播中国价值，不断增强中华优秀传统文化的生命力和影响力，创造中华文化新辉煌。

3. 基本原则

——牢牢把握社会主义先进文化前进方向。坚持中国特色社会主义文化发展道路，立足于巩固马克思主义在意识形态领域的指导地位、巩固全党全国人民团结奋斗的共同思想基础，弘扬社会主义核心价值观，培育民族精神和时代精神，解决现实问题、助推社会发展。

——坚持以人民为中心的工作导向。坚持为了人民、依靠人民、共建共享，注重文化熏陶和实践养成，把跨越时空的思想理念、价值标准、审美风范转化为人们的精神追求和行为习惯，不断增强人民群众的文化参与感、获得感和认同感，形成向上向善的社会风尚。

——坚持创造性转化和创新性发展。坚持辩证唯物主义和历史唯物主义，秉持客观、科学、礼敬的态度，取其精华、去其糟粕，扬弃继承、转化创新，不复古泥古，不简单否定，不断赋予新的时代内涵和现代表达形式，不断补充、拓展、完善，使中华民族最基本的文化基因与当代文化相适应、与现代社会相协调。

——坚持交流互鉴、开放包容。以我为主、为我所用,取长补短、择善而从,既不简单拿来,也不盲目排外,吸收借鉴国外优秀文明成果,积极参与世界文化的对话交流,不断丰富和发展中华文化。

——坚持统筹协调、形成合力。加强党的领导,充分发挥政府主导作用和市场积极作用,鼓励和引导社会力量广泛参与,推动形成有利于传承发展中华优秀传统文化的体制机制和社会环境。

4.总体目标。到2025年,中华优秀传统文化传承发展体系基本形成,研究阐发、教育普及、保护传承、创新发展、传播交流等方面协同推进并取得重要成果,具有中国特色、中国风格、中国气派的文化产品更加丰富,文化自觉和文化自信显著增强,国家文化软实力的根基更为坚实,中华文化的国际影响力明显提升。

二、主要内容

5.核心思想理念。中华民族和中国人民在修齐治平、尊时守位、知常达变、开物成务、建功立业过程中培育和形成的基本思想理念,如革故鼎新、与时俱进的思想,脚踏实地、实事求是的思想,惠民利民、安民富民的思想,道法自然、天人合一的思想等,可以为人们认识和改造世界提供有益启迪,可以为治国理政提供有益借鉴。传承发展中华优秀传统文化,就要大力弘扬讲仁爱、重民本、守诚信、崇正义、尚和合、求大同等核心思想理念。

6.中华传统美德。中华优秀传统文化蕴含着丰富的道德理念和规范,如天下兴亡、匹夫有责的担当意识,精忠报国、振兴中华的爱国情怀,崇德向善、见贤思齐的社会风尚,孝悌忠信、礼义廉耻的荣辱观念,体现着评判是非曲直的价值标准,潜移默化地影响着中国人的行为方式。传承发展中华优秀传统文化,就要大力弘扬自强不息、敬业乐群、扶危济困、见义勇为、孝老爱亲等中华传统美德。

7.中华人文精神。中华优秀传统文化积淀着多样、珍贵的精神财富,如求同存异、和而不同的处世方法,文以载道、以文化人的教化思想,形神兼备、情景交融的美学追求,俭约自守、中和泰和的生活理念等,是中国人民思想观念、风俗习惯、生活方式、情感样式的集中表达,滋养了独特丰富的文学艺术、科学技术、人文学术,至今仍然具有深刻影响。传承发展中华优秀传统文化,就要大力弘扬有利于促进社会和谐、鼓励人们向上向善的思想文化内容。

三、重点任务

8.深入阐发文化精髓。加强中华文化研究阐释工作,深入研究阐释中华文化的历史渊源、发展脉络、基本走向,深刻阐明中华优秀传统文化是发展当代中国马克思主义的丰厚滋养,深刻阐明传承发展中华优秀传统文化是建设中国特色社会主义事业的实践之需,深刻阐明丰富多彩的多民族文化是中华文化的基本构成,深刻阐明中华文明是在与其他文明不断交流互鉴中丰富发展的,着力构建有中国底蕴、中国特色的思想体系、学术体系和话语体系。加强党史国史及相关档案编修,做好地方史志编纂工作,巩固中华文明探源成果,正确反映中华民族文明史,推出一批研究成果。实施中华文化资源普查工程,构建准确权威、开放共享的中华文化资源公共数据平台。建立国家文物登录制度。建设国家文献战略储备库、革命文物资源目录和大数据库。实施国家古籍保护工程,完善国家珍贵古籍名录和全国古籍重点保护单位评定制度,加强中华文化典籍整理编纂出版工作。完善非物质文化遗产、馆藏革命文物普查建档制度。

9.贯穿国民教育始终。围绕立德树人根本任务,遵循学生认知规律和教育教学规律,按照一体化、分学段、有序推进的原则,把中华优秀传统文化全方位融入思想道德教育、文化知识教育、艺术体育教育、社会实践教育各环节,贯穿于启蒙教育、基础教育、职业教育、高等教育、继续教育各领域。以幼儿、小学、中学教材为重点,构建中华文化课程和教材体系。编写中华文化幼儿读物,开展"少年传承中华传统美德"系列教育活动,创作系列绘本、童谣、儿歌、动画等。修订中小学道德与法治、语文、历史等课程教材。推动高校开设中华优秀传统文化必修课,在哲学社会科学及相关学科专业和课程中增加中华优秀传统文化的内容。加强中华优秀传统文化相关学科建设,重视保护和发展具有重要文化价值和传承意义的"绝学"、冷门学科。推进职业院校民族文化传承与创新示范专业点建设。丰富拓展校园文化,推进戏曲、书法、高雅艺术、传统体育等进校园,实施中华经典诵读工程，开设中华文化公开课，抓好传统文化教育成果展示活动。研究制定国民语言教育大纲，开展好国民语言教育。加强面向全体教师的中华文化教育培训，全面提升师资队伍水平。

10.保护传承文化遗产。坚持保护为主、抢救第一、合理利用、加强管理的方针，做好文物保护工作，抢救保护濒危文物，实施馆藏文物修复计划，加强新型城镇化和新农村建设中的文物保护。加强历史文化名城名镇名村、历史文化街区、名人故居保护和城市特色风貌管理，实施中国传统村落保护工程，做好传统民居、历史建筑、革命文化纪念地、农业遗产、工业遗产保护工作。规划建设一批国家文化公园，成为中华文化重要标识。推进地名文化遗产保护。实施非物质文化遗产传承发展工程，进一步完善非物质文化遗产保护制度。实施传统工艺振兴计划。大力推广和规范使用国家通用语言文字，保护传承方言文化。开展少数民族特色文化保护工作，加强少数民族语言文字和经典文献的保护和传播，做好少数民族经典文献和汉族经典文献互译出版工作。实施中华民族音乐传承出版工程、中国民间文学大系出版工程。推动民族传统体育项目的整理研究和保护传承。

11.滋养文艺创作。善于从中华文化资源宝库中提炼题材、获取灵感、汲取养分，把中华优秀传统文化的有益思想、艺术价值与时代特点和要求相结合，运用丰富多样的艺术形式进行当代表达，推出一大批底蕴深厚、涵育人心的优秀文艺作品。科学编制重大革命和历史题材、现实题材、爱国主义题材、青少年题材等专项创作规划，提高创作生产组织化程度，彰显中华文化的精神内涵和审美风范。加强对中华诗词、音乐舞蹈、书法绘画、曲艺杂技和历史文化纪录片、动画片、出版物等的扶持。实施戏曲振兴工程，做好戏曲“像音像”工作，挖掘整理优秀传统剧目，推进数字化保存和传播。实施网络文艺创作传播计划，推动网络文学、网络音乐、网络剧、微电影等传承发展中华优秀传统文化。实施中国经典民间故事动漫创作工程、中华文化电视传播工程，组织创作生产一批传承中华文化基因、具有大众亲和力的动画片、纪录片和节目栏目。大力加强文艺评论，改革完善文艺评奖，建立有中国特色的文艺研究评论体系，倡导中华美学精神，推动美学、美德、美文相结合。

12.融入生产生活。注重实践与养成、需求与供给、形式与内容相结合，把中华优秀传统文化内涵更好更多地融入生产生活各方面。深入挖掘城市历史文化价值，提炼精选一批凸显文化特色的经典性元素和标志性符号，纳入城镇化建设、城市规划设计，合理应用于城市雕塑、广场园林等公共空间，避免千篇一律、千城一面。挖掘整理传统建筑文化，鼓励建筑设计继承创新，推进城市修补、生态修复工作，延续城市文脉。加强“美丽乡村”文化建设，发掘和保护一批处处有历史、步步有文化的小镇和村庄。用中华优秀传统文化的精髓涵养企业精神，培育现代企业文化。实施中华老字号保护发展工程，支持一批文化特色浓、品牌信誉高、有市场竞争力的中华老字号做精做强。深入开展“我们的节日”主题活动，实施中国传统节日振兴工程，丰富春节、元宵、清明、端午、七夕、中秋、重阳等传统节日文化内涵，形成新的节日习俗。加强对传统历法、节气、生肖和饮食、医药等的研究阐释、活态利用，使其有益的文化价值深度嵌入百姓生活。实施中华节庆礼仪服装服饰计划，设计制作展现中华民族独特文化魅力的系列服装服饰。大力发展文化旅游，充分利用历史文化资源优势，规划设计推出一批专题研学旅游线路，引导游客在文化旅游中感知中华文化。推动休闲生活与传统文化融合发展，培育符合现代人需求的传统休闲文化。发展传统体育，抢救濒危传统体育项目，把传统体育项目纳入全民健身工程。

13.加大宣传教育力度。综合运用报纸、书刊、电台、电视台、互联网站等各类载体，融通多媒体资源，统筹宣传、文化、文物等各方力量，创新表达方式，大力彰显中华文化魅力。实施中华文化新媒体传播工程。充分发挥图书馆、文化馆、博物馆、群艺馆、美术馆等公共文化机构在传承发展中华优秀传统文化中的作用。编纂出版系列文化经典。加强革命文物工作，实施革命文物保护利用工程，做好革命遗址、遗迹、烈士纪念设施的保护和利用。推动红色旅游持续健康发展。深入开展“爱我中华”主题教育活动，充分利用重大历史事件和中华历史名人纪念活动、国家公祭仪式、烈士纪念日，充分利用各类爱国主义教育基地、历史遗迹等，展示爱国主义深刻内涵，培育爱国主义精神。加强国民礼仪教育。加大对国家重要礼仪的普及教育与宣传力度，在国家重大节庆活动中体现仪式感、庄重感、荣誉感，彰显中华传统礼仪文化的时代价值，树立文明古国、礼仪之邦的良好形象。研究提出承接传统习俗、符合现代文明要求的社会礼仪、服装服饰、文明用语规范，建立健全各类公共场所和网络公共空间的礼仪、礼节、礼貌规范，推动形成良好的言行举止和礼让宽容的社会风尚。把优秀传统文化思想理念体现在社会规范中，与制定市民公约、乡规民约、学生守则、行业规章、团体章程相结合。弘扬孝敬文化、慈善文化、诚信文化等，开展节俭养德全民行动和学雷锋志愿服务。广泛开展文明家庭创建活动，挖掘和整理家训、家书文化，用优良的家风家教培育青少年。挖掘和保护乡土文化资源，建设新乡贤文化，培育和扶持乡村文化骨干，提升乡土文化内涵，形成良性乡村文化生态，让子孙后代记得住乡愁。加强港澳台中华文化普及和交流，积极举办以中华文化为主题的青少年夏令营、冬令营以及诵读和书写中华经典等交流活动，鼓励港澳台艺术家参与国家在海外举办的感知中国、中国文化年(节)、欢乐春节等品牌活动，增强国家认同、民族认同、文化认同。

14.推动中外文化交流互鉴。加强对外文化交流合作，创新人文交流方式，丰富文化交流内容，不断提高文化交流水平。充分运用海外中国文化中心、孔子学院，文化节展、文物展览、博览会、书展、电影节、体育活动、旅游推介和各类品牌活动，助推中华优秀传统文化的国际传播。支持中华医药、中华烹饪、中华武术、中华典籍、中国文物、中国园林、中国节日等中华传统文化代表性项目走出去。积极宣传推介戏曲、民乐、书法、国画等我国优秀传统文化艺术，让国外民众在审美过程中获得愉悦、感受魅力。加强“一带一路”沿线国家文化交流合作。鼓励发展对外文化贸易，让更多体现中华文化特色、具有较强竞争力的文化产品走向国际市场。探索中华文化国际传播与交流新模式，综合运用大众传播、群体传播、人际传播等方式，构建全方位、多层次、宽领域的中华文化传播格局。推进国际汉学交流和中外智库合作，加强中国出版物国际推广与传播，扶持汉学家和海外出版机构翻译出版中国图书，通过华侨华人、文化体育名人、各方面出境人员，依托我国驻外机构、中资企业、与我友好合作机构和世界各地的中餐馆等，讲好中国故事、传播好中国声音、阐释好中国特色、展示好中国形象。

四、组织实施和保障措施

15.加强组织领导。各级党委和政府要从坚定文化自信、坚持和发展中国特色社会主义、实现中华民族伟大复兴的高度，切实把中华优秀传统文化传承发展工作摆上重要日程，加强宏观指导，提高组织化程度，纳入经济社会发展总体规划，纳入考核评价体系，纳入各级党校、行政学院教学的重要内容。各级党委宣传部门要发挥综合协调作用，整合各类资源，调动各方力量，推动形成党委统一领导、党政群协同推进、有关部门各负其责、全社会共同参与的中华优秀传统文化传承发展工作新格局。各有关部门和群团组织要按照责任分工，制定实施方案，完善工作机制，把各项任务落到实处。

16.加强政策保障。加强中华优秀传统文化传承发展相关扶持政策的制定与实施，注重政策措施的系统性协同性操作性。加大中央和地方各级财政支持力度，同时统筹整合现有相关资金，支持中华优秀传统文化传承发展重点项目。制定和完善惠及中华优秀传统文化传承发展工程项目的金融支持政策。加大对国家重要文化和自然遗产、国家级非物质文化遗产等珍贵遗产资源保护利用设施建设的支持力度。建立中华优秀传统文化传承发展相关领域和部门合作共建机制。制定文物保护和非物质文化遗产保护专项规划。制定和完善历史文化名城名镇名村和历史文化街区保护的相关政策。完善相关奖励、补贴政策，落实税收优惠政策，引导和鼓励企业、社会组织及个人捐赠或共建相关文化项目。建立健全中华优秀传统文化传承发展重大项目首席专家制度，培养造就一批人民喜爱、有国际影响的中华文化代表人物。完善中华优秀传统文化传承发展的激励表彰制度，对为中华优秀传统文化传承发展和传播交流做出贡献、建立功勋、享有声誉的杰出海内外人士按规定授予功勋荣誉或进行表彰奖励。有关部门要研究出台入学、住房保障等方面的倾斜政策和措施，用以倡导和鼓励自强不息、敬业乐群、扶正扬善、扶危济困、见义勇为、孝老爱亲等传统美德。

17.加强文化法治环境建设。修订文物保护法。制定文化产业促进法、公共图书馆法等相关法律，对中华优秀传统文化传承发展有关工作做出制度性安排。在教育、科技、卫生、体育、城乡建设、互联网、交通、旅游、语言文字等领域相关法律法规的制定修订中，增加中华优秀传统文化传承发展内容。加大涉及保护传承弘扬中华优秀传统文化法律法规施行力度，加强对法律法规实施情况的监督检查。充分发挥各行政主管部门在传承发展中华优秀传统文化中的重要作用，建立完善联动机制，严厉打击违法经营行为。加强法治宣传教育，增强全社会依法传承发展中华优秀传统文化的自觉意识，形成礼敬守护和传承发展中华优秀传统文化的良好法治环境。各地要根据本地传统文化传承保护的现状，制定完善地方性法规和政府规章。

18.充分调动全社会积极性创造性。传承发展中华优秀传统文化是全体中华儿女的共同责任。坚持全党动手、全社会参与，把中华优秀传统文化传承发展的各项任务落实到农村、企业、社区、机关、学校等城乡基层。各类文化单位机构、各级文化阵地平台，都要担负起守护、传播和弘扬中华优秀传统文化的职责。各类企业和社会组织要积极参与文化资源的开发、保护与利用，生产丰富多样、社会价值和市场价值相统一、人民喜闻乐见的优质文化产品，扩大中高端文化产品和服务的供给。充分尊重工人、农民、知识分子的主体地位，发挥领导干部的带头作用，发挥公众人物的示范作用，发挥青少年的生力军作用，发挥先进模范的表率作用，发挥非公有制经济组织和社会组织从业人员的积极作用，发挥文化志愿者、文化辅导员、文艺骨干、文化经营者的重要作用，形成人人传承发展中华优秀传统文化的生动局面。

中共中央办公厅
国务院办公厅
2017年1月25日

中共中央办公厅　国务院办公厅
印发《国家“十三五”时期文化发展改革规划纲要》

中办发〔2017〕8号

为深入贯彻落实党的十八大和十八届三中、四中、五中、六中全会精神，加快文化发展改革，建设社会主义文化强国，根据《中共中央关于制定国民经济和社会发展第十三个五年规划的建议》和《中华人民共和国国民经济和社会发展第十三个五年规划纲要》，编制本规划纲要。

序　言

文化是民族的血脉，是人民的精神家园，是国家强盛的重要支撑。坚持“两手抓、两手都要硬”，推动物质文明和精神文明协调发展，繁荣发展社会主义先进文化，是党和国家的战略方针。

“十二五”时期我国文化建设取得显著成就，《国家“十二五”时期文化改革发展规划纲要》确定的各项任务顺利完成。特别是党的十八大以来，以习近平同志为核心的党中央团结带领全党全国各族人民，开辟了治国理政新境界，开创了中国特色社会主义事业新局面，社会主义文化建设进一步呈现出繁荣发展的生动景象。中国特色社会主义理论体系最新成果的学习宣传教育不断加强，中华民族伟大复兴的中国梦和社会主义核心价值观深入人心，主旋律更响亮、正能量更强劲。文化体制改革进一步深化，文化事业文化产业持续健康发展，文艺创作日益繁荣，中华优秀传统文化广为弘扬，人民群众精神文化生活更加丰富多彩。文化走出去步伐加快，国际传播能力大幅提高，中华文化国际影响力进一步提升。我们比历史上任何时期都更接近实现中华民族伟大复兴的目标，更有信心和能力铸就中华文化新的辉煌。

“十三五”时期是全面建成小康社会决胜阶段，也是促进文化繁荣发展关键时期。在新的历史起点上，夺取中国特色社会主义新胜利，赢得具有许多新的历史特点的伟大斗争，必须充分发挥文化引领风尚、教育人民、服务社会、推动发展的作用。全面建成小康社会，迫切需要补齐文化发展短板、实现文化小康，丰富人们精神文化生活，提高国民素质和社会文明程度。适应把握引领经济发展新常态，推动改革全面深化，促进社会和谐稳定，迫切需要牢固树立和贯彻落实创新、协调、绿色、开放、共享的发展理念，增进社会共识、营造良好氛围，激发全民族创造活力。高新技术发展日新月异，社会信息化持续推进，互联网影响广泛而深刻，迫切需要拓展文化发展新领域，发展壮大网上主流舆论阵地，更好运用先进技术发展和传播先进文化。世界多极化、经济全球化、文化多样化、社会信息化深入发展，综合国力竞争日趋激烈，迫切需要提高文化开放水平，广泛参与世界文明对话，增强国际话语权，展示中华文化独特魅力，增强国家文化软实力。面对新形势新要求，要进一步坚定文化自信，增强文化自觉，奋力开创中国特色社会主义文化建设新局面，为做好党和国家各项工作提供强大的价值引领力、文化凝聚力和精神推动力。

一、总体要求

（一）牢牢把握文化发展改革的指导思想

高举中国特色社会主义伟大旗帜，全面贯彻党的十八大和十八届三中、四中、五中、六中全会精神，以马克思列宁主义、毛泽东思想、邓小平理论、“三个代表”重要思想、科学发展观为指导，深入学习贯彻习近平总书记系列重要讲话精神和治国理政新理念新思想新战略，切实增强政治意识、大局意识、核心意识、看齐意识，紧紧围绕统筹推进“五位一体”总体布局和协调推进“四个全面”战略布局，坚持以社会主义核心价值观为引领，坚持社会主义先进文化前进方向，坚持中国特色社会主义文化发展道路，坚持依法治国和以德治国相结合，坚持以人民为中心的发展思想和工作导向，坚持把社会效益放在首位、社会效益和经济效益相统一，全面推进文化发展改革，全面完成文化小康建设各项任务，建设社会主义文化强国，更好地构筑中国精神、中国价值、中国力量、中国贡献，为实现“两个一百年”奋斗目标、实现中华民族伟大复兴的中国梦奠定更加坚实的思想文化基础。

（二）把新发展理念贯穿于文化发展改革全过程

——坚持创新发展。适应社会主义市场经济和高新技术发展要求，体现文化例外要求，加大改革力度，全面推进文化内容形式、方法手段、载体渠道、体制机制、政策法规等创新，激发动力、增强活力、释放潜力，推动出精品出人才出效益。

——坚持协调发展。统筹城乡、区域文化发展，统筹文化发展、改革和管理，正确处理政府与市场、国有与民营、对内与对外等重要关系，促进文化事业全面繁荣、文化产业更好发展、优秀传统文化传承弘扬。

——坚持绿色发展。尊重规律，增加优秀精神文化产品和优质文化服务供给，净化社会文化环境，提升文化产业发展质量和效益，推动形成绿色发展方式和生活方式。

——坚持开放发展。推动中华文化走出去，提高国际传播能力，更好发出中国声音、展现中国精神、提出中国主张，借鉴吸收世界有益文化成果，深化不同文明交流互鉴。

——坚持共享发展。面向基层，贴近群众、依靠群众、服务群众，保障人民基本文化权益，满足人民群众日益增长的精神文化需求，提高群众文化参与度和获得感。

（三）全面实现文化发展改革的目标任务

——马克思主义中国化最新成果广泛普及，中国梦引领凝聚作用进一步增强，富强民主文明和谐、自由平等公正法治、爱国敬业诚信友善的社会主义核心价值观更加深入人心，国民思想道德素质、科学文化素质和社会文明程度显著提高。

——精神文化产品创作生产更加活跃繁荣，哲学社会科学创新发展能力不断提升，文化精品不断涌现，网络文化健康发展，社会精神文化生活丰富多彩。

——现代传播体系逐步建立，传统媒体与新兴媒体融合发展取得阶段性成果，形成一批新型主流媒体和主流媒体集团，网络空间更加清朗，社会舆论积极向上。

——现代公共文化服务体系基本建成，基本公共文化服务标准化、均等化水平稳步提高，体现地方和民族特色的文化设施网络基本形成，公共文化供给与群众文化需求有效匹配。

——现代文化产业体系和现代文化市场体系更加完善，文化市场的积极作用进一步发挥，做优做强做大一批文化企业和文化品牌，文化整体实力和竞争力明显增强，"十三五"末文化产业成为国民经济支柱性产业。

——中华优秀传统文化传承体系基本形成，中华民族文化基因与当代文化相适应、与现代社会相协调，实现传统文化创造性转化和创新性发展。

——文化开放格局日益完善，中华文化影响力持续扩大，中国故事、中国声音广泛传播，良好国家形象全面展示，国家文化软实力和国际话语权进一步增强，促进世界文化多样化发展。

——文化宏观管理体制改革不断深化，微观运行机制进一步健全，文化法治建设深入推进，中国特色社会主义文化制度更加成熟更加定型。

二、加强思想理论建设

坚持用马克思列宁主义、毛泽东思想、邓小平理论、"三个代表"重要思想、科学发展观和习近平总书记系列重要讲话精神武装全党、教育人民、推动实践，不断巩固马克思主义在意识形态领域的指导地位，增强广大干部群众中国特色社会主义道路自信、理论自信、制度自信、文化自信。

（一）深化中国特色社会主义理论体系的学习研究宣传

把深入学习宣传贯彻习近平总书记系列重要讲话精神和治国理政新理念新思想新战略作为重中之重，深化中国特色社会主义和中国梦的学习宣传教育。继续编辑出版《习近平谈治国理政》、修订出版《习近平总书记系列重要讲话读本》等。结合"学党章党规、学系列讲话，做合格党员"学习教育深化理论宣传。深入实施马克思主义理论研究和建设工程规划纲要。抓好马克思主义哲学和党史国史、社会主义发展史的学习研究。发展中国特色社会主义政治经济学。坚持和创新党内学习制度，制定党委（党组）中心组学习规则。组织开展面向基层群众的对象化、互动化的理论宣讲。加强对各种社会思潮的辨析和引导，出版一批通俗理论读物。深入实施高校思想政治理论课建设体系创新计划。加强青少年理想信念教育。

专栏1　理论工作"四大平台"建设

马克思主义理论研究和建设工程：开展重大现实问题、重大理论问题、重大实践经验总结的课题研究，体现时代性、实践性，突出本土化、当代化，深化党中央治国理政新理念新思想新战略的研究阐释，推出一批优秀成果。加快推进工程重点教材建设。

中国特色社会主义理论体系研究中心建设：做实做强一批国家级研究中心，带动各地研究中心壮大发展。

马克思主义学院建设：扶持一批全国重点马克思主义学院，加强马克思主义理论学科建设和骨干人才培养，办好高校思想政治理论课。

报刊网络理论宣传阵地建设：重点建设扶持一批党报理论版和党刊，打造一批有影响力的全国重点理论网站（频道）。

专栏2　哲学社会科学创新工程

哲学社会科学学科体系建设：统筹基础学科、应用学科、新兴学科建设，发展交叉学科，扶持具有重要文化价值和传承意义的"绝学"、冷门学科，建设一批重点研究基地。

哲学社会科学话语体系建设：以党中央治国理政新理念新思想新战略研究为重点，开展当代中国话语体系建设研究，完善工作机制，加强专题研讨，注重推广研究成果。

哲学社会科学科研体制机制创新：健全课题立项、招标或委托制度，加强管理，探索建立科研成果的短期和中长期评价机制，完善优秀科研成果发布和转化机制。

哲学社会科学协同创新平台建设：加强社科院、高校、党校、行政学院以及政府部门之间的项目合作和人才交流，推动跨部门跨区域学科协同创新。

专栏3　中国特色新型智库建设工程

国家高端智库建设：重点扶持一批国家亟需、特色鲜明、制度创新、引领发展的专业化高端智库。加强社科院、党校、行政学院、高校、企业等智库建设。

（二）繁荣发展哲学社会科学

坚持马克思主义立场观点方法，按照立足中国、借鉴国外，挖掘历史、把握当代，关怀人类、面向未来的思路，着力构建中国特色哲学社会科学。建立健全哲学社会科学管理体制，加强哲学社会科学创新平台、研究基地、传播中心建设。加强话语体系建设，注重以我为主设置议题，积极开展中国哲学社会科学国际学术研讨活动。举办当代中国马克思主义论坛系列理论研讨会。加强对各类讲座论坛、社科机构的引导和管理。发挥国家哲学社会科学基金示范引导作用，强化考核评价工作。充分发挥中国特色新型智库作用，形成定位明晰、特色鲜明、规模适度、布局合理、能进能出的中国特色新型智库体系。扶持哲学社会科学优秀著作出版。编写哲学社会科学普及读本。

（三）加强意识形态领域管理

落实党委（党组）意识形态工作责任制，建立健全考核、督查、问责机制。推动各级党校、行政学院和干部学院开设意识形态工作课程和讲座。坚持党管宣传、党管意识形态、党管媒体，落实属地管理、分级负责和谁主管谁负责的原则，加强意识形态阵地管理，建立健全网络意识形态工作机制，维护国家意识形态安全。

三、提高舆论引导水平

牢牢坚持党性原则、坚持马克思主义新闻观、坚持正确舆论导向、坚持正面宣传为主，把政治方向摆在第一位，高举旗帜、引领导向，围绕中心、服务大局，团结人民、鼓舞士气，成风化人、凝心聚力，澄清谬误、明辨是非，连接中外、沟通世界，加快构建现代传播体系，健全舆情引导机制，强化媒体社会责任，发展壮大主流媒体，切实提高新闻舆论传播力、引导力、影响力、公信力。

（一）做强做大主流舆论

适应分众化、差异化传播趋势，加快构建主流舆论矩阵。加强党报党刊、通讯社、电台电视台等重点新闻媒体建设，提高宣传报道专业化水平。加强和改进正面宣传，做亮党中央治国理政新理念新思想新战略重大主题宣传，做活经济宣传，做好热点引导。综合运用微博、微信、移动新闻客户端等传播方式，拓展主流舆论传播空间。建立和完善民意调查等制度。做好重大突发事件新闻报道和权威信息发布，把握舆论引导的时度效。加强和改进舆论监督，发挥舆论监督建设性作用。

（二）推动媒体融合发展

扶持重点主流媒体创新思路，推动融合发展尽快从相“加”迈向相“融”，形成新型传播模式。支持党报党刊、通讯社、电台电视台建设统一指挥调度的融媒体中心、全媒体采编平台等“中央厨房”，重构新闻采编生产流程，生产全媒体产品。明确不同类型、不同层级媒体定位，统筹推进媒体结构调整和融合发展，打造一批新型主流媒体和媒体集团。

（三）发展壮大网上舆论阵地

遵循网络传播规律，强化互联网思维，加快网络媒体发展。加强重点新闻网站和政府网站建设。加强移动互联网建设和生态治理。强化网站主体责任，健全网站分级分层管理体制。加强教育引导，进一步提升网民网络文明素养。将新闻网站采编人员纳入新闻记者证制度统一管理，纳入新闻采编人员职业资格制度，健全职称评价体系。统筹推进网络舆论引导、网络文化建设、网络文明传播、网络公益活动，增亮网络底色、激发网络正气。

专栏4　网络舆论阵地建设工程

网络传播体系建设：加强重点新闻网站、网络广播电视台等主流网站集群传播能力建设，发展移动互联网“微传播”体系。支持符合条件的网站上市。

新兴网络媒体培育：扶持一批主流媒体所属网站和新媒体，加大对国有资本和社会力量投资互联网文化领域的引导和规范。

网络内容建设工程：推动中国特色社会主义理论创新成果和各种优秀精神文化产品网上传播，推动网络文化产品创作生产，推动主流媒体开展网络信息服务。

政务新媒体建设：规范党政机关、人民团体、国有企事业单位等开办政务新媒体账号或客户端，加强内容建设与管理。

网络评论体系建设：推进网络评论理论、学科、教材阵地建设，提升网络作品创作质量。

网络人才队伍建设：制定实施网络文化重点领域人才培养计划，加强网络应急、网宣、网评、网管、网研等方面队伍建设，引导和发挥网民的积极性。

（四）规范传播秩序

规范地方媒体、行业媒体管理。规范推进电台电视台实质性合并，健全节目退出机制。建设视听新媒体集成播控平台。开展视听类智能终端设备入网认证工作。制定互联网分类管理办法。完善互联网法律法规，将现行新闻出版法律法规延伸覆盖到网络媒体管理。完善网站新闻来源许可机制，加强新闻信息采编转载资质管理，规范商业网站转载行为和网络转载版权秩序。建立完善网络版权使用机制。实行新闻采编专业人员职业资格制度，加强职务行为信息管理。加强互联网信息搜索引擎、即时通信工具、移动新闻客户端等管理，明确微博、微信等的运营主体对所传播内容的主体责任。加大对新闻界突出问题治理力度。严厉打击网络谣言、有害信息、虚假新闻、新闻敲诈和假媒体假记者。

专栏5　舆论引导能力提升工程

重点媒体融合发展：支持中央和省级主要媒体拓展新技术新应用，完善基础设施和硬件系统，创新内容生产与信息服务，加快重点项目建设。

主流媒体内容建设：加强重点栏目、节目建设，加大创新创优力度，推出一批名记者、名编辑、名主持、名评论员，完善首席记者、首席编辑等制度，培养全媒体记者和全媒体编辑，完善原创新闻作品版权保护和有偿使用制度。

新闻发布制度建设：推动各级党政机关完善信息发布制度，健全政策解读机制。

新闻人才培养：建设立健全部校共建新闻教育机制，推进地方党委宣传部门与高校共建新闻学院。做好新闻传播人才教育培养和国际传播后备人才培养工作。

舆论传播能力评估机制建设：科学设置绩效评价指标，引入第三方评价，搭建传播能力建设评估平台，建立全媒体传播效果评价体系。

行业自律和社会监督制度建设：健全工作机制，发挥新闻道德委员会作用，完善媒体社会责任报告制度。

四、培育和践行社会主义核心价值观

把社会主义核心价值观融入经济社会发展各领域、贯穿社会生活全过程，加强教育引导、舆论宣传、文化熏陶、实践养成和制度保障，注重通过法律和政策向社会传导正确价值取向，推动社会主义核心价值观宣传教育落细落小落实，不断增强价值观自信，巩固全党全国各族人民团结奋斗的共同思想基础。

（一）推进社会主义核心价值观学习实践具体化系统化

加强对社会主义核心价值观的研究阐释和宣传普及，充分运用各类媒体、文艺作品、公益广告和群众性文化活动等开展主题宣传。强化实践养成，注重典型示范，开展文化培育，精心设计开展多样化的人民群众喜闻乐见的活动。修订和实施爱国主义教育实施纲要，丰富教育内容、创新教育载体，增强中华民族归属感、认同感、尊严感、荣誉感和命运共同体意识。把社会主义核心价值观纳入国民教育体系，增强学生爱国精神、社会责任感和实践创新能力。发扬红色传统、传承红色基因，用好革命历史类纪念设施、遗址和各类爱国主义教育示范基地等红色资源。弘扬社会主义法治精神，把社会主义核心价值观融入法治建设，推动公正文明执法司法，彰显社会主流价值。推动社会治理体现社会主义核心价值观要求，强化公共政策的价值导向，探索建立重大公共政策道德风险评估和纠偏机制。

专栏6　社会主义核心价值观主题教育实践活动

社会主义核心价值观主题教育活动：开展爱国主义、革命传播、法治、诚信等主题教育，增强国家意识、法治意识、道德意识、社会责任意识、生态文明意识，推动社会主义核心价值观学习实践从个人层面向国家、社会层面延伸。

“爱我中华”主题教育活动：围绕“七一”“八一”“十一”等重大纪念日，开展主题活动，弘扬爱国主义精神。加强国防教育，推进国防文化、军旅文化和边塞文化建设。

学雷锋志愿服务活动：完善志愿服务登记、培训和政策法规保障等机制，推动志愿服务活动制度化、常态化。每年命名一批全国学雷锋活动示范点和岗位学雷锋标兵。

“图说我们的价值观”“讲文明树新风”等公益广告宣传活动：完善配套措施，加大创作刊播力度，强化各类媒体、社会媒介和广告发布者做公益广告的责任。

红色旅游活动：加强精品线路建设，丰富展陈内容，发挥全国爱国主义教育示范基地、全国红色旅游经典景区等的作用，增强教育活动吸引力、感染力。

续　表

“我们的节日”主题活动：运用春节、清明节、端午节、中秋节、重阳节等民族传统节日，传承民族文化、凝聚价值共识。
规范守则教育实践活动：修订完善市民公约、乡规民约、学生守则、行业规章、职业规则、团体章程，开展专题教育实践，强化人们的准则意识、律己意识。
平安中国建设活动：实施“七五”普法规划，组织“国家宪法日”“全民国家安全教育日”等主题活动，开展公正文明执法活动。
民族团结进步创建活动：在机关、企业、社区、乡镇、学校、宗教活动场所等开展创建活动，命名示范单位，宣传民族团结进步模范，维护民族团结，反对民族分裂。

（二）加强和改进群众性思想政治工作

加强对社会热点难点问题的应对解读，合理引导社会预期，组织开展理论宣讲和形势政策教育，设计有特色有实效的活动载体。推动基层党组织、基层单位、城乡社区有针对性地加强思想政治工作，创新新经济组织和新社会组织的思想政治工作方式。加强青少年思想政治工作。加强高校思想政治建设。持续深入推进“基层工作加强年”活动。健全人文关怀和心理疏导机制，培育自尊自信、理性平和、积极向上的社会心态。

专栏 7　群众性思想政治工作

基层宣讲：加强基层讲堂建设，开设理论政策大讲坛，面向群众开展宣讲，解疑释惑、化解矛盾。
通俗理论读物出版：编写出版《理论热点面对面》等通俗理论读物，开展优秀通俗理论读物推荐活动。
送温暖、献爱心活动：把解决思想问题和解决实际问题结合起来，广泛开展扶贫赈灾、慈善资助、支教助学、义务献血等活动。
网络公益活动：鼓励网民互助，规范网络捐赠，推动有条件的地方和网站组建公益联盟。
社会心理服务：建立健全社会心理监测和服务机制，加强心理危机预警和干预，做好对重点人群的心理疏导。建立社会心理预期数据库。

（三）深入推进公民道德建设

加强社会公德、职业道德、家庭美德、个人品德教育。发挥党员干部的模范带头作用。举办中国公民道德论坛。礼敬英雄人物，加强对全国重大典型和道德模范、时代楷模的学习宣传，广泛推出“最美人物”、善行义举和身边好人。建立健全先进模范发挥作用的长效机制。弘扬中华传统美德，创新发展乡贤文化，开展孝敬教育、勤劳节俭教育、文明礼仪教育。加强社会诚信建设，推进诚信建设制度化。弘扬劳动最光荣、劳动者最伟大的观念，加强企业文化建设，培育创新创业精神。

专栏 8　公民道德建设工程

道德模范评选表彰和宣传学习：每两年评选表彰一届全国道德模范。开展“道德模范在身边”宣传学习活动。开展道德模范“传帮带”活动。建立帮扶礼遇制度。做好道德模范管理服务工作。
公众人物“重品行、树形象、做榜样”活动：加强社会责任教育，引导企业界以及文艺、体育、教育、科技界名人等强化自身修养、投身公益事业、引领社会风尚。
未成年人思想道德建设：完善学校、家庭、社会三结合教育网络，开展主题教育实践活动，加强校外活动场所建设及使用管理，丰富优秀少儿文化产品供给。每三年评选表彰一届全国未成年人思想道德建设工作先进城市。
新乡贤文化建设：以乡情为纽带，以优秀基层干部、道德模范、身边好人的嘉言懿行为示范引领，培育新型农民，涵育文明乡风。
孝敬文化建设：发扬中华传统美德，弘扬中华孝道，强化孝敬父母、尊敬长辈的社会风尚。
节俭养德全民行动：倡导绿色低碳生活方式，积极开展健康有益的各类活动。
推进诚信社会、诚信中国建设：建设全国信用信息共享平台和国家企业信用信息公示系统，建立健全覆盖全社会的征信系统，完善守信激励和失信惩戒机制，开展道德领域突出问题专项教育和治理。

（四）深化拓展群众性精神文明创建活动

广泛开展群众性精神文明创建活动，修订完善各类创建测评体系。加强和改进文明城市创建管理，培育城市精神。加强农村精神文明建设。加强文明行业文明单位创建。培育优良家风家教，传承优良校风校训。针对群众反映强烈的突出问题，开展专项文明行动。完善文化科技卫生"三下乡"长效机制。倡导文明健康生活方式。制定国家礼仪规程。实施全民文明礼仪教育养成行动，培育文明行为习惯。规范升国旗仪式、成人仪式、入党入团入队仪式等礼仪制度。广泛开展军民警民共建精神文明活动。落实党和国家有关政策规定，加强对各类评比活动的规范管理。

专栏 9　精神文明创建工程

文明城市创建：每三年评选表彰一届全国文明城市，每年组织对部分全国文明城市和提名城市进行暗访督查和测评考核。扩大县级文明城市创建活动覆盖面。

文明村镇创建：推进美丽乡村建设示范工程，深化文明村镇创建活动。"十三五"末全国县级及以上文明村和乡镇占比达到50%以上。

文明单位创建：每三年评选表彰一届全国文明单位，在各行各业特别是窗口单位选树一批创建标兵。

文明家庭创建：开展创建全国文明家庭、"五好家庭"、星级文明户和寻找"最美家庭"等活动。加强家庭家风建设，开展党员干部家庭建设专题教育。

文明校园创建：健全工作机制，开展文明校园创建活动，提高师生道德和文明礼仪水平，增强民主法治观念，改善校园文化环境。

专栏 10　精神文明专项行动

文明旅游行动：加强文明出境游和国内游宣传教育、规范约束和社会监督，加强景区景点文明建设，加强导游培训和规范约束，建立游客不文明行为记录制度。

文明交通行动：完善交通安全宣传教育体系，整治交通违法行为，曝光不文明现象，引导人们文明出行。

文明办网、文明上网行动：实施网德工程，推行网站信用等级评价和网上实名制。引导广大青年争当"中国好网民"。引导网民善意、阳光、理性跟帖和评论。开展网络文明传播行动，加强中国文明网建设。

文明使者行动：在乡村、社区遴选文明使者，开展形式多样的文明传播活动。

五、繁荣文化产品创作生产

深入贯彻《中共中央关于繁荣发展社会主义文艺的意见》，着力扶持优秀文化产品创作生产，推出更多传播当代中国价值观念、体现中华文化精神、反映中国人审美追求的精品力作。

（一）把握正确创作导向

牢固树立以人民为中心的创作导向，坚持"二为"方向和"双百"方针，努力为人民抒写、抒情、抒怀。抓好中国梦和爱国主义主题文艺创作，讲好国家民族宏大故事，讲好百姓身边日常故事。建立支持文艺工作者长期深入生活扎根基层的长效保障机制。

（二）推动文化内容形式创新

加强规划指导，加大对具有示范性、引领性作用原创精品的扶持力度。抓好文学、剧本、作曲等基础性环节，支持戏剧、电影、电视、音乐、舞蹈、美术、摄影、书法、曲艺、杂技等艺术门类创新发展，鼓励戏曲流派创新，推动交响乐、歌剧、芭蕾舞等艺术品种的中国化、民族化。推进高雅艺术进校园活动。发挥国家艺术基金、国家出版基金的积极作用。

（三）发展网络文艺

加强网络文化产品创作生产，推动网络文学、网络剧、微电影等新兴文艺类型繁荣有序发展。推动传统文艺与网络文艺创新性融合，促进优秀作品多渠道传输、多平台展示、多终端推送。培养优秀的网络文艺创作、生产、传播和评论人才。健全网络文艺思潮研究分析机制，加大对网络文艺引导力度。

（四）完善评价激励机制

建立健全科学合理的文化产品评价体系，把价值取向、艺术水准、受众反应、社会影响等作为主要指标，合理设置反映市场接受程度的量化指标。建立健全中国特色的收视率调查系统。深化全国性文艺评奖制度改革。引导和规范出版物推荐活动。加强马克思主义文艺理论与评论建设，培养高素质评论队伍。

（五）加强版权保护

全面实施国家知识产权战略，以版权保护促进文化创新。完善版权相关法律法规、行政执法体制和社会服务体系，推进国家版权监管平台建设，依法打击侵权盗版行为，保护版权权利人利益。建立健全信息网络传播权长效保护机制，推进软件正版化工作。推进原创文化作品的版权保护，规范网络使用。完善版权运用的市场机制，推动版权贸易规范化。发展版权产业，形成全产业链的版权开发经营模式。

专栏11　文化精品创作生产

精神文明建设“五个一工程”：推动电影（含动画片）、电视剧（含动画片、电视纪录片）、戏剧、歌曲、图书、广播剧等优秀精神文化产品创作生产。

国家重大出版工程：统筹主题出版和重大出版项目，做好党和国家领导人重要著作出版，实施“三个一百”原创出版计划和学术出版奖励计划，编纂出版《中国大百科全书》（第三版）、《中国历代绘画大系》等，建设“中国社会科学词条库”。

中国当代文学艺术创作工程：重点扶持一批现实题材、中国梦题材、爱国主义题材、重大革命和历史题材、少儿题材、军事题材等文艺精品创作项目，推动出版和展演展映展播展示。

经典再造推广工程：做好优秀经典作品重拍、重排、重演、重版，以现代手法和元素激活和重塑经典。

网络文艺精品创作和传播工程：扶持优秀网络原创作品，支持优秀作品网络传播。扶持一批重点文艺网站。

国家舞台艺术精品创作工程：扶持重点剧目创作，推出一批优秀舞台艺术作品，支持优秀保留剧目复排演出。

国家影视精品工程：扶持一批优秀广播电视节目、影视剧、纪录片、动画片等创作生产。

优秀剧本扶持工程：实施影视、舞台等剧本孵化计划，组织作家、编剧采风，建立网上剧本交易平台，完善定制、采购、众筹等机制，支持创作改编和排演推广。

传统戏曲振兴工程：开展全国地方戏曲剧种普查，逐一制定保护传承方案，扶持建设若干戏曲中心，形成文化艺术“大码头”。实施“名家传戏——戏曲名家收徒传艺”计划。实施“像音像”工程。支持地方戏建设排演场所，盘活用好现有剧场资源。将符合条件的地方戏曲纳入非物质文化遗产名录，实施抢救性记录和保存。

国家美术发展和收藏工程：实施当代美术创作引导计划、全国美术馆和画院专业建设提升计划、国家美术收藏计划，实施国家美术作品收藏和捐赠奖励项目。

马克思主义文艺理论与评论建设工程：编好用好马克思主义文艺理论教材，发挥文艺评论组织、研究机构、高校的积极作用，办好重点文艺评论报刊、网站和栏目，资助优秀文艺评论成果。

六、加快现代公共文化服务体系建设

坚持政府主导、社会参与、重心下移、共建共享，坚持缺什么补什么，注重有用、适用、综合、配套，统筹建设、使用与管理，加快构建普惠性、保基本、均等化、可持续的现代公共文化服务体系。

（一）完善公共文化服务网络

鼓励各地按照国家基本公共文化服务指导标准，自主制定富有特色的地方实施办法，健全各级各类公共文化基础设施。立足实际，注重实效，做好公共文化馆、图书馆、博物馆、美术馆、乡镇（街道）综合文化站、村（社区）综合性文化服务中心等的规划建设。提高广播电视播出机构的制播能力和发射（监测）台、卫星地球站、直播卫星平台的承载能力。建设国家和地方应急广播体系。探索农村电影放映长效机制。鼓励社会力量投资或捐助公共文化设施设备。

（二）推动基层公共文化设施资源共建共享

统筹公共文化设施网络和重点文化惠民工程，避免重复建设。整合宣传文化、党员教育、科普普法、体育健身等资源，建设乡镇（街道）、村（社区）的综合文化服务设施。合理利用历史街区、民宅村落、闲置厂房等，兴办公共文化项目。以县级图书馆、文化馆为中心推进总分馆制。推进公共文化设施免费开放。

（三）创新公共文化服务运行机制

推动各级政府购买公共文化服务。鼓励社会组织和企业参与公共文化设施运营和产品服务供给。建立“按需制单、百姓点单”模式，明确由基层选定为主的公共文化服务项目，健全配送网络。推进数字图书馆、文化馆、博物馆建设。开发和提供适合老年人、未成年人、农民工、残疾人等群体的基本公共文化产品和服务。完善公共文化考核评价，探索建立第三方评价机制。

（四）推动老少边贫地区公共文化跨越发展

与国家脱贫攻坚战略相结合，实施一批公共文化设施建设项目。加强少数民族语言频率频道和涉农节目建设。为贫困地区配备或更新多功能流动文化服务车。支持少数民族电影事业发展。加大文化扶贫力度，建立健全“结对子、种文化”工作机制。

专栏 12　公共文化服务重大工程

国家级重大文化设施建设：推动国家美术馆、中国工艺美术馆、"平安故宫"、中国国家画院、国家图书馆国家文献战略储备库、国家自然博物馆、中国新闻博物馆、中国民族博物馆等重大文化设施建设项目，推动国家级文艺院团重点建设项目。

基层综合文化服务中心建设：推动中心建设，使其基本具备读书看报、文体活动、公共数字文化服务、广播、电影电视放映、村史收集展陈等功能，并配套建设室外活动场地。发挥中心作用，增强对基层群众特别是青少年的吸引力。

广播电视节目无线数字化覆盖：改造全国现有大中功率无线骨干发射台站设备，进行小功率补点建设，实现模拟发射向数字发射转换。

数字广播电视户户通：推进有线电视网络建设和数字化双向化改造，推进直播卫星和地面数字广播电视入户接收，基本实现数字广播电视户户通。

全民阅读：开展"书香中国"系列活动，打造"中国好书"推荐平台。扶持实体书店发展。鼓励兴建各类公共阅读场所，完善全民阅读基础设施。实施儿童阅读促进计划、盲文出版项目。

专栏 13　老少边贫地区公共文化建设

文化基础设施标准化建设：全面加强公共文化馆(站)、图书馆、博物馆、广播电视播出机构和发射(监测)台达标建设。

贫困地区村级综合文化服务中心建设扶持工程：通过盘活存量、调整置换、集中利用和新建等方式，在贫困地区普遍建成村级综合性文化设施，因地制宜配置保障基本文化需求、群众需要的有关场地和设施器材。

少数民族新闻出版东风工程：加强国家民文出版基地建设，支持民族文字媒体发展，提升译制出版和印制发行能力，扩大数字出版和出版物赠阅。

边境和民族地区广播电视节目覆盖能力建设：加强广西、云南、吉林、辽宁等边境地区的广播电视覆盖，让当地群众收听收看高质量境内广播电视节目。

边远贫困地区、边疆民族地区和革命老区文化人才支持计划：每年选派一批文化工作者到"三区"工作服务。每年为"三区"培养一批文化工作者。支持贫困地区设立财政补贴的基层公共文化服务岗位。

七、完善现代文化市场体系和现代文化产业体系

加快发展文化产业，促进产业结构优化升级，提高规模化集约化专业化水平，促进文化产品和要素在全国范围内合理流动，促进文化资源与文化产业有机融合，扩大和引导文化消费，提高文化产业发展质量和效益。

(一)发展壮大文化市场主体

发展骨干文化企业，推动产业关联度高、业务相近的国有文化企业联合重组，推动跨所有制并购重组。以党报党刊所属非时政类报刊、实力雄厚的行业报刊为龙头整合报刊资源，对长期经营困难的新闻出版单位实行关停并转。降低社会资本准入门槛，鼓励和引导非公有制文化企业发展。支持"专、精、特、新"中小微文化企业发展。

专栏 14　骨干文化企业培育工程

文化领军企业培育：加快培育一批主业突出、核心竞争力强、市场占有率高的综合性文化企业集团，力争若干家进入世界同行业前列。

广电网络资源整合：加快全国有线电视网络整合和智能化建设，建立互联互通、安全可控的全国性数字化文化传播渠道。

出版发行资源整合：打造一批新型出版发行机构和出版传媒集团，建设聚合出版发行资源的互联网发行平台。

知名文化品牌建设：鼓励打造知名文化品牌，扶持老字号企业扩大品牌影响力，加强商标品牌的培育和保护。

(二)推进文化市场建设

着力构建统一开放、竞争有序的现代文化市场体系，完善文化市场准入和退出机制。加快文化产品市场建设，发展基于互联网的新型文化市场业态，发展电子票务、电影院线、演出院线、网络书店等现代流通组织形式。健全文化要素市场，完善文化资产评估体系。创新文化投融资体制，推动文化资源与金融资本有效对接。鼓励有条件的国有文化企业利用资本市场发展壮大，推动资产证券化。加强文化消费场所建设，开发新型文化消费金融服务模式。发展文化旅游，扩大休闲娱乐消费。培育和发展农村文化市场。加强城乡出版物发行

网点建设。规范出版物市场价格行为。加强文化行业组织建设，发展文化中介服务。规范文化产业统计。加强文化市场管理，深入开展“扫黄打非”。

专栏 15　文化市场建设

重点文化会展：办好中国（深圳）国际文化产业博览交易会、中国国际动漫节、北京国际广播电影电视设备展览会、北京国际图书博览会、上海国际电影电视节、上海国际艺术节等重点会展。

重点文化产权交易所：办好重点文化产权交易所，推动文化企业国有资产入场交易，开展电视剧等进场交易试点。

文化消费促进和引导：开展促进文化消费试点。鼓励为困难群众等提供适当消费补贴。支持大中城市建设文化娱乐综合体，支持艺术街区、特色书店和小剧场等建设，鼓励把文化消费嵌入各类消费场所。

全国文化市场技术监管与服务平台：建立互联网及其服务场所、娱乐场所以及文化产品经营活动等监管系统，加强大数据资源建设，完善文化市场信用制度。

（三）优化文化产业结构布局

加快发展网络视听、移动多媒体、数字出版、动漫游戏、创意设计、3D和巨幕电影等新兴产业，推动出版发行、影视制作、工艺美术、印刷复制、广告服务、文化娱乐等传统产业转型升级，鼓励演出、娱乐、艺术品展览等传统业态实现线上线下融合。开发文化创意产品，扩大中高端文化供给，推动现代服务业发展。围绕“一带一路”建设、京津冀协同发展、长江经济带发展等国家战略，加强重点文化产业带建设。发掘城市文化资源，推进城市文化中心建设。支持中西部地区、民族地区、贫困地区发展特色文化产业。

专栏 16　重大文化产业工程

电影繁荣发展：全面提高电影质量，做大做强电影市场，推动电影票房和银幕总数稳定增长。推动有条件的乡镇建设数字影院，加强电影衍生品和后产品开发。

出版融合发展：优化出版资源和要素，推动传统和新兴出版在内容、技术应用、平台终端等方面共享融通。

广播电视繁荣发展：全面提升广播电视节目制作和传播水平，扶持电视剧、电视动画、纪录片、有线网络等产业加快发展，形成视听内容生产传播新优势。

音乐产业发展：释放音乐创作活力，建设现代音乐产业综合体系，推动音乐产业与其他产业融合发展。

“文化＋”行动：推动文化创意与相关产业有机融合，增加文化含量和产业附加值，把文化资源优势转化为产业和市场优势。

“互联网＋”行动：创新网络文化产品和服务，引导支持网络文化产业基地建设。建设中国文化（出版广电）大数据产业平台。

文化产业集聚区建设：结合主体功能区规划布局，依托中心城市和城市群，打造若干文化产业集聚平台，形成内容创新、文化科技创新、文化金融服务创新中心。

文化产业园区规范引导：统筹推进各级各类文化产业园区（基地）建设，严格认定标准，建立退出机制。加强国家广告产业园区建设。

（四）强化文化科技支撑

落实中央财政科技计划管理改革的有关要求，通过优化整合后的科技计划（专项、基金等），支持符合条件的文化科技项目。运用云计算、人工智能、物联网等科技成果，催生新型文化业态。加强虚拟现实技术的研发与运用。推动“三网融合”。制定文化产业领域技术标准，深入推进国家文化科技创新工程。依托国家级文化和科技融合示范基地，加强文化科技企业创新能力建设，提高文化核心技术装备制造水平。加强文化资源的数字化采集、保存和应用。

专栏 17　文化科技创新工程

宽带广电建设：加快建设下一代广播电视网，开发智能电视操作系统和融合终端，发展“电视＋语音＋互联网＋智能家居＋智慧城市”等综合业务。

广播影视数字化提升：推进广播电视台数字化建设，建设影院信息化管理与服务体系和电影市场技术监管体系，加强电视和电影前沿技术研究应用。

数字出版创新：建立国家知识服务平台，搭建新闻出版内容生产与分销等平台。支持发展绿色印刷、纳米印刷。

艺术呈现技术提升：加快新型灯光、音响、机械、视效、特效、智能展示等研发应用，提升艺术展演展陈数字化、智能化、网络化水平。

八、传承弘扬中华优秀传统文化

坚守中华文化立场，坚持客观科学礼敬的态度，扬弃继承、转化创新，推动中华文化现代化，让中华优秀传统文化拥有更多的传承载体、传播渠道和传习人群，增强做中国人的骨气和底气。

（一）加强中华优秀传统文化研究挖掘和创新发展

系统梳理中华文化的历史渊源、发展脉络、时代影响，阐明中华文化的独特创造、价值理念。厘清中华优秀传统文化的内涵，改造陈旧的表现形式，赋予新的时代内涵和现代表达形式。加强中华优秀传统文化典籍整理和出版，推进文化典籍资源数字化。推动文博单位开发相关文化创意产品。

（二）开展中华优秀传统文化普及

完善中华优秀传统文化教育，加强中华文化基因校园传承。推动中华优秀传统文化图书音像版权资源共享。加强戏曲保护与传承。普及中华诗词、音乐舞蹈、书法绘画等，举办经典诵读、国学讲堂、文化讲坛、专题展览等活动。鼓励媒体开办主题专栏、节目。利用互联网，推动中华优秀传统文化网络传播。加强语言文字研究和信息化开发应用，大力推广和规范使用国家通用语言文字，科学保护各民族语言文字。

（三）加强文化遗产保护

大力强化全社会文物保护意识，加强世界文化遗产、文物保护单位、大遗址、国家考古遗址公园、重要工业遗址、历史文化名城名镇名村和非物质文化遗产等珍贵遗产资源保护，推动遗产资源合理利用。加强馆藏文物保护和修复。建立健全国家文物督察制度，完善文物登录制度。规范文物流通市场，加大非法流失海外中国文物追索力度。加强考古发掘和整理研究。健全非物质文化遗产保护制度。加强国家级文化生态保护实验区建设，支持非物质文化遗产展览、展示、传习场所建设。推进非物质文化遗产生产性保护。

专栏 18　文化遗产保护工程

国家珍贵文化和自然遗产保护利用：加强国家文化和自然遗产保护利用设施建设、重大文物保护维修，改善基础设施条件。

重点文物保护：实施长城、大遗址、世界文化遗产、文物保护单位等重大文物保护维修，开展水下文化遗产保护，进行国有可移动文物抢救性修复。

考古与大遗址保护：对古代遗址有重点地进行系统考古发掘整理和有效保护，深化重大专题研究。推进重要遗产保护项目。开展重点海域专项调查和水下考古发掘保护项目，划定一批水下文物保护区。

南海水下文化遗产保护：建设水下考古中心南海基地，开展南海水下文化遗产考古调查和抢救性保护。

传统村落保护利用：编制总体规划，完善基础设施，对国家级和省级重点文物保护单位集中连片的传统村落进行整体保护利用。

文物数字资源共享：加快文物藏品数字化保藏，推进数字故宫、数字敦煌、数字丝绸之路和中国人民抗日战争数字博物馆建设。

非物质文化遗产保护与传承：对国家级非物质文化遗产代表性传承人实行抢救性记录，实施传承人群研修研习培训计划，加强非物质文化遗产保护利用设施建设。

（四）传承振兴民族民间文化

加强对民间文学、民俗文化、民间音乐舞蹈戏曲、少数民族史诗的研究整理，对濒危技艺、珍贵实物资料进行抢救性保护。扶持民族民间文化社团组织发展。规范和支持非国有博物馆建设。把民族民间文化元素融入新型城镇化和新农村建设，发展有历史记忆、地域特色、民族特点的美丽城镇、美丽乡村。打造一批民间文化艺术之乡。

（五）保护和发展传统工艺

加强对中国传统工艺的传承保护和开发创新，挖掘技术与文化双重价值。推动传统工艺走进现代生活，运用现代设计改进传统工艺，促进传统工艺提高品质、形成品牌、带动就业。

专栏 19　中华文化传承工程

中华文化资源数据库建设：统筹规划、加强协调，推动全国文化遗产、古籍资源、少数民族文化资源、民间口头文学、老唱片、电影档案等文化资源数字化建设，搭建文化数据共享平台。

续 表

中国古代典籍整理：实施中华古籍保护计划，编修《国家珍贵古籍名录》，推进基础性古籍、散佚海外中华古籍、出土文献、古代社会档案等整理出版，统筹推进古籍整理出版数字化。基本完成古籍普查工作，推出300种国家重点古籍整理出版项目。 中国近现代典籍整理：实施民国时期文献保护计划。分期分类梳理近现代重要典籍文献，编纂《复兴文库》。 史志编修：加强中国共产党史、中华人民共和国史编修，加强地方史编写和边疆历史地理研究。完成省、市、县三级地方志书出版工作。开展旧志整理和部分有条件的镇志、村志编纂。 文化经典普及：编纂出版《中华传统文化百部经典》等著作，拍摄《记住乡愁》《中华文化基因》等系列历史文化专题纪录片。 历史文化记录：实施国家记忆计划。抓紧历史文化记录和保护，重点做好影像记录、口述历史、记忆整理等项目。 国家文化公园建设：依托长城、大运河、黄帝陵、孔府、卢沟桥等重大历史文化遗产，规划建设一批国家文化公园，形成中华文化重要标识。 中华优秀传统文化进校园：将中华优秀传统文化教育融入课程和教材体系，提升教育师资水平，分学段有序推进。推进戏曲进校园。 中华优秀传统文化教育基地建设：发挥历史文化名城、名镇、名街、名村、名人故居以及名战场等的作用，推动主题特色公园建设，推出专题游览路线，形成若干教育基地。 中华民族音乐传承出版：搜集整理民族传统音乐曲谱，完成对珍贵录音录像资料的数字化保护，建设民族音乐资源库，支持民族音乐创新出版传播方式。 民族民间文化典藏与传播：建设传统表演艺术基本动作、传统乐器声学资源和传统文化特征色彩的数字化典藏，建立中国皮影、木偶等艺术音像资源库。 传统工艺振兴：制定传统工艺振兴目录，扶持一批传统工艺项目，建设一批传统工艺工作站，推动形成一批具有民族特色的知名品牌。

九、提高文化开放水平

推动中华文化走出去，统筹对外文化交流、传播和贸易，创新方式方法，讲述好中国故事，阐释好中国特色，让全世界都能听到听清听懂中国声音，不断增强中国国际话语权，使当代中国形象在世界上不断树立和闪亮起来。

（一）加强国际传播能力建设

提升重点媒体国际传播能力，加强项目实施效果评估。建设国家新闻发布平台。推动理论创新、学术创新和表达创新，把话语体系建设研究成果转化为外宣工作资源，在国际上推动形成正确的中国观。

（二）扩大文化交流合作

用好中外人文交流机制，深化政府间文化交流。加强与"一带一路"沿线国家文化交流合作。推进国际汉学交流和中外智库合作。支持民间力量参与对外文化交流，发挥海外侨胞的积极作用。鼓励社会组织、中资机构等参与海外中国文化中心、孔子学院建设。扩大与海外青少年文化交流。加强与港澳台文化交流合作，共同弘扬中华文化。

（三）发展对外文化贸易和投资

培育对外文化贸易主体，鼓励和引导各种所有制文化企业参与文化产品和服务出口，加大内容创新力度，打造外向型骨干文化企业。稳定传统优势文化产品出口，利用跨境电子商务、市场采购贸易等新兴贸易方式，提高数字文化产品的国际市场竞争力，推动文化装备制造技术标准走出去。支持中华医药、中华烹饪、中国园林、中国武术等走出去。大力发展文化服务外包。鼓励各类企业在境外开展文化投资合作，建设国际营销网络，扩大境外优质文化资产规模。支持文化企业参加重要国际性文化节展。

（四）吸收借鉴国外优秀文化成果

统筹引进来和走出去，以我为主、为我所用，积极吸收借鉴国外有益文化成果、先进经营管理理念和有益做法经验。吸引外商投资我国法律法规许可的文化产业领域，推动文化产业领域有序开放，提升引进外资质量和水平。鼓励文化单位同国外有实力的文化机构进行项目合作，学习先进制作技术和管理经验。开展知识产权保护国际合作。

十、推进文化体制改革创新

遵循社会主义精神文明建设规律，把握文化创作生产传播特点，进一步发挥市场在文化资源配置中的积极作用，加强制度创新，构建确保把社会效益放在首位、社会效益和经济效益相统一的体制机制，调动全社会参与文化发展改革的积极性、主动性、创造性。

（一）全面深化文化体制改革

正确处理党委、政府、市场、社会之间的关系，建立健全党委领导、政府管理、行业自律、社会监督、企事业单位依法运营的文化体制机制。加大供给侧结构性改革力度，增强文化产品和服务有效供给。深化公益性文化事业单位改革，强化社会服务功能。推动国有文化企业加快完善文化生产经营机制，提高市场开发和营销能力。引导非公有资本有序进入、规范经营，鼓励社会各方面参与文化创业。科学区分文化建设项目类型，可以产业化、市场化方式运作的以产业化、市场化方式运作。推广政府和社会资本合作（PPP）模式，允许社会资本参与图书馆、文化馆、博物馆、剧院等公共文化设施建设和运营。加强文化领域重要基础性制度研究和评估，进一步完善体制机制。

（二）完善文化管理体制

加快文化立法进程，强化文化法治保障，全面推进依法行政。抓好公共文化服务保障法、网络安全法、电影产业促进法等法律的实施。深化文化行政管理体制改革，推动政府职能转变，赋予文化企事业单位更多的法人自主权。健全互联网管理领导体制，加强互联网文化管理法规制度建设，完善有关管理工作联动机制。健全国有文化资产管理体制机制。深化文化市场综合行政执法改革，理顺执法机构与有关行政管理部门之间的关系，全面落实行政执法责任制。推进文化类社会组织和行业自律建设，深化文联、作协、记协改革。

专栏20　文化法律制度建设

法律建设：制定文化产业促进法、公共图书馆法等，修订著作权法、文物保护法等。

行政法规建设：制定全民阅读促进条例、未成年人网络保护条例、文化市场综合行政执法管理条例、志愿服务条例等，修订电影管理条例、互联网上网服务营业场所管理条例、印刷业管理条例等。

部门规章建设：修订互联网新闻信息服务管理规定等。

（三）深化文化事业单位改革

分类推进文化事业单位改革，进一步明确不同单位的功能定位。深化人事、收入分配、社会保障、经费保障等制度改革，加强绩效评估考核。推动公共文化馆、图书馆、博物馆、美术馆等建立事业单位法人治理结构。加大对党报党刊、通讯社、电台电视台、时政类报刊社、公益性出版社等主流媒体扶持力度，加强内部管理，严格实行采编与经营分开，规范经营活动。在坚持出版权、播出权特许经营前提下，允许制作和出版、制作和播出分开。

（四）建立健全有文化特色的现代企业制度

加快国有文化企业公司制股份制改造，科学设置内部组织结构，强化经营管理。深化内部改革。完善社会效益和经济效益综合考核评价指标体系，建立健全社会效益的具体评价标准，建立考核结果与薪酬分配挂钩的绩效考核制度。推动党政部门逐步与所属文化企业脱钩，理顺主管主办单位与出资人机构关系。

十一、加强文化人才队伍建设

坚持党管干部、党管人才，突出抓好思想政治建设，全面提高能力素质，加快培养造就一支政治坚定、业务精湛、作风优良、党和人民放心的文化人才队伍。

（一）加强思想政治建设和职业道德建设

选好配强宣传思想文化单位领导班子，做到讲政治、强党性、敢担当、勇创新、严律己。大力加强马克思主义新闻观、文艺观教育，开展分层分类培训。深入开展“深入生活、扎根人民”“走基层、转作风、改文风”等主题实践活动。

（二）培养造就高层次人才

加强领军人才建设，建立健全重大文化项目首席专家制度，培养集聚一批有深厚马克思主义理论素养、学贯中西的思想家和理论家，造就一批人民喜爱、有国际影响的学术大家、艺术大师和民族文化代表人物。加强新闻出版传媒领域高层次人才培养。实施中国特色新型智库高端人才培养计划，壮大公共政策研究和决策咨询队伍。加强文化产业投资运营、文化企业管理、媒体融合发展、网络信息服务等方面复合型人才、紧缺人才培养，多渠道引进海外优秀文化人才。

（三）加强基层宣传文化人才队伍建设

推动解决基层宣传文化单位人员配备、基本待遇、工作条件等方面的实际问题，表彰长期坚守基层、业绩突出的先进工作者，建强基层宣传文化队伍。打造专兼结合的基层工作队伍，扶持民间文艺社团、业余队伍，培养乡土文化能人、民族民间文化传承人和各类文化活动骨干。强化职业院校文化艺术类专业建设,鼓励民间艺人、技艺大师到职业院校兼职任教。深入推进服务农民、服务基层文化建设先进集体创建活动。加强西部及边疆地区基层文化人才队伍建设。大力发展文化志愿者队伍,鼓励社会各方面人士提供公共文化服务、参与基层文化活动。

专栏 21 文化体制机制建设

国有文化资产监管:建立健全党委和政府监管有机结合、宣传部门有效主导的管理模式和工作机制,推动实现管人管事管资产管导向相统一。健全国有文化资产监督管理基础制度和管理办法。

综合考核评价指标体系建设:制定新闻网站、出版发行、影视、演艺等不同类别国有文化企业考核评价办法,明确社会效益指标考核权重占50%以上。

新闻出版传媒企业特殊管理股试点:在从事互联网新闻信息服务、网络出版、信息网络传播视听节目服务等须取得行政许可业务的互联网企业,以及按规定转制的重要国有传媒企业开展试点,推动特殊管理股制度成为新闻出版传媒领域一项重要制度安排。

文化事业单位内部改革:推动公共文化馆、图书馆、博物馆、美术馆等建立理事会制度。推动新闻媒体建立健全对采编和经营活动的不同管理制度和考核办法。规范广播电台、电视台制播分离改革。

国有文化企业内部组织结构建设:完善法人治理结构,实行党委成员以双向进入、交叉任职的方式进入董事会、监事会和经营管理层,建立健全编辑委员会、艺术委员会等专门机构。

国有文化企业干部人才管理:完善国有文化企业管理人员分类分层管理制度、经济效益和社会效益综合考核制度。开展国有控股上市文化企业股权激励试点。开展国有文化企业职业经理人制度试点。

文化类社会组织培育:加强对文化领域行业组织建设的指导,深化协会、商会等改革,健全内部管理制度。

十二、完善和落实文化经济政策

加大政策创新和执行力度,进一步健全文化经济政策体系,增强针对性、拓展覆盖面,更好地发挥引导激励和兜底保障作用,为坚持把社会效益放在首位、社会效益和经济效益相统一提供强有力的支撑。

(一)加强财政保障

完善公共财政文化投入机制,多渠道筹措资金支持文化发展改革。合理划分各级政府在文化领域的财政事权和支出责任,明确地方主体责任。进一步完善转移支付体制,加大中央和省级财政转移支付力度,重点向革命老区、民族地区、边疆地区、贫困地区倾斜,落实对国家在贫困地区安排的公益性文化建设项目取消县以下(含县)以及西部地区集中连片特困地区地市级配套资金的政策。加大政府性基金与一般公共预算的统筹力度。中央和省级财政继续设立宣传文化发展专项资金,整合设立中央补助地方公共文化服务体系建设专项资金。加大政府向社会力量购买公共文化服务的力度。中央和地方设立文艺创作专项资金或基金。创新文化产业发展专项资金管理模式,提高资金使用效益。加大文化企业国有资本经营预算投入,补充企业资本金。省属重点文化企业,经省级政府批准,2020年年底前可免缴国有资本收益。建立财政文化预算安排与资金绩效评价结果挂钩制度。通过政府购买服务、原创剧目补贴、以奖代补等方式,着力扶持文艺院团发展改革。

(二)落实和完善文化税收政策

落实经营性文化事业单位转制为企业以及支持文化创意和设计服务、电影、动漫、出版发行等文化企业发展的相关政策,落实支持社会组织、机构、个人捐赠和兴办公益性文化事业的相关政策。研究非物质文化遗产项目经营等方面的税收优惠政策。按照财税体制改革的总体要求,结合文化产业发展的实际需要,完善相关政策,加强对政策执行情况的评估督察,推动文化企业把社会效益放在首位、更好实现社会效益和经济效益有机统一。

(三)发展文化金融

鼓励金融机构开发适合文化企业特点的文化金融产品。支持符合条件的文化企业直接融资,支持上市文化企业利用资本市场并购重组。规范引导面向文化领域的互联网金融业务发展。完善文化金融中介服务体系,促进文化金融对接。探索开展无形资产抵押、质押贷款业务。鼓励开发文化消费信贷产品。

(四)健全文化贸易促进政策

简化文化出口行政审批流程,清理规范出口环节经营性服务和收费,推进文化贸易投资外汇管理便利化,提高海关通关便利化。加强对外文化贸易公共信息服务，分领域、分国别发布国外文化市场动态和文化产业政策信息。支持开展涉外知识产权维权工作。

（五）加强文化建设用地保障

将文化用地纳入城乡规划、土地利用总体规划，在国家土地政策许可范围内，优先保证重要公益性文化设施和文化产业设施、项目用地。修改城市用地分类与规划建设用地标准，完善文化设施用地类型，增加建设用地混合使用要求，保障文化事业文化产业发展。新建、改建、扩建居民住宅区，按照国家有关规定规划和建设相应的文化体育设施。鼓励将城市转型中退出的工业用地根据相关规划优先用于发展文化产业。

十三、组织实施

各级党委和政府要从全局和战略高度，充分认识“十三五”时期文化发展改革的重要意义，把本规划纲要提出的目标任务纳入经济社会发展全局，作为评价地区发展水平、衡量发展质量和考核领导干部工作业绩的重要内容，切实加强组织领导，抓好贯彻实施，力戒形式主义。要牢牢把握文化发展改革的正确方向，坚持和完善党委统一领导、党政齐抓共管、宣传部门组织协调、有关部门分工负责、社会力量积极参与的工作体制和工作格局，形成推动文化建设的强大合力。

中央网信办、文化部、新闻出版广电总局要根据本规划纲要，抓紧制定本领域的专项规划，报中央文化体制改革和发展工作领导小组批准后实施。国家发展改革委、财政部、国土资源部、商务部、税务总局等要按照职责分工，切实落实有关政策，做好各项重点工程的实施和保障。中央文史馆、国务院参事室等相关部门要积极发挥作用。各地要结合实际，编制好本地区文化发展改革规划。各地区各有关部门要加强对本规划纲要实施情况的跟踪分析和监督检查，推动各项任务措施落到实处。

专栏 22　文化人才队伍建设

文化名家暨“四个一批”人才工程：遴选扶持一批哲学社会科学、新闻出版、广播影视、文化艺术和文物保护、文化经营管理、文化科技等方面高层次人才，培养造就一批有较大影响的领军人才和学术带头人。

地方县级和城乡基层宣传思想文化队伍建设：加强县级宣传文化部门领导班子和重要阵地干部管理。大规模开展基层队伍教育培训，健全培训工作机制，开展全员培训。配齐配好乡镇、村和街道、社区宣传文化工作人员，加大专业技术人才培养力度，支持民间文化人才队伍发展。推进东西部地区培训工作交流合作、对口支持。

国家文化荣誉制度：按照党和国家功勋荣誉表彰制度要求，建立健全国家级文化荣誉称号，表彰奖励有杰出贡献的文化工作者。

中共中央办公厅
国务院办公厅
2017 年 1 月 29 日

国务院办公厅关于进一步激发社会领域投资活力的意见

国办发〔2017〕21 号

各省、自治区、直辖市人民政府，国务院各部委、各直属机构：

党的十八大以来，我国社会领域新兴业态不断涌现，投资总量不断扩大，服务能力不断提升，但也仍然存在放宽准入不彻底、扶持政策不到位、监管体系不健全等问题。面对社会领域需求倒逼扩大有效供给的新形势，深化社会领域供给侧结构性改革，进一步激发医疗、养老、教育、文化、体育等社会领域投资活力，着力增加产品和服务供给，不断优化质量水平，对于提升人民群众获得感、挖掘社会领域投资潜力、保持投资稳定增长、培育经济发展新动能、促进经济转型升级、实现经济社会协调发展具有重要意义。要按照党中央、国务院决策部署，坚持稳中求进工作总基调，牢固树立和贯彻落实新发展理念，以供给侧结构性改革为主线，坚持社会效益和经济效益相统一，不断增进人民福祉；坚持营利和非营利分类管理，深化事业单位改革，在政府切实履行好基本公共服务职责的同时，把非基本公共服务更多地交给市场；坚持“放管服”改革方向，注重调动社会力量，降低制度性交易成本，吸引各类投资进入社会领域，更好满足多层次多样化需求。经国务院同意，现提出以下意见：

一、扎实有效放宽行业准入

1.制定社会力量进入医疗、养老、教育、文化、体育等领域的具体方案，明确工作目标和评估办法，新增服务和产品鼓励社会力量提供。（教育部、民政部、文化部、国家卫生计生委、国家新闻出版广电总局、国家体育总局、国家文物局、国家中医药管理局按职责分工负责）在社会需求大、供给不足、群众呼声高的医疗、养老领域尽快有突破，重点解决医师多点执业难、纳入医保定点难、养老机构融资难等问题。（国家卫生计生委、人力资源和社会保障部、民政部、银监会等部门按职责分工负责）

2.分别制定医疗、养老、教育、文化、体育等机构设置的跨部门全流程综合审批指引，推进一站受理、窗口服务、并联审批，加强协作配合，并联范围内的审批事项不得互为前置。（教育部、民政部、文化部、国家卫生计生委、国家新闻出版广电总局、国家体育总局、国家文物局、国家中医药管理局分别牵头会同公安部、国土资源部、环境保护部、住房城乡建设部等部门负责）各地出台实施细则，进一步细化各项审批的条件、程序和时限，提高部门内各环节审批效率，推广网上并联审批，实现审批进程可查询。（各省级人民政府负责）

3.完善医疗机构管理规定，优化和调整医疗机构类别、设置医疗机构的申请人、建筑设计审查、执业许可证制作等规定，推进电子证照制度。（国家卫生计生委、国家中医药管理局按职责分工负责）

4.按照保障安全、方便合理的原则，修订完善养老设施相关设计规范、建筑设计防火规范等标准。（住房城乡建设部、公安部、民政部等部门按职责分工负责）

5.制定整合改造闲置资源发展养老服务工作办法。推动公办养老机构改革试点，鼓励采取公建民营等方式，将产权归政府所有的养老服务设施委托企业或社会组织运营。（各省级人民政府负责）

6.指导和鼓励文化文物单位与社会力量深度合作，推动文化创意产品开发，通过知识产权入股等方式投资设立企业，总结推广经验，适时扩大试点。制定准入意见，支持社会资本对文物保护单位和传统村落的保护利用。探索大遗址保护单位控制地带开发利用政策。（文化部、国家文物局按职责分工负责）

7.总结图书制作与出版分开的改革试点经验，制定扩大试点地区的方案。推动取消电影制片单位设立、变更、终止审批等行政审批。（国家新闻出版广电总局牵头负责）

8.制定体育赛事举办流程指引，明确体育赛事开展的基本条件、标准、规则、程序和各环节责任部门，打通赛事服务渠道，强化对口衔接，有关信息向社会公开。（国家体育总局牵头负责）

9.规范体育比赛、演唱会等大型群众性活动的各项安保费用，提高安保公司和场馆的市场化运营服务水平。（公安部牵头会同文化部、国家新闻出版广电总局、国家体育总局负责）

10.改革医师执业注册办法，实行医师按行政区划区域注册，促进医师有序流动和多点执业。建立医师电子注册制度，简化审批流程，缩短办理时限，方便医师注册。（国家卫生计生委、国家中医药管理局牵头负责）医疗、教育、文化等领域民办机构与公立机构专业技术人才在职称评审等方面享有平等待遇。（人力资源和社会保障部牵头负责）

二、进一步扩大投融资渠道

11.研究出台医疗、养老、教育、文化、体育等社会领域产业专项债券发行指引，结合其平均收益低、回报周期长等特点，制定有利于相关产业发展的鼓励条款。（国家发展改革委牵头负责）积极支持相关领域符合条件的企业发行公司债券、非金融企业债务融资工具和资产证券化产品，并探索发行股债结合型产品进行融资，满足日常运营资金需求。（证监会、中国人民银行按职责分工牵头负责）引导社会资本以政府和社会资本合作（PPP）模式参与医疗机构、养老服务机构、教育机构、文化设施、体育设施建设运营，开展 PPP 项目示范。（各省级人民政府负责）

12.发挥政府资金引导作用，

有条件的地方可结合实际情况设立以社会资本为主体、市场化运作的社会领域相关产业投资基金。（各省级人民政府负责）

13.推进银行业金融机构在依法合规、风险可控、商业可持续的前提下，创新开发有利于社会领域企业发展的金融产品，合理确定还贷周期和贷款利率。（中国人民银行、银监会等部门按职责分工负责）

14.出台实施商业银行押品管理指引，明确抵押品类别、管理、估值、抵质押率等政策。（银监会牵头负责）

15.加强知识产权评估、价值分析以及质押登记服务，建立健全风险分担及补偿机制，探索推进投贷联动，加大对社会领域中小企业的服务力度。（国家知识产权局、财政部、中国人民银行、国家工商总局、银监会等部门按职责分工负责）有效利用既有平台，加强信息对接和数据共享，形成以互联网为基础、全国统一的商标权、专利权、版权等知识产权质押登记信息汇总公示系统，推动社会领域企业以知识产权为基础开展股权融资。（国家发展改革委、国家知识产权局牵头会同中国人民银行、国家工商总局、国家新闻出版广电总局等部门负责）

16.支持社会领域企业用股权进行质押贷款，推动社会领域企业用收益权、应收账款以及法律和行政法规规定可以质押的其他财产权利进行质押贷款。鼓励各地通过设立行业风险补偿金等市场化增信机制，推动金融机构扩大社会领域相关产业信贷规模。（各省级人民政府负责）

17.鼓励搭建社会领域相关产业融资、担保、信息综合服务平台，完善金融中介服务体系，利用财政性资金提供贴息、补助或奖励。（各省级人民政府负责）

18.探索允许营利性的养老、教育等社会领域机构以有偿取得的土地、设施等财产进行抵押融资。（各省级人民政府负责）

19.发挥行业协会、开发区、孵化器的沟通桥梁作用，加强与资本市场对接，引导企业有效利用主板、中小板、创业板、新三板、区域性股权交易市场等多层次资本市场。（科技部、民政部、文化部、国家卫生计生委、国家新闻出版广电总局、证监会、国家体育总局等部门以及各省级人民政府按职责分工负责）

三、认真落实土地税费政策

20.将医疗、养老、教育、文化、体育等领域用地纳入土地利用总体规划、城乡规划和年度用地计划，农用地转用指标、新增用地指标分配要适当向上述领域倾斜，有序适度扩大用地供给。（国土资源部、住房城乡建设部以及各省级人民政府按职责分工负责）

21.医疗、养老、教育、文化、体育等领域新供土地符合划拨用地目录的，依法可按划拨方式供应。对可以使用划拨用地的项目，在用地者自愿的前提下，鼓励以出让、租赁方式供应土地，支持市、县政府以国有建设用地使用权作价出资或者入股的方式提供土地，与社会资本共同投资建设。应有偿使用的，依法可以招拍挂或协议方式供应，土地出让价款可在规定期限内按合同约定分期缴纳。支持实行长期租赁、先租后让、租让结合的土地供应方式。（国土资源部牵头会同财政部等部门负责）

22.市、县级人民政府应依据当地土地取得成本、市场供需、产业政策和其他用途基准地价等，制定公共服务项目基准地价，依法评估并合理确定医疗、养老、教育、文化、体育等领域公共服务项目的出让底价。（国土资源部牵头负责）

23.企业将旧厂房、仓库改造成文化创意、健身休闲场所的，可实行在五年内继续按原用途和土地权利类型使用土地的过渡期政策。（国土资源部牵头会同住房城乡建设部、环境保护部、文化部、国家体育总局等部门负责）

24.制定闲置校园校舍综合利用方案，优先用于教育、养老、医疗、文化、体育等社会领域。（教育部牵头会同民政部、国家卫生计生委、文化部、国家体育总局等部门负责）

25.落实医疗、养老、教育、文化、体育等领域税收政策，明确界定享受各类税收政策的条件。（国家税务总局牵头负责）

26.加大监督检查力度，落实非公立医疗、教育等机构享有与公立医院、学校用水电气热等同价政策，落实民办的公共文化服务机构、文化创意和设计服务企业用水电气热与工业同价政策，落实大众健身休闲企业用水电气热价格不高于一般工业标准政策，落实社会领域各项收费优惠政策。（各省级人民政府负责）

四、大力促进融合创新发展

27.各地根据资源条件和产业优势，科学规划建设社会领域相关产业创新发展试验区，在准入、人才、土地、金融等方面先行先试。积极鼓励各类投资投入社会领域相关产业，推动产业间合作，促进产业融合、全产业链发展。（各省级人民政府以及国家发展改革委、教育部、民政部、文化部、国家卫生计生委、国家新闻出版广电总局、国家体育总局、国家文物局、国家中医药管理局等部门按职责分工负责）

28.制定医养结合管理和服务规范、城市马拉松办赛指南、汽车露营活动指南、户外徒步组织规范、文化自然遗产保护和利用指南。实施文化旅游精品示范工程、体育医疗康复产业发展行动计划。（国家卫生计生委、民政部、国家中医药管理局、国家体育总局、住房城乡建设部、文化部、国家文物局、国家旅游局等部门按职责分工负责）

29.支持社会力量举办规范的中医养生保健机构，培育一批技术成熟、信誉良好的知名中医养生保健服务集团或连锁机构。鼓励中医医疗机构发挥自身技术人才等资源优势，为中医养生保健机构规范发展提供支持。开展中医特色健康管理。（国家中医药管理局牵头负责）

30.推进“互联网＋”益民服务，完善行业管理规范，发展壮大在线教育、在线健身休闲等平台，加快推行面向养老机构的远程医疗服务试点，推广大数据应用，引导整合线上线下企业的资源要素，推动业态创新、模式变革和效能提高。（国家发展改革委牵头会同教育部、工业和信息化部、民政部、文化部、国家卫生计生委、国家体育总局等部门负责）

31.鼓励各地扶持医疗器械、药品、康复辅助器具、体育运动装备、文化装备、教学装备等制造业发展，强化产需对接、加强产品研发、打造产业集群，更好支撑社会领域相关产业发展。（各省级人民政府负责）

五、加强监管优化服务

32.完善协同监管机制，探索建立服务市场监管体系。相关行业部门要统筹事业产业发展，强化全行业监管服务，把引导社会力量进入本领域作为重要职能工作，着力加强事中事后监管，总结成功经验和案例，制定推广方案。（教育部、民政部、文化部、国家卫生计生委、国家新闻出版广电总局、国家体育总局按职责分工负责）工商、食品药品监管、质检、价格等相关监管部门要加强对社会领域服务市场监管，切实维护消费者权益，强化相关产品质量监督，严厉打击虚假广告、价格违法行为等。（国家工商总局、国家食品药品监管总局、国家质检总局、国家发展改革委按职责分工负责）

33.建立医疗、养老、教育、文化、体育等机构及从业人员黑名单制度和退出机制，以违规违法行为、消防不良行为、信用状况、服务质量检查结果、顾客投诉处理结果等信息为重点，实施监管信息常态化披露，年内取得重点突破。（教育部、公安部、民政部、文化部、国家卫生计生委、国家工商总局、国家新闻出版广电总局、国家体育总局、国家文物局、国家中医药管理局按职责分工负责）

34.将医疗、养老、教育、文化、体育等机构及从业人员信用记录纳入全国信用信息共享平台，其中涉及企业的相关记录同步纳入国家企业信用信息公示系统，对严重违规失信者依法采取限期行业禁入等惩戒措施，建立健全跨地区跨行业信用奖惩联动机制。（国家发展改革委、中国人民银行牵头会同教育部、民政部、文化部、国家卫生计生委、国家工商总局、国家新闻出版广电总局、国家体育总局、国家中医药管理局等相关部门负责）

35.积极培育和发展医疗、养老、教育、文化、体育等领域的行业协会商会，鼓励行业协会商会主动完善和提升行业服务标准，发布高标准的服务信息指引，开展行业服务承诺活动，组织有资质的信用评级机构开展第三方服务信用评级。（教育部、民政部、文化部、国家卫生计生委、中国人民银行、国家工商总局、国家新闻出版广电总局、国家体育总局按职责分工负责）

36.建立完善社会领域产业统计监测制度，在文化、体育、旅游及相关产业分类基础上，加强产业融合发展统计、核算和分析。（国家统计局牵头负责）

37.充分利用广播电视、平面媒体及互联网等新兴媒体，积极宣传社会资本投入相关产业、履行社会责任的先进典型，提升社会认可度。（教育部、民政部、文化部、国家卫生计生委、国家新闻出版广电总局、国家体育总局、国家文物局、国家中医药管理局按职责分工负责）

各地区、各有关部门要充分认识进一步激发社会领域投资活力的重要意义，把思想认识和行动统一到党中央、国务院重要决策部署上来，切实加强组织领导，落实责任分工，强化监管服务，合理引导预期，着力营造良好市场环境。

国务院办公厅

2017年3月7日

国务院办公厅关于进一步加强文物安全工作的实施意见

国办发〔2017〕81号

各省、自治区、直辖市人民政府，国务院各部委、各直属机构：

文物是中华文明、中国革命的精神标识和文化标识，是国家象征、民族记忆的情感依托和物质载体。保护文物就是保护国家与民族的历史，守护中华民族的根与魂。文物安全是文物保护的红线、底线和生命线，关系国家历史传承和民族团结，关系社会主义核心价值观培育，关系人民群众精神家园建设，是弘扬中华优秀传统文化、建设社会主义文化强国、维护国家文化安全的重要内容。党中央、国务院高度重视文物安全工作，做出一系列决策部署，推动文物安全状况不断好转。但也要看到，保护文物安全是一项长期而又艰巨的工作，当前文物遭受盗窃盗掘盗捞案件高发频发，法人违法屡禁不止，文物流通领域非法交易、非法收藏、拍假卖假乱象丛生，文物安全属地管理主体责任履行不到位、监管缺失，执法机构队伍薄弱、管理不到位。为牢固树立保护文物也是政绩的科学理念，严格落实文物安全保护责任，严密安保措施，严防监管漏洞，严打文物犯罪，严肃问责追责，坚决筑牢文物安全防线，经国务院同意，现就进一步加强文物安全工作提出如下实施意见。

一、健全落实文物安全责任制

(一)明确地方政府主体责任

地方各级政府要切实履行文物安全属地管理主体责任，坚持党政同责、一岗双责、齐抓共管、失职追责，完善文物安全责任体系。要将文物安全摆在重要位置，加强组织领导，建立由分管负责同志牵头的文物安全工作协调机制，将文物安全工作纳入地方政府年度考核评价体系。实施目标管理，强化源头治理，整治重大隐患，督促有关方面履职尽责。将文物安全经费纳入财政预算，保障文物安全经费投入。

(二)强化部门监管责任

坚持管行业必须管安全、管业务必须管安全、管生产经营必须管安全，厘清各有关部门文物安全工作职责。文物部门负责制定文物行政执法督察和案件查处的相关规定和标准，查处文物违法案件，督办行政责任追究；协同配合有关部门查处文物犯罪案件、安全事故，规范文物市场。公安部门负责打击文物犯罪，指导文物和博物馆单位开展消防和内部治安保卫工作。海关部门负责进出境文物监管和打击文物走私工作。工商部门负责依法对古玩旧货市场中文物经营活动进行检查，对其中未经许可开展的文物经营行为进行查处。国土资源、住房城乡建设、旅游、宗教、海洋等负有文物安全职责的部门和单位要依法依规认真履行职责。发展改革、教育、财政等其他有关部门和单位要在职责范围内为文物安全工作提供支持保障。

(三)落实文物管理使用者直接责任

坚持谁管理谁使用谁负责。文物和博物馆单位对本单位文物安全负全面责任，要自觉接受属地监管。文物和博物馆单位法定代表人或者文物所有人、使用人是文物安全的直接责任人，要明晰领导责任，明确文物安全管理人，健全文物安全岗位职责，配齐安全保卫人员，依照规定建立单位专职消防队或者微型消防站，完善安全防护设施和措施，确保责任到人、责任到岗。田野文物等无使用人的不可移动文物，由县级政府承担安全责任。

(四)完善责任落实机制

地方各级政府间、政府与部门间、文物部门与文物和博物馆单位间要签订文物安全责任书，明确责任目标，逐级落实文物安全责任。实行文物安全直接责任人公告公示制度，接受社会监督。文物部门要经常性对文物安全直接责任人进行培训，提高文物安全管理水平和能力。

二、加强日常检查巡查，严厉打击违法犯罪

(五)强化日常检查巡查

要将文物被盗、火灾、雷击等隐患以及安全设施运行维护、应急演练处置、文物安全责任制落实等情况作为重点，不间断进行日常检查巡查。地方各级政府要

将文物安全纳入社会综合治理、文明城市建设，每年开展一次文物安全检查评估；文物、公安、住房城乡建设、旅游、宗教、海洋等有关部门和单位要在各自职责范围内加强文物安全日常检查及监视监测工作；文物和博物馆单位的上级主管部门要加强对文物安全责任制落实和关键岗位、关键环节的检查，文物管理使用单位要做到日日有巡查、次次有记录。

（六）严厉打击文物犯罪，惩治法人违法行为

公安、国土资源、住房城乡建设、海关、工商、旅游、宗教、海洋、文物等有关部门和单位要协同配合，建立长效机制，研判文物安全形势，适时开展专项行动，严厉打击盗掘古文化遗址、古墓葬，盗窃田野石刻造像、古建筑壁画和构件，盗捞水下文物以及倒卖、走私文物等犯罪活动；严厉查处非法交易文物、非法收藏文物、擅自从事文物经营活动等违法行为，清理非法经营主体；严厉查处未批先建、破坏损毁文物本体和环境、影响文物历史风貌等法人违法行为，对严重违法、社会影响极其恶劣的案件要约谈地方政府负责人，并向社会曝光。

三、健全监管执法体系，畅通社会监督渠道

（七）提高监管执法能力

充实国务院文物行政部门安全督察力量，加强省级文物监管力量，建立健全督察机制。强化市县监管力量，市县级政府已设立文物局的，要加强文物监管执法力量，切实履行职责；未设立文物局的，要确定专管部门及专职人员。承担文物执法职能的综合执法机构要明确岗位职责。有文物分布的乡镇和街道，乡镇政府和街道办事处要明确人员负责文物安全。文物安全形势严峻的地方，经属地公安机关、文物部门联合评估后，可结合当地实际，在点多面广、重要的文物保护单位设立派出所或者警务室，配备专职人员，加强重点保护。

（八）引导社会力量参与

地方各级政府应通过政府购买服务等方式，确保无专门管理机构或管理机构力量不足的不可移动文物有专人负责巡查看护。加强文物保护法律法规宣传普及，充分利用文艺演出、公益广告、广播电视节目等形式，积极利用各类新闻媒体平台，引导全社会树立保护文物光荣、破坏文物违法的意识。树立正确文物收藏观，鼓励合法收藏，拒绝非法交易文物。加强社会监督，鼓励文物保护社会组织、志愿者等积极参与文物安全监督管理，向有关部门提供文物违法犯罪线索，畅通社会监督渠道。

四、强化科技支撑，提高防护能力

（九）完善安全防护设施

实施文物平安工程，健全文物安全防护标准，推广应用文物和博物馆单位安防、消防先进技术和装备。尚未建设安全防护设施的要尽快建设完善，逐步实现全覆盖。文物资源密集、专门机构人员短缺的地区，可集中设置安全防护综合控制中心。通过现有资金渠道，对文物保护单位、博物馆等风险单位的安全防护设施建设、运行及维护经费予以积极保障。鼓励和引导社会力量参与，健全多元化的文物安全防护设施资金投入渠道。

（十）加强信息平台建设

建立覆盖全国重点文物保护单位和世界文化遗产地的监控系统，实现远程监管、消防物联网监控和文物安全监管人员智能巡检，建设完善文物安全监管平台。完善全国文物犯罪信息平台，及时发布被盗文物信息，充分运用云计算、大数据、“互联网+”等现代信息技术，推动文物安全保护与现代科技融合创新。

五、加大督察力度，严肃责任追究

（十一）加强督察

国务院文物行政部门组织全国文物安全工作部际联席会议成员单位每年对各地文物安全工作落实情况开展一次督察，对安全和执法工作履职尽责情况进行评估和通报，确定重大文物案件和安全事故并挂牌督办。省级政府要加大对市县级政府文物安全工作落实情况的督察力度，将重大文物安全隐患、事故和违法案件列为政府督察重要事项，坚持原因不查清不放过、责任者得不到处理不放过、整改措施不落实不放过、教训不吸取不放过，切实提高督察实效，可对文物安全工作成绩显著的地区和单位给予表彰，对表现突出的个人予以奖励，对工作不力的地区和单位进行通报批评。

（十二）严肃追责

建立严格的文物案件和安全事故追责问责机制，制定文物案件和安全事故违法违纪处分办法，厘清责任单位和责任人员，界定违法违纪行为，明确处分种类和运用规则。地方各级政府、各有关部门和单位不依法履行职责、决策失误、失职渎职等导致文

物遭受破坏、失盗、失火并造成损失的，对负有领导责任、监管责任和直接责任的人员必须严肃追责；涉嫌犯罪的，必须移送司法机关处理，让有权必有责、有责要担当、失责必追究成为工作常态。

各地区、各有关部门和单位要根据本实施意见要求，结合工作实际，认真抓好贯彻落实。

国务院办公厅
2017 年 9 月 9 日

中共中央宣传部　教育部　财政部　文化部关于戏曲进校园的实施意见

中宣发〔2017〕26 号

戏曲是表现和传承中华优秀传统文化的重要载体。为贯彻《中共中央关于繁荣发展社会主义文艺的意见》精神，落实《国务院办公厅印发关于支持戏曲传承发展若干政策的通知》《国务院办公厅关于全面加强和改进学校美育工作的意见》要求，弘扬中华优秀传统文化，增强文化自信，促进戏曲传承发展，现就戏曲进校园的实施提出以下意见。

一、总体要求

（一）指导思想

全面贯彻党的十八大和十八届三中、四中、五中、六中全会精神，深入贯彻习近平总书记系列重要讲话精神，全面落实党的教育方针，以立德树人为根本任务，坚守中华文化立场、传承中华文化基因，加强戏曲通识普及教育，增进学生对戏曲艺术的了解和体验，引领学生树立正确的审美观念、陶冶高尚的道德情操、培育深厚的民族情感，促进学生全面发展，营造戏曲传承发展的良好环境。

（二）基本原则

坚持先进文化，严把导向。弘扬和践行社会主义核心价值观，严把思想价值导向，严把艺术质量，促进学生身心健康发展，增进学生对中华文化的热爱。

坚持育人为本，面向全体。遵循美育特点和学生成长规律，以美育人、以文化人，让每个学生都享有戏曲教育的机会，成为戏曲进校园的受益者。

坚持因地制宜，多措并举。立足各地实际，注重戏曲门类丰富性，考虑地区差异，鼓励多种形式和特色发展，自主探索多样化的模式，形成典型引领带动整体推进的生动局面。

坚持统筹协调，形成合力。明确分级管理、地方为主、政府统筹，鼓励社会参与，整合多种资源，完善支持政策，形成戏曲进校园的合力。同时，遵循教育教学和人才培养规律，统筹开展戏曲进校园和高雅艺术进校园等其他美育教育活动。

（三）总体目标

2017 年，在试点基础上，有条件的省区市大中小学以及中央部委所属高校争取实现所有学生免费欣赏 1 场优秀戏曲演出。2018 年，戏曲进校园活动蓬勃开展，戏曲教育丰富多样，争取实现全国所有大中小学每个学生每年免费欣赏 1 场优秀戏曲演出。2020 年，戏曲进校园实现常态化、机制化、普及化，基本实现全覆盖。

二、主要内容

（一）时间安排

具体时间由各地、各校自行确定，应与课堂教学、课外活动及学生综合实践活动有机结合。

（二）参与对象

1. 全国大中小学的在校学生。

2. 全国各级各类戏曲艺术表演团体（含划转为保留演出职能的非物质文化遗产传承保护中心、艺术院校演出团队和优秀民营戏曲艺术表演团体，以下统称“戏曲艺术表演团体”）。

3. 戏曲艺术专业人员（含艺术专家、表演人才、研究人员、非遗传承人和志愿者等）。

4. 其他相关的社会团体和人才资源。

（三）主要形式

1. 组织观看戏曲作品

结合学校教育实际及不同年龄段学生身心特点，选择优秀、经典、适合学生观看的戏曲艺术作品，坚持多措并举，原则上以组织戏曲艺术表演团体进校园演出和组织学生走进剧场现场观看为主，同时结合各类公益演出、戏曲进乡村等文化惠民活动和戏曲文化讲座，以及通过互联网和多媒体观看经典剧目、戏曲动漫等多种形式进行。戏曲演出要同讲解、示范等形式结合起来，加强普及教育。

2. 开展戏曲教育活动

各地宣传、教育、文化部门要广泛开展形式多样的学校戏曲教育活动。各级各类学校要贴近校园生活，充实艺术教育课堂，根据学生认知水平和心理特点，积极探索创新具有时代特征、校园特色和学生特点的戏曲教育形式，如戏曲名家进校园、戏曲展演展示、戏曲赏析（讲座）等群体性活动，形成本地本校的特色和传统。各级戏曲艺术表演团体、文化（艺术）馆等要举办学生戏曲活动，开展戏曲排演观摩、角色和行当体验互动等活动，激发学生对戏曲艺术的兴趣爱好。

3. 加强戏曲社团建设

支持学校建立多种类型的戏曲兴趣小组、学校戏曲社团、戏曲工作坊和戏曲传承基地等，让学生多种途径和渠道广泛参与戏曲体验、学习和实践。鼓励戏曲艺术表演团体与大中小学戏曲社团开展“结对子、种文化”活动，邀请戏曲艺术专业人员深入学校讲解戏曲知识，开展戏曲辅导等活动。鼓励学校聘请戏曲专家、非遗传承人和知名戏曲票友等担任学校兼职艺术教师。

三、组织管理

（一）管理机构职责

中央宣传部、教育部、财政部、文化部指导和支持各地开展戏曲进校园工作。

各省（区、市）建立宣传部门牵头，教育、财政、文化等部门参与的戏曲进校园工作组织和协调机制，参与部门各负其责，协调推进工作的具体落实。

宣传部门负责宏观指导和统筹协调，加大宣传支持力度，营造良好社会舆论氛围。

教育部门负责规划实施和组织管理，确定进校园的戏曲剧（节）目和需求数量，组织指导学校参加和开展活动。

财政部门负责研究完善支持政策，做好戏曲进校园相关资金投入工作，加强资金监管。

文化部门负责审查、推荐剧（节）目，审核戏曲艺术表演团体参演资格，对表演团体进行业务指导和组织管理。

（二）剧（节）目目录认定

各地宣传部门会同教育、文化等部门每三年认定一次戏曲进校园的剧（节）目目录。根据本地实际情况，聘请相关专家和人员组成剧（节）目目录认定委员会，按照“思想性、艺术性、教育性和观赏性”原则，研究确定适合进校园的戏曲门类及相应剧（节）目，并形成目录菜单。兼顾学生年龄阶段特点，对应不同学段的学生确定观看剧（节）目目录。认定的剧（节）目目录于上年度 11 月 30 日前通过网站向社会公布。

（三）戏曲表演团体资格审核

戏曲艺术表演团体和相关社会团体等的资格由各地文化部门依据相关办法每三年审定一次。文化部门于上年度 12 月 10 日前通过网站发布评审公告。凡符合申报条件的团体，按公告要求报名参加戏曲进校园的资质统一评审。文化部门聘请艺术及教育专家对团体资质进行评审，确定获得戏曲进校园资格的团体名单，并于上年度 12 月 30 日前通过网站向社会公布。凡取得戏曲进校园资格的团体，需严格按照审定和公布的剧（节）目目录进行演出和提供相关服务。

（四）组织实施

各级宣传部门会同教育、财政、文化部门根据公布的剧（节）目目录和表演团体资格名单，结合财力状况和学校需求数量，统筹制定当年戏曲进校园计划并组织实施。教育部门要指导各级各类学校制定工作方案和计划，组织学生观看戏曲演出并开展相应教育活动。文化部门要指导各级各类戏曲艺术表演团体和相关社会资源根据教育需求，落实所承担的任务，确保质量，并听取广大学校和学生的意见建议，不断提高水平。

四、工作要求

（一）加强组织领导

各地宣传、教育、财政和文化部门要充分认识戏曲进校园的重大意义，把其作为传承发展优秀传统文化、弘扬社会主义核心价值观、实现立德树人根本任务的重要途径，摆上重要位置。要健全领导机制，成立活动领导小组，建立管理制度，明确工作目标，结合实际制定实施和评价办法，切实抓紧抓好。相关部门要统筹调动社会各方力量，加强跨部门、跨层级协作，合理推进戏曲进校园。

（二）多渠道筹集资金

充分调动政府、学校、社会、个人等各方积极性，多方汇聚资源，共同支持戏曲进校园。各级财政要根据财政事权和支出责任划分，统筹考虑政府、市场、社会多方力量，统筹相关经费渠道，积极支持戏曲进校园。大中小学要结合实际，统筹利用各种资源，合理支持开展戏曲教育、戏曲社团建设活动。高雅艺术进校园活动也要适当增加戏曲等演出的场次。积极发挥市场机制作用，引导和鼓励企业、社会团体、个人参与和社会资本投入，形成合力。要加强资金使用管理，强化监督检查和绩效评价，切实提高资金使用效益。

（三）完善安全制度

要牢固树立“安全第一”的指导思想，加强安全教育和管理工作，建立健全安全管理制度。特别是在组织学生观看演出、讲座和参加相关活动的过程中，学校、表演团体和场馆等各参与方要提高安全意识，认真做好安全预案，严格安全程序，切实保障戏曲进校园的顺利实施和学生的安全。

（四）重视考评和宣传

各级宣传文化部门要将戏曲进校园纳入年度工作要点。各级教育部门要将戏曲进校园列入学校艺术教育年度工作内容，将学生参与戏曲实践活动作为学校美育实践活动的重要组成部分。要大力宣传戏曲进校园的价值理念、育人功能和先进经验做法，在广大学生中掀起看戏曲、爱戏曲的热潮，在全社会营造关心、支持戏曲进校园的良好氛围和舆论环境。

中共中央宣传部

教育部　财政部　文化部

2017 年 8 月 4 日

文化部关于废止和修改部分部门规章的决定

中华人民共和国文化部令

第 57 号

《文化部关于废止和修改部分部门规章的决定》已经 2017 年 11 月 24 日文化部部务会议审议通过，现予发布。

部长　雒树刚

2017 年 12 月 15 日

文化部关于废止和修改部分部门规章的决定

为落实国务院“放管服”改革工作部署，根据《国务院办公厅关于进一步做好“放管服”改革涉及的规章、规范性文件清理工作的通知》（国办发〔2017〕40 号）的要求，文化部对“放管服”改革涉及的部门规章进行了全面清理。经清理，文化部决定：

一、废止 3 件部门规章

废止《文化科技工作管理办法》（文化部令第 1 号，1990 年 3 月 28 日发布）。

废止《文化科学技术成果鉴定办法》（文化部令第 2 号，1990 年 7 月 3 日发布）。

废止《文化系统内部审计工作规定》（文化部令第 3 号，1990 年 8 月 25 日发布）。

二、修改 5 件部门规章

修改《社会艺术水平考级管理办法》（文化部令第 31 号，2004 年 7 月 1 日发布）

将第四条修改为“文化部负责全国艺术考级的规划、协调和监督管理工作，履行下列职能：

（一）组织制定和贯彻实施艺

术考级的政策、法规；

（二）制定全国艺术考级工作规划；

（三）实施和指导实施对全国艺术考级活动的监督检查；

（四）指导艺术考级行业组织开展艺术考级工作；

（五）协调有关部门对艺术考级工作的有关重大事项进行研究并做出决定。”

删除第五条第二款。

删除第六条、第七条。增加以下内容作为新的第六条：“艺术考级行业组织应当依照法律、法规及章程制定行业自律规范，加强职业道德教育，指导、监督成员的艺术考级工作，维护成员的合法权益，促进公平竞争。”

将第十条修改为“申请开办艺术考级活动的单位，应当向所在地省、自治区、直辖市人民政府文化行政部门提出申请，并提交以下材料：

（一）申请书。申请书中应当载明拟开办的艺术考级专业、设置考场范围，考级工作机构及其负责人的基本情况，开办资金的数量和来源，收费项目和标准等内容；申请书由申请单位的法定代表人签署；

（二）法人资格证明文件；

（三）考级工作机构的组成和工作规则；

（四）考级工作机构主要负责人的证明文件；

（五）考级工作机构办公地点和考试场地使用权的证明文件；

（六）自编并正式出版发行的艺术考级教材；

（七）拟聘请的艺术考级考官的材料；

（八）审批机关要求提供的其他有关材料。”

将第十一条第二款修改为“审批机关做出决定前，应当组织专家对申请单位的申请材料进行论证。论证所需时间不计算在审批期限内，但应当将所需时间书面告知申请单位。”

增加以下内容作为新的第十一条：“艺术考级机构主要负责人、办公地点有变动的，应当自变动之日起 20 日内，报审批机关备案。”

删除第十二条、第十三条。

将第十四条第一款修改为“艺术考级机构连续 2 年不开展艺术考级活动的，取消开展艺术考级活动资格。”删除第二款。

删除第十五条。

将第十六条修改为“艺术考级考官应具备下列条件：

（一）7 年以上专业艺术学习经历或者中级以上（含中级）艺术或者艺术教育专业职称；

（二）5 年以上所申请专业的艺术表演、艺术理论研究或艺术教育工作经历；

（三）良好的示范、教学指导及鉴赏能力；

（四）良好的政治素质、道德修养。

艺术考级考官由艺术考级机构聘任。”

将第十八条修改为“艺术考级机构应当在组织艺术考级前向社会发布考级简章。考级简章内容应当包括开考专业、设点范围、考级时间和地点、收费项目和标准等。”

将第二十条修改为“艺术考级机构委托承办单位承办艺术考级活动的，应当自合作协议生效之日起 20 日内，将承办单位的基本情况和合作协议报审批机关及承办单位所在地县级以上文化行政部门备案，同时抄送文化市场综合执法机构。”

将第二十一条修改为“艺术考级机构应当在开展艺术考级活动 5 日前，将考级简章、考级时间、考级地点、考生数量、考场安排、考官名单等情况报审批机关和艺术考级活动所在地县级以上文化行政部门备案，同时抄送文化市场综合执法机构。”

将第二十二条中“经审定的艺术考级教学大纲”修改为“本机构教材”。

删除第二十三条第二款、第三款；增加以下内容作为新的第二款：“开展美术专业艺术考级的考级机构在考场内可以只派遣监考人员。”

删除第二十四条中“按照公布的艺术考级标准”。

将第二十六条第二款修改为“艺术考级机构应当自每次艺术考级活动结束之日起 60 日内将考级结果报审批机关备案。”

删除第二十七条、第二十八条。

将第二十九条修改为“未经批准擅自开办艺术考级活动的，由县级以上文化行政部门或者文化市场综合执法机构责令停止违法活动，并处 10000 元以上 30000 元以下罚款。”

将第三十条修改为“艺术考级机构有下列行为之一的，由县级以上文化行政部门或者文化市场综合执法机构予以警告，责令改正并处 10000 元以下罚款：

（一）组织艺术考级活动前未向社会发布考级简章或考级简章内容不符合规定的；

（二）未按规定将承办单位的基本情况和合作协议备案的；

（三）组织艺术考级活动未按规定将考级简章、考级时间、考级地点、考生数量、考场安排、考官名单等情况备案的；

（四）艺术考级活动结束后未按规定报送考级结果的；

（五）艺术考级机构主要负责人、办公地点有变动未按规定向审批机关备案的。”

删除第三十一条。

将第三十二条修改为“艺术考级机构有下列行为之一的，由文化行政部门或者文化市场综合执法机构予以警告，责令改正并处30000元以下罚款；情节严重的，取消开办艺术考级活动资格：

（一）委托的承办单位不符合规定的；

（二）未按照规定组建常设工作机构并配备专职工作人员的；

（三）未按照本机构教材确定艺术考级内容的；

（四）未按照规定要求实行回避的；

（五）阻挠、抗拒文化行政部门或者文化市场综合执法机构工作人员监督检查的。”

将第三十三条中“文化行政部门”修改为“文化行政部门或者文化市场综合执法机构”。

修改《营业性演出管理条例实施细则》（文化部令第47号，2009年8月28日发布）

将第四条中“《条例》第六条第一款”修改为“《条例》第六条”。

将第五条中“《条例》第六条第二款”修改为“《条例》第六条”。

将第六条中“《条例》第八条”修改为“《条例》第七条”。

将第七条第一款修改为“依法登记的文艺表演团体申请从事营业性演出活动，应当向文化主管部门提交下列文件：

（一）申请书；

（二）营业执照和从事的艺术类型；

（三）法定代表人或者主要负责人的身份证明；

（四）演员的艺术表演能力证明；

（五）与业务相适应的演出器材设备书面声明。”

将第八条修改为“依法登记的演出经纪机构申请从事营业性演出经营活动，应当向文化主管部门提交下列文件：

（一）申请书；

（二）营业执照；

（三）法定代表人或者主要负责人的身份证明；

（四）演出经纪人员的资格证明。

法人或者其他组织申请增设演出经纪机构经营业务的，应当提交前款第（一）项、第（四）项规定的文件。”

将第九条第一款修改为“依法登记的演出场所经营单位，应当自领取证照之日起20日内，持证照和有关消防、卫生批准文件，向所在地县级文化主管部门备案，县级文化主管部门应当出具备案证明。备案证明式样由文化部设计，省级文化主管部门印制。”

将第十条第一款修改为“依法登记的中外合资经营、中外合作经营的演出经纪机构申请从事营业性演出经营活动，除了提交本实施细则第八条规定的文件外，还应当提交下列文件：

（一）可行性研究报告、合同、章程；

（二）外商投资企业批准证书；

（三）合资、合作经营各方协商确定的董事长、副董事长、董事或者联合管理委员会主任、副主任、委员的人选名单及身份证明；

（四）其他依法需要提交的文件。”

将第十一条第一款修改为“依法登记的中外合资经营、中外合作经营的演出场所经营单位申请从事演出场所经营活动，应当提交下列文件：

（一）申请书；

（二）营业执照；

（三）可行性研究报告、合同、章程；

（四）外商投资企业批准证书；

（五）合资、合作经营各方协商确定的董事长、副董事长、董事或者联合管理委员会主任、副主任、委员的人选名单及身份证明；

（六）其他依法需要提交的文件。”

删除第十三条。

将第十四条修改为“香港特别行政区、澳门特别行政区的投资者在内地依法登记的独资经营的演出经纪机构申请从事营业性演出经营活动，除提交本实施细则第八条规定文件外，还应当提交下列文件：

（一）可行性研究报告；

（二）投资者的身份证明；

（三）台港澳侨投资企业批准证书；

（四）其他依法需要提交的文件。”

将第十五条修改为“香港特别行政区、澳门特别行政区的投资者在内地依法登记的独资经营的演出场所经营单位申请从事演出场所经营活动，应当提交下列文件：

（一）申请书；

（二）营业执照；

（三）可行性研究报告、章程；

（四）法定代表人的身份证明；

（五）台港澳侨投资企业批准证书；

（六）其他依法需要提交的文件。”

将第十六条修改为“香港特别行政区、澳门特别行政区投资者在内地依法登记的合资、合作经营的演出经纪机构申请从事营业性演出经营活动，香港特别行政区、澳门特别行政区投资者在内地依法登记的合资、合作经营的演出场所经营单位申请从事演出场所经营活动，参照本实施细则第十条第一款、第十一条第一款的规定办理。

台湾地区的投资者在大陆依法登记的合资、合作经营的演出经纪机构申请从事营业性演出经营活动，台湾地区的投资者在大陆依法登记的合资、合作经营的演出场所经营单位申请从事演出场所经营活动，参照本实施细则第十条、第十一条的规定办理。”

删除第十七条。

将第十九条第一款中“《条例》第十七条”修改为“《条例》第十六条”；将第二款、第三款、第四款、第五款中“《条例》第二十一条”修改为“《条例》第二十条”。

删除第二十条第一款第（一）项；删除第二十条第二款。

删除第二十一条。

将第二十二条修改为“经省级文化主管部门批准的营业性涉外演出，在批准的时间内增加演出地的，举办单位或者与其合作的具有涉外演出资格的演出经纪机构，应当在演出日期10日前，持省级文化主管部门批准文件和本实施细则第十七条规定的文件，到增加地省级文化主管部门备案，省级文化主管部门应当出具备案证明。”

将第二十五条第一款修改为“申请举办含有内地演员和香港特别行政区、澳门特别行政区、台湾地区演员以及外国演员共同参加的营业性演出，可以报演出所在地省级文化主管部门审批，具体办法由省级文化主管部门制定。”

删除第四十二条。

将第四十六条中“《条例》第二十一条”修改为“《条例》第二十条”。

将第四十八条中“文化部”修改为“省级文化主管部门”。

删除第五十七条。

将第五十九条第一款中“依照《条例》的规定”修改为“依照《条例》和本实施细则的规定”。

修改《网络游戏管理暂行办法》（文化部令第49号，2010年6月3日发布）

将第一条修改为“为加强网络游戏管理，规范网络游戏经营秩序，维护网络游戏行业的健康发展，根据《中华人民共和国网络安全法》、《全国人民代表大会常务委员会关于维护互联网安全的决定》和《互联网信息服务管理办法》等国家法律法规有关规定，制定本办法。”

将第二条第一款中“网络游戏上网运营”修改为“网络游戏运营”；将第三款修改为“网络游戏运营是指通过信息网络提供网络游戏产品和服务，并取得收益的行为。”

将第六条修改为“申请从事网络游戏运营、网络游戏虚拟货币发行和网络游戏虚拟货币交易服务等网络游戏经营活动，应当具备以下条件，并取得《网络文化经营许可证》：

（一）有单位的名称、住所、组织机构和章程；

（二）有确定的网络游戏经营范围；

（三）有从事网络游戏经营活动所需的必要的专业人员、设备、场所以及管理技术措施；

（四）有确定的域名；

（五）符合法律、行政法规和国家有关规定的其他条件。”

将第八条修改为“获得《网络文化经营许可证》的网络游戏经营单位变更单位名称、网站域名、法定代表人或者主要负责人、注册地址、经营地址、股权结构以及许可经营范围的，应当自变更之日起20日内向原发证机关办理变更或者备案手续。

网络游戏经营单位应当按照批准的业务范围从事网络游戏经营活动。

网络游戏经营单位应当在企业网站、产品客户端、用户服务中心等显著位置标示《网络文化经营许可证》电子标签等信息。”

将第十条第二款修改为“经有关部门前置审批的网络游戏出版物，国务院文化行政部门不再进行重复审查，允许其运营。”

将第十一条修改为“国务院文化行政部门依法对进口网络游戏进行内容审查。进口网络游戏应当在获得国务院文化行政部门内容审查批准后，方可运营。申请进行内容审查需提交下列材料：

（一）进口网络游戏产品内容

说明书(中外文)、产品操作说明书(中外文)、描述性文字、对白、旁白、歌词文本(中外文);

(二)原始著作权证明书(中外文)、原产地分级证明(中外文)、运营协议或者授权书(中外文)原件的扫描件;

(三)申请单位对进口网络游戏的内容自审报告;

(四)申请单位的企业对用户协议书;

(五)内容审查所需的其他文件。"

将第十二条第三款中"批准文号"修改为"批准文号电子标签"。

将第十三条修改为"国产网络游戏运营之日起30日内应当按规定向国务院文化行政部门履行备案手续。

已备案的国产网络游戏应当在其运营网站指定位置及游戏内显著位置标明备案编号电子标签。"

将第十四条修改为"进口网络游戏内容运营后需要进行内容实质性变动的,网络游戏运营企业应当将拟变更的内容报国务院文化行政部门进行内容审查。"

将第十五条中"运营企业"修改为"经营单位"。

将第二十九条修改为"违反本办法第六条的规定,未经批准,擅自从事网络游戏运营、网络游戏虚拟货币发行或者网络游戏虚拟货币交易服务等网络游戏经营活动的,由县级以上文化行政部门或者文化市场综合执法机构责令停止网络游戏经营活动,予以警告,并处30000元以下罚款;拒不停止经营活动的,依法列入文化市场黑名单,予以信用惩戒。"

将第三十条修改为"网络游戏经营单位有下列情形之一的,由县级以上文化行政部门或者文化市场综合执法机构责令改正,没收违法所得,并处10000元以上30000元以下罚款;情节严重的,责令停业整顿直至吊销《网络文化经营许可证》;构成犯罪的,依法追究刑事责任:

(一)提供含有本办法第九条禁止内容的网络游戏产品和服务的;

(二)违反本办法第八条第一款、第二款规定的;

(三)违反本办法第十一条的规定,运营未获得文化部内容审查批准的进口网络游戏的;

(四)违反本办法第十二条第二款的规定,进口网络游戏变更运营企业未按照要求重新申报的;

(五)违反本办法第十四条的规定,对进口网络游戏内容进行内容实质性变动未报送审查的。"

将第三十四条修改为"网络游戏运营企业违反本办法第十三条第一款、第十五条、第二十一条、第二十二条、第二十三条第二款规定的,由县级以上文化行政部门或者文化市场综合执法机构责令改正,并可根据情节轻重处20000元以下罚款。"

将第三十五条中"第八条第二款"修改为"第八条第三款"。

修改《互联网文化管理暂行规定》(文化部令第51号,2011年2月17日发布)

将第一条修改为"为了加强对互联网文化的管理,保障互联网文化单位的合法权益,促进我国互联网文化健康、有序地发展,根据《中华人民共和国网络安全法》、《全国人民代表大会常务委员会关于维护互联网安全的决定》和《互联网信息服务管理办法》等国家法律法规有关规定,制定本规定。"

将第七条修改为"申请从事经营性互联网文化活动,应当符合《互联网信息服务管理办法》的有关规定,并具备以下条件:

(一)有单位的名称、住所、组织机构和章程;

(二)有确定的互联网文化活动范围;

(三)有适应互联网文化活动需要的专业人员、设备、工作场所以及相应的经营管理技术措施;

(四)有确定的域名;

(五)符合法律、行政法规和国家有关规定的条件。"

将第八条中"申请设立经营性互联网文化单位"修改为"申请从事经营性互联网文化活动"。

将第九条修改为"申请从事经营性互联网文化活动,应当提交下列文件:

(一)申请表;

(二)营业执照和章程;

(三)法定代表人或者主要负责人的身份证明文件;

(四)业务范围说明;

(五)专业人员、工作场所以及相应经营管理技术措施的说明材料;

(六)域名登记证明;

(七)依法需要提交的其他文件。

对申请从事经营性互联网文化活动的,省、自治区、直辖市人民政府文化行政部门应当自受理申请之日起20日内做出批准或者不批准的决定。批准的,核发《网络文化经营许可证》,并向社会公告；不批准的，应当书面通知申请人并说明理由。

《网络文化经营许可证》有效期为3年。有效期届满，需继续从事经营的，应当于有效期届满30日前申请续办。”

将第十条修改为“非经营性互联网文化单位，应当自设立之日起60日内向所在地省、自治区、直辖市人民政府文化行政部门备案，并提交下列文件：

（一）备案表；

（二）章程；

（三）法定代表人或者主要负责人的身份证明文件；

（四）域名登记证明；

（五）依法需要提交的其他文件。”

将第十一条中“申请设立经营性互联网文化单位”修改为“申请从事经营性互联网文化活动”。

将第十三条修改为“经营性互联网文化单位变更单位名称、域名、法定代表人或者主要负责人、注册地址、经营地址、股权结构以及许可经营范围的，应当自变更之日起20日内到所在地省、自治区、直辖市人民政府文化行政部门办理变更或者备案手续。

非经营性互联网文化单位变更名称、地址、域名、法定代表人或者主要负责人、业务范围的，应当自变更之日起60日内到所在地省、自治区、直辖市人民政府文化行政部门办理备案手续。”

将第二十一条中“依据《无照经营查处取缔办法》的规定予以查处”修改为“责令停止经营性互联网文化活动，予以警告，并处30000元以下罚款；拒不停止经营活动的，依法列入文化市场黑名单，予以信用惩戒。”

修改《娱乐场所管理办法》（文化部令第55号，2013年2月4日发布）

将第七条中“设立娱乐场所”修改为“依法登记的娱乐场所申请从事娱乐场所经营活动”。删除第七条第（二）项。

将第八条修改为“省级人民政府文化主管部门可以结合本地区实际，制定本行政区域内娱乐场所使用面积和消费者人均占有使用面积的最低标准。”

将第九条中“设立娱乐场所”修改为“依法登记的娱乐场所申请从事娱乐场所经营活动”。将第九条中“设立中外合资经营、中外合作经营娱乐场所”修改为“依法登记的中外合资经营、中外合作经营娱乐场所申请从事娱乐场所经营活动”。

将第十条修改为“依法登记的娱乐场所申请从事娱乐场所经营活动前，可以向负责审批的文化主管部门提交咨询申请，文化主管部门应当提供行政指导。”

将第十一条修改为：“依法登记的娱乐场所申请从事娱乐场所经营活动，应当提交以下文件：

（一）申请书；

（二）营业执照；

（三）投资人、法定代表人、主要负责人的身份证明以及无《条例》第四条、第五条、第五十三条规定情况的书面声明；

（四）房产权属证书，租赁场地经营的，还应当提交租赁合同或者租赁意向书；

（五）经营场所地理位置图和场所内部结构平面图；

（六）消防、环境保护部门的批准文件或者备案证明。

依法登记的中外合资、中外合作经营娱乐场所申请从事娱乐场所经营活动，还应当提交商务主管部门的批准文件。”

将第十六条“应当报原发证机关核查”修改为“应当符合本办法第七条第（一）项规定”。

删除第十七条中“按照设立条件”。

删除第二十条第（三）项。

将第二十一条修改为“游艺娱乐场所经营应当符合以下规定：

（一）不得设置未经文化主管部门内容核查的游戏游艺设备；

（二）进行有奖经营活动的，奖品目录应当报所在地县级文化主管部门备案；

（三）除国家法定节假日外，设置的电子游戏机不得向未成年人提供。”

将第二十八条修改为“违反《条例》规定，擅自从事娱乐场所经营活动的，由县级以上人民政府文化主管部门责令停止经营活动，依照《条例》第四十一条予以处罚；拒不停止经营活动的，依法列入文化市场黑名单，予以信用惩戒。”

将第二十九条修改为“歌舞娱乐场所违反本办法第二十条规定的，由县级以上人民政府文化主管部门依照《条例》第四十八条予以处罚。”

将第三十条修改为“游艺娱乐场所违反本办法第二十一条第（一）项、第（二）项规定的，由县级以上人民政府文化主管部门责令改正，并处5000元以上1万元以下的罚款；违反本办法第二十一条第（三）项规定的，由县级以上人民政府文化主管部门依照《条例》第四十八条予以处罚。”

将第三十二条中"《条例》第四十九条"修改为"《条例》第五十条"。

以上5件部门规章，根据本决定作相应修改并对条文序号作相应调整，重新公布，自公布之日起施行。

文化部关于印发《中国非物质文化遗产传承人群研修研习培训计划(2017)》的通知

文非遗发〔2017〕2号

各省、自治区、直辖市文化厅(局)，新疆生产建设兵团文化广播电视局，中国非物质文化遗产保护中心：

为进一步实施好中国非物质文化遗产传承人群研修研习培训计划，提高工作的系统性、规范性、针对性和有效性，经商教育部，文化部制定了《中国非物质文化遗产传承人群研修研习培训计划(2017)》，现印发你们，请遵照执行。

特此通知。

附件：中国非物质文化遗产传承人群研修研习培训计划(2017)

文化部

2017年1月21日

附件

中国非物质文化遗产传承人群研修研习培训计划(2017)

前　言

随着工业化和城市化进程的快速发展，非物质文化遗产(以下简称"非遗")存续的文化生态环境发生了重大变化，提高对环境的适应能力、增强传承后劲，成为当前广大非遗传承人群的迫切愿望。为了满足非遗传承的现实需要，促进非遗的可持续发展，根据《保护非物质文化遗产公约》、《中华人民共和国非物质文化遗产法》和《国务院办公厅关于加强我国非物质文化遗产保护工作的意见》中关于非遗保护的具体要求，文化部、教育部实施了中国非遗传承人群研修研习培训计划(以下简称"研培计划")。该计划已成为非遗保护事业的一项基础性、战略性工作。

2015年，文化部、教育部启动了研培计划。目前全国已有57所高校先后参与，举办研修、研习、培训180多期，加上相关延伸培训，培训学员近万人次，涉及纺染织绣、陶瓷烧造、金属工艺、雕刻塑作、漆艺、建筑营造、编织扎制、家具木作、工艺绘画、服饰制作、造纸和笔墨砚制作、印刷等传统工艺项目。

在各地文化、教育行政部门的积极响应和有序组织下，各参与高校以饱满的热情、严谨的治学态度和高度的社会责任感，根据地域文化特点和专业优势，科学安排课程，精心组织教学，做好后勤保障。学员们增长了学识，开阔了眼界，提高了技艺，发现了自身的价值和潜力，增强了传承优秀传统文化的自信；一些学员成为当地非遗传承的领头人，出现了"培训一人，带动一片"的现象。越来越多的传承人希望能够得到参加培训学习的机会。研培计划作为高校与传承人群的互动实践，密切了高校与地方社区的联系，促进了相关学科专业建设，增强了高校的文化传承能力。

研培计划取得了明显成效，但总体上仍处于探索阶段。2016年暑期，文化部组织各参与高校分赴非遗项目所在地，开展了全面深入的回访学员活动，评估教学效果，改进教学安排。

在上述基础上，为进一步扩大研培计划对传承人群的覆盖面，提高工作的系统性、规范性、针对性和有效性，针对当前非遗工作实际，结合前期实践情况，经商教育部，特制定本计划。

一、总体要求

（一）计划目的

研培计划旨在为非遗传承提供高校的学术资源和教学资源支持，通过学习专业知识、研究技艺和技术、开展多形式的交流研讨与实践，帮助非遗项目持有者、从业者等传承人群强基础、拓眼界、增学养，提高文化自信和可持续发展能力，在秉承传统、不失其本的基础上，实现为民族传承，为生活创新。同时，推动相关高校加强中华优秀传统文化教育，更好地发挥文化传承创新功能，服务地方经济社会发展。

（二）工作原则

1. 遵循《保护非物质文化遗产公约》和《中华人民共和国非物质文化遗产法》的基本理念、原则和要求。

2. 尊重传统文化和民族习俗，尊重非遗项目的基本文化内涵，弘扬具有当代价值的文化精神。

3. 尊重传承人群的主体地位，尊重传承人群的保护、传承、发展和再创造的权利。

4. 重视青年人在实现非遗可持续发展中的重要作用，注重保持和扩大传承人群。

（三）年度任务

落实党的十八届五中全会“构建中华优秀传统文化传承体系，加强文化遗产保护，振兴传统工艺”的要求，2017年度研培计划着重配合传统工艺振兴计划实施，主要面向传统工艺项目开展，注重覆盖面大量广、有助于带动脱贫增收的传统工艺项目；同时，稳慎探索非遗其他门类的研培工作。

文化部会同教育部在全国范围内遴选60—70所高校和相关单位，举办约200期研修、研习和培训班；各省级文化行政部门会同本级教育行政部门，组织实施本地区的研培计划；加上其他延伸培训，全年达到1万人次以上。

二、实施范围、参加研培人员和参与单位

（一）实施范围

文化部、教育部2017年直接组织开展的研培计划主要针对国家级非遗代表性项目名录中的传统工艺项目和少量其他门类的项目。

各省（区、市）和新疆生产建设兵团组织开展的研培计划还包括列入省级非遗代表性项目名录的传统工艺项目。

（二）参加研培人员

1. 列入实施范围的非遗代表性项目的各级代表性传承人；

2. 以列入实施范围的非遗代表性项目为主要职业或家庭收入来源的手工艺人；

3. 以列入实施范围的非遗代表性项目为主要经营内容的小微企业、作坊、合作社的管理、研发人员；

参加研培人员不包括爱好者和不直接持有传统技艺的研究者。

（三）参与单位

研培计划主要委托高校执行，吸收部分企业及机构参与。

1. 参与高校需具备以下条件：

——具有较强的非遗（尤其是传统工艺）相关领域研究、教学基础或研究能力；

——具有实施研培计划的教学场地和后勤保障能力；

——具有实施研培计划的专门工作团队。

2. 参与企业或机构需具备以下条件：

——具有较强设计能力和市场开拓能力；

——对相关非遗（尤其是传统工艺）项目有研究基础，或具有相应研究能力。

三、工作内容

研培计划以组织学员到高校进修、学习为主要形式，分为研修、研习和培训3个类型。

（一）研修

通过专业理论学习、案例研讨、创作实践，帮助传承人群激发创作潜能，丰富题材品种，解决工艺难题，拓展应用空间。

研修主要面向各级非遗代表性传承人和其他具有较高水平的从业者，以及企业、作坊、合作社的业务骨干和部分管理人员。招生可以跨地区、跨项目，以利学员之间相互启发，触类旁通，跨界合作。培训班的优秀学员，也可以推荐参加研修班。

对传统工艺水平整体较高的门类，侧重办研修班。

研修班每期20人至30人，时长30天至45天。

（二）研习

围绕特定项目需求，利用高

校和企业的研发力量和资源平台，帮助传承人解决作品创作、产品研发和成果转化中遇到的关键工艺和技术难题。

研习主要面向文化程度较高并具有一定研究、设计、创作能力的中青年传承人。招生应定地区定项目。学员在参与研习时，需明确拟解决的问题和研习目标。

2017年度研习主要配合传统工艺工作站开展。

研习每期10至20人，时长20天至45天。

（三）培训

着重面向普通传承人群，帮助传承人群强化对优秀传统文化和重要技艺的把握，拓宽眼界和知识面，提高学习和传承能力。包括省内培训和跨省培训两种形式。

培训招生要坚持“跟项目、整建制、成氛围”的原则，提倡一个班围绕一个或多个有相通之处的项目，集中招收一个地区，如一个县、一个乡或几个企业、作坊、合作社的学员，以利在培训结束后学员之间能够相互交流，形成持续性的学习研讨创作氛围。

培训班每期以40至50人为宜，时长30天。

四、课程设置

研培计划的课程分为基础课程、拓展课程和实践课程三大板块。

（一）基础课程

基础课程着重帮助传承人群加深对非遗政策、传统文化和所持项目相关知识与技艺原理的认识和理解。包括3方面的内容：

——《保护非物质文化遗产公约》、《中华人民共和国非物质文化遗产法》和相关非遗政策文件。学习和把握主要精神，厘清基本理念和重要概念，掌握非遗保护、传承与发展的基本原则和正确方法；

——项目的文化内涵，包括项目发展史、区域文化特点等，做到当地人知当地文化；

——项目的相关基础知识和重要技艺剖析。重要技艺剖析可通过代表性传承人或资深从业者专业演示、传授、讲座、研讨交流等形式进行。原则上，非遗项目代表性传承人及资深从业者的授课时长不少于总课时的20%。

（二）拓展课程

拓展课程着重帮助传承人群提高文化艺术修养，获取相关专业知识，增加对行业动态、社会需求的了解，促进解决关键工艺和创作难题。拓展课程可以选修课形式开设。包括3方面内容：

——与项目相对应的专业理论知识。如为从事雕刻的传承人群提供造型等方面的专业知识；为纺染织绣的传承人群提供材料、色彩、图案等方面的专业知识。

——企业管理、市场拓展、知识产权保护的知识和技能训练，帮助提高管理和营销能力。

——案例研讨、实地考察、行业间或地区间的互动交流。了解其他传统工艺项目的传承发展状况，了解市场需求变化和公众审美习惯变化，为丰富创作、丰富品种和题材提供启发。

（三）实践课程

实践课程着重帮助传承人群将学习的新知识应用于实践创作，帮助其加深理解，融会贯通。包括两方面内容：

——技能训练。对重要技艺和辅助技能的研究和练习。

——作品创作。采取指导教师负责制，每位学员完成不少于1件作品。结业时应安排成果展，展示创作作品和学习心得。若作品制作周期较长，可以采用离校制作、返校展示的方式。

五、项目组织与实施

（一）确定参与高校

各省级文化行政部门会同教育行政部门根据本地区国家级和省级非遗项目及其传承人群的分布范围和发展状况，提出本地区的培训需求，推荐具备条件的高校参与研培计划。

各高校需依据本校学科特色和学术优势，结合培训需求，提出年度工作任务。原则上各高校每年办班不少于2期，有条件的争取达到4期。新参与高校和部分尚需进一步积累经验的高校，2017年度集中力量先办好两期。

文化部、教育部审核推荐高校名单及年度工作任务。

参与研培计划的高校应组建“文化部、教育部中国非物质文化遗产研修研习培训计划某大学（学院）项目组”（简称研培项目组），统筹负责研培相关事宜。

（二）项目筹备和审批

研培项目组对准备实施研培的非遗项目做深入调研和理论研究，根据项目文化内涵、相关知识、发展现状和传承人群的现实需求，有针对性地制定授课内容，确定教学目标，拟定研培方案。

各高校将拟定的研培方案（包括课程设置和招生计划），通过“中国非遗传承人群研培计划信息管理平台”（以下简称“信息管理平台”）报送省级文化行政部门审核。省级文化行政部门审核通过后报送文化部非遗司。跨省培训班方案经学员所在地省级文化行政部门审核通过后，由高校所在地省级文化行政部门报文化部非遗司。

文化部非遗司组织相关专家对研培方案进行审核，并通过信息管理平台回复省级文化行政部门和各高校。

（三）招生组织

招生组织由相关省级文化行政部门根据审核通过的方案统筹开展，不实行社会报名。其中：

研修、研习班学员由相关省级文化行政部门组织推荐，文化部非遗司审核；

培训班学员由学员所在地文化行政部门组织推荐，省级文化行政部门审核，并通过信息管理平台报文化部非遗司备案。

招生工作要优先选择非遗项目的主要流布区域，优先选择有较长从业经历、能够发挥骨干带头作用的人员。

面向少数民族的整建制培训班，学员所在地文化行政部门应派专人跟班，协助管理。

（四）教学管理

各高校研培项目组按照文化部非遗司审定的方案，指定专人担任班主任，统筹负责研培班的教学组织工作。在教学过程中，提倡互动教学和分组教学。如需调整教学安排，应及时通过信息管理平台向文化部非遗司备案。学业完成后，由各高校对考核合格的学员颁发结业证书。研培班结束后，各高校研培项目组应通过信息管理平台向文化部非遗司提交总结报告。

各高校应为学员使用图书馆、实验室等教学设施提供便利。在教学过程中，应为学员开列参考书目，以利学员持续学习。面向少数民族的研培班，应根据需要安排语言翻译，以保证教学质量。

各高校应严肃教学纪律。对严重违反教学纪律的学员，研培项目组应及时将情况反馈学员所在地省级文化行政部门，并终止其参加研培。

各高校应加强学员的安全管理，为学员购买必要保险，并制定突发情况预案。各高校应尽量在校内安排学员住宿。

（五）回访学员

文化部非遗司组织各参与高校利用暑期深入学员所在地回访学员，评估教学效果，总结研培经验，改进课程设置，加强高校与社区的交流互动。回访活动经费纳入各研培班整体经费。

（六）媒体宣传

鼓励各高校利用社会媒体和自有媒体报道和宣传研培工作的内容和成效，并向文化部非遗司和省级文化行政部门报送相关信息、总结。文化部非遗司设立研培计划信息专刊，建立官方平台，通报最新的工作进展、理论动态和实践成果等，加强各单位的信息交流。

六、拓展工作

（一）支持学术研究

文化部将设立“非物质文化遗产保护、传承、发展与再创造”的课题项目，鼓励和支持高校对相关项目开展学术研究，深化对相关项目文化内涵和传统工艺知识体系的认识，为研培计划提供更加系统的学术支撑。研培项目组可向文化部申请课题。

鼓励各高校在参与研培计划的同时，参与非物质文化遗产保护、传承和发展的相关工作。

（二）支持院校互访与合作

提倡高校之间加强互访，优化课程设置，互补优势资源，合作编写教材，通过学术研讨会、交流会等方式分享经验。

（三）加强网络传播

鼓励各高校推荐本校特色课程，文化部非遗司审核后将组织专业机构进行拍摄录制，作为网络公开课在互联网平台播出。

（四）提供展示平台

在中国非物质文化遗产博览会、中国成都国际非物质文化遗产节和相关文化博览会、交易会上为各高校展示研培成果提供平台。

（五）参与巡回讲习

支持高校专家参与各地文化行政部门牵头组织的巡回讲习团，与优秀传承人和工艺师及设计、管理人员一起，到传统工艺项目所在地开展巡回讲习，扩大传承人群培训面，帮助提升当地传统工艺传承发展水平。

（六）支持长期合作

鼓励高校到学员所在地设立非遗研究或传统工艺工作站、教学基地、实训基地和培训基地等，建立大学与社区的长期合作。

（七）支持国际交流

支持高校利用自身平台优势，组织优秀学员与其他国家传统工艺专家和技艺持有者开展交流。

七、工作机制

（一）分级实施

1. 文化部、教育部统筹实施研培计划，通过各省级文化、教育行政部门在全国范围内遴选参与高校和相关单位，制定年度工作计划，进行考核管理。

文化部非遗司负责审定研培方案，建立联络沟通机制和专业审核机制，建立信息管理平台等工作。

2.省级文化行政部门明确相关部门，承担国家层面研培计划在本地区的实施工作，配合完成学校推荐、传承人群分布调查、研培方案审核、招生组织、经费管理等工作；并争取省级财政资金支持，开展本级的研培计划。

3.非遗项目所在地文化行政部门根据工作要求，明确相关部门承担本地区的研培工作，包括传承人群调查、招生组织等；需要时，派出工作人员跟班管理。

4.各参与高校通过实践，形成相对稳定的研培方向和工作团队，优秀的教学骨干，成熟的教学体系和规范的管理办法。

（二）建立研培计划咨询专家库、师资库和学员数据库

1.咨询专家库由相关专家学者，以及有高校任教经历的代表性传承人组成，承担专业咨询和专业审核的职能，包括提供专业建议，审核培训班方案，参与考核等。每期培训班配一至两位咨询专家，研修班和研习班不另配咨询专家。文化部非遗司为咨询专家开展工作提供便利。

2.师资库包括相关领域的专家学者、各参与高校推荐的授课教师、具有讲学能力的国家级或省级非遗代表性传承人，以及各地非遗保护工作者。师资库实行动态管理，并向社会公布。各高校应充分用好校内校外教学资源，注重邀请代表性传承人和工艺美术大师参与教学；校外授课教师须从师资库中选取。

咨询专家库和师资库向地方开展的研培工作开放。

3.建立研培计划学员数据库，全面记录学员所从事的非遗项目、从业年限、从事岗位、掌握技艺和参与培训情况。学员数据库向各省级文化行政部门和各参与高校开放。

（三）试点先行、动态管理

1.首次参加研培计划的高校，需办一次试点班，经文化部非遗司组织专家考核合格后，再正式开展研修、研习和培训工作。

2.文化部制定考核管理办法，对各级文化行政部门和各参与高校工作情况开展考核，进行动态管理。

3.文化部、教育部遴选工作扎实、研培效果突出的高校或相关单位，授予“中国非物质文化遗产传承人群研修研习培训基地”称号。

八、保障措施

（一）加强组织管理

各级文化行政部门要充分认识实施研培计划的重要意义，按照文化部、教育部统一部署，高度重视，精心组织，切实推进研培计划，发挥好统筹协调职能。

文化部非遗司建立研培计划高校联络组，由各省级文化行政部门研培计划负责人和各参与高校研培项目组负责人构成。成员负责通报情况，交流经验，落实具体事宜。

（二）加强资金保障

国家层面研培计划所需资金由国家非物质文化遗产保护专项经费统一拨付，以中央转移地方支付方式下达各省级文化行政部门。各省级文化行政部门根据财政部、文化部下达的经费使用指标，按照工作进展情况，分批拨付本地区研培计划参与高校使用。

各省级文化行政部门应争取省级财政支持，将本级研培计划工作经费纳入省级非遗保护工作经费。各地文化行政部门应积极协调本级财政，为地区内传承人群参与研培计划提供必要的资金支持。

（三）加强能力建设

文化部组织多种形式的培训和交流，确保参与教师和工作人员正确认识非遗保护的基本原则和重要理念，促进各地区、各高校之间的经验共享，推动高校建立懂传统文化、懂非遗保护理论、善于教学实践的研培计划教师团队，为建立高质量的非遗保护工作队伍提供人才储备。

本计划由文化部非遗司负责解释。

文化部关于废止《歌舞厅照明及光污染限定标准》等9项推荐性行业标准的通知

文科技函〔2017〕84号

各省、自治区、直辖市文化厅(局),新疆生产建设兵团文化广播电视局,国家图书馆、中国艺术科技研究所:

根据《国家标准委关于印发〈推荐性标准集中复审工作方案〉的通知》(国标委综合〔2016〕28号)要求,我部于2016年组织开展了文化行业推荐性标准集中复审工作,对现行推荐性标准全部进行了复审。

根据专家复审结论及各标准归口专业标准化技术委员会的审核结果,经我部研究,现决定废止《歌舞厅照明及光污染限定标准》等9项推荐性行业标准。

特此通知。

附件:废止推荐性行业标准目录

文化部

2017年2月10日

附件

废止推荐性行业标准目录

序号	标准号	标准名称	归口全国专业标准化技术委员会
1	WH 0201—94	歌舞厅照明及光污染限定标准	全国剧场标准化技术委员会
2	WH/T 0503—96	中国机读目录格式	全国图书馆标准化技术委员会
3	WH/T 19—2003	扩声系统的图符代码及制图规则	全国剧场标准化技术委员会
4	WH/T 24—2006	图书馆古籍特藏书库基本要求	全国图书馆标准化技术委员会
5	WH/T 30—2008	卡拉OK内容管理服务系统技术标准	全国文化娱乐场所标准化技术委员会
6	WH/T 39—2009	专业音频和扩声音用扬声器组件实用规范	全国剧场标准化技术委员会
7	WH/T 45—2012	文本数据加工规范	全国图书馆标准化技术委员会
8	WH/T 46—2012	图像数据加工规范	全国图书馆标准化技术委员会
9	WH/T 49—2012	音频数据加工规范	全国图书馆标准化技术委员会

文化部"十三五"时期文化发展改革规划

文政法密函〔2017〕14号

为全面贯彻党的十八大和十八届三中、四中、五中、六中全会精神，进一步加快文化发展改革，建设社会主义文化强国，根据《中华人民共和国国民经济和社会发展第十三个五年规划纲要》和《国家"十三五"时期文化发展改革规划纲要》，编制本规划。

序　言

"十二五"时期，我国文化建设全面快速发展，中国特色社会主义文化发展道路不断巩固拓展。各级党委政府高度重视、社会各界和人民群众积极参与文化建设，文化事业和文化产业发展的各项基础不断夯实，文化建设在引领当代价值、提升公众素养、提高生活质量、推动经济发展、优化社会氛围、塑造国家形象等方面的作用明显增强。艺术创作生产繁荣活跃，公共文化服务体系建设取得重大进展，公共文化服务网络更加完善，文物保护状况明显改善，非物质文化遗产保护传承体系不断健全，文化产业对国民经济贡献持续加大，文化市场监管能力有较大提高，中华文化国际影响力进一步提升，国家文化软实力不断增强。

"十三五"时期是全面建成小康社会的决胜阶段，是促进文化繁荣发展的关键时期，也是建设社会主义文化强国的重要时期。从国内看，经济发展进入新常态，文化在稳增长、促改革、调结构、惠民生方面将发挥更加重要的作用。中国特色新型工业化、信息化、城镇化、农业现代化同步发展，"一带一路"建设、京津冀协同发展和长江经济带建设等国家重大战略相继实施，文化建设空间更加广阔。居民可支配收入和闲暇时间进一步增多，多样化多层次的精神文化需求更加旺盛。高新科技的广泛应用催生了文化生产、传播、消费方式的深刻变革。同时，文化建设的水平和质量离全面建成小康社会还存在一定差距，迫切需要补齐短板、兜好底线，提高区域、城乡文化发展的均衡性和协调性，提高国民素质和社会文明程度。从国际看，世界多极化、经济全球化、文化多样化、社会信息化深入发展，文化在国际交往中的地位和作用更加凸显，中华文化的国际影响力持续扩大。同时，世界范围内各种思想文化交流交融交锋更加频繁，综合国力竞争更加激烈，文化安全形势更加复杂，提高国家文化软实力、增强国际话语权的任务日趋紧迫。综合判断，文化面临重大发展机遇，也面临诸多挑战。在新的历史起点上，必须以新发展理念引领文化建设，全面提高文化发展的质量和效益，推动社会主义文化大发展大繁荣。

一、指导思想和基本原则

（一）指导思想

高举中国特色社会主义伟大旗帜，全面贯彻党的十八大和十八届三中、四中、五中、六中全会精神，以马克思列宁主义、毛泽东思想、邓小平理论、"三个代表"重要思想、科学发展观为指导，深入学习贯彻习近平总书记系列重要讲话精神和治国理政新理念新思想新战略，切实增强政治意识、大局意识、核心意识、看齐意识，紧紧围绕统筹推进"五位一体"总体布局和协调推进"四个全面"战略布局，牢固树立和贯彻落实创新、协调、绿色、开放、共享的发展理念，推进社会主义文化强国建设，进一步坚定文化自信，增强文化自觉，全面完成文化小康建设各项任务，为实现"两个一百年"奋斗目标、实现中华民族伟大复兴的中国梦提供强大的价值引领力、文化凝聚力、精神推动力。

（二）基本原则

1. 坚持正确方向。坚持党对文化工作的领导，牢牢把握社会主义先进文化前进方向，贯彻"二为"方向、"双百"方针，把中国梦和社会主义核心价值观贯穿到文化建设各领域各环节，坚持把社会效益放在首位、社会效益和经济效益相统一。

2. 坚持以人为本。坚持以人民为中心的发展思想和工作导向，发挥人民主体作用，坚持共建共享，努力利民惠民，着力提高人民群众文化参与度，提升国民素质和社会文明程度，促进人的全面发展。

3.坚持改革创新。积极探索有利于解放和发展文化生产力的新举措、新途径,全方位推进文化创新,深化文化体制改革,推进文化领域供给侧结构性改革,激发全民族文化创造活力。

4.坚持科学发展。加快转变文化发展方式,促进城乡、区域文化协调发展,推动文化与其他领域融合发展,努力实现更高质量、更有效率、更加公平、更可持续的发展。

5.坚持传承弘扬。把弘扬优秀传统文化与发展现实文化有机统一起来,在继承中发展,在发展中继承,实现中华优秀传统文化创造性转化和创新性发展。

6.坚持开放包容。构建全方位、多层次、宽领域文化对外开放格局,吸收借鉴人类优秀文明成果,讲好中国故事、阐释中国道路、体现中国精神、展示中国形象,推动中华文化走向世界。

二、发展目标和主要指标

(一)发展目标

到2020年,社会主义文化强国建设取得重要进展,国家文化软实力进一步提高。中国梦的引领凝聚作用进一步增强,社会主义核心价值观更加深入人心,人民群众精神文化生活更加丰富,文化参与的广度和深度不断拓展,国民素质和社会文明程度显著提高。文学艺术繁荣发展,无愧于民族、无愧于时代的文艺精品不断涌现,中华优秀传统文化传承体系基本形成,现代公共文化服务体系基本建成,现代文化产业体系和现代文化市场体系更加完善,文化产业成为国民经济支柱性产业。对外文化交流体系逐步建立,中华文化影响力持续扩大。国家文化安全得到有效维护。区域文化发展格局更加优化,文化治理体系和治理能力现代化水平显著提升。

(二)主要指标

——“十三五”期间,重点推出50部左右体现时代文化成就、代表国家文化形象的舞台艺术优秀作品。实现名家传戏1000人次,扶持100部舞台艺术剧本创作。国家艺术基金立项资助项目达到4000项。

——到“十三五”期末,县级公共图书馆、文化馆和乡镇(街道)综合文化站设施建设基本达标,基本实现每个行政村(社区)都建有综合性文化服务中心,贫困地区县县有流动文化车。

——到“十三五”期末,全国人均拥有公共图书馆(含分馆)藏量达到1册,全国公共图书馆年流通人次达到8亿,文化馆(站)年服务人次达到8亿,博物馆年服务人次达到8亿。

——到“十三五”期末,全国重点文物保护单位有保护范围、有保护标志、有记录档案、有保管机构的“四有”工作完成率达到100%,全国重点文物保护单位和省级重点文物保护单位重大文物保护工程合格率达到100%。

——到“十三五”期末,对非物质文化遗产传承人群开展研修研习培训达到10万人次。

——“十三五”期间,以文化产业成为国民经济支柱性产业为目标,支持实施一批具有示范带动效应的重点文化产业项目,培育一批集聚功能和辐射作用明显的国家级文化产业园区,打造3至5个市场化、专业化、国际化的重点文化产业展会。

——到“十三五”期末,基于文化市场技术监管与服务平台的文化市场信用信息数据库涵盖全国90%以上的文化市场经营主体,文化市场技术监管与服务平台在全国区县级文化行政部门和文化市场综合执法机构应用率达到95%以上。

——到“十三五”期末,海外中国文化中心总数达到50个。

三、繁荣艺术创作生产

坚持“二为”方向、“双百”方针,深入贯彻习近平总书记关于文艺工作的重要讲话精神,贯彻落实《中共中央关于繁荣发展社会主义文艺的意见》,坚持以人民为中心的创作导向,把创作生产优秀作品作为文艺工作的中心环节,努力创作生产更多传播当代中国价值观念、体现中华文化精神、反映中国人审美追求,思想精深、艺术精湛、制作精良的文艺精品。

(一)把握正确的创作导向

聚焦中国梦时代主题,以中华优秀传统文化为根脉,以创新为动力,大力弘扬社会主义核心价值观,唱响爱国主义主旋律。持续开展“深入生活、扎根人民”主题实践活动,建立健全长效机制。围绕重大节庆纪念活动,开展主题创作和展演展览活动。

(二)创作生产优秀文艺作品

实施精品战略,把握发展态势,尊重艺术创作规律,加强艺术创作规划和资源统筹。抓好现实题材、爱国主义题材、重大革命和历史题材、青少年题材、军事题材等的创作生产,合理集聚和有效配置资源打造精品,努力攀登艺术高峰。推动传统戏曲和民族歌剧传承发展，培育有利于民族艺术活起来、传下去、出精品、出名家的良好环境。扶持剧本创作，解决优秀剧本不足问题。扶持西部及少数民族地区艺术发展，鼓励东西部艺术交流。发挥国家艺术基金引导作用。推动舞台艺术和美术领域作品量质齐升。

（三）完善文艺评价激励机制

充分发挥文艺评奖的导向激励作用，进一步完善评奖机制。把遵循社会主义先进文化前进方向和人民满意作为最高标准，把群众评价、专家评价和市场检验统一起来。建立获奖作品跟踪考核机制，推动获奖作品面向公众多演出。开展积极健康的文艺批评，加强文艺评论阵地建设、理论研究和成果推广。

（四）加强优秀作品的传播推广

发挥中国艺术节等重大艺术活动的示范引导作用，扩大优秀艺术作品的知名度和观众覆盖面。发展网络文艺。创新艺术传播渠道，促进优秀文艺作品多渠道传输、多平台展示、多终端推送。支持建设综合性剧目排练中心，鼓励有条件的国有排练场所向民营院团开放。加强对剧场、演艺区发展的支持和引导，统筹艺术产品的创作生产与剧场资源的整合利用。探索剧场建设、运营、管理的科学模式，研究制定剧场运营管理规范。提升美术馆专业化建设水平，使优秀美术成果惠及更多群众。

（五）提升文化艺术科研水平

以重大理论和现实问题为主攻方向，坚持基础研究和应用研究并重，加强全国艺术科学研究规划及项目管理，推出一批高质量的文化艺术研究成果。加大对全国艺术研究院所建设的指导和支持，努力将中国艺术研究院建设成我国文化艺术领域的高端智库。

专栏 1　艺术创作生产

国家舞台艺术精品创作扶持工程：制定中长期文艺创作规划，评选发布年度全国舞台艺术重点创作剧目名录和国家舞台艺术精品创作工程重点扶持剧目，推出 50 部左右舞台艺术优秀作品，加强宣传推广，推动开展交流演出。

国家艺术基金项目：面向社会进行项目申报和项目实施，在舞台艺术创作、美术创作、艺术传播交流推广、艺术人才培养、新兴艺术门类创作等方面实施 4000 项资助项目，进一步健全管理制度，完善资助机制，提高资助质量。

戏曲振兴工程：开展戏曲剧种普查。实施“名家传戏”，组织京剧、昆曲和地方戏名家传授经典折子戏 1000 人次，实施中国戏曲像音像工程。录制昆曲传统折子戏，抢救、保护戏曲文献资料。加大对国家级非物质文化遗产保护名录中传统戏剧项目的扶持力度。推动戏曲进校园、进农村、进基层，将地方戏曲演出纳入基本公共文化服务目录，支持戏曲艺术表演团体到各级各类学校演出。组织中国京剧艺术节、中国昆剧艺术节、全国基层院团戏曲会演等展演活动。加强戏曲艺术专业人才培养。

剧本扶持工程：通过征集新创、整理改编、买断移植，扶持 100 部舞台艺术剧本创作。实施戏曲剧本孵化计划。

民族音乐舞蹈杂技扶持工程：扶持重点民族音乐、舞蹈、杂技艺术院团，组织重点剧（节）目创作、展演，开展民间乐种和民族舞蹈样式普查，抢救保护传统民族音乐舞蹈资源。

民族歌剧传承发展工程：制定并实施民族歌剧重点剧目创作计划和遴选指导制度，推动原创民族歌剧的创作和经典民族歌剧的复排。办好中国歌剧节等活动，打造展示传播平台。加强民族歌剧人才培养和理论研究。

“深入生活、扎根人民”主题实践活动：制定支持文艺工作者长期深入生活的政策措施，建立健全长效保障和激励机制。组织文化系统艺术单位深入城乡基层开展采风创作、结对帮扶、慰问演出等活动。

国家美术发展和收藏工程：加强重大题材美术创作，推出一批优秀主题性美术作品。加强对当代美术创作的引导。完成全国美术馆藏品普查。加大国家美术收藏力度，对国家重点美术馆实施的捐赠性收藏项目予以奖励扶持。加强国家美术藏品的保护修复和研究推广，推出 150 个左右美术馆馆藏精品展览。推进美术馆和画院专业化建设。

四、构建现代公共文化服务体系

坚持政府主导、社会参与、重心下移、共建共享，以基本公共文化服务标准化均等化为突破口，立足人民群众基本文化需求，构建体现时代发展趋势、符合文化发展规律、具有中国特色的现代公共文化服务体系。

（一）全面推进基本公共文化服务标准化均等化

以县为基本单位，全面落实国家基本公共文化服务指导标准和地方实施标准。健全公共文化设施运行管理和服务标准体系，规范各级各类公共文化机构服务项目和流程。以标准化促进均等化，填平补齐公共文化资源，推动区域间、城乡间公共文化服务均衡协调发展。开发和提供适合老年人、未成年人、残疾人、农民工、农村留守妇女儿童、生活困难群众等群体的基本公共文化产品和服务。

（二）完善公共文化设施网络

以公共图书馆、文化馆、博物馆、乡镇（街道）综合文化站、村（社区）综合性文化服务中心为重点，以流动文化设施和数字文化设施为补充，统筹规划，均衡配置，推动各级公共文化设施基本达到国家建设标准。采取盘活存量、调整置换、集中利用等方式，着力推进乡镇（街道）和村（社区）综合性文化服务中心建设。加强贫困地区的流动服务点建设，配备流动文化服务设备器材，实现流动服务常态化。

（三）加大贫困地区公共文化服务体系建设力度

与国家扶贫攻坚战略相结合，加强对中西部地区特别是老少边穷地区公共文化建设的帮扶。加大资金、项目、政策的倾斜力度，补齐公共文化服务短板。盘活贫困地区文化资源，大力推动文化惠民。将公共文化帮扶纳入行业扶贫、东西部扶贫协作和定点扶贫工作内容，通过对口支援、合作共建、区域文化联动等形式，建立与扶贫开发工作重点县的结对帮扶机制。深入实施文化扶贫项目，动员社会力量积极参与，实现“一县一策”、精准扶贫。

（四）提高公共文化服务效能

创新公共文化管理体制和运行机制，完善公共文化服务体系建设协调机制，推动基层党委和政府统筹实施各类重大文化工程和项目。建立健全县级文化馆、图书馆总分馆制。深入推进公共图书馆、博物馆、文化馆（站）、美术馆等公共文化设施免费开放，提升免费开放服务水平，提高群众文化参与程度。建立健全基层公共文化服务监督评价机制，开展常态化的公共文化服务效能评估。建立群众文化需求反馈机制，推广“菜单式”服务模式。丰富公共文化产品供给，拓宽供给渠道。推动公共数字文化建设，加快数字图书馆、文化馆、博物馆、美术馆建设，统筹实施重大公共数字文化建设工程，加强数字产品和服务的开发，提高优质资源供给能力。建立以效能为导向的评价激励机制，研究制定公众参与度和群众满意度指标。深入开展艺术普及活动。繁荣群众文艺，完善扶持机制，搭建展示平台。

（五）推动公共文化服务社会化发展

促进公共文化服务项目化管理、市场化运作、社会化参与。建立健全政府购买公共文化服务工作机制。培育文化类社会组织。运用政府与社会资本合作、公益创投等多种模式，支持企业、社会组织和个人提供公共文化设施、产品和服务，推动有条件的公共文化设施社会化运营。鼓励和引导社会力量在符合条件的情况下结合历史街区和传统村落建设等兴办公共文化项目。推进文化志愿服务，建立和完善文化志愿者注册招募、服务记录、管理评价和激励保障机制，提高文化志愿服务规范化、专业化和社会化水平。

（六）全面加强边境地区文化建设

以边境县为主体，以县、乡、村三级为重点，以公共文化服务体系建设为主要方面，全面加强边境地区文化建设，推动文化稳边、固边、兴边。加强边境地区公共文化设施建设，改造提升设施条件，增加多层次、多语种文化产品供给，加强网络建设和数字资源建设。鼓励文艺工作者深入边境地区开展采风创作和慰问演出，丰富边民文化生活。加大文化人才、文化科教支边力度，加强人才培训。挖掘和保护边境特色文化资源，扶持特色文化产业发展。建立边境地区文化市场执法协作机制，加大违法案件查办力度，维护文化安全。支持边境地区与周边国家和地区开展形式多样、内容丰富的文化交流与合作，发展文化边贸。

专栏 **2**　现代公共文化服务体系建设

国家级文化设施建设工程：实施国家美术馆、中国工艺美术馆（中国非物质文化遗产馆）、“平安故宫”、国家图书馆国家文献战略储备库等重大文化设施建设，推动中国国家画院扩建、中央芭蕾舞团业务用房扩建、中国交响乐团团址重建等项目，形成比较完备的国家级文化设施网络。

贫困地区公共文化服务体系建设项目：为贫困地区每个县配备流动文化车。加大中央财政支持力度，对贫困地区村级文化设施建设给予支持，推动普遍建立村级综合性文化服务中心。为贫困地区村级综合性文化服务中心配备设备。

基层综合性文化服务中心建设项目：在乡镇（街道）和村（社区）统筹建设综合性文化服务中心，配套建设文体广场、文化活动室、简易戏台并配备阅报栏（屏）、文化器材（含灯光音响设备和部分乐器）、广播器材和体育健身设施等。

公共数字文化建设项目：统筹实施全国文化信息资源共享工程、数字图书馆推广工程和公共电子阅览室建设计划，完善国家公共文化数字支撑平台，建设国家基本公共数字文化资源库，资源总量达到 3500 太字节（TB）以上。

续 表

全民文化艺术普及项目：发挥各级文艺院团、艺术院校作用，开展面向基层、面向学校的公益性演出。推动在高等院校和中小学普及艺术教育，持续推进高雅艺术进校园。依托公共文化机构开展形式多样的公益性艺术培训，规范引导社会艺术水平考级健康发展。制定繁荣群众文艺发展规划，创作推出更多优秀群众文艺作品。 特殊群体文化产品扶持计划：组织实施面向老年人、未成年人、残疾人、农民工、农村留守妇女儿童等特殊群体的文化活动，开展特殊群体优秀文化产品征集推广，培育一批特殊群体文化服务品牌。推进文化系统老年大学规范化建设。 全国文化志愿服务行动计划：每年实施100个左右具有示范意义的志愿服务项目，培育文化志愿服务品牌。实施“阳光工程”——中西部地区农村文化志愿服务行动计划。建立健全各级文化志愿服务组织，壮大文化志愿者队伍，加强分级分类管理和培训。 边境地区文化建设工程：加强边境县公共文化设施建设。建设边疆万里数字文化长廊，基本实现边境地区公共数字文化网络全覆盖。实施边疆博物馆提升工程。实施“春雨工程”，开展文化志愿者边疆行活动。支持边境地区建设具有富民效应和示范效应的文化产业园区基地，鼓励发展传统工艺和文化旅游，支持搭建外向型展会平台，开展原创动漫边疆推广工作。实施文化睦邻工程，积极开展跨境文化交流和贸易合作。

五、加强文物保护利用

全面贯彻“保护为主、抢救第一、合理利用、加强管理”的文物工作方针，坚持立足于保、保用结合，切实加大文物保护力度，深入挖掘和系统阐发文物所蕴含的文化内涵和时代价值，推进文物合理适度利用，使文物保护成果更多惠及人民群众，推动中华优秀传统文化创造性转化和创新性发展，努力走出一条符合国情的文物保护利用之路。

（一）加强文物保护

推动文物保护由抢救性保护为主向抢救性与预防性保护并重转变，由注重文物本体保护向文物本体与周边环境、文化生态的整体保护转变。健全国家文物登录制度，建立国家文物资源总目录和大数据库，推进文物信息资源社会共享。加强不可移动文物保护，对存在重大险情的各级文物保护单位及时开展抢救性保护，加强文物日常养护、岁修、巡查和监测。加强革命文物保护，实施革命旧址保护修缮三年行动计划和馆藏革命文物修复计划。加强城乡建设中的文物保护，保护历史文化名城、街区、村镇和传统村落的整体格局和历史风貌。加强大遗址保护和国家考古遗址公园建设，开展大遗址数字化展示监测试点。加强考古发掘和整理研究工作。开展水下文物考古调查，基本掌握水下文物的分布和保存状况。加强世界文化遗产保护管理工作，推进海上丝绸之路保护与申遗工作。加强可移动文物保护，实施馆藏珍贵文物修复工程。严格文物执法，强化文物督察。实施文物平安工程，提升文物安全监管能力。

（二）推进博物馆建设

贯彻实施《博物馆条例》，提高博物馆公共服务水平。优化博物馆布局，提升彰显国家名片和地方形象的博物馆的综合实力，建设具有行业和地域特色的专题博物馆，发展智慧博物馆。加强革命老区、民族地区、边疆地区、贫困地区博物馆建设。积极支持引导非国有博物馆的发展。健全文物陈列展览交流平台，建立国家一级博物馆与基层博物馆借展、联展、巡展合作机制。加强文教结合，完善博物馆青少年教育功能，定期开展博物馆中小学教育活动。实施经济社会发展变迁物证征藏工程，征集新中国成立以来反映经济社会发展的重要实物，记录时代发展，丰富藏品门类。

（三）拓展文物利用

发挥文物资源在文化传承中的重要作用，丰富城乡文化内涵，彰显地域文化特色，发展有历史记忆、地域特色、民族特点的美丽城镇、美丽乡村。发挥文物资源在促进地区经济社会发展中的作用，培育一批文物旅游品牌。大力开发文博创意产品，进一步拓展文物利用综合效益。开展文物经营主体信用评估，规范文物经营活动，鼓励民间合法收藏文物。强化文物进出境协同监管，加大打击文物走私力度。

专栏3　文物保护利用

国家记忆工程：依托文物建筑、文化典籍、国家档案等，通过体现中华优秀传统文化、革命文化和社会主义先进文化的代表性文物，分类分批实施国家历史、文化、艺术、科学记忆工程及国家记忆数字化保存行动计划，体现中华民族最深层的精神追求，建立全民共识的国家精神标识。

续 表

“互联网＋中华文明”行动计划：依托互联网，建立文物信息资源共享机制，开展文物价值挖掘、文物数字化展示利用，推动与教育、文创、动漫、游戏、工业设计、旅游等领域的跨界融合，围绕文明源流、国学经典、传统美德、艺术欣赏、乡土民俗、红色记忆等主题，进行创作、创新、创造，形成一批具有广泛影响和普遍示范效应的优秀文化产品和服务，让文物可见、可感、可亲，讲好中国故事，传播中国声音。 “考古中国”研究与大遗址保护工程：对古文化遗址有重点地进行系统考古发掘整理和有效保护，深化重大专题研究。推进良渚、二里头、殷墟、景德镇御窑厂等遗址保护项目。开展西沙群岛、南沙群岛及沿海重点海域水下文化遗产调查和水下考古发掘保护项目，划定一批水下文化遗产保护区。 文物保护展示重点工程：加强长城保护，开展一批抢险加固、保护修缮、设施建设和综合展示项目，新建一批长城保护展示示范区。加强革命文物保护展示，加强近现代代表性建筑保护展示，加强古建筑和传统村落保护、西部地区石窟、海上丝绸之路沿线文物保护，加强西藏、四省（青海、四川、云南、甘肃）藏区和新疆文物保护，做好冬奥会区域文物保护展示。 中华古籍保护计划：建立完善的古籍普查、修复、保存、宣传、利用工作机制，通过微缩复制、数字化和善本再造等方式，实现古籍的再生性保护，开展古籍专题展览展示交流活动。开展中华传统文化百部经典编纂工作。 民国时期文献保护计划：通过文献普查、海内外文献征集、整理出版、数字化加工整合、举办文献展览以及文献的保护技术研究等工作，有效抢救与保护民国时期文献。 曲阜优秀传统文化传承发展示范区和甘肃华夏文明传承创新区建设：支持山东推进实施曲阜国家级文化产业示范园区、孔子博物馆、尼山圣境等重点项目，建设优秀传统文化传承发展示范区。支持甘肃以华夏文明传承创新区为平台推进文化建设。

六、提高非物质文化遗产保护传承水平

坚持“保护为主、抢救第一、合理利用、传承发展”的工作方针，进一步完善非物质文化遗产保护制度，以人的培养为核心，以融入现代生活为导向，切实加强能力建设，提高保护传承水平，推动非物质文化遗产保护事业深入发展。

（一）推进非物质文化遗产项目保护

编制国家级非物质文化遗产代表性项目保护规划，加强国家级非物质文化遗产代表性项目保护。实施非物质文化遗产记录工程。探索非物质文化遗产整体性保护，推进国家级文化生态保护实验区建设。积极申报联合国教科文组织非物质文化遗产名录，与周边国家联合申报、联合保护同源共享的非物质文化遗产。

（二）增强非物质文化遗产传承活力

加大对非物质文化遗产代表性传承人的扶持力度，加强传承人梯队建设。实施中国非物质文化遗产传承人群研修研习培训计划，帮助非物质文化遗产传承人群提高学习和传承能力，增强传承后劲。推动非物质文化遗产传承与现代教育体系深度融合。

（三）振兴传统工艺

实施中国传统工艺振兴计划，促进传统工艺走进现代生活、现代设计走进传统工艺，提升传统工艺产品的整体品质，培育形成具有民族特色的知名品牌，发挥传统工艺对城乡就业的促进作用，提高中国传统工艺保护、传承和发展水平。

（四）加强宣传展示与交流

办好中国非物质文化遗产博览会、中国成都国际非物质文化遗产节、文化和自然遗产日，以及传统节日文化活动，支持各地举办具有区域特色的非物质文化遗产展览展示活动。鼓励图书馆、文化馆、博物馆等公共文化机构和非物质文化遗产展示馆、传习所开展非物质文化遗产宣传展示活动。推动非物质文化遗产领域的国际交流与合作。

专栏 4　非物质文化遗产保护传承

中国传统工艺振兴计划：制定人才培育、行业扶持、市场拓展、技术攻关、理论研究、普及教育、交流合作等多个方面的政策措施，发掘和运用传统工艺所包含的文化元素和工艺理念，丰富传统工艺的题材和产品品种，提升设计与制作水平，提高产品品质，培育知名品牌，使传统工艺在现代生活中得到新的广泛应用。 中国非物质文化遗产传承人群研修研习培训计划：委托高校、企业和相关单位，组织非物质文化遗产传承人群参加研修、研习和培训，累计培训 10 万人次。 非物质文化遗产记录工程：按照统一的标准规范，对国家级非物质文化遗产代表性项目的内容与表现形式、流变过程、核心技艺和传承实践情况进行全面、真实、系统的记录，对其中部分濒危项目和代表性传承人抓紧实施抢救性记录，并加强对记录成果的传播和利用。

续　表

文化生态保护区建设工程:组织开展国家级文化生态保护实验区建设评估。在文化生态保护区增设一批非物质文化遗产传习中心、传习点。以规划为引领,突出特色,推进文化生态保护区建设。统筹规划,新设立一批国家级文化生态保护实验区。 国家非物质文化遗产保护利用设施建设工程:以国家级非物质文化遗产代表性项目为依托,根据非物质文化遗产项目分布状况,统筹建设一批传统表演艺术类、传统技艺类、传统民俗活动类非物质文化遗产项目保护利用设施。 民族民间文化典藏与传播工程:完成"村落文化志"系列丛书,建成中国传统皮影、木偶艺术音像资源库,辑成中国传统表演艺术基本动作、中国传统乐器、中国传统文化特征色彩数字化典藏,建设民族民间文化资源汇集管理平台。

七、推动文化产业成为国民经济支柱性产业

落实供给侧结构性改革战略部署,完善现代文化产业体系,着力发展骨干文化企业和创意文化产业,培育新型文化业态,促进文化资源与文化产业有机融合,形成新的增长点、增长极和增长带,全面提升文化产业发展的质量和效益。

(一)推动文化产业结构优化升级

加快发展动漫、游戏、创意设计、网络文化等新型文化业态,继续引导上网服务营业场所、游戏游艺场所、歌舞娱乐等行业转型升级,全面提高管理服务水平,推动"互联网+"对传统文化产业领域的整合。落实国家战略性新兴产业发展的部署,加快发展以文化创意为核心,依托数字技术进行创作、生产、传播和服务的数字文化产业,培育形成文化产业发展新亮点。推动中国(深圳)国际文化产业博览交易会、中国西部文化产业博览会、中国(义乌)文化产品交易会、中国国际网络文化博览会、中国国际动漫游戏博览会等重点文化产业展会市场化、国际化、专业化发展。支持原创动漫创作生产和宣传推广,培育民族动漫创意和品牌,持续推动手机(移动终端)动漫等标准制定和推广。加强文化产业关键共性技术研发、商业模式创新。推进文化创意和设计服务与实体经济深度融合,催生新技术、新工艺、新产品,满足新需求。推进文化产业与制造、建筑、设计、信息、旅游、农业、体育、健康等相关产业融合发展,增加文化含量和产业附加值,把文化资源转化为产业优势和市场优势。

(二)优化区域文化产业发展布局

实施差异化的区域文化产业发展战略,推动形成文化产业优势互补、联动发展的布局体系。引导各地根据资源禀赋和功能定位,走特色化、差异化发展之路。围绕"一带一路"建设、京津冀协同发展、长江经济带建设,加强重点文化产业带建设。支持中心城市和城市群发挥技术、人才、资金密集优势,形成若干带动区域产业发展的增长极。支持中小城市、小城镇和农村打造特色文化产业群。加大对中西部地区、少数民族地区、贫困地区、革命老区特色文化产业发展的支持力度。推进国家文化产业创新实验区、国家动漫产业综合示范园建设,形成面向区域和行业发展的协同创新中心。

(三)培育健全各类市场主体

营造各类文化企业一视同仁、公平竞争的发展环境,推动形成不同所有制文化企业共同发展、大中小微文化企业相互促进的文化产业格局。培育一批核心竞争力强的骨干文化企业,鼓励各类文化企业以资本为纽带进行联合重组,推动跨地区跨行业跨所有制并购重组,提高文化产业规模化、集约化、专业化水平。加强文化产业园区(基地)的规划建设和管理,严格命名标准,完善退出机制,进一步完善国家级文化产业示范园区创建工作,提升国家级文化产业园区(基地)的引领示范效应。推动文化产业发展与"大众创业、万众创新"紧密结合,加强文化企业孵化器、公共服务平台、众创空间建设,扶持文化产业领域创新创业,支持"专、精、特、新"中小微文化企业发展。培育和扶持一批知名文化品牌,以品牌带动全产业链发展。

(四)扩大和引导文化消费

从供需两端发力,以创新供给带动需求扩展,努力实现更高层次的供需平衡。着力扩大文化产品和服务有效供给,改善消费条件,营造消费环境,推动建立扩大和引导文化消费的长效机制。鼓励文化文物单位和社会力量开发文化创意产品,满足多样化消费需求。充分激发市场活力和社会创新创造能力,引导文化企业提供个性化、多样化的文化产品和服务,培育新的文化消费增长点。建设文化消费服务平台。支

持各地采取各种措施促进文化消费。加强宣传推广，倡导文化消费理念，提升文化消费水平。

（五）鼓励和引导社会资本进入文化产业

加快建设完善文化产业投融资体系，会同有关部门落实鼓励和引导社会资本进入文化领域的各项政策措施，为文化产业发展持续提供动力。进一步拓宽社会投资的领域和范围，鼓励社会资本进入文化企业孵化器、文化众创空间、文化资源保护开发等新兴领域。深化文化金融合作，发挥财政政策、金融政策、产业政策的协同效应，为社会资本进入文化产业提供金融支持。落实以奖代补、基金注入等重要政策，以推广文化领域的政府与社会资本合作模式为抓手，扶持引导社会投资进入文化领域。用好国家投资政策，将文化领域纳入投资政策工具支持范围。

专栏5　文化产业发展

促进文化消费计划：扩大试点范围，总结评估试点情况，研究提出扩大文化消费的政策措施。对文化消费数据进行分析利用，发布文化消费指数，引导文化企业扩大文化产品和服务的有效供给，提升消费者文化消费意愿，逐步建立扩大和引导文化消费的长效机制。

文化创意产品扶持计划：落实推动文化创意产品开发的政策措施，加强示范引导、搭建平台、展示推广，调动博物馆、图书馆、美术馆等文化文物单位和创意设计机构等社会力量积极性，创作生产弘扬中华优秀文化、适应市场需要、满足现代消费需求的优秀文化创意产品。

特色文化产业发展工程：支持规划实施一批特色文化产业项目，支持地方建设一批特色文化小镇，培育特色文化企业、产品和品牌。持续推进丝绸之路文化产业带、藏羌彝文化产业走廊建设，支持在边疆、革命老区和少数民族地区建设具有富民效应和示范效应的文化产业集聚区。

数字文化产业发展计划：推动优秀文化内容数字化转化和创新，加强数字文化创意内容创作与供给。提升数字文化创意技术与装备水平。建设数字文化产业双创平台，构建数字文化产业创新生态体系。推进数字文化与相关产业融合发展。

文化金融创新工程：鼓励金融机构针对文化产业特点创新产品和服务，推广无形资产评估和质押融资，逐步健全文化企业征信体系、融资风险补偿机制和信用担保体系。建立文化企业上市资源储备库，支持文化企业利用资本市场上市融资、再融资和并购重组，扩大文化企业债券融资规模。鼓励文化产业类投资基金发展。支持各地建立文化金融服务中心。创建文化与金融合作示范区。

文化产业公共服务平台建设工程：建设和完善项目服务平台、文化消费服务平台、人才培养平台、文化产业园区基地平台等子平台，提高文化产业领域公共服务水平。制定文化企业品牌建设行动计划，推动建设一批文化产业品牌实验室，支持和规范有关机构发布相关文化产业品牌排行榜。

八、完善现代文化市场体系

建立统一开放、竞争有序、诚信守法、监管有力的现代文化市场体系，健全以内容监管为重点、信用监管为核心的文化市场事中事后监管体系，推动文化市场成为满足人民群众多样化精神文化需求的主渠道。

（一）完善多层次的文化产品市场

推动文化产品供给侧结构性改革，加强内容建设，丰富产品供给。鼓励文化企业加快创新、丰富业态、改造装备、改善服务环境、提供公共服务，支持行业协会举办创新设计大赛和群众性赛事活动。引导企业开发面向大众、适合不同年龄层次的文化产品，提供差异化服务。加强网络文化内容建设，引导市场主体提供弘扬社会主义核心价值观、体现中国精神的网络文化产品。

（二）建立完备高效的文化要素市场

加强人才、资本、技术、信息、产权和中介服务市场建设，促进文化要素在健康有序的市场环境中高效流转，提高文化资源配置效率，增强文化市场内生动力。建立统一的市场准入退出制度。推动各行业建立较为完备的政策法规、标准规范、人才培训、数据信息等服务平台，为行业发展提供优质公共服务和行政指导。消除地区壁垒，促进区域协作和市场一体化建设。消除行业壁垒，鼓励多种经营和业态融合，支持大中城市建设文化娱乐综合体。

（三）构建以信用管理为核心的监管体系

以文化市场信用信息数据库建设为基础，以信息公开为监督约束手段，以警示名单和黑名单为基本制度，以协会开展信用评价、分类评定为辅助，构建守信激励、失信惩戒和协同监管机制。建设文化市场信用信息系统，实现部门之间、区域之间信息交互共享。定期公布文化市场违法违规经营主体和文化产品黑名单、警示名单，对文化市场经营主体实行分级分类管理。加强行业信用评级制度建设及信用信息应用，开展文化市场经营场所分类评级，培育文化市场信用服务机构，发挥协会在文化市场信用体系建设中的积极作用。

（四）提升文化市场综合执法能力

基本完成深化文化市场综合执法改革任务，建立文化市场执法机构和队伍，提高全国综合执法队伍专业化、规范化、信息化水平。建立文化市场信息报送和反馈系统，建成高效的文化市场执法指挥平台。制定文化市场综合执法规范化标准，完善综合执法协作机制。针对突出问题开展专项整治，加强重大案件督查督办。加强文化市场执法人员的准入、演练、操练和动态管理。加强以案件为导向的执法培训，提高综合执法队伍执法办案能力。推进全国文化市场技术监管与服务平台全面应用，提高文化市场管理与执法信息化水平。

专栏6　现代文化市场体系建设

文化市场信用体系建设工程：完善文化市场信用信息数据库，涵盖全国90%以上的文化市场经营主体。建立文化市场信用管理规章制度，指导协会开展行业标准及规范建设。与其他部门建立信用信息交互共享及联合惩戒机制，向管理部门和公众提供便捷及时的文化市场信用信息服务。

网络文化市场建设工程：支持国产优秀网络文化产品生产创作，拓展优秀网络文化产品传播渠道和落地空间。完善网络文化内容监管体系，构建全网筛查、全国协作、标准统一、步调一致的网络文化市场执法机制，防控含有禁止内容的网络文化产品传播，净化网络文化环境。鼓励传统文化市场与网络文化市场优势互补、融合发展。

文化市场综合执法能力提升工程：健全文化市场综合执法协作机制，加强京津冀、江浙沪、西藏及四省藏区等区域执法协作。全面实施以“随机抽取检查对象、随机抽取执法人员、向社会公开检查结果”为主要内容的“双随机一公开”制度。制定文化市场安全生产工作规范，提升公共突发事件防范处置能力。推进中西部地区文化市场综合执法能力提升行动计划，推广综合执法以案施训和师资巡讲活动。推动地方落实综合执法队伍能力建设及工作经费。

全国文化市场技术监管与服务平台建设和推广工程：建成支撑文化市场宏观决策、市场准入、综合执法、动态监管和公共服务等核心应用的文化市场技术监管系统，形成统一的信息共享平台、信用服务平台、业务关联平台、应用集成平台和技术支撑平台，推动平台在全国区县文化行政部门和文化市场综合执法机构应用率达到95%。

九、提高文化开放水平

坚持政府统筹、社会参与、官民并举、市场运作，统筹对外文化交流、传播和贸易，创新方式方法，有效传播当代中国价值观念，讲述好中国故事，阐释好中国特色，展示中华文化独特魅力，提升国际话语权，全面提高国家文化软实力。

（一）积极开展文化外交

大力发展与世界各国和国际组织的政府间文化交流，构建畅通的政府间文化交流合作机制。以重要外事活动为契机，积极开展对外文化交流，充分展示中华文化精粹。按照品牌化、本土化、市场化的发展方向，支持在各大洲举办中国文化年（节）等大型文化交流活动，持续提升“欢乐春节”等品牌的影响力。加大商签防止盗窃、盗掘和非法进出境文化财产政府间双边协定的工作力度，构建稳定、多维的政府间文物合作网络。推出一批具有中国内涵、国际表达、创意融合的对外文物展览，拓展文物出展国家和地区，引进一批高水平文物展览。加大对发展中国家尤其是周边国家的文化援助力度，统筹开展文物援外工程。

（二）加强国际汉学交流和中外智库合作

促进中外智库交流与合作，大力推动国际汉学和中国研究的发展，培养一批具有发展潜力的青年汉学家、翻译家。举办高端国际文化论坛，畅通中华文化和价值理念的传播渠道。积极参与国际文化事务，建立国际文化专家队伍，支持民间智库和社会组织在文化类公约框架下为政府间委员会提供咨询。推进对外文化传播网络和新媒体平台建设。积极借鉴国外优秀文化成果。

（三）加强与“一带一路”沿线国家文化交流与合作

制定实施文化部“一带一路”文化发展行动计划。围绕“一带一路”建设，积极搭建各类文化交流平台。推进与“一带一路”沿线国家的项目援助和专业交流，鼓励丰富多样的民间文化交流，发挥妈祖文化等民间文化的积极作用，促进民心相通，夯实民意基础。推进动漫游戏产业“一带一路”国际合作。拓展与“一带一路”沿线国家的文物保护与考古合作，建设“一带一路”文化遗产长廊。

（四）推进海外中国文化中心建设与发展

继续加快推进海外中国文化中心建设。鼓励地方政府、中资机构等参与中国文化中心建设，多模式建设布局科学、功能完善、规模适宜的海外中国文化中心，筹建中国文化中心总部。为中国文化中心提供高质量项目资源，开展国情宣介、思想交流、文化展示、信息服务等活动，使中国文化中心成为中华文化传播的综合服务平台。

（五）大力发展对外文化贸易

构建国际文化贸易合作体系，建立健全双边、多边政府间文化贸易对话与合作机制。积极参与国际文化贸易规则制定。搭建国家文化贸易服务平台，发挥国家对外文化贸易基地示范作用。引导文化企业和社会资本境外投资，拓展海外文化市场，扩大境外优质文化资产规模。提升民族文化品牌内涵，突出“中国创造”理念，建设核心文化产品资源库。

（六）深化对港澳台地区文化工作

以传承和弘扬中华优秀传统文化为重心，搭建形式多样的文化交流平台，提升对港澳台地区文化交流水平。加强面向港澳台青少年的文化交流，促进民族认同、文化认同、国家认同。加强与港澳台地区文物交流，推动港澳台同胞共享中华优秀文化遗产。与港澳特区政府定期签署内地与港澳特区文化合作执行计划，将港澳文化活动纳入国家文化交流平台。把握大势，稳妥推进两岸文化交流合作，推动两岸文化交流机制化进程。

专栏7　对外文化交流与贸易

对外文化交流机制化合作网络建设工程：积极参与中俄、中美、中英、中欧、中法、中印尼人文交流机制，完善高级别政府间文化政策对话及文化机构间合作机制，与全球600家重点文化艺术机构、国际知名艺术节建立长期合作关系。

中外思想交流与传播能力建设工程：举办“汉学与当代中国”座谈会、青年汉学家研修计划、中外文化翻译合作研修计划。建设对外传播云平台和中华文化译研网，完成涵盖世界各主要语言的译介平台建设，实现中国文化网浏览量突破10亿人次。

对外文化交流品牌拓展工程：“欢乐春节”形成10个子品牌，与30个重点国家和地区的相关机构建立长期合作机制，文化援助品牌项目与各国社会公益项目有机结合。

“一带一路”文化交流与合作工程：推动陕西西安丝绸之路国际艺术节、福建泉州海上丝绸之路国际艺术节、丝绸之路（敦煌）国际文化博览会、中国新疆国际民族舞蹈节等品牌活动建设，创建丝绸之路剧院联盟，建设福建泉州海上丝绸之路艺术公园、宁夏银川中阿友谊雕塑艺术园等文化交流基地。

海外中国文化中心建设与发展工程：海外中国文化中心全球布局达到50个，建设包含300—500个项目的中国文化中心动态资源库。加强中国文化中心多模式发展力度，鼓励和引导地方政府、中资机构等参与建设和管理。

对外文化贸易促进工程：培育一批具有国际竞争力的外向型文化企业，形成一批具有核心竞争力的文化产品，打造一批具有国际影响力的文化品牌，搭建具有较强辐射力的国际文化交易平台。

港澳台中华文化弘扬工程：加强与港澳台思想文化界的深度交流，打造港澳台青少年艺术节、青年文化论坛、青年文化产业交流营，推动优秀文化产品进入港澳台基层社区。

十、提升文化科技支撑水平

深入实施科技带动战略，加强文化科技原始创新、集成创新和引进消化吸收再创新，着力增强自主创新能力，有效提升文化领域技术装备水平，促进科学技术在文化领域的应用与推广，推动文化与科技融合向纵深发展。

（一）优化文化科技创新发展环境

探索跨部门、跨地区的文化科技融合工作机制，支持社会力量参与文化创新活动。培育文化科技融合示范型载体，培养文化科技复合型人才，加强文化科技创新成果宣传和推广，进一步激发文化领域创新创造的活力。

（二）提升文化行业标准化水平

健全标准化工作机制，加快文化行业标准和国家标准的制定修订，积极参与国际标准制定。增强文化行业标准化意识，提升标准化应用水平，构建较为完善的文化行业标准规范体系。

（三）加强文化领域关键共性技术研发

围绕文化发展重大需求，运用数字技术、网络技术、智能技术、材料技术、虚拟现实技术，提升文化科技自主创新能力和技术研发水平。支持数字文化资源开发关键技术研究与应用，加快文化艺术展演展陈虚拟化、协同化、数字化步伐，加强文化领域重要装备、工艺、系统、技术平台等相关研究。

（四）促进文化科技成果转化应用

完善文化科技成果转化机制，发挥企业主体作用，加强技术转移和科技项目成果应用，促进科技成果转化为文化生产力。建立健全舞台设备质量检测体系，提高文化科技装备国产化水平。

专栏8　文化科技融合发展

文化创新引领工程：培育70项左右国家文化创新工程项目，出版中国文化创新年度报告。培养文化创新人才。开展文化创新成果宣传、示范和推广活动。发挥艺术院校和艺术科研院所在推动文化创新方面的作用。

"互联网＋文化"工程：加强"互联网＋文化"顶层设计，制定相关系列规划。加强有关互联网技术应用于文化领域的关键技术攻关。支持形成共享机制。开设艺术教育网络课堂，加大网上开放艺术学研究成果力度。

文化大数据工程：开展数字文化艺术资源发展状况调查，制定发展规划，建立多部门协调机制，成立专家咨询委员会，完成数字文化资源共享目录清单，制定文化大数据服务标准规范，推动建立综合服务平台。

文化标准化工程：重点加强舞台安全领域标准制定与实施，健全舞台设备质量检测体系，制定数字图书馆建设与服务、社会艺术水平考级管理等标准不少于40项，使文化行业标准总数超过110项。积极参与国际标准化工作，清理妨碍创新的行业标准。

文化装备系统提升工程：重点提升公共文化机构以及舞台演艺、动漫、游戏、非遗保护等领域的技术装备系统水平。支持一批技术创新项目，建立专家咨询委员会，支持举办技术装备系统展示应用活动，促进文化相关领域国家重大科研设施和科研仪器开放共享。

成果转化应用工程：完善文化科技成果统计和成果转化服务制度，落实成果奖励政策，发布文化科技成果目录清单。建设文化部工程技术研究中心及产学研用相结合的技术联盟，五年内累计新认定20至30家文化部重点实验室。支持开展文化科技成果推广和展示活动。

文化部电子政务和网络安全项目：整合业务系统，统一技术支撑，推进数据共享和业务协同，逐步实现电子政务平台、网络媒体平台和数据交换平台的同步发展，持续开展等级保护和分级保护工作，加强系统安全监测，提升安全管理和保障能力。

十一、深化文化体制机制改革

深入推进文化体制改革，建立健全党委领导、政府管理、行业自律、社会监督、企事业单位依法运营的文化体制机制。

（一）完善文化管理体制

深化文化行政部门职能转变，建立健全行政权力和责任清单制度。继续深入推进行政审批制度改革，加强事中事后监管，促进简政放权、放管结合、优化服务"三管齐下"。深入推进政府管理与服务创新，综合运用法律、行政、经济、科技等手段提高管理效能。深化文化市场综合执法改革，逐步形成权责明确、监督有效、保障有力的文化市场综合执法管理体制，推进文化领域跨部门、跨行业综合执法。按照政企分开、政事分开原则，推动文化行政部门与其所属的文化企事业单位进一步理顺关系，依法赋予企事业单位更多的法人自主权。

（二）推进文化事业单位改革

深化文化事业单位人事、收入分配、社会保障、经费保障等制度改革，创新管理运行机制，积极探索政事分开、管办分离的有效形式。推动公共图书馆、博物馆、文化馆等建立事业单位法人治理结构，吸纳有关方面代表、专业人士、各界群众参与管理，健全决策、执行和监督机制。推动保留事业体制院团内部机制改革。完善绩效评估考核，结合文化单位特点制定科学的绩效指标体系，适当引入第三方评估，加强评估结果的公开和运用。

（三）建立健全有文化特色的现代企业制度

加快国有文化企业公司制股份制改造，形成体现文化企业特点、符合现代企业制度要求的资产组织形式和经营管理模式。完善社会效益和经济效益综合考核评价指标体系，确保国有文化企业把社会效益放在首位、实现社会效益和经济效益相统一。进一步深化国有文艺院团体制改革，通过政府购买服务、原创剧目补贴等方式扶持转制院团的艺术创作生产。

（四）培育和规范文化类社会组织

加强对业务主管的文化类行业协会、基金会、民办非企业单位等社会组织的引导、扶持和管理，促进规范有序发展。积极发挥行业组织在行业自律、行业管理、行业交流等方面的重要作用。厘清文化行政部门与所属行业协会的职能边界，积极稳妥推进文化行业协会与行政机关脱钩。加大政府向文化类社会组织购买服务力度，将适合由社会组织提供的公共文化服务事项交由社会组织承担。

十二、加强文化人才队伍建设

加快各类文化人才成长步伐，实现人才队伍总量稳步增长、结构更加合理、活力不断增强、效能充分发挥，培养造就一支政治坚定、业务精湛、作风优良、党和人民放心的文化人才队伍，为文化发展改革提供坚强的人才保障和广泛的智力支持。

（一）健全文化人才发展体制机制

完善党管人才工作格局，实行人才工作目标责任考核。完善人才政策体系，健全人才培养开发、评价发现、选拔任用、流动配置、激励保障机制。充分发挥用人主体在人才培养、吸引和使用中的主导作用，完善事业单位岗位管理。健全文化特殊人才评价机制。加快推进职称制度改革。加大对西部文化人才的培养支持力度。进一步完善“三先”表彰工作，及时表彰深入生活、扎根人民的优秀文化工作者。

（二）培养造就高层次领军人物

发挥政府的导向和扶持作用，培养一批德艺双馨、成就突出、影响广泛的高层次文化人才。加强新型文化智库建设。实施国家“千人计划”文化艺术人才项目和海外高层次文化人才引进计划。开展文化部优秀专家选拔扶持工作。举办高层次文化人才国情研修班。加强艺术研究院所专业人员队伍建设，培养学术带头人和研究骨干。探索建立专家学术休假制度、学术（艺术）助手制度和师承制度等高层次人才培养制度。

（三）着力培养青年拔尖人才

在文化艺术领域培养一批青年学术技术带头人，形成高层次领军人物的重要后备力量。利用国家公派留学计划选派有发展潜力的优秀学者、中青年艺术家到国外著名院校或文化机构留学。继续组织实施文化产业创业创意人才扶持计划，加强对设计、音乐、传统工艺等重点领域创业创意人才的选拔、培养和展示推广，有效激发文化产业领域创新创业活力。支持符合条件的文化单位设立博士后科研工作站，加快培养复合型文化产业人才和科技人才。

（四）加强基层文化人才队伍建设

继续实施全国基层文化队伍培训计划，以专职文化队伍、业余文化骨干、文化志愿者为重点，完善基层文化队伍培训体系，统筹推进分级分类分层培训。加大西部地区基层文化人才培养力度，实施“三区”人才支持计划文化工作者专项，加快边远贫困地区、边疆民族地区和革命老区文化人才队伍建设。大力开展网络远程培训。加强文化技能人才培养，引导职业院校根据基层需求设置专业和课程。加强非公有制领域文化人才工作。

（五）拓展文化人才培养途径

与教育部门加强合作，加大对非物质文化遗产学历教育的支持力度，推动设置文化产业管理硕士专业学位，推动将公共文化服务专业人才培养纳入国民教育体系，支持高校设立文化科技交叉学科和专业。加强文化系统艺术职业院校建设。加强艺术教育人才培训，提升人才培养质量。在全国艺术院校推动民族文化传承创新示范专业点建设。

（六）健全文化人才培训体系

按照分级负责、分类管理的工作原则，进一步完善组织调训、干部培训、在职教育、挂职实践和远程培训相结合的工作格局。依托党校、行政学院、干部学院、高等学校、职业院校、重点大型企业和各级各类教学点，扎实开展初任培训、任职培训、岗位培训、专题培训、业务培训。进一步加强全国文化干部远程培训平台、全国文化干部培训基地以及师资库、教材库建设。强化培训质量管理，改进和完善培训考核评价机制，着力打造优秀培训品牌和特色培训项目。

专栏9　文化人才队伍建设

全国省、地、县文化厅局长轮训工程：举办省（区、市）文化厅（局）长、地市文化局长、县市文化局长培训班，每年累计培训850人，五年内把各省（区、市）文化厅（局）长、各地市文化局长和各县级文化局一把手轮训一遍。

新型文化智库建设计划：整合高等院校、研究机构等力量，培育和扶持一批具有较大影响力的服务文化领域的高端智库。发挥文化艺术科研单位的智库作用，实施150项文化艺术应用对策研究及相关基础研究项目。

海外高层次文化人才引进计划：支持一批海外高层次文化人才回国（来华）工作，分层次、有计划地引进一批学术专家、文化艺术领军人才和优秀经营管理人才。

续 表

国家艺术基金人才资助项目:资助1000名40周岁以下青年艺术人才开展创作活动,资助500个急需紧缺的高端艺术专业人才、文艺理论人才和复合型经营管理人才培养项目。
"三区"人才支持计划文化工作者专项:每年选派1.9万名优秀文化工作者到边远贫困地区、边疆民族地区和革命老区工作或提供服务,每年为"三区"培养1500名急需紧缺的文化工作者。
专业艺术人才培训计划:实施戏曲艺术人才培养"千人计划",培训1000名戏曲编剧、导演、作曲、舞台美术、评论专业中青年人才。培训美术专业人才1500人次,基本实现国有美术馆馆长轮训目标。提升西部及少数民族地区艺术创作水平,培训100名紧缺人才。面向全社会开展戏剧、舞蹈、杂技等专业人才培训。
全国基层文化队伍培训计划:对全国县级图书馆馆长、文化馆馆长和乡镇文化站站长进行系统轮训。加强基层文艺人才培训。举办示范性培训班和远程培训,开展公共文化巡讲,组织编写第二批全国基层文化队伍培训教材。
文化经营管理人才培养计划:实施全国文艺院团长培训计划。培训全国演艺企业经营管理人才1500人次。开展全国文化产业项目管理职业经理人培训、全国重点文化企业品牌建设与管理培训,培养数字文化产业人才、文化金融人才。
文化科技人才培养计划:通过项目带动和平台建设,吸引和培养10至20名有重要影响的技术专家、1000名中青年科技骨干,凝聚一批优秀文化科技团队。推动在10个以上艺术职业院校和相关高校设立文化科技专业。
文化技能人才培养计划:建立文化技能人才资源信息库和公共服务网站,推动用人单位、院校和培训机构参与文化技能人才培养。加强文化行业职业技能鉴定单位和定点培训单位建设。

十三、保障措施

加大文化发展改革的政策和法治保障力度,进一步落实各项政策措施,有效发挥引导、扶持、激励、规范作用,营造良好的制度环境,确保各项工作顺利推进。

(一)加强文化财政保障

进一步健全文化财政保障机制,加大政府投入力度。按照基本公共文化服务标准,推动落实基层提供基本公共服务所必需的资金。将购买公共文化服务资金纳入各级政府财政预算。加大政府性基金与一般公共预算的统筹力度,通过政府购买、项目补贴、定向资助、贷款贴息等多种手段引导和激励社会力量参与文化建设,建立政府、社会、市场共同参与的多元文化投入机制。科学划分各级政府文化事权与支出责任,推动各级财政转移支付不断向精准投入转变。推动财政进一步优化完善转移支付机制,重点向贫困地区、革命老区、民族地区、边疆地区倾斜。建立健全财政资金监督管理机制,建立文化财政资金绩效评价结果与预算安排挂钩制度,提高资金使用效益。进一步夯实文化统计基础,提升文化统计服务能力。

(二)落实文化经济政策

落实国有经营性文化单位转企改制扶持政策。推动将文化用地纳入城乡发展规划、土地利用总体规划,在国家土地政策许可范围内,优先保证重要公益性文化设施和文化产业设施、项目用地。进一步完善文化税收政策体系,推动落实关于社会捐赠的税前扣除政策。推动落实有利于文化内容创意生产、非物质文化遗产生产性保护、小微文化企业发展的税收优惠政策。加大已有支持对外文化贸易各项优惠政策的落实力度。完善《文化产品和服务出口指导目录》,加大对国家文化出口重点企业和项目扶持力度。简化文化出口行政审批流程,加强对外文化贸易公共信息服务。

(三)健全文化法律制度

积极推进文化产业促进法、公共图书馆法、故宫保护条例、古籍保护条例、文化市场综合执法管理条例等重点立法项目进程,修订《文物保护法》《营业性演出管理条例》《互联网上网服务营业场所管理条例》《娱乐场所管理条例》,贯彻《公共文化服务保障法》《博物馆条例》《非物质文化遗产法》。建立健全重大决策合法性审查工作制度。推动文化部直属事业单位、地方文化行政部门普遍建立法律顾问制度。完善文化法制专家委员会制度。

(四)加强文化领域知识产权保护

建立健全知识产权保护机制,提升文化领域知识产权运用效益,发挥知识产权对文化创新发展的驱动作用。强化文化领域知识产权意识,营造良好发展环境,激发文化创造活力。开展文化领域知识产权统计工作,对文化资源的知识产权状况进行确权、登记、评估。构建知识产权信息咨询服务和交易平台,提升文化领域的知识产权管理能力和运用水平。支持文化企业开展涉外知识产权维权工作。

(五)建立健全文化安全工作机制

加强国家文化安全保障能力建设,建立健全文化安全监测预警和危机处置机制，提升危机应对能力，研究制定危机应对预案和程序，加快处置、有效化解危害文化安全的重大或突发事件。

十四、组织实施

各级文化行政部门要充分认识《文化部“十三五”时期文化发展改革规划》的重大意义，积极推动各级党委和政府把文化建设摆在全局工作重要位置，纳入经济社会发展全局，列入各级政府效能和领导干部政绩考核体系，做到文化建设与经济建设、政治建设、社会建设以及生态文明建设同部署、同落实。文化文物系统各单位、各部门要认真贯彻本规划，结合实际制定实施方案和年度执行计划。要明确重大工程和重大项目的责任主体和实施进度，对规划实施情况进行动态监测和跟踪分析，加强年度检查和考核评价，适时引入第三方评估，强化评估结果的运用。要重视对评估结果的科学运用，及时发现并解决问题，确保规划取得实效。

文化部

2017 年 2 月 17 日

文化部关于推动数字文化产业创新发展的指导意见

文产发〔2017〕8 号

各省、自治区、直辖市文化厅（局），新疆生产建设兵团文化广播电视局，各计划单列市文化局，本部各司局、各直属单位，国家文物局：

数字文化产业以文化创意内容为核心，依托数字技术进行创作、生产、传播和服务，呈现技术更迭快、生产数字化、传播网络化、消费个性化等特点，有利于培育新供给、促进新消费。当前，数字文化产业已成为文化产业发展的重点领域和数字经济的重要组成部分。为贯彻落实《“十三五”国家战略性新兴产业发展规划》、《文化部“十三五”时期文化发展改革规划》，深入推进文化领域供给侧结构性改革，培育文化产业发展新动能，现就推动数字文化产业创新发展提出以下意见。

一、总体要求

（一）指导思想

全面贯彻党的十八大和十八届三中、四中、五中、六中全会精神，深入贯彻习近平总书记系列重要讲话精神和治国理政新理念新思想新战略，认真落实党中央、国务院决策部署，牢固树立和贯彻落实创新、协调、绿色、开放、共享的发展理念，适应把握引领经济发展新常态，以供给侧结构性改革为主线，加强原创能力建设，推进文化创业创新，促进产业融合发展，培育新型文化业态，满足人民群众高品质、多样化、个性化的数字文化消费需求，提升人民群众幸福感和获得感，增强中华文化在数字化、信息化、网络化时代的国际竞争力、影响力。

（二）基本原则

坚持导向，提升内涵。坚持以人民为中心的发展思想，坚持社会主义先进文化前进方向，弘扬社会主义核心价值观，把社会效益放在首位，实现社会效益与经济效益相统一，充分发掘优秀文化资源，提高数字文化产业品质内涵，讲好中国故事，弘扬中国精神。

创新驱动，优化供给。坚持自主创新，加强内容原创和技术研发，培育发展新动力，构建产业新体系，推动数字文化产业内容、技术、模式和业态创新，提供有效优质供给，促进文化消费。

开放发展，跨界融合。立足国际国内两个市场，加强国际交流合作，加快与相关产业的多向深度融合，走开放式创新和国际化发展道路，不断提高我国数字文化产业发展的整体实力和国际竞争力。

政策引导，激发活力。针对薄弱环节、制约瓶颈和重点领域，完善政策措施，优化发展环境，改善行业规制，充分发挥各级政府部门规划引导、政策扶持和组织协调作用，激发数字文化产业创新活力与投资活力。

（三）发展目标

数字文化产品和服务供给质

量不断提升、供给结构不断优化、供给效率不断提高，数字文化消费更加活跃，成为扩大文化消费的主力军。培育若干社会效益和经济效益突出、具有较强创新能力和核心竞争力的数字文化领军企业，一批各具特色的创新型中小微数字文化企业。动漫、游戏、网络文化、数字文化装备、数字艺术展示等重点领域实力明显增强。数字文化产业生态体系更加完善，产业支撑平台更加成熟，市场秩序更加有序，政策保障体系更加完备。到2020年，形成导向正确、技术先进、消费活跃、效益良好的数字文化产业发展格局，在数字文化产业领域处于国际领先地位。

二、引导数字文化产业发展方向

（四）优化数字文化产业供给结构

以供给侧结构性改革为主线，提升数字文化产业文化内涵、技术水平和产品质量。加强数字文化产业原创能力建设，鼓励全民创意、创作联动等新方式。发挥高新技术对内容创作、产品开发、模式创新的支撑作用，提高产品品质、丰富表现形式。深化“互联网+”，深度应用大数据、云计算、人工智能等科技创新成果，促进创新链和产业链有效对接。提高不同内容形式之间的融合程度和转换效率，适应互联网和各种智能终端传播特点，创作生产优质、多样、个性的数字文化内容产品。探索基于互联网的个性化定制、精准化营销、协作化创新、网络化共享等新型商业模式和文化业态。大力推动演艺娱乐、艺术品、文化旅游、文化会展等传统文化产业的数字化转型升级，推进文化产业结构调整和优化。

（五）促进优秀文化资源数字化

实施数字内容创新发展工程，鼓励对艺术品、文物、非物质文化遗产等文化资源进行数字化转化和开发，实现优秀传统文化资源的创造性转化和创新性发展。依托地方特色文化，开发具有鲜明区域特点和民族特色的数字文化产品。加强现代设计与传统工艺对接，促进融合创新。依托文化文物单位馆藏文化资源开发数字文化产品，提高博物馆、图书馆、美术馆、文化馆等文化场馆的数字化智能化水平，创新交互体验应用，带动公共文化资源和数字技术融合发展。

（六）推进数字文化产业与相关产业融合发展

推进数字文化产业与先进制造业、消费品工业融合发展，与信息业、旅游业、广告业、商贸流通业等现代服务业融合发展，与实体经济深度融合。强化文化对信息产业的内容支撑、创意提升和价值挖掘作用，提升用户体验。推动数字文化在电子商务、社交网络的应用，与虚拟现实购物、社交电商、“粉丝”经济等营销新模式相结合。提升旅游产品开发和旅游服务设计的文化内涵和数字化水平，促进虚拟旅游展示等新模式创新发展。推动数字文化在农业、教育、健康、地理信息、航空航天、公共事业等其他领域的集成应用和融合发展，通过“文化+”提高相关产业的文化内涵、创意水平和附加价值。推动数字文化产业纳入军民融合创新体系。

（七）扩大和引导数字文化消费需求

顺应群众期盼和市场需求，结合引导城乡居民扩大文化消费试点工作，增加数字文化产业有效供给，补齐内容短板、丰富服务模式、提升消费体验，引领时尚消费潮流，满足现代生活方式需求。把握知识产权环境改善、用户付费习惯养成、网络支付手段普及的有利机遇，充分挖掘消费潜力和市场价值。创新网络视频、网络音乐、网络文学等数字文化内容产品付费模式，将广泛用户基础转化为有效消费需求。支持可穿戴设备、智能家居、数字媒体等新兴数字文化消费品发展，加强质量与品牌建设。

三、着力发展数字文化产业重点领域

（八）推动动漫产业提质升级

发挥好动漫独特的艺术魅力和传播优势，创作生产优质动漫产品。坚持品牌化发展战略，促进动漫“全产业链”和“全年龄段”发展。运用信息技术手段和各种新兴媒体，创新表现形式、拓展传播渠道，发展基于互联网和移动智能终端的动漫传播运营，积极开拓动漫表情等动漫新业态。引导促进动漫会展发展，活跃动漫及衍生产品消费。促进动漫与文学、游戏、影视、音乐等内容形式交叉融合，发展动漫品牌授权和形象营销，与相关产业融合发展，延伸动漫产业链和价值链。

（九）推动游戏产业健康发展

加强游戏内容价值导向管理，建立评价奖惩体系，扶持传递正能量、宣传优秀传统文化、弘扬社会主义核心价值观的游戏品牌。改善游戏产品同质化、低俗化现象，培育国产原创游戏品牌产品、团队和企业。大力推动应用游戏、功能性游戏的开发和产业化推广，引导和鼓励开发具有教育、益智功能，适合多年龄段参加的网络游戏、电子游戏、家庭主机游戏，协调发展游戏产业各个门类。促进电竞赛事、电竞直播等新模式健康有序发展。

（十）丰富网络文化产业内容和形式

实施网络内容建设工程，大力发展网络文艺，丰富网络文化内涵，推动优秀文化产品网络传播。鼓励生产传播健康向上的优秀网络原创作品，提高网络音乐、网络文学、网络表演、网络剧（节）目等网络文化产品的原创能力和文化品位。利用社交平台与用户开展线上线下交流，提升消费体验。保护激励原创，促进网络文化产业链相关环节的融合与沟通，研究建立规范合理的分成模式。深入推进互联网上网服务行业转型升级，开拓线下体验服务新领域。

（十一）增强数字文化装备产业实力

适应沉浸体验、智能交互、软硬件结合等发展趋势，推动数字文化装备产业发展，加强标准、内容和技术装备的协同创新。研发具有自主知识产权、引领新型文化消费的可穿戴设备、智能硬件、沉浸式体验平台、应用软件及辅助工具，加强以产品为基础的商业模式创新。研发智能化舞台演艺设备和高端音视频产品，提升艺术展演效果，满足高端消费需求。支持文物和艺术品展陈、保护、修复设备产业化及应用示范。

（十二）发展数字艺术展示产业

积极发展以数字技术为手段，以光学、电子等新兴媒介为表现形式，贴近群众生活和市场需求的数字艺术展示产业，以数字艺术手段传承中华美学精神。发挥数字艺术高互动性、高应用性、高融合性的特点，拓展数字艺术展示应用范围和市场空间。推动数字艺术展示与公共空间、公共设施、公共艺术相结合，与智慧旅游、城市综合体、特色小（城）镇相结合，打造数字艺术展示品牌活动，发挥数字艺术展示在拉动地方消费、提升地区形象、提高文化品位等方面的作用。鼓励文化文物单位运用馆藏文化资源，开发数字艺术展示项目。

（十三）超前布局前沿领域

顺应新一轮科技革命和产业变革趋势，高度重视颠覆性技术创新与应用，以技术创新推动产品创新、模式创新和业态创新，更好满足智能化、个性化、时尚化消费需求，引领、创造和拓展消费新需求。促进虚拟现实产业健康有序发展，开拓混合现实娱乐、智能家庭娱乐等消费新领域，推动智能制造、智能语音、三维（3D）打印、无人机、机器人等技术和装备在数字文化产业领域的应用，不断丰富产品形态和服务模式，拓展产业边界。

四、建设数字文化产业创新生态体系

（十四）培育数字文化产业市场主体

培育一批具有较强核心竞争力的大型数字文化企业，引导互联网及其他领域龙头企业布局数字文化产业。支持企业实现垂直、细分、专业发展，鼓励数字文化企业的收购、兼并和创办，鼓励和支持各类高新技术企业与文化企业开展技术、项目等方面的合作。有序引导各类投资进入数字文化产业，大力扶持中小微数字文化企业，鼓励向“专精特新”方向发展，强化特色经营、特色产品和特色服务。充分发挥大企业龙头带动作用，通过生产协作、开放平台、共享资源等方式，支持上下游中小微企业发展。

（十五）推进数字文化产业创新创业

强化创新驱动，引导领军企业联合中小企业和科研单位布局创新链，加强关键技术研发、产业融合探索、商业模式创新。支持在数字文化产业领域开展众创、众包、众扶、众筹。促进产业协同创新，推动建设文化内容数字资源平台，建设以企业为主体、产学研用联合的数字文化产业创新中心，建设创新与创业结合、孵化与投资结合、线上与线下结合的数字文化双创服务平台。加强对数字文化产业发展趋势、消费行为、用户需求的研究，加强对数字文化企业的培训辅导和政策宣传，为数字文化新产品、新业态、新模式成长提供支撑。

（十六）引导数字文化产业集聚发展

充分发挥国家级文化产业示范园区、国家文化产业创新实验区、国家文化与科技融合示范基地等创意创新资源密集区域作用，培育若干各具特色、各有侧重的数字文化产业优势产业集群和产业链。依托创新资源富集、产业基础深厚的城市，建设富有创意内容、创新模式和强大文化创意能力的数字文化产业发展策源地。结合"一带一路"建设、京津冀协同发展、长江经济带发展等区域发展战略,以要素禀赋、产业配套为基础,加强创新创意资源联动,形成若干数字文化产业发展集聚区。将数字文化产业发展与国家级新区、国家自主创新示范区、自由贸易试验区、经济技术开发区、高新技术产业园区发展相衔接,以市场化方式促进产业集聚。

(十七)参与数字文化产业国际分工与合作

充分利用国内国外两个市场、两种资源,鼓励企业参与国际分工与合作,培育具有国际竞争力的数字文化企业和产品,为全球数字文化产业发展提供中国模式。鼓励优势企业到境外设立研发机构,通过境外投资并购、联合经营、设立分支机构等方式不断开拓海外市场。鼓励数字文化企业积极参与国际交易、会展,深化人才、创意、技术、管理方面的国际交流与合作。推动产业链全球布局,针对重点国别地区确定不同的推进方式和实施路径,实现产业链资源优化整合。积极面向"一带一路"沿线国家开展国际合作。

(十八)构建数字文化领域标准体系

加强手机(移动终端)动漫标准应用推广,推动虚拟现实、交互娱乐等领域相关产品、技术和服务标准的研究制定,积极参与数字文化领域国际标准建设。健全技术创新、知识产权与标准化互动支撑机制,及时将先进技术转化为标准。推动建立数字文化标准行业组织,促进资源整合共享,建设数字内容生产流程、产品和服务的质量管理体系并加强推广应用。

(十九)优化数字文化产业市场环境

积极建立司法、行政、技术和标准相结合的数字文化知识产权保护体系,完善知识产权快速维权机制,加大管理和执法力度,打击数字文化领域盗版侵权行为。规范数字文化产品版权交易市场,发挥版权交易激励原创、活跃市场、价值发现的作用。积极促进数字文化会展发展,搭建展示交易平台,推广数字文化技术、产品及服务。积极发挥行业组织在平台搭建、信息交流、行业自律、信用体系建设等方面的作用。

五、加大数字文化产业政策保障力度

(二十)落实相关财税金融政策

积极发挥财政资金的杠杆作用,用好文化产业发展专项资金等各类财政资金,中央预算内投资、国家专项建设基金等投资政策,政府与社会资本合作等模式,支持一批数字文化内容创作、技术研发、平台建设、产业融合项目,带动社会资本投入。支持符合条件的数字文化企业申报高新技术企业认定,享受减按15%的税率征收企业所得税等政策。对企业发生的符合条件的创意和设计费用执行税前加计扣除政策。加大直接融资力度,鼓励符合条件的数字文化企业通过各类资本市场融资,积极运用债券融资,支持设立数字文化产业创业投资引导基金和各类型相关股权投资基金。建立投融资风险补偿和分担机制,鼓励开发性、政策性、商业性金融机构支持数字文化产业发展,推进投贷联动,实现财政政策、金融政策、产业政策的有机衔接。做好数字文化产品和服务纳入《战略性新兴产业重点产品和服务目录》的落实工作,支持享受有关优惠政策。

(二十一)强化创新服务和人才支撑

引导数字文化产业创新中心建设,对技术创新能力较强、创新业绩显著、具有重要示范作用的数字文化产业创新中心予以扶持,鼓励和引导企业不断提高自主创新能力。评定一批数字文化方向的文化部重点实验室。依托数字文化产业创新中心、重点实验室、重点高校、科研机构和龙头企业,系统性开展数字文化产业理论研究和创新实践,通过国家社科基金、国家文化科技创新工程等支持一批数字文化领域重大课题和创新项目。支持数字文化产业智库建设。加强数字文化产业统计,及时准确反映行业发展动态。加大人才培养力度,创新人才培养模式,开展人才实训和交流,培养兼具文化内涵、技术水准和创新思维的数字文化产业人才。

(二十二)持续推动"放管服"改革

对数字文化产业发展过程中出现的新技术、新产品、新业态、新模式,区分不同情况,积极探索和创新适合其特点的监管方式,既要有利于营造公平竞争环境,激发创新创造活力,又要进行审慎有效监管,防范可能引发的风险。建立适应互联网传播和用户创造内容趋势的内容监管机制。建立健全文化市场警示名单、黑名单制度，构建以信用监管为核心的事中事后监管体系。改善行业管理规制，建设企业信用监管体系。进一步放宽准入条件、简化审批程序，保障和促进创业创新。

（二十三）加强组织领导

各级文化部门要充分认识发展数字文化产业的战略意义，争取地方政府重视，把推进数字文化产业创新发展作为推进文化产业和战略性新兴产业发展的重要工作内容。主动加强与发展改革、财政、工业和信息化、科技等相关部门的沟通合作，建立工作协调机制，加强部门协作，为数字文化产业创新发展创造良好条件。结合本地实际，研究制定促进本地区数字文化产业发展的政策措施，落实国家有关产业支持政策，推动数字文化产业创新发展。

文化部

2017 年 4 月 11 日

文化部关于印发《文化部“十三五”时期文化产业发展规划》的通知

文产发〔2017〕7 号

各省、自治区、直辖市文化厅（局），新疆生产建设兵团文化广播电视局，各计划单列市文化局，本部各司局、驻部纪检组、各直属单位，国家文物局：

《文化部“十三五”时期文化产业发展规划》已经文化部党组同意，现印发给你们，请结合实际认真贯彻执行。

特此通知。

文化部

2017 年 4 月 12 日

文化部“十三五”时期文化产业发展规划

为全面贯彻落实党的十八大和十八届三中、四中、五中、六中全会精神，推动文化产业成为国民经济支柱性产业，建设社会主义文化强国，根据《中华人民共和国国民经济和社会发展第十三个五年规划纲要》《国家“十三五”时期文化发展改革规划纲要》和《文化部“十三五”时期文化发展改革规划》，编制本规划。

前言：准确把握文化产业发展新态势

发展文化产业是满足人民群众多样化精神文化需求、提高人民群众生活品质和幸福感的重要途径，是推动中华优秀传统文化创造性转化和创新性发展、使中国梦和社会主义核心价值观深入人心的重要载体，是推动中华文化走向世界、提升国家文化软实力的重要渠道，是培育经济发展新动能、推动经济社会转型升级、促进创新创业的重要动力。

“十二五”以来特别是党的十八大以来，在以习近平同志为核心的党中央坚强领导下，在各级党委政府大力推动和社会各界共同努力下，我国文化产业蓬勃发展、成效显著，文化产业总量规模稳步提升，文化领域创新创业日趋活跃，社会力量投资文化产业热情高涨，文化产品和服务更加丰富，新兴和特色文化产业都呈现良好发展势头，文化企业、文化产品和服务走出去加快步伐，文化产业在稳增长、促改革、调结构、惠民生等方面做出积极贡献，为“十三五”时期推动文化产业成为国民经济支柱性产业奠定了坚实基础。

“十三五”时期是我国全面建

成小康社会的决胜阶段，也是推动文化产业成为国民经济支柱性产业的决定性阶段。世界经济正处于新旧增长动能转换的关键时期，新一轮科技革命和产业变革蓄势待发，我国经济发展进入速度变化、结构优化和动力转换的新常态，在创新、协调、绿色、开放、共享的发展理念指引下，供给侧结构性改革全面推进，中国特色新型工业化、信息化、城镇化、农业现代化同步发展，“一带一路”建设、京津冀协同发展和长江经济带发展等国家重大战略深入实施，“文化＋”“互联网＋”相互交融，文化产业发展空间更加广阔。但也应该看到，我国文化产业的整体规模还不够大，创新创意能力和竞争力还不强，结构布局还需优化，文化产品和服务有效供给不足，高端人才相对短缺，政策和市场环境有待完善。

综合判断，我国文化产业发展正处于可以大有作为的重要战略机遇期，也面临着不少困难和问题。站在新的历史起点上，面对新形势新要求，要进一步坚定文化自信，增强文化自觉，坚持创新驱动，推动文化产业转型升级、提质增效，实现文化产业成为国民经济支柱性产业的战略目标。

一、树立贯彻新理念，明确发展新要求

（一）指导思想

高举中国特色社会主义伟大旗帜，全面贯彻党的十八大和十八届三中、四中、五中、六中全会精神，以邓小平理论、“三个代表”重要思想、科学发展观为指导，深入贯彻习近平总书记系列重要讲话精神和治国理政新理念新思想新战略，紧紧围绕统筹推进“五位一体”总体布局和协调推进“四个全面”战略布局，牢固树立和贯彻落实创新、协调、绿色、开放、共享的发展理念，适应把握引领经济发展新常态，坚持社会主义先进文化前进方向，坚持把社会效益放在首位、社会效益和经济效益相统一，以推进供给侧结构性改革为主线，不断解放和发展文化生产力，促进文化产业转型升级，提高文化产业发展质量和效益，满足多样化文化消费需求，培育和弘扬社会主义核心价值观，维护国家文化安全，建设社会主义文化强国，为实现“两个一百年”奋斗目标、实现中华民族伟大复兴的中国梦提供有力支撑和持续动力。

（二）基本原则

1. 坚持正确导向。以社会主义核心价值观为引领，始终把社会效益放在首位，坚定文化自信，传承中华文明，鼓励和引导创作生产内容健康向上、群众喜闻乐见的精品力作，努力实现中华优秀传统文化的创造性转化和创新性发展。

2. 坚持以人为本。坚持以人民为中心的发展思想，鼓励人民群众广泛参与，满足人民群众多样化精神文化需求，提高人民群众生活品质和获得感。

3. 坚持企业主体。尊重文化企业的市场主体地位，进一步简政放权、放管结合、优化服务，充分发挥市场在文化资源配置中的积极作用，更好发挥政府引导、调控和服务职能，建立健全现代文化市场体系，营造各类文化市场主体公平竞争的发展环境。

4. 坚持创新驱动。以文化创意、科技创新为引领，提升文化内容原创能力，推动文化产业产品、技术、业态、模式、管理创新，推动文化产业与“大众创业、万众创新”紧密结合，充分激发全社会文化创造活力。

5. 坚持跨界融合。推进“文化＋”和“互联网＋”战略，促进文化产业与文化事业、文化产业不同门类、文化产业与相关产业的深度融合，进一步拓展文化产业发展空间，为国民经济和社会转型升级注入文化活力。

6. 坚持统筹协调。统筹城乡、区域文化产业发展，立足各地特色文化资源和功能定位，发挥比较优势，明确发展重点，推动不同地区文化产业多样化、差异化发展，形成优势互补、相互协调、联动发展的布局体系。

（三）主要目标

到2020年，文化产业整体实力和竞争力明显增强，培育形成一批新的增长点、增长极和增长带，全面提升文化产业发展的质量和效益，文化产业成为国民经济支柱性产业。

现代文化产业体系和现代文化市场体系更加完善，文化产业结构布局不断优化，文化市场的积极作用进一步发挥，文化产品和服务供给能力显著提升，城乡居民文化消费持续增长，文化创造活力明显增强，文化产业吸纳就业能力进一步彰显，文化产业对相关产业的带动和提升作用充分发挥。

“十三五”期间，培育一批具有核心竞争力的文化企业，打造一批具有较强影响力的文化产品和品牌，支持实施一批具有较强带动作用的重点文化产业项目，创建一批具有显著示范效应的国家级文化产业园区，确定一批国家文化消费试点城市，打造3至5个市场化、专业化、国际化的重点文化产业展会，支持建设50个左右文化金融服务中心，培训各类文化产业人才超过5000人次。

二、推进供给侧结构性改革，推动转型升级提质增效

落实供给侧结构性改革战略部署，优化文化产业结构布局，着力发展骨干文化企业和创意文化产业，培育新型文化业态，推动文化产业转型升级、提质增效，构建结构合理、门类齐全、科技含量高、富有创意、竞争力强的现代文化产业体系。

（一）推进“文化＋”“互联网＋”，促进结构优化升级

推进“文化＋”和“互联网＋”战略，促进互联网等高新科技在文化创作、生产、传播、消费等各环节的应用，推动文化产业与制造、建筑、设计、信息、旅游、农业、体育、健康等相关产业融合发展。

1.培育新型业态。加快发展以文化创意内容为核心，依托数字技术进行创作、生产、传播和服务的数字文化产业，培育形成文化产业发展新亮点。提升动漫、游戏、创意设计、网络文化等新兴文化产业发展水平，大力培育基于大数据、云计算、物联网、人工智能等新技术的新型文化业态，形成文化产业新的增长点。

2.促进转型升级。促进高新科技在演艺、娱乐、文化旅游、工艺美术等传统文化行业中的应用，推进传统文化行业在内容创作、传播方式和表现手段等方面创新，推动线上线下融合发展，提升传统文化行业发展活力。推动优秀传统文化资源数字化进程，积极促进共享和利用。继续引导上网服务、游戏游艺、歌舞娱乐等行业转型升级，全面提高管理服务水平。推动重点文化产业展会转型升级，提升市场化、专业化、国际化发展水平。

3.推动融合发展。推动文化创意和设计服务与装备制造业和消费品工业深度融合，提升产品附加价值。鼓励合理利用工业遗产发展文化产业。鼓励文化与建筑、地产等行业结合，注重文化建设与人居环境相协调，以文化创意为引领，加强文化传承与创新，建设有文化内涵的特色城镇，提升城市公共空间、文化街区、艺术园区等人文空间规划设计品质。促进文化产业与旅游业深度融合，以文化提升旅游的内涵，以旅游扩大文化的传播和消费。推动文化产业与农业有机结合，合理开发农业文化遗产，支持发展集农耕体验、田园观光、教育展示、文化创意于一体的特色农业。支持发展体育竞赛表演、电子竞技等新业态，鼓励地方依托当地自然人文资源举办特色体育活动。推动文化产业与健康养老产业结合。支持开发承载中医药文化的创意产品。

专栏1　文化产业结构优化升级

数字文化产业创新发展：落实国家战略性新兴产业发展部署，出台推动数字文化产业创新发展的指导意见。推动优秀文化内容数字化转化和创新，丰富数字文化创意内容创作与供给。提升数字文化创意技术与装备水平。支持数字文化产业双创平台建设，构建数字文化产业创新生态体系，推进数字文化与相关产业融合发展。

上网服务行业转型升级：鼓励、引导上网服务场所与公共服务相结合，建立上网服务场所参与公共服务的长效机制。推进农村、乡镇上网服务场所改善经营环境，丰富服务功能。推动上网服务场所环境服务分级评定工作，完善分级评定标准，加强结果应用，探索建立场所分类定级管理制度。指导全国行业协会加大对上网服务场所的培训力度，开展跨界培训、主题性培训工作。

文化娱乐行业转型升级：实施全国阳光娱乐行动计划，开展阳光娱乐惠民活动，指导行业积极探索建立阳光娱乐消费长效机制。加强文化娱乐价值引导和内容审核。引导企业开发智能化、技能化、健身化、具有教育功能的娱乐设备。指导行业协会举办游戏游艺竞技赛事。开展娱乐场所环境服务评定工作，加强结果应用。加强行业交流培训。

重点文化产业展会转型升级：推动中国（深圳）国际文化产业博览交易会、中国西部文化产业博览会、中国（义乌）文化产品交易会、中国国际网络文化博览会、中国国际网络文化博览会、中国国际动漫游戏博览会等重点文化产业展会转型升级。

（二）以“三大战略”为引领，优化发展布局

以国家区域发展总体战略为基础，以“一带一路”建设、京津冀协同发展、长江经济带发展为引领，引导各地根据资源禀赋和功能定位，走特色化、差异化发展之路，充分发挥文化产业在脱贫攻坚战略中的积极作用，推动形成文化产业优势互补、相互协调、联动发展的布局体系。

1.加强文化产业区域布局。

围绕“一带一路”建设、京津冀协同发展、长江经济带发展等国家战略，加强重点文化产业带建设，建立和完善区域文化产业发展协调联动机制，实现互惠共赢。支持我国“一带一路”沿线地区特别是西部地区、边疆地区、民族地区文化产业发展，建立和完善文化产业国际交流合作机制。围绕京津冀文化产业协同发展，搭建区域性公共服务平台，探索建立跨区域协同创新体制机制。发挥长江经济带在区域文化产业发展中的引领作用，推进长江经济带城市群文化产业业态创新和差异化发展。以地方和民族特色文化资源与旅游等产业深度融合为抓手，持续推动藏羌彝文化产业走廊建设。充分发挥文化产业在推动东北老工业基地转型升级中的作用，培育东北地区经济发展增长点。加强海峡两岸及内地与港澳文化产业交流与合作。

2.统筹城乡文化产业发展。推动文化产业发展融入新型城镇化建设，延续城市历史文脉，保护乡村原始风貌、自然生态，承载文化记忆和乡愁。支持中心城市和城市群发挥创意、技术、人才、资金密集优势，积极推动产城融合发展，形成若干带动区域协同发展的增长极。鼓励中小城市、小城镇和农村充分挖掘特色文化资源，积极发展县域特色文化产业，打造特色文化产业群，促进城镇居民、农业转移人口和农民就业增收。支持各地建设一批文化特点鲜明和主导产业突出的特色文化小(城)镇、特色文化街区、特色文化乡村。

3.特色产业助力脱贫攻坚。加大对中西部地区、少数民族地区、贫困地区、革命老区特色文化产业发展的支持力度，发挥文化产业在脱贫攻坚战略中的积极作用。依托各地民族特色文化、红色文化、乡土文化和非物质文化遗产，大力发展贫困人口参与并受益的民族手工艺品、民间演出、乡村文化旅游等。加快民族文化产业发展，推动具有竞争潜力的少数民族文化产品进入国内国际市场，促进特色文化产业发展与民族文化传承、群众就业增收、生态环境保护、特色民居保护等融合。支持建设一批辐射带动贫困人口就业增收的文化产业项目。

专栏2　优化文化产业布局

丝绸之路文化产业带建设：鼓励国内“一带一路”沿线文化企业跨区域经营，实现文化旅游互为目的地和客源地，建设具有代表性的特色文化产品生产和销售基地。运用文化部文化产业项目服务平台，加强对区域内文化产业项目征集发布、宣传推介、融资洽谈、对接落地等全方位服务。将国内“一带一路”沿线区域符合条件的城市纳入扩大文化消费试点范围，逐步建立促进文化消费的长效机制。

京津冀文化产业协同发展：坚持优势互补、共建共享、统一开放的原则，编制出台京津冀文化产业协同发展规划纲要，建立工作协调机制，搭建协同发展平台，重视产业链分工协作，促进人才、技术、资金和资源等要素合理流动，推动三地文化企业、文化产业园区及文化产业项目的沟通对接，实现互利共赢。

长江经济带文化产业发展：加强对长江经济带文化产业发展的规划指导，深挖长江流域文化内涵，支持依托中心城市和城市群，打造一批主业突出的文化产业园区和若干文化产业集群平台，促进长江经济带文化产业交流合作。

特色文化产业发展工程：支持规划实施一批特色文化产业项目，支持地方建设一批特色文化小(城)镇，培育特色文化企业、产品和品牌。支持在边疆地区、贫困地区、革命老区和少数民族地区建设具有富民效应和示范效应的文化产业集聚区。

藏羌彝文化产业走廊建设：加快推进藏羌彝文化产业走廊建设，引导实施一批文化资源有效保护与产业转化项目，培育各具特色的民族文化产业产品和品牌，打造藏羌彝文化旅游带，促进文化产业与民族文化传承保护、生态、旅游融合发展。

（三）培育壮大各类市场主体，增强发展内生动力

进一步完善文化市场准入和退出机制，培育和壮大各类文化市场主体，鼓励各类市场主体公平竞争、优胜劣汰，推动形成不同所有制文化企业共同发展、大中小微文化企业相互促进的文化产业格局。

1.培育骨干文化企业。培育一批核心竞争力强的骨干文化企业，鼓励产业关联度高的文化企业以资本为纽带联合重组，推动跨地区跨行业跨所有制并购重组，提高文化产业规模化、集约化、专业化水平。充分发挥国有文化企业在实现社会效益和经济效益相统一中的示范作用，推动建立健全有文化特色的现代企业制度，完善法人治理结构，推进公司制、股份制改革。鼓励和引导非公有制文化企业发展，引导非公有资本有序进入、规范经营，营造公平参与市场竞争、同等受到

法律保护的环境。加强对国家文化产业示范基地的规范管理，进一步提升其示范、带动和辐射作用。

2.支持中小微文化企业发展。推动文化产业发展与“大众创业、万众创新”紧密结合，扶持文化领域创新创业，支持“专、精、特、新”中小微文化企业发展。鼓励社会各方面参与文化领域创新创业。支持文化企业孵化器、众创空间、公共服务平台建设，为文化领域创新创业和中小微文化企业发展提供生产经营场地和信息咨询、投融资、知识产权等各项服务。鼓励互联网创业平台、交易平台等新型创业载体发展，拓宽中小微文化企业创业发展渠道。加强对中小微文化企业经营管理的培训和辅导。

3.完善文化产业园区建设。加强对各级各类文化产业园区的规范管理，突出文化内涵、主导业态，引导特色发展、融合发展、创新发展，防止盲目投入和低水平、同质化建设。进一步完善国家级文化产业示范园区创建工作，提升国家级文化产业园区的引领示范效应。推进国家文化产业创新实验区、国家动漫产业综合示范园建设，形成面向区域和行业发展的协同创新中心。严格国家级文化产业园区命名标准，建立文化产业园区评价指标体系和评估机制，强化动态管理，完善退出机制。支持地方合理规划建设特色文化产业园区。

专栏3　文化市场主体培育

中小微文化企业扶持：加大对中小微文化企业和文化领域创业者的扶持力度，进一步完善和落实支持中小微文化企业发展的政策措施，解决中小微文化企业发展困难，营造良好发展环境。

国家级文化产业示范园区创建：在全国确定一批具有一定产业集聚效应和特色的文化产业园区，通过规划管理和创建，形成一批社会效益和经济效益显著、发展特色鲜明、创新能力突出、产业集聚度高、配套服务完善的国家级文化产业示范园区。

国家文化产业创新实验区建设：完善国家文化产业创新实验区建设的顶层设计，促进产业融合和协同创新，显著提升区域文化产业创新发展水平和辐射带动能力，推进北京全国文化中心建设，服务京津冀文化产业协同发展。支持在区域内积极探索文化产业政策落地方式方法和举措创新。

（四）扩大有效供给，更好满足需求

扎实推进文化领域供给侧结构性改革，以创新供给带动需求扩展，创新文化产品和服务供给方式，优化文化产品和服务供给结构，提升文化产品和服务供给质量，扩大文化产品和服务的有效供给，满足人民群众日益增长、不断升级和个性化的精神文化需求。

1.加强对文化产品创作生产的引导。牢固树立以人民为中心的创作生产导向，坚持“二为”方向和“双百”方针，坚持创造性转化、创新性发展，引导文化产业工作者和文化企业坚定文化自信，自觉培育和弘扬社会主义核心价值观，着力提升文化产品的内涵和质量。鼓励深入发掘中华优秀传统文化，弘扬以爱国主义为核心的民族精神和以改革创新为核心的时代精神，培育精品意识，推出一批思想性、艺术性、观赏性相统一，体现中华文化精髓、反映中国人审美追求、传播当代中国价值观念、符合世界进步潮流的文化精品。坚持把价值取向、艺术水准、受众反应、社会影响等作为主要指标，建立健全科学合理的文化产品评价体系。

2.推动文化创意产品开发。系统梳理传统文化资源，推动文化资源活起来，以中华美学精神引领创意设计，把传统元素与时尚元素、民族特色与世界潮流结合起来，创作生产更多优秀原创文化创意产品，扩大中高端文化供给。鼓励文化文物单位和社会力量深度合作，创作生产传承优秀传统文化、适应市场需要、满足现代消费需求的优秀文化创意产品。利用现代科技手段，推动文化内容形式、传播手段创新，提高文化创意产品原创能力和营销水平。加强数字文化创意内容创作与供给。

3.创新文化产品和服务供给方式。大力开发适宜互联网、移动终端等载体的数字文化产品，促进优秀文化产品多渠道传输、多平台展示、多终端推送。引导文化企业提供个性化、分众化的文化产品和服务。积极推广政府向社会力量购买文化服务模式。积极推动众创、众包、众扶、众筹，鼓励企业采用个性定制、精准营销、社群共生、网络共享等模式提供文化产品和服务。

4.加强文化品牌建设。鼓励和引导文化企业提升品牌培育意识及知识产权创造、运用、保护和管理能力,积极培育拥有较高知名度和美誉度的文化企业品牌和文化产品品牌。实施文化企业品牌建设行动计划,显著提升文化品牌公共服务水平。加快文化品牌智库建设,推动建设一批文化品牌实验室,支持和规范有关机构研究发布相关文化产业品牌排行榜。

5.振兴传统工艺。鼓励传统工艺从业者、企业、行业组织和相关单位坚守工匠精神,加强质量意识、精品意识、品牌意识和市场意识,改进设计、改善材料、改良制作,全面提高传统工艺产品的整体品质和市场竞争力。鼓励和支持个人及相关单位激发创造活力,立足优秀传统文化,结合现代生活需求,丰富传统工艺的题材和产品品种,使传统工艺在现代生活中得到新的广泛应用。鼓励有条件的个人、单位和地方注册产品商标,培育有民族或地方特色的传统工艺知名品牌。鼓励各地搭建平台,将传统工艺品的设计、生产与文化创意产品开发、文化旅游等有机结合。

专栏4　扩大文化产品和服务有效供给

文化创意产品扶持计划:落实推动文化文物单位文化创意产品开发的政策措施,加强示范引领、平台搭建、展示推广,广泛调动博物馆、美术馆、图书馆等文化文物单位和社会力量参与文化创意产品开发的积极性。稳步推进试点工作,鼓励大胆探索创新。

文化企业品牌建设行动计划:依托文化部文化产业公共服务平台,建设文化品牌服务平台,加强文化品牌宣传,加快文化品牌数据库建设。培育一批具有较强影响力和竞争力的品牌文化企业,打造系列文化品牌和服务。加强文化企业品牌管理人才培养。

文化产业创业创意人才扶持计划:面向全国征集优秀设计、音乐等创意作品和人才,并予以扶持,建设文化产业创业创意人才库。依托重点文化产业展会、全国"大众创业、万众创新"活动周等平台,加强对优秀作品和人才的宣传推介,促进市场对接和成果转化。

(五)扩大和引导文化消费,拓展发展空间

适应和引领个性化、多样化的文化消费发展趋势,稳步推进引导城乡居民扩大文化消费试点工作,改善文化消费条件,释放文化消费需求,挖掘文化消费潜力,建立扩大和引导文化消费的长效机制。

1.改善文化消费条件。加强文化消费场所建设,推动区域文化中心、文化街区、文化广场、小剧场、文艺演出院线等文化消费基础设施建设。支持大中城市建设文化娱乐综合体,鼓励把文化消费嵌入各类消费场所。鼓励社会力量通过政府购买服务、政府和社会资本合作等方式,参与文化设施的建设和运营,加强文化消费项目的拓展和创新。鼓励企业、机关、学校的文化设施通过合理方式面向社会开放。开发文化消费服务平台和文化消费信息数据库平台,完善文化消费综合信息服务,加强文化消费监测分析。积极开发新型文化消费金融支持和服务模式,创新文化消费信贷产品,进一步提高文化消费便利化水平。

2.释放文化消费需求。充分发挥国家文化消费试点城市典型示范和辐射带动作用,以点带面,形成若干行之有效、可持续和可复制推广的促进文化消费模式。鼓励各地结合举办已有各类节庆、展览等活动,形成一批主题鲜明的文化消费活动品牌,营造积极健康的文化消费氛围。通过政府购买、税费补贴、积分奖励等多种手段,激发群众文化消费意愿,培育文化消费习惯,提高城乡居民文化消费能力。鼓励在商业演出中安排一定数量的低价场次或门票。鼓励网络文化运营商开发更多低收费业务和优质产品,促进数字文化消费。积极培育和发展农村文化消费市场。

专栏5　扩大和引导文化消费

促进文化消费计划:扩大试点范围,总结评估试点情况,形成若干行之有效、可持续和可复制推广的促进文化消费模式,研究提出扩大文化消费的政策措施。对文化消费数据进行分析利用,发布文化消费指数,引导文化企业扩大文化产品和服务的有效供给,逐步建立促进文化消费的长效机制。

（六）健全投融资体系，激发投资活力

进一步拓宽社会资本投资的领域和范围，激发社会投资活力，健全多层次、多元化、多渠道的文化产业投融资体系，完善金融支持文化产业发展的相关机制，着力解决金融服务有效供给与文化产业发展实际需求间的矛盾。

1.拓宽社会资本进入领域。积极推广文化领域政府和社会资本合作模式。鼓励社会资本参与文艺院团等国有文化单位转企改制、公共文化设施的建设和运营、非物质文化遗产的保护和利用，参与重大文化项目和设施建设。用好各类型政府投资工具支持文化产业。会同有关部门落实鼓励和引导社会资本进入文化领域的各项政策措施，社会资本投资符合国家重点扶持方向的文化行业门类和领域，可给予扶持。

2.创新融资方式。创新文化产业融资模式，推动文化资源与金融资本有效对接。鼓励金融机构加大产品和服务创新力度，开发适合文化企业特点的文化金融产品。积极探索文化资产管理、文化产业融资租赁、文化保险等业务创新。鼓励发展文化金融专营机构、特色支行、文化类小额贷款公司等专业化机构。支持符合条件的文化企业直接融资，进一步扩大文化企业上市融资、并购重组和债券融资规模。大力发展文化产业股权融资。引导面向文化领域的互联网金融业务规范发展。

3.优化融资服务。开展文化与金融合作示范区创建工作。支持各地建立文化金融服务中心。积极推进文化企业无形资产评估、确权、登记、托管、流转服务。鼓励金融机构针对文化产业特点创新产品和服务，推广无形资产评估、流转和抵质押融资，完善文化企业信用评价体系、融资风险补偿机制和融资信用担保体系。完善文化产业金融服务中介机构，建立文化产业融资担保、保险、版权质押等投融资服务体系，构建多层次文化企业投融资风险补偿分担机制。

专栏6　健全投融资体系

文化金融创新工程：鼓励金融机构针对文化产业特点创新产品和服务，推广无形资产评估和质押融资，逐步健全文化企业信用评价体系、融资风险补偿机制和融资信用担保体系。支持文化企业利用资本市场上市融资、再融资和并购重组，研究设计“文创债”，扩大文化企业债券融资规模。

文化领域政府和社会资本合作(PPP)示范：推广实施文化领域政府和社会资本合作模式，征集适宜采用政府和社会资本合作(PPP)模式的文化项目。科学选择运营模式，认真做好评估论证，择优选择社会资本，加强项目的全生命周期监管，切实推进政府和社会资本合作(PPP)项目示范工作，形成一批可复制、可推广的示范案例，助推更多项目落地实施。

文化与金融合作示范区创建：选择部分文化产业发展成熟、金融服务基础较好的地区创建文化与金融合作示范区，发挥地方政府主体作用，探索建立文化、金融、财政等多部门沟通协作机制，引导和促进金融机构创新金融产品和服务模式，搭建文化与金融合作服务平台，优化文化与金融合作政策环境。

（七）加强科技创新与转化，提供发展支撑

建立健全以企业为主体、市场为导向、产学研相结合的文化技术创新体系，加强文化产业领域重大科技创新，着力推进新一代信息技术在文化产业领域的集成与应用。

1.增强文化科技创新能力。围绕文化产业发展重大需求，运用数字、互联网、移动互联网、新材料、人工智能、虚拟现实、增强现实等技术，提升文化科技自主创新能力和技术研发水平。支持数字文化资源开发关键技术研究与应用，加快文化产品数字化、协同化步伐，加强文化领域重要装备、工艺、系统、技术平台等相关研究。加快文化行业标准和国家标准的制定修订，积极参与国际标准制定。增强文化行业标准化意识，提升标准化应用水平，构建文化行业标准规范体系。探索建立文化部工程技术研究中心，支持建立文化科技创新联盟及区域性文化科技协同创新平台，认定和建设一批文化部重点实验室。

2.促进文化科技成果转化。完善文化科技成果转化机制，发挥企业主体作用，加强技术转移和科技项目成果应用，促进科技成果转化为文化生产力。建立健全舞台设备质量检测体系，提高文化科技装备国产化水平。完善文化科技成果统计，强化成果转化服务。

（八）完善现代文化市场体系，优化发展环境

进一步完善文化产品和要素

市场建设，加强文化产品流通体系建设，建立健全文化市场监管体系，深化文化市场综合执法改革，加强知识产权保护利用，规范市场秩序，维护文化安全，加快构建统一开放、竞争有序、诚信守法、监管有力的现代文化市场体系。

1. 完善文化产品和要素市场。加快文化产品市场建设，加强内容建设，发展基于互联网的新型文化市场业态，丰富产品供给。鼓励各类企业依法从事传播渠道建设，支持发展电子票务、演出院线等现代流通组织形式，建立互联互通、安全高效的文化产品流通体系。发挥各类信息网络设施和平台的文化传播作用，提升文化产品传播数字化、网络化水平。消除地区和行业壁垒，建立统一的市场准入退出制度，促进文化要素在健康有序的市场环境中高效流转，提高文化资源配置效率。加强人才、技术、信息、产权和中介服务市场建设，支持版权代理、文化经纪、评估鉴定、担保、推介等文化中介机构发展。

2. 健全文化市场监管体系。以文化市场信用信息数据库建设为基础，以信息公开为监督约束手段，以警示名单和黑名单为基本制度，以行业协会开展信用评价、分类评定为辅助，构建守信激励、失信惩戒和协同监管机制。积极探索适合新技术、新业态、新模式特点的监管方式，既要有利于营造公平竞争环境，激发创新创造活力，又要审慎有效、防范风险。以网络音乐、网络游戏、网络动漫、网络表演等市场为重点，开展“双随机一公开”抽查，及时向社会公开随机抽查事项、程序和结果。加强网络表演市场日常巡查，加强对网络表演者的信用约束，指导行业协会加强内部监督和行业自律。加强文化市场安全生产监督检查，明确文化市场安全生产职责。加强以案件为导向的执法培训，提高综合执法队伍执法办案能力。针对突出问题开展专项整治，加强重大案件督查督办。严查文化市场禁止内容，规范文化市场秩序，净化文化市场环境，维护国家文化安全和意识形态安全。

3. 深化文化市场综合执法改革。建设文化市场综合执法法律法规支撑体系，形成责权明确、监督有效、保障有力的文化市场综合执法管理体系，建设一支政治坚定、行为规范、业务精通、作风过硬的文化市场综合执法队伍。进一步整合文化市场执法权，加快实现跨部门、跨行业综合执法。制定文化市场综合执法规范化标准，提高全国综合执法队伍专业化、规范化水平。加强文化市场综合执法区域交流协作，实施中西部地区文化市场综合执法能力提升行动计划，完善综合执法协作机制。

4. 加强知识产权保护与利用。推动完善适应文化产业发展要求的知识产权法律制度，健全知识产权侵权查处机制，加大知识产权保护力度。重点加强网络文化知识产权保护制度建设，有效应对互联网等新技术发展的挑战。完善文化产权交易体系，引导文化产权交易场所规范发展。进一步推动对文化创意作品及形象的专利申请、商标注册、软件著作权保护，加大对文化市场主体在知识产权确权登记环节的扶持力度。

专栏7　完善现代文化市场体系

完善网络文化内容监管体系：加强网络文化市场事中事后监管，完善监管模式，构建全网筛查、全国协作、标准统一、步调一致的网络文化市场执法机制，严禁含有法律法规禁止内容的网络文化产品传播，不断净化和规范网络文化环境，营造清朗网络文化空间。加强网络文化市场日常巡查，全面实施“双随机一公开”。针对网络文化市场突出问题开展专项整治，加强重大案件督查督办。

健全文化市场信用体系：完善文化市场信用信息数据库，涵盖全国90%以上的文化市场经营主体。定期公布文化市场违法违规经营主体和文化产品黑名单、警示名单，对文化市场经营主体实行分级分类管理。建立文化市场信用管理规章制度，指导行业协会开展行业标准及规范建设。健全文化市场信用评价体系，与其他部门建立信用信息交互共享及联合惩戒机制，向管理部门和公众提供便捷及时的文化市场信用信息服务。

（九）坚持开放发展，深度融入国际分工合作

按照国家构建开放型经济体制的总体要求，深度参与国际文化产业分工协作，研究制定和落实对外文化贸易相关政策措施，加快我国优秀文化产品、服务和文化企业走出去步伐，提升我国文化产业国际竞争力，构建互利共赢的文化产业国际交流合作新格局。

1. 培育文化企业国际合作竞

争优势。培育一批具有国际竞争力的外向型文化企业，形成一批具有核心竞争力的文化产品和服务，打造一批具有国际影响力的文化品牌。鼓励各类所有制企业发挥自身优势，深度参与国际文化产业分工协作，全面提升在全球价值链中的地位。在优势领域加强国际标准制定和推广，抢占国际文化产业制高点。鼓励各类企业和资本通过新设、收购、合作等方式，在境外开展文化产业投资合作，建设国际营销网络，扩大境外优质文化资产规模。大力发展文化服务外包。提升民族文化品牌内涵，突出“中国创造”理念。配合商务部制定发布国家文化出口重点企业和重点项目名录，为入选企业和项目在市场开拓、技术创新、海关通关、金融服务等方面创造有利条件。

2.搭建文化产品和服务走出去平台和渠道。深入发挥国家对外文化贸易基地作用，辐射和带动更多文化企业及其产品和服务走出去。鼓励文化企业参加国际重要文化展会，提升国内展会的国际化水平。鼓励文化企业借助电子商务等新模式新渠道拓展国际业务。借助“欢乐春节”活动等大型对外文化交流品牌，向世界展示推介我国优秀文化产品和服务。加强对外文化贸易公共信息服务，向文化企业发布海外文化市场信息。

3.拓展文化产业国际交流合作新空间。坚持走出去和引进来相结合，吸引外商投资我国法律法规许可的文化产业领域，推动文化产业领域有序开放，提升引进外资质量和水平。建立健全双边、多边政府间文化贸易对话与合作机制，积极参与国际文化贸易规则制定，不断增加国际话语权。鼓励文化企业与国外有实力的文化机构进行合作，学习先进技术和管理经验，不断提升我国文化产业面向国际市场的综合能力。配合“一带一路”建设、京津冀协同发展和长江经济带发展等重大战略，推动沿线城市积极开展对外文化贸易，扩大沿边地区与周边国家和地区的文化贸易往来，发挥各地自贸区开展文化贸易的优势和潜力，引导中西部地区文化贸易发展，形成全方位对外文化贸易格局。

专栏8　国际文化产业分工合作

动漫游戏产业“一带一路”国际合作行动计划：发挥动漫游戏产业在文化产业国际合作中的先导作用，面向“一带一路”沿线各国，聚焦重点，广泛开展。搭建交流合作平台、开展交流推广活动，促进互联互通，构建产业生态体系。发挥中国动漫游戏产业比较优势，培育重点企业，实施重点项目，开展国际产能合作，实现中国动漫游戏产业与沿线国家合作规模显著扩展、水平显著提升，促进互利共赢，为青少年民心相通发挥独特作用。

三、坚持创新驱动，促进重点行业全面发展

落实创新驱动发展战略，促进演艺、娱乐、动漫、游戏、创意设计、网络文化、文化旅游、艺术品、工艺美术、文化会展、文化装备制造等行业全面协调发展，以重点行业的跨越式发展助推文化产业成为国民经济支柱性产业。

（一）演艺业

“十三五”期间，打造一批深受人民群众喜爱、久演不衰的精品剧目，支持建设10家左右全国性或跨区域的文艺演出院线，大幅提升城乡居民演艺消费规模。通过政府购买服务、原创剧目补贴、以奖代补等方式，扶持演艺企业创作生产，增强面向市场服务群众的能力。加强舞美设计、舞台布景创意和舞台技术装备创新，丰富舞台艺术表现形式。鼓励演艺企业创作开发体现中华优秀文化、展示当代中国形象、面向国际市场的演艺精品。探索科学的剧场建设和运营模式，加快推进以演出剧场为中心的演艺产业链建设，建立布局合理、场团合一、创作生产与市场销售为一体的演出产品经营机制。加快演艺基础设施建设改造和文艺演出院线建设。培育旅游演艺市场，丰富旅游演艺产品。鼓励建立规范透明票务系统，提供优质便民服务。

（二）娱乐业

“十三五”期间，推动娱乐业自主创新，显著提升娱乐场所品牌化、标准化、规范化水平和服务质量。推动娱乐场所标准化建设。鼓励娱乐场所跨区域连锁经营，鼓励连锁场所入驻城市文化娱乐综合体。引导和扶持各种竞技比赛与游戏游艺行业融合发展。推动娱乐场所品牌建设，打造具有较大产业规模和较强竞争力的娱乐业品牌。鼓励企业开发拥有自主知识产权的娱乐设备和拥有自主知识产权、内容健康的

娱乐产品。科学规划、适度发展科技含量高、富有中国文化特色的主题公园。支持高科技娱乐企业发展，积极开发具有民族特色、健康向上和技术先进的新型娱乐方式，创新娱乐业态。探索对娱乐场所开展环境服务分级评定。促进娱乐业与休闲产业结合。

（三）动漫业

到2020年，预计动漫产业产值达到2500亿元左右，动漫创意和产品质量大幅提升，培育一批在国际上具有较强竞争力和影响力的国产动漫品牌和骨干动漫企业，打造3—5个具有广泛影响力的动漫展会。加强产业顶层设计，构建产业生态体系，推进动漫产业提质升级。提升动漫产品质量，扶持内容健康向上、富有创意的优秀原创动漫产品的创作、生产、传播和消费。培育民族动漫创意和品牌，加大对优秀动漫创意人才的扶持力度。推广手机（移动终端）动漫行业标准，鼓励面向新媒体渠道的动漫创作。加强动漫关键技术研发和动漫公共素材库项目建设。探索建设培育动漫品牌授权市场，促进动漫与实体经济的深度融合，引导促进动漫会展发展，活跃动漫消费市场。

（四）游戏业

到2020年，预计游戏业市场规模达到3000亿元左右，培育一批具有较强品牌影响力和国际竞争力的骨干游戏企业，创作生产一批内容健康向上、富有民族特色的游戏精品。推进游戏产业结构升级，推动网络游戏、电子游戏等游戏门类协调发展，促进移动游戏、电子竞技、游戏直播、虚拟现实游戏等新业态发展。制定游戏内容开发指引，鼓励游戏创意研发，建立有力的游戏评价奖惩体系。鼓励研发具有自主知识产权的网络游戏技术、电子游戏软硬件设备，鼓励游戏游艺设备生产企业积极引入体感、多维特效、虚拟现实、增强现实等先进技术。鼓励游戏游艺场所积极应用新设备、改造服务环境、创新经营模式。推动游戏与教育、医疗、环保、科普等领域相结合，加快研发适应不同年龄、性别、职业用户群体，益智化、健身化、技能化的游戏产品，为不同用户人群提供多样化的游戏消费选择。

（五）创意设计业

"十三五"期间，培育3—5家国内外知名的领军创意设计企业和一批具有较强竞争力的中小微创意设计企业，全面提升创意设计业发展水平，充分发挥创意设计对国民经济相关产业的支撑作用。树立注重创意创新、淡化行业界限、强调交互融合的大设计理念，营造创意设计氛围，不断提高创意设计能力。推动民族文化元素与现代设计有机结合，形成有中国文化特色的创意设计发展路径。促进创意设计与现代生产生活和消费需求对接，拓展大众消费市场，探索个性化定制服务。培育具有地方特色的创意设计企业。支持创意设计推广、品牌展示活动。

（六）网络文化业

到2020年，推动形成内涵丰富、技术先进、链条完整的网络文化业态发展格局，进一步增强网络文化的核心竞争力。提高网络音乐、网络动漫、网络演出、网络表演、网络艺术品等网络文化产品的原创能力和文化品位，发展健康向上的网络文化。鼓励文化内容与网络技术结合，不断创新文化业态，丰富文化表现形式。支持制作适合互联网和移动互联网传播的精品佳作，促进优秀传统文化和当代文化精品网络传播。深化互联网上网服务行业转型升级。鼓励和引导上网服务场所与电子竞技、游戏游艺、网络教育、电子商务等领域的跨界融合，发挥上网服务场所的区位优势、场地优势和技术优势，增加行业发展后劲。

（七）文化旅游业

到2020年，文化与旅游双向深度融合，促进休闲娱乐消费的作用更加明显，培育5—10个品牌效应突出的特色文化旅游功能区，支持建设一批有历史、地域、民族特色和文化内涵的旅游休闲街区、特色小（城）镇、旅游度假区，培育一批文化旅游精品和品牌。鼓励文化创意、演艺、工艺美术、非物质文化遗产等与旅游资源整合，开发具有地域特色和民族风情的旅游演艺精品和旅游商品。提升文化旅游产品开发和服务设计水平，促进发展参与式、体验式等新型业态。支持开发集文化创意、旅游休闲、康体养生等主题于一体的文化旅游综合体。扶持旅游与文化创意产品开发、数字文化产业相融合。推进区域文化旅游一体化发展，支持培育一批跨区域特色文化旅游功能区。支持民族特色文化旅游繁荣发展，支持设计开发民族文化体验项目，促进文化生态旅游融合。

（八）艺术品业

到2020年，中国艺术品市场交易总额保持在全球前列，形成2—3家具有世界影响的艺术品产业集聚区，积极构建艺术原创、学术评价、艺术品市场互为推进的艺术品业发展体系。加强艺术品市场监管力度，建立健全集艺术品评估、鉴定、拍卖、展示、保险等服务于一体的艺术品交易全产业链。支持多种艺术形式、艺术风格、艺术流派创新发展，鼓励创作更多思想性艺术性观赏性俱佳的艺术品。加强艺术品市场需求和消费趋势预测研究，促进艺术创作与市场需求对接、与生活结合。推动画廊业健康发展，培育诚信画廊，扶持经纪代理制画廊等市场主体，引导、培育和建设艺术品一级市场。鼓励原创新媒体艺术发展。鼓励开发艺术衍生品和艺术授权产品，培育艺术品市场新增长点。

（九）工艺美术业

“十三五”期间，培育一批具有较高知名度和广泛影响力的工艺美术品牌，建设一批工艺美术产业集聚区或基地，坚持保护传承和创新发展相结合，促进工艺美术业全面发展。促进工艺美术与现代设计、现代生活相结合，提升工艺美术产品的整体品质。推进3D打印、互联网等新技术与工艺美术的融合发展，促进新工艺、新材料、新设备和新模式的运用。加强对各类小微特色工艺美术企业和个体创业者的扶持，支持个体创作者、工作室、合作社、协作体和产业联盟等特色组织发展。

（十）文化会展业

“十三五”期间，打造3—5个市场化、专业化、国际化的重点文化产业展会，培育知名品牌展会，充分发挥示范和带动作用。提升会展业精细化服务能力，健全会展服务产业链，加强专业化分工，促进产业链上下游之间的协同合作。优化会展业布局，鼓励产业特色鲜明、区域特点显著的文化展会发展。采取文化展会差异化发展战略，促进综合性和专业化展会有机协调。加强对地方文化展会和节庆活动的规范和引导。

（十一）文化装备制造业

“十三五”期间，培育一批骨干文化装备企业，构建完善的文化装备研发、设计、制造、安装、租赁、销售产业链。适应沉浸体验、智能交互、软硬件结合等发展趋势，促进文化装备技术研发和升级改造，加强标准、内容和技术装备的协同创新。鼓励研发具有自主知识产权、引领新型文化消费的可穿戴设备、智能硬件、沉浸式体验平台、应用软件及辅助工具。加快新型灯光、音响、机械、视效、特效、智能展示等研发应用，提升艺术展演展陈数字化、智能化、网络化水平。支持文物和艺术品展陈、保护、修复设备产业化及应用示范。推动文化装备制造技术标准走出去。

四、提升治理能力，完善发展保障体系

加快推进文化治理体系和治理能力现代化，创新文化产业发展的体制机制，进一步完善文化产业政策法规体系，加快文化产业促进法立法进程，落实完善文化经济政策，强化人才支撑，优化公共服务，加强统计应用，全面营造有利于文化产业发展的良好环境。

（一）创新体制机制

坚持党委领导、政府管理、行业自律、社会监督、企业依法运营，建立健全文化产业管理体制和运行机制。深化文化行政部门职能转变，深入推进行政审批制度改革，加强事中事后监管，促进简政放权、放管结合、优化服务。健全国有文化资产管理体制机制。推动文化企业建立健全有文化特色的现代企业制度，完善社会效益和经济效益综合考核评价指标体系。加强博物馆、美术馆、图书馆等文化文物单位运行体制机制改革创新，推进文化创意产品开发。推进文化产业领域行业组织建设，健全内部管理制度，积极发挥行业组织在行业自律、行业管理、行业交流等方面的重要作用。推动文化产业发展与文化安全工作有机结合，通过提升文化产业整体实力和竞争力、加强文化市场建设，提升国家文化安全保障能力，有效维护国家文化安全。

（二）推进法治建设

加快制定出台文化产业促进法，把行之有效的文化经济政策法定化，健全促进社会效益和经济效益有机统一的制度规范。推动出台《文化市场综合行政执法管理条例》，修订《营业性演出管理条例》《互联网上网服务营业场所管理条例》《娱乐场所管理条例》等。建立健全重大决策合法性审查和公平竞争审查工作制度。加强互联网文化管理法规制度建设。深化文化市场综合行政执法改革，全面落实行政执法责任制。

（三）完善经济政策

结合文化产业发展实际需要，加大政策创新和执行力度，进一步推动完善文化经济政策体系，加强对政策落实情况的评估督导。创新政府投入方式，逐步引入市场化运作模式，加大对具有较好市场前景、战略性、先导性的文化产业创新创业项目支持力度。争取各类财政资金、基金加大对文化产业的支持力度，提高资金使用效益。鼓励文化产业类投资基金发展，综合运用设立基金、阶段参股、风险补助和投资保障等方式吸引社会资本投入文化产业。研究出台文化产业专项债券发行指引。推动将文化用地纳入城乡发展规划、土地利用总体规划，在国家土地政策许可范围内，优先保证重要文化产业设施、项目用地。鼓励将城市转型中退出的工业用地根据相关规划优先用于发展文化产业。鼓励将旧厂房、仓库改造成文化创意场所，推动落实在五年内继续按原用途和土地权利类型使用土地的过渡期政策。持续推动落实经营性文化事业单位转制为企业、支持文化创意和设计服务发展、支持动漫产业发展、发展对外文化贸易、支持小微文化企业发展等税收优惠政策。

（四）强化人才支撑

以产业发展为导向，以高端内容创作、创意设计、经营管理、投资运营、数字文化、文化金融等人才为重点，加强对文化产业人才的培养和扶持，为文化产业发展提供强有力的人才支撑。针对文化产业发展重点领域，办好各类人才培训班、研修班。推动文化产业相关学科专业建设，鼓励有条件的高等学校、中等职业学校和其他教育机构等开设文化产业相关专业和课程。发挥高校院所、培训机构、文化企业、园区基地、众创空间、孵化器等各自优势，推进产学研用合作培养人才。鼓励有条件的地区出台文化产业高端人才引进政策。鼓励通过“走出去、请进来”的方式，加强与各国文化产业界的交流合作，培养国际化人才。加强文化产业领域智库建设，鼓励各地结合实际建设文化产业专业智库，发挥好文化产业研究和咨询机构、文化产业专家委员会等在理论创新、智力支持、督查指导和项目评审等方面的作用。

（五）优化公共服务

持续推进文化部文化产业公共服务平台建设，增强综合信息服务、项目宣传推介、公共技术支撑、投融资服务、资源共享、统计分析等功能。鼓励和支持各地建设文化产业服务、孵化平台，促进文化企业创新，降低创业成本。建立支撑文化市场宏观决策、市场准入、综合执法、动态监管等核心应用的文化市场技术监管系统，形成统一的信息共享平台、信用服务平台、业务关联平台、应用集成平台和技术支撑平台。建设文化消费服务平台，引导文化企业扩大文化产品和服务的有效供给。

（六）加强统计应用

加强与统计部门沟通合作，建立部门间文化产业数据共享机制。开展文化产业数据调查工作，推动各地文化行政部门建立数据统计机制。建设文化产业数据统计平台，设立数据监测点，采取多种手段丰富数据来源，逐步建立文化系统文化产业数据调查机制。加强对文化产业数据的分析研究，做好数据应用工作，提升文化产业工作决策科学化水平。

（七）抓好组织实施

各级文化行政部门要充分认识“十三五”时期文化产业发展的重要意义，积极推动各级党委和政府把文化产业发展摆在重要位置，在党委和政府的领导下，立足地方实际，把握产业发展规律，突出地方特色，认真抓好《文化部“十三五”时期文化产业发展规划》的组织实施，加强对规划落实情况的监督检查。要认真履行职责，加强与发展改革、财政、税务、金融、教育、科技、工业和信息化、国土资源、商务、旅游、统计等部门的沟通协调，争取各项政策对文化产业发展的支持，确保各项任务措施落到实处。

文化部关于印发《文化部“十三五”时期文化科技创新规划》的通知

文科技发〔2017〕9号

各省、自治区、直辖市文化厅(局),新疆生产建设兵团文化广播电视局,本部各司局、各直属单位:

为贯彻落实《文化部“十三五”时期文化发展改革规划》,强化顶层部署,构建文化科技创新体系,切实推动科技创新引领文化发展,我部编制了《文化部“十三五”时期文化科技创新规划》。现印发给你们,请结合本地区、本部门的实际情况贯彻落实。

特此通知。

文化部

2017年4月26日

文化部“十三五”时期文化科技创新规划

文化科技创新是国家科技创新的重要组成部分,是社会主义文化强国建设的关键支撑力量。随着新一轮科技革命和产业变革孕育兴起,信息网络、大数据、智能制造等高新技术广泛渗透到创作、生产、传播、消费的各个层面和环节,加速了文化生产方式变革,成为文化发展的重要引擎和不竭动力。目前我国文化建设的科技基础仍然薄弱,自主创新能力还不够强,文化科技体制机制与文化发展的要求不相适应,必须加快文化科技创新体系建设。

为贯彻《国家创新驱动发展战略纲要》、《国家“十三五”时期文化发展改革规划纲要》及《文化部“十三五”时期文化发展改革规划》,特制定本规划。

一、基本思路

(一)指导思想

高举中国特色社会主义伟大旗帜,全面贯彻党的十八大和十八届三中、四中、五中、六中全会精神,以马克思列宁主义、毛泽东思想、邓小平理论、“三个代表”重要思想、科学发展观为指导,深入学习贯彻习近平总书记系列重要讲话精神和治国理政新理念新思想新战略,坚持社会主义先进文化前进方向,弘扬社会主义核心价值观,实施创新驱动发展战略,以构建文化科技创新体系为目标,强化顶层部署、优化资源布局、拓展创新领域、壮大人才队伍,提升自主创新能力,进一步坚定文化自信,增强文化自觉,为建设社会主义文化强国做出贡献。

(二)基本原则

价值引领。坚持和弘扬社会主义核心价值观,始终把社会效益放在首位,社会效益和经济效益相统一,坚定文化自信,传承中华文明,不断增强国家软实力。

需求导向。深度融入文化建设主战场和科技发展大舞台,聚焦文化发展迫切需要,有效利用新技术、新工艺、新材料和新设备,内容为王,技术制胜,追求文化产品思想精深、艺术精湛、制作精良,体现精益求精的工匠精神。

创造为本。将文化创意与科技创新作为文化创造的基本要素,依托丰富的民族民间文化资源,不断适应文化发展的现实需求,以文化创意引发科技创新,以科技创新支撑文化创意。

民生为先。突出文化科技服务人民,让广大群众享有更多更好的文化产品。推动大众创业万众创新,增强人民群众创造文化、享有文化的主体地位和参与意识,实现文化生产与文化消费的良性互动。

(三)发展目标

到2020年,文化科技自主创

新能力得到较大提升，文化科技支撑实力进一步增强，文化重点领域关键技术攻关取得重要进展，文化行业标准体系相对完备，文化科技基础条件明显改善，有效服务于文化事业和文化产业发展，基本形成以市场为导向，以需求为牵引，以应用为驱动，以文化科技企业为技术创新主体，以协同创新、研发攻关、成果转化、区域统筹、人才培养等为主要构成的文化科技创新体系。

——全面推进科技融入文化领域。信息网络、智能制造、虚拟现实、大数据、云计算、物联网、3D打印等高新技术的应用更加广泛，文化领域科技创新水平显著提高。

——全面提升文化企业科技创新能力。文化企业作为市场主体和技术创新主体的地位得到加强，创意创新活动更加活跃，在自主知识产权和核心竞争力等方面有明显进步。

——全面支持文化创意融入实体经济。发挥文化科技引擎作用，促进文化创意与消费品工业、装备制造业、建筑业、信息业、旅游业、体育业和特色农业等行业融合发展，赋予实体经济更丰富的文化内涵，有效提升经济发展质量。

——突破重点技术。围绕文化建设重大需求，特别是公共文化服务、文化产业、文化市场、文化遗产保护传承、对外文化交流和贸易，加强技术研发、集成应用和产业化示范，推动实施10至15项国家级科技重点项目，制定40项左右文化领域国家标准和行业标准，大幅提升技术创新对文化产业增长贡献率。

——实施重点工程。着力实施文化创新、文化科技重点研发、文化大数据、文化装备系统提升、文化标准化、文化科技成果转化等6项工程。

——培养重点人才。通过项目带动和平台建设，吸引和培养10至20名左右有重要影响的技术专家，1000名左右中青年科技骨干，凝聚一批优秀文化科技团队。推动在10个以上艺术职业院校和相关高校设立文化科技专业，培养技能型人才。

二、主要任务

（一）加强协同创新

强化文化企业创新主体地位。发挥市场和政府在资源配置中的各自优势，科技创新与制度创新双轮驱动，加快建设以企业为主体的技术创新体系，发挥企业在创新决策、研发投入、成果转化中的主体作用。引导各种创新要素向高新技术文化企业集聚。培育创新型领军企业。支持老字号等传统文化企业优化技艺、创新商业模式。

支持高校、科研院所参与文化科技创新。坚持产教对话、科教协同，引导高校、科研院所根据文化建设的科技需求，开展基础研究和前沿技术攻关。探索文化单位与科技企业及科研机构合作新机制，通过专业分工、服务外包、订单生产、技术联盟等多种途径，建立协同创新关系。

建设文化科技创新综合载体。按照优化布局、重点建设、分层管理、规范运行原则，建设一批突破型、引领型、平台型的国家文化创新研究中心、文化部重点实验室。探索建立文化部工程技术研究中心，支持建立文化科技创新联盟及区域性文化科技协同创新平台，推动文化科技社会组织建设。培育文化科技领域市场化新型组织、研发服务中介和研发服务外包新业态。发挥文化科技融合示范基地作用，支持国家自主创新区、高新区等向文化科技领域拓展。加强文化艺术智库建设，引导科研机构、高校、研究院所、文化企事业单位及相关社会组织参与文化科技创新活动。

促进国际合作。开展多层次、多方位的文化科技国际交流。引导国内企业和国际优势企业加强文化领域关键技术、产品的研发合作。支持国内企业开拓国际市场，形成若干具有国际竞争力的文化科技企业和产品。

推进文化科技领域大众创新创业。搭建社会化、专业化、网络化创新服务平台，加强孵化器建设，支持“专、精、特、新”小微文化企业发展。鼓励文化企事业单位、大学科技园、科研院所构建低成本、便利化、全要素、开放式的众创空间。鼓励社会力量投入文化科技领域大众创新项目。

（二）加强研发攻关

布局文化科技基础性研究。针对文化建设重点领域和优先主题进行前期技术预研。加强文化科技基础性工作，开展科学考察与调查、科技资料整编。开展对重大文化科技问题评议研究和文化科技软科学研究。

突破共性关键技术。聚焦文化建设重大需求，制订文化科技融合重大项目指南。推动实施国家重点研发计划文化专项，加强文化领域战略性前沿技术布局。按期完成国家重大文化科技项目。

推动文化行业标准化建设。加快文化行业标准及国家标准制修订工作，健全标准化工作机制。培育发展团体标准，鼓励发展企业标准，构建较为完善的标准规范体系。加强标准的宣传和实施，增强从业人员标准化意识和应用水平。

（三）加强成果应用

完善文化科技成果转化机制。鼓励研发机构、高等院校与企业相结合，联合推动科技成果转化。在组织实施应用类科技项目时，明确项目承担者的科技成果转化义务。促进各类研发主体优化成果转化流程，引导科技成果转化服务机构通过转让、许可或作价投资等方式向文化企业转移技术。依靠市场需求驱动，促进文化科技成果有效转化。

建设文化科技成果转化平台。建立文化科技成果报告制度和文化科技成果信息系统，为社会提供成果信息查询、筛选等公益服务。探索建设国家文化科技公共服务平台，推进文化产业、公共文化服务、文化遗产、对外文化交流与贸易等领域的文化科技数据库建设。推动建立跨区域、跨部门、跨层级的服务机制，实现资源共享。

推进先进技术应用于文化领域。增强文化服务应用系统软件、专用材料、文化遗产发现与再利用技术、文化展览展示系统等高新技术及装备的应用。重点开展“互联网＋文化”行动，实施网络文化战略。将发展网络文化列入全国艺术科学研究规划。运用社会力量及全国艺术院校资源，形成艺术教育网上课程体系。

促进文化科技成果广泛融入实体经济。开发文化科技与相关产业融合发展的集成技术，增强相关产业文化科技含量。推动动漫游戏、演出展演展陈技术等在设计、制造、科普、宣传、教育、体育、建筑、旅游和现代农业等领域中的集成应用，提升社区、乡村和景区等公共空间的文化品质。

（四）加强区域统筹

优化区域布局。结合“一带一路”建设、京津冀协同发展、长江经济带发展等区域发展战略，构建各具特色和比较优势的文化科技区域发展格局。推动东部地区提高原始创新和集成创新能力，培育具有国际竞争力的文化科技集群。推动中西部地区走差异化和跨越式发展道路，培育壮大区域特色经济和新兴产业。构建区域文化科技战略合作机制，促进文化科技资源互享互通。

发挥文化科教扶贫兴边作用。发挥文化科教在精准扶贫和兴边富民中的作用。支持农民以“文创＋科创＋农创”模式创业致富。依托现代技术推动贫困、边境地区数字文化旅游等业态发展。借助全国和区域性产教对话平台，促进艺术院团、园区、企业、社会组织参与贫困、边境地区人才培养，为创业学生提供场地、商务、项目咨询及市场开拓服务。

（五）加强人才培养

培养多层次人才。形成文化领域科学研究、工程技术、科技管理、科技创业人员和技能型人才梯次齐备的人才结构。加大对重点领域、企业急需紧缺人才支持力度。培养知识产权和技术转移人才，壮大技术经纪人队伍，提升管理人才职业化和专业化水平。将传统工艺及其他非物质文化遗产传承人群的培养纳入艺术职业教育体系。

完善人才培养模式。依托国家科技人才专项及其他人才项目，发挥高校院所、企业、园区基地优势，以文化科技重点领域的技术研发项目为载体，汇集和培养各层次人才，健全人才培养使用、考核评价、激励保障机制。建立文化科技专家资源库，支持高校设立文化科技交叉学科与专业，培养后备人才。鼓励文化科技研发团队申报国家自然科学基金、国家重大项目、国家科技进步奖等。支持实施国家创新人才推进计划和创新人才培养示范基地建设。

三、重点工程

（一）文化创新工程

加强创新研究。实施200多项文化艺术应用对策研究及相关基础研究项目，提交“文化智库要报”及相关决策咨询报告，探索形成文化艺术智库体系。开展“中国文化创新发展指数”研究。出版《中国文化创新年度报告》。

构建创新平台。按照政产学研用一体化模式建设20个国家文化创新研究中心，并认定30个文化部重点实验室。支持文化企事业单位联合高校、研究机构申报国家现代服务业工程研究中心、国家重点实验室和企业技术中心。通过载体建设和项目实施，促进高校、研究机构参与文化创新活动。

支持创新创业。开展全国高校文化艺术类专业设置情况调研，支持高校与文化建设需求对接。完善艺术职业教育“订单式”人才培养，进行现代学徒制试点，落实职业院校与职业技能鉴定机构双证书制度。实施“艺术职业院校创新能力提升计划”。发挥教育部、文化部、国家民委“全国职业院校民族文化传承与创新示范专业点”带动作用。

提高创新素质。协调推动在全国开展的“科普文化进万家”，扎实开展“科普周”“全国科学工作者日”“世界标准日”活动。鼓励科普作品的创作生产，参与国家科普示范基地和国家特色科普示范基地建设，培育科普设计制作、展览、服务企业。

（二）文化科技重点研发工程

加强研发规划。与科技部门合作，将文化领域共性关键技术研发需求纳入国家有关科技发展规划，将文化科技创新活动纳入国家科技管理工作体系。推动落实《国家“十三五”文化遗产保护与公共文化服务科技创新规划》。

组织相关项目。利用国家科技计划（专项、基金等）管理部际联席会议机制，推进文化领域国家重点研发计划项目实施。协调落实国家“现代服务业科技专项”中“文化科技”方向的有关任务。引导各地艺术研究院所、艺术职业院校及文化企事业单位申报实施地方科技项目。

完善项目管理。建立文化科技研发项目库，发挥指南、申报、孵化综合功能。形成科学合理的项目管理制度和流程，加强项目中期督查，确保项目顺利实施、通过验收。

（三）文化大数据工程

建立统筹机制。贯彻国务院《促进大数据发展行动纲要》，组建文化大数据工程领导小组，制定工作方案。推动各相关单位提出数据资源开放目录，完成数字文化资源共享清单。

组织重大项目。以图书馆、博物馆、文化馆、美术馆、艺术院团和艺术科研院所等机构的数据资源为主要内容展开调查，掌握基础数据存量和增量情况。加强文化大数据采集、清洗、分析、共享、可视化的研发，提升大数据技术服务能力和应用开发水平，集中力量支持大数据核心技术集成攻关、产业链构建、应用示范和公共平台建设。

加强服务规范。加快制定技术、管理、开放、安全等标准。推进文化资源统一标识、核心元数据、分类编码、数据采集、指标口径、数据质量、数据交易、技术产品、安全保密等共性关键标准的制定和实施。

建立服务载体。依托数字文化资源元数据仓储建设，汇集数据并进行组织与关联。研究用户数据采集标准，促进全国图书馆、博物馆、文化馆、美术馆采集与共享用户数据。与社会力量共同开发利用文化资源数据，选择优质社会数据与文化资源数据融合。

（四）文化装备系统提升工程

制定文化装备行业技术成长方案。开展文化装备系统水平调研，厘定装备、材料、工艺分类规范，拟定技术需求清单，提出发展规划。加强关键技术标准研制与更新，研究建立文化专用装备检验检测体系与认证认可体系。推动《国家企业技术中心的认定领域和重点》目录增列“文化装备与服务领域”并引导企业参与。

加强重点方向文化装备系统的技术供给。推动形成一批公共文化服务、文化创作生产、文化产业细分领域的技术解决方案与装备系统。改进、完善流动舞台车、图书车、文化车等流动文化设施。鼓励社会组织、企业推介技术成果，支持办好“中国国际专业音响灯光乐器及技术展览会”及各类文化装备系统展示、交易活动，培育文化装备民族品牌并支持其“走出去”。

着力提高演艺装备水平。聚焦演艺创编、交互体验、智能演艺等方向，提升舞台艺术呈现效果。重点支持舞台机械类、演艺灯光类、演艺音响类、观演视效类、乐器类的关键部件和系统装备的研发应用，推进智慧剧场建设，加快数字化、智能化、网络化进程。出版《中国演艺装备系统蓝皮书》。

促进国家重大科研设施和科研仪器开放共享。协调文化企业和研究机构共享国家高科技装备研发资源。文化部重点实验室和拟认定的文化部工程技术研究中心向社会发布科研设施与仪器开放清单和开放信息。

（五）文化标准化工程

推进文化行业重点领域标准制修订工作。重点加强舞台安全强制性标准制定与实施，健全舞台设备质量检测标准体系，制定数字图书馆、文化馆、美术馆、非物质文化遗产保护、动漫、网络文化、文化娱乐场所、社会艺术水平考级、文化装备等领域的国家标准和行业标准不少于40项，文化行业标准总数超过110项，基本覆盖文化建设各领域。以中国主导制定的手机（移动终端）动漫标准成为国际标准为契机，推进国际标准交流。

发挥标准引领作用。以剧场安全标准为依据，加强对文化部直属院团剧场和文化部主办演出活动剧场的设备质量安全检测，推动成立"国家舞台设备质量监督检验中心"，带动文化系统和社会剧场安全检测，促进剧场安全标准体系完善。加大力度实施各类推荐性文化行业标准。

提升标准化管理水平。依托各专业标准化技术委员会开展标准化知识普及、标准编写培训。修订文化行业标准化工作管理办法。实行标准化技术委员会委员、秘书处承担单位动态调整机制。严格执行现行标准复审制度，清理妨碍创新的行业标准。支持有突出贡献的组织和个人申报中国标准创新贡献奖。

（六）文化科技成果转化工程

建立文化科技成果信息系统。文化科技项目承担单位、文化部重点实验室、国家文化科技融合示范基地等，均通过该系统公布项目实施情况及成果信息，实现该系统与国家科技成果信息系统对接。建立开放的文化科技成果库，分类别、分层级收录文化科技成果。

建设成果转化载体。突出文化部重点实验室及其他科研实体在促进成果转化、应用方面的功能。通过制度保障和平台建设，缩短成果转化周期。培育一批部级技术转移示范机构，成熟后推荐申报国家技术转移示范机构。明确成果转化义务。利用财政资金实施的项目，将科技成果转化和知识产权创造、运用作为立项和验收的重要内容和依据。

加强成果开发利用。探索开展成果信息资源增值服务，提供符合用户需求的精准科技成果信息，实现成果转移转化供给端与需求端的精准对接。支持文化科技专家参与"万名专家服务基层行动计划""科技创业者行动"，培育以文化科技融合为主要内容的众创空间。

四、保障措施

（一）优化文化科技管理体制

转变政府管理职能，突出服务意识，发挥市场积极作用。进一步加强文化部门与科技部门联系机制，开展对文化科技发展规划、政策的制定、评估，完善文化科技创新成效评价。各级文化行政部门加强与宣传、发展改革、财政、科技、教育、工信等部门对接，鼓励跨部门、跨区域联合推动文化科技工作。发挥社群团体作用。

（二）完善文化科技政策措施

积极争取将文化科技重大项目纳入国家科技发展规划和计划，推动出台相关配套政策和专项规划。鼓励各地制定支持文化科技融合发展的政策措施。加强地区间、部门间、行业间的协同联动，确保政策措施落实到位。

（三）拓展文化科技支持渠道

争取中央和地方财政加大对文化领域的科技投入，并引导文化企业先行投入开展研发攻关，政府部门以财政后补助、间接投入、以奖代补、政府采购等形式进行支持。探索设立文化科技类扶持基金。鼓励基于文化企业特点开展金融产品和服务创新，推广知识产权和股权质押贷款。鼓励开发创新型文化保险产品。支持有条件的文化科技企业在创业板、新三板等挂牌上市，采用并购重组、股权合作的方式，提升创新能力和市场竞争力。

中共中央宣传部　文化部　财政部
关于印发《关于戏曲进乡村的实施方案》的通知

文公共发〔2017〕11号

各省、自治区、直辖市党委宣传部、文化厅（局）、财政厅（局），新疆生产建设兵团党委宣传部、文化广播电视局、财务局：

现将《关于戏曲进乡村的实施方案》印发给你们，请结合实际认真贯彻执行。

特此通知。

中共中央宣传部

文化部　财政部

2017年4月28日

关于戏曲进乡村的实施方案

为贯彻落实中共中央办公厅、国务院办公厅印发的《关于实施中华优秀传统文化传承发展工程的意见》和国务院办公厅印发的《关于支持戏曲传承发展的若干政策》有关精神，充分发挥戏曲在传承中华优秀传统文化、丰富群众精神文化生活、提升基层公共文化服务水平中的积极作用，现就戏曲进乡村的实施提出如下方案。

一、总体要求

（一）指导思想

全面贯彻党的十八大和十八届三中、四中、五中、六中全会精神，深入学习贯彻习近平总书记系列重要讲话精神和治国理政新理念新思想新战略，坚持以人民为中心，以社会主义核心价值观为引领，着眼于保障农民的基本文化权益，以县为基本单位，组织各级各类戏曲演出团体深入农村基层，为农民提供戏曲等多种形式的文艺演出，促进戏曲艺术在农村地区的传播普及和传承发展，促进文化资源向基层倾斜，增强广大农民群众对公共文化服务的获得感。

（二）基本原则

1. 坚持导向，服务大局。坚持社会主义先进文化前进方向，通过戏曲进乡村，宣传党的理论和路线方针政策，弘扬中华优秀传统文化，促进社会主义新农村建设，增强广大农民对中华优秀传统文化的热爱，培育文明乡风，建设美丽乡村。

2. 政府主导，社会参与。发挥县级人民政府的主体作用，把戏曲进乡村纳入公共文化服务体系建设，纳入政府购买公共文化服务的范围。鼓励和吸引各级各类戏曲院团和相关社会团体参与服务。

3. 因地制宜，分类提供。坚持实事求是，根据不同地区的自然条件、经济社会发展水平、人口分布、文化特点等，合理安排演出场地和场次，有针对性地提供符合老年人、妇女、儿童等不同群体需求的戏曲节目，让广大农民真正受益。

4. 整合资源，提升效能。以基层综合性文化服务中心为平台，注重各级各类戏曲资源的统筹和整合，建立和完善群众需求反馈机制，加强活动过程管理和绩效考核评价，提高戏曲进乡村工作的质量和水平。

（三）工作目标

2017 年，广泛动员部署，各省（区、市）和新疆生产建设兵团开展戏曲进乡村试点，重点在贫困地区、国家公共文化服务体系示范区创建城市等地方先行先试；2018 年，总结推广试点经验，在更大范围推动戏曲进乡村工作蓬勃开展；2020 年，在全国范围实现戏曲进乡村制度化、常态化、普及化。通过戏曲进乡村，增加农村公共文化服务总量，解决农民看戏难的问题，形成政府、市场、社会协同推动农村文化建设的良好局面。

二、主要内容

（一）时间安排

各地根据县域内开展群众文化活动的整体安排和农民的观赏习惯，合理安排演出时间。尽量安排在重要传统节日、节假日和重大节庆活动期间，错开农忙、自然灾害和当地举办其他重大活动的时段。

（二）参与对象

1. 全国农村地区的农民群众。

2. 全国各级各类戏曲艺术表演团体（含划转为保留演出职能的非物质文化遗产传承保护中心、艺术院校演出团队、优秀民营戏曲艺术表演团体、公共文化机构文艺队、传统戏曲民间班社等，以下统称戏曲艺术表演团体）。

3. 戏曲艺术专业人员（含艺术专家、表演人才、研究人员、非遗传承人和志愿者等）。

4. 其他相关的社会团体和人才资源。

（三）主要形式

1. 组织观看戏曲作品。结合农村实际和当地农民文化需求，选择适合农民观看的优秀传统戏曲艺术作品为群众演出。坚持多措并举，原则上以戏曲艺术表演团体进乡村演出为主，可以是整台演出，也可以是名段集萃。演出依托基层综合性文化服务中心的文体广场和其他具备条件的公共服务设施场地，就近为群众开展服务。在村落密集的地区，鼓励联村演出。偏远分散的小型村落，可采取小分队形式灵活安排。

2.促进戏曲艺术普及。根据当地文化特点和农民群众的欣赏习惯，广泛开展形式多样的戏曲鉴赏、戏曲知识讲座以及名家进乡村等活动，加强戏曲艺术在农村的传播和普及。有条件的文化馆(站)等公共文化机构，要把戏曲艺术普及纳入日常服务项目，举办戏曲培训，开展戏曲排演观摩、角色和行当体验互动等活动；聘请戏曲专家、非遗传承人和知名戏曲票友作为文化志愿者深入乡村讲解戏曲知识，开展戏曲辅导。统筹建设优秀戏曲数字资源库，通过文化信息资源共享工程基层服务点，为农民提供日常的数字戏曲服务。

3.培育农村戏曲团队。支持农村地区小剧团、戏曲社团和戏曲表演队等多种类型的业余戏曲表演团队发展，增强农村戏曲传承发展的自我服务能力，让农民多渠道、多途径参与戏曲体验，享受戏曲服务。鼓励戏曲艺术表演团体与农村戏曲团队开展“结对子、种文化”活动，对农村文艺人才进行传帮带，帮助他们提高创作水平和表演能力，带动当地群众文化活动开展。同时，结合“阳光工程”“春雨工程”和“大地情深”等文化志愿服务活动，培育戏曲志愿者队伍。

三、组织管理

(一)相关部门职责

中共中央宣传部、文化部、财政部指导和支持各地开展戏曲进乡村工作。各省(区、市)和新疆生产建设兵团党委宣传部门，文化、财政部门要加强对本地工作的指导和协调，共同推进落实。

党委宣传部门负责宏观指导和统筹协调，加大宣传力度，营造良好社会舆论氛围。

文化行政部门负责戏曲进乡村的规划实施和组织管理，做好各项工作的部署、落实和反馈，注意与非物质文化遗产传承保护、戏曲进校园等搞好衔接，避免重复安排和资源浪费。

财政部门通过现有资金渠道对戏曲进乡村给予积极支持。

(二)做好剧(节)目目录认定

各地党委宣传部门和文化行政部门通过文化馆(站)等公共文化机构，采取问卷调查、直接访问、网上征求意见等方式，了解农民的实际需求，以此为依据，聘请相关专家和人员组成评审工作组，按照“思想性、艺术性、教育性和观赏性”原则，研究确定年度戏曲进乡村的剧(节)目目录，每年可根据实际情况作适当调整。认定的目录于上年度11月30日前通过网站向社会公布。

(三)确定服务主体

把戏曲进乡村纳入各级政府向社会力量购买公共文化服务的范围。根据“自下而上、以需定供”的原则，对照采购需求清单，采用公开招标、邀请招标、竞争性谈判、竞争性磋商、单一来源等方式，确定承接主体。承接主体不分所有制性质，考虑到就近服务和降低成本等因素，服务主体以县域戏曲艺术表演团体为骨干，国家、省、市戏曲艺术表演团体，以及其他相关的社会团体等为补充。

(四)抓好组织实施

由省、市级党委宣传部门和文化行政部门制定本地可操作的工作方案，明确开展活动的目标任务、内容方式、时间步骤和经费投入等，提出工作要求。县级党委宣传部门和文化行政部门按照省、市安排，结合当地实际，科学制定全县的活动方案，根据公布的剧(节)目目录，合理确定年度活动开展的规模数量、承接条件、购买方式、配送方式等，指导文化馆(站)、基层综合性文化服务中心等公共文化机构具体组织实施。同时，加强对实施情况的动态管理和监测，每年年底对本地活动开展情况进行考核，并将考核结果与预算安排、收入分配和人员奖惩等挂钩。

四、保障措施

(一)加强组织领导

各地党委宣传部门和文化、财政部门要充分认识戏曲进乡村的重要意义，将其作为保障农民基本文化权益的具体举措，摆上重要日程，抓好工作落地。要把社会效益放在首位，将导向意识贯穿到工作全过程，把服务群众与教育引导群众结合起来，用先进文化占领农村文化阵地。

(二)落实经费保障

地方各级财政按照各地基本公共文化服务实施标准支持开展戏曲进乡村。中央财政通过现有资金渠道对国家级贫困县和集中连片特困地区予以适当补助。同时，充分发挥政府投入的带动作用，落实社会力量参与公共文化服务的各项优惠政策，引导社会资金支持戏曲进乡村工作开展。

(三)确保活动安全

戏曲进乡村活动规模大、范围广，参与人员多，各地要树立“安全第一”的思想，严格遵守重要文化活动的审批程序，加强安全教育，完善管理制度，做好安全预案，特别是在组织群众观看演出过程中，各参与方要增强安全意识，确保戏曲进乡村顺利实施和观众安全观演。

（四）扩大宣传推广

加大对戏曲进乡村的宣传推介力度，充分利用报刊、广播电视和网络等各种宣传媒介，采取多种方式，广泛宣传戏曲进乡村的重要意义、重点演出、成功经验和群众反响，不断扩大社会影响，吸引更多群众参与。

文化部关于印发《“十三五”时期繁荣群众文艺发展规划》的通知

文公共发〔2017〕10号

各省、自治区、直辖市文化厅（局），新疆生产建设兵团文化广播电视局，各计划单列市文化局，本部各司局、各直属单位：

《“十三五”时期繁荣群众文艺发展规划》已经文化部党组同意，现印发给你们，请结合实际认真贯彻执行。

特此通知。

文化部

2017年5月4日

“十三五”时期繁荣群众文艺发展规划

为深入贯彻习近平总书记关于文艺工作的重要讲话精神，根据《中共中央关于繁荣发展社会主义文艺的意见》、《中共中央办公厅　国务院办公厅关于实施中华优秀传统文化传承发展工程的意见》、《国家“十三五”时期文化发展改革规划纲要》和《文化部“十三五”时期文化发展改革规划》相关要求，结合群众文艺工作实际，制定本规划。

一、总体要求

（一）指导思想

全面贯彻党的十八大和十八届三中、四中、五中、六中全会精神，深入贯彻习近平总书记系列重要讲话精神和治国理政新理念新思想新战略，紧紧围绕中央关于繁荣发展社会主义文艺和构建现代公共文化服务体系的战略部署，坚持社会主义先进文化前进方向，全面贯彻“二为”方向和“双百”方针，坚持以人民为中心的工作导向，坚持以社会主义核心价值观为引领，坚持创造性转化和创新性发展，坚定文化自信，以创作生产优秀作品为中心环节，以丰富人民群众精神文化生活、保障人民群众基本文化权益为出发点和落脚点，激发人民创造活力，繁荣群众文艺，维护国家文化安全，不断提升国民素质和社会文明程度，为构建现代公共文化服务体系和建设社会主义文化强国提供有力支撑。

（二）基本原则

坚持正确导向。以社会主义核心价值观为引领，创作生产人民群众喜闻乐见的优秀作品，组织提供人民群众乐于便于参与的文化服务和活动。从做好意识形态工作的高度出发，弘扬主旋律，传递正能量，巩固社会主义群众文艺阵地，推动人民群众精神文化生活不断迈上新台阶。

坚持群众主体。发扬党的群众文艺工作的优良传统，充分尊重人民群众主体地位和首创精神，以基层群众为服务对象和表现主体，坚持重心下移，完善扶持机制，引导群众自我表现、自我教育、自我服务，不断提升广大人民群众的获得感和幸福感。

鼓励社会参与。加大政府购买服务力度，培育和壮大群众文艺力量，吸引社会力量参与群众文艺创作和群众文艺活动，鼓励和支持公民、法人和社会组织通过资助项目、赞助活动、提供设施、捐赠产品等方式参与群众文艺工作。

坚持普及与提高相结合。发挥公共文化服务体系支撑作用，大力普及文艺知识，广泛开展群众文艺活动，以优秀的文艺成果丰富公共文化服务的内涵，不断提高全民文化艺术素养。

坚持继承和创新相结合。立足于传承和弘扬中华优秀传统文化，古为今用，推陈出新，加强创造性转化和创新性发展；丰富和拓展群众文艺题材、体裁、内容、形式和手法，使群众文艺更加符合时代进步潮流，更好弘扬中华美学精神。

（三）发展目标

到 2020 年，群众文艺工作网络进一步完善，创作生产机制更加健全，影响力进一步增强，广大人民群众参与的主动性和积极性明显提高，审美能力和艺术素养显著提升，基本形成群众创造活力迸发、优秀作品不断涌现、人才队伍日益壮大、文艺活动蓬勃开展的群众文艺繁荣发展新格局。

二、重点任务

（一）推出优秀群众文艺作品

1.组织创作优秀群众文艺作品。组织聚焦中国梦、弘扬社会主义核心价值观、体现中国精神的群众文艺创作。继续开展中国文化艺术政府奖——群星奖的评奖工作，发挥国家级文艺评奖的示范、引领作用，带动全国群众文艺创作，推出一批优秀群众文艺作品。依托各类全国性文艺评奖项目和国家艺术基金资助项目，鼓励群众文艺作品积极参与和申报，形成优秀群众文艺作品的集群效应。加强优秀群众文艺作品创作工作，各省（区、市）围绕重大节庆和纪念日活动，组织开展主题性群众文艺创作；因地制宜，制定群众音乐、舞蹈、戏剧、曲艺、美术、书法、摄影、文学等专项创作计划，集中力量、集聚资源，推出一批反映时代风貌和基层群众生活的优秀群众文艺作品。

2.激发群众文艺原创活力。坚持思想性、群众性、艺术性、公益性相统一，突出地域特色和民族特色，突出群众文艺创作贴近群众、生动鲜活、短小精悍的优势和特点，着力增强群众文艺作品的吸引力和感染力。省级、地市级文化馆确定年度选题和重点创作任务，每年推出一定数量、代表当地群众文艺创作水准的原创作品。坚持从实际出发，尊重群众意愿，推出更多易于推广、易于普及的群众文艺作品，让群众易学、易演。加强少数民族群众文艺作品创作，提升少数民族地区群众文艺创作水平。加强优秀群众文艺原创作品征集。

3.加强对优秀文艺作品的传承创新。深入挖掘和提炼优秀传统文化中的有益思想和艺术价值，对优秀传统民间音乐、舞蹈、戏剧、曲艺作品等进行改编和艺术提升，并注入新的时代精神和创作元素。实施优秀舞台艺术作品移植改编计划，鼓励各地文化馆（站）移植改编优秀文艺作品，开展惠民演出。

专栏 1　优秀群众文艺作品创作提升

中国文化艺术政府奖——群星奖评奖。开展两届群星奖评奖工作，评选出 40 个获奖作品，发挥群星奖示范带动作用，推动优秀群众文艺作品创作。

优秀舞台艺术作品移植改编计划。在获得著作权使用许可的前提下，组织各地对专业文艺院团优秀作品和群星奖获奖作品进行移植改编，推出 100 个优秀舞台艺术作品，提供给基层公共文化单位演出。

网络群众文艺作品征集与传播计划。依托公共数字文化工程，通过网络组织征集、传播优秀网络群众文艺作品，推出 1000 部原创网络文学、网络音乐、网络动漫等作品。

（二）广泛开展群众文艺活动

4.搭建群众文艺交流展示平台。组织开展群星奖获奖作品及优秀作品全国巡演，鼓励各省（区、市）开展各地巡演和省际交流巡演。开展区域性群众文艺交流展示活动，组织各级各类文艺会演和城乡群众文化活动。推动群众文艺作品供需对接，实现优秀群众文艺作品有效传播。依托对外文化交流项目和海外中国文化中心，推动优秀群众文艺作品“走出去”，向世界讲好中国故事。

5.打造群众文艺活动品牌。充分发挥群众文艺机构的骨干作用，利用当地特色文化资源，开展经常性群众文化活动，培育参与度高、影响面广、深受群众喜爱的品牌活动。创新群众文艺品牌活动形式和组织方式，提升活动内涵，吸引群众特别是青年人踊跃参与。充分发挥“中国民间文化艺术之乡”在群众文艺发展中的示范带动作用，形成各具特色的民间文化艺术活动品牌。按照“精品、惠民、节俭、可持续”的要求，办好中国老年合唱节、中国少年儿童合唱节、中国农民歌会、送欢乐下基层等示范性活动，带动各地群众文化活动蓬勃开展，坚决防止出现强迫命令、走过场、盲目追求“高大上”等脱离实际、脱离群众的问题。开展线上线下相结合的惠民文化服务。

6.积极开展艺术普及活动。各级公共文化机构将开展艺术普及活动作为免费开放的重要内容，纳入基本服务项目，常年举办公益性艺术讲座、展览和培训活动。开展“戏曲进乡村”活动，普及推广戏曲艺术，丰富基层群众精神文化生活。开展“高雅艺术进校园”“戏曲进校园”活动，让广大学生接受艺术熏陶，提升艺术鉴赏能力。

7.扶持和引导群众自办文化活动。依托传统节日，组织群众开展各项节庆文化活动。充分发挥群众主体性、积极性和创造性，引导广场舞、合唱、街舞等群众文艺活动健康、规范、有序开展。鼓励和扶持业余文艺团队自发开展活动。发挥文化大院、文化中心户、文化带头人的积极作用，推动开展社区、乡村、学校、企业、军营群众文化活动。

专栏2　群众文艺示范性活动

优秀群众文艺作品推广活动。开展群星奖获奖作品及优秀作品巡演活动，并将其纳入各级政府购买公共文化服务范围，让广大群众共享优秀文化成果。探索群众文艺“走出去”路径，向海外推介优秀群众文艺作品，讲好中国故事。

“中国民间文化艺术之乡”建设。组织开展“中国民间文化艺术之乡”评审命名，加强建设管理，推动“中国民间文化艺术之乡”依托本地特色民间文艺资源，广泛开展群众文艺普及推广活动，带动基层群众文艺发展。

“戏曲进乡村”活动。对属于国家贫困地区范围的乡镇，每乡镇每两个月配送一场以地方戏为主的演出，解决农民看戏难的问题，形成政府、市场、社会协同推动农村文化建设的良好局面。

“永远的辉煌”——中国老年合唱节。每年举办一届，集中展现全国老年群众合唱活动的丰硕成果，吸引全国各地优秀老年合唱团参与。

中国少年儿童合唱节。每年举办一届，着眼于培养未成年人艺术素养，提高合唱水平，吸引全国各地优秀少儿合唱团参与。

“百姓大舞台”网络群众文化品牌活动。依托国家数字文化网、文化共享工程·中国文化网络电视等新媒体平台，将全国地方特色突出、区域影响力强、普惠效果好的群众舞台艺术演出、培训交流、展览展示品牌活动，进行优质资源采集和网络直播、展播及线上线下互动服务。建设特色网络群众文艺资源，纳入公共数字文化工程资源库。

广场舞普及推广行动。各级文化行政部门和各级文化馆，组织创作适于推广的优秀广场舞作品，举办广场舞编创人员培训班，加强对各地广场舞团队带头人的培训，开展广场舞普及推广活动，为基层提供交流平台和展示机会，培育一批有导向性、示范性的广场舞活动品牌。

（三）完善群众文艺工作机制

8.发挥群众文艺机构引领作用。各级文化馆（站）、基层综合性文化服务中心等公共文化机构将繁荣群众文艺作为基本职能和重要任务，加强与基层文联、作协的沟通合作，统筹组织本地区群众文艺工作，发挥引领作用。有条件的文化馆可设立群众文艺创作室（中心），开展创作活动，承担区域内群众文艺创作规划、指导等工作，逐步形成分工明确、上下衔接的群众文艺工作网络。在有条件的社区、乡村、学校、企业、军营等建立群众文艺创作基地，加强群众文艺创作辅导。发挥文化馆协会、群众文化学会等行业组织在群众文艺作品创作、活动开展、经验交流、理论研究等方面的积极作用，将中国文化馆年会打造成为群众文艺交流展示研讨的平台。

9.健全群众文艺创作机制。各级文化行政部门结合年度重大活动和中心工作，指导各级文化馆（站）开展群众文艺创作，在创作过程中注重发挥基层文联、作协作用。建立群众文艺创作人员采风机制，实现采风常态化。建立群众文艺作品提升机制，为新创作的作品搭建演出展示平台，加强交流研讨，帮助作品打磨、提升。

10.建立专业文艺帮扶机制。依托“结对子、种文化”工作机制，通过“深入生活、扎根人民”主题实践活动，建立专业文艺指导帮扶群众文艺的有效机制，引导专业文艺院团、艺术院校、文联、作协对基层公共文化机构和群众文艺团队结对帮扶。推动各级艺术院团全面建立基层联系点制度，长期开展定点服务，培养和提升基层群众文艺人才，辅导群众艺术创作。

11.加强群众文艺宣传推广。充分发挥中央和地方新闻媒体的作用，设置群众文艺专题栏目，为优秀群众文艺作品和人才提供展示平台。积极探索和运用新媒体，创新传播方式和手段，不断提高群众文艺品牌活动和优秀群众文艺作品的影响力。依托国家数字文化网和中国文化网络电视平台，借助微博、微信、移动客户端等载体，推动优秀群众文艺作品广泛有效传播。

12.运用现代科技推动群众文艺工作。探索“互联网＋群众文艺”创作与传播新模式，制定并实施网络群众文艺创作和传播计划。鼓励有条件的群众文化活动场馆、创作演出团队采用现代科技手段，增强群众文艺作品的表现力和感染力。鼓励各级文化馆（站）业务骨干、群文工作者运用网络创作传播优秀作品。鼓励行业组织、互联网企业等社会力量搭建各类网络群众文艺展示平台，引导群众文艺网络社群健康发展。

专栏3　群众文艺工作机制建设

群众文艺创作采风计划。建立群众文艺创作人员采风机制，将采风与下基层辅导相结合，保证省级、地市级文化馆群众文艺创作人员每年都有不少于15天的采风时间，建立采风联系点，定期进行采风成果交流汇报，支持采风人员创作相关作品并进行展示。

专业文艺机构帮扶计划。开展专业文艺院团、艺术院校对基层公共文化机构、群众文艺团队结对帮扶活动。鼓励和支持有条件的县级文化馆及乡镇文化站建立与专业艺术机构的联系制度，开展艺术辅导，提升群众文艺工作水平。

群众文艺网络管理服务平台建设。以国家公共文化数字支撑平台为依托，搭建群众文艺网络管理服务平台，对群众文艺机构、队伍、作品及品牌项目等进行综合智能管理，建立群众文艺作品、活动项目、人才等资源库，实现群众文艺资源共建共享，有效对接群众需求，提升群众文艺资源的传播效率。

中国文化馆年会。通过每年一届的中国文化馆年会，为群众文艺作品交流展示、理论研讨提供平台，推动群众文艺繁荣发展。

（四）培育和壮大群众文艺力量

13.健全群众文艺人才队伍。各级文化行政部门按照文化馆功能、任务和服务人口规模，合理设置群众文艺工作岗位，配备相应专业人员，建立科学合理的群众文艺工作评价考核和激励机制。建立群众文艺专家库，加强群众文艺理论研究和评论工作，提高群众文艺专业化水平。

14.加强群众文艺骨干力量建设。加强群众文艺骨干队伍培训，促进艺术普及活动质量和水平提高。以各级文化馆（站）业务人员为主，吸收基层文联、作协创作人员和业余文艺社团骨干和业余文艺爱好者参与，建立群众文艺人才信息库。以国家级、省级群众文艺评奖、项目申报、重大活动为依托，推出一批群众文艺领军人才、一批群众文艺创作骨干。创新群众文艺人才引进机制，在有条件的文化馆（站）探索建立艺术家工作室。将群众文艺创作人才培养纳入全国基层文化队伍培训计划，逐步形成一支门类较为齐全的群众文艺创作队伍。

15.加强基层群众文艺团队建设。根据群众文艺特点，积极发展群众音乐、舞蹈、戏剧、曲艺、美术、书法、摄影、文学等群众文艺团队。加强各级文化馆馆办文艺团队建设，引导管理规范、具备一定规模的群众文艺团队登记为文化类社会组织。发挥文化馆（站）培训和辅导功能，做好由文化馆（站）指导的群众业余文艺团队的管理和培训工作，扩大群众文艺团队规模，通过星级评定等措施，促进规范发展。结合社区文化、村镇文化、企业文化、校园文化、军营文化建设，培育积极健康、丰富多样的群众文艺团队。各级文化行政部门建立群众文艺团队信息库，加大对各类群众文艺团队的扶持力度，加强内容指导和队伍建设。鼓励各地对优秀群众文艺团队予以表彰奖励。

16.发展和壮大群众文艺志愿者队伍。各级文化馆（站）建立文化志愿服务机制，鼓励和动员专家学者、专业艺术工作者参加群众文艺工作，通过教学帮带，提升群众文艺工作水平。加强基层群众文艺志愿者队伍建设，建立注册招募、服务记录、管理评价、教育培训机制。继续开展文化志愿服务品牌活动，推进“春雨工程”——全国文化志愿者边疆行活动、"大地情深"——国家艺术院团志愿服务走基层活动、"阳光工程"——中西部农村文化志愿服务行动计划，发挥品牌活动示范引导作用。会同中国文联文艺志愿服务中心开展文艺家志愿服务活动。

17.加强群众文艺行业组织建设。认真落实中办国办《关于加强文化领域行业组织建设的指导意见》，支持中国文化馆协会、中国群众文化学会等规范发展。鼓励各地因地制宜发展群众文艺行业组织，引导其更好地参与群众文艺工作，助力群众文艺繁荣发展。

专栏4　群众文艺人才队伍建设

群众文艺骨干培训计划。依托全国基层文化队伍培训计划，加大对群众文艺人才队伍的培训力度，"十三五"期间，对全国各级文化馆馆长、乡镇(街道)文化站站长进行系统轮训，对群众文艺创作、表演骨干人员进行专题培训。

优秀群众文艺团队扶持计划。通过加强技能培训、搭建交流平台、评选示范团队等形式，培养一批长期活跃在基层、深受群众喜爱的优秀团队。到2020年，培育优秀群众文艺团队1000个，文化馆馆办文艺团队10000个，经常开展活动的群众业余文艺团队50万个。

文化志愿者服务计划。推动各地开展以"大舞台""大讲堂""大展台"为主要形式的文化志愿服务活动，继续开展"春雨工程"——全国文化志愿者边疆行活动、"大地情深"——国家艺术院团志愿服务走基层活动、"阳光工程"——中西部农村文化志愿服务行动计划，加大对基层群众文艺创作辅导、技能培训和活动支持，配合开展文艺家志愿服务活动。

全民艺术普及技能提升计划。依据《国家基本公共文化服务指导标准》、文化馆(站)基本服务项目和内容，通过业务培训、技能比武及交流展示等形式，提升群众文艺工作者业务水平和服务能力；依托各级文化馆(站)、公共图书馆和基层综合性文化服务中心，通过集中办班、基层辅导、远程培训等多种形式，组织开展面向不同群体的文化艺术知识普及和培训服务。

(五)加强群众文艺阵地建设管理

18.完善群众文艺工作网络。牢固树立阵地意识，各级文化馆(站)要用社会主义先进文化引领群众文艺健康发展。围绕构建现代公共文化服务体系，加快各级文化馆(站)、基层综合性文化服务中心、文化广场、文化大院等群众文艺阵地建设，建立覆盖全国的群众文艺设施阵地网络。制定和完善群众文化机构管理办法和业务规范，明确各级群众文化机构的功能定位、职责范围和重点任务，确保群众文艺健康发展。加强数字文化馆建设，搭建群众文艺创作和培训的数字化平台。推动各地办好群众文艺期刊、网站和栏目，提供交流展示平台，拓展传播渠道。

19.加强群众文艺阵地规范管理。按照属地管理和"谁主管、谁负责"的原则，加强对各类群众文艺讲座、论坛、沙龙、读书会、演出展览、广场文化活动等的引导和管理，建立"一会一报""一事一报"制度。加强文化市场综合执法，强化对社会力量主办的群众文艺报刊、出版物、网站等群众文艺阵地的管理。

20.加强群众文艺内容管理。建立健全群众文艺作品和群众文化活动评价机制，把握正确导向，坚持弘扬社会主义核心价值观，旗帜鲜明地表达党的文艺立场、文艺方针。做好重点选题和热点敏感问题创作的审核把关，开展严肃的群众文艺批评，讴歌真善美，贬斥假恶丑，抵制庸俗低俗媚俗，营造积极健康、宽松和谐的群众文艺生态环境。

三、保障措施

(一)加强组织领导

各级文化行政部门切实加强对群众文艺工作的组织领导，将繁荣发展群众文艺纳入地方"十三五"文化发展规划，纳入繁荣发展社会主义文艺总体安排，纳入构建现代公共文化服务体系整体部署，纳入意识形态工作责任制，加强政治引领、把关。省级文化行政部门根据本规划制定实施方案，作为本地繁荣发展社会主义文艺工作的重点任务加以推进。地市和县级文化行政部门因地制宜制定年度工作计划，提出具体措施加以落实。

(二)加强经费支持

依托国家艺术基金等现有专项资金和基金渠道，鼓励有条件的地方设立繁荣群众文艺专项资金或群众文艺创作基金，支持开展面向基层的群众文艺项目及文艺活动，扶持重点作品创作。将优秀群众文艺演出和展示活动纳入各级政府购买公共文化服务范围，支持优秀群众文艺作品传播推广和惠民演出。加强群众文艺资金管理，制定经费使用管理制度或办法，提高资金使用效益，坚决防止发生侵害群众利益、浪费国家财产的问题。

（三）加强资源整合

依托县级文化馆总分馆制建设，加强城乡群众文艺资源整合和互联互通。加强与文联、作协、工会、共青团、妇联等团体和军队系统的群众文艺资源整合。促进群众文艺与旅游、体育项目相结合，打造一批具有地域特色、符合市场需求的群众文艺项目，促进群众文艺与旅游、体育等相关产业相结合。

（四）营造良好环境

按照中央关于文艺评奖改革精神，加强和改进群众文艺评奖工作，切实提高评奖的公信力和影响力。充分发挥全国服务农民、服务基层文化建设先进集体表彰机制的作用，引领各级文化馆（站）加强群众文艺工作。落实国家关于公益性文化单位改革的政策要求，支持文化馆（站）开展群众文艺工作。鼓励和引导各类业余文艺社团、民营剧团、文化类社会组织等社会力量积极参与群众文艺工作。加大对优秀群众文艺作品和人才的宣传力度，完善群众文艺人才激励机制，依法保护群众文艺作品知识产权，扩大群众文艺影响力和吸引力。

（五）强化责任落实

各级文化行政部门承担规划落实的主体责任。省级文化行政部门应将本规划与贯彻公共文化服务保障法和公共文化服务示范区创建工作有机结合，建立规划实施的监督检查机制，将规划实施情况作为对文化馆（站）绩效考核和评估定级的重要参考依据。省级文化行政部门每年向文化部报告规划实施情况，并负责对地市级、县级文化行政部门贯彻落实情况进行督促检查。文化部适时组织抽查，推动规划落实。

文化部关于发布行业标准《演出安全　第9部分：舞台幕布安全》的通知

文科技函〔2017〕336号

各省、自治区、直辖市文化厅（局），新疆生产建设兵团文化广播电视局，国家京剧院、中国国家话剧院、中国歌剧舞剧院、中国东方演艺集团有限公司、中国交响乐团、中国儿童艺术剧院、中央歌剧院、中央芭蕾舞团、中央民族乐团、中国艺术科技研究所：

《演出安全第9部分：舞台幕布安全》（WH/T 78.9—2017）经审定通过，现批准为推荐性行业标准，自2017年8月1日起实施。

本标准由我部全国剧场标准化技术委员会组织出版发行。

特此通知。

文化部

2017年5月15日

中共中央宣传部　文化部　教育部　财政部 关于新形势下加强戏曲教育工作的意见

文科技发〔2017〕13号

各省、自治区、直辖市党委宣传部、文化厅（局）、教育厅（教委）、财政厅（局），新疆生产建设兵团党委宣传部、文化广播电视局、教育局、财务局：

为贯彻落实中共中央办公厅、国务院办公厅《关于实施中华优秀传统文化传承发展工程的意见》和国务院办公厅《关于支持戏曲传承发展若干政策的通知》精神，夯实戏曲艺术传承发展基础，加强学校戏曲专业人才培养，健全学校教育与院团传习相结合的人才培养体系，现提出以下意见：

一、总体要求

戏曲教育工作必须认真贯彻党的十八大和十八届三中、四中、五中、六中全会精神，坚持以邓小平理论、“三个代表”重要思想、科学发展观为指导，深入学习贯彻习近平总书记系列重要讲话精神和治国理政新理念新思想新战略，坚持以社会主义核心价值观为引领，牢牢把握社会主义先进文化前进方向，以培养德艺双馨的戏曲专业人才为目标，注重职业道德与职业精神培育，力争在“十三五”期间，基本建立主要剧种与院校戏曲专业相对应、戏曲人才需求和戏曲教育培养相平衡、职前教育和职后教育相衔接、学校教育与戏曲艺术表演团体传习相结合的戏曲人才培养体系，健全戏曲专业优秀后备人才早期发现、选拔和培养机制及戏曲教育质量评估督查制度，统筹艺术院校戏曲专业教学和展示活动，着力支持基层戏曲院团发展，加强地方戏人才培养，推动形成符合戏曲艺术人才培育规律、适应戏曲行业发展需要的戏曲教育新模式，为戏曲传承发展提供有力的人才支撑。

二、主要任务

（一）优化戏曲专业结构布局

各级文化、教育行政部门要以全国地方戏曲剧种普查数据为基础，以列入国家级非物质文化遗产代表性项目名录中的戏曲项目为重点，结合本地区戏曲艺术传承发展规划，指导艺术院校，特别是中等艺术职业学校结合自身优势与基层戏曲院团需求设置戏曲专业。建立健全以戏曲行业需求为导向的专业结构动态调整机制，加强地方戏人才培养。

（二）完善戏曲人才培养体系

巩固提高戏曲中等职业教育基础性地位，尊重戏曲早期专业型教育独特规律，以培养戏曲表演人才为重点，加大生源保障力度。创新发展戏曲高等职业教育，以提高戏曲人才的艺术和技能水准为重点，强化戏曲教育的职业优势。做精戏曲本科、研究生教育，促进戏曲教育产学研用深度融合，加强戏曲青年拔尖人才和戏曲创作人才、经营管理人才的培养，不断提升高层次戏曲教育领域的艺术研究与创新能力。重视戏曲从业人员职业规划，积极推进戏曲从业人员继续教育，构建戏曲专业人才终身学习机制，提高戏曲人才队伍整体素质。支持戏曲院校帮扶群众戏曲工作，提高群众文艺戏曲工作者创作和表演水平。

（三）创新戏曲人才培养模式

充分发挥戏曲院团育人的重要主体作用，鼓励校团共建实训基地。开展名家传戏活动，将传统的口传心授和现代戏曲教育相结合，完善戏曲表演专业教学标准，制订专业核心课程标准，编写并推广使用优秀戏曲教材。鼓励戏曲名家、非物质文化遗产传承人、戏曲表演类民间艺人在有条件的艺术院校成立大师工作室。推行订单培养，促进专业与职业、课程内容与职业标准、教学过程与戏曲创作表演过程对接。推广“剧目驱动教学”、“演学结合”、现代学徒制等人才培养模式，促进不同剧种、不同地区戏曲人才培养之间的合作交流，加强戏曲教育资源整合，推进协同创新，提高人才培养的效率和效益。

（四）鼓励院团深度参与实践教学

研究制定促进艺术院校与戏曲院团，特别是与基层戏曲院团合作办学有关制度和激励政策。依据《职业院校表演艺术类专业顶岗实习标准》，院团与有关院校共同制定戏曲专业实施性实习方案，确保实习岗位与所学专业对口。鼓励学生参与院团演出及“戏曲进校园”“戏曲进社区”“戏曲进乡村”活动。院校与院团应根据国家有关规定，为实习学生投保实习责任保险，共同做好实习安全、劳动保障、支付合理报酬等工作，切实维护学生的合法权益。

（五）积极推进招生与用人一体化

各地文化、教育行政部门要根据戏曲事业发展的需求研究编制戏曲人才需求报告，指导院校制定戏曲人才培养规划和年度计划，力争做到以需定产、供需平衡。艺术院校根据戏曲院团，特别是基层戏曲院团需求，适度扩大中高职贯通培养招生规模，与合作戏曲院团共同研制招生与用人方案，改革考核方式、内容和录取办法，提高生源质量。支持艺术院校与戏曲院团联合培养濒危剧种人才。各级教育行政部门要为艺术院校招收普通中小学生入学，特别是地方戏考生提供便利。

（六）建立健全戏曲教育质量评价机制

制定戏曲专业教学、教师资格、实训基地等方面的标准；健全评估制度，完善戏曲专业办学水平评估指标体系。择优推出30个戏曲专业人才优质培养单位，遴选一批戏曲人才培养基地和示范专业点，通报表扬100名优秀戏曲专业专兼职教师，全面提升各地戏曲教育教学质量。

（七）搭建平台展示教育教学成果

办好全国青少年戏曲教育教学成果展示、全国职业院校技能大赛戏曲赛项等活动。创新戏曲专业教学交流形式，开展戏曲教学名师、戏曲行当、戏曲流派、地方剧种等专题交流学习活动。通过展示交流活动，发现、选拔一批优秀戏曲专业人才，文化部吸纳进入文化部戏曲后备人才库，优先推荐进入戏曲院团就业。

三、保障措施

（一）加强组织协调

各级宣传部门及文化、教育行政部门要切实承担起发展戏曲教育的主要责任，将戏曲教育纳入发展规划，制定配套政策措施，抓好具体实施，建立督导制度，做好政策落地工作。推动戏曲院团与艺术院校，特别是基层戏曲院团与地方戏人才培养对接。积极发挥全国文化艺术职业教育教学指导委员会在职业院校戏曲专业设置、专业教学标准及课程教材建设、人才培养质量评价等方面的指导作用。鼓励戏曲院团与艺术院校共同组建戏曲教育联盟，积极发挥行业协会、专业学会、基金会等各类社会组织在戏曲教育中的作用。

（二）加大支持力度

各级宣传部门及文化、教育、财政行政部门要加强与发展改革委等相关部门的沟通协调，推动加大对戏曲教育扶持，拓宽经费筹措渠道，引导社会力量加大对戏曲教育的投入、捐赠。对通过符合条件的公益性社会团体或者县级以上人民政府及其部门，向戏曲教育的捐赠，按税法规定在所得税税前扣除。落实中等职业教育戏曲表演专业学生免学费政策。地方各级财政、教育等部门应根据本地区经济社会发展水平、职业教育发展规划、专业办学成本、财力状况等因素，科学合理确定职业院校戏曲专业生均拨款标准。

（三）健全师资队伍

建立健全戏曲专业教师资格标准和专业标准。鼓励相关院校聘用（聘任）戏曲名家、非物质文化遗产传承人和优秀演员担任兼职教师，支持相关院校通过多种方式吸收社会优秀人才参与戏曲教育，建设专兼结合的高素质专业教师队伍。

中共中央宣传部
文化部
教育部
财政部
2017年5月27日

文化部关于印发《文化部“十三五”时期艺术创作规划》的通知

文艺发〔2017〕14号

各省、自治区、直辖市文化厅（局），新疆生产建设兵团文化广播电视局，各计划单列市文化局，本部各司局、各直属单位：

《文化部“十三五”时期艺术创作规划》已经文化部党组同意，现印发给你们，请结合实际认真贯彻执行。

特此通知。

文化部
2017年6月28日

文化部“十三五”时期艺术创作规划

为贯彻落实习近平总书记关于文艺工作的重要讲话精神和《中共中央关于繁荣发展社会主义文艺的意见》精神，促进文艺繁荣发展，编制本规划。

一、指导思想

全面贯彻党的十八大和十八届三中、四中、五中、六中全会精神，深入学习贯彻习近平总书记系列重要讲话精神特别是在文艺工作座谈会和中国文联十大、中国作协九大开幕式上的重要讲话精神，坚持为人民服务、为社会主义服务，坚持百花齐放、百家争鸣，坚定文化自信，坚持以人民为中心的创作导向，以培育和弘扬社会主义核心价值观为根本任务，以中华优秀传统文化为根脉，勇攀艺术高峰，为实现“两个一百年”奋斗目标、实现中华民族伟大复兴的中国梦提供强大的价值引导力、文化凝聚力、精神推动力。

二、基本原则

——弘扬主旋律，传递正能量。坚持党对文艺工作的领导，牢牢把握社会主义先进文化前进方向，把中国梦和社会主义核心价值观贯穿到艺术创作各环节。

——坚定文化自信，振奋民族精神。坚守中华文化立场，传承中华文化基因；坚持不忘本来、吸收外来、面向未来，创作更多具有鲜明中国特色、中国风格、中国气派的艺术作品。

——坚持服务人民，积极歌颂人民。把满足人民精神文化需求作为文艺和文艺工作的出发点和落脚点，把人民作为文艺表现的主体、作为文艺审美的鉴赏家和评判者，为人民抒写、为人民抒情、为人民抒怀，生动展现人民创造历史的伟大进程。

——坚持继承创新，推动艺术发展。树立精品意识，坚持思想性、艺术性、观赏性相统一，把创新精神贯穿于艺术创作生产全过程，提高文艺原创能力。推动观念和手段相结合、内容和形式相融合、各种艺术要素和技术要素相辉映，提升作品精神高度、文化内涵和艺术价值，不断增强艺术表现力。

——坚持德艺双馨，引领社会风尚。牢记文化责任和社会担当，牢记以文化人、以文育人的职责，始终把社会效益放在首位，崇德尚艺，传递向善向上的价值观，成为时代风气的先觉者、先行者、先倡者。

三、发展目标和主要指标

（一）发展目标

到2020年，艺术生产机制更加健全，艺术创作更加繁荣，艺术评价体系更加完善，艺术人才队伍更加壮大，优秀文艺作品不断涌现，人民群众精神文化生活不断迈上新台阶。

（二）主要指标

——重点推出50部左右思想精深、艺术精湛、制作精良的舞台艺术作品。扶持100部舞台艺术剧本创作。

——实现全国文艺院团领导干部轮训。培训1000名戏曲编剧、导演、音乐、舞台美术、评论等骨干人才。

——推出100件左右优秀主题性美术作品和150个左右美术馆馆藏精品展览。扶持建立2—3家国家美术藏品修复示范中心。

——国家艺术基金立项资助项目达到4000项左右。

四、创作主题

聚焦中国梦的时代主题，培育和弘扬社会主义核心价值观，唱响爱国主义主旋律，传承和弘扬中华优秀传统文化，讲好中国故事，传播中国声音，塑造中国形象，弘扬中国精神，凝聚中国力量。

——重点扶持现实题材、爱国主义题材、重大革命和历史题材、青少年题材、军事题材等创作生产。

——重点支持反映改革开放和社会主义现代化建设的伟大实践，特别是以“全面建成小康社会、全面深化改革、全面依法治国、全面从严治党”“强军梦”“一带一路”“京津冀协同发展”“长江经济带”“扶贫攻坚”“西部开发”“东北振兴”“中部崛起”“东部率先”等国民经济和社会发展重大战略为主题的创作选题。

——重点围绕党的十九大、建军90周年、香港回归20周年、改革开放40周年、新中国成立

70周年、澳门回归20周年、全面建成小康社会、抗战胜利75周年、长征胜利85周年、建党100周年等重大时间节点以及反映党史国史军史上的重大事件、重要人物，开展艺术创作。

五、重点任务

（一）建设深入生活、扎根人民常态化的工作机制

引导广大文艺工作者牢固树立走入生活、贴近人民的创作态度，增强提炼生活的创作能力，推动“深入生活、扎根人民”主题实践活动常态化开展，使广大文艺工作者向人民学习、为人民服务、接受人民检验，推动深入生活、扎根人民成为艺术创作的基础环节和必由之路。

专栏1　持续开展“深入生活、扎根人民”主题实践活动

“深入生活、扎根人民”主题实践活动：组织广大文艺工作者围绕重点艺术作品创作到生活一线采风；建立基层联系点，开展定点深入生活、“结对子、种文化”等帮扶基层工作。加强组织引导，制定和完善开展主题实践活动常态化的机制，从政策、经费、艺术指标和绩效考核等方面为主题实践活动提供支持和保障。确定主题实践活动的重点创作目标和详细计划，落实人员、经费、时间和成果要求。通过动员、引导、示范、表彰等手段，树立和宣传活动典型，带动更多的文艺工作者自觉投身到活动中来。

（二）创作生产优秀文艺作品

实施精品战略，把握发展态势，尊重艺术创作规律，加大对艺术创作生产的组织引导，合理集聚和有效配置资源，组织实施重大工程项目，加大对具有示范性、引领性作用的原创精品的扶持力度，推出更多无愧于民族、无愧于时代的优秀作品。

专栏2　扶持精品创作

国家舞台艺术精品创作扶持工程：集中力量、集聚资源，出精品、攀高峰，力争到2020年推出50部左右优秀舞台艺术作品。坚持统筹协调、上下联动，努力形成策划一批、创作一批、演出一批的优秀作品创作生产机制。每年发布“全国舞台艺术重点创作剧目名录”，并从中遴选“国家舞台艺术精品创作扶持工程重点扶持剧目”。组织专家对重点扶持剧目跟踪指导、考核评估，加强宣传推广，开展交流演出.

国家艺术基金资助项目：在舞台艺术创作、美术创作、艺术传播交流推广、艺术人才培养、新兴艺术门类创作等方面，资助项目4000项左右，进一步健全管理制度，完善资助机制，提高资助质量。

民族歌剧传承发展工程：制定并实施民族歌剧重点剧目创作计划和遴选指导制度，扶持重点民族歌剧创作和经典民族歌剧复排；举办民族歌剧培训班和传习班，积极培养民族歌剧艺术人才；举办中国民族歌剧创作座谈会，加强理论评论建设；加大宣传推广力度，打造民族歌剧展示传播平台，办好优秀民族歌剧展演、中国歌剧节等重大艺术活动。

剧本扶持工程：扶持一度创作，提升艺术原创水平。通过征集新创、整理改编、买断移植，扶持戏曲、话剧、儿童剧、歌剧、音乐剧、舞剧等100部舞台艺术剧本创作。开展戏曲剧本孵化计划，资助原创大戏和小戏剧本各150部，扶持戏曲企业剧目创作生产。

重大题材美术创作工程：公布选题方案，遴选优秀美术家参与创作并推出100件左右优秀主题性美术作品。围绕庆祝新中国成立70周年和庆祝中国共产党成立100周年，举办展览活动，将新创作的优秀作品与馆藏经典作品共同展示。

国家美术发展和收藏工程：实施全国美术馆发展扶持计划，开展美术馆专业人才培训，完成1500人次培训任务，基本实现国有美术馆馆长轮训目标。提升画院创作研究能力，培养扶持画院专业创作人才200人左右。完成全国美术馆藏品普查。实施国家美术作品收藏和捐赠奖励项目。加强国家美术藏品的保护修复和研究推广，扶持建立2—3家国家美术藏品保护和修复示范中心，推出150个左右美术馆馆藏精品展览。

（三）传承和弘扬中华优秀传统文化

坚持“创造性转化、创新性发展”，坚持在扬弃继承中大力推动中华优秀传统文化转化创新，激发中华优秀传统文化的时代活力，用中华优秀传统文化滋养艺术创作，将传统文化融入艺术创造之中，创作更多体现中华文化精髓、反映中国人审美追求、传播当代中国价值观念、又符合世界进步潮流的优秀作品。

专栏3　弘扬中华优秀传统文化

戏曲振兴工程：完成全国地方戏曲剧种普查，摸清戏曲家底，实现动态化管理。培育戏曲人才，开展“名家传戏——当代戏曲名家收徒传艺工程”，组织京剧、昆曲和地方戏名家传授经典折子戏。传承戏曲经典，实施中国京剧像音像工程，录制

续 表

350部京剧剧目，启动中国戏曲音像工程；开展优秀昆曲传统折子戏录制工作，抢救、保护戏曲文献资料。鼓励戏曲创作，实施剧本扶持工程和戏曲剧本孵化计划，从创作源头入手，推动优秀剧目创作。开展示范性戏曲活动，组织京剧、昆剧、越剧、黄梅戏、评剧、豫剧等艺术节庆及全国基层院团戏曲会演等展演展示活动；举办"名家传戏"成果汇报演出，展示培养成果。推动戏曲进校园、进农村、进基层，将地方戏曲演出纳入基本公共文化服务目录，支持戏曲艺术表演团体到各级各类学校演出。加大对国家级非物质文化遗产保护名录中传统戏剧项目的扶持力度。培育有利于戏曲活起来、传下去、出精品、出名家的良好环境。

民族音乐舞蹈杂技扶持工程：引导艺术院团和艺术家深入基层，学习和传承民间乐种和民族舞蹈；抢救保护珍贵传统乐谱，开展民间乐种和民族舞蹈样式普查，建设民族音乐舞蹈数据库；扶持重点音乐、舞蹈、杂技艺术院团，组织开展音乐、舞蹈、杂技作品的创作、征集和展演，推出一批优秀作品和人才。

（四）完善评价激励机制

建立健全科学合理的文艺作品评价体系，把遵循社会主义先进文化前进方向和人民满意作为最高标准，把群众评价、专家评价和市场检验统一起来。充分发挥文艺评奖的导向激励作用，进一步改革和完善评奖机制。建立获奖作品跟踪考核机制，推动获奖作品面向公众多演出。加强文艺理论和评论工作，运用历史的、人民的、艺术的、美学的观点评判和鉴赏文艺作品，褒优贬劣，激浊扬清，更加有效地引导创作、推出精品、提高审美、引领风尚。

专栏4 健全文艺评价机制

中国文化艺术政府奖——文华奖：开展第十五届、第十六届文华奖评选工作。制定《文华奖章程》，完善评奖办法，科学设立奖项，健全评奖机制。坚持公平公正公开，严格标准、严格程序，严肃评奖纪律，提高公信力和权威性。推动获奖作品和艺术家面向基层、服务人民。

艺术评论体系构建和引导计划：加强文艺评论阵地建设、队伍建设、实践开展和成果推广。扩大与重点媒体特别是新兴媒体的合作，办好各类评论人才培训班，大力开展"一剧一评"等多种形式的评论活动，发挥评论对创作的促进作用。

（五）举办重大艺术活动

发挥重大艺术活动的示范引导作用，为优秀作品的演出、展示、提高搭建良好平台。举办第十一届、第十二届中国艺术节。继续举办全国舞台艺术优秀剧目展演、国家艺术院团演出季、全国基层院团戏曲会演、全国民营艺术院团优秀剧目展演、中国京剧艺术节、中国昆剧艺术节、中国越剧艺术节、中国（安庆）黄梅戏艺术节、中国评剧艺术节、中国豫剧艺术节、全国小剧场戏剧优秀剧目展演、全国曲艺木偶皮影优秀剧（节）目展演、全国优秀舞蹈节目展演、全国声乐展演、中国歌剧节、全国优秀民族歌剧展演、中国民族器乐民间乐种组合展演、中国西部交响乐周、全国优秀杂技节目展演、中国诗歌节、全国美术作品展览、中国设计大展、全国美术馆馆藏精品展出季等重大展演展览活动。

（六）加强优秀作品的传播推广

通过政府购买服务方式，大力开展"文化下乡""文化迎春，艺术为民""高雅艺术进校园"等公益性演出活动。创新艺术传播渠道，促进优秀文艺作品多渠道传播、多平台展示、多终端推送。扩大和引导文化消费，让更多的观众共享艺术发展的最新成果。

（七）加强艺术人才队伍建设

深化马克思主义文艺观学习教育，引导文艺工作者打牢世界观、人生观、价值观的根底，提高学养、涵养、修养。多措并举，形成有步骤、有层次、系统化的人才培养机制，培养造就文艺领军人物和高素质文艺人才，建设一支德艺双馨、专业均衡、结构合理、数量宏大的人才队伍。尊重艺术家的创造性劳动，鼓励创新创造，深化人才发展体制机制改革，做好对新的文艺组织和新的文艺群体的团结、引导、服务工作，完善人才评价、流动、激励机制，为全面提升艺术创作水平提供有力的人才支持。

专栏5 培养艺术人才

名家传戏——当代戏曲名家收徒传艺工程：以"一带二"的方式，由老一代表演艺术家向青年演员传授表演精粹，"传艺、传神、传德"，培训戏曲青年表演人才1000人次。

续 表

戏曲艺术人才培养"千人计划":举办戏曲编剧、导演、音乐、舞台美术、评论等专业人才培训班,培养1000名具有扎实戏曲创作能力的骨干创作人才。
全国文艺院团长培训班:完成全国文艺院团长轮训。文化部举办示范培训班培训约2400人,各地文化行政部门结合实际完成培训约19000人。
西部及少数民族地区艺术创作提升计划:针对西部12个省份及新疆生产建设兵团,确定一批重点剧目,组织专家协助开展剧目的修改、打磨、提高。选拔100名青年创作人才到国家艺术院团进行驻团实践,提高西部及少数民族地区创作能力,促进西部艺术资源开发,推动全国艺术创作协调发展。

六、保障措施

(一)加强组织领导

各级文化行政部门切实加强对艺术创作的组织领导,把艺术创作纳入重点工作任务,纳入考核评价体系。履行好意识形态工作责任,把好政治导向关。

(二)加大资金保障

各级文化行政部门要加大对艺术创作的经费支持,用好各类专项资金和艺术基金。创新资金投入方式,提高资金使用效率,健全政府采购、项目补贴、贷款贴息、税收减免等制度。鼓励和引导社会力量参与文艺创作和公益性演出。

(三)强化任务落实

各级文化行政部门、文化部直属艺术机构要充分认识本规划的意义,结合本地、本单位实际制定实施方案和执行计划;明确重大工程和重大项目的责任主体和实施进度,对规划实施情况进行跟踪分析、检查评估,推动各项任务措施落到实处。

文化部关于规范营业性演出票务市场经营秩序的通知

文市发〔2017〕15号

各省、自治区、直辖市文化厅(局),新疆生产建设兵团文化广播电视局,西藏自治区、北京市、天津市、上海市、重庆市文化市场(综合)行政执法总队:

近年来,随着演出市场进一步繁荣,互联网技术加快普及应用,演出票务经营模式更加多样、渠道手段更加便捷,有效促进了演出市场消费和行业发展。同时也要看到,囤票捂票炒票、虚假宣传、交易不透明等违法违规演出票务经营行为仍时有发生,严重损害了消费者权益,扰乱了演出市场正常秩序。为规范营业性演出票务市场,促进行业健康有序发展,现就有关事项通知如下。

一、严格资质管理,强化演出经营单位主体责任

(一)从事营业性演出票务经营活动的单位,应当依照《营业性演出管理条例》及其实施细则关于演出经纪机构的有关规定,按照《文化部关于加强演出市场有关问题管理的通知》(文市发〔2011〕56号)有关要求,向文化行政部门申请取得营业性演出许可证。利用信息网络从事营业性演出票务经营活动的互联网平台企业属于演出票务经营单位,应当按上述规定办理营业性演出许可证。文化行政部门向演出票务经营单位颁发营业性演出许可证时,应当在经营范围中载明"演出票务"。

(二)演出举办单位除自行经营演出票务外,应当委托具有资质的演出票务经营单位经营本单位营业性演出门票。演出票务经营单位经营营业性演出门票,应当取得演出举办单位授权。取得授权的演出票务经营单位,可以委托其他具有演出票务经营资质的机构代售演出门票。未经委托或授权,演出票务经营单位不得经营营业性演出门票。举办大型演唱会的,应当按照公安部门的要求,在提交大型群众性活动申请时,向公安部门一并提交演出票务销售方案。文化行政部门应当联合公安部门督促演出举办单位按照票务销售方案进行售票。

（三）为营业性演出票务经营活动提供宣传推广、信息发布等服务的互联网平台企业，应当核验在其平台上从事营业性演出票务经营活动的票务经营单位资质及相关营业性演出的批准文件，不得为未取得营业性演出许可证的经营主体提供服务，不得为未取得营业性演出批准文件的营业性演出票务经营提供服务，不得为机构和个人倒卖门票、买卖演出工作票或者赠票提供服务。

二、规范经营活动，保障消费者合法权益

（四）演出票务经营单位预售或者销售演出门票前，应当核验演出举办单位的营业性演出批准文件，不得预售或销售未取得营业性演出批准文件的演出门票。演出举办单位、演出票务经营单位应当按规定明码标价，不得在标价之外加价销售，不得捂票囤票炒票，不得对演出内容和票务销售情况进行虚假宣传。

（五）演出举办单位、演出票务经营单位面向市场公开销售的营业性演出门票数量，不得低于公安部门核准观众数量的70%。经公安部门批准，全场可售门票数量确需调整的，应当及时明示相应区域并予以说明。

（六）演出举办单位、演出票务经营单位在销售演出门票时，应当明示演出最低时长、文艺表演团体或者主要演员信息，涉及举办演唱会的，还应当明示主要演员或团体及相应最低曲目数量；应当公布全场可售门票总张数、不同座位区域票价，实时公示已售、待售区域，保障消费者知情权和监督权，促进公平交易。演出举办单位或演出票务经营单位应当留存演出门票销售记录（包括销售时间、购买账号等信息）及相关合同6个月备查。

三、加强重点演出监管，维护市场正常经营秩序

（七）文化行政部门要将社会关注度高、票务供需紧张的营业性演出作为重点监管对象，提前进行研判，对有炒票等潜在问题的，及时采取相应措施，防止问题发生。发现在票务经营中有违规苗头或可能造成不良影响的，应当及时约谈演出举办单位和演出票务经营单位，督促整改；对拒不整改的，要及时依法处置，并视情将演出举办单位或演出票务经营单位列入文化市场警示名单或黑名单予以信用警示或惩戒。

（八）鼓励各地探索对重点营业性演出门票销售实行实名制管理。支持有条件的地区建设演出票务管理平台，与演出票务经营单位的票务系统进行对接，实施实时在线监管。支持行业协会发出行业倡议，共同抵制高票价、豪华消费等行为。加强舆论正面引导，对虚抬票价、恶意炒作的行为予以揭露。

四、加大执法处罚，严厉打击违法违规经营活动

（九）各级文化市场综合执法机构要加强对违法违规演出票务经营活动的执法力度。对擅自从事营业性演出票务代理、预售、销售业务的，依照《营业性演出管理条例》第四十三条的规定给予处罚；对预售、销售未经批准的营业性演出门票，或者未经演出举办单位授权，擅自预售、销售营业性演出门票的，依照《营业性演出管理条例实施细则》第五十五条的规定给予处罚；对不明示信息、不落实平台责任的，应当依照《营业性演出管理条例实施细则》第二十八条第（四）项、第（七）项、第五十四条的规定给予处罚。

（十）各级文化市场综合执法机构要加强与相关部门的执法协作，有条件的地方可建立由文化部门牵头，公安、物价、工商等部门参加的演出票务执法协作机制。对有捂票囤票、炒作票价、虚假宣传、倒票等违规行为的演出举办单位或演出票务经营单位，文化市场综合执法机构应当及时将有关信息抄告当地公安、工商等部门，配合有关部门依法处置。

地方文化行政部门可以根据本通知精神，结合地方实际制定营业性演出票务市场管理的具体办法。

特此通知。

文化部

2017年7月6日

文化部关于印发《文化部"十三五"时期公共数字文化建设规划》的通知

文公共发〔2017〕18号

各省、自治区、直辖市文化厅（局），新疆生产建设兵团文化广播电视局，各计划单列市文化局，本部各司局、各直属单位，国家文物局：

《文化部"十三五"时期公共数字文化建设规划》已经文化部党组同意，现印发给你们，请结合实际认真贯彻执行。

特此通知。

文化部

2017年7月7日

文化部"十三五"时期公共数字文化建设规划

公共数字文化建设是加快构建现代公共文化服务体系的重要任务。"十二五"时期，我国大力推进公共数字文化建设，统筹实施了全国文化信息资源共享工程、数字图书馆推广工程、公共电子阅览室建设计划等重点公共数字文化工程。目前，公共数字文化建设工作框架基本建立，覆盖全国的服务网络基本成型，资源库群初具规模，服务模式不断创新，政策标准逐步完善，保障水平明显提高，对构建现代公共文化服务体系发挥了重要的支撑作用。虽然我国公共数字文化建设取得了显著成绩，但仍存在诸多突出矛盾和问题，主要表现在：与固定设施服务、流动服务有机结合的数字文化服务网络尚不完善；公共数字文化服务与群众文化需求缺乏有效对接，服务效能不高；不同公共数字文化工程缺乏有效统筹，没有完全实现互联互通和相互支撑；社会力量参与机制不健全，公共数字文化建设活力不足等。

"十三五"时期，是基本建成现代公共文化服务体系的冲刺阶段，是落实国家"互联网＋"行动计划、大数据战略和推进公共数字文化发展的重要战略机遇期。为加快推进公共数字文化建设，根据《中华人民共和国公共文化服务保障法》、《中共中央办公厅国务院办公厅关于加快构建现代公共文化服务体系的意见》、《国家"十三五"时期文化发展改革规划纲要》和《文化部"十三五"时期文化发展改革规划》，特制定本规划。

一、总体要求

（一）指导思想

全面落实党的十八大和十八届三中、四中、五中、六中全会精神，深入贯彻习近平总书记系列重要讲话精神和治国理政新理念新思想新战略，围绕中央关于加快构建现代公共文化服务体系的决策部署，按照公益性、基本性、均等性和便利性要求，以现代信息技术为支撑，以重点公共数字文化惠民工程为抓手，以资源建设和服务推广为重点，进一步完善公共数字文化服务网络，丰富服务资源，提升服务效能，全面提高公共文化管理和服务的信息化、网络化水平，促进基本公共文化服务标准化、均等化，更好地满足广大人民群众快速增长的数字文化需求。

（二）基本原则

1. 坚持正确工作导向。坚持社会主义先进文化前进方向，以社会主义核心价值观为引领，进一步完善公共数字文化服务网络、丰富服务内容，提高服务的针对性和实效性，保障人民群众基本文化权益，促进社会文明进步。

2. 坚持政府主导、社会参与。

牢牢把握公共数字文化服务的公益属性，全面落实政府主体责任，充分发挥政府主导作用，完善社会力量参与机制，畅通社会力量参与渠道，鼓励和引导社会力量参与，激发公共数字文化发展活力。

3. 坚持服务群众、突出效能。建立健全群众文化需求征集和评价反馈机制，以群众需求为导向，丰富公共数字文化产品和服务内容，为人民群众提供集成化、“一站式”公共数字文化服务，促进供需有效对接，提升服务效能。

4. 坚持科学管理、创新发展。围绕建设、管理和服务等关键环节，完善公共数字文化建设工作机制，创新服务模式，完善公共数字文化建设政策保障，优化配置各级各类公共数字文化资源，促进互联互通、共建共享，实现创新发展。

(三)目标任务

到2020年，基本建成与现代公共文化服务体系相适应的开放兼容、内容丰富、传输快捷、运行高效的公共数字文化服务体系。

——公共数字文化服务网络初步建成。公共图书馆、文化馆和基层综合性文化服务中心基本实现无线网络覆盖，全国县级以上公共图书馆均具备数字图书馆服务能力，全国50%以上的文化馆具备数字文化馆服务能力，文化信息资源共享工程基层服务点实现提档升级。

——分级分布式资源体系基本建成。建成一批结构合理、内容丰富、品质精良的公共数字文化资源，资源总量达到3500太字节以上，可供全国共享使用的资源达到1500太字节以上，其中特色资源达到880太字节以上，与移动互联服务相适应的资源比例明显提高。

——公共数字文化服务效能显著提升。依托国家公共数字文化服务云平台，实现线上线下互动式服务模式广泛应用，菜单式、点单式服务实现普及，数字文化服务与群众文化需求有效对接，成为保障人民群众基本文化权益的重要方式。

——社会力量参与程度明显增强。社会力量参与公共数字文化平台开发、资源建设、服务供给、运营管理的工作机制更加完善，参与渠道更加通畅，参与方式更加多元，政府主导、市场和社会力量广泛参与公共数字文化建设的格局基本形成。

——公共数字文化保障机制完善。公共数字文化建设工作体系进一步完善，运行管理标准化、规范化，数字文化服务实现远程监管，群众满意度第三方评价机制基本形成，政府主导责任有效落实，政策、资金、人才、技术保障有力，公共数字文化服务可持续发展能力不断增强。

二、重点任务

(一)构建互联互通的公共数字文化服务网络

结合“宽带中国”“智慧城市”等国家重大信息工程，依托国家公共数字文化工程服务平台，构建覆盖全国的公共数字文化服务网络，开展公共文化云服务，提升公共文化服务的数字化、网络化、智能化水平。

1. 加强国家公共数字文化工程服务平台建设。完善国家公共文化数字支撑平台，健全门户导航、资源调度分发、需求征集和服务反馈等功能，实现网络联通、资源共享、定制导航、交互服务。继续推进中国文化网络电视、国家数字文化网等新媒体建设，加强宣传推广，提高点击率和用户量。推动县级公共图书馆接入数字图书馆推广工程服务平台，完善数字图书馆推广工程服务网络，促进各级公共图书馆数字资源的整合与共享。建立标准化和开放性的数字图书馆系统，打造基于新媒体的数字图书馆服务业态，提供“互联网＋借阅”“互联网＋信息服务”，形成面向移动终端、贯通线上线下的服务新格局。

2. 建设区域综合性、一站式公共数字文化服务平台。结合实施中央补助地方公共数字文化建设项目，鼓励各地建设基层综合性公共数字文化服务平台，对公共文化设施、资源、惠民项目进行综合智能管理，统筹整合和揭示各类公共数字文化资源，实现共建共享，提供一站式、集成式、多媒体覆盖的公共数字文化服务。

3. 提高公共文化设施的信息化、智能化水平。加强图书馆、文化馆(站)、美术馆、博物馆等公共文化机构信息化设施设备配备，建立业务管理信息化系统，提升公共文化设施信息化水平。推进数字图书馆、数字文化馆、数字美术馆、数字博物馆建设，开展线上服务，提高公共文化服务信息化、网络化水平。鼓励公共文化机构建立互动体验空间，充分运用人机交互、虚拟现实、增强现实、3D打印等现代技术，设立阅读、舞蹈、音乐、书法、绘画、摄影、培训等交互式文化体验专区，增强公共文化服务互动性和趣味性。

4. 推进贫困地区公共数字文

化设施提档升级。结合文化精准扶贫，将中西部贫困地区22个省份的832个贫困县县级公共图书馆、文化共享工程乡镇基层服务点建设纳入公共数字文化建设项目，实现提档升级。结合边疆万里数字文化长廊建设，在沿边沿海的18个省(区、市)和新疆生产建设兵团，继续推进草原牧场、边境口岸、边防哨所、边贸集市等服务盲区基层服务点建设，消除服务"盲点"，助力文化脱贫。

5.推动各类公共数字文化服务平台互联互通。推进国家公共文化数字支撑平台与国家数字图书馆推广工程平台之间的互联互通，实现数据资源和应用服务的合理调度。积极推进基层公共数字文化服务平台与国家公共数字文化服务平台之间实现用户、数据、资源、服务的互通互联，形成覆盖全国的公共数字文化服务网络。鼓励各级各类公共数字文化服务平台与商业运营平台、网络传播媒体、公共服务平台开展合作，嵌入公共数字文化服务，增强公共文化服务便利性。

专栏1

重点项目1:国家公共文化数字支撑平台建设

以已建的1个国家平台和33个省级平台为基础，按照统一的标准规范，聚拢资源、应用、数据，提供"一站式"应用服务。加载汇集分散在图书馆、文化馆、美术馆、博物馆等公共文化机构中的数字文化资源，形成全国公共数字文化资源云目录，实现按需下载、个性化推送。"十三五"期末，文化共享工程各级分支中心、50%的县级以上文化馆接入平台，50%的乡镇基层服务点能够依托平台提供公共数字文化服务。

重点项目2:数字图书馆推广工程服务平台建设

推进公共图书馆基础设施提档升级，完善专网建设，加快实现基层图书馆互联互通。对唯一标识符等业务系统升级扩容，到"十三五"末，实现33家省级公共图书馆和具备条件的市、县级公共图书馆纳入用户统一管理体系，移动阅读服务覆盖500家公共图书馆。加强推广工程资源库与各地资源的整合揭示服务，建立面向全媒体的数字图书馆推广工程服务平台，与海外文化中心合作共同推动中华文化走出去。

重点项目3:中西部贫困地区数字文化设施提档升级

加强中、西部贫困地区县级公共图书馆、文化馆、乡镇基层服务点设施设备配置，把中西部贫困地区22个省份的832个贫困县县级公共图书馆、乡镇基层服务点纳入中央补助地方公共数字文化建设专项资金支持项目，实现到2020年中西部贫困地区县级图书馆具备数字图书馆服务能力、文化共享工程基层服务点实现提档升级。

重点项目4:边疆万里数字文化长廊建设

在我国沿边沿海的18个省(区、市)和新疆生产建设兵团，建成不少于1万个能够提供便捷服务的数字文化驿站，利用现代信息技术特别是移动通信技术，进一步整合资源，提高配置标准，消除公共文化服务"盲点"。

(二)打造公共数字文化资源库群，加强资源保障

坚持"需求导向、分工合作、共建共享"的原则，打造分级分布式数字文化资源库群，优化资源结构，盘活资源存量，增加资源总量，提升资源质量，丰富适用于移动互联网传输的数字文化资源，加强公共数字文化资源保障。

1.统筹推进公共数字文化资源建设。根据不同公共数字文化工程的功能定位和发展目标，合理确定数字资源建设重点和方向，统筹规划公共数字文化资源建设。建立公共数字文化资源群众需求征集制度，定期征集公共数字文化资源建设方向，编制资源建设指南，科学推进数字文化资源建设。全国文化信息资源共享工程重点建设与文化艺术普及和基本公共文化服务相适应的资源，数字图书馆推广工程重点建设与公共图书馆服务相适应的资源。

2.建立国家基本公共数字文化资源库。坚持弘扬社会主义核心价值观，以群众文化需求为导向，有序推进艺术鉴赏、全民阅读、知识讲座、实用科技、健康生活等基础性数字文化资源建设，形成国家全民艺术普及基础资源库和全民阅读基础资源库。针对不同群体的文化需求，定制惠农资源、务工资源、少儿资源、社区服务资源、残障专题资源、精准扶贫资源等各具特色的数字文化资源产品，满足不同群体数字文化需求。

3.加强地方特色公共数字文化资源建设。坚持弘扬和传承中华优秀传统文化，加强中国戏曲、书法、民歌等优秀传统文化资源，以及红色历史文化、少数民族文化、当代文化艺术与群众文化等资源建设。深入挖掘地方特色文化资源，加强体现民族文化、历史文化、地域文化等特色文化资源建设，建成体现社会主义核心价

值观、展示中华文化精神、反映当代中国人审美追求，思想性、艺术性、观赏性较强的地方特色数字文化资源。

4.加强少数民族数字文化资源建设。鼓励各地建设民族风俗、民族艺术、民族手工艺、民族旅游等地方资源项目，丰富民族特色资源内容，增加少数民族双语资源建设数量。加强少数民族语言资源建设中心和少数民族地区省级分中心建设，研究开发少数民族语言与汉语之间的智能互译技术和设备，增强民族语言资源译制能力。针对少数民族地区群众需要和文化生活习惯，采取译制、购买等方式，丰富数字文化资源种类。加强各民族文化交流特色项目建设，打造民族文化交流品牌。

5.完善公共数字文化资源建设工作机制。建立和完善公共数字文化资源建设事前规划立项、事中监管、事后评价的工作机制，完善项目评审、专家咨询、监督检查、绩效评价等重点环节的制度规范，强化资源应用评价和激励约束，推动资源建设工作可持续开展。

专栏 2

重点项目5:全民艺术普及基础资源库

着眼于保障人民基本文化权益、提高全民艺术素养，规划和建设覆盖各艺术门类的全民艺术普及基础资源库，满足艺术鉴赏、艺术培训、艺术实践等艺术活动的基本资源需求。

重点项目6:地方特色文化资源库

以传承传播优秀传统文化，弘扬革命历史文化，展示当代文化艺术发展和群众文化建设成果为目标，以数字化、影像化等方式，生动形象地讲述中国文化、中国故事。深入挖掘地方特色文化，有重点地建设一批具有鲜明地方文化特点，具有较强代表性和较高历史、人文、科学价值的数字文化资源。

重点项目7:公共图书馆基础资源库

建立包括精品电子书、主流期刊报纸、精品公开课的公共图书馆基础资源库，借助各级公共数字文化服务平台面向全民推广，充分利用移动互联网的优势和特点，满足不同群体的阅读需求。

（三）创新服务方式，提升服务效能

应用最新科技成果，畅通公共数字文化服务渠道，创新服务模式，精准对接群众文化需求，提供多层次、多样化的数字文化服务，提升公共数字文化服务的针对性、实效性。

1.建立基于大数据分析的群众文化需求反馈机制。依托各类公共数字文化服务平台，开发和应用集信息发布、需求征集、意见反馈、在线互动的公共数字文化服务管理系统。通过公共数字文化服务平台和新媒体渠道，常态化征集群众数字文化需求信息，测评公共数字文化服务群众满意度。建立健全大数据分析系统，加强需求信息的整理、归纳和分析，精准识别群众文化需求。

2.畅通公共数字文化服务传播渠道。加强各类公共数字文化服务设备的开发与应用，实现公共数字文化服务全媒体、多终端覆盖，提高公共文化数字资源的传播效率。鼓励各级公共文化机构利用互联网、新媒体等手段，借助公共数字文化服务平台，开展远程辅导和培训，广泛传播数字文化资源，方便基层群众通过各类终端方便快捷地获取数字文化服务。加强公共数字文化资源面向基层公共文化机构的推送力度，建立数字文化资源定期更新机制，提高公共数字文化资源使用效率。

3.创新公共数字文化服务方式。依托公共数字文化服务管理系统，探索建立公共文化物联网，形成与设施阵地服务、流动服务有机结合的公共数字文化服务体系。广泛采用“订单式”“菜单式”“预约式”服务模式，实现数字文化资源订单式配送、场地网上预订、活动网上预约、网上评价反馈等功能，形成线上线下有机结合的服务模式，增强基本公共文化服务供给精准度。加强公共数字文化服务品牌建设，继续开展“戏曲动漫进校园”“百姓大舞台”“网络书香”等品牌活动，丰富群众精神文化生活。

4.加强数字文化创意产品开发与推广。鼓励公共图书馆、文化馆、美术馆、博物馆等公共文化机构充分利用馆藏资源，深入挖掘文化资源的价值内涵和文化元素，加强现代科技在数字文化创意产品开发设计中的应用，开发设计集艺术性和实用性相统一、适应现代生活需求的数字文化创意产品，增强群众的文化体验感，提升数字文化创意产品附加值。加大数字文化创意产品的展示和推广，培育数字文化创意产品品牌，推动文化产品和服务的数字化、网络化传播。

5. 加大贫困地区和特殊群体服务力度。开展中西部贫困地区数字文化资源配送活动和数字图书馆精准帮扶专项活动，加大公共数字文化资源和产品“点对点”直接配送力度，精准提供公共数字文化服务。引导和鼓励各地根据实际情况，在人员流动量较大的公共场所、务工人员较为集中的区域以及留守妇女儿童较为集中的农村地区，配备必要的数字文化设施，提供便利可及的公共数字文化服务。将务工人员作为重点对象，广泛开展公益性数字文化培训，帮助其掌握互联网、获取数字化服务的基本技能。大力推进少年儿童数字图书馆建设，通过网站、手机、手持阅读器、数字电视、电子数据库等多种模式向青少年提供数字图书馆服务。推进残障人士数字图书馆、音频馆建设，建立残障人士阅读和视听服务体系。通过微信、网站、广播电视等渠道向贫困地区和特殊群体广泛推广数字文化资源。

专栏 3

重点项目 8：面向特殊群体的数字图书馆

进一步完善公共图书馆残障人士数字化服务内容和保障措施，建立和完善残障人士阅读服务体系，为残障人士提供无障碍数字图书馆服务，保障残障人士获取信息、学习知识的文化权利。完善少儿图书馆数字化服务，构建中华优秀传统文化网络教育平台，向青少年儿童推送经典文化资源，提供健康绿色的数字图书馆服务。

重点项目 9：数字文化馆建设

探索建立数字文化馆标准体系，重点开展数字文化馆基础硬件网络支撑环境、业务系统、线上应用服务平台、线下数字艺术体验馆建设。“十三五”期末，副省级以上文化馆普遍完成数字化建设，50%以上市县级文化馆提供数字文化馆服务，全民艺术普及云服务基本形成。

（四）统筹推进重点公共数字文化工程建设

统筹规划、协调推进全国文化信息资源共享工程、国家数字图书馆推广工程和公共电子阅览室建设计划，在网络建设上开放接口、兼容互用，在资源建设上明确分工、突出特色，使各工程互为支撑、形成合力，整体提升服务效能。

1. 推进全国文化信息资源共享工程建设。推进文化资源信息共享工程国家中心及各级分中心、支中心和基层服务点软硬件系统升级换代，提高服务终端配置标准，实现数字存储空间、网络带宽扩容增能。将各级文化共享工程分中心、支中心和服务点纳入国家公共文化数字支撑平台，形成公共文化特色应用集成，进一步拓展各级文化共享工程设施的服务功能，促进用户、数据、资源、服务的整合，实现公共数字文化资源按需推送、一站式服务。

2. 推进数字图书馆推广工程建设。推进公共图书馆软硬件系统等基础设施升级换代，改善各级数字图书馆存储空间、网络设备、终端服务设施配置。建设面向基层、互联互通的数字图书馆服务网络，构建覆盖国家、省、市、县四级公共数字图书馆网络服务体系。建设数字图书馆优秀文化资源库群，加强大数据分析与知识挖掘，提升资源建设和使用效能。对国家数字图书馆统一用户管理、唯一标识符、资源发现、移动服务等业务系统进行升级扩容，优化系统性能，推进各类业务平台在各级公共图书馆的开放应用。

3. 推进公共电子阅览室升级换代。促进公共数字文化基层服务点标准化配置，推动各地对公共电子阅览室进行升级换代，提升软硬件设施配置水平。加强公共文化服务一体机、电脑、各类移动设备、无线网络设施的更新换代，提高互联网络服务带宽，提供有线与无线网络接入服务，支持多种终端设备访问，为基层群众提供集成化、一站式公共数字文化服务。安装网络服务监测管理系统，加强运行监测和维护，形成常态化的设备和技术更新机制。

（五）鼓励和支持社会力量参与公共数字文化建设

按照政府职能转变的要求，搭建社会力量参与平台，拓宽参与渠道，推广政府与社会资本合作模式，鼓励和引导社会力量进入公共数字文化服务领域，激发公共数字文化建设活力。

1. 完善社会力量参与机制。建立和完善社会力量参与公共数字文化平台开发、资源建设、服务推广、运营管理的工作机制，推动具备资质、符合条件的文化企业、社会机构与公共文化机构开展公平竞争。推动落实社会力量参与公共文化服务的优惠政策，鼓励和支持社会力量通过委托管理、捐赠设备、提供资源、赞助活动、合作研发等方式参与公共数字文化建设，形成以政府为主导、社会力量广泛参与的公共数字文化建设格局。

2. 加大政府和社会力量合作力度。落实政府向社会力量购买公共文化服务工作的意见，把公共数字文化服务作为政府向社会力量购买公共文化服务的重要内容，将政府负责提供且适宜由社会力量承担的文化服务事项纳入购买范围，加大政府购买力度。探索公共数字文化设施的委托运营和管理，科学选定社会承接主体，加强绩效评价，提高运营管理的规范化水平。鼓励公共文化单位、高等院校与高科技文化企业合作，根据公共数字文化服务建设的实际需要，共同开展关键技术攻关，研发公共数字文化产品。

3. 鼓励社会力量参与提供公共数字文化服务。积极鼓励各类社会文化机构、文化企业和个人依托公共数字文化服务平台提供公共文化服务，开展健康有益的文化活动。鼓励社会机构、文化企业开发和推广具有民族精神、反映时代特点的数字文化资源和产品，免费或以优惠条件提供公共数字文化服务。

（六）加强公共数字文化建设管理

加强公共数字文化工作管理，完善公共数字文化科技研发、内容建设、标准规范制定、绩效考核评价工作机制，提高公共数字文化建设工作的科学化、规范化水平。

1. 加强公共数字文化内容监管。按照“谁提供、谁负责”的原则，由各级公共文化机构履行内容审核的主体责任，坚持以传播社会主义核心价值观为首要标准，加强对公共数字文化资源内容的审核，确保资源内容符合社会主义先进文化发展方向。加强传播渠道的管理，建立安全风险防范机制，保证服务内容向善向上，把符合基层群众文化需求、富有地方特色的公共数字文化资源及时传递给人民群众。加大公共数字文化资源知识产权保护力度。

2. 强化公共数字文化网络安全管理。定期开展公共数字文化网络平台安全检查工作，推动各级公共文化机构落实安全管理责任制，建立安全管理应急机制。按照信息安全等级保护、重要信息系统基础设施保护的基本要求，及时完善、更新网络安全系统和设施，构建公共数字文化安全管理平台，提高网络安全防护能力，保障网络系统、信息内容、传播渠道和用户数据的安全，保证国家数字文化安全。

3. 完善公共数字文化建设标准规范。建立和完善资源建设、系统开发、服务提供、数据开放等方面的公共数字文化标准规范体系，促进数据、资源和服务在互联网环境下的开放利用。完善包括资源内容、元数据、对象数据的加工规范和长期保存规范，保证各类公共数字文化资源建设的规范性。依据“平台化”的原则制订开放接口规范、数据交换规范、新媒体服务类规范，确保异构系统间的数据交换、资源整合和服务调度。制订可兼容现有数据结构的、同时具备良好可扩展性的数据结构规范和符合开放数据标准的数据格式规范，提高公共数字文化资源的开放共享水平和服务效能。

4. 加强绩效考核评价。建立以效能为导向的公共数字文化服务绩效考核机制。完善绩效评价指标体系，坚持建管用并重，加大效能指标权重，引导政府和公共文化服务机构切实提升服务效益。建立公共文化数字监管平台，对公共文化机构日常运行、服务效果等进行实时监控。开展公共数字文化工程年度考核，发现和解决公共数字文化工程建设中存在的问题，推动公共数字文化工程科学发展。以群众文化需求为导向，研究制定公共数字文化服务群众满意度指标，建立和完善“第三方”评价机制，加大群众满意度测评方式的应用。

三、保障措施

（一）加强组织领导

各级文化行政部门要高度重视公共数字文化建设工作，推动纳入当地政府文化发展规划。结合本规划，制定具体的工作计划和落实方案，抓好工作落实，形成公共数字文化建设工作合力。加大宣传力度，营造全社会共同关注、支持和参与公共数字文化建设的良好氛围。

（二）完善经费保障

中央财政通过现有资金渠道，统筹支持地方公共数字文化建设，重点向革命老区、民族地区、边疆地区和贫困地区倾斜。

各地文化行政部门要积极争取本地党委政府的重视和支持，将公共数字文化建设纳入财政预算，加强经费保障、管理和使用，提高财政资金使用效益。

（三）注重队伍建设

采取专兼职结合等方式，建立一支总量均衡、相对稳定、技术过硬、业务精湛的公共数字文化人才队伍。完善选人用人机制，采取聘用制、劳务派遣、委托管理、服务外包、联建共享等方式，加强公共数字文化人才配备。建立分级培训机制，采取网络远程培训和集中培训等方式，加强队伍培训，提升队伍整体素质。结合“阳光工程”，吸纳文化志愿者参与公共数字文化工作。加强与公共文化服务机构、科研院所、高等院校、文化企业等合作，搭建专业技术人才交流平台。

（四）强化督查落实

把公共数字文化建设纳入公共文化服务体系建设督查内容，定期开展督查，加强对规划落实的跟踪指导，推动落实公共数字文化建设工作责任。建立规划落实评估制度，引入群众满意度测评，定期对规划实施情况进行评估，推动规划落实。

文化部关于印发《“十三五”时期全国公共图书馆事业发展规划》的通知

文公共发〔2017〕19号

各省、自治区、直辖市文化厅（局），新疆生产建设兵团文化广播电视局，各计划单列市文化局，本部各司局、各直属单位：

《“十三五”时期全国公共图书馆事业发展规划》已经文化部党组同意，现印发给你们，请结合实际认真贯彻执行。

特此通知。

文化部

2017年7月7日

“十三五”时期全国公共图书馆事业发展规划

为推动“十三五”时期公共图书馆事业科学发展，加快构建现代公共文化服务体系，更好地保障人民群众基本文化权益，根据《中华人民共和国公共文化服务保障法》《国家“十三五”时期文化发展改革规划纲要》《文化部“十三五”时期文化发展改革规划》有关精神，特制定本规划。

一、总体要求

（一）指导思想

全面贯彻党的十八大和十八届三中、四中、五中、六中全会精神，深入贯彻落实习近平总书记系列重要讲话精神和治国理政新理念新思想新战略，围绕中央关于加快构建现代公共文化服务体系的决策部署，按照公益性、基本性、均等性和便利性要求，以完善设施网络为基础，以丰富服务内容、强化资源整合、提高服务效能为重点，以完善体制机制为保障，努力构建覆盖城乡、服务高效、惠及全民的公共图书馆服务网络，进一步推进全民阅读，坚定文化自信，提高全民族科学文化素质和社会文明程度，增强人民群众对公共文化服务的获得感。

（二）基本原则

1. 坚持导向、服务大局。坚持社会主义先进文化的前进方向，坚持以人民为中心，以社会主义核心价值观为引领，牢固树立阵地意识，传播先进文化，促进在全社会形成积极向上的精神追求，助推全面建成小康社会目标实现。

2. 政府主导、社会参与。将公共图书馆事业发展纳入现代公共文化服务体系，加强组织领导、政策支持和监督管理，落实基本公共文化服务标准，鼓励和引导社会力量参与公共图书馆的建设、管理和服务。

3. 统筹兼顾、创新发展。立足实际，加强指导，统筹推进区域之间和城乡之间公共图书馆均衡发展，建立覆盖全社会的公共图书馆服务体系，创新管理体制和运行机制，进一步增强发展活力。

4. 服务基层、提升效能。坚持重心下移、资源下移、服务下移，加强资源整合，把优质公共文化服务向城乡基层延伸，完善群众评价和反馈机制，提升服务的针对性和有效性，促进供需有效对接。

（三）主要目标

到2020年，全国公共图书馆设施网络进一步完善，文献资源保障能力明显增强，县级图书馆总分馆制基本建立，公共图书馆服务标准化、均等化水平显著提高，信息网络等新技术应用更加普及，法人治理结构建设积极推进，人才队伍建设有效加强，政策法律保障更加有力，社会力量广泛参与，公众对公共图书馆服务的满意度持续提升。

“十三五”时期全国公共图书馆事业发展主要指标

类别	指标		单位	2015年	2020年
设施网络	公共图书馆达标率(部颁三级以上)		%	72.50	80
设施网络	每万人公共图书馆建筑面积		平方米	94.7	110
	阅览室座席数		万个	91.07	105
文献资源	人均公共图书馆藏书量		册	0.61	1
	人均公共图书馆年新增图书藏量		册	0.04	0.08
	人均公共图书馆购书经费		元	1.43	1.8
	县均公共图书馆数字资源		太字节	—	5
服务效能	有效读者总人数		万人	5721	8000
	年流通人次		亿人次	5.89	8
	文献外借册次		亿册次	5.09	8
队伍建设	专业技术人员比例	高级职称	%	10.2	12.7
		中级职称		32.7	33

二、重点任务

（一）完善公共图书馆设施服务网络

1. 加强公共图书馆设施建设。加强对公共图书馆布局的统筹规划，在“十二五”建设的基础上，按照均衡配置、规模适当、经济适用、节能环保等要求，根据城乡发展和人口分布，推动地方建成比较完备的公共图书馆设施网络，对设施空白或不达标的地市级和县级公共图书馆进行新建、改建和扩建，重点加强对贫困地区公共图书馆的统筹规划建设。

2. 推进乡镇（街道）、村（社区）图书室建设。推动乡、村基层综合性文化服务中心建设，按照相关建设标准和要求设立图书室，配备相应的器材设备，完善管理制度。村级不具备单独设立图书室条件的，可开辟图书阅览区。

3. 加强流动服务设施与数字服务设施建设。鼓励有条件的地方为公共图书馆配置流动图书车或具有借阅功能的流动文化车。重点为革命老区、民族地区、边疆地区和贫困地区公共图书馆配备流动服务设施设备。依托文化信息资源共享工程、公共电子阅览室建设计划、数字图书馆推广工程，加强公共图书馆数字服务设施建设，并配置相应器材设备。

4. 加快推进县级图书馆总分馆制建设。落实文化部等部委《关于推进县级文化馆图书馆总分馆制建设的指导意见》，因地制宜建立以县级图书馆为总馆，乡镇（街道）综合文化站为分馆，村（社区）综合性文化服务中心为基层服务点，上下联通、资源共享、有效覆盖的总分馆体系。通过总分馆制，整合县域内的公共阅读资源，实现总馆主导下的文献资源统一采购、统一编目、统一配送、通借通还和人员的统一培训。加强部门协同，推动符合条件的农家书屋成为图书馆分馆。鼓励符合条件、具有资质的上网服务场所成为总分馆的基层服务点。

专栏 1　公共图书馆设施网络建设

项目 1：流动图书车配备项目

国家和省级重点为革命老区、民族地区、边疆地区和贫困地区配备流动图书车，有条件的市、县为辖区图书馆配备流动图书车，合理设置服务网点及营运路线，根据基层群众需要，开展图书借阅、流动办证、流动展览、流动讲座、数字资源流动下载等多种形式的服务，有效拓展服务半径。

项目 2：城市 24 小时阅读服务空间

鼓励地方采取与社会力量合作等方式，建设自助图书服务空间，因地制宜设置自助图书设备，开展办证、阅览、外借等 24 小时图书馆服务；科学规划自助图书服务空间和设备的布点，与各级各类图书馆相辅相成，打造百姓身边的公共阅读场所；加强资源更新、用户辅导和设备维护。

（二）加强文献信息资源保障能力建设

1. 推进公共图书馆文献信息资源体系建设。加大文献资源建设经费投入，确保文献资源达到一定规模并持续更新，通过整体布局、协调采购、分工入藏、分散采集等方式，在全国建立若干总量丰富、各具特色的地区性文献资源保障中心，扩大文献资源规模。落实新增藏量指标，优化文献资源结构，建立涵盖纸本文献、缩微文献、数字资源、网络资源等各种资源类型的公共图书馆信息资源体系。

2. 加强文献信息资源采集。完善文献信息资源购置标准，加强对采集规模、类型、更新率及复本量等方面的科学安排。国家图书馆加大对重点国家、重点地区和重点领域文献的采集入藏，加快推进国家文献信息资源总库建设。省级公共图书馆兼顾文献覆盖面和文献专深度，丰富本省出版或内容涉及本省的文献采集收藏，逐步形成涵盖广泛、富有特色的省级文献资源体系；市、县级公共图书馆加强对内容涉及本地文献、本地编印文献以及与当地群众文化需求相适应的出版物采集。在总分馆体系中承担总馆职能的县级图书馆，根据本地实际需要，统筹分馆文献资源建设。尚未建立总分馆制的地方，由县级公共图书馆指导乡镇（街道）和村（社区）图书室文献资源采集。各级公共图书馆要适应文献载体形态的发展变化，加强数字资源等新兴载体资源的采集入藏，推进新媒体终端适用资源建设。

3. 完善文献资源协调与共享机制。充分发挥省级公共图书馆作为地区性文献资源保障中心的作用，联合本地区各级公共图书馆共同开展地方文献资源的建设与服务。加强各级公共图书馆与其他系统图书馆之间的资源共建共享，实现分工协作、优势互补。加强各级公共图书馆联合馆藏建设，完善国家文献信息资源总目，实现文献信息资源在统一平台上的共享利用。

专栏 2　文献信息资源保障能力建设

项目 3：国家文献信息资源总目建设

充分发挥国家图书馆作为国家书目中心的作用，建立全国联合编目系统，不断加强各级各类图书馆之间的书目合作与共享，加快推进数字化国家书目系统建设；进一步落实国家出版物呈缴制度，不断提升国家书目收录内容的系统性与完整性；深入挖掘国家文献信息资源总目的服务功能，针对不同用户的特定需求，综合各种不同检索方式，利用数据挖掘技术，定制多类交互界面，实现个性化服务。

项目 4：“中国记忆”项目

坚持抢救性、代表性、前瞻性原则，由国家图书馆牵头，以口述史料与影像文献为特色，围绕中国现当代重大历史事件、重要代表人物、重点热点话题等，有选择地采集和制作专题资源，联合各级各类文化、教育、研究机构，社会团体，家庭及个人，搭建开放、统一的资源共建共享平台，传播与分享集体记忆和个人记忆，建设“中国记忆资源库”，实现对国家现当代有关资料的系统搜集、整理、保存和利用。

续 表

项目5:国家图书馆国家文献战略储备库建设工程
到"十三五"末,基本完成国家图书馆国家文献战略储备库的基础设施建设,并同步建立相应的标准规范和工作制度。以此为契机,推进国家文献信息资源总库的科学规划与合理布局。鼓励有条件的省(区、市)建设本地文献储备设施,为建成分级分布、共建共享的国家文献战略储备体系奠定基础。

(三)提高服务效能,推进公共图书馆服务均等化建设

1.提升免费开放工作水平。落实国家基本公共文化服务指导标准和地方实施标准,推动各级公共图书馆健全免费开放项目,完善规章制度,创新服务手段,优化阅读环境,提升设施空间利用效率;完善信息公开制度,及时向社会公示公共图书馆基本服务项目和开放时间,有条件的公共图书馆应当根据当地群众实际需要,实行错时开放;完善免费开放工作监督评价机制,推动免费开放经费投入与服务效能挂钩。

2.深入开展全民阅读。各级公共图书馆根据职责制定阅读推广计划,围绕世界读书日、图书馆服务宣传周、全民读书月以及中华传统节日、重要节假日和重大节庆活动,深入开展系列阅读推广活动;完善针对不同读者群体的优秀读物推荐机制;鼓励基层群众依托公共图书馆,兴办读书社、阅读兴趣小组等,开展阅读活动,进行读书交流;发挥中国图书馆学会等行业组织的作用,指导各级公共图书馆探索形成符合本地实际的阅读推广方式。

3.提高专业化服务能力。打造一批专业化服务水平较高的公共图书馆,通过定题检索、文献查证、委托课题、信息推送等方式,为政府科学决策提供咨询服务,为企业和教育科研机构提供专题服务,为社会公众创新创业提供文献支撑和信息服务。省、地两级公共图书馆要加强对本行政区域内基层图书馆(室)的业务指导。配合京津冀协同发展、长江经济带等重大区域发展战略,建设区域图书馆联盟,提供联合服务。推动公共图书馆与博物馆、文化馆等其他公共文化机构的互联互通,加强跨部门、跨行业、跨地域的公共文化资源整合。

4.加强特殊群体服务。加强老年人、未成年人、残疾人、农民工和农村留守妇女儿童等特殊群体适用资源建设和设施配备,有针对性地开展新技术应用培训、阅读辅导、送书上门、网络服务等,为其更好地融入社会提供帮助。加强对少年儿童的阅读指导,开展面向农村留守儿童的基础阅读促进工作。推进公共图书馆与独立建制少儿图书馆的阅读资源共享,为中小学图书馆开展阅读活动提供资源保障和业务支持。

专栏3　公共图书馆阅读服务

项目6:"4·23"图书馆阅读推广活动
落实国务院"促进全民阅读,建设书香社会"的要求,开展4月23日"世界读书日"阅读推广活动,各级公共图书馆结合各地实际,设置主题,通过专家讲座、读书征文、荐书送书、座谈交流、网上交流等多种形式,借助书展、读书节、图书博览会等现有阅读平台和载体,开展丰富多彩的全民阅读活动,打造一批国家级和地方阅读品牌活动,倡导"让阅读成为一种生活方式"理念,推动全民阅读的常态化。
项目7:全国少年儿童图书馆阅读提升计划
依托中国图书馆学会和各地方图书馆学会、协会组织,联合全国各地公共图书馆、少儿图书馆、中小学图书馆,以及社会各界的儿童阅读推广力量,举办"全国少年儿童阅读年"系列活动,为全国少年儿童阅读提供服务和指导,评选优秀少儿读物。深入推进全国少年儿童阅读研究,编制少儿阅读指导书目,发布少儿阅读调查报告,为少年儿童阅读服务和图书出版提供科学依据。

(四)加强新技术应用,提升数字化服务能力

1.加强图书馆数字化建设。深入实施数字图书馆推广工程,提高各地公共图书馆数字化服务能力,构建标准统一、覆盖城乡、互联互通、便捷高效的公共数字文化服务网络,县级以上公共图书馆全部具备提供互联网服务和移动终端服务的能力。加强公共图书馆数字资源的整合利用,丰富资源类型,提升资源适应性,满足不同终端、不同人群的实际需求。

2.加强新技术研发和应用。结合国家重大信息工程建设,加强先进技术研究转化和应用,利用云计算、大数据等信息技术,推

动图书馆信息化装备和系统软件的研发应用，促进图书馆数字服务手段升级换代，提升公共图书馆的现代化服务水平。通过互联网等新技术手段，深入开展用户需求数据分析，推广线上线下互动的服务模式。

3. 推进基层公共数字文化综合服务平台建设。依托文化信息资源共享工程和数字图书馆推广工程，逐步建立集信息报送、网络监测、统计分析、数据发布、绩效评价等功能于一体的基层公共数字文化综合服务平台，引导优质公共数字文化资源向基层传输，通过开展“菜单式”“订单式”服务，促进供需有效对接。

专栏 4　数字图书馆建设

项目 8：数字图书馆推广工程

依托国家数字图书馆建设成果，提高基层公共图书馆数字化服务水平；建设优质数字文化资源库群，促进对数字资源的整合与共享，加强大数据分析与知识挖掘，提升资源建设和使用效能；构建面向移动终端、贯通线上线下的服务模式，为社会公众提供基于全媒体的资源与服务。

项目 9：公共图书馆互联网服务覆盖项目

推动公共图书馆利用互联网开展图书借阅、数字阅读、信息推送、终身教育等服务，在有条件的公共图书馆开通微信公众号、微博等服务，实现图书馆资源和服务上线；积极与其他社会化服务平台进行服务对接，让图书馆服务融入群众日常生活环境。

（五）充分利用馆藏资源，传承和弘扬中华优秀传统文化

1. 深入开展中华古籍和民国时期文献的普查与保护工作。做好与可移动文物普查工作的对接，到“十三五”末，基本完成全国古籍及民国时期文献普查工作，海外中华古籍及民国时期文献调查工作取得实质性进展。推进古籍和民国时期文献保存保护的研究与实践，加强文献修复技艺传承和培训，加快濒危文献抢救性修复保护，有序推进古籍和民国时期文献再生性保护，推动各级公共图书馆按照国家标准和行业标准建设一批标准化书库，有效改善古籍及民国时期文献存藏条件。

2. 推进传统文献典籍的整理推广和开发利用。深入推进专题文献整理出版和专题特色资源库建设，重点加强对地方特色资源、优秀传统文化资源、少数民族文化资源的挖掘整理。推进《中华传统文化百部经典》编纂等重大出版项目实施，依托国家重大文化工程和地方文化建设项目，加大对传统文化典籍的整理阐释与宣传推广。推动有条件的图书馆建立中华优秀传统文化实践基地，开展丰富多彩的社会教育活动。

3. 文化创意产品开发。把文化创意产品开发纳入公共图书馆评估定级标准。推动各级公共图书馆利用古籍善本、图书报刊和数字文化资源等开发文化创意产品，挖掘地方传统文献资源，开发一批弘扬中华优秀传统文化、反映时代精神、符合群众实际需求的文化创意产品。举办文化创意产品开发培训班，培训图书馆领域创意开发和营销推广人才。

专栏 5　中华优秀传统文化的保护、传承和利用

项目 10：中华古籍保护计划

基本完成全国 2000 家古籍收藏机构所藏古籍的普查登记工作，完善分级保护制度，继续开展《国家珍贵古籍名录》和全国古籍保护重点单位评审工作，加强少数民族文字古籍保护；改善古籍存藏环境，实施国家珍贵古籍专库（专架）管理，提高珍贵古籍书库应急防灾能力；加强古籍修复中心建设，推进古籍修复用材安全、文献脱酸等科技立项和研究，继续实施“天禄琳琅”等修复项目；促进古籍文献的整理利用，推进中华古籍数字资源库建设，编纂出版《中华古籍总目》分省卷，推动《中华再造善本》（三编）《中国古籍珍本丛书》等整理出版工作；推进中华优秀传统文化实践基地建设，加强对古籍保护成果的宣传推广和展示利用。

项目 11：民国时期文献保护计划

完善民国时期文献保护工作机制。开展民国时期文献的普查登记，编制民国时期文献总目。开展海内外民国时期文献的征集与合作开发，促进文献实物回归以及缩微、数字化成果回归。加强文献研究、开发与利用，推进文献史料的整理出版。建立文献信息资源整合和揭示平台，为学界和公众利用资源提供便利。做好宣传推广工作，为民国时期文献保护工作营造良好舆论氛围。

项目 12：海外中华古籍调查暨数字化合作

以海外中华古籍调查摸底为基础，积极推动海外古籍资源以数字化、影印出版及其他形式实现回归与共享，编纂出版《海外中华古籍珍本丛刊》《海外中华古籍书目书志丛刊》等一批具有学术影响力和重要历史文化价值的古籍出版物。

续 表

项目13:文化创意产品开发试点工作

文化部确定37家省级、副省级公共图书馆试点单位,推动建立文化创意产品开发联盟,依托古籍和民国文献、图书报刊、老照片、数字文化资源等馆藏资源,探索开发具有图书馆特色的文化创意产品,利用新闻媒体和中国图书馆年会等平台进行宣传展示。

(六)加强政策理论研究,完善相关法律法规和行业标准

1.强化法律和政策保障。落实公共文化服务保障法,深入开展公共图书馆立法支撑研究,推动出台公共图书馆法。加快古籍保护立法进程,鼓励和支持各地制定地方性图书馆法律法规。

2.完善标准规范体系。加强图书馆标准化研究,推进图书馆相关标准的制(修)订和宣传贯彻工作。制定出台各级公共图书馆业务规范,建立涵盖图书馆业务、技术、管理和服务等主要领域的较为完善的标准体系,推动一批重点领域国际标准的本土化研究和应用。

3.加强理论研究。围绕公共图书馆建设、管理和服务等关键环节,策划一批重点理论研究课题。依托国家图书馆,以及相关高校、科研机构等,加强图书馆理论研究队伍建设,建立一批各具特色的研究基地。加强图书馆领域关键技术的研发应用,推动公共图书馆事业与科学技术融合发展。

专栏6 图书馆理论研究

项目14:落实公共图书馆法相关制度研究

推进公共图书馆立法工作,就法律出台后的贯彻实施开展制度设计和调查研究,针对公共图书馆资源建设、运行管理、服务内容、经费保障、捐赠制度、总分馆制建设、法人治理结构建设、社会力量参与图书馆建设、基层公共文化资源整合等重点问题,形成具体的制度设计成果,促进地方公共图书馆立法工作。

项目15:图书馆标准规范体系建设

进一步加强图书馆领域标准化建设,健全政府主管部门、标准化技术委员会与行业协会组织共同参与、相互配合的标准化工作机制;结合我国图书馆事业发展需求及标准化工作现状,开展图书馆设施、资源、管理、服务及技术等主要领域的标准规范制定工作,重点推进一批图书馆基础业务指导标准和基本服务保障标准的研制和应用;积极适应图书馆新技术、新业务、新服务的发展变化,探索建立图书馆标准规范体系的动态调整机制。

(七)创新管理体制机制,促进社会化发展

1.深入推进公共图书馆法人治理结构改革。推动全国地市级以上规模较大、面向社会提供公益服务的公共图书馆,基本建立以理事会为主要形式的法人治理结构,吸纳有关方面代表、专业人员、各界群众参与,落实法人自主权,健全决策、执行和监督机制,进一步提升公共图书馆管理水平和服务效能。建立法人治理结构的公共图书馆按有关规定可以适当扩大人事管理自主权、收入分配自主权等。

2.加强行业组织建设。按照中央关于文化领域行业组织建设的有关要求,加强中国图书馆学会、中国古籍保护协会等相关行业组织的建设和管理,确保正确发展方向;强化行业组织自身能力建设,完善内部管理制度,促进其在服务行业发展、开展行业自律、制定相关标准、维护会员权益等方面发挥积极作用;鼓励和支持具备条件的行业组织依法承担政府相关转移职能,办好中国图书馆年会等重要活动。

3.支持社会力量参与公共图书馆建设。鼓励和支持公民、企事业单位、社会团体以及其他组织兴建、捐建或与政府部门合作建设公共图书馆,或者通过捐资、捐赠、捐建等方式参与公共图书馆建设、管理和服务。健全政府向社会力量购买公共文化服务的工作机制,将公益性图书服务纳入政府购买的指导性目录。有条件的公共图书馆可探索引入社会专业机构,进行委托经营,或将公共图书馆的信息采集、书刊编目等业务外包,推动公共图书馆专业化、社会化发展。

4.广泛开展文化志愿服务。弘扬志愿服务精神,坚持志愿服务与政府服务、市场服务相衔接,鼓励和支持公共图书馆开展参与广泛、内容丰富、形式多样的文化志愿服务,探索具有图书馆特色的文化志愿服务模式,打造一批公共图书馆志愿服务品牌。完善公共图书馆志愿者注册招募、服务记录、管理评价和激励机制。各级文化行政部门对公共图书馆志愿服务给予必要的指导和支持。

专栏7 创新公共图书馆管理体制

项目16:中国图书馆年会

按照“政府指导、学会主办、行业参与、市场运作”的原则,发挥行业组织优势和承办城市的积极性,引入社会力量参与,结合年度公共文化建设重点任务,组织举办全国图书馆年会,邀请公共图书馆从业人员代表和有关专家学者参会,通过组织工作会议、学术论坛、展览展示等,促进业界交流合作。

项目17:公共图书馆志愿服务活动

着眼于丰富公共图书馆服务项目和内容,弥补公共图书馆工作人员不足,在各级公共图书馆和基层综合性文化服务中心,广泛招募志愿者,建立相应工作制度,辅助做好图书管理、借阅咨询、阅读辅导和推广活动等工作,加强志愿者培训,并为其开展服务提供必要条件。

(八)加强国际交流与合作,进一步提升国际影响力

1.积极开展国际交流活动。落实中华文化“走出去”战略部署,加强与国际图书馆协会联合会等国际图书馆行业组织,以及国外图书馆界的联系与合作,为海外中国文化中心数字图书馆建设提供资源与服务支持,宣传介绍我国图书馆事业发展成就。配合国家“一带一路”倡议,筹建丝绸之路国际图书馆联盟和丝绸之路数字图书馆,策划举办丝绸之路图书馆馆长论坛和亚大地区国家图书馆馆长会议。

2.推动实施对外合作项目。充分发挥图书馆在传播中国精神方面的独特优势,围绕典籍展览展示、文献保护利用、资源共建共享、人才培养交流等领域,通过交换馆员计划、图书馆高层互访、合作办展、数字图书馆合作等形式,有针对性地参与或组织策划国际业务合作和学术交流项目,培养一批具有国际视野、具备参与国际图书馆领域规则制定等重要事务能力的专业人才,推进与其他国家和地区图书馆之间的务实合作。

专栏8 图书馆国际交流与合作

项目18:丝绸之路国际图书馆联盟

以国家图书馆以及丝绸之路国内各相关省、市图书馆为依托,联合丝绸之路沿线其他国家图书馆,通过联盟方式,逐步建立起沿线各国图书馆间的长期战略合作关系和定期交流互访机制,共同策划合作项目,在文献信息资源的共建共知共享、区域珍贵历史文明成果的保存保护、数字图书馆建设、专业技术人才培养、学术交流与业务培训等领域开展广泛深入合作,带动沿线各国图书馆事业共同进步。

项目19:海外中国文化中心图书馆

以国家图书馆为主,部分有条件的省、市级公共图书馆参与,为海外中国文化中心图书馆提供图书文献采选与加工、图书馆自动化系统建设、图书馆业务培训与现场指导等服务,提高中国文化中心图书馆的专业化水平;推进中国文化中心数字图书馆建设,有针对性地推送特色鲜明、内容丰富的中华文化优秀数字资源,通过线上线下多种方式举办展览、讲座等文化活动,加强中华优秀文化的传播推广。

三、保障措施

(一)加强组织领导

各地要根据本规划,制定相关工作计划和落实方案,明确责任,统筹实施。要推动将公共图书馆建设纳入本地国民经济和社会发展总体规划,纳入政府议事日程和领导班子绩效考核。各级文化行政部门要始终把导向意识贯穿到工作全过程。各级公共图书馆也要根据规划,细化目标任务,采取有力措施,抓好工作落实。

(二)完善经费保障

建立健全经费保障机制,合理保障公共图书馆日常运行经费。支持公共图书馆免费开放工作,重点向革命老区、民族地区、边疆地区、贫困地区倾斜。支持农村和城市社区的公共图书馆(室)建设。

(三)加强队伍建设

完善选人用人机制,培养一支具有现代意识、创新意识和专业水准的公共图书馆从业人员队伍。重点推动贫困地区公共图书馆人员编制落实。加强分级分类培训,重点加强对基层公共图书馆从业人员培训,力争在“十三五”期间对县级以上公共图书馆从业人员轮训一遍。

(四)健全监督管理

完善公共图书馆绩效考评制度,开展第六次公共图书馆评估定级,健全图书馆领域重大文化惠民工程综合绩效评估制度。加强用户评价和反馈,探索建立第三方评价机制,开展群众满意度调查,增强评价的客观性和科学性。考核结果作为预算确定、收入分配和负责人奖惩的重要依据。

文化部关于引导迷你歌咏亭市场健康发展的通知

文市发〔2017〕20 号

各省、自治区、直辖市文化厅(局),新疆生产建设兵团文化广播电视局,西藏自治区、北京市、天津市、上海市、重庆市文化市场(综合)行政执法总队:

2016 年以来,可移动式歌咏设备(简称迷你歌咏亭)在游戏厅、商场、影院等公共场所陆续出现,受到广大消费者喜爱。为加强引导规范,促其健康发展,现就有关事项通知如下:

一、实施告知性备案

迷你歌咏亭平台运营企业(以下简称平台运营企业)应当于 2017 年 8 月 31 日前将本企业在全国范围内已经投入运营的迷你歌咏亭相关信息汇总后报文化部备案;2017 年 8 月 31 日后投入运营的迷你歌咏亭,平台运营企业应当于投入运营当月月底前向文化部备案。没有统一运营平台的,由迷你歌咏亭经营主体负责及时向所在地县级文化行政部门备案,时间要求同上。具体备案项目和要求见附件。

文化部将迷你歌咏亭备案信息以省(自治区、直辖市)为单位发各地文化行政部门和文化市场综合执法机构,并将适时开发系统供在线备案和查询。省级文化行政部门和文化市场综合执法机构负责统筹做好本省(自治区、直辖市)范围内的迷你歌咏亭管理工作,并按照迷你歌咏亭实际经营地逐级落实属地管理责任。

二、加强内容管理

迷你歌咏亭播放的曲目和屏幕画面不得含有《娱乐场所管理条例》第十三条、《互联网文化管理暂行规定》第十六条规定的禁止内容,不得含有文化部公布的黑名单文化产品;歌曲点播系统不得与境外的曲库连接;平台运营企业和经营主体以及消费者不得利用迷你歌咏亭制作、下载、复制、传播或者以其他方式使用《互联网上网服务营业场所管理条例》第十四条规定的禁止内容。平台运营企业或经营主体应当建立内容自审制度,并安排专人负责迷你歌咏亭曲库的内容审核。

三、保障设备运行安全

企业生产迷你歌咏亭,应当使用符合国家相关技术标准、经检验合格的原材料、相关装置和零配件。迷你歌咏亭内部环境要做到敞亮整洁,至少一侧设置为透明材质并不被遮挡。经营主体要定期实地检查迷你歌咏亭设施运行状态,及时消除安全隐患。鼓励有关行业协会制定迷你歌咏亭相关技术标准和运营规范。

四、保护消费者合法权益

平台运营企业或经营主体应当在迷你歌咏亭显著位置明示消费价格、曲目数量以及 12318 举报电话,设置客户服务热线,并安排专人负责接听,及时解决消费者合理诉求,保障消费者合法权益。平台运营企业和经营主体要加强对未成年消费者的权益保护,通过在迷你歌咏亭系统内设置累计消费时间和金额提示等有效措施,引导未成年消费者理性娱乐,防止沉迷。

五、鼓励企业提升服务品质

各级文化行政部门可将迷你歌咏亭纳入文化娱乐行业转型升级工作范围,鼓励游戏游艺场所、互联网上网服务营业场所引入迷你歌咏亭,丰富场所经营业态,满足消费者多样化多层次的文化需求;鼓励有条件的文化馆(站)和基层综合性文化服务中心利用迷你歌咏亭开展公共文化服务,并加强指导和管理;鼓励企业向农村地区、贫困地区低价投放,并广泛开展便民惠民等活动,参与提供公共文化服务。鼓励和保护企业研发创新,不断提升迷你歌咏亭内容与设备品质,创新分享经济新模式,优化体验和服务。引导企业合理布局,自觉抵制恶性竞争。

六、严格规范市场经营秩序

对未履行备案手续,经告知后拒不履行的,可参照《娱乐场所管理条例》第四十一条的规定给予行政处罚;对未履行信息明示义务,经告知后拒不改正的,可参照《娱乐场所管理条例》第五十一条规定给予行政处罚。对迷你歌咏亭播放的曲目、屏幕画面含有《娱乐场所管理条例》第十三条禁止内容,或者歌曲点播系统与境外曲库连接的，应参照《娱乐场所管理条例》第四十八条的规定给予行政处罚；含有《互联网上网服务营业场所管理条例》《互联网文化管理暂行规定》等法规规定的禁止内容的，应参照相应法规的规定给予行政处罚；可以视情况将上述违规经营主体列入文化市场黑名单予以管理。发现迷你歌咏亭存在安全生产隐患的，应当督促经营主体立即整改，并抄告有关主管部门。

地方文化行政部门和文化市场综合执法机构在迷你歌咏亭管理中遇到的重要情况和问题要及时向上级主管部门报告。文化部将适时调整完善相关政策。

特此通知。

附件：迷你歌咏亭备案表

文化部

2017 年 7 月 18 日

附件

迷你歌咏亭备案表

填报经营主体：　　　　　　　　　　　　填报日期：　　　年　　月　　日

<table>
<tr><td rowspan="2">平台运营企业基本情况</td><td>企业名称</td><td></td><td>法定代表人及联系方式</td><td></td><td>统一信用代码</td><td></td></tr>
<tr><td>证照名称和取得时间</td><td></td><td>企业住所</td><td colspan="3">×××省×××地市×××区县×××街道×××号</td></tr>
</table>

<table>
<tr><td rowspan="3">序号</td><td colspan="4">产品信息</td><td colspan="8">经营信息</td></tr>
<tr><td rowspan="2">品牌名称</td><td rowspan="2">产品编号</td><td rowspan="2">合格证号</td><td rowspan="2">曲目数量（首）</td><td colspan="5">迷你歌咏亭设置地点</td><td rowspan="2">直营或加盟</td><td rowspan="2">设备负责人及其联系方式</td><td rowspan="2">经营者姓名及联系方式（加盟填）</td></tr>
<tr><td>省</td><td>地市</td><td>县市区</td><td>街道、门牌号</td><td>场地名称（具体到楼层）</td></tr>
<tr><td></td><td></td><td></td><td></td><td></td><td></td><td></td><td></td><td></td><td></td><td></td><td></td><td></td></tr>
<tr><td></td><td></td><td></td><td></td><td></td><td></td><td></td><td></td><td></td><td></td><td></td><td></td><td></td></tr>
<tr><td></td><td></td><td></td><td></td><td></td><td></td><td></td><td></td><td></td><td></td><td></td><td></td><td></td></tr>
<tr><td></td><td></td><td></td><td></td><td></td><td></td><td></td><td></td><td></td><td></td><td></td><td></td><td></td></tr>
<tr><td></td><td></td><td></td><td></td><td></td><td></td><td></td><td></td><td></td><td></td><td></td><td></td><td></td></tr>
<tr><td></td><td></td><td></td><td></td><td></td><td></td><td></td><td></td><td></td><td></td><td></td><td></td><td></td></tr>
<tr><td></td><td></td><td></td><td></td><td></td><td></td><td></td><td></td><td></td><td></td><td></td><td></td><td></td></tr>
</table>

填表人：　　　　　　　　　　　　审核人：　　　　　　　　　　　　联系方式：

注：每月月底前将本月投放运营的迷你歌咏亭报文化部备案

文化部关于发布行业标准《演出安全　第6部分:舞美装置安全》的通知

文科技发〔2017〕22号

各省、自治区、直辖市文化厅(局),新疆生产建设兵团文化广播电视局,国家京剧院、中国国家话剧院、中国歌剧舞剧院、中国东方演艺集团有限公司、中国交响乐团、中国儿童艺术剧院、中央歌剧院、中央芭蕾舞团、中央民族乐团、中国艺术科技研究所:

《演出安全　第6部分:舞美装置安全》(WH/T 78.6—2017)经审定通过,现批准为推荐性行业标准,自2017年10月1日起实施。

本标准由我部全国剧场标准化技术委员会组织出版发行。

特此通知。

文化部

2017年7月24日

文化部关于印发《"十三五"时期全国古籍保护工作规划》的通知

文公共发〔2017〕24号

各省、自治区、直辖市文化厅(局),新疆生产建设兵团文化广播电视局,各计划单列市文化局,本部各司局、各直属单位:

《"十三五"时期全国古籍保护工作规划》已经文化部党组同意,并征求了全国古籍保护工作部际联席会议其他成员单位的意见,现印发给你们,请结合实际认真贯彻执行。

特此通知。

文化部

2017年8月7日

"十三五"时期全国古籍保护工作规划

为贯彻落实中央关于传承和弘扬中华优秀传统文化的重要决策部署,深入做好"十三五"时期中华古籍保护工作,根据《中华人民共和国公共文化服务保障法》《中华人民共和国文物保护法》《中共中央办公厅　国务院办公厅关于实施中华优秀传统文化传承发展工程的意见》《国家"十三五"时期文化发展改革规划纲要》和《文化部"十三五"时期文化发展改革规划》有关精神,特制定本规划。

一、总体要求

(一)指导思想

全面贯彻党的十八大和十八届三中、四中、五中、六中全会精神,深入贯彻落实习近平总书记系列重要讲话精神和治国理政新理念新思想新战略,围绕中央关于传承和弘扬中华优秀传统文化的部署要求,坚持以社会主义核心价值观为引领,坚持"保护为主、抢救第一、合理利用、加强管理”的工作方针，以普查登记为基础，以分级保护和揭示利用为重点，不断提升古籍保护水平，切实发挥古籍传承中华优秀传统文化的重要作用，真正让“书写在古籍里的文字活起来”。

（二）基本原则

1.坚持保护为主。始终把古籍保护作为工作重心，遵循古籍保护工作规律，坚持依法保护和科学保护，把古籍的抢救性保护与预防性保护有机结合，加大对珍贵古籍的保护力度，建立科学有效的古籍保护长效机制。

2.坚持抢救第一。把握古籍具有易损性、不可再生性等特点，重点加强对濒危珍贵古籍的抢救，加大古籍保护技术的研发和应用，培育古籍修复人才，改善古籍存藏条件，提升古籍修复能力。

3.坚持合理利用。推动中华优秀传统文化的创造性转化和创新性发展，通过展览展示、数字化服务、影印出版和文化创意产品开发等多种方式，加强对中华古籍的揭示和利用，发挥古籍的文化价值和社会服务功能。

4.坚持加强管理。加强古籍保护相关职能部门之间的沟通与协调，进一步完善古籍保护工作制度，加强古籍保护单位管理，建立古籍标准化体系，实施严格的古籍保护责任制度和责任追究制度，促进古籍保护工作科学化规范化。

（三）发展目标

到2020年，全国古籍资源和保存状况基本摸清，国家级、省级珍贵古籍保护状况明显改善，实施一批珍贵古籍修复项目，完成一批在全国有重大影响的古籍影印出版工作，珍贵古籍缩微复制和数字化成果显著，古籍公共文化服务功能和社会教育的作用更加彰显，古籍保护人才队伍结构不断优化、专业水平明显提升，制度建设、立法工作和标准规范有较大进展，社会参与的广度和深度不断拓展，古籍传承文明、服务社会的能力进一步提升。

“十三五”时期全国古籍保护工作主要指标

类别	指标	单位	2016年	2020年
普查登记	完成古籍普查登记的古籍收藏机构的数量	家	1218	2000
	出版《普查登记目录》的古籍收藏机构的数量	家	122	200
	古籍普查数据的发布量	万条	40.6	72.6
保护修复	珍贵古籍修复数量	万叶	250	350
资源利用	完成古籍数字资源	万部	4.6	7
	发布数字化古籍资源	万部	2.7	7
	影印出版古籍数量	万部	1.34	1.5
队伍建设	培训古籍收藏单位从业人员数量	人次	8396	10000
标准规范	制定出台古籍定级、存藏、修复、数字化等专业技术标准数量	部	5	15

二、重点任务

（一）基本完成全国古籍普查登记工作

1.完善古籍普查登记管理制度。进一步提高古籍普查登记质量，明确各级人民政府及文化、教育、民族、宗教、文物等部门对本地、本系统古籍普查登记的职责。健全各级古籍普查登记机构，实现古籍登记管理常态化。设立年度古籍普查进度通报制度，依托古籍保护数字服务平台，对各地、各有关单位古籍普查情况进行统计。

2.加大全国古籍普查登记力度。各相关部门加强对本系统古籍收藏机构普查登记工作的督促指导，全面摸清本系统内古籍资源，将宗教活动场所藏书、雕版等纳入普查范围。统一普查数据格式，依托全国古籍普查登记平台，对各地各单位报送的数据进行汇总和核校，完善鉴定著录，确保普查准确规范。鼓励民间古籍收藏机构按照规定登记所藏古籍。同时，继续做好海外中华古籍的调查摸底工作，重点对美国、加拿大、德国、法国和英国等国家存藏的中华古籍进行调查。

3.加强古籍普查登记目录建设。依托全国古籍普查登记平台，建立古籍普查登记编号及信息库，形成全国收藏单位古籍普查登记目录档案。在各省级古籍保护中心、古籍收藏单位对本地本单位普查登记信息的审校和编纂工作的基础上，由国家古籍保护中心汇总形成《全国古籍普查登记目录》并陆续出版。继续推进《中华古籍总目》编纂工作，完成一批省级分卷出版项目。加快推进《中国少数民族古籍总目提要》的整理、研究和出版工作。

4.促进古籍普查数据开放共享。古籍保护机构要加强与文物系统的协调合作，共同做好古籍普查与全国可移动文物普查的数据对接工作，及时进行数据交换。建立中华古籍综合信息数据库，及时将各古籍保护机构的普查数据输入数据库，并完善导入和导出功能，加快建设全国古籍联合书目通用检索系统，及时公布普查成果，实现古籍普查数据在全国范围的开放共享。

专栏1　中华古籍普查登记项目

《全国古籍普查登记目录》项目。加快古籍普查进度，各古籍收藏单位在完成普查登记的基础上，汇总整理形成古籍普查登记目录并正式出版。"十三五"期间，力争完成不少于200家收藏单位的古籍普查登记目录。

《中华古籍总目》编纂项目。在《全国古籍普查登记目录》基础上，由国家古籍保护中心牵头组织，主要采取省级分卷的形式，编纂出版《中华古籍总目》。在分省(区、市)编纂的同时，《中华古籍总目》还将依机构、类型、文种等分卷编纂。收藏古籍在100万册以上的单位，可独立成卷；简帛古籍、敦煌遗书、碑帖拓片等按类型编纂。

《中国少数民族古籍总目提要》编纂出版项目。编纂项目由国家民委组织实施。收录我国55个少数民族及古代民族文献典籍、碑刻铭文、口头传承等现存古籍目录和内容提要，全套书目按民族分卷，计划收录书目30多万条，约60卷，100多册，系统真实地反映我国各少数民族古籍现存情况。

(二)切实加大古籍保护力度

1.完善古籍分级保护制度。研究制定珍贵古籍评级标准，馆藏古籍日常养护技术标准和管理规范。研究制定中国少数民族文字古籍定级标准。完善省级珍贵古籍名录和古籍重点保护单位向国家古籍保护中心的报备制度。研究制定国家级、省级珍贵古籍名录和重点保护单位的管理办法。

2.加强珍贵古籍保护。继续开展国家和省级珍贵古籍名录及古籍重点保护单位的申报评审，重点做好少数民族文字珍贵古籍申报评审工作。根据《图书馆古籍书库基本要求》，做好各级古籍收藏机构的库房新建和改扩建工作。对国家珍贵古籍实施专库或专架管理，确保珍贵古籍实体安全。各地古籍保护机构根据实际做好珍贵古籍装具配置工作。推进国家图书馆国家文献战略储备库建设。推动建设一批符合国家标准的古籍寄存书库，为不具备存藏条件的单位提供寄存服务。建立国家古籍数字资源异地镜像保存体系。鼓励有条件的地方推进古籍异地异质灾备工作。继续实施新疆、西藏及四省藏区的古籍保护工作专项，加大对新疆、西藏及四省藏区宗教活动场所古籍保护经费投入。

3.促进海外中华古籍回归。建立海外中华古籍回归工作机制，依托各级古籍保护中心和有关高校、科研院所、出版机构等，发挥各自优势，明确责任分工，有计划、分步骤开展海外中华古籍回归工作。以海外中华古籍主要存藏机构的古籍调查摸底为基础，积极开展海外古籍资源数字化、影印出版及其他形式的回归，编纂出版一批具有学术影响力和重要历史文化意义的海外珍贵中华古籍。加大与古籍保护国际组织和民间机构的交流合作力度，积极参与古籍保护国际行动，举办高质量国际古籍保护学术会议，推进国际古籍保护项目合作和科技攻关。深化与港澳台地区古籍收藏机构的交流协作。

专栏2　珍贵古籍保护项目

国家和省级珍贵古籍名录、古籍重点保护单位申报评审。建立健全申报、核查、评审、公布和支持制度。适时开展第六批国家珍贵古籍名录和全国古籍重点保护单位的申报评审工作。推动未开展省级申报评审工作的省份尽快建立本省份评审制度并开展相关工作，力争"十三五"末实现全覆盖。

续 表

西藏古籍保护工作专项。协助西藏自治区以宗教、文物系统为重点开展古籍普查，推进普查登记目录的编纂出版。支持西藏藏文古籍修复中心开展修复工作以及相关标准、技术研究，提升古籍修复能力。结合国家珍贵古籍数字化项目，完成西藏地区入选《国家珍贵古籍名录》古籍的数字化工作。加强西藏自治区古籍保护人才培养，提高古籍保护队伍业务能力。支持采取多种形式宣传古籍保护成果。 新疆古籍保护工作专项。协助新疆维吾尔自治区开展古籍普查登记，编纂出版《新疆维吾尔自治区珍贵古籍图录》。推进新疆维吾尔自治区古籍修复中心建设，积极开展古籍修复工作。结合“国家珍贵古籍数字化”项目，完成新疆地区入选《国家珍贵古籍名录》古籍的数字化工作。

（三）全面提升古籍修复能力

1.加强珍贵古籍修复。重点抓好列入《国家珍贵古籍名录》和濒危古籍的修复工作。完善国家级古籍修复中心申报制度、评审标准和退出机制，适时开展第二批国家级古籍修复中心的申报评审工作。制定古籍修复档案标准规范。继续实施“天禄琳琅”等古籍专项修复项目，谋划实施一批新的修复项目。鼓励图书馆、博物馆、档案馆等古籍收藏机构合作开展古籍修复工作。加强少数民族文字古籍修复工作，推进少数民族文字古籍修复中心（修复室）建设。

2.促进古籍修复技艺传承发展。发挥古籍修复专家的传帮带作用，采取古籍修复基础研究与古籍修复项目相结合的方式，传承古籍修复技艺，提高古籍修复水平。鼓励和支持省级古籍保护中心在本地区建立古籍修复技艺传习单位。加大对古籍修复等非物质文化遗产代表性传承人的扶持力度，支持开展收徒、教学等传承活动。推广国家古籍保护中心在古籍用纸定制生产等方面的做法和经验，扶持古籍修复用纸传统工艺传承与发展。

3.加强古籍保护技术研究。推进古籍保护机构和存藏单位与其他公共文化单位、高等院校、科研院所、中等职业学校、高科技企业等领域的深度合作，开展古籍修复的理论和技术研究。借鉴国外先进修复技术，创新我国古籍修复的工艺和方法。在具备条件的图书馆设立高水平文献保护重点实验室，开展古籍保护技术的研究和实验。

专栏3　国家级古籍修复中心和古籍保护实验室建设项目

依托国家级古籍修复中心，开展古籍修复工作和科学研究，推进国家级古籍修复中心可移动文物修复资质的申报工作。加强国家级古籍保护实验室建设，完善管理制度，推动硬件升级，深入开展修复用材安全性研究、中国古籍纸张老化程度检测方法研究等古籍保护科研工作。

（四）加强古籍整理出版和数字化建设

1.做好古籍整理出版工作。推动“中华再造善本（三编）”“中国古籍珍本丛刊”“中国古籍书志书目丛刊”“儒藏”“中华续道藏”“大藏经”“中华医藏”“海外中华古籍珍本丛刊”“海外中华古籍书目书志丛刊”和“国外所藏汉籍善本丛刊”等一批国家级重点古籍影印和整理出版项目实施。完善古籍影印出版管理制度，对重点出版项目进行绩效评估，提高古籍影印和整理出版项目专项资金的监管水平和使用效益。

2.推进珍贵古籍缩微复制保存。继续开展珍贵古籍缩微化工作，依据全国古籍普查登记情况，对尚未拍摄的珍贵古籍文献，有计划地开展缩微工作。充分发挥缩微技术有利于长期保存的优势，依托数转模技术，以珍贵古籍数字化项目成果为基础，开展珍贵古籍数字资源转换缩微胶片，逐步实现全部珍贵古籍缩微化长期保存。

3.加强古籍数字化工作。鼓励和支持各古籍收藏单位加快古籍数字化步伐，借助互联网、大数据、云服务等高新技术，率先对馆藏特色文献和珍贵古籍进行数字化，加快建立中华古籍数字资源库和中华古籍综合信息数据管理平台，扩大古籍数字资源开放，促进资源共享，提高利用效率。

专栏 4　古籍整理出版及数字化建设项目

"中华再造善本(三编)"和"中国古籍珍本丛刊"编纂出版项目。"中华再造善本(三编)"收录标准为版本稀少、文献及学术价值较高的珍贵古籍,其中大部分属国家一、二级古籍。"中国古籍珍本丛刊"计划出版海内外图书馆、博物馆等藏书机构珍藏善本文献,收录标准为中华再造善本之外、现存传本数量在3部以内(含3部)且具重要历史文献价值的古籍善本,计划收录海内外70多家藏书机构5000种古籍善本。

"儒藏(精华编)"编纂出版项目。由教育部指导,北京大学具体组织实施,依托现有工作机制和队伍进行编纂,在充分利用古籍整理出版及数字化成果的基础上,对我国两千多年来儒家思想方面的典籍进行系统整理,计划精选历史上有较大影响和价值的儒学著作339册进行编纂出版。

"中华医藏"编纂出版项目。由国家中医药管理局会同文化部、新闻出版广电总局共同组织推进,分为经典著作、基础理论、临床各科和民族医药四编,重点从我国现存的医药古籍文献中,遴选出兼具学术价值和版本价值的医药古籍,分阶段影印出版,有效促进我国医药文化的传承发展和古籍的保护利用。

"中华续道藏"编纂出版项目。"中华续道藏"是"中华道藏"的续编,由国家宗教事务局组织实施,重点对"中华道藏"未收录的道教典籍及流传于民间的道教典籍,进行抢救、整理和点校。同时,建设"中华续道藏"数字资源库,全面推进道教古籍保护利用及道教文化建设。

汉文"大藏经"整理编纂项目。由国家宗教事务局指导中国佛教协会组织实施。重点是在现存汉文"大藏经"和"大藏经"研究成果基础上,依次对汉文"大藏经"的律藏、论藏、经藏等进行整理编纂,建设佛教典籍数字化资源库,全面推进佛教古籍的保护利用,佛教教义的现代阐释。

"中华古籍数字资源库"建设项目。以国家和省级珍贵古籍数字化为带动,加强各古籍收藏单位之间的合作,通过利用现有资源以及向社会购买资源等方式,建立品种齐全、版本丰富的"中华古籍数字资源库"。按照边建设、边服务的原则,及时发布古籍影像信息资源,免费为专家学者和社会大众提供便捷优质的阅览服务。

"中华古籍综合信息数据管理平台"建设项目。建立集古籍普查登记、修复保护、宣传推广、人才培养等多功能于一体的综合信息管理平台,通过大数据收集、整理和统计,对全国古籍保护相关信息进行分析研判和动态监测。同时,依托管理平台,建立综合信息数据年报制度,全面掌握古籍保护年度工作情况,便于进行数据对比和信息查询。

(五)利用古籍传承和弘扬中华优秀传统文化

1.深入挖掘古籍的深厚文化内涵。推进国家传统文化典籍整理工程实施,组织开展"中华传统文化百部经典""中华珍贵古籍史话"等国家重点古籍编纂出版项目,依托哲学、历史、文学、宗教等多个领域的专家学者,根据典籍的学术代表性和社会影响力,兼顾学科分类和年代分布,对中华优秀典籍进行诠释和解读,深入阐发中华优秀传统文化精髓,研究中华文化的历史渊源、发展脉络和基本走向,进一步激发中华优秀传统文化的生机与活力。

2.组织开展古籍宣传推广活动。建立中华优秀古籍的宣传推广机制,运用数字化、信息化、网络化等现代技术手段,采取线上线下相结合的方式,加强对中华优秀古籍多媒体、多渠道、多终端传播。开展"册府千华"系列展览、"我与中华古籍"系列宣传推广活动,形成品牌示范带动效应。以中国古籍保护网为平台,及时发布古籍资源和保护工作成果。依托中华优秀传统文化实践基地,组织经常性的讲座、展览、互动体验、技能竞赛等活动,开展礼敬中华优秀传统文化系列活动,实施中华经典诵读工程,推动优秀传统文化的传承和发展。

3.加强古籍文化创意产品开发。坚持社会效益第一,鼓励符合条件的古籍收藏机构发挥古籍资源丰富的优势,依托全国公共图书馆文化创意产品开发联盟等平台,依法通过委托、与文化企事业单位合作等多种方式,开发一批弘扬中华优秀传统文化、反映时代精神、符合群众实际需求的古籍类文化创意产品。把古籍文化创意产品开发与读书活动相结合,举办中华古籍创客大赛、古籍文化创意产品推介会等活动。提高古籍文化创意产品开发的整体品质,加强过程监管。借助国内外图书馆行业会议或学术会议,广泛推介中华古籍类文化创意产品。

专栏 5　中华优秀文化典籍推广工程

"中华传统文化百部经典"编纂项目。由中宣部牵头,文化部协调国家图书馆具体组织实施,着眼于对中华优秀传统文化的创造性转化、创新性发展,从传统文化典籍中精选100部具有代表性的经典书目,涵盖政治、经济、文化、社会、历史、生态等内容,采取大众化、品读导读的方式,推动传统经典普及传播。

续 表

“我与中华古籍”系列宣传推广项目。推动古籍保护与全民阅读相融合，利用广播电视、报刊杂志等传统媒体和新闻网站、微博、微信等新兴媒体，传播古籍保护知识，宣传古籍保护工作取得的新进展新成效。继续举办文津讲坛、珍贵古籍特展等宣传推广活动，配合古籍修复、雕版印刷、碑帖传拓等互动体验服务，以群众喜闻乐见的形式，向公众普及古籍保护知识，提高全社会的古籍保护意识。

（六）加强古籍保护制度、法规和标准建设

1.完善古籍保护工作机制。充分发挥全国古籍保护工作部际联席会议、全国古籍整理出版规划领导小组和全国高等院校古籍整理研究工作委员会的平台作用，进一步完善统筹规划、分类指导、部门协同、权责明确的古籍保护工作制度。由文化行政部门牵头，各相关部门发挥职能和资源优势，在规划编制、政策衔接、标准制定和项目实施等方面加强沟通协作，形成工作合力。

2.加快古籍保护立法。积极推进国家古籍保护立法工作，做好与《中华人民共和国文物保护法》等相关法律的区分和衔接，开展专题调研，起草法律文本，争取尽早纳入国家立法计划。鼓励和支持古籍资源较为丰富的地方探索制定古籍保护法律法规，从法律层面规范古籍管理、保护与利用等工作，解决古籍保护工作中存在的突出问题，使古籍保护有法可依。

3.加强古籍保护标准化建设。依托全国图书馆标准化技术委员会、各系统各层级古籍保护机构、高等院校、科研院所等，充分运用各学科研究成果，围绕古籍装具、古籍修复用品、古籍传拓技艺、古籍数字化等方面，开展古籍保护科学研究，编制一批古籍保护技术标准、管理标准、评价标准，重点推进各类型古籍文献除虫、防霉、防酸脱酸等技术标准发展，加强新制定标准的应用推广和效果评价，逐步建立起比较完备的古籍保护标准体系。

4.加强古籍保护专家委员会建设。依据工作需要，适时调整全国古籍保护工作专家委员会，补充公共文化领域专家和古籍保护相关管理部门人员，建立起跨地区、跨专业、跨单位的专家队伍。创新和完善专家委员会工作机制，促进成员在加强理论研究、提供决策咨询、指导地方实践和参与人才培养等方面发挥积极作用。各省（区、市）可参照建立省级古籍保护工作专家委员会。

三、保障措施

（一）加强组织领导

各级文化行政部门要发挥牵头作用，会同古籍保护工作相关部门，加强对古籍保护工作的组织领导，推动古籍保护工作纳入本地经济社会发展总体规划，纳入公共文化服务体系建设整体安排，结合实际制定具体的工作计划和落实方案，明确责任，统筹实施。各级古籍收藏机构也要根据规划，细化目标任务，采取有力措施，抓好工作落实。

（二）推进队伍建设

将古籍保护人才队伍建设纳入全国基层文化队伍培训计划，统筹开展分类分层培训。发挥古籍保护人才培训基地作用，持续开展在职培训，多层次、多渠道培养古籍人才队伍。发挥高校古籍教学科研人才较多的优势，利用高等院校古籍人才培养及整理研究专项基金，加强对古籍保护研究型人才培养。依托国家民委少数民族古籍文献人才培养与科学研究基地，加强少数民族古籍保护人才培养。完善全国古籍保护工作专家委员会，建立起结构合理、业务过硬、工作高效的专家队伍。

（三）开展监督评价

各级文化行政部门要会同古籍保护工作相关部门加强过程管理和动态监测，建立健全面向各类古籍保护主体、项目的绩效评价指标体系、评价制度、问责机制和信息公开制度，切实加强古籍保护工作的日常监管、定期督查和年度考评，并将考核结果与相关单位收入分配和人员奖惩等挂钩，推动古籍保护工作持续高效开展。

文化部关于废止部分规范性文件的通知

文政法函〔2017〕1152号

各省、自治区、直辖市文化厅(局),新疆生产建设兵团文化广播电视局,各计划单列市文化局,本部各司局、各直属单位,国家文物局:

根据《国务院办公厅关于进一步做好“放管服”改革涉及的规章、规范性文件清理工作的通知》(国办发〔2017〕40号)要求,我部决定废止《文化部关于发布〈文化部创新奖奖励办法〉的通知》(文教科发〔2006〕17号)等3件规范性文件(目录见附件)。

特此通知。

附件:文化部决定废止的规范性文件目录

文化部

2017年12月14日

附件

文化部决定废止的规范性文件目录

序　号	名　　称	文　号
1	文化部关于发布《文化部创新奖奖励办法》的通知	文教科发〔2006〕17号
2	文化部关于印发《国家文化科技提升计划管理办法(暂行)》的通知	文科技发〔2010〕17号
3	文化部关于印发《国家文化科技提升计划项目经费管理办法(暂行)》的通知	文财务函〔2010〕1158号

文化部办公厅关于印发《中国文化艺术政府奖动漫奖评奖办法》的通知

办产发〔2017〕10号

各省、自治区、直辖市文化厅(局),新疆生产建设兵团文化广播电视局:

为贯彻落实中共中央办公厅、国务院办公厅《关于全国性文艺评奖制度改革的意见》(厅字〔2015〕27号)和中央宣传部印发的《全国性文艺评奖改革方案》(中宣发〔2015〕34号),加强和改进中国文化艺术政府奖动漫奖评奖管理,严格评奖标准和程序,切实提高评奖公信力和影响力,我部制定了《中国文化艺术政府奖动漫奖评奖办法》,现印发给你们,请认真贯彻执行。

特此通知。

文化部办公厅

2017年9月30日

中国文化艺术政府奖动漫奖评奖办法

一、总　则

第一条　中国文化艺术政府奖动漫奖(以下简称“动漫奖”)是文化部为繁荣动漫作品创作、培养动漫优秀人才、扩大中国动漫国际影响力、推动动漫产业发展而设立的国家动漫政府奖。

第二条　动漫奖评奖以习近平总书记系列重要讲话精神特别是关于文艺工作重要讲话精神为指导,坚持“二为”方向和“双百”方针,坚持以人民为中心的工作导向,坚持以社会主义核心价值观为引领,坚持思想性、艺术性、观赏性相统一,坚持把社会效益放在首位,努力实现社会效益与经济效益有机统一,坚持公平、公正、公开、透明的原则,严格标准、严格程序,突出公信力和权威性,树立精品意识,充分发挥对动漫产业发展的导向作用。

第三条　动漫奖每三年评选一次。

二、奖项设置

第四条　动漫奖设 6 个分项,评奖数量共 20 个。分别为:最佳动漫作品 11 个、最佳动漫创作者或团队 3 个、最佳动漫教育机构 2 个、最佳动漫国际市场开拓 1 个、最佳动漫技术 1 个、最佳动漫形象 2 个。

三、评奖对象

第五条　动漫奖评奖对象为:在评奖年之前三年内在我国依法播映、出版、演出、传播并具有明确著作权属的我国动漫作品、技术、形象,以及在此期间取得优秀业绩的我国动漫创作者或团队、动漫企业、教育机构。

动漫作品包括漫画、动画、网络动漫(含手机动漫)、动漫舞台剧(节)目等。

第六条　动漫奖往届获奖作品(或对象)不得重复申报同一奖项。

四、评奖标准

第七条　最佳动漫作品的评奖标准为:

(一)聚焦中国梦的时代主题,培育和弘扬社会主义核心价值观,唱响爱国主义主旋律,坚持以人民为中心的创作导向,坚持把社会效益放在首位,努力实现社会效益和经济效益的有机统一;

(二)鼓励原创,思想内容健康向上,体现时代文化成就、代表国家艺术形象,思想精深、艺术精湛、制作精良,人民群众喜闻乐见;

(三)传承和弘扬中华优秀传统文化,体现民族精神、民族风格和民族特色;

(四)充分发挥动漫艺术的特点,运用动漫语言、动漫手法来讲好中国故事,具有较强的艺术感染力;

(五)艺术表现创意新颖,角色造型和场景设计独具魅力,故事情节引人入胜,人物个性鲜明生动;

(六)拥有自主知识产权,不涉及侵犯其他权利人在境内外的著作权、商标权、专利权、名称权等项权利及其衍生的权利;

(七)取得较好市场业绩,市场占有率较高,社会效益与经济效益相统一;

(八)创作团队中无有劣迹人员。

第八条　最佳动漫创作者或团队的评奖标准为:

(一)拥护中国共产党的领导和社会主义制度,遵纪守法,德艺双馨,秉持职业操守,具有良好的社会声誉;

(二)坚持正确政治导向,践行和弘扬社会主义核心价值观;

(三)深入生活、扎根人民,深受人民群众喜爱,具有较高的动漫艺术创作成就,创作完成的动漫作品在市场上具一定影响力;

(四)在同行业中处于领先地位;

(五)成员中无有劣迹从业人员。

第九条　最佳动漫教育机构的评奖标准为:

(一)获得国家级或省级动漫相关教学成果奖项,拥有优秀动漫专业教师队伍和一批动漫类专业优秀毕业生;

(二)在动漫教育教学改革创新和培养复合型、创新型人才方面取得显著成效,具有良好的社会声誉和社会影响力。

第十条 最佳动漫国际市场开拓的评奖标准为:

(一)符合第七条的基本要求;

(二)面向海外市场的出口、授权等业绩表现突出,具备一定的国际品牌影响力。

第十一条 最佳动漫技术的评奖标准为:

(一)取得国家相关部门颁发的知识产权证书;

(二)具备专有性、创新性,在动漫某一专项技术领域处于领先地位。

第十二条 最佳动漫形象的评奖标准为:

(一)符合第七条第一、二、三款的基本要求;

(二)已经注册相关知识产权或商标,具有较强的动漫形象品牌影响力;

(三)与相关产业融合发展,衍生产品市场表现突出,深受群众欢迎。

第十三条 在各奖项的评选中,鼓励动漫内容与形式的融合创新,鼓励动漫与文学、游戏、影视、音乐等各类内容形式交叉融合,鼓励动漫与传统文化表现形式相融合,鼓励动漫与新技术、新业态、新模式、新媒体有机融合,鼓励动漫与实体经济相融合。

五、评奖机构

第十四条 文化部设动漫奖评奖工作领导小组,下设办公室负责日常工作。办公室设在文化部文化产业司。

第十五条 动漫奖评奖坚持专家评委和群众评委相结合,注重评委的代表性和权威性。专家评委按照统筹兼顾、门类均衡的原则产生。群众评委由动漫爱好者、动漫传播机构、工青妇等群众组织代表等组成。

六、评奖程序

第十六条 动漫奖评奖分为申报、评选两个阶段。

(一)申报

各省、自治区、直辖市文化厅(局),新疆生产建设兵团文化广播电视局负责本地区动漫奖申报工作。中央和国家机关有关部委所属单位经上级主管部门推荐后直接向文化部申报。文化部直属单位直接申报。

(二)评选

动漫奖评选按奖项分项分类,由评委会议以观看作品样片、查阅申报材料、评议讨论等方式,评选出规定数量的入选名单。

第十七条 动漫奖评奖结果向社会公示,公示期为7天。

七、奖励和推广

第十八条 文化部对动漫奖获奖作品、创作者或团队、单位颁发获奖证书和奖金。

第十九条 动漫奖充分发挥文艺评论的作用,通过召开作品研讨会、评议会等形式,积极向各类传播机构推荐,充分听取群众意见,加大对获奖作品、创作者或团队、单位的宣传力度,扩大影响力和辐射面。

第二十条 通过新闻媒体、网络新媒体、动漫会展等渠道,利用视频网站、手机动漫等传播形式,对动漫奖获奖作品进行宣传,加强网络展示,持续扩大社会影响。

八、评奖纪律与监督

第二十一条 动漫奖评奖严格执行《关于全国性文艺评奖制度改革的意见》等文件规定,规范评奖程序,严肃评奖纪律,坚决杜绝暗箱操作、利益交换现象,确保评奖工作风清气正。评委和评奖工作人员不得接受参评单位、个人的宴请和请托,不得接受赠送的任何形式的财物礼品,不得借参加参评作品或个人研讨会之机收取高额报酬,不得徇私舞弊。有上述行为者,一经查实,将严肃追究双方当事人的责任,取消有关作品、创作者(团队)、单位的评奖资格、所获奖项,并将有关违纪违法问题线索及时移送纪检部门处理。

第二十二条 动漫奖评奖严格执行评委回避、保密等制度。

第二十三条 参评单位和个人应按要求如实提交申报材料,不得弄虚作假。如有不实或违规现象,一经查实,将视情节轻重给予通报批评,取消申报资格、参评资格直至所获奖项等处罚。

第二十四条 动漫奖评奖工作接受社会监督、舆论监督、群众监督,在评奖过程中接受相关纪检监察机构监督。

九、附　则

第二十五条 动漫奖评奖经费由文化部从国家财政申请专项经费予以保障,列入财政预算管理。

第二十六条 本办法自印发之日起生效,由文化部文化产业司负责组织实施。每届动漫奖评奖根据本办法制定具体工作方案。

浙江省人民政府关于进一步加强文物工作的实施意见

浙政发〔2017〕3号

各市、县(市、区)人民政府,省政府直属各单位:

文物是不可再生的珍贵文化资源,保护文物功在当代、利在千秋。为贯彻落实《国务院关于进一步加强文物工作的指导意见》(国发〔2016〕17号)和全国文物工作会议精神,切实加强新时期我省文物工作,加快推进文化强省建设,现提出如下意见:

一、明确文物工作目标

到2020年,我省文物事业在传承中华优秀传统文化、弘扬社会主义核心价值观、提高国民素质和社会文明程度、高水平全面建成小康社会中的重要作用更加凸显。全省文物保护体系更加完善,各级文物保护单位得到妥善保护,开放利用水平显著提升;博物馆基础设施条件改善,馆藏文物利用率明显提高,文博创意产业快速发展,博物馆现代公共文化服务体系基本形成;文物政策法规体系基本完备,文物安全监管能力不断增强,文物行政执法水平明显提升;文物保护与现代科技深度融合,文博人才队伍结构不断优化,文物保护意识进一步提高,文物保护成果更多惠及民生。

二、加强文物保护管理

(一)加强文物保护基础工作

根据国家文物登录制度和文物认定标准,依法开展文物调查、登记、申报、定级、公布工作,加强对尚未核定公布为文物保护单位、文物保护点的不可移动文物保护管理,建立第三次全国文物普查登录文物评估管理机制,依法落实各级文物保护单位"四有"工作。在文物普查成果转化利用的基础上,建立完善文物资源总目录,通过政务信息平台向社会公开。建设浙江省不可移动文物资源地理信息管理系统(GIS)、馆藏文物电子档案等数据资源库,实现文物资源管理的数字化、信息化,及时全面掌握文物保存状况和保护需求。

(二)加强世界文化遗产申报与管理

加强现有世界文化遗产的日常保护管理和监测,启动我省世界文化遗产监测预警体系建设。建立健全由所在地政府保护管理协调机制,将世界文化遗产保护纳入国民经济和社会发展规划、土地利用总体规划和城乡规划,制定所在地世界文化遗产保护管理专项规划,鼓励加强地方立法保护世界文化遗产。按照国家统一部署,全面完成海上丝绸之路·中国史迹(浙江部分)申报世界文化遗产保护工作。围绕保护、展示、监测和环境整治等工作,加快良渚古城遗址申报世界文化遗产进程。加强闽浙木拱廊桥、江南水乡古镇、浙江青瓷窑遗址等世界文化遗产预备名单项目的保护管理,支持钱塘江古海塘·钱江潮等有潜力的项目所在地政府开展申报世界文化遗产前期准备工作。

(三)加强不可移动文物保护

加强不可移动文物分级管理,完善文物日常养护巡查和监测保护工作机制,重视岁修,减少大修。建立省级以上文物保护单位修缮、文物保护单位保护区划划定、建设工程文物影响评估报告编制、省级考古遗址公园标识系统等技术规范和规则。遵循文物保护工程的特殊规律,依法实行国家和省有关工程预算定额管理规定和招投标方式,确保工程质量。因文物保护单位保护的需要,无法在其保护范围或建设控制地带内按照现行标准、规范配备基础设施或进行绿化配置的,可以办理规划许可手续。

(四)加强文物保护规划编制实施

将文物行政部门纳入城乡规划协调决策机制成员单位,按照"多规合一"的要求将文物保护规划相关内容纳入城乡规划。具有群体规模和环境要素的省级文物保护单位,由所在地政府组织编制保护规划;省级文物保护单位的保护规划,经省级文物行政部门同意后,由所在地政府公布实施,具体办法由省文物局制定。不可移动文物比较集中的市、县(市、区),应编制不可移动文物保护利用专项规划,并纳入当地城乡规划。各级政府要及时核定相应级别的文物保护单位，依法划定文物保护单位保护范围和建设控制地带，通过浙江政务服务网向社会公开，接受社会监督。对文化遗存埋藏丰富地区的土地利用规划，应明确限制土地整理的重点区域，并事先征求文物行政部门的意见。列入省级以上文物保护单位的大遗址，其保护范围内的土地利用性质，应按已依法批准实施的保护规划明确的用地性质进行调整。

（五）加强城乡建设中的文物保护

正确处理城乡建设与文物保护的关系，防止擅自拆除、迁移不可移动文物等建设性破坏行为发生，保持历史文化名城、街区、名镇、名村和传统村落整体格局、历史风貌的真实性和完整性。在旧城区、危旧房改造中，应根据文物资源调查数据妥善筛查遴选，进行分类处理，逐处落实不可移动文物保护措施。占地5万平方米以上的大型基本建设项目和在地下文物埋藏区、水下文物保护区、各级文物保护单位保护范围及建设控制地带内的建设项目应依法开展必要的考古调查勘探发掘，相关经费纳入建设工程预算。涉及水库淹没区的文物调查内容应纳入水库移民安置规划大纲。涉及文物保护单位保护范围和建设控制地带的建设工程，必须严格按照文物保护法的规定办理审批手续。

（六）加强可移动文物保护

完善馆藏文物保护管理制度，定期开展馆藏文物保护管理情况专项检查。实施馆藏文物修复计划，分类推进珍贵文物保护修复，优先保护材质脆弱的珍贵文物，注重保护修复馆藏革命文物。加强预防性保护，完善博物馆、文物收藏单位的文物监测和调控系统。鼓励民间合法收藏文物，加强社会文物管理。拓展文物征集范围，加大文物征集工作力度，切实提高文物藏品整体质量。实施经济社会发展变迁物证征藏工程，重点征集新中国成立以来反映浙江经济社会改革发展的重要实物。

（七）加强文物安全防护

深入实施文物平安工程，加强文物保护单位的安防、消防系统建设和防雷设施建设，完善博物馆安全防护设施，不断提高安全防范技术水平，降低文物安全风险。落实文物管理单位的责任。健全县（市、区）、乡镇（街道）、村（社区）三级文物安全管理网络，层层落实文物安全管理责任。推动公共安全视频监控建设联网应用，增强部门和区域协作，强化打防管控多管齐下，打击防范文物违法犯罪活动，切实保护文物安全。

三、推动文物合理利用

（一）发挥社会教育功能

充分发挥文物在弘扬中华优秀传统文化、塑造社会主义核心价值观方面的重要作用，推出一批具有鲜明教育作用、彰显社会主义核心价值观的保护利用项目、陈列展览和出版物。结合重大历史事件、重要历史人物纪念活动等，加强革命文物展示利用。深化馆校合作机制，积极培育打造博物馆社会教育的特色品牌，鼓励与学校联合开发课程，组织中小学生到博物馆定期参观、开展学习实践活动，实现博物馆未成年人教育与学校教育的有效衔接。

（二）提升公共服务水平

完善博物馆基础设施建设，重点抓好浙江自然博物园核心馆区、浙江省博物馆新馆等重点项目。支持薄弱地区馆舍建设，实现县县有公共博物馆的目标。鼓励专题博物馆、生态博物馆、社区博物馆等建设，实施智慧博物馆项目。推进博物馆公共文化服务标准化、均等化，进一步完善博物馆免费开放机制，开展博物馆运行绩效评估管理。建立全省文物藏品陈列展览交流平台，推广文物数字化展示，促进馆藏资源、展览的线上线下共享交流，提高馆藏文物藏品利用率。支持县级以上博物馆每年推出若干个陈列展览精品项目。

（三）发展文博创意产业

积极探索文化创意产品开发模式以及收入分配与激励机制，文博单位在原创性临时展览、文化创意产品开发中取得的事业收入、经营收入和其他收入等按规定纳入本单位预算统一管理，可用于加强公益文化服务、藏品征集、继续投入文化创意产品开发、对符合规定的人员予以绩效奖励等。鼓励文博单位依托文物资源，以合作、授权和独立开发等方式，进行文化创意产品开发，面向社会提供知识产权许可服务。完善文化创意产品开发资金投入方式，推动文化创意产品开发纳入文化产业投融资服务体系和服务范围。完善文化创意产品营销体系，综合利用各类电子商务平台，开发文化创意产品的体验式营销。实施“互联网＋中华文明”行动计划，支持文博单位和社会力量合作，推出一批优秀文化创意产品，培育一批文化创意领军单位和人才。

（四）服务经济社会发展

结合精准扶贫、小城镇综合环境整治和美丽乡村建设工作要求，深入推进传统村落和历史文化名城、街区、名镇、名村保护利用。实施“拯救老屋行动”项目，探索形成传统村落保护利用的浙江模式。支持大遗址所在地政府争创国家考古遗址公园，推进省级考古遗址公园建设，鼓励市、县级考古遗址公园建设，逐步形成完善的考古遗址公园体系。深入挖掘文物资源的价值内涵和文化元素，为特色小镇建设和历史经典产业、旅游休闲产业的发展提供文化支撑。拓展文物事业对外交流合作空间，推动浙江文物“走出去”，配合国家“一带一路”倡议，深化与“一带一路”沿线国家在文物领域的实质性合作。

四、强化文物监管

（一）坚持属地管理

各级政府是本行政区域内文物保护工作的责任主体，要树立保护文物也是政绩的科学理念，正确处理经济建设、社会发展与文物保护的关系。重视文物保护，把文物工作列入重要议事日程，依法履行管理和监督责任，及时研究解决文物保护工作碰到的突出问题。逐级落实文物保护责任，以文物保护单位为重点，逐处明确责任单位及责任人，建立文物安全责任人公告公示制度。

（二）加强部门协调

进一步发挥省历史文化遗产保护管理委员会、省文物安全工作联席会议的作用，各成员单位要认真履行、依法承担文物保护职责。各县（市、区）政府要建立相应的文物工作协调机制。在有关行政审批和行政执法联合行动中，发展改革、财政、建设规划、文化、文物、公安、人力社保、国土资源、环保、水利、旅游、宗教、海洋与渔业等部门要加强协调配合。文物、公安等部门要定期组织开展消防安全督查，切实做好文物消防安全工作。

（三）强化文物执法监察

各级文物行政部门要严格履行文物安全监管职责，不断完善文物行政执法体系，充实省市县三级文物行政部门的执法力量，畅通文物保护社会监督渠道，逐步建立完善文物违法案件分级管理、应急处置、挂牌督办、通报曝光等机制。积极推进现代高新技术在文物执法领域的运用，建立对文物违法行为实施省市县三级联动预警、处置的“天地一体”文物执法管理平台。加强文物行政执法与刑事司法衔接，建立文物行政部门和公安、司法机关案情通报、案件移送制度。

（四）强化责任追究

建立健全文物违法责任追究机制，各级政府、各有关部门和单位因不依法履行职责、决策失误、失职渎职导致文物遭受破坏、失盗、失火并造成一定损失的，依法依纪追究有关人员的责任；涉嫌犯罪的，移送司法机关处理。造成珍贵文物或者文物保护单位损毁灭失的，要依法追究实际责任人、单位负责人、上级单位负责人和当地政府领导的责任。建立健全文物保护责任终身追究制、文物保护工程质量负责制，把文物领域相关企事业单位的守法信用记录纳入“信用浙江”征信系统，逐步建立守法诚信行为褒奖机制和违法失信行为惩戒机制。

五、提升文物事业保障水平

（一）健全责任评估机制

各级政府要把法律法规规定的文物保护职责全面列入责任清单，作为地方领导班子和领导干部综合考核评价的重要参考。要建立健全文物保护责任评估机制，每年对本行政区域的文物保存状况进行一次检查评估，发现问题及时整改。

（二）完善政策法规

加快推进《浙江省文物保护管理条例》修订工作。各设区市政府要积极推动文物保护地方性法规规章制定修订工作。研究制定农村文物建筑和传统村落保护利用补偿机制。积极开展多种形式的普法宣传教育活动。

（三）深化文物系统改革

做好简政放权工作，全面提升文物系统依法行政工作水平。深化文物保护工程施工资质管理改革，大力扶持、培育和发展文物行业组织，规范行业标准，强调行业诚信，促进文物行业组织健康发展。推进博物馆法人治理结构改革。

（四）加强机构队伍建设

进一步健全文物保护管理机构，优化配置文物保护管理机构编制。实施文博人才培养计划，依托国家文化遗产保护科技区域创新联盟，培养高层次文化遗产保护创新型领军人才。加大文博行业管理、专业技术、文物执法及经营人才的培训力度。完善文博人才引进制度，创新人才使用、评价、激励机制。开展传统营造技艺和传统工匠调查，重视民间匠人传统技艺的保护与传承。

（五）加大资金保障力度

各级财政要加强统筹，加大公共财政对文物事业的投入力度，建立与地方经济发展水平相适应、与财政能力相匹配、与文博事业发展需求相对应的文物事业投入机制，确保低级别文物保护单位和尚未核定公布为文物保护单位的不可移动文物保护资金得到保障。完善文物专项补助经费监管制度，加强省级文物保护专项资金监管，努力提升资金使用效益。积极引导社会资本投入文物保护和文博创意产业。

浙江省人民政府

2017年1月18日

浙江省文化厅关于2016年行政规范性文件清理结果的通知

浙文法〔2017〕1号

根据《浙江省行政规范性文件管理办法》，我厅对目前有效的16件行政规范性文件进行了清理，16件行政规范性文件全部继续有效。未列入继续有效目录的行政规范性文件，不得作为行政管理的依据。

1.浙江省文化厅、浙江省工商行政管理局、浙江省公安厅、浙江省通信管理局、浙江省教育厅、浙江省财政厅、浙江省人民政府法制办公室、浙江省文明办、共青团浙江省委转发《文化部等九部门关于进一步深化网吧管理工作的通知》（浙文市〔2005〕29号，统一编号ZJSP 22-2005-0001）。

2.浙江省文化厅关于贯彻实施《营业性演出管理条例》《营业性演出管理条例实施细则》的通知（浙文市〔2005〕61号，统一编号ZJSP 22-2005-0002）。

3.浙江省文化厅、浙江省公安厅关于开展网吧行业从业人员资格培训考核工作的通知（浙文督〔2006〕21号，统一编号ZJSP 22-2006-0001）。

4.浙江省文化厅转发《文化部关于〈娱乐场所管理条例〉贯彻执行中若干问题的意见的通知》（浙文市〔2007〕4号，统一编号ZJSP 22-2007-0001）。

5.浙江省文化厅、浙江省工商行政管理局、浙江省公安厅、浙江省通信管理局、浙江省教育厅、浙江省财政厅浙江省监察厅、浙江省卫生厅、中国人民银行杭州中心支行、浙江省人民政府法制办公室、浙江省新闻出版局、浙江省文明办、浙江省综治办、共青团浙江省委转发《文化部等十四部委关于进一步加强网吧及网络游戏管理工作的通知》（浙文市〔2007〕9号，统一编号ZJS P22-2007-0002）。

6.浙江省文化厅转发《文化部关于加强涉外涉港澳台营业性演出管理工作的通知》（浙文市〔2008〕44号，统一编号ZJSP 22-2008-0001）。

7.浙江省文化厅关于新设立歌舞娱乐场所距离测量基点问题的复函（浙文市〔2009〕30号，统一编号ZJSP 22-2009-0001）。

8.浙江省文化厅、浙江省公安厅、浙江省工商行政管理局转发《文化部、公安部、国家工商行政管理总局关于进一步加强游艺娱乐场所管理的通知》（浙文市〔2009〕75号，统一编号ZJSP 22-2009-0002）。

9.浙江省文化厅关于印发《浙江省文化厅行政处罚自由裁量权标准》的通知（浙文法〔2010〕43号，统一编号ZJSP 22-2010-0001）。

10.浙江省文化厅关于印发《加强公共电子阅览室建设实施意见》的通知（浙文社〔2011〕18号，统一编号ZJSP22-2011-0001）。

11.浙江省文化厅关于加强浙江省公共电子阅览室管理平台应用的通知（浙文公共〔2013〕69号，统一编号ZJSP 22-2013-0001）。

12.浙江省文化厅关于进一步深化行政审批制度改革加强事中事后监管的通知（浙文市〔2014〕11号，统一编号ZJSP 22-2014-0001）。

13.浙江省文化厅关于2015年继续有效行政规范性文件的通知（浙文法〔2015〕2号，统一编号ZJSP 22-2015-0001）

14.浙江省文化厅关于开展

上网服务场所管理长效机制试点和上网服务行业转型升级试点工作的通知(浙文市〔2015〕4号,统一编号ZJSP 22-2015-0002)。

15.浙江省文化厅关于印发《浙江省文化厅业务主管社会组织管理暂行办法》的通知(浙文人〔2015〕8号,统一编号ZJSP 22-2015-0003)。

16.浙江省文化厅印发《关于在我省试行文化市场黑名单管理办法的实施方案》的通知(浙文市〔2016〕6号,统一编号ZJSP 22-2016-0001)。

本通知自2017年2月15日起施行。

特此通知。

浙江省文化厅

2017年1月3日

浙江省文化厅印发《关于政府向社会力量购买戏曲剧本的实施细则》的通知

浙文艺〔2017〕1号

为进一步推动我省戏曲传承发展,扶持戏曲剧本创作,根据《浙江省人民政府办公厅转发省文化厅等部门关于政府向社会力量购买公共文化服务的实施意见的通知》(浙政办发〔2016〕3号)精神,省文化厅研究制订了《关于向社会力量购买戏曲剧本的实施细则》。现印发给你们,请参照执行。

浙江省文化厅

2017年6月6日

关于政府向社会力量购买戏曲剧本的实施细则

根据《浙江省人民政府办公厅转发省文化厅等部门关于政府向社会力量购买公共文化服务的实施意见的通知》(浙政办发〔2016〕3号)精神,就省文化厅向社会力量购买戏曲剧本工作,制订以下实施细则:

一、购买内容

每年向社会力量购买5个以上思想性艺术性俱佳、适合我省戏曲艺术表演团体排演的原创戏曲剧本,提供给省内符合条件的戏曲艺术表演团体使用。

二、购买主体和承接主体

(一)购买主体

购买主体为省文化厅或省文化厅授权委托实施的事业单位。

(二)承接主体

承接主体主要为具备提供原创戏曲剧本能力的社会自然人,依法登记或按规定免予登记的社团,符合条件的事业单位,依法在工商行政管理部门或行业主管部门登记成立的企业、其他经济组织、机构等社会力量。承接主体应具备以下条件:

1.有独立承担民事责任的能力。

2.社会自然人应具有中华人民共和国国籍。企事业单位、社会团体应于2014年1月1日前在中华人民共和国内地同级行政机关登记、注册。

三、购买标准和程序

(一)购买标准

承接主体提交的戏曲剧本应达到以下标准:

1.在创作导向上,应遵循国家有关法律法规和文艺方针政策。

2.在艺术形式上,应适合戏曲以及滑稽戏、木偶戏。

3.在著作权上,承接主体应对所提交剧本依法享有完整的著作权,不侵犯任何第三方的著作权和其他合法权益。改编作品须经原作品著作权人许可改编,并许可改编作品著作权人免费使用改编作品。所提交剧本应为未经排演、未参加过任何评奖评比活动的新创作品。

4.在题材内容上,鼓励反映实现中华民族伟大复兴中国梦,弘扬社会主义核心价值观,唱响爱国主义主旋律,体现中国精神以及反映浙江人民创业创新生动实践的现实题材剧本申报。

5.在文本篇幅上,大戏剧本字数应不少于10000字,小戏剧本字数应不少于5000字。

(二)购买程序

1.信息发布。省文化厅每年3月份向社会发布年度购买公告,明确当年剧本购买数量、标准、价格、程序等相关内容信息。

2.资格审查。省文化厅艺术处对提出申请的承接主体进行资格审查。其中,社会自然人须提供相关身份证明、个人艺术履历、提交剧本未侵犯第三方著作权及其他合法权益的书面声明等相关材料;企事业单位、社会团体须提供同级行政机关登记、注册资质证明、近三年艺术生产情况、提交剧本未侵犯第三方著作权及其他合法权益的书面声明等相关材料。

3.剧本评估。省文化厅委托厅艺术委员会按照《浙江省文化厅艺术委员会章程》有关规定,对照购买标准对承接主体提交的剧本组织初评、终评两轮剧本论证、投票表决,论证意见及投票表决结果提交省文化厅厅长办公会议决策参考。

厅艺术委员会组织的剧本初评、终评,每次到会委员应不少于15人。其中,初评环节中,同意进入下一轮评审的剧本得票数应达到实际到会委员三分之二以上;终评环节中,同意购买的剧本及其价格定位得票数应分别达到实际到会委员三分之二以上。

4.结果公示。省文化厅应将经厅长办公会议讨论通过的购买剧本清单面向社会公示。公示时间不少于7天。

5.签约购买。经公示后,省文化厅与相关承接主体就符合要求无异议的入选剧本签订购买协议,买断剧本相关知识产权。

(三)购买价格

1.大戏剧本。经论证评审,定为一类剧本的按照每个15万—30万元价格购买,定为二类剧本的按照每个8万—15万元价格购买,定为三类剧本的按照每个3万—8万元价格购买。

2.小戏剧本。经论证评审,定为一类剧本的按照每个5万—10万元价格购买,定为二类剧本的按照每个2万—5万元价格购买,定为三类剧本的按照每个0.5万—2万元价格购买。

四、结果运用

(一)适用范围

省文化厅向社会购买的戏曲剧本,可提供给全省各级各类戏曲艺术表演团体使用。

(二)适用条件

申请授权使用剧本的戏曲艺术表演团体,应具备以下条件:

1.有独立承担民事责任的能力,于2014年1月1日前在中华人民共和国内地同级行政机关登记、注册的企事业单位或社会团体。

2.具备排演舞台艺术作品的能力。包括:拥有满足剧目排演需要的演职员队伍和演出器材,保障剧目排演所需的经费,实现剧目可持续演出的能力等。

(三)申报程序

1.意向申请。申请授权使用剧本的戏曲艺术表演团体向省文化厅提出书面使用意向,提供相关材料。包括:同级行政机关登记、注册凭证,在职演职员花名册,具有法律效力的排演经费来源书面承诺,主创班子人员名单,近12个月演出场次证明,剧本排演计划及绩效目标等。

2.资格审查。省文化厅相关职能处室对提出书面使用意向的戏曲艺术表演团体进行相关资格审查。符合要求的,进入评估论证程序。

3.评估论证。省文化厅委托厅艺术委员会对符合要求的戏曲艺术表演团体进行评估论证,结合剧本作者的倾向意见,投票表决授权使用剧本的戏曲艺术表演团体,到会委员应不少于15人。同意授权使用剧本的戏曲艺术表演团体得票数应达到实际到会委员三分之二以上。论证意见及投票表决结果提交省文化厅厅长办公会议决策参考。

4.结果公示。省文化厅应将经厅长办公会议讨论通过的授权使用剧本的戏曲艺术表演团体清单向社会公示。公示时间不少于7天。

5.授权使用。经公示后,省文化厅与相关戏曲艺术表演团体就授权使用剧本签订授权使用协议,约定相关权益内容。

(四)验收考核

省文化厅委托厅艺术委员会

按照授权使用协议的约定，对相关剧本的舞台艺术呈现成果进行现场审看验收，出具验收报告及其他绩效考核意见。

五、管理机制

1.管理主体。省文化厅艺术处是省文化厅向社会力量购买戏曲剧本的职能处室，承担向社会力量购买戏曲剧本工作的管理职责。应严格遵守相关财政财务管理规定，确保购买行为公开透明、规范有效，坚决遏制和预防腐败现象。

2.监管职责。购买主体与承接主体应按照权责明确、规范高效的原则签订合同，严格遵照合同约定，避免出现行政干预行为。购买主体应建立健全内部监督管理制度，按规定公开购买服务的相关信息，自觉接受审计监督、社会监督和舆论监督。承接主体应主动接受购买主体的监管，健全财务报告制度，严格按照服务合同履行服务任务，保证服务数量、质量和效果，严禁服务转包行为。

3.绩效评价。健全由购买主体、公共文化服务对象以及第三方共同参与的综合评审机制；加强对购买戏曲剧本的绩效评价，建立长效跟踪机制。在绩效评价体系中，要侧重服务对象及观众对购买戏曲剧本的满意度评价。省文化厅向社会力量购买戏曲剧本的绩效评价结果定期向社会公布。

4.诚信管理。建立省文化厅向社会力量购买戏曲剧本信用档案。在购买服务实施过程中，发现承接主体不符合资质要求、歪曲服务主旨、弄虚作假、冒领财政资金等违法违规行为的，记入信用档案，通过法律途径追究其责任，对造成社会重大恶劣影响的，禁止再次参与省文化在购买公共文化服务工作。

浙江省乡镇（街道）综合文化站服务规范

前　言

本标准依据 GB/T 1.1—2009 给出的规则起草。本标准由浙江省文化厅提出并归口。

本标准起草单位：杭州市余杭区文化广电新闻出版局（体育局）。

本标准主要起草人：冯玉宝、戴园丽、张卫中、汪仕龙、龚蓓、陈顺水。

引　言

为提高公共文化服务质量，促进乡镇（街道）综合文化站事业发展，保障公民基本文化权益，制订本规范。

本规范实施的主要目的在于明确乡镇（街道）综合文化站的服务职能，完善服务条件，提升服务绩效，发挥综合文化站在公共文化服务中的主体作用，体现综合文化站为社会提供公益性文化服务、提升国民文化素质中的重要价值。

本规范是浙江省乡镇（街道）综合文化站服务条件、服务能力和服务水平的基本要求，是综合文化站公共文化服务绩效评价的重要依据。

乡镇（街道）综合文化站服务规范

1　范围

本规范规定了乡镇（街道）综合文化站（以下简称文化站）公共文化服务的术语和定义、总体要求、服务条件、服务项目、服务规范、服务安全以及检查、评估等内容。

本规范适用于设置在乡镇、街道的综合文化站（综合性文化服务中心）。

2　规范性引用文件

下列文件对于本文件的应用是必不可少的。凡是注日期的引用文件，仅注日期的版本适用于本文件。凡是不注日期的引用文件，其最新版本（包括所有的修改单）适用于本文件。

浙委办发〔2015〕46 号关于加快构建现代公共文化服务体系的实施意见

3　术语和定义

3.1　乡镇综合文化站

县级或乡镇人民政府设立的公益性文化事业机构，以提供群众文化艺术活动场所，整合基层宣传文化、科学普及、体育健康等设施，以社会服务、指导基层和协助管理农村文化市场为基本职能的综合性文化服务中心。

3.2　公共文化服务

由政府主导、社会力量参与，以满足公民基本文化需求为主要目的而提供的公共文化设施、文化产品、文化活动以及其他相关服务。

3.3　阵地服务

文化站利用所拥有的文体设施和场地，根据当地群众的需求，面向群众开展与设施的功能、特点相适应的服务活动，如书报刊借阅、举办展览、艺术培训、文体活动、电影放映、体育健身等。

3.4　文化技能

文化站从业人员掌握和运用文化艺术专业技术的能力，包括音乐、舞蹈、戏曲、美术、摄影、书法等文艺创作、表演和专用设备操作、文体活动组织策划等技能。

3.5　文体辅导

文化站对群众文体骨干和群众文体团队所进行的文化艺术、体育知识、技能的帮助和指导，提高其文化艺术体育水平的活动过程。

3.6　群众文体团队

以自愿为原则，以业余爱好为基础，以文化、体育活动为表现方式的基层群众文化体育骨干组织。

3.7　文物

人类在历史发展过程中遗留下来的，具有历史、艺术、科学价值的遗物、遗迹。

3.8　非物质文化遗产

各族人民世代相传并视为其文化遗产组成部分的各种传统文化表现形式，以及与传统文化表现形式相关的实物和场所。

3.9　村（社区）文化室（文化活动中心）

由村（社区）设立的，用于开展书报刊借阅、群众文艺演出、群众性体育活动等，为当地群众提供公共文化服务的场所。

3.10　文化礼堂

建在农村的宣传文化设施，面向农民群众开展主流价值弘扬、理论政策宣讲、乡土文化展示、乡风文明传播、礼仪礼节教化、知识技能普及、群众文体活动的文化场所，按照“五有三型”（有场所、有展示、有活动、有队伍、有机制，学教型、礼仪型、娱乐型）的标准建设，是农村文化地标和农民群众精神家园。

4　总体要求

4.1　服务总则

4.1.1　文化站是面向服务人口提供公共文化服务的场所和机构，是公共文化服务体系的重要组成部分。文化站应依据国家关于文化建设发展的要求，履行政府公共文化服务职能，并不断提高公共文化服务效能。

4.1.2　文化站的服务应以免费或优惠方式提供，并体现公益性、基本性、均等性和便利性的原则。文化站实现无障碍、零门槛进入，公共空间设施场地实行免费开放，所提供的基本服务项目全部免费。

4.1.3　建立健全县级文化馆、图书馆总分馆制，省级中心镇及人口5万以上的乡镇（不含县城所在地的街道）文化站应设立县级文化馆分馆和图书馆分馆。

4.2　人员配备

4.2.1　文化站编制人员配备参照浙委办发〔2015〕46号文件执行。文化站设站长（主任）1人。文化站实行站长（主任）负责制，站长（主任）任免、聘任，事先应征求文化行政部门的意见，或由文化行政部门任免、聘任。

4.2.2　文化站图书阅览室应配备专（兼）职图书管理员。

4.2.3　文化站专职人员一般需具备大专以上学历，热爱文化事业，善于组织群众开展文化活动，熟练掌握基层文化体育业务知识，具有一定的文艺特长，至少掌握一门以上文化技能。

4.3　站舍建设

4.3.1　文化站建设要根据城乡人口发展和分布，结合当地公共文化设施存量和使用状况，坚持均衡配置、严格预留、规模适当、功能优先、经济适用、绿色共享的原则，以保基本、惠民生为导向，科学合理规划布局，并与当地经济社会发展总体规划、土地利用总体规划、城乡规划及其他相关专项规划相衔接。

4.3.2　文化站站舍应位于交通便利、人口集中、便于群众参与活动的区域，一般不设在乡镇人民政府或街道办事处办公场所内。新建文化站站舍的选址、设计、功能安排等应征得文化行政部门的同意。

4.3.3　服务人口在5万（含）人以上的文化站，建筑面积不低于1500平方米，室外活动场地不低于1000平方米；服务人口3万（含）—5万人的文化站，建筑面积不低于1000平方米，室外活动场地不低于600平方米；服务人口3万人以下的文化站，建筑面积不低于500平方米，室外活动场地不低于600平方米。设置无障碍通道。

4.3.4　乡镇（街道）宜开辟能提供群众参加文化体育活动的室外广场，设置能进行文艺表演的舞台。

4.3.5 文化站基本空间应包括图书阅览室、多功能活动厅、培训教室、综合展示厅、公共电子阅览室、体育活动室、国民体质监测点和管理用房，以及室外活动场地、宣传栏等配套设施。

4.3.6 文化站管理用房面积不得超过总面积的10%。宣传栏面积不少于15平方米。

4.3.7 文化站应在主体建筑外设立明显的单位标识及导向标识，文化站采用统一标识，各功能用房应设有醒目的标识。

4.4 设施设备

4.4.1 文化站应配有电话、电脑、打印机、传真机、扫描仪、数码相机（摄像机）等基本业务装备，以及办公桌椅、文件档案橱柜等基本办公设备。

4.4.2 文化站应配备有演出服装、乐器、灯光、音响等文艺活动器材、体育器材以及培训、展览、广播和信息网络传输的设备。在室外广场配置健身、休闲等活动设施。

4.4.3 文化站应根据地方文化特色配备与服务相关的其他设备、器材。

4.5 人员管理

4.5.1 县级文化行政部门或乡镇人民政府（街道办事处）对文化站从业人员的工作内容、工作纪律、工作效率等实施管理，对其所履行的工作职责进行考核。

4.5.2 县级文化行政部门对文化站从业人员进行业务指导和培训，并对培训情况进行记录和建档。

4.5.3 文化站专兼职人员每年参加集中培训时间不少于5天。

4.6 经费保障

文化站每年用于宣传教育、文化体育活动的经费（不含基本建设、文化遗产保护等经费），应列入县、乡镇（街道）两级年度财政预算或年度经费安排。

5 宣传教育

5.1 内容

5.1.1 社会主义核心价值观教育

文化站应运用多种形式开展社会主义核心价值观学习宣传活动，充分发挥基层思想文化阵地的教育引导作用。

5.1.2 中华优秀传统文化教育

文化站应加强中华优秀传统文化宣传教育，大力弘扬中华传统美德、人文精神、核心思想理念，引导广大群众更加全面准确地认识中华民族的历史传统、文化积淀、基本国情，增强人民群众的文化参与感、获得感和文化自信。

5.1.3 科学文化知识普及

文化站应经常对广大群众开展市场经济知识、现代农业技术知识、社会发展知识、环境保护知识、健康卫生知识、现代科学常识和文化知识的宣传教育，促使科学文化知识的普及，以提高广大群众的科学文化素质，为群众求知致富，促进当地经济建设服务。

5.1.4 时事政策宣传

文化站应根据年度乡镇（街道）的宣传思想工作要点，结合党和政府的中心工作，适时开展时事政策宣传教育活动，引导广大群众理解、执行党和政府的相关政策，积极参与党和政府的中心工作。

5.1.5 法制宣传教育

文化站应协同乡镇（街道）司法所等单位，运用典型案例，结合民主法治村（社区）建设，对广大群众开展法律常识的宣传，教育群众增强法制观念，促进社会和谐。

5.2 方式

5.2.1 举办展览

通过图文并茂、生动形象的图片，或者运用相关实物，每年举办1至2期综合性或专题性展览。

5.2.2 举办讲座

定期举办各种形式的讲座，并做好讲座人员、听众的组织工作。

5.2.3 开展橱窗宣传

在方便群众阅览的地方设立宣传栏，根据宣传工作需要更新宣传内容，每年出刊宣传橱窗不少于12期。

5.2.4 专题宣传教育活动

组织开展全国文化和自然遗产日、全民健身日等主题宣传教育活动。

5.2.5 其他方式

充分利用文艺演出、流动文化服务、数字文化服务等多种方式开展宣传。

6 阵地服务

6.1 要求

6.1.1 充分利用公共文化体育设施，传播有益于提高民众素质、有益于经济发展和社会进步的科学技术和文化知识，积极开展丰富多彩、文明健康、群众喜闻乐见的文化体育活动。

6.1.2 建立、健全公共文化阵地管理制度，完善服务条件。

6.1.3 每周开放时间不少于42小时，节假日适当延长，鼓励错时开放。

6.1.4 学校寒暑假期间，应增设适合学生特点的文化体育活动内容。

6.1.5 应在门口或醒目位置标明开放时间、服务内容、使用方法、注意事项等。

6.2 内容

6.2.1 图书报刊借阅

6.2.1.1 图书阅览室藏书不少于5000册，一般应具有藏书、阅览、电子阅读、信息查询等功能。

6.2.1.2 图书管理员应热心为当地群众提供图书报刊阅读服务，定期推荐优秀读物，定期开展阅读推广活动。

6.2.2 文体活动

文化站应通过影视观赏、戏曲演出、文化体育赛事等为群众开展文化娱乐活动服务。

6.2.3 辅导培训

文化站应面向乡镇（街道）和村（社区）开展综合性或单向性的辅导培训。

6.2.4 文化展示

文化站每年应举办贴近基层群众需求的文物、非遗、美术、摄影等临时展览展示。

6.2.5 体育健身服务

文化站应为参加体育健身的群众提供指导服务。国民体质监测点应常年对辖区群众开放，配备专（兼）职监测人员，每年集中组织开展1次针对各年龄段人群的体质监测活动，准确录入监测数据，及时上传至体育行政部门。

6.2.6 数字文化信息服务

文化站应免费提供无线网络接入服务，互联网接入带宽≥20M。依托公共电子阅览室，以基层群众需求为导向，开展电子图书、网络信息等服务。

6.2.7 其他相关服务

文化站应提供文化设施相关的辅助性服务。

7 群众文体团队建设

7.1 要求

7.1.1 文化站应做好辖区内群众文体团队的组建、人员登记造册等工作，建立信息档案，承担群众文体团队的业务辅导和培训任务。

7.1.2 文化站应根据当地实际，组建3支以上乡镇（街道）群众文体团队，每支团队人数在10人以上，明确团队负责人，指导团队制订活动计划，每年组织开展团队活动6次以上，并做好活动记录。

7.1.3 文化站应加强对群众文体团队的业务指导，提高群众文体团队创作和活动水平。

7.2 类型

群众文体团队主要指以下几类：

a)群众文艺创作团队；

b)群众文艺活动团队；

c)群众体育活动团队；

d)文化志愿者团队；

e)理论宣讲员队伍；

f)非物质文化遗产传承人队伍；

g)社会体育指导员队伍。

8 辅导和培训服务

8.1 要求

8.1.1 文化站的辅导和培训应重点向未成人、老年人、残疾人等群体倾斜。

8.1.2 文化站应加强对群众文体骨干、文化志愿者等开展辅导和培训。

8.2 内容

8.2.1 文化艺术辅导培训

文化站应开展音乐、舞蹈、戏剧、曲艺、书法、美术、摄影等文化艺术辅导培训，辅导培训以讲座、培训班、作品加工会等方式完成。

8.2.2 群众体育知识辅导培训

文化站应开展体育知识、群众体育活动组织开展、群众健身知识和健身苑（点）健身器材管理等业务指导和培训。

8.2.3 其他培训

文化站应主动与乡镇（街道）工会、共青团、妇联、农办、科协和学校等联合举办多种类型的辅导培训活动。

8.3 村（社区）文化建设指导

文化站应对辖区内村（社区）文化活动中心（室）、文化礼堂建设进行业务指导，对辖区内文化示范村（社区）、群众体育先进村（社区）等创建及创建后的工作开展进行业务指导，对文化活动开展、文艺创作、图书阅览室管理、文化遗产保护等工作进行业务指导。

9 文体活动开展

9.1 要求

9.1.1 文化站应根据当地传统节庆、重要集会及群众需要，每年组织开展6次以上具有一定规模的群众文化体育活动。指导每个村（社区）每年组织群众性文体活动不少于2次。

9.1.2 文化站组织开展群众文化活动应注重弘扬地方文化特色，运用当地特色文化资源，积极开展“一镇一品”特色文化活动培育工作，建立特色文化活动机制，形成群众广泛参与的特色文化活动品牌，积极编排反映当地风土人情的特色文艺节目。

9.1.3 文化站应适应全民健

身的需要,每年举办单项性的群众体育活动,有条件的乡镇(街道)和获得省市体育先进单位称号的村(社区)应组织举办人民运动会。

9.2 类型

群众文体活动主要指以下几类:

a)乡镇(街道)文化艺术节、人民运动会;

b)群众文艺展演或比赛;

c)跨区域文化交流活动;

d)传统节日和民俗活动;

9.3 文化下村(社区)活动

文化站应协助县级文化馆、图书馆等文化单位配送公共文化资源,每年组织开展文化下村(社区)流动活动,为农村群众提供数字电影放映服务,合理调整放映结构,其中国产新片(院线上映不超过两年)比例不少于1/3。做好广播电视村村通工作,促使公共文化资源进村入户。

10 文化遗产保护

10.1 文物保护

10.1.1 文物普查

文化站应按照县级文化行政部门的部署,组织普查力量,制订普查计划,举办普查业务培训,在规定的时间内完成辖区内文物普查工作,并做好普查文字、照片、录像等资料的整理,建立文物普查资料档案。发现珍贵文物和出土文物应及时报告县级文化(文物)行政部门。

10.1.2 文物保护单位申报

文化站应配合县级文化(文物)行政部门做好重要文物申报市级、省级和国家级文物保护单位(点)工作。

10.1.3 文物保护单位(点)保护与管理

10.1.3.1 文化站应按照与县级文化(文物)行政部门签订的文物保护责任书内容,依法做好辖区内文物保护单位(点)的保护与管理工作,建立档案和保护标志,签订保护责任书。

10.1.3.2 文化站应对辖区内文物保护单位(点)每年进行文物安全检查,发现文物被盗、被破坏、被损坏等情况,应立即报告公安部门和文化(文物)行政部门。

10.1.3.3 文化站应做好尚未公布为文物保护单位(点),但已列入不可移动文物名录单位(点)的保护管理工作。

10.2 非物质文化遗产保护

10.2.1 非物质文化遗产调查

文化站应根据县级文化行政部门的安排或保护工作的需要,组织调查人员,通过召开座谈会、走访民间艺人等方式,有计划地开展辖区内非物质文化遗产调查,全面掌握辖区内非物质文化遗产资源分布状况和生存现状,对调查发现的非物质文化遗产应进行文字和影像记录,经过整理,建立完备的非物质文化遗产档案或数据库。调查中应收集属于非物质文化遗产组成部分的代表性实物,并妥善保存。

10.2.2 非物质文化遗产项目申报

文化站应配合当地政府做好非物质文化遗产项目申报工作。

10.2.3 名录项目保护

文化站应做好辖区内各级非物质文化遗产名录项目的保护工作,对每个名录项目落实具体保护责任单位,与其签订保护责任书。并根据每个名录项目的存续状况,制订保护工作方案,落实保护措施,实施科学保护。

10.2.4 传承人服务

文化站应了解非物质文化遗产代表性项目传承人对传承活动的需求,努力帮助传承人落实传承场所,指导传承人开展传习活动,鼓励传承人带徒学艺,并关心传承人的工作生活,促进非物质文化遗产活态传承。

10.2.5 非物质文化遗产展示

文化站应通过建立展示馆、举办展示展演活动等方式,开展非物质文化遗产展示活动,弘扬地方优秀传统文化。有条件的乡镇(街道)应设立综合性或专题性非物质文化遗产展示馆,并指导村(社区)建立非物质文化遗产展示室,利用传统节日和当地民俗活动开展非物质文化遗产展示展演活动。

10.3 文化遗产合理利用

文化站应在加强文物和非物质文化遗产保护的基础上,积极利用当地优秀文化遗产资源,通过生产性保护等方式,培育特色文化品牌项目和特色传统产业,推进文化遗产资源与旅游业、文化创意产业及美丽乡村建设相结合,为当地经济社会发展服务。

11 文化市场管理及监督

11.1 文化站应协助县级文化行政部门具体管理和监督以下文化市场经营活动:

a)歌舞、游艺等营业性文化娱乐活动;

b)印刷、复制,发行出版物经营活动;

c)营业性文艺演出活动;

d)互联网上网服务营业场所经营活动;

e)营利性体育经营活动。

11.2 文化站应协助县级文

化行政部门做好不可移动文物、非正常出土文物应急保护和广播电视设施保护及安装并使用卫星地面接收设施的监管工作。

12　信息档案管理

12.1　文化站应建立文化信息报送、发布工作制度。

12.2　文化站应建立规范完整的档案室，系统收集群文资料、各种民间艺术资料，包括对国家和社会有保存价值的各种文字、图片、声像、实物等不同形式的历史记录，并按照组卷原则加以科学整理、编目。

12.3　文化站应制定档案收集制度、移交制度和管理制度，对档案材料的收集、整理、传递、查阅、借阅、利用、安全保存等环节做出明确的规定。

13　安全管理

13.1　安全制度

文化站应当建立健全安全管理制度，有安全工作的明确分工和安全责任制度。

13.2　防范措施

13.2.1　文化站应配备齐全的安全与消防设施，应在公共活动区域和相应的活动厅(室)配备一定数量的消防器材，并定期进行检修和维护。各部位的消防器材均应处于完好状态。

13.2.2　文化站应根据房舍自身条件在活动区域辟有安全通道，设有安全疏散标识。

13.2.3　文化站的大型活动室宜设在建筑首层，并应设置直接对外的安全出口或合理组织应急疏散通道。

13.3　活动安全

文化站在组织大型活动时，应按照国务院《大型群众性活动安全管理条例》的要求，制定切实可行的活动方案、安保方案、应急预案，做好报批手续，按规定配备安保人员，协助公安、安监、城管、消防、电力等相关部门，采取相应的安全措施，确保活动顺利开展。对可能发生的各类危及人身与财产安全的突发事件，应制定必要的安全管理制度、应急预案。突发事件一般包括：

——发生偷盗、强抢演出器材或展品、物件事件；

——发生演出、装台、拆台期间的伤亡、事故事件；

——发生爆炸物或发生爆炸事件；

——发生火灾；

——发生群体骚动或践踏事件；

——发生严重危及国家财产安全和人员生命安全等事件。

13.4　饮食安全

13.4.1　文化站应协助相关食品安全管理、城市管理、卫生、环境保护等部门，保障饮水和食品的安全，以防止传染、污染等安全事故的发生。

13.4.2　文化站在举办站内文化活动时，如需由站内提供食物、饮用水，应对食物质量严格把关，防止引发食物和饮用水中毒等恶性事件。

13.5　网络安全

文化站应建立健全网络安全监管制度，按照公共电子阅览室管理制度进行有效管理，加强对各类信息平台内容的审核，提升网络安全事件的应急处置能力。

14　检查和评估

14.1　县级文化、体育行政部门按本规范的内容，加强对辖区内文化站公共服务工作进行监督和检查，并将检查情况及时反馈给文化站，督促文化站改进和提高服务能力与水平。

14.2　乡镇(街道)定期对文化站日常工作开展情况进行监督管理。

14.3　文化站应建立公共服务工作年度评估制度，每年年底前，按照本规范的要求对公共服务情况进行自我评估，并向所在乡镇(街道)和县级文化、体育行政部门提交评估报告。县级文化、体育行政部门成立考核小组，依据本规范，结合每年文化站目标责任制考核，通过查看相关资料、召开汇报会、第三方评估、群众满意度测评等方式，对文化站公共服务履行情况进行综合考评。

参考文献

[1]　《中华人民共和国公共文化服务保障法》(2016年版)

[2]　《中华人民共和国文物保护法》(2015年修正版)

[3]　《中华人民共和国非物质文化遗产法》(2011年版)

[4]　《公共文化体育设施条例》(中华人民共和国国务院令第382号)

[5]　《乡镇综合文化站管理办法》(中华人民共和国文化部令第48号)

[6]　《乡镇综合文化站建设标准》(建标〔2012〕44号)

[7]　GB/T 32940—2016 乡镇综合文化站服务标准

[8]　《关于推进县级文化馆图书馆总分馆制建设的指导意见》(文公共发〔2016〕38号)

[9]　《关于推进基层综合性文化服务中心建设的实施意见》(浙政办发〔2016〕55号)

浙江省住房和城乡建设厅　浙江省“三改一拆”行动领导小组办公室 浙江省文物局 关于服务保障全省治危拆违攻坚战　消除历史文化建筑安全隐患的通知

浙建规〔2017〕16号

各市、县(市、区)建委(建设局)、规划局、“三改一拆”行动领导小组办公室、文化广电新闻出版局、文物局:

为深入贯彻中央和省委城市工作会议精神,认真落实《国务院关于进一步加强文物工作的指导意见》(国发〔2016〕17号)和《浙江省人民政府办公厅关于印发全省“除隐患、保安全、促转型”治危拆违攻坚战行动方案的通知》(浙政办发〔2016〕154号)要求,更好地服务保障全省“除隐患、保安全、促转型”治危拆违攻坚战,全面消除文物建筑、历史建筑和传统风貌建筑(以下简称历史文化建筑)的安全隐患,切实改善城乡环境,保障民生,现结合我省实际就有关事项通知如下:

一、坚持服务大局

按照省委、省政府决策部署,从2016年11月开始到2017年底,将在全省组织开展治危拆违攻坚战,实施城乡危旧房治理改造、城中村改造和违法建筑拆除专项行动。各有关部门要准确领会精神,坚持服务大局,在“三改一拆”、小城镇环境综合整治、城乡危旧房治理改造、“四无”(无证无照、无安全保障、无合法场所、无环保措施)企业(作坊)整治等行动中,集中精力,主动谋划,根据治危拆违攻坚战专项方案,结合部门职能制定具体细化实施措施,从根本上消除安全隐患,切实保障人民群众生命财产安全,为促进浙江经济社会转型发展、高水平全面建成小康社会做出积极贡献。

二、坚持规划先行

各市、县(市、区)要注重规划先行、综合施策。要抓紧编制和完善历史文化名城、街区、名镇、名村和文物保护单位保护规划,对重点历史街区、历史地段要编制整体设计方案。通过科学编制规划设计方案,进一步凸显历史文化资源特色,挖掘提升历史文化价值,找准发展定位,完善基础设施,使各类历史文化建筑重获活力。编制规划设计方案,要广泛征求公众意见,特别是历史文化保护范围内物业所有权人和使用权人的意见;要充分听取专家意见,做到既尊重历史又符合实际,保障历史文化街区、历史地段和历史文化建筑的完整性、真实性和生活延续性。要结合规划编制工作,综合研究制定治危拆违政策,积极引导社会力量参与,在确保安全、不破坏主体、不改变主要结构的前提下,鼓励对历史文化建筑进行活化利用,使各类历史文化建筑得到妥善保护和合理利用。

三、坚持分类指导

各市、县(市、区)规划建设、文物部门要立即行动,对辖区内已纳入城乡危旧房、城中村改造区域的历史文化建筑组织开展一次拉网式的排查,认真筛查遴选,全面梳理汇总各级文物保护单位、文物保护点、第三次全国文物普查登录文物、历史建筑以及历史文化名城、街区、名镇、名村和传统村落中传统风貌建筑的清单,科学评估保存管理状况,建立资料档案。在此基础上,根据建设、综合执法等部门的危房排查鉴定信息,按“一房一策”要求实行分类指导和处置。其中,上述保护对象中属于D级自住危房和涉及公共安全的C级、D级危房的,应抓紧腾空并组织开展抢修加固,做到及时发现,及时处置,坚决防范倒塌损毁等事故发生;对于影响历史文化建筑本体安全和环境风貌的违法建筑,要纳入辖区“三改一拆”计划,应拆尽拆,并全面禁止新增违法建设行为;对于第三次全国文物普查已登录但尚未定级的不可移动文物,未经专家评估和原登记公布机关同意,不得擅自拆除或迁移,以避免被误拆误伤。

四、坚持协同配合

各市、县(市、区)建设规划、“三改一拆”行动领导小组办公室以及文物部门要牢固树立“一盘棋”思想,在所在地党委、政府的领导下，各负其责，密切协作，建立健全信息资源共享、协查通报、业务指导等工作机制，并主动会商有关乡镇（街道）、社区，同时注重历史文化建筑产权人、使用人的作用发挥和责任落实，形成合力，齐抓共管，确保治危拆违攻坚任务顺利推进。要建立长效管理机制，落实动态监管措施，加强对历史文化建筑的日常养护和检查巡查。属地政府是治危拆违攻坚战的责任主体，各部门对于工作中遇到的疑难问题和重大矛盾，应及时报告所在地市、县（市、区）人民政府，运用法律、行政等多种手段，多管齐下，综合施策，妥善解决。

浙江省住房和城乡建设厅
浙江省“三改一拆”
行动领导小组办公室
浙江省文物局
2017 年 2 月 8 日

统计资料

ZHEJIANG CULTURE YEARBOOK

机构数、从业人员

		总计						按执行会计制度						
			从业人员数(人)					事业						
		机构数(个)		专业技术人才				机构数(个)	从业人员数(人)					机构数(个)
					正高级职称	副高级职称	中级职称			专业技术人才	正高级职称	副高级职称	中级职称	
(甲)		1	2	3	4	5	6	7	8	9	10	11	12	13
总计	A	19978	191211	25129	823	2105	4510	2347	28851	12488	750	1919	4041	17631
一、文化合计	B	19502	181893	22372	603	1651	3447	1885	19739	9821	533	1477	3021	17617
艺术表演团体	C	1420	43504	13253	271	704	1065	45	2856	2251	211	551	754	1375
其中:公有制艺术表演团体	D	65	4221	3139	271	704	1065	45	2856	2251	211	551	754	20
艺术表演场馆	E	365	6949	1671	9	21	174	46	602	225	4	11	100	319
其中:公有制艺术表演场馆	F	75	1466	413	9	21	174	46	602	225	4	11	100	29
公共图书馆	G	101	3607	2204	59	298	995	101	3607	2204	59	298	995	
文化馆	H	101	2251	1850	134	349	717	101	2251	1850	134	349	717	
文化站	I	1371	5284	2098				1371	5284	2098				
其中:乡镇综合文化站	J	964	3540	1504				964	3540	1504				
艺术展览创作机构	K	11	142	89	6	15	35	11	142	89	6	15	35	
其中:美术馆	L	8	124	84	6	12	33	8	124	84	6	12	33	
艺术教育业	M	6	1269	839	85	208	330	6	1269	839	85	208	330	
文化科研机构	N	7	153	108	23	19	28	7	153	108	23	19	28	
文化市场经营机构(不包括非公有制院团和场馆)	O	15860	113559											15860
文化行政主管部门	P	102	2456					102	2456					
其他文化机构	Q	158	2719	260	16	37	103	95	1119	157	11	26	62	63
其中:文化市场执法机构	R	60	915	46		1	17	60	915	46		1	17	
二、文物合计	S	476	9318	2757	220	454	1063	462	9112	2667	217	442	1020	14
博物馆	T	308	5236	1746	142	289	689	308	5236	1746	142	289	689	
文物保护管理机构	U	94	2777	828	52	128	302	94	2777	828	52	128	302	
文物科研机构	V	5	179	86	20	23	27	5	179	86	20	23	27	
文物商店	W	9	78	23		1	11							9
其他文物机构	X	60	1048	74	6	13	34	55	920	7	3	2	2	5

数综合年报(总表)

分类					按单位所属部门分类											
企业					文化部门						其他部门					
从业人员数(人)					机构数(个)	从业人员数(人)					机构数(个)	从业人员数(人)				
	专业技术人才						专业技术人才						专业技术人才			
		正高级职称	副高级职称	中级职称				正高级职称	副高级职称	中级职称				正高级职称	副高级职称	中级职称
14	15	16	17	18	19	20	21	22	23	24	25	26	27	28	29	30
162360	12641	73	186	469	2260	30737	13243	775	2054	4383	17718	160474	11886	48	51	127
162154	12551	70	174	426	1979	23171	10853	599	1648	3425	17523	158722	11519	4	3	22
40648	11002	60	153	311	59	4055	3039	271	704	1063	1361	39449	10214			2
1365	888	60	153	311	59	4055	3039	271	704	1063	6	166	100			2
6347	1446	5	10	74	67	1353	369	5	20	155	298	5596	1302	4	1	19
864	188	5	10	74	67	1353	369	5	20	155	8	113	44	4	1	19
					100	3595	2204	59	298	995	1	12				
					101	2251	1850	134	349	717						
					1371	5284	2098									
					964	3540	1504									
					10	128	86	6	13	34	1	14	3		2	1
					8	124	84	6	12	33						
					6	1269	839	85	208	330						
					7	153	108	23	19	28						
113559											15860	113559				
					102	2456										
1600	103	5	11	41	156	2627	260	16	37	103	2	92				
					60	915	46		1	17						
206	90	3	12	43	281	7566	2390	176	406	958	195	1752	367	44	48	105
					117	3532	1379	98	241	584	191	1704	367	44	48	105
					92	2768	828	52	128	302	2	9				
					5	179	86	20	23	27						
78	23		1	11	9	78	23		1	11						
128	67	3	11	32	58	1009	74	6	13	34	2	39				

机构数、从业人员数

		总计						按执行会计制度						
		机构数（个）	从业人员数（人）					事业						
				专业技术人才				机构数（个）	从业人员数（人）					机构数（个）
					正高级职称	副高级职称	中级职称			专业技术人才	正高级职称	副高级职称	中级职称	
（甲）		1	2	3	4	5	6	7	8	9	10	11	12	13
总　　计	1	19978	191211	25129	823	2105	4510	2347	28851	12488	750	1919	4041	17631
一、文化合计	2	1997	23568	11000	603	1651	3447	1885	19739	9821	533	1477	3021	112
公有制艺术表演团体	3	65	4221	3139	271	704	1065	45	2856	2251	211	551	754	20
公有制艺术表演场馆	4	75	1466	413	9	21	174	46	602	225	4	11	100	29
公共图书馆	5	101	3607	2204	59	298	995	101	3607	2204	59	298	995	
文化馆	6	101	2251	1850	134	349	717	101	2251	1850	134	349	717	
文化站	7	1371	5284	2098				1371	5284	2098				
其中：乡镇综合文化站	8	964	3540	1504				964	3540	1504				
艺术展览创作机构	9	11	142	89	6	15	35	11	142	89	6	15	35	
其中：美术馆	10	8	124	84	6	12	33	8	124	84	6	12	33	
艺术教育业	11	6	1269	839	85	208	330	6	1269	839	85	208	330	
文化科研机构	12	7	153	108	23	19	28	7	153	108	23	19	28	
文化行政主管部门	13	102	2456					102	2456					
其他文化机构	14	158	2719	260	16	37	103	95	1119	157	11	26	62	63
其中：文化市场执法机构	15	60	915	46		1	17	60	915	46		1	17	
二、文物合计	16	476	9318	2757	220	454	1063	462	9112	2667	217	442	1020	14
博物馆	17	308	5236	1746	142	289	689	308	5236	1746	142	289	689	
文物保护管理机构	18	94	2777	828	52	128	302	94	2777	828	52	128	302	
文物科研机构	19	5	179	86	20	23	27	5	179	86	20	23	27	
文物商店	20	9	78	23		1	11							9
其他文物机构	21	60	1048	74	6	13	34	55	920	7	3	2	2	5
三、市场合计	22	17505	158325	11372										17505
娱乐场所	23	4787	53599											4787
互联网上网服务营业场所（网吧）	24	8736	24790											8736
非公有制艺术表演团体	25	1355	39283	10114										1355
非公有制艺术表演场馆	26	290	5483	1258										290
经营性互联网文化单位	27	1402	29715											1402
艺术品经营机构	28	608	1893											608
演出经纪机构	29	327	3562											327

综合年报(总表)(市场)

分类					按单位所属部门分类											
企业					文化部门						其他部门					
从业人员数(人)					机构数(个)	从业人员数(人)					机构数(个)	从业人员数(人)				
	专业技术人才						专业技术人才						专业技术人才			
		正高级职称	副高级职称	中级职称				正高级职称	副高级职称	中级职称				正高级职称	副高级职称	中级职称
14	15	16	17	18	19	20	21	22	23	24	25	26	27	28	29	30
162360	12641	73	186	469	2260	30737	13243	775	2054	4383	17718	160474	11886	48	51	127
3829	1179	70	174	426	1979	23171	10853	599	1648	3425	18	397	147	4	3	22
1365	888	60	153	311	59	4055	3039	271	704	1063	6	166	100			2
864	188	5	10	74	67	1353	369	5	20	155	8	113	44	4	1	19
					100	3595	2204	59	298	995	1	12				
					101	2251	1850	134	349	717						
					1371	5284	2098									
					964	3540	1504									
					10	128	86	6	13	34	1	14	3		2	1
					8	124	84	6	12	33						
					6	1269	839	85	208	330						
					7	153	108	23	19	28						
					102	2456										
1600	103	5	11	41	156	2627	260	16	37	103	2	92				
					60	915	46		1	17						
206	90	3	12	43	281	7566	2390	176	406	958	195	1752	367	44	48	105
					117	3532	1379	98	241	584	191	1704	367	44	48	105
					92	2768	828	52	128	302	2	9				
					5	179	86	20	23	27						
78	23		1	11	9	78	23		1	11						
128	67	3	11	32	58	1009	74	6	13	34	2	39				
158325	11372										17505	158325	11372			
53599											4787	53599				
24790											8736	24790				
39283	10114										1355	39283	10114			
5483	1258										290	5483	1258			
29715											1402	29715				
1893											608	1893				
3562											327	3562				

民族自治地方文化机构数、

		总计						按执行会计制度						
			从业人员数(人)					事业						
		机构数(个)		专业技术人才				机构数(个)	从业人员数(人)					机构数(个)
					正高级职称	副高级职称	中级职称			专业技术人才	正高级职称	副高级职称	中级职称	
(甲)		1	2	3	4	5	6	7	8	9	10	11	12	13
总　　计	A	50	418	99	8	9	14	27	166	78	7	9	12	23
一、文化合计	B	48	392	84	6	8	12	25	140	63	5	8	10	23
艺术表演团体	C	9	163	21	1		2							9
其中：公有制艺术表演团体	D	1	31	16	1		2							1
艺术表演场馆	E													
其中：公有制艺术表演场馆	F													
公共图书馆	G	1	17	12	1	2	6	1	17	12	1	2	6	
文化馆	H	1	20	20	3	6	3	1	20	20	3	6	3	
文化站	I	21	77	29				21	77	29				
其中:乡镇综合文化站	J	20	73	25				20	73	25				
艺术展览创作机构	K													
其中:美术馆	L													
艺术教育业	M													
文化科研机构	N													
文化市场经营机构(不包括非公有制院团和场馆)	O	14	89											14
文化行政主管部门	P	1	22					1	22					
其他文化机构	Q	1	4	2	1		1	1	4	2	1		1	
其中:文化市场执法机构	R													
二、文物合计	S	2	26	15	2	1	2	2	26	15	2	1	2	
博物馆	T	1	20	9	1	1	1	1	20	9	1	1	1	
文物保护管理机构	U	1	6	6	1		1	1	6	6	1		1	
文物科研机构	V													
文物商店	W													
其他文物机构	X													

从业人员数综合年报

分类					按单位所属部门分类											
企业					文化部门						其他部门					
从业人员数（人）					机构数（个）	从业人员数（人）					机构数（个）	从业人员数（人）				
	专业技术人才						专业技术人才						专业技术人才			
		正高级职称	副高级职称	中级职称				正高级职称	副高级职称	中级职称				正高级职称	副高级职称	中级职称
14	15	16	17	18	19	20	21	22	23	24	25	26	27	28	29	30
252	21	1		2	28	197	94	8	9	14	22	221	5			
252	21	1		2	26	171	79	6	8	12	22	221	5			
163	21	1		2	1	31	16	1		2	8	132	5			
31	16	1		2	1	31	16	1		2						
					1	17	12	1	2	6						
					1	20	20	3	6	3						
					21	77	29									
					20	73	25									
89											14	89				
					1	22										
					1	4	2	1		1						
					2	26	15	2	1	2						
					1	20	9	1	1	1						
					1	6	6	1		1						

民族自治地方文化机构数、从业

（甲）		总计						按执行会计制度						
			从业人员数（人）					事业						
				专业技术人才					从业人员数（人）					
										专业技术人才				
		机构数（个）			正高级职称	副高级职称	中级职称	机构数（个）			正高级职称	副高级职称	中级职称	机构数（个）
（甲）		1	2	3	4	5	6	7	8	9	10	11	12	13
总　　计	1	50	418	99	8	9	14	27	166	78	7	9	12	23
一、文化合计	2	26	171	79	6	8	12	25	140	63	5	8	10	1
公有制艺术表演团体	3	1	31	16	1		2							1
公有制艺术表演场馆	4													
公共图书馆	5	1	17	12	1	2	6	1	17	12	1	2	6	
文化馆	6	1	20	20	3	6	3	1	20	20	3	6	3	
文化站	7	21	77	29				21	77	29				
其中：乡镇综合文化站	8	20	73	25				20	73	25				
艺术展览创作机构	9													
其中：美术馆	10													
艺术教育业	11													
文化科研机构	12													
文化行政主管部门	13	1	22					1	22					
其他文化机构	14	1	4	2	1		1	1	4	2	1		1	
其中：文化市场执法机构	15													
二、文物合计	16	2	26	15	2	1	2	2	26	15	2	1	2	
博物馆	17	1	20	9	1	1	1	1	20	9	1	1	1	
文物保护管理机构	18	1	6	6	1		1	1	6	6	1		1	
文物科研机构	19													
文物商店	20													
其他文物机构	21													
三、市场合计	22	22	221	5										22
娱乐场所	23	6	62											6
互联网上网服务营业场所（网吧）	24	8	27											8
非公有制艺术表演团体	25	8	132	5										8
非公有制艺术表演场馆	26													
经营性互联网文化单位	27													
艺术品经营机构	28													
演出经纪机构	29													

人员数综合年报(市场)

分类					按单位所属部门分类											
企　业					文化部门						其他部门					
从业人员数(人)					机构数(个)	从业人员数(人)					机构数(个)	从业人员数(人)				
	专业技术人才						专业技术人才						专业技术人才			
		正高级职称	副高级职称	中级职称				正高级职称	副高级职称	中级职称				正高级职称	副高级职称	中级职称
14	15	16	17	18	19	20	21	22	23	24	25	26	27	28	29	30
252	21	1		2	28	197	94	8	9	14	22	221	5			
31	16	1		2	26	171	79	6	8	12						
31	16	1		2	1	31	16	1		2						
					1	17	12	1	2	6						
					1	20	20	3	6	3						
					21	77	29									
					20	73	25									
					1	22										
					1	4	2	1		1						
					2	26	15	2	1	2						
					1	20	9	1	1	1						
					1	6	6	1		1						
221	5										22	221	5			
62											6	62				
27											8	27				
132	5										8	132	5			

公共文化设施从业

		总计						
		机构数（个）	从业人员数（人）					机构数（个）
				专业技术人才				
					正高级职称	副高级职称	中级职称	
（甲）		1	2	3	4	5	6	7
总计	A	1889	16502	7982	341	948	2434	1697
公共图书馆	B	101	3607	2204	59	298	995	100
文化馆	C	101	2251	1850	134	349	717	101
文化站	D	1371	5284	2098				1371
博物馆	E	308	5236	1746	142	289	689	117
美术馆	F	8	124	84	6	12	33	8

公共文化设施财务

		机构数（个）	从业人员（人）	本年收入合计（千元）								本年支出		
					财政补贴收入		上级补助收入	事业收入	经营收入	附属单位上缴收入	其他收入		基本支出	项目支出
						基建拨款								
（甲）		1	2	3	4	5	6	7	8	9	10	11	12	13
总计	A	1698	14798	4779509	4397138	237396	66742	88593	9556	2	217478	4925899	2381390	2392332
公共图书馆	B	101	3607	1287322	1241413	188500	15384	7364	2141		21020	1291747	612005	667124
文化馆	C	101	2251	815849	761150	5898	10484	24234		2	19979	807498	510640	278237
文化站	D	1371	5284	1500280	1363974						136306	1510392	697565	741621
博物馆	E	117	3532	1094832	959478	42998	40874	48254	7415		38811	1234143	524034	661197
美术馆	F	8	124	81226	71123			8741			1362	82119	37146	44153

人员数综合年报

文化部门					其他部门					
从业人员数(人)					机构数(个)	从业人员数(人)				
	专业技术人才						专业技术人才			
		正高级职称	副高级职称	中级职称				正高级职称	副高级职称	中级职称
8	9	10	11	12	13	14	15	16	17	18
14786	7615	297	900	2329	192	1716	367	44	48	105
3595	2204	59	298	995	1	12				
2251	1850	134	349	717						
5284	2098									
3532	1379	98	241	584	191	1704	367	44	48	105
124	84	6	12	33						

指标综合表

合计(千元)											资产总计(千元)		实际使用房屋面积(平方米)	实际拥有产权面积(平方米)
	在支出合计中													
经营支出	工资福利支出	商品和服务支出					对个人和家庭补助支出		其他资本性支出			固定资产原价		
			差旅费	劳务费	福利费	各种税金支出		抚恤金和生活补助		各种设备购置费				
14	15	16	17	18	19	20	21	22	23	24	25	26	27	28
4619	1439898	1122781	21000	175368	34388	5552	188049	5728	727903	315582	13160075	9808517	6284772	3370010
1699	443074	316093	4548	44255	13287	1077	63859	1327	389883	273227	3477535	2752825	1077063	465676
	353437	295008	7430	61745	10661	942	70640	2931	30581	13027	738731	534454	648925	341518
	308243										4338947	3573180	3559830	1983832
2920	319932	459518	8434	57697	9991	2866	51949	1460	300538	27370	4001671	2372884	934414	551984
	15212	52162	588	11671	449	667	1601	10	6901	1958	603191	575174	64540	27000

文化部门机构（文化、文物）

		本年收入合计（千元）	财政补贴收入							本年支出合计（千元）		
				基建拨款	上级补助收入	事业收入	经营收入	附属单位上缴收入	其他收入		基本支出	项目支出
（甲）		1	2	3	4	5	6	7	8	9	10	11
总　计	A	12812794	8404478	362289	206583	887185	81136	855	3232557	13203112	5142515	6229025
一、文化合计	B	9424646	6155884	212851	65896	287395	71690	702	2843079	9833807	3758016	4403844
艺术表演团体	C	1049283	688875	5317	25486	120533	862	700	212827	1106119	477698	316011
艺术表演场馆	D	406024	140238	2219	9413	42500	21141		192732	403769	99428	54278
公共图书馆	E	1283080	1237171	188500	15384	7364	2141		21020	1287634	610810	664207
文化馆	F	815849	761150	5898	10484	24234		2	19979	807498	510640	278237
文化站	G	1500280	1363974						136306	1510392	697565	741621
其中：乡镇综合文化站	H	953581	862193						91388	948582	466040	430588
艺术展览创作机构	I	81828	71545		100	8821			1362	82666	37565	44281
其中：美术馆	J	81226	71123			8741			1362	82119	37146	44153
艺术教育业	K	504635	408337			80992	367		14939	564591	354154	210123
文化科研机构	L	107528	55197	10917	1460	2410	47179		1282	105376	32618	25359
文化行政主管部门	M	2697465	1071029						1626436	3001434	693568	1964304
其他文化机构	N	978674	358368		3569	541			616196	964328	243970	105423
其中：文化市场执法机构	O	224134	222073						2061	223868	204332	18932
二、文物合计	P	3388148	2248594	149438	140687	599790	9446	153	389478	3369305	1384499	1825181
博物馆	Q	1094832	959478	42998	40874	48254	7415		38811	1234143	524034	661197
文物保护管理机构	R	1495684	653138	49124	98235	480619	1982	153	261557	1386282	693674	675045
文物科研机构	S	129331	54747		1578	70917	49		2040	118925	76326	42575
文物商店	T	22407	50						22357	19685		
其他文物机构	U	645894	581181	57316					64713	610270	90465	446364

经费收支情况年报

经营支出	工资福利支出	在支出合计中									资产总计(千元)	
		商品和服务支出					对个人和家庭补助支出		其他资本性支出			固定资产原价
			差旅费	劳务费	福利费	各种税金支出		抚恤金和生活补助		各种设备购置费		
12	13	14	15	16	17	18	19	20	21	22	23	24
72514	3192294	3756071	76126	451576	87818	30225	581107	28562	1346512	474724	26931226	16806908
66469	2473185	2425189	59588	331708	63996	12143	414235	25603	882219	439162	18807206	12060862
265	386394	262792	22047	87602	9589	1251	57276	4962	82960	17196	1265838	681283
17056	60266	65807	447	4358	2453	4615	12373	1744	8319	3453	1355871	1146584
1699	442227	314977	4516	44255	13287	1077	63859	1327	388929	272273	3466486	2744258
	353437	295008	7430	61745	10661	942	70640	2931	30581	13027	738731	534454
	308243										4338947	3573180
	209297										3218436	2663220
	15595	52300	591	11693	452	699	1608	10	6907	1958	603675	575233
	15212	52162	588	11671	449	667	1601	10	6901	1958	603191	575174
50	213273	192047	5887	37551	7909	12	49404	1626	108952	93452	786308	635395
47399	24567	56248	1304	5161	404	2315	10527	412	1982	1444	324692	54789
	477230	1072510	13773	67959	14412	638	125769	12217	244720	34649	1392963	667796
	191953	113500	3593	11384	4829	594	22779	374	8869	1710	4533695	1447890
	160422	36842	2592	3586	3978	235	18152	357	3183	1198	56522	38267
6045	719109	1330882	16538	119868	23822	18082	166872	2959	464293	35562	8124020	4746046
2920	319932	459518	8434	57697	9991	2866	51949	1460	300538	27370	4001671	2372884
3101	308607	505102	3080	32556	10727	13209	101202	379	97564	2946	3549063	2069621
24	21326	90888	3212	22659	937	1904	3375	269	3336	345	112831	40923
											89427	21354
	69244	275374	1812	6956	2167	103	10346	851	62855	4901	371028	241264

行政、事业单位主要

		机构数（个）	从业人员（人）	本年收入合计（千元）									
					财政补贴收入		上级补助收入	事业收入	经营收入	附属单位上缴收入	其他收入		基本支出
						基建拨款							
（甲）		1	2	3	4	5	6	7	8	9	10	11	12
总　　计	A	2347	28851	11820597	8343978	362289	213589	897675	120536	855	2243964	12265715	5236350
文化艺术服务	B	2109	23187	7747771	6011658	304973	213189	816189	120169	855	585711	7841108	3871797
文艺创作与表演	C	48	2874	750137	588066	5317	25586	120619	862	700	14304	806673	479005
其中：艺术表演团体	D	45	2856	746158	584268	5317	25486	120539	862	700	14303	802440	477703
艺术表演场馆	E	46	602	235494	122123	2219	9413	51749	21141		31068	208701	121914
文物及非物质文化遗产保护	F	114	2877	1606629	716831	49124	101404	480836	1982	153	305423	1472294	711428
博物馆、纪念馆	G	308	5236	1233975	1037034	42998	47880	49319	46815		52927	1437383	593150
图书馆	H	101	3607	1287322	1241413	188500	15384	7364	2141		21020	1291747	612005
群众文化	I	1472	7535	2316129	2125124	5898	10484	24234		2	156285	2317890	1208205
美术馆	J	8	124	81226	71123			8741			1362	82119	37146
社会人文科学研究	K	12	332	236859	109944	10917	3038	73327	47228		3322	224301	108944
文化社会团体	L												
其他文化艺术	M												
艺术教育	N	6	1269	504635	408337			80992	367		14939	564591	354154
文化、文物行政主管部门	O	155	3358	3285529	1646850	57316					1638679	3568815	779032
文化文物行政执法机构	P	61	925	227143	225082						2061	226845	206976
其他	Q	16	112	55519	52051		400	494			2574	64356	24391

企业单位主要财务

		机构数（个）	从业人员（人）	资产、负债、所有者权益（千元）									
				资产总计			负债合计	所有者权益总计			营业收入		
					固定资产原价	当年提取的折旧总额			实收资本			主营业务收入	
										国家资本金			
（甲）		1	2	3	4	5	6	7	8	9	10	11	12
总　　计	A	17631	162360	91782354	1565034	76085	2307237	2807138	1384555	966304	73546021	56066934	59146961
文化艺术业	B	1694	46995	13924371	935074	25128	680577	536987	405103	395298	6146284	4716816	4652877
文艺创作与表演	C	1375	40648	11199197	205559	17343	100643	310782	158935	149710	4863761	4472435	3406734
艺术表演场馆	D	319	6347	2725174	729515	7785	579934	226205	246168	245588	1282523	244381	1246143
文化休闲娱乐服务	E	15860	113559	73961172							66650955	50801417	53790113
娱乐场所	F	4787	53599	9376608							6530783		5466812
互联网上网服务营业场所（网吧）	G	8736	24790	4452855							2966339		2348775
动漫企业服务	H	24	991	2231064	95291	13643	1056529	1174535	373946		482636	474496	444723
文化用品、设备及相关文化产品的生产与销售	I	9	78	89427	21354	376	25780	63647	13258	12178	22123	18980	19500
其中：文物商店	J	9	78	89427	21354	376	25780	63647	13258	12178	22123	18980	19500
其他	K	44	737	1576320	513315	36938	544351	1031969	592248	558828	244023	55225	239748

财务指标综合表

本年支出合计（千元）												资产总计（千元）		增加值（千元）
项目支出	经营支出	在支出合计中											固定资产原价	
		工资福利支出	商品和服务支出	差旅费	劳务费	福利费	各种税金支出	对个人和家庭补助支出	抚恤金和生活补助	其他资本性支出	各种设备购置费			
13	14	15	16	17	18	19	20	21	22	23	24	25	26	27
6309138	109049	3250920	3812823	82713	457447	90781	31476	605090	29509	1391738	479128	25108260	16455051	6232147
3629622	108999	2314468	2200928	58342	338479	61946	30138	398804	14441	971774	344873	21704199	14086762	4917046
318942	265	387482	264760	22060	87648	9602	1283	57332	4962	84066	17196	899893	483886	560689
316011	265	386395	262792	22047	87602	9589	1251	57276	4962	82964	17196	856409	477640	559200
62736	17056	62475	76096	535	6025	3308	4655	24919	2590	14858	5473	1002617	585863	129318
739961	3111	323975	546838	3784	37448	11219	13218	103264	379	103004	3407	3583590	2096817	646117
708914	39445	374677	502835	14881	61867	12079	4077	63287	1561	337163	28796	6622172	3388851	657259
667124	1699	443074	316093	4548	44255	13287	1077	63859	1327	389883	273227	3477535	2752825	1349378
1019858		661680	295008	7430	61745	10661	942	70640	2931	30581	13027	5077678	4107634	1418929
44153		15212	52162	588	11671	449	667	1601	10	6901	1958	603191	575174	52898
67934	47423	45893	147136	4516	27820	1341	4219	13902	681	5318	1789	437523	95712	102458
210123	50	213273	192047	5887	37551	7909	12	49404	1626	108952	93452	786308	635395	332492
2410263		543090	1346462	15481	74815	16488	741	135748	13068	307342	39317	1651538	849629	792789
19265		162095	37747	2696	3686	4069	235	18350	357	3384	1399	57447	39192	189820
39865		17994	35639	307	2916	369	350	2784	17	286	87	908768	844073	

指标综合表

损益（千元）									工资、福利费、税金（千元）			增加值（千元）
营业成本				营业利润	营业外收入		营业外支出	利润总额	本年发放工资总额	本年支付的职工福利费	本年应交税金总额	
养老、医疗、失业等各种社会保险费	住房公积金和住房补贴	差旅费	工会经费			政府补助						
13	14	15	16	17	18	19	20	21	22	23	24	25
1982715	183153	379529	39320	14399078	737419	483230	6668	15129829	12695129	198119	2710223	69198990
114157	10444	7017	2451	1493416	380330	244805	3686	1870060	1620721	12387	700023	6956733
81882	5944	6244	1639	1457034	207919	154841	1615	1663338	1365795	6270	641613	6417565
32275	4500	773	812	36382	172411	89964	2071	206722	254926	6117	58410	539168
1848050	166093	367156	35915	12860851	315471	212147		13176322	10951341	177942	1959189	61856738
184583				1063974				1063974	1882339		281240	3490819
72269				617568				617568	919656		77619	1740793
10279	2273	2778	367	37913	19960	15838	－2507	60380	69027	1853	25977	216085
826	296	219	43	2623	284	50	185	2722	4765	477	1043	10582
826	296	219	43	2623	284	50	185	2722	4765	477	1043	10582
9403	4047	2359	544	4275	21374	10390	5304	20345	49275	5460	23991	158852

企业单位主要财务

		机构数（个）	从业人员（人）	资产、负债、所有者权益（千元）									
				资产总计			负债合计	所有者权益总计			营业收入		
					固定资产原价	当年提取的折旧总额			实收资本			主营业务收入	
										国家资本金			
（甲）		1	2	3	4	5	6	7	8	9	10	11	12
总　　计	1	17631	162360	91782354	1565034	76085	2307237	2807138	1384555	966304	73546021	56066934	59146961
文化艺术业	2	49	2229	1217564	935074	25128	680577	536987	405103	395298	356114	193231	552758
文艺创作与表演	3	20	1365	411425	205559	17343	100643	310782	158935	149710	187816	103099	307528
艺术表演场馆	4	29	864	806139	729515	7785	579934	226205	246168	245588	168298	90132	245230
动漫企业服务	5	24	991	2231064	95291	13643	1056529	1174535	373946		482636	474496	444723
文化用品、设备及相关文化产品的生产与销售	6	9	78	89427	21354	376	25780	63647	13258	12178	22123	18980	19500
其中：文物商店	7	9	78	89427	21354	376	25780	63647	13258	12178	22123	18980	19500
其他文化	8	44	737	1576320	513315	36938	544351	1031969	592248	558828	244023	55225	239748
市场合计	9	17505	158325	86667979							72441125	55325002	57890232
娱乐场所	10	4787	53599	9376608							6530783		5466812
互联网上网服务营业场所（网吧）	11	8736	24790	4452855							2966339		2348775
非公有制艺术表演团体	12	1355	39283	10787772							4675945	4369336	3099206
非公有制艺术表演场馆	13	290	5483	1919035							1114225	154249	1000913
经营性互联网文化单位	14	1402	29715	38000119							53829944	50801417	43166473
艺术品经营机构	15	608	1893	16583989							501304		403658
演出经纪机构	16	327	3562	5547601							2822585		2404395

文化（文物）机构基本建设投资

		项目个数（个）	计划总投资（千元）	建筑面积（万平方米）	本年资金来源总计（千元）								
						上年结余资金	本年资金来源小计						
								国家预算内资金				国内贷款	债券
									中央	省级	地市级		
（甲）		1	2	3	4	5	6	7	8	9	10	11	12
总　　计	A	142	6351690	171.856	1022142	299846	722296	539295	21265	39148	454752		34640
文化合计	B	61	3642020	97.345	684956	199386	485570	364573	15000	14074	311369		
艺术表演团体	C	1	14775	0.177	9533	9533							
艺术表演场馆	D	1	10337	1.912	10337		10337	10337			10337		
公共图书馆	E	15	897665	14.763	187123	1084	186039	186039	6000	7900	172139		
文化馆	F	5	57974	1.570	13814	6266	7548	4075			4075		
文化站	G	17	109694	2.804	29714		29714	14449		4174	10275		
艺术教育机构	H	2	59830	2.832	67701		67701	65408			65408		
其他	I	20	2491745	73.287	366734	182503	184231	84265	9000	2000	49135		
文物合计	J	81	2709670	74.511	337186	100460	236726	174722	6265	25074	143383		34640
文物科研机构	K	1	3318	0.675	14000	14000							
文物保护管理机构	L	57	1311811	57.475	166661	4525	162136	101084	6265	1144	93675		34640
博物馆	M	19	1329515	14.733	140879	80831	60048	59096		21100	37996		
文物商店	N												
其他	O	4	65026	1.628	15646	1104	14542	14542		2830	11712		

指标综合表(市场)

损益(千元)									工资、福利费、税金(千元)			增加值(千元)
营业成本				营业利润	营业外收入		营业外支出	利润总额	本年发放工资总额	本年支付的职工福利费	本年应交税金总额	
养老、医疗、失业等各种社会保险费	住房公积金和住房补贴	差旅费	工会经费			政府补助						
13	14	15	16	17	18	19	20	21	22	23	24	25
1982715	183153	379529	39320	14399078	737419	483230	6668	15129829	12695129	198119	2710223	69198990
25398	10444	7017	2451	−196644	198711	168713	3686	−1619	153794	12387	17997	257271
14802	5944	6244	1639	−119712	121155	104836	1615	−172	93060	6270	7845	148118
10596	4500	773	812	−76932	77556	63877	2071	−1447	60734	6117	10152	109153
10279	2273	2778	367	37913	19960	15838	−2507	60380	69027	1853	25977	216085
826	296	219	43	2623	284	50	185	2722	4765	477	1043	10582
826	296	219	43	2623	284	50	185	2722	4765	477	1043	10582
9403	4047	2359	544	4275	21374	10390	5304	20345	49275	5460	23991	158852
1936809	166093	367156	35915	14550911	497090	288239		15048001	12418268	177942	2641215	68556200
184583				1063974				1063974	1882339		281240	3490819
72269				617568				617568	919656		77619	1740793
67080				1576746	86764	50005		1663510	1272735		633768	6269447
21679				113314	94855	26087		208169	194192		48258	430015
1542348	158910	363005	35137	10663474	315471	212147		10978945	7738624	173520	1381439	53206283
11043	7183	4151	778	97645				97645	64989	4422	16854	212718
37807				418190				418190	345733		202037	3206125

综合年报

					各项应付款合计(千元)		自开始建设至本年底累计完成投资额(千元)		本年新增固定资产(千元)	竣工项目个数(个)	竣工项目面积(万平方米)
利用外资		自筹资金		其他资金来源		工程款		本年完成投资额			
	外商直接投资		单位自有资金								
13	14	15	16	17	18	19	20	21	22	23	24
		38301	37681	110060	337579	212695	2588668	501238	60292	36	7.625
		17382	16778	103615	141261	86063	1065364	332334	55769	23	5.998
							9689	7163			
					65814	54936	412884	204616	27384	3	1.265
				3473	6970	6970	13230	9496	4635	2	0.410
		14265	13765	1000	27193	20444	57065	19738	20133	14	1.071
		2293	2293		1293		62522		630	2	2.832
		824	720	99142	39991	3713	509974	91321	2987	2	0.420
		20919	20903	6445	196318	126632	1523304	168904	4523	13	1.627
							4585	2992			
		20903	20903	5509	190020	124859	826658	102490	4523	7	1.309
		16		936	4788	503	676811	53614		6	0.318
					1510	1270	15250	9808			

艺术表演团体演出及收支

		剧团数(个)		从业人员(人)					本团原创首演剧目(个)	本团拥有知识产权数量(个)	演出场次(万场)			国内演出观众人次(万人次)		本年收
			补贴团数		专业技术人才							国内演出场次				
						正高级职称	副高级职称	中级职称					农村演出场次		农村观众人次	
(甲)		1	2	3	4	5	6	7	8	9	10	11	12	13	14	15
总　计	A	1420	279	43504	13253	271	704	1065	43	1	37.243	37.215	23.038	21096.986	16340.299	5817838
按登记注册类型分	—	—	—	—	—	—	—	—	—	—	—	—	—	—	—	
国有	B	54	53	3819	2954	270	691	1028	40	1	1.139	1.118	0.592	1168.027	666.502	1006118
集体	C															
其他	D	1366	226	39685	10299	1	13	37	3		36.104	36.097	22.445	19928.959	15673.797	4811720
按隶属关系分	—	—	—	—	—	—	—	—	—	—	—	—	—	—	—	—
中央	E															
省区市	F	9	9	980	730	116	194	250	14		0.384	0.375	0.161	227.140	94.584	300495
地市	G	14	14	1558	1164	85	252	366	8		0.298	0.283	0.085	328.680	112.036	440740
县市区	H	1397	256	40966	11359	70	258	449	21	1	36.562	36.557	22.791	20541.167	16133.679	5076603
按管理部门分	—	—	—	—	—	—	—	—	—	—	—	—	—	—	—	—
文化部门	I	59	58	4055	3039	271	704	1063	43	1	1.255	1.227	0.655	1348.532	788.392	1049283
其他部门	J	1361	221	39449	10214			2			35.988	35.988	22.382	19748.454	15551.907	4768555
按剧种分	—	—	—	—	—	—	—	—	—	—	—	—	—	—	—	—
话剧、儿童剧、滑稽剧类	K	179	24	3895	1259	7	18	28	8		2.338	2.338	1.788	1100.927	823.419	282196
其中:儿童剧团	L	1		47	35						0.003	0.003	0.001	0.150	0.030	3800
歌舞、音乐类	M	117	22	3888	1531	54	127	285	9		1.830	1.819	1.257	1045.211	710.160	531050
京剧、昆曲类	N	34	10	1383	396	25	62	66	3		1.257	1.253	1.160	1193.005	1085.975	134261
其中:京剧	O	30	8	1215	276	9	21	29	1		1.206	1.203	1.129	1144.885	1049.355	91638
地方戏曲类	P	720	138	23347	6697	176	459	605	20	1	17.182	17.175	16.212	13124.385	12214.548	1573327
杂技、魔术、马戏类	Q	10	3	335	93	1	11	30			0.060	0.053	0.033	32.612	18.931	17973
曲艺类	R	103	18	1802	450	2	7	12	1		1.681	1.681	0.953	561.894	401.434	48416
乌兰牧骑	S															
综合性艺术表演团体	T	257	64	8854	2827	6	20	39	2		12.896	12.895	1.635	4038.952	1085.832	3230615

情况综合年报

入合计(千元)		本年支出合计(千元)		资产总计(千元)		实际使用房屋建筑面积(万平方米)		实际拥有产权面积(万平方米)	流动舞台车演出情况			政府采购的公益演出活动情况			增加值(千元)
财政补贴收入	演出收入		人员支出		固定资产原价		排练练功用房		流动舞台车数量(辆)	利用流动舞台车演出场次(万场)	利用流动舞台车演出观众人次(万人次)	演出场次(万场)	演出观众人次(万人次)	演出补贴收入(千元)	
16	17	18	19	20	21	22	23	24	25	26	27	28	29	30	31
739109	4571377	4210789	1815736	12055606	683199	83.434	3.408	8.659	15	0.068	59.540	0.429	350.976	39761	6976765
—	—		—	—	—	—	—	—	—	—	—	—	—	—	—
674118	176228	1064623	520784	1217359	670258	18.902	2.884	8.482	13	0.056	42.740	0.369	302.646	34490	678684
64991	4395149	3146166	1294952	10838247	12941	64.531	0.524	0.177	2	0.012	16.800	0.060	48.330	5271	6298081
—	—	—	—	—	—	—	—	—	—	—	—	—	—	—	—
224008	57413	333788	128771	518286	247271	4.304	0.972	3.010	5	0.012	16.800	0.135	100.923	16244	183577
245964	81686	467325	212719	527314	256555	9.245	1.077	2.584	2	0.010	8.000	0.104	81.989	12260	288775
269137	4432278	3409676	1474246	11010006	179373	69.885	1.360	3.066	8	0.046	34.740	0.189	168.064	11257	6504413
—	—	—	—	—	—	—	—	—	—	—	—	—	—	—	—
688875	196439	1106119	537866	1265838	681283	20.281	3.336	8.632	15	0.068	59.540	0.416	341.266	39532	701687
50234	4374938	3104670	1277870	10789768	1916	63.153	0.072	0.027				0.013	9.710	229	6275078
—	—	—	—	—	—	—	—	—	—	—	—	—	—	—	—
26850	139528	230977	83491	254901	37960	6.351	0.045	0.705				0.066	40.466	5858	188646
	2000	1500	750	5000		0.058									3650
166493	327959	427636	179209	671716	225532	15.013	0.802	2.765	1			0.043	29.429	8574	549166
70336	60265	118850	80399	105592	45352	1.848	0.251	0.274	1			0.028	25.250	2025	104669
33260	56259	80858	57911	59130	22650	1.504	0.162		1			0.015	15.000	1325	75326
403190	1106059	1451157	1067902	1091400	334307	36.044	1.733	4.669	11	0.056	42.740	0.234	208.840	16977	1365697
4225	6454	16406	10147	21916	2094	1.058	0.417					0.013	7.620	2392	13946
9498	37682	40001	28911	1038069	5001	1.620	0.040	0.130							45368
58517	2893430	1925762	365677	8872012	32953	21.499	0.120	0.117	2	0.012	16.800	0.046	39.370	3935	4709273

艺术表演团体基本情况

		剧团数（个）		从业人员（人）					本团原创首演剧目（个）	本团拥有知识产权数量（个）	演出场
			补贴团数		专业技术人员						
						正高级职称	副高级职称	中级职称			
（甲）		1	2	3	4	5	6	7	8	9	10
总　计	A	45	44	2856	2251	211	551	754	26	8	0.666
按登记注册类型分	—	—	—	—	—	—	—	—	—	—	—
国有	B	43	43	2810	2251	211	551	754	26	8	0.664
集体	C										
其他	D	2	1	46							0.002
按隶属关系分	—	—	—	—	—	—	—	—	—	—	—
中央	E										
省区市	F	5	5	509	396	76	120	113	5		0.077
地市	G	10	10	1050	841	72	186	238	2		0.188
县市区	H	30	29	1297	1014	63	245	403	19	8	0.402
按管理部门分	—	—	—	—	—	—	—	—	—	—	—
文化部门	I	44	44	2826	2251	211	551	754	26	8	0.664
其他部门	J	1		30							0.002
按剧种分	—	—	—	—	—	—	—	—	—	—	—
话剧、儿童剧、滑稽剧类	K										
其中：儿童剧团	L										
歌舞、音乐类	M	4	4	458	272	14	36	110	2		0.040
京剧、昆曲类	N	3	3	210	176	25	62	66	3		0.051
其中：京剧	O	1	1	92	73	9	21	29	1		0.029
地方戏曲类	P	35	35	2121	1775	170	446	564	20	8	0.552
杂技、魔术、马戏类	Q										
曲艺类	R	1	1	30	24	2	7	12	1		0.016
乌兰牧骑	S										
综合性艺术表演团体	T	2	1	37	4			2			0.007

综合年报(事业)(一)

次(万场)		国内演出观众人次(万人次)		本年收入合计(千元)									本年支出合计(千元)	
国内演出场次	农村演出场次		农村观众人次		财政补贴收入	基建拨款	上级补助收入	事业收入	演出收入	经营收入	附属单位上缴收入	其他收入		基本支出
11	12	13	14	15	16	17	18	19	20	21	22	23	24	25
0.653	0.397	871.237	553.079	746158	584268	5317	25486	120539	98942	862	700	14303	802440	477703
—	—	—	—	—	—	—	—	—	—	—	—	—	—	—
0.651	0.395	870.211	552.053	745263	583379	5317	25486	120533	98936	862	700	14303	801546	476809
0.002	0.002	1.026	1.026	895	889			6	6				894	894
—	—	—	—	—	—	—	—	—	—	—	—	—	—	—
0.071	0.018	62.638	24.012	188405	159406			23421	23403			5578	223562	113680
0.183	0.065	250.050	98.656	280915	219796		20370	37110	31676			3639	303881	163052
0.399	0.314	558.550	430.411	276838	205066	5317	5116	60008	43863	862	700	5086	274997	200971
—	—	—	—	—	—	—	—	—	—	—	—	—	—	—
0.651	0.395	870.211	552.053	746152	584268	5317	25486	120533	98936	862	700	14303	802435	477698
0.002	0.002	1.026	1.026	6				6	6				5	5
—	—	—	—	—	—	—	—	—	—	—	—	—	—	—
0.038	0.003	32.324	2.696	146165	108896		14982	19392	18872			2895	164030	59318
0.047	0.009	40.800	14.700	77307	69571			4103	4103			3633	70841	44855
0.026	0.003	26.400	7.800	36234	32495			1647	1647			2092	34109	21476
0.545	0.379	771.477	528.027	498975	382096	5317	10504	97038	75961	862	700	7775	543807	367347
0.016	0.005	20.930	6.630	7488	7488								7488	5094
0.007	0.002	5.706	1.026	16223	16217			6	6				16274	1089

艺术表演团体基本情况

		本年支出合计(千元)											
				在支出合计中									
		项目支出	经营支出	工资福利支出	商品和服务支出					对个人和家庭补助支出		其他资本性支出	
						差旅费	劳务费	福利费	各种税金支出		抚恤金和生活补助		各种设备、交通工具、图书购置费
(甲)		26	27	28	29	30	31	32	33	34	35	36	37
总　　计	A	316011	265	386395	262792	22047	87602	9589	1251	57276	4962	82964	17196
按登记注册类型分	—	—	—	—	—	—	—	—	—	—	—	—	—
国有	B	316011	265	386077	262718	22047	87596	9536	1251	56779	4867	82960	17196
集体	C												
其他	D			318	74		6	53		497	95	4	
按隶属关系分	—	—	—	—	—	—	—	—	—	—	—	—	—
中央	E												
省区市	F	107621		79192	77127	5238	23952	3797	163	13321	3279	53547	3328
地市	G	140827		142338	121735	11347	46571	3303	479	22388	683	16728	10615
县市区	H	67563	265	164865	63930	5462	17079	2489	609	21567	1000	12689	3253
按管理部门分	—	—	—	—	—	—	—	—	—	—	—	—	—
文化部门	I	316011	265	386394	262792	22047	87602	9589	1251	57276	4962	82960	17196
其他部门	J			1								4	
按剧种分	—	—	—	—	—	—	—	—	—	—	—	—	—
话剧、儿童剧、滑稽剧类	K												
其中:儿童剧团	L												
歌舞、音乐类	M	104711		59644	80363	5463	42570	1325	178	9332	89	14689	8747
京剧、昆曲类	N	23724		34347	25019	1662	7263	1445	125	6426	1666	4676	768
其中:京剧	O	12633		15151	11331	671	2672	897	60	3834	1091	3793	756
地方戏曲类	P	169997	265	287499	140062	14778	36644	6761	948	41074	3195	62615	7196
杂技、魔术、马戏类	Q												
曲艺类	R	2394		4204	2447	136	1094	40		352	12	485	485
乌兰牧骑	S												
综合性艺术表演团体	T	15185		701	14901	8	31	18		92		499	

综合年报(事业)(二)

资产总计(千元)		实际使用房屋建筑面积(万平方米)		实际拥有产权面积(万平方米)	流动舞台车演出情况			政府采购的公益演出活动情况			增加值(千元)
	固定资产原价		排练练功用房		流动舞台车数量(辆)	利用流动舞台车演出场次(万场)	利用流动舞台车演出观众人次(万人次)	演出场次(万场)	演出观众人次(万人次)	演出补贴收入(千元)	
38	39	40	41	42	43	44	45	46	47	48	49
856409	477640	15.325	2.281	4.819	11	0.053	40.660	0.240	214.807	21384	559200
—	—	—	—	—	—	—	—	—	—	—	—
855752	477002	15.096	2.261	4.819	11	0.053	40.660	0.240	214.807	21384	558394
657	638	0.229	0.020								806
—	—	—	—	—	—	—	—	—	—	—	—
335435	120615	2.539	0.527	0.652	2			0.039	31.974	5435	122974
322644	193124	6.848	0.570	1.510	2	0.010	8.000	0.056	52.369	5127	222971
198330	163901	5.938	1.184	2.658	7	0.043	32.660	0.145	130.464	10822	213255
—	—	—	—	—	—	—	—	—	—	—	—
856259	477490	15.275	2.261	4.819	11	0.053	40.660	0.240	214.807	21384	559192
150	150	0.050	0.020								8
—	—	—	—	—	—	—	—	—	—	—	—
119396	88781	1.743	0.329					0.014	9.067	2588	117270
84690	45352	1.286	0.251	0.274	1			0.028	25.250	2025	50212
38713	22650	0.959	0.162		1			0.015	15.000	1325	22569
620471	328608	10.513	1.641	4.416	10	0.053	40.660	0.198	179.590	16771	384592
5106	5001	0.130	0.040	0.130							5887
26746	9898	1.653	0.020					0.001	0.900		1239

文化部门艺术表演团体基本情况

		剧团数(个)		从业人员(人)					本团原创首演剧目(个)	本团拥有知识产权数量(个)	
			补贴团数		专业技术人员	正高级职称	副高级职称	中级职称			
(甲)		1	2	3	4	5	6	7	8	9	10
总　　计	A	44	44	2826	2251	211	551	754	26	8	0.664
按登记注册类型分	—	—	—	—	—	—	—	—	—	—	—
国有	B	43	43	2810	2251	211	551	754	26	8	0.664
集体	C										
其他	D	1	1	16							
按隶属关系分	—	—	—	—	—	—	—	—	—	—	—
中央	E										
省区市	F	5	5	509	396	76	120	113	5		0.077
地市	G	10	10	1050	841	72	186	238	2		0.188
县市区	H	29	29	1267	1014	63	245	403	19	8	0.400
按剧种分	—	—	—	—	—	—	—	—	—	—	—
话剧、儿童剧、滑稽剧类	I										
其中:儿童剧团	J										
歌舞、音乐类	K	4	4	458	272	14	36	110	2		0.040
京剧、昆曲类	L	3	3	210	176	25	62	66	3		0.051
其中:京剧	M	1	1	92	73	9	21	29	1		0.029
地方戏曲类	N	35	35	2121	1775	170	446	564	20	8	0.552
杂技、魔术、马戏类	O										
曲艺类	P	1	1	30	24	2	7	12	1		0.016
乌兰牧骑	S										
综合性艺术表演团体	T	1	1	7	4			2			0.005

综合年报(事业)(一)

演出场次(万场)		国内演出观众人次(万人次)		本年收入合计(千元)									本年支出合计(千元)	
国内演出场次	农村演出场次		农村观众人次		财政补贴收入	基建拨款	上级补助收入	事业收入	演出收入	经营收入	附属单位上缴收入	其他收入		基本支出
11	12	13	14	15	16	17	18	19	20	21	22	23	24	25
0.651	0.395	870.211	552.053	746152	584268	5317	25486	120533	98936	862	700	14303	802435	477698
—	—	—	—	—	—	—	—	—	—	—	—	—	—	—
0.651	0.395	870.211	552.053	745263	583379	5317	25486	120533	98936	862	700	14303	801546	476809
				889	889								889	889
—	—	—	—	—	—	—	—	—	—	—	—	—	—	—
0.071	0.018	62.638	24.012	188405	159406			23421	23403			5578	223562	113680
0.183	0.065	250.050	98.656	280915	219796		20370	37110	31676			3639	303881	163052
0.397	0.312	557.524	429.385	276832	205066	5317	5116	60002	43857	862	700	5086	274992	200966
—	—	—	—	—	—	—	—	—	—	—	—	—	—	—
0.038	0.003	32.324	2.696	146165	108896		14982	19392	18872			2895	164030	59318
0.047	0.009	40.800	14.700	77307	69571			4103	4103			3633	70841	44855
0.026	0.003	26.400	7.800	36234	32495			1647	1647			2092	34109	21476
0.545	0.379	771.477	528.027	498975	382096	5317	10504	97038	75961	862	700	7775	543807	367347
0.016	0.005	20.930	6.630	7488	7488								7488	5094
0.005		4.680		16217	16217								16269	1084

文化部门艺术表演团体基本情况

		本年支出合计(千元)											
		项目支出	经营支出	在支出合计中									
				工资福利支出	商品和服务支出					对个人和家庭补助支出		其他资本性支出	
						差旅费	劳务费	福利费	各种税金支出		抚恤金和生活补助		各种设备、交通工具、图书购置费
(甲)		26	27	28	29	30	31	32	33	34	35	36	37
总　　计	A	316011	265	386394	262792	22047	87602	9589	1251	57276	4962	82960	17196
按登记注册类型分	—	—	—	—	—	—	—	—	—	—	—	—	—
国有	B	316011	265	386077	262718	22047	87596	9536	1251	56779	4867	82960	17196
集体	C												
其他	D			317	74		6	53		497	95		
按隶属关系分	—	—	—	—	—	—	—	—	—	—	—	—	—
中央	E												
省区市	F	107621		79192	77127	5238	23952	3797	163	13321	3279	53547	3328
地市	G	140827		142338	121735	11347	46571	3303	479	22388	683	16728	10615
县市区	H	67563	265	164864	63930	5462	17079	2489	609	21567	1000	12685	3253
按剧种分	—	—	—	—	—	—	—	—	—	—	—	—	—
话剧、儿童剧、滑稽剧类	I												
其中:儿童剧团	J												
歌舞、音乐类	K	104711		59644	80363	5463	42570	1325	178	9332	89	14689	8747
京剧、昆曲类	L	23724		34347	25019	1662	7263	1445	125	6426	1666	4676	768
其中:京剧	M	12633		15151	11331	671	2672	897	60	3834	1091	3793	756
地方戏曲类	N	169997	265	287499	140062	14778	36644	6761	948	41074	3195	62615	7196
杂技、魔术、马戏类	O												
曲艺类	P	2394		4204	2447	136	1094	40		352	12	485	485
乌兰牧骑	S												
综合性艺术表演团体	T	15185		700	14901	8	31	18		92		495	

综合年报(事业)(二)

资产总计(千元)		实际使用房屋建筑面积(万平方米)		实际拥有产权面积(万平方米)	流动舞台车演出情况			政府采购的公益演出活动情况			增加值(千元)
	固定资产原价		排练练功用房		流动舞台车数量(辆)	利用流动舞台车演出场次(万场)	利用流动舞台车演出观众人次(万人次)	演出场次(万场)	演出观众人次(万人次)	演出补贴收入(千元)	
38	39	40	41	42	43	44	45	46	47	48	49
856259	477490	15.275	2.261	4.819	11	0.053	40.660	0.240	214.807	21384	559192
—	—	—	—	—	—	—	—	—	—	—	—
855752	477002	15.096	2.261	4.819	11	0.053	40.660	0.240	214.807	21384	558394
507	488	0.179									798
—	—	—	—	—	—	—	—	—	—	—	—
335435	120615	2.539	0.527	0.652	2			0.039	31.974	5435	122974
322644	193124	6.848	0.570	1.510	2	0.010	8.000	0.056	52.369	5127	222971
198180	163751	5.889	1.164	2.658	7	0.043	32.660	0.145	130.464	10822	213247
—	—	—	—	—	—	—	—	—	—	—	—
119396	88781	1.743	0.329					0.014	9.067	2588	117270
84690	45352	1.286	0.251	0.274	1			0.028	25.250	2025	50212
38713	22650	0.959	0.162		1			0.015	15.000	1325	22569
620471	328608	10.513	1.641	4.416	10	0.053	40.660	0.198	179.590	16771	384592
5106	5001	0.130	0.040	0.130							5887
26596	9748	1.603						0.001	0.900		1231

艺术表演团体基本情况

		剧团数(个)		从业人员(人)					本团原创首演剧目(个)	本团拥有知识产权数量(个)	演出场
			补贴团数		专业技术人员						
						正高级职称	副高级职称	中级职称			
(甲)		1	2	3	4	5	6	7	8	9	10
总　计	A	20	15	1365	888	60	153	311	17	1	0.710
按登记注册类型分	—	—	—	—	—	—	—	—	—	—	—
国有	B	11	10	1009	703	59	140	274	14	1	0.475
集体	C										
其他	D	9	5	356	185	1	13	37	3		0.235
按隶属关系分	—	—	—	—	—	—	—	—	—	—	—
中央	E										
省区市	F	4	4	471	334	40	74	137	9	1	0.307
地市	G	4	4	508	323	13	66	128	6		0.110
县市区	H	12	7	386	231	7	13	46	2		0.293
按管理部门分	—	—	—	—	—	—	—	—	—	—	—
文化部门	I	15	14	1229	788	60	153	309	17	1	0.591
其他部门	J	5	1	136	100			2			0.119
按剧种分	—	—	—	—	—	—	—	—	—	—	—
话剧、儿童剧、滑稽剧类	K	3	3	194	109	7	18	28	8		0.125
其中：儿童剧团	L										
歌舞、音乐类	M	5	5	636	432	40	91	175	7	1	0.169
京剧、昆曲类	N										
其中：京剧	O										
地方戏曲类	P	6	3	249	196	6	13	41			0.184
杂技、魔术、马戏类	Q	1	1	93	67	1	11	30			0.023
曲艺类	R										
乌兰牧骑	S										
综合性艺术表演团体	T	5	3	193	84	6	20	37	2		0.210

综合年报（企业）（一）

次（万场）		国内演出观众人次（万人次）		资产、负债、所有者权益（千元）							损益（千元）	
国内演出场次			农村观众人次	资产总计			负债合计	所有者权益合计			营业收入	
	农村演出场次				固定资产原价	本年折旧			实收资本（股本）			演出收入
										国家资本		
11	12	13	14	15	16	17	18	19	20	21	22	23
0.695	0.380	569.711	327.729	411425	205559	17343	100643	310782	158935	149710	187816	103099
—	—	—	—	—	—	—	—	—	—	—	—	—
0.467	0.197	297.816	114.449	361607	193256	16116	83313	278294	134710	134710	159302	77292
0.228	0.182	271.895	213.280	49818	12303	1227	17330	32488	24225	15000	28514	25807
—	—	—	—	—	—	—	—	—	—	—	—	—
0.304	0.143	164.502	70.572	182851	126656	6982	41437	141414	92000	92000	43465	34010
0.100	0.020	78.630	13.380	204670	63431	8199	53224	151446	58000	50000	124241	50010
0.291	0.216	326.579	243.777	23904	15472	2162	5982	17922	8935	7710	20110	19079
—	—	—	—	—	—	—	—	—	—	—	—	—
0.576	0.260	478.321	236.339	409579	203793	17263	100643	308936	158935	149710	182205	97503
0.119	0.119	91.390	91.390	1846	1766	80		1846			5611	5596
—	—	—	—	—	—	—	—	—	—	—	—	—
0.125	0.020	82.257	10.598	110131	37960	2429	25519	84612	40000	32000	90931	17593
0.160	0.086	226.030	132.019	233580	136751	11689	51813	181767	76725	75500	64459	56723
0.184	0.135	151.991	109.750	7600	5699	864	5190	2410	2210	2210	11671	11155
0.016	0.001	13.860	0.480	19623	2094	219	8336	11287	10000	10000	6220	4077
0.209	0.137	95.573	74.882	40491	23055	2142	9785	30706	30000	30000	14535	13551

艺术表演团体基本情况

		损益(千元)									
		营业成本					营业利润	营业外收入		营业外支出	利润总额
			养老、医疗、失业等各种社会保险费	住房公积金和住房补贴	差旅费	工会经费			政府补助(补贴收入)		
(甲)		24	25	26	27	28	29	30	31	32	33
总　　计	A	307528	14753	5944	6244	1639	−119712	121155	104836	1615	−172
按登记注册类型分	—	—	—	—	—	—	—	—	—	—	—
国有	B	262028	12266	4666	5524	1304	−102726	101553	90739	1049	−2222
集体	C										
其他	D	45500	2487	1278	720	335	−16986	19602	14097	566	2050
按隶属关系分	—	—	—	—	—	—	—	—	—	—	—
中央	E										
省区市	F	109852	9323	3732	5404	600	−66387	68625	64602	374	1864
地市	G	162973	3351	1492	484	870	−38732	35584	26168	471	−3619
县市区	H	34703	2079	720	356	169	−14593	16946	14066	770	1583
按管理部门分	—	—	—	—	—	—	—	—	—	—	—
文化部门	I	302298	14753	5944	6243	1639	−120093	120926	104607	1386	−553
其他部门	J	5230			1		381	229	229	229	381
按剧种分	—	—	—	—	—	—	—	—	—	—	—
话剧、儿童剧、滑稽剧类	K	121470	3746	1570	1891	364	−30539	32112	25236	356	1217
其中:儿童剧团	L										
歌舞、音乐类	M	123231	6762	1947	3728	869	−58772	57336	54350	889	−2325
京剧、昆曲类	N										
其中:京剧	O										
地方戏曲类	P	17382	1180	567	39	97	−5711	6207	6187	40	456
杂技、魔术、马戏类	Q	14106	1072	1070	122	197	−7886	8212	4168	9	317
曲艺类	R										
乌兰牧骑	S										
综合性艺术表演团体	T	31339	1993	790	464	112	−16804	17288	14895	321	163

综合年报(企业)(二)

工资、福利费、税金(千元)			实际使用房屋建筑面积(万平方米)		实际拥有产权面积(万平方米)	流动舞台车演出情况			政府采购的公益演出活动情况			增加值(千元)
本年发放工资总额	本年支付的职工福利费	本年应交税金总额		排练练功用房		流动舞台车数量(辆)	利用流动舞台车演出场次(万场)	利用流动舞台车演出观众人次(万人次)	演出场次(万场)	演出观众人次(万人次)	演出补贴收入(千元)	
34	35	36	37	38	39	40	41	42	43	44	45	46
93060	6270	7845	5.118	1.127	3.840	4	0.015	18.880	0.189	136.169	18377	148118
—	—	—	—	—	—	—	—	—	—	—	—	—
73295	4633	7197	3.806	0.623	3.663	2	0.003	2.080	0.129	87.839	13106	120290
19765	1637	648	1.311	0.504	0.177	2	0.012	16.800	0.060	48.330	5271	27828
—	—	—	—	—	—	—	—	—	—	—	—	—
34747	1511	3362	1.765	0.445	2.358	3	0.012	16.800	0.096	68.949	10809	60603
43910	4083	3867	2.397	0.507	1.074				0.048	29.620	7133	65804
14403	676	616	0.956	0.176	0.408	1	0.003	2.080	0.044	37.600	435	21711
—	—	—	—	—	—	—	—	—	—	—	—	—
88186	6010	7840	5.006	1.075	3.813	4	0.015	18.880	0.176	126.459	18148	142495
4874	260	5	0.112	0.052	0.027				0.013	9.710	229	5623
—	—	—	—	—	—	—	—	—	—	—	—	—
16290	2103	1135	0.949	0.045	0.705				0.066	40.466	5858	27758
48533	2703	5794	2.177	0.473	2.765	1			0.029	20.362	5986	78561
9713	554	310	0.612	0.092	0.253	1	0.003	2.080	0.036	29.250	206	14062
7812	253	138	0.916	0.417					0.013	7.620	2392	10769
10712	657	468	0.463	0.100	0.117	2	0.012	16.800	0.045	38.470	3935	16968

文化部门艺术表演团体基本情况

		剧团数(个)		从业人员(人)					本团原创首演剧目(个)	本团拥有知识产权数量(个)	演出场
			补贴团数		专业技术人员						
						正高级职称	副高级职称	中级职称			
(甲)		1	2	3	4	5	6	7	8	9	10
总　　计	A	15	14	1,229	788	60	153	309	17	1	0.591
按登记注册类型分	—	—	—	—	—	—	—	—	—	—	—
国有	B	11	10	1009	703	59	140	274	14	1	0.475
集体	C										
其他	D	4	4	220	85	1	13	35	3		0.116
按隶属关系分	—	—	—	—	—	—	—	—	—	—	—
中央	E										
省区市	F	4	4	471	334	40	74	137	9	1	0.307
地市	G	4	4	508	323	13	66	128	6		0.110
县市区	H	7	6	250	131	7	13	44	2		0.174
按剧种分	—	—	—	—	—	—	—	—	—	—	—
话剧、儿童剧、滑稽剧类	I	3	3	194	109	7	18	28	8		0.125
其中:儿童剧团	J										
歌舞、音乐类	K	5	5	636	432	40	91	175	7	1	0.169
京剧、昆曲类	L										
其中:京剧	M										
地方戏曲类	N	4	3	154	101	6	13	41			0.086
杂技、魔术、马戏类	O	1	1	93	67	1	11	30			0.023
曲艺类	P										
乌兰牧骑	Q										
综合性艺术表演团体	T	2	2	152	79	6	20	35	2		0.189

综合年报(企业)(一)

次(万场)		国内演出观众人次(万人次)		资产、负债、所有者权益(千元)							损益(千元)	
国内演出场次				资产总计			负债合计	所有者权益合计			营业收入	
	农村演出场次		农村观众人次		固定资产原价	本年折旧			实收资本(股本)			演出收入
										国家资本		
11	12	13	14	15	16	17	18	19	20	21	22	23
0.576	0.260	478.321	236.339	409579	203793	17263	100643	308936	158935	149710	182205	97503
—	—	—	—	—	—	—	—	—	—	—	—	—
0.467	0.197	297.816	114.449	361607	193256	16116	83313	278294	134710	134710	159302	77292
0.109	0.063	180.505	121.890	47972	10537	1147	17330	30642	24225	15000	22903	20211
—	—	—	—	—	—	—	—	—	—	—	—	—
0.304	0.143	164.502	70.572	182851	126656	6982	41437	141414	92000	92000	43465	34010
0.100	0.020	78.630	13.380	204670	63431	8199	53224	151446	58000	50000	124241	50010
0.171	0.097	235.189	152.387	22058	13706	2082	5982	16076	8935	7710	14499	13483
—	—	—	—	—	—	—	—	—	—	—	—	—
0.125	0.020	82.257	10.598	110131	37960	2429	25519	84612	40000	32000	90931	17593
0.160	0.086	226.030	132.019	233580	136751	11689	51813	181767	76725	75500	64459	56723
0.086	0.036	81.191	38.950	6420	4519	784	5190	1230	2210	2210	6891	6375
0.016	0.001	13.860	0.480	19623	2094	219	8336	11287	10000	10000	6220	4077
0.189	0.117	74.983	54.292	39825	22469	2142	9785	30040	30000	30000	13704	12735

文化部门艺术表演团体基本情况

		损益(千元)									
		营业成本					营业利润	营业外收入		营业外支出	利润总额
			养老、医疗、失业等各种社会保险费	住房公积金和住房补贴	差旅费	工会经费			政府补助(补贴收入)		
(甲)		24	25	26	27	28	29	30	31	32	33
总　　计	A	302298	14753	5944	6243	1639	−120093	120926	104607	1386	−553
按登记注册类型分	—	—	—	—	—	—	—	—	—	—	—
国有	B	262028	12266	4666	5524	1304	−102726	101553	90739	1049	−2222
集体	C										
其他	D	40270	2487	1278	719	335	−17367	19373	13868	337	1669
按隶属关系分	—	—	—	—	—	—	—	—	—	—	—
中央	E										
省区市	F	109852	9323	3732	5404	600	−66387	68625	64602	374	1864
地市	G	162973	3351	1492	484	870	−38732	35584	26168	471	−3619
县市区	H	29473	2079	720	355	169	−14974	16717	13837	541	1202
按剧种分	—	—	—	—	—	—	—	—	—	—	—
话剧、儿童剧、滑稽剧类	I	121470	3746	1570	1891	364	−30539	32112	25236	356	1217
其中:儿童剧团	J										
歌舞、音乐类	K	123231	6762	1947	3728	869	−58772	57336	54350	889	−2325
京剧、昆曲类	L										
其中:京剧	M										
地方戏曲类	N	12942	1180	567	39	97	−6051	6207	6187	40	116
杂技、魔术、马戏类	O	14106	1072	1070	122	197	−7886	8212	4168	9	317
曲艺类	P										
乌兰牧骑	Q										
综合性艺术表演团体	T	30549	1993	790	463	112	−16845	17059	14666	92	122

综合年报(企业)(二)

工资、福利费、税金(千元)			实际使用房屋建筑面积(万平方米)		实际拥有产权面积(万平方米)	流动舞台车演出情况			政府采购的公益演出活动情况			增加值(千元)
本年发放工资总额	本年支付的职工福利费	本年应交税金总额		排练练功用房		流动舞台车数量(辆)	利用流动舞台车演出场次(万场)	利用流动舞台车演出观众人次(万人次)	演出场次(万场)	演出观众人次(万人次)	演出补贴收入(千元)	
34	35	36	37	38	39	40	41	42	43	44	45	46
88186	6010	7840	5.006	1.075	3.813	4	0.015	18.880	0.176	126.459	18148	142495
—	—	—	—	—	—	—	—	—	—	—	—	—
73295	4633	7197	3.806	0.623	3.663	2	0.003	2.080	0.129	87.839	13106	120290
14891	1377	643	1.200	0.452	0.150	2	0.012	16.800	0.047	38.620	5042	22205
—	—	—	—	—	—	—	—	—	—	—	—	—
34747	1511	3362	1.765	0.445	2.358	3	0.012	16.800	0.096	68.949	10809	60603
43910	4083	3867	2.397	0.507	1.074				0.048	29.620	7133	65804
9529	416	611	0.844	0.124	0.381	1	0.003	2.080	0.031	27.890	206	16088
—	—	—	—	—	—	—	—	—	—	—	—	—
16290	2103	1135	0.949	0.045	0.705				0.066	40.466	5858	27758
48533	2703	5794	2.177	0.473	2.765	1			0.029	20.362	5986	78561
5533	294	310	0.578	0.070	0.231	1	0.003	2.080	0.031	27.890	206	9202
7812	253	138	0.916	0.417					0.013	7.620	2392	10769
10018	657	463	0.385	0.070	0.112	2	0.012	16.800	0.036	30.120	3706	16205

艺术表演场馆基本

		机构数(个)	从业人员(人)	专业技术人才	正高级职称	副高级职称	中级职称	座席数(个)	演(映)出场次合计(万场)	艺术演出场次	惠民演出
(甲)		1	2	3	4	5	6	7	8	9	10
总　　计	A	365	6949	1671	9	21	174	170478	11.691	4.202	0.282
其中:附属剧场	B	159	2102	360	4	4	19	70427	3.781	2.795	0.072
儿童剧场	C	197	5195	1235		1	7	55610	5.512	3.592	0.128
按登记注册类型分	—	—	—	—	—	—	—	—	—	—	—
国有	D	64	1017	307	6	19	117	81934	4.218	0.456	0.117
集体	E	1	17	7			1	975	0.028	0.014	0.002
其他	F	300	5915	1357	3	2	56	87569	7.445	3.732	0.163
按管理部门分	—	—	—	—	—	—	—	—	—	—	—
文化部门	G	67	1353	369	5	20	155	63586	6.055	0.509	0.136
其他部门	H	298	5596	1302	4	1	19	106892	5.636	3.693	0.147
按机构类型分	—	—	—	—	—	—	—	—	—	—	—
剧场	I	141	3021	913	8	11	101	106747	3.372	0.925	0.154
影剧院	J	24	413	123		7	48	16584	3.661	0.115	0.031
书场、曲艺场	K	3	11	3				370	0.064	0.062	0.003
杂技、马戏场	L										
音乐厅	M	13	379	132	1	2	3	2315	1.508	1.349	0.006
综合性	N	50	1632	287		1	22	25114	1.872	0.824	0.075
其他艺术表演场馆	O	134	1493	213				19348	1.213	0.927	0.013
按隶属关系分	—	—	—	—	—	—	—	—	—	—	—
中央	P										
省区市	Q	5	137	64	1	8	16	5378	0.642	0.057	0.011
地市	R	17	523	109	3	6	54	17666	0.945	0.236	0.049
县市区及以下	S	343	6289	1498	5	7	104	147434	10.105	3.911	0.223

情况综合年报

观众人次合计（万人次）		本年收入合计（千元）			本年支出合计（千元）		资产总计（千元）		实际使用房屋建筑面积（万平方米）		实际拥有产权面积（万平方米）	增加值（千元）
	艺术演出观众		财政拨款	艺术演出收入		人员支出		年末固定资产原值		演（映）出业务用房		
11	12	13	14	15	16	17	18	19	20	21	22	23
1525.283	269.836	1690428	212087	263420	1456915	348437	3727791	1315378	125.416	58.449	40.440	668486
352.092	31.768	321917	14011	73243	305926	65655	1205203	12940	28.406	8.314	1.296	122966
992.173	0.235	1155336	29383	143306	956574	182311	1841793	3798	37.595	18.562		412017
—	—	—	—	—	—	—	—	—	—	—	—	—
392.609	221.646	334091	146541	60398	318353	116484	1138628	731555	50.126	26.701	26.686	176313
23.600	5.200	3514	36	369	3197	1638	2026	1911	0.745	0.250	0.745	2415
1109.075	42.990	1352823	65510	202653	1135365	230315	2587137	581912	74.545	31.497	13.009	489758
—	—	—	—	—	—	—	—	—	—	—	—	—
505.930	262.069	406024	140238	96886	403769	136988	1355871	1146584	64.940	33.199	35.344	206067
1019.353	7.767	1284404	71849	166534	1053146	211449	2371920	168794	60.476	25.250	5.096	462419
—	—	—	—	—	—	—	—	—	—	—	—	—
611.660	222.371	661415	187915	173552	557583	181600	2078617	1118632	83.135	38.827	31.700	324005
183.046	38.730	100769	12389	7867	82954	31315	151501	82980	13.562	7.707	5.081	56366
5.874	3.474	2861	2532	305	2738	1265	2235	588	0.233	0.132	0.084	1426
45.332		24092		3162	17203	7554	26164		1.769	1.323		14577
250.886	5.261	718080	9154	34802	688931	78912	1305099	113178	12.800	7.115	3.575	184772
428.485		183211	97	43732	107506	47791	164175		13.918	3.345		87340
—	—	—	—	—	—	—	—	—	—	—	—	—
55.955	38.929	44538		12556	44203	16981	208620	129750	3.238	1.863	1.557	27030
155.634	106.101	184915	80899	50097	188026	53633	220335	167359	25.907	11.641	14.440	75306
1313.695	124.807	1460975	131188	200767	1224686	277823	3298836	1018269	96.272	44.944	24.444	566150

艺术表演场馆基本

		机构数(个)	从业人员(人)	专业技术人才	正高级职称	副高级职称	中级职称	座席数(个)	演(映)出场次合计(万场)	艺术演出场次	惠民演出
(甲)		1	2	3	4	5	6	7	8	9	10
总　　计	A	46	602	225	4	11	100	55702	2.506	0.260	0.076
其中:附属剧场	B	5	84	21	4		15	27408	0.018	0.010	0.005
儿童剧场	C	1	11	10		1	7	459	0.005	0.003	0.002
按登记注册类型分	—	—	—	—	—	—	—	—	—	—	—
国有	D	43	554	202	4	11	87	54710	2.110	0.258	0.074
集体	E										
其他	F	3	48	23			13	992	0.396	0.002	0.002
按管理部门分	—	—	—	—	—	—	—	—	—	—	—
文化部门	G	40	515	201		10	83	27967	2.491	0.252	0.073
其他部门	H	6	87	24	4	1	17	27735	0.015	0.008	0.004
按机构类型分	—	—	—	—	—	—	—	—	—	—	—
剧场	I	30	394	138	4	6	60	46616	0.248	0.114	0.050
影剧院	J	12	163	58		4	23	7395	2.184	0.076	0.022
书场、曲艺场	K	1	4					120	0.029	0.029	
杂技、马戏场	L										
音乐厅	M										
综合性	N	3	41	29		1	17	1571	0.044	0.040	0.004
其他艺术表演场馆	O										
按隶属关系分	—	—	—	—	—	—	—	—	—	—	—
中央	P										
省区市	Q	2	107	50		5	13	2543	0.466	0.027	0.005
地市	R	7	125	27		1	20	4346	0.100	0.064	0.016
县市区及以下	S	37	370	148	4	5	67	48813	1.940	0.170	0.056

情况综合年报（事业）（一）

观众人次合计（万人次）		本年收入合计（千元）								
	艺术演出观众人次		财政补贴收入		上级补助收入	事业收入		经营收入	附属单位上缴收入	其他收入
				基建拨款			演出收入			
11	12	13	14	15	16	17	18	19	20	21
261.822	122.593	235494	122123	2219	9413	51749	19039	21141		31068
6.396	5.068	13873	13871							2
2.295	0.235	4769	3296			1249				224
—	—	—	—	—	—	—	—	—	—	—
250.648	121.601	226324	117210	2219	8318	49131	19039	21141		30524
11.174	0.992	9170	4913		1095	2618				544
—	—	—	—	—	—	—	—	—	—	—
254.837	120.167	176725	78827	2219	9413	42500	19039	21141		24844
6.985	2.426	58769	43296			9249				6224
—	—	—	—	—	—	—	—	—	—	—
134.494	88.070	176697	104697	2219	2568	35537	15716	8108		25787
115.851	27.288	44942	6946		5750	14241	3175	13033		4972
3.474	3.474	2680	2532			148	148			
8.003	3.761	11175	7948		1095	1823				309
—	—	—	—	—	—	—	—	—	—	—
32.773	24.629	38446				16708	11266			21738
40.978	18.553	51170	37730	2219	335	7585	4024	5198		322
188.072	79.412	145878	84393		9078	27456	3749	15943		9008

艺术表演场馆基本

		本年支出合计(千元)									
			基本支出	项目支出	经营支出	在支出合计中					
						工资福利支出	商品和服务支出				
								差旅费	劳务费	福利费	各种税金支出
(甲)		22	23	24	25	26	27	28	29	30	31
总　　计	A	208701	121914	62736	17056	62475	76096	535	6025	3308	4655
其中:附属剧场	B	12450	1653	10795		1540	3123	5		447	
儿童剧场	C	9087	2686	1858		2049	2289	10	787	55	
按登记注册类型分	—	—	—	—	—	—	—	—	—	—	—
国有	D	201581	116089	61681	17056	57691	74807	532	5970	3006	4629
集体	E										
其他	F	7120	5825	1055		4784	1289	3	55	302	26
按管理部门分	—	—	—	—	—	—	—	—	—	—	—
文化部门	G	171614	99428	54278	17056	60266	65807	447	4358	2453	4615
其他部门	H	37087	22486	8458		2209	10289	88	1667	855	40
按机构类型分	—	—	—	—	—	—	—	—	—	—	—
剧场	I	149514	86282	55634	5271	39477	55586	459	3669	2225	3053
影剧院	J	41015	25230	3876	11785	15629	15802	49	1151	775	1577
书场、曲艺场	K	2474	1303	1170		833	1262	15	96	39	
杂技、马戏场	L										
音乐厅	M										
综合性	N	15698	9099	2056		6536	3446	12	1109	269	25
其他艺术表演场馆	O										
按隶属关系分	—	—	—	—	—	—	—	—	—	—	—
中央	P										
省区市	Q	38719	30589	8130		12941	14038	33	70	619	2534
地市	R	55480	22247	24813	3877	16271	24813	286	2683	471	599
县市区及以下	S	114502	69078	29793	13179	33263	37245	216	3272	2218	1522

情况综合年报(事业)(二)

对个人和家庭补助支出		其他资本性支出		资产总计(千元)		实际使用房屋建筑面积(万平方米)		实际拥有产权面积(万平方米)	增加值(千元)
	抚恤金和生活补助		各种设备、交通工具、图书购置费		固定资产原价		演(映)出业务用房		
32	33	34	35	36	37	38	39	40	41
24919	2590	14858	5473	1002617	585863	25.508	13.567	15.602	129318
726				1573		3.050	1.507	1.296	2713
166		39		5025	3798	1.100	0.065		3210
—	—	—	—	—	—	—	—	—	—
23962	2442	14769	5385	991356	579306	23.902	12.464	14.846	122004
957	148	89	88	11261	6557	1.606	1.102	0.756	7314
—	—	—	—	—	—	—	—	—	—
12373	1744	8319	3453	550075	417414	22.422	12.145	13.906	102251
12546	846	6539	2020	452542	168449	3.086	1.422	1.696	27067
—	—	—	—	—	—	—	—	—	—
20848	2348	13792	4794	890688	517144	17.272	10.099	12.857	92248
2590	170	996	679	98565	61925	6.052	2.429	2.661	26469
349	12	30		588	588	0.155	0.084	0.084	1341
1132	60	40		12776	6206	2.030	0.955		9260
—	—	—	—	—	—	—	—	—	—
2315	1	1294	1294	202695	129497	1.903	1.144	1.557	24016
2339	24	3785	195	140328	115806	5.823	3.459	4.643	27054
20265	2565	9779	3984	659594	340560	17.783	8.963	9.402	78248

文化部门艺术表演场馆基本

		机构数(个)	从业人员(人)					座席数(个)	演(映)出场次合计(万场)		
				专业技术人才						艺术演出场次	
					正高级职称	副高级职称	中级职称				惠民演出
(甲)		1	2	3	4	5	6	7	8	9	10
总　　计	A	40	515	201		10	83	27967	2.491	0.252	0.073
其中:附属剧场	B	1	11	7			5	1202	0.011	0.008	0.004
儿童剧场	C										
按登记注册类型分	—	—	—	—	—	—	—	—	—	—	—
国有	D	37	467	178		10	70	26975	2.095	0.250	0.071
集体	E										
其他	F	3	48	23			13	992	0.396	0.002	0.002
按机构类型分	—	—	—	—	—	—	—	—	—	—	—
剧场	G	25	318	124		6	50	19340	0.238	0.110	0.049
影剧院	H	12	163	58		4	23	7395	2.184	0.076	0.022
书场、曲艺场	I	1	4					120	0.029	0.029	
杂技、马戏场	J										
音乐厅	K										
综合性	L	2	30	19			10	1112	0.039	0.037	0.002
其他艺术表演场馆	M										
按隶属关系分	—	—	—	—	—	—	—	—	—	—	—
中央	N										
省区市	O	2	107	50		5	13	2543	0.466	0.027	0.005
地市	P	6	114	17			13	3887	0.095	0.061	0.014
县市区及以下	Q	32	294	134		5	57	21537	1.930	0.165	0.054

情况综合年报（事业）（一）

观众人次合计（万人次）		本年收入合计（千元）								
	艺术演出观众人次		财政补贴收入		上级补助收入	事业收入		经营收入	附属单位上缴收入	其他收入
				基建拨款			演出收入			
11	12	13	14	15	16	17	18	19	20	21
254.837	120.167	176725	78827	2219	9413	42500	19039	21141		24844
4.808	4.803	13873	13871							2
—	—	—	—	—	—	—	—	—	—	—
243.663	119.175	167555	73914	2219	8318	39882	19039	21141		24300
11.174	0.992	9170	4913		1095	2618				544
—	—	—	—	—	—	—	—	—	—	—
129.804	85.879	122697	64697	2219	2568	27537	15716	8108		19787
115.851	27.288	44942	6946		5750	14241	3175	13033		4972
3.474	3.474	2680	2532			148	148			
5.708	3.526	6406	4652		1095	574				85
—	—	—	—	—	—	—	—	—	—	—
32.773	24.629	38446				16708	11266			21738
38.683	18.318	46401	34434	2219	335	6336	4024	5198		98
183.382	77.221	91878	44393		9078	19456	3749	15943		3008

文化部门艺术表演场馆基本

		本年支出合计(千元)				在支出合计中					
			基本支出	项目支出	经营支出	工资福利支出	商品和服务支出	差旅费	劳务费	福利费	各种税金支出
(甲)		22	23	24	25	26	27	28	29	30	31
总计	A	171614	99428	54278	17056	60266	65807	447	4358	2453	4615
其中:附属剧场	B	12450	1653	10795		1540	3123	5		447	
儿童剧场	C										
按登记注册类型分	—	—	—	—	—	—	—	—	—	—	—
国有	D	164494	93603	53223	17056	55482	64518	444	4303	2151	4589
集体	E										
其他	F	7120	5825	1055		4784	1289	3	55	302	26
按机构类型分	—	—	—	—	—	—	—	—	—	—	—
剧场	G	121514	66482	49034	5271	39317	47586	381	2789	1425	3013
影剧院	H	41015	25230	3876	11785	15629	15802	49	1151	775	1577
书场、曲艺场	I	2474	1303	1170		833	1262	15	96	39	
杂技、马戏场	J										
音乐厅	K										
综合性	L	6611	6413	198		4487	1157	2	322	214	25
其他艺术表演场馆	M										
按隶属关系分	—	—	—	—	—	—	—	—	—	—	—
中央	N										
省区市	O	38719	30589	8130		12941	14038	33	70	619	2534
地市	P	46393	19561	22955	3877	14222	22524	276	1896	416	599
县市区及以下	Q	86502	49278	23193	13179	33103	29245	138	2392	1418	1482

情况综合年报（事业）（二）

对个人和家庭补助支出		其他资本性支出		资产总计（千元）		实际使用房屋建筑面积（万平方米）		实际拥有产权面积（万平方米）	增加值（千元）
	抚恤金和生活补助		各种设备、交通工具、图书购置费		固定资产原价		演（映）出业务用房		
32	33	34	35	36	37	38	39	40	41
12373	1744	8319	3453	550075	417414	22.422	12.145	13.906	102251
726				1573		1.464	0.550		2713
—	—	—	—	—	—	—	—	—	—
11416	1596	8230	3365	538814	410857	20.817	11.042	13.151	94937
957	148	89	88	11261	6557	1.606	1.102	0.756	7314
—	—	—	—	—	—	—	—	—	—
8468	1502	7292	2774	443171	352493	15.286	8.742	11.162	68391
2590	170	996	679	98565	61925	6.052	2.429	2.661	26469
349	12	30		588	588	0.155	0.084	0.084	1341
966	60	1		7751	2408	0.930	0.890		6050
—	—	—	—	—	—	—	—	—	—
2315	1	1294	1294	202695	129497	1.903	1.144	1.557	24016
2173	24	3746	195	135303	112008	4.723	3.394	4.643	23844
7885	1719	3279	1964	212077	175909	15.797	7.606	7.707	54391

艺术表演场馆基本

		机构数(个)	从业人员(人)					座席数(个)	演(映)出场次合计(万场)		
				专业技术人员						艺术演出场次	
					正高职职称	副高级职称	中级职称				惠民演出
(甲)		1	2	3	4	5	6	7	8	9	10
总　计	A	29	864	188	5	10	74	38088	3.583	0.270	0.063
其中:附属剧场	B	4	32	12		4	4	4088	0.181	0.045	0.002
儿童剧场	C										
按登记注册类型分	—	—	—	—	—	—	—	—	—	—	—
国有	D	21	463	105	2	8	30	27224	2.108	0.198	0.043
集体	E	1	17	7			1	975	0.028	0.014	0.002
其他	F	7	384	76	3	2	43	9889	1.447	0.058	0.018
按管理部门分	—	—	—	—	—	—	—	—	—	—	—
文化部门	G	27	838	168	5	10	72	35619	3.564	0.257	0.063
其他部门	H	2	26	20			2	2469	0.019	0.013	
按机构类型分	—	—	—	—	—	—	—	—	—	—	—
剧场	I	21	631	128	4	5	41	25563	1.619	0.242	0.055
影剧院	J	5	134	36		3	25	5351	1.434	0.021	0.004
书场、曲艺场	K										
杂技、马戏场	L										
音乐厅	M	1	11	9	1	2	3	585	0.011	0.007	0.004
综合性	N	2	88	15			5	6589	0.519	0.001	
其他艺术表演场馆	O										
按隶属关系分	—	—	—	—	—	—	—	—	—	—	—
中央	P										
省区市	Q	3	30	14	1	3	3	2835	0.176	0.030	0.006
地市	R	10	398	82	3	5	34	13320	0.845	0.172	0.033
县市区及以下	S	16	436	92	1	2	37	21933	2.563	0.069	0.024

情况综合年报(企业)(一)

观众人次合计(万人次)		资产、负债、所有者权益(千元)						
	艺术演出观众人次	资产总计			负债合计	所有者权益合计		
			固定资产原值	当年提取的折旧总额			实收资本(股本)	
								国家资本
11	12	13	14	15	16	17	18	19
262.151	147.243	806139	729515	7785	579934	226205	246168	245588
28.700	26.700	1869	12940	74	51	1818	491	491
—	—	—	—	—	—	—	—	—
141.961	100.045	147272	152249	2842	121368	25904	27038	26488
23.600	5.200	2026	1911	135	1631	395	30	
96.591	41.998	656841	575355	4808	456935	199906	219100	219100
—	—	—	—	—	—	—	—	—
251.093	141.902	805796	729170	7476	579379	226417	246068	245488
11.058	5.341	343	345	309	555	−212	100	100
—	—	—	—	—	—	—	—	—
196.769	134.301	691085	601488	4811	492806	198279	221459	221459
56.168	11.442	37367	21055	1811	7550	29817	11129	11099
2.852		2130			750	1380	550	
6.362	1.500	75557	106972	1163	78828	−3271	13030	13030
—	—	—	—	—	—	—	—	—
23.182	14.300	5925	253	30	1483	4442	1350	800
114.656	87.548	80007	51553	2579	47320	32687	14340	14340
124.313	45.395	720207	677709	5176	531131	189076	230478	230448

艺术表演场馆基本

		损益(千元)									
		营业收入		营业成本					营业利润	营业外收入	
			艺术演出收入		养老、医疗、失业等保险费	住房公积金和住房补贴	差旅费	工会经费			政府补助(补贴收入)
(甲)		20	21	22	23	24	25	26	27	28	29
总　　计	A	168298	90132	245230	10596	4500	773	812	−76932	77556	63877
其中:附属剧场	B	1448	781	1485	56	14	50	5	−37	140	
儿童剧场	C										
按登记注册类型分	—	—	—	—	—	—	—	—	—	—	—
国有	D	77364	41359	115551	6716	2627	388	331	−38187	30403	29331
集体	E	3478	369	3194	141	75	30	14	284	36	36
其他	F	87456	48404	126485	3739	1798	355	467	−39029	47117	34510
按管理部门分	—	—	—	—	—	—	—	—	—	—	—
文化部门	G	154209	77847	230084	10365	4389	725	812	−75875	75090	61411
其他部门	H	14089	12285	15146	231	111	48		−1057	2466	2466
按机构类型分	—	—	—	—	—	—	—	—	—	—	—
剧场	I	133442	85940	202304	6886	2990	669	578	−68862	74695	61874
影剧院	J	21603	3509	20416	770	672	80	115	1187	1904	1286
书场、曲艺场	K										
杂技、马戏场	L										
音乐厅	M	607	509	586	66		2		21		
综合性	N	12646	174	21924	2874	838	22	119	−9278	957	717
其他艺术表演场馆	O										
按隶属关系分	—	—	—			—	—	—	—	—	—
中央	P										
省区市	Q	5952	1290	5483	300	59	54	25	469	140	
地市	R	78332	46073	132402	3900	1727	461	466	−54070	55413	43169
县市区及以下	S	84014	42769	107345	6396	2714	258	321	−23331	22003	20708

情况综合年报(企业)(二)

营业外支出	利润总额	工资、福利费、税金(千元) 本年发放工资总额	本年发放福利费总额	本年应交税金	实际使用房屋建筑面积(万平方米)	演(映)出业务用房	实际拥有产权面积(万平方米)	增加值(千元)
30	31	32	33	34	35	36	37	38
2071	－1447	60734	6117	10152	45.518	22.654	24.838	109153
	103	366	17	81	2.347	1.790		616
—	—	—	—	—	—	—	—	—
1221	－9005	32547	2284	4943	26.224	14.237	11.840	54309
3	317	1589	49	126	0.745	0.250	0.745	2415
847	7241	26598	3784	5083	18.549	8.167	12.253	52429
—	—	—	—	—	—	—	—	—
2071	－2856	58314	6035	9422	42.518	21.054	21.438	103816
	1409	2420	82	730	3.000	1.600	3.400	5337
—	—	—	—	—	—	—	—	—
1225	4608	46862	5231	8692	37.840	17.219	18.843	82597
656	2435	6179	294	959	4.062	2.015	2.420	12687
1	20	252		17	0.281	0.230		356
189	－8510	7441	592	484	3.335	3.190	3.575	13513
—	—	—	—	—	—	—	—	—
1	608	1637	88	366	1.335	0.719		3014
144	1199	31124	3899	4517	20.084	8.182	9.797	48252
1926	－3254	27973	2130	5269	24.099	13.753	15.042	57887

文化部门艺术表演场馆基本

		机构数(个)	从业人员(人)					座席数(个)	演(映)出场次合计(万场次)		
				专业技术人员						艺术演出场次	
					正高职职称	副高级职称	中级职称				惠民演出
(甲)		1	2	3	4	5	6	7	8	9	10
总　计	A	27	838	168	5	10	72	35619	3.564	0.257	0.063
其中:附属剧场	B	4	32	12		4	4	4088	0.181	0.045	0.002
儿童剧场	C										
按登记注册类型分	—	—	—	—	—	—	—	—	—	—	—
国有	D	19	437	85	2	8	28	24755	2.090	0.185	0.043
集体	E	1	17	7			1	975	0.028	0.014	0.002
其他	F	7	384	76	3	2	43	9889	1.447	0.058	0.018
按机构类型分	—	—	—	—	—	—	—	—	—	—	—
剧场	G	19	605	108	4	5	39	23094	1.600	0.229	0.054
影剧院	H	5	134	36		3	25	5351	1.434	0.021	0.004
书场、曲艺场	I										
杂技、马戏场	J										
音乐厅	K	1	11	9	1	2	3	585	0.011	0.007	0.004
综合性	L	2	88	15			5	6589	0.519	0.001	
其他艺术表演场馆	M										
按隶属关系分	—	—	—	—	—	—	—	—	—	—	—
中央	N										
省区市	O	3	30	14	1	3	3	2835	0.176	0.030	0.006
地市	P	10	398	82	3	5	34	13320	0.845	0.172	0.033
县市区及以下	Q	14	410	72	1	2	35	19464	2.544	0.055	0.024

情况综合年报（企业）（一）

观众人次合计（万人次）		资产、负债、所有者权益（千元）						
	艺术演出观众人次	资产总计			负债合计	所有者权益合计		
			固定资产原值	当年提取的折旧总额			实收资本（股本）	
								国家资本
11	12	13	14	15	16	17	18	19
251.093	141.902	805796	729170	7476	579379	226417	246068	245488
28.700	26.700	1869	12940	74	51	1818	491	491
—	—	—	—	—	—	—	—	—
130.903	94.704	146929	151904	2533	120813	26116	26938	26388
23.600	5.200	2026	1911	135	1631	395	30	
96.591	41.998	656841	575355	4808	456935	199906	219100	219100
—	—	—	—	—	—	—	—	—
185.711	128.960	690742	601143	4502	492251	198491	221359	221359
56.168	11.442	37367	21055	1811	7550	29817	11129	11099
2.852		2130			750	1380	550	
6.362	1.500	75557	106972	1163	78828	－3271	13030	13030
—	—	—	—	—	—	—	—	—
23.182	14.300	5925	253	30	1483	4442	1350	800
114.656	87.548	80007	51553	2579	47320	32687	14340	14340
113.255	40.054	719864	677364	4867	530576	189288	230378	230348

文化部门艺术表演场馆基本

		损益(千元)									
		营业收入		营业成本					营业利润	营业外收入	
			艺术演出收入		养老、医疗、失业等保险费	住房公积金和住房补贴	差旅费	工会经费			政府补助(补贴收入)
(甲)		20	21	22	23	24	25	26	27	28	29
总　　计	A	154209	77847	230084	10365	4389	725	812	−75875	75090	61411
其中:附属剧场	B	1448	781	1485	56	14	50	5	−37	140	
儿童剧场	C										
按登记注册类型分	—	—	—	—	—	—	—	—	—	—	—
国有	D	63275	29074	100405	6485	2516	340	331	−37130	27937	26865
集体	E	3478	369	3194	141	75	30	14	284	36	36
其他	F	87456	48404	126485	3739	1798	355	467	−39029	47117	34510
按机构类型分	—	—	—	—	—	—	—	—	—	—	—
剧场	G	119353	73655	187158	6655	2879	621	578	−67805	72229	59408
影剧院	H	21603	3509	20416	770	672	80	115	1187	1904	1286
书场、曲艺场	I										
杂技、马戏场	J										
音乐厅	K	607	509	586	66		2		21		
综合性	L	12646	174	21924	2874	838	22	119	−9278	957	717
其他艺术表演场馆	M										
按隶属关系分	—	—	—	—	—	—	—	—	—	—	—
中央	N										
省区市	O	5952	1290	5483	300	59	54	25	469	140	
地市	P	78332	46073	132402	3900	1727	461	466	−54070	55413	43169
县市区及以下	Q	69925	30484	92199	6165	2603	210	321	−22274	19537	18242

情况综合年报(企业)(二)

		工资、福利费、税金(千元)			实际使用房屋建筑面积(万平方米)		实际拥有产权面积(万平方米)	增加值(千元)
营业外支出	利润总额	本年发放工资总额	本年发放福利费总额	本年应交税金		演(映)出业务用房		
30	31	32	33	34	35	36	37	38
2071	-2856	58314	6035	9422	42.518	21.054	21.438	103816
	103	366	17	81	2.347	1.790		616
—	—	—	—	—	—	—	—	—
1221	-10414	30127	2202	4213	23.224	12.637	8.440	48972
3	317	1589	49	126	0.745	0.250	0.745	2415
847	7241	26598	3784	5083	18.549	8.167	12.253	52429
—	—	—	—	—	—	—	—	—
1225	3199	44442	5149	7962	34.840	15.619	15.443	77260
656	2435	6179	294	959	4.062	2.015	2.420	12687
1	20	252		17	0.281	0.230		356
189	-8510	7441	592	484	3.335	3.190	3.575	13513
—	—	—	—	—	—	—	—	—
1	608	1637	88	366	1.335	0.719		3014
144	1199	31124	3899	4517	20.084	8.182	9.797	48252
1926	-4663	25553	2048	4539	21.099	12.153	11.642	52550

公共图书馆基本情况

		机构数（个）	从业人员（人）					总藏量（万册）						
				专业技术人才					图书		古籍		报刊	视听文献
					正高级职称	副高级职称	中级职称			盲文图书		善本		
（甲）		1	2	3	4	5	6	7	8	9	10	11	12	13
总　　计	A	101	3607	2204	59	298	995	7812.908	6854.070	5.024	195.178	21.992	456.298	223.803
其中:少儿图书馆	B	5	193	149	5	21	59	373.752	313.720	0.087	0.081	0.001	15.378	17.528
按隶属关系分	—	—	—	—	—	—	—	—	—	—	—	—	—	—
中央	C													
省区市	D	1	277	250	12	51	120	690.638	502.946	0.497	82.237	15.009	93.221	11.804
地市	E	14	1130	769	26	123	328	2230.267	1903.447	1.167	58.388	4.239	124.546	127.887
县市区	F	86	2200	1185	21	124	547	4892.003	4447.678	3.359	54.553	2.744	238.531	84.111
县图书馆	G	34	796	466	10	44	216	1431.382	1273.604	0.789	11.090	0.402	86.204	18.414

公共图书馆基本情况

		书刊文献外借册次（万册次）	为读者举办各种活动						开展基层培训辅导人次（万人次）	本单位受训人次（万人次）	计算机（台）		图书馆网站访问量（页次）
			组织各类讲座次数（次）		举办展览（个）		举办培训班（个）					供读者使用电子阅览室终端数	
				参加人次（万人次）		参加人次（万人次）		培训人次（万人次）					
（甲）		29	30	31	32	33	34	35	36	37	38	39	40
总　　计	A	6982.161	5258	89.981	2618	745.575	6769	39.479	3.902	1.698	11813	7551	87185275
其中:少儿图书馆	B	473.102	491	8.265	81	37.236	659	8.449	0.332	0.314	444	204	10114550
按隶属关系分	—	—	—	—	—	—	—	—	—	—	—	—	
中央	C												
省区市	D	167.629	188	3.063	68	46.524	120	0.871	0.389	0.005	811	472	19562972
地市	E	2020.017	1512	23.014	720	197.852	2644	17.896	0.529	0.259	2817	1726	49437914
县市区	F	4794.515	3558	63.903	1830	501.200	4005	20.713	2.983	1.434	8185	5353	18184389
县图书馆	G	1203.795	1618	32.550	680	180.837	1405	10.345	1.364	0.675	2685	1640	4662458

公共图书馆基本情况

		本年支出合计（千元）									资产总计（千元）		实际使用公用房屋	
		在支出合计中										固定资产原值		书库面积
		商品和服务支出			对个人和家庭补助支出		其他资本性支出							
								各种设备、交通工具、图书购置费						
		劳务费	福利费	各种税金支出		抚恤金和生活补助			新增藏量购置费	新增数字资源购置费				
（甲）		59	60	61	62	63	64	65	66	67	68	69	70	71
总　　计	A	44255	13287	1077	63859	1327	389883	273227	184837	31858	3477535	2752825	107.706	18.953
其中:少儿图书馆	B	3270	750	2	4816	24	8316	7050	6408	130	126363	94691	3.598	0.670
按隶属关系分	—	—	—	—	—	—	—	—	—	—	—	—	—	
中央	C													
省区市	D	1581	2618	64	6648	214	51198	44095	25807	13996	663962	549296	5.700	2.029
地市	E	13875	4631	113	24783	138	91097	80290	48655	12123	1172818	944914	27.906	4.943
县市区	F	28799	6038	900	32428	975	247588	148842	110375	5739	1640755	1258615	74.100	11.981
县图书馆	G	9142	2463	188	12849	313	49817	45504	31041	2169	454712	361321	18.900	4.140

综合年报(一)

				电子图书(万册)									总流通人次(万人次)	
缩微制品	其他	在藏量中			本馆自建	本馆外购	从其他机构免费共享	书架单层总长度(米)	本年新增藏量(万册)	本年新增电子图书(万册)	当年购买的报刊种类(种)	有效借书证数(个)		书刊文献外借人次
		开架书刊	少儿文献											
14	15	16	17	18	19	20	21	22	23	24	25	26	27	28
0.821	82.738	4684.337	1128.894	36170.059	261.444	32475.999	3432.617	858252	753.231	2626.607	84511	10405481	10846.508	2862.420
	27.045	265.398	106.697	128.993	0.075	108.786	20.132	21626	30.710	83.740	3280	270120	481.862	148.776
—	—	—	—	—	—	—	—	—	—	—	—	—	—	—
0.386	0.044	140.410	3.937	254.542	0.509	254.033		122923	32.955	79.724	8057	60833	458.265	46.321
0.009	15.991	1234.832	341.625	30060.652	9.607	29660.982	390.063	285618	169.553	2013.047	23096	2039619	2528.783	963.814
0.426	66.703	3309.095	783.332	5854.866	251.328	2560.984	3042.554	449711	550.723	533.835	53358	8305029	7859.459	1852.284
0.003	42.066	839.070	191.412	1325.063	103.079	742.016	479.968	145260	125.263	263.528	16602	1728163	1926.085	482.502

综合年报(二)

本年收入合计(千元)											本年支出合计(千元)						
	财政补贴收入					上级补助收入	事业收入	经营收入	附属单位上缴收入	其他收入		基本支出	项目支出	经营支出	在支出合计中		
		免费开放资金		基建拨款	购书专项经费										工资福利支出	商品和服务支出	
			中央资金														差旅费
41	42	43	44	45	46	47	48	49	50	51	52	53	54	55	56	57	58
1287322	1241413	45413	652	188500	197053	15384	7364	2141		21020	1291747	612005	667124	1699	443074	316093	4548
59228	54670	860		6599	3250				1308	56754	34852	21901		26546	16713	228	
—	—	—	—	—	—	—	—	—	—	—	—	—	—	—	—	—	—
129097	121066	2100		40790		4099	2141		1791	139673	67206	70768	1699	43974	36147	540	
422033	415219	8620	100	81011	62396	1200	833			4781	410521	195708	214813		142182	100877	1791
736192	705128	34693	552	107489	93867	14184	2432			14448	741553	349091	381543		256918	179069	2217
221225	208659	9374	112	7897	23706	7840	22			4704	231670	121160	100558		91353	63533	1055

综合年报(三)

建筑面积(万平方米)			实际拥有产权面积(万平方米)	阅览室座席数(个)			志愿者服务队伍数(个)	志愿者服务队伍人数(人)	图书馆延伸服务情况				文化创意产品情况			增加值(千元)
阅览室面积					少儿阅览室座席数	盲人阅览室座席数			流动图书车数(辆)	流动服务书刊借阅人次(万人次)	流动图书馆车书刊借阅册次(万册次)	分馆数量(个)	文化创意产品种类(个)	文化创意产品销售收入(千元)	文化创意产品销售利润(千元)	
	书刊阅览室面积	电子阅览室面积														
72	73	74	75	76	77	78	79	80	81	82	83	84	85	86	87	88
30.899	21.173	3.506	46.568	68536	16408	1259	644	35689	97	282.824	628.299	1259	154	45	18	674689
1.393	1.157	0.203	1.511	2835	1928	12	19	1978	5	18.772	55.652	134				39163
—	—	—	—	—	—	—	—	—	—	—	—	—	—	—	—	—
1.132	1.089	0.043	5.173	1500	38	44	4	770				23	14	42	17	76677
7.538	6.285	0.615	10.453	15334	4478	223	245	16122	16	77.974	152.976	315	24	3	1	223397
22.229	13.800	2.848	30.941	51702	11892	992	395	18797	81	204.850	475.323	921	116			374615
4.546	2.907	0.880	11.315	13951	3697	370	68	2244	25	64.437	176.136	238	5			130205

群众艺术馆、文化馆(站)基本

		机构数(个)	从业人员(人)	专业技术人才	正高级职称	副高级职称	中级职称	组织品牌节庆活动(个)	提供文化服务	文化服务惠及人次(万人次)	组织文艺活动次数(次)	为老年人组织专场	为未成年人组织专场	为残障人士组织专场	为农民工组织专场	组织文艺活动参加人次(万人次)	
(甲)		1	2	3	4	5	6	7	8	9	10	11	12	13	14	15	16
总　计	A	1472	7535	3948	134	349	717	520	177085	8662.541	91936	2304	955	392	1317	6920.903	66855
文化馆	B	101	2251	1850	134	349	717	520	50847	2156.571	19932	2304	955	392	1317	1439.194	23352
其中:省级	C	1	62	55	13	20	12	8	247	18.002	25	4	9	2		12.000	53
地级	D	11	431	391	45	84	135	69	10357	373.624	1790	90	74	36	48	196.534	7907
县级	E	89	1758	1404	76	245	570	443	40243	1764.945	18117	2210	872	354	1269	1230.660	15392
其中:县文化馆	F	34	672	542	24	97	229	191	11779	541.061	6465	515	288	120	284	431.927	3912
文化站	G	1371	5284	2098					126238	6505.970	72004					5481.709	43503
其中:乡镇文化站	H	964	3540	1504					71628	4921.070	41371					4233.941	23355

群众艺术馆、文化馆(站)基本

		本年收入合计(千元) 附属单位上缴收入	其他收入	本年支出合计(千元)	基本支出	项目支出	经营支出	在支出合计中 工资福利支出	商品和服务支出	差旅费	劳务费	福利费	各种税金支出	对个人和家庭补助支出	抚恤金和生活补助	
(甲)		34	35	36	37	38	39	40	41	42	43	44	45	46	47	48
总　计	A	2	156285	2317890	1208205	1019858		661680	295008	7430	61745	10661	942	70640	2931	30581
文化馆	B	2	19979	807498	510640	278237		353437	295008	7430	61745	10661	942	70640	2931	30581
其中:省级	C		822	24994	15785	9209		8727	3800		2138	278	6	2301	49	258
地级	D		2661	186165	102789	83376		71584	87333	1706	14009	2525	303	15022	182	6421
县级	E	2	16496	596339	392066	185652		273126	203875	5724	45598	7858	633	53317	2700	23902
其中:县文化馆	F		9079	221735	151723	64838		102138	78714	2512	18800	3147	7	21632	1332	9008
文化站	G		136306	1510392	697565	741621		308243								
其中:乡镇文化站	H		91388	948582	466040	430588		209297								

情况综合年报(一)

次数(次)-举办训练班班次(次)-培训人次(万人次)	次数(次)-举办训练班班次(次)-培训人次(万人次)-对业余文化队伍开展培训人次	次数(次)-举办展览个数(个)	次数(次)-举办展览个数(个)-参观人次(万人次)	次数(次)-组织公益性讲座次数(次)	次数(次)-组织公益性讲座次数(次)-参加人次(万人次)	计算机(台)	本单位受训人次(万人次)	本年收入合计(千元)	财政补贴收入	财政补贴收入-免费开放收入	财政补贴收入-免费开放收入-中央资金	财政补贴收入-基建拨款	财政补贴收入-业务活动专项经费	上级补助收入	事业收入	经营收入
17	18	19	20	21	22	23	24	25	26	27	28	29	30	31	32	33
439.985	203.428	13514	1249.710	4780	51.943	32297	17.299	2316129	2125124	143010	20228	5898	840973	10484	24234	
137.738	56.836	2783	527.696	4780	51.943	15484	2.091	815849	761150	21499	670	5898	227128	10484	24234	
1.237	0.235	9	3.300	160	1.465	8900		30762	29093				14433		847	
42.229	9.234	379	125.597	281	9.264	521	0.143	189426	183120	5781	484	3000	66372	420	3225	
94.272	47.367	2395	398.799	4339	41.214	6063	1.948	595661	548937	15718	186	2898	146323	10064	20162	
29.426	15.842	634	69.076	768	10.632	671	0.547	227421	213595	6989			55766	3424	1323	
302.247	146.592	10731	722.014			16813	15.208	1500280	1363974	121511	19558		613845			
181.150	84.391	6902	505.979			11079	7.430	953581	862193	92730	12918		400896			

情况综合年报(二)

他资性支出-各种设备、交通工具、图书购置费	资产总计(千元)	资产总计-固定资产原值	实际使用房屋建筑(万平方米)	实际使用房屋建筑-业务用房面积	实际拥有产权面积(万平方米)	流动舞台车演出情况-流动舞台车数量(辆)	流动舞台车演出情况-利用流动舞台车演出场次(场次)	流动舞台车演出情况-利用流动舞台车演出观众人次(万人次)	志愿者服务队伍数(个)	志愿者服务队伍人数(人)	由本馆指导的单位-馆办文艺团体(个)	馆办文艺团体-演出场次(场)	馆办文艺团体-观众人次(万人次)	馆办老年大学(个)	群众业余文艺团队(个)	群众业余文艺团队-观众业务团队人数(人)	文化创意产品情况-文化创意产品种类(个)	文化创意产品销售收入(千元)	文化创意产品销售利润(千元)	增加值(千元)
49	50	51	52	53	54	55	56	57	58	59	60	61	62	63	64	65	66	67	68	69
13027	5077678	4107634	420.876	320.002	232.535	28	1267	77.938	3566	85777	386	6267	373.816	21	36020	436435				967782
13027	738731	534454	64.893	42.300	34.152	28	1267	77.938	3566	85777	386	6267	373.816	21	8631	436435				516635
	40946	19227	0.826	0.642					1	700										14329
2037	272074	210153	13.530	8.591	13.370	1	119	7.000	57	2258	66	1026	63.875	3	446	138608				111798
0990	425711	305074	50.537	33.067	20.782	27	1148	70.938	3508	82819	320	5241	309.941	18	8185	297827				390508
5816	173965	113260	19.473	12.408	10.732	18	887	52.420	2787	62838	123	2129	111.803	11	4073	131398				149153
	4338947	3573180	355.983	277.702	198.383										27389					451147
	3218436	2663220	248.334	199.663	150.398										17724					315805

文化站基本情况

		机构数（个）	从业人员（人）				提供文化服务次数（次）						
				专职人员	在编人员	专业技术人员		文化服务惠及人次（万人次）	组织文艺活动次数（次）	参加人次（万人次）	举办训练班班次（次）	培训人次（万人次）	对业余文化队伍开展培训人次
（甲）		1	2	3	4	5	6	7	8	9	10	11	12
总　计	A	1371	5284	3548	2899	2098	126238	6505.970	72004	5481.709	43503	302.247	146.592
乡镇文化站	B	964	3540	2384	2016	1504	71628	4921.070	41371	4233.941	23355	181.150	84.391
街道文化站	C	407	1744	1164	883	594	54610	1584.899	30633	1247.767	20148	121.097	62.201

文化站基本情况

		本年收入合计（千元） 财政补贴收入 业务活动专项经费	本年支出合计（千元）				资产总计（千元）		实际使用房屋建筑面积（万平方米）		实际拥有产权面积（万平方米）	本站指导群众业余文艺团队（支）
				基本支出	项目支出	工资福利支出		固定资产原值		文化活动用房面积		
（甲）		22	23	24	25	26	27	28	29	30	31	32
总　计	A	613845	1510392	697565	741621	308243	4338947	3573180	355.983	277.702	198.383	27389
乡镇文化站	B	400896	948582	466040	430588	209297	3218436	2663220	248.334	199.663	150.398	17724
街道文化站	C	212949	561810	231525	311033	98946	1120511	909960	107.649	78.039	47.986	9665

综合年报(一)

举办展览个数(个)	参观人次(万人次)	藏书(万册)	计算机(台)	本单位受训人次(万人次)	本年收入合计(千元)	财政补贴收入	免费开放基金	中央资金
13	14	15	16	17	18	19	20	21
10731	722.014	2410.924	16813	15.208	1500280	1363974	121511	19558
6902	505.979	1632.019	11079	7.430	953581	862193	92730	12918
3829	216.035	778.905	5734	7.778	546699	501781	28781	6640

综合年报(二)

志愿者服务队伍个数(个)	志愿者服务队伍人数(人)	辖区内社区综合文化服务中心	社区综合文化服务中心面积(万平方米)	室内面积	辖区内村综合文化服务中心	村综合文化服务中心面积(万平方米)	室内面积	增加值(千元)
33	34	35	36	37	38	39	40	41
23931	341625	16428	1117.864	209.764	34234	2604.814	763.187	451147
15303	213543	8645	290.335	81.422	25366	1829.881	559.358	315805
8628	128082	7783	827.529	128.342	8868	774.933	203.829	135342

文化部门教育机构基本

		机构数（个）	从业人员（人）						毕业生数（人）			
				双师型		专业技术人才					中职生人数	
						正高级职称	副高级职称	中级职称			升学人数	就业人数
（甲）		1	2	3	4	5	6	7	8	9	10	11
总　　计	A	6	1269	310	839	85	208	330	2033	733	415	109
本科以上艺术学校	B	2	944	274	616	70	167	237	1523	253	251	2
高等职业学院	C	4	325	36	223	15	41	93	510	480	164	107
中等专业学校	D											
文化干部院校	E											
其他教育机构	F											

文化部门教育机构基本

		本年收入合计（千元）					本年支出合计（千元）					
		上级补助收入	事业收入	经营收入	附属单位上缴收入	其他收入		基本支出	项目支出	经营支出	在支出	
											工资福利支出	商品
（甲）		30	31	32	33	34	35	36	37	38	39	40
总　　计	A		80992	367		14939	564591	354154	210123	50	213273	192047
本科以上艺术学校	B		72542			14126	481877	296541	185336		170275	166904
高等职业学院	C		8450	367		813	82714	57613	24787	50	42998	25143
中等专业学校	D											
文化干部院校	E											
其他教育机构	F											

情况综合年报(一)

高职生人数			招生数(人)			在校生数(人)								在校生中高职生人数(人)	本年收入合计(千元)		
	升学人数	就业人数		中职生	高职生		影视类	戏剧戏曲类	音乐类	舞蹈类	美术设计类	杂技曲艺类	其他			财政补贴收入	基建拨款
12	13	14	15	16	17	18	19	20	21	22	23	24	25	26	27	28	29
1045	86	911	2685	645	1045	8475	436	516	3972	1300	940	15	1296	2654	504635	408337	
1015	86	911	2098	329	1045	6173	374	174	3271	775	686	15	878	2588	422144	335476	
30			587	316		2302	62	342	701	525	254		418	66	82491	72861	

情况综合年报(二)

合计中								资产总计(千元)		实际使用房屋建筑面积(万平方米)		实际拥有产权面积(万平方米)	增加值(千元)
和服务支出				对个人和家庭补助支出		其他资本性支出							
差旅费	劳务费	福利费	各种税金支出		抚恤金和生活补助		各种设备、交通工具、图书购置费		固定资产原值		教学用房面积		
41	42	43	44	45	46	47	48	49	50	51	52	53	54
5887	37551	7909	12	49404	1626	108952	93452	786308	635395	64.378	38.451	55.550	332492
5089	30723	6402	12	41098	1595	103600	90439	631291	576011	48.162	26.842	44.669	270281
798	6828	1507		8306	31	5352	3013	155017	59384	16.215	11.609	10.881	62211

文化艺术科研机构基本

		机构数（个）	从业人员（人）					本年完成科研项目（个）				本年度科研项目获奖情况（个）		
				专业技术人才										
					正高级职称	副高级职称	中级职称		国家级	省级	文化科研项目		获国家级奖	获省部级奖
（甲）		1	2	3	4	5	6	7	8	9	10	11	12	13
总　　计	A	7	153	108	23	19	28	9		3	6	2		2
按行业分	—	—	—	—	—	—	—	—	—	—	—	—	—	—
文化科技研究	B	4	100	67	14	7	20	5		1	4			
综合性艺术研究	C	2	32	31	8	9	5	4		2	2	2		2
地方戏艺术研究	D	1	21	10	1	3	3							
其他科研机构	E													
按经费来源分	—	—	—	—	—	—	—	—	—	—	—	—	—	—
科研经费	F	1	7	7	2	2	1							
文化经费	G	5	76	59	13	17	14	9		3	6	2		2
其他经费	H	1	70	42	8		13							
按隶属关系分	—	—	—	—	—	—	—	—	—	—	—	—	—	—
中央	I													
省级	J	2	95	66	14	7	17	4		2	2	2		2
地级	K	5	58	42	9	12	11	5		1	4			
县级	L													
按部门分	—	—	—	—	—	—	—	—	—	—	—	—	—	—
文化部门	M	7	153	108	23	19	28	9		3	6	2		2
其他部门	N													

情况综合年报(一)

本单位拥有知识产权数量(个)	主导技术标准数量(个)	所办刊物(种)	申请专利数(个)	论文及资料		本年收入合计(千元)							
				专著数(册)	论文数(省级及以上刊物公开发表)(篇)		财政补贴收入		上级补助收入	事业收入	经营收入	附属单位上缴收入	其他收入
								基建拨款					
14	15	16	17	18	19	20	21	22	23	24	25	26	27
		6		7	23	107528	55197	10917	1460	2410	47179		1282
—	—	—	—	—	—	—	—	—	—	—	—	—	—
		5		3	3	83459	35946	10917			47179		334
		1		3	20	13269	12321						948
				1		10800	6930		1460	2410			
—	—	—	—	—	—	—	—	—	—	—	—	—	—
						3042	2788						254
		6		7	23	53083	48459	10917	1460	2410			754
						51403	3950				47179		274
—	—	—	—	—	—	—	—	—	—	—	—	—	—
		1		3	20	61630	13483				47179		968
		5		4	3	45898	41714	10917	1460	2410			314
—	—	—	—	—	—	—	—	—	—	—	—	—	—
		6		7	23	107528	55197	10917	1460	2410	47179		1282

文化艺术科研机构基本

		本年支出合计（千元）									
			基本支出	项目支出	经营支出	在支出合计中					
						工资福利支出		商品和服务支出			
								差旅费	劳务费	福利费	各种税金支出
（甲）		28	29	30	31	32	33	34	35	36	37
总　计	A	105376	32618	25359	47399	24567	56248	1304	5161	404	2315
按行业分	—	—	—	—	—	—	—	—	—	—	—
文化科技研究	B	83387	21763	14225	47399	18020	44671	1080	1803	227	2303
综合性艺术研究	C	13314	8574	4740		5423	5673	154	1174	142	12
地方戏艺术研究	D	8675	2281	6394		1124	5904	70	2184	35	
其他科研机构	E										
按经费来源分	—	—	—	—	—	—	—	—	—	—	—
科研经费	F	3042	1901	1141		1248	1335	18	336		
文化经费	G	50985	27267	23718		17985	13790	348	3481	404	12
其他经费	H	51349	3450	500	47399	5334	41123	938	1344		2303
按隶属关系分	—	—	—	—	—	—	—	—	—	—	—
中央	I										
省级	J	61621	10123	4099	47399	9509	45461	1074	2182	142	2315
地级	K	43755	22495	21260		15058	10787	230	2979	262	
县级	L										
按部门分	—	—	—	—	—	—	—	—	—	—	—
文化部门	M	105376	32618	25359	47399	24567	56248	1304	5161	404	2315
其他部门	N										

情况综合年报（二）

对个人和家庭补助支出		其他资本性支出		资产总计（千元）		实际使用房屋建筑面积（万平方米）		实际拥有产权面积（万平方米）	增加值（千元）
	抚恤金和生活补助		各种设备、交通工具、图书购置费		固定资产原值		科研房屋面积		
38	39	40	41	42	43	44	45	46	47
10527	412	1982	1444	324692	54789	0.923	0.166	2.790	45361
—	—	—	—	—	—	—	—	—	—
8246	20	1525	1444	315804	52025	0.792	0.036	2.790	32779
2153	392	65		5765	1946	0.079	0.079		8600
128		392		3123	818	0.052	0.052		3982
—	—	—	—	—	—	—	—	—	—
459				336	109				2049
6618	392	540	2	178953	3944	0.221	0.163		28762
3450	20	1442	1442	145403	50736	0.702	0.003	2.790	14550
—	—	—	—	—	—	—	—	—	—
5144	412	1507	1442	150832	52573	0.781	0.082	2.790	21101
5383		475	2	173860	2216	0.142	0.085		24260
—	—	—	—	—	—	—	—	—	—
10527	412	1982	1444	324692	54789	0.923	0.166	2.790	45361

文化市场经营机构基本

		机构数（个）	从业人员（人）	资产总计（千元）	营业收入
（甲）		1	2	3	4
总　计	A	17505	158325	86667979	72441125
按城乡分	—	—	—	—	—
城市	B	5744	53801	57811291	45686759
县城	C	7108	84535	22399405	12755460
县以下	D	4653	19989	6457283	13998906
按经营范围分	—	—	—	—	—
娱乐场所	E	4787	53599	9376608	6530783
互联网上网服务营业场所(网吧)	F	8736	24790	4452855	2966339
非公有制艺术表演团体	G	1355	39283	10787772	4675945
非公有制艺术表演场馆	H	290	5483	1919035	1114225
经营性互联网文化单位	I	1402	29715	38000119	53829944
艺术品经营机构	J	608	1893	16583989	501304
演出经纪机构	K	327	3562	5547601	2822585

娱乐场所基本

		机构数（个）	从业人员（人）	资产总计（千元）	营业收入
（甲）		1	2	3	4
总　计	A	4787	53599	9376608	6530783
按城乡分	—	—	—	—	—
城市	B	1594	16606	2905794	2270061
县城	C	1983	26706	4837584	3258263
县以下	D	1210	10287	1633230	1002459
按经营类别分	—	—	—	—	—
歌舞娱乐场所	H	3600	50941	8853482	6279182
游艺娱乐场所	I	1164	2562	516476	248571
其他	J	23	96	6650	3030

互联网上网服务营业场所(网吧)

		机构数（个）	从业人员（人）	资产总计（千元）	营业收入
（甲）		1	2	3	4
总　计	A	8736	24790	4452855	2966339
按城乡分	—	—	—	—	—
城市	B	2452	6714	1196428	805526
县城	C	2975	9409	1775318	1140559
县以下	D	3309	8667	1481109	1020254

情况综合年报(总表)

损益(千元)					增加值(千元)
营业成本				营业利润	
	养老、医疗、失业等保险费	本年发放工资总额	本年应交税金		
5	6	7	8	9	10
57890232	1936809	12418268	2641215	14550911	68556200
—	—	—	—	—	—
39105771	424594	3659088	1406810	6580988	41815922
9788996	250117	3029742	946611	2966471	11463383
8995465	1262098	5729438	287794	5003452	15276895
—	—	—	—	—	—
5466812	184583	1882339	281240	1063974	3490819
2348775	72269	919656	77619	617568	1740793
3099206	67080	1272735	633768	1576746	6269447
1000913	21679	194192	48258	113314	430015
43166473	1542348	7738624	1381439	10663474	53206283
403658	11043	64989	16854	97645	212718
2404395	37807	345733	202037	418190	3206125

情况综合年报

损益(千元)					游戏游艺设备数量(个)	游戏游艺设备进出口数量(个)	增加值(千元)
营业成本				营业利润			
	养老、医疗、失业等保险费	本年发放工资总额	本年应交税金				
5	6	7	8	9	10	11	12
5466812	184583	1882339	281240	1063974	46145	870	3490819
—	—	—	—	—	—	—	—
1912619	65104	554961	104963	357437	20673	415	1125399
2724854	92329	1007852	134248	533413	18069	269	1794458
829339	27150	319526	42029	173124	7403	186	570962
—	—	—	—	—	—	—	—
5262800	176290	1807184	273425	1016380	5050	308	3345961
201462	8263	74487	7791	47114	41038	562	143566
2550	30	668	24	480	57		1292

基本情况综合年报

损益(千元)					终端数量(个)	经营面积(万平方米)	本年新增投入(千元)	增加值(千元)
营业成本				营业利润				
	养老、医疗、失业等保险费	本年发放工资总额	本年应交税金					
5	6	7	8	9	10	11	12	13
2348775	72269	919656	77619	617568	231.489	757347	244500	1740793
—	—	—	—	—	—	—	—	—
660600	18143	252141	13246	144930	68.476	229840	64710	452650
901577	30333	342350	32044	238974	87.939	278510	108570	659662
786598	23793	325165	32329	233664	75.074	248997	71220	628481

非公有制艺术表演团体基本

		机构数(个)		从业人员(人)			国内演出场次(万场次)		国外演出场次(万场)	国内演出观众人次(万人次)		国外演出观众人次(万人次)		
			补贴团数		专业技术人才	演员数		农村演出场次			农村观众人次			企业赞助收入
(甲)		1	2	3	4	5	6	7	8	9	10	11	12	13
总　　计	A	1355	220	39283	10114	27466	35.867	22.261	4.949	19656.038	15459.491		4675945	7672
按登记注册类型分	—	—	—	—	—	—	—	—	—	—	—	—	—	—
国有	B													
集体	C													
其他	D	1355	220	39283	10114	27466	35.867	22.261	4.949	19656.038	15459.491		4675945	7672
按隶属关系分	—	—	—	—	—	—	—	—	—	—	—	—	—	—
中央	E													
省区市	F													
地市	G													
县市区	H	1355	220	39283	10114	27466	35.867	22.261	4.949	19656.038	15459.491		4675945	7672
按管理部门分	—	—	—	—	—	—	—	—	—	—	—	—	—	—
文化部门	I													
其他部门	J	1355	220	39283	10114	27466	35.867	22.261	4.949	19656.038	15459.491		4675945	7672
按剧种分	—	—	—	—	—	—	—	—	—	—	—	—	—	—
话剧、儿童剧、滑稽剧类	K	176	21	3701	1150	2723	2.213	1.768	0.007	1018.670	812.821		142434	1192
其中：儿童剧团	L	1		47	35	13	0.003	0.001		0.150	0.030		2900	
歌舞、音乐类	M	108	13	2794	827	2104	1.621	1.168	0.005	786.857	575.445		255640	335
京剧、昆曲类	N	31	7	1173	220	990	1.206	1.151	0.003	1152.205	1071.275		56189	
其中：京剧	O	29	7	1123	203	954	1.177	1.126	0.003	1118.485	1041.555		54639	
地方戏曲类	P	679	100	20977	4726	14665	16.446	15.698	3.650	12200.917	11576.771		1031790	3512
杂技、魔术、马戏类	Q	9	2	242	26	149	0.037	0.032	0.002	18.752	18.451		2959	140
曲艺类	R	102	17	1772	426	1265	1.665	0.948	1.250	540.964	394.804		38812	20
乌兰牧骑	S													
综合性艺术表演团体	T	250	60	8624	2739	5570	12.679	1.496	0.032	3937.673	1009.924		3148121	2473
按城乡分	—	—	—	—	—	—	—	—	—	—	—	—	—	—
城市	U													
县城	V	1355	220	39283	10114	27466	35.867	22.261	4.949	19656.038	15459.491		4675945	7672
县以下	W													

情况年报

经营情况(千元)：营业收入	营业收入：演出收入：农村演出收入	营业收入：演出收入：城市演出收入	营业收入：演出收入：国外演出收入	营业成本	营业成本：养老、医疗、失业等各种社会保险费	营业成本：本年发放工资总额	营业成本：本年应交税金总额	营业利润	营业利润：国外演出利润	营业外收入	营业外收入：政府补贴	资产总计(千元)	实际使用房屋建筑面积(万平方米)	增加值(千元)
14	15	16	17	18	19	20	21	22	23	24	25	26	27	28
4369336	1247466	3094851	8310	3099206	67080	1272735	633768	1576746	1730	86764	50005	10787772	62.991	6269447
—	—	—	—	—	—	—	—	—	—	—	—	—	—	—
4369336	1247466	3094851	8310	3099206	67080	1272735	633768	1576746	1730	86764	50005	10787772	62.991	6269447
—	—	—	—	—	—	—	—	—	—	—	—	—	—	—
4369336	1247466	3094851	8310	3099206	67080	1272735	633768	1576746	1730	86764	50005	10787772	62.991	6269447
—	—	—	—	—	—	—	—	—	—	—	—	—	—	—
4369336	1247466	3094851	8310	3099206	67080	1272735	633768	1576746	1730	86764	50005	10787772	62.991	6269447
—	—	—	—	—	—	—	—	—	—	—	—	—	—	—
121935	75431	43973	630	109151	7134	65098	3730	33283	580	16719	1614	144770	5.402	160888
2000	500	1500		1500	650	750	100	1400		900		5000	0.058	3650
252364	44131	205332	840	139486	7677	58997	46458	116154		7450	3247	318740	11.093	353335
56162	50370	5770		48009	678	39626	654	8180		765	765	20902	0.562	54457
54612	49112	5480		46749	528	38926	534	7890		765	765	20417	0.545	52757
1018943	948327	56052	4000	889928	17063	729062	8924	141863	450	24684	14907	463329	24.919	967043
2377	1608	252	480	2291	154	2082	46	669	60	582	57	2293	0.142	3177
37682	30916	6624		32513	344	24355	395	6299		2116	2010	1032963	1.490	39481
2879873	96683	2776848	2360	1877828	34030	353515	573561	1270298	640	34448	27405	8804775	19.383	4691066
—	—	—	—	—	—	—	—	—	—	—	—	—	—	—
4369336	1247466	3094851	8310	3099206	67080	1272735	633768	1576746	1730	86764	50005	10787772	62.991	6269447

非公有制艺术表演场馆

		机构数（个）	从业人员（人）		座席数（个）	演（映）出场次合计（万场）			观众人次合计（万人次）			
				专业技术人才			艺术演出场次			艺术演出观众人次	营业收入	
								惠民演出场次				艺术演出收入
（甲）		1	2	3	4	5	6	7	8	9	10	11
总　　计	A	290	5483	1258	76688	5.602	3.672	0.143	1001.310		1114225	154249
其中：附属剧场	B	150	1986	327	38931	3.582	2.740	0.065	316.996		297472	72462
儿童剧场	C	196	5184	1225	55151	5.507	3.589	0.126	989.878		1066682	143306
按登记注册类型分	—	—	—	—	—	—	—	—	—	—	—	—
国有	D											
集体	E											
其他	F	290	5483	1258	76688	5.602	3.672	0.143	1001.310		1114225	154249
按管理部门分	—	—	—	—	—	—	—	—	—	—	—	—
文化部门	G											
其他部门	H	290	5483	1258	76688	5.602	3.672	0.143	1001.310		1114225	154249
按机构类型分	—	—	—	—	—	—	—	—	—	—	—	—
剧场	I	90	1996	647	34568	1.505	0.569	0.049	280.397		241767	71896
影剧院	J	7	116	29	3838	0.043	0.018	0.005	11.027		26863	1183
书场、曲艺场	K	2	7	3	250	0.035	0.033	0.003	2.400		169	157
杂技、马戏场	L											
音乐厅	M	12	368	123	1730	1.497	1.342	0.002	42.480		21485	2653
综合性	N	45	1503	243	16954	1.309	0.783	0.071	236.521		686286	34628
其他艺术表演场馆	O	134	1493	213	19348	1.213	0.927	0.013	428.485		137655	43732
按隶属关系分	—	—	—	—	—	—	—	—	—	—	—	—
中央	P											
省区市	Q											
地市	R											
县市区及以下	S	290	5483	1258	76688	5.602	3.672	0.143	1001.310		1114225	154249

基本情况年报

经营情况（千元）							资产总计（千元）	实际使用房屋建筑面积（万平方米）		增加值（千元）
营业成本				营业利润	营业外收入					
	养老、医疗、失业等各种社会保险费	本年发放工资总额	本年应交税金总额			政府补贴			演（映）出业务用房	
12	13	14	15	16	17	18	19	20	21	22
1000913	21679	194192	48258	113314	94855	26087	1919035	54.390	22.228	430015
291991	7045	63006	16345	5482	8984	140	1201761	23.009	5.017	119637
947487	19964	180096	46879	119196	83885	26087	1836768	36.495	18.497	408807
—	—	—	—	—	—	—	—	—	—	—
1000913	21679	194192	48258	113314	94855	26087	1919035	54.390	22.228	430015
—	—	—	—	—	—	—	—	—	—	—
1000913	21679	194192	48258	113314	94855	26087	1919035	54.390	22.228	430015
—	—	—	—	—	—	—	—	—	—	—
204540	8163	69182	12205	37228	34814	21344	496844	28.023	11.509	149160
20867	1026	6623	1529	5996	5457	4157	15569	3.448	3.263	17210
264	2	83		−95	12		1647	0.078	0.048	85
16616	810	7302	840	4869	2000		24034	1.488	1.093	14221
651120	8179	63211	29255	35165	7016	489	1216766	7.435	2.970	161999
107506	3499	47791	4429	30151	45556	97	164175	13.918	3.345	87340
—	—	—	—	—	—	—	—	—	—	—
1000913	21679	194192	48258	113314	94855	26087	1919035	54.390	22.228	430015

经营性互联网文化单位基本

					损益								
		机构数（个）	从业人员（人）	资产总计（千元）	营业收入						营业		
						网络游戏	网络音乐	网络动漫	网络表演	其他		养老、医疗、失业等保险费	住房公积金和住房补贴
（甲）		1	2	3	4	5	6	7	8	9	10	11	12
总　　计	A	1402	29715	38000119	53829944	37715394	309030	329030	2743190	9704773	43166473	1542348	158910
按城乡分	—	—	—	—	—	—	—	—	—	—	—	—	—
城市	B	1112	26378	34392591	40203856	25187771	308865	311400	2742100	9291885	34432770	304894	151326
县城	C	218	2643	2307326	2350621	1487025		17630	1000	179990	1876191	33470	6332
县以下	D	72	694	1300202	11275467	11040598	165		90	232898	6857512	1203984	1252
按经营类别分	—	—	—	—	—	—	—	—	—	—	—	—	—
网络游戏	E	1187	22350	30960169	44814751	37598507	14646	189004	124870	5121150	35136511	1450347	120477
网络音乐	F	36	1105	1138135	1082076	4329	290872	1430	383480	343365	897234	11668	4146
网络动漫	G	37	1135	1796362	1133788	51971	3477	138507		766611	974611	15871	6023
网络表演	H	27	1318	1008185	2931824				2200300	520997	2547862	11433	3287
其他	I	115	3807	3097268	3867505	60587	35	89	34540	2952650	3610255	53029	24977

经营性互联网文化单位基本

		知识产权（种）				注册用户数（个）		网络游戏数		
			拥有自主知识产权网络游戏作品数（件）	拥有自主知识产权网络音乐作品数（件）	拥有自主知识产权网络动漫作品数（件）				国产网络游戏作品数（件）	进口网络游戏作品数（件）
（甲）		23	24	25	26	27	28	29	30	31
总　　计	A	4538262	5504	4529924	610	11582953628	48045651	37352	36820	103
按城乡分	—	—	—	—	—	—		—	—	—
城市	B	4537527	5115	4529920	454	9444435056	47678509	7856	7395	46
县城	C	515	201	3	155	2135325772	316840	1613	1567	37
县以下	D	220	188	1	1	3192800	50302	27883	27858	20
按经营类别分	—	—	—	—	—	—		—	—	—
网络游戏	E	6668	5335	21	37	7180323516	89012	37200	36672	103
网络音乐	F	4530090		4529900		516372802	30934230	3	3	
网络动漫	G	753	62	3	572	2966087762	35085	72	72	
网络表演	H	120	4			275414835	8564890			
其他	I	631	103		1	644754713	8422434	77	73	

情况综合年报(一)

(千元)						工资、福利费、税金(千元)			经营面积(万平方米)
成本		营业利润	营业外收入		利润总额	本年发放工资总额	本年支付的职工福利费	本年应交税金总额	
差旅费	工会经费			政府补助					
13	14	15	16	17	18	19	20	21	22
363005	35137	10663474	315471	212147		7738624	173520	1381439	48.122
	—	—	—	—	—	—	—	—	—
116345	14022	5771088	295168	203597		2534237	163464	1183191	41.861
5732	820	474431	19149	7427		172279	8595	92676	4.902
240928	20295	4417955	1154	1123		5032108	1461	105572	1.359
	—	—	—	—	—	—	—	—	—
331229	28980	9678243	218150	149168		7061485	124321	1143455	38.716
7523	655	184843	13214	9009		112659	14486	41653	1.424
6050	1312	159178	12698	12226		108410	8178	55764	1.568
3851	4	383963	10059	8694		113230	5864	61311	1.254
14352	4186	257247	61350	33050		342840	20671	79256	5.161

情况综合年报(二)

运营网络文化产品数(个)									出口情况		增加值(千元)
网络音乐数			网络动漫数			网络表演主播数					
	国产网络音乐作品数(件)	进口网络音乐作品数(件)		国产网络漫画作品数(件)	进口网络动画作品数(件)		国内网络主播数(个)	国外网络主播数(个)	出口额(千元)	出口网络文化产品数量(个)	
32	33	34	35	36	37	38	39	40	41	42	43
30973914	14487514	16466366	16909	16529	299	16996336	16996333	1	181458	3243	53206283
—	—	—	—	—	—	—	—	—	—	—	—
30951469	14465097	16466366	16718	16362	276	16681342	16681342		69817	3221	37764988
28			190	167	23	314994	314991	1	107081	20	2104099
22417	22417		1						4560	2	13337196
—	—	—	—	—	—	—	—	—	—	—	—
50199	31278	18920	179	169		664	664		179617	3231	44260772
30923405	14455931	16447444	2	2		10814	10814				1052842
18	18		16269	15902	299				1841	12	1125734
			1			8564885	8564883				2691143
292	287	2	458	456		8419973	8419972	1			4075792

艺术品经营机构基本

		机构数(个)	从业人员(人)	资产总计(千元)	损益(千元)						
					营业收入	营业成本					营业利润
							养老、医疗、失业等保险费	住房公积金和住房补贴	差旅费	工会经费	
(甲)		1	2	3	4	5	6	7	8	9	10
总　　计	A	608	1893	16583989	501304	403658	11043	7183	4151	778	97645
按城乡分	—	—	—	—	—	—	—	—	—	—	—
城市	B	338	1170	16224947	384396	316017	6372	1838	3079	471	68376
县城	C	227	527	255136	81204	61080	1876	1607	963	307	20126
县以下	D	43	196	103906	35704	26561	2795	3738	109		9143
按经营类别分	—	—	—	—	—	—	—	—	—	—	—
画廊	E	263	626	15768594	219398	189672	4986	4072	1142	108	29727
画店	F	192	503	204446	83689	63982	2888	1010	839	311	19708
艺术品拍卖企业	G	9	186	57029	13876	5924	276	76	140		7952
艺术品展览机构	H	80	290	212715	36960	30787	926	307	911	149	6170
艺术品电商平台企业	I	47	228	207404	63759	34664	1677	1564	818	150	29095
文化产权交易所	J	11	11	11	11	11	11	11	11	11	11
艺术品鉴定机构	K	3	3	3	3	3	3	3	3	3	3
艺术品评估机构	L										
艺术品进出口经营单位	M	3	3	3	3	3	3	3	3	3	3

演出经纪机构基本

		机构数(个)	从业人员(人)		资产总计(千元)	损益(千元)						
				演出经纪人员		营业收入	营业成本					营业利润
								养老、医疗、失业等保险费	住房公积金和住房补贴	差旅费	工会经费	
(甲)		1	2	3	4	5	6	7	8	9	10	11
总　　计	A	327	3562	738	5547601	2822585	2404395	37807				418190
按城乡分	—	—	—		—	—	—	—	—	—	—	—
城市	B	248	2933	538	3091531	2022920	1783765	30081				239157
县城	C	60	484	133	517234	134643	125175	3350				9467
县以下	D	19	145	67	1938836	665022	495455	4376				169566

情况综合年报

工资、福利费、税金(千元)			经营面积(万平方米)	拍卖情况						增加值(千元)
本年发放工资总额	本年支付的职工福利费	本年应交税金总额		交易量(件)	交易金额(千元)	结算数量(件)	结算金额(千元)	展览/预展场次(次)	艺术活动数量(次)	
11	12	13	14	15	16	17	18	19	20	21
64989	4422	16854	10.833	13763	5103496	7670	5073993	1144	693	212718
—	—	—	—	—	—	—	—	—	—	—
43687	2358	14582	6.553	10257	5071525	5494	5045586	799	460	145820
14183	881	1647	2.413	2352	20240	1206	16927	137	102	41559
7119	1183	625	1.867	1154	11731	970	11480	208	131	25339
—	—	—	—	—	—	—	—	—	—	—
22773	2152	7133	4.263	7720	5043899	2371	5040085	512	409	74658
17076	823	2269	3.047	2474	21326	1971	17436	232	48	46089
2186	89	1340	0.150					210		12327
8699	736	986	1.699	2839	33056	2610	11607	163	175	19398
10275	364	3882	1.134	462	2460	455	2190	17	51	49028
11	11	11	0.469	11	11	11	11	11	11	11
3	3	3	0.030	3	3	3	3	3	3	3
3	3	3	0.041	3	3	3	3	3	3	3

情况综合年报

工资、福利费、税金(千元)			演出项目数(个)				演出场次(万场)		经营面积(万平方米)	增加值(千元)
本年发放工资总额	本年支付的职工福利费	本年应交税金总额		涉外项目	港澳台项目	内地项目		观众人次(万人次)		
12	13	14	15	16	17	18	19	20	21	22
345733		202037					1	1379	44	3206125
—	—	—	—	—	—	—	—	—	—	—
274062		90828					1	401	35	2327065
26151		3970						381	9	164143
45520		107239						597		714917

艺术展览创作机构基本

		机构数（个）	从业人员（人）					藏品						
				专业技术人才					文物藏品数	非文物				
					正高级职称	副高级职称	中级职称				国画	油画	版画	雕塑
（甲）		1	2	3	4	5	6	7	8	9	10	11	12	13
总　　计	A	11	142	89	6	15	35	29209		29209	15408	924	4187	424
其中:免费开放	B	11	142	89	6	15	35	29209		29209	15408	924	4187	424
按登记注册类型分	—	—	—	—	—	—	—	—	—	—	—	—	—	—
国有	C	8	132	84	6	14	31	28866		28866	15067	924	4187	424
集体	D													
其他	E	3	10	5		1	4	343		343	341			
按隶属关系分	—	—	—	—	—	—	—	—	—	—	—	—	—	—
中央	F													
省区市	G	1	58	55	3	8	19	23261		23261	13705	581	3444	416
地市	H	4	63	25	2	6	10	5212		5212	1133	337	743	8
县市区	I	6	21	9	1	1	6	736		736	570	6		
按部门分	—	—	—	—	—	—	—	—	—	—	—	—	—	—
文化部门	J	10	128	86	6	13	34	29190		29190	15402	924	4187	424
其他部门	K	1	14	3		2	1	19		19	6			
按机构类型分	—	—	—	—	—	—	—	—	—	—	—	—	—	—
美术馆	L	5	110	77	5	10	31	28233		28233	14947	883	4152	424
画院	M	3	18	5		3	2	204		204	191			
美术馆（画院）	N	3	14	7	1	2	2	772		772	270	41	35	
剧目创作室	O													

情况综合年报(一)

(件/套) 藏品数 水粉、水彩	设计	连环画、漫画	民间艺术	书法	摄影、多媒体	漆艺	陶艺	其他	年度展览总量(个)	自主办展数量	参观人次(万人次)	未成年人参观人次	学术成果 专著或图录(册)	论文数(篇)	学术活动(次)
14	15	16	17	18	19	20	21	22	23	24	25	26	27	28	29
840	1092	397	1043	2940	859	4	34	1052	151	93	118.651	16.902	7	3	21
840	1092	397	1043	2940	859	4	34	1052	151	93	118.651	16.902	7	3	21
—	—	—	—	—	—	—	—	—	—	—	—	—	—	—	—
840	1092	397	1043	2938	859	4	34	1052	131	73	110.151	15.902	6	3	18
				2					20	20	8.500	1.000	1		3
—	—	—	—	—	—	—	—	—	—	—	—	—	—	—	—
648	42	364	714	1965	536			846	48	24	55.000	9.000			
190	1050	33	329	821	323	4	33	206	65	31	49.251	4.702	4	3	15
2				154			1		38	38	14.400	3.200	3		6
—	—	—	—	—	—	—	—	—	—	—	—	—	—	—	—
840	1092	397	1040	2930	859	4	34	1052	151	93	118.651	16.902	7	3	15
			3	10											6
—	—	—	—	—	—	—	—	—	—	—	—	—	—	—	—
823	1092	396	1040	2527	859		33	1052	129	71	107.351	12.952	4	3	10
			3	10									1		9
17		1		403		4	1		22	22	11.300	3.950	2		2

艺术展览创作机构基本

		本年收入合计(千元)												
			财政补贴收入					上级补助收入	事业收入	经营收入	附属单位上缴收入	其他收入		基本支出
				免费开放	中央资金	基建拨款	收藏专项经费							
(甲)		30	31	32	33	34	35	36	37	38	39	40	41	42
总　　计	A	85205	74921	12615			9241	100	8821			1363	86352	38448
其中:免费开放	B	85205	74921	12615			9241	100	8821			1363	86352	38448
按登记注册类型分	—	—	—	—	—	—	—	—	—	—		—	—	—
国有	C	83049	73635	12615			9241		8051			1363	84585	37629
集体	D													
其他	E	2156	1286					100	770				1767	819
按隶属关系分	—	—	—	—	—	—	—	—	—	—	—	—	—	—
中央	F													
省区市	G	46798	41395	10762			5540		4258			1145	49205	29229
地市	H	35021	31010	1853			3701		3793			218	34185	8187
县市区	I	3386	2516					100	770				2962	1032
按部门分	—	—	—	—	—	—	—	—	—	—	—			—
文化部门	J	81828	71545	12615			8540	100	8821			1362	82666	37565
其他部门	K	3377	3376				701					1	3686	883
按机构类型分	—	—	—	—	—	—	—	—	—	—	—	—	—	—
美术馆	L	75617	65544	12615			8540		8741			1332	76854	35306
画院	M	3979	3798				701	100	80			1	4233	1302
美术馆(画院)	N	5609	5579									30	5265	1840
剧目创作室	O													

情况综合年报(二)

本年支出合计(千元)												
项目支出		经营支出	在支出合计中									
	收藏经费		工资福利支出	商品和服务支出					对个人和家庭补助支出		其他资本性支出	
					差旅费	劳务费	福利费	各种税金支出		抚恤金和生活补助		各种设备、交通工具、图书购置费
43	44	45	46	47	48	49	50	51	52	53	54	55
47084	9544		16299	54130	601	11717	462	699	1657	10	8003	1958
47084	9544		16299	54130	601	11717	462	699	1657	10	8003	1958
—	—	—	—	—	—	—	—	—	—	—	—	—
46956	9544		15379	53731	598	11695	429	667	1591	10	7997	1958
128			920	399	3	22	33	32	66		6	
—	—	—	—	—	—	—	—	—	—	—	—	—
19976	5540		8697	27730	271	1878	300	1	647	10	6591	1648
25998	4004		6266	25618	319	9672	103	666	888		1406	310
1110			1336	782	11	167	59	32	122		6	
—	—	—	—	—	—	—	—	—	—	—	—	—
44281	8540		15595	52300	591	11693	452	699	1608	10	6907	1958
2803	1004		704	1830	10	24	10		49		1096	
—	—	—	—	—	—	—	—	—	—	—	—	—
40728	8540		13688	49186	458	11363	412	667	1266	10	6811	1868
2931	1004		1087	1968	13	46	13	32	56		1102	
3425			1524	2976	130	308	37		335		90	90

艺术展览创作机构基本

		资产总计(千元)		实际使用房屋建筑面积(万平方米)				实际拥有产权面积(万平方米)	公共教育活动		
			固定资产原值		展览用房	库房面积	画室面积		讲座(次)	教育活动(次)	出版物(种)
(甲)		56	57	58	59	60	61	62	63	64	65
总　　计	A	646675	581420	7.846	2.515	0.471	0.063	3.400	104	130	11
其中:免费开放	B	646675	581420	7.846	2.515	0.471	0.063	3.400	104	130	11
按登记注册类型分	—	—	—	—	—	—	—	—	—	—	—
国有	C	645582	581142	7.236	2.210	0.461	0.037	2.700	97	130	11
集体	D										
其他	E	1093	278	0.610	0.305	0.010	0.026	0.700	7		
按隶属关系分	—	—	—	—	—	—	—	—	—	—	—
中央	F										
省区市	G	452392	432049	3.200	0.900	0.300			80	100	
地市	H	192914	148937	3.788	1.140	0.155	0.015	2.700	6	25	7
县市区	I	1369	434	0.858	0.475	0.016	0.048	0.700	18	5	4
按部门分	—	—	—	—	—	—	—	—	—	—	—
文化部门	J	603675	575233	6.704	2.055	0.471	0.063	3.400	104	130	11
其他部门	K	43000	6187	1.142	0.460						
按机构类型分	—	—	—	—	—	—	—	—	—	—	—
美术馆	L	598527	570630	5.948	1.687	0.460	0.018	2.700	90	118	1
画院	M	43484	6246	1.392	0.560	0.002	0.020	0.700			
美术馆(画院)	N	4664	4544	0.506	0.267	0.009	0.025		14	12	10
剧目创作室	O										

情况综合年报(三)

创作情况(个)			培训情况		志愿者服务队伍个数(个)	志愿者服务队伍人数(人)	学术研究情况(个)			文化创意产品情况			增加值(千元)
							本年承担课题、项目数						
创作项目数量	参加展览数量	获省部级以上奖项的作品数	组织培训次数(次)	培训人次(万人次)				省部级以上课题项目数	结项课题项目数	文化创意产品种类(个)	文化创意产品销售收入(千元)	文化创意产品销售利润(千元)	
66	67	68	69	70	71	72	73	74	75	76	77	78	79
205	543	5	128	0.030	26	866	1			9			54387
205	543	5	128	0.030	26	866	1			9			54387
—	—	—	—	—	—	—	—	—	—	—	—	—	—
151	531	3	125	0.018	25	861	1			9			53150
54	12	2	3	0.012	1	5							1237
—	—	—	—	—	—	—	—	—	—	—	—	—	—
					11	92							28812
31	31	3	120	0.010	13	739	1			9			23689
174	512	2	8	0.020	2	35							1886
—	—	—	—	—	—	—	—	—	—	—	—	—	—
192	530	2	128	0.030	26	866	1			9			53352
13	13	3											1035
—	—	—	—	—	—	—	—	—	—	—	—	—	—
					23	819	1			9			50505
67	25	5	3	0.012	1	5							1489
138	518		125	0.018	2	42							2393

美术馆基本

		机构数（个）	从业人员（人）	专业技术人才				藏品		非文物				
					正高级职称	副高级职称	中级职称		文物藏品数		国画	油画	版画	雕塑
（甲）		1	2	3	4	5	6	7	8	9	10	11	12	13
总　计	A	8	124	84	6	12	33	29005		29005	15217	924	4187	424
其中：免费开放	B	8	124	84	6	12	33	29005		29005	15217	924	4187	424
按登记注册类型分	—	—	—	—	—	—	—	—	—	—	—	—	—	—
国有	C	7	118	81	6	12	30	28847		28847	15061	924	4187	424
集体	D													
其他	E	1	6	3			3	158		158	156			
按隶属关系分	—	—	—	—	—	—	—	—	—	—	—	—	—	—
中央	F													
省区市	G	1	58	55	3	8	19	23261		23261	13705	581	3444	416
地市	H	3	49	22	2	4	9	5193		5193	1127	337	743	8
县市区	I	4	17	7	1		5	551		551	385	6		
按部门分	—	—	—	—	—	—	—	—	—	—	—	—	—	—
文化部门	J	8	124	84	6	12	33	29005		29005	15217	924	4187	424
其他部门	K													

情况综合年报(一)

(件/套)									年度展览总量(个)		参观人次(万人次)		学术成果		
藏品数															
水粉、水彩	设计	连环画、漫画	民间艺术	书法	摄影、多媒体	漆艺	陶艺	其他		自主办展数量		未成年人参观人次	专著或图录(册)	论文数(篇)	学术活动(次)
14	15	16	17	18	19	20	21	22	23	24	25	26	27	28	29
840	1092	397	1040	2930	859	4	34	1052	151	93	118.651	16.902	6	3	12
840	1092	397	1040	2930	859	4	34	1052	151	93	118.651	16.902	6	3	12
—	—	—	—	—	—	—	—	—	—	—	—	—	—	—	—
840	1092	397	1040	2928	859	4	34	1052	131	73	110.151	15.902	6	3	12
				2					20	20	8.500	1.000			
—	—	—	—	—	—	—	—	—	—	—	—	—	—	—	—
648	42	364	714	1965	536			846	48	24	55.000	9.000			
190	1050	33	326	811	323	4	33	206	65	31	49.251	4.702	4	3	9
2				154			1		38	38	14.400	3.200	2		3
—	—	—	—	—	—	—	—	—	—	—	—	—	—	—	—
840	1092	397	1040	2930	859	4	34	1052	151	93	118.651	16.902	6	3	12

美术馆基本

		本年收入合计(千元)												
			财政补贴收入					上级补助收入	事业收入	经营收入	附属单位上缴收入	其他收入		
				免费开放	中央资金	基建拨款	收藏专项经费							基本支出
(甲)		30	31	32	33	34	35	36	37	38	39	40	41	42
总　　计	A	81226	71123	12615			8540		8741			1362	82119	37146
其中:免费开放	B	81226	71123	12615			8540		8741			1362	82119	37146
按登记注册类型分	—	—	—	—	—	—	—	—	—	—		—	—	—
国有	C	79672	70259	12615			8540		8051			1362	80899	36746
集体	D													
其他	E	1554	864						690				1220	400
按隶属关系分	—	—	—	—	—	—	—	—	—	—	—	—	—	—
中央	F													
省区市	G	46798	41395	10762			5540		4258			1145	49205	29229
地市	H	31644	27634	1853			3000		3793			217	30499	7304
县市区	I	2784	2094						690				2415	613
按部门分	—	—	—	—	—			—	—	—	—	—	—	—
文化部门	J	81226	71123	12615			8540		8741			1362	82119	37146
其他部门	K													

情况综合年报(二)

本年支出合计(千元)

项目支出	收藏经费	经营支出	在支出合计中：工资福利支出	商品和服务支出	差旅费	劳务费	福利费	各种税金支出	对个人和家庭补助支出	抚恤金和生活补助	其他资本性支出	各种设备、交通工具、图书购置费
43	44	45	46	47	48	49	50	51	52	53	54	55
44153	8540		15212	52162	588	11671	449	667	1601	10	6901	1958
44153	8540		15212	52162	588	11671	449	667	1601	10	6901	1958
—	—	—	—	—	—	—	—	—	—	—	—	—
44153	8540		14675	51901	588	11671	419	667	1542	10	6901	1958
			537	261			30		59			
—	—	—	—	—	—	—	—	—	—	—	—	—
19976	5540		8697	27730	271	1878	300	1	647	10	6591	1648
23195	3000		5562	23788	309	9648	93	666	839		310	310
982			953	644	8	145	56		115			
—	—	—	—	—	—	—	—	—	—	—	—	—
44153	8540		15212	52162	588	11671	449	667	1601	10	6901	1958

美术馆基本

		资产总计(千元)		实际使用房屋建筑面积(万平方米)				实际拥有产权面积(万平方米)	公共教育活动		
			固定资产原值		展览用房	库房面积	画室面积		讲座(次)	教育活动(次)	出版物(种)
(甲)		56	57	58	59	60	61	62	63	64	65
总　　计	A	603191	575174	6.454	1.955	0.469	0.043	2.700	104	130	11
其中:免费开放	B	603191	575174	6.454	1.955	0.469	0.043	2.700	104	130	11
按登记注册类型分	—	—	—	—	—	—	—	—	—	—	—
国有	C	602582	574955	6.094	1.750	0.461	0.037	2.700	97	130	11
集体	D										
其他	E	609	219	0.360	0.205	0.008	0.006		7		
按隶属关系分	—	—	—	—	—	—	—	—	—	—	—
中央	F										
省区市	G	452392	432049	3.200	0.900	0.300			80	100	
地市	H	149914	142750	2.646	0.680	0.155	0.015	2.700	6	25	7
县市区	I	885	375	0.608	0.375	0.014	0.028		18	5	4
按部门分	—	—	—	—	—	—	—	—	—	—	—
文化部门	J	603191	575174	6.454	1.955	0.469	0.043	2.700	104	130	11
其他部门	K										

情况综合年报(三)

创作情况(个)			培训情况		志愿者服务队伍个数(个)	志愿者服务队伍人数(人)	学术研究情况(个)			文化创意产品情况			增加值(千元)
							本年承担课题、项目数						
创作项目数量	参加展览数量	获省部级以上奖项的作品数	组织培训次数(次)	培训人次(万人次)				省部级以上课题项目数	结项课题项目数	文化创意产品种类(个)	文化创意产品销售收入(千元)	文化创意产品销售利润(千元)	
66	67	68	69	70	71	72	73	74	75	76	77	78	79
138	518		125	0.018	25	861	1			9			52898
138	518		125	0.018	25	861	1			9			52898
—	—	—	—	—	—	—	—	—	—	—	—	—	—
138	518		125	0.018	25	861	1			9			52115
													783
—	—	—	—	—	—	—	—	—	—	—	—	—	—
					11	92							28812
18	18		120	0.010	13	739	1			9			22654
120	500		5	0.008	1	30							1432
—	—	—	—	—	—	—	—	—	—	—	—	—	—
138	518		125	0.018	25	861	1			9			52898

其他文化事业机构基本

		机构数（个）	从业人员（人）					本年收入合计（千元）								
				专业技术人才					财政拨款		上级补助收入	事业收入	经营收入	附属单位上缴收入	其他收入	
					正高级职称	副高级职称	中级职称			基建拨款						
（甲）		1	2	3	4	5	6	7	8	9	10	11	12	13	14	15
总　　计	A	75	1019	101	4	14	40	277071	271773		400	494			4404	285795
其中：文化行政执法机构	B	60	915	46		1	17	224134	222073						2061	223868
按隶属关系分	—	—	—	—	—	—	—	—	—	—	—	—	—		—	—
中央	C															
省区市	D	1	4	4		1	3	3223	2729			494				4193
地市	E	17	242	66	4	13	21	92030	89222		400				2408	98382
县市区	F	57	773	31			16	181818	179822						1996	183220
按部门分	—	—	—	—	—	—	—	—	—	—	—	—	—		—	—
文化部门	G	75	1019	101	4	14	40	277071	271773		400	494			4404	285795
其他部门	H															

其他文化企业机构基本

		机构数（个）	从业人员（人）					资产、负债、所有者权益（千元）								
				专业技术人才				资产总计			负债合计	所有者权益合计			营业收入	
					正高级职称	副高级职称	中级职称		固定资产原价	当年提取的折旧总额			实收资本			
														国家资本		
（甲）		1	2	3	4	5	6	7	8	9	10	11	12	13	14	15
总　　计	A	39	609	103	5	11	41	1459799	454366	33923	516825	942974	569498	537028	188787	196424
第一产业	B															
第二产业	C	2	15	3		1	2	12834	1240	216	6798	6036	7953	953	9585	9547
第三产业	F	37	594	100	5	10	39	1446965	453126	33707	510027	936938	561545	536075	179202	186877
按部门分	—	—	—	—	—	—	—	—	—	—	—	—	—	—	—	—
文化部门	J	39	609	103	5	11	41	1459799	454366	33923	516825	942974	569498	537028	188787	196424
其他部门	K															

情况综合年报

本年支出合计（千元）													资产总计（千元）		实际使用房屋建筑面积（万平方米）	实际拥有产权面积（万平方米）	增加值（千元）
基本支出	项目支出	经营支出	在支出合计中											固定资产原值			
			工资福利支出	商品和服务支出					对个人和家庭补助支出		其他资本性支出						
					差旅费	劳务费	福利费	税金支出		抚恤金和生活补助		各种设备购置费					
16	17	18	19	20	21	22	23	24	25	26	27	28	29	30	31	32	33
226366	58725		176705	71964	2899	6502	4347	585	20767	374	3437	1253	962312	881139	6.987	6.382	243965
204332	18932		160422	36842	2592	3586	3978	235	18152	357	3183	1198	56522	38267	2.348	0.080	187714
—	—	—	—	—	—	—	—	—	—	—	—	—	—	—	—	—	—
1295	2798		1026	2955	16	195	18	9	90		122		3044	2354			1433
62231	36150		46752	36185	1116	1959	1366	308	6423	321	1397	341	912400	845877	3.094	4.056	90393
162840	19777		128927	32824	1767	4348	2963	268	14254	53	1918	912	46868	32908	3.893	2.326	152139
—	—	—	—	—	—	—	—	—	—	—	—	—	—	—	—	—	—
226366	58725		176705	71964	2899	6502	4347	585	20767	374	3437	1253	962312	881139	6.987	6.382	243965

情况综合年报

损益和分配（千元）									工资、福利费、税金（千元）			实际使用房屋建筑面积（万平方米）	实际拥有产权面积（万平方米）	增加值（千元）
营业成本				营业利润	营业外收入		营业外支出	利润总额	本年发放工资总额	本年支付的职工福利费	本年应缴税金总额			
养老、失业等保险费	住房公积金和住房补贴	差旅费	工会经费			政府补助（补贴收入）								
16	17	18	19	20	21	22	23	24	25	26	27	28	29	30
7478	3061	642	538	−7637	18256	7295	5247	5372	35945	4197	17211	7.722	6.804	116648
158	40	478		38				38	563	68	121	0.303	0.303	1408
7320	3021	164	538	−7675	18256	7295	5247	5334	35382	4129	17090	7.419	6.501	115240
—	—	—	—	—	—	—	—	—	—	—	—	—	—	—
7478	3061	642	538	−7637	18256	7295	5247	5372	35945	4197	17211	7.722	6.804	116648

文化行政主管部门基本

		机构数(个)	从业人员(人)		本年收入合计(千元)									
				事业编制人员		财政补贴收入								
							文化类经费		在文化类经费中				基本支出	项目支出
								基建拨款	行政运行	一般行政管理事务	文化活动等经费			
(甲)		1	2	3	4	5	6	7	8	9	10	11	12	13
总　　计	A	102	2456	558	2697465	2569643	1929559	183684	467543	73809	997220	3001434	693568	1964304
中央	B													
省区市	C	1	60		69020	69020	62772		20256	3057	4249	55202	25047	30155
地市	D	11	417	58	362360	360840	329507	1200	102795	10437	176175	362516	139657	222859
县市区	E	90	1979	500	2266085	2139783	1537280	182484	344492	60315	816796	2583716	528864	1711290

文化行政主管部门基本

		本辖区内非物质文化遗产名录(个)								本辖区内非物质文化遗产代表性					
		国家级项目		省级项目		市级项目		县级项目		国家级代表性传承人		省级代表性传承人		市级代表性传承人	
			保护单位		保护单位		保护单位		保护单位		学徒人数		学徒人数		学徒人数
(甲)		28	29	30	31	32	33	34	35	36	37	38	39	40	41
总　　计	A		886	1076	805	684	7830	5608			1215	23000	833	2263	
中央	B														
省区市	C	217	233	886	1076					122	2500	1215	23000		
地市	D	84	80	324	312	805	684			43	596	353	2454	833	2263
县市区	E	174	192	868	745	3178	2441	7830	5608	93	11260	904	19222	2617	48656

文化行政主管部门基本

		辖区内展示传习场所						辖区内宣传展示					
		非物质文化遗产博物馆(个)			传习所(个)			举办展览		举办演出		举办民俗活动	
		收藏实物数(件)	展示及演出面积(万平方米)	培训学徒(人)		使用面积(万平方米)	培训学徒(人)		参观人次(万人次)		观众人次(万人次)		参与人次(万人次)
(甲)		55	56	57	58	59	60	61	62	63	64	65	66
总　　计	A	157673	39.101	20299	969	34.894	66490	1934	368.861	6225	342.224	1120	414.664
中央	B												
省区市	C							4	95.000	1	0.800		
地市	D	43815	9.054	816	203	10.960	3740	264	42.950	1663	77.700	91	59.010
县市区	E	113858	30.047	19483	766	23.934	62750	1666	230.911	4561	263.724	1029	355.654

情况综合年报(一)

本年支出合计(千元)										资产总计(千元)		实际使用房屋建筑面积(万平方米)	实际拥有产权面积(万平方米)
在支出合计中													
工资福利支出	商品和服务支出					对个人和家庭补助支出		其他资本性支出					
		差旅费	劳务费	福利费	税金支出		抚恤金和生活补助		各种设备购置费		固定资产原价		
14	15	16	17	18	19	20	21	22	23	24	25	26	27
477230	1072510	13773	67959	14412	638	125769	12217	244720	34649	1392963	667796	16.838	10.084
13018	34333	860	1037	852		4534	1189	1945	789	110059	22888	0.551	0.018
95040	192892	3183	5740	3337	10	23545	3994	14514	1003	199746	77937	1.002	0.551
369172	845285	9730	61182	10223	628	97690	7034	228261	32857	1083158	566971	15.285	9.515

情况综合年报(二)

传承人(人)		辖区内非物质文化遗产生态保护区(个)				非物质文化遗产保护专项经费投入(千元)						辖区内展示传习场所
县级代表性传承人	学徒人数	国家级	省级	市级	县级		中央财政投入	省级财政投入	市级财政投入	县级财政投入	其他投入	
42	43	44	45	46	47	48	49	50	51	52	53	54
5586	26357		10	20	17	1790118	74919	500536	31291	1170103	13269	4006
		1	10			92070	25370	66700				
			6	20		59881	11984	12480	28848	5460	1109	103
5586	26357	1	12	22	17	1638167	37565	421356	2443	1164643	12160	3903

情况综合年报(三)

培训活动(次)				调查成果								增加值(千元)
开展非遗工作人员培训班	培训人次(万人次)	开展传承人培训班	培训人次(万人次)	项目资源总量(累计)	征集实物(件/套)	征集文本资料(册)	录音资料(小时)	录像资料(小时)	调查报告(篇)	出版成果(册)	资源清单(册)	
67	68	69	70	71	72	73	74	75	76	77	78	79
497	2.551	2306	8.580	193710	8360	4480	3442	3878	365	31361	448	701384
		15	0.056							28		19223
43	0.240	566	1.590	7024	1761	1016	606	1043	122	76	64	126999
454	2.311	1725	6.934	186686	6599	3464	2836	2835	243	31257	384	555162

文物业基本情况

		机构数（个）	从业人员（人）						登记注册志愿者（人）	文物藏品（件/套）			
				专业技术人才				安全保卫人员			一级品	二级品	三级品
					正高级职称	副高级职称	中级职称						
（甲）		1	2	3	4	5	6	7	8	9	10	11	12
总　　计	A	476	9318	2757	220	454	1063	1698	15168	1532324	2373	10897	79566
按单位类型分	—	—	—	—	—	—	—	—	—	—	—	—	—
文物科研机构	B	5	179	86	20	23	27	11		161			
文物保护管理机构	C	94	2777	828	52	128	302	292	2931	92216	211	558	4471
博物馆	D	308	5236	1746	142	289	689	1395	12237	1403205	2136	10156	72966
文物商店	E	9	78	23		1	11			20253		13	400
其他文物机构	F	60	1048	74	6	13	34			16489	26	170	1729
按隶属关系分	—	—	—	—	—	—	—	—	—	—	—	—	—
中央	G												
省区市	H	10	643	340	65	89	127	48	2158	310634	596	4915	34942
地市	I	104	4302	1169	81	186	457	711	3556	383277	1035	2996	18061
县市区	J	362	4373	1248	74	179	479	939	9454	838413	742	2986	26563
按部门分	—	—	—	—	—	—	—	—	—	—	—	—	—
文物部门	K	281	7566	2390	176	406	958	1249	11211	1086453	2115	10634	78410
其他部门	L	195	1752	367	44	48	105	449	3957	445871	258	263	1156

文物业基本情况

		本年收入合计（千元）					本年支出						
		上级补助收入	事业收入	经营收入	附属单位上缴收入	其他收入		基本支出	项目支出	经营支出	在支出		
											工资福利支出	商品和	
													差旅费
（甲）		28	29	30	31	32	33	34	35	36	37	38	39
总　　计	A	147693	601025	48846	153	448614	3596821	1453765	1891116	42580	773974	1374399	22995
按单位类型分	—	—	—	—	—	—	—	—	—	—	—	—	—
文物科研机构	B	1578	70917	49		2040	118925	76326	42575	24	21326	90888	3212
文物保护管理机构	C	98235	480789	1982	153	303557	1404660	693824	693263	3111	308727	505302	3090
博物馆	D	47880	49319	46815		52927	1437383	593150	708914	39445	374677	502835	14881
文物商店	E					22357	19685						
其他文物机构	F					67733	616168	90465	446364		69244	275374	1812
按隶属关系分	—	—	—	—	—	—	—	—	—	—	—	—	—
中央	G												
省区市	H		62119			56092	479434	160987	280964		73494	162766	6893
地市	I	95669	529043	17346	153	303289	1801840	892521	868094	11856	399532	751724	5917
县市区	J	52024	9863	31500		89233	1315547	400257	742058	30724	300948	459909	10185
按部门分	—	—	—	—	—	—	—	—	—	—	—	—	—
文物部门	K	140687	599790	9446	153	389478	3369305	1384499	1825181	6045	719109	1330882	16538
其他部门	L	7006	1235	39400		59136	227516	69266	65935	36535	54865	43517	6457

综合年报(一)

在藏品数中(件/套)			本年修复藏品数(件/套)						参观人次(万人次)			本年收入合计(千元)		
本年新增藏品													财政补助收入	
	本年从有关部门接收文物数	本年藏品征集数		一级品	二级品	三级品	基本陈列(个)	临时展览(个)		未成年人参观人次	门票销售总额(千元)			基建拨款
13	14	15	16	17	18	19	20	21	22	23	24	25	26	27
30662	938	14536	4013	10	30	272	981	1393	9833.182	2012.614	358673	3575784	2329453	149438
—	—	—	—	—	—	—	—	—	—	—	—	—	—	—
			1920				1	1	52.100	21.500		129331	54747	
1919	178	942	144		1	15	135	88	3295.628	282.341	324526	1538062	653346	49124
28689	756	13584	1786	10	29	256	845	1304	6485.454	1708.773	34147	1233975	1037034	42998
												22407	50	
54	4	10	163			1						652009	584276	57316
—	—	—	—	—	—	—	—	—	—	—	—	—	—	—
4882		3767	258	4	7	183	21	55	582.725	262.993	641	382086	263875	
17719	886	5678	2023	4	13	28	224	345	3760.723	578.578	339661	1900164	954664	39078
8061	52	5091	1732	2	10	61	736	993	5489.733	1171.043	18371	1293534	1110914	110360
—	—	—	—	—	—	—	—	—	—	—	—	—	—	—
24966	935	11942	3632	4	10	228	490	1080	7353.376	1574.636	342749	3388148	2248594	149438
5696	3	2594	381	6	20	44	491	313	2479.806	437.978	15924	187636	80859	

综合年报(二)

合计(千元)							资产总计(千元)		实际使用房屋建筑面积(万平方米)			实际拥有产权面积(万平方米)	增加值(千元)
合计中								固定资产原值		展览用房	文物库房		
服务支出			对个人和家庭补助支出		其他资本性支出								
劳务费	福利费	各种税金支出		抚恤金和生活补助		各种设备、交通工具、图书购置费							
40	41	42	43	44	45	46	47	48	49	50	51	52	53
124048	25920	19293	178260	3060	500926	36992	10752512	5763677	187.890	81.833	13.352	96.291	1484297
—	—	—	—	—	—	—	—	—	—	—	—	—	—
22659	937	1904	3375	269	3336	345	112831	40923	1.948		0.558	0.099	57097
32566	10737	13209	101252	379	97572	2950	3549083	2069641	26.658	9.518	0.603	10.246	621716
61867	12079	4077	63287	1561	337163	28796	6622172	3388851	151.344	72.315	12.106	83.923	657259
							89427	21354	0.462		0.085	0.167	10582
6956	2167	103	10346	851	62855	4901	378999	242908	7.477			1.857	137643
—	—	—	—	—	—	—	—	—	—	—	—	—	—
30203	3168	1839	11526	1377	192553	7269	1324346	758998	9.977	4.410	1.651	1.452	191996
54123	14279	16236	122432	943	102676	19226	5897817	3460520	62.975	24.691	4.079	32.427	829676
39722	8473	1218	44302	740	205697	10497	3530349	1544159	114.937	52.732	7.621	62.413	462625
—	—	—	—	—	—	—	—	—	—	—	—	—	—
119868	23822	18082	166872	2959	464293	35562	8124020	4746046	128.235	49.781	9.425	67.567	1362436
4180	2098	1211	11388	101	36633	1430	2628492	1017631	59.655	32.052	3.927	28.725	121861

文物行政主管部门基本

		机构数（个）	从业人员（人）	在编文物从业人员数	其他文物从业人员数		藏品数（件/套） 文物藏品	一级品	二级品	三级品	在藏品数中（件/套） 本年新增藏品	本年从有关部门接收文物数	本年藏品征集数	本年修复文物数	一级品	二级品
（甲）		1	2	3	4	5	6	7	8	9	10	11	12	13	14	15
总　　计	A	53	902	271	82	16489	7231	26	170	1729	54	4	10	163		
中央	B															
省区市	C	1	19	19												
独立编制文物局	D	1	19	19												
行政部门内设机构(不挂牌)	E															
合署办公（挂牌）	F															
地市	G	9	227	108	2											
独立编制文物局	H	3	74	57	2											
行政部门内设机构(不挂牌)	I	6	153	51												
合署办公（挂牌）	J															
县市区	K	43	656	144	80	16489	7231	26	170	1729	54	4	10	163		
独立编制文物局	L	1	44	17	16	6538	6538	21	114	1083	44	4		163		
行政部门内设机构(不挂牌)	M	42	612	127	64	9951	693	5	56	646	10		10			
合署办公（挂牌）	N															

文物行政主管部门基本

		本年支出合计（千元） 对个人和家庭补助支出	抚恤金和生活补贴	其他资本性支出	各种设备购置费	资产总计（千元）	固定资产原值	实际使用房屋建筑面积（万平方米）	实际拥有产权面积（万平方米）	对外交流情况 与国外文博机构合作项目数（个）	与国外文博机构签署协议或备忘录数（个）	赴港澳台人员数（人次）	对港澳台交流项目数（个）	参加国际组织活动数（个）
（甲）		33	34	35	36	37	38	39	40	41	42	43	44	45
总　　计	A	9979	851	62622	4668	258575	181833	5.885	1.854			1		
中央	B													
省区市	C	1173	213	140	17	20149	16723	0.327				1		
独立编制文物局	D	1173	213	140	17	20149	16723	0.327				1		
行政部门内设机构(不挂牌)	E													
合署办公（挂牌）	F													
地市	G	2566	388	19089	389	121439	77257	2.499	1.417					
独立编制文物局	H	970	64	6949	71	54195	14044	1.556	0.911					
行政部门内设机构(不挂牌)	I	1596	324	12140	318	67244	63213	0.943	0.506					
合署办公（挂牌）	J													
县市区	K	6240	250	43393	4262	116987	87853	3.058	0.437					
独立编制文物局	L	449		45	45	4907	3886	1.592						
行政部门内设机构(不挂牌)	M	5791	250	43348	4217	112080	83967	1.466	0.437					
合署办公（挂牌）	N													

情况综合年报(一)

(件/套)三级品	本年收入合计(千元)	财政补助收入	文物类经费	在文物类经费中：基建拨款	在文物类经费中：行政运行	在文物类经费中：一般行政管理事务	在文物类经费中：文物保护等经费	本年支出合计(千元)	基本支出	项目支出	在支出合计中：工资福利支出	商品和服务支出	差旅费	劳务费	福利费	各种税金支出
16	17	18	19	20	21	22	23	24	25	26	27	28	29	30	31	32
1	588064	575821	358142	57316	34743	7867	67466	567381	85464	445959	65860	273952	1708	6856	2076	103
	10418	9856	8801		5537	3264		10098	7357	2741	4057	4728	371	531	187	
	10418	9856	8801		5537	3264		10098	7357	2741	4057	4728	371	531	187	
	204805	194501	179521		17438	4170	19150	200708	27870	172837	23296	143196	386	1056	499	
	27360	26136	26136		9990	2110	10187	30029	11392	18636	9113	6391	162	1012	315	
	177445	168365	153385		7448	2060	8963	170679	16478	154201	14183	136805	224	44	184	
1	372841	371464	169820	57316	11768	433	48316	356575	50237	270381	38507	126028	951	5269	1390	103
1	9105	8475	698				698	9105	4838	4267	4172	4439	26	201	46	95
	363736	362989	169122	57316	11768	433	47618	347470	45399	266114	34335	121589	925	5068	1344	8

情况综合年报(二)

本级举办业务培训情况：举办业务培训班(个)	培训业务人员数(人)	本辖区文物点(处)	全国重点文物保护单位	省级重点文物保护单位	市县级文物保护单位	本辖区对外开放的省级以上文物保护单位数(个)	本级财政专项安排文物保护经费(千元)	本级出台地方性文物业法规、规章(部)	出入境文物审核数(件/套)	禁止出境文物数	临时入境文物审核数	临时出境文物审核数	文物拍卖标的审核数(个)	禁止上拍文物标的数	文物保护单位保护维修情况：国保单位保护维修项目数(个)	保护维修面积(平方米)	省保单位保护维修项目数(个)	市、县保单位保护维修项目数(个)	增加值(千元)
46	47	48	49	50	51	52	53	54	55	56	57	58	59	60	61	62	63	64	65
87	6235	73943	231	910	4642	1043	347060	1	5812	89	52	283	40933	123	9	7877		9	91405
5	172	73943	231	910	4642	811	170000		5812	89	52	283	40933	123					6428
5	172	73943	231	910	4642	811	170000		5812	89	52	283	40933	123					6428
25	2355					24	139740												30143
3	260					24	3800												11918
22	2095						135940												18225
57	3708					208	37320	1							9	7877		9	54834
17	1500					14	200												5120
40	2208					194	37120	1							9	7877		9	49714

文物保护管理机构基本

(甲)		机构数(个)	从业人员(人)						登记注册志愿者人数(人)	藏品数(件/套)				
				专业技术人才				安全保卫人员			文物藏品			
					正高级职称	副高级职称	中级职称					一级品	二级品	三级品
(甲)		1	2	3	4	5	6	7	8	9	10	11	12	13
总　计	A	94	2777	828	52	128	302	292	2931	92216	52170	211	558	4471
按隶属关系分	—	—	—	—	—	—	—	—	—	—	—	—	—	—
中央	B													
省区市	C													
地市	D	24	2148	513	39	86	168	178	509	1295	443	3	3	26
县市区	E	70	629	315	13	42	134	114	2422	90921	51727	208	555	4445
按部门分	—	—	—	—	—	—	—	—	—	—	—	—	—	—
文物部门	F	92	2768	828	52	128	302	292	2931	92193	52170	211	558	4471
其他部门	G	2	9							23				
按机构类型分	—	—	—	—	—	—	—	—	—	—	—	—	—	—
区域性文物保护管理机构	H	75	2045	634	51	105	239	222	2706	90332	50745	200	539	4177
专门为一处或几处文物保护单位设立的保护管理机构	I	19	732	194	1	23	63	70	225	1884	1425	11	19	294

情况综合年报(一)

在藏品数中(件/套)			本年修复文物数(件/套)				基本陈列(个)	临时展览(个)	参观人次(万人次)				举办社会教育活动(次)			门票销售总额(千元)
本年新增藏品																
	本年从有关部门接收文物数	本年藏品征集数		一级品	二级品	三级品				未成年人参观人次	本地居民参观人次	境外观众参观人次		参加活动人次(万人次)		
															未成年人参加人次	
14	15	16	17	18	19	20	21	22	23	24	25	26	27	28	29	30
1919	178	942	144		1	15	135	88	3295.628	282.341	271.466	27.545	7869	69.482	7.821	324526
—	—	—	—	—	—	—	—	—	—	—	—	—	—	—	—	—
172	172						59	31	1687.623	141.256	125.964	8.738	618	6.243	4.625	323220
1747	6	942	144		1	15	76	57	1608.005	141.085	145.502	18.807	7251	63.239	3.196	1306
—	—	—	—	—	—	—	—	—	—	—	—	—	—	—	—	—
1919	178	942	144		1	15	132	87	2570.628	282.216	271.466	27.545	7869	69.482	7.821	324526
							3	1	725.000	0.125						
—	—	—	—	—	—	—	—	—	—	—	—	—	—	—	—	—
1729	6	924	144		1	15	110	69	1907.760	191.695	246.898	27.277	7857	68.427	7.296	257956
190	172	18					25	19	1387.867	90.646	24.568	0.268	12	1.055	0.525	66570

文物保护管理机构基本

		本年完成科研成果							本年收入合计（千元）				
		省部级及以上科研课题数（个）	专利（个）	专著或图录（册）	论文数（篇）	古建维修、考古发掘报告（册）	获国家奖（个）	获省、部奖（个）		财政补助收入	基建拨款	上级补助收入	事业收入
（甲）		31	32	33	34	35	36	37	38	39	40	41	42
总　计	A	6		19	28			7	1538062	653346	49124	98235	480789
按隶属关系分	—	—	—	—	—	—	—	—	—	—	—	—	—
中央	B												
省区市	C												
地市	D	4		9	12			1	1135197	346078	7248	64138	478862
县市区	E	2		10	16			6	402865	307268	41876	34097	1927
按部门分	—	—	—	—	—	—	—	—	—	—	—	—	—
文物部门	F	6		19	28			7	1495684	653138	49124	98235	480619
其他部门	G								42378	208			170
按机构类型分	—	—	—	—	—	—	—	—	—	—	—	—	—
区域性文物保护管理机构	H	6		19	26			7	999859	492209	47524	75534	390825
专门为一处或几处文物保护单位设立的保护管理机构	I				2				538203	161137	1600	22701	89964

情况综合年报(二)

			本年支出合计(千元)											
							在支出合计中							
								商品和服务支出					对个人和家庭补助支出	
经营收入	附属单位上缴收入	其他收入		基本支出	项目支出	经营支出	工资福利支出		差旅费	劳务费	福利费	各种税金支出		抚恤金和生活补贴
43	44	45	46	47	48	49	50	51	52	53	54	55	56	57
1982	153	303557	1404660	693824	693263	3111	308727	505302	3090	32566	10737	13209	101252	379
—	—	—	—	—	—	—	—	—	—	—	—	—	—	—
1982	153	243984	1049279	604181	443296	1801	239822	373901	1940	23432	9128	13105	92166	140
		59573	355381	89643	249967	1310	68905	131401	1150	9134	1609	104	9086	239
—	—	—	—	—	—	—	—	—	—	—	—	—	—	—
1982	153	261557	1386282	693674	675045	3101	308607	505102	3080	32556	10727	13209	101202	379
		42000	18378	150	18218	10	120	200	10	10	10		50	
—	—	—	—	—	—	—	—	—	—	—	—	—	—	—
145		41146	905173	540711	350047	53	223512	398930	2312	21403	8034	11051	75182	279
1837	153	262411	499487	153113	343216	3058	85215	106372	778	11163	2703	2158	26070	100

文物保护管理机构基本

		本年支出合计（千元）		资产总计（千元）		实际使用房屋建筑面积（万平方米）			实际拥有产权面积（万平方米）	文物保护规划和方案设计（个）	文物保护维修情况			
		在支出合计中									国保单位保护维修项目数		省保单位保护维修项目数（个）	市、县保单位保护维修项目数（个）
		其他资本性支出	各种设备、交通工具、图书购置费		固定资产原值		展览用房	文物库房（含标本室）				保护维修面积（平方米）		
（甲）		58	59	60	61	62	63	64	65	66	67	68	69	70
总　　计	A	97572	2950	3549083	2069641	26.658	9.518	0.603	10.246	142	67	317267	71	141
按隶属关系分	—	—	—	—	—	—	—	—	—	—	—	—	—	—
中央	B													
省区市	C													
地市	D	20092	489	3307164	1911708	15.820	5.412	0.086	5.896	15	12	10281	16	19
县市区	E	77480	2461	241919	157933	10.838	4.105	0.518	4.350	127	55	306986	55	122
按部门分	—	—	—	—	—	—	—	—	—	—	—	—	—	—
文物部门	F	97564	2946	3549063	2069621	26.233	9.511	0.603	10.246	141	64	313869	71	141
其他部门	G	8	4	20	20	0.425	0.007			1	3	3398		
按机构类型分	—	—	—	—	—	—	—	—	—	—	—	—	—	—
区域性文物保护管理机构	H	79729	2588	2759932	1780491	19.679	6.594	0.574	7.755	129	54	274113	64	132
专门为一处或几处文物保护单位设立的保护管理机构	I	17843	362	789151	289150	6.979	2.924	0.029	2.491	13	13	43154	7	9

情况综合年报（三）

进行考古发掘情况				主办刊物（种）	国际合作项目数（个）	文化创意产品情况			文博单位举办新媒体情况				增加值（千元）
考古发掘面积（万平方米）	出土器物（件/套）	原址保护展示面积（万平方米）	异地保护展示面积（万平方米）			文化创意产品种类（个）	文化创意产品销售收入（千元）	文化创意产品销售利润（千元）	举办网站（个）	网站年访问量（次）	举办微信公众号、微博（个）	举办微信公众号、微博关注人数（人）	
71	72	73	74	75	76	77	78	79	80	81	82	83	84
3.556	5134	2.000	0.008	6		6	36		13	294500	30	972745	621716
—	—	—	—	—	—	—	—	—	—	—	—	—	—
0.113	2100					1			6	207136	19	127084	526729
3.443	3034	2.000	0.008	6		5	36		7	87364	11	845661	94987
—	—	—	—	—	—	—	—	—	—	—	—	—	—
3.556	5134	2.000	0.008	6		6	36		13	294500	30	972745	621525
													191
—	—	—	—	—	—	—	—	—	—	—	—	—	—
3.556	5134	2.000	0.008	6		5	36		11	290500	20	877161	480105
						1			2	4000	10	95584	141611

博物馆基本

		机构数（个）	从业人员（人）						登记注册志愿者人数（人）	藏品数（件/套）				
				专业技术人才				安全保卫人员			文物藏品			
					正高级职称	副高级职称	中级职称					一级品	二级品	三级品
（甲）		1	2	3	4	5	6	7	8	9	10	11	12	13
总　计	A	308	5236	1746	142	289	689	1395	12237	1403205	545597	2136	10156	72966
其中：免费开放	B	286	4628	1592	134	266	638	1283	11832	1274977	465551	2027	9529	66498
按机构类型分	—	—	—	—	—	—	—	—	—	—	—	—	—	—
综合性	C	88	2492	980	68	161	392	694	5374	661676	492419	1588	8812	62320
历史类	D	64	623	169	8	25	79	204	2651	81339	35305	50	309	1268
艺术类	E	67	649	215	22	28	83	153	751	126869	2122	279	558	3903
自然科技类	F	24	443	146	24	39	39	66	1842	325365	1188	112	238	105
其他	G	65	1029	236	20	36	96	278	1619	207956	14563	107	239	5370
按隶属关系分	—	—	—	—	—	—	—	—	—	—	—	—	—	—
中央	H													
省区市	I	3	382	211	42	64	77	42	2158	310634	85492	596	4915	34942
地市	J	60	1811	620	40	95	277	530	3047	361729	236882	1032	2980	17635
县市区	K	245	3043	915	60	130	335	823	7032	730842	223223	508	2261	20389
按系统分	—	—	—	—	—	—	—	—	—	—	—	—	—	—
文物部门	L	117	3532	1379	98	241	584	946	8280	957357	498425	1878	9893	71810
其他部门	M	38	586	81	6	6	28	169	385	48186	1716	9	28	303
民办	N	153	1118	286	38	42	77	280	3572	397662	45456	249	235	853

情况综合年报(一)

在藏品数中(件/套)			本年修复文物数(件/套)				基本陈列(个)	临时展览(个)	参观人次(万人次)				举办社会教育活动(次)			门票销售总额(千元)
本年新增藏品	本年从有关部门接收文物数	本年藏品征集数		一级品	二级品	三级品				未成年人参观人次	本地居民参观人次	境外观众参观人次		参加活动人次(万人次)	未成年人参加人次	
14	15	16	17	18	19	20	21	22	23	24	25	26	27	28	29	30
28689	756	13584	1786	10	29	256	845	1304	6485.454	1708.773	1635.929	93.937	304151	226.872	134.361	34147
24222	261	11422	1644	9	19	247	790	1222	5548.094	1603.128	1554.424	89.467	303888	188.181	110.822	825
—	—	—	—	—	—	—	—	—	—	—	—	—	—	—	—	—
14863	236	4552	1065	2	9	44	312	699	2429.624	721.703	737.648	28.500	224702	137.508	75.794	12384
1112		671	213	1	10	9	145	123	1530.701	307.104	169.214	5.936	608	17.958	11.621	95
3354		2025	114	5	10	5	154	298	984.795	264.187	213.181	35.817	63165	14.360	10.058	2427
7140		5724	7				76	68	562.623	230.561	213.885	1.586	815	24.694	21.547	15663
2220	520	612	387	2		198	158	116	977.711	185.217	302.001	22.097	14861	32.352	15.342	3578
—	—	—	—	—	—	—	—	—	—	—	—	—	—	—	—	—
4882		3767	258	4	7	183	21	55	582.725	262.993	177.459	8.211	14525	23.184	20.921	641
17547	714	5678	223	4	13	28	164	313	2021.001	415.822	591.076	30.651	65875	79.305	53.903	16441
6260	42	4139	1305	2	9	45	660	936	3881.728	1029.958	867.393	55.076	223751	124.383	59.537	17065
—	—	—	—	—	—	—	—	—	—	—	—	—	—	—	—	—
22993	753	10990	1405	4	9	212	357	992	4730.648	1270.920	1304.098	47.724	240253	194.524	112.849	18223
1623		512	38	1	10	9	89	64	335.469	75.576	56.068	7.771	2923	7.236	3.490	14168
4073	3	2082	343	5	10	35	399	248	1419.337	362.277	275.763	38.443	60975	25.112	18.022	1756

博物馆基本

		本年完成科研成果							本年收入合计(千元)				
		省部级及以上科研课题数(个)	专利(个)	专著或图录(册)	论文数(篇)	古建维修、考古发掘报告(册)	获国家奖(个)	获省、部奖(个)		财政补助收入	基建拨款	上级补助收入	事业收入
(甲)		31	32	33	34	35	36	37	38	39	40	41	42
总　　计	A	17	14	144	227	3	14	32	1233975	1037034	42998	47880	49319
其中:免费开放	B	17	14	136	222	3	11	31	1109295	966330	37478	46524	31399
按机构类型分	—	—	—	—	—	—	—	—	—	—	—	—	—
综合性	C	6	4	85	133	1	1	12	683775	597196	28495	35926	29107
历史类	D			9	10				80471	66719	200	3914	5542
艺术类	E	2	7	16	18		13	18	121452	97950	9318	4586	1670
自然科技类	F	6		21	25			1	169806	116587		822	3882
其他	G	3	3	13	41	2		1	178471	158582	4985	2632	9118
按隶属关系分	—	—	—	—	—	—	—	—	—	—	—	—	—
中央	H												
省区市	I	8	4	37	89			1	219220	205490			12660
地市	J	6	1	62	77		5	15	510753	403353	31830	31368	28723
县市区	K	3	9	45	61	3	9	16	504002	428191	11168	16512	7936
按系统分	—	—	—	—	—	—	—	—	—	—	—	—	—
文物部门	L	16	7	134	209	1	4	20	1094832	959478	42998	40874	48254
其他部门	M			2	4			1	91374	59110		1998	686
民办	N	1	7	8	14	2	10	11	47769	18446		5008	379

情况综合年报（二）

经营收入	附属单位上缴收入	其他收入	其他收入：捐赠收入	本年支出合计（千元）	基本支出	项目支出	经营支出	在支出合计中：工资福利支出	商品和服务支出	商品和服务支出：差旅费	商品和服务支出：劳务费	商品和服务支出：福利费	商品和服务支出：各种税金支出	对个人和家庭补助支出	对个人和家庭补助支出：抚恤金和生活补贴
43	44	45	46	47	48	49	50	51	52	53	54	55	56	57	58
46815		52927	348	1437383	593150	708914	39445	374677	502835	14881	61867	12079	4077	63287	1561
16270		48772	348	1272002	526628	665721	14329	335019	451801	13915	56681	10503	2467	59174	1515
—	—	—	—	—	—	—	—	—	—	—	—	—	—	—	—
6040		15506	3	702561	334925	318098	3131	214598	292757	5321	33102	5960	1945	35133	1422
1981		2315		83766	47696	32901	2265	35412	30443	749	4805	1186	678	4176	
10474		6772	65	135495	58471	55051	5396	36109	33938	1166	6019	1164	653	14008	106
26468		22047		303573	79312	169006	24946	34292	70478	1912	4015	1712	685	3099	
1852		6287	280	211988	72746	133858	3707	54266	75219	5733	13926	2057	116	6871	33
—	—	—	—	—	—	—	—	—	—	—	—	—	—	—	—
		1070		342005	103013	238992		51771	91609	3545	10123	2226	131	8080	895
15364		31945	3	504869	233392	249267	10055	131323	210860	3278	27023	4468	2935	26875	415
31451		19912	345	590509	256745	220655	29390	191583	200366	8058	24721	5385	1011	28332	251
—	—	—	—	—	—	—	—	—	—	—	—	—	—	—	—
7415		38811	15	1234143	524034	661197	2920	319932	459518	8434	57697	9991	2866	51949	1460
27961		1619		127048	37448	25226	21813	28246	32715	5235	3081	1259	580	10926	
11439		12497	333	76192	31668	22491	14712	26499	10602	1212	1089	829	631	412	101

博物馆基本

（甲）		本年支出合计（千元）在支出合计中其他资本性支出	其中：各种设备、交通工具、图书购置费	资产总计（千元）	其中：固定资产原值	实际使用房屋建筑面积（万平方米）	其中：展览用房	其中：文物库房（含标本室）	实际拥有产权面积（万平方米）	文物保护规划和方案设计（个）	文物保护维修情况：国保单位保护维修项目数	其中：保护维修面积（平方米）	省保单位保护维修项目数（个）	市、县保单位保护维修项目数（个）
（甲）		59	60	61	62	63	64	65	66	67	68	69	70	71
总　　计	A	337163	28796	6622172	3388851	151.344	72.315	12.106	83.923	60	21	160305	41	50
其中：免费开放	B	296483	26939	4828814	3057944	139.426	66.443	10.786	75.766	57	20	158305	41	50
按机构类型分	—	—	—	—	—	—	—	—	—	—	—	—	—	—
综合性	C	89585	23538	2759149	1621889	73.725	33.152	6.514	38.158	47	13	28009	37	44
历史类	D	8627	828	403307	328550	19.852	9.079	0.978	15.479	6	1	696	1	1
艺术类	E	7763	761	687896	434230	24.633	11.894	1.325	15.181	3				
自然科技类	F	170790	1500	1913324	514807	11.836	6.036	1.726	3.448					
其他	G	60398	2169	858496	489375	21.299	12.154	1.563	11.657	4	7	131600	3	5
按隶属关系分	—	—	—	—	—	—	—	—	—	—	—	—	—	—
中央	H													
省区市	I	188933	6763	1097926	651995	8.971	4.410	1.552	1.350					
地市	J	63406	18259	2371457	1445735	41.852	19.279	3.570	25.088	7	9	131800		1
县市区	K	84824	3774	3152789	1291121	100.521	48.627	6.984	57.485	53	12	28505	41	49
按系统分	—	—	—	—	—	—	—	—	—	—	—	—	—	—
文物部门	L	300538	27370	4001671	2372884	93.441	40.271	8.179	55.198	53	20	159609	40	50
其他部门	M	31591	656	1585763	273709	15.640	7.060	0.569	6.966	1	1	696	1	
民办	N	5034	770	1034738	742258	42.263	24.985	3.358	21.758	6				

情况综合年报（三）

进行考古发掘情况				主办刊物（种）	国际合作项目数（个）	文化创意产品情况			文博单位举办新媒体情况				增加值（千元）
考古发掘面积（万平方米）	出土器物（件/套）	原址保护展示面积（万平方米）	异地保护展示面积（万平方米）			文化创意产品种类（个）	文化创意产品销售收入（千元）	文化创意产品销售利润（千元）	举办网站（个）	网站年访问量（次）	举办微信公众号、微博（个）	举办微信公众号、微博关注人数（人）	
72	73	74	75	76	77	78	79	80	81	82	83	84	85
2.345	1249			7	33	1164	17430	5271	102	24915687	509	4141072	657259
2.345	1249			6	32	797	12585	3774	97	24667073	454	3867531	589859
—	—	—	—	—	—	—	—	—	—	—	—	—	—
2.345	1249			2	15	387	8729	2155	32	3124634	338	1858499	359692
				1	4	41	137	39	6	262744	29	180611	59648
				4	9	475	6420	2289	45	17542960	86	1675446	75931
					2	81	612	215	8	3117530	28	184013	64769
					3	180	1532	573	11	867819	28	242503	97219
—	—	—	—	—	—	—	—	—	—	—	—	—	—
					2	117	6125	1184	6	4169576	12	646376	97743
				1	10	484	6857	2605	27	2410594	316	598006	252811
2.345	1249			6	21	563	4448	1482	69	18335517	181	2896690	306705
—	—	—	—	—	—	—	—	—	—	—	—	—	—
2.345	1249			4	23	695	12481	4037	51	20147929	377	2184340	538479
					5	3			5	414088	6	26965	59289
				3	5	466	4949	1234	46	4353670	126	1929767	59491

文物保护科学研究机构基本

		机构数（个）	从业人员（人）						登记注册志愿者人数（人）	藏品数（件/套）				
				专业技术人才				安全保卫人员			文物藏品			
					正高级职称	副高级职称	中级职称					一级品	二级品	三级品
（甲）		1	2	3	4	5	6	7	8	9	10	11	12	13
总　　计	A	5	179	86	20	23	27	11		161				
按性质分	—	—	—	—	—	—	—	—	—	—	—	—	—	—
考古研究	B	5	179	86	20	23	27	11		161				
古建研究	C													
其他研究	D													
按隶属关系分	—	—	—	—	—	—	—	—	—	—	—	—	—	—
中央	E													
省区市	F	1	135	55	17	12	16	6						
地市	G	3	33	20	2	5	7	3						
县市区	H	1	11	11	1	6	4	2		161				
按经费来源分	—	—	—	—	—	—	—	—	—	—	—	—	—	—
文物经费	K	4	174	82	20	23	25	10		161				
科研经费	L	1	5	4			2	1						
其他经费	M													

情况综合年报(一)

在藏品数中(件/套) 本年新增藏品	本年从有关部门接收文物数	本年藏品征集数	本年修复文物数(件/套)	一级品	二级品	三级品	基本陈列(个)	临时展览(个)	参观人次(万人次)	未成年人参观人次	本地居民参观人次	境外观众参观人次	举办社会教育活动(次)	参加活动人次(万人次)	未成年人参加人次	门票销售总额(千元)
14	15	16	17	18	19	20	21	22	23	24	25	26	27	28	29	30
			1920				1	1	52.100	21.500			3	0.007	0.001	
—	—	—	—	—	—	—	—	—	—	—	—	—	—	—	—	—
			1920				1	1	52.100	21.500			3	0.007	0.001	
—	—	—	—	—	—	—	—	—	—	—	—	—	—	—	—	—
			1800				1	1	52.100	21.500						
			120										3	0.007	0.001	
—	—	—	—	—	—	—	—	—	—	—	—	—	—	—	—	—
			1920				1	1	52.100	21.500			3	0.007	0.001	

文物保护科学研究机构基本

		本年完成科研成果							本年收入合计（千元）				
		省部级及以上科研课题数（个）	专利（个）	专著或图录（册）	论文数（篇）	古建维修、考古发掘报告（册）	获国家奖（个）	获省、部奖（个）		财政补助收入	基建拨款	上级补助收入	事业收入
（甲）		31	32	33	34	35	36	37	38	39	40	41	42
总　计	A			2	50	10	1	2	129331	54747		1578	70917
按性质分	—	—	—	—	—	—	—	—	—	—	—	—	—
考古研究	B			2	50	10	1	2	129331	54747		1578	70917
古建研究	C												
其他研究	D												
按隶属关系分	—	—	—	—	—	—	—	—	—	—	—	—	—
中央	E												
省区市	F				34	8			94618	43169		49459	
地市	G			2	8		1	2	29617	7946		163	21458
县市区	H				8	2			5096	3632		1415	
按经费来源分	—	—	—	—	—	—	—	—	—	—	—	—	—
文物经费	K			2	50	10	1	2	128532	54053		1473	70917
科研经费	L								799	694		105	
其他经费	M												

情况综合年报(二)

经营收入	附属单位上缴收入	其他收入	本年支出合计(千元)	基本支出	项目支出	经营支出	在支出合计中：工资福利支出	商品和服务支出	差旅费	劳务费	福利费	税金支出	对个人和家庭补助支出	抚恤金和生活补贴
43	44	45	46	47	48	49	50	51	52	53	54	55	56	57
49		2040	118925	76326	42575	24	21326	90888	3212	22659	937	1904	3375	269
—	—	—	—	—	—	—	—	—	—	—	—	—	—	—
49		2040	118925	76326	42575	24	21326	90888	3212	22659	937	1904	3375	269
—	—	—	—	—	—	—	—	—	—	—	—	—	—	—
		1990	84442	45616	38826		14282	65007	2873	19449	664	1708	1906	269
		50	29772	27078	2694		5091	23767	313	2612	184	196	825	
49			4711	3632	1055	24	1953	2114	26	598	89		644	
—	—	—	—	—	—	—	—	—	—	—	—	—	—	—
49		2040	118126	75678	42424	24	20784	90677	3212	22597	914	1904	3329	269
			799	648	151		542	211		62	23		46	

文物保护科学研究机构基本

		本年支出合计（千元）在支出合计中其他资本性支出	各种设备购置费	资产总计（千元）	固定资产原值	公用房屋建筑面积（万平方米）	文物库房（含标本室）面积	实验室面积	实际拥有产权面积（万平方米）	文物保护规划和方案设计（个）
（甲）		58	59	60	61	62	63	64	65	66
总　计	A	3336	345	112831	40923	1.948	0.558	0.407	0.099	
按性质分	—	—	—	—	—	—	—	—	—	—
考古研究	B	3336	345	112831	40923	1.948	0.558	0.407	0.099	
古建研究	C									
其他研究	D									
按隶属关系分	—	—	—	—	—	—	—	—	—	—
中央	E									
省区市	F	3247	256	93818	30849	0.414	0.099	0.010	0.099	
地市	G	89	89	17338	8399	1.454	0.399	0.387		
县市区	H			1675	1675	0.080	0.060	0.010		
按经费来源分	—	—	—	—	—	—	—	—	—	—
文物经费	K	3336	345	111761	40162	1.849	0.459	0.407	0.099	
科研经费	L			1070	761	0.099	0.099			
其他经费	M									

情况综合年报（三）

进行考古发掘情况				国际合作项目数（个）	主办刊物（种）	文化创意产品情况			文博单位举办新媒体情况				增加值（千元）
考古发掘面积（万平方米）	出土器物（件/套）	原址保护展示面积（万平方米）	异地保护展示面积（万平方米）			文化创意产品种类（个）	文化创意产品销售收入（千元）	文化创意产品销售利润（千元）	举办网站（个）	网站年访问量（次）	举办微信公众号、微博（个）	举办微信公众号、微博关注人数（人）	
67	68	69	70	71	72	73	74	75	76	77	78	79	80
3.505	19671	0.600	0.040						1	12000	1	9000	57097
—	—	—	—	—	—	—	—	—	—	—	—	—	—
3.505	19671	0.600	0.040						1	12000	1	9000	57097
—	—	—	—	—	—	—	—	—	—	—	—	—	—
1.600	14500												44477
0.740	2121	0.600	0.040						1	12000	1	9000	9264
1.165	3050												3356
—	—	—	—	—	—	—	—	—	—	—	—	—	—
3.505	19550	0.600	0.040						1	12000	1	9000	56394
	121												703

其他文物事业机构基本

		机构数(个)	从业人员(人)							登记注册志愿者(人)	藏品数(件/套)					在藏品数中(件/套)		
				专业技术人才				安全保卫人员			文物藏品				本年新增藏品		
					正高级职称	副高级职称	中级职称						一级品	二级品	三级品		本年从有关部门接收文物数	本年藏品征集数
(甲)		1	2	3	4	5	6	7	8	9	10	11	12	13	14	15	16
总　　计	A	2	18	7	3	2	2										
按隶属关系分	—	—	—	—	—	—	—	—	—	—	—	—	—	—	—	—	—
中央	B																
省区市	C	2	18	7	3	2	2										
地市	D																
县市区	E																
按部门分	—	—	—	—	—	—	—	—	—	—	—	—	—	—	—	—	—
文物部门	F	2	18	7	3	2	2										
其他部门	G																

其他文物事业机构基本

		本年收入合计(千元)	本年支出合计(千元)													
		其他收入		基本支出	项目支出	经营支出	在支出合计中									
							工资福利支出	商品和服务支出					对个人和家庭补助支出		其他资本性支出	
									差旅费	劳务费	福利费	各种税金支出		抚恤金和生活补贴		各种设备购置费
(甲)		35	36	37	38	39	40	41	42	43	44	45	46	47	48	49
总　　计	A	231	5406	5001	405		3384	1422	104	100	91		367		233	233
按隶属关系分	—	—	—	—	—	—	—	—	—	—	—	—	—	—	—	—
中央	B															
省区市	C	231	5406	5001	405		3384	1422	104	100	91		367		233	233
地市	D															
县市区	E															
按部门分	—	—	—	—	—	—	—	—	—	—	—	—	—	—	—	—
文物部门	F	231	5406	5001	405		3384	1422	104	100	91		367		233	233
其他部门	G															

情况综合年报(一)

本年修复文物数(件/套)				本年完成科研成果							本年收入合计(千元)						
	一级品	二级品	三级品	省部级及以上科研课题数(个)	专利(个)	专著或图录(册)	论文数(篇)	古建维修、考古发掘报告(册)	获国家奖(个)	获省、部奖(个)		财政补助收入		上级补助收入	事业收入	经营收入	附属单位上缴收入
													基建拨款				
17	18	19	20	21	22	23	24	25	26	27	28	29	30	31	32	33	34
											5591	5360					
—	—	—	—	—	—	—	—	—	—	—	—	—	—	—	—	—	—
											5591	5360					
—	—	—	—	—	—	—	—	—	—	—	—	—	—	—	—	—	—
											5591	5360					

情况综合年报(二)

资产总计(千元)		实际使用房屋建筑面积(万平方米)			实际拥有产权面积(万平方米)	文物保护规划和方案方案设计(个)	文物保护单位保护维修情况				进行考古发掘情况				国际合作项目数(个)	增加值(千元)
	固定资产原值		展览用房	文物库房			国保单位保护维修项目数		省保单位保护维修项目数(个)	市、县保单位保护维修项目数(个)	考古发掘面积(万平方米)	出土器物(件/套)	原址保护展示面积(万平方米)	异地保护展示面积(万平方米)		
								保护维修面积(平方米)								
50	51	52	53	54	55	56	57	58	59	60	61	62	63	64	65	66
3903	2126	0.056														4034
—	—	—	—	—	—	—	—	—	—	—	—	—	—	—	—	—
3903	2126	0.056														4034
—	—	—	—	—	—	—	—	—	—	—	—	—	—	—	—	—
3903	2126	0.056														4034

文物商店基本情况

		机构数（个）	从业人员（人）					库存文物数（件/套）			
				专业技术人才					一级品	二级品	三级品
					正高级职称	副高级职称	中级职称				
（甲）		1	2	3	4	5	6	7	8	9	10
总　　计	A	9	78	23		1	11	20253		13	400
按隶属关系分	—	—	—	—	—	—	—	—	—	—	—
中央	B										
省区市	C										
地市	D	7	65	16			5	20253		13	400
县市区	E	2	13	7		1	6				
按系统分	—	—	—	—	—	—	—	—	—	—	—
文物部门	F	9	78	23		1	11	20253		13	400
其他部门	G										

文物商店基本情况

		损益（千元）									
		营业成本					营业利润	营业外收入		营业外支出	利润总额
			养老、医疗、失业等各种社会保险费	住房公积金和住房补贴	差旅费	工会经费			政府补助（补贴收入）		
（甲）		20	21	22	23	24	25	26	27	28	29
总　　计	A	19500	826	296	219	43	2623	284	50	185	2722
按隶属关系分			—	—	—	—	—	—	—	—	—
中央	B										
省区市	C										
地市	D	13784	826	296	219	43	2271	284	50	185	2370
县市区	E	5716					352				352
按系统分	—	—	—	—	—	—	—	—	—	—	—
文物部门	F	19500	826	296	219	43	2623	284	50	185	2722
其他部门	G										

综合年报(一)

资产、负债、所有者权益(千元)							损益(千元)	
资产总计			负债合计	所有者权益合计			营业收入	
	固定资产原价	当年提取的折旧总额			实收资本			主营业务收入
						国家资本金		
11	12	13	14	15	16	17	18	19
89427	21354	376	25780	63647	13258	12178	22123	18980
—	—	—	—	—	—	—		—
74732	17123	353	24209	50523	11758	10678	16055	12912
14695	4231	23	1571	13124	1500	1500	6068	6068
—	—	—	—	—	—	—		—
89427	21354	376	25780	63647	13258	12178	22123	18980

综合年报(二)

工资、福利费、税金(千元)			实际使用房屋建筑面积(万平方米)			实际拥有产权面积(万平方米)	增加值(千元)
本年发放工资总额	本年支付的职工福利费	本年应缴税金总额		营业用房	库房		
30	31	32	33	34	35	36	37
4765	477	1043	0.462	0.344	0.085	0.167	10582
—	—	—	—	—	—	—	—
3876	477	897	0.322	0.264	0.025	0.027	9172
889		146	0.140	0.080	0.060	0.140	1410
—	—	—	—	—	—	—	—
4765	477	1043	0.462	0.344	0.085	0.167	10582

其他文物企业机构基本

		机构数(个)	从业人员(人)					资产
				专业技术人才	正高级职称	副高级职称	中级职称	
(甲)		1	2	3	4	5	6	7
总计	A	5	128	67	3	11	32	116521
按隶属关系分	—	—	—	—	—	—	—	—
中央	B							
省区市	C	3	89	67	3	11	32	108550
地市	D	1	18					5687
县市区	E	1	21					2284
按系统分	—	—	—	—	—	—	—	—
文物部门	F	3	89	67	3	11	32	108550
其他部门	G	2	39					7971

其他文物企业机构基本

		损益(千元)						
		营业成本			投资收益	营业利润	营业外收入	
		住房公积金和住房补贴	差旅费	工会经费				政府补助(补贴收入)
(甲)		18	19	20	21	22	23	24
总计	A	986	1717	6		11912	3118	3095
按隶属关系分	—	—	—	—	—	—	—	—
中央	B							
省区市	C	876	1716			14789	23	
地市	D	87		6		−2525	2736	2736
县市区	E	23	1			−352	359	359
按系统分	—	—	—	—	—	—	—	—
文物部门	F	876	1716			14789	23	
其他部门	G	110	1	6		−2877	3095	3095

情况综合年报(一)

资产、负债、所有者权益(千元)						损益(千元)			
总计		负债合计	所有者权益合计			营业收入		营业成本	
固定资产原价	当年提取的折旧总额			实收资本			主营业务收入		养老、医疗、失业等各种社会保险费
					国家资本金				
8	9	10	11	12	13	14	15	16	17
58949	3015	27526	88995	22750	21800	55236	55225	43324	1925
—	—	—	—	—	—	—	—	—	—
57305	2959	18079	90471	20950	20800	52216	52205	37427	1610
298	56	4601	1086	800		717	717	3242	199
1346		4846	—2562	1000	1000	2303	2303	2655	116
—	—	—	—	—	—	—	—	—	—
57305	2959	18079	90471	20950	20800	52216	52205	37427	1610
1644	56	9447	—1476	1800	1000	3020	3020	5897	315

情况综合年报(二)

		工资、福利费、税金(千元)			实际使用房屋建筑面积(万平方米)		实际拥有产权面积(万平方米)	增加值(千元)
营业外支出	利润总额	本年发放工资总额	本年支付的职工福利费	本年应缴税金总额		业务用房		
25	26	27	28	29	30	31	32	33
57	14973	13330	1263	6780	1.537	1.155	0.003	42204
—	—	—	—	—	—	—	—	—
56	14756	11167	1089	6714	0.209	0.207	0.003	39314
1	210	1059	98	52	1.027	0.879		1557
	7	1104	76	14	0.300	0.070		1333
—	—	—	—	—	—	—	—	—
56	14756	11167	1089	6714	0.209	0.207	0.003	39314
1	217	2163	174	66	1.327	0.949		2890

文物拍卖企业基本

		机构数（个）	从业人员（人）	资产、负债、所有者权益（千元）：资产总计	资产总计：固定资产原价	资产总计：当年提取的折旧总额	负债合计	所有者权益合计	所有者权益合计：实收资本	实收资本：国家资本金	营业收入	营业收入：主营业务收入	营业	营业：养老、医疗、失业等各种社会保险费
（甲）		1	2	3	4	5	6	7	8	9	10	11	12	13
总　　计	A	7	110	194321	40290	1822	80806	113515	62500	6600	37599	37599	21437	1963
按隶属关系分	—	—	—	—	—	—	—	—	—	—	—	—	—	—
中央	B													
省区市	C	6	89	180305	31078	1427	78902	101403	52000	6600	34265	34265	18627	1850
地市	D	1	21	14016	9212	395	1904	12112	10500		3334	3334	2810	113
县市区	E													
文物拍卖经营资质类型	—	—	—	—	—	—	—	—	—	—	—	—	—	—
第一、二、三类文物	F	5	73	131983	37204	1364	44873	87110	42500		16671	16671	14413	1365
第二、三类文物	G	2	37	62338	3086	458	35933	26405	20000	6600	20928	20928	7024	598
按登记注册类型分	—	—	—	—	—	—	—	—	—	—	—	—	—	—
国有	H													
集体	I													
其他	J	7	110	194321	40290	1822	80806	113515	62500	6600	37599	37599	21437	1963

情况综合年报

损益（千元）								工资、福利费、税金（千元）			文物标的拍卖情况					经营面积（万平方米）
成本			营业利润	营业外收入		营业外支出	利润总额	本年发放工资总额	本年支付的职工福利费	本年应缴税金总额	拍卖会场次（场）	上拍标的件数（件/套）	成交量（件/套）	成交额（千元）	佣金额（千元）	
住房公积金和住房补贴	差旅费	工会经费			政府补助（补贴收入）											
14	15	16	17	18	19	20	21	22	23	24	25	26	27	28	29	30
170	689	98	16162	215		91	16286	6600	452	4509	11	8737	5060	198685	23538	0.364
—	—	—	—	—	—	—	—	—	—	—	—	—	—	—	—	—
170	589	85	15638	58		80	15616	5689	416	3955	9	8120	4633	198047	23453	0.250
	100	13	524	157		11	670	911	36	554	2	617	427	638	85	0.114
—	—	—	—	—	—	—	—	—	—	—	—	—	—	—	—	—
38	663	19	2258	157		19	2396	2599	65	2056	10	8154	4552	77685	3166	0.314
132	26	79	13904	58		72	13890	4001	387	2453	1	583	508	121000	20372	0.050
—	—	—	—	—	—	—	—	—	—	—	—	—	—	—	—	—
170	689	98	16162	215		91	16286	6600	452	4509	11	8737	5060	198685	23538	0.364

文物保护资金支持项目基本

		项目数（个）	项目总预算（千元）		累计拨入项目经费（千元）			
					中央补助	省级专项补助	市、县级补助	
（甲）		1	2	3	4	5	6	7
总　　计	A	323	849981	433777	181592	107346	128773	276803
按部门分	—	—	—	—	—	—	—	—
文物部门	B	293	770154	403869	162372	102786	125677	245045
其他部门	C	30	79827	29908	19220	4560	3096	31758
按文物保护单位级别分	—	—	—	—	—	—	—	—
全国重点文物保护单位	D	67	592233	263149	146832	50322	64149	155442
省级文物保护单位	E	96	170103	123810	33260	56004	26786	68733
市、县级文物保护单位	F	84	57583	32807	800	1020	26145	37150
非文物保护单位	G	76	30062	14011	700		11693	15478
按项目内容分	—	—	—	—	—	—	—	—
文物维修保护工程	H	253	697339	343893	117684	95490	122077	189656
文物考古调查、发掘	I	17	34380	34380	31860	2520		24480
安消防及防雷等保护性工程	J	16	79692	34692	25718	2106		44760
可移动文物保护	K	1	1000	700	700			700
陈列展览	L	9	20130	6134	2590	280	2950	7239
其他	M	27	17440	13978	3040	6950	3746	9968

情况综合年报

本年项目资金来源合计(千元)					本年支出合计(千元)	项目累计支出(千元)	维修面积(万平方米)	本年修复文物数(件)
财政拨款				其他资金				
	中央补助	省级补助	市、县级补助					
8	9	10	11	12	13	14	15	16
253403	152425	45903	52806	23244	230005	327327	107.577	21
—	—	—	—	—	—	—	—	—
227295	133205	42943	49178	17594	200137	295557	105.175	21
26108	19220	2960	3628	5650	29868	31770	2.403	
—	—	—	—	—	—	—	—	—
155442	127565	15730	11847		132977	181837	92.495	10
59097	23360	29603	6134	9480	56428	100018	6.719	11
25711	800	570	23291	11439	27778	32256	7.503	
13153	700		11534	2325	12822	13216	0.860	
—	—	—	—	—	—	—	—	—
166456	86237	34289	44511	23044	172999	257667	43.193	10
24480	21960	2520			20938	30638	0.035	
44760	40943	2324	1243		22902	23200	3.876	11
700	700				3	3		
7039	685	2690	3064	200	3487	3601	0.445	
9968	1900	4080	3988		9676	12218	60.028	

非物质文化遗产保护

		机构数（个）	工作人员数（人）									举办	
				专职人员	在编人员	专业技术人才				举办展览（个）			
							正高级职称	副高级职称	中级职称		参观人次（万人次）		进社区次数
（甲）		1	2	3	4	5	6	7	8	9	10	11	12
总　　计	A	101	399	273	263	250	24	50	104	1404	423.650	7859	3615
中央	B												
省区市	C	1	7		7	7	4	2	1	3	44.270	38	11
地市	D	11	87	58	45	55	9	11	16	144	64.400	581	277
县市区	E	89	305	215	211	188	11	37	87	1257	314.980	7240	3327

非物质文化遗产保护

		普查成果						
		录像资料（小时）	调查报告（篇）	出版成果（册）				资源清单（册）
					非遗图书	非遗专刊	非遗乡土教材	
（甲）		27	28	29	30	31	32	33
总　　计	A	6041	461	65554	5223	1260	63641	665
中央	B							
省区市	C			22	22			
地市	D	2090	49	52	24	24	15	220
县市区	E	3951	412	65480	5177	1236	63626	445

非物质文化遗产保护

		本年支出								
		基本支出	项目支出	经营支出	在支出					
					工资福利支出	商品和服务支出				
							差旅费	劳务费	福利费	税金支出
（甲）		43	44	45	46	47	48	49	50	51
总　　计	A	17604	46698		15248	41536	694	4882	482	9
中央	B									
省区市	C	2395	22850		1434	20219	133	1236	58	
地市	D	5802	6418		4133	6971	112	877	32	8
县市区	E	9407	17430		9681	14346	449	2769	392	1

情况综合年报（一）

宣传展示培训活动										普查成果			
演出（场）		举办民俗活动（次）		开展非遗工作人员培训班班次（次）		开展传承人群培训班班次（次）		组织非遗研讨会次数（次）	组织非遗讲座数量（次）	项目资源总量（累计）	征集实物（件/套）	征集文本资料（册）	录音资料（小时）
进校园次数	观众人次（万人次）		参与人次（万人次）		培训人次（万人次）		培训人次（万人次）						
13	14	15	16	17	18	19	20	21	22	23	24	25	26
794	442.255	1326	762.036	578	3.266	1870	7.616	155	487	287871	12110	5506	5642
14	6.160			3	0.045			1			38		2
147	82.750	28	11.670	23	0.154	147	0.440	24	66	8336	1031	640	1917
633	353.345	1298	750.366	552	3.068	1723	7.176	130	421	279535	11041	4866	3723

情况综合年报（二）

本年收入合计（千元）								本年支出合计（千元）
	财政补贴收入		上级补助收入	事业收入	经营收入	附属单位上缴收入	其他收入	
		基建拨款						
34	35	36	37	38	39	40	41	42
68567	63485		3169	47			1866	67634
23211	22701						510	25245
13765	13704			47			14	12220
31591	27080		3169				1342	30169

情况综合年报（三）

合计（千元）				资产合计（千元）		实际使用房屋建筑面积（万平方米）	实际拥有产权面积（万平方米）	增加值（千元）
合计中					固定资产原值			
对个人和家庭补助支出		其他资本性支出						
	抚恤金和生活补助		各种设备、交通工具、图书购置费					
52	53	54	55	56	57	58	59	60
2012		5432	457	34507	27176	6.439	4.071	24401
137		2948		924		0.054		2870
201		386	289	4455	4046	1.572	1.074	5515
1674		2098	168	29128	23130	4.813	2.997	16016

独立核算非物质文化遗产保护

(甲)		机构数（个）	工作人员数（人）							举办展览（个）		举办	
				专职人员	在编人员	专业技术人才							
							正高级职称	副高级职称	中级职称		参观人次（万人次）		进社区次数
(甲)		1	2	3	4	5	6	7	8	9	10	11	12
总　计	A	20	100	60	64	56	7	12	22	350	130.342	1126	788
中央	B												
省区市	C	1	7		7	7	4	2	1	3	44.270	38	11
地市	D	3	37	18	21	18	2	6	7	84	20.100	169	129
县市区	E	16	56	42	36	31	1	4	14	263	65.972	919	648

独立核算非物质文化遗产保护

		普查成果						
				出版成果（册）				
		录像资料（小时）	调查报告（篇）		非遗图书	非遗专刊	非遗乡土教材	资源清单（册）
(甲)		27	28	29	30	31	32	33
总　计	A	3307	78	163	58	51	54	216
中央	B							
省区市	C			22	22			
地市	D	1548	5	35	10	5	15	164
县市区	E	1759	73	106	26	46	39	52

独立核算非物质文化遗产保护

		本年支出合计（千元）								
					在支出合计中					
						商品和服务支出				
		基本支出	项目支出	经营支出	工资福利支出		差旅费	劳务费	福利费	税金支出
(甲)		43	44	45	46	47	48	49	50	51
总　计	A	17604	46698		15248	41536	694	4882	482	9
中央	B									
省区市	C	2395	22850		1434	20219	133	1236	58	
地市	D	5802	6418		4133	6971	112	877	32	8
县市区	E	9407	17430		9681	14346	449	2769	392	1

情况综合年报(一)

宣传展示培训活动										普查成果			
演出(场)		举办民俗活动(次)		开展非遗工作人员培训班班次(次)		开展传承人群培训班班次(次)		组织非遗研讨会次数(次)	组织非遗讲座会次数(次)	项目资源总量(累计)	征集实物(件/套)	征集文本资料(册)	录音资料(小时)
进校园次数	观众人次(万人次)		参与人次(万人次)		培训人次(万人次)		培训人次(万人次)						
13	14	15	16	17	18	19	20	21	22	23	24	25	26
204	88.698	192	88.440	249	1.221	341	1.095	29	57	23564	2625	1771	3540
14	6.160			3	0.045			1			38		2
32	20.300	7	3.710	6	0.038	5	0.026	8	20	5030	507	320	1576
158	62.238	185	84.730	240	1.138	336	1.070	20	37	18534	2080	1451	1962

情况综合年报(二)

本年收入合计(千元)								本年支出合计(千元)
	财政补贴收入		上级补助收入	事业收入	经营收入	附属单位上缴收入	其他收入	
		基建拨款						
34	35	36	37	38	39	40	41	42
68567	63485		3169	47			1866	67634
23211	22701						510	25245
13765	13704			47			14	12220
31591	27080		3169				1342	30169

情况综合年报(三)

				资产合计(千元)		实际使用房屋建筑面积(万平方米)	实际拥有产权面积(万平方米)	增加值(千元)
对个人和家庭补助支出		其他资本性支出			固定资产原值			
	抚恤金和生活补助		各种设备、交通工具、图书购置费					
52	53	54	55	56	57	58	59	60
2012		5432	457	34507	27176	3.080	2.299	24401
137		2948		924		0.054		2870
201		386	289	4455	4046	1.562	1.074	5515
1674		2098	168	29128	23130	1.464	1.225	16016

对外、对港澳台文化交流活动基本

		演出团体机构数(个)	参与交流人员(人)		演出(展览)天数(天)	演出(展览)场次(场)
				演展人员		
(甲)		1	2	3	4	5
总　　计	A	86	1173	961	1174	153
按交流活动性质分	—	—	—	—	—	—
出访	B	68	849	691	796	119
来访	C	18	324	270	378	34
按交流活动分	—	—	—	—	—	—
演出	D	27	771	738	195	105
展览	E	22	213	180	722	31
国际会议	F	11	36	17	20	2
其他	G	26	153	26	237	15
按交流活动范围分	—	—	—	—	—	—
国外	H	63	815	679	847	122
香港	I	10	184	151	130	9
澳门	J					
台湾	K	13	174	131	197	22
按组团性质分	—	—	—	—	—	—
商业	L	6	126	111	227	8
非商业	M	80	1047	850	947	145
按主办方类型分	—	—	—	—	—	—
官方	N	49	733	671	627	89
民间	O	37	440	290	547	64
按经费来源分	—	—	—	—	—	—
国内财政拨款	P	60	706	554	575	101
外方负担	Q	19	227	198	402	36
按比例分摊	R	7	240	209	197	16
是否参与海外中国文化中心活动	—	—	—	—	—	—
参与	S	11	103	95	66	19
不参与	T	75	1070	866	1108	134

情况综合年报

演出观众(参观)人次(人次)	经费收入合计(千元)			
		财政补贴收入	演展收入	外方资助
6	7	8	9	10
1318880	9382	4967	1808	947
—	—	—	—	—
858807	8961	4967	1788	947
460073	421		20	
—	—	—	—	—
268780	5034	3264	1380	20
1036470	4130	1561	370	909
780	111	93		18
12850	107	49	58	
—	—	—	—	—
1263893	6654	3105	1330	929
38387	1618	1062	438	18
16600	1110	800	40	
—	—	—	—	—
563000	1079		70	909
755880	8303	4967	1738	38
—	—	—	—	—
699580	8383	4967	1738	18
619300	999		70	929
—	—	—	—	—
605573	6415	3467	1368	20
665300	1447		420	927
48007	1520	1500	20	
—	—	—	—	—
33600	2713	1314	510	
1285280	6669	3653	1298	947

动漫企业基本情况

		机构数(个)	从业人员(人)		资产、负债、所有者权益(千元)						
				具有大专以上学历人员	资产总计			负债合计	所有者权益合计		
						固定资产原值	当年提取的折旧总额			实收资本(股本)	
											国家资本金
(甲)		1	2	3	4	5	6	7	8	9	10
总　计	A	24	991	819	2231064	95291	13643	1056529	1174535	373946	
按城乡分	—	—	—	—	—	—	—	—	—	—	—
城市	B	21	814	661	2138434	67847	9530	982674	1155760	325936	
县城	C	3	177	158	92630	27444	4113	73855	18775	48010	
县以下	D										
按登记注册类型分	—	—	—	—	—	—	—	—	—	—	—
内资企业	E	24	991	819	2231064	95291	13643	1056529	1174535	373946	
港澳台商投资企业	F										
外商投资企业	G										
按部门分	—	—	—	—	—	—	—	—	—	—	—
文化部门	H	22	899	733	2077077	85209	9034	1041514	1035563	352946	
其他部门	I	2	92	86	153987	10082	4609	15015	138972	21000	
按机构类型分	—	—	—	—	—	—	—	—	—	—	—
漫画创作企业	J	1									
动画创作、制作企业	K	21	842	687	2160527	68971	9571	987759	1172768	329946	
网络动漫(含手机动漫)创作制作企业	L	1	7	7	1499	556	117	186	1313	1000	
动漫舞台剧(节)目创作演出企业	M										
动漫软件开发企业	N										
动漫衍生产品研发设计企业	O	1	142	125	69038	25764	3955	68584	454	43000	

综合年报(一)

损益(千元)							
营业总收入			营业总成本				
	主营业务收入			养老、失业等保险费	住房公积金和住房补贴	差旅费	工会经费
		自主开发生产动漫产品收入					
11	12	13	14	15	16	17	18
482636	474496	272132	444723	10279	2273	2778	367
—	—	—	—	—	—	—	—
447552	446672	269387	414431	9376	2066	2109	357
35084	27824	2745	30292	903	207	669	10
—	—	—	—	—	—	—	—
482636	474496	272132	444723	10279	2273	2778	367
—	—	—	—	—	—	—	—
408429	400302	221179	411737	9429	2088	2720	322
74207	74194	50953	32986	850	185	58	45
—	—	—	—	—	—	—	—
450504	442364	272132	417572	9393	2065	2013	356
7053	7053		7342	32	1	106	1
25079	25079		19809	854	207	659	10

动漫企业基本情况

		损益(千元)						工资、福利费、税金(千元)		
		营业总成本	营业利润	营业外收入		营业外支出	利润总额	本年发放工资总额	本年支付的职工福利费	本年应缴税金总额
		动漫产品研究开发经费			政府补助(补贴收入)					
(甲)		19	20	21	22	23	24	25	26	27
总　计	A	52053	37913	19960	15838	-2507	60380	69027	1853	25977
按城乡分	—	—	—	—	—	—	—	—	—	—
城市	B	50743	33121	19437	15838	-2535	55093	61995	1690	25015
县城	C	1310	4792	523		28	5287	7032	163	962
县以下	D									
按登记注册类型分	—	—	—	—	—	—	—	—	—	—
内资企业	E	52053	37913	19960	15838	-2507	60380	69027	1853	25977
港澳台商投资企业	F									
外商投资企业	G									
按部门分	—	—	—	—	—	—	—	—	—	—
文化部门	H	41652	-3308	17564	15815	-2509	16765	61175	1828	22904
其他部门	I	10401	41221	2396	23	2	43615	7852	25	3073
按机构类型分	—	—	—	—	—	—	—	—	—	—
漫画创作企业	J									
动画创作、制作企业	K	51461	32932	19509	15438	-2523	54964	62784	1665	24337
网络动漫(含手机动漫)创作制作企业	L	592	-289	401	400	1	111	270	41	901
动漫舞台剧(节)目创作演出企业	M									
动漫软件开发企业	N									
动漫衍生产品研发设计企业	O		5270	50		15	5305	5973	147	739

综合年报(二)

经营面积（万平方米）	本单位拥有知识产权数量（个）		原创漫画作品（部）	原创动画作品（部）	网络动漫（含手机动漫）下载次数（次）	动漫舞台剧演出场次（次）	增加值（千元）
		自主知识产权动漫软件					
28	29	30	31	32	33	34	35
2.800	1100	263	458	128	6967699518	180	216085
—	—	—	—	—	—	—	—
1.910	813	262	455	125	6967019518	180	197383
0.890	287	1	3	3	680000		18702
—	—	—	—	—	—	—	—
2.800	1100	263	458	128	6967699518	180	216085
—	—	—	—	—	—	—	—
2.670	1100	263	457	127	6967699518	180	158197
0.140			1	1			57888
—	—	—	—	—	—	—	—
1.900	816	260	157	127	6967697518	180	197518
0.020	2	2	300		2000		1370
0.880	282	1	1	1			17197

文化产业示范（试验）园区和产业示范

		机构数（个）	从业人员（人）				资产、负债、		
				具有大学专科以上学历人员	具有中级职称以上人员	技术研发岗位人员	资产总计		
								固定资产原价	当年提取的折旧总额
（甲）		1	2	3	4	5	6	7	8
总　　计	A	52	47871	11053	1140	3187	49674646	9426426	762656
按机构类型分	—	—	—	—		—	—	—	—
国家级文化产业示范园区	B	2	2810	207	36	82	5080401	348356	5722
国家级文化产业试验园区	C	1	10	10	4	2	2317	2317	126
国家文化产业示范基地（单体企业）	D	12	7904	2933	346	504	15529901	3962800	259438
国家文化产业示范基地（集聚类）	E	2	499	203	21	86	517915	369874	19761
省级文化产业示范园区	F	5	13607	48	10		7039457	524659	1460
省级文化产业示范基地	G	30	23041	7652	723	2513	21504655	4218420	476149
按隶属关系分	—	—	—	—		—	—	—	—
中央	H								
省区市	I	1	90	79	42		74530	36738	2045
地市	J	2	321	175	158	2	151763	62432	7722
县市区	K	49	47460	10799	940	3185	49448353	9327256	752889
按部门分	—	—	—	—		—	—	—	—
文化部门	L	17	11303	3422	445	672	21202747	4717768	286966
其他部门	M	35	36568	7631	695	2515	28471899	4708658	475690

基地基本情况综合年报(一)

所有者权益(千元)				损益(千元)					
负债合计	所有者权益合计			营业收入		营业成本			
		实收资本(股本)			主营业务收入		养老、医疗、失业等各种社会保险费	住房公积金和住房补贴	差旅费
			国家资本						
9	10	11	12	13	14	15	16	17	18
19057736	30616910	7569075	586841	27126288	26816414	23862146	240824	23127	84872
—	—	—	—	—	—	—	—	—	—
1485760	3594641	959573		778313	777482	501905	2935		1242
	2317			3107	3107	3107	380	210	37
3885479	11644422	2398489	24841	5416831	5264439	3957253	64724	10749	26691
390927	126988	110265		97885	97818	97236	226		291
1871061	5168396	500000	500000	130108	129787	167707	1444	627	233
11424509	10080146	3600748	62000	20700044	20543781	19134938	171115	11541	56378
—	—	—	—	—	—	—	—	—	—
12471	62059	22000	22000	11744	8486	34415	2685	1400	1679
31840	119923	30000	30000	41941	39933	64919	1598	462	187
19013425	30434928	7517075	534841	27072603	26767995	23762812	236541	21265	83006
—	—	—	—	—	—	—	—	—	—
5774637	15428110	3490327	46841	6304773	6148225	4590809	70570	12149	29903
13283099	15188800	4078748	540000	20821515	20668189	19271337	170254	10978	54969

文化产业示范（试验）园区和产业示范

		损益（千元）							
		营业成本		营业利润	营业外收入		营业外支出	利润总额	
		工会经费	技术研发经费			政府补助			净利润
（甲）		19	20	21	22	23	24	25	26
总　计	A	24213	601897	3264142	297251	262256	80450	3480943	2561158
按机构类型分	—		—	—	—	—	—	—	—
国家级文化产业示范园区	B	7	14274	276408	6508	1641	30506	252410	225084
国家级文化产业试验园区	C	20	800		4500	4500		4500	
国家文化产业示范基地（单体企业）	D	5440	138974	1459578	63012	59272	18664	1503926	1220793
国家文化产业示范基地（集聚类）	E		3291	649	1751	1731	428	1972	－7370
省级文化产业示范园区	F	171		－37599	24830	22952	150	－12919	－34992
省级文化产业示范基地	G	18575	444558	1565106	196650	172160	30702	1731054	1157643
按隶属关系分	—		—	—	—	—	—	—	—
中央	H								
省区市	I	226		－22671	23148	21526	28	449	449
地市	J	555	800	－22978	22908	22790	134	－204	－4704
县市区	K	23432	601097	3309791	251195	217940	80288	3480698	2565413
按部门分	—		—	—	—	—	—	—	—
文化部门	L	5673	156539	1713964	94419	84170	49626	1758757	1438956
其他部门	M	18540	445358	1550178	202832	178086	30824	1722186	1122202

基地基本情况综合年报(二)

工资、福利费、税金(千元)			经营面积(万平方米)	获得国家级文化奖项数量(个)	向社会捐赠总额(千元)	获得著作权、发明专利总数(项)	辖区内单体企业数量(个)
本年发放工资总额	本年支付的职工福利费	本年应缴税金总额					
27	28	29	30	31	32	33	34
1962228	145868	1608039	1395.782	43	12005111	2272	10060
—	—	—	—	—	—	—	—
78335	535	17656	21.390		812	78	
1620	40	50	0.194				3558
461962	35503	549767	118.635	9	1747	457	19
12980	241	4048	13.189	12	73	81	5148
8785	657	29276	776.000	5		232	1221
1398546	108892	1007242	466.375	17	12002479	1424	114
—	—	—	—	—	—	—	—
11618	824	714	0.705				
33046	2591	3358	1.430	3			3564
1917564	142453	1603967	1393.647	40	12005111	2272	6496
—	—	—	—	—	—	—	—
564895	37103	572185	153.919	21	2632	616	5167
1397333	108765	1035854	1241.863	22	12002479	1656	4893

文化产业增加值

		总产出（千元）	中间消耗（千元）	增加值（千元）
（甲）		1	2	3
总　计	A	229302860	153871723	75431137
艺术业	B	155864545	148649309	7215236
其中：艺术表演团体	C	155504856	148528091	6976765
艺术表演场馆	D	1473914	805428	668486
图书馆	E	1863732	514354	1349378
群众文化	F	1640114	221185	1418929
艺术教育	G	478689	146197	332492
文化市场经营机构	H	63828370	5177757	58650613
动漫企业	I	482636	266551	216085
文艺科研	J	93645	48284	45361
文物业	K	2712541	1228244	1484297
其他	L	2338588	－2380158	4718746

经营性文化产业增加值

		总产出（千元）	中间消耗（千元）	增加值（千元）
（甲）		1	2	3
总　计	A	220642393	154649528	65992865
文化艺术服务	B	156065241	149108508	6956733
文艺创作与表演	C	187816	30608	148118
艺术表演场馆	D	168298	59145	109153
文化休闲娱乐服务	G	63828370	5177757	58650613
娱乐场所	H	6530783	3039964	3490819
互联网上网服务营业场所（网吧）	I	2966339	1225546	1740793
动漫企业服务	O	482636	266551	216085
文化用品、设备及相关文化产品的生产与销售	P			
其中：文物商店	Q	22123	11541	10582
其他	R	266146	96712	169434

综合年报

劳动者报酬（千元）	生产税净额（千元）	固定资产折旧（千元）	营业盈余（千元）
4	5	6	7
64540324	3750000	987275	6153538
3938589	3123109	67666	85872
3761935	3108302	36447	70081
392525	63065	31219	181677
1126874	2154	220222	128
1110510	942	307190	287
306888	12	25415	177
55822628	549233		2278752
83829	25977	13643	92636
40330	2315	2191	525
1124631	27116	230720	101830
986045	19142	120228	3593331

综合年报

劳动者报酬（千元）	生产税净额（千元）	固定资产折旧（千元）	营业盈余（千元）
4	5	6	7
59504500	3765705	76085	2646575
3522978	3165461	25128	243166
121462	7845	17343	1468
82484	10152	7785	8732
55822628	549233		2278752
2066922	281240		1142657
991925	77619		671249
83829	25977	13643	92636
6403	1043	376	2760
75065	25034	37314	32021

文化部门增加值

		总产出（千元）	中间消耗（千元）	增加值（千元）
（甲）		1	2	3
总　　计	A	10585835	3873922	6711913
第一产业	B			
第二产业	C	11658	8389	3269
制造业	D		－173	173
建筑业	E			
第三产业	F	10574177	3865533	6708644
其中：文化产业	G	81276	29621	51655
批、零、餐饮业	H	22123	11541	10582
房地产业	I	21842	5628	16214

文化部门文化产业增加值

		总产出（千元）	中间消耗（千元）	增加值（千元）
（甲）		1	2	3
总　　计	A	10585835	3873922	6711913
艺术业	B	1215147	307393	907754
其中：艺术表演团体	C	904335	202648	701687
艺术表演场馆	D	310812	104745	206067
图书馆	E	1859120	512126	1346994
群众文化	F	1640114	221185	1418929
艺术教育	G	478689	146197	332492
文艺科研	I	93645	48284	45361
文物业	J	2554933	1192497	1362436
其他	K	2744187	1446240	1297947

综合年报

劳动者报酬（千元）	生产税净额（千元）	固定资产折旧（千元）	营业盈余（千元）
4	5	6	7
5503075	96436	933909	178493
2518	121	419	211
		173	
5500557	96315	933490	178282
32412	1274	15463	2506
6403	1043	376	2760
2860	3583	7655	2116

综合年报

劳动者报酬（千元）	生产税净额（千元）	固定资产折旧（千元）	营业盈余（千元）
4	5	6	7
5503075	96436	933909	178493
811000	23128	60533	13093
653630	9091	36361	2605
157370	14037	24172	10488
1125176	2154	219536	128
1110510	942	307190	287
306888	12	25415	177
40330	2315	2191	525
1049028	25839	190029	97540
1060143	42046	129015	66743

附 录

ZHEJIANG CULTURE YEARBOOK

浙江省国家历史文化名城

杭州　国家级　第一批 1982 年
绍兴　国家级　第一批 1982 年
宁波　国家级　第二批 1986 年
衢州　国家级　第三批 1994 年
临海　国家级　第三批 1994 年
金华　国家级　2007 年
嘉兴　国家级　2011 年
湖州　国家级　2014 年
温州　国家级　2016 年
龙泉　国家级　2017 年

浙江省省级历史文化名城

余姚　省级　第一批 1991 年
舟山　省级　第一批 1991 年
东阳　省级　第一批补 1996 年
兰溪　省级　第二批 2000 年
天台　省级　第二批 2000 年
松阳　省级　第二批 2000 年
瑞安　省级　第二批 2000 年
龙泉　省级　第二批 2000 年
海宁　省级　单独 2010 年
丽水　省级　单独 2014 年
平阳　省级　单独 2015 年

浙江省全国文化先进单位

1995 年　诸暨市、萧山市
1996 年　慈溪市、嵊州市
1997 年　东阳市、平阳县、海宁市、宁波市海曙区
1998 年　嘉善县、义乌市、宁波市镇海区、上虞市
2000 年　乐清市、宁波市北仑区
2002 年　鄞县、兰溪市、海盐县
2005 年　长兴县、桐庐县、德清县
2009 年　平湖市、临海市、杭州市拱墅区
2014 年　江干区、玉环县、瑞安市

全国文化工作模范地区

1995 年　余姚市、桐乡市

全国文化工作先进地区

1991 年　绍兴县、杭州市余杭区

浙江省文化先进县(市、区)

1997 年

余杭市、萧山市、慈溪市、余姚市、宁波市海曙区、东阳市、嵊州市、绍兴县、诸暨市、海宁市、平阳县

2000 年

桐庐县、宁波市镇海区、宁波市北仑区、鄞县、乐清市、瑞安市、海盐县、上虞市、浦江县、兰溪市

2002 年

德清县、临海市、玉环县

2003 年

长兴县、平湖市、台州市椒江区

2005 年

杭州市西湖区、富阳市、象山县、嘉兴市秀洲区、嘉兴市南湖区、永康市、舟山市普陀区

2007 年

杭州市拱墅区、温岭市

2009 年

杭州市江干区、建德市、奉化市、宁海县、安吉县、常山县

2011 年

龙泉市、景宁畲族自治县区

2013 年

杭州市下城区、临安市、宁波市江北区、宁波市江东区、温州市龙湾区、永嘉县、苍南县、文成县、武义县、开化县、江山市、岱山县、台州市路桥区、三门县

2014 年

温州市瓯海区、遂昌县、缙云县、云和县、松阳县

浙江省中国民间文化艺术之乡

(2014—2016 年度)

浙江省绍兴市嵊州市	嵊州越剧
浙江省嘉兴市秀洲区	秀洲农民画
浙江省湖州市南浔区善琏镇	湖笔制作
浙江省湖州市长兴县	长兴百叶龙
浙江省嘉兴市嘉善县	嘉善田歌
浙江省舟山市定海区白泉镇	舟山锣鼓
浙江省温州市乐清市	细纹刻纸、黄杨木雕
浙江省丽水市景宁畲族自治县	畲族民间歌舞
浙江省杭州市萧山区瓜沥镇	萧山花边
浙江省杭州市西湖区蒋村街道	蒋村龙舟竞渡习俗
浙江省金华市永康市方岩镇	方岩庙会文化
浙江省温州市泰顺县	木偶戏
浙江省舟山市普陀区	渔民画
浙江省嘉兴市海宁市	硖石灯彩
浙江省宁波市象山县	象山竹根雕
浙江省湖州市德清县新市镇	蚕花庙会文化
浙江省嘉兴市海盐县	海盐滚灯
浙江省宁波市奉化市	奉化布龙

浙江省民间文化艺术之乡

（2016 年度）

序号	类　别	特色民间文化资源或艺术形式	申　报　单　位
1	表演艺术	余杭滚灯	杭州市余杭区人民政府
2	手工技艺	紫笋茶制作技艺	长兴县水口乡人民政府
3	造型艺术	书　法	乐清市人民政府
4	民俗活动	“运河之春”元宵灯会	杭州市拱墅区拱宸桥街道办事处
5	民俗活动	三门祭冬、平调	三门县亭旁镇人民政府
6	造型艺术	农民画	象山县人民政府
7	民俗活动	南　拳	苍南县人民政府
8	民俗活动	乾元龙灯会	德清县乾元镇人民政府
9	民俗活动	祈水节（三大庙会动）	开化县大溪边乡人民政府
10	表演艺术	楼塔细十番	杭州市萧山区楼塔镇人民政府
11	造型艺术	姚庄农民画	嘉善县姚庄镇人民政府
12	民俗活动	鳌山元宵灯会	嘉兴市秀洲区新塍镇人民政府
13	民俗活动	元宵灯会	宁波市鄞州区瞻岐镇人民政府
14	民俗活动	十月半庙会	宁海县深圳镇人民政府
15	民俗活动	河上龙灯胜会	杭州市萧山区河上镇人民政府
16	造型艺术	渔民画	舟山市定海区人民政府
17	民俗活动	鳌江划大龙	平阳县鳌江镇人民政府
18	表演艺术	淳安三角戏	淳安县人民政府
19	造型艺术	书法、美术	瑞安南滨街道办事处
20	民俗活动	石练七月秋赛会	遂昌石练镇人民政府
21	民俗活动	萧王庙庙会	奉化市萧王庙街道办事处
22	民俗活动	迎神赛会	松阳县枫坪乡人民政府
23	民俗活动	马仙信俗文化	景宁畲族自治县人民政府
24	民俗活动	平安灯会、太平灯	安吉县杭垓镇人民政府
25	表演艺术	民间婺剧	金华市婺城区蒋堂镇人民政府
26	造型艺术	书法、美术	瑞安林川镇人民政府
27	手工技艺	风　筝	宁波市江北区庄桥街道办事处
28	表演艺术	曲　艺	温州市鹿城区人民政府
29	表演艺术	龙　舞	安吉县梅溪镇人民政府

续　表

序号	类　　别	特色民间文化资源或艺术形式	申　报　单　位
30	民俗活动	孝文化	杭州市江干区丁兰街道办事处
31	表演艺术	骚子演唱	海盐县澉浦镇人民政府
32	表演艺术	嘉善新故事	嘉善县人民政府
33	表演艺术	皇都南拳	天台县白鹤镇人民政府
34	表演艺术	西溪哑目连戏	杭州市西湖区留下街道办事处
35	手工技艺	玻璃雕刻	台州市椒江区人民政府
36	表演艺术	畲族山歌	龙泉市竹垟畲族乡人民政府
37	表演艺术	罗汉班	东阳市湖溪镇人民政府
38	表演艺术	蛟川走书	宁波市镇海区招宝山街道办事处
39	表演艺术	梅山狮舞	宁波市北仑区梅山街道办事处
40	表演艺术	形意拳	台州市椒江区洪家街道办事处
41	表演艺术	竹鼓表演艺术	丽水市莲都区大港头镇人民政府
42	表演艺术	狮　舞	长兴县林城镇人民政府
43	民俗活动	深澳高空狮子	桐庐县江南镇人民政府
44	表演艺术	传统体育游艺与杂技	新昌县小将镇人民政府
45	表演艺术	越　剧	杭州市富阳区新登镇人民政府
46	表演艺术	鼓　词	温州市瓯海区丽岙街道办事处
47	表演艺术	玉环鼓词	玉环县清港镇人民政府

浙江省国家级非物质文化遗产生产性保护示范基地

企业或单位名称	项目类别	项目名称	批次(时间)
东阳市陆光正创作室	传统美术	东阳木雕	第一批(2011年)
青田县二轻工业总公司	传统美术	青田石雕	第一批(2011年)
杭州王星记扇业有限公司	传统技艺	制扇技艺(王星记扇)	第二批(2014年)
湖州市善琏湖笔厂	传统技艺	湖笔制作技艺	第二批(2014年)
金星铜集团有限公司	传统技艺	铜雕技艺	第二批(2014年)

浙江省第四批国家级非物质文化遗产代表性项目保护单位

项目编号	项目名称	申报地区(单位)	文化部认定的保护单位
Ⅰ-129	刘阮传说	天台县	天台山文化研究会
Ⅰ-155	常山喝彩歌谣	常山县	常山县文化馆
Ⅴ-119	丽水鼓词	丽水市莲都区	莲都区非物质文化遗产保护中心
Ⅷ-214	婺州窑陶瓷烧制技艺	金华市婺城区	金华婺州窑陶瓷研究所
Ⅷ-231	传统制糖技艺(义乌红糖制作技艺)	义乌市	义乌市五亭现代农业开发有限公司
Ⅰ-78	童谣(绍兴童谣)	绍兴市	绍兴市文化馆(绍兴市非物质文化遗产保护中心)
Ⅱ-139	道教音乐(苍南正一派科仪音乐)	苍南县	苍南县玉音乐团
Ⅲ-4	龙舞(鳌江划大龙)	平阳县	平阳县鳌江大龙文化研究会
Ⅲ-44	竹马(淳安竹马)	淳安县	淳安县文物管理委员会办公室(淳安县文物保护管理所、淳安县非物质文化遗产保护中心)
Ⅲ-45	灯舞(上舍化龙灯)	安吉县	安吉县上舍龙舞艺术团
Ⅲ-45	灯舞(青田百鸟灯舞)	青田县	青田县非物质文化遗产研究保护中心
Ⅳ-87	目连戏(绍兴目连戏)	绍兴市	绍兴市文化馆(绍兴市非物质文化遗产保护中心)
Ⅵ-6	线狮(草塔抖狮子)	诸暨市	诸暨市文化馆
Ⅶ-16	剪纸(桐庐剪纸)	桐庐县	桐庐县非物质文化遗产保护中心
Ⅶ-44	木偶头雕刻(泰顺木偶头雕刻)	泰顺县	泰顺县方圆木偶工艺有限公司
Ⅶ-50	灯彩(乐清首饰龙)	乐清市	乐清市非物质文化遗产保护中心
Ⅷ-24	蓝印花布印染技艺	桐乡市	桐乡市文化G3馆(桐乡市金仲华纪念馆、桐乡市非物质文化遗产保护中心)
Ⅷ-71	竹纸制作技艺(泽雅屏纸制作技艺)	温州市瓯海区	温州市瓯海区文化馆
Ⅷ-77	木版水印技艺	杭州市下城区	杭州十竹斋艺术馆
Ⅸ-2	中医诊疗法(董氏儿科医术)	宁波市海曙区	宁波市中医院
Ⅸ-3	中药炮制技艺(武义寿仙谷中药炮制技艺)	武义县	金华寿仙谷药业有限公司
Ⅸ-4	中医传统制剂方法(方回春堂传统膏方制作技艺)	杭州市上城区	杭州方回春堂国药馆有限公司
Ⅸ-5	针灸(杨继洲针灸)	衢州市	衢州市中医医院
Ⅹ-68	农历二十四节气(三门祭冬)	三门县	三门县非物质文化遗产保护中心
Ⅹ-71	元宵节(河上龙灯胜会)	杭州市萧山区	杭州市萧山区河上龙灯胜会协会
Ⅹ-71	元宵节(前童元宵行会)	宁海县	宁海县文化馆
Ⅹ-85	民间信俗(孝子祭)	富阳市	富阳市周雄孝文化研究会
Ⅹ-85	民间信俗(潮神祭祀)	海宁市	海宁市文化馆(海宁市非物质文化遗产保护中心)
Ⅹ-90	祭祖习俗(诸葛后裔祭祖)	兰溪市	兰溪市诸葛旅游发展有限公司
Ⅹ-139	婚俗(畲族婚俗)	景宁畲族自治县	景宁畲族自治县非物质文化遗产保护中心

浙江省第四批国家级非物质文化遗产代表性项目名录

序号	项目名称	类别	申报地区(单位)	备注
1	刘阮传说	民间文学	天台县	第四批
2	常山喝彩歌谣	民间文学	常山县	第四批
3	丽水鼓词	曲艺	莲都区	第四批
4	婺州窑陶瓷烧制技艺	传统技艺	婺城区	第四批
5	传统制糖技艺(义乌红糖制作技艺)	传统技艺	义乌市	第四批
6	童谣(绍兴童谣)	民间文学	绍兴市	第四批扩展
7	道教音乐(苍南正一派科仪音乐)	传统音乐	苍南县	第四批扩展
8	龙舞(鳌江划大龙)	传统舞蹈	平阳县	第四批扩展
9	竹马(淳安竹马)	传统舞蹈	淳安县	第四批扩展
10	灯舞(上舍化龙灯)	传统舞蹈	安吉县	第四批扩展
11	灯舞(青田百鸟灯舞)	传统舞蹈	青田县	第四批扩展
12	目连戏(绍兴目连戏)	传统戏剧	绍兴市	第四批扩展
13	线狮(草塔抖狮子)	传统体育、游艺与杂技	诸暨市	第四批扩展
14	剪纸(桐庐剪纸)	传统美术	桐庐县	第四批扩展
15	龙档(乐清首饰龙)	传统美术	乐清市	第四批扩展
16	木偶头雕刻(泰顺木偶头雕刻)	传统美术	泰顺县	第四批扩展
17	木版水印技艺	传统技艺	下城区	第四批扩展
18	竹纸制作技艺(泽雅屏纸制作技艺)	传统技艺	瓯海区	第四批扩展
19	蓝印花布印染技艺	传统技艺	桐乡市	第四批扩展
20	中医传统制剂方法(方回春堂传统膏方制作技艺)	传统医药	上城区	第四批扩展
21	中医诊疗法(董氏儿科医术)	传统医药	海曙区	第四批扩展
22	中药炮制技艺(武义寿仙谷中药炮制技艺)	传统医药	武义县	第四批扩展
23	针灸(杨继洲针灸)	传统医药	衢州市	第四批扩展
24	元宵节(河上龙灯胜会)	民俗	萧山区	第四批扩展
25	民间信俗(孝子祭)	民俗	富阳市	第四批扩展
26	元宵节(前童元宵行会)	民俗	宁海县	第四批扩展
27	民间信俗(潮神祭祀)	民俗	海宁市	第四批扩展
28	祭祖习俗(诸葛后裔祭祖)	民俗	兰溪市	第四批扩展
29	农历二十四节气(三门祭冬)	民俗	三门县	第四批扩展
30	婚俗(畲族婚俗)	民俗	景宁畲族自治县	第四批扩展

浙江省第四批国家级非物质文化遗产代表性项目代表性传承人名单

类别号	序号	姓名	性别	民族	出生年月	项目编码	项目名称	申报地区或单位
2	04-1512	郑云飞	男	汉族	1939 年 3 月	Ⅱ-34	古琴艺术(浙派)	杭州市
2	04-1513	徐晓英	女	汉族	1937 年 10 月	Ⅱ-34	古琴艺术(浙派)	杭州市
3	04-1563	汪妙林	男	汉族	1945 年 9 月	Ⅲ-16	余杭滚灯	杭州市余杭区
4	04-1595	叶全民	男	汉族	1956 年 10 月	Ⅳ-9	宁海平调	宁海县
4	04-1672	季桂芳	男	汉族	1942 年 1 月	Ⅳ-92	木偶戏(泰顺提线木偶戏)	泰顺县
4	04-1678	杨柳汀	男	汉族	1947 年 11 月	Ⅳ-107	甬剧	宁波市
4	04-1679	章宗义	男	汉族	1924 年 3 月	Ⅳ-109	绍剧	绍兴市
4	04-1680	刘建杨	男	汉族	1961 年 6 月	Ⅳ-109	绍剧	绍兴市
4	04-1681	张建敏	女	汉族	1963 年 8 月	Ⅳ-110	婺剧	金华市
4	04-1682	陈美兰	女	汉族	1964 年 9 月	Ⅳ-110	婺剧	金华市
5	04-1704	陈志雄	男	汉族	1937 年 10 月	Ⅴ-13	温州鼓词	瑞安市
7	04-1781	张爱廷	男	汉族	1939 年 2 月	Ⅶ-33	青田石雕	青田县
7	04-1787	虞金顺	男	汉族	1949 年 8 月	Ⅶ-42	乐清黄杨木雕	乐清市
7	04-1788	高公博	男	汉族	1949 年 10 月	Ⅶ-42	乐清黄杨木雕	乐清市
7	04-1789	吴初伟	男	汉族	1946 年 3 月	Ⅶ-43	东阳木雕	东阳市
7	04-1818	许谨伦	男	汉族	1948 年 2 月	Ⅶ-104	宁波金银彩绣	宁波市鄞州区
7	04-1822	黄才良	男	汉族	1957 年 7 月	Ⅶ-109	宁波泥金彩漆	宁海县
8	04-1833	夏侯文	男	汉族	1935 年 8 月	Ⅷ-9	龙泉青瓷烧制技艺	龙泉市
8	04-1834	毛正聪	男	汉族	1940 年 10 月	Ⅷ-9	龙泉青瓷烧制技艺	龙泉市
8	04-1850	汤春甫	男	汉族	1952 年 9 月	Ⅷ-53	天台山干漆夹苎技艺	天台县
8	04-1855	万爱珠	女	汉族	1951 年 4 月	Ⅷ-67	皮纸制作技艺(龙游皮纸制作技艺)	龙游县
8	04-1858	李法儿	男	汉族	1950 年 8 月	Ⅷ-71	竹纸制作技艺	富阳市
8	04-1900	岑国和	男	汉族	1956 年 1 月	Ⅷ-137	传统木船制造技艺	舟山市普陀区
8	04-1917	嵇锡贵	女	汉族	1941 年 12 月	Ⅷ-187	越窑青瓷烧制技艺	杭州市
8	04-1923	包文其	男	汉族	1951 年 9 月	Ⅷ-193	中式服装制作技艺(振兴祥中式服装制作技艺)	杭州市
9	04-1946	张玉柱	男	汉族	1947 年 12 月	Ⅸ-6	中医正骨疗法(张氏骨伤疗法)	富阳市
10	04-1956	陈其才	男	汉族	1942 年 12 月	Ⅹ-4	七夕节(石塘七夕习俗)	温岭市
10	04-1974	胡文相	男	汉族	1931 年 6 月	Ⅹ-84	庙会(张山寨七七会)	缙云县

第二批浙江省非物质文化遗产生产性保护基地名单

传统技艺类（总计 43 个）

序　号	所属地区		项目名称	申报单位名称
	所属市	所属地		
1	杭州市	西湖区	越窑青瓷烧制技艺	杭州市西湖区贵山窑陶瓷艺术研究室
2		下城区	制扇技艺（王星记扇）	杭州王星记扇业有限公司
3		萧山区	南宋官窑瓷制作技艺	杭州萧山南宋官窑艺术馆
4		下城区	土布纺织技艺	浙江小巷三寻文化创意发展有限公司
5		桐庐县	合村绣花鞋制作技艺	桐庐县绣花鞋开发研究中心
6		拱墅区	天竺筷制作技艺	杭州天竺筷厂
7		萧山区	萧山萝卜干制作技艺	杭州萧山党山酱萃食品有限公司
8		江干区	杭罗织造技艺	杭州福兴丝绸厂
9		萧山区	萧山花边	杭州萧山青龙花边有限公司
10		上城区	振兴祥中式服装制作技艺	杭州利民中式服装厂
11	宁波市	慈溪市	越窑青瓷烧制技艺	慈溪市越窑青瓷有限公司
12		鄞州区	失蜡浇铸技艺	宁波宏拓精雕有限公司
13		慈溪市	慈溪传统建筑营造技艺	贺升建筑工程有限公司
14	温州市	平阳县	平阳漆器制作技艺	温州青街工艺品有限公司
15		瑞安市	木活字印刷术	瑞安市活字印刷协会
16	嘉兴市	桐乡市	杭白菊传统加工技艺	桐乡新和保健品有限公司
17		嘉善县	传统纽扣制作技艺	嘉善县西塘镇纽扣业发展管理委员会
18	湖州市	长兴县	紫砂烧制技艺	长兴县紫砂工艺院
19			紫笋茶制作技艺	长兴丰收园茶叶专业合作社
20		安吉县	传统竹家具制作技艺	沃佳竹木科技有限公司
21			梁山宝菜制作技艺	安吉县天荒坪陈起忠农副产品经营部
22		南浔区	双林绫绢织造技艺	湖州云鹤双林绫绢织造有限公司
23	绍兴市	诸暨市	同山烧传统酿造技艺	诸暨市同山高粱酒厂
24		上虞区	越窑青瓷烧制技艺	绍兴小仙坛越窑青瓷有限公司
25		新昌县	传统砖瓦制作技艺	新昌县城关俞氏古建砖瓦厂
26		柯桥区	绍兴铜雕	绍兴柯桥赵秀林铜雕创作室
27		市本级	绍兴菜烹饪技艺	绍兴市咸亨酒店有限公司

续　表

序　号	所属地区		项目名称	申报单位名称
	所属市	所属地		
28	金华市	市本级	金华酥饼制作技艺	金华市黄家春联食品有限公司
29	金华市	市本级	金华火腿腌制技艺	金字火腿股份有限公司
30	金华市	义乌市	金华火腿腌制技艺	浙江大江南食品有限公司
31	金华市	金东区	金华火腿腌制技艺	金华今年火腿有限公司
32	金华市	浦江县	金华火腿腌制技艺	金华金贸火腿有限公司
33	金华市	市本级	婺州窑传统烧制技艺	金华婺州窑陶瓷研究所
34	金华市	武义县	婺州窑传统烧制技艺	武义婺州窑陶瓷研究所
35	衢州市	江山市	江山西砚制作技艺	江山市西砚堂雕刻厂
36	丽水市	龙泉市	龙泉宝剑锻制技艺	龙泉市古越剑铺
37	丽水市	景宁县	惠明茶手工制作技艺	浙江奇尔茶业有限公司
38	丽水市	庆元县	木拱桥传统营造技艺	庆元县虹景廊桥古建筑工程有限公司
39	丽水市	云和县	木玩具制作技艺	浙江新云木业集团有限公司
40	丽水市	龙泉市	龙泉青瓷传统烧制技艺	龙泉市孙坑窑瓷庄
41	丽水市	龙泉市	龙泉青瓷传统烧制技艺	浙江龙泉鉴真陶瓷有限公司
42	丽水市	龙泉市	龙泉青瓷传统烧制技艺	龚三兴青瓷作坊
43	丽水市	松阳县	松阳端午茶	丽水仙人源农业发展股份有限公司

传统美术类(总计 14 个)

序　号	所属地区		项目名称	申报单位名称
	所属市	所属地		
1	宁波市	象山县	船模艺术	象山县杨氏古船文化有限公司
2	宁波市	慈溪市	老虎鞋制作技艺	慈溪蒋奶奶布艺工作室
3	宁波市	余姚市	大隐石雕	余姚市大隐石刻加工厂
4	温州市	鹿城区	米塑	董希造米塑工作室
5	温州市	乐清市	乐清龙档	乐清市黄家龙档木雕艺术研究所
6	温州市	乐清市	乐清首饰龙	乐清市北白象林顺奎首饰龙灯艺术工作室
7	温州市	泰顺县	木偶头雕刻	泰顺县方圆木偶工艺有限公司
8	绍兴市	市本级	绍兴花雕制作工艺	浙江古越龙山绍兴酒股份有限公司
9	金华市	东阳市	东阳木雕	浙江新东阳木雕有限公司
10	台州市	椒江区	台州刺绣	台州市绣都服饰有限公司
11	台州市	椒江区	台州刺绣	浙江台绣服饰有限公司
12	台州市	三门县	三门石窗艺术	三门县蛇蟠石窗发展有限公司
13	台州市	仙居县	仙居花灯	仙居县达盛花灯有限公司
14	台州市	温岭市	温岭草编	浙江舜浦工艺美术品有限公司

传统医药类(总计 8 个)

序 号	所属地区		项目名称	申报单位名称
	所属市	所属地		
1	杭州市	下城区	张同泰道地药材文化	杭州张同泰药业有限公司
2		富阳区	张氏骨伤疗法	杭州市富阳中医骨伤医院
3		桐庐县	桐君中药文化	浙江桐君堂中药饮片有限公司
4	宁波市	慈溪市	劳氏骨伤科正骨疗法	慈溪市第三人民医院
5	温州市	瑞安市	王贾薪堂中医正骨疗法	温州华侨伤骨科医院
6	金华市	磐安县	磐五味生产加工技艺	浙江磐五味药业有限公司
7		武义县	武义寿仙谷中药炮制技艺	浙江寿仙谷医药股份有限公司
8	台州市	路桥区	章氏骨伤疗法	台州市章氏骨伤医院

第五批浙江省非物质文化遗产代表性项目名录

民间文学(7 项)

序 号	申报项目名称	申报地区
1	谜语(杭州灯谜)	杭州市
2	严子陵传说	桐庐县
3	镇海口海防历史故事	宁波市镇海区
4	半浦民间故事	宁波市江北区
5	乾隆与海宁的传说	海宁市
6	香榧传说	嵊州市
7	毕矮的故事	兰溪市

传统音乐(3 项)

序 号	申报项目名称	申报地区
8	荻港民间丝竹	湖州市南浔区
9	绍兴清音班	绍兴市柯桥区
10	新昌十番	新昌县

传统舞蹈(7 项)

序 号	申报项目名称	申报地区
11	彰坞狮毛龙舞、上方节节龙	桐庐县、衢州市衢江区
12	跳净童	建德市
13	永康拱瑞手狮	永康市
14	浦江鱼灯	浦江县

续 表

序号	申报项目名称	申报地区
15	磐安长旗	磐安县
16	院桥高台狮舞	台州市黄岩区
17	天皇花鼓	温岭市

传统戏剧(3 项)

序号	申报项目名称	申报地区
18	绍剧	杭州市萧山区
19	瑞安高腔	瑞安市
20	京剧	浙江京剧团

曲　艺(2 项)

序号	申报项目名称	申报地区
21	宁波走书	象山县
22	鼓词(玉环鼓词)	玉环县

传统体育、游艺与杂技(8 项)

序号	申报项目名称	申报地区
23	雁荡山飞渡	乐清市
24	绍兴民间棋类游戏	绍兴市越城区
25	桌凳农具花	绍兴市上虞区
26	南太极拳	台州市黄岩区
27	缩山拳	临海市
28	天台山易筋经	天台县
29	翻龙泉	丽水市莲都区
30	云和八步洪拳	云和县

传统美术(14 项)

序号	申报项目名称	申报地区
31	杭州机绣	杭州市上城区
32	骨木镶嵌	宁波市江北区
33	凤桥竹刻	嘉兴市南湖区
34	纸凉伞灯彩	嘉兴市秀洲区
35	乌镇竹编	桐乡市
36	棕编	诸暨市
37	剪纸(金华剪纸、柯城剪纸、路桥保安剪纸)	金华市婺城区、衢州市柯城区、台州市路桥区
38	木版年画	金华市金东区
39	东阳竹根雕	东阳市
40	舟山贝雕	舟山市定海区
41	临海犀皮漆艺	临海市
42	缙云木雕	缙云县
43	松阳豺虎画	松阳县
44	金石碑刻	浙江图书馆

传统技艺(34 项)

序 号	申报项目名称	申报地区
45	古画(籍)修缮及墨拓技艺	杭州市上城区
46	万隆腌腊食品制作技艺	杭州市上城区
47	全形拓技艺	杭州市西湖区
48	三家村藕粉制作技艺	杭州市余杭区
49	绿茶制作技艺(径山茶炒制技艺、开化御玺贡芽制作技艺)	杭州市余杭区、开化县
50	蔬菜腌制技艺(倒笃菜制作技艺、邱隘咸齑腌制技艺)	建德市、宁波市鄞州区
51	竹盐制作技艺	临安市
52	青柯鸟笼制作技艺	临安市
53	宁波天一阁古籍修复技艺	宁波市
54	棠岙纸制作技艺	奉化市
55	宁海传统戏台建造技艺	宁海县
56	王顺发船模技艺	温州市鹿城区
57	郑家园麦麦酒酿造技艺	温州市龙湾区
58	夏益锦戏曲盔头制作技艺	苍南县
59	东林柳编	湖州市吴兴区
60	老恒和酿造技艺	湖州市吴兴区
61	马村蚕桑生产技艺	安吉县
62	南湖画舫制作技艺	嘉兴市南湖区
63	盘窑技艺	嘉善县
64	桐乡桑剪锻制技艺	桐乡市
65	绍兴腐乳制作技艺	绍兴市
66	会稽铜镜制造技艺	绍兴市高新区
67	绍兴修缸补甏技艺	绍兴市柯桥区
68	嵊州木鱼制作技艺	嵊州市
69	孔明锁制作技艺	兰溪市
70	永康铸铁(铁锅、铁壶)	永康市
71	武义大漆髹饰技艺	武义县
72	衢州乌米系列食品制作技艺	衢州市
73	古砖瓦烧制技艺	衢州市衢江区
74	德顺坊老酒酿制技艺	舟山市普陀区
75	夹苎脱胎漆艺	临海市
76	“一根藤”制作技艺	天台县
77	缙云烧饼制作技艺	缙云县
78	畲族银饰制作技艺	景宁畲族自治县

传统医药(6 项)

序　　号	申报项目名称	申报地区
79	传统中医药文化(万承志堂中医药养生文化、天一堂中药文化、朱丹溪中医药文化、三溪堂中医药文化)	杭州市上城区、兰溪市、义乌市
80	一指禅推拿	温州市
81	叶同仁中药炮制技艺	温州市鹿城区
82	鼻宝传统治疗术	乐清市
83	陆氏医验	德清县
84	吴氏中医内科	嘉善县

民　俗(14 项)

序　　号	申报项目名称	申报地区
85	江南时节	桐庐县
86	咸祥八月半渔棉会	宁波市鄞州区
87	石浦十四夜	象山县
88	周岙挑灯	温州市瓯海区
89	南浔三道茶	湖州市南浔区
90	长兴花龙船	长兴县
91	南孟祭礼	诸暨市
92	汤溪城隍庙摆胜	金华市婺城区
93	海岛传统婚礼习俗	舟山市定海区
94	石塘元宵习俗	温岭市
95	陈十四信俗	丽水市莲都区
96	龙泉石马“抢灯(丁)”习俗	龙泉市
97	马仙信俗	景宁畲族自治县
98	灵隐腊八节习俗	省民宗委

第五批浙江省非物质文化遗产代表性项目代表性传承人名单

(项目名称以公布的 1—5 批浙江省非物质文化遗产代表性项目名录为准)

民间文学(14 人)

序　号	项　目　名　称	类　　别	姓　　名	申　报　地
1	谜语(杭州灯谜)	民间文学	丛　川	杭州市
2	梅城传说	民间文学	罗加许	建德市
3	钱王传说	民间文学	胡月耕	杭州市临安区

续 表

序 号	项 目 名 称	类 别	姓 名	申 报 地
4	玲珑山传说	民间文学	张天复	杭州市临安区
5	严子陵传说	民间文学	申屠丹荣	桐庐县
6	半浦民间故事	民间文学	郑家永	宁波市江北区
7	张阁老传说	民间文学	张维庚	温州市龙湾区
8	平阳童谣	民间文学	徐兆格	平阳县
9	海盐钱氏传说	民间文学	林天仁	海盐县
10	陈霸先的传说	民间文学	蒋伯良	长兴县
11	毕矮的故事	民间文学	童才良	兰溪市
12	临海民间谜语	民间文学	李忠芳	临海市
13	济公传说	民间文学	曹志天	天台县
14	寒山拾得(和合二仙)传说	民间文学	曹徐亦明	天台县

传统音乐(20 人)

序 号	项 目 名 称	类 别	姓 名	申 报 地
15	吹打(淳安三吹三打)	传统音乐	吴寿德	淳安县
16	浙派古琴	传统音乐	章怡青	杭州市
17	楼塔细十番	传统音乐	楼国灿	杭州市萧山区
18	山歌(温州撞歌)	传统音乐	王进东	温州市龙湾区
19	乐清撞歌	传统音乐	李立明	乐清市
20	苍南正一派科仪音乐	传统音乐	肖日东	苍南县
21	畲族民歌	传统音乐	蓝玉聪	泰顺县
22	塘工号子	传统音乐	周朱法	海盐县
23	荻港民间丝竹	传统音乐	杨培根	湖州市南浔区
24	绍兴派古琴艺术	传统音乐	金少余	绍兴市
25	绍兴清音班	传统音乐	陈志犬	绍兴市柯桥区
26	嵊州吹打	传统音乐	魏喜明	嵊州市
27	新昌十番	传统音乐	石菊林	新昌县
28	十番锣鼓	传统音乐	钱渭林	衢州市衢江区
29	玉环渔民号子	传统音乐	曾焕祥	玉环市
30	天台山道教南宗洞经音乐	传统音乐	张雪菱	天台县
31	仙居山歌	传统音乐	崔秀华	仙居县
32	畲族民歌	传统音乐	蓝聪美	景宁畲族自治县
33	缙云丝竹锣鼓	传统音乐	陈景襄	缙云县
34	丽水吹打	传统音乐	周官友	丽水市莲都区

传统舞蹈（27 人）

序　号	项　目　名　称	类　　别	姓　　名	申　报　地
35	严州虾灯	传统舞蹈	陆　超	建德市
36	跳净童	传统舞蹈	陈斌能	建德市
37	五凤朝阳	传统舞蹈	谢爱萍	杭州市临安区
38	彰坞狮毛龙舞	传统舞蹈	徐雪标	桐庐县
39	大陆花灯	传统舞蹈	马我发	杭州市余杭区
40	竹马（仁和高头竹马）	传统舞蹈	姚荣铨	杭州市余杭区
41	澥浦船鼓	传统舞蹈	郑梦娟	宁波市镇海区
42	海盐滚灯	传统舞蹈	屠尧璋	海盐县
43	梅溪旱船	传统舞蹈	姜纪国	安吉县
44	鄣吴金龙	传统舞蹈	于炳炎	安吉县
45	蔡宅高跷	传统舞蹈	蔡荣良	东阳市
46	许宅花灯	传统舞蹈	许为良	东阳市
47	永康拱瑞手狮	传统舞蹈	舒永航	永康市
48	跳蚤会	传统舞蹈	程　琦	舟山市定海区
49	跳蚤会	传统舞蹈	缪祥伦	舟山市普陀区
50	上方节节龙	传统舞蹈	应樟根	衢州市衢江区
51	貔貅	传统舞蹈	方水富	龙游县
52	草龙	传统舞蹈	王允军	龙游县
53	硬头狮子	传统舞蹈	邱达贤	龙游县
54	江山手狮	传统舞蹈	张有泽	江山市
55	霞山高跷竹马	传统舞蹈	郑利岳	开化县
56	马金扛灯	传统舞蹈	姚有根	开化县
57	院桥高台狮舞	传统舞蹈	郑朝叶	台州市黄岩区
58	黄沙狮子	传统舞蹈	王　建	临海市
59	天皇花鼓	传统舞蹈	许子利	温岭市
60	花桥龙灯	传统舞蹈	李明洪	三门县
61	钢叉舞	传统舞蹈	朱启华	缙云县

传统戏剧（19 人）

序　号	项　目　名　称	类　　别	姓　　名	申　报　地
62	姚北滩簧	传统戏剧	周丽君	慈溪市
63	瓯剧	传统戏剧	方汝将	温州市
64	瑞安高腔	传统戏剧	瞿昭安	瑞安市
65	提线木偶戏	传统戏剧	蔡晓华	泰顺县
66	海宁皮影戏	传统戏剧	李学林	海宁市
67	绍兴目连戏	传统戏剧	王林铨	嵊州市
68	绍兴目连戏	传统戏剧	田　敏	新昌县
69	新昌调腔	传统戏剧	王　莺	新昌县
70	永康醒感戏	传统戏剧	吕庭星	永康市

续　表

序　号	项　目　名　称	类　　别	姓　　名	申　报　地
71	浦江乱弹	传统戏剧	林红阳	浦江县
72	西安高腔	传统戏剧	邵建伟	衢州市
73	马灯戏	传统戏剧	舒先岳	衢州市衢江区
74	婺剧	传统戏剧	邓金花	龙游县
75	婺剧变脸、耍牙(变脸)	传统戏剧	毛向阳	江山市
76	婺剧变脸、耍牙(耍牙)	传统戏剧	郑初法	江山市
77	开化目连戏	传统戏剧	汪仙珍	开化县
78	台州乱弹	传统戏剧	朱冬康	台州市
79	平调	传统戏剧	王彩萍	三门县
80	京剧	传统戏剧	张善麟	浙江京剧团

曲　艺(12 人)

序　号	项　目　名　称	类　　别	姓　　名	申　报　地
81	绍兴莲花落	曲艺	方建林	杭州市萧山区
82	唱新闻	曲艺	胡新昌	慈溪市
83	温州参龙	曲艺	黄崇多	乐清市
84	温州鼓词	曲艺	陈金平	乐清市
85	绍兴莲花落	曲艺	杨国华	绍兴市上虞区
86	金华道情	曲艺	朱流荣	金华市
87	金华道情(义乌)	曲艺	朱履福	义乌市
88	永康鼓词	曲艺	卢顶风	永康市
89	浦江什锦	曲艺	傅兴德	浦江县
90	玉环鼓词	曲艺	蒋兴平	玉环市
91	三十六行说唱	曲艺	尹光荣	仙居县
92	台州道情	曲艺	叶维虎	三门县

传统体育、游艺与杂技(19 人)

序　号	项　目　名　称	类　　别	姓　　名	申　报　地
93	天罡拳	传统体育、游艺与杂技	俞宝麟	建德市
94	十八般武艺	传统体育、游艺与杂技	程妙水	杭州市临安区
95	内家拳	传统体育、游艺与杂技	夏宝峰	宁波市鄞州区
96	南拳(温州南拳)	传统体育、游艺与杂技	林发春	温州市鹿城区
97	南拳(温州南拳)	传统体育、游艺与杂技	胡松青	温州市龙湾区
98	雁荡山飞渡	传统体育、游艺与杂技	万成根	乐清市
99	翻九楼	传统体育、游艺与杂技	苏忠文	泰顺县
100	舞方天戟	传统体育、游艺与杂技	陈松泉	桐乡市
101	绍兴民间棋类游戏	传统体育、游艺与杂技	马培心	绍兴市越城区
102	桌凳农具花	传统体育、游艺与杂技	刘雪炎	绍兴市上虞区
103	赵家拳棒	传统体育、游艺与杂技	何灿友	诸暨市
104	舟山船拳	传统体育、游艺与杂技	朱　萍	舟山市普陀区

续 表

序　号	项　目　名　称	类　　别	姓　　名	申　报　地
105	武当太乙拳(宋氏门)	传统体育、游艺与杂技	左江桥	常山县
106	南太极拳	传统体育、游艺与杂技	徐昌文	台州市黄岩区
107	天台山易筋经	传统体育、游艺与杂技	王福海	天台县
108	灵溪奚家拳	传统体育、游艺与杂技	奚宝熙	天台县
109	菇民防身术	传统体育、游艺与杂技	周有平	龙泉市
110	翻龙泉	传统体育、游艺与杂技	陈理平	丽水市莲都区
111	云和八步洪拳	传统体育、游艺与杂技	刘国平	云和县

传统美术(32 人)

序　号	项　目　名　称	类　　别	姓　　名	申　报　地
112	殿堂壁画	传统美术	张　炜	杭州市余杭区
113	杭州机绣	传统美术	王文英	杭州市上城区
114	鄞州竹编	传统美术	叶良康	宁波市鄞州区
115	船模艺术	传统美术	杨雪峰	象山县
116	骨木镶嵌	传统美术	甘金云	宁波市江北区
117	老虎头鞋制作技艺	传统美术	蒋建飞	慈溪市
118	失蜡浇铸	传统美术	鲍月国	宁波市鄞州区
119	温州发绣	传统美术	孟永国	温州市鹿城区
120	十字花边绣	传统美术	傅招弟	温州市鹿城区
121	百鸟灯	传统美术	王大普	温州市瓯海区
122	玻璃银光刻	传统美术	项之华	温州市龙湾区
123	青田石雕	传统美术	潘成松	泰顺县
124	点色剪纸	传统美术	温怀炎	苍南县
125	彩石镶嵌	传统美术	黄学矩	温州市鹿城区
126	凤桥竹刻	传统美术	冯嘉生	嘉兴市南湖区
127	桐乡竹刻	传统美术	叶瑜荪	桐乡市
128	金华剪纸	传统美术	詹东明	金华市婺城区
129	木版年画	传统美术	黄菁菁	金华市金东区
130	东阳竹根雕	传统美术	周桂新	东阳市
131	永康根雕	传统美术	黄宽宏	永康市
132	舟山贝雕	传统美术	夏雨缀	舟山市定海区
133	柯城剪纸	传统美术	郑志辉	衢州市柯城区
134	开化根雕	传统美术	徐谷青	开化县
135	黄岩剪纸	传统美术	沈　雷	台州市黄岩区
136	临海犀皮漆艺	传统美术	罗献兵	临海市
137	温岭草编	传统美术	陈根土	温岭市
138	温岭剪纸	传统美术	韩　伟	温岭市
139	仙居花灯	传统美术	陈彩平	仙居县
140	缙云剪纸	传统美术	刘夏英	缙云县

续　表

序　号	项　目　名　称	类　　别	姓　　名	申　报　地
141	缙云剪纸	传统美术	周雪莺	缙云县
142	青田石雕	传统美术	徐伟军	青田县
143	金石篆刻	传统美术	黄良起	浙江图书馆

传统技艺(84人)

序　号	项　目　名　称	类　　别	姓　　名	申　报　地
144	全形拓技艺	传统技艺	屠燕治	杭州市西湖区
145	土布纺织技艺	传统技艺	郑芬兰	杭州市下城区
146	蔬菜腌制技艺(倒笃菜制作技艺)	传统技艺	潘秋梅	建德市
147	严东关五加皮酿酒技艺	传统技艺	钱建华	建德市
148	严州府菜点制作技艺	传统技艺	王拥军	建德市
149	青柯鸟笼制作技艺	传统技艺	江红星	杭州市临安区
150	竹盐制作技艺	传统技艺	金成燮	杭州市临安区
151	传统造纸技艺 (千洪桃花纸与宣纸制作技艺)	传统技艺	陈旭东	杭州市临安区
152	豆制品传统制作技艺 (东坞山豆腐皮制作技艺)	传统技艺	刘苗根	杭州市富阳区
153	邵芝岩毛笔制作技艺	传统技艺	陈明珠	杭州市上城区
154	萧山过江布	传统技艺	吴　莹	杭州市上城区
155	古画(籍)修缮及墨拓技艺	传统技艺	钱立新	杭州市上城区
156	萧山萝卜干制作技艺	传统技艺	马国荣	杭州市萧山区
157	绿茶制作技艺(径山茶炒制技艺)	传统技艺	周方林	杭州市余杭区
158	青溪龙砚制作技艺	传统技艺	洪发军	淳安县
159	黄古林草席编织技艺	传统技艺	郑仁菊	宁波市海曙区
160	红帮裁缝技艺	传统技艺	龚红兵	宁波市鄞州区
161	邱隘咸齑腌制技艺	传统技艺	乐海康	宁波市鄞州区
162	海盐晒制技艺	传统技艺	王祥林	象山县
163	宁海传统戏台建造技艺	传统技艺	王世春	宁海县
164	宁波天一阁古籍修复技艺	传统技艺	王金玉	宁波市
165	越窑青瓷烧制技艺	传统技艺	施　珍	慈溪市
166	郑家园麦麦酒酿造技艺	传统技艺	郑振晓	温州市龙湾区
167	乐清雁荡毛峰制作技艺	传统技艺	林建乐	乐清市
168	桥墩月饼制作技艺	传统技艺	丁学观	苍南县
169	夏益锦戏曲盔头制作技艺	传统技艺	夏法允	苍南县
170	传统建筑营造技艺 (南田民居营造技艺)	传统技艺	周光正	文成县
171	木拱桥传统营造技艺	传统技艺	郑昌贵	泰顺县
172	红曲传统制作技艺(乌衣红曲)	传统技艺	吴行稔	泰顺县
173	车木玩具制作技艺	传统技艺	张月员	泰顺县
174	五芳斋粽子制作技艺	传统技艺	胡建民	嘉兴市

续 表

序 号	项 目 名 称	类 别	姓 名	申 报 地
175	南湖画舫制作技艺	传统技艺	韩鸣华	嘉兴市南湖区
176	新塍传统糕点加工技艺	传统技艺	姚玉根	嘉兴市秀洲区
177	盘窑技艺	传统技艺	孙新安	嘉善县
178	海宁三把刀制作技艺	传统技艺	周祺僧	海宁市
179	蓝印花布印染技艺	传统技艺	哀警卫	桐乡市
180	姑嫂饼制作技艺	传统技艺	张荣奎	桐乡市
181	老恒和酿造技艺	传统技艺	李水荣	湖州市吴兴区
182	东林柳编	传统技艺	陈水佳	湖州市吴兴区
183	双林绫绢织造技艺	传统技艺	郑小华	湖州市南浔区
184	南浔传统糕点制作技艺	传统技艺	佘根法	湖州市南浔区
185	湖笔制作技艺	传统技艺	王晓华	湖州市
186	安吉白茶手工炒制技艺	传统技艺	陈达有	安吉县
187	绍兴腐乳制作技艺	传统技艺	余龙生	绍兴市
188	绍兴古戏台建筑艺术	传统技艺	叶永水	绍兴市
189	绍兴石宕采凿技艺	传统技艺	张来兴	绍兴市
190	会稽铜镜制造技艺	传统技艺	马彼得	绍兴市越城区
191	绍兴修缸补甏技艺	传统技艺	朱清煜	绍兴市柯桥区
192	越窑青瓷烧制技艺	传统技艺	董文海	绍兴市上虞区
193	同山烧酒传统酿造技艺	传统技艺	沈牡琴	诸暨市
194	嵊州木鱼制作技艺	传统技艺	钱利平	嵊州市
195	传统砖瓦制作技艺	传统技艺	俞岳良	新昌县
196	金华火腿腌制技艺	传统技艺	陈顺通	金华市
197	孔明锁制作技艺	传统技艺	诸葛文仓	兰溪市
198	卢宅营造技艺	传统技艺	吕雄心	东阳市
199	婺剧盔帽制作技艺	传统技艺	梅立忠	义乌市
200	义乌枣加工技艺	传统技艺	骆红卫	义乌市
201	义乌红曲传统制作技艺	传统技艺	陈豪锋	义乌市
202	永康打铁	传统技艺	胡岩献	永康市
203	永康打金打银工艺	传统技艺	胡安然	永康市
204	永康铸铁(铁锅、铁壶)	传统技艺	胡志强	永康市
205	武义大漆髹饰技艺	传统技艺	钟宏云	武义县
206	古砖瓦烧制技艺	传统技艺	吴林土	衢州市衢江区
207	龙游发糕制作技艺	传统技艺	蓝锦国	龙游县
208	龙游皮纸制作技艺	传统技艺	徐晓静	龙游县
209	齐詹记冻米糖制作技艺	传统技艺	齐金松	开化县
210	开化御玺贡芽制作技艺	传统技艺	汪秀芳	开化县
211	永利木杆秤制作技艺	传统技艺	蔡雪贞	临海市
212	枧桥鼓制作技艺	传统技艺	董仁普	临海市
213	夹苎脱胎漆艺	传统技艺	李伟育	临海市

续　表

序　号	项　目　名　称	类　　别	姓　　名	申　报　地
214	松门白鲞传统加工技艺	传统技艺	陈其恩	温岭市
215	王氏大花灯制作技艺	传统技艺	王春梅	温岭市
216	天台山干漆夹苎技艺	传统技艺	汤景智	天台县
217	“一根藤”制作技艺	传统技艺	褚定江	天台县
218	台州玻璃雕刻技艺	传统技艺	金树立	天台县
219	天台云雾茶制作	传统技艺	徐世溪	天台县
220	畲族银饰制作技艺	传统技艺	陈家郁	景宁畲族自治县
221	编梁木拱桥营造技艺	传统技艺	王大元	景宁畲族自治县
222	大漈罐制作技艺	传统技艺	梅明朋	景宁畲族自治县
223	惠明茶手工制作技艺	传统技艺	刘金美	景宁畲族自治县
224	遂昌竹炭烧制技艺	传统技艺	陈文照	遂昌县
225	遂昌白曲酒酿造技艺	传统技艺	俞　剑	遂昌县
226	龙泉宝剑锻制技艺	传统技艺	沈　州	龙泉市
227	龙泉青瓷烧制技艺	传统技艺	龚益华	龙泉市

传统医药(11 人)

序　号	项　目　名　称	类　　别	姓　　名	申　报　地
228	朱养心传统膏药制作技艺	传统医药	王金祥	杭州市拱墅区
229	张同泰道地药材文化	传统医药	高国强	杭州市下城区
230	胡庆余堂中药文化	传统医药	丁光明	杭州市上城区
231	传统中医药文化(桐君中药文化)	传统医药	申屠银洪	桐庐县
232	施氏针灸	传统医药	施孝文	嘉兴市
233	吴氏中医内科	传统医药	吴静芝	嘉善县
234	天一堂中药文化	传统医药	王天亮	兰溪市
235	朱丹溪中医药文化	传统医药	朱锐明	义乌市
236	三溪堂中药炮制技艺	传统医药	朱智彪	义乌市
237	磐五味生产加工技艺	传统医药	杨定升	磐安县
238	田氏传统接骨术	传统医药	田纪青	缙云县

民　俗(41 人)

序　号	项　目　名　称	类　　别	姓　　名	申　报　地
239	半山立夏习俗	民俗	倪爱仁	杭州市拱墅区
240	十六回切家宴	民俗	许马尔	桐庐县
241	龙门九月初一庙会	民俗	孙文喜	杭州市富阳区
242	过半年	民俗	童振根	杭州市临安区
243	抬阁(李村抬阁)	民俗	李　成	建德市
244	孝子祭	民俗	徐友成	杭州市富阳区
245	咸祥八月半渔棉会	民俗	周如水	宁波市鄞州区
246	西岙十八夜行大龙习俗	民俗	陈万珍	宁海县
247	周岙挑灯	民俗	周作平	温州市瓯海区

续 表

序　号	项　目　名　称	类　　别	姓　　名	申　报　地
248	金乡清明祭	民俗	陈星海	苍南县
249	莒溪刀轿	民俗	夏念针	苍南县
250	苍南宗谱编修习俗	民俗	杨思同	苍南县
251	太平龙迎新春	民俗	林志法	苍南县
252	妈祖信俗	民俗	黄节忍	苍南县
253	百家宴	民俗	张积昨	泰顺县
254	七月七香桥会	民俗	李同章	嘉兴市秀洲区
255	嘉善淡水捕捞习俗	民俗	陈阿三	嘉善县
256	做社	民俗	王　纪	平湖市
257	云龙蚕桑生产习俗	民俗	贝利凤	海宁市
258	长兴花龙船	民俗	吴益清	长兴县
259	乾元龙灯会	民俗	童宝松	德清县
260	南孟祭礼	民俗	孟南生	诸暨市
261	十里红妆	民俗	骆建松	诸暨市
262	浦桥潮神节	民俗	陈顺南	嵊州市
263	东白山七月七	民俗	朱志祥	东阳市
264	永康迎花烛	民俗	舒有传	永康市
265	浦江迎会	民俗	张劲松	浦江县
266	杭坪摆祭	民俗	张序根	浦江县
267	武义迎大蜡烛	民俗	陶元淮	武义县
268	喝山节	民俗	王玉明	衢州市衢江区
269	杨炯出巡	民俗	江山虎	衢州市衢江区
270	石塘七夕习俗	民俗	陈筱祥	温岭市
271	温岭洞房经	民俗	应光远	温岭市
272	高枧古亭抬阁	民俗	郑高益	三门县
273	菇民习俗	民俗	吴成主	景宁畲族自治县
274	畲族三月三	民俗	蓝仙兰	景宁畲族自治县
275	道惠夫人会	民俗	谢星仲	松阳县
276	迎关公案	民俗	朱伯申	缙云县
277	陈十四信俗	民俗	陈美英	丽水市莲都区
278	云和讨火种习俗	民俗	刘裕有	云和县
279	灵隐腊八节习俗	民俗	释光泉	浙江省民宗委

浙江省非物质文化遗产中华老字号保护传承基地名单

序　　号	企　业　名　称	项　目　名　称
1	杭州胡庆余堂国药号有限公司	胡庆余堂中药文化
2	杭州王星记扇业有限公司	王星记制扇技艺
3	杭州张小泉集团有限公司	张小泉剪刀锻制技艺
4	杭州金星铜世界装饰材料有限公司	杭州铜雕技艺
5	杭州方回春堂国药馆有限公司	方回春堂传统膏方制作工艺
6	杭州信源银楼有限公司	杭州金银饰艺
7	杭州华东大药房连锁有限公司	张同泰道地药材文化
8	会稽山绍兴酒股份有限公司	绍兴黄酒酿制技艺
9	浙江塔牌绍兴酒有限公司	绍兴黄酒酿制技艺
10	湖州王一品斋笔庄有限责任公司	湖笔制作技艺
11	浙江雪舫工贸有限公司	金华火腿腌制技艺
12	衢州市邵永丰成正食品厂	邵永丰麻饼制作技艺

浙江省中国历史文化名镇(村)

中国历史文化名镇(20个)

第一批
桐乡市乌镇
嘉善县西塘镇
第二批
宁波市慈城镇
象山县石浦镇
湖州市南浔镇
绍兴县安昌镇
第三批
宁海县前童镇
绍兴市越城区东浦镇
义乌市佛堂镇
江山市廿八都镇
第四批
德清县新市镇
富阳市龙门镇
永嘉县岩头镇
仙居县皤滩镇
第五批
景宁畲族自治县鹤溪镇
海宁市盐官镇
第六批
嵊州市崇仁镇
永康市芝英镇
松阳县西屏镇
岱山县东沙镇

中国历史文化名村(28个)

第一批

武义县武阳镇郭洞村

武义县俞源乡俞源村

第三批

桐庐县江南镇深澳村

永康市前仓镇厚吴村

第四批

龙游县石佛乡三门源村

第五批

建德市大慈岩镇新叶村

永嘉县岩坦镇屿北村

金华市金东区傅村镇山头下村

仙居县白塔镇高迁村

庆元县松源镇大济村

乐清市仙溪镇南阁村

宁海县茶院乡许家山村

金华市婺城区汤溪镇寺平村

绍兴县稽东镇冢斜村

第六批

苍南县桥墩镇碗窑村

浦江县白马镇嵩溪村

缙云县新建镇河阳村

江山市大陈乡大陈村

湖州市南浔区和孚镇荻港村

磐安县盘峰乡榉溪村

淳安县浪川乡芹川村

苍南县矾山镇福德湾村

龙泉市西街街道下樟村

开化县马金镇霞山村

遂昌县焦滩乡独山村

安吉县鄣吴镇鄣吴村

丽水市莲都区雅溪镇西溪村

宁海县深甽镇龙宫村

说明:

第一批 2003 年 10 月 8 日公布

第二批 2005 年 9 月 16 日公布

第三批 2007 年 5 月 31 日公布

第四批 2008 年 10 月 14 日公布

第五批 2010 年 7 月 22 日公布

第六批 2014 年 2 月 19 日公布

浙江省中国历史文化街区

杭州市中山中路历史文化街区　国家级　第一批　2015 年

龙泉市西街历史文化街区　国家级　第一批　2015 年

兰溪市天福山历史文化街区　国家级　第一批　2015 年

绍兴市蕺山(书圣故里)历史文化街区　国家级　第一批　2015 年

浙江省历史文化街区、名镇、名村

浙江省历史文化街区(55个)

第一批

绍兴县柯桥街道

第二批

平湖市南河头

台州市路桥区十里长街

第三批

台州市椒江区章安街道

海宁市南关厢

第四批

平阳县坡南街

2010 年

嘉兴市梅湾、月河、芦席汇、新塍、梅溪、一里街

2013 年

湖州市小西街、衣裳街、頔塘故道、南市河

2014 年

龙泉市西街、北河街

2015 年

平湖市南混堂弄

平阳县东门街

第五批浙江省历史文化街区(共 35 处)

杭州市清河坊

杭州市小营巷

杭州市中山中路

杭州市湖边邨

杭州市北山街

杭州市西兴老街

杭州市思鑫坊

杭州市小河直街

杭州市拱宸桥

杭州市长河老街

杭州市笕桥路

杭州市泗水坊

杭州市安家塘

杭州市五柳巷

杭州市中山南路一十五奎巷

宁波市海曙区秀水街

宁波市海曙区南塘河

宁波市海曙区郁家巷

宁波市海曙区月湖

宁波市海曙区伏跗室

宁波市江北区天主教堂外马路

温州市鹿城区朔门

温州市鹿城区庆年坊

温州市鹿城区城西街

温州市鹿城区五马一墨池

海宁市干河街

海宁市横头街

浦江县民主路

浦江县解放西路

常山县里择祠街区

仙居县东门街

丽水市莲都区刘祠堂背

丽水市莲都区酱园弄

丽水市莲都区高井弄

龙泉市东街

浙江省历史文化名镇(80 个)

第一批

余杭市塘栖镇

萧山市衙前镇

宁波市慈城镇

余姚市梁弄镇

象山县石浦镇

永嘉县岩头镇

湖州市南浔镇

海宁市盐官镇

桐乡市乌镇镇

绍兴县东浦镇

绍兴县安昌镇

诸暨市枫桥镇

江山市廿八都镇

温岭市箬山镇

第二批

萧山市进化镇

富阳市龙门镇

临安市河桥镇

宁海县前童镇

慈溪市鸣鹤镇

永嘉县枫林镇

平阳县腾蛟镇

嘉善县西塘镇

嵊州市崇仁镇

金华县曹宅镇

义乌市赤岸镇

浦江县郑宅镇

温岭市新河镇

仙居县皤滩乡镇

舟山市马岙镇

第三批

瑞安市林垟镇

苍南县金乡镇

德清县新市镇

嘉兴市新塍镇

义乌市佛堂镇
兰溪市永昌镇
江山市清湖镇
龙游县湖镇镇
温岭市温峤镇
天台县街头镇
遂昌县王村口镇
岱山县东沙镇
第四批
富阳市新登镇
平阳县顺溪镇
泰顺县泗溪镇
泰顺县筱村镇
海宁市长安镇
平湖市新埭镇
永康市芝英镇
兰溪市女埠镇
玉环县楚门镇
龙泉市小梅镇
2009 年
景宁县鹤溪镇
2015 年
建德市梅城镇
宁波市鄞州区鄞江镇
湖州市南浔区菱湖镇
湖州市南浔区双林镇
桐乡市崇福镇
永康市象珠镇
松阳县古市镇
第五批
余姚市临山镇
奉化市溪口镇
苍南县矾山镇
安吉县孝丰镇
平湖市新仓镇
平湖市乍浦镇
桐乡市石门镇
兰溪市游埠镇
东阳市虎鹿镇
衢州市衢江区杜泽镇
衢州市衢江区全旺镇
常山县球川镇
常山县芳村镇
开化县马金镇
临海市桃渚镇
仙居县横溪镇
丽水市莲都区碧湖镇
龙泉市住龙镇
龙泉市上垟镇
松阳县玉岩镇
缙云县壶镇镇

浙江省历史文化名村(143 个)

第一批
余姚市横坎头村
乐清市南阁村
永嘉县苍坡村
遂昌县独山村
第二批
建德市新叶村
诸暨市斯宅村
金华县山头下村
武义县郭洞村
武义县俞源村
缙云县河阳村
庆元县大济村
松阳县石仓村
第三批
桐庐县深澳村
淳安县芹川村
奉化市岩头村
温州市瓯海区水碓坑、黄坑村
永嘉县屿北村
苍南县碗窑村
泰顺县百福岩、塔头底村
嵊州市华堂村
嵊州市竹溪村
武义县岭下汤村
永康市厚吴村
兰溪市虹霓山村
浦江县嵩溪村
江山市清漾村
龙游县三门源村
开化县霞山村
仙居县高迁村

丽水市莲都区西溪村
松阳县界首村
青田县阜山村
龙泉市上田村
第四批
富阳市大章村
宁海县许家山村
乐清市黄檀硐村
乐清市黄塘村
乐清市北阁村
永嘉县岩龙村
湖州市南浔区荻港村
安吉县鄣吴村
绍兴市冢斜村
金华市婺城区寺平村
武义县陶村村
武义县山下鲍村
武义县上坦村
义乌市倍磊村
义乌市田心村
浦江县新光村
磐安县榉溪村
磐安县管头村
磐安县横路村
磐安县大皿村
江山市大陈村
江山市南坞村
龙游县庙下村
龙游县泽随村
龙游县灵山村
舟山市定海区里钓山村
舟山市定海区大鹏岛
丽水市莲都区曳岭脚村
松阳县吴弄村
松阳县山下阳村
松阳县靖居村
松阳县横樟村
龙泉市大窑村
龙泉市下樟村
第五批
杭州市余杭区山沟沟村
桐庐县茆坪村
桐庐县石舍村
桐庐县环溪村
桐庐县荻浦村
桐庐县徐畈村
桐庐县梅蓉村
桐庐县翙岗村
桐庐县引坑村
建德市上吴方村
建德市李村村
宁波市江北区半浦村
宁波市鄞州区走马塘村
宁波市鄞州区大西坝村
宁波市鄞州区李家坑村
宁波市鄞州区凤岙村
宁波市鄞州区蜜岩村
宁波市鄞州区新庄村
余姚市柿林村
余姚市中村村
余姚市金冠村
慈溪市方家河头村
慈溪市山下村
奉化市葛竹村
宁海县东岙村
宁海县龙宫村
宁海县力洋村
象山县黄埠村
象山县溪里方村
象山县儒雅洋村
象山县东陈村
永嘉县埭头古村
苍南县矴步头村
苍南县龙门—金城村
平阳县鸣山村
平阳县青街—睦源村
安吉县双一村
安吉县鹤鹿溪村
桐乡市民合村
绍兴市柯桥区王化村
嵊州市泉岗村
兰溪市诸葛村
兰溪市长乐村
兰溪市芝堰村

东阳市李宅村
永康市舟山村
浦江县古塘村
浦江县潘周家村
磐安县梓誉村
衢州市衢江区破石村
衢州市衢江区车塘村
江山市张村村
开化县龙门村
临海市岭根村
临海市张家渡村
天台县张思村
天台县山头郑村
仙居县羊棚头村
仙居县厚仁中街村
仙居县李宅村
龙泉市金村村
龙泉市大舍村
龙泉市官埔垟村
龙泉市溪头村
龙泉市锦安村
龙泉市柳山头村
龙泉市季山头村
云和县桑岭村
缙云县黄碧村
遂昌县黄沙腰村
遂昌县蕉川村
遂昌县长濂村
遂昌县苏村村
遂昌县大柯村
松阳县酉田村
景宁畲族自治县高演村

说明：

1.第一批：1991年10月7日公布，共18处（历史文化名镇15处、历史文化保护区3处）

2.第二批：2000年2月18日公布，共25处（当时称为历史文化保护区）

3.第三批：2006年6月2日公布，共35处（历史文化街区2处、历史文化村镇33处）

4.第四批：2012年6月18日公布，共45处（历史文化街区1处、历史文化名镇10处、历史文化名村34处）

5.2009年9月8日，单独公布景宁县鹤溪镇为省级历史文化名镇

6.2010年8月26日，公布嘉兴市梅湾、月河、芦席汇、新塍、梅溪、一里街等6个街区为省级历史文化街区

7.2013年10月17日，公布湖州市小西街、衣裳街、幁塘故道、南市河等4个街区为省级历史文化街区

8.2014年11月4日，公布龙泉市西街、北河街等2个街区为省级历史文化街区

9.2015年2月17日，省政府公布省历史文化街区2处、省历史文化名镇7处

10.第五批：2016年7月12日公布，共132处（名镇21处，名村76处，街区35处，其中非名城内街区4处）（浙政发〔2016〕21号）

浙江省全国重点文物保护单位分类名单

一、古遗址（42处）

序号	名称	时代	地址	批次
1	七里亭遗址	旧石器时代	长兴县	7
2	上马坎遗址	旧石器时代	安吉县	7
3	乌龟洞遗址	旧石器时代	建德市	7

续　表

序　号	名　　称	时　代	地　　址	批次
4	上山遗址	新石器时代	浦江县	6
5	跨湖桥遗址	新石器时代	杭州市萧山区	6
6	小黄山遗址	新石器时代	嵊州市	7
7	河姆渡遗址	新石器时代	余姚市	2
8	田螺山遗址	新石器时代	余姚市	7
9	鲻山遗址	新石器时代	余姚市	7
10	罗家角遗址	新石器时代	桐乡市	5
11	谭家湾遗址	新石器时代	桐乡市	6
12	马家浜遗址	新石器时代	嘉兴市南湖区	5
13	南河浜遗址	新石器时代	嘉兴市秀洲区	6
14	良渚遗址	新石器时代	杭州市余杭区、德清县	4
15	庄桥坟遗址	新石器时代	平湖市	7
16	新地里遗址	新石器时代	桐乡市	7
17	好川遗址	新石器时代	遂昌县	7
18	曹湾山遗址	新石器时代	温州市鹿城区	7
19	小古城遗址	新石器时代	杭州市余杭区	7
20	钱山漾遗址	新石器时代至周	湖州市吴兴区	6
21	塔山遗址	新石器时代至周	象山县	7
22	昆山遗址	新石器时代至周	湖州市吴兴区	7
23	德清原始瓷窑址	商至战国	德清县	7
24	富盛窑址	周至战国	绍兴市越城区	6
25	茅湾里窑址	周至战国	杭州市萧山区	6
26	小仙坛青瓷窑址	东汉	绍兴市上虞区	6
27	上林湖越窑遗址	东汉至宋	慈溪市	3、6、7
28	凤凰山窑址群	三国至晋	绍兴市上虞区	7
29	大窑龙泉窑遗址	宋至明	龙泉市、庆元县	3、7
30	郊坛下和老虎洞窑址	宋至元	杭州市西湖区	6
31	天目窑遗址群	宋至元	杭州市临安区	7
32	铁店窑遗址	宋、元	金华市婺城区	5
33	泗洲造纸作坊遗址	宋	杭州市富阳区	7
34	大溪东瓯古城遗址	西汉	温岭市	7
35	城山古城遗址	东汉	长兴县	7
36	下菰城遗址	春秋	湖州市吴兴区	5
37	安吉古城遗址、龙山越国贵族墓群	春秋至南北朝	安吉县	6、7

续 表

序 号	名 称	时 代	地 址	批次
38	临安城遗址	南宋	杭州市上城区	5
39	永丰库遗址	元	宁波市海曙区	6
40	小南海石室	宋至清	龙游县	7
41	云和银矿遗址	明	云和县	7
42	花岙兵营遗址	明至清	象山县	7

二、古墓葬(15 处)

序 号	名 称	时 代	地 址	批次
1	浙南石棚墓群	商、周	瑞安市、平阳县、苍南县	5
2	东阳土墩墓群	周	东阳市	6
3	绍兴越国贵族墓群	春秋至战国	绍兴市柯桥区	7
4	吕祖谦及家族墓	宋	武义县	7
5	宋六陵	南宋	绍兴市柯桥区	7
6	东钱湖墓葬群	宋至明	宁波市鄞州区	5、7
7	高氏家族墓地	明	乐清市	6
8	印山越国王陵	春秋、战国	绍兴市柯桥区	5
9	长安画像石墓	汉至三国	海宁市	7
10	吴越国王陵	五代	杭州市上城区、临安市	5、6
11	大禹陵	清	绍兴市越城区	4
12	岳飞墓	南宋	杭州市西湖区	1
13	赵孟頫墓	元	德清县	7
14	吴镇墓	元	嘉善县	7
15	于谦墓	明至清	杭州市西湖区	6

三、古建筑(122 处)

序 号	名 称	时 代	地 址	批次
1	台州府城墙	宋至清	临海市	5
2	衢州城墙	明至清	衢州市柯城区	6
3	安城城墙	明至清	安吉县	6
4	桃渚城	明	临海市	5
5	永昌堡	明	温州市龙湾区	5
6	蒲壮所城	明至清	苍南县	4、6
7	俞源村古建筑群	元至清	武义县	5
8	诸葛、长乐村民居	明、清	兰溪市	4
9	芙蓉村古建筑群	明至清	永嘉县	6
10	芝堰村建筑群	明至民国	兰溪市	6
11	寺平村乡土建筑	明至清	金华市婺城区	7

续　表

序　号	名　　称	时　代	地　　址	批次
12	鸡鸣山民居苑	明至清	龙游县	7
13	河阳村乡土建筑	明至清	缙云县	7
14	新叶村乡土建筑	明至民国	建德市	7
15	崇仁村建筑群	清	嵊州市	6
16	斯氏古民居建筑群	清	诸暨市	5
17	郑义门古建筑群	清	浦江县	5
18	顺溪古建筑群	清	平阳县	6
19	东阳卢宅	明至清	东阳市	3
20	慈城古建筑群	明至清	宁波市江北区	6
21	泰顺土楼	清至民国	泰顺县	7
22	吕府	明	绍兴市越城区	5
23	七家厅	明	金华市婺城区	7
24	莫氏庄园	清	平湖市	6
25	黄山八面厅	清	义乌市	5
26	林宅	清	宁波市海曙区	7
27	雪溪胡氏大院	清	泰顺县	7
28	陈阁老宅	清	海宁市	7
29	马上桥花厅	清	东阳市	7
30	三门源叶氏民居	清	龙游县	7
31	王守仁故居和墓	明	余姚市、绍兴市柯桥区	6
32	孔氏南宗家庙	南宋至清	衢州市柯城区	4
33	刘基庙及墓	明	文成县	5
34	榉溪孔氏家庙	清	磐安县	6
35	关西世家	明	龙游县	7
36	绍衣堂和横山塔	明	龙游县	7
37	西姜祠堂	明	兰溪市	7
38	楠溪江宗祠建筑群	明至清	永嘉县	7
39	南坞杨氏宗祠	明至清	江山县	7
40	玉岩包氏宗祠	明至清	泰顺县	7
41	华堂王氏宗祠	明至清	嵊州市	7
42	世德堂	明至清	兰溪市	7
43	上族祠	明至清	兰溪市	7
44	积庆堂	明至清	兰溪市	7
45	余庆堂	明至清	兰溪市	7

续 表

序 号	名 称	时 代	地 址	批次
46	吴氏宗祠	明至清	衢州市衢江区	7
47	三槐堂	明至清	龙游县	7
48	北二蓝氏宗祠	清	衢州市柯城区	7
49	宁海古戏台	清至民国	宁海县	6
50	青藤书屋和徐渭墓	明	绍兴市越城区、柯桥区	6
51	天一阁	明至近代	宁波市海曙区	2、5
52	文澜阁	清	杭州市西湖区	5
53	玉海楼	清	瑞安市	4
54	嘉业堂藏书楼及小莲庄	清	湖州市南浔区	5
55	白云庄和黄宗羲、万斯同、全祖望墓	明至民国	宁波市海曙区、余姚市、奉化市	6
56	庆安会馆	清	宁波市鄞州区	5
57	玉山古茶场	清	磐安县	6
58	胡庆余堂	清	杭州市上城区	3、6
59	兰亭	清	绍兴市柯桥区	7
60	四连碓造纸作坊	明	温州市瓯海区	5
61	三卿口制瓷作坊	清	江山市	6
62	庙沟后、横省石牌坊	宋、元	宁波市鄞州区	5
63	南阁牌楼群	明	乐清市	5
64	金昭牌坊和宪台牌坊	明	永嘉县	7
65	舜王庙	清	绍兴市柯桥区	7
66	周宣灵王庙	清	衢州市柯城区	7
67	西洋殿	清	庆元县	7
68	保国寺	北宋	宁波市江北区	1
69	延福寺	元	武义县	4
70	天宁寺大殿	宋至元	金华市婺城区	3
71	时思寺	元至清	景宁县	5
72	阿育王寺	元至清	宁波市鄞州区	6
73	法雨寺	清	舟山市普陀区	6
74	国清寺	清	天台县	5
75	天童寺	清	宁波市鄞州区	6
76	凤凰寺	元至清	杭州市上城区	5
77	圣井山石殿	明至清	瑞安市	6
78	普陀山普济寺	清	舟山市普陀区	7
79	宁波天宁寺	唐	宁波市海曙区	6

续 表

序 号	名 称	时 代	地 址	批次
80	功臣塔及功臣寺遗址	唐、五代	杭州市临安区	5、7
81	闸口白塔	五代	杭州市上城区	3
82	瑞隆感应塔	五代	台州市黄岩区	7
83	灵隐寺石塔和经幢	五代、北宋	杭州市西湖区	7
84	保俶塔	五代、明、民国	杭州市西湖区	7
85	湖镇舍利塔	宋	龙游县	5
86	松阳延庆寺塔	宋	松阳县	6
87	二灵塔	宋	宁波市鄞州区	7
88	国安寺塔	宋	温州市龙湾区	7
89	观音寺石塔	宋	瑞安市	7
90	护法寺桥和塔	宋	苍南县	7
91	东化成寺塔	宋	诸暨市	7
92	龙德寺塔	宋	浦江县	7
93	南峰塔和福印山塔	宋	仙居县	7
94	乐清东塔	宋	乐清市	7
95	八卦桥和河西桥	宋	瑞安市	7
96	栖真寺五佛塔	宋	平阳县	7
97	六和塔	南宋	杭州市上城区	1
98	飞英塔	南宋	湖州市吴兴区	3
99	普陀山多宝塔	元	舟山市普陀区	6
100	真如寺石塔	元	乐清市	7
101	普庆寺石塔	元	临安市	7
102	千佛塔	元	临海市	7
103	绮园	清	海盐县	5
104	镇海口海防遗址	明至近代	宁波市镇海区、北台区	4
105	赤溪五洞桥	宋	苍南县	6
106	绍兴古桥群	宋至民国	绍兴市越城区、柯桥区	5、7
107	德清古桥群	宋、元、明	德清县	6、7
108	古月桥	宋	义乌市	5
109	西山桥	南宋	建德市	7
110	新河闸桥群	宋至清	温岭市	6
111	处州廊桥	明至民国	庆元县、龙泉市、景宁畲族自治县、青田县、松阳县	5、7
112	古纤道	明至清	绍兴市柯桥区	3
113	潘公桥及潘孝墓	明至清	湖州市吴兴区	7

续 表

序　号	名　　称	时　代	地　　址	批次
114	泰顺廊桥	清	泰顺县	6
115	仕水矴步	清	泰顺县	6
116	双林三桥	清	湖州市南浔区	7
117	通济堰	南朝至清	丽水市莲都区	5
118	它山堰	唐	宁波市鄞州区	3
119	狭猱湖避塘	明至清	绍兴市柯桥区	7
120	盐官海塘及海神庙	清	海宁市	5
121	独松关和古驿道	宋至清	杭州市余杭区、安吉县	6
122	大运河	春秋至中华人民共和国	杭州市、宁波市、湖州市、嘉兴市、绍兴市	6、7

四、石窟寺及石刻(15处)

序　号	名　　称	时　代	地　　址	批次
1	仙居古越族岩画群	春秋、战国	仙居县	7
2	安国寺经幢	唐	海宁市	6
3	法隆寺经幢	唐	金华市婺城区	6
4	龙兴寺经幢	唐	杭州市下城区	7
5	惠力寺经幢	唐	海宁市	7
6	梵天寺经幢	五代	杭州市上城区	5
7	大佛寺石弥勒像和千佛岩造像	南北朝	新昌县	7
8	飞来峰造像	五代至元	杭州市西湖区	2、6
9	柯岩造像及摩崖题刻	宋、清	绍兴市柯桥区	7
10	宝成寺麻曷葛剌造像	元	杭州市上城区	5
11	南山造像	元	杭州市余杭区	7
12	南明山摩崖题刻	晋至民国	丽水市莲都区	7
13	石门洞摩崖题刻	南北朝至民国	青田县	7
14	顾渚贡茶院遗址及摩崖	唐至宋	长兴县	6
15	仙都摩崖题记	唐至近代	缙云县	5

五、近现代重要史迹及代表性建筑物(36处)

序　号	名　　称	时　代	地　　址	批次
1	太平天国侍王府	1861年	金华市婺城区	3
2	乍浦炮台	清	平湖市	7
3	中国共产党第一次全国代表大会会址——嘉兴南湖中共"一大"会址	1921年	嘉兴市南湖区	5
4	红十三军军部旧址	1930年	永嘉县	7

续　表

序　号	名　　称	时　代	地　　址	批次
5	浙东抗日根据地旧址	1942—1945 年	余姚市、慈溪市	6
6	新四军苏浙军区旧址	1943—1954 年	长兴县	5
7	蒋氏故居	清至民国	宁波市奉化区	4、6
8	鲁迅故居	1881—1898 年	绍兴市越城区	3
9	浙江秋瑾故居	1907 年(民国)	绍兴市越城区	3、6
10	蔡元培故居	近代	绍兴市越城区	5
11	章太炎故居	民国	杭州市余杭区	6
12	尊德堂	1877 年	湖州市南浔区	7
13	王国维故居	1886—1898 年	海宁市	6
14	茅盾故居	1896—1910 年	桐乡市	3
15	马寅初故居	清至民国	杭州市下城区、嵊州市	6
16	龙山虞氏旧宅建筑群	1916—1929 年	慈溪市	5
17	南浔张氏旧宅建筑群	1899—1906 年	湖州市南浔区	5
18	莫干山别墅群	清至民国	德清县	6、7
19	江北天主教堂	清	宁波市江北区	6
20	嘉兴文生修道院与天主堂	1903 年、1930 年	嘉兴市南湖区	7
21	曹娥庙	1936 年	上虞市	7
22	陈英士墓	1916 年	湖州市吴兴区	6
23	钱塘江大桥	民国	杭州市西湖区	6
24	钱业会馆	民国	宁波市海曙区	6
25	浙江兴业银行旧址	1923 年	杭州市上城区	7
26	西泠印社	近代	杭州市西湖区	5
27	利济医学堂旧址	1885—1902 年	瑞安市	6
28	大通学堂和徐锡麟故居	清	绍兴市越城区	6
29	春晖中学旧址	清至民国	绍兴市上虞区	7
30	锦堂学校旧址	1909 年	慈溪市	7
31	之江大学旧址	民国	杭州市西湖区	6
32	笕桥中央航校旧址	民国	杭州市江干区	6
33	浙江大学龙泉分校旧址	1939 年	龙泉市	7
34	仓前粮仓	清至中华人民共和国	杭州市余杭区	7
35	浙东沿海灯塔	清至民国	舟山市定海区、普陀区、嵊泗县、岱山县，宁波市镇海区、北仑区、象山县	5、7
36	坎门验潮所	1929 年	玉环县	7

六、其他(1 处)

序　号	名　　称	时　代	地　　址	批次
1	西湖十景	南宋至清	杭州市西湖区	7

浙江省省级文物保护单位分类名单

一、古遗址(104 处)

序　号	名　　称	时　代	地　　址	批次	内涵备注
1	邱城遗址	新石器时代	湖州市白雀乡	2	
2	郭家石桥遗址	新石器时代	海宁市庆云镇	3	
3	大往遗址	新石器时代	嘉善县姚庄镇展幸村	3	
4	洪城遗址	新石器时代	湖州市南浔区马腰镇洪城村	3	
5	下汤遗址	新石器时代	仙居县横溪镇下汤村	3	
6	大舜庙后墩遗址	新石器时代	岱山县岱山镇北二村	3	
7	王坟遗址	新石器时代	海盐县西塘桥镇西塘村	4	
8	安乐遗址	新石器时代	安吉县递铺镇	4	
9	马鞍遗址	新石器时代	绍兴县马鞍镇寺桥村	4	
10	凉帽蓬墩遗址	新石器时代	舟山市定海区马岙镇	4	
11	塘山背遗址	新石器时代	浦江县黄宅镇	5	
12	盛家埭遗址	新石器时代	海宁市盐官镇	5	
13	普安桥遗址	新石器时代	桐乡市屠甸镇	5	
14	城堂岗遗址	新石器时代	桐庐县钟山乡	6	
15	大麦凸遗址	新石器时代	桐庐县横村镇	6	
16	童家岙遗址	新石器时代	慈溪市横河镇	6	
17	名山后遗址	新石器时代	宁波市奉化区江口镇	6	
18	刘家墩遗址	新石器时代	嘉兴市南湖区凤桥镇	6	
19	戴墓墩遗址	新石器时代	平湖市乍浦镇	6	
20	崔家场遗址	新石器时代	海宁市海昌街道	6	
21	荷叶地遗址	新石器时代	海宁市周王庙镇	6	
22	小六旺遗址	新石器时代	桐乡市屠甸镇	6	
23	江家山遗址	新石器时代	长兴县林城镇	6	
24	庙山遗址	新石器时代	永康市经济开发区	6	
25	太婆山遗址	新石器时代	永康市古山镇	6	

续　表

序　号	名　　称	时　代	地　　址	批次	内涵备注
26	葱口洞穴遗址	新石器时代	衢州市衢江区上方镇	6	
27	白坟墩遗址	新石器时代至春秋战国	嘉兴市南湖区凤桥镇	5	
28	大坪遗址	新石器时代至商周	瑞安市北龙乡	6	
29	凤山遗址	新石器时代至商周	平阳县腾蛟镇	6	
30	楼家桥遗址	新石器时代至商周	诸暨市次坞街道	6	
31	施家墩遗址	新石器时代至商周	海宁市长安镇	6	
32	达泽庙遗址	新石器时代至商周	海宁市马桥街道	6	
33	漂母墩遗址	新石器时代至商周	海盐县通元镇	6	
34	空山遗址	新石器时代至商周	长兴县泗安镇	6	
35	新安遗址	新石器时代至商周	长兴县泗安镇	6	
36	台基山遗址	新石器时代至商周	长兴县雉城镇	6	
37	张家桥遗址	新石器时代至商周	长兴县雉城镇	6	
38	三合潭遗址	商周	玉环县朱港镇	5	
39	西施山遗址	春秋战国	绍兴市五云门外	2	
40	黄梅山窑址	商、周	湖州市青山乡	3	
41	龙山窑址	西周至战国	长兴县林城镇	6	
42	纱帽山窑遗址	春秋战国	杭州市萧山区进化镇	5	
43	白洋垅窑址群	东汉	龙游县东华街道	6	
44	溪口、涌泉窑址群	东汉晚期至南朝	临海市溪口乡、涌泉镇	3	
45	鞍山龙窑遗址	三国	绍兴市上虞区上浦镇	5	
46	吕步坑窑址	南朝至唐	丽水市莲都区	6	
47	墅元头窑址	隋、唐	德清县洛舍镇	3	
48	方坦窑址	唐	龙游县东华街道	6	
49	汉灶窑址	唐	金华市婺城区雅畈镇	6	
50	歌山窑址	唐至北宋	东阳市歌山镇象塘村	3	
51	九龙山窑址	唐至宋	长兴县水口乡	6	
52	葛府窑址	五代、北宋	东阳市南马镇葛府村	3	
53	窑寺前青瓷窑址	五代、宋	上虞市上浦镇	2	
54	沙埠青瓷窑址	五代、宋	台州市黄岩区沙埠镇	2	
55	正和堂窑址	五代、宋	温州市鹿城区下桥村	3	
56	外山甲窑址群	宋	瑞安市梅屿乡外山甲村	3	
57	大白山窑址	宋	建德市新安江街道	6	
58	两弓塘窑址群	宋、元	衢州市衢江区金旺镇官塘村	3	
59	大溪滩窑址群	宋、元	缙云县壶镇大溪滩村	3	

续 表

序　号	名　　称	时　代	地　　址	批次	内涵备注
60	达河窑址群	宋、元	江山市碗窑乡	4	
61	潘里垄瓷窑址	南宋	庆元县竹口镇	6	
62	安仁窑址	宋至明	龙泉市安仁镇	6	
63	凤阳窑址	宋至清	苍南县凤阳乡	6	
64	源口窑址	元	龙泉市道太乡源口村	3	
65	越王城遗址	春秋战国	杭州市萧山区城厢镇	3	
66	鉴湖遗址、大王庙	东汉至清	绍兴市越城区、绍兴市柯桥区	6	
67	东湖石宕遗址	汉至民国	绍兴市越城区皋埠镇	6	
68	长屿石宕遗址	六朝至中华人民共和国	温岭市新河镇	6	
69	铜山铜矿遗址	唐	淳安县枫树岭镇	[81]	
70	湖南银矿遗址	唐至明	衢州市衢江区湖南镇	6	
71	湖州子城城墙遗址	唐至宋	湖州市吴兴区爱山街道	6	
72	吴越郊坛遗址	五代	杭州市天真山	5	
73	雷峰塔遗址	五代	杭州市西湖区	4	
74	方腊洞	北宋	淳安县叶家山	2	
75	牛头山军事遗址	宋	安吉县良朋镇	6	
76	东园遗址	南宋	桐乡市石门镇	6	
77	山皇城遗址	明	瑞安市仙降镇	6	
78	健跳所城遗址(含蒲西巡检司城)	明	三门县健跳镇、六敖镇	6	
79	安澜园遗址	明、清	海宁市盐官镇	6	
80	通明堰遗址群	明、清	绍兴市上虞区丰惠镇	6	
81	大隐石宕遗址(含山王庙)	明至民国	余姚市大隐镇	6	
82	矾山矾矿遗址	明至现代	苍南县矾山镇	5	
83	良渚古城外围水利工程遗址	新石器时代	杭州市余杭区瓶窑镇	7	
84	玉架山遗址	新石器时代	杭州市余杭经济技术开发区	7	
85	东明寺塔院遗址	明、清	杭州市余杭区良渚街道	7	
86	方家洲遗址	新石器时代	桐庐县瑶琳镇	7	
87	大嵩所城遗址	明	宁波市鄞州区瞻岐镇、咸祥镇	7	
88	开平闸遗址	南宋	温州市鹿城区滨江街道	7	
89	东马干遗址	新石器时代至商周	湖州市南浔区千金镇	7	
90	磨心里遗址	新石器时代至战国	湖州市南浔区和孚镇	7	
91	窑山遗址	东周至汉	安吉县递铺街道	7	
92	雀幕桥遗址	新石器时代	嘉兴市南湖区	7	

续　表

序　号	名　　称	时　代	地　　址	批次	内涵备注
93	吴家浜遗址	新石器时代	嘉兴市秀洲区	7	
94	平丘墩遗址	新石器时代	平湖市独山港镇	7	
95	仙坛庙遗址	新石器时代	海盐县百步镇	7	
96	龙潭港遗址	新石器时代	海盐县百步镇	7	
97	石墩巡检司城遗址	明	海宁市黄湾镇	7	
98	湖西遗址	新石器时代	永康市江南街道	7	
99	荷花山遗址	新石器时代	龙游县湖镇镇	7	
100	灵山遗址	新石器时代	台州市路桥区路北街道	7	
101	峙山头遗址	新石器时代	临海市小芝镇	7	
102	下旧城遗址	明	临海市上盘镇	7	
103	泗边小鹿巡检司城遗址	明	玉环县沙门镇	7	
104	横山周窑址	元、明	云和县赤石乡	7	

二、古墓葬(37 处)

序　号	名　　称	时　代	地　　址	批次	内涵备注
1	弁山墓群	西周至春秋	湖州市白雀乡、龙溪乡	4	
2	笔架山墓葬群	春秋战国	安吉县安城镇	4	
3	胜利山石室土墩墓群	春秋战国	绍兴市禹陵乡	5	
4	马臻墓	东汉	绍兴市府山街道	2	
5	王充墓	东汉	宁波市上虞区章镇林岙村	2	
6	皇坟山墓葬群	东汉	嘉兴市秀洲区新城街道	6	
7	西峰坝画像石墓	东汉	长兴县雉城镇	6	
8	郑虔墓	唐至清	临海市大田镇白石村	4	
9	叶适墓	宋	温州市鹿城区海坛山	3	
10	王十朋墓	宋	乐清市四都乡梅岙村牛塘山	3	
11	胡瑗墓	宋	湖州市道场乡	3	
12	赵抃墓、祠	宋、清	衢州市衢江区、柯城区	6	
13	朱丹溪墓	元	义乌市赤岸镇东朱村	3	
14	荥阳侯夫人墓	元	衢州市衢江区九华乡下坦村	4	
15	螃蟹形山墓群	明	义乌市赤岸镇乔亭村	4	
16	大溪边余公墓	明	开化县大溪边乡	6	
17	卜家岙李氏家族墓	明	仙居县南峰街道	6	
18	卫匡国墓	明、清	杭州市留下镇	3	

续　表

序　号	名　　称	时　代	地　　址	批次	内涵备注
19	张煌言墓(含张煌言故居)	明、清	杭州市南屏山荔枝峰下、宁波市中山广场	1、5	
20	卢金峰墓(含卢氏宗祠)	明、清	瑞安市永安乡	6	
21	陈洪绶墓	明末清初	绍兴市鉴湖镇官山岙村	2	
22	葛云飞墓(含葛云飞故居)	清	杭州市萧山区所前镇、进化镇	1、5	
23	龚佳育墓	清	杭州市西湖区	4	
24	王羲之墓	清	嵊州市金庭镇	4	
25	陈傅良墓、祠	宋至清	瑞安市罗凤镇凤川村、瓯海区仙岩镇	4	
26	张琴墓	清	苍南县马站镇山边村	4	
27	同归域	清	舟山市定海区龙峰山	4	
28	雅阳林一牧墓	清	泰顺县雅阳镇	6	
29	朱陛墓	明	宁波市海曙区集士港镇	7	
30	孙子秀墓	南宋	余姚市梁弄镇	7	
31	朱质庵墓	明	乐清市虹桥镇	7	
32	毕家明墓	明	兰溪市兰江街道	7	
33	余端礼墓	南宋	龙游县溪口镇	7	
34	王士性墓	明	临海市白水洋镇	7	
35	王士琦墓	明	临海市括苍镇	7	
36	岩石殿石棚墓	商至春秋	仙居县安洲街道	7	
37	胡紘夫妇墓	南宋	庆元县松源街道	7	

三、古建筑(504处)

序　号	名　　称	时　代	地　　址	批次	内涵备注
1	处州府城墙	元至清	丽水市市区	5	
2	新昌城墙	明	新昌县南明街道	6	
3	嘉兴子城	宋至民国	嘉兴市南湖区	5、7	
4	嵊县古城墙	明、清	嵊州市市区	5	
5	狮城水下古城	明、清	淳安县千岛湖	6	
6	崇德城旧址及横街	明至民国	桐乡市崇福镇	6	
7	游仙寨	明	象山县丹城镇赤坎村	3	
8	苔山寨城遗址	清	玉环县清港镇	6	
9	寨楼寨墙及张氏家族墓	清	洞头县大门镇	6	
10	总台山烽火台	明	宁波市北仑区郭巨镇	4	
11	公屿烽堠	明	象山县爵溪街道	6	

续　表

序　号	名　　称	时　代	地　　址	批次	内涵备注
12	金鸡山炮台	清	象山县石浦镇	6	
13	昱岭关	宋至民国	临安市清凉峰镇	5	
14	银岭关、壕岭关	清	开化县杨林镇	6	
15	慈城大耐堂等古建筑	明、清	宁波市慈城镇	4	含刘家祠堂、大耐堂、姚镆宅、桂花厅、莫驸马宅、冬官坊、贞节坊、彭山塔
16	花坦古建筑群	明、清	永嘉县花坦乡	4	
17	李宅村古建筑群	明、清	东阳市城东街道	5	
18	长濂古建筑群	明、清	遂昌县云峰镇	5	
19	马金街古建筑群	清	开化县马金镇	6	
20	西塘建筑群	清、民国	嘉善县西塘镇	6	
21	龙南菇民建筑群	清、民国	龙泉市龙南乡	6	
22	紫微山民居	明	东阳市黄田畈镇	4	
23	爱敬堂、孙氏堂楼	明	兰溪市诸葛镇、女埠街道	5	
24	王村花厅	明	武义县白洋街道	6	
25	龙游楼上厅建筑	明	龙游县塔石镇、横山镇	6	
26	叶溥故宅	明	龙泉市西街街道	6	
27	刘氏祖居门楼	明	松阳县古市镇	6	
28	陈家大屋	明、清	遂昌县妙高镇北街四弄	4	
29	许家南大房	明、清	杭州市萧山区党山镇	5	
30	花街大夫第(含正心堂)	明、清	永康市花街镇	5	
31	张文郁旧居	明、清	天台县城关镇	5	
32	梅坦谷宅	明、清	永嘉县西源乡	6	
33	溪口李氏大屋	明、清	永嘉县溪口乡	6	
34	鹤溪潘家大屋	明、清	景宁畲族自治县鹤溪镇	6	
35	志棠雍睦堂	明、清	龙游县横山镇	6	
36	福舆堂	清	东阳市巍山镇白坦一村	4	
37	务本堂	清	东阳市巍山镇白坦二村	4	
38	九进厅	清	缙云县壶镇工联村	4	
39	黄坛三堂	清	宁海县黄坛镇	5	
40	青街李氏、池氏大屋	清	平阳县青街乡	5、6、7	
41	谢林大宅院	清	文成县西坑镇	5	
42	钮氏状元厅	清	湖州市勤劳街	5	

续 表

序 号	名 称	时 代	地 址	批次	内涵备注
43	上新居、新谭家民居	清	诸暨市斯宅乡	5	
44	新一堂、继述堂	清	诸暨市磺山镇	5	
45	古山胡氏旧宅	清	永康市古山镇	5	
46	新桥爱吾庐	清	台州市路桥区新桥镇	5	
47	谭宅	清	丽水市莲都区大众街	5	
48	山口林宅	清	青田县山口镇	5	
49	鸣鹤新五房	清	慈溪市观海卫镇	6	
50	矴步头谢氏民居	清	苍南县桥墩镇	6	
51	前坪张氏厝屋	清	泰顺县泗溪镇	6	
52	吴昌硕故居	清	安吉县鄣吴镇	6	
53	大有桥街章宅	清	桐乡市濮院镇	6	
54	魏塘叶宅	清	嘉善县魏塘街道	6	
55	长乐钱氏大新屋	清	嵊州市长乐镇	6	
56	方梅生故居	清	金华市婺城区罗店镇	6	
57	履坦徐氏民居	清	武义县履坦镇	6	
58	石板巷陈家厅	清	武义县武阳镇	6	
59	朱店朱宅	清	义乌市赤岸镇	6	
60	雅端容安堂	清	义乌市赤岸镇	6	
61	厦程里位育堂	清	东阳市虎鹿镇	6	
62	上安恬懋德堂	清	东阳市南马镇	6	
63	双峰清德堂	清	磐安县双峰乡	6	
64	石佛探花厅	清	龙游县石佛乡	6	
65	下田畈黄氏民居	清	龙游县湖镇镇	6	
66	灵下应氏民居	清	龙游县溪口镇	6	
67	刘家永和堂	清	龙游县模环乡	6	
68	莲塘瑞森堂	清	龙游县塔石镇	6	
69	碧湖建筑群	清、民国	丽水市莲都区碧湖镇	6、7	
70	道门进士第	清	缙云县壶镇镇	6	
71	前岙村卢氏民居	清	缙云县壶镇镇	6	
72	黄沙腰李氏大屋(含李氏宗祠)	清	遂昌县黄沙腰镇	6	
73	敕木山村畲族民居	清	景宁畲族自治县鹤溪镇	6	
74	徐氏旧宅	清、民国	常山县球川镇	5	
75	黄家大院	清、民国	松阳县望松乡	5	
76	苏村苏氏大屋(含苏氏家庙)	清、民国	遂昌县北界镇	6	

续 表

序 号	名 称	时 代	地 址	批次	内涵备注
77	石塘陈宅	清、民国	温岭市石塘镇	6	
78	西畈花门楼	清	丽水市莲都区太平乡	6	
79	滕氏宗祠	明	金华市琅琊镇	5	
80	忠孝堂	明	武义县壶山镇	5	
81	岭下汤石祠	明	武义县大田乡	5	
82	荻浦咸和堂	明	桐庐县江南镇	6	
83	上唐承庆堂	明	兰溪市黄店镇	6	
84	李泽李氏大宗祠	明	衢州市衢江区峡川镇	6	
85	高朱致福堂	明	开化县塘坞乡	6	
86	蔡氏宗祠(含钟英堂、下厅民居)	明、清	磐安县双溪乡	4、6	
87	吴清简祠	明、清	庆元县举水乡月山村	4	
88	白溪朱氏宗祠	明、清	长兴县雉城镇	5	
89	章氏家庙	明、清	兰溪市女埠街道	5	
90	生塘胡氏宗祠	明、清	兰溪市水亭乡	5	
91	嘉庆堂	明、清	兰溪市孟湖乡	5	
92	里择祠	明、清	常山县天马镇	5	
93	泗门谢氏始祖祠堂	明、清	余姚市泗门镇	6	
94	太平邢氏宗祠	明、清	嵊州市长乐镇	6	
95	石楠塘徐氏宗祠	明、清	金华市婺城区雅畈镇	6	
96	朱家绍德堂	明、清	兰溪市黄店镇	6	
97	黄余田杨氏宗祠	明、清	磐安县仁川镇	6	
98	楼山后骏惠堂	明、清	衢州市衢江区全旺镇	6	
99	底角王氏宗祠(含世美坊)	明、清	常山县东案乡	6	
100	西垣蒋氏宗祠	明、清	龙游县石佛乡	6	
101	霞山爱敬堂	明、清	开化县马金镇	6	
102	小溪边余氏宗祠	明至民国	开化县村头镇	6	
103	霞山永锡堂	明至民国	开化县马金镇	6	
104	志棠邵氏宗祠	明至民国	龙游县横山镇	6	
105	边村祠堂	清	诸暨市同山镇	3	
106	徐震二公祠	清	永康市古丽镇武义街	4	
107	樊氏大宗祠	清	常山县五里乡	4	
108	申屠氏宗祠(含跌界厅)	清	桐庐县江南镇	5	
109	陈家祠堂	清	临安市马啸乡	5	
110	余氏、汪氏家厅	清	淳安县汾口镇	5	

续 表

序 号	名 称	时 代	地 址	批次	内涵备注
111	严氏宗祠	清	金华市金东区孝顺镇	5	
112	陈大宗祠	清	永康市芝英街道	5	
113	占鳌公祠(含仁寿堂、慈孝堂、燕贻堂)	清	永康市古山镇	5	
114	张氏宗祠	清	浦江县浦阳镇	5	
115	孝子祠	清	临安市清凉峰镇	6	
116	张璁祖祠	清	温州市龙湾区永中街道	6	
117	王瓒家庙	清	温州市龙湾区永中街道	6	
118	溪下金氏宗祠	清	永嘉县溪下乡	6	
119	蓬溪谢氏宗祠	清	永嘉县东皋乡	6	
120	南湖赵氏宗祠	清	平阳县南湖乡	6	
121	吕家吕氏宗祠	清	诸暨市次坞镇	6	
122	蒲塘王氏宗祠	清	金华市金东区澧浦镇	6	
123	傅村傅氏宗祠	清	金华市金东区傅村镇	6	
124	后龚永锡堂	清	兰溪市赤溪街道	6	
125	郎家葆滋堂	清	兰溪市游埠镇	6	
126	山背吴氏宗祠	清	兰溪市赤溪街道	6	
127	塘下方大宗祠	清	义乌市后宅街道	6	
128	凤里姜氏宗祠	清	江山市凤林镇	6	
129	新塘边姜氏宗祠	清	江山市新塘边镇	6	
130	公淤丰氏宗祠	清	开化县大溪边乡	6	
131	正大永言堂	清	开化县塘坞乡	6	
132	大溪边余氏宗祠	清	开化县大溪边乡	6	
133	妙山陈氏宗祠	清	天台县赤城街道	6	
134	北山吴氏宗祠	清	青田县北山镇	6	
135	王家祠堂	清	云和县云和镇	6	
136	黄坛季氏宗祠	清	庆元县竹口镇	6	
137	霞山汪氏宗祠(含启瑞堂)	清、民国	开化县霞山乡	5	
138	楠溪江宗祠建筑群	明、清	永嘉县	6	含王氏大宗祠、文岩祠、谷氏大宗祠、胡氏小宗祠、乌府
139	三门宗祠群	清	三门县	6、7	
140	水南许氏宗祠群	清、民国	天台县福溪街道	6	
141	江心寺文天祥祠	宋	温州市鹿城区江心屿	2	
142	戚继光祠	清	台州市椒江区戚继光路	3	

续 表

序 号	名 称	时 代	地 址	批次	内涵备注
143	三忠祠	清	舟山市定海区	3	
144	烈妇祠	清	永康市西城街道	6	
145	琐园村乡土建筑	明、清	金华市金东区澧浦镇	6	
146	上吴方村乡土建筑	明至民国	建德市大慈岩镇	6	
147	李村乡土建筑	明至民国	建德市大慈岩镇	6	
148	厚吴村乡土建筑	明至民国	永康市前仓镇	6	
149	九华乡土建筑	明至民国	衢州市柯城区九华乡	6	
150	柴村乡土建筑	明至民国	江山市峡口镇	6	
151	张思村乡土建筑	明至民国	天台县平桥镇	6	
152	南垟村乡土建筑	清	永嘉县五尺乡	6	
153	屿北村乡土建筑	清	永嘉县岩坦镇	6	
154	碗窑村乡土建筑	清	苍南县桥墩镇	6	
155	藏绿乡土建筑	清	诸暨市五泄镇	6	
156	西溪村乡土建筑	清	丽水市莲都区雅溪镇	6	
157	蕉川乡土建筑	清	遂昌县新路湾镇	6	
158	石仓乡土建筑	清	松阳县大东坝镇	6、7	
159	张村乡土建筑	清、民国	江山市张村乡	6	
160	埭头村乡土建筑	清、民国	永嘉县大若岩镇	6	
161	大陈村乡土建筑	清至中华人民共和国	江山市大陈乡	5、6	
162	铁佛寺	宋	湖州市劳动路	2	
163	千佛阁(含镇海塔)	元至清	海盐县武原镇	3、6	
164	普陀山文化景观	元至清	舟山市普陀区普陀山	6	不含普济寺
165	德清云岫寺	明	德清县三合乡石井山	3	
166	白龙山石殿	明	乐清市虹桥镇	5	
167	圣寿禅寺	明、清	温州市瓯海区仙岩镇南村	4	
168	云岫庵	清	海盐县澉浦镇	5	
169	七塔禅寺	清	宁波市鄞州区	6	
170	江心寺	清	温州市鹿城区江心屿	6	
171	纯阳宫	清	湖州市吴兴区道场乡	5	
172	沃洲山真君殿大殿、配殿	清	新昌县大市聚镇	6	
173	杭州天主教堂	清	杭州市下城区天水街道	6	
174	月湖清真寺	清	宁波市海曙区月湖街道	6	
175	长兴孔庙	明、清	长兴县雉城镇	6	
176	黄岩孔庙	清	黄岩区城关镇	3	

续　表

序　号	名　　称	时　代	地　　址	批次	内涵备注
177	平水王社庙	明	龙泉市龙渊街道	6	
178	汤和庙	明、清	温州市龙湾区海滨街道	6	
179	嵊县城隍庙及溪山第一楼	清	嵊州市城关镇	3	
180	汤溪城隍庙	清	金华市汤溪镇	3	
181	金华府城隍庙	清	金华市婺城区	4	
182	石浦城隍庙	清	象山县石浦镇	5	
183	礼贤城隍庙	清	江山市淤头镇	6	
184	忠训庙	清	平阳县腾蛟镇	4	
185	萧王庙	清	宁波市奉化区萧王庙镇	5	
186	枫桥大庙	清	诸暨市枫桥镇	5	
187	大乌石雷公殿	清	乐清市虹桥镇	5	
188	峡口大公殿	清	江山市峡口镇	5	
189	卢福庙	清	庆元县松源镇	5	
190	松阳三庙	清	松阳县西屏镇	6	
191	藻溪杨府宫	清	苍南县藻溪镇	6	
192	妈祖宫	清	洞头县北岙镇	4	
193	东门天后宫	清	象山县石浦镇	6	
194	天皇巷天后宫	清	衢州市柯城区	6	
195	下埠头天后宫	清	衢州市衢江区樟潭街道	6	
196	严子陵钓台	东汉	桐庐县富春江镇	2	
197	沈园	宋	绍兴市洋河弄	2	
198	金山飞亭	宋	苍南县马站镇	6	
199	花亭(含丽水桥)	明	永嘉县岩头镇下村	4	
200	丁鹤年墓亭	明	杭州市南山路	5	
201	罗阳石亭	明	泰顺县罗阳镇	5	
202	西源三官亭	明	永嘉县西源乡	6	
203	爵溪街心戏亭	清	象山县爵溪镇十字街	4	
204	曝书亭	清	嘉兴市秀洲区王店镇	2	
205	郭庄	清	杭州市西山路	3	
206	八咏楼	南朝创建	金华市八咏路	[81]	
207	五桂楼	清	余姚市梁弄镇学堂弄	3	
208	千甓亭(含皕宋楼)	清	湖州市月河街	4	
209	浩然楼	清	温州市鹿城区江心屿	6	
210	宁波鼓楼	清、民国	宁波市海曙区鼓楼街道	6	

续　表

序　号	名　　称	时　代	地　　址	批次	内涵备注
211	鹿田书院	清	金华市双龙乡北山	4	
212	五峰书院	清	永康市方岩镇橙麓村	4	
213	戴蒙书院(含戴蒙故居)	清	永嘉县溪口乡	5	
214	会文书院	清	平阳县南雁镇	5	
215	仁山书院	清	兰溪市芝堰乡	5	
216	鹿门书院	清	嵊州市贵门乡	6	
217	鼓山书院	清	新昌县七星街道	6	
218	心兰书社	清	瑞安市玉海街道	6	
219	独峰书院	清	缙云县仙都风景区	6	
220	永康考寓	清	金华市婺城区	6	
221	文昌阁	清	江山市廿八都镇	4	
222	王守仁讲学处	清	余姚市龙泉山	5	
223	衍芬草堂	清	海宁市硖石街道	6	
224	尚德当铺	清	绍兴市蕺山街	5	
225	布业会馆	清	绍兴市越城区	6	
226	达源号钱庄	清	衢州市柯城区	6	
227	土库	明、清	浦江县白马镇	6	
228	詹宝兄弟牌坊(含市口进士坊)	明	松阳县西屏镇	3、5	
229	白茅云衢坊	明	缙云县前路乡白茅村	4	
230	独山石牌坊	明	遂昌县焦滩乡	4	
231	秋官里进士牌坊	明	绍兴县陶堰镇	6	
232	樊家尚书坊	明、清	常山县何家乡	6	
233	郭氏节孝坊	清	兰溪市灵洞乡洞源村	3	
234	张家堡双牌坊	清	苍南县龙港镇张家堡村	4	
235	灵芝塔	五代	安吉县递铺镇	3	
236	双林铁塔	五代	义乌市塔山乡	4	
237	垟坑石塔	北宋	瑞安市仙降镇	5	
238	宝胜寺双塔	宋	平阳县钱仓镇	2	
239	大安寺塔	宋	义乌市稠城街道	6	
240	南屏塔	宋、清	临安市昌化镇	4	
241	灵鹫寺石塔	南宋	丽水市万象山	3	
242	净土寺塔	元	台州市黄岩区北洋镇南瑞岩村	4	
243	西天目山墓塔群	元至民国	杭州市临安区西天目山	5	
244	安洲山塔	明	仙居县城关镇管山村	3	

续 表

序　号	名　　称	时　代	地　　址	批次	内涵备注
245	大善寺塔	明	绍兴市越城区	4	
246	发宝象龙塔	明	武义县武阳镇	4	
247	联魁塔	明	杭州市富阳区新登镇	5	
248	龙门塔(含余四山墓)	明	淳安县汾口镇	5	
249	瑞安东塔	明	瑞安市安阳真	5	
250	昌文塔	明	磐安县安文镇	5	
251	厦河塔	明	丽水市莲都区碧云山	5	
252	舒公塔	明	杭州市余杭区余杭镇	6	
253	南峰塔、北峰塔	明	建德市梅城镇	6	
254	含山塔	明	湖州市南浔区善琏镇	6	
255	香山寺塔	明	兰溪市香溪镇	6	
256	黄甲山塔	明	衢州市衢江区云溪乡	6	
257	龙游风水塔	明	龙游县	6	
258	兴贤塔	明	常山县球川镇	6	
259	水口石塔	明	台州市黄岩区茅畲乡	6	
260	巾山东大塔、南山殿塔	明、清	临海市巾山	5	
261	安乐塔	明、清	杭州市余杭区余杭镇	6	
262	江心屿东、西塔	明、清	温州市鹿城区江心屿	6	
263	占鳌塔	明、清	海宁市盐官镇	6	
264	丽水巾山塔	明、清	丽水市莲都区富岭街道	6	
265	香积寺塔	清	杭州市拱墅区	3	
266	报本塔	清	平湖市当湖镇鹦鹉洲	4	
267	文明塔	清	平阳县昆阳镇	5	
268	东村桥	北宋	金华市长山乡	5	
269	石门桥	宋	云和县云和镇	6	
270	源洪桥	宋	湖州市吴兴区东林镇	6	
271	忠义桥	南宋	杭州市留下镇	5	
272	寺前桥	南宋	温州市鹿城区藤桥镇	6	
273	德清古桥群	宋、元、清	德清县乾元镇、武康镇、新市镇	5、7	含清河桥、万安桥、僧家桥、上邻桥、追远桥、德武桥、圣济桥
274	西岙石拱桥	宋至清	宁海县长街镇	5	
275	广济桥	元	宁波市奉化区江口镇南渡村	3	
276	九狮桥	元	绍兴市上虞区丰惠镇	4	

续 表

序 号	名 称	时 代	地 址	批次	内涵备注
277	恩波桥	明	杭州市富阳区城关镇	4	
278	种德桥	明	湖州市南浔区菱湖镇	5	
279	南浦桥	明	建德市寿昌镇	6	
280	潮音桥	明	湖州市吴兴区朝阳街道	6	
281	梁村河桥	明	丽水市莲都区老竹镇	6	
282	仙都石梁桥	明、清	缙云县五云镇	5	
283	万桥	明、清	乐清市天成乡	6	
284	东安硐桥	明、清	瑞安市玉海街道	6	
285	陈宅古桥群	明、清	青田县阜山乡	6	含派岩桥、木廊桥、汇源桥、店前桥、上马桥
286	西跨湖桥	清	绍兴市柯桥区湘塘街道	6	
287	五洞桥	清	台州市黄岩区城关镇	3	
288	熟溪桥	清	武义县武阳镇	3	
289	迎仙桥	清	新昌县拔茅镇	4	
290	金清大桥	清	温岭市新河镇	4	
291	通洲桥	清	兰溪市墩头镇	4	
292	西津桥	清	永康市古丽镇	4	
293	玉成桥	清	嵊州市谷来镇	5	
294	慕义桥	清	缙云县前路乡	5	
295	百梁桥	清	宁波市海曙区洞桥镇	5	
296	泰闽桥、红军桥、岭北水屋桥	清	泰顺县	5	
297	通济桥与舜江楼	清	余姚市凤山街道	6	
298	白云桥	清	余姚市鹿亭乡	6	
299	金华通济桥	清	金华市婺城区	6	
300	贤母桥、竞爽桥	清	缙云县壶镇镇、东渡镇	6	
301	龙泉廊桥	清、民国	龙泉市	6	含双溪桥、蛟龙廊桥(含垟尾钟楼)、福善桥(含回龙寺院钟楼)、永庆桥、济川桥、遂龙桥、合兴桥、永安桥、坤德桥、宝车桥
302	濮院古桥群	清、民国	桐乡市濮院镇	6	
303	幻溇古桥群	清、民国	湖州市南浔区双林镇	6	
304	塔石溪桥群	清、民国	龙游县小南海镇	6	
305	九遮山垡桥群	清、民国	天台县街头镇	6	

续 表

序号	名称	时代	地址	批次	内涵备注
306	庆元廊桥	清、民国	庆元县	6	含白云桥、济川桥、护龙桥
307	白沙堰	三国	金华市婺城区琅琊镇	6	
308	双河堰	唐至清	慈溪市桥头镇	6	
309	钱塘第一井	五代	杭州市大井巷	5	
310	铁栏井	宋	温州市鹿城区	4	
311	姜席堰	元	龙游县龙洲街道	6	
312	三江闸	明	绍兴市斗门镇	2	
313	新市河埠群及南圣堂	明、清	德清县新市镇	6	
314	镇海后海塘	明、清	宁波市镇海区城关东北	3	
315	萧绍海塘(绍兴段)	明、清	绍兴市孙端镇、马山镇、斗门镇、马鞍镇、安昌镇、上虞区	3、7	
316	杭州海塘	明、清	杭州市上城区、江干区、西湖区、余杭区	6、7	
317	李渔坝	清	兰溪市孟湖乡夏里村	3	
318	宏济桥码头	清	金华市婺城区城东街道	6、7	
319	钱氏船坞	清	嘉善县干窑镇	6	
320	五里渡斗门群	清	长兴县泗安镇	6	
321	小浃江碶闸群	清、中华人民共和国	宁波市北仑区小港街道、戚家山街道	6	
322	石灯柱	明	仙居县城关镇	4	
补:	杉青闸遗址(含落帆亭)	北宋至民国	嘉兴市南湖区解放街道	6	
补:	清水闸及管理设施	清、中华人民共和国	绍兴市上虞区曹娥街道	6	
补:	姚江水利航运设施及相关遗产群	清至中华人民共和国	宁波市江北区、余姚市	6	含姚江大闸、陆埠浦口闸、丈亭运口与老街
323	萧绍海塘(杭州段)	明、清	杭州市滨江区、萧山区	7	
324	二桥书屋	清	杭州市萧山区进化镇	7	
325	务本堂	清、民国	杭州市萧山区进化镇	7	
326	长福桥	清	杭州市余杭区运河街道	7	
327	龙门建筑群	明至民国	杭州市富阳区龙门镇	7	
328	两浙公所	清	杭州市富阳区富春街道	7	
329	曹氏宗祠	清	杭州市富阳区场口镇	7	
330	石舍古建筑群	明、清	桐庐县富春江镇	7	
331	深澳建筑群	明至民国	桐庐县江南镇	7	
332	翙岗古建筑群	清	桐庐县凤川街道	7	

续　表

序　号	名　　称	时　代	地　　址	批次	内涵备注
333	引坑钟氏大屋	清	桐庐县新合乡	7	
334	芹川王氏宗祠	明、清	淳安县浪川乡	7	
335	星光沈氏宗祠	清	宁波市海曙区石碶街道	7	
336	十三洞桥	清	宁波市海曙区集士港镇	7	
337	彭山塔	明	宁波市江北区慈城镇	7	
338	姚江运河渡口群	清	宁波市江北区慈城镇、庄桥街道、甬江街道	7	
339	叶氏义庄	清	宁波市镇海区庄市街道	7	
340	潘火桥蔡氏宗祠	清	宁波市鄞州区下应街道	7	
341	王钫故居门楼及中堂	明	宁波市奉化区大堰镇	7	
342	奉化县学旧址	清	宁波市奉化区锦屏街道	7	
343	成之庄	清	余姚市泗门镇	7	
344	孙家境孙氏祠堂	清、民国	慈溪市横河镇	7	
345	宁海石碾群	明至民国	宁海县长街镇、茶院乡、深甽镇、力洋镇、一市镇、越溪乡	7	
346	万年桥	清	宁海县黄坛镇	7	
347	戊己桥	清	宁海县胡陈乡	7	
348	淳熙井	南宋	象山县丹东街道	7	
349	“钟郝遗徽”石亭	清	象山县晓塘乡	7	
350	二十八宿井	元至清	温州市鹿城区五马街道、松台街道	7	
351	张璁碑亭	明、清	温州市鹿城区松台街道	7	
352	乐清古桥群	宋	乐清市白石街道、北白象镇、石帆街道、虹桥镇	7	
353	岩坦戴氏宗祠	明、清	永嘉县岩坦镇	7	
354	方坑太阴宫	清	文成县平和乡	7	
355	依仁灯柱	清	文成县黄坦镇	7	
356	养根施宅	清	文成县周山畲族乡	7	
357	师儒侍养牌坊	明	平阳县昆阳镇	7	
358	新厝下林宅	明、清	泰顺县筱村镇	7	
359	回澜桥	清	泰顺县司前镇	7	
360	严山董家大院	清、民国	泰顺县仕阳镇	7	
361	妙济桥	宋	湖州市吴兴区东林镇	7	
362	湖州钱业会馆	清、民国	湖州市吴兴区飞英街道	7	
363	頔塘故道双桥	清	湖州市南浔区南浔镇	7	
364	安澜桥	清	湖州市南浔区菱湖镇	7	

续 表

序号	名称	时代	地址	批次	内涵备注
365	文明塔	明	德清县乾元镇	7	
366	钟楼	明、清	长兴县雉城镇	7	
367	光阳桥	清	长兴县雉城镇	7	
368	万埭桥	清	安吉县梅溪镇	7	
369	云鸿塔	清	安吉县孝丰镇	7	
370	三步两爿桥	明	嘉兴市南湖区凤桥镇	7	
371	塔塘桥	清	嘉兴市南湖区余新镇	7	
372	天凝古桥群	明、民国	嘉善县天凝镇	7	
373	新埭姐妹桥	清	平湖市新埭镇	7	
374	海盐海塘(敕海庙段)	明、清	海盐县	7	
375	中钱钱家祠堂	清	海盐县沈荡镇	7	
376	仰山书院	清	海宁市长安镇	7	
377	海宁海塘	清	海宁市	7	
378	夏氏府第	清	桐乡市梧桐街道	7	
379	崇德孔庙	清	桐乡市崇福镇	7	
380	绍兴钱业会馆	清	绍兴市越城区蕺山街道	7	
381	虹明桥	清	绍兴市柯桥区福全镇	7	
382	百沥海塘	明、清	绍兴市上虞区	7	
383	丰惠钱氏大宅院	清	绍兴市上虞区丰惠镇	7	
384	天元塔	明	诸暨市草塔镇	7	
385	新胜古建筑群	清	诸暨市街亭镇	7	
386	马剑古建筑群	清	诸暨市马剑镇	7	
387	艇湖塔	明	嵊州市剡湖街道	7	
388	灵鹅王氏纯节坊	清	嵊州市金庭镇	7	
389	回山建筑群	明至民国	新昌县回山镇	7	
390	三坑真君殿	清	新昌县巧英乡	7	
391	西坑古建筑群	清	新昌县镜岭镇	7	
392	古方洞山塔	明	金华市婺城区白龙桥镇	7	
393	上境古建筑群	明、清	金华市婺城区汤溪镇	7	
394	明月楼	清	金华市婺城区	7	
395	叶店叶氏宗祠	清	金华市婺城区白龙桥镇	7	
396	下章章氏宗祠	清	金华市婺城区罗埠镇	7	
397	萧家小龙桥	清	金华市婺城区汤溪镇	7	
398	向阳惟善堂	清	金华市金义都市新区傅村镇	7	

续　表

序　号	名　　称	时　代	地　　址	批次	内涵备注
399	兰溪城墙及码头	宋至清	兰溪市云山街道	7	
400	章郭巷9号民居	明、清	兰溪市云山街道	7	
401	覃恩堂	明	兰溪市永昌街道	7	
402	女埠双塔	明	兰溪市女埠街道	7	
403	竹塘进士木牌坊	明	兰溪市女埠街道	7	
404	黄村坞钟瑞堂及小厅	明	兰溪市水亭乡	7	
405	南楼吴氏宗祠	明	兰溪市兰江街道	7	
406	兰溪东岳庙	清	兰溪市云山街道	7	
407	兰溪药皇庙	清	兰溪市云山街道	7	
408	兰溪商埠行业会所	清	兰溪市云山街道	7	
409	焦石邵氏家庙及孝子坊	清	兰溪市女埠街道	7	
410	陶宅陶氏宗祠	清	兰溪市梅江镇	7	
411	黄店刘氏四祠	清	兰溪市黄店镇	7	
412	赫灵寺	清	兰溪市上华街道	7	
413	周懋森古栈房及爱莲堂	清	兰溪市云山街道	7	
414	游埠古桥群	清	兰溪市游埠镇	7	
415	于街耕读居	清	兰溪市横溪镇	7	
416	施宅新厅	清	兰溪市横溪镇	7	
417	兰溪商埠地方会所	清、民国	兰溪市云山街道	7	
418	北后周肇庆堂	明	东阳市六石街道	7	
419	厦程里慎德堂	清	东阳市虎鹿镇	7	
420	下石塘德润堂	清	东阳市六石街道	7	
421	萃和堂	明	义乌市后宅街道	7	
422	延陵祠	清	义乌市稠江街道	7	
423	凰升塘古建筑群	清	义乌市大陈镇	7	
424	陶店古建筑群	清	义乌市廿三里街道	7	
425	承吉堂	清	义乌市后宅街道	7	
426	仪性堂	清	义乌市佛堂镇	7	
427	厚仁后宅厅	明	永康市石柱镇	7	
428	象珠二村前仓	明	永康市象珠镇	7	
429	寿常公祠	清、民国	永康市象珠镇	7	
430	嵩溪建筑群	清、民国	浦江县白马镇	7	
431	潘周家古建筑群	明、清	浦江县檀溪镇	7	
432	新光古建筑群	清	浦江县虞宅乡	7	

续 表

序号	名称	时代	地址	批次	内涵备注
433	广安桥	清	浦江县大畈乡	7	
434	毓英塔	明	武义县白洋街道	7	
435	宅口承志桥	清	磐安县新渥镇	7	
436	徽州会馆	清	衢州市柯城区	7	
437	衢州书院	清	衢州市柯城区府山街道	7	
438	衢州孔氏民居	清	衢州市柯城区府山街道	7	
439	神农殿	清、民国	衢州市柯城区府山街道	7	
440	涧峰徐氏宗祠及余氏宗祠	明、清	衢州市衢江区莲花镇	7	
441	下金大桥	清	衢州市衢江区峡川镇	7	
442	楼山后国舅厅	清	衢州市衢江区全旺镇	7	
443	相对方氏私己厅及方氏宗祠	清	衢州市衢江区周家乡	7	
444	蒋村张氏宗祠	清	衢州市衢江区云溪乡	7	
445	横山蔡氏民居	明	龙游县横山镇	7	
446	天池许氏民居	明	龙游县横山镇	7	
447	翁坞诸氏民居	明	龙游县横山镇	7	
448	里余余氏小厅	明	龙游县塔石镇	7	
449	大南门历史街区建筑群	明至中华人民共和国	龙游县龙洲街道	7	
450	泽随建筑群	明至民国	龙游县塔石镇	7	
451	志棠建筑群	明至民国	龙游县横山镇	7	
452	芝塘金金氏宗祠	明、清	龙游县罗家乡	7	
453	丁氏节孝坊	清	龙游县詹家镇	7	
454	叶家叶氏家庙	清	龙游县湖镇镇	7	
455	三门源古建筑群	明、清	龙游县石佛乡	7	
456	溪口翁氏大院	清	龙游县溪口镇	7	
457	大公朱氏宗祠	清	龙游县社阳乡	7	
458	茅坂徐氏宗祠	清	江山市凤林镇	7	
459	大处古建筑群	清	常山县芳村镇	7	
460	德川行	清	常山县天马街道	7	
461	文峰塔	清	常山县天马街道	7	
462	泰安古建筑群	清	常山县新昌乡	7	
463	方文彬故居和倪溪桥	清	常山县天马街道、金川街道	7	
464	方田太和堂	清	开化县大溪边乡	7	
465	田畈怡睦堂	清	开化县何田乡	7	
466	余村余氏宗祠	清	开化县苏庄镇	7	

续 表

序 号	名 称	时 代	地 址	批次	内涵备注
467	余氏鸣凤堂	清	开化县齐溪镇	7	
468	胡村建筑群	清、民国	常山县同弓乡	7	
469	球川建筑群	清、民国	常山县球川镇	7	
470	普陀山短姑码头	明	舟山市普陀区普陀山镇	7	
471	委羽山大有宫	清	台州市黄岩区西城街道	7	
472	徐昌积宅	清	台州市黄岩区东城街道	7	
473	镇锁桥	清	台州市黄岩区院桥镇	7	
474	台州府文庙大成殿	清	临海市古城街道	7	
475	五洞桥	清	临海市大洋街道	7	
476	卢氏节孝牌坊	清	临海市杜桥镇	7	
477	石塘天后宫	清、民国	温岭市石塘镇	7	
478	温岭石塘石屋	清至中华人民共和国	温岭市石塘镇	7	
479	大房文昌阁	清	天台县坦头镇	7	
480	街头曹氏民居	清	天台县街头镇	7	
481	妙山花楼民居群	清	天台县赤城街道	7	
482	玉湖七里庙	清	天台县始丰街道	7	
483	攀龙附凤牌坊	明	仙居县福应街道	7	
484	下各东桥	明	仙居县下各镇	7	
485	上江垟古建筑群	清	仙居县横溪镇	7	
486	羊棚头王氏宗祠	清	仙居县下各镇	7	
487	黄梁陈武庙及陈氏宗祠	清	仙居县下各镇	7	
488	羊棚头成氏宗祠	清	仙居县下各镇	7	
489	东屏陈氏亚魁第	清	三门县横渡镇	7	
490	义丰路160号民居	清	三门县亭旁镇	7	
491	云水渠	宋至民国	龙泉市龙渊镇	7	
492	林山下石拱桥	清	云和县崇头镇	7	
493	坑井吴氏宗祠	明	庆元县安南乡	7	
494	吾际下姚氏宗祠	清	庆元县安南乡	7	
495	岩下石头建筑群	清	缙云县壶镇镇	7	
496	鞍山书院	明	遂昌县云峰街道	7	
497	奕山朱氏宗祠	明	遂昌县湖山乡	7	
498	青云塔	明	松阳县西屏街道	7	
499	西三蔡氏民居	明、清	松阳县西屏街道	7	
500	景宁孔庙	清	景宁县鹤溪镇	7	
501	严氏节孝木牌坊	清	景宁县大漈乡	7	

四、石窟寺及石刻(39处)

序　号	名　　称	时　代	地　　址	批次	内涵备注
1	通玄观造像	南宋	杭州市七宝山东南麓	3	
2	大百丈岩画	宋、元	象山县鹤浦镇	6	
3	建初买地摩崖题刻	东汉	绍兴市、越城区富盛镇乌石村	2	
4	石马山岩刻	南朝	瑞安市林溪乡溪坦村石马山西坡	4	
5	贺知章《龙瑞宫记》摩崖刻石	唐	绍兴市稽山街道望仙桥村	2	
6	雁荡山龙鼻洞摩崖题记	唐至民国	乐清市雁荡山灵岩龙鼻洞	3	
7	北山摩崖题记	唐至中华人民共和国	金华市婺城区罗店镇	6	
8	刘光求雨摩崖题记	北宋	仙居县广度乡	6	
9	司马光家人卦摩崖刻石	宋	杭州市南屏山北麓	2	
10	大麦岭摩崖题记	北宋	杭州市大麦岭东麓	3	
11	仙岩洞摩崖题记	宋	衢州市衢江区樟潭镇	3	
12	石梁摩崖题记	宋至清	天台县石梁镇	5	
13	太鹤山摩崖题记	宋至清	青田县鹤城镇	5	
14	达蓬山摩崖石刻	宋至清	慈溪市龙山镇	6	
15	海云洞摩崖题记	宋至民国	杭州市余杭区塘栖镇	6	
16	翠阴洞摩崖题记	宋至民国	瑞安市汀田镇	6	
17	董村水晶矿摩崖题记	元	新昌县沙溪镇	3	
18	石佛山摩崖石刻	元	瑞安市高楼乡	6	
19	山海奇观摩崖题记	明	嵊泗县枸杞乡	6	
20	胡公岩摩崖石刻	明至民国	余姚市胜归山	5	
21	双港桥贞节坊石刻	清	缙云县新建镇	4	
22	纪恩诗摩崖题记	清	玉环县芦浦镇	6	
23	浙江体育会摩崖题记	民国	杭州市云居山	3	
24	杭州碑林	南宋	杭州市劳动路	1	
25	吴芾“赐谥敕牒”碑	南宋	仙居县官路镇	6	
26	西水驿碑	元	嘉兴市南湖区建设街道	6	
27	宁波水利航运遗址碑	元、清	宁波市海曙区、鄞州区、镇海区	6	
28	东湖谭纶画像及戚继光表功碑	明	临海市城关镇	2	
29	界牌浙闽界碑	明	苍南县沿浦镇	6	
30	塘栖乾隆御碑与水利通判厅遗址	明、清	杭州市余杭区塘栖镇	6	
31	许村奉宪严禁盐枭扳害碑	清	海宁市许村镇	6	
32	钱仓摩崖题记	宋至民国	平阳县鳌江镇	7	
33	道场山祈年题记	元	湖州市吴兴区道场乡	7	
34	石屋禅院造像	明	绍兴市越城区城南街道	7	

续 表

序 号	名 称	时 代	地 址	批次	内涵备注
35	羊山造像及摩崖石刻(含石佛寺)	唐至民国	绍兴市柯桥区齐贤镇	7	
36	普陀山潮音洞摩崖石刻	明、清	舟山市普陀区普陀山镇	7	
37	《圣训诗》摩崖题记	1921 年	玉环县玉城街道	7	
38	桐柏山摩崖题记	唐至民国	天台县桐柏山	7	
39	仙岩洞摩崖石刻	明至民国	三门县浦坝港镇	7	

五、近现代重要史迹及代表性建筑物(204 处)

序 号	名 称	时 代	地 址	批次	内涵备注
1	金钱会起义遗址	1861 年	平阳县钱仓镇	1	
2	慈城大宝山朱贵祠	近代	宁波市慈城镇	2	
3	英国驻温州领事馆旧址	1894 年	温州市鹿城区江心屿	4	
4	中国共产党浙江省第一次代表大会会址——平阳冠尖及马头桓村	1939 年	平阳县凤卧村	1	
5	宁波市总工会旧址	现代	宁波市演武街	2	
6	亭旁起义旧址	民国	三门县亭旁乡胜和村	4、7	
7	中共浙皖特委旧址	1936—1937 年	开化县何田乡柴家村	4	
8	丽水中共浙江省委机关旧址	1939—1942 年	丽水市城区	4、5	
9	开化新四军整编旧址	1938 年	开化县城关镇、华埠镇	6	
10	衢州侵华日军细菌弹投放点旧址	1940 年	衢州市柯城区	6	
11	抗战时期浙江省政府及相关机构旧址	1938—1942 年	永康市方岩镇、芝英镇、前仓镇	6	
12	台湾义勇队旧址	民国	金华市婺城区城东街道	6	
13	玉壶中美合作所旧址	民国	文成县玉壶镇	6	
14	王村口革命纪念建筑群	1935—1937 年	遂昌县王村口镇	4	
15	龙泉革命纪念建筑群	民国	龙泉市安仁镇、住龙镇、城北乡、宝溪乡	6	
16	上甘塔红军标语	现代	武义县溪里乡上甘塔村	3	
17	抗日救亡干部学校旧址	现代	平阳县山门镇凤岭	3	
18	衙前农协旧址(包括李成虎墓)	现代	杭州市萧山区衙前镇	3	
19	丁家山毛泽东读书处	现代	杭州市丁家山	4	
20	金九避难处	1932—1936 年	嘉兴市梅湾街、日晖桥	5	
21	受降厅	1945 年	杭州市富阳区受降镇	4	
22	国民革命军陆军第八十八师淞沪抗日阵亡将士纪念坊	1946 年	杭州市西溪路	5	
23	一江山岛战役遗址	现代	台州市椒江区	1、6	
24	陈英士故居	清末	湖州市五昌里	5	

续 表

序 号	名 称	时 代	地 址	批次	内涵备注
25	程让平祖居	清末	温州市鹿城区临江镇	6	
26	司徒雷登故居	清、民国	杭州市下城区天水街道	6	
27	张人亚故居	清、民国	宁波市北仑区霞浦街道	6	
28	童第周故居	清、民国	宁波市鄞州区塘溪镇	6	
29	周尧故居	清、民国	宁波市鄞州区塘溪镇	6	
30	潘天寿故居	清、民国	宁海县桃源街道	6	
31	吴超征故居	清、民国	永嘉县西溪乡	6	
32	岙内叶宅	清、民国	洞头县东屏镇	6	
33	苏步青故居	清、民国	平阳县腾蛟镇	6	
34	沈曾植旧居	清、民国	嘉兴市南湖区建设街道	6	
35	张宗祥故居	清、民国	海宁市硖石街道	6	
36	陈建功旧居	清、民国	绍兴市越城区	6	
37	陶成章故居	清、民国	绍兴市越城区陶堰镇	6	
38	竺可桢故居	清、民国	上虞市东关街道	6	
39	胡愈之故居	清、民国	上虞市丰惠镇	6	
40	邵飘萍旧居	清、民国	金华市婺城区	6	
41	陈望道故居	清、民国	义乌市城西街道	6	
42	陈诚故居	清、民国	青田县高市乡	6	
43	何文庆故居	近代	诸暨市赵家镇	2	
44	余秀松故居	近代	诸暨市次坞镇	5	
45	柔石故居	民国	宁海县城关镇西门柔石路	3	
46	翁文灏故居	民国	宁波市大书院巷	5	
47	夏鼐故居	民国	温州市鹿城区五马街道	6	
48	汪胡桢旧居	民国	嘉兴市南湖区建设街道	6	
49	徐志摩旧居	民国	海宁市硖石街道	6	
50	严济慈故居	民国	东阳市横店镇	6	
51	陈肇英故居	民国	浦江县黄宅镇	6	
52	华岗故居	民国	龙游县庙下乡	6	
53	黄绍竑公馆	民国	云和县云和镇	6	
54	夏超旧居	民国	青田县万阜乡	6	
55	裕堂别墅	民国	青田县阜山乡	6	
56	沙氏故居	民国、现代	宁波市鄞州区塘溪镇	5、6	
57	冯雪峰故居	现代	义乌市赤岸镇神坛村	4	
58	杨贤江故居	现代	慈溪市长河镇贤江村	4	

续　表

序　号	名　　称	时　代	地　　址	批次	内涵备注
59	沈钧儒故居	现代	嘉兴市南湖区环城南路	4	
60	周恩来祖居	现代	绍兴市劳动路	4	
61	王任叔故居及墓	现代	宁波市奉化区大堰镇	5	
62	艾青故居	现代	金华市金东区傅村镇	5	
63	施复亮、施光南故居	现代	金华市金东区源东乡	5	
64	吴晗故居	现代	义乌市上溪镇	5	
65	北山路近代建筑群（含新新饭店中、西楼，第一届西湖博览会工业馆旧址，静逸别墅）	近代	杭州市北山路	5	
66	江北岸近代建筑群	清、近代	宁波市江北区	5	（含浙海关旧址、英国领事馆旧址、谢氏旧宅、宁波邮政局旧址）
67	蒋庄	1901—1923 年	杭州市西湖区	4	
68	三垟周氏旧宅	近代	温州市瓯海区三垟街道	5	
69	龙现吴氏旧宅（含家庙、宗祠）	近代	青田县方山乡	5	
70	澄庐	近代	杭州市南山路	5	
71	景村姚家大院	清、民国	安吉县天荒坪镇	6	
72	祁家祁宅	清、民国	三门县海游镇	6	
73	鲍氏旧宅建筑群	民国	绍兴市马山镇	5	
74	嘉欣园	民国	桐庐县富春江镇	6	
75	道路沿徐氏旧宅	民国	慈溪市道林镇	6	
76	飞鹏巷陈宅	民国	温州市鹿城区五马街道	6	
77	阳岙朱宅	民国	永嘉县沙头镇	6	
78	鹤溪诸家大院	民国	安吉县递铺镇	6	
79	佛堂吴宅	民国	义乌市佛堂镇	6	
80	史家庄花厅	民国	东阳市巍山镇	6	
81	石佛胡氏民居	民国	龙游县石佛乡	6	
82	海山许氏民居	民国	舟山市定海区解放街道	6	
83	三池窟大寨屋	中华人民共和国	温岭市大溪镇	6	
84	东陈陈氏宗祠	清、民国	浦江县浦南街道	6	
85	祝宅祝氏宗祠	民国	兰溪市梅江镇	6	
86	城西基督教堂	1898 年	温州市鹿城区城西街	4	
87	温州天主教总堂	清末	温州市鹿城区五马街道	6	
88	麻蓬天主教堂	清、民国	衢州市柯城区石梁镇	6	
89	基督教青年会会所旧址	1918—1919 年	杭州市上城区	4	

续 表

序　号	名　　称	时　代	地　　址	批次	内涵备注
90	秋瑾墓	近代	杭州市孤山西泠桥南	1	
91	杭州辛亥革命烈士墓群	近代	杭州市凤篁岭下	1、2	
92	章太炎墓	近代	杭州市南屏山荔枝峰下	2	
93	吴昌硕墓	近代	杭州市余杭区超山	3	
94	苦马塘岩葬墓群	民国	文成县黄坦镇	6	
95	张秋人烈士墓	1898—1928年	诸暨市牌头镇	[81]	
96	刘英烈士墓	1906—1942年	永康市方岩镇	[81]	
97	史量才墓	1936年	杭州市西湖区	4	
98	陈安宝烈士陵园(含陈氏旧宅)	民国、中华人民共和国	台州市路桥区横街镇	6	
99	四明山区烈士纪念塔及墓	现代	宁波市海曙区章水镇	2	
100	双烈园	现代	杭州市富阳区鹳山	3	
101	马寅初墓	现代	嵊州市浦口镇	4	
102	于子三墓	1952年	杭州市万松岭	4	
103	朱明粮仓	中华人民共和国	永康市东城街道	6	
104	县前粮仓群	中华人民共和国	江山市双塔街道	6	
105	和丰纱厂旧址	清末	宁波市鄞州区福明街道	6	
106	灵桥	1936年	宁波市三江口	5	
107	马厩庙大桥	民国	平湖市曹桥街道	6	
108	道德桥	民国	磐安县安文镇	6	
109	百岁亭	民国	乐清市南岳镇	6	
110	宁波中山公园旧址	民国	宁波市海曙区鼓楼街道	6	
111	双魁巷	民国	嘉兴市南湖区解放街道	6	
112	东沙菜市场	1953年	岱山县东沙镇	6	
113	浙江省高等法院及杭县地方法院旧址	近代	杭州市延安路	5	
114	永川轮船局旧址	民国	温州市鹿城区江滨街道	6	
115	清泰第二旅馆旧址	1933年	杭州市仁和路	5	
116	仁爱医院旧址	民国	杭州市环城东路	5	
117	华美医院旧址	民国	宁波市海曙区鼓楼街道	6	
118	求是书院	1897年	杭州市上城区	4	
119	浙江图书馆旧址(含孤山馆舍和大学路馆舍)	近代	杭州市西湖孤山、大学路	3、4	
120	古越藏书楼	近代	绍兴市胜利西路	3	

续　表

序　号	名　　称	时　代	地　　址	批次	内涵备注
121	伏跗室	近代	宁波市孝闻街	5	
122	总理纪念堂、中正图书馆旧址	民国	宁波市奉化区锦屏街道	6	
123	热诚学堂旧址	清、民国	绍兴市东浦镇	6	
124	武岭学校旧址	民国	宁波市奉化区溪口镇	6	
125	善庆学校旧址	民国	绍兴县柯岩街道	6	
126	省立实验农业学校旧址	民国	金华市金东区塘雅镇	6	
127	浙江省第一师范旧址	现代	杭州市凤起路	2	
128	越剧诞生地旧址	清、民国	嵊州市甘霖镇	6	
129	《民族日报社》旧址	民国	临安市於潜镇	6	
130	谯楼	民国	温州市鹿城区五马街道	6	
131	乐清碉楼	民国	乐清市	6	
132	玉环碉楼	民国	玉环县楚门镇、芦浦镇、干江镇、清港镇、海山乡	6	
133	温岭碉楼	民国	温岭市坞根镇、石塘镇	6	
134	定海测候所旧址	民国	舟山市普陀区沈家门街道	6	
135	海山潮汐电站	中华人民共和国	玉环县海山乡	6	
136	江厦潮汐试验电站	中华人民共和国	温岭市温峤镇、坞根镇	6	
137	新安江水电站(含白沙大桥)	中华人民共和国	建德市新安江街道	6	
138	马渚横河水利航运设施	清至中华人民共和国	余姚市马渚镇	6	
139	钱塘江与运河运口水利航运设施	中华人民共和国	杭州市上城区、江干区	6	
140	红旗渡槽	中华人民共和国	天台县白鹤镇	6	
141	坦岐炼铁厂旧址	中华人民共和国	文成县珊溪镇	6	
142	梅山盐场旧址	中华人民共和国	宁波市北仑区梅山岛	6	
143	中美联合公报起草处旧址	1972 年	杭州市西湖风景名胜区	6	
144	丁家花园	清、民国	杭州市上城区湖滨街道	7	
145	浙江实业银行旧址	1925 年	杭州市上城区清波街道	7	
146	韩国独立运动(杭州)旧址	民国	杭州市上城区湖滨街道	7	
147	钱学森旧居	民国	杭州市上城区小营街道	7	
148	毛泽东思想胜利万岁展览馆旧址	1969 年	杭州市下城区天水街道	7	
149	浙江农业大学旧址	民国、中华人民共和国	杭州市江干区凯旋街道	7	
150	蒋经国旧居	民国	杭州市西湖区西湖街道	7	

续 表

序　号	名　　称	时　代	地　　址	批次	内涵备注
151	五四宪法起草地旧址	民国	杭州市西湖区北山街道	7	
152	浙江大学玉泉校区建筑群	中华人民共和国	杭州市西湖区灵隐街道	7	
153	欢潭老洋房	民国	杭州市萧山区进化镇	7	
154	乔司千人坑	1938 年	杭州市余杭区乔司街道	7	
155	私立甬江女子中学旧址	民国	宁波市海曙区鼓楼街道	7	
156	宁波市人民大会堂	1954 年	宁波市海曙区鼓楼街道	7	
157	中国通商银行宁波分行旧址	1930 年	宁波市江北区中马街道	7	
158	包玉刚故居	民国	宁波市镇海区庄市街道	7	
159	瑞庐	清、民国	宁波市北仑区大碶街道	7	
160	青云孙氏宗祠(含藏书楼、议事厅)	清、民国	宁波市奉化区萧王庙街道	7	
161	爱日庐	1930 年	宁波市奉化区锦屏街道	7	
162	葛竹王宅	1936 年	宁波市奉化区溪口镇	7	
163	吴锦堂故居和墓	清、民国	慈溪市观海卫镇	7	
164	龙山抗日碉堡群	1936 年	慈溪市龙山镇	7	
165	陈汉章故居和墓	民国	象山县东陈乡	7	
166	沧河巷金宅	1935 年	温州市鹿城区五马街道	7	
167	永嘉战时青年服务团旧址	民国	温州市鹿城区五马街道	7	
168	益康钱庄旧址	民国	温州市鹿城区五马街道	7	
169	琦君故居	民国	温州市瓯海区瞿溪街道	7	
170	虞廷恺故居	清、民国	瑞安市马屿镇	7	
171	红军挺进师驻地(平阳)旧址	1937—1938 年	平阳县凤卧镇	7	
172	中共浙江临时省委成立旧址	1938 年	平阳县凤卧镇	7	
173	中共闽浙边临时省委机关驻地旧址	1938 年	平阳县山门镇	7	
174	中共闽浙边临时省委成立旧址	1935 年	泰顺县泗溪镇	7	
175	泰顺抗战阵亡将士纪念碑	1938 年	泰顺县罗阳镇	7	
176	博成桥、苏鲁桥和长发桥	民国	湖州市南浔区南浔镇	7	
177	文治藏书楼	1933 年	德清县莫干山镇	7	
178	高家洋房	民国	嘉兴市南湖区建设街道	7	
179	鱼池汇桥	1921 年	嘉兴市秀洲区油车港镇	7	
180	王店粮仓群	中华人民共和国	嘉兴市秀洲区王店镇	7	
181	许行彬宅	民国	海宁市周王庙镇	7	
182	圣女小德肋撒天主堂	民国	海宁市长安镇	7	

续　表

序　号	名　　称	时　代	地　　址	批次	内涵备注
183	浙东新四军北撤会议旧址	1945 年	绍兴市上虞区丰惠镇	7	
184	瞻山庙	民国	嵊州市崇仁镇	7	
185	洪塘里蒋氏宗祠	1915 年	兰溪市柏社乡	7	
186	樟林花厅	民国	兰溪市永昌街道	7	
187	兰江冶炼厂	中华人民共和国	兰溪市兰江街道	7	
188	蔡希陶故居	民国	东阳市虎鹿镇	7	
189	日军侵华掠矿遗址	民国、中华人民共和国	武义县茭道镇	7	
190	国民政府空军第十三总站遗址	民国	衢州市柯城区双港街道	7	
191	巨化电石工业遗址	中华人民共和国	衢州市柯城区衢化街道	7	
192	上堤花厅	1912 年	龙游县社阳乡	7	
193	余绍宋故居	民国	龙游县龙洲街道	7	
194	沐尘郑家大院	民国	龙游县沐尘畲族乡	7	
195	岩前民国建筑群	民国	常山县新昌乡	7	
196	恩泽医局	清	临海市古城街道	7	
197	马氏庄园	民国	临海市大田街道	7	
198	王文庆故居	民国	临海市东塍镇	7	
199	周至柔故居	民国	临海市东塍镇	7	
200	崇德小学旧址	清、民国	丽水市莲都区	7	
201	浙江铁工厂旧址	民国	丽水市莲都区大港头镇	7	
202	刘文成公祠	民国	青田县高市乡	7	
203	何联奎故居	清、民国	松阳县西屏街道	7	
204	安岱后浙西南革命根据地旧址	民国	松阳县安民乡	7	

六、其他(25 处)

序　号	名　　称	时　代	地　　址	批次	内涵备注
1	荆州、绿幛太阴宫壁画	清	永嘉县大箬岩镇、上塘镇	5	
2	石湖坑村成氏民居壁画	1958 年	永康市唐先镇	6	
3	刘王庙戏台题记	清、民国	德清县新市镇	6	
4	大岭背古道	唐	衢州市柯城区石梁镇	6	
5	仙霞古道	唐至民国	江山市	2、6	
6	大会岭、道岭古道	元至民国	文成县	6	
7	大济古驿道	明、清	庆元县松源镇	5	
8	圣井	六朝	长兴县雉城镇	6	

续 表

序　号	名　　称	时　代	地　　址	批次	内涵备注
9	金山古井	南宋	苍南县马站镇	6	
10	泉井(含周氏宗祠)	明、清	江山市石门镇	6	
11	窑墩	清	嘉善县干窑镇	5	
12	和睦陶窑群	清至中华人民共和国	江山市清湖镇	6	
13	龙泉窑制瓷作坊	清至中华人民共和国	龙泉市八都镇、上垟镇、宝溪乡	6	
14	东沙海产加工作坊	1951 年	岱山县东沙镇	6	
15	梅源梯田	宋至中华人民共和国	云和县崇头镇	6	
16	南尖岩梯田	清	遂昌县王村口镇	6	
17	俞家湾桑基鱼塘	约明至中华人民共和国	桐乡市市河山镇	6	
18	会稽山古香榧种植园		绍兴市柯桥区、诸暨市、嵊州市	[13]	
19	东元水碓造纸作坊群	明至中华人民共和国	瑞安市芳庄乡	7	
20	挑矾古道	明至中华人民共和国	苍南县	7	
21	太湖溇港	春秋至中华人民共和国	湖州市吴兴区滨湖街道、高新区、织里镇	7	
22	天姥古道	明至民国	新昌县羽林街道、南明街道、儒岙镇	7	
23	嵩溪石灰窑群遗址	宋至中华人民共和国	浦江县白马镇	7	
24	东湖	宋至清	临海市古城街道	7	
25	苍岭古道	明、清	仙居县、缙云县	7	

[81]关于调整和重新公布省级重点文物保护单位的通知(浙政〔1981〕43 号),1981 年 4 月 13 日,浙江省人民政府

[13]关于将绍兴会稽山古香榧种植园列为省级文物保护单位的复函(浙政办函〔2013〕25 号),2013 年 4 月 1 日,浙江省人民政府办公厅

公共文化服务体系示范区（项目）名单

第一批国家公共文化服务体系示范区（项目）名单

（一）示范区

宁波市鄞州区

（二）示范项目

1.嘉兴市：城乡一体化公共图书馆服务体系建设

2.温州市：苍南农村文化中心建设创新模式

第一批浙江省公共文化服务体系示范区（项目）名单

（一）示范区

1.杭州市余杭区

2.慈溪市

3.长兴县

4.海宁市

5.绍兴县

6.诸暨市

7.临海市

（二）示范项目

1.杭州市上城区：文艺团队联合会运行机制与管理模式的创新

2.桐庐县：城乡一体化公共电子阅览室建设

3.宁波市北仑区：基层群众文艺团队建设机制

4.安吉县：中国美丽乡村一农村地域文化展示馆工程

5.嘉善县：以县带镇、打造乡村艺术团建设嘉善模式

6.平湖市：欢乐平湖，城乡互动

7.东阳市：东阳市农民工文化权益保障项目

8.常山县：欠发达地区特色群众文化活动持续开展模式与机制

9.舟山市定海区：大型群众文化活动参与机制创新

10.丽水市莲都区：莲都区“天天乐”文体广场

第二批国家公共文化服务体系示范区（项目）名单

（一）示范区

嘉兴市

（二）示范项目

1.杭州市余杭区：乡镇综合文化站服务效能提升工程

2.绍兴市：电视图书馆绍兴模式

第二批浙江省公共文化服务体系示范项目名单

1.杭州市下城区：社区文化动态评估体系

2.宁海县：民间节庆机制建设

3.瑞安市：“书香瑞安”三大提升工程

4.平阳县：“文化Ｔ台”惠民品牌新模式

5.湖州市吴兴区：“车间好声音”公共文化推进新居民管理创新平台建设

6.海盐县：文化工作员下派制度建设

7.江山市：“天天阅读天天向上”全民阅读节

8.舟山市：定海区：基层文化馆数字化建设

9.温岭市：乡镇公共文化服务动态评估系统

10.丽水市：乡村春晚

11.景宁县：文化“自治”、“五权”圆梦——公共文化建设中的群众主体地位保障机制

12.杭州市拱墅区（综合性项目）

13.杭州市萧山区（综合性项目）

14.宁波市镇海区（综合性项目）

15.舟山市普陀区（综合性项目）

第三批国家公共文化服务体系示范区（项目）创建名单

（一）示范区

台州市

（二）示范项目

1.丽水市：乡村春晚

2.温州市：“城市书网”公共图书馆现代服务模式

第三批浙江省公共文化服务体系示范项目创建名单

（一）综合性示范项目

1.宁波市江东区人民政府

2.杭州市西湖区人民政府

3.温州市瓯海区人民政府

（二）单项示范项目

1.杭州市江干区文广新局：文化团队标准化建设

2.杭州市下城区文广新局:公共文化服务群众需求征集和评价反馈机制

3.温州市鹿城区文广新局:社会力量参与街道(乡镇)文化中心管理

4.台州市黄岩区文广新局:农村文化礼堂理事负责制

5.江山市文广新局:江山村歌,中国乡村好声音的流行曲

6.玉环县文广新局:乡镇综合文化站管理运营创新模式

7.德清县文广新局:书香德清——以乡镇"特色分馆"建设带动公共文化服务均等化

8.龙泉市文广新局:乡村特色文化漫游

9.长兴县文广新局:乡村文艺辅导团

10.舟山定海区文广新局:公共文化服务与美丽乡村建设融合发展

11.乐清市文广新局:百姓舞台

12.舟山市文广新局:"淘文化"——公共文化服务社会化运作平台

浙江省国家文化产业示范基地

浙江乐富创意产业投资有限公司
浙江中南卡通股份有限公司
杭州金海岸文化发展股份有限公司
华宝斋富翰文化有限公司
杭州宋城旅游发展股份有限公司
杭州神采飞扬娱乐有限公司
西泠印社集团有限公司
海伦钢琴股份有限公司
浙江大丰实业股份有限公司
宁波音王电声股份有限公司
美盛文化创意股份有限公司
华鸿控股集团有限公司
衢州醉根艺品有限公司
浙江台绣服饰有限公司
台州市绣都服饰有限公司
龙泉市金宏瓷业有限公司

浙江省全国爱国主义教育示范基地

浙江省第一批全国爱国主义教育示范基地名单(1997年公布)

南湖革命纪念馆
鲁迅故居及纪念馆
镇海口海防遗址
禹陵
河姆渡遗址博物馆

浙江省第二批全国爱国主义教育示范基地名单(2001公布)

解放一江山岛烈士陵园
鄞县四明山革命烈士陵园
舟山鸦片战争纪念馆

浙江省第三批全国爱国主义教育示范基地名单(2005年公布)

侵浙日军投降仪式旧址(千人坑遗址)

浙江省第四批全国爱国主义教育示范基地名单(2009年公布)

浙江省博物馆、新四军苏浙军区纪念馆、温州浙南平阳革命根据地旧址群

浙江省新增全国爱国主义教育示范基地名单(2017年公布)

洞头先锋女子民兵连纪念馆

浙江省全国博物馆十大陈列展览精品获奖项目名单

第二届(1998年度)

恐龙与海洋动物精品陈列(浙江自然博物馆)

第四届(2000年度)

浙江七千年(浙江省博物馆)

最佳创意奖:

宁波清代官宅陈列(宁波天一阁博物馆)

最受观众欢迎奖:

浙江七千年(浙江省博物馆)

第五届(2001—2002年度)

中国茶叶文化展(中国茶叶博物馆)

第六届(2003—2004年度)

中国丝绸文化陈列(中国丝绸博物馆)

最佳内容设计奖:

温州人(温州博物馆)

最佳服务奖:

江南水乡文化陈列(杭州中国水乡文化博物馆)

第七届(2005—2006年度)

吴兴赋——湖州历史与人文陈列(湖州市博物馆)

第八届(2007—2008年度)

良渚文化——实证中华五千年文明(良渚博物院)

最佳创意奖:

东方“神舟”——宁波海上丝绸之路主题展(宁波博物馆)

最佳服务奖:

东方“神舟”——宁波海上丝绸之路主题展(宁波博物馆)

第九届(2009—2010年度)

“自然·生命·人”浙江自然博物馆基本陈列(浙江自然博物馆)

越地长歌——浙江历史文化陈列(浙江省博物馆)

第十届(2011—2012年度)

南湖革命纪念馆新馆基本陈列(嘉兴南湖革命纪念馆)

钱塘匠心·天工集粹——杭州工艺美术精品陈列(杭州工艺美术馆)

惠世天工——中国古代发明创造文物展(浙江省博物馆)

优秀奖:

珍藏杭州——杭州博物馆馆藏文物精品陈列(杭州博物馆)

第十二届(2014年度)

优胜奖:

“港通天下”中国港口历史陈列(宁波港口博物馆)

禾兴之源——史前时期的嘉兴(嘉兴博物馆)

第十三届(2015年度)

中兴纪胜——南宋风物观止(浙江省博物馆)

生命·超越——中原文化中的动物映像(浙江自然博物馆)

优胜奖:

最忆是杭州——杭州通史陈列(杭州博物馆)

第十四届(2016年度)

中国丝绸和丝绸之路——锦程、更衣记(中国丝绸博物馆)

浙江省博物馆名录

序号	博物馆名称	博物馆类型	博物馆级别	行政隶属关系
1	浙江省博物馆	综合类	一级	省级
2	浙江自然博物馆	自然科技类	一级	省级
3	中国丝绸博物馆	历史类	一级	省级
4	中国水利博物馆	历史类	无级别	省级
5	中国财税博物馆	历史类	无级别	省级
6	浙江革命烈士纪念馆	历史类	无级别	省级
7	杭州博物馆	综合类	一级	地市级
8	杭州西湖博物馆(西湖学研究院、杭州西湖风景名胜区档案馆)	综合类	无级别	地市级
9	中国茶叶博物馆	历史类	二级	地市级
10	杭州南宋官窑博物馆	历史类	二级	地市级
11	杭州工艺美术博物馆(杭州中国刀剪剑博物馆、杭州中国扇业博物馆、杭州中国伞业博物馆)	历史类	无级别	地市级
12	杭州名人纪念馆(唐云艺术馆)	历史类	无级别	地市级
13	韩美林艺术馆	艺术类	无级别	地市级
14	岳飞纪念馆	历史类	无级别	地市级
15	俞曲园纪念馆	历史类	无级别	地市级
16	连横纪念馆	综合类	无级别	地市级
17	林风眠旧居	历史类	无级别	地市级
18	盖叫天旧居	历史类	无级别	地市级
19	都锦生旧居	历史类	无级别	地市级
20	浙江辛亥革命纪念馆	历史类	无级别	地市级
21	马一浮纪念馆	历史类	无级别	地市级
22	杭州李叔同纪念馆	历史类	无级别	地市级
23	杭州孔庙	历史类	无级别	地市级
24	中国印学博物馆	艺术类	无级别	地市级
25	大韩民国临时政府杭州旧址纪念馆	历史类	无级别	地市级
26	五四宪法历史资料陈列馆	历史类	无级别	地市级
27	杭州西湖博览会博物馆	历史类	无级别	地市级
28	钱塘江大桥纪念馆	综合类	无级别	地级市
29	余杭博物馆	综合类	二级	县级及以下

续　表

序号	博物馆名称	博物馆类型	博物馆级别	行政隶属关系
30	西溪湿地博物馆	自然科技类	三级	县级及以下
31	杭州京杭大运河博物馆	历史类	无级别	县级及以下
32	桐庐博物馆	综合类	三级	县级及以下
33	杭州市萧山区博物馆	综合类	三级	县级及以下
34	良渚博物院	历史类	无级别	县级及以下
35	杭州市余杭章太炎故居纪念馆	历史类	无级别	县级及以下
36	杭州市萧山跨湖桥遗址博物馆	历史类	无级别	县级及以下
37	淳安县中国工农红军北上抗日先遣队纪念馆	历史类	无级别	县级及以下
38	叶浅予艺术馆	艺术类	无级别	县级及以下
39	杭州万事利丝绸文化博物馆	其他类	无级别	
40	杭州高氏照相机博物馆	自然科技类	无级别	
41	杭州南宋钱币博物馆	历史类	无级别	
42	杭州眼镜博物馆	其他类	无级别	
43	杭州华夏紫砂博物馆	历史类	无级别	
44	杭州笕桥抗战纪念馆	历史类	无级别	
45	杭州江南锡器博物馆	历史类	无级别	
46	马寅初纪念馆	历史类	无级别	
47	杭州世界钱币博物馆	历史类	无级别	
48	杭州土火斋古陶瓷博物馆	历史类	无级别	
49	杭州西湖本山龙井茶叶博物馆	其他类	无级别	
50	浙江安贤生命博物馆	综合类	无级别	
51	浙江淳德中医药博物馆	其他类	无级别	
52	浙江朱炳仁铜雕艺术博物馆	艺术类	无级别	
53	浙江观吟艺术博物馆	艺术类	无级别	
54	杭州胡庆余堂中药博物馆	自然科技类	二级	
55	杭州余杭禹昊博物馆	历史类	无级别	
56	杭州市萧山区吴越历史文书博物馆	历史类	无级别	
57	杭州市萧山区湘湖吴越古文化博物馆	综合类	无级别	
58	杭州市萧山区开运通宝民俗博物馆	历史类	无级别	
59	杭州市萧山区东沙农耕博物馆	其他类	无级别	
60	杭州市萧山区天福龟鳖博物馆	其他类	无级别	
61	杭州市萧山区梦娜斯酒文化博物馆	其他类	无级别	
62	宁波博物馆	综合类	一级	地市级
63	宁波市天一阁博物馆	历史类	二级	地市级

续 表

序号	博物馆名称	博物馆类型	博物馆级别	行政隶属关系
64	浙东海事民俗博物馆	历史类	三级	地市级
65	浙东学术文化陈列馆(白云庄)	历史类	无级别	地市级
66	银台第官宅博物馆	历史类	无级别	地市级
67	冯孟颛纪念馆(伏跗室)	历史类	无级别	地市级
68	宁波帮博物馆	历史类	无级别	县级及以下
69	宁波中国港口博物馆	综合类	三级	县级及以下
70	十里红妆博物馆	艺术类	三级	
71	柔石纪念馆	历史类	三级	县级及以下
72	潘天寿故居	历史类	无级别	县级及以下
73	王锡桐起义遗址	历史类	无级别	县级及以下
74	宁海东方艺术造像博物馆	艺术类	无级别	
75	宁海县江南民间艺术馆	艺术类	无级别	
76	宁海县海洋生物博物馆	自然科技类	无级别	
77	宁海县得心坊艺术馆	艺术类	无级别	
78	宁海环球海洋古船博物馆	艺术类	无级别	
79	宁海县许家山石文化展示馆	自然科学类	无级别	
80	宁波市海曙区婚俗博物馆	其他类	无级别	
81	宁波市海曙区居家博物园	历史类	无级别	
82	宁波市海曙区王升大粮油工艺博物馆	历史类	无级别	
83	宁波市海曙区赵大有宁式糕点博物馆	历史类	无级别	
84	宁波市海曙区知青博物馆	历史类	无级别	
85	宁波市海曙区耕泽石刻博物馆	历史类	无级别	
86	宁波市海曙区黄古林草编博物馆	其他类	无级别	
87	宁波市海曙区鱼文化博物馆	历史类	无级别	
88	张苍水纪念馆	历史类	无级别	县级及以下
89	开明街鼠疫灾难陈列馆	历史类	无级别	县级及以下
90	大革命时期中共宁波地委旧址纪念馆	历史类	无级别	县级及以下
91	鄞州革命烈士纪念馆	历史类	无级别	地市级
92	慈溪市博物馆	综合类	三级	县级及以下
93	慈溪市东方博物馆	综合类	无级别	
94	慈溪市东方红像章博物馆	综合类	无级别	
95	慈溪市上林湖越窑青瓷博物馆	历史类	无级别	
96	慈溪市上林遗风博物馆	历史类	无级别	
97	慈溪市吴越青瓷博物馆	综合类	无级别	

续　表

序号	博物馆名称	博物馆类型	博物馆级别	行政隶属关系
98	慈溪市徐福红木博物馆	历史类	无级别	
99	慈溪市赵府檀艺博物馆	艺术类	无级别	
100	慈溪市珍丽民俗博物馆	历史类	无级别	
101	浙江中立古陶瓷博物馆	历史类	无级别	
102	慈溪越韵陈列馆	历史类	无级别	
103	慈溪市民间古文化博物馆	综合类	无级别	
104	镇海口海防历史纪念馆	历史类	三级	县级及以下
105	宁波市保国寺古建筑博物馆	历史类	二级	地市级
106	浙海关旧址博物馆	历史类	无级别	地市级
107	宁波服装博物馆	历史类	无级别	县级及以下
108	宁波市鄞州滨海博物馆	历史类	无级别	县级及以下
109	周尧昆虫博物馆	自然科技类	无级别	县级及以下
110	沙孟海书学院	艺术类	无级别	县级及以下
111	宁波市鄞州紫林坊艺术馆	其他类	无级别	
112	华茂美术馆	艺术类	无级别	
113	宁波市鄞州区沧海农耕博物馆	其他类	无级别	
114	宁波市鄞州区地质宝藏博物馆	自然科技类	无级别	
115	宁波市鄞州区金银彩绣艺术馆	历史类	无级别	
116	宁波市鄞州区甬宝斋锡镴器熨斗博物馆	其他类	无级别	
117	宁波鄞州陶瓷文化艺术馆	历史类	无级别	
118	宁波市鄞州区朱金漆木雕艺术馆	艺术类	无级别	
119	宁波市鄞州区雪菜博物馆	其他类	无级别	
120	宁波市鄞州区插花艺术馆	自然科技类	无级别	
121	象山县博物馆	历史类	无级别	县级及以下
122	德和根艺美术馆	艺术类	无级别	
123	象山县才华剪纸博物馆	艺术类	无级别	
124	象山县大肠博物馆	艺术类	无级别	
125	宁波市奉化区溪口博物馆	综合	三级	县级及以下
126	奉化历史文物陈列馆	历史类	无级别	县级及以下
127	王康乐艺术馆	艺术类	无级别	县级及以下
128	宁波市奉化区民间中医药博物馆	艺术类	无级别	
129	宁波市奉化区布袋弥勒博物馆	艺术类	无级别	
130	余姚市河姆渡遗址博物馆	历史类	二级	县级及以下
131	余姚博物馆	历史类	三级	县级及以下

续　表

序号	博物馆名称	博物馆类型	博物馆级别	行政隶属关系
132	余姚农机博物馆	自然科技类	无级别	县级及以下
133	浙东革命根据地纪念馆	历史类	无级别	县级及以下
134	浙江省浙东越窑青瓷博物馆	历史类	无级别	
135	余姚市金桥奇石艺术馆	艺术类	无级别	
136	余姚市寿宝斋工艺藏品博物馆	综合类	无级别	
137	余姚市四明山书画院	艺术类	无级别	
138	余姚市看云楼科举文化博物馆	文博类	无级别	
139	东钱湖民俗文化艺术馆	艺术类	无级别	
140	温州博物馆	综合类	一级	地市级
141	温州市文天祥祠纪念馆	历史类	无级别	地市级
142	温州市龙湾区文博馆	综合类	无级别	县级及以下
143	温州市瓯海区博物馆	综合类	无级别	县级及以下
144	乐清市博物馆	综合类	三级	县级及以下
145	瑞安市博物馆	综合类	无级别	县级及以下
146	文成县博物馆	综合类	无级别	县级及以下
147	平阳县博物馆	综合类	无级别	县级及以下
148	平阳县苏步青励志教育馆	历史类	无级别	县级及以下
149	泰顺县博物馆	综合类	无级别	县级及以下
150	苍南县博物馆	综合类	无级别	县级及以下
151	温州教育史馆	历史类	无级别	地市级
152	洞头先锋女子民兵连纪念馆	历史类	无级别	县级及以下
153	永嘉红十三军军部旧址纪念馆	历史类	无级别	县级及以下
154	平阳县革命烈士纪念馆	历史类	无级别	县级及以下
155	平阳县闽浙边抗日救亡干部学校	历史类	无级别	县级及以下
156	中共浙江省一大陈列馆	历史类	无级别	县级及以下
157	温州叶同仁中医药博物馆	其他类	无级别	地市级
158	温州尊越瓯菜博物馆	其他类	无级别	县级及以下
159	龙湾区永昌博物馆	历史类	无级别	县级及以下
160	龙湾区永中白水民俗博物馆	历史类	无级别	县级及以下
161	温州市维日康树贤艺术博物馆	艺术类	无级别	县级及以下
162	温州金洲动物博物馆	自然科技类	无级别	县级及以下
163	洞头区东海贝雕艺术博物馆	艺术类	无级别	县级及以下
164	瑞安市塘下镇肇平垟革命纪念馆	历史类	无级别	县级及以下
165	瑞安市抗美援朝历史教育馆	历史类	无级别	县级及以下

续　表

序号	博物馆名称	博物馆类型	博物馆级别	行政隶属关系
166	瑞安市叶茂钱收藏馆	综合类	无级别	县级及以下
167	瑞安市叶适纪念馆	历史类	无级别	县级及以下
168	瑞安市陈傅良纪念馆	其他类	无级别	县级及以下
169	瑞安市维加斯服装文化博物馆	艺术类	无级别	县级及以下
170	温州市采成蓝夹缬博物馆	其他类	无级别	县级及以下
171	瑞安市雷高升烈士纪念馆	历史类	无级别	县级及以下
172	瑞安市季月泉纪念馆	历史类	无级别	县级及以下
173	瑞安市仙降革命斗争史纪念馆	历史类	无级别	县级及以下
174	瑞安市周坦状元纪念馆	历史类	无级别	县级及以下
175	瑞安市瑞祥堂青铜镜收藏馆	历史类	无级别	县级及以下
176	瑞安市杨衙里博物馆	历史类	无级别	县级及以下
177	瑞安市隆山知青纪念馆	历史类	无级别	县级及以下
178	永嘉瓯渠民俗博物馆	综合类	无级别	县级及以下
179	永嘉县吴超征烈士纪念馆	历史类	无级别	县级及以下
180	苍南县碗窑博物馆	历史类	无级别	县级及以下
181	苍南县天韵奇石博物馆	自然科技类	无级别	县级及以下
182	温州矾矿博物馆	自然科技类	无级别	县级及以下
183	苍南县鹅峰古籍馆	历史类	无级别	县级及以下
184	苍南县刘基文化博物馆	历史类	无级别	县级及以下
185	长兴县博物馆	历史类	三级	县级及以下
186	长兴县新四军苏浙军区纪念馆	历史类	三级	县级及以下
187	长兴一品堂雕刻博物馆	历史类	无级别	
188	湖州市博物馆	综合类	二级	地市级
189	湖笔博物馆	历史类	无级别	地市级
190	湖州菰城博物馆	综合类	无级别	
191	湖州瑞一红色博物馆	历史类	无级别	
192	湖州太湖古木艺术馆	历史类	无级别	
193	湖州知青博物馆	历史类	无级别	地市级
194	德清县博物馆	综合类	三级	县级及以下
195	浙江省德清县陆有仁中草药博物馆	自然科技类	无级别	
196	德清蛇文化博物馆	自然科技类	无级别	
197	德清县莫干山艺术邮票馆	艺术类	无级别	
198	德清县陆放版画藏书票馆	艺术类	无级别	
199	德清水样年华婚俗文化艺术馆	历史类	无级别	

续 表

序号	博物馆名称	博物馆类型	博物馆级别	行政隶属关系
200	德清桃花庄博物馆	其他类	无级别	
201	湖州市南浔区徐迟文学馆	历史类	无级别	
202	湖州市南浔区姚珠珠舞蹈艺术博物馆	其他类	无级别	
203	湖州市南浔区红军长征追踪馆	历史类	无级别	
204	安吉县博物馆(诸乐三艺术馆)	综合类	无级别	县级及以下
205	吴昌硕纪念馆	艺术类	三级	县级及以下
206	永裕现代竹产业生态博物馆	其他类	无级别	
207	中国竹子博物馆	综合类	无级别	
208	春山收藏馆	艺术类	无级别	
209	安吉和也睡眠文化博物馆	其他类	无级别	
210	山民文化生态博物馆	综合类	无级别	
211	嘉兴博物馆	综合性	二级	地市级
212	嘉兴美术馆(嘉兴市蒲华美术馆、嘉兴画院)	艺术类	无级别	地市级
213	嘉兴南湖革命纪念馆	历史类	二级	地市级
214	嘉兴船文化博物馆	历史类	无级别	地市级
215	嘉兴地方党史陈列馆	历史类	无级别	县级及以下
216	嘉兴毛泽东像章书画展览馆	综合类	无级别	
217	嘉兴五四文化博物馆	历史类	无级别	
218	嘉兴邮电博物馆	综合类	无级别	
219	嘉兴电力博物馆	自然科技类	无级别	
220	浙江东方地质博物馆	自然科技类	无级别	
221	嘉兴市丝绸博物馆	历史类	无级别	
222	嘉兴市影上摄影史料馆	其他类	无级别	
223	嘉兴粽子文化博物馆	其他类	无级别	
224	嘉善县博物馆	历史类	无级别	县级及以下
225	嘉善县吴镇纪念馆	历史类	无级别	县级及以下
226	嘉善县孙道临电影艺术馆	历史类	无级别	县级及以下
227	嘉善东方博物馆	艺术类	无级别	
228	嘉善东方美术馆	艺术类	无级别	
229	李叔同纪念馆	艺术类	三级	县级及以下
230	平湖市莫氏庄园陈列馆	其他类	三级	县级及以下
231	平湖市陆维钊书画院	艺术类	无级别	县级及以下
232	平湖市吴一峰艺术馆	艺术类	无级别	县级及以下
233	平湖市博物馆	综合类	无级别	县级及以下

续　表

序号	博物馆名称	博物馆类型	博物馆级别	行政隶属关系
234	海盐县博物馆	综合类	无级别	县级及以下
235	张乐平纪念馆	艺术类	无级别	县级及以下
236	海宁市博物馆	综合类	三级	县级及以下
237	钱君匋艺术研究馆	艺术类	无级别	县级及以下
238	海宁市张宗祥书画院(纪念馆)	历史类	无级别	县级及以下
239	海宁市徐邦达艺术馆	艺术类	无级别	县级及以下
240	海宁市谢氏艺术收藏馆	综合类	无级别	
241	海宁市晴雨楼藏砚馆	历史类	无级别	
242	桐乡市博物馆	综合类	三级	县级及以下
243	桐乡市茅盾纪念馆	历史类	三级	县级及以下
244	桐乡市丰子恺纪念馆	艺术类	三级	县级及以下
245	君匋艺术院	艺术类	无级别	县级及以下
246	绍兴鲁迅纪念馆	历史类	二级	地市级
247	绍兴博物馆	综合类	三级	地市级
248	绍兴陆游纪念馆	历史类	无级别	地市级
249	绍兴市荷湖乡土文化博物馆	其他类	无级别	
250	绍兴市华脉书画博物馆	艺术类	无级别	
251	绍兴市镜湖湿地自然科学博物馆	自然科学类	无级别	
252	绍兴市美术馆	艺术类	无级别	
253	绍兴市兰亭书法博物馆	艺术类	无级别	地市级
254	绍兴市柯桥区博物馆	综合类	无级别	县级及以下
255	绍兴酱文化博物馆	其他类	无级别	
256	绍兴市上虞博物馆	综合类	二级	县级及以下
257	桐乡市钟旭洲钱币艺术博物馆	历史类	无级别	县级及以下
258	新昌县博物馆	综合类	无级别	县级及以下
259	越剧博物馆	艺术类	三级	县级及以下
260	绍兴市越龙钱币博物馆	其他类	无级别	
261	浙江中鑫艺术博物馆	其他类	无级别	
262	绍兴周恩来纪念馆	历史类	无级别	地市级
263	绍兴市会稽金石博物馆	历史类	无级别	
264	绍兴市越中艺术博物馆	历史类	无级别	
265	诸暨市裕昌号民间艺术馆	其他类	无级别	
266	诸暨市博物馆	综合类	三级	县级及以下
267	绍兴市石语堂玉石文化博物馆	历史类	无级别	

续 表

序号	博物馆名称	博物馆类型	博物馆级别	行政隶属关系
268	绍兴市花谱印花布艺术博物馆	其他类	无级别	
269	金华市博物馆	综合类	无级别	地市级
270	何氏三杰陈列馆	其他类	无级别	地市级
271	太平天国侍王府纪念馆	历史类	无级别	地市级
272	台湾义勇队纪念馆	历史类	无级别	地市级
273	艾青纪念馆	综合类	无级别	地市级
274	金华婺州博物馆	综合类	无级别	
275	金华市木版年画博物馆	艺术类	无级别	
276	东阳市博物馆(中国木雕博物馆)	综合类	无级别	县级及以下
277	磐安茶文化博物馆	综合类	无级别	
278	浦江博物馆	综合类	无级别	县级及以下
279	浦江县吴茀之纪念馆	艺术类	无级别	
280	浦江民间工艺博物馆	艺术类	无级别	
281	兰溪市博物馆	综合类	无级别	县级及以下
282	永康市博物馆	综合类	无级别	县级及以下
283	永康市五金博物馆	艺术类	无级别	县级及以下
284	浙江林炎古陶瓷博物馆	历史类	无级别	
285	永康市一原锡雕博物馆	艺术类	无级别	
286	永康市神雕铜文化博物馆	综合类	无级别	
287	永康市知新博物馆	艺术类	无级别	
288	金华市南科古生物博物馆	自然科技类	无级别	
289	潘絜兹艺术馆	艺术类	无级别	县级及以下
290	武义县博物馆	综合类	无级别	县级及以下
291	叶一苇艺术馆	艺术类	无级别	县级及以下
292	吴远谋绘画陈列馆	艺术类	无级别	县级及以下
293	吴有发绘画陈展馆	艺术类	无级别	县级及以下
294	金华满堂书画博物馆	艺术类	无级别	
295	义乌市博物馆	综合类	无级别	县级及以下
296	金华严军艺术馆	艺术类	无级别	
297	严济慈纪念馆	综合类	无级别	地市级
298	金华市剪纸博物馆	艺术类	无级别	

续　表

序号	博物馆名称	博物馆类型	博物馆级别	行政隶属关系
299	衢州市博物馆	综合类	二级	地市级
300	衢州人文博物馆	综合类	无级别	地市级
301	衢州市邵永丰麻饼手工技艺博物馆	其他类	无级别	地市级
302	衢州市雅趣黄蜡石博物馆	其他类	无级别	地市级
303	龙游县博物馆	综合类	无级别	县级及以下
304	江山市博物馆	综合类	三级	县级及以下
305	舟山博物馆	综合类	三级	地市级
306	马岙博物馆	历史类	无级别	县级及以下
307	舟山名人馆	历史类	无级别	县级及以下
308	舟山鸦片战争纪念馆	历史类	无级别	县级及以下
309	舟山市徐正国博物馆	综合类	无级别	
310	舟山市莲花洋陨石博物馆	自然科技类	无级别	
311	舟山市观音佛像美术馆	艺术类	无级别	
312	普陀区博物馆	综合类	无级别	县级及以下
313	普陀五匠博物馆	历史类	无级别	
314	舟山瀛洲民间博物馆	其他	无级别	
315	舟山市妙有堂艺术馆	其他	无级别	
316	中国灯塔博物馆	历史类	无级别	县级及以下
317	中国台风博物馆	自然科技类	无级别	县级及以下
318	中国海洋渔业博物馆	其他	无级别	县级及以下
319	中国海防博物馆	历史类	无级别	县级及以下
320	中国海盐博物馆	历史类	无级别	县级及以下
321	岱山海曙综艺珍藏馆	综合类	无级别	
322	台州市博物馆	综合类	无级别	地市级
323	台州刺绣博物馆	艺术类	无级别	
324	台州市心海书画艺术博物馆	艺术类	无级别	
325	椒江博物馆	综合类	无级别	县级及以下
326	台州市椒江区戚继光纪念馆	历史类	无级别	县级及以下
327	台州市椒江区一江山岛登陆战纪念馆	历史类	无级别	县级及以下
328	黄岩区博物馆	综合类	无级别	县级及以下
329	黄岩区永宁书画博物馆	艺术类	无级别	
330	黄岩区虔存艺术博物馆	艺术类	无级别	
331	台州市路桥区博物馆	综合类	无级别	县级及以下
332	三门县博物馆	综合类	无级别	县级及以下

续 表

序号	博物馆名称	博物馆类型	博物馆级别	行政隶属关系
333	亭旁起义纪念馆	历史类	无级别	县级及以下
334	浙江启明艺术博物馆	艺术类	无级别	
335	三门县高天祥艺术馆	艺术类	无级别	
336	三门县章一山纪念馆	综合类	无级别	
337	天台县博物馆	综合类	无级别	县级及以下
338	天台山民俗博物馆	综合类	无级别	
339	仙居县委旧址纪念馆	历史类	无级别	县级及以下
340	仙居竺梅枕文化博物馆	历史类	无级别	
341	王伯敏艺术史学馆	艺术类	无级别	县级及以下
342	台州市永红珍珠博物馆	自然科技类	无级别	
343	温岭市赵大佑纪念馆	历史类	无级别	
344	温岭市滨海革命纪念馆	历史类	无级别	
345	玉环市龙山民俗博物馆	综合类	无级别	
346	临海市博物馆	综合类	无级别	县级及以下
347	临海市郑广文纪念馆	历史类	无级别	县级及以下
348	临海市兰文化博物馆	自然科技类	无级别	
349	临海市梦宝来民俗博物馆	历史类	无级别	
350	台州府城刺绣博物馆	艺术类	无级别	
351	台州府城民俗博物馆	历史类	无级别	
352	临海市府城灯具博物馆	历史类	无级别	
353	临海市羊岩山茶文化博物馆	自然科技类	无级别	
354	台州电影博物馆	其他类	无级别	
355	临海市洞港青年农场文博馆	历史类	无级别	
356	临海市张秀娟剪纸博物馆	艺术类	无级别	
357	临海市国华珠算博物馆	历史类	无级别	
358	丽水市博物馆	综合性	无级别	地市级
359	丽水摄影博物馆	艺术类	无级别	地市级
360	丽水市处州三宝博物馆	艺术类	无级别	地市级
361	丽水市处州青瓷博物馆	艺术类	无级别	地市级
362	龙泉市博物馆	历史类	三级	县级及以下
363	青田县石雕博物馆	艺术类	无级别	县级及以下
364	庆元县廊桥博物馆	自然科技类	无级别	县级及以下
365	庆元县香菇博物馆	自然科技类	三级	县级及以下
366	缙云县博物馆	综合性	三级	县级及以下

续　表

序号	博物馆名称	博物馆类型	博物馆级别	行政隶属关系
367	缙云县石文化博物馆	自然科技类	无级别	县级及以下
368	遂昌汤显祖纪念馆	历史类	无级别	县级及以下
369	遂昌竹炭博物馆	其他类	无级别	县级及以下
370	松阳县博物馆	综合类	无级别	县级及以下
371	景宁畲族自治县畲族博物馆	综合型	无级别	县级及以下
372	景宁畲族自治县晓琴畲族民间陈列馆	其他类	无级别	县级及以下

资讯录：浙江省文化机构简址

单　　位	地　　址	邮　　编	主要负责人
浙江省文化厅	杭州市曙光路 53 号	310013	金兴盛
浙江省文物局	杭州市教场路 26 号	310006	柳　河
浙江省文物监察总队	杭州市教场路 26 号	310006	吕可平
浙江音乐学院	杭州市西湖区转塘街道浙音路 1 号	310012	褚子育
浙江艺术职业学院	杭州市滨江区滨文路 518 号	310053	黄杭娟
浙江图书馆	杭州市曙光路 73 号	310007	徐晓军
浙江省文化馆	杭州市下城区武林路 71 号	310006	裘国樑
浙江省文化艺术研究院	杭州市西溪路 550 号西溪新座 7 幢 B 座 5 楼	310013	贾晓东
浙江美术馆	杭州市南山路 138 号	310002	应金飞
中国丝绸博物馆	杭州市玉皇山路 73－1	310002	赵　丰
浙江省博物馆	杭州市孤山路 25 号	310007	陈水华
浙江自然博物馆	杭州市西湖文化广场 6 号	310014	严洪明
浙江省文物考古研究所	杭州市拱墅区假山路假山新村 26 号	310014	刘　斌
浙江省文物鉴定审核办公室（国家文物进出境审核浙江管理处）	杭州市教场路 26 号	310006	柴眩华
浙江省非物质文化遗产保护中心	杭州市环城北路 22 号包杭大厦 5 楼	310004	郭　艺
浙江省文化信息中心	杭州市曙光路 53 号	310013	高超云
浙江交响乐团	杭州市马塍路 31 号	310006	周丽芳
浙江小百花越剧院（浙江小百花越剧团）	杭州市教工路 95 号	310012	刁玉泉
浙江小百花越剧院（浙江越剧团）	杭州市西湖文化广场 C 区 8 号	310006	陶铁斧
浙江京昆艺术中心（浙江京剧团）	杭州市延安路 126 号耀江广厦 A 座 4 楼	310002	翁国生
浙江京昆艺术中心（浙江昆剧团）	杭州市上塘路 118 号	310014	周鸣岐

续 表

单　　位	地　　址	邮　　编	主要负责人
浙江歌舞剧院有限公司	杭州市曙光路 33 号	310007	严圣民
浙江话剧团有限公司	杭州市湖墅南路 138 号	310005	王文龙
浙江曲艺杂技总团有限公司	杭州市下城区西湖文化广场 C 区 8 号 1A/2A	310014	吴杭平
浙江新远文化产业集团有限公司	杭州市体育场路 370 号浙江文化大厦 10 楼	310006	张　翼
杭州剧院	杭州市武林广场 29 号	310006	沈振天
浙江胜利剧院	杭州市延安路 279 号	310006	王瑞杭
杭州电影拍摄基地	杭州市教工路影业路 2 号	310012	翟继业
浙江舞台设计研究院有限公司	杭州市滨康路 680 号	310053	方德惠
浙江文艺音像出版社有限公司	杭州市湖墅南路 146 号	310005	翟继业
浙江卡尔曼物业管理有限公司	杭州市体育场路 366 号 6 楼	310006	曾定建
浙江省古建筑设计研究院	杭州市文二西路 808 号西溪壹号 4 号楼	310013	黄　滋
杭州市文化广电新闻出版局	杭州市富春路 188 号	310016	钮　俊
上城区文化广电新闻出版局	杭州市上城区惠民路 3 号	310002	郑　平
下城区文化广电新闻出版局(体育局)	杭州市下城区东晖路 101 号	310014	高晓岚
江干区文化广电新闻出版局(体育局)	杭州市江干区庆春东路 1 号	310020	步汉英
拱墅区文化广电新闻出版局	杭州市拱墅区北城街 55 号 A 座 13 楼	310015	陈　宁
西湖区文化广电新闻出版局	杭州市古墩路 413—1 号	310012	王菡蓉
高新区(滨江)社会发展局	杭州市滨江区春晓路 580 号钱塘春晓大厦	310051	孙灿平
经济技术开发区社会发展局	杭州经济技术开发区金沙大道 600 号	310018	袁　月
萧山区文化广电新闻出版局	杭州市萧山区市心中路 958 号	311200	董荼仙
余杭区文化广电新闻出版局(体育局)	杭州市余杭区南苑街道东湖南路 52—2 号	311100	何军芳
富阳区文化广电新闻出版局	杭州市富阳区江滨西大道 358 号 A 座	311400	夏朝明
临安区文化广电新闻出版局	杭州市临安区广电路 98 号	311300	凌　理
建德市文化广电新闻出版局	建德市新安江街道国信路 166 号	311600	邱剑娟
桐庐县文化广电新闻出版局	桐庐县城南街道白云源路 1388 号	311500	方劲松
淳安县文化广电新闻出版局	淳安县千岛湖镇环湖北路 651 号	311700	汪雪梅
宁波市文化广电新闻出版局	宁波市解放北路 91 号 3 号楼	315000	张爱琴
海曙区文化广电新闻出版局(旅游局、体育局)	宁波市海曙区解放北路 128 号新金穗大厦 A 座 5 楼	315010	郭　波
江北区文化广电新闻出版局	宁波市江北区新马路 61 弄	315020	吴信忠
镇海区委宣传部(文化广电新闻出版局)	宁波市镇海区骆驼街道民和路 569 号	315200	俞泉云
北仑区文化广电新闻出版局(体育局)	宁波市北仑新碶四明山路 775 号	315800	曹敏杰
鄞州区文化广电新闻出版局(风景旅游管理局、体育局)	宁波市鄞州区惠风东路 568 号	315100	蔡建泓
奉化区文化广电新闻出版局(体育局)	宁波市奉化区中山路 138 号	315500	柳一兵

续 表

单 位	地 址	邮 编	主要负责人
余姚市文化广电新闻出版局(旅游局)	余姚市南雷南路388号	315400	李岳定
慈溪市文化广电新闻出版局(体育局)	慈溪市新城大道北路99号	315300	方向明
象山县文化广电新闻出版局(体育局)	象山县天安路999号南部新城商务楼3号楼7—8层	315700	俞 湛
宁海县文化广电新闻出版局	宁海县跃龙街道塔山路8号	315600	盛高成
温州市文化广电新闻出版局	温州市行政中心19楼	325000	张纯芳
鹿城区文化广电新闻出版局	温州市鹿城区学院中路212号鹿城文化中心北幢	325000	戴海波
龙湾区文化广电新闻出版局	温州市龙湾区永中街道龙康路91号8楼	325000	陈林彬
瓯海区文化广电新闻出版局	温州市瓯海区娄桥街道瓯海区行政管理中心3号	325041	王晓康
洞头区文化广电新闻出版局	温州市洞头区北岙街道县前路12号	325700	郑雪园
乐清市文化广电新闻出版局	乐清市行政管理中心三楼A区	325600	叶志吉
瑞安市文化广电新闻出版局	瑞安市万松东路安阳大厦13层	325211	李 刃
永嘉县文化广电新闻出版局	永嘉县行政中心18楼	325100	王柏青
文成县文化广电新闻出版局	文成县文化中心6楼	325300	林永熙
平阳县文化广电新闻出版局	平阳县昆阳镇天来巷8号	325400	郑树群
泰顺县文化广电新闻出版局	泰顺县罗阳镇洋心街132号	325500	陈体注
苍南县文化广电新闻出版局	苍南县行政中心3楼	325800	上官光子
湖州市文化广电新闻出版局	湖州市仁皇山路666号行政中心4号楼	313000	楼 婷
吴兴区文化体育局	湖州市吴兴区行政中心1号楼10楼	313000	蒋立民
南浔区文化体育局	湖州市南浔区南浔镇向阳路601号图书馆3楼	313009	卫 良
德清县文化广电新闻出版局	德清县武康镇千秋东街1号行政中心B座8楼	313200	姚明星
长兴县文化广电新闻出版局(体育局)	长兴县龙山新区广场路1号行政中心您D座6楼	313100	曾善赐
安吉县文化广电新闻出版局	安吉县递铺镇祥和路新闻中心6楼	313300	彭忠心
嘉兴市文化广电新闻出版局(文联)	嘉兴市中山东路922号	314001	金琴龙
南湖区教育文化体育局	嘉兴市秀州路266号	314000	俞新华
秀洲区教育文化体育局	嘉兴市大德路368号	314031	陈雅琴
嘉善县文化广电新闻出版局(体育局)	嘉善县罗星街道亭桥南路248号	314100	倪学庆
平湖市文化广电新闻出版局(体育局、文物局)	平湖市当湖街道胜利路380号	314200	严周萍
海盐县文化广电新闻出版局(体育局)	海盐县武原街道新桥北路199号	314300	杨林峰
海宁市文化广电新闻出版局	海宁市海州西路226号	314400	陆靖英
桐乡市文化广电新闻出版局(体育局)	桐乡市振东新区环园路578号	314500	吴利民
绍兴市文化广电新闻出版局	绍兴市越城区洋江西路530号	312000	陈泉标

续 表

单　　位	地　　址	邮　　编	主要负责人
越城区文化广电新闻出版局(旅游局)	绍兴市越城区前观巷 168 号	312000	蒋金耿
柯桥区文化广电新闻出版局	绍兴市柯桥区百花路 1 号	312030	钱清华
上虞区文化广电新闻出版局	上虞区市民大道二路 1 号文化艺术中心	312300	王忠良
诸暨市文化广电新闻出版局	诸暨市暨阳街道高湖路 39 号	311800	何永钢
嵊州市文化广电新闻出版局	嵊州市剡湖街道百步阶 6 号	312400	陈　君
新昌县文化广电新闻出版局	新昌县南明街道江滨中路 280 号	312500	竺健庭
金华市文化广电新闻出版局	金华市双龙南街 801 号	321000	钟世杰
婺城区文化体育新闻出版局	金华市婺城区宾虹西路 2666 号	321000	周文虎
金东区教育(文化体育)局	金华市金东区光南路 836 号	321015	方伟红
兰溪市文化广电新闻出版局(体育局)	兰溪市振兴路 500 号企业服务中心 13 楼	321100	林　月
义乌市文化广电新闻出版局(体育局)	义乌市南门街 302 号	322000	楼小明
东阳市文化广电新闻出版局	东阳市行政服务中心东楼 202	322100	马景斌
永康市文化广电新闻出版局	永康市金城路 25 号	321300	丁月中
武义县文化广电新闻出版局	武义县解放北路 57 号	321200	董三军
浦江县文化广电新闻出版局	浦江县人民东路 38 号(老县府内)	322200	严龙顺
磐安县文化广电新闻出版局	磐安县安文镇海螺街 1 号	322300	张大华
衢州市文化广电新闻出版局	衢州市柯城区开明坊 9 号	324000	应　雄
柯城区体育教育局(文化局)	衢州市柯城区紫荆东路 81 号	324000	吴玉珍
衢江区文化广电新闻出版局	衢州市衢江区府前路 9 号	324022	赖光娟
江山市文化广电新闻出版局	江山市中山路 30 号	324100	毛有祥
常山县文化广电新闻出版局	常山县天马镇定阳北路 18 号	324200	徐良其
开化县文化旅游委员会	开化县城关镇江滨南路 10 号	324300	金树明
龙游县文化广电新闻出版局	龙游县文化东路 536 号	324400	方玉林
舟山市文化广电新闻出版局(体育局)	舟山市新城海天大道 681 号东 2 号楼	316021	陆深海
定海区文化体育新闻出版局	舟山市定海区昌国路 61 号	316000	冯季红
普陀区文体广电新闻出版局	舟山市普陀区东港昌正街 169 号	316100	蔡敏波
岱山县文体广电新闻出版局	岱山县高亭镇兰秀大道 481 号	316200	徐武尧
嵊泗县文体广电新闻出版局	嵊泗县菜园镇菜圃路 88 号	202450	张　勇
台州市文化广电新闻出版局	台州市行政中心 2 号楼 6 楼	318000	吕振兴
椒江区文化广电新闻出版局	台州市椒江区建设路 16 号	318000	李先供
黄岩区文化广电新闻出版局	台州市黄岩区政府大楼 15 楼	318020	周祯富
路桥区文化广电新闻出版局(体育局)	台州市路桥区腾达路 1300 号图书馆 4 楼	318500	姜金宇
临海市文化广电新闻出版局	临海市崇和路 299 号国土大厦 7 楼	317000	苏小锐
温岭市文化广电新闻出版局	温岭市太平街道星光路 28 号	317500	李东飞

续　表

单　　位	地　　址	邮　　编	主要负责人
玉环县文化广电新闻出版局	玉环县三潭路科技文化艺术中心	317600	舒建秋
天台县文化广电新闻出版局	天台县始丰街道玉龙路1号县行政中心19楼	317200	王正炳
仙居县文化广电新闻出版局	仙居县解放街2号	317300	丁永德
三门县文化广电新闻出版局	三门县人民政府5楼(广场路18号)	317100	陈钱明
丽水市文化广电新闻出版局	丽水市莲都区花园路1号市行政中心19楼	323000	徐兼明
莲都区文化广电新闻出版局(体育局)	丽水市莲都区解放街288号5楼	323000	胡菊萍
龙泉市文化旅游委员会(体育局、文物局)	龙泉市中山东路114号移办大楼	323700	胡武海
青田县文化广电新闻出版局	青田县新大街58号	323900	徐啸放
云和县文化广电新闻出版局(体育局)	云和县中山路3号	323600	黄克波
庆元县文化广电新闻出版局(体育局)	庆元县云鹤路24号	323800	胡元胜
缙云县文化广电新闻出版局(体育局)	缙云县黄龙路48号广电大楼14楼	321400	杜新南
遂昌县文化广电新闻出版局(体育局)	遂昌县妙高街道上南门路6号体育馆	323300	黄新园
松阳县文化广电新闻出版局(体育局)	松阳县西屏街道白露岭29号文化中心4楼	323400	叶云宽
景宁畲族自治县文化广电新闻出版(体育)局	景宁县鹤川路1号畲族文化中心	323500	林旭虹

索　引

ZHEJIANG CULTURE YEARBOOK

索　　引

说　　明

一、本索引采用主题分析索引方法编制。

二、本索引以汉语拼音为排序依据。

三、索引词后的阿拉伯数字表示内容所在的页码。

F

G

H

J

K

L

N